몬테크리스토 백작 문장

백작의 문장(紋章)은 원작 소설에서 '골고다의 십자가와 함께 푸른 바다 위에 우뚝 솟은 황금 산'으로 묘사되어 있다.

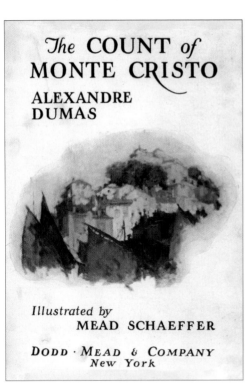

The COUNT *of* MONTE CRISTO

ALEXANDRE DUMAS

Illustrated by MEAD SCHAEFFER

DODD · MEAD & COMPANY
New York

DELL NO. 794

The Count of MONTE CRISTO

10¢

His fortune pledged to JUSTICE!

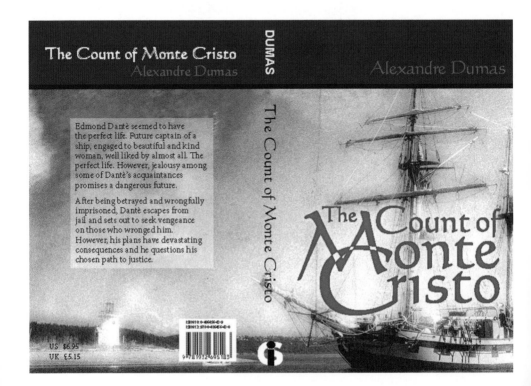

The Count of Monte Cristo
Alexandre Dumas

DUMAS

Alexandre Dumas

The Count of Monte Cristo

Edmond Dantè seemed to have the perfect life. Future captain of a ship, engaged to beautiful and kind woman, well liked by almost all. The perfect life. However, jealousy among some of Dantè's acquaintances promises a dangerous future.

After being betrayed and wrongfully imprisoned, Dantè escapes from jail and sets out to seek vengeance on those who wronged him. However, his plans have devastating consequences and he questions his chosen path to justice.

The Count of Monte Cristo

US $6.95
UK £5.15

ISBN 0-4565-0-9
ISBN2 978-1-4565-0-0

《몬테크리스토 백작》 포스터 쥘 루프 서점에서 제작한 포스터. 파리, 국립도서관

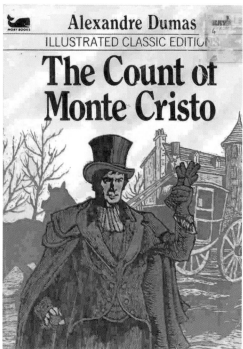

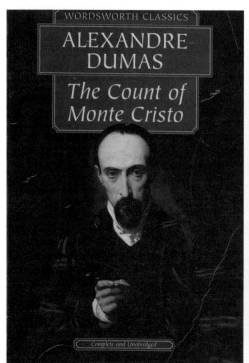

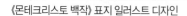

GREAT ILLUSTRATED CLASSICS

THE COUNT OF MONTE CRISTO

Alexandre Dumas

《몬테크리스토 백작》표지 일러스트 디자인

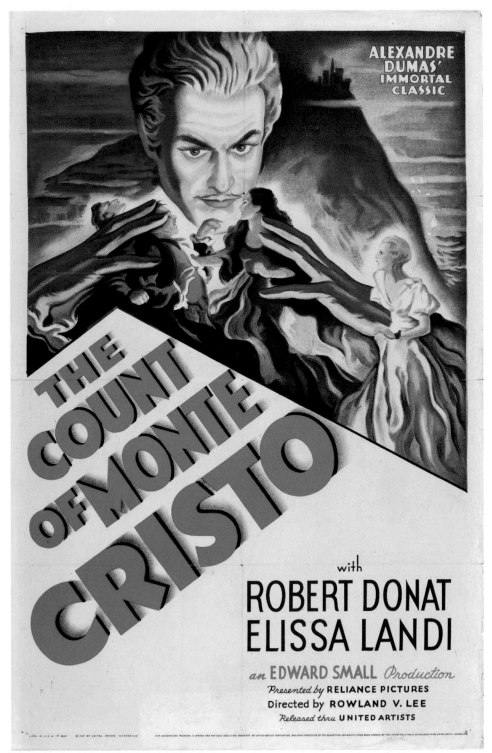

영화 《몬테크리스토 백작》 포스터 미국, 1934. 로우랜드 V. 리 감독, 로버트 도나트·엘리사 랜디 주연. 몬테크리스토 백작의 첫 번째 유성 영화

영화 〈몬테크리스토 백작〉 1934.

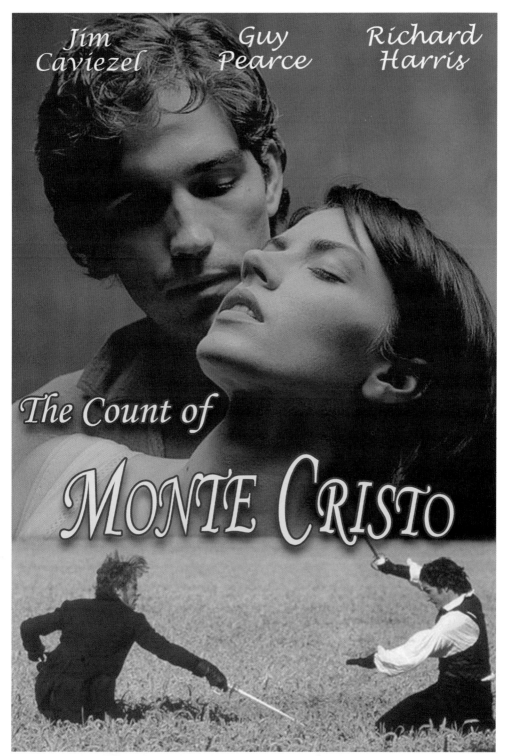

영화 〈몬테크리스토 백작〉 포스터 영국·미국·아일랜드, 2002. 케빈 레이놀즈 감독, 짐 카비젤(당테스 역)·가이 피어스
(페르낭 역)·리처드 해리스(파리아 역)·다그마라 도민칙(메르세데스 역)

뮤지컬 〈몬테크리스토 백작〉 프랭크 와일드혼이 작곡한 음악으로, 유럽과 아시아를 비롯한 미국의 무대에 올려졌다.

World Book 157

Alexandre Dumas père
LE COMTE DE MONTE-CRISTO
몬테크리스토 백작 Ⅱ
알렉상드르 뒤마/이희승맑시아 옮김

동서문화사

디자인 : 동서랑 미술팀

몬테크리스토 백작
차례

몬테크리스토 백작 Ⅱ

몬테크리스토 백작 I

알팔파 텃밭

독자 여러분, 다시 저 빌포르 씨 집 옆에 붙어 있는 울타리 안으로 데려가는 것을 허락해 주셨으면 한다. 그러니까 여러분은 마로니에로 둘러싸인 그 철문 뒤에서, 이미 낯익은 사람들을 볼 수 있을 것이다.

이번에는 막시밀리앙이 먼저 와 있었다. 그리고 담장에다 눈을 대고, 깊은 정원 안의 나무와 나무 사이로 누군가의 그림자가 나타나지 않는지, 또는 정원의 길 위에서 발소리가 나지는 않는지 엿보고 있었다.

이윽고 기다리고 기다리던 발소리가 들려왔다. 그런데 한 사람이 아니라 두 사람의 그림자가 다가오고 있었다. 발랑틴이 늦게 온 것은, 당글라르 부인과 외제니가 왔기 때문이었다. 그래서 발랑틴은 약속을 어기지 않을 생각으로 당글라르 양에게 정원을 산책하자고 말한 것이다. 약속 시간에 늦는 것 때문에 애태우고 있을 막시밀리앙에게 약속 시간에 늦은 것이 자기 잘못이 아니라는 것을 보여주기 위해서였다.

젊은이는 연인들만이 가질 수 있는 직감으로 곧 모든 사정을 깨닫고, 비로소 마음을 놓았다. 발랑틴은 목소리가 들릴 정도로 가까이 오지는 않았지만, 자기가 왔다 갔다 하는 모습을 그가 볼 수 있는 거리에서 산책을 했다. 그리고 그의 옆을 지나칠 때마다, 옆의 친구 눈에 띄지 않게 철문 쪽을 바라보며, '좀 참으세요, 제 잘못은 아니니까요' 라는 뜻을 전했다. 그리고 젊은이도 그 뜻을 알아차렸다.

막시밀리앙은 지그시 참고 기다렸다. 그리고 두 처녀의 대조적인 모습에 깜짝 놀랐다. 한쪽은 금발에, 꿈꾸는 듯한 눈에 마치 아름다운 버드나무처럼 나긋나긋한 데 비해서, 그 옆의 갈색 머리 소녀는 오만한 눈매에 뻣뻣한 모습이 마치 포플러 같은 인상이었다. 그리고 이 정반대의 두 소녀 중에서 적어도 막시밀리앙의 마음을 더 끈 것은 두말할 것도 없이 발랑틴이었다.

한 30분쯤 산책하더니, 두 소녀는 안으로 사라졌다. 막시밀리앙은 당글라르 부인이 이제 돌아갈 시간이 되었다고 생각했다.

과연 얼마 안 있어, 발랑틴이 혼자서 모습을 나타냈다. 혹시 어느 입 가벼운 사람의 눈에 자기가 다시 돌아오는 것을 들킬까 봐 천천히 걸어오고 있었다. 그리고 철문 쪽으로 곧장 오질 않고, 안 보는 체하면서도 나무 이파리, 풀 한 포기를 유심히 살펴 오솔길의 제일 구석진 곳을 찾아 벤치에 가서 앉았다.

이렇게 미리 주의하고 나서야 소녀는 철문 쪽으로 갔다.

"안녕, 발랑틴!" 막시밀리앙의 목소리가 들려왔다.

"네, 막시밀리앙. 많이 기다리셨죠? 하지만 왜 그랬는지는 아셨죠?"

"그래요. 외제니 양이더군요. 그 여자와 그렇게 친한 줄 모르고 있었는데요."

"누가 우리들이 친하다고 그러던가요?"

"누구도 아닙니다. 하지만 당신이 그 여자와 팔을 끼고 걷는 모습이라든가, 같이 얘기하는 태도를 보고 그렇게 느낀 것이지요. 마치 서로 마음을 털어놓고 지내는 기숙사 친구 같더군요."

"우리는 정말 속마음을 얘기했어요." 발랑틴이 말했다. "외제니는 알베르 모르세르 씨와의 결혼이 마음에 내키지 않는다고 저에게 고백했고, 그리고 저는 프란츠 데피네 씨하고의 결혼이 너무 비참하다고 얘기했지요."

"귀여운 발랑틴!"

"그래서," 소녀가 말을 계속했다. "우리가 서로 마음을 털어놓고 지내는 사이처럼 보였을 거예요. 전 제가 사랑할 수 없는 사람 얘기를 할 때는 늘 마음속으로 제가 사랑하는 사람을 생각하거든요."

"당신은 정말로 매사에 착한 여자예요. 당신은 외제니 양에게 없는 것을 한 가지 지니고 있어요. 그것은 여자가 가지고 있는 한없는 매력으로서, 마치 꽃의 향기나, 과일의 단맛과 같은 것이지요. 꽃이 그저 아름답기만 하다든가, 과일이 그저 보기 좋기만 해선 안 되는 것과 마찬가지지요."

"당신이 저를 사랑해 주시기 때문에 그렇게 보이는 거예요, 막시밀리앙."

"아니에요, 발랑틴. 맹세할 수 있습니다. 저는 방금 두 분을 계속 지켜보고 있었습니다. 그리고 솔직히 말하도록 하죠. 당글라르 양의 아름다움은 인정하지만 어떤 남자도 그녀를 사랑하게 되지는 않을 것 같습니다."

"그건 당신이 말씀하신 대로 제가 그 옆에 있었기 때문에 당신이 불공평한 판단을 하신 거예요."

"아닙니다……. 그건 그렇다 치고…… 한 가지 물어보고 싶은 게 있어요. 외제니 양에 대해서 좀 생각난 게 있어서 그럽니다."

"오! 어떤 것인지는 몰라도, 아마 잘못 생각하고 계신 거겠지요. 남자들이 우리 여자들을 비평할 때는 절대 너그럽게 보아주는 법이 없으니까요."

"남녀가 서로에 대해 꽤 공평하게 보고 있군요."

"그건 대체로 우리 판단이 다분히 감정적이기 때문이에요. 그건 그렇다 치고, 아까 물으시던 얘길 하시죠."

"외제니 양이 따로 사랑하는 사람이 있어서 알베르 씨와의 결혼을 원치 않는 걸까요?"

"막시밀리앙, 말씀드렸죠, 외제니와는 친하지 않다고요."

"그렇지만," 모렐이 말했다. "젊은 사람들은 친한 사이가 아니어도 속마음을 이야기하잖아요? 당신도 그것에 대해 물어본 적이 있고요. 그것 봐요, 웃고 있으면서."

"어머, 그렇다면 둘 사이에 이 담도 아무것도 아니란 말이에요?"

"이봐요, 그 여자가 뭐라고 그러던가요?"

"사랑하는 사람은 없다고 하던데요." 발랑틴이 말했다. "결혼이 싫다는 거예요. 자유롭게 아무에게도 구속받지 않는 생활을 하는 게 소원이래요. 그래서 아버지가 재산을 다 잃더라도 자기는 친구인 루이즈 다르미 양처럼 예술가가 되었으면 한다더군요."

"그것 보세요!"

"그게 어떻단 말이에요?" 발랑틴이 물었다.

"아무것도 아닙니다." 막시밀리앙이 웃으면서 대답했다.

"그렇다면 이번엔 왜 당신이 웃기만 하시죠?"

"뭐, 당신도 알고 있으면서."

"그럼, 저 이만 갈까요?"

"아니, 아니, 가면 안 돼요. 자, 이젠 다시 우리 얘기로 돌아갑시다."

"정말 그렇게 해요. 앞으로 10분 정도밖엔 같이 있지 못할 테니까요."

"아니!" 막시밀리앙이 깜짝 놀라서 소리쳤다.

"네, 그래요. 그러시는 것도 무리는 아니라고 생각해요." 발랑틴이 쓸쓸하게 말했다. "충분히 행복하셔야 할 당신에게 이런 생활을 하시게 하다니 저 자신을 원망하고 있답니다."

"그런 건 문제도 되지 않아요, 발랑틴. 저는 이러는 게 행복하니까. 그리고 이렇게 오래 기다리더라도, 당신과 단 5분 만이라도 만날 수 있고 당신의 목소리를 조금이라도 들을 수 있다면, 그리고 하느님께서 이렇게 잘 맞는 두 마음을 만들어 주셨다는 것, 그것도 거의 기적적으로 맺어주신 것이, 나중에 우리가 서로 헤어지지 않으리라는 깊고 영원한 확신을 주시는 거니까요."

"저 너무 기뻐요. 우리 두 사람을 위해 희망을 계속 가져주세요. 그것만으로도 전 절반은 행복해지니까요."

"그런데 발랑틴, 왜 그렇게 빨리 돌아가려고 하는 거요?"

"글쎄요. 어머니가 제 재산의 일부에 관계되는 얘기가 있으니 오라고 하셨어요. 아! 재산 같은 건 차라리 다 가져가 버렸으면 좋겠어요. 전 너무 재산이 많으니까요. 돈을 다 가져가고 그 대신, 제발 저를 좀 자유롭게 내버려 두었으면 좋겠어요. 당신은 제가 가난해지더라도 절 사랑하시겠지요, 모렐?"

"언제까지나. 돈이 있건 가난하건 당신만 내 곁에 있어주고, 또 아무한테도 당신을 빼앗기지 않는다는 것만 확실하다면. 그런데 발랑틴, 혹시 어머니께서 하시겠다는 얘기가 당신 결혼 문제에 대한 게 아닐까요?"

"그렇진 않을 거예요."

"하지만 발랑틴, 만약 그렇더라도 조금도 겁낼 것은 없어요. 나는 평생 절대로 다른 여자에겐 가지 않을 테니까요."

"당신, 그런 말씀을 하시면 제가 안심할 거라고 생각하세요?"

"내가 잘못했소! 당신 말이 옳아요. 제가 무례한 소리를 했군요. 사실 저는 요전에 알베르 군을 만났다는 얘기를 하려고 했었는데."

"그래서요?"

"당신도 알다시피 프란츠 군은 그의 친구잖아요?"

"네, 그런데요?"

"그런데 알베르 군에게 프란츠 군이 보낸 편지가 왔다는군요. 거기엔 프란츠 군이 곧 돌아오겠다고 쓰여 있더랍니다."

발랑틴은 얼굴빛이 변했다. 그리고 손으로 철장을 잡았다.

"아! 만약 그렇다면!" 발랑틴은 말했다. "그렇지만 어머니의 말씀이 설마 그 얘기라고는 생각하지 않아요."

"왜요?"

"왜냐하면…… 그건 잘 모르겠지만…… 어머니는 이 결혼을 드러내놓고 반대는 안 하시지만, 흡족해하시는 것 같지도 않아요."

"그래요? 발랑틴, 그렇다면 빌포르 부인을 존경하고 싶어지는데요."

"오! 그렇게까지 성급해하실 건 없어요." 발랑틴은 쓸쓸하게 웃으며 말했다.

"하지만, 만일 어머니가 이 결혼을 흡족해하시지 않는다면, 혼담을 깨뜨리기 위해서라도 다른 혼담에 귀를 기울이실 게 아니오?"

"그렇게는 생각하시지 마세요, 막시밀리앙. 어머니가 꺼리시는 것은 남편 될 사람이 아니라, 결혼 그 자체를 원치 않으시는 거예요."

"뭐라고요? 결혼 그 자체라고요? 그렇게 결혼을 싫어하는 분이 왜 자신은 결혼하신 거지요?"

"당신은 내 말을 못 알아들으시는군요, 막시밀리앙. 1년 전에 제가 수도원에 들어가겠다고 말했을 때, 어머니는 뭐라고 하긴 했지만, 결국은 제 의견을 기쁘게 승낙하셨어요. 아버지도 어머니가 부추기셔서 동의하신 것 같고요. 할아버지만 반대하셨지요. 막시밀리앙, 당신은 제 할아버지께서 저를 바라보시는 눈길을 상상도 못하실 거예요. 할아버지는 이 세상에서 저 하나만을 사랑하고 계세요. 그리고 만약 이런 소리를 하는 것이 나쁜 것이라면 하느님께 용서를 빌어야겠지만, 이 세상에서 할아버지를 사랑하는 사람도 저 하나밖엔 없고요. 제 결심을 들으시고 저를 쳐다보시는데, 할아버지 눈속에 보이던 그 책망하는 마음. 하지만 원망 한마디 안 하시고, 한숨 한 번 쉬시지 않고, 굳어버린 볼 위로 흐르는 눈물 속에 비친 절망의 빛이 얼마나 컸던지 당신은 짐작도 못하실 거예요. 아! 막시밀리앙, 그때 저는 후회 같은 것을 느꼈지요. 그래서 그만 할아버지 무릎에 몸을 던지며 이렇게 말했어요. '할아버지, 용서하세요! 무슨 일이 있더라도 할아버지 곁을 떠나지 않겠어요!' 그랬더니 할아버지께선 하늘을 바라보셨어요! ……막시밀리앙, 전 어떤 괴로운 일이라도 참을 수 있어요. 그때 할아버지의 눈을 본 것만으로도, 어떤 일도 참을 수 있을 것 같은 기분이 드는 거예요."

"발랑틴! 당신은 정말 좋은 사람이오. 비록 하느님을 불신한 사람들이라 할지라도 어쨌든 아라비아 원주민들을 함부로 찔러 쓰러뜨린 나 같은 사람이 어떻게 당신 같은 사람을 만나게 되었을까요? 그렇다면 발랑틴, 빌포르 부인께선 당신의 결혼을 반대해서 무슨 이익이 있는 것일까요?"

"아까 말씀드렸잖아요. 저는 지나치리만큼 돈이 많아요. 저는 제 생모의 유산으로 연 5만 프랑가량의 수입이 있어요. 그리고 제 외할아버지와 외할머니 생메랑 후작과 후작부인한테서도 아마 그 정도의 유산을 받게 되겠지요. 그리고 친할아버지께서도 분명 저 하나만을 상속인으로 정하고 싶어하시는 것 같아요. 그러니까 저한테 비하면, 동생 에두아르는 어머니로부터 아무런 재산도 받을 수 없을 테니 아주 가난한 셈이죠. 그런데 어머니는 에두아르를 눈에 넣어도 아프지 않을 만큼 사랑하거든요. 그래서 만약 제가 수도원으로 들어가면 후작과 후작부인의 재산과 또 제 재산을 모두 아버지가 물려받게 되니까 결국 제 재산 전체가 에두아르의 것이 되지요."

"아니, 그렇게 젊고 아름다우신 어머니가 그처럼 욕심이 많다니!"

"하지만 막시밀리앙, 그건 어머니 자신을 위한 것은 아니에요. 전부 아들을 위해서 그러시는 거죠. 그러니까 당신이 어머니의 결점으로 생각하고 비난하시는 것을 모성애로 보신다면 미덕이라고도 할 수 있겠죠?"

"그럼 발랑틴," 모렐이 말했다. "당신 재산의 일부를 에두아르에게 주면 어떨까요?"

"어떻게 그런 소리를 할 수 있겠어요?" 발랑틴이 말했다. "입으로는 욕심이 없다는 소리만 하시는 분인걸요."

"발랑틴, 나는 당신에 대한 나의 사랑을 언제나 신성한 것이라 생각하고 있었어요. 그래서 모든 신성한 것을 대하듯이, 그것을 존경의 베일로 싸서 마음속에 간직하고 있었지요. 이 세상의 누구도, 제 누이조차도 지금까지 숨겨온 당신을 향한 이 사랑을 모르고 있습니다. 그런데 발랑틴, 우리 사랑을 제 친구 한 사람한테만 얘기해도 될까요?"

"친구에게요?" 여자가 말했다. "아니! 그 소리를 듣는 것만으로도 몸이 떨려오는데요. 친구라니요? 그게 도대체 누군데요?"

"이봐요, 발랑틴. 당신은 지금까지 누군가한테 몹시 마음이 끌린 적이 있었소? 처음 만나는 사람인데도 어쩐지 오래전부터 아는 사람 같아서, 언제 어디서 본 사람인가 생각해 보지만 그 장소나 때는 떠오르지 않고 말이오. 그래서 전생에 알았던 사람인데, 이렇게 끌리는 것은 그때의 추억이 되살아나서 그런 건 아닌가 생각된 때가 없었느냔 말이오."

"네, 있어요."

"내가 처음 그 이상한 사람을 만났을 때, 그런 느낌이 들었어요."

"이상한 사람이요?"

"그래요."

"오래전부터 알고 계신 분인가요?"

"겨우 8일 전, 길어야 열흘 전에 알았소."

"안 지 8일에서 열흘밖에 안 된 사람을 친구라고 하세요? 전 당신이 친구라는 이름을 더 소중히 여기시는 분이라고 생각했어요."

"이치를 따지자면 당신 말이 맞아요. 하지만 당신이 어떻게 말씀하시더라도, 제가 본능적으로 느낀 그 감정은 변함이 없어요. 제 생각엔, 앞으로 제게 일어날 좋은 일은 모두 그 사람과 관계가 있을 것 같아요. 그리고 그 사람의 깊은 눈이 그것을 알아보았고, 그의 강한 손이 그것을 인도해 줄 것 같은 생각이 드는군요."

"예언자 같은 사람인가요?" 발랑틴이 웃으면서 말했다.

"사실대로 말하면," 막시밀리앙이 말했다. "종종 그런 게 아닐까…… 특히 좋은 일을 내다보는 눈을 가진 것 같다고 생각될 때가 있어요."

"오!" 발랑틴이 슬픈 듯이 말했다. "막시밀리앙, 그분을 저에게도 소개해 주시겠어요. 전 여태 괴로움만 당해 왔으니, 앞으로는 사랑받을 수 있는지 어떤지 그분에게 좀 여쭈어보게요."

"당신도 이미 아는 사람입니다!"

"제가요?"

"그래요. 바로 어머니와 동생의 목숨을 구해 주신 분이에요."

"몬테크리스토 백작이요?"

"그렇습니다."

"그래요?" 발랑틴이 소리쳤다. "그분은 절대로 제 친구가 되어 주시진 않을 거예요. 어머니하고 아주 친한 분이니까요."

"백작이 당신 어머니의 친구라고요? 제 직감이 그렇게 틀리리라고는 생각하지 않는데…… 분명 당신이 잘못 알고 있는 거요."

"오, 막시밀리앙! 당신은 모르고 계시군요. 저희 집에서 세력이 있는 사람은 에두아르가 아니라, 그 백작이에요. 어머니는 그분을 모든 지식의 총화라고 떠받들며 열렬히 쫓아다니고, 아버지께서도 고고한 사상을 그렇게 잘 이야기하는 분도 없을 거라 하시면서 그분을 존경하고 계세요. 에두아르는 하느님처럼 떠받들지요. 백작의 검은 눈이 무섭다고 하면서도, 그분만 나타나면 당장에 달려가 그분의 손을 펴 보지요. 그러면 그 속에는 언제나 굉장한 장난감이 있어요. 저희 집에서의 백작은 빌포르 부인 집에 온 손님이 아니라, 자기 집에 온 것이나 다름없다시피 되어버린걸요."

"그렇다면 발랑틴! 당신 말대로라면, 당신은 백작이 나타남으로써 생기는 영향을 벌써 짐작했거나, 아니면 곧 짐작하게 되겠지요. 그분은 이탈리아에서 알베르 드 모르세르를 만났어요. 그를 산적들의 손에서 구해 주기 위해서였지요. 그리고 그분은 또 당글라르 부인을 만났습니다. 부인에게 굉장한 선물을 드리려고 했던 것이지요. 또, 당신 어머니와 동생이 그분의 저택 앞을 지났는데, 이번엔 그분의 하인 누비아 사람이 그들을 구해 주지 않았어요? 그분은 확실히 다른 사람들에게 영향을 미치는 힘을 가지고 있습니다. 저는 여태까지 그런 간단한 취향과 그처럼 숭고하고 장대한 결과가 연결된 예를 본 일이 없습니다. 저를 대할 때의 미소란 아주 부드러워서, 남들이 그분의 미소를 무섭게 느낀다는 사실을 잊어버리게 되지요. 오, 발랑틴! 그분이 당신을 보고 그러한 미소를 띤 일은 없었나요? 그걸 보면 당신도 행복해질 거요."

"저를 보고요?" 소녀가 말했다. "오, 막시밀리앙, 그분은 저를 보시지도 않는걸요. 어쩌다가 그분 옆을 지나게 될 때도 그분은 저를 외면하세요. 그분은 절대로 착한 분이 아니에요. 그리고 사람의 마음속을 꿰뚫어 보는 눈 같은 건 가지고 있지 않아요. 그렇지 않다면 당신이 그분을 잘못 보고 계신 거예요. 만약 정말로 그분이 착한 분이라면 집 안에서 혼자 슬퍼하는 저를 그 힘으로 감싸 주셨을 게 아니에요? 그리고 당신 말대로 그분이 그렇게 태양 같은 분이라면, 제 마음을 따뜻하게 해주셨을 게 아니에요? 막시밀리앙, 당신은 그분이 당신을 사랑한다고 그러시지만, 그걸 어떻게 아나요? 남자들이란, 당신처럼 키가 크고 긴 수염에 큰 칼을 찬 당당한 사람을 보면 다정한 얼굴을 하지요. 그러나 눈물을 흘리는 가련한 소녀쯤은 아무렇지도 않게 짓밟아 버린다고요."

"오, 발랑틴! 그건 당신이 오해하고 있는 거예요. 확실합니다."

"만약 그렇지 않다면 막시밀리앙, 만약 그분이 저를 외교적으로 취급하려 했다면, 다시 말해서 이 집에서 어떻게든 떠받드는 존재라면, 당신이 그렇게 칭찬을 하시던 그 부드러운 미소로 단 한 번이라도 저를 봐 주셨어야 했을 게 아니에요? 그런데 사실은 그렇질 않거든요. 그분은 제가 불행하다는 것을 알고 있어요. 그리고 제가 아무 도움도 되지 못한다는 것을 알고, 저를 쳐다보지도 않아요. 나중에는 어머니나 아버지나 에두아르의 환심을 사려고, 자기가 할 수 있는 범위 안에서 저를 괴롭힐 수도 있지 않을까? 솔직히 말해서 전 이런 식으로 이유 없이 무시당해야 할 여자는 아니라고 생각하거든요. 당신도 그렇게 말씀하시지 않았어요? 어머나, 이런 소릴 자꾸 하다니 …… 용서하세요." 그녀는 막시밀리앙의 표정을 보더니 이렇게 다시 말을 이었다. "전 좋지 않은 여자예요. 그분에 대해서 마음에도 없는 소리를 했으니 말이에요. 사실 저도 당신이 얘기하신 영향이라는 것을 인정하고 있어요. 그리고 그분이 저한테까지 영향을 미치고 있다는 것도 인정하고요. 하지만 제 경우에는 좋은 생각을 해치거나 손상시키는 결과밖엔 되지 않아요."

"알았소, 발랑틴." 모렐은 한숨을 쉬면서 말했다. "이제 그 얘긴 그만 합시다. 그분께는 아무 얘기도 안 할 테니."

"어떡하죠? 마음이 언짢아지셨나 봐요. 아! 당신의 손을 붙잡고 용서라도 빌 수 있었으면! 전 확실한 것을 알고 싶어요. 도대체 몬테크리스토 백작이 당신을 위해서 무슨 일을 하셨단 말이에요?"

"무슨 일을 해주셨는지 질문하시면 곤란하군요. 물론 겉으로 드러나는 일은 아니었습니다. 그러니까 아까도 얘기했지만, 그 사람에 대한 애착은 순전히 직감적인 것일 뿐, 이렇다 할 이유는 없어요. 이를테면 태양이 저한테 해주는 것이 있나요? 그것은 저를 따뜻하게 해주고, 또 그 빛으로 당신을 볼 수 있게 해주지요. 그뿐입니다. 또 향기는 제게 어떤 일을 해주었다고 할 수 있을까요? 그것은 제 오관 중의 하나를 즐겁게 해 줄 뿐입니다. 어째서 이 향기가 좋냐고 물으시면 저는 아무런 할 말이 없습니다. 그분한테서 느끼는 친근감, 또 그분이 저에게 느끼는 친근감은 사실 이상한 것입니다. 이러한 예기치 못한 우리 둘의 우정에는 우연 이상의 무엇이 있다고 마음속에서 은밀한 소리가 말하는 것 같습니다. 그분의 아주 사소한 행동이나 숨겨져 있는 생각까지, 제 행동과 생각하고 뭔가 관계가 있는 것처럼 생각돼요. 발랑틴, 또 웃으실지 모르겠지만, 그분을 알고 난 뒤로는 제게 일어나는 좋은 일이 모두 그분 때문에 생긴 것 같은 이상한 기분이 들어요. 하지만 난 지금까지 그런 보호자 없이 30년이나 살아온 건 분명한데, 그건 그렇다 치고, 예를 들면 이런 일이 있었습니다. 그분은 저를 토요일 만찬회에 초대했지요. 그건 여태까지의 우리 두 사람 사이로 보아 지극히 당연한 일일지도 모릅니다. 그런데 그 뒤에 무슨 소리를 들었는지 알아요? 당신 아버님도 초대를 했고, 따라서 어머니도 가실 거라고 했어요. 그러니까 저는 당신 부모님들을 만나게 되는 거예요. 그런 인연으로 앞으로 무슨 일이 생길지 누가 알아요? 물론 이것은 겉으로 보기엔 아주 단순합니다. 그러나 저는 거기서 뭔가 깜짝 놀랄 일이 생길 것만 같은 느낌이 들어요. 이상한 희망이 생기는군요. 모든 것을 다 꿰뚫어 볼 수 있는 눈을 가진 백작이 일부러 저를 당신 부모님들과 만나게 해주려는 것 같아요. 그래서 가끔, 그분의 눈이 혹시 제 사랑을 이미 알고 있는 게 아닌가 눈치를 살필 때도 있답니다."

"아무래도 저는, 당신이 꿈이라도 꾸고 있는 것은 아닌가 하는 생각이 드는군요." 발랑틴이 말했다. "그리고 그런 얘기만 듣고 있자니, 당신의 정신이 이상한 것이 아닌지 걱정이 돼요. 그 만찬회에 무엇인가 우연 이상의 것이 있다고요? 그건 다시 생각해 주세요. 절대로 밖에 나가시지 않는 아버지께선 그 초대를 수없이 거절하셨어요. 그런데 어머니가 어떻게 해서든지 그 대단한 백만장자의 집을 보고 싶다 하셔서 겨우 아버지를 설득시켰거든요. 막시밀리앙, 전 이 세상에서 당신 말고는, 산송장 같은 할아버지밖엔 구원을 청할 사람이 없어요. 돌아가신 어머니밖에 의지할 분이 없다고요!"

"그 말은 정말 옳다고 생각해요, 참으로 일리가 있는 말이죠." 막시밀리앙이 말했다. "그러나 언제나 제게 무한한 힘을 가지고 있는 당신의 그 부드러운 목소리도 오늘만은 저를 설득하지 못하는군요."

"당신 목소리도 마찬가지예요." 발랑틴이 말했다. "다른 예를 들어 말해 주신다면 또 몰라도……."

"그런 예라면 하나 있어요." 막시밀리앙은 주저하면서 말했다. "그런데 발랑틴, 사실은 나 자신도 그렇게 생각하지만, 이건 앞서 들었던 예보다도 더 말이 되질 않아요."

"괜찮아요." 발랑틴이 웃으면서 말했다.

"하지만," 모렐이 계속해서 말했다. "10년이나 군대 생활을 계속해서 '앞으로 가!'라든가 '뒤로 가!' 같이 아주 조금 마음속에 떠오른 영감 덕분으로 명중할 뻔한 총알을 피해서 목숨을 건진, 영감과 느낌으로 살아온 나 같은 남자에게 그것은 확실한 것이라 여겨지기 때문이죠."

"막시밀리앙, 총알이 비껴나간 것을 왜 저의 기도 때문이라고 해 주지 않으시는 거예요? 당신이 그쪽에 가 계실 동안, 제가 하느님과 어머니께 기도 드렸던 것은 저 자신을 위해서가 아니었어요. 전부 당신을 위해서였지요."

"그래요, 당신과 만나고부터는요." 모렐이 웃으면서 말했다. "하지만 만나기 전에는요?"

"심술궂기도 하셔라. 어쨌든 당신은 제 덕이라고 생각하고 싶진 않으신 거죠? 그건 그렇고, 자, 그 터무니없을 것 같다는 그 얘기나 해주세요."

"이 담 사이로 저 말들을 좀 보세요. 저 나무에 매여 있는 내가 타고 온 새 말 말이오."

"아! 참 훌륭한 말이네요!" 발랑틴이 말했다. "그런데 왜 이 철장 옆으로 데려오지 않으셨어요? 그랬더라면 얘기라도 해 보았을 것을."

"저건 굉장히 비싼 말이오." 막시밀리앙이 말했다. "당신도 알겠지만, 제 재산이라는 게 뻔하고, 또 저는 분별이 있는 사람입니다. 그런데 어느 날 말 가게에서 저 훌륭한 메데아를 발견했단 말이에요. 저는 '메데아'라고 이름을 지었답니다. 그래서 값을 물었더니, 4천5백 프랑이라는 거예요. 물론 저는 더 이상 넋을 잃고 바라보는 것을 멈추고 그 집을 나왔지요. 정말이지 마음이 아팠어요. 왜냐하면 그놈이 저를 아련하게 바라보면서 머리를 갖다 대고 비비더니, 저를 태우고 아주 다정하고 귀엽게 빙빙 돌아다니질 않겠어요? 그날 밤 집에 친구들이 왔어요. 샤토 르노며 드브레, 그리고 다행히 당신이 모르는 대여섯 명 정도의 불량한 친구들이 부이요트(트럼프 놀이의 일종)를 하자고 그러더군요. 전 노름을 하지 않습니다. 돈을 잃을 만큼 부자도 아니고, 또 돈을 따고 싶을 정도로 가난하지도 않으니까요. 하지만 제 집에서 모인 거니까 하는 수 없이 트럼프를 가지고 왔지요. 막 테이블에 앉으려는데, 몬테크리스토 백작이 나타났습니다. 그는 자리에 앉아 카드놀이를 했습니다. 제가 따게 되었습니다. 발랑틴, 솔직히 고백하기 좀 그렇지만, 제가 5천 프랑을 땄어요. 모두들 밤에야 돌아갔습니다. 전 아무래도 참을 수가 없어서 마차를 타고 곧장 말 가게로 갔습니다. 가슴을 두근거리며 초인종을 눌렀습니다. 나온 사람은 아마 저를 미친놈으로 알았을 거예요. 문이 열리자마자 안으로 뛰어 들어갔습니다. 마구간으로 가서 말 매어두는 곳을 쳐다보았어요. 아! 고맙게도 메데아는 꼴을 먹고 있더군요. 저는 달려가서 말 등에다 안장을 올려놓고 굴레를 씌웠지요. 메데아는 기쁘다는 듯이 순순히 응하더군요. 그러고는 어안이 벙벙해하는 상점 주인의 손에 4천5백 프랑을 쥐여주고는 돌아왔지요. 돌아왔다기보다는 밤새 샹젤리제를 돌아다녔어요. 그런데 백작 집의 창문에 불이 켜져 있질 않겠습니까? 커튼 뒤엔 백작의 그림자가 보이는 것 같았어요. 어때요, 발랑틴. 저는 꼭 백작이 제가 말을 가지고 싶어 하는 것을 알고, 그 말을 살 수 있도록 일부러 져준 것만 같아요."

"막시밀리앙." 발랑틴이 말했다. "당신은 꿈속에 사는 사람 같아요……. 당신은 저를 오래 사랑할 것 같지 않아요…… 당신처럼 그렇게 시적인 사람은 이렇게 우리의 단조로운 사랑에 만족하지 못할 거예요……. 아니, 누가 절 부르고 있어요! 저것 보세요."

"오, 발랑틴." 막시밀리앙이 말했다. "담장 틈새로 새끼손가락을 내밀어주오, 입을 맞추게."

"막시밀리앙, 우린 언제까지나 서로 두 개의 목소리, 두 개의 그림자라고 약속하지 않으셨어요?"

"그럼, 발랑틴, 당신이 좋으실 대로 하세요."

"당신 말씀대로 하면 기뻐해 주실 거예요?"

"네, 물론이죠."

발랑틴은 그곳에 있던 벤치 위에 올라갔다. 그리고 틈새로 새끼손가락을 내미는 대신 담장 너머로 손 전체를 내밀었다. 막시밀리앙은 기쁨의 탄성을 질렀다. 그리고 자기도 담장의 귓돌 위로 뛰어올라가, 그 그립던 손을 잡고 뜨거운 입술을 갔다 대었다.

그러나 금세 그 조그만 손은 그의 손에서 빠져나갔다. 그리고 갑자기 느낀 감정의 동요에 두려움을 느낀 듯이 발랑틴이 뛰어 도망가는 발소리가 들려왔다.

누아르티에 드 빌포르 씨

당글라르 부인과 그 딸이 떠난 뒤, 그리고 앞에 말했듯이 막시밀리앙과 발랑틴이 서로 이야기를 나누고 있는 사이에 검찰총장 빌포르의 집에서는 다음과 같은 일이 일어났다.

빌포르 씨는 부인을 데리고 아버지 방으로 들어갔다. 그때 발랑틴이 어디 있는지는 이미 말한 바 있다.

부부는 노인에게 인사를 하고 이미 20년도 넘게 이 집에서 시중을 들고 있는 늙은 하인 바루아를 밖으로 내보냈다. 그리고 나서 두 사람은 노인 옆에 앉았다.

누아르티에 씨는 밑에 바퀴가 달린 커다란 안락의자에 앉아 있었다. 아침이 되면 집안사람들이 노인을 이 의자에 앉혔다가 저녁이 되면 의자에서 옮기는 것이었다. 방 전체를 비추고 있는 거울 앞에 앉아 있는 노인은 부자유한 몸을 움직이지 않아도 방 안으로 누가 들어오며 누가 나가는지, 주위에 무슨 일이 일어나고 있는지를 다 볼 수 있었다. 노인은 죽은 사람처럼 움직이지는 않았지만, 그 총명하고 생기 있는 눈으로 빌포르 부부를 바라보았다. 그 엄숙한 태도로 보아, 노인은 무엇인가 뜻하지 않은 공식적인 일이 있다는 것을 직감할 수 있었다.

이미 4분의 3은 무덤 속에 묻혔다고 볼 수 있는 이 산송장 같은 노인에게는, 시각과 청각의 두 감각만이 마치 두 개의 불꽃처럼 아직도 살아 움직이고 있었다. 더군다나 이 두 개의 감각 중 하나만이 이 석상을 살아가게 하는 내부의 생명을 밖으로 나타내는 역할을 했다. 그리고 이 내부의 생명을 드러내는 눈길은, 밤중에 사막에서 길을 잃은 여행객에게 침묵과 어둠 속에서 아직 살아 있는 사람이 있음을 알려주는, 저 멀리 있는 단 한 점의 등불과도 같았다.

그러므로 비록 어깨 위로 길게 늘어진 머리카락은 완전히 하얗게 되었지만, 아직 검은 눈썹 아래 보이는 노인의 검은 눈 속에는, 다른 모든 기관이 모두 못 쓰게 되고 다만 그것만이 살아남아 있는 기관의 경우처럼, 이 노인의 육체와 정신 속에 충만한 모든 활동력, 모든 기지, 모든 힘과 모든 지혜가 집중되어 있었다. 사실 노인은 이미 팔을 들 수도, 소리를 낼 수도, 몸을 움직일 수도 없었다. 그러나 그 강한 눈빛 하나만으로, 마비된 다른 모든 기능을 보충할 수가 있었다. 노인은 무언가 명령하고, 인사할 때 모두 눈으로 했다. 마치 산 사람의 눈을 가진 송장과도 같았다. 그리고 그 눈 속에서 때로는 분노가 불타고, 또 때로는 기쁨으로 빛나는 그 대리석과도 같은 얼굴은 가끔 더없이 무섭게 느껴지는 것이었다. 중풍이 든 이 딱한 노인의 말을 알아듣는 것은 단지 세 명뿐이었다. 그것은 빌포르와 발랑틴과 앞서 말한 늙은 하인뿐이었다. 그러나 빌포르는 꼭 와야만 하는 경우가 아니면 아버지를 찾아오는 일이 없었고, 만나러 와서도 노인의 말뜻을 알아듣고도 그를 기쁘게 해주려고는 하지 않았다. 그래서 노인은 오직 손녀 한 사람에게서만 행복을 찾을 수 있었다. 그리고 발랑틴은 그 성실과 사랑과 인내의 힘으로, 노인의 눈만 보아도 노인이 생각하는 모든 것을 이해할 수 있게 되었다. 발랑틴은 목소리로 나오지 않는 노인의 말, 다른 사람은 아무도 이해할 수 없는 그 말에, 온갖 목소리와 표정과 진심을 가지고 대답해 주었다. 이렇게 해서 이 젊은 처녀와 이른바 흙이 다 된 노인, 아니 거의 먼지로 변해 버린 듯한 노인 사이에는 아직도 생생한 대화가 오갈 수 있었다. 하지만 노인은 아직도 광범위한 지식과 놀랄 만한 통찰력을 지니고 있었으며, 지금은 남을 복종시킬 수 없게 된 육체 속에도 완강한 의지만은 남겨 두고 있었다.

이렇게 발랑틴은 노인의 생각을 이해하고 자신의 생각을 상대에게 이해시키는 이 곤란한 문제를 해결할 수 있었다. 이런 노력의 결과, 일상생활에 관한 한 노인의 살아 있는 마음이 무엇을 원하고 있는지, 그리고 절반은 무감각하게 되어버린 이 송장 같은 노인이 필요로 하는 것이 무엇인지를 거의 정확하게 파악할 수가 있었다.

그의 늙은 하인으로 말하자면, 앞서 말한 대로 그는 20년간이나 노인을 섬겨왔기 때문에 노인의 습관을 너무도 잘 알고 있었고, 그래서 노인이 일을 시킬 필요조차 없었다.

빌포르는 노인과 얘기하러 올 때, 지금 말한 두 사람 중 어느 누구의 도움도 필요로 하지 않았다. 이미 말했듯이, 빌포르 자신이 노인의 말뜻을 완전히 이해할 수 있었기 때문이다. 그런데도 그런 기회를 가지지 않았던 것은 귀찮기도 하고 무관심했기 때문이었다. 빌포르는 발랑틴을 정원으로 내보내고, 하인 바루아를 물러가 있게 했다. 그리고 자기는 노인의 오른쪽에 앉고 아내는 왼쪽에 앉게 했다.

"아버님, 발랑틴을 여기에 있게 하지 않고, 또 바루아를 내보낸 것을 이상하게 생각진 마십시오. 실은 저희가 의논하려는 일을 딸아이나 하인이 듣게 하고 싶지 않아서 그런 겁니다. 저희 두 사람이 아버님께 보고드릴 게 하나 있습니다."

이렇게 말을 꺼내는 동안, 노인은 얼굴에 어떤 감정도 나타내지 않았다. 그에 반해서 빌포르의 눈은 노인의 마음속까지 꿰뚫어 보려는 것 같았다.

"이 보고로 말씀드리지만," 빌포르 검찰총장은 냉담하게, 마치 어떠한 이의도 받아들일 수 없다는 듯한 어조로 말을 이었다.

"저나 제 처는, 아버님께서도 분명히 찬성해 주실 줄로 믿고 있습니다."

노인의 눈은 여전히 아무런 표정도 나타내지 않았다. 그는 그저 듣고만 있을 뿐이었다.

"아버님," 빌포르가 말했다. "발랑틴을 결혼시키려고 합니다."

이 보고를 들었을 때 노인의 얼굴은 이루 말할 수 없이 차가워졌다.

"결혼식은 3개월 내로 하게 될 겁니다." 빌포르가 말했다.

노인의 눈은 여전히 아무 표정도 없었다. 이번에는 빌포르 부인이 급히 입을 열어 다음과 같이 말했다.

"저희는 아버님께서도 이 소식은 반겨주시리라고 생각했습니다. 아버님께선 늘 발랑틴을 사랑해 주시니까요. 저희는 그저 신랑의 이름만 알려드리면 될 줄로 압니다. 발랑틴에게는 더할 나위 없이 좋은 혼처지요. 재산도 있고, 가문도 좋고, 몸가짐이며 취미며, 틀림없이 그 애가 행복해질 거라고 생각합니다. 더군다나 아버님께서도 아시는 이름입니다. 데피네 남작, 프란츠 드 케넬이랍니다."

빌포르는 아내가 이야기를 하는 동안, 여느 때와 다르게 주의 깊은 눈으로 노인을 지켜보았다.

빌포르 부인이 '프란츠'라는 이름을 말하자, 빌포르가 너무나 잘 알고 있는 노인의 그 눈이 부르르 떨렸다. 그리고 무슨 말을 하려고 할 때의 입술처럼 벌어진 눈 속에서 번갯불 같은 것이 흘러나왔다. 아버지와 프란츠의 아버지 사이에 정치적으로 사이가 틀어졌던 것을 알고 있던 검사는 금세 노인의 흥분과 동요의 의미를 이해할 수 있었다. 그러나 그런 눈치는 조금도 보이지 않고, 그는 아내가 하다 만 이야기를 이어갔다.

"아버지," 그는 말했다. "아버님도 아시다시피, 발랑틴도 이제 곧 열아홉 살이 됩니다. 그러니 이제 제 짝을 찾아 주어야지요. 물론 이 혼담이 있을 때 아버님 생각을 안 한 건 아닙니다. 그리고 발랑틴의 남편 될 사람이 저희와 같이 사는 건 거북할 테고, 그러니까 제 말은, 발랑틴도 유난히 아버님을 좋아하고 아버님께서도 그 애를 사랑하시는 것 같으니, 아버님께서 그 애들과 같이 사시도록 발랑틴의 남편 될 사람과도 얘기해 놓았습니다. 그러니까 아버님께선 지금까지의 습관을 하나도 바꾸실 필요 없이, 오히려 이제 한 사람이 아니라 두 사람이 아버님 시중을 들어 드리게 되는 것이지요."

노인의 눈이 충혈되었다.

분명 노인의 마음속에서는 무언가 무서운 일이 일어나고 있었다. 분명 고통과 분노의 외침이 목구멍까지 치밀어 올랐던 것이다. 그런데 그것을 폭발시키지 못하니 노인의 목구멍이 지금이라도 꽉 막혀버릴 것만 같았다. 그 증거로 노인의 얼굴은 시뻘게지고 입술은 새파래졌다.

빌포르는 조용히 창을 열면서 말했다.

"상당히 덥군요. 이렇게 더운 건 몸에 좋지 않을 텐데요."

그러고는 다시 제자리로 돌아왔으나 자리에 앉지는 않았다.

"이 혼담은," 빌포르 부인이 덧붙여 말했다. "데피네 씨랑 그 가족들도 다 좋아하시는 것 같아요. 가족이라고 해봐야 큰아버지하고 큰어머니뿐이지만요. 프란츠 어머니는 프란츠를 낳자마자 곧 돌아가셨고, 아버지는 1815년에, 프란츠가 겨우 두 살밖에 안 되었을 때 암살당했으니까요. 그래서 프란츠는 뭐든지 마음대로 다 할 수 있게 되었지요."

"그런데 참 이상한 암살 사건이에요." 빌포르가 말했다. "범인은 모르는데 꽤 많은 사람에게 혐의가 가고 있어요."

노인은 무엇인가 애를 쓰는 듯 입술에 미소 같은 것이 떠올랐다.

"그런데," 빌포르가 말을 이었다. "만약 그 범인이, 정말로 죄를 지은 진범이, 살아선 인간의 손으로 벌을 받아야 하고 죽어선 신의 심판을 받아야 할 진짜 범인이 말입니다. 우리같이 프란츠 데피네와 딸을 결혼시킴으로써 혐의를 모면할 수 있다면 틀림없이 기뻐했을 거예요."

노인은 다 망가진 그 몸속에 숨어 있는 힘으로 자신을 억누르고 있었다.

'그래.' 노인은 눈으로 빌포르에게 이렇게 대답했다. 그 눈은 깊은 경멸과 모든 것을 꿰뚫어 보는 듯한 분노를 나타내고 있었다.

빌포르는 노인의 눈빛의 의미를 다 알면서도 가볍게 어깨를 한 번 으쓱해 보였다.

그러고는 아내에게 일어나라는 눈짓을 했다.

"그럼 아버님," 빌포르 부인이 말했다. "이만 실례하겠어요. 그리고 에두아르를 인사 드리러 오라고 해도 될까요?"

노인은 승낙의 뜻을 나타낼 때는 눈을 감고, 거절할 때는 눈을 몇 번 끔뻑끔뻑해 보이며, 무언가 요구할 것이 있으면 눈을 위로 치켜뜨곤 했다.

발랑틴을 부르고 싶을 때면 오른쪽 눈 하나만 감고, 바루아를 부를 땐 왼쪽 눈을 감기로 되어 있었다.

빌포르 부인의 말에, 노인은 눈을 급히 끔뻑거렸다.

분명한 거절의 뜻을 전해 받은 빌포르 부인은 입술을 깨물었다.

"그럼, 발랑틴을 보낼까요?" 부인이 물었다.

'그래.' 노인은 즉시 눈을 감아 보였다.

빌포르 부부는 인사를 하고 밖으로 나갔다. 그리고 발랑틴을 불러 오도록 했다. 사실 발랑틴도 그날 안에 노인에게 볼일이 있다는 것을 미리 알고 있었다.

빌포르 부부가 나가고 나서 발랑틴은 아직도 흥분이 가시지 않은 새빨간 얼굴로 노인의 방에 들어왔다. 발랑틴은 노인을 보자, 그가 얼마나 괴로워하고 있으며 자기에게 할 말이 얼마나 많은가를 알 수 있었다.

"어머, 할아버지!" 발랑틴이 소리쳤다. "무슨 일이 있었나요? 뭔가 할아버지를 화나게 할 만한 일이라도 있었군요. 아직도 화가 나 계신 거예요?"

'그래.' 노인은 눈을 감아 보였다.

"누구 때문에 화가 나셨어요? 아버지 때문에? 아니에요? 그럼, 어머니 때문인가요? 그것도 아니에요? 그럼, 저 때문인가요?"

노인은 그렇다는 눈짓을 했다.

"저요? 제가 어떻게 했기에 그러세요, 할아버지?" 발랑틴이 소리쳤다.

노인은 그 말에는 아무런 대꾸도 안 했다. 그녀가 또다시 물었다.

"저는 오늘 할아버지를 한 번도 만나뵙지 못했는걸요. 그럼 누가 와서 제 얘길 했군요?"

'그래.' 노인의 시선이 대답했다.

"아니, 무슨 일인데요? 저는 모르겠어요…… 아! 아버지하고 어머니가 왔다 가셨죠?"

'그래.'

"그분들이 할아버지를 화나게 할 만한 이야기를 했군요? 무슨 얘길 하셨는데요? 제가 가서 물어보고 할아버지께 잘못을 빌까요?"

'아니, 아니.' 노인이 눈으로 말했다.

"그래도 걱정이 되는걸요. 도대체 뭐라고 그러셨는데요?"

발랑틴은 잠시 생각했다.

"이제 알겠어요. 제 결혼 얘기를 하셨죠?" 노인의 옆으로 와서 낮은 소리로 말했다.

'그래.' 노인은 화가 난 눈빛으로 대답했다.

"이젠 알겠어요. 할아버지는 그동안 제가 아무 말도 안 해서 화가 나신 거죠? 아버지와 어머니께서 할아버지껜 아무 말씀도 드리지 말라고 그랬거든요. 그리고 저한테까지도 아무 얘기 안 해 주셨어요. 저는 그 비밀을 그저 어쩌다가 알게 된 것뿐이에요. 그래서 할아버지께 아무 말씀도 안 드렸던 거예요. 용서해 주세요, 할아버지."

또다시 무표정하게 고정된 노인의 시선이 이렇게 대답하는 것 같았다. "내가 마음이 괴로운 것은 네가 아무 말도 하지 않았기 때문만은 아니다."

"그럼 뭣 때문에 그러세요?" 소녀가 물었다. "제가 할아버지를 저버리고 갈 거라고 생각하신 건가요? 결혼하면 할아버지를 잊을까 봐서요?"

'아니.' 노인이 대답했다.

"그럼, 데피네 씨가 결혼해도 할아버지를 모시기로 승낙했다는 얘기도 들으셨어요?"

'그래.'

"그럼, 할아버지는 왜 화가 나셨어요?"

노인의 시선이 한없이 부드러워졌다.

"그래요, 알겠어요." 발랑틴이 말했다. "할아버진 저를 사랑하시니까 그러시는 거죠?"

노인은 그렇다는 표시를 했다.

"그런데 제가 혹시 불행해지지나 않을까 걱정이 되시는 거죠?"

'그래.'

"할아버진 프란츠 씨가 싫으세요?"

노인의 눈이 '그렇다, 그렇다, 그렇다'하는 표정을 세 번 네 번 되풀이했다.

"그래서 할아버지는 슬프신 거로군요?"

'그래.'

"할아버지!" 발랑틴은 노인 앞에 무릎을 꿇고 노인의 목을 끌어안으며 말했다. "저도 슬퍼요. 저도 프란츠 데피네 씨가 좋지는 않으니까요."

노인의 눈에 반짝하고 기쁜 빛이 돌았다.

"제가 수도원에 들어가려고 했을 때 할아버지가 화내셨던 것을 기억하세요?"

눈물 한 방울이 노인의 메마른 눈시울을 적셨다.

"그건 바로," 발랑틴이 말했다. "이 참을 수 없는 결혼을 하지 않으려고 그런 거예요."

노인의 숨결이 높아졌다.

"할아버지께서도 이 결혼을 슬퍼하고 계신 거예요? 아! 할아버지께서 저를 도와주실 수 있다면, 그리고 우리 두 사람이 힘을 모아 그분들의 계획을 무너뜨릴 수 있다면 얼마나 좋겠어요? 할아버지께선 정신도 맑으시고 의지도 확고하시지만, 그분들에게 맞설 아무 힘도 없으시잖아요. 저와 마찬가지로, 아니 저보다도 더 약하신데 어떻게 싸우실 수가 있겠어요. 아! 힘 있고 건강하셨을 때라면 저에게 더없이 든든한 보호자가 되어주셨을 텐데! 그러나 지금은 저를 이해하시고, 저와 함께 기뻐해 주시고 슬퍼해 주실 뿐이죠. 그것만이 하느님께서 걷어가는 걸 잊으신 단 하나 남은 마지막 행복이지만요."

이 말을 듣고 있던 노인의 눈에는 몹시 빈정거리는 듯하면서도 깊은 생각에 잠긴 듯한 표정이 떠올랐다. 발랑틴은 그 눈에서 다음과 같은 의미를 읽을 수 있는 것 같았다.

"그건 틀린 생각이야. 난 아직도 널 위해 힘을 쓸 수 있어."

"할아버지께선 저를 위해서 무슨 일인가를 해주실 수 있으세요?" 발랑틴이 노인의 생각을 말해 보았다.

'그래.'

노인의 눈은 하늘로 향했다. 그것은 노인이 무엇인가 요청이 있을 때의 표현이라는 것이 두 사람 사이의 약속이었다.

"뭘 말씀이세요?"

발랑틴은 잠깐 머릿속으로 생각한 뒤에, 짐작되는 생각을 입 밖에 표현해 보았다. 그러나 무슨 소리를 해도 노인은 그저 '아니야'라고만 대답했다.

"그럼," 소녀는 말했다. "이젠 마지막 수단을 써봐야겠는데요. 전 정말 바보로군요."

그러고 나서 발랑틴은 미소 지으며 알파벳을 A부터 N까지 하나하나 대며 노인의 눈에 물어보았다. N까지 대자 누아르티에 씨는 '그래'라는 표시를 했다.

"아!" 발랑틴이 말했다. "할아버지가 말씀하시려는 게 N자로 시작되는 단어로군요. N자를 조사해 볼까요? 그럼 N자 다음에는 무엇인가요? Na, Ne, Ni, No."

'그래, 그래, 그래.' 노인이 표시했다.

"No요?"

'그래.'

발랑틴은 사전을 가져다 노인의 책상 위에 올려놓았다. 그리고 사전을 펼쳤다. 다음에는 노인의 눈이 책상 위를 주시하는 것을 보면서 손가락으로 사전의 단어들을 죽 훑어내렸다. 노인이 지금과 같은 비참한 상태가 되고 나서 6년 동안 연습한 결과, 이러한 방법이 가장 손쉬운 방법임을 깨닫게 되었다. 발랑틴은 이 방법으로 노인 자신이 사전 속에서 찾아내는 것만큼이나 빨리 노인의 생각을 알아낼 수 있었던 것이다.

'Notaire'라는 단어에서 그는 '그만'이라는 신호를 했다.

"Notaire." 소녀는 말했다. "할아버지, 공증인이 필요하세요?"

노인은 자기가 필요한 것이 공증인이라는 표시를 했다.

"그럼, 공증인을 부를까요?" 발랑틴이 물었다.

'그래.' 노인이 대답했다.

"아버지께도 알릴까요?"

'그래.'

"급한가요?"

'그래.'

"그럼 곧 공증인을 불러오도록 하겠어요. 또 뭐 필요하신 건 없으신가 요?"

'아니.'

발랑틴은 급히 일어나서 종을 울렸다. 하인을 불러, 아버지나 어머니를 할 아버지 방으로 모셔오라고 일렀다.

"이젠 됐지요?" 발랑틴이 말했다. "정말 턱없이 어려웠죠?"

소녀는 마치 어린아이를 대하듯이 미소를 지었다.

빌포르 씨가 바루아를 따라 들어왔다.

"아버님 왜 그러시죠?" 빌포르 씨는 노인에게 물었다.

"할아버지께서 공증인을 불러달라고 하세요."

이 뜻밖의 이상한 요구를 듣자 빌포르 씨는 노인의 눈을 바라보았다.

'그래.' 노인은 확고하게 대답했다. 그 대답에서 발랑틴의 도움과 자기가 바라는 것이 무엇인가를 알고 있는 하인만 있으면, 얼마든지 싸울 수 있다는 마음을 엿볼 수 있었다.

"공증인이 필요하시다고요?" 빌포르가 되물었다.

'그래.'

"무엇 때문에요?"

노인은 그 말에는 대답하지 않았다.

"왜 공증인이 필요하시단 말씀이시죠?" 빌포르가 다시 물었다.

노인의 눈은 움직이지 않았다. 아무런 말도 하지 않은 것이다. 그것은 곧, '자신의 생각대로 하겠다'는 것을 의미했다.

"우리가 하는 일에 무슨 장난을 치시려고 그러십니까?" 빌포르가 말했다.

"지금 와서 뭘 어쩌시려고요?"

"그렇지만," 바루아는 늙은 하인들에게서 흔히 볼 수 있는 고집으로 이렇게 말했다. "영감님께서 공증인을 부르라고 하시는 건 분명 영감님께 필요해서 그러시는 겁니다. 그러니 제가 가서 불러오겠습니다."

바루아에게 주인이라고는 노인밖엔 없었다. 그래서 노인의 의사가 거부된다는 것은 그에게 결코 용납할 수 없는 일이었다.

'그렇다, 공증인을 불러오라는 거야.' 노인은 도전적인 태도로 어디 거역할수 있으면 거역해 보라는 듯이 눈을 감아 보였다.

"그렇게까지 꼭 필요하시다면 공증인을 불러오십시다. 그러나 저도 제 입장을 공증인한테 얘기하고, 아버님의 경우도 얘길 하겠습니다. 그렇게 하지않으면 아주 우스워질 테니까요."

"그건 어떻든 간에," 바루아가 말했다. "전 공증인을 부르러 다녀오겠습니다."

그렇게 늙은 하인은 의기양양하게 밖으로 나갔다.

유언

바루아가 방을 나갈 때, 노인은 발랑틴을 좀 언짢고 의미심장한 모습으로 바라보았다. 발랑틴은 그 시선의 의미를 알 수 있을 것 같았다. 빌포르도 그것을 알 수 있었다. 얼굴이 어두워진 빌포르는 이맛살을 찌푸렸다.

그는 의자를 가져와 노인의 방에 자리를 잡고 기다렸다.

노인은 완전히 무관심한 모습으로 그의 거동을 바라보았다. 그러나 발랑틴에게는 아무 걱정 말고 그대로 방에 있으라고 말했다.

45분쯤 되었다고 생각했을 때, 하인이 공증인을 데리고 돌아왔다.

"그런데," 빌포르는 인사가 끝나자 이렇게 말했다. "당신을 오시라고 한 것은 바로 여기 계신 제 아버님 누아르티에 드 빌포르 씨입니다. 중풍으로 말미암아 온몸을 마음대로 쓰지 못하셔서 손발도 움직일 수 없고 말도 못하십니다. 그래서 저희나 겨우 무슨 말씀을 하시려는 건지 단편적으로 알 수 있는 정도입니다."

노인은 눈으로 발랑틴을 불렀다. 그 진지하고 명령적인 부름에 발랑틴은 즉시 대답했다.

"전 할아버님이 하시는 말씀을 다 알아들을 수 있습니다."

"그렇습니다," 바루아가 거들었다. "아까 이리로 오실 때 제가 말씀드린 대로, 아가씨께선 뭐든 다 알아들으십니다."

"실례합니다만 선생님, 그리고 아가씨." 공증인은 빌포르와 발랑틴을 바라보며 말했다. "이것은 공증인으로서 무엇인가 위험한 책임을 지지 않고선 경솔하게 손을 쓸 수가 없는 경우입니다. 증서가 효력을 가지기 위한 제1 조건으로서, 공증인은 그것을 쓰게 한 분의 의사를 완전히 이해했다는 확신을 갖는 것이 필요합니다. 그런데 저로서는 말을 못하시는 분이 찬성이나 반대 의견을 표하는 것에 대해 전혀 확신을 가질 수가 없군요. 본인이 말을 하지 않으면 저는 그분의 희망이나 거부 의사를 확실히 알 수 없으니, 결국 제 직무란 무익한 것이며, 만약 그것을 시행하게 되면 위법이 되는 겁니다."

공증인은 돌아가려고 한 걸음 뒤로 물러섰다. 검찰총장의 입술에는 눈에 보이지 않는 승리의 미소가 떠올랐다. 한편 노인은 뭐라 표현할 수 없는 고뇌의 표정으로 발랑틴을 바라보았다. 발랑틴은 얼른 공증인의 앞을 가로막았다.

"저기, 제가 할아버지와 하는 말은 금방 알 수 있는 말들입니다. 그리고 제가 그 말을 알아들을 수 있듯이, 선생님께서도 곧 알아들으실 수 있습니다. 그런데 선생님의 양심에 거리낌이 없게 되려면 도대체 어떻게 하면 좋을까요?"

"증서가 유효하려면 필요한 것이 충족되어야만 합니다." 공증인이 대답했다. "다시 말해서 찬성과 반대에 대한 확인입니다. 육체가 병이 들어 있는 경우에도 유언은 되지만, 정신이 온전하지 않으면 유언은 성립되지 않습니다."

"그런 것이라면 문제없습니다. 단 두 가지의 신호만으로도 할아버지께서 지금 어느 때보다 온전한 정신으로 말씀하고 계시다는 걸 이해하실 수 있습니다. 말도 할 수 없고 몸도 움직일 수 없는 할아버지께선, '그렇다'를 말하고 싶으실 땐 눈을 감으시고, '아니다' 하실 때는 눈을 몇 번 깜빡거리십니다. 그것만 아셔도 할아버지와 이야기하실 수 있습니다. 한번 시험해 보세요."

그때 노인이 발랑틴을 바라보는 시선에는 사랑과 감사의 마음이 넘치고 있어서 공증인까지도 그것을 느낄 수 있었다.

"지금 손녀께서 얘기한 말뜻을 알아들으셨습니까?" 공증인이 노인에게 물었다.

노인은 조용히 눈을 감았다가 잠시 뒤에 다시 떴다.

"그럼, 노인께선 손녀가 말한 것을 인정하시는 겁니까? 다시 말해서, 지금 손녀 분이 설명한 신호는 당신의 생각을 전달하기 위한 것입니까?"

"그렇소." 노인은 이번에도 같은 표시를 했다.

"저를 부르신 게 노인이십니까?"

"그렇소."

"절 부르신 이유는 유언장을 만드시려고요?"

"그렇소."

"그러면 제가 유언장을 만들지 않고 가면 안 됩니까?"

노인은 황급히 여러 번 눈을 깜빡거려 보였다.

"어떠세요?" 소녀가 물었다. "안심하셔도 괜찮으시겠죠?"

그러나 빌포르는 공증인이 채 대답도 하기 전에, 그를 한쪽으로 끌고 갔다.

"선생," 그는 말했다. "제 아버님처럼 육체적으로 심한 타격을 입은 사람이 정신적으로는 전혀 타격을 입지 않을 수 있겠습니까?"

"제가 걱정하는 것은 그런 것이 아닙니다." 공증인이 대답했다. "전 본인의 대답을 얻기 위해서 어떻게 하면 그 생각을 추측할 수 있는지를 생각하고 있습니다."

"그건 보시다시피 불가능하지요." 빌포르가 대답했다.

발랑틴과 노인은 이들의 대화를 듣고 있었다. 노인은 발랑틴에게 단호한 시선을 보냈다. 그것은 분명 발랑틴에게 반박해달라고 요구하는 시선이었다.

"선생님," 발랑틴이 말했다. "그 점은 염려하실 것 없습니다. 선생님께서 할아버지의 생각을 알아듣기가 힘드시거나 어려울 것 같다는 생각이 드신다 하더라도, 제가 그 점에 대해서는 의구심이 생기지 않도록 밝혀드릴 테니까요. 전 6년 전부터 할아버지와 살고 있지만, 그동안 할아버지가 말씀하시는 뜻을 제가 못 알아들은 적은 한 번도 없었습니다. 그건 할아버지께서도 직접 증명해 주실 수 있습니다."

"없었지." 노인이 대답했다.

"그럼, 어디 해봅시다." 공증인이 말했다. "노인께선 발랑틴 양에게 통역을 부탁해도 괜찮으시겠습니까?"

노인은 괜찮다는 표시를 했다.

"좋습니다. 그럼, 노인께선 제게 원하시는 게 뭡니까? 어떤 증서를 만들어 드릴까요?"

발랑틴은 알파벳을 T까지 불러주었다.

T에 이르자, 누아르티에 노인은 눈으로 발랑틴의 말을 막았다.

"T로 시작되는 말이군요." 공증인이 말했다. "그렇다면 원하시는 게 무언지 알겠습니다."

"잠깐 기다려 주세요." 발랑틴이 말했다. 그러고 나서 할아버지 쪽을 보며 차근차근 다음 글자를 붙여서 소리내 읽어주었다.

"Ta…… Te……."

노인은 이 두 번째 말에서 손녀를 막았다.

그러자 발랑틴은 사전을 꺼내어 공증인의 주의 깊은 눈앞에서 페이지를 넘겼다.

"Testament." 노인의 눈이 멎은 곳에서 소녀는 손가락으로 그것을 가리켰다.

"Testament! 유언이라!" 공증인은 소리를 높였다.

"이젠 알겠습니다. 노인께선 유언을 하고 싶다고 말씀하시는 겁니다."

"그렇소." 노인은 그렇다는 표시를 수없이 반복했다.

"놀라운데요! 그렇죠?" 공증인이 어리둥절해 있는 빌포르에게 말했다.

"그렇군요." 빌포르가 대답했다. "아마 그 유언의 내용은 더 놀랍겠죠. 왜냐하면 하나하나의 조항이 한 마디 한 마디 딸의 지혜를 빌리지 않고는 종이 위에 쓰일 수 없을 테니까요. 하지만 발랑틴은 아버님의 불명료한 의사를 정확하게 전달하기에는 이 유언과 너무 많은 이해관계가 있습니다."

"아니, 아니." 노인이 신호했다.

"뭐라고요?" 빌포르가 말했다. "발랑틴이 유언에 아무런 관계도 없단 말씀이십니까?"

"없다." 노인의 대답이었다.

"선생님," 공증인이 말했다. 그는 지금 이 실험에 정신이 팔려, 마음속으로 이 흥미로운 일을 모두 세상에 떠들어댈 생각이었다. "아까까진 불가능하다고 생각했었는데, 이렇게 되면 정말 쉽게 생각되는데요. 이 유언은 하나의 비밀 유언이 되는 겁니다. 다시 말하면, 그것이 일곱 사람의 증인 앞에서 읽히고, 유언자에 의해 증인들 앞에서 승인되고, 그리고 역시 증인들 앞에서 공증인의 손에 의해 봉인되면, 법률상으로도 인정되어 유효한 것이 됩니다. 단, 보통 유언장보다는 시간이 조금 더 걸리겠지요. 제일 먼저 정규 형식에 있어서는 다른 경우와 다를 것이 없습니다. 내용에 있어서는 유언자의 재산 상태와 그것을 관리하고 잘 알고 계신 당신이 대부분을 제공해 주셔야겠지요. 그리고 그 증서가 완벽해지려면 완전한 공정성을 갖추어야만 합니다. 관습에는 어긋나는 일이지만, 제 동료에게 도움을 받아 증서를 제작하는 데 입회해 주도록 부탁하는 겁니다. 어떻습니까? 이것으로 만족하십니까." 공증인은 노인을 보며 이렇게 말했다.

"그렇소."

노인의 얼굴은 자기 뜻을 알아준 데 대한 기쁨으로 빛나고 있었다.

'도대체 뭘 하려는 거지?' 높은 신분에 있느니만큼 자신을 자제해야만 했던 빌포르는, 과연 아버지가 바라는 것이 무엇인지를 도무지 짐작하지 못한 채 이렇게 생각했다.

그는 공증인이 지명한 두 번째 공증인을 불러오라고 시킬 생각으로 몸을 돌렸다. 그러나 그때는 모든 이야기를 듣고 이미 주인의 생각을 눈치챈 바루아가 벌써 떠나고 난 뒤였다.

그래서 검찰총장은 아내를 불러오라고 일렀다.

15분 뒤, 모두가 노인의 방에 모였다. 벌써 두 번째 공증인도 와 있었다.

두 공증인은 간단한 몇 마디 말을 주고받은 것만으로 상담이 끝났다. 먼저 노인에게 막연하고 평범한 유언의 형식을 읽어 주었다. 계속해서 노인의 지능 검사라도 하려는 듯이 첫 번째 공증인이 노인에게 말했다.

"유언장이라는 것은 한 사람을 위해 만들어지는 것입니다."

"그렇소." 노인이 대답했다.

"노인께서는 자신의 재산이 어느 정도 액수에 달하는지 알고 계십니까?"

"알고 있지."

"지금부터 점점 수를 늘려서 불러보겠습니다. 노인의 재산을 나타내는 숫자까지 오면 거기서 멈추라는 신호를 하십시오."

"그러지."

질문에는 어떤 숙연함이 담겨 있었다. 그리고 지능과 육체의 투쟁이 이처럼 확연하게 나타났던 적은 없었다. 숭고하다고까지는 말할 수 없을지 모르나 적어도 진기한 광경임에는 틀림없었다.

모두가 빌포르를 중심으로 둘러앉았다. 두 번째 공증인은 테이블 앞에 앉아 서류를 쓸 자세를 취하고 있었다. 첫 번째 공증인은 노인 앞에 서서 질문을 했다.

"가지고 계신 재산이 30만 프랑을 넘습니까?"

노인은 그렇다는 신호를 했다.

"40만 프랑이십니까?"

공증인의 물음에 노인은 아무런 신호도 하지 않았다.

"50만 프랑?"

노인은 여전히 움직이지 않았다.

"60만? 70만? 80만? 90만 프랑?"

노인이 이제야 그렇다고 대답했다.

"90만 프랑입니까?"

"그렇소."

"그것은 부동산인가요?" 공증인이 물었다.

노인은 아니라는 표시를 했다.

"공채증서인가요?"

노인은 그렇다는 표시를 했다.

"그 증서는 노인께서 가지고 계신가요?"

노인이 바루아에게 눈짓을 하자 바루아가 나가더니 조그만 상자 하나를 가지고 들어왔다.

"이 상자를 열어봐도 되겠습니까?" 공증인이 물었다.

노인은 그러라고 대답했다.

상자를 열었다. 그 속에는 90만 프랑의 공채증서가 나왔다.

첫 번째 공증인은 증서를 한 장 한 장 동료의 손에 건네주었다. 정말 노인이 말한 액수가 그대로 들어 있었다.

"됐습니다." 공증인이 말했다. "틀림없이 완전한 지력을 가지고 계십니다." 그러고 나서 노인 쪽을 돌아보며 말을 이었다. "그렇다면 노인께선 90만 프랑의 자본을 가지고 계십니다. 또한 현재와 같이 그 자본을 투자해 놓으시면, 연간 대략 4만 프랑의 수입을 가지고 계신 겁니다. 맞습니까?"

"그렇소." 노인이 대답했다.

"이 재산을 누구에게 남겨 주시겠습니까?"

"오!" 빌포르 부인이 말했다. "그건 알고 있어요. 아버님께선 손녀만 귀여워하세요. 6년째 발랑틴이 할아버지를 돌보고 있습니다. 그동안 극진히 간호한 덕분에 할아버지의 사랑을, 사랑이라기보다는 감사의 마음까지 차지하게 되었지요. 지금까지의 헌신적인 간호에 대한 보상으로 발랑틴이 상을 타게 되는 건 당연한 일이겠죠."

노인의 눈이 반짝였다. 그것은 빌포르 부인의 거짓 태도에 절대로 속지 않겠다는 무언의 표시 같았다.

"그럼, 노인께선 발랑틴 양에게 이 90만 프랑을 물려주시겠습니까?" 공증인이 물었다. 그는 이 조문을 그대로 기재해버려도 되리라고 생각했지만, 만일을 위해 노인의 동의를 확인하고, 그 동의를 이 묘한 광경의 입회인 모두에게 확인시켜주려고 했던 것이다.

발랑틴은 한 걸음 뒤로 물러서서 눈을 내리깔고 눈물을 흘리고 있었다. 노인은 애정에 찬 눈으로 잠시 손녀를 바라보았다. 그러고 나서 공증인 쪽을 보더니 의미심장한 뜻을 담아 눈을 깜박여 보였다.

"그럼, 아닙니까?" 공증인이 물었다. "발랑틴 드 빌포르 양을 총괄 상속자로 삼지 않으시겠습니까?"

노인은 아니라고 표시했다.

"진실로 아니라는 말씀이십니까?" 공증인이 깜짝 놀라 외쳤다. "분명히 그렇지 않다는 뜻입니까?"

"아니야." 노인이 같은 대답을 되풀이했다.

발랑틴은 고개를 들었다. 발랑틴은 어리둥절했다. 상속자가 아니라는 것 때문이 아니라, 자신의 어떤 행동이 노인으로 하여금 이러한 감정을 표시하도록 만들었는지 생각했기 때문이었다. 그러나 노인은 깊은 애정을 표시하며 발랑틴을 바라보았다. 그래서 소녀는 그만 큰 소리로 이렇게 말했다.

"할아버지! 전 알겠어요. 할아버지께선 제게 재산만 안 주시는 거죠? 그리고 할아버지의 마음은 늘 제게 주시는 거지요?"

"그렇다, 분명히 그렇단다." 노인은 눈을 감아 보였다. 발랑틴은 그러한 노인의 표정에서 노인의 감정을 쉽게 알아볼 수 있었다.

"기뻐요, 기뻐요." 소녀는 중얼거렸다.

한편, 노인의 이러한 거절은 빌포르 부인의 마음에 뜻하지 않은 희망을 생기게 했다. 부인은 노인의 앞으로 다가서며 물었다.

"그럼, 아버님, 손자인 에두아르에게 남겨주시겠지요?"

노인은 무섭게 눈을 깜박여 보였다. 거기에는 증오에 가까운 감정이 담겨 있었다.

"아니라고 말씀하십니다." 공증인이 말했다. "그럼, 여기 계신 아드님 빌포르 씨에게 물려주시려고요?"

"아니야." 노인이 대답했다.

두 공증인들은 어리둥절해서 서로 얼굴을 마주보았다. 빌포르 부부는 얼굴이 확 달아오름을 느꼈다. 한 사람은 부끄러움으로, 또 한 사람은 분노로 얼굴이 달아올랐던 것이다.

"할아버지, 저희가 할아버지께 뭘 잘못했나요?" 발랑틴이 물었다. "할아버진 이제 저희를 사랑하시지 않는군요!"

노인은 아들과 며느리를 쓱 보더니, 이번에는 애정 어린 부드러운 시선이 발랑틴에게 멈추었다.

"그렇다면 할아버지!" 발랑틴이 다시 말을 이었다. "할아버지께서 저를 사랑하신다면, 지금의 이 일과 그 사랑을 연관시켜 생각해주세요. 할아버지께서도 제가 할아버지의 재산에 대해서는 생각해 본 적도 없다는 걸 알고 계시지요? 그리고 전 어머니께 물려받은 유산만으로도 충분히 부자라고 들었습니다. 그러니 말씀을 해보세요."

노인은 활활 타오르는 눈으로 발랑틴의 손을 응시했다.

"제 손 말씀이세요?" 발랑틴이 물었다.

"그렇다." 노인이 대답했다.

"오, 손이라니요?" 모두들 한마디씩 그 말을 되풀이해 물었다.

"아! 여러분! 이제 아시겠죠? 다 소용없는 일입니다. 가엾은 제 아버지께선 실성하신 거예요." 빌포르가 말했다.

"아!" 갑자기 발랑틴이 소리쳤다. "알겠어요. 제 결혼 얘기군요. 그렇죠?"

"그래, 그래, 그래." 노인은 세 번이나 대답했다. 대답을 하느라고 눈을 깜박일 때마다, 그 눈에는 불빛이 번뜩였다.

"그 결혼을 싫어하시는 거지요?"

"그래."

"무슨 그런 바보 같은." 빌포르가 말했다.

"실례합니다만, 선생님," 공증인이 말했다. "저는 이 모든 것을 지극히 논리적이고 훌륭하게 완전히 이해할 수 있습니다."

"할아버지는 저와 프란츠 데피네 씨가 결혼하는 것이 싫으세요?"

"그래, 싫다." 노인의 눈이 대답했다.

"그러니까 발랑틴 양이 노인의 뜻에 맞지 않는 결혼을 하기 때문에 재산을 상속하지 않으시겠단 말씀이군요?" 공증인이 외쳤다.

"그렇소." 노인이 대답했다.

"만약 손녀께서 그 결혼을 하지 않으면 상속을 하시겠단 말씀이고요?"

"그렇소."

노인과 그 주위에는 무거운 침묵이 흘렀다.

공증인들은 서로 무엇인가를 상의하고 있었고, 발랑틴은 두 손을 모은 채 감사의 미소를 지으며 노인을 바라보고 있었다. 빌포르는 얇은 입술을 깨물고 있었다. 빌포르 부인은 기쁨을 참지 못해서 얼굴빛이 환해졌다.

"그러나," 빌포르가 이 침묵을 깨뜨렸다. "이 결혼을 위해 의견을 말할 권리가 있는 사람은 나뿐인 것 같소. 내 딸의 결혼에 간섭할 수 있는 것은 나밖에는 할 수 없습니다. 그런 내가 프란츠 데피네 씨와 결혼할 것을 원하고 있습니다. 따라서 반드시 저 애는 결혼해야 할 것입니다."

발랑틴은 의자에 주저앉아 눈물을 흘렸다.

"그러면," 공증인이 노인을 향해서 말했다. "발랑틴 양이 프란츠 씨와 결혼할 경우엔 그 재산을 어떻게 하실 생각이십니까? 역시 처분을 하려고 생각하십니까?"

"그렇지." 노인이 대답했다.

"가족 중 한 사람한테 주실 건가요?"

"아니야."

"그럼 가난한 사람들에게 주실 건가요?"

"그렇소."

"그렇지만," 공증인이 말했다. "알고 계시리라 생각합니다만, 가족들에게 전혀 재산을 상속하지 않는 것은 법으로 금하고 있다는 사실을 알고 계시죠?"

"알지."

"그럼, 법률이 허락하는 정도의 재산만을 처분하시려는 겁니까?"

노인은 아무 대답도 하지 않았다.

"그럼 재산 모두를 처분하시려고요?"

"그렇소."

"하지만 당신이 돌아가신 뒤에 가족들이 유언을 지키지 않으면 어떡하죠?"

"안 되지."

"아버진 저를 잘 알고 계십니다." 빌포르 씨가 말했다. "아버지는 자신의 유언이 제게 있어서 절대적이라는 사실을 알고 계십니다. 더군다나 저 같은 지위에 있는 사람은 가난한 사람들을 상대로 소송할 수 없다는 것도 알고 계시니까요."

노인의 눈에 승리의 빛이 떠올랐다.

"그럼, 어떻게 하시겠습니까?" 공증인이 빌포르에게 물었다.

"난 아무 할 말도 없소. 아버지가 결정하신 겁니다. 저는 아버지께서 한번 정하신 것은 절대로 굽히지 않으신다는 것도 알고 있죠. 전 단념하겠습니다. 90만 프랑의 돈은 우리 집에서 떠나고, 그 돈은 병원에 쓰이겠지요. 그러나 제가 노인의 변덕에 양보할 수만은 없습니다. 제 양심이 시키는 대로 따를 생각입니다."

이렇게 말하고 나서 빌포르는 노인이 마음대로 유언을 하도록 내버려두고, 아내와 함께 밖으로 나갔다.

유언장을 작성되었다. 곧 입회인들이 불려와 노인의 유언을 승인하고, 모두가 보는 앞에서 유언장을 봉인한 뒤에 이 집안의 공증인인 데샹 씨가 이를 보관하게 되었다.

전신중계탑

자기들 거처로 돌아온 빌포르 부부는 몬테크리스토 백작이 찾아와 이미 객실에서 기다린다는 말을 들었다. 부인은 곧장 객실로 들어가기에는 아직 흥분이 가라앉지 않았으므로 먼저 침실로 들어가기로 했다. 그러나 부인에 비해 훨씬 침착한 검찰총장은 곧 객실 안으로 들어갔다.

그러나 그가 아무리 흥분을 억제하고 태연한 표정을 지어도 얼굴 위에 드리워진 어두운 그림자는 감출 수 없었다. 환한 미소를 띤 백작은 곧 빌포르의 침울하고 생각에 잠긴 표정을 눈치챘다.

"오! 이런!" 인사말이 끝나자 백작은 이렇게 말했다. "빌포르 씨! 무슨 일이라도 있으십니까? 무슨 중대한 기소장이라도 작성하시는데, 제가 와서 방해한 건 아닙니까?"

빌포르는 억지로 웃었다.

"아닙니다, 백작. 피해자는 바로 접니다. 제가 패소한 것이고, 변덕과 고집 그리고 광기 같은 것 때문에 논고를 망쳤습니다."

"무슨 말씀이시지요?" 백작은 일부러 흥미 있는 척하며 물었다. "정말 무언가 좋지 않은 일이 생기신 모양이군요."

"아뇨." 빌포르는 침통하지만 침착하게 말했다. "뭐, 얘기할 만한 거리도 못 됩니다. 아무것도 아닙니다. 그저 사소한 금전적인 손실일 뿐입니다."

"그렇군요." 백작이 대답했다. "금전상의 손실이라면, 당신같이 재산도 많고 높은 지성을 가진 분에게는 정말 아무것도 아니겠죠."

"그러니까," 빌포르가 말했다. "금전 문제에 속이 상한 건 아닙니다. 사실 90만 프랑쯤 되면 확실히 약이 오르거나 적어도 억울할 만한 돈이긴 하죠. 하지만 제가 마음이 상한 건 운명이랄까, 우연이랄까, 또는 숙명이랄까…… 어쨌든 뭐라 말해야 좋을지 모를 힘에 제가 한 방 먹었고, 행운을 향한 희망이 무너지고, 멍청한 노인의 변덕이 내 딸의 장래까지도 망쳐버릴지 모른다는 사실 때문입니다."

"네? 그건 또 무슨 말씀이십니까?" 백작이 외쳤다. "90만 프랑이라고 그러셨습니까? 그 정도면 조금 전 당신이 말씀하신 대로 아무리 지성이 높은 사람이라도 약이 오를 만한 액수지요. 그런데 누구 때문에 그렇게 되셨나요?"

"아버님 때문이죠. 아버님에 대해서는 전에 말씀드린 일이 있었죠?"

"누아르티에 씨 말인가요? 분명 그때 당신은 누아르티에 씨께선 전신불수가 되어 거의 모든 기능을 못 쓰게 되어버렸다고 하셨던 것 같은데요."

"네, 육체적인 기능은 그렇죠. 몸을 움직이시지도 못하고, 말도 못하십니다. 그러면서도 자신의 생각이라든가, 무엇인가 바라는 점이 있을 땐, 행동으로 나타낼 수 있단 말씀입니다. 지금도 막 아버님께 갔다 오는 길인데, 아마 지금쯤 아버님은 공증인 두 사람에게 유언장을 쓰게 하고 계실 거예요."

"아니, 그럼 말씀을 할 수 있게 되셨나요?"

"말씀은 못해도 의사를 전달할 수가 있습니다."

"아니, 어떻게요?"

"눈으로요. 눈은 여전히 살아 움직이니까요. 그 눈으로 이렇게 사람도 죽이실 수 있답니다."

"여보," 방 안으로 들어온 빌포르 부인이 남편에게 말했다. "당신은 문제를 너무 부풀려서 생각하시는 거 아니에요?"

"오, 부인." 백작은 인사하며 말했다.

빌포르 부인도 매우 우아한 미소로 백작에게 답례를 했다.

"빌포르 씨에게 들었는데, 도대체 어떻게 된 일이지요?" 백작이 물었다. "도대체 이 무슨 영문도 모를 일입니까? 무슨 역정이라도 나셨나요?"

"영문도 모르는! 바로 그겁니다." 검찰총장은 어깨를 으쓱하며 말을 이었다. "순전히 노인네 변덕이지요!"

"그럼, 생각을 돌리시게 할 방법이 없나요?"

"있지요." 빌포르 부인이 말했다. "남편만 그렇게 하려고 마음먹으면, 발랑틴에게 불리한 그 유언서를 유리하게 만들 수도 있지요."

백작은 이들 부부가 무엇인가 말을 돌려서 얘기하자 일부러 다른 생각을 하는 체하며, 에두아르가 새장 물통에 잉크를 붓는 모습을 감탄한 표정으로 주의 깊게 보았다.

"이봐요," 빌포르는 아내에게 말했다. "당신도 알다시피, 난 집에서 가장 행세를 하고 싶지도 않고, 또 세상일이 내가 머리를 한 번 끄덕한다고 해서 그걸로 결정되리라고는 생각해 본 일도 없소. 그러나 이번 일은 내 결정이 존중되었어야 한단 말이오. 그래서 노인의 망령이나 변덕 때문에, 내가 몇 년 전부터 마음속에 결정해 놓은 계획이 뒤집혀서는 안 되는 거요. 당신도 알고 있듯이 데피네 남작은 내 친구요. 그러니 그 사람 아들과의 혼인이라면 더 바랄 게 없지 않느냔 말이오."

"당신은," 부인이 말했다. "발랑틴이 아버님하고 같은 생각인 줄 아세요? ……사실 그 애는 늘 이 결혼을 반대해 왔어요. 그러니 조금 전에 우리가 보고 들은 일들이 다 두 사람이 짜놓은 계획을 실행한 것일지도 모르잖아요?"

"그렇지만," 빌포르가 말했다. "그런 일로 90만 프랑이라는 재산을 버릴 리는 없지 않아?"

"그 애는 이 세상이라도 버릴 수 있는 아이예요. 1년 전에도 수도원으로 들어가려고 했잖아요."

"그런 건 아무래도 괜찮아." 빌포르가 말했다. "어떻든 난 이 결혼을 꼭 성사시켜 보일 테니까."

"아버님의 뜻을 거역하고서라도 말이에요?" 부인은 다른 쪽에서 공격해 왔다. "큰일 날걸요."

몬테크리스토 백작은 아무것도 들리지 않는 척하면서 실은 그들 사이에 오가는 말을 단 한마디도 놓치지 않았다.

"나는," 빌포르가 다시 말했다. "늘 아버님을 존경해왔다고 말할 수 있어. 그건 내가 자식이라는 감정과 아버지의 정신력이 우수하다는 사실을 알고 있기 때문이지. 다시 말해서 아버지란 존재는 우리를 태어나게 해준 사람이고 우리의 스승이라는 두 가지 의미를 가진 신성한 존재란 말이야. 그러나 오늘에 와서 난, 아버지를 조금 증오했다고 해서 자기 아들까지 증오하려는, 노인네 맘속에 있는 이성의 존재를 인정할 수 없어. 내가 아버지의 노망에 따라 행동한다면 그건 웃음거리밖엔 안 될 테니까. 앞으로도 아버지에 대한 내 깊은 존경심은 변하지 않을 것이오. 그러니까 아버지가 내게 내린 금전상의 처분은 아무 소리 않고 받아야지. 그러나 내가 결정한 일만은 조금도 굽힐 수 없소. 그리고 어느 쪽이 옳았는가에 대해선 세상이 가려 주겠지. 그러니까 난 내 딸을 프란츠 데피네 남작에게 시집보내겠소. 내가 보기에 더할 나위 없이 좋은 결혼이니까. 그리고 무엇보다도 난 내 딸을 내가 좋아하는 사람에게 줄 생각이고."

"뭐라고요?" 검찰총장으로부터 줄기차게 눈으로 동의를 해달라는 청을 받은 백작이 말했다. "누아르티에 씨께선 따님이 데피네 남작과 결혼한다면 상속하지 않겠다고 그러셨다고요?"

"그렇죠! 그게 이유라는군요." 빌포르는 어깨를 으쓱하면서 말했다.

"적어도 표면상의 이유는 그렇지요." 부인이 말했다.

"그게 바로 진짜 이유라오. 난 아버지라는 분을 잘 알지."

"그게 믿어지세요?" 부인이 말했다. "그렇다면 한 가지 물어보겠는데, 아버지께선 왜 데피네 남작을 싫어하시는 거죠?"

"정말 그렇군요." 백작이 말했다. "프란츠 데피네 남작이라면 저도 만나본 일이 있어요. 케넬 장군의 아드님으로, 샤를 10세 때 남작이 된 분이죠?"

"그렇지요." 빌포르가 말했다.

"그 젊은이는 아주 훌륭해 보이던데요."

"그러니까 그건 핑계에 지나지 않는다는 거예요." 빌포르 부인이 말했다. "노인네들은 귀여워하는 것에 대해서는 아주 폭군이거든요. 그러니까 그토록 아버님은 손녀를 시집보내고 싶지 않으신 거예요."

"하지만 노인께서 프란츠 데피네 남작을 증오하시는 데는 뭔가 이유가 있지 않을까요?"

"그런 거야 대체 누가 알 수 있겠습니까?"

"이를테면 정치적 반감이라든가?"

"하긴, 제 아버님과 데피네 씨의 아버지는 파란만장한 시기를 같이 겪으신 분들이죠. 저야 그런 시대가 끝나갈 무렵밖에는 알지 못하지만 말입니다." 빌포르가 말했다.

"아버님께서는 보나파르트 파가 아니셨던가요?" 백작이 물었다. "언젠가 그런 얘길 하셨던 걸로 기억하는데요."

"제 아버님은 자코뱅 당원이었지요." 빌포르는 감동한 나머지 저도 모르게 신중함을 잃고 말을 이었다. "그러니까 나폴레옹한테서 받은 원로원 제복은 다만 아버지의 모습만 바꿔놓았을 뿐, 인간마저 바뀌었던 것은 아니죠. 아버지가 음모를 꾸몄다고 하더라도 그것은 나폴레옹을 위해서가 아니라, 순전히 부르봉 왕가에 반기를 들기 위해서였습니다. 아버님은 굉장히 무서운 생각을 품고 계셨습니다. 그러니까 아버님께선 지금까지 실현 불가능한 꿈을 위해서 싸우신 적은 단 한 번도 없고, 늘 실현 가능한 것만을 위해 싸워오셨습니다. 그리고 그것을 성공시키기 위해서는 어떤 수단이라도 가리지 않는다는 무서운 산악당(山岳黨 : 지롱드 당과 손을 잡았던 프랑스 혁명기의 과격파. 후에 지롱드당과 분열하여 비교적 온건한 공화주의를 신봉했음)의 이론을 실행해 왔습니다."

"그겁니다!" 백작이 말했다. "바로 그 점이죠. 부친께선 데피네 씨와 정치적으로 충돌했던 것이군요. 데피네 장군은 나폴레옹 군대에 복무하고는 있었지만, 마음속으로는 왕당파에 동조했던 게 아닐까요? 그래서 장군은 동지를 만나려고 자신을 부른 나폴레옹 클럽에 갔다가 돌아오는 길에 암살당한 게 아닐까요?"

빌포르는 공포에 가까운 얼굴로 백작을 바라보았다.

"제 생각이 틀렸습니까?" 백작이 물었다.

"아닙니다." 빌포르 부인이 말했다. "말씀하신 대로입니다. 백작께서 지금 말씀하신 그 사건 때문에, 남편은 딸아이를 그리로 시집보내어 아버지들끼리의 증오를 자식들의 사랑으로 없애버리려는 것이지요."

"참 훌륭한 생각이십니다!" 백작이 말했다. "자비가 넘치는 생각이십니다. 세상 사람들도 격찬할 겁니다. 발랑틴 양이 프란츠 데피네 부인이라고 불리게 된다면 참 아름다운 일이겠군요."

빌포르는 몸을 떨며 백작이 과연 어떤 저의에서 그런 말을 했는지 그 속마음을 꿰뚫어 보기라도 하려는 듯 그를 바라보았다.

그러나 백작은 여느 때와 조금도 다름없는 상냥한 미소를 띠고 있었다. 그러나 검찰총장은 이번에도 백작의 웃는 표정밖에는 아무것도 포착할 수 없었다.

"그래서," 빌포르는 말을 이었다. "발랑틴에게는 할아버지의 재산을 받을 수 없는 것이 큰 불행이겠지만, 그것 때문에 결혼을 안 할 수는 없다고 생각합니다. 그리고 데피네 군도 이러한 금전상의 손실 때문에 물러서지는 않을 거고요. 그에 대한 약속을 지키기 위해서 이렇게 금전까지 희생하고 나선 것을 높이 사주겠지요. 그리고 발랑틴이 그녀를 몹시 귀여워하는 외할아버지 생메랑 후작부부가 관리하고 있는 어머니의 유산을 상속받으면 그것만으로도 충분히 부자라는 것도 생각하고 있을 테고요."

"그 생메랑 후작부부도, 발랑틴이 할아버지께 했듯이 신경을 쓰고 시중들어드려야 할 분들이지요." 빌포르 부인이 말했다.

"게다가 그분들은 이제 한 달만 있으면 파리에 오시거든요. 발랑틴도 이번에 이렇게 할아버지한테 모욕을 당했으니, 이제부터는 그전처럼 할아버지의 시중을 들지 않아도 되겠지요."

백작은, 부인이 자존심 상하고 이해관계가 완전히 사라진 사실 때문에 제정신이 아닌 듯한 말투로 이야기하는 것을 재미있는 듯이 듣고 있었다.

"하지만," 백작은 잠시 침묵한 뒤에 말했다. "이제부터 말씀드릴 내용에 대해서 미리 용서를 빌겠습니다만, 부친께서 발랑틴 양이 자기가 미워하는 사람의 아들과 결혼하기 때문에 재산을 상속하지 않으시겠다면, 저 귀여운 에두아르한테까지 안 주실 이유는 없지 않을까요?"

"그렇죠?" 빌포르 부인이 뭐라고 설명하기 어려운 목소리로 말했다. "그래선 안 되는 거죠? 말도 안 되는 일이죠? 에두아르도 발랑틴과 똑같은 저희 자식인데 말이에요. 그런데도 아버님께선 만일 발랑틴이 프란츠와 결혼하지 않는다면 재산을 모두 발랑틴에게 주시겠다는 거예요. 에두아르는 집안의 명예를 지니고 있고, 게다가 발랑틴은 할아버지의 유산을 물려받지 못하더라도, 에두아르보다 3배나 부자가 아닌가요."

이야기가 적중한 것을 보고, 백작은 얘기를 듣기만 할 뿐 아무 대꾸도 하지 않았다.

"자, 백작," 빌포르가 말했다. "이런 시시한 집안 얘기는 이제 그만두십시다. 앞으로 우리 집 재산으로 가난한 사람들의 주머니를 두둑하게 해주겠지요. 그런데 사실 가난하다는 사람들이 오늘날에는 더 부자이니 말입니다. 아버님은 이렇다 할 이유도 없이 저에게서 정당한 희망을 거두어 가시려나 봅니다. 하지만 저는 이성이 있고 인정도 있는 인간으로서 행동할 생각입니다. 이미 프란츠 데피네 군에게 연간 그 금액을 준다고 약속했습니다. 나 자신이 궁핍한 생활을 하게 되더라도 그것만은 꼭 지키려 합니다."

"하지만," 빌포르 부인은 마음속으로 끊임없이 속삭이고 있는 그 생각으로 되돌아와 말했다. "그보다는 데피네 씨에게 이번 일을 털어놓고 얘길 하는 편이 낫지 않을까요? 그래서 그쪽에서 먼저 약속을 취소하게 하는 게 어떨까요?"

"그렇게 되면 큰일이지!" 빌포르가 말했다.

"큰일이라니요?" 백작이 물었다.

"물론 큰일이지요." 빌포르는 다시 침착한 태도로 말했다. "파혼이란 건 그게 만일 금전상의 이유 때문이라 해도 나이 어린 처녀에겐 큰 오점이 되니까요. 게다가 내가 지워버리려고 하던 옛날 그 소문이 다시 되살아날 거고요, 아니, 큰일은 안 일어날 겁니다. 데피네 군이 정말 훌륭한 청년이라면, 발랑틴이 유산을 물려받지 못하게 됐다는 것을 듣고 전보다도 더 태도가 확실해질지도 모르지요. 그렇지 않으면 순전히 돈이 목적이었던 것이 될 테니까요. 그런 일은 절대로 없을 겁니다."

"저도 빌포르 씨 말씀에 동감입니다." 백작은 계속 빌포르 부인을 바라보며 말했다. "만약 제가 그분에게 충고할 수 있는 정도의 친구라면, 이 일이 다시는 잘못되지 않도록 단단히 마음을 정하라 권하고 싶습니다. 데피네 씨가 곧 돌아올 것 같다는 얘길 들었으니 말입니다. 어떻게든지 빌포르 씨의 체면이 설 수 있도록 제가 도와 드려야겠는데."

빌포르는 눈에 띄게 기분이 좋아져서 일어섰다. 한편 빌포르 부인은 얼굴빛이 조금 변했다.

"고맙습니다," 빌포르가 말했다. "이거야말로 제가 바라던 바입니다. 저로서는 당신 같은 분의 의견에 따르고자 합니다." 이렇게 말하면서 그는 백작 쪽으로 손을 내밀었다. "그럼, 우리 모두 오늘 일은 전혀 없었던 것으로 합시다. 즉 우리의 계획에는 어떤 변화도 없는 겁니다."

"빌포르 씨," 백작이 말했다. "세상이란 공평하다고는 할 수 없지만, 당신의 결심에는 반드시 만족하리라 생각합니다. 당신의 친구분들도 분명 자랑스럽게 생각할 테고요. 그리고 데피네 씨도, 설마 그렇게야 안 되겠지만, 혹시 발랑틴 양과 진짜로 지참금 없이 결혼하게 되더라도 약속을 지키고 의무를 다하기 위해서, 이렇게까지 희생을 감수할 줄 아는 분들의 가족이 되는 것을 틀림없이 좋아할 겁니다."

이렇게 말하면서 백작은 자리에서 일어나 떠날 준비를 했다.

"가시려고요?" 빌포르 부인이 말했다.

"가 봐야겠습니다. 오늘은 토요일의 약속을 잊지 마시라고 들렀을 뿐입니다."

"저희가 잊어버릴 줄 아셨어요?"

"부인께선 아주 친절하십니다. 그러나 주인께선 중요하고 또 시급한 용무들이 있으실 테니까요."

"남편도 약속하셨는걸요." 부인은 말했다. "보시다시피 모든 걸 다 잃게 되는데도 약속만은 지키는데, 모든 일이 잘되면 말할 것도 없지요."

"그럼," 빌포르가 물었다. "모이는 곳은 샹젤리제의 저택에서인가요?"

"아닙니다." 백작이 말했다. "와주시겠다니 기쁘게 생각합니다만, 실은 시골 별장에서 모입니다."

"시골이라고요?"

"그렇습니다."

"어딘데요? 파리에서 멀지는 않겠지요?"

"근교입니다. 파리 시문에서 한 반 시간쯤 가면 되는 오퇴유라는 곳입니다."

"오퇴유!" 빌포르가 소리쳤다. "그렇지, 집사람한테서 오퇴유에 사신다는 얘길 들었습니다. 거기서 집사람을 도와주셨지요. 그런데 오퇴유의 어디쯤입니까?"

"퐁텐 거리입니다."

"퐁텐 거리라!" 빌포르가 목멘 소리로 말을 이었다. "몇 번지지요?"

"28번지입니다."

"그럼," 빌포르가 소리쳤다. "생메랑 후작의 집을 산 게 당신이었습니까?"

"생메랑 후작 댁이라뇨?" 백작이 물었다. "그럼 그 집이 생메랑 후작의 것이었습니까?"

"그렇습니다." 빌포르 부인이 대답했다. "그런데 백작께선 그런 생각 안 드세요?"

"무슨 생각 말입니까?"

"아름다운 집이라고 생각되지 않으세요?"

"아주 아름다운 집이라고 생각합니다."

"그런데 이 양반은 거기서는 절대 살려고 하질 않으셨답니다."

"그래요?" 백작이 말했다. "무슨 선입견이라도 있으신 건지 알 수가 없군요."

"전 오퇴유를 좋아하지 않습니다." 검사는 애써 자신을 억누르면서 말했다.

"그렇지만," 백작은 걱정스러운 듯이 말했다. "그렇다고 해서 안 오시는 건 아니시지요?"

"그럴 리가요…… 되도록이면…… 아니, 어떻게든지 가도록 하겠습니다." 빌포르가 더듬으며 대답했다.

"오!" 백작이 말했다. "나중에 다른 말씀하시면 안 됩니다. 토요일 6시에 기다리겠습니다. 만약 안 오시면, 글쎄, 뭐라고 말씀드리면 좋을까요? 20년째 사람이 살지 않은 그 집에 무엇인가 불길한 전설이나 피비린내 나는 이야기라도 있다고 생각하겠습니다."

"갈 겁니다. 백작, 가겠습니다." 빌포르가 다급하게 대답했다.

"감사합니다." 백작이 말했다. "그럼, 이만 가보겠습니다."

"참, 가 봐야 한다고 그러셨죠." 빌포르 부인이 말했다. "그리고 왜 가셔야 하는지도 말씀하시려고 했는데, 얘기가 그만 다른 데로 빠졌네요."

"그랬습니다, 부인." 백작이 말했다. "이제 어디에 가는지 들어주시겠습니까?"

"어머! 말씀해 주세요."

"지금까지 시간 가는 줄도 모르고 생각해 오던 것을 보러 갈까 합니다."

"그게 무엇인데요?"

"전신중계탑입니다. 이런, 그만 말하고 말았군요."

"전신중계탑이라고요?" 빌포르 부인이 물었다.

"네, 그렇습니다. 전신중계탑 말입니다. 저는 가끔, 아주 맑은 날이면 길 끝이나 언덕 위에서 전신중계탑이 커다란 딱정벌레의 다리처럼 까맣게 구부린 팔을 올리고 있는 것을 보았습니다. 그런데 그걸 보면 늘 마음이 싱숭생숭해지는 거예요. 왜냐하면 저는, 그런 미묘한 신호가 공중을 정확히 날아가서, 어느 책상 앞에 앉아 있는 사람의 알지도 못할 의사를 3백 리나 떨어진 곳의 또 다른 테이블 앞에 앉아 있는 저쪽 사람에게 전하기 위해, 전능한 인간의 의지로 검은 구름이나 푸른 하늘 위에 그려져 있는 것이 상상되기 때문입니다. 전, 그것이 정령이나 요정, 지정(地精), 신통력이라고까지도 생각했습니다. 그리고 즐거워하지요. 이제까지는 흰 배와 검고 가느다란 다리가 달린 그 거대한 벌레를 좀 더 가까이 가서 보고 싶다는 생각은 해본 적도 없었지요. 왜냐면 그런 돌로 만들어진 벌레의 날개 밑에서, 점잔을 빼고 박식이라는 것을 코에 걸고, 학문과 요술 또는 마술로 꽉 찬, 인간이라는 이름의 조그만 정령을 발견하는 것이 두려웠기 때문입니다. 그런데 어느 날, 이러한 전신중계탑을 움직이고 있는 것이 일 년에 1천2백 프랑의 급료를 받고 일하는 가난한 전신기사란 사실을 알았지요. 그 남자는 하늘을 바라보는 천문학자나 물을 들여다보는 낚시꾼이나 또는 멍하니 경치나 바라보는 그런 사람들처럼, 그곳에서 4, 5리나 떨어진 곳에서 똑같이 하얀 배에 검은 다리를 하고 있는 상대편 전신중계탑을 온종일 바라보며 살고 있었어요. 그러자 저는, 그러한 번데기 같은 사나이에게 좀 더 가까이 다가가서, 자기 고치 속에서 또 다른 번데기를 향해 몇 가닥의 실을 계속적으로 뽑아내고 있는 모습을 보고 싶은 충동을 느꼈지요."

"그래서 가 보시려고요?"

"그렇습니다."

"어디 있는 전신중계탑인가요? 내무성의 것인가요? 천문대의 것인가요?"

"그런 데는 아니지요. 그런 곳에 가면 알고 싶지도 않은 것을 억지로 가르쳐 주려는 사람들, 그리고 이쪽 기분 같은 건 아랑곳하지도 않고 자기도 모르는 이상한 것의 정체를 설명해 주겠다는 사람들이 많을 테니까요. 그런 건 딱 질색입니다. 저는 벌레라는 환상만을 언제까지나 가지고 싶은 겁니다. 인간에 대한 환상을 이미 잃어버렸으니까요. 그래서 내무성의 전신중계탑이나 천문대의 전신중계탑에는 가지 않을 생각입니다. 제가 가보고 싶은 곳은 벌판 한가운데에 있는 전신중계탑입니다. 그곳에 가서 그 전신중계탑 속에서 화석같이 되어가고 있는 순수한 인간을 만나보고 싶은 겁니다."

"대 귀족치고 정말 특이한 분이시군요." 빌포르가 말했다.

"어느 선이 좋겠습니까?"

"지금 가장 많이 사용되고 있는 선이 좋겠지요."

"좋아요. 그럼, 에스파냐 선이겠군요?"

"그렇지요. 그럼 대신의 소개장을 받아서 설명이라도 들으시겠습니까?"

"아니요, 괜찮습니다." 백작이 대답했다. "아까도 말씀드렸다시피, 전 아무

것도 알고 싶지 않습니다. 만약 무엇인가를 알게 되면 거기엔 이미 전신중계
탑이 없어지고, 단지 '텔레 그라페인'(멀리 쓰다라는 뜻의 그리스어)이라는 두 자의 그리스어가 되
어, 뒤샤텔 씨나 몽탈리베 씨로부터 바욘 지사에게 보내는 신호만 남을 테니
까요. 저는 저 검은 다리를 가진 벌레나 무언가 무서운 기분이 들게 하는 말
을 언제까지나 순수하고 감탄할 만한 것으로 가지고 싶은 것입니다."

"그럼, 슬슬 가 보셔야지요. 두어 시간만 있으면 밤이 되서 아무것도 안 보
일 테니까요."

"이런, 이거 야단났는데, 그럼 어디가 제일 가까울까요? 바욘 선이 있나
요?"

"네, 바욘 선으로 가보세요. 샤티옹 전신중계탑일 겁니다."

"샤티옹 다음은요?"

"아마 몽레리 탑일 겁니다."

"고맙습니다. 그럼, 안녕히 계십시오. 토요일에 그 인상에 대해 말씀드리
죠."

문 앞에서 백작은 두 공증인과 마주쳤다. 두 사람은 방금 발랑틴을 상속인
에서 제외하는 수속을 끝내고, 자기들로서는 굉장히 자랑스러운 일을 끝마치
고 기분이 좋아져 물러가는 길이었다.

복숭아 갉아먹는 들쥐
걱정에서 정원사를 벗어나게 해주는 법

그가 말한 것과는 달리, 그날 저녁이 아닌 그 이튿날 아침, 몬테크리스토 백작은 앙페르 경계를 지나 오를레앙 한길로 나섰다. 전신중계탑이 길고 비쩍 마른 팔을 움직였는데도 그 앞에서는 멈추지 않고, 그는 리나 마을을 지나쳐 그대로 사람들이 다 알고 있는 이름으로 불리며 벌판의 가장 높은 곳에 서 있는 몽레리 탑에 도착했다.

백작은 언덕 아래 이르자 차에서 내려, 두 자가량 되는 너비의 구부러진 오솔길을 따라 산을 오르기 시작했다. 산꼭대기에 오른 백작은 분홍 꽃이나 하얀 꽃에 이어 새파란 열매가 열려 있는 어느 울타리 앞에 섰다.

이 작은 울타리 안으로 통하는 입구를 찾고 있던 백작은 어려움 없이 그것을 찾아낼 수 있었다. 그것은 조그만 나무문인데, 버들가지로 된 돌쩌귀를 돌리게 되어 있어, 못에다 끈을 매어서 잠그게 되어 있었다.

백작은 금세 이 문을 여닫는 방법을 알아냈다. 그리고 문을 열었다. 들어가 보니 길이 20자, 폭 12자가량의 자그마한 뜰이 나타났다. 그 뜰 한쪽은, 지금 문이라고 말한 묘한 장치가 되어 있는 울타리로 둘러싸여 있었고, 다른 한쪽엔 송악덩굴이 잔뜩 덮이고 개망초와 꽃무리가 피어 있는 낡은 탑이 있었다.

이 탑은 마치 손자들로부터 생일 축하를 받고 있는 할머니처럼, 주름살투성이인 데다가 꽃으로 둘러싸여 있었다. 벽에도 귀가 있다는 옛날 속담대로 이 탑에 그 무시무시한 귀와 입이 있다 하더라도, 자신이 본 무시무시한 참극을 이야기할 것 같지도 않았다.

정원은 붉은 흙이 깔린 길을 따라서 돌게 되어 있었다. 그리고 현대의 루벤스라고 불리는 들라크루아 ^(19세기 프랑스의 유명한 낭만파 화가)의 눈을 즐겁게 해줄 듯한 색조를 띤, 수년 묵은 오래된 나무가 정원 가장자리에 서 있었다. 정원 길은 8자 모양으로 되어 있어서, 겨우 20자의 정원에서 60자나 되는 정원에서처럼 산책할 수 있도록 되어 있었다. 로마의 훌륭한 정원사들이 밝고 싱싱한 여신이라고 할 만한 초목도, 여태까지 이 작은 정원에서만큼 정성껏 순수하게 가꾸어지진 않았을 것이다.

이 화단을 이루고 있는 스무 그루의 장미나무 가운데, 파리가 앉았던 흔적이 있는 잎은 하나도 없었고, 습지에서 자라는 식물을 해치고 좀먹는 청목의 진디가 붙어 있는 줄기 하나 보이지 않았다. 그렇다고 해서 이 정원에 습기가 없는 것은 아니었다. 그을음처럼 새까만 땅과 불투명한 나무들의 잎이 그것을 충분히 증명하고 있었다. 그리고 정원 한쪽 모퉁이에 물이 가득 찬 물통이 묻혀 있는 걸 보아, 자연 그대로의 습기가 부족하다 하더라도 인공적인 습기로 보충했을 터였다. 통 속 양쪽 모퉁이의 그 푸른 수면 위에는 서로 성미가 맞지 않는지 개구리와 두꺼비가 계속 등을 돌리고 앉아 있었다.

게다가 정원 길에는 풀 한 포기 없었고, 화단에도 잡초 하나 찾아볼 수 없었다. 한 가정의 주부도 도기 화분에 심어진 제라늄, 선인장, 석남들을 아직 모습을 보이지 않는 이 집 주인보다 잘 보살펴주진 못했을 것이다.

몬테크리스토 백작은 끈을 다시 못에 꽂아 문을 닫은 뒤 걸음을 멈추고는 정원을 한번 둘러보았다.

"전신기사는 아마," 그는 말했다. "해마다 정기적으로 정원사를 쓰는 게 틀림없어. 그런 게 아니라면 스스로 원예 일을 돌보는 거겠지."

갑자기 그는 나뭇잎을 실은 손수레 뒤에 무엇인가 웅크리고 있는 것을 보았다. 상대는 놀라서 소리를 지르며 벌떡 일어섰다. 백작 앞에 나타난 것은 쉰 살가량에 딸기를 주워 포도 이파리 위에 늘어놓고 있던 호인으로 보이는 사나이였다.

거기에는 포도 이파리 열두 장과 그와 비슷한 개수의 딸기가 있었다.

사나이는 일어서다가 딸기와 포도 이파리 접시를 떨어뜨릴 뻔했다.

"딸기를 따고 계시군요?" 백작이 웃으면서 물었다.

"용서하십시오," 상대는 모자에 손을 갖다 대며 말했다. "자리를 비워서 죄송합니다. 하지만 지금 막 내려온 길입니다."

"방해할 생각은 없소." 백작이 말했다. "자, 아직 딸 게 더 있거든 계속 따시오."

"아직 열 개가 남았습니다." 사나이가 말했다. "여기 열 개가 있습니다. 작년에 비해 다섯 개가 늘어서 스물한 개가 열렸습니다. 그도 그럴 것이 올봄은 따뜻했거든요. 딸기에 가장 중요한 건 따뜻함이니까요. 그래서 작년엔 열여섯 개였는데, 올핸 벌써 열한 개를 땄으니까 남은 건 열둘, 열셋, 열넷, 열다섯, 열여섯, 열일곱, 열여덟이라. 어, 두 개가 모자라네. 어제만 해도 있었는데, 분명 두 개가 더 있었습니다. 제가 세어 보았거든요. 시몽 할멈 아들이 훔쳐갔구나, 오늘 아침에도 이 근처를 얼씬거리더니 이런 고약한 놈! 정원에 들어와서 훔쳐가다니! 그 녀석, 어떻게 될지도 모르고 있겠지."

"정말," 백작이 말했다. "심각하네요. 하지만 젊어서 한창 먹을 때라 그런 거니 봐주셔야죠 뭐."

"그야 그렇지요." 정원사가 말했다. "하지만 기분이 나쁜 건 변하지 않습니다. 그런데 실례합니다만, 이렇게 기다리시게 한 분이 혹시 제 상관님은 아니신지요?"

이렇게 말하며 정원사는 백작의 얼굴과 그 푸른 옷을 조심조심 살펴보았다.

"안심하십시오." 백작은 여느 때와 같이 미소로 답했다. 그의 미소는 그가 마음먹기에 따라 무섭게도 보이기도 하고 상냥하게 보이기도 했지만, 지금의 미소는 그저 상냥하기만 했다.

"전 감찰 나온 상관이 아닙니다. 난 여행자인데, 호기심에 들어와 봤을 뿐입니다. 오히려 제가 시간을 빼앗은 것 같아 사과하려던 참인 걸요."

"아닙니다, 아닙니다. 제 시간 같은 거야 아무래도 괜찮습니다." 사람 좋게 생긴 그 사나이는 쓸쓸하게 웃으며 대답했다. "하지만 이것도 나라의 시간이니 함부로 낭비해선 안 되겠지요. 그러나 한 시간 동안 쉬어도 좋다는 신호를 받았습니다. (이렇게 말하며 그는 해시계 쪽을 보았다. 몽레리의 정원에는 하나부터 열까지 모든 게 다 있어서 해시계까지도 있었다) 그리고 아직도 10분이나 시간이 더 있지요. 그런데다 딸기도 익었고, 만일 하루만 더 있으면…… 그런데 들쥐가 딸기를 먹는다는 것을 생각해 본 적이 있으신가요?"

"글쎄요, 없는데요. 그런 건 생각해 본 적도 없습니다." 백작은 진지하게 대답했다. "들쥐는 아주 귀찮은 존재입니다. 로마 사람들같이 그놈을 꿀에 재어서 먹지 않는 우리에게 있어선 말입니다.”

“아니! 로마 사람들은 그걸 먹습니까?” 정원사가 물었다. “그 사람들이 들쥐를 먹었단 말씀입니까?”

“저도 페트로니우스(로마의 역사가)의 책에서 읽었죠.” 백작이 대답했다.

“그게 정말인가요? ‘들쥐처럼 살찐다’는 말이 있긴 하지만, 별로 맛이 없을 것 같은데요. 그리고 선생님, 들쥐가 살이 찌는 건 하나도 이상한 게 아닙니다. 낮에는 잠만 자다가, 밤이 되면 일어나서 밤새도록 갉아먹으니까요. 작년엔 살구가 네 개 있었는데, 그중 하나를 들쥐가 먹어 버렸지요. 천도복숭아도 하나 있었습니다. 그건 하나밖에 없었지요. 천도복숭아는 굉장히 귀한 과일이 아닙니까. 그런데 벽 쪽으로 난 것 중 반을 그놈들이 먹어 버렸지요. 맛도 아주 좋았습니다. 그렇게 맛있는 건 태어나서 처음 먹어 보았으니까요.”

“그걸 먹었다고요?” 백작이 물었다.

“반 남아 있던 걸 먹었습니다. 얼마나 맛있던지. 들쥐란 놈들은 맛없는 열매는 먹지 않더군요. 시몽 할머니의 아들도 똑같아요. 그 녀석도 좋지 않은 딸기는 안 따갔거든요. 그렇지만 올해는,” 정원사는 말을 이었다. “그런 일이 없을 거예요. 열매가 익을 만하면 밤을 새워서라도 망을 볼 테니까요.”

백작은 이로써 그 사람을 충분히 알 수 있었다. 사람은 누구나 마음 밑바닥까지 그를 갉아먹는 도락이라는 게 있다. 과일에게는 그 과일을 파먹는 벌레가 있듯이, 이 전신기사에게는 바로 정원이 그것이었다. 백작은 햇빛을 받지 못하게 포도송이를 가리고 있는 잎사귀들을 따기 시작했다. 이렇게 함으로써 그는 정원사의 마음을 샀다.

“전신중계탑을 보러 오셨습니까?” 사나이는 말했다.

“그렇습니다. 법이 금하지 않는다면 말입니다.”

“금하다니요?” 사나이는 대답했다. “아무도 우리가 하는 말을 알아듣지 못하고, 또 알아들으려 해도 소용도 없고, 위험할 것도 없는걸요.”

“하긴,” 백작이 말했다. “전신기사들이 모르는 신호가 있으면 자꾸 되풀이만 한다면서요.”

“그렇습니다. 그리고 결국 그렇게 하는 게 좋거든요.” 전신기사는 웃으면서 대답했다.

"왜 그렇게 하는 게 더 좋죠?"

"그렇게 하면 이쪽에서 책임질 일이 없으니까요. 전 기계 이상의 아무것도 아닙니다. 그러니 움직이고만 있으면 그 이상 책임은 없는 거죠."

'이것 참,' 백작은 생각했다. '이렇게 되면 아무 야심도 없는 사나이한테 걸려든 셈인데, 이거 낭패로군.'

"그런데," 정원사는 해시계를 쳐다보며 말했다. "10분이 다 되어 가는군요. 제자리로 돌아가야겠어요. 선생께서도 저하고 같이 올라가시겠습니까?"

"올라가 보지요."

백작은 3층으로 나뉜 건물 속으로 들어갔다. 맨 아래층에는 삽이며 쇠스랑, 물뿌리개 같은 농기구들이 벽에 세워져 있었다.

이것들이 실내 장식의 전부였다.

2층은 전신기사가 늘 쓰는 방, 아니 방이라기보다는 침실에 가까웠다. 그곳에는 몇 가지 초라한 가구들이 있었다. 침대가 하나, 테이블이 하나, 의자가 둘, 돌로 된 물통이 하나, 그리고 천장에 매달려 있는 건초. 백작은 그것이 종자로 쓰기 위해 말려 둔 완두콩과 에스파냐 강낭콩임을 알 수 있었다. 그것들은 모두 식물원의 식물학자가 붙인 것처럼 면밀하게 패가 붙어 있었다.

"신호술을 배우려면 꽤 시간이 걸릴까요?"

"그리 오래 걸리지는 않습니다. 견습 기간이 좀 걸리지요."

"수당은 얼마나 받나요?"

"1천 프랑입니다."

"대단한 액수는 아니군요."

"네, 하지만 보시다시피 주거가 해결되니까요."

백작은 방 안을 둘러보았다.

'이 사람이 이 방에 미련을 안 가졌으면 좋겠는데.' 백작은 중얼거렸다.

3층으로 올라갔다. 그곳은 전신실이었다. 백작은 두 개의 쇠로 된 핸들을 번갈아 보았다. 그것으로 전신중계탑을 움직이는 것이다.

"재미있는 기계군요." 백작이 말했다. "그러나 이런 생활이 계속되면 좀 단조롭다는 생각은 안 드나요?"

"예, 그렇습니다. 처음엔 계속해서 바라보기만 하니까 고개가 다 굳어지지요. 그렇지만 1, 2년 지나면 익숙해집니다. 게다가 휴식 시간이나 휴일이 있으니까요."

"휴일이요?"

"예, 그렇습니다."

"언제가 휴일입니까?"

"안개가 끼는 날입니다."

"아, 그렇군요!"

"그런 날이 제게 있어선 명절입니다. 그런 날엔 정원에 내려가서 나무를 심고, 깎아주거나 다듬어주기도 하고, 벌레도 잡아주다 보면 시간이 금세 지나가지요."

"이곳엔 언제부터 계셨소?"

"10년째입니다. 거기다가 견습 기간이 5년이니까, 합해서 15년입니다."

"연세는?"

"쉰다섯입니다."

"앞으로 연금을 받으려면 얼마나 더 근무해야 하나요?"

"총 25년 있어야 합니다."

"얼마나 받게 되는데요?"

"100에퀴지요."

'참 딱하군!' 백작은 중얼거렸다.

"네?" 전신기사가 물었다.

"그냥 참 재미있다고 그랬습니다."

"뭐가요?"

"제게 보여주신 것들이 말입니다…… . 그런데 당신은 신호 자체의 의미에 대해선 전혀 모르신단 말씀인가요?"

"전혀요."

"알려고 해보신 적은 없습니까?"

"한 번도요, 그럴 필요도 없습니다."

"하지만 직접 당신한테 보내는 신호도 있을 거 아닙니까?"

"그야 물론이죠."

"그것을 당신은 알 수 있나요?"

“그거야 늘 똑같은 신호이니까요.”

“그건 어떤 신호죠?”

“‘이상 없음…… 한 시간의 여유 있음……’이라든가 아니면 ‘그럼, 내일’ 같은 거지요.”

“간단한 것들이로군요.” 백작이 말했다. “그런데 저것 보세요. 저쪽 전신탑이 움직이고 있는 게 아닙니까?”

“아, 그렇군요. 고맙습니다.”

“무슨 신호인가요? 당신이 아실 만한 신호입니까?”

“네, 준비는 되었는지 묻고 있습니다.”

“그럼 이쪽에서는 어떻게 대답하지요?”

“오른쪽 전신중계탑에서 준비가 되었다는 것을 알려오면, 동시에 왼쪽 전신중계탑으로 준비하라는 신호를 보냅니다.”

“꽤 훌륭하게 되어 있군요.” 백작이 말했다.

“자, 이제 보십시오.” 사나이는 신이 나서 말했다. “5분만 있으면 저쪽에서 신호가 올 테니까요.”

“그럼, 아직 5분은 남아 있군요.” 백작이 말했다. “5분이면 충분하겠네요. 저기, 뭐 하나 물어보고 싶은 게 있는데 괜찮겠습니까?”

“네, 물어보십시오.”

“영감님께서는 정원 가꾸기를 좋아하십니까?”

“무척 좋아합니다.”

“그럼, 20자밖에 안 되는 땅보다는 2에이커쯤 되는 토지가 있다면 더 좋으시겠군요.”

“그렇다면 지상낙원을 만들겠습니다.”

“그건 그렇고, 1천 프랑 수입으로는 살기가 좀 어려우실 거 같은데요?”

“어렵지요. 그러나 어떻게든 살기는 합니다.”

“정원이 빈약하군요.”

“그건 그래요. 정원이 좁아요.”

“그런데다 들쥐가 많아서 몽땅 갉아먹으니.”

“글쎄, 그게 재난이지요.”

“좀 여쭈어보고 싶은 게 있는데 오른쪽 중계탑에서 신호를 보낼 때, 불행히도 당신이 한눈을 팔게 될 경우엔 어떻게 되나요?"

"못 보게 되지요."

"그럼 어떻게 되죠?"

"같은 신호를 다시 보내지 못하게 되겠지요."

"그럼 어떻게 되는데요?"

"신호를 보내지 않았다는 이유로 벌금을 물게 됩니다."

"얼마나요?"

"100프랑입니다."

"수입의 1할이라, 그건 적지 않네요."

"그렇죠?" 전신기사가 말했다.

"여태까지 그런 일이 있었습니까?" 백작이 물었다.

"딱 한 번 있었습니다. 마침 개암나무를 접붙이고 있다가 그만."

"그래요? 그럼, 만약에 당신이 신호를 바꾸거나 다른 신호를 보내게 될 경우엔 어떻게 되나요?"

"그렇게 되면 애긴 달라집니다. 저는 면직당하고 연금까지 없어지거든요."

"300프랑의?"

"예, 100에퀴짜리지요. 그러니까 그런 짓은 절대로 안 하게 되겠지요."

"그럼 수당의 15년분을 받는다면 어떻게 하시겠습니까? 그건 좀 생각해 볼 일이 아닐까요? 안 그렇습니까?"

"그럼, 1만5천 프랑이란 말씀인가요?"

"그렇죠."

"절 놀라게 하시려고 그런 말씀하시는 겁니까?"

"천만에!"

"그럼, 유혹하시려는 겁니까?"

"그렇습니다. 1만5천 프랑! 아시겠습니까?"

"잠깐만 실례하겠습니다. 오른쪽 수신 장치를 좀 보아야겠습니다."

"아니, 그걸 보지 말고 이걸 좀 보시오."

"그게 뭡니까?"

"이걸 모른단 말씀입니까?"

"그건 지폐가 아닙니까?"

"그렇소, 이게 15장 있소."

"이건 누구 겁니까?"

"원하신다면 드릴 수도 있지요."

"저한테요?" 전신기사는 목이 멘 듯이 소리쳤다.

"그렇지요. 전부 드리는 겁니다."

"아, 오른쪽 수신 장치가 움직이고 있군."

"내버려 두시오."

"방해하시지 마십시오. 이러다간 벌금을 내야 합니다."

"벌금은 100프랑 아니오? 이 지폐 15장을 받는 편이 나을 텐데요."

"오른쪽 전신기사가 재촉합니다. 신호를 또 보내왔어요."

"내버려 두시오. 그리고 어서 이걸 받으시오."

백작은 지폐 뭉치를 전신기사의 손에 쥐여주었다.

"그리고," 백작이 또 말했다. "이게 다가 아니오, 1만5천 프랑으로는 충분히 살 수 없을 테니."

"하지만 제겐 직업이 있는데요."

"아니, 이 직업은 잃어버리게 될 거요. 왜냐하면 저쪽 신호와 다른 신호를 보내게 될 테니까."

"아니 그럼, 절더러 뭘 하라는 말씀입니까?"

"어린애 장난 같은 일이지요."

"하지만 강제로 시키지 않는 이상……."

"실은 강제로라도 그 일을 시킬 생각이오."

백작은 주머니에서 다른 지폐 뭉치 하나를 더 꺼냈다.

"여기 또 1만 프랑이 있소." 그는 말했다. "주머니 속의 1만5천 프랑과 합치면 2만5천 프랑이오. 5천 프랑으로는, 예쁘고 아담한 집 한 채와 2에이커짜리 정원을 사는 거요. 그리고 나머지 2만 프랑으로는 해마다 1천 프랑의 이자 수입을 얻을 수 있단 말이오."

"2에이커짜리 정원이오?"

"그리고 매년 1천 프랑이오."

"오오, 맙소사!"

"자, 어서 받아 둬요."

이렇게 말하며 백작은 1만 프랑을 전신기사의 손에 쥐여주었다.

"도대체 뭘 하는 건데요?"

"대단한 일은 아니오."

"뭔데요?"

"이 신호를 되풀이해 주기만 하면 되는 거요." 백작은 주머니에서 종이 한 장을 꺼냈다. 거기에는 세 개의 신호와 그것을 보내는 순서가 적혀 있었다.

"어때요, 별로 길지도 않지요?"

"하긴 그렇군요. 하지만⋯⋯."

"이것만 하면 천도복숭아든 뭐든 다 손에 넣을 수 있단 말이오."

이 한마디가 결정적이었다. 사나이는 흥분으로 얼굴이 빨개져서 구슬땀을 흘리며, 오른쪽 전신기사의 무서운 연락 중단의 신호에도 불구하고 백작이 지시한 세 가지 신호를 차례대로 보냈다. 오른쪽 중계탑 전신기사는 이 갑작스러운 변화가 왜 일어났는지 전혀 몰랐기 때문에, 이쪽 전신기사가 미치기라도 한 줄로 생각하고 있었다. 한편, 왼쪽 중계탑 전신기사는 충실하게 같은 신호를 되풀이했다. 그 신호는 그대로 내무성에 접수되었다.

"자, 이제 당신은 부자가 됐소." 백작이 말했다.

"그렇죠." 전신기사가 대답했다. "하지만 도대체 어떻게 되는 걸까요?"

"이보시오." 백작은 말했다. "난 당신이 후회하게 하고 싶지는 않소. 내 말을 믿으시오. 나는 맹세코 누구에게도 잘못한 게 없어요. 오직 하느님의 뜻을 받들었을 뿐이오."

전신기사는 지폐 뭉치를 바라보며 그것을 만지작거리다가 세어보았다. 그의 얼굴빛이 붉어졌다 파래졌다 했다. 이윽고 그는 물을 마시려고 자기 방으로 달려갔다. 그러나 물 있는 곳에 가기도 전에 마른 강낭콩이 깔린 방 한가운데서 정신을 잃고 쓰러졌다.

전신이 내무성에 도착하고 5분쯤 흘렀을 때, 드브레는 마차에 말을 매어 당글라르의 집으로 달렸다.

"당글라르 씨께선 에스파냐 공채를 가지고 계시죠?" 그는 남작부인에게 물었다.

"그래요. 600만 프랑."

"그걸 가격에 상관 말고 팔아버려야 해요."

"왜요?"

"돈 카를로스가 부르주에서 도망갔어요. 그래서 에스파냐에 돌아왔단 말씀입니다."

"어떻게 그걸 아셨어요?"

"원, 부인도!" 드브레는 어깨를 으쓱하며 말했다. "정보에 관해서라면 뭐든 알고 있습니다."

부인은 두 번 듣지 않고 바로 남편에게 달려갔다. 남작은 또 남작대로 중개인한테 달려가 값은 얼마가 되어도 좋으니, 공채를 모조리 팔아달라고 했다. 당글라르 남작이 공채를 판다는 소문이 나자, 에스파냐 공채의 값은 순식간에 뚝 떨어졌다. 당글라르는 소문이 나자 50만 프랑을 손해 봤다. 그러나 공채 전부를 팔아치웠다.

그날 저녁 〈메사제〉 지에는 다음과 같은 전보문이 떴다.

　전보

　돈 카를로스 왕은 부르주에서 감시의 눈을 피해 달아나서, 카탈로니아 국경을 거쳐 에스파냐로 귀환하였다. 왕을 위해 바르셀로나는 봉기하였다.

그날 밤, 가는 곳마다 공채를 판 당글라르의 선견지명에 대해, 이렇게 큰 변동이 있는데도 50만 프랑의 손해밖에 안 본 그의 행운이 놀랍다는 얘기가 자자했다.

그에 반해, 공채를 팔지 않은 사람들이나 당글라르의 공채를 산 사람들은 파산하였다고 생각하여 아주 고통스러운 밤을 보냈다.

그런데 이튿날 〈모니퇴르〉 지에는 또 다음과 같은 기사가 났다.

　어제 〈메사제〉 지에서 돈 카를로스가 탈출해 바르셀로나에서 반란을 일으켰다는 보도는 사실 무근이다. 돈 카를로스는 부르주에 있으며, 에스파냐 반도는 지극히 평온하다.

　짙은 안개 때문에 신호를 잘못 수신한 데서 비롯된 오보이다.

공채는 떨어졌던 값의 곱절로 뛰어올랐다.

이로 말미암아 당글라르는 손해 본 것과 투자의 기회를 놓친 것으로 말미암아 결국 100만 프랑의 손해를 보았다.

"됐어!" 백작은 당글라르가 큰 손해를 본 주식 시장의 기이한 급전환 소식을 들었을 때 자기 집에 와 있던 막시밀리앙 모렐에게 이렇게 말했다. "요컨대 난 2만5천 프랑으로 10만 프랑에 필적할 만한 것을 발견했습니다."

"뭘 발견하셨습니까?" 막시밀리앙이 물었다.

"복숭아를 갉아먹는 들쥐 걱정에서 정원사를 벗어나게 해주는 법을 발견했지요."

유령

잠깐 보아서는, 더군다나 바깥에서 보면, 오퇴유 집에는 호화로운 구석이 없었다. 사치스러운 몬테크리스토 백작의 집이라고 생각될 만한 것은 하나도 찾아볼 수 없었다. 그러나 이렇게 평범하고 간소해 보이는 것도, 집의 외관은 조금도 바꾸지 말라는 주인의 명령 때문이었다. 그것은 집에 들어가 보면 알 수 있었다. 사실 문만 열면 전혀 다른 광경이 펼쳐진다.

베르투치오는 실내장식의 취미나 꾸미는 속도 면에서 언제나 그 사람이라고는 믿을 수 없을 정도로 놀라운 솜씨를 보여 왔다. 마치 옛날에 당탱 공작이 루이 14세의 눈에 거슬리던 가로수길의 가로수들을 단 하룻밤 사이에 다 베어 버렸듯이, 베르투치오는 단 사흘 동안 완전히 벌거벗었던 정원에 나무를 가득 심어놓았던 것이다. 커다란 뿌리째 실려 온 훌륭한 포플러며 단풍나무들이 저택의 정면에 그림자를 드리우고 있었다. 집 앞쪽에는 반쯤 풀잎으로 덮인 포석 대신 잔디밭이 쭉 펼쳐져 있었다. 그날 아침에 깔린 그 잔디밭도 넓은 카펫을 이루고 있었다. 그리고 그 위에 뿌린 물이 방울져 빛나고 있었다.

이러한 명령도 모두 백작의 입에서 나온 것이었다. 백작 자신이 베르투치오에게 심어야 할 나무의 수와 장소, 그리고 포석을 빼고 깔 잔디밭의 모양과 넓이까지 지시되어 있는 설계도를 주었던 것이다. 이렇게 하고 보니, 전과는 전혀 다른 집같이 되었다. 베르투치오 자신도 이렇게 온통 푸른빛으로 둘러싸여 있으니, 먼젓번 집처럼 보이지는 않는다고 했다.

베르투치오는 자기가 이 집에 있는 동안 정원을 꾸며보고 싶었지만, 백작이 조금도 손대어서는 안 된다는 강경한 명령을 내렸던 것이다. 베르투치오는 그 대신 현관, 계단, 벽난로 위에 꽃을 잔뜩 늘어놓았다.

베르투치오의 뛰어난 솜씨와 주인의 좋은 머리 덕분에, 20년 동안 사람이 살지 않아 어제까지만 해도 음산하고 싸늘했던, 마치 시대의 냄새같이 기가 빠진 냄새만 가득했던 이 집은 단 하루 만에 생기 넘치고 주인이 좋아하는 향기로 가득한, 일상생활의 즐거운 분위기까지 풍기는 집으로 변하게 되었다. 그리하여 백작은 이 집에 들어서자마자 손에 책과 무기를 쥘 수 있게 되었고, 눈을 들면 그가 좋아하는 그림들을 볼 수 있었다. 현관에는 정답게 달려드는 개들이 있었고, 즐겁게 지저귀는 새들이 있었다. 그리고 《잠자는 숲속의 미녀》에 나오는 궁궐처럼 오랫동안 긴 잠에서 눈을 떠 생기가 넘치고 노래도 하고, 꽃이 활짝 핀 것 같았다. 이를테면 갑자기 재난을 만나 떠나게 되었지만 자신도 모르게 마음을 남겨놓은 듯한 정든 집 같았다.

많은 하인이 이 아름다운 궁정 안을 유쾌하게 왔다 갔다 하고 있었다. 그중 일부는 주방 담당자들인데, 마치 오래전부터 이 집에서 살아온 사람처럼 바로 어제 수리를 끝낸 계단을 바쁘게 오르내리고 있었다. 또 다른 하인들은 마차 창고 담당이었다. 마차 창고 안에는 번호가 붙은 정비된 마차들이 마치 50년 전부터 그곳에 있었던 것처럼 늘어서 있었다. 마구간에선 시렁에 매어놓은 말들이 마부들과 얘기를 주고받고 있었다. 마부들은 주인을 대하는 것만큼이나 깊은 존경을 담아 말을 대하고 있었다.

서재의 양쪽 벽에 줄지어 서 있는 책장 두 개에는 2천 권가량의 책이 꽂혀 있었다. 책장의 일부는 현대 소설로 가득 차 있었고, 최근에 출판된 책들까지 벌써 금빛과 붉은빛을 과시하면서 적절한 자리에 꽂혀 있었다.

집의 반대쪽, 다시 말하면 도서실과 마주 보는 곳에는 온실이 있었는데, 그곳에는 커다란 일본 도자기 꽃병에 진기한 꽃들이 꽂혀 있었다.

그리고 눈과 코를 동시에 즐겁게 해주는 온실 한가운데 당구대가 있었고, 그 위에는 약 한 시간 전까지 당구를 치고 있었던 것처럼 당구대 카펫 위에 당구공들이 굴러다니고 있었다.

그런데 딱 하나 베르투치오도 손을 대지 못한 방이 있었다. 이층 왼쪽 모서리에 자리 잡고 있는 그 방은, 올라가려면 커다란 층계로 올라가야 하고, 내려올 때에는 비상계단으로 내려와야만 했다. 하인들은 호기심을 가지고 그 방 앞을 지나다녔고 베르투치오는 그럴 때마다 공포가 엄습해 왔다. 백작은 5시 정각에 알리를 데리고 오퇴유의 저택에 도착했다. 베르투치오는 주인이 오기를 불안하고 초조한 마음으로 기다리고 있었다. 그는 주인이 혹시 눈살을 찌푸리지나 않을까 걱정하면서도, 한편으로는 칭찬해주기를 기대하고 있었다.

백작은 정원에 마차를 세우고는 집 안을 돌아보았다. 칭찬이든 불평이든, 말 한마디 없이 정원을 한 바퀴 돌았다.

그는 잠긴 방 맞은편에 있는 침실로 들어가 조그만 자단 가구의 서랍으로 손을 뻗었다.

그것은 그가 처음으로 이 집에 왔을 때 이미 보아두었던 것이다.

"여긴 장갑 정도밖에 안 들어가겠는걸." 그는 말했다.

"말씀하신 대로입니다." 베르투치오는 기쁜 듯이 말했다. "열어 보십시오, 그 속에 장갑을 넣어 두었습니다."

백작은 다른 가구들 속에서도 자기가 있었으면 하는 물건들, 향수병이며 담배며 보석들을 발견했다.

"됐어!" 그는 말했다.

베르투치오는 만족해서 밖으로 나갔다. 백작이 그의 주위 사람들에게 미치는 영향은 크고 강하고 직접적이었던 것이다. 6시 정각에 말발굽 소리가 문밖에서 들려왔다. 그것은 메데아를 타고 온 알제리 기병 대위였다.

백작은 미소를 띠며 입구의 계단에서 그를 기다리고 있었다.

"제가 제일 먼저 왔지요?" 막시밀리앙 모렐이 소리쳤다. "사실은 딴 분들이 오시기 전에 잠깐 백작과 단 둘이 만나려고 일부러 이렇게 일찍 온 겁니다. 쥘리와 엠마뉘엘이 안부를 전해 달라더군요. 백작, 집이 굉장히 좋군요! 그런데 제가 타고 온 말을 하인들에게 좀 돌봐달라고 했으면 좋겠는데요."

"염려 마십시오, 다들 잘 알고 있으니까요."

"왜냐하면 몸을 짚으로 비벼주어야 하기 때문에 그렇습니다. 굉장히 빨리 달려왔거든요. 마치 회오리바람처럼요."

"어련하시겠어요, 5천 프랑짜리 말인데."

백작은 아버지가 자식에게 말하는 듯한 어조로 말했다.

"그래서 억울하신가요?" 막시밀리앙은 언제나처럼 순수한 미소를 띠며 물었다.

"내가요? 농담이시겠죠." 백작이 대답했다. "난 혹시 말이 괜찮은지 걱정했을 뿐입니다."

"말은 아주 좋습니다. 프랑스에서도 말 잘 타기로 이름난 샤토 르노와 내 무성의 아라비아 말을 타고 오는 드브레 씨도 다 제 뒤로 쳐졌죠. 그리고 보시다시피 그분들은 이렇게 한참 걸리지 않습니까. 게다가 그 뒤로는 당글라르 남작부인의 마차가 시속 2.4킬로미터로 따라오고 있는 걸요."

"그럼, 그분들이 모두 당신 뒤에 오고 있단 말씀입니까?" 백작이 물었다.

"보세요, 저기 오는군요."

정말 바로 그때, 거품을 뿜는 말에 끌려오는 마차 한 대와 숨을 헐떡거리는 말 두 필이 집 철문 앞에 도착했다. 문이 열렸다. 곧 마차는 마당에서 원을 그리며 두 사람이 서 있는 돌계단 앞에 멈췄다. 그 뒤로 기수 두 명이 도착했다.

드브레는 말에서 내리더니 마차 문 앞으로 갔다. 그는 남작부인에게 손을 내밀었다. 부인은 마차에서 내리면서 그에게 어떤 몸짓을 했는데, 그것은 백작 말고는 아무도 알아채지 못했다. 백작은 무엇 하나 놓치지 않았다. 백작은 남작부인의 이러한 몸짓과 함께, 다른 사람의 눈에는 뜨이지 않았지만 하얀 종이 한 장이 살짝 빛나면서 아주 유연하게 부인의 손에서 비서의 손으로 슬쩍 건네지는 것도 보았다.

부인의 뒤를 이어, 이번엔 당글라르 씨가 마차에서 내렸다. 그는 마차에서 내린 게 아니라 마치 무덤에서 나온 사람처럼 창백한 얼굴이었다.

당글라르 부인은 마치 무엇을 탐색하기라도 하는 듯이 주위를 둘러보았다. 그것을 놓치지 않고 본 것 역시 백작 한 사람뿐이었다. 부인은 단 한 번의 시선으로 안뜰과 주랑과 집의 정면 모습을 보았다. 그리고 만약 얼굴빛이 잘 변하는 여자였더라면 틀림없이 얼굴에 나타났을 가벼운 놀라움을 감추고 돌계단 위를 올라가며, 막시밀리앙에게 이렇게 말했다.

"당신이 만약 제 친구라면 그 말을 나에게 팔지 않겠느냐고 물어보았을 것 같은데요."

막시밀리앙은 떫은 미소를 지었다. 그리고 이 난처함에서 구해 달라는 듯이 백작 쪽을 바라보았다. 백작은 그 뜻을 바로 알아차리고 당글라르 부인에게 말했다.

"오! 부인, 어째서 그 말씀을 제게는 하지 않으셨습니까?"

"백작께는 아무것도 부탁하질 못하겠어요. 뭐든지 당장 주시니까 말이에요. 그래서 막시밀리앙 모렐 씨에게 부탁해 본 거지요."

"그런데 불행히도," 백작은 말을 이었다. "전 막시밀리앙 씨가 그 말을 양보할 수 없다는 것을 알고 있습니다. 모렐 씨는 명예를 걸고 그 말을 가지고 있지 않으면 안 되거든요."

"왜죠?"

"막시밀리앙 씨는 메데아를 반년 안에 훌륭하게 길들여 놓겠다는 내기를 했습니다. 아시겠지만, 만약 그 말을 남의 손에 넘겨버리면 내기에서 지게 됩니다. 그뿐 아니라 남들은 그가 말이 무서워서 그랬다고 할 게 아닙니까. 물론 여인의 기분을 만족시켜 주기 위해 그것을 포기한다는 것은 세상에서 가장 신성한 일 가운데 하나라고는 생각하지만, 그래도 그런 소문이 난다는 것은 참을 수 없는 일일 테니까요."

"그런 것입니다, 부인……." 막시밀리앙 모렐은 백작에게 고맙다는 미소를 보내며 부인에게 말했다.

"게다가 말이야," 당글라르는 쓴 미소로는 잘 가려지지 않는 퉁명스러운 어조로 아내에게 말했다. "말은 충분히 가지고 있잖아?"

지금까지의 당글라르 부인이라면 그런 비난을 받고 가만히 있을 리가 없었지만, 이번에는 놀랍게도 그러한 비난을 못 들은 체하고 아무 대꾸도 하지 않았다.

남작부인이 전혀 어울리지 않게 겸손한 태도로 침묵하고 있자, 백작은 그 모습을 보고 미소 지으며 커다란 중국 도자기 두 개를 보여주었다. 도자기에는 해초들이 꾸불꾸불 얽혀 있었는데, 그 크기나 뛰어난 솜씨가 자연의 힘이 아니면 상상도 할 수 없으리만큼 훌륭했다.

남작부인은 눈이 휘둥그레져서 말했다.

"오오! 튈르리 왕궁의 마로니에를 갖다 심어도 될 만큼 큰 도자기군요."

"아, 부인 그건," 백작이 대답했다. "우리같이 작은 동상이나 얇은 유리 그릇 같은 것을 만드는 사람들한테 말해 가지곤 안 되지요. 이건 다른 시대의 작품입니다. 말하자면 대지와 바다의 정령이 만들어낸 것 같다고나 할까요."

"어떻게 만들었을까요? 그리고 어느 시대 걸까요?"

"모릅니다. 그저 이걸 굽기 위해서 중국 황제가 일부러 아주 큰 화덕을 하나 만들게 하고, 이와 똑같은 화병 열두 개를 굽게 했다는 얘기만 들었죠. 그중 두 개는 가마의 열로 깨지고, 나머지 열 개를 해저 300발 밑에 가라앉혔답니다. 바다는 이러한 뜻을 알고, 도자기에다 해초와 산호를 넣고 조개로 덮어 지켜온 것입니다. 이렇게 하여 도자기는 깊고 깊은 바다 밑에서 200년 이란 세월을 잠들어 있었습니다. 왜냐하면 이런 시험을 생각해 낸 황제가 혁명으로 밀려나고, 그 뒤엔 그저 도자기를 구웠다는 사실과 그것을 바다 밑에 가라앉혀 두었다는 기록밖엔 남지 않았기 때문입니다. 그로부터 200년 뒤에 그 기록이 발견되어 도자기를 꺼내게 되었습니다. 수많은 잠수부들이 특별한 기계를 가지고, 도자기를 가라앉혔다는 만에서 그것을 찾기로 했습니다. 하지만 열 개 중에 세 개밖엔 찾아내지 못했습니다. 나머진 파도에 밀려 어디론가 없어져버리거나 깨져버렸습니다. 저는 이 항아리를 참 좋아합니다. 잠수부들이 아니면 볼 수 없는 이상하고 무섭고 신비한 괴물이 그 음산하면서도 차가운 눈으로 들여다보거나, 또는 적을 피해서 피난 온 물고기들이 잠을 자고 있다고 상상하곤 합니다."

그러는 동안 골동품에 취미가 없는 당글라르는 아름다운 오렌지 나무에서 기계적으로 꽃을 따고 있었다. 오렌지꽃을 다 따고 나자, 이번에는 선인장에 손을 댔다. 그러나 선인장은 오렌지꽃처럼 잘 따지지 않아서 오히려 그는 손만 잔뜩 찔렸다. 그는 놀라서 꿈에서 깨어난 듯이 눈을 찌푸렸다.

"당글라르 씨," 백작이 웃으면서 말했다 "남작께선 그림을 좋아하셔서 훌륭한 그림들도 많이 가지고 계시니 제가 가지고 있는 거야 뭐, 보여드릴 만한 것도 없습니다. 하지만 호베마가 두 장, 폴 포터가 한 장, 미에리스가 한 장, 제라르 도가 두 장, 라파엘로가 한 장, 반 다이크가 한 장, 주르바란 한 장 그리고 무리요가 두세 장 있습니다. 이쯤이면 볼 만한 가치는 있으실 거라 생각합니다만."

"아, 여기 있는 호베마 그림은 본 적이 있는데." 드브레가 말했다.

"그렇습니까!"

"분명 누군가가 미술관에 팔러 왔던 것이었습니다."

"미술관에는 없었지요?" 백작이 불쑥 말했다.

"없습니다. 사지 않았거든요."

"왜죠?" 샤토 르노가 물었다.

"자네도 참, 정부에 그럴 만한 돈이 없는 게 당연하잖아?"

"무슨 소리야!" 샤토 르노가 말했다. "그런 소리라면 10년째 매일 듣고 있지만, 그래도 난 아직 그 말이 귀에 와 닿지 않는걸."

"곧 알게 될 걸세." 드브레의 말이었다.

"설마." 샤토 르노가 대답했다.

"바르톨로메오 카발칸티 소령, 안드레아 카발칸티 자작께서 오셨습니다!" 바티스탱이 알려 왔다.

재단사의 손길이 갓 떠난 검정 새틴 옷깃에 잘 깎은 수염과 반백의 콧수염, 침착한 눈매에 훈장 세 개와 십자훈장 다섯 개를 단 소령 제복. 한마디로 말해 어디 한군데 나무랄 데 없는 완벽한 노군인의 복장을 한 남자가 나타났다. 우리가 이미 잘 알고 있는 그 상냥한 아버지였다.

그의 옆에는 똑같이 새 제복을 입고 입가에 미소를 머금은 안드레아 카발칸티의 모습이 보였다. 이는 앞서 본 그 공손한 아들이었다.

세 젊은이는 이야기를 주고받고 있었다. 세 사람의 눈은 아버지에게서 그의 아들로 옮겨갔다. 그리고 자연히 아들을 계속 바라보며 그를 자세히 관찰하기 시작했다.

"카발칸티!" 드브레가 말했다.

"훌륭한 이름이군요." 모렐이 말했다.

"정말 그러네요." 샤토 르노가 대답했다. "이름들은 모두 훌륭한데, 옷 입은 건 별로군."

"자넨 너무 까다로워." 드브레가 말했다. "저 옷들은 굉장히 잘 만든 옷들이야. 아주 새 것이고."

"바로 저게 마음에 들지 않는다는 거야. 마치 오늘 처음 옷을 입어 본 사람 같지 않아?"

"도대체 어떤 분들입니까?" 당글라르가 백작에게 물었다.

"아까 들으신 대로 카발칸티 아버지와 아들이지요."

"네, 이름은 알고 있습니다만."

"아, 당신은 이탈리아 귀족들을 잘 모르시는군요. 카발칸티는 왕가 혈통입니다."

"자산가입니까?"

"어마어마하지요."

"어떤 일을 하시나요?"

"아무리 써도 다 쓸 수가 없어 곤란할 정도이지요. 그리고 그저께 제게 와서 이야기하기를 당신의 은행에 대한 신용장을 가지고 있다 하더군요. 사실 당신을 생각해서 저분들을 초대한 겁니다. 소개해 드리지요."

"하지만 순수한 프랑스어를 잘하는 것 같던데요." 당글라르가 말했다.

"아들은 남프랑스의 학교에서 교육을 받았으니까요. 마르세유나 아니면 그 근처 어디서였을 겁니다. 그 젊은이는 지금 아주 열중해 있을 겁니다."

"어떤 것에요?" 남작부인이 물었다.

"꼭 프랑스 여자와 결혼하고 싶으시답니다."

"그건 참 좋은 생각이군요!" 당글라르는 어깨를 으쓱하며 말했다.

당글라르 부인은 심상치 않은 표정을 지으며 남편을 쳐다보았다. 다른 때 같았으면 폭풍이 몰아칠 표정이었지만, 이번에도 부인은 한마디도 하지 않았다.

"남작께선 오늘은 기분이 별로 좋지 않아 보이는데요." 백작이 부인에게 말했다. "누가 대신이 되라고 말하기라도 한 겁니까?"

"아니에요, 그건 아직입니다. 아마 주식으로 손해를 봐서 어떻게 해야 할지를 모르고 있는 것 같아요."

"빌포르 씨 부부이십니다!" 바티스탱이 소리쳤다.

그 두 사람이 들어왔다. 빌포르 씨는 자신을 억누르고는 있었지만, 그래도 놀란 듯 보였다. 그의 손을 잡은 백작은 그 손이 떨리는 것을 느꼈다.

'확실히 감정을 감출 수 있는 건 여자밖에 없군.' 당글라르 부인이 빌포르에게 미소 지으며, 빌포르 부인에게 키스하는 것을 보고 백작은 이렇게 생각했다.

인사가 끝났을 때, 백작은 그때까지 부엌에서 일하고 있던 베르투치오가 사람들이 모두 모인 살롱으로 들어가는 것을 보았다.

백작은 그의 곁으로 갔다.

"왜 그래, 베르투치오?"

"손님이 몇 분인지 아직 듣지 못해서요." 그는 물었다.

"그랬었지."

"몇 분이나 되시는지요?"

"자네가 세어 보지."

"이젠 모두 오신 겁니까?"

"그래."

베르투치오는 빠끔히 열린 문틈으로 들여다보았다.

백작은 그를 지켜보고 있었다.

"오, 오!" 베르투치오가 외쳤다.

"왜 그래?" 백작이 물었다.

"저 여자예요…… 저 여자입니다."

"누구?"

"흰옷을 입고 다이아몬드를 잔뜩 단 여자 말이에요. ……저 금발 여자 말씀입니다."

"당글라르 부인 말인가?"

"이름은 모르겠습니다만, 저 여자입니다. 백작님, 저 여자예요."

"그 여자라니?"

"정원에 있던 여자 말이에요! 임신한 여자 말입니다. ……상대를 기다리며 왔다 갔다 하던 여자 말이에요! …… 상대를 기다리면서……."

베르투치오는 입을 벌린 채 얼굴빛이 변하고, 머리끝이 곤두섰다.

"기다리다니, 누구를?"

베르투치오는 아무 대답도 하지 않고 손가락으로 빌포르를 가리켰다. 그것은 흡사 맥베스가 반코(셰익스피어의 《맥베스》에 나오는 인물)를 가리키는 몸짓과도 같았다. "오! …… 오! …… 보이십니까?" 그는 중얼거리듯 말했다.

"어? 아니, 누구 말인가?"

"저 남자 말입니다."

"저 남자? …… 빌포르 검찰총장 말이야? 응, 물론 보이지."

"제가 저 사람을 죽이지는 못했군요."

"무슨 소릴 하는 거야? 미친 거 아닌가, 베르투치오." 백작은 말했다.

"그럼 저 사람은 죽지 않았단 말씀입니까?"

"무슨 소리야? 저기 저렇게 살아 있잖아? 자넨 사람들의 관습대로 여섯 번째와 일곱 번째 갈비뼈 사이 대신에, 분명히 그보다 좀 위나 아니면 아래를 쳤을 거야. 게다가 저런 사법관 녀석들은 만만치 않은 놈들이니까. 그렇지 않으면, 자네가 한 얘기가 정말이 아니라 상상력으로 빚어낸 꿈이나 머릿속에서 그려낸 환각일지도 모르지. 복수에 눈이 먼 채 잠을 자서 그 생각에 위가 짓눌려 악몽을 꾼 게 아닐까? 자, 자, 진정하게. 그리고 손님 수를 세어 보지. 빌포르 부부 두 사람에 당글라르 부부까지 해서 네 사람, 샤토 르노 씨, 드브레 씨, 막시밀리앙 모렐까지 일곱에, 바르톨로메오 카발칸티까지 여덟."

"여덟 명." 베르투치오가 되뇌었다.

"잠깐, 잠깐! 왜 이렇게 급히 가려고만 서두르나. 손님 한 분은 빼먹고 말이야. 몸을 좀 왼쪽으로 기울여 봐. ……자, 안드레아 카발칸티 씨가 있잖아? 무리요의 성모화(畵)를 보고 있는 검은 양복의 젊은이 말이야. 이쪽을 보는군."

이번에는 베르투치오가 하마터면 소리를 지를 뻔했다. 그러나 백작과 눈이 마주치자, 가까스로 입에서 나오려는 걸 삼켜 버렸다.

"베네데토!" 그는 낮은 소리로 중얼거렸다. "운명의 장난이야!"

"자, 6시 반을 치는군." 백작은 엄격한 어조로 말했다. "6시 반에 식사를 차려 놓으라고 일러두었지. 기다리는 건 좋아하지 않는다는 걸 알고 있을 텐데."

백작은 손님들이 기다리고 있는 객실로 돌아갔다. 그리고 베르투치오는 겨우겨우 벽에 몸을 기대며 식당으로 갔다.

5분 뒤에 객실문 두 개가 열렸다. 베르투치오가 모습을 나타냈다. 그는 마치 샹티이 성의 바텔(왕궁 조리장이나 천부적인 연회 기획가로 샹티이 성의 향연에서 실력발휘를 제대로 못한 것에 비관해 자살했다)처럼 괴로워하며 비장한 용기를 내어 말했다.

"식사 준비가 다 되었습니다."

백작은 빌포르 부인에게 팔을 내밀었다.

"빌포르 씨," 그는 말했다. "당글라르 부인을 상대해 주시지요."

빌포르는 백작의 말을 따랐다. 그리고 모두 다 식당으로 들어갔다.

만찬

식당으로 들어가면서 손님들은 명백히 같은 기분에 사로잡혀 있었다. 그들은 한결같이 자신들이 어떤 기이한 힘에 이끌려 이 집에 오게 되었는지를 의아하게 생각했다. 이곳에 와서 놀라기도 하고 불안하기조차 했지만, 오지 않았더라면 좋았을 거라고 여기는 사람은 하나도 없었다.

그러나 아직 오래되지 않은 사이인 데다 백작의 특이한 독신 생활 그리고 정체를 알 수 없는 꿈같은 엄청난 재산 등을 생각하면, 남자들은 그를 조심해야 한다 생각했고, 여자들은 손님을 맞아줄 안주인이 없는 이런 집에 드나들면 안 되겠다고 생각하고 있었다. 하지만 남자들은 그들대로 조심성을 잃고 여자들은 그녀들대로 지켜야 할 예의를 잊어버렸다. 오직 강한 호기심이 이끄는 대로 모든 것을 까맣게 잊어버리고 말았다.

카발칸티 집안의 아버지와 아들도 마찬가지였다. 아버지는 어색해하고 아들은 경망스럽긴 했지만 자기들이 무슨 이유로 이 집에 초대되었는지는 모른 채, 처음 보는 사람들과 함께 하게 된 일을 그리 이상하게 여기지조차 않는 눈치였다.

당글라르 부인은 백작의 권유대로 빌포르 씨가 자기의 팔에 손을 걸 수 있게 해주러 가까이 오는 것을 보고 움찔했다. 빌포르 씨 또한 자기의 팔 위에 남작부인의 팔이 닿는 것을 느끼자, 금테 안경 밑으로 자기도 모르게 눈동자가 떨렸다.

백작은 이런 두 사람의 움직임을 하나도 놓치지 않았다. 그는 이렇게 사람들이 접촉하고 있는 상태를 목격하고 있는 것만으로도 충분히 흥미로웠다.

빌포르 씨의 오른쪽에는 당글라르 부인이, 그 왼쪽에는 막시밀리앙 모렐이 앉았다.

백작은 빌포르 부인과 당글라르 남작 사이에 자리를 잡았다. 다른 자리에는 카발칸티 부자 사이에 드브레가, 빌포르 부인과 모렐 사이에는 샤토 르노가 자리를 잡았다. 식사는 정말 훌륭했다. 백작은 파리식 메뉴를 완전히 뒤바꿔 손님들의 식욕보다는 차라리 호기심에 부응하는 식사를 마련했던 것이다. 마련된 식사가 동양식 성찬이었다고는 하지만 그것은 마치 아라비아 동화 속에 나오는 향연 같았다.

세계 곳곳에서 유럽으로 가져올 수 있는, 맛이나 모양이 조금도 변하지 않은 싱싱한 과일들이 중국 꽃병과 일본제 접시 위에 피라미드 모양으로 쌓아 올려져 있었다. 반짝반짝 빛나는 아름다운 날개가 그대로 달린 진기한 새들, 은반 위에 놓인 커다란 물고기, 그 모습을 보기만 해도 맛있을 것같이 보이는 묘한 병에 든 다도해, 중앙아시아, 남아프리카산의 여러 가지 술이, 옛날 아피키우스(로마 시대의 유명한 미식가)가 손님들과 맛본 대향연에서처럼 지금 이 파리 손님들 앞에 하나씩 하나씩 나오고 있었다. 이렇게 클레오파트라처럼 진주 녹인 것을 먹거나 로렌초 디 메디치처럼 황금을 녹인 것을 마시면, 열 명의 손님만 초대해도 1천 루이의 금이 순식간에 사라진다는 것을 손님들은 알고 있었다.

백작은 손님들이 모두 놀라는 것을 보고 껄껄대며 큰 소리로 웃었다.

"여러분들께선 이 점을 인정하시겠지요. 즉, 재산이 어느 단계에 이르게 되면 쓸데없는 것만 갖고 싶어진다는 사실 말입니다. 부인들께서도 인정하시겠지만, 감격이라는 것도 어느 정도까지 달하면 더 바랄 거라곤 이상 말고는 아무것도 없다는 사실을 말입니다. 과연 우리가 정말 손에 넣고 싶은 부(富)란 도대체 어떤 것일까요? 우리가 손에 넣을 수 없는 것, 바로 그것입니다. 그래서 저는 이해할 수 없는 것을 보는 것, 제 손에 넣을 수 없는 것을 손에 넣는 것을 제 일생의 연구과제로 삼고 있습니다. 그리고 그러한 것을 달성하는 데 있어서 저는 물질과 의지라는 두 가지 방법을 가지고 있습니다. 저는 한 가지 생각을 실현하려고 할 때, 여러분과 다르지 않게 열심히 임합니다. 예를 들면, 당글라르 씨가 새로운 철도 노선을 만들어보려고 생각할 때나 빌포르 씨가 한 인간에게 사형을 선고하려고 할 때, 드브레 씨가 하나의 왕국을 평정시키려고 할 때, 샤토 르노 씨가 한 여자의 마음을 사로잡으려고 할 때, 그리고 막시밀리앙 모렐 씨가 아무도 타지 못하는 말을 타고 싶어할 때의 열의, 저는 그런 열의도 뛰어넘을 만한 정열을 가지고 있습니다. 이를테면, 여기 있는 이 물고기 두 마리를 보십시오. 하나는 상트페테르 부르크에서 50해리 떨어진 곳에서 태어난 것입니다. 그리고 또 하나는 나폴리에서 5해리 떨어진 곳에서 태어난 것입니다. 이 둘을 같은 식탁 위에 모아 놓은 것도 재미있지 않습니까?"

"그런데 이 생선들은 무슨 생선들이죠?" 당글라르가 물었다.

"여기 러시아에서 살아보신 샤토 르노 씨가 계십니다. 이 생선 이름을 가르쳐 주실 겁니다. 또 저 생선 이름은 이탈리아 분인 카발칸티 씨가 말씀해 주실 겁니다." 백작은 대답했다.

"이건," 샤토 르노가 말했다. "철갑상어 같은데요."

"그렇습니다."

"그럼 이건," 이번에는 카발칸티 소령이 말했다. "내 눈이 틀림없다면 칠성장어입니다."

"맞습니다. 이번엔 당글라르 씨, 두 분께 이 고기들을 어디서 잡았는지 물어봐 주십시오."

"철갑상어는 볼가 강에서만 잡을 수 있는 건데요."

"이렇게 큰 칠성장어라면," 이번에는 카발칸티가 말했다. "푸사로 호수에만 있는 줄 아는데요."

"그렇습니다. 하나는 볼가 강에서, 또 하나는 푸사로에서 온 것입니다."

"그럴 수가!" 손님들은 일제히 소리쳤다.

"바로 그겁니다. 이것이 제가 흥미를 느끼는 것이지요." 백작이 말했다. "저는 네로 같은 사람입니다. 즉, '불가능한 것을 원하는 사람'입니다. 그리고 지금 여러분이 흥미를 갖는 것이기도 합니다. 그래서 사실은 농어나 연어만도 못할지 모를 이 고기가 굉장히 맛이 있을 것처럼 생각되실 겁니다. 그것은 여러분이 생각할 때 이런 것들이 쉽게 손에 넣을 수 없는 것들인데 이렇게 눈앞에 있으니 그런 것이지요."

"그런데 이 물고기들은 어떤 방법으로 파리에 운반해 오신 거지요?"

"그야 아주 간단하지요. 하나는 강가의 갈대와 강풀을 넣었고, 다른 하나에는 호수의 등심초와 풀들을 큰 통 속에 가득 넣었습니다. 그리고 그것을 특별화차에 실어 오셨습니다. 그래서 철갑상어는 이틀 동안, 철성장어는 여드레 동안 살아 있었지요. 요리사가 하나는 우유 속에, 또 하나는 포도주 속에 담가서 잡을 때까지도 살아 있었습니다. 당글라르 씨, 믿어 주실 수는 없겠습니까?"

"의심하지 않을 수가 없는데요." 당글라르는 여전히 어색한 웃음을 지으며 대답했다.

"바티스탱!" 백작이 말했다. "또 다른 철갑상어하고 칠성장어를 가져오도록 하게. 다른 통에 들어 있는, 아직 살아 있는 걸로 말이야."

당글라르의 눈이 휘둥그레졌다. 손님들 모두 박수를 쳤다.

하인 네 사람이 해초를 채워 놓은 통 두 개를 가져왔다. 통 속에서는 식탁 위에 나온 것과 똑같은 생선들이 팔딱팔딱 뛰고 있었다.

"왜 두 마리씩이나 가져오신 거죠?" 당글라르가 물었다.

"혹시 하나가 죽을지도 모르니까요." 백작은 선뜻 이렇게 대답했다.

"참으로 놀라운 분이십니다." 당글라르가 말했다. "철학자들이 아무리 떠들어봤자 소용없군요. 돈이 많은 것이 최고네요."

"거기다 머리까지 좋으시니." 당글라르 부인이 말했다.

"아니 부인, 그건 과찬이십니다. 이 방법은 로마 사람들이 잘 쓰던 방법입니다. 플리니우스(로마의 유명
한 박물학자)의 기록을 보면, 그 사람들은 오스티아에서 로마까지 물루스라는 생선을 노예의 머리에 이게 해서 릴레이식으로 보내왔다더군요. 거기 기록된 것으로 보아 그 생선은 아마 도미 같아요. 그것을 산 채로 손에 넣는다는 것까지는 사치고, 죽는 걸 보는 것만도 큰 구경거리였습니다. 왜냐하면 죽으면서 서너 번 색깔이 변하거든요. 그것이 사라져가는 무지개처럼 프리즘에 비치는 갖가지 색깔을 차례차례로 낸다고 합니다. 그러고 나서야 조리장으로 보내진다는 거예요. 그 죽음의 고통을 지켜보는 것이 중요한 것이었죠. 살아 있는 것을 봐야지 죽은 것은 가치가 없다는 거지요."

"그렇군!" 드브레가 말했다. "하지만 오스티아에서 로마까지는 7, 80리밖엔 안 될걸요."

"그렇습니다." 백작이 말했다. "그러나 루쿨루스(로마의 장군, 사치스러운
미식가로 이름이 났음)보다 1,800년이나 늦게 태어난 사람이 그 이상으로 해야지, 그렇지 않으면 무슨 재미가 있겠습니까?"

카발칸티 부자는 눈이 커다래졌다. 그러나 한마디도 입 밖으로 내지 않았다.

"그저 모든 게 놀랍기만 합니다." 샤토 르노가 말했다. "그중에서도 감탄한 것은, 언제 이렇게 굉장한 준비를 놀라우리만큼 빠르게 하셨는가 하는 점입니다. 백작, 이 집은 겨우 5, 6일 전에 사지 않으셨습니까?"

"거의 그렇지요." 백작이 대답했다.

"그런데 그 일주일 사이에 집이 몰라보게 변했습니다! 제 기억이 틀리지 않다면 이 집의 입구는 다른 곳에 있었고, 앞뜰에는 돌만 깔려 있고 다른 건 아무것도 없었는데, 지금은 어느새 잔디가 깔려 있고 그 주위에는 백 년은 됐음직한 큰 나무들이 심어져 있으니 말입니다."

"제가 나무와 나무 밑 그늘을 좋아합니다." 백작이 말했다.

그러자 이번에는 빌포르 부인이 말했다. "정말 그러고 보니 전에는 한길로 난 문으로 들어왔었는데요. 그리고 제가 기적적으로 구출된 날도, 지금 생각해 보니 한길 쪽으로 들어왔던 게 기억나네요."

"그렇습니다, 부인. 그런데 철문을 통해서 불로뉴 숲을 내다볼 수 있도록 하고 싶어져서요." 백작이 대답했다.

"그것을 나흘 사이에 바꾸셨습니까? 기적에 가까운 일인데요!" 막시밀리앙이 이렇게 말하자 샤토 르노도 거들었다.

"정말 그렇군요. 헌 집을 새 집으로 만들어 놓으시다니! 이건 정말 기적인데요! 게다가 이 집은 음침할 정도였으니까요. 지금도 생각나지만, 2, 3년 전에 생메랑 씨께서 이 집을 내놓으셨을 때 어머니가 가보라고 하셔서 와본 일이 있습니다."

"생메랑 씨요?" 빌포르 부인이 물었다. "그럼 이 집은 백작께서 사시기 전에 생메랑 씨 것이었나요?"

"그런 것 같습니다."

"그런 것 같다니요? 그럼, 이 집을 누구한테서 사셨는지 모른단 말씀입니까?"

"모릅니다. 그런 사소한 일은 모두 제 집사가 알아서 처리하는 거니까요."

"적어도 이 집에 사람이 안 산 지가 벌써 10년은 됐을 겁니다. 철문은 다 잠기고, 문이란 문은 다 닫혀 있고 뜰에는 풀 한 포기 없어서 정말 형편없었습니다. 이 집이 검찰총장 장인의 집만 아니었더라면 무슨 무서운 범죄라도 있었던 흉가라고 소문이 났을 겁니다." 샤토 르노가 말했다.

빌포르는 그때까지 자기 앞에 놓인 희한한 서너 종류의 포도주 잔에 손도

대지 않더니, 갑자기 잔 하나를 들어 단숨에 마셔 버렸다.

백작은 얼마 동안 잠자코 있었다. 그러나 샤토 르노의 말이 침묵을 깨뜨렸다.

"이상하군요," 당글라르 남작이 말했다. "제가 이 집에 처음 들어왔을 때도 저도 그런 생각을 했습니다. 집이 너무나 음산해서, 제 집사가 사놓지만 않았어도 아마 안 샀을 거예요. 아무래도 집사란 놈이 공증인한테 돈을 받은 것 같아요."

빌포르가 억지로 웃어 보이며 말했다. "있을 법한 얘기네요. 하지만 전 그런 부정과는 아무런 관계가 없습니다. 생메랑 후작께서는 손녀의 지참금 중 일부인 이 집을 팔아버리려고 한 겁니다. 이대로 3, 4년만 더 내버려두면 집이 다 망가져 버리고 말 테니까요."

이번에는 막시밀리앙의 얼굴색이 변했다.

"더군다나," 백작은 말을 이었다. "방 하나는 겉으로 보기엔 다른 방들과 조금도 다를 게 없는 붉은 다마스크 천이 도배된 방인데, 웬일인지 무슨 사연이 있어 보였어요."

"왜죠? 무슨 사연이 있다는 거죠?" 드브레가 물었다.

"본능적으로 느낀 것이라 왜 그런지는 잘 모릅니다. 예를 들면 그냥 쓸쓸해지는 장소가 있잖아요? 어떤 추억에 얽혀서라고 할까, 아니면 현재 우리와는 아무 관계도 없는 어떤 시간이나 장소로 우리를 몰아가는 관념의 유희 같은 것 때문이겠지요. 그 방은 제게 강주 후작부인 (루이 14세 때 실존했던 여성으로 남편의 형제에게 독살당했다)의 방이나 데스데모나 (셰익스피어의 《오셀로》의 여주 인공. 남편의 손에 죽는다)의 방을 연상케 합니다. 그럼 식사도 끝났으니 지금부터 그 방을 보여 드리지요. 그 다음에 정원으로 내려가 커피를 드십시다. 식사가 끝나면 눈을 즐겁게 해야 하니까요."

백작은 이렇게 말하며 손님들 의향을 물었다. 먼저 빌포르 부인이 자리에서 일어났다. 그리고 백작도 일어섰다. 그러자 모두가 그들을 따라 일어섰다.

빌포르와 당글라르 부인은 마치 의자에 못이 박힌 듯이 움직이지 않았다. 그 두 사람은 싸늘하게 말없이 얼어붙은 듯 서로 눈과 눈을 마주보았다.

"들으셨어요?" 당글라르 부인이 말했다.

"가지 않을 수 없어요." 빌포르는 일어서서 부인에게 팔을 내밀며 대답했다.

사람들은 호기심에 이끌려 집 안 여기저기에 흩어져 있었다. 왜냐하면 백작이 지금 말한 그 방뿐 아니라, 궁전으로 변신시킨 이 집의 다른 곳도 구경해도 될 것이라 생각했기 때문이다. 사람들은 문이 열려 있는 곳이면 아무데고 다 뛰어들어가 보았다. 백작은 늦게 나오는 두 사람을 기다렸다. 그리고 그 두 사람까지 다 나오자 묘한 웃음을 지으며 뒤따라갔다. 만약 그 웃음을 손님들이 깨달았더라면, 그들은 지금 보러 가는 방에서 느끼는 공포와는 또 다른 공포로 몸을 떨었을 것이다.

그들은 방을 두루 돌아다니기 시작했다. 동양풍으로 꾸며 놓은 몇 개의 방. 그곳에는 침대 대신 소파와 쿠션들이, 그리고 가구 대신에 파이프와 무기가 장식되어 있을 뿐이었다. 옛날 대가들의 유명한 그림들이 벽에 줄지어 걸려 있는 살롱, 환상적인 모양과 기발한 배색을 한 눈부신 중국 천으로 꾸민 규방, 이러한 방들을 거쳐 마지막으로 문제의 그 방에 다다랐다.

그것은 별로 달라 보이지 않는 평범한 방이었다. 다만 날이 어두워졌는데도 불이 켜져 있지 않다는 점, 그리고 다른 방들은 모조리 새로 단장되었는데 그 방만은 오래된 그대로라는 점 말고는 이렇다 할 아무 특징이 없는 방이었다. 그러나 이 두 가지만으로도 그 방은 뭔가 불길한 느낌을 충분히 뿜어내고 있었다.

"아유! 정말 무서운 방이네요." 빌포르 부인이 소리쳤다.

당글라르 부인이 무슨 말을 한두 마디 하려고 했지만 들리지 않았다.

여러 의견들이 오갔지만, 결국 붉은 다마스크 천으로 도배한 이 방은 정말 음산해 보인다는 것으로 일치했다.

"그렇지요?" 백작이 말했다. "이 침대의 위치를 좀 보십시오. 이상하게 놓여 있지요? 또 커튼 색깔은 또 얼마나 음침한지, 꼭 핏빛 같지 않습니까! 게다가 습기 때문에 빛이 바랜 두 장의 파스텔 초상화가 푸르스름한 입술과 무시무시한 눈으로 꼭 '난 보았다!'고 말하는 것 같지 않아요?"

빌포르는 새파랗게 질려 있었다. 당글라르 부인은 벽난로 옆에 놓인 긴 의자에 털썩 주저앉았다. 그러자 빌포르 부인이 당글라르 부인에게 웃으면서 말했다.

"어머나! 부인은 살인이 났을지 모르는 그 의자에 그렇게 앉으시다니 대단한 용기시군요."

당글라르 부인은 서둘러 일어났다.

"게다가 이게 전부가 아니랍니다." 백작이 말했다.

"그럼, 이것 말고 뭐가 또 있습니까?" 드브레가 물었다. 그도 당글라르 부인이 동요된 것을 눈치챌 수 있었다.

"그 밖에 또 어떤 것이 있지요?" 당글라르가 물었다.

"이 정도로는 아직 뭐 그리 대단하게 생각되는 건 없으니 말입니다. 카발칸티 씨는 어떻게 생각하시나요?"

"오! 우리나라엔 피사에 우골리노 (피사 시의 폭군 결국 반대파에 잡혀 / 자식들과 함께 탑에 유폐되어 죽었다) 탑이라는 것이 있고, 페라라에는 타소 (잔혹하기로 이름난 16세기 / 이탈리아의 유명한 시인)의 감옥이 있으며, 리미니에는 프란체스카와 파올로의 방 (단테 《신곡》 중의 유명한 한 구절. 프란 / 체스카와 파올로와의 비련이 싹텄다는 방)이라는 것이 있지요."

"그렇지요. 하지만 당신네 나라에는 이런 비밀 계단은 없을 겁니다." 백작은 커튼 뒤에 아무도 모르게 만들어진 작은 문을 열어 보였다. "이걸 좀 보십시오. 그리고 감상을 들려주십시오."

"정말 음침한 나선형 계단이로군요!" 샤토 르노가 웃으면서 말했다. "저는 키오스의 포도주를 마시고 조금 취해서 그런지 몰라도, 어쩐지 이 집이 음침해 보이는군요."

막시밀리앙 모렐은 발랑틴의 지참금 얘기가 나온 뒤로는 풀이 죽어 한마디도 하지 않았다.

백작은 말을 이었다. "어떻습니까? 오셀로나 강주 사제 (앞에 나온 강주 후작 / 부인을 독살한 시동생) 같은 사내가 캄캄한 밤에 무엇인가 불길한 짐을 지고 하느님의 눈까지는 못 피하더라도 적어도 사람의 눈을 피해 이 계단을 한 발 한 발 내려가는 모습 같은 게 상상이 안 되십니까?"

당글라르 부인은 빌포르의 팔에 매달린 채 정신이 반쯤 나가 있었다. 빌포르도 벽에 몸을 기대지 않고서는 서 있을 수 없었다.

"아니, 부인! 왜 그러십니까! 얼굴빛이 안 좋으십니다!" 드브레가 소리쳤다.

"부인께서요?" 빌포르 부인이 말했다. "백작께서 저희를 무서워 못 견디게 만드시려고 그런 무서운 얘기를 하셨기 때문이에요."

"그래요, 백작. 부인들이 떨고 있질 않습니까." 빌포르가 덧붙여 말했다.

"왜 그러세요?" 드브레가 당글라르 부인에게 물었다.

"아무것도 아니에요." 부인은 겨우 대답했다. "바깥 공기를 쐬고 싶어요. 그뿐이에요."

"그럼 정원으로 내려갈까요?" 드브레는 부인에게 팔을 내밀고 비밀 층계 쪽으로 가며 말했다.

"아니에요. 여기 있는 게 좋겠어요."

"부인, 정말 그 얘기가 그렇게 무서우십니까?"

백작이 묻자 당글라르 부인이 대답했다.

"아뇨. 그렇지만 그런 일이 정말로 있었던 것처럼 당신이 너무 생생하게 말씀하셔서."

"그랬던가요?" 백작이 웃으면서 말했다. "이건 순전히 상상해서 만들어낸 얘깁니다. 반대로 이 방을 선량하고 정숙한 어머니의 방이라고 상상할 수도 있지 않습니까? 새빨간 커튼을 내린 침대는 여신 루키나(^{출산의}_{여신})가 방문한 곳이라 치고, 이 비밀 계단은 회복을 위해 자고 있는 산모가 방해받지 않도록 의사나 간호사, 또는 잠든 아기를 안은 아기 아버지가 조용히 살짝 드나들던 계단이라고도 생각해 볼 수 있지 않습니까?"

이 얘기를 들은 당글라르 부인은 그러한 부드러운 묘사에 마음을 가라앉히기는커녕, 신음 소리를 내더니 그대로 정신을 잃고 말았다.

"당글라르 부인이 몸이 안 좋으신 모양이니 마차로 옮기는 게 좋지 않을까요." 빌포르가 중얼거렸다.

"저런! 내가 약병을 잊어버리고 왔군!"

백작의 말에 빌포르 부인이 얼른 대답했다.

"제 것이 있습니다."

그리고 백작의 손에 빨간 액체가 가득 든 약병을 건네주었다. 그것은 백작이 에두아르에게 먹여서 효과를 보았던 그 약과 같은 것이었다.

"아!" 백작은 빌포르 부인의 손에서 그 약병을 받아들면서 말했다.

"네, 그래요," 부인이 나직하게 말했다. "백작께서 처방해 주신 대로 만들어 보았어요."

"그래, 성공하셨습니까?"

"그런 것 같은데요."

당글라르 부인은 옆방으로 옮겨졌다. 백작은 부인의 입술에 빨간 액체를 한 방울 떨어뜨렸다. 부인은 다시 정신이 들었다.

"오! 너무 무서운 꿈을 꾸었어요!" 부인이 말했다.

빌포르는 꿈을 꾼 것이 아니라는 것을 부인에게 깨우쳐 주려고 그녀의 손목을 꽉 잡았다.

모두가 당글라르 씨를 찾았다. 그러나 시적인 것에 흥미가 없는 그는 정원으로 내려가 카발칸티 소령과 리보르노, 피렌체 간의 철도에 대한 계획을 이야기하고 있었다. 백작은 당황해하는 것 같더니 당글라르 부인의 팔을 잡고 정원으로 나갔다. 당글라르 씨는 카발칸티가의 아버지와 아들 사이에 자릴 잡고 커피를 마시고 있었다.

"정말 부인께선 제 얘기가 그렇게 무서우셨습니까?" 백작이 당글라르 부인에게 물었다.

"아닙니다. 하지만 아시잖아요. 얘기란 듣는 사람의 기분에 따라서 여러 방향으로 들린다는 걸 말이에요."

빌포르는 억지로 웃었다. "그렇지요. 세상에는 작은 상상이나 꿈같은 얘기로도 그만……"

"아니, 믿으시건 안 믿으시건 간에 저는 확실히 이 집에서 어떤 범죄가 일어났었다 믿고 있습니다." 백작이 말했다.

그러자 빌포르 부인이 말했다. "하지만 조심하셔야 합니다. 여기 검찰총장이 계시니까요."

"그렇다면 오히려 잘됐습니다. 제가 고발하겠습니다." 백작이 말했다.

"고발이라니요?" 빌포르가 말했다.

"그렇습니다. 증인들 앞에서 말입니다."

"그거 아주 재미있는데요." 드브레가 말했다. "만일 정말로 범죄가 일어났었다면 한번 확실하게 파헤쳐 봅시다."

"범죄가 있었습니다. 모두 이리로 오십시오, 빌포르 씨도. 고발이 법적 효력을 가지려면 빌포르 씨에게 고발해야 할 테니까요."

백작은 그렇게 말하면서 빌포르의 팔을 잡았다. 그리고 다른 쪽 팔 밑에는 당글라르 부인의 팔을 단단히 끼고 빌포르를 가장 그늘이 짙은 그 플라타너스 나무 밑으로 데려갔다.

다른 손님들도 그 뒤를 따랐다.

"이건," 백작이 말했다. "바로 여깁니다. (그는 발로 땅을 두들겼다) 이미 고목이 된 이 나무들을 다시 살려 보려고 땅을 파고 비료를 묻었지요. 그런데 인부들이 땅을 파다가 금고라고 해야 하나, 아무튼 금고의 철판을 발견했습니다. 그런데 그 철판 속에 갓난애의 뼈가 들어 있질 않았겠습니까. 그건 환상이 아니란 말씀입니다."

백작은 당글라르 부인의 팔이 뻣뻣해지고 빌포르의 손목이 떨리는 것을 느꼈다.

"갓난애라고요?" 드브레가 말했다. "저런! 심상치 않은데요."

"그것 봐! 내가 아까 집이라는 것도 사람과 마찬가지로 마음과 얼굴을 가지고 있어서, 그 표정에 속이 다 나타난다고 하지 않았어! 이 집이 음침해 보이는 것도 뭔가 후회하고 있기 때문이야. 후회한다는 것은 여기에 범죄가 숨겨져 있다는 소리지!" 샤토 르노가 짐짓 확신에 찬 듯이 말했다.

"하지만 그게 범죄인 줄 누가 압니까." 빌포르가 마지막 힘을 다해서 말했다.

"무슨 말씀입니까? 살아 있는 아기를 정원에 묻은 것이 범죄가 아니란 말씀입니까? 그럼, 검찰총장께선 그런 행위를 뭐라고 하시죠?" 백작이 외쳤다.

"그러나 산 채로 묻었다는 걸 어떻게 아느냐는 말씀입니다."

"죽은 아이라면 왜 여기에 묻겠습니까? 이 정원은 무덤이 아닌데."

"이 나라에선 영아 살해자를 어떻게 처벌합니까?" 카발칸티 소령이 순진하게 물었다.

"뭐, 두말할 필요 없이 단두대지요." 당글라르가 대답했다.

"단두대라고요?" 카발칸티가 말했다.

"그렇게 되는 줄로 생각합니다만…… 안 그렇습니까, 빌포르 씨?" 백작이 물었다.

"그렇습니다." 빌포르가 대답했다. 그러나 그 어조에서 인간적인 면이라곤 전혀 찾아볼 수 없었다.

백작은 자신이 마련한 이 연극을 그들이 더 이상 감당할 수 없으리라는 것을 알았다. 그래서 우선은 이 정도로 해두자는 생각에서 이렇게 말했다.

"아, 그렇지, 여러분. 커피를 깜빡 잊고 있었군요."

그는 잔디밭 한가운데에 준비된 테이블로 손님들을 안내했다.

당글라르 부인이 입을 열었다. "정말, 백작. 제가 신경이 너무 약해서 부끄럽습니다만, 그런 무서운 얘기를 들으니 그만 정신이 다 아찔했었어요. 실례지만 의자에 앉겠어요."

이렇게 말하고 나서 부인은 의자에 앉았다.

백작은 부인에게 인사한 뒤 빌포르 부인에게로 갔다.

"당글라르 부인에게 아까 그 약을 좀 더 드려야 할 것 같습니다."

그러나 빌포르 부인이 당글라르 부인에게로 가까이 오기 전에, 검찰총장은 이미 당글라르 부인에게 귓속말 몇 마디를 했다.

"할 얘기가 있소."

"언제요?"

"내일."

"어디서요?"

"내 사무실에서……. 아니면 검사실이나. 거기가 가장 안전하니까."

"찾아뵙죠."

바로 그때 빌포르 부인이 가까이 왔다. 당글라르 부인은 억지로 미소를 지으며 말했다.

"고마워요. 이젠 괜찮아요. 깨끗이 나았어요."

거지

밤이 깊어갔다. 빌포르 부인이 파리로 돌아가고 싶다고 말했다. 당글라르 부인은 기분이 썩 좋지 않았지만 차마 그 말을 꺼내지 못하고 있었다.

아내의 요구대로 빌포르가 먼저 돌아가자고 제의했다. 그는 자신의 아내가 간호해줄 테니 걱정 말라며 당글라르 부인을 자기 마차에 태웠다. 한편 당글라르 씨는 카발칸티 씨와 사업 얘기를 하는 데 열중해 있었기 때문에, 그날 저녁에 일어난 일에는 관심조차 없었다.

백작은 빌포르 부인에게 약병을 받으러 가면서도, 빌포르 씨가 당글라르 부인 곁으로 다가가는 것을 보았다. 그리고 그가 당글라르 부인에게도 들릴까 말까한 낮은 목소리로 속삭였지만 뭐라 말하는지 느낄 수 있는 위치였기에 모두 짐작할 수 있었다.

그는 손님들이 하는 대로 내버려두었다. 막시밀리앙 모렐과 드브레, 그리고 샤토 르노는 말을 타고, 부인들은 빌포르 씨의 마차를 타고 떠났다. 당글라르는 카발칸티 소령과의 얘기에 점점 더 마음이 끌려서, 그에게 자기 마차를 같이 타고 가자 권했다. 한편 안드레아 카발칸티는 문 앞에서 기다리고 있는 이륜마차 쪽으로 걸어갔다. 영국식으로 차려입은 마부가 장화를 신고 발끝으로 서서 말을 붙잡고 있었다.

안드레아는 식사 중에 말을 별로 하지 않았다. 머리 좋은 이 젊은이는 부자나 권력 있는 사람들만 모인 자리에서 말실수를 할까 봐 걱정이 되었던 것이다. 게다가 손님들 중에는 검찰총장도 있다는 것을, 눈을 크게 뜨고 있던 이 젊은이가 못 보았을 리도 없었다.

또 그는 당글라르 씨에게 붙잡혀 있었다. 왜냐하면 목이 뻣뻣한 늙은 소령과 아직도 머뭇머뭇하는 그 아들을 한번 슬쩍 본 당글라르는, 몬테크리스토 백작의 초대를 받았으니 이들은 굉장한 부자일 테고, 하나밖에 없는 아들을 사교계에 내놓기 위해 파리에 온 것이 틀림없다고 생각했다. 그래서 당글라르는 말할 수 없이 기쁜 마음으로, 소령의 손가락에서 빛나고 있는 커다란 다이아몬드를 바라보고 있었다. 소령은 조심성이 많고 세상을 잘 알고 있었기 때문에, 은행권을 가지고 있다가는 혹시 무슨 일이 생기지 않을까 두려워 그것을 당장 물건으로 바꾸어놓았던 것이다. 식사가 끝나자 당글라르는 공업과 여행 얘기를 핑계 삼아 카발칸티 집안의 아버지와 아들에게 그들의 생활 형편에 대해 이것저것 물어보았다. 아버지는 4만8천 프랑의 보증 수표를, 아들은 5만 프랑의 연 수입을 당글라르 은행에서 받게 되어 있었으니, 그들은 되도록 상냥하고 싹싹하게 이 은행가를 대해 주었고, 심지어 그의 하인들과도 악수하고 싶은 것을 꾹 참았다. 두 사람은 그 정도로 은행가에게 감사의 마음을 표시하지 않을 수 없었다.

더욱이 어떤 한 가지 점이, 당글라르가 카발칸티를 존경하게 되는, 아니 존경이라기보다는 차라리 숭배에 가까운 기분이 들게 하는 이유가 되었다. 호라티우스의 '어떤 일이 있어도 놀리지 않는다'는 말을 신조로 삼고 있었던 카발칸티는 최상품의 칠성장어가 어느 호수에서 잡히는지 자신의 지식을 과시했다. 그리고 자기 몫으로 온 칠성장어를 먹으면서도 말 한마디 하지 않았었다. 그것을 본 당글라르는 이런 종류의 사치는 카발칸티 집안의 후예에게는 조금도 신기할 것이 못 된다는 결론을 내렸던 것이다. 또 마치 백작이 푸사로 호수에서 칠성장어를 잡아 오고, 볼가 강에서 철갑상어를 갖다 먹는 것과 마찬가지로, 카발칸티는 스위스로부터 루카로 송어를 가져오고, 브르타뉴에서 대하를 실어다 먹을 것이라고도 생각했다. 그래서 카발칸티가 한 다음과 같은 말을 아주 정중하게 받아들였다.

"용건이 있으니 내일 찾아뵙겠습니다."

"기꺼이 기다리겠습니다."

당글라르는 카발칸티에게 아드님과 따로 가도 괜찮다면, 자기가 왕자 호텔까지 바래다주겠다고 말했다.

이 말에 카발칸티는, 이미 오래전부터 아들을 자립심 있는 젊은이로 키워왔으며, 또 자기 말과 마차를 따로 가져온데다가, 올 때도 같이 오지 않았으니 따로따로 돌아가도 괜찮다고 대답했다.

이렇게 해서 소령은 당글라르의 마차를 탔다. 그리고 그의 옆자리에 앉았다. 은행가는 카발칸티가 아들에게 해마다 5만 프랑씩 주는 것으로 보아 그의 연 수입이 적어도 5, 60만 프랑은 될 거라 생각했다. 그리고 그가 질서와 절제까지 아는 사람이라 여겨지자 점점 더 그에게 반해 버렸던 것이다. 한편 안드레아는 딱 보아도 잘난 체하려는 모양으로 우선 마부에게 호통을 쳤다. 현관 앞까지 모시러 오지 않고 문 앞에서 기다리고 있어, 몸소 30보나 걸어야 했다는 이유에서였다.

마부는 공손히 꾸지람을 들으면서, 발을 구르며 흙을 차는 말을 달래느라 왼손으로는 재갈을 붙잡고 오른손으로는 안드레아에게 고삐를 내주었다. 안드레아는 고삐를 잡은 뒤, 가볍게 에나멜 장화로 발판 위에 올라갔다.

바로 그때, 누군가가 그의 어깨 위에 손을 얹었다. 안드레아는 당글라르나 몬테크리스토 백작이 무엇인가 할 말이 생각나서, 막 떠나려는 찰나에 그 말을 하러 온 줄 알고 돌아보았다.

그러나 당글라르도 백작도 아니었다. 햇볕에 그을리고 굉장히 수염이 많이 난 이상한 얼굴이었다. 그는 석류석처럼 빛나는 눈에 비웃는 듯한 웃음을 짓고 있었다. 그리고 그 입속에서는 빠진 데 없이 쭉 고르게 놓인 서른두 개의 하얀 이가 빛나고 있었다. 마치 이리나 자칼의 이처럼 뾰족하고 짧아 굶주린 듯했다.

먼지투성이의 뿌연 머리는 네모진 빨간 손수건으로 덮여 있었다. 몹시 더럽고 찢어져 너덜너덜한 작업복이 비쩍 마르고 굵은 뼈만 남은 사나이의 몸을 가리고 있었다. 그의 울퉁불퉁한 뼈들은 마치 해골처럼, 걸어 다닐 때 삐걱삐걱 소리라도 낼 것 같았다. 그래서 안드레아의 어깨 위에 얹힌, 가장 먼저 눈에 들어온 그 손도 굉장히 커 보였다. 마차 불빛에 비친 그 사나이의 얼굴을 알아보아서인지, 아니면 단지 그 무시무시한 형상에 가슴이 섬뜩해졌기 때문인지, 안드레아는 몸서리를 치더니 후다닥 뒤로 물러섰다.

"뭐냐?" 안드레아는 물었다.

"실례합니다, 나리," 그 사나이는 머리에 쓴 붉은 손수건에 잠깐 손을 갖다 대면서 말했다. "폐가 되겠지만, 잠깐 드릴 말씀이 있어서요."

"구걸은 낮에만 하거라." 마부는 이 불청객을 주인 앞에서 쫓아내며 말했다.

"젊은 친구, 난 구걸하는 게 아냐." 마부가 잘 알지 못하는 이 낯선 사나이는 비웃는 듯한 웃음을 지으며 마부에게 말했다. 마부는 그 웃는 표정에 가슴이 섬뜩해져서 뒤로 물러섰다. "난 지금 나리께 할 얘기가 있어서 그러는 거야. 한 2주일 전에 나한테 부탁하신 일이 있거든."

"이봐," 안드레아는 자신의 동요를 마부가 눈치채지 못하게 제법 힘있는 어조로 말했다. "무슨 일이야? 얼른 말해!"

"그러니까, 그러니까……." 붉은 손수건을 쓴 사나이는 아주 낮은 목소리로 말했다. "한 가지 부탁이 있어. 파리까지 걸어가지 않도록만 해줘. 너무 지쳐서 그래. 너처럼 잘 얻어먹지도 못했으니, 지금도 겨우 서 있는 거야."

안드레아는 이런 허물없는 말투에 깜짝 놀랐다.

"그래, 뭘 해달라는 거지?" 그가 물었다.

"그러니까 저 훌륭한 마차에 날 태워서 데려다 달라는 거야."

안드레아는 안색이 변했다. 그러나 아무 대답도 하지 않았다.

"오! 이를 어쩌나, 그래," 붉은 손수건을 쓴 사나이는 주머니에 손을 넣은 채 도전적인 눈으로 안드레아를 쳐다보며 말했다. "그러려고 온 거야. 알겠나, 베네데토."

베네데토라는 이름을 듣자 안드레아는 생각이 난 듯했다. 그는 마부에게 가서 말했다.

"그래, 그래, 사실 내가 저 친구한테 심부름을 시켰던 일이 있어서 그에 대한 보고를 하라고 했었어. 넌 시문(市門)까지 걸어가도록 해라. 거기 가서 마차를 잡아타고 너무 늦지 않게 돌아오도록 해."

마부는 깜짝 놀라며 물러갔다.

"자, 어두운 데로 가자." 안드레아가 말했다.

"그런 거라면 내가 좋은 곳에 데려가 주지." 붉은 손수건의 사나이는 말했다.

사나이는 말의 재갈을 붙잡고, 어두운 곳으로 마차를 끌고 갔다. 과연 거기는 안드레아가 그 사나이에게 당하는 광경이 누구의 눈에도 띌 수 없는 장소였다.

사나이가 말했다. "아, 내가 이런 훌륭한 마차를 타 보고 싶어서 그런 건 아니네. 단지 너무 지쳐서 그러는 거지. 그리고 일에 대해 할 얘기도 좀 있고."

"자, 어서 타시지." 안드레아가 말했다.

지금이 낮이 아니어서 유감이었다. 왜냐하면 젊고 똑똑한 안드레아가 마차를 몰고, 그 옆에 부랑배가 수 놓은 쿠션 위에 당당히 앉아 있는 모습은 실로 진기하고 이상한 장면이었기 때문이다.

안드레아는 마을을 다 빠져나올 때까지, 아무 말도 하지 않고 말을 몰았다. 사나이는 이런 훌륭한 마차를 탄 것이 신이 난 듯 웃고 있었지만 그러면서도 침묵을 지키고 있었다.

일단 오퇴유를 벗어나자, 안드레아는 보는 사람도 듣는 사람도 없다는 것을 확인하기 위해서인지 주위를 둘러보았다. 그러더니 마차를 멈추고 붉은 손수건을 쓴 그 사나이 앞에서 팔짱을 끼었다.

"그런데 왜 날 귀찮게 구는 거요?" 그가 말했다.

"그럼, 넌 왜 나를 경계하는 거냐?"

"내가 뭘 경계했다는 거요?"

"뭘 그러느냐고? 이제 와서 그걸 말이라고 해? 우리가 바르 다리에서 헤어질 때 너는 피에몬테와 토스카나로 간다고 했잖아? 그런데 엉뚱하게 파리로 오다니!"

"그게 무슨 피해라도 주었소?"

"천만에! 오히려 그쪽이 나한텐 더 좋아."

"허!" 안드레아가 말했다. "그러니까 날 이용하겠다는 말씀이시군!"

"뭐! 무슨 말도 안 되는 소리야."

"하지만 그건 잘못된 생각이오, 카드루스 씨. 그러니까 내가 미리 말하지 않았소?"

"이봐, 화낼 필요는 없어. 아직 혈기왕성하군. 그런데 너도 불행이라는 게 어떤 건지를 알아두어야 해. 불행이라는 건 질투가 생기는 거야. 난 네가 여행안내원이라도 돼서 피에몬테나 토스카나를 돌아다닐 걸로만 생각하고 있었거든. 난 너를 진심으로 동정했어. 내 친자식처럼 생각하고 말이야. 너도 알지, 내가 늘 널 내 자식이라고 부르던 걸 말이다."

"그래서? 어떻다는 건데?"

"인내심을 가져봐, 이 화약과 같은 자야."

"인내하고 있잖소? 자, 그 다음 얘기를 해보시지."

"난 네가 마부가 끄는 마차를 타고 새 옷을 빼입고 봉좀므 문 앞을 지나가는 것을 보았단 말이야. 굉장하던데! 자네, 금광이라도 찾아냈나? 아니면 주식 중개인의 주식이라도 샀나?"

"그러니까 아까 말한 대로 질투가 났다 이 말이군?"

"아니지, 난 아주 기뻐. 그래서 축하라도 해주려고 했던 거야. 그러나 난 제대로 차려입지도 못했으니, 널 창피하게 만들까 봐 기회를 봐서 온 거지."

"퍽도 신경 써 주셨군!" 안드레아가 말했다. "그래서 내 마부 앞에서 말을 걸어왔구먼!"

"어쩔 수 없잖아. 널 붙잡을 수 있을 때 말을 걸어봐야 할 게 아냐? 말은 빠르고 마차도 가볍잖아. 게다가 넌 워낙 뱀장어같이 미끄러운 놈이니까. 만약 오늘 밤에 널 붙잡지 못했다면 까딱하다 다신 만날 수 없었을 테지."

"보다시피 난 도망가거나 숨어 다니진 않소."

"넌 참 행복한 놈이야. 나도 그렇게 말해 주려고 했었어. 난 숨어 다니고 있어. 난 네가 나를 알아보지 못할 거라고 생각했었는데, 네가 날 알아보았던 거지." 카드루스는 심술궂은 웃음을 띠며 덧붙였다. "넌 정말 친절해."

"그런데," 안드레아가 말했다. "용건이 뭐요?"

"너, 기분 나쁘게 자꾸 말을 높이는데, 우린 오래된 친구잖아. 그러지마, 베네데토. 조심하는 게 좋을 거야. 안 그러면 소란스러워지는 수가 있어."

이 위협적인 말에 안드레아는 화났던 마음이 위축되고 말았다. 위압적인 기운이 자신 위로 휙 지나가는 것을 느꼈다.

그는 다시 말을 몰았다.

"카드루스," 그가 말했다. "너야말로 옛날 친구를 대하는 태도가 틀린 거 아냐? 너는 마르세유 태생이고, 난……."

"너, 어디 태생인지 알았냐?"

"몰라. 하지만 난 코르시카에서 자랐어. 넌 나이도 많고 고집도 세지만, 난 젊고 굽힐 줄 모르는 놈이야. 그러니까 우리 같은 사이엔 협박 같은 게 통하지 않아. 만사를 잘 타협해 보는 게 어때? 넌 평생 운이 나쁜데 나만 운이 좋은 게 내 잘못은 아니잖아?"

"진짜로 좋은 일이 생겼단 말이지? 그럼, 마부며 마차며 그 옷들도 모두 빌린 게 아니란 말이야? 대단한데!" 카드루스는 부러운 듯이 눈을 반짝였다.

"흥, 대번에 보고 알았을 텐데! 그러니까, 날 따라온 게 아냐?" 안드레아는 점점 흥분을 억제할 수가 없었다. "만약 내가 너처럼 머리에 붉은 손수건을 쓰고 어깨엔 누더기 작업복을 걸치고 구멍 난 신발을 신고 있었다면, 넌 날 아는 체도 안 했을걸."

"너, 날 무시하는데, 난 그렇지 않아. 이렇게 일단 널 찾아냈으니, 나도 남들처럼 엘뵈프 천으로 만든 양복을 입게 되는 거지. 넌 친절하니까. 옷 두 벌이 생기면 하나는 날 주겠지. 난 네가 배고팠을 때 내 수프와 콩을 나누어 주었으니까."

"그랬었지." 안드레아가 말했다.

"그땐 먹성이 좋았지! 지금도 예전처럼 먹성이 좋은가?"

"좋지." 안드레아가 웃으면서 대답했다.

"지금 초대받고 나온 공작 댁에서도 실컷 먹었겠군."

"공작이 아냐, 그저 백작이지."

"백작? 그럼 돈도 많겠네?"

"그래. 하지만 안심할 수 있는 상대가 아니야. 보통 사람이 아니니까."

"그런 건 걱정 마! 그 백작한테 어쩌자는 게 아냐. 그 친구는 너 혼자서 맡아도 좋아. 하지만," 카드루스는 전에도 그 입술 위를 스쳐간 심술궂은 웃음을 지으며 말을 이었다. "그 대신 뭘 좀 줘야겠어. 무슨 소린지 알겠지."

"뭘 말인가?"

"그저 한 달에 100프랑만 있으면……."

"그게 있으면 뭐?"

"어떻게든 살아갈 수는 있겠는데……."

"100프랑이라고?"

"물론 충분하지는 않을 거야, 적어도……."

"적어도?"

"150프랑이면 아주 좋겠는데."

"자, 200프랑."

안드레아는 카드루스의 손에 금화 10루이를 쥐여주었다.

"고마워." 카드루스가 말했다.

"매달 1일에 문지기한테 와서 받아 가, 받아갈 수 있도록 해 둘 테니."

"이봐, 너 또 날 창피주려고 그러는구나."

"왜 그러는 거야?"

"날 하인과 상대하게 하겠다니 말이야. 그건 안 되지. 난 너하고만 상대하겠어."

"그래 좋아! 날 찾아와. 매달 1일에 나한테 수입이 있는 한은 줄 테니까."

"됐어! 역시 내 눈은 틀림없단 말이야. 넌 참 훌륭한 젊은이야. 그러니, 너 같은 사람한테 좋은 일이 생긴다는 건 순전히 하느님의 은혜지. 자 그럼, 어쩌다가 이렇게 운이 트였는지 얘기 좀 해봐."

"그건 알아서 뭘 하게?"

"허어! 또 날 경계하는군!"

"그렇진 않아. 사실은 아버지를 찾았어."

"진짜 아버지야?"

"흠! 돈을 계속 주는 한은……."

"존경하고 숭배한단 말이지. 좋아, 그런데 아버지란 사람의 이름은?"

"카발칸티 소령."

"저쪽에서도 네가 마음에 들었나?"

"지금까지는 그런 것 같은데."

"누가 아버지를 찾아주었지?"

"몬테크리스토 백작."

"지금 갔다 온 그 집 주인?"

"그래."

"그럼, 한 가지만 더 들어줘. 날 할아버지라 하고 그 집으로 데려다 주면 안 돼?"

"좋아, 한번 얘기해 보지. 그런데 앞으로 뭘 어쩌려고 그러는 거지?"

"나 말아?"

"그래, 너 말아."

"그런 것까지 생각해 주니 고마운데." 카드루스는 말했다.

"너도 내 얘길 듣고 싶어 했으니," 안드레아가 말했다. "나도 네 얘길 들어봐도 되겠지."

"번듯한 집에 방 하나를 빌릴 작정이야. 그리고 제대로 옷을 입고, 날마다 면도를 하고, 카페에 가서 신문을 읽을 거야. 저녁이 되면 오페라 극장에 가고. 이를테면 은퇴한 빵집 주인같이 사는 거지. 이게 내 꿈이야."

"좋아! 네가 그 계획을 실행에 옮기고 얌전히만 살아준다면 모든 게 다 잘 되겠지."

"이봐, 이봐, 지금 설교하시는 건가? …… 근데 넌 뭐가 되는 거지? …… 프랑스 귀족이라도 되는 거냐?"

"흠! 그걸 어떻게 알겠나."

"카발칸티 소령은 귀족임에 틀림없겠지? …… 그러나 유감스럽게도 세습 제도는 이젠 없어져 버렸거든."

"정치적인 얘기는 그만두지! 이젠 소원대로 다 된 거고, 여기까지 같이 왔으니 마차에서 내려서 어서 사라져줘."

"싫은데."

"뭐? 싫다고?"

"생각을 좀 해보란 말야. 머리에는 붉은 손수건을 쓰고, 신발도 거의 맨발이나 다름없고, 여권도 없지. 내 주머니에는 나폴레옹 금화 한 닢, 전부터 갖고 있던 건 별도로 하더라도 꼭 200프랑이 있어. 그러니 성문을 통과할 때 틀림없이 붙잡힐 거야. 그렇게 되면 신분을 증명하느라고 어쩔 수 없이 난 이 나폴레옹 금화를 너한테서 받았다고 말할 수밖에 없어. 그렇게 되면 당장 신원 조회다, 조사다 해서 내가 툴롱 감옥을 도망쳐 나왔다는 게 드러날 거란 말이야. 결국 경찰에서 경찰로 넘어가 지중해 연안까지 도로 끌려가게 되겠지. 그러면 다시 옛날의 106호 죄수가 되는 거야. 그리고 은퇴한 빵집 주인이라는 꿈은 물 건너가는 거지! 그건 싫어. 난 멋지게 파리에서 살고 싶다고."

안드레아는 미간을 찌푸렸다. 스스로 생각해 봐도 자신은 카발칸티 소령의 가짜 아들로서 제법 자부심이 강한 사람이었다.

그는 잠깐 마차를 멈추고 재빨리 주위를 살펴보았다. 그러고는 슬쩍 손을 조끼 주머니에 넣어 포켓용 권총의 방아쇠를 더듬었다.

한편 카드루스는, 그에게서 눈을 떼지 않고 두 손을 등 뒤로 돌려, 만일의 경우에 대비해 늘 지니고 다니던 긴 에스파냐 칼을 몰래 뽑았다.

서로를 잘 아는 두 사람인지라, 그들은 곧 상대의 속셈을 알아차렸다. 안드레아는 아무 일 없었다는 듯이 주머니에서 손을 꺼내 자신의 갈색 수염을 슬슬 문질렀다.

"자, 카드루스. 이제 넌 잘 살게 되는 거지?"

"할 수 있는 대로 해볼 셈이야." 가르 다리 여관의 주인 카드루스도 칼을 칼집에 꽂으며 말했다.

"자, 그럼 같이 파리로 돌아가지. 그런데 어떻게 하면 성문을, 의심을 안 받고 통과하지? 글쎄, 그런 꼴로는 걸어가는 것보다 마차를 타는 게 더 위험할 것 같은데?"

"잠깐 기다려봐." 카드루스가 말했다. "이렇게 하는 거야."

그는 안드레아의 모자를 빼앗아 쓰고, 마차에서 쫓겨난 마부가 제자리에 놓고 간 망토를 집어 자기 어깨에 걸쳤다. 그러고는 주인이 손수 모는 마차를 탄 양반집 하인 같은 포즈를 취했다.

"그럼 난 어쩌란 말인가? 모자도 없이 가란 말이야?" 안드레아가 물었다.

"흥," 카드루스의 말이었다. "바람이 세군. 모자는 바람에 날린 줄 알겠지?"

"알았어, 그 정도로 끝내지."

"마차를 멈춘 건 누구지?" 카드루스가 물었다. "난 아닌 것 같은데."

"쉬!" 안드레아가 말했다.

두 사람은 무난히 성문을 통과했다.

첫 번째 교차로에서 안드레아는 마차를 멈추었다. 카드루스가 마차에서 뛰어 내렸다.

"이봐!" 안드레아가 말했다. "내 마부 옷하고 내 모자는 어쩔 셈이야!"

"아니!" 카드루스가 대답했다. "나보고 감기에 걸리라는 거야?"

"그럼, 난?"

"너에겐 무엇보다 젊음이 있잖아. 난 이제 곧 노인이라고. 자, 그럼 또 보세, 베네데토!"

카드루스는 이렇게 말하고 골목 안으로 사라졌다.

"제기랄!" 안드레아는 한숨을 내쉬며 중얼거렸다. "이 세상에 완전한 행복이란 없군!"

부부 싸움

세 젊은이는 루이 15세 광장에서 헤어졌다. 막시밀리앙 모렐은 큰 거리 쪽으로, 샤토 르노는 혁명다리로, 그리고 드브레는 강기슭을 따라 갔다.

막시밀리앙 모렐과 샤토 르노는, 지금도 의사당 단상에서 행해지는 연설이나 리슐리외 거리 극장에서 상연되는 점잖은 연극에 나올 법한 '가정'으로 저마다 돌아갔을 것이다. 그러나 드브레는 그렇지 않았다. 루브르 입구까지 온 그는 왼쪽으로 말을 돌려 급히 카루젤 광장을 가로질렀다. 생로슈 거리로 들어가 미쇼디에르 거리로 나온 그는 당글라르 집 앞에서 멈춰 섰다. 바로 그때, 빌포르 씨의 마차는 생토노레 구역에서 당글라르 부부를 내려준 뒤 이제 막 당글라르 남작부인을 그 집까지 데려다 주고 오는 길이었다.

드브레는 이 집과는 허물없이 친한 사이인 듯 주저 없이 뜰 안으로 들어갔다. 그러고는 하인에게 말고삐를 맡기고, 다시 당글라르 부인을 맞으러 문 앞으로 나가, 부인이 집 안으로 들어오는 것을 돕기 위해 팔을 내밀었다.

문이 닫히고 남작부인과 뜰 안으로 들어선 드브레가 물었다.

"에르민, 왜 그래요? 백작이 한 얘긴 지어낸 건데, 그 얘기에 왜 기분이 나빠진 거예요?"

"오늘 밤엔 몸 상태가 좋지 않았어요."

"하지만 에르민," 드브레가 다시 말을 이었다. "그건 믿어지지 않는걸. 백작 집에 도착했을 때, 당신은 기분이 보통 좋은 게 아니었잖소. 당글라르 씨가 기분이 좋지 않아 보였지만, 난 당신이 남편의 기분 같은 건 신경 쓰지 않는다는 걸 알고 있소. 누군가가 당신 기분을 나쁘게 만든 거야. 얘길 해봐요. 누가 당신한테 무례하게 굴었다면 내가 가만히 보고 있지만은 않을 거란 걸 알지 않소?"

"뤼시앵, 당신이 잘못 생각한 거예요." 당글라르 부인이 말했다. "내가 얘기한 그대로예요. 남편의 기분이 언짢았던 것 때문이에요. 하지만 그런 건 애기할 만한 가치도 없어요."

분명 당글라르 부인은 여자들에게 흔히 나타나는, 자기 자신도 깨닫지 못하는 신경성 흥분이 일어난 것이거나, 아니면 드브레가 추측한 대로 누구에게도 말하고 싶지 않은 어떤 남모를 동요를 느끼고 있었음에 틀림없었다. 망상을 여자들 생활의 한 요소라고 인정해 온 드브레는 다음에 때를 보아서 다시 물어보거나, 아니면 저쪽에서 자발적으로 속을 털어놓으리라 생각하고 지금은 굳이 캐묻지 않기로 했다.

부인은 자신의 방문 앞에서 코르넬리와 마주쳤다.

그녀는 부인이 신용하고 있는 하녀였다.

"아가씨는 뭘 하고 계시냐?" 부인이 물었다.

"저녁 내내 공부를 하시더니 지금은 쉬고 계십니다." 코르넬리는 대답했다.

"피아노 소리가 나는 것 같던데?"

"아가씨께서 쉬시는 동안 루이즈 다르미 양이 치고 계신 겁니다."

"그래? 나 옷 좀 갈아입을 테니 거들어다오."

그들은 방으로 들어갔다. 드브레는 커다란 소파 위에 누웠다. 그리고 부인은 코르넬리를 데리고 드레스실로 들어갔다.

"뤼시앵 씨," 부인이 드레스실 커튼 너머로 말했다. "당신은 외제니가 한 번도 말을 걸지 않아 불만이신가요?"

"부인," 뤼시앵은 남작 부인의 강아지와 장난하며 대답했다. 강아지는 뤼시앵이 이 집 사람들과 친구라는 것을 알고, 늘 그를 보면 재롱을 부렸다. "그런 불평을 하는 건 저 혼자만이 아니올시다. 언젠가 모르세르도 따님이 말을 한마디도 걸어오지 않아 불만이라고 하소연하는 것 같던데요."

"맞아요. 하지만 머지않아 모든 게 달라질 거예요. 그리고 외제니가 당신 사무실로 찾아가게 될 테고."

"제 사무실요?"

"그러니까 내무대신의 사무실에 말이에요."

"왜요?"

"오페라 극장과의 계약을 부탁하러요. 정말 그 정도로 음악에 미친 아인 없을 거예요. 사교계의 젊은 여자로선 좀 이상할 정도니까요."

드브레는 미소 지었다.

"좋아요," 그는 말했다. "당신네 부부의 허락만 있으면 와도 좋습니다. 그럼 계약을 도와드리죠. 따님같이 재능 있는 분이 연주해 주신다면, 충분하지는 않겠지만 어떻게든 격에 맞는 대우를 해 드리도록 노력해 보겠습니다."

"코르넬리. 이젠 가도 좋아, 네가 할 일은 이젠 없을 것 같으니."

코르넬리가 나가자 잠시 뒤에 부인은 아름다운 실내복 차림으로, 드레스실을 나와 뤼시앵 옆에 와서 앉았다.

그러고 나서 부인은 꿈이라도 꾸는 듯한 모습으로 조그만 스패니얼^(개의일종)을 쓰다듬기 시작했다. 뤼시앵은 잠깐 아무 말 없이 부인을 바라보았다.

"자, 에르민느," 잠시 뒤 그가 말했다. "사실대로 말해 봐요. 무언가 기분 나빴던 일이 있었죠?"

"아니요, 아무 일도요."

그렇게 말하면서도, 부인은 가슴이 답답한 듯 자리에서 일어나 숨을 한 번 크게 들이마시고는 거울 앞으로 갔다.

"오늘 밤 내 얼굴이 아주 무섭군요." 부인이 말했다.

드브레가 미소를 띠며 부인을 달래주려고 자리에서 일어서려는데, 바로 그때 갑자기 문이 열렸다.

당글라르 씨가 나타난 것이다. 드브레는 다시 의자에 앉았다.

문소리에 부인은 홱 돌아보았다. 그리고 남편의 모습에 깜짝 놀랐지만 그 놀라움을 감출 생각은 하지 않았다.

"편안하오, 부인?" 은행가는 아내에게 말했다. 그리고 이어서 드브레에게도 인사했다. "편안한가, 드브레."

부인은 남편이 갑자기 찾아온 것이 어쩌면 자기가 낮에 입 밖으로 내뱉었던 난폭한 말에 대해 사과라도 하기 위해서일 거라고 생각했다.

부인은 당당한 자세로 남편에게는 대꾸도 않고 뤼시앵 쪽으로 돌아서며 말했다.

"그럼, 제게 책을 읽어주세요." 드브레는 처음 당글라르가 나타났을 때는 불안을 느꼈지만, 부인의 침착한 모습을 보자 자신도 마음을 가라앉혔다. 그리고 조개에 금박을 입힌 편지칼이 끼여 있는 책 한 권을 집으려고 손을 내미는데, 은행가가 말했다.

"잠깐, 실례합니다. 이렇게 늦게까지 안 자고 있으면 피곤할 텐데. 벌써 11시요. 그리고 드브레 씨는 집도 멀고."

드브레는 어리둥절했다. 당글라르 씨의 어조가 너무나 침착하고 정중했기 때문이 아니라, 그런 침착함과 정중함 속에 오늘 밤엔 지금까지와는 달리, 아내의 의사를 무시하고 자기 의사를 관철시키겠다는 속뜻이 드러났기 때문이었다.

부인도 역시 깜짝 놀라서 그 눈에 놀라움의 빛을 띠었다. 만약 남편이 신문을 들여다보고 그날 주식의 마감 상황 기사를 찾고 있지 않았더라면 분명히 알아차렸을 정도였다.

그래서 오만한 부인의 날카로운 시선은 허무하게 허공에 떨어진 채 아무 효과도 거두지 못했다.

"뤼시앵 씨," 부인은 입을 열었다. "분명히 말해 둘게요. 난 조금도 졸리지 않아요. 그리고 오늘 밤에 당신한테 할 얘기가 너무나 많아요. 그러니까 서서 자는 한이 있더라도 오늘 밤 내 말을 들어주세요."

"당신 뜻에 따르겠습니다, 부인." 드브레는 냉정하게 대답했다.

"드브레 씨," 이번에는 은행가가 말했다. "무리를 하면서까지 오늘 밤 아내의 바보 같은 얘기를 들을 필요는 없습니다. 내일 들어도 되는 거니까. 오늘 밤은 내게 양보해 주세요. 미안하지만 중대한 문제가 있어 집사람하고 내가 얘길 좀 해야겠군요."

이번에야말로 얘기가 단도직입적이어서, 뤼시앵도 부인도 둘 다 어리둥절할 수밖에 없었다. 두 사람은 이러한 공세에 도움이라도 구하려는 듯이 서로 눈을 마주 보았다. 그러나 가장의 위력 덕분에 승전가는 남편의 것이었다.

"하지만 내가 쫓아내려고 한다고는 생각지 말아주십시오." 당글라르는 말을 이었다. "뜻밖의 일이 생겨서 오늘 밤에 집사람하고 꼭 해야 할 얘기가 있어서요. 이런 일은 좀처럼 없는 일인데. 부디 나쁘게 생각지는 말아주십시오."

드브레는 뭐라고 두세 마디 중얼거리며 인사를 하고는 《아탈리》^(라신의 비극)에 나오는 나탕처럼 방 모서리에 여기저기 부딪히면서 밖으로 나갔다.

"믿을 수 없는 일이군!" 그는 방을 나서자 이렇게 말했다. "우리 눈에는 그렇게 바보같이 보이는 남편들이 갑자기 우리보다 우세해지다니!"

뤼시앵이 나가자, 당글라르는 소파의 자기 자리에 앉아 펼쳐져 있던 책을 덮었다. 그러고는 역겨우리만큼 거만한 모습으로 개와 장난치기 시작했다. 그러나 개는 주인과는 드브레만큼도 정이 들지 않았기 때문에 그를 물려고만 했다. 그는 개의 목덜미를 잡고 방 한 구석에 있는 소파 위에 던져버렸다.

개는 날아가면서 소리를 질렀다. 그러나 소파 위에 떨어지자 쿠션 밑에 쭈그리고 앉아, 지금껏 당해 본 적 없는 이 난폭한 대우에 간담이 서늘해져서 아무 소리도 못 내고 꼼짝도 안했다.

"여보," 부인은 눈썹 하나 까딱하지 않고 말했다. "당신 상당히 발전하셨네요. 다른 땐 무례하기만 하더니, 오늘 밤엔 난폭하기까지 하니 말이에요."

"오늘 밤엔 평소보다 기분이 아주 나빠서 그래." 당글라르가 대답했다.

에르민느는 더할 나위 없이 경멸에 찬 눈으로 남편을 바라보았다. 여느 때같으면 이러한 시선은 오만한 남편을 격분시켰을 테지만, 오늘 밤의 그는 그런 것엔 신경도 쓰지 않는 눈치였다.

"그래, 당신 기분이 나쁘니 나더러 어떡하란 말이죠?" 부인은 남편의 냉정한 태도에 약이 올라서 대꾸했다. "그게 나하고 무슨 상관이에요? 당신 기분 나쁜 건 속으로만 생각하시든지, 당신 사무실에서나 풀어보시지 그래요. 월급 주고 부리는 행원들이 있을 테니 자기 기분은 그 사람들한테나 가서 푸시지요."

"그럴 수야 없지." 당글라르가 말했다. "당신 충고는 형편없어. 그러니 거기엔 따를 수 없소. 내 사무실은, 데무티에 씨 말마따나, 내겐 팍톨(리지아의강으로 거대한 자산을 상징한다) 강이니까, 그 흐름을 깨거나 조용한 물을 흐려 놓고 싶진 않아. 행원들은 모두 정직할 뿐 아니라 내 재산을 모아주거든. 버는 것에 비하면 일한 대가를 형편없이 싸게 쳐주고 있지. 그러니 내가 어찌 그들에게 화를 낼 수 있겠소. 내가 화내야 할 사람은 그들이 아니라, 내 집에 와서 만찬이나 먹고 내 말을 타고 내 금고를 텅텅 비게 하는 놈들이지."

"도대체 당신 금고를 텅텅 비게 하는 사람이 누구죠? 좀 더 구체적으로 설명해 보세요."

"걱정할 것 없어. 내 말이 어려웠다면, 곧 알 수 있게 해줄 테니까." 당글라르는 말을 이었다. "내 금고를 거덜 내는 자들이란 한 시간 만에 50만 프랑이나 금고 돈을 축낸 놈들이지."

"무슨 소린지 하나도 모르겠군요." 부인은 목소리가 떨리고 얼굴이 달아오르는 것을 애써 감추며, 이렇게 대답했다.

"잘 알고 있을 텐데. 그것도 아주 확실히." 당글라르가 말했다. "계속 모른 체한다면 분명히 말해 주지. 난 에스파냐 공채에서 70만 프랑을 손해 봤어."

"그래요?" 부인은 비웃듯이 말했다. "그래서 그 책임이 나한테 있단 말이에요?"

"그럼, 아니란 말야?"

"70만 프랑을 손해 본 게 내 죄란 말이에요?"

"어쨌든 내 죄는 아닌 것 같은데."

"마지막으로 말하겠는데," 부인은 신랄한 어조로 말했다. "내 앞에서 절대 돈 얘기 꺼내지 말라고 지금 분명히 말했어요. 내 친정에서도 전남편한테서도 그런 얘기를 하는 법은 배워본 적이 없다고요."

"그야 그렇겠지," 당글라르가 말했다. "그 사람들은 돈이라곤 한 푼도 없었으니까."

"더군다나 여기서 아침부터 밤까지 귀에 못이 박이도록 듣는 은행 용어 같은 것도 배워본 일이 없어요. 밤낮 세고 또 세고 하는 돈 얘기엔 진저리가 나요. 그보다 더 싫은 건 당신 목소리예요."

"그것 참 이상한데!" 당글라르가 말했다. "내 일에 지대한 관심을 갖고 있는 줄 알고 있었는데."

"내가요? 그런 바보 같은 소릴 누가 하던가요?"

"당신이."

"말도 안 돼."

"틀림없이 당신이 그랬어."

"도대체 내가 언제 그랬는지 얘길 해봐요."

"그야 간단하지. 지난 2월에 당신은 내게 아이티 주식 얘길 제일 먼저 했어. 당신은 꿈에 배 한 척이 르아브르 항에 들어오는 것을 보았다고 했어. 그리고 그 배가 무기 연기되어 있던 지불이 시행된다는 소식을 가져왔다고 얘기했지. 난 당신의 꿈이 잘 맞는다는 걸 알고 있으니, 부랴부랴 아이티 주식을 살 수 있는 대로 다 사 들여서 40만 프랑의 이득을 보았지. 그래서 그 중 10만 프랑은 기분 좋게 당신한테 주었어. 당신은 그 돈을 마음대로 다 썼지만, 그건 내가 상관할 바 아니지.

3월에는 철도 불하 문제가 있었지. 세 회사가 똑같은 보증을 제시했어. 당신은 투기에는 전혀 문외한이라고 말하면서 어떻게 그런 방면에 그렇게 날카로운 직관을 가지고 있는지 모르겠지만, 어쨌든 당신은 직관적으로, 철도 불하는 남프랑스 회사라는 데에 낙찰될 거라고 그랬단 말이지. 그래서 난 곧장 그 회사 주식의 3분의 2를 신청했지. 그랬더니 정말 그 회사가 낙찰되었거든. 그리고 당신이 추측한 대로 주가는 세 배나 뛰었고, 그래서 난 100만 프랑을 벌었지. 그중 25만 프랑은 화장품 값으로 쓰라고 당신한테 주었어. 그런데 그 25만 프랑을 어떻게 했지?"

"도대체 무슨 말씀을 하시는 거예요?" 부인은 분노와 초조에 떨면서 남편에게 소리쳤다.

"가만있어 봐, 이제 곧 알게 돼."

"맘대로 해 봐요, 어디."

"4월이 되자 당신은 대신 집 만찬에 초대를 받았지. 거기서 에스파냐 문제가 나왔는데, 당신은 그때 비밀 얘기를 엿들었지. 돈 카를로스 추방 계획에 대한 이야기였어. 그래서 난 에스파냐 공채를 샀지. 그런데 그 계획도 들어맞아서 난 샤를 5세가 비다소아 강을 다시 건넜다던 그날 60만 프랑을 벌었어. 그 돈에서 또 당신한테 50만 에퀴(¹⁵만프랑)를 떼주었고, 물론 그건 당신 돈이지. 어디다 어떻게 썼는지는 묻지도 않을 거야. 말해두고 싶은 건 올해 당신이 나한테서 받은 돈이 50만 프랑이라는 사실이야."

"그래서 그게 어쨌단 말이죠?"

"그게 어쨌느냐고? 그 다음부터가 큰일이라고."

"말투가 점점 이상해지는군요. 당신 정말……."

"난 내가 생각하고 있는 것만 잘 전달된다면…… 말투 같은 건 문제가 아냐. 그 다음 일은 오늘로부터 사흘 전이지. 사흘 전, 당신은 드브레 군과 정치 얘기를 하다가 돈 카를로스가 에스파냐로 돌아왔다는 뉴스거리를 잡았다고 했어. 그래서 난 주식을 전부 팔아버렸지. 그 소문이 나자 공황이 일어났고, 이젠 파는 게 아니라 그냥 주는 거나 마찬가지가 됐거든. 그런데 다음

날, 그 정보가 거짓이라는 게 밝혀졌어. 그래서 난 그 거짓 정보 덕분에 70만 프랑이라는 돈을 잃었단 말이야."

"그래서요?"

"돈을 벌었을 때마다 난 4분의 1을 당신한테 주었어. 그러니 이번엔 당신이 나한테 4분의 1을 주어야겠어. 70만 프랑의 4분의 1은 17만5천 프랑이야."

"터무니없는 말을 하시는군요. 그리고 그 얘기에 드브레 씨는 왜 갖다 붙이는지 모르겠군요?"

"만약 당신한테 내가 말하는 그 17만5천 프랑이 없다면 당신 친구들한테 빌려오는 게 좋을 거야. 그리고 드브레 씨도 당신 친구 중에 한 사람이지."

"뭐라고요, 기가 막혀!" 부인이 소리쳤다.

"과장된 행동이나 말은 이제 그만두지. 진저리가 나니까. 별로 말하고 싶지는 않지만, 사실 당신 속은 빤히 들여다보인단 말이야. 드브레 군은 당신한테 받은 50만 프랑을 옆에 놓고 웃으면서 속으로 생각하겠지. 아무리 재주 좋은 노름꾼도 알아내지 못하는 수단, 다시 말해 노름판에 끼지 않으면서도, 이길 때엔 따고 설령 진다하더라도 손해 보지 않을 수 있는 수단을 발견했다고 말이지."

남작부인은 폭발이라도 할 기세였다.

"비열한 인간," 부인이 말했다. "지금에야 나한테 그 일을 책망하다니 당신은 여태까지 모르고 있었다는 거예요?"

"알고 있었어도 말 안 해 줄 거고, 모르고 있었어도 말 안 해 줄 거야. 내가 하고 싶은 얘긴 이 말뿐이야. 당신이 내 아내 노릇을 하지 않고, 내가 당신 남편 구실을 안 하고 지낸 이 4년 동안 내가 하는 모든 것을 지켜보았다면 그 일들이 늘 합리적이었는지 아니었는지는 당신도 잘 알 거야. 우리 사이가 나빠지기 얼마 전, 당신은 이탈리아 극장에서 화려하게 데뷔한 유명한 바리톤 가수한테 음악을 배우고 싶다 말했어. 난 나대로 런던에서 평판이 높은 무희에게 춤을 배우고 싶다고 생각했고. 그래서 우리 둘에게 10만 프랑이 들었지. 난 그때도 아무 소리도 하지 않았어. 가정엔 조화가 필요하니까. 남편과 아내가 춤과 음악을 공부하는 데 10만 프랑은 그리 큰돈이 아냐. 그런데 당신은 갑자기 노래에 싫증이 나서 이번엔 대사 비서관한테 외교 공부를 하겠다고 했어. 난 그래도 가만 내버려두었어. 난 아무래도 좋았으니까. 수업료는 어차피 당신 주머니에서 나오는 거니까. 그런데 이젠 그 돈을 내 주머니에서 뽑아내려 하고 있단 말이지. 그 돈이 자그마치 한 달에 70만 프랑이야. 집어치워! 그렇게는 못해! 그 외교관 친구가 저저 가르쳐준다면 몰라도, 그게 아니라면 다시는 내 집에 발을 못 들여 놓게 할 거야! 알겠지?"

"정말 너무해요." 에르민느는 목이 메어 외쳤다. "어디 야비함의 끝까지 가보시지."

"아무튼 난," 당글라르가 일어나며 말했다. "당신이 얌전히 '여필종부'의 격언을 따라준 걸 고맙게 생각하오."

"모욕하지 말아요!"

"당신 말이 맞아. 사실을 확실하게 밝히고, 우리 냉정하게 한번 생각해 봅시다. 난 여태까지 당신을 위하는 것 말고는 당신이 하는 일에 뭐라고 해 본 적이 없었소. 당신도 그렇게 하도록 하시오. 당신은 내 재산 같은 것엔 관심도 없다 그랬지? 그럼 좋아. 당신 재산만 가지고 맘대로 해보구려. 내 재산을 불리려고도 줄이려고도 하지 말고. 이번 일만 하더라도 무슨 정치적인 장난인지도 몰라. 대신이란 놈이 내가 반대파인 게 싫고, 게다가 내 인기에 샘이 나서 드브레와 짜고서 날 파산시키려고 한 짓인지도 모르지."

"설마!"

"아니, 틀림없어. 지금껏 그런 일이 있었느냐 말이야. 신호가 잘못 전해지는 일이 생기다니, 그건 거의 불가능한 일이지. 마지막 두 군데 전신중계탑이 전혀 틀린 신호를 보내다니! 이건 분명 날 골탕 먹이려고 일부러 한 짓이 틀림없어."

"하지만 여보," 남작부인은 아까보다 겸손하게 말했다. "당신도 아시잖아요. 그 전신기사는 해고되었어요. 그리고 고소까지 당하고 체포령까지 내렸는데, 도망갔대요. 도망간 걸로 보아, 그 사람은 미쳤거나 아니면 일부러 죄를 저지른 게 틀림없어요. 그건 확실히 신호를 잘못 보낸 거였어요."

"그야 그렇지. 바보 같은 놈들을 웃겨주고, 대신에게는 밤잠을 설치게 하고, 사무관 놈들한테 산더미처럼 많은 서류를 만들게 한 거짓 정보였던 거야. 덕분에 난 70만 프랑을 손해 보았어."

"하지만," 갑자기 부인이 말했다. "그게 다 드브레 씨가 그런 거라면, 왜 직접 그 사람한테 말하지 않고 나한테 그러는 거죠? 남자가 나쁘다고 하면서 왜 그 책임을 여자에게 묻느냐 말이에요?"

"내가 드브레 씨와 아는 사이야? 응?" 당글라르가 말했다. "알고 지내고 싶기라도 할 것 같아? 내가 그 자한테 지혜를 빌릴 줄 알았어? 내가 그 작자 말대로 움직일 거라 생각해? 그리고 내가 투기라도 하려는 줄 아냐고? 천만에! 그런 짓을 하는 건 당신이지 난 아냐."

"하지만 내가 볼 땐 당신도 그 사람 덕을 보는 것 같던데요……."

당글라르는 어깨를 으쓱했다.

"미친 소리! 하긴 여자들이란 한 명이든 열 명이든 은밀한 연애상대가 파리 전역에 방이 붙지 않게 처신한다고 해서 자기들이 천재인줄 아니 말이야. 당신은 별의별 짓을 다 해도, 남편인 나한테 안 들킬 거라 생각하는 모양인데, 그러니까 당신은 초보인 거야. 남편이라는 사람들은 말이야. 대개 알면서도 모르는 척하지. 그런 시시한 일들에 대해서 남편들은 대체로 별로 알고 싶어하지도 않고……. 당신은 파리 사교계 여자들이 하는 짓의 반 정도를 겨우 흉내 내는 축에 낄 뿐이야. 그러나 내 경우엔 문제가 좀 다르지. 난 그 꼴을 계속 보아왔으니까. 근 16년 동안 당신은 조그만 생각까지도 나한테 숨겨왔겠지만, 난 당신의 일거수일투족, 작은 실수 하나까지도 다 이 눈으로 지켜보고 있었어. 당신은 당신이 능란하게 해냈다 생각하고 내가 일일이 속아 넘어간 것으로 믿고 있었겠지만, 그 결과가 어떻게 됐는지 알아? 내가 모르는 체하고 있었더니 빌포르부터 드브레에 이르기까지 내 눈치를 보는 놈이 한 놈도 없더군. 나를 이 집의 가장으로 취급하는 놈이 한 놈도 없었어. 내가 당신한테 요구하는 건 그것밖에 없는데도 말이지. 그리고 지금 내가 당신한테 그놈들 얘기를 하듯이, 당신한테 내 얘기를 하는 놈 하나 없었고. 당신이 나를 싫어하는 건 당신 자유지만, 날 바보로 취급하는 건 용서 못해. 그리고 무엇보다도 확실히 말해 두겠는데, 날 파산시키면 안 돼."

빌포르라는 이름이 남편의 입에서 나오기 전까지 부인은 제법 침착할 수 있었다. 그러나 그 이름을 듣자 얼굴빛이 싹 변하더니 용수철처럼 벌떡 일어나서는 마치 망령을 떨쳐버리기라도 하듯 두 팔을 벌렸다. 그러고는 남편 쪽으로 세 발짝 다가가, 당글라르가 그 비밀을 정말 모르고 있는지, 아니면 가증스러운 술수를 부려 일부러 완전히 말하지 않고 짚이는 것 몇 가지로 나머지 전체를 알아내려는 건지 캐어보려고 했다.

"빌포르 씨라니요? 무슨 소리죠?"

"말하자면 이런 거지. 당신의 전남편 드 나르곤 씨는 은행가도 철학자도 아니었지. 아니면 그 둘 다였는지도 몰라. 상대가 검찰총장이었으니 어쩔 수 없었겠지. 9월 휴가 이후에 당신이 임신 6개월이라는 것을 알자 마음이 아파서였는지, 화가 나서였는지는 몰라도 자살을 한 거지. 난 좀 난폭한 사람이야. 그건 나도 알고 있어. 그뿐만 아니라 그걸 자랑스럽게까지 생각하고 있지. 이 난폭한 성격은 내가 장사에서 성공할 수 있었던 하나의 수단이었으니까. 그런데 왜 그가 상대를 죽이지 않고 자살했는지 알아? 재산이 없었기 때문이야. 나에겐 재산이 있어서 그게 무엇보다도 큰 힘이 되지. 그건 그렇고, 협력자인 드브레 군이 나한테 70만 프랑을 손해 보게 했어. 그러니 손해 본만큼을 그쪽에서 감당해 줘야지. 그러면 앞으로도 계속 일을 같이 할 거야. 그러기 싫다면 17만 5천 프랑으로 그를 파산시켜 버리겠어. 그는 아주 사라져버리게 되는 거지. 그 친구의 정보가 들어맞을 땐 괜찮은 젊은이였지. 하지만 그 정보가 들어맞지 않을 땐, 그보다 좋은 친구들이 세상에 널렸다는 걸 알아야 해."

당글라르 부인은 얻어맞은 기분이었다. 그러나 이 공격에 대응하기 위해서 여자는 마지막 힘을 다했다. 부인은 의자에 주저앉아 빌포르며, 만찬에서 일어난 일이며, 조용한 가정을 뒤집어놓은 이 며칠 사이의 여러 사건들을 생각했다. 당글라르는 아내가 곁에서 기절하려고 해도 처다보는 척도 하지 않았다. 그리고 단 한마디도 하지 않고 자기 방으로 돌아가 버렸다. 반쯤 기절 상태에 있다가 제정신으로 돌아온 부인은 마치 악몽에서 깨어난 것만 같았다.

점찍어 둔 결혼상대

이런 일이 있은 그 다음 날이었다. 드브레가 언제나 출근하기 전에 잠깐씩 당글라르 부인을 방문하러 오는 시간인데도 그의 마차는 뜰에 나타나지 않았다.

바로 그 시간인 12시 반쯤, 당글라르 부인은 마차를 타고 외출했다.

당글라르는 커튼 뒤에 숨어 예상했던 대로 아내가 외출하는 것을 지켜보고 있었다. 그는 하인에게 아내가 들어오면 곧바로 알려달라고 지시했다. 그러나 아내는 2시가 되어도 돌아오지 않았다. 2시가 되자, 그는 마차를 타고 의회에 나가서 반대 연설을 하겠다는 뜻을 알렸다. 당글라르는 정오부터 2시 사이에는 서재에 앉아 속속 들어오는 전보를 뜯어보면서 점점 어두워지는 얼굴로 수없이 계산을 하고 또 했다. 그리고 손님들 중에서 카발칸티 소령만 만나 보았다. 그는 어제 약속했던 그 시각에 여전히 푸른 옷을 입고, 꼿꼿한 태도로 빈틈없이 일을 정리하기 위해 나타났다.

의회에서 몹시 흥분하여 어느 때보다도 맹렬하게 내각을 공격한 당글라르는, 의회를 나오자 마차에 타고는 마부에게 샹젤리제 거리 30번지로 가라고 일렀다.

몬테크리스토 백작은 집에 있었다. 다만 손님이 와 있어서 잠깐 객실에서 기다려달라고 전해 왔다.

당글라르가 기다리고 있는데, 문이 열리더니 신부복을 입은 남자가 들어왔다. 그 사람은 당글라르처럼 기다리지 않고 이 집안과 훨씬 더 친하고 스스럼없는 듯, 그에게 인사를 한 다음 저쪽 방으로 들어가 버렸다.

잠시 뒤, 조금 전의 그 신부가 들어간 문이 또 한 번 열리더니, 이번에는 백작이 나타났다.

"미안합니다, 남작." 백작이 말했다. "보셨겠지만, 아까 이리로 지나간 제 친구 부소니 신부가 방금 파리에 왔습니다. 너무 오랜만에 만나서, 금방 헤어질 수가 있어야죠. 기다리시게 한 것을 용서하십시오."

"별말씀을요." 당글라르가 말했다. "그런 일로 뭘 그러십니까? 오히려 제가 때를 잘못 잡았습니다. 곧 돌아가려던 참입니다."

"아닙니다, 아닙니다. 염려 마시고 앉으십시오. 그런데 무슨 일이십니까? 걱정이 있어 보이시는데. 저까지 걱정이 되는군요. 우울한 얼굴을 한 자본가를 보니 혜성이라도 나타나서 세상에 무슨 큰 불행이라도 예고하는 것 같아서요."

"실은," 당글라르가 입을 열었다. "4, 5일 전부터 제가 운이 아주 나쁩니다. 좋지 않은 소리만 들리는군요."

"허어!" 백작이 말했다. "가지고 계신 주식 값이 떨어졌습니까?"

"아니, 그건 이제 회복되었습니다. 이번엔 트리에스테에서의 파산 때문에요."

"정말입니까? 혹시 그 파산한 사람이 자코포 만프레디 아닙니까?"

"그렇습니다. 벌써 여러 해 전부터 일 년에 8, 90만 프랑의 거래를 해온 사람이지요. 여태껏 계산 착오나 연체하는 일 한 번 없이 지금까지 시원하게 지급해 온 사람입니다. ……그래서 100만 프랑을 융통해 줬는데, 그 사람이 지급 정지가 된 겁니다."

"그게 정말입니까?"

"기가 막힌 재난을 당한 겁니다. 60만 프랑을 꺼내려고 했더니, 지급이 안 된 채 되돌아왔습니다. 게다가 전 그 사람 명의로 이달 말 파리에 있는 그 사람의 거래인에게서 받기로 되어 있는 40만 프랑짜리 어음을 가지고 있습니다. 오늘이 30일이라서 돈을 받아오라고 사람을 보냈더니, 글쎄 그 사람도 자취를 감추었다는군요. 에스파냐 공채 건에다 이 일까지 겹쳤으니, 이달엔 정말 운이 나빴어요."

"하지만 그 에스파냐 공채 건은 정말 손해를 보신 겁니까?"

"예, 70만 프랑이 날아가 버렸으니까요."

"노련한 살쾡이 같으신 남작께서 어쩌다가 그런 실수를 하셨습니까?"

"그게 다 제 아내 때문이었죠. 돈 카를로스가 에스파냐로 돌아온 꿈을 꾸었다더군요. 아내는 늘 꿈을 믿어요. 제 딴에는 일종의 영감이라더군요. 자기가 꿈에서 본 일은 반드시 현실에서 일어난다는 확신을 가지고 있지요. 전

그걸 믿고 투기하는 걸 내버려두었습니다. 집사람은 집사람대로 자기 재산
도 있고 중개인도 알고 있지요. 그래서 한 번 투기를 해본 적이 있는데 실패
했습니다. 그건 제 돈으로 한 게 아니라 자기 돈으로 한 겁니다. 아무튼 70
만 프랑이란 돈이 집사람 주머니에서 날아가 버리면 남편 되는 사람도 다소
신경은 쓰일 게 아닙니까. 그런데 그 사건을 모르고 계셨습니까? 소문이 굉
장했는데요."

"예, 그 얘긴 들었습니다만, 자세한 내용은 모릅니다. 게다가 전 주식에
대해선 전혀 문외한이라서요."

"그럼 백작께선 투기를 안 하십니까?"

"할 겨를이 있어야죠. 수입을 정리하는 데에도 손이 모자라는걸요. 집사
말고도 서기 한 사람과 회계 한 사람을 써야 할 판인데요. 그런데 에스파냐
주식 문제 말입니다만, 부인께서만 돈 카를로스의 귀국을 꿈꾼 건 아니었을
텐데요. 신문 같은 데도 그 일이 보도되지 않았던가요?"

"허허, 백작께선 신문을 믿으십니까?"

"아니오, 전혀요. 그러나 그 〈메사제〉 지만은 예외라고 생각합니다. 그
신문은 정확한 보도와 전보만 실으니까요."

"그게 말입니다. 도무지 그게 알 수 없단 말씀입니다. 그 돈 카를로스의
귀국 기사가 바로 전보에 의한 것입니다."

"그래서 결국 이달에 170만 프랑을 손해 보셨단 말씀이로군요."

"대충 그쯤 되는 게 아니라, 정확히 그만큼 손해 보았습니다."

"저런," 백작은 동정 어린 어조로 말했다. "삼류급의 재산가에게는 정말
굉장한 타격이겠는데요."

"삼류라니!" 당글라르는 약간 모욕당한 기분으로 말했다. "그 말씀은?"

"말 그대로입니다." 백작이 말했다. "저는 재산에 일류 이류 삼류, 이렇게
세 등급을 매깁니다. 일류 재산이란, 손에 쥐고 있는 보물, 토지, 광산, 또
는 프랑스, 오스트리아, 영국 같은 나라에서 들어오는 수입으로 이루어진 재
산을 말합니다. 그리고 그 수입은 총액 1억 프랑에 달해야 하죠. 이류 재산
이란, 공장이나 회사에 의한 사업, 그리고 수입 150만 프랑을 넘지 않는 총
독령이나 공영지 같은 데서 생기는 수입으로서, 그 총액이 5천만 프랑에 달
하는 것을 말합니다. 그리고 마지막으로 삼류 재산이란, 복리 계산을 통해

늘어나는 자산, 타인의 의사나 우연한 사건 같은 데 지배당하는 이익, 이를 테면 파산에 부닥치면 손해를 입거나, 단 한 장의 전보에도 영향을 받는 정도를 말입니다. 게다가 삼류 재산은, 우연에 의한 투기나 자연력이라고 할 수 있는 불가항력에 비해, 가항력(可抗力)이라고 불러도 좋을 운명의 장난에 지배당합니다. 그리고 총액이 현실 자본, 가상 자본을 합해서 1천5백만 프랑 정도 되는 것이지요. 남작의 경우가 아마 이 정도 아닐까요?"

"사실 그렇습니다!" 당글라르가 대답했다.

"그러니 이런 월말이 여섯 달만 계속되면," 백작은 침착하게 말을 이었다. "삼류 부호는 망하게 되는 거죠."

"오!" 당글라르는 힘없는 미소를 띠며 말했다. "심한 말씀을 하시는군요."

"그럼, 7개월이라고 해둡시다." 백작은 여전히 같은 어조였다. "남작께선 170만 프랑이 일곱 번 모이면 약 1,200만 프랑이 된다는 걸 생각해 본 일이 있으십니까? 없으시다고요? 하긴 그렇겠지요. 그런 걸 생각하다간 자본을 투자하지 못할 테니까요. 자본, 그것은 자본가에게 있어서 문명인의 피부와도 같은 것입니다. 우리는 모두 어느 정도까지는 훌륭한 옷을 입고 있습니다. 그것이 우리의 신용입니다. 그러나 인간은 죽으면 가죽밖에 남지 않지요. 그와 마찬가지로, 남작께서 사업을 그만두시면 현실의 재산밖에 남지 않습니다. 이럭저럭 5, 6백만 프랑은 되겠지요. 왜냐하면 삼류 재산이란 건 겉으로 나타난 재산의 삼분의 일이나 사분의 일밖에 안 되거든요. 마치 기관차가 연기 속에 싸여서 실제 크기보다 커 보이지만, 사실은 단단한 기계에 지나지 않는 것과 마찬가지죠. 그런데 남작께선 현실 재산인 5백만 프랑 중에서 거의 2백만 프랑을 손해 보셨습니다. 그러니 그만큼 가상 재산이나 신용도 줄었을 겁니다. 다시 말하면, 당글라르 씨께선 피부가 찢어져서 출혈을 하신 셈입니다. 이런 일이 서너 차례 계속되면 생명을 잃게 되겠지요, 그러니 조심해서야 합니다. 돈이 필요하시겠지요? 그렇다면 제가 빌려드리면 어떨까요?"

"그건 계산 착오입니다." 당글라르는 침착해 보이려고 필사적으로 노력하며 소리쳤다. "지금도 다른 데 투기한 것이 성공해서 돈은 원상태로 돌아왔지요. 빠져나간 피는 영양식으로 보충되었습니다. 에스파냐에서도 망하고 트리에스테에서도 실패했지만, 인도 함대는 큰 범선을 몇 척 손에 넣었고, 멕시코 원정대도 어딘가에서 금 광산이라도 발견해 주리라 생각하고 있습니다."

"참 다행이십니다! 하지만 상처는 남아 있습니다. 손해를 보시면 또다시 드러날 겁니다."

"염려 없습니다. 틀림없는 길을 걷고 있으니까요." 당글라르는 길거리의 상인처럼 말도 안 되는 광고를 길게 늘어놓았다. "나를 거꾸러뜨리려면 먼저 세 나라의 정부가 망해야 할 걸요."

"아, 그렇군요!"

"모든 대지에서 아무런 수확도 거두지 못하게 된다면 몰라도."

"살찐 소 일곱 마리와 말라빠진 일곱 마리의 소 이야기를 상기해 보시죠?"

"그렇지 않으면 파라오(이집트 왕의 칭호) 시대처럼 바다가 말라 버리지 않는 한 문제 없습니다. 그렇더라도 바다는 몇 개씩 있으니 대상의 대열처럼 배를 차례차례 갈아타면 되니 문제없습니다."

"참 다행이십니다. 정말 좋으시겠습니다, 당글라르 씨." 백작은 말했다. "제가 착각을 했군요. 남작의 재산은 이류는 되시겠습니다."

"그 정도의 자격은 있을 겁니다." 당글라르는 여느 때와 같이 틀에 박힌 미소를 지으며 말했다. 그 모습을 보고 있던 백작은 서투른 화가들이 폐허를 묘사할 때 으레 그리는 허연 달을 떠올렸다.

"그건 그렇고, 사업 얘기가 나왔으니," 당글라르는 화제를 바꿀 기회가 온 것을 반가워하며 이렇게 말했다. "카발칸티 씨께는 어떻게 해드리면 좋을까요?"

"당신 앞으로 된 어음을 가지고 있고, 그것이 옳은 것이라 생각하시면 돈을 지급해 드려야겠죠."

"그렇지요! 그가 오늘 아침 부소니 씨 이름으로 된 당신의 일람불(一覽拂) 어음 뒷면에 당신 이름이 붙어서 나한테로 돌아온 4만 프랑의 어음을 가지고 왔더군요. 저는 즉각 1천 프랑짜리 40장을 드렸습니다만."

백작이 동의의 표시로 고개를 끄덕여 보이자 당글라르는 말을 이었다.

"게다가 그분은 아들을 위해서 은행에 계좌를 만들었습니다."

"실례지만 아들에게 한 달에 얼마씩 준답니까?"

"한 달에 5천 프랑이오."

"일 년에 6만 프랑이라. 그럴 줄 알았습니다." 백작은 어깨를 으쓱하면서 말했다. "카발칸티란 자들은 하나같이 인색하군요. 그 5천 프랑으로 그 아들이란 사람은 뭘 한답니까?"

"만약 그 아들이 저더러 5천 프랑보다 더 많은 돈을 내달라고 하면 어쩌죠?"

"내버려두십시오. 아버지는 당신이 마음대로 주었다고 그럴 겁니다. 당신은 이탈리아의 백만장자들을 모르십니다. 그 사람들은 그야말로 수전노죠. 그런데 그 사람한테 어음을 낸 사람은 누구죠?"

"아, 피렌체에서도 이름난 펜지 상사지요."

"아무것도 당신이 손해를 보시게 될 일은 없겠지만, 먼저 신용장에 약속된 대로만 하시는 게 좋을 겁니다."

"그럼, 카발칸티 씨를 신용하지 않으시는군요?"

"제가요? 전 그 남자 서명만 있으면 1천만 프랑이라도 내줄 겁니다. 그 사람은 아까 제가 말씀드린 이류 재산가엔 드는 사람이니까요."

"그런데도 어쩌면 그렇게 겉으로는 표가 나지 않을까요? 전 일개 소령밖에 안 되는 줄로 생각했습니다."

"그 말을 들으면 기뻐하실 겁니다. 말씀하신 대로 그분이 좀 볼품없긴 하니까요. 저도 그분을 처음 만났을 때, 곰팡이가 슨 견장을 달고 있는 늙은 중위일 거라고 생각했었지요. 이탈리아 사람들은 모두 그렇습니다. 동양의 마술사처럼 광을 내지 않았을 땐 늙은 유대인들 같지요."

"젊은이가 더 낫군요." 당글라르가 말했다.

"네, 아마도 더 겁은 좀 많지만요. 어쨌든 그 정도면 괜찮은 것 같아요. 사실은 걱정하고 있었지만."

"아니, 왜요?"

"왜냐하면 남작께서 그 청년을 처음으로 저희 집에서 만났을 때 그 사람은 사교계에 막 발을 들여놓았거든요. 적어도 그런 얘기인 것 같았어요. 굉장히 엄격한 가정교사와 여행을 하면서 지금까지 한 번도 파리에 온 적이 없다고 하더군요."

"그렇게 신분이 높은 이탈리아 사람들은 언제나 친척끼리 결혼을 한다지요?" 아무렇지도 않은 듯이 당글라르가 물었다. "서로의 재산을 함께 합치

자는 거겠죠?"

"관습상으로는 그렇습니다. 하지만 카발칸티란 사람들은 특이해서 뭐든지 남들과는 다르게 하는 것을 좋아하지요. 신붓감을 구해 보라고 아들을 프랑스로 보낸 것만 해도 그렇죠."

"그렇게 생각하십니까?"

"틀림없습니다."

"백작께선 그분의 재산에 대해 들어보신 적이 있으십니까?"

"그게 사실 문제지요. 어떤 사람들은 몇백만이라고 하고 어떤 사람들은 한 푼도 없다고 얘기하고."

"백작의 의견은 어떠십니까?"

"남작께서 제 의견을 모두 믿으시면 곤란합니다. 이건 순전히 나 혼자만의 생각이니까."

"그래도……."

"제 생각엔 옛날 사법관들이나 용병대장들이 모두 그렇듯이 카발칸티 집안도 군대를 지휘했던 일이 있으니 말입니다. 몇 개의 주(州)를 통치하고 있었으니까요. 그러니 제 개인적인 생각엔 그 사람들이 모두 몇백만쯤의 돈을 어느 구석에 파묻어 놓고, 큰아들한테만 그 장소를 일러주어서 대대로 큰아들들만 그걸 알게끔 되어 있을 겁니다. 그 증거로, 그들은 공화국 시대의 피렌체 금화와 똑같이 노랗고 까칠한 얼굴들을 하고 있지요."

"그렇군요." 당글라르가 말했다. "그래서 그 사람들은 토지를 조금도 가지고 있지 않은 거군요."

"토지는 거의 없지요. 저도 카발칸티가 루카에 저택을 가지고 있다는 것 말고는 아는 게 없으니까요."

"아! 대저택을 가지고 있군요?" 당글라르는 웃으면서 말했다. "그것만 해도 굉장한데요."

"그렇죠. 게다가 그 대저택을 대신한테 세놓고, 자기는 작은 집에서 살고 있지요. 전에도 말씀드렸지만 그는 굉장한 구두쇠거든요."

"좋게 안 보시는군요."

"실은 그 사람을 잘 모릅니다. 지금까지 세 번밖엔 만나보지 못했으니까요. 제가 알고 있는 건 부소니 신부와 그 남자한테서 들은 정도입니다. 오늘 아침에 부소니 신부에게서 그 아들에 대한 여러 계획을 들었습니다. 아들은 그 굉장한 자산을 죽은 나라 같은 이탈리아에서 그대로 썩힐 게 아니라, 프랑스나 영국 같은 데로 옮겨서 몇백만씩 벌 수 있도록 이용해 보겠다는 거예요. 저는 부소니 신부를 완전히 신용하고 있지만 어떤 일에도 책임질 수는 없습니다."

"그건 상관없습니다. 아무튼 그런 거래처를 소개해 주셔서 기쁩니다. 훌륭한 이름을 제 장부에 올려놓게 되었으니까요. 제 출납계도 제가 카발칸티 씨 얘기를 해주었더니 아주 좋아하더군요. 그런데 호기심에 여쭈어보는 건데, 이탈리아 사람들은 아들을 결혼시킬 때 재산도 나누어 주나요?"

"아, 그건 경우에 따라 다르지요. 전 이탈리아 귀족 한 사람을 알고 있었는데, 금광이라고 할 정도로 굉장한 부자였지요. 토스카나에서도 이름난 귀족 중 한 사람이었는데, 자식들이 자기가 골라주는 여자와 결혼하면, 몇백만이란 재산을 나누어 주면서도, 자기의 뜻에 맞지 않는 여자와 결혼할 땐 한 달에 매달 30에퀴밖엔 안 주더군요. 만일 안드레아가 아버지 눈에 드는 여자와 결혼한다면 아마 1백이나 2, 3백만은 받겠지요. 게다가 며느리가 은행가의 딸이라면 틀림없이 그 아버지 은행에 돈을 맡길 겁니다. 그러나 마음에 들지 않는 경우엔 다 틀어지는 겁니다. 아버지는 금고 열쇠를 꽉 쥐고 자물쇠를 채울 테니, 안드레아는 파리 태생의 아들들처럼 노름판에서 카드나 주사위로 사기나 치면서 살아가야겠지요?"

"그 청년이라면 바바리아의 왕녀나 페루의 왕녀쯤을 아내로 맞게 되겠지요. 왕가나 막대한 재산가를 원할 테니까요."

"그렇진 않아요. 이탈리아의 대귀족들은 아무것도 아닌 신분의 여자와 결혼하는 경우가 꽤 많거든요. 제우스처럼 신분간의 교류를 좋아하는 거지요. 그런데 그런 질문을 하신다는 건, 누군가를 안드레아 군과 혼인시키고 싶은 생각이라도 있으십니까?"

"실은 그렇습니다." 당글라르가 말했다. "결코 밑지는 장사는 아닐 것 같아서요. 전 투기를 좋아하는 사람이니까요."

"설마 외제니 양은 아니지요? 안드레아 군을 알베르 군의 손에 죽도록 놔두시지는 않으실 거 아닙니까?"

"알베르요?" 당글라르는 어깨를 으쓱해 보이며 말했다. "하긴 그게 좀 신경 쓰이긴 합니다만."

"따님과 약혼한 사이인 줄로 알고 있는데요?"

"네, 모르세르 씨와 저 사이에 가끔 약혼 얘기가 나왔습니다. 하지만 모르세르 부인과 알베르는……."

"설마 그가 좋은 신랑감이 아니란 말씀은 아니겠죠?"

"그럼요. 물론 외제니는 모르세르 집안의 며느리가 될 만하기는 합니다만."

"외제니 양의 지참금이야 틀림없이 어마어마하겠지요? 더군다나 앞으로 전신기사가 또 바보 같은 짓만 하지 않는다면."

"아니, 지참금만의 문제는 아닙니다. 그런데 한 가지 여쭙고 싶은 게 있는데요."

"뭔데요?"

"백작께선 왜 알베르 군과 그 가족을 만찬에 초대하지 않으셨습니까?"

"초대를 하긴 했는데 알베르 군이 어머니와 함께 디에프로 여행을 갔다더군요. 의사가 어머니한테 해변 휴양을 하도록 권했답니다."

"그래요." 당글라르는 웃으면서 말했다. "그 어머니한테는 바다 공기가 좋을 겁니다."

"왜요?"

"젊었을 때 익숙한 공기니까요."

백작은 당글라르의 비아냥거리는 소리를 전혀 눈치채지 못한 척 흘려버렸다.

"알베르 군이 외제니 양만큼 돈은 없지만 가문만은 참 훌륭하죠?"

"그렇죠. 하지만 우리 가문도 나쁘진 않으니까요." 당글라르가 말했다.

"그야 당글라르 남작, 하면 다 통하는 이름이니까요. 작위가 이름을 장식한 줄 알고 있지만, 사실은 이름이 작위를 장식하고 있지요. 남작께선 총명하시니까, 뿌리 뽑을 수 없는 편견이 20년밖에 안 된 귀족보다 500년이나 된 귀족 가문을 더 높이 평가한다는 사실을 알고 계실 겁니다."

"사실을 말씀드리자면 바로 그 때문입니다." 당글라르는 일부러 비아냥거리는 듯한 미소를 보이며 말했다. "그래서 전 알베르 군보다는 안드레아 군이 더 좋습니다."

"하지만 모르세르 집안이 카발칸티 집안보다 못하지는 않을 것 같은데요?" 백작이 말했다.

"모르세르 집안이요? …… 백작, 백작께선 신사이시지요?"

"네, 그렇다고 생각하는데요."

"게다가 문장(紋章)도 보실 줄 아시지요?"

"조금은."

"그렇다면 제 문장을 좀 봐주십시오. 모르세르 집안의 문장보다는 훨씬 더 확고하지 않습니까?"

"어째서요?"

"제가 태어날 때부터 남작은 아니었다 하더라도 적어도 이름만은 원래부터 당글라르입니다."

"그런데요?"

"그런데 그 사람들은 모르세르라는 이름이 아니었거든요."

"설마! 모르세르란 이름이 아니라고요?"

"전혀 아니죠."

"계속해 보세요!"

"저야 세상이 남작으로 만들어주었습니다. 그러니 전 정정당당한 남작이지요. 그러나 그는 자기 손으로 만들어낸 백작이지요. 그러니 그 사람은 백작이 아닙니다."

"그럴 수가!"

"이봐요, 백작." 당글라르는 말을 계속했다. "모르세르는 제 친구입니다. 더 자세히 말하면 30년이나 된 사이입니다. 저야 아시다시피 작위 같은 건 대수롭게 여기지 않습니다. 저 자신의 태생을 늘 잊지 않고 있으니까요."

"굉장히 겸손하시거나, 아니면 굉장히 오만하신 때문이겠죠." 몬테크리스토 백작이 말했다.

"그런데 제가 서기로 있을 때, 모르세르는 한낱 어부에 지나지 않았습니다."

"그때의 이름은?"

"페르낭이었지요."

"그것뿐인가요?"

"페르낭 몬테고였습니다."

"그게 정말입니까?"

"물론이죠! 종종 생선을 사면서 알게 된 사이지요."

"그런데 왜 그런 사람 집에 따님을 주시려고 하셨습니까?"

"그건 페르낭도 당글라르도 모두 벼락부자가 돼서 귀족이 되었으니, 꼭 어울리는 짝이니까요. 다른 점이 있다면, 그쪽엔 어떤 소문이 있지만 이쪽엔 아무런 소문도 없다는 점이지요."

"소문이라니요?"

"뭐, 대단한 건 아닙니다."

"아, 알겠습니다. 이야기를 듣다 보니 페르낭 몬테고라는 이름이 저도 기억나는군요. 그리스에 있을 때 그 이름을 들은 적이 있습니다."

"알리 파샤 사건 때였지요?"

"바로 그렇습니다."

"그건 완전히 수수께끼입니다." 당글라르가 말했다. "그 진상을 다 알아낼 수만 있다면 무슨 짓이라도 하겠는데."

"꼭 알고 싶으시다면 방법이 없지는 않습니다."

"아니, 어떻게?"

"그야 남작께선 그리스에 거래하는 분들이 계시죠?"

"그야 물론이죠!"

"자니나에?"

"어디에나 있습니다."

"그럼 자니나에 있는 거래처 분한테 편지를 보내십시오. 그래서 알리 테벨린이 몰락했을 때, 페르낭이라는 프랑스 사람이 무슨 일을 했는지 물어보면 될 게 아닙니까?"

"그렇군요!" 당글라르는 벌떡 일어서며 환성을 질렀다. "지금 당장 편지를 쓰겠습니다!"

"잘 생각하셨습니다."

"곧 보내겠습니다."

"그런데 만일 무례한 짓을 했다는 답장을 받으시게 되면……."

"백작께 알려드리죠."

"언제라도 그렇게 하세요."

당글라르는 날아가듯 방을 나갔다. 그리고 한걸음에 마차까지 달려갔다.

검사총장실

마차를 열심히 몰고 돌아오는 은행가를 잠시 내버려두고, 아침 산책을 나간 당글라르 부인의 뒤를 따라가 보기로 하자. 앞에서도 말한 대로 부인은 12시 30분이 되자 마차에 말을 매달라고 명하고는, 마차를 타고 밖으로 나갔다.

부인은 마차를 생제르맹 구역 쪽으로 몰아 마자린 거리를 지나서, 퐁네프 다리로 가는 길에 멈췄다. 거기서 내린 부인은 다리를 건넜다. 아침 외출을 나온 품위 있는 여자답게 아주 간편한 옷차림이었다.

게네고 거리까지 오자 부인은 지나가던 마차를 잡아타고 아를레 거리로 가도록 일렀다.

부인은 마차에 오르자마자 주머니에서 상당히 짙은 검은 베일을 꺼내, 쓰고 있던 밀짚모자에 달았다. 모자를 다시 쓰고 손거울을 들여다보며 하얀 피부와 반짝거리는 눈동자밖에 드러나지 않는 자기 모습을 만족스럽게 바라보았다.

마차는 퐁네프를 건너 도핀 광장을 지나 아를레 재판소 안으로 들어갔다. 거기서 마차 문을 열고, 마차 삯을 치렀다. 당글라르 부인은 계단을 가볍게 뛰어올라 대합실 앞까지 왔다.

오전 중의 재판소에는 사건이 많아서 바쁘게 움직이는 사람들도 많았다. 그들은 여자들에게 눈길조차 주지 않았다.

부인은 변호사들을 기다리고 있는 10명 정도의 다른 여자 손님 중 한 사람으로밖엔 별다른 눈길을 받지 않으며 대합실을 지나칠 수 있었다.

빌포르 씨의 응접실은 방문객들로 혼잡스러웠다. 그러나 당글라르 부인은 자기 이름을 댈 필요조차 없었다. 부인이 모습을 나타내자마자 수위가 다가와서 검사와 약속을 했느냐고 물었다.

그렇다고 대답하자, 수위는 부인을 특별한 복도로 안내해서 빌포르 씨의 방으로 데려다주었다.

검사총장은 문을 등지고 의자에 앉아 무언가를 쓰고 있었다. 문이 열리며 "들어가시지요, 부인," 하는 수위 목소리가 들리고, 다시 문이 닫힐 때까지도 그는 꼼짝하지 않았다. 그러다 수위 발소리가 멀어지고 그 소리가 들리지 않게 되자, 갑자기 획 돌아서더니 문에 자물쇠를 채우고 커튼을 내린 뒤 방을 구석구석 살펴보았다. 그는 아무도 방 안을 엿보지도, 엿듣지도 않는다는 것을 확인하더니 그제야 입을 열었다.

"부인, 약속을 지켜주셔서 감사합니다."

그러고는 부인에게 의자에 앉으라고 권했다. 부인은 가슴이 너무 세게 뛰고 숨이 막힐 것만 같았던 터라 얼른 의자에 앉았다.

검사는 부인과 마주볼 수 있게 의자를 반쯤 돌리고 자리에 앉았다. "반갑습니다, 부인. 이렇게 마주보고 얘기하기도 참 오래간만이군요. 그런데 유감스럽게도 꽤 불쾌한 얘기를 드리지 않을 수가 없어서."

"그 얘기는 당신보다도 나한테 더 불쾌한 얘기라고 생각이 돼서 이렇게 찾아온 거예요."

빌포르는 쓴웃음을 지었다.

"사실이 그래요," 그는 당글라르 부인에게라기보다는 자기 자신에게 대답하듯 이렇게 말했다. "우리가 한 행위가 어떤 일은 빛나게, 또 어떤 일은 어둡게 우리 과거에 영원한 흔적을 남겼다는 것만은 부인할 수 없소. 인생에서 우리의 발자취는 모래 위로 뱀이 지나간 자취처럼 자리가 남아 있군요! 슬프게도 많은 사람들에게 그 자취는 자신이 흘린 눈물 자국인 겁니다."

"제가 얼마나 걱정하고 있는지 아시겠죠? 제발 이 이상은 걱정시키지 말아주세요. 수많은 죄인들이 떨면서 들어와 부끄러워하며 스쳐간 이 방! …… 그리고 지금은 제가 떨면서 부끄럽게 앉아 있는 이 의자…… 정신을 똑바로 차리지 않으면, 제가 죄를 진 여자고 거기 앉아 계신 당신은 무서운 재판관이라고 생각하게 될 것만 같아요." 부인이 말했다.

빌포르는 고개를 끄덕이며 한숨을 쉬었다.

"나도 지금 이 자리가 재판관의 자리가 아니라, 꼭 피고석에 앉은 것 같은 생각이 들어요." 그는 말했다.

"당신도요?" 부인이 놀라서 물었다.

"그렇소, 나도."

"당신은 자신의 결벽성 때문에 일을 너무 과장되게 생각하시는 것 같군요." 당글라르 부인이 말했다. 부인의 그 아름다운 눈 속에서 무언가 반짝거리는 빛이 보였다. "지금 말씀하신 그 과거의 흔적이란 정열적인 젊은이들이면 누구나 다 가지고 있는 거라고 생각해요. 정열의 밑바닥이나 쾌락의 뒷면에는 으레 후회가 숨어 있는 법이니까요. 그래서 불행한 사람들에게 영원한 구원의 샘인 복음서에는 우리 불쌍한 여자들을 격려하기 위해서 죄지은 여자나 간음한 여자에게 그런 고마운 비유를 일러주는 거예요. 그래서 전 젊었을 때 맛본 쾌락을 회상하면 반드시 하느님께서 용서해 주실 거라고 생각해요. 왜냐하면 전 충분히 고통을 맛보고 있으니까요. 그런데 당신은 남자인데, 뭘 그렇게 두려워하세요? 남자들은 여자들의 경우와는 달라서 세상이 너그럽게 봐주고, 소문이 훈장이 되기도 하잖아요?"

"부인, 당신은 내가 어떤 사람인지 잘 알고 있소. 난 위선자는 아니오. 난 적어도 아무 이유 없이 위선적인 행동을 하지는 않소. 내 이마가 엄격해 보인다면, 그건 수많은 불행 때문에 구름이 낀 탓이오. 내 마음이 돌처럼 굳어 버렸다면, 그것은 수없이 받는 타격을 견뎌내기 위한 거요. 나도 젊었을 땐 지금 같지 않았소. 마르세유의 쿠르 거리에서 모두 모여 앉아 약혼 피로연을 하던 밤의 나는 결코 이렇진 않았소. 그러나 그 뒤로 나 자신도 내 주위의 모든 것도 완전히 바뀌어버렸소. 난 자신의 생활을 여러 가지 어려운 사건들의 뒤를 쫓는 데 모두 소비해버린 거요. 그리고 갖가지 어려움 속에 있으면서 상대가 의식적으로 그런 것인지, 아니면 그것이 자유 의지에 의한 것인지, 우연에 의한 것인지를 알아볼 생각도 못했소. 오직 내 앞길에 방해가 될 만한 사람을 모조리 없애버리는 데 내 생활을 소비했던 거요. 그런데 사람들이 어떻게든 손에 넣으려는 것은 대개의 경우 그것을 가지고 있는 상대도 필사적으로 빼앗기지 않으려고 하는 것이오. 그래서 지금까지 사람들이 저지른 나쁜 짓의 대부분은 필요라는 허울 좋은 가면을 쓰고 있지요. 그런가 하면, 흥분하거나 공포심을 느끼거나 무의식중에 나쁜 짓을 저질렀을 경우, 나중에 생각해보면 살짝 피할 수도 있었을 일들인 때가 많소. 다시 말하면, 당시에는 눈에 아무것도 보이지 않았지만, 나중에 시간이 지나면 그때는 이렇게 했다면 좋았을걸 하고 간단한 방법이 생각나서 후회하는 법이지요. 그런데 여자들은 그와 반대로 후회로 괴로워하는 예가 거의 없지요. 여자들이란 자기 자신이 결심하는 일이 좀처럼 없으니까요. 말하자면 여자들의 불행이란 대체로 남들 때문에 생기는 것이고, 여자들의 과실이란 것도 대부분 타인의 탓이기 때문입니다."

"어쨌든 설령 제가 죄를 하나 지었다 하더라도, 그리고 그 죄가 나 자신으로부터 나온 것이라 하더라도, 제가 어젯밤에 받은 벌은 너무하다고 생각지 않으세요?" 부인은 말했다.

"정말 안됐습니다!" 빌포르는 부인의 손을 잡으며 말했다. "당신에게는 너무 가혹한 벌이었지요. 당신은 두 번이나 쓰러질 뻔했으니까. 그러나……."

"네?"

"그러나! 한 가지 해둘 얘기가 있습니다. 부디 정신을 바짝 차려주시오. 아직 그걸로 끝난 게 아니니까."

"오오!" 부인은 질겁했다. "끝나지 않았다니, 또 무슨 일이 남았나요?"

"부인, 당신은 과거 일밖엔 생각하지 않습니다. 물론 그 과거가 어두운 건 사실이지만 그보다 더 암담한 미래가 있다는 것을 생각해야 할 겁니다. 확실히 무서운 미래, 어쩌면 피 비린내 나는 일이 일어날지도 모르는 미래를 생각하셔야 합니다."

남작부인은 빌포르가 언제나 침착한 사람이란 것을 알고 있었다. 그래서 빌포르의 흥분한 모습은 부인을 더 무섭게 만들었다. 부인은 소리를 지르려고 입을 벌렸으나, 그 소리마저 목구멍에서 꽉 막히고 말았다.

"그 무서운 과거가 어떻게 다시 드러났을까요?" 빌포르가 소리쳤다. "그것이 지금까지 잠들어 있던 무덤 속이나 우리의 가슴속 밑바닥에서 유령처럼 되살아나 우리 얼굴을 새파랗게 질리게 하고, 머리에 피가 몰리게 했을까요?"

"글쎄요! 우연이겠지요." 부인이 말했다.

"우연이라고요?" 빌포르가 말을 받았다. "아니에요, 아니에요, 우연이란 있을 수 없어요."

"우연이에요. 숙명적이긴 하지만, 이런 일이 일어난 건 아마 틀림없이 우연일 거예요. 몬테크리스토 백작이 그 집을 산 것도 우연이 아니겠어요? 그 불쌍한 어린애 시체가 나무 밑에서 나온 것도 우연이 아니고 무엇이겠어요?

아무 죄도 없는 아기가 내 속에서 나왔는데도 한 번 쓰다듬어 주지도 못하고, 그저 울어주는 것밖엔 못해 주었던 내 아기! 아, 백작이 그 어린 것의 뼈가 꽃그늘 밑에서 나왔다고 얘기할 때, 내 마음은⋯⋯."

"그게 아닙니다. 부인, 그러니 내가 무서운 얘길 하겠다고 말한 겁니다." 빌포르가 낮은 목소리로 말했다. "사실은 꽃그늘 밑에서 어린애 뼈 같은 건 나오지 않았습니다. 어린애가 나오지 않았단 말이에요. 그러니 울 필요 없어요. 가슴 아파할 필요도 없고. 그 대신 두려움에 떨어야 할 거예요."

"그게 무슨 말씀이세요?" 부인은 오들오들 떨며 소리쳤다.

"그러니까 몬테크리스토 백작은 나무 밑을 파헤치긴 했지만, 어린애 뼈도, 금고의 철판도 나오지 않았습니다. 나무 밑엔 아무것도 없었으니까요!"

"아무것도 없었다고요!" 당글라르 부인은 빌포르의 말을 되뇌었다. 빌포르를 뚫어지게 바라보는 여자의 눈동자는 두려움에 질려 무서우리만큼 커져 있었다. "아무것도 없었다고!" 부인은 당장에라도 자기에게서 도망치려는 생각을 말이나 어조로 붙잡아 두려는 듯이 같은 말을 되풀이했다.

"그런 겁니다!" 빌포르는 두 손에 얼굴을 파묻으며 말했다. "그런 거라니까요, 확실히⋯⋯."

"그럼, 그 아이를 거기에 묻지 않았단 말씀인가요? 그럼 왜 절 속이셨죠? 도대체 무슨 목적으로?"

"아니, 장소는 거기가 틀림없어요. 그런데 부인, 내 말을 좀 들어보세요. 그러면 지난 20년 동안 당신한테는 조금도 내색하지 않고, 나 혼자 괴로움을 겪어온 걸 동정하게 될 테니."

"어머나! 너무 무섭군요. 하지만 어서 말씀해보세요. 들어볼게요."

"당신도 그 무서운 밤을 기억하고 있으십니까? 붉은 다마스크 천의 그 방에서 침대 위에 누워 있던 당신은 당장에라도 숨이 넘어갈 것만 같았소. 그리고 난 당신 못지않게 숨 가쁘게 당신의 해산을 기다리고 있었지요. 마침내 아이가 태어나서 받아보니 숨도 안 쉬고 울지도 않아서, 우린 죽은 상태로 태어난 줄로만 알았지요."

당글라르 부인은 의자에서 뛰어오르려는 듯한 몸짓을 했다. 그러나 빌포르는 부인에게 주의하라고 애원하는 듯이 두 손을 모으며 부인을 말렸다.

"우리는 아이가 죽은 상태로 태어난 줄로만 알고 있었지요." 빌포르는 되뇌었다. "나는 아이를 관 대신에 금고 속에 넣어서 뜰로 내려가 구덩이를 파고 얼른 묻어버렸어요. 그리고 막 흙을 다 덮었는데, 그 코르시카 사람의 팔이 불쑥 내 앞에 나타났지요. 나는 그림자 같은 것이 일어나며 번갯불이 번쩍하는 것을 보았어요. 갑자기 통증이 느껴졌어요. 소리를 지르려고 했는데, 얼음 같은 떨림이 몸을 흔들어 숨도 쉴 수 없게 되었어요……. 난 죽다시피 해서 그 자리에 쓰러졌소. 죽는 줄만 알았지요. 머지않아 정신을 차리고 계단 앞까지 몸을 끌고 갔을 때, 당신 역시 다 죽어가는 몸이었으면서도 그곳까지 마중 나와 있던 그 대단한 용기를 잊을 수 없소. 그 무서운 사건에 대해선 잠자코 있을 수밖에 없었소. 당신은 유모의 부축을 받으며 집으로 돌아갔소. 그리고 난 그때 받은 상처가 결투에서 맞았다고 해두었지. 걱정하던 것과는 달리, 우리의 비밀은 우리 두 사람 사이에서 끝난 셈이었소. 나는 베르사유로 옮겨졌소. 석 달 동안 생사를 넘나들었지. 그러다가 결국 다시 살아났는데, 남프랑스로 가서 요양을 해야 한다더군요. 남자 넷이 하루 6리씩 걸어서, 파리에서 샬롱까지 나를 운반했지요. 내 아내는 마차를 타고 내가 탄 들것의 뒤를 따라갔지요. 샬롱에 가자, 이번엔 배를 타고 론 강으로 가서 물이 흘러가는 대로 천천히 아를까지 내려갔었죠. 아를에서 다시 들것에 실려서 마르세유로 갔소. 이렇게 해서 회복 기간이 여섯 달이나 걸렸소. 그러니 당신 소문도 들을 수 없었고, 그렇다고 내가 감히 알아볼 용기도 없었지요. 파리로 돌아와서야 드 나르곤 미망인이 된 당신이 당글라르 씨와 결혼했다는 사실을 알았소. 의식을 회복한 뒤에 내가 늘 생각한 것이 무엇인지 아시겠소? 그것은 언제나 아이의 시체 생각뿐이었소. 그것이 매일 밤 꿈에 땅속에서 튀어나와서는 무덤 위를 떠돌아다니며, 무서운 눈과 몸짓을 하고 내게 덤벼들었소. 그래서 파리에 돌아오자마자 곧 조사해보았지요. 우리가 떠나온 뒤로 그 집에는 아무도 살지 않았지만, 얼마 전에 9년 계약으로 세를 놓게 되었다는 사실을 알았지요. 그래서 세를 들겠다는 사람을 찾아갔소. 가서 내 아내의 부모 집이 남의 손에 넘어가는 것을 보고 싶지 않으니, 계약을 파기시켜 주면 손해배상을 해드리겠다고 그랬지요. 그랬더니 6천 프랑을 요구해 오더군요. 난 1, 2만 프랑이라도 줄 생각이었소. 난 그 정도의 현금을 갖고 갔었기 때문에, 당장 배상금을 내고 계약을 파기시켜 버렸소. 그토록 바라고 바라던 집이 내 손에 들어오자, 나는 오퇴유를 향해 말을 달렸지요.

내가 그 집을 떠나온 뒤로 누구 하나 들어갔던 흔적이 없었습니다.

그때가 저녁 5시였소. 나는 그 붉은 방으로 올라가 밤이 오기를 기다렸지요. 그러고 있으니 1년 동안 마음속에서 죽도록 나를 괴롭히던 그 일이 어느 때보다도 더 무섭게 떠오르더군요.

그 코르시카 사람은 나한테 복수하겠다고 선언하고, 님에서 파리까지 내 뒤를 따라왔던 겁니다. 뜰에 숨어서 칼로 나를 찌른 그가, 내가 구덩이를 파고 어린애 묻는 모습을 보았단 말이오. 그러니 그 사나이는 당신을 이미 알고 있는지도 몰라요. 그리고 언젠가는 그 무서운 사건의 비밀을 미끼로 당신을 위협할지도 모르지요. ……내가 그때 칼에 맞아 죽지 않았다는 것을 알면, 그 비밀이야말로 그 사나이에게는 재미있는 복수의 재료가 될 게 아니오. 그런 생각이 들자, 무엇보다도 시급한 것이 어떤 위험을 감수하고라도 그 과거의 흔적을 없애버리지 않으면 안 되었던 거요. 먼저 물적 증거를 인멸하는 것, 그게 가장 위급한 문제였지요. 내 기억 속에 무서우리만큼 너무나 생생하게 남아 있었으니까요. 내가 그 집의 계약을 파기시키기 위해, 그 집으로 달려가 밤이 오길 기다렸던 이유도 다 그 때문이었소.

밤이 되었지요. 나는 주위가 다 깜깜해질 때까지 기다렸습니다. 방 안에 불도 켜지 않아 깜깜하고 바람에 문들이 덜컹거리는데, 꼭 누가 문 뒤에 숨어서 들여다보는 것만 같더군요. 나는 수없이 몸서리쳤소. 등 뒤의 침대에서 꼭 당신의 신음이 나는 것 같았지만, 돌아볼 용기가 나지 않더군요. 조용한 가운데 가슴만 뛰는데, 어찌나 심하게 뛰는지 가슴의 상처가 다시 벌어지는 줄만 알았지요. 이윽고 시골의 여러 소리들이 하나하나 잠들어 갔지요. 이젠 아무것도 두려워할 것이 없었어요. 누구 하나 나를 들여다보는 사람도, 내 소리를 듣는 사람도 없다고 생각하자 아래로 내려가기로 결심했습니다.

들어봐요, 에르민느. 난 내가 누구에게도 지지 않을 만큼 용기 있는 남자라고 생각했어요. 그런데 당신이 금반지에 매달고 싶어 했던, 그리고 우리 둘이 아끼던 그 작은 열쇠를 가슴에서 꺼내 계단 문을 열었을 때, 창문으로 창백한 달빛이 들어와 마치 유령같이 하얗고 긴 줄을 나선형 계단 위로 던지는 것을 보았을 때, 나는 비틀거리며 벽에 몸을 기대고 하마터면 소리를 지를 뻔했지요. 미칠 것만 같더군요.

이윽고 다시 정신을 차린 나는 계단을 한 계단 한 계단 내려갔습니다. 그런데 무릎이 후들후들 떨리는 것만은 어쩔 수가 없었어요. 나는 난간을 붙잡았지요. 난간에서 손을 떼기만 하면 굴러떨어질 것 같았으니까요. 그렇게 해서 아래층 문까지 왔어요. 문밖에 삽 한 자루가 벽에 세워져 있더군요. 나는 초롱불을 가지고 내려갔었지요. 잔디밭 한가운데서 등에 불을 붙이고 다시 걸어가기 시작했어요. 11월도 다 가서 정원에서 푸른빛이라곤 찾아볼 수 없더군요. 나무란 나무들은 모조리 앙상해져서 마치 긴 팔만 내밀고 있는 해골 같았소. 내가 걸어갈 때마다 발밑에서 모래와 함께 낙엽이 요란하게 소리를 내고 있었지요.

숨 막힐 듯이 무서운 나머지, 그 나무 덤불 가까이 가면서 주머니에서 권총을 꺼내 탄환을 넣었소. 나뭇가지 사이로 그 코르시카 놈의 얼굴이 나타날 것만 같아서 말이오.

나는 등불로 숲을 비춰보았소. 물론 텅 비어 있었지요. 다음에는 내 주위를 둘러보았지요. 나 말고는 아무도 없었어요. 밤의 적막을 깨뜨리는 것은 오직 밤의 유령을 부르기라도 하는 듯이 음산한 소리로 우는 올빼미 소리뿐이었지요.

나는 그 1년 전에 구덩이를 파려던 장소에 표지로 정해 두었던 두 갈래로 난 나뭇가지에 등불을 매어놓았소. 그곳에는 여름 동안 풀이 무성히 자라서, 가을이 되었는데도 누구 하나 풀을 깎아주지 않은 채로 있더군요. 그 가운데서 비교적 풀이 적게 난 장소가 눈에 띄었소. 그 자리가 바로 내가 땅을 파고 다시 흙을 덮은 곳이었소. 나는 곧 일을 시작했어요.

마침내 1년 전부터 기다리고 기다리던 때가 찾아온 것이지요!

그러니 얼마나 큰 기대를 가지고, 삽 끝에 무엇이 걸리기만 바라며 잔디 하나하나 사이를 열심히 찾아보았겠느냔 말이오! 그러나 아무것도 없었소. 심지어 나는 구덩이를 지난번보다 두 배나 더 크게 팠소. 내가 장소를 잘못 짚은 줄로 생각했지요. 그래서 방향을 살펴보았소. 나무들을 쳐다보며 전에 눈여겨보았던 세세한 점들을 다 살펴보았지요. 헐벗은 나뭇가지들 사이로 살을 에는 듯한 찬바람이 불어왔지만, 내 이마는 땀으로 흠뻑 젖었죠. 구덩이를 덮으려고 발로 흙을 다질 때, 단도에 찔렸던 일을 떠올려 보았소. 나는 그때 흙을 발로 밟으면서 흑단 나무를 짚고 있었지요. 바로 내 등 뒤에는 산책하는 사람들이 앉아서 쉴 수 있도록 벤치로 사용하던 인조석이 하나 있었고요. 그걸 왜 기억하냐면, 그때 칼을 맞고 흑단 나무를 짚고 있던 손이 미끄러지며 그 차가운 바위에 닿았거든요. 나는 그때와 똑같이 쓰러져보았다가 다시 일어나 땅을 또 파기 시작했소. 구덩이를 더 깊게, 더 넓게 파보았지요. 하지만 아무것도 없었소! 결국 아무것도 나타나지 않았단 말이오. 거기에 금고는 없었소."

"금고가 없었다니요?" 당글라르 부인은 겁에 질려 숨도 잘 못 쉬며 중얼거리듯이 말했다.

"그렇다고 거기서 그만두진 않았소." 빌포르는 말을 이었다. "나는 덤불숲을 모조리 파 보았소. 범인이 금고에 보물이 든 줄 알고 파내서 가져갔다가, 열어보고 보물이 아니니까 아무 데나 구덩이를 파고 묻어버렸으려니 생각했던 것이오. 그래서 숲 전체를 다 파보았지만 아무것도 없었어요. 그러고 나니까 다음번엔, 범인이 왜 그런 생각을 했을까 싶더군요. 그냥 가져가다가 보물이 아니니까 아무 구석에나 던져버렸겠지, 하는 생각이 드는 거요. 만일 그런 거라면 날이 밝기를 기다렸다가 찾으러 가는 수밖에 없었소. 그래서 다시 방으로 올라가 아침을 기다렸지요."

"아, 세상에!"

"날이 밝자 다시 아래로 내려가 보았소. 일단은 덤불숲으로 가보았지요. 밤에 어두워서 안 보였던 것이 이제는 보이지 않을까 생각해서였소. 나는 사방 20평방피트의 땅을 2피트 이상의 깊이로 다시 파보았소. 품삯을 주고 사람을 사서 판다면 하루 종일 걸릴 것을 난 한 시간 만에 다 해냈소. 그러나 역시 아무것도 없었소, 아무것도 나오지 않더란 말이오.

그래서 난 범인이 어딘가에 버렸을지 모른다는 생각에 금고를 찾아보기 시작했소. 틀림없이 그 작은 출입구를 통해 나가는 길에다 버렸을 거라고 생각했지요. 그러나 마찬가지로 헛수고였소. 그래서 답답한 마음으로 아무 희망도 없는 숲으로 다시 돌아왔지요."

"오!" 당글라르 부인이 소리쳤다. "정말 미칠 지경이셨겠군요."

"한때는 그러길 바란 적도 있었소. 그러나 그런 복조차 허락되지 않더군요. 다시 기운을 내고 정신을 차려 생각해 보았지요. 그 사나이가 어린애 시체는 왜 가져갔을까 하고 말이오."

"아까 증거로 삼기 위해서라고 하시지 않았어요?" 당글라르 부인이 말했다.

"아니요. 그런 것 때문이라고만은 볼 수 없소. 1년씩이나 시체를 그대로 가지고 있을 리는 없습니다. 그 안에 재판관에게 보여서 사건을 조사하도록 했겠지요. 그러나 그런 일은 일어나지 않았단 말이오."

"그렇다면……?" 에르민느는 가슴을 두근거리며 물었다.

"그러니 우리에게 그보다 더 무섭고 치명적이고 위험한 일이 있다는 겁니다. 즉, 아이가 살아 있었기에 범인이 그 아이를 살렸다는 것이오."

당글라르 부인은 공포의 소리를 냈다. 그리고 빌포르의 양손을 잡으며 말했다. "아이가 살아 있다고요? 그럼, 당신은 살아 있는 아기를 땅에 묻었단 말인가요? 어린애가 죽었는지 확인해 보지도 않고 매장했다니! 아……."

부인은 벌떡 일어났다. 그리고 검찰총장 앞에 서서 무서운 얼굴을 하고, 부드러운 손으로 그의 손목을 꽉 쥐었다.

"난들 어찌 알겠소? 난 다만 남의 애길 하듯 그 애길 했을 뿐이오." 빌포르는 눈을 똑바로 뜨고 말했다. 그 표정은 빌포르처럼 강한 사나이도 이젠 절망과 광기의 한계에 다다랐다는 것을 의미했다.

"아! 내 아기, 불쌍한 내 아기!" 부인은 의자에 털썩 주저앉아 터지는 울음을 손수건으로 막으며 소리쳤다.

빌포르는 다시 정신을 차렸다. 그리고 지금 자신에게 몰아치는 모성애의 폭풍우를 달래기 위해서는 자기가 느끼고 있는 공포감을 부인에게 전해 주는 길밖에 없다고 생각했다.

"만일 그렇다면," 그래서 이번에는 자기편에서 일어나 부인에게 다가서며 낮은 목소리로 말했다. "당신도 알겠지만, 우린 둘 다 파멸이오. 아이가 살아 있고, 그걸 알고 있는 사람이 있소. 누군가가 우리의 비밀을 알고 있단 말이오. 그런데 몬테크리스토 백작이 어린애 시체가 없어진 그 자리에서 어린애를 파냈다는 말을 바로 우리 앞에서 했으니, 그 사람이야말로 우리의 비밀을 알고 있는 놈이란 말이오."

"하느님! 심판의 하느님! 복수의 하느님!" 당글라르 부인이 중얼거렸다.

빌포르는 울부짖는 듯한 소리를 낼 뿐이었다.

"하지만, 그 애는, 그 애는?" 아이 어머니는 집요하게 물었다.

"오, 나는 그 애를 찾으러 다녔소!" 빌포르는 자신의 팔을 뒤틀며 대답했다. "잠 못 이루는 긴긴 밤에 그 아이를 얼마나 불러보았는지 모르오. 그리고 수백만 사람들에게서 수백만 가지의 비밀을 사기 위해서, 그리고 그 비밀을 찾아낼 수 있기 위해 부자가 되기를 얼마나 바랐는지 모르오. 결국 내가 백 번째로 다시 삽을 들었던 어느 날, 그 코르시카 사람이 도대체 어린애를 어떻게 했을까를 내 마음속에 백 번째로 물어보았지요. 어린애는 도망자에게 방해물일 뿐이지. 그러니 어린애가 살아 있는 것을 보고 강에 던져버렸는지도 몰라요."

"오오, 설마!" 부인은 소리쳤다. "복수할 마음으로 사람을 암살할 수는 있겠지만, 어린애를 물에 던져버리지는 않았을 거예요."

"고아원에라도 데려갔을까요?" 빌포르는 말을 이었다.

"그래요! 그래요, 그 아이는 거기 있을 거예요." 부인이 소리쳤다.

"난 고아원으로 가보았지요. 알아보니 9월 20일 그날 밤에 누가 어린애 하나를 문 앞에 버렸다더군요. 어린애는 고급 리넨 천에 싸여 있었는데, 그 천이 고의적으로 그런 것이 분명하게 반이 찢겨나가 있더랍니다. 그리고 그 반쪽짜리 천에는 남작의 표장과 H자가 적혀 있더랍니다."

"그래요, 그래요!" 당글라르 부인이 외쳤다. "내 리넨 옷감에는 전부 그런 표시가 있었으니까요. 드 나르곤 씨는 남작이었고, 내 이름이 에르민 Hermine잖아요? 오! 감사합니다! 그 아인 죽지 않았군요!"

"그래요, 죽지 않았지요."

"그게 무슨 소리예요? 난 기뻐서 죽을 것만 같아요. 그런데 그 아이는 어디 있죠? 내 아이는 어디에 있냐고요."

빌포르는 어깨를 으쓱했다.

"난들 어떻게 알겠소?" 그는 말했다. "그걸 알고 있었다면, 극작가나 소설가들처럼 이렇게 그 얘기를 장황하게 늘어놓을 리가 있었겠소? 유감스럽지만 난 모르오. 그 당시로부터 6개월쯤 전에 어느 여자가 그 천의 나머지 반쪽을 가지고 와서 아이를 찾아갔다는 겁니다. 그 여자가 아이를 데려가는 데 필요한 증명을 모두 해 보였기 때문에 아이를 내주었다는군요."

"그럼 그 여자가 누구인지 수소문해 보면 되겠군요. 그 여자를 찾아야 해요."

"내가 어떻게 했는지 아십니까? 범죄 수사를 하는 척하고, 뛰어난 탐정이며 형사며 경찰이 쓸 수 있는 모든 방법을 동원해서 수사했소. 그래서 여자가 샬롱까지 간 흔적은 추적해냈는데, 샬롱에서 놓치고 말았다오."

"놓쳤다고요?"

"그렇소. 영영 놓치고 말았소."

부인은 상황이 변하는 대로, 한숨을 쉬었다가, 눈물을 흘렸다가, 소리를 질렀다가 하며 이야기를 들었다.

"그게 얘기의 전부인가요?" 부인이 물었다. "그래서 그대로 손을 떼고 마셨나요?"

"천만에!" 빌포르는 말했다. "계속 찾아보고, 수사와 탐색과 수소문을 그치지 않았지요. 다만 요즘 2, 3년 동안 잠깐 쉬고 있을 뿐이지요. 그런데 오늘부터는 다시 그 어느 때보다도 열심히 찾는 일을 시작해 볼 생각이오. 그리고 반드시 성공할 거요. 왜냐하면 일이 이렇게 된 이상 이제는 양심의 문제가 아니라, 두려워졌기 때문이오."

"하지만 몬테크리스토 백작은 아무것도 모르고 있을 거예요. 그렇지 않다면 이 정도까지 우리와 친하게 사귀려 하진 않았을 것 아니겠어요?"

"오! 인간의 악의는 깊이를 알 수 없는 거라오. 그것은 하느님의 자비보다도 더 깊고 깊은 것이오. 그 사람이 얘기하고 있을 때 그 눈을 보지 못했소?"

"못 보았어요."

"아니면 적어도 그 사람을 유심히 본 적은 있었지요?"

"그냥 그랬죠. 좀 이상하게 느껴지기도 했지만 뭐 그 정도지요. 단 한 가지 마음에 걸렸던 것은 우리한테 그런 굉장한 진수성찬을 대접하면서도 자신은 손도 대지 않았던 일이에요. 어떤 음식도 먹지 않더군요."

"그렇소. 나도 그걸 눈치챘소." 빌포르가 말했다. "지금 내가 알고 있는 것을 그때 만약 알았더라면, 나도 음식을 입에 대지 않았을 거요. 독살하려는 줄 알았을 테니까요."

"하지만 그건 당신 생각이 틀린 것 같은데요."

"물론이지요. 그러나 그 사람은 다른 계획을 가지고 있을 거요. 그래서 내가 당신을 만나려고 했던 거요. 당신에게 얘길 해서 세상 사람들을, 특히 그 사람을 경계하도록 주의시키고 싶었던 거요. 그런데……." 빌포르는 어느 때보다도 더 부인을 뚫어지게 바라보며 말을 이었다. "우리 관계를 누구한테도 말하지 않았겠지요?"

"절대로, 아무한테도요."

"알겠지요." 빌포르는 부드럽게 다시 물었다. "내가 아무에게도라고 하면, 이렇게 자꾸 말해서 안됐지만, 이 세상 어느 누구한테도라는 뜻이라는 것을 요?"

"네, 네, 알고 있어요." 부인은 얼굴을 붉히며 말했다. "절대로 아무한테도 안 했어요. 맹세해요."

"당신은 저녁이면 하루에 생긴 일을 쓰는 버릇은 없나요? 일기를 쓰거나 하진 않나요?"

"안 써요. 제게 있어서 매일 매일이란 종일 하찮은 일로 지나갈 뿐이에요. 나 자신도 잊어버리고 마는걸요."

"자다가 잠꼬대는 안 하시오?"

"전 어린애처럼 잠을 푹 자는걸요. 기억 안 나세요?"

부인의 얼굴이 새빨개졌다. 그리고 빌포르도 얼굴빛이 변했다.

"하긴 그랬소." 그는 간신히 들릴 정도로 중얼거렸다.

"그래서요?"

"이제부터 내가 할 일이 무엇인지 알았소." 빌포르가 말했다. "일주일 내로 몬테크리스토 씨가 어떤 사람인지 알아내야겠소. 그가 어디서 왔는지, 어디로 갈 것인지, 그리고 왜 우리 앞에서 어린애를 뜰에 묻는 얘기를 했는지 다 알아야겠소."

빌포르는 그 한마디를 힘주어 말했다. 백작이 들었더라면, 몸을 떨 정도로 무서운 어조였다. 그리고 나서 그는 부인이 주저하며 내미는 손에 악수를 하고, 정중하게 문 앞까지 바래다주었다.

당글라르 부인은 지나가는 마차를 잡아타고 길을 건넜다. 길 건너편에는 부인의 마차와 마부가 서 있었다. 마부는 주인이 돌아오기를 기다리며, 마차 안에서 태평하게 잠을 자고 있었다.

여름날 무도회

같은 날, 당글라르 부인이 검사실에서 대화를 나누고 있던 그 시간에 사륜 마차 한 대가 엘데 거리로 들어와, 27번지 집의 문을 지나 안뜰에서 멈췄다.

문이 열리더니 모르세르 부인이 아들의 부축을 받으며 마차에서 내렸다.

알베르는 어머니를 방까지 모셔다 드리자마자 곧 목욕물과 마차를 준비하라고 일렀다. 그리고 하인의 손을 빌려 몸단장을 한 뒤, 샹젤리제의 몬테크리스토 백작 집으로 갔다.

백작은 여느 때와 같은 미소로 그를 맞았다. 이상하게도 백작의 기분이나 생각은 누구도 들여다볼 수 없다는 느낌이 들었다. 한마디 덧붙인다면, 억지로 그의 마음속에 다가서려는 사람은 영락없이 어떤 벽에 부딪히고 말았다.

모르세르는 두 팔을 벌리고 백작에게 달려갔지만, 막상 백작을 보고는 차마 용기가 안 나서, 백작이 우정 어린 미소를 짓고 있었는데도 팔을 거두고 기껏 손을 내미는 것에 그쳤다.

몬테크리스토 백작 쪽에서는 언제나 하는 것처럼 그 손을 잡았을 뿐 꼭 쥐지는 않았다.

"저 왔습니다, 백작!" 알베르가 말했다.

"잘 오셨습니다."

"한 시간 전에 돌아왔습니다."

"디에프에서?"

"트레포르에서요."

"아, 맞아, 그랬었지요."

"오자마자 가장 먼저 찾아뵙는 겁니다."

"이렇게 고마운 일이 있나." 백작은 남의 일에 대해 이야기하듯 말했다.

"그건 그렇고, 그동안 무슨 소식이라도?" 알베르가 물었다.

"소식이라뇨? 외국인인 저한테 그런 걸 물어보시다니요!" 백작이 대답했다.

"그건 저도 알고 있습니다. 제가 무슨 소식을 묻는 것은 혹시 저에 대해 뭔가 해주신 일은 없는지 여쭈는 겁니다."

"그렇다면 혹시 저한테 뭐 부탁하신 일이라도 있었던가요?" 백작은 일부러 걱정스러운 표정을 지으며 물었다.

"자, 자, 그렇게 모르는 척하지 마세요. 기쁜 소식은 먼 곳까지 알려진다고 하잖아요? 전 트레포르에서 전류를 느꼈습니다. 비록 저를 위해서 무슨 일을 해주시진 않았다 하더라도, 제 생각은 해주셨지요?"

"그거야 그렇지요." 백작이 말했다. "난 정말 당신 생각을 했소. 그러나 솔직히 말하면, 내가 가지고 있던 전류가 내 의사와는 관계없이 제멋대로 작용한 셈이지요."

"정말입니까? 그 얘길 해주십시오."

"그야 어렵지 않죠. 당글라르 씨가 우리 집에 와서 만찬을 함께 해주셨소."

"그건 저도 알고 있습니다. 그 사람과 부딪히기 싫어서 어머니와 둘이서 여행을 다녀온 거니까요."

"그런데 그분은 안드레아 카발칸티 씨와 같이 식사를 했지요."

"그 이탈리아 황태자 말인가요?"

"너무 과장하지 마세요. 안드레아 씨가 자기 말로는 자작이라고 소개했어요."

"자기 말로는이라니요?"

"그래요, 자기 말로는."

"그렇다면 사실은 그렇지 않다는 말씀인가요?"

"그건 나도 모르지요. 자기 말로 그렇다니 나도 그런 줄로 알고, 또 세상 사람들도 그렇게 생각하는 거지요. 그러니 그런 거나 다름없는 게 아니겠소?"

"백작께선 정말 특이하시군요. 그래서요? 당글라르 씨가 여기서 식사를 했다고 그러셨죠?"

"그렇소."

"안드레아 카발칸티 자작과 같이 말이죠?"

"안드레아 카발칸티 자작, 그 부친 카발칸티 후작, 당글라르 부인, 호감

가는 빌포르 부부, 드브레 씨, 막시밀리앙 모렐 씨, 그리고 또 누가 있더라
…… 아! 샤토 르노 씨."

"거기서 제 얘기가 나왔습니까?"

"아니, 한마디도."

"실망인데요."

"그게 왜요? 제가 생각할 땐 사람들이 당신을 까맣게 잊고 그렇게 행동하
는 것이 바로 당신이 원하는 것 같은데!"

"백작, 제 얘기가 전혀 안 나왔다는 것은 내 생각을 많이 하고 있었다는
뜻입니다. 그러니 제가 실망할 수밖에요."

"그건 아무래도 좋습니다. 중요한 건 여기서 당신을 생각하고 있던 사람
들 사이에 당글라르 양은 없었다는 사실 아니겠습니까! 아! 자기 집에서는
당신 생각을 할 수도 있겠군요."

"아니요, 그건 절대로 그렇지 않습니다. 설령 제 생각을 했다 하더라도,
그건 제가 그녀에 대해 하는 생각과 똑같은 생각이었을 거예요."

"그렇게 서로 마음이 통한다니 감동적이군요!" 백작이 말했다. "그런데
서로 싫어한다는 겁니까?"

"백작, 만약 당글라르 양이 내가 그녀 때문이 아닌 다른 일로 괴로워하는
걸 동정해서, 양가가 정한 결혼 계약과 관계없이 나를 생각해 준다면 그건
굉장히 기쁜 일이죠. 한마디로 말씀드리면, 당글라르 양은 멋진 연인이 될
수 있을 겁니다. 그러나 아내로선 악마 같다고나 할까요……." 모르세르가
말했다.

"그게 바로 미래의 아내에 대한 당신의 생각이로군요?" 백작은 웃으면서
말했다.

"그렇습니다. 좀 거친 표현인지 모르지만 제 솔직한 생각입니다. 그런데
그런 악몽이 실현되면 안 되죠. 그러니까 당글라르 양이 제 아내가 되어야만
한다는 사실 말입니다. 당글라르 양이 나와 함께 살며, 내 옆에서 생각하고
내 곁에서 노래하며 내 가까이서 시도 짓고 음악도 해야 하는데, 그것도 평
생을 그래야 하니 내가 겁이 날 수밖에요. 애인이라면 헤어질 수 있습니다.
그러나 아내라는 존재는 얘기가 전혀 다르지요. 가까이 있건 멀리 있건, 어
쨌든 영원히 옆에 붙어 다니는 거니까요. 그러니 당글라르 양의 경우도 설사

멀리 떨어져 있다 해도, 섬뜩해지는 것을 어쩔 수가 없습니다."

"너무 복잡하게 생각하시는군요."

"그렇습니다. 저는 되지도 않을 일을 자주 생각하니까요."

"어떤 것을요?"

"이를테면 제 아버지가 발견한 아내 같은 여자를 나도 찾아낼 수 없을까 하는 생각이죠."

백작은 갑자기 얼굴빛이 변하더니 알베르를 쳐다보며 장난감처럼 만지작거리던 근사한 권총들의 용수철을 잡아당겨 찰각거리는 빠른 소리를 냈다.

"그래서 부친께선 행복하셨습니까?" 백작이 물었다.

"제가 어머니를 어떻게 생각하고 있는지는 백작께서도 알고 계실 겁니다. 말 그대로 하늘에서 내려온 천사지요. 게다가 아름답고 독실하신, 더할 나위 없는 분이십니다. 저는 트레포르에 갔었습니다. 대부분 아들이 어머니를 모시고 어딜 간다는 것은 호의일 수도 있겠지만 고역일 수도 있겠지요. 그러나 저에게 어머니와 함께 한 나흘은 더 없이 즐겁고, 편안하고, 시적이었습니다. 굳이 말씀드리자면 제가 트레포르에 데려간 사람이 마브 여왕 ^(아일랜드에 전해오는 요정의 여왕) 이나 티타니아 여왕 ^(셰익스피어의 《한여름 밤의 꿈》에 나오는 요정의 여왕) 이 아닌가 할 정도였답니다."

"정말 훌륭한 분이십니다. 그런 얘길 들으면 누구나 독신으로 있고 싶어질 겁니다."

"그래서 그런 겁니다." 알베르는 말을 이었다. "저는 이 세상에 어디 하나 나무랄 데 없는 여자가 있다는 것을 알고 있기 때문에, 당글라르 양과 결혼할 생각이 없다는 겁니다. 생각해 보신 일이 있으신지 모르겠습니다만 이기주의란 놈은 자기가 갖고 있는 모든 것에 놀랄 만큼 화려한 색질을 하는 법입니다. 마를레나 포생 상점 앞의 진열장에서 반짝이던 다이아몬드도 내 것이 되면 더 반짝여 보이지요. 그런데 만약 다른 곳에 더 순수한 것이 있다는 것을 인정해야 되고, 그보다 못한 다이아몬드를 영원히 몸에 지니고 다녀야만 한다면 그때의 그 고통을 아시겠습니까?"

"세상을 아는 사람이군!" 백작은 중얼거렸다.

"그래서 만약 외제니 양이 제가 먼지처럼 허약한 남자일 뿐이고, 그쪽은 몇백만 프랑을 가지고 있는데 비해 저는 겨우 1만 프랑이나 있을까 말까 하다는 것을 알게 되는 날이 온다면, 저는 기뻐서 펄쩍 뛸 것 같습니다."

백작은 빙그레 웃었다.

"저는 좀 다른 생각도 해보았습니다." 알베르는 이야기를 계속했다. "프란츠는 괴상한 것을 좋아하니까, 좀 무리를 해서라도 그 친구가 당글라르 양을 좋아하게 해보자는 생각입니다. 그런데 네 번이나 편지를 써서 갖가지 유혹을 다 해보았는데도 프란츠는 태연하게 이렇게 답장을 해왔습니다. '사실 난 괴상한 놈이 틀림없어. 그러나 아무리 내가 괴상해도, 한 번 한 약속만큼은 깨지 않는다네.'"

"충직한 우정인데요! 자기는 애인으로만 사귀겠다는 여자를 남더러 부인으로 데려가라니!"

알베르가 웃었다.

"그런데 그 프란츠가 돌아온답니다. 백작께서야 별 흥미가 없으시겠지만. 당신은 그 친구를 좋아하지 않으시죠?"

"내가요?" 백작이 물었다. "자작, 어딜 봐서 내가 프란츠를 좋아하지 않는다는 겁니까? 난 누구든 다 좋아하는 사람인데."

"그리고 저도 그 '누구든지'에 속해 있군요…… 감사합니다."

"오! 혼동하시면 곤란한데요." 백작이 말했다. "난 하느님께서 이웃을 사랑하라고 하신 말씀을 따라 그리스도교 신자다운 마음으로 좋아하고 있습니다. 싫어하는 사람은 불과 몇 사람뿐이고. 자, 프란츠 데피네 씨 얘기로 다시 돌아갈까요? 그 사람이 돌아온다고요?"

"그렇습니다. 외제니 양을 결혼시키려는 당글라르 씨와 마찬가지로, 발랑틴 양을 결혼시키려고 안달 난 빌포르 씨가 부른 거죠. 확실히 나이 찬 딸을 가진 아버지들은 초조하게 마련인가 봐요. 그래서 서둘러 딸을 치워버릴 때까지는 안심하지 못하는 모양이에요."

"하지만 프란츠 씨는 당신과 달라요. 그 사람은 그러한 재난을 지그시 참고 있으니."

"참는 정도가 아니라, 아주 심각한걸요. 흰 넥타이를 매고, 벌써부터 자기가 꾸밀 가정에 대해 얘기하고 있으니까요. 게다가 빌포르 집안을 존경하기까지 한답니다."

"그럴 만한 가치는 있겠지요?"

"그렇죠. 빌포르 씨는 엄격하긴 해도 올바른 사람으로 알려져 있으니까요.”

“잘됐네요!” 백작이 말했다. “최소한 그 사람은 불쌍한 당글라르 씨가 당신한테 당하듯이 취급당하지는 않겠네요.”

“그 사람은 딸을 억지로 데려가라고는 안 하니까 그러는 거죠.” 알베르는 웃으면서 대답했다.

“정말 당신은 자부심이 하늘을 찌르는군요.” 백작이 말했다.

“제가요?”

“그렇소, 자, 담배나 한 대 피우시죠.”

“감사합니다. 그런데 어째서 제가 자부심이 대단하다는 말씀이십니까?”

“외제니 양과 결혼하지 않으려고 그렇게까지 발버둥치시니 말입니다. 그런 건 그냥 내버려두면 되는 겁니다. 파혼하겠다고 먼저 나서지 않아도 결국은 그렇게 될 테니까요.”

“네?” 알베르는 눈을 크게 뜨고 물었다.

“그렇소, 자작, 당신 목덜미를 잡고 억지로 끌고 가진 않을 거요. 그럼, 한 가지 진지하게 얘기하겠는데,” 백작은 어조를 바꾸어 말했다. “정말 정혼을 무르고 싶소?”

“그렇게 할 수만 있다면, 10만 프랑이라도 내겠습니다.”

“그렇다면 기뻐하십시오. 당글라르 씨도 그럴 수만 있다면 그 돈의 배라도 내신다고 말씀하셨으니까요.”

“그게 정말입니까?” 알베르는 이렇게 말하면서도 그의 이마에 보일 듯 말 듯한 어두운 그림자를 감출 수 없었다. “하지만 백작, 당글라르 씨도 무슨 이유가 있겠죠?”

“보세요. 당신은 정말 오만한 이기주의자로군요! 남의 자존심은 도끼로 찍으면서, 자기 자존심은 바늘에 찔리기만 해도 비명을 지르니까요.”

“그렇진 않습니다. 하지만 당글라르 씨가…….”

“당신한테 반해 있을 거란 말이라도 하시려는 겁니까? 그런데 당글라르 씨란 사람은 취미가 좋지 못합니다. 당신 이상으로 반한 사람이 있지요…….”

“그게 누군데요?”

“그건 나도 모릅니다. 그들의 움직임을 잘 조사하고 관찰해서 사태를 짐작해 내야 합니다. 그러고 나서 그걸 이용하십시오.”

“알겠습니다. 그런데 어머니께서…… 아니, 어머니가 아니라 아버지입니다. 아버지께서 무도회를 여시겠답니다.”

“이런 계절에요?”

“여름 무도회가 유행입니다.”

“유행이 아니더라도 백작부인께서 개최하시는 거라면 유행이 되겠지요.”

“그게 아주 멋집니다. 진짜 무도회지요. 7월 여름에 파리에 남아 있는 사람들이야말로 진짜 파리지앵이니까요. 카발칸티 집안의 아버지와 아들에게 보내는 초대장을 백작께 부탁드려도 괜찮겠습니까?”

“그게 도대체 언제인데요?”

“토요일입니다.”

“그럼, 카발칸티 소령이 떠나고 난 뒤가 되겠는걸요.”

“하지만 그 아들은 남겠지요. 아들을 데리고 와주시겠습니까?”

“그런데 난 그 사람을 잘 몰라서요.”

“모르신다고요?”

“그렇습니다. 3, 4일 전에 처음 만나보았을 뿐이니까요. 자신이 없군요.”

“하지만 그 사람을 댁으로 오게 하지 않았습니까?”

“그건 얘기가 다릅니다. 어느 훌륭한 신부님에게서 소개받긴 했지만, 그 신부님도 속고 있는지 모르니까요. 원하신다면 직접 초대하시지요. 제가 소개하는 일만은 사양하겠습니다. 나중에 그 사람이 외제니 양과 결혼이라도 하게 되면, 내가 뒤에서 조종이라도 한 줄 알고 결투를 청해 올지도 모르니까요. 게다가 나 자신도 그날 갈 수 있을지 없을지 모르고요.”

“어디를요?”

“그 무도회에 말입니다.”

“왜 못 오시겠다는 겁니까?”

“우선 아직 정식으로 초대하지도 않으셨고.”

“제가 직접 초청장을 전하러 이렇게 오지 않았습니까?”

“정말 친절하시군요. 그러나 아무래도 못 갈 것 같습니다.”

“하지만 제가 이 말씀을 드리면 만사를 제쳐놓고라도 오실 겁니다.”

“어째서요?”

"제 어머니가 부탁드리는 거니까요."

"모르세르 백작부인께서요?" 백작은 움찔했다.

"백작, 미리 말씀드려 두겠습니다만, 어머니는 제게 무슨 얘기라도 해주십니다. 조금 전에 제가 한 이야기에 공감을 느끼지 않으셨다면, 그것은 그 공감이 백작께는 철저히 부족하기 때문입니다. 왜냐하면 나흘 동안 어머니하고 저는 줄곧 백작 얘기만 했으니까요."

"제 얘기를요? 정말 영광입니다."

"그건 백작께서 특권을 가지고 계시기 때문입니다. 문제의 인물이시니까요."

"아! 어머님께도 제가 문제의 인물이었습니까? 어머니께선 매우 이성적인 분이시기 때문에, 설마 그런 당치도 않은 상상은 안 하실 줄 알았는데."

"워낙 누구에게나 문제의 인물이시니까요. 다른 모든 사람들에게 그렇듯이 제 어머니에게도 그렇죠. 문제의 인물이라는 것은 다 알지만, 어째서 그런지는 추측도 못하고, 그저 수수께끼일 뿐입니다. 그러니 그 점은 안심하십시오. 그저 어머니는 당신이 어떻게 그렇게 젊으시냐고 늘 저에게 물으십니다. G 백작부인은 당신을 루드벤 경 같은 분이라고 생각하시지만, 우리 어머니는 당신을 칼리오스트로(18세기 이탈리아의 유명한 의사, 고술가)나 생제르맹(18세기의 유명한 협잡꾼) 백작 같은 분이라고 생각하고 있지요. 어머니를 만나러 오실 때, 그 점을 확실하게 해주십시오. 백작이라면 그런 것쯤 어렵지 않으실 겁니다. 당신은 칼리오스트로 같은 연금술의 돌과 생제르맹 백작 같은 기지를 가지고 계시니까요."

"미리 가르쳐 주셔서 감사합니다." 백작은 웃으면서 말했다. "그럼, 그런 어머니의 상상에 들어맞도록 해볼까요?"

"그럼, 토요일에 오시는 거죠?"

"어머님의 청이시니······."

"감사합니다."

"당글라르 씨는?"

"그분께는 벌써 세 사람이 초대장을 전했습니다. 제 아버지가 맡으셨으니까요. 게다가 현대의 다게소(18세기 프랑스의 유명한 사법관), 빌포르 씨도 모시려고 합니다. 하지만 그쪽은 아무래도 절망적인 것 같아요."

"격언에 따르면, 절망적인 일은 절대로 하지 말아야 합니다."

"백작께선 춤을 추시죠?"

"제가요?"

"네. 백작께서 춤을 추신다고 이상할 건 없지 않아요?"

"그렇군요. 춤을 춘다고 해도 아직 나이가 사십 대는 아니니……. 하지만 난 춤을 추지 않습니다. 춤추는 걸 보기는 좋아하죠. 모르세르 부인께선 춤을 추십니까?"

"어머니도 추지 않으십니다. 두 분이 이야기를 나누시면 되겠군요. 어머니도 백작과 얘기를 해보고 싶어하시니까요."

"그게 정말입니까?"

"물론이죠. 게다가 자세히 말씀드리자면, 어머니가 이 정도로 호기심을 가지신 건 백작이 처음이십니다."

알베르는 모자를 손에 들고 자리에서 일어났다. 백작은 그를 문까지 바래다주었다.

"아무래도 내가 실수를 한 것 같네요." 백작이 계단 위쪽에 멈춰 서서 알베르에게 말했다.

"무엇을요?"

"내가 경솔했어요. 당글라르 씨 얘기는 하는 게 아니었는데."

"원 별말씀을. 앞으로도 더 해주십시오. 더 자주 늘 그런 식으로 말입니다."

"그렇게 말씀해 주시니 안심입니다. 그런데 데피네 씨는 언제 돌아오시죠?"

"늦어도 5, 6일 안으로는 올 겁니다."

"그럼, 결혼식은요?"

"생메랑 후작부부가 돌아오는 대로 곧 할걸요."

"프란츠 씨가 파리에 오거든 나한테 한번 데리고 와 주십시오. 당신은 제가 그 사람을 싫어한다고 하지만, 저는 만나게 되면 기쁠 것 같습니다."

"알겠습니다. 분부대로 하지요."

"그럼."

"토요일엔 확실히 오시는 거지요?"

"여부가 있습니까! 약속까지 한걸요."

백작은 손을 흔들어 작별인사를 했다. 그는 알베르가 사륜마차에 타자 휙 돌아섰다. 등 뒤에는 베르투치오가 서 있었다.

"왜?" 백작이 물었다.

"그 여자가 재판소에 갔었습니다." 집사가 대답했다.

"오랫동안 있었나?"

"한 시간 반 정도 있었습니다."

"그리고 집으로 돌아갔나?"

"네, 곧장 돌아왔습니다."

"그럼, 베르투치오. 이제부터 노르망디로 가서 언젠가 내가 말한 그 작은 땅이 있는지 없는지 알아보고 오게."

베르투치오는 머리를 숙여 인사했다. 그리고 자신의 의향도 백작의 명령과 똑같았으므로, 그는 그날 밤으로 노르망디를 향해 떠났다.

정보

빌포르 씨는 당글라르 부인과의 약속, 특히 자기 자신에게 한 약속을 지키기 위해, 몬테크리스토 백작이 어떻게 오퇴유 집안 비밀을 알게 되었는지를 알아보기 시작했다.

그는 그날로 전 교도소장이자 승진해서 치안경찰 근무를 보고 있는 보빌 씨에게 편지를 띄워 필요한 정보를 손에 넣을 수 있도록 부탁했다. 보빌 씨는 그 정보를 누구에게서 얻을 수 있을지 찾아보기 위해 이틀간 시간을 달라고 했다.

약속한 이틀이 지나자 빌포르 씨는 부탁한 정보를 보고받았다.

몬테크리스토 백작이라는 인물은 가끔 파리에 모습을 드러내며, 현재도 파리에 거주하고 있는 윌모어 경이라는 부유한 외국인과 가까이 지내며, 또한 동양에서 선행으로 이름난 시칠리아의 부소니 신부와도 가까운 사이임.

빌포르 씨는 이 두 외국인에 대한 신속하고 정확한 정보를 손에 넣도록 명령했다. 이튿날 밤, 다음과 같은 보고가 날아왔다.

파리에 한 달을 머물 예정인 부소니 신부는 생쉴피스 사원 뒤에 있는 조그만 이층집에 살고 있다. 그 집은 위층과 아래층에 방이 두 개씩 있고, 신부 혼자서 다 쓰고 있다.

아래층에는 식탁과 의자와 호두나무로 만든 찬장이 놓인 식당이 방 하나를 차지하고 있고, 나머지 방에는 카펫도 시계도 아무런 장식도 없는, 흰 칠을 한 객실이 있다. 그런 점으로 미루어 보아, 신부는 꼭 필요한 것 말고는 사치를 모르는 검소한 생활을 하고 있다고 생각된다.

신부는 주로 2층 객실을 쓰고 있다. 그 방에는 신학책과 양피지로 만든 책이 가득 있는데, 하인의 말에 따르면 신부는 몇 년이고 그 책들 속에 파묻혀 있기 때문에, 객실이라기보다는 서재라고 해야 옳을 것 같다.

그 하인은 창 너머로 손님들을 내다보는데, 손님이 낯선 사람이거나 얼굴 생김새가 마음에 들지 않으면 신부가 파리에 없다고 대답한다. 그리고 대부분의 사람들은 그 말을 인정한다고 한다. 왜냐하면 신부는 자주 여행을 하고, 또 가끔은 여행이 길어지곤 했기 때문이다.

게다가 신부가 집에 있을 때건 없을 때건, 또는 파리에 있을 때건 카이로에 있을 때건 간에, 늘 사람들에게 나누어 줄 물건만은 잊지 않는다. 그러니까 그 창문은 구호물자를 나누어 주는 창으로 쓰이고, 그 하인이 주인을 대신해서 그 일을 하고 있다.

서재 옆에 있는 또 하나의 방은 침실이다. 커튼도 없는 침대가 하나, 안락의자가 넷, 노란 위트레흐트 벨벳으로 만든 긴 의자가 하나, 그리고 기도대 하나, 이것이 그 방 가구의 전부이다.

한편 윌모어 경은 퐁텐생조르주 거리에 살고 있다. 그는 전 재산을 여행에 다 써버리는 영국인다운 관광객이다. 이 집을 가구까지 덤으로 빌려 쓰고 있는데, 매일 집에서 보내는 시간은 두세 시간뿐이다. 게다가 집에서 자는 일은 거의 없고, 이상한 버릇이 있어 절대로 프랑스어를 사용하지 않는다고 한다. 그러나 사람들의 말에 의하면 프랑스어를 거의 완벽하게 구사할 수 있다고 한다.

이러한 귀중한 보고가 검찰총장 손에 들어온 다음 날, 페루 거리 한 모퉁이에서 어떤 사나이가 마차에서 내리더니 올리브색 문을 두드리고 부소니 신부에게 면회를 청했다.

"신부님께선 아침에 외출하셨습니다." 하인이 대답했다.

"그 말만 듣고 물러갈 수는 없어." 방문객이 말했다. "난 어떤 사람의 심부름으로 왔는데, 그분 말로는 늘 집에 계시다고 했으니까."

"하지만 말씀드린 대로 신부님은 안 계십니다."

"그럼, 나중에 돌아오시거든 이 명함과 봉투에 넣은 편지를 신부님께 전해 다오. 저녁 8시까진 돌아오시겠지?"

"아, 그땐 틀림없겠죠. 하지만 신부님께서 일을 하지 않으셔야지, 일을 하시면 안 계신 거나 마찬가지니까요."

"그럼, 그 시간에 내가 또 한 번 오겠네." 방문객은 말했다.

그러고 나서 그는 돌아갔다.

과연 그 시간이 되자, 그 사나이가 같은 마차를 타고 다시 왔다. 그런데 이번에는 페루 거리 한 모퉁이에 마차를 세우지 않고 올리브색 문 앞에 세웠다. 그는 노크를 했다. 문이 열리고 사나이는 안으로 들어갔다.

하인의 정중한 환영을 받은 사나이는 자기가 놓고 간 편지가 효과가 있었다고 생각했다.

"신부님 계시냐?" 그가 물었다.

"네, 서재에서 일하고 계십니다. 그렇지만 선생님을 기다리고 계셨습니다." 하인이 대답했다.

사나이는 꽤 가파른 계단을 올라갔다. 서재는 온통 어두운데 탁자 위만 넓은 갓을 씌운 램프가 환하게 빛을 비추고 있었다. 그 탁자 앞에 부소니 신부가 신부복을 걸치고, '—우스'로 끝나는 이름 (중세의 학자들은 흔히 라틴어 풍의 이름을 가지고 있었다) 의 중세 학자들이 쓰던 두건을 쓴 채 앉아 있었다.

"부소니 신부님이십니까?" 방문객이 물었다.

"그렇습니다. 선생은 검찰총장의 명령으로 전 교도소장 보빌 씨가 보내서 오신 분입니까?"

"맞습니다."

"파리의 치안 담당 경찰관이신가요?"

"그렇습니다." 방문객은 주저하는 듯이 얼굴까지 살짝 붉히며 대답했다.

신부는 눈뿐 아니라 관자놀이까지 덮는 커다란 안경을 고쳐 썼다. 그리고 다시 자리에 앉아, 손님에게도 앉으라는 손짓을 했다.

"얘기를 들어봅시다." 신부는 강한 이탈리아 억양으로 말했다.

"제가 맡은 임무는," 방문객은 좀처럼 입에서 말이 나오지 않는다는 듯이 한 마디 한 마디에 힘을 주어 말했다. "수행하는 사람에게나 그 대상에게나 모두 신뢰를 기초로 하는 임무입니다."

신부는 고개를 끄덕거렸다.

"그렇습니다." 사나이는 다시 말을 이었다. "신부님께서 성실한 분이라는 것은 검찰총장도 잘 알고 있습니다. 그래서 사법관의 입장으로 치안에 관계된 사건에 대해 여쭤볼 게 있어서 저를 보내셨습니다. 그러니 우정 관계라든가 인간관계에 대해서 숨김없이 다 얘기해주시기 바랍니다."

"물으시는 것이 제 양심에 거리끼지 않는 한 말씀드리죠. 전 종교인입니다. 이를테면 고해성사의 비밀 같은 것은 저와 하느님 사이에서만 지켜지는 것이지, 인간 세계의 정의와는 관계없는 것이니까요."

"안심하십시오. 어떠한 경우에도 양심에 거리낄 만한 일은 없을 겁니다."

그 말을 듣자, 신부는 램프의 갓을 자기 쪽으로 기울여 불빛이 상대를 향하게 했다. 그러자 낯선 이의 얼굴엔 빛이 환히 비춰지고 자기 얼굴엔 그늘이 졌다.

"죄송합니다만, 빛이 너무 강해서 눈이 부시는군요." 사나이가 말했다.

신부는 녹색 갓을 숙여놓았다.

"자, 이제 얘길 해보십시오."

"그럼, 곧장 문제로 들어가겠습니다. 신부님께선 몬테크리스토 백작을 아십니까?"

"자코네 씨 얘길 하시는 겁니까?"

"자코네라! 그 사람 이름이 몬테크리스토가 아닙니까?"

"몬테크리스토란 땅 이름입니다. 아니, 차라리 바위 이름이라고 하는 편이 맞겠군요. 가문의 이름은 아닙니다."

"그건 그렇다 치지요. 이름은 문제가 안 됩니다. 그렇다면 몬테크리스토 씨와 자코네 씨는 동일 인물이란 말인데……."

"그렇습니다. 같은 인물입니다."

"그 자코네 씨 얘길 듣고 싶은데요."

"그러시죠."

"그분을 아시느냐고 묻고 싶습니다만."

"잘 알죠."

"어떤 분입니까?"

"몰타 섬의 유복한 선주 아들이지요."

"네, 그건 저도 알고 있습니다. 다들 그렇게 말하더군요. 그러나 아시겠지만, 경찰에선 그런 소문만으로는 만족하질 않아서요."

"그러나 소문이 정말일 때는 세상 사람들은 그걸로 만족해야만 합니다. 그리고 경찰도 그렇게 하는 수밖에 없겠지요." 신부는 부드러운 미소를 띠며 말했다.

"하지만 지금 하신 말씀에 대해 확신을 가지고 계십니까?"

"뭐라고! 확신을 가지냐고요!"

"한 가지 말씀드려 두겠습니다만, 전 신부님의 성실성에 대해선 조금도 의심하지 않습니다. 다만 '확신을 가지고 계시냐'고 여쭙는 것뿐입니다."

"난 자코네 씨의 아버지를 알고 있었습니다."

"아, 그러시군요?"

"예, 제가 아주 어렸을 때, 그 사람 아들하고 조선대(造船臺) 위에서 가끔 놀았던 적이 있었죠."

"그럼 왜 백작 칭호를 달았죠?"

"아시잖습니까? 그건 돈만 있으면 살 수 있으니까요."

"이탈리아에서요?"

"어디서든지요."

"하지만 소문에는 막대한 부자라고 하던데……."

"아! 그 얘기라면," 신부는 대답했다. "막대하다는 말이 맞습니다."

"얼마나 되겠습니까? 그분을 잘 알고 계시다니."

"분명 연 수입 15만 프랑에서 20만 프랑은 될걸요."

"그 정도라면 납득이 가는군요." 방문객이 대답했다. "그런데 소문에는 3백만이니 4백만이니 하던데요."

"연 수입 20만이라면, 재산이 4백만은 될 수 있습니다."

"아니 연 수입이 3, 4백만이라는 거예요."

"오오! 그건 믿어지지 않는군요."

"그래, 신부님은 그 사람이 가진 몬테크리스토라는 섬을 알고 계십니까?"

"물론이죠. 팔레르모, 나폴리, 로마에서 바다를 통해 프랑스에 온 사람이면 누구나 그 섬을 알고 있습니다. 섬 옆을 지나오니까, 지나면서 섬을 다 보게 되지요."

"사람들 말로는 꽤 살기 좋은 곳이라던데요?"

"바윗덩어리인걸요."

"그렇다면 백작이 왜 바윗덩어리를 샀을까요?"

"백작이 되려고 산 거지요. 지금도 이탈리아에서는 백작이 되려면, 백작령을 가지고 있어야 하니까요."

"자코네 씨 젊은 시절에 대해 많이 들으셨을 텐데요?"

"그 아버지에 대해서 말입니까?"

"아니, 아들 말입니다."

"아, 그 시절의 일은 제가 잘 모릅니다. 그때쯤부터는 그 사람과 만나보지 못했으니까요."

"전쟁에 나갔었나요?"

"군대에는 들어갔던 걸로 압니다."

"육군, 아니면 해군?"

"해군입니다."

"당신은 그 사람의 고해 신부가 아니십니까?"

"아닙니다. 그 사람은 루터파일 겁니다."

"뭐라고요? 루터파요?"

"그럴 거란 말이지 꼭 그렇다고는 말하지 않았습니다. 그리고 프랑스에선 종교의 자유가 있지 않습니까?"

"물론이죠. 그러니까 지금은 신앙에 대해 말씀드리자는 게 아닙니다. 문제는 그 사람의 행동에 있습니다. 검찰총장의 이름으로 묻겠습니다. 그 사람에 대해서 아는 것을 얘기해 주십시오."

"그 사람은 매우 자비심이 많은 사람으로 알려져 있습니다. 로마 교황께서는 그가 근동의 기독교 신자들을 위하여 여러모로 공로가 있었다고 인정하여 '그리스도의 기사' 칭호를 내리셨습니다. 그건 왕족 이외의 사람에게는 거의 주지 않는 칭호지요. 그는 또 여러 왕실과 국가를 위해 봉사한 공로로 대여섯 개의 훌륭한 훈장도 가지고 있습니다."

"그걸 가지고 다니나요?"

"가지고 다니진 않지만 매우 자랑스럽게 생각하고 있습니다. 인류의 살해자들에게 주는 훈장에 비해, 인류를 위한 선행으로 받은 훈장이 훨씬 좋다고 그러더군요."

"그럼 퀘이커 교도이기라도 한 건가요?"

"그렇습니다. 퀘이커 교도지요. 그저 커다란 모자와 밤색 옷을 입지 않았을 뿐이죠."

"친구들도 있나요?"

"네, 그를 알고 있는 사람들은 모두 그의 친구입니다."

"그렇다고는 해도 적도 있겠지요?"

"딱 한 사람 있습니다."

"그게 누굽니까?"

"윌모어 경입니다."

"그 사람은 어디 있죠?"

"지금 파리에 머물고 있습니다."

"그 사람한테 정보를 얻을 수 있을까요?"

"귀중한 정보를 얻을 수 있을 겁니다. 자코네와 같은 시기에 그도 인도에 있었으니까요."

"어디에 사는지 아십니까?"

"쇼세당탱 근처였습니다. 하지만 번지수는 잊어버렸습니다."

"그 영국인과 사이가 나쁘다는 건가요?"

"나는 자코네를 좋아하지만, 윌모어 경은 그 사람을 싫어합니다. 그것 때문에 나와 윌모어 경이 서먹서먹하지요."

"그런데 몬테크리스토 백작은 이번 파리 여행 전에도 프랑스에 왔던 일이 있습니까?"

"아, 그 점은 제가 분명히 말할 수 있습니다. 한 번도 온 일이 없습니다. 지금으로부터 반 년 전에 제게 프랑스에 대해서 여러 가지를 물었을 정도니까요. 그러나 제가 언제 파리로 돌아갈지 몰라서 카발칸티 씨를 소개해 주었습니다."

"안드레아 말씀인가요?"

"아니, 그 아버지 바르톨로메오 말이오."

"그랬군요! 한 가지만 더 여쭈어보면 충분할 것 같습니다. 이건 명예와 인류과 종교의 이름을 걸고 솔직하게 대답해주시길 부탁드립니다."

"물어보십시오."

"몬테크리스토 백작이 어떤 목적으로 오퇴유의 집을 샀는지 알고 계십니까?"

"알고말고요. 그 사람 입으로 직접 들었으니까요."

"그래, 그 목적이 무엇입니까?"

"피사니 남작이 팔레르모에 세운 것 같은 정신 병원을 거기에 지을 생각이라고 하더군요. 그 병원을 아십니까?"

"얘기는 들어보았습니다."

"굉장히 훌륭한 시설이죠."

여기까지 얘기한 신부는 중단하고 있던 일을 다시 시작하겠다는 듯이, 손님에게 인사를 했다.

손님은 신부의 뜻을 이해해서인지, 물어볼 것을 다 물어보았기 때문인지 자기가 먼저 자리에서 일어섰다.

신부는 그를 문 앞까지 안내했다.

"구호물자를 굉장히 많이 베풀어주신다고 하던데요." 방문객이 말했다. "유복하시다는 건 알고 있지만, 가난한 사람들을 위해 저도 무언가를 좀 내놓고 싶은데, 받아주시겠습니까?"

"뜻은 감사합니다만, 저는 이 세상에서 단 하나의 희망이 있습니다. 그것은 제가 하는 선행이 저의 손을 통해 이루어지기를 바라는 것입니다."

"하지만……."

"이것은 제 평생 변하지 않을 결심입니다. 선생께서도 찾아보시면 나타날 겁니다. 돈 있는 사람이 지나가는 길에는 불쌍한 사람들이 모여들게 마련이니까요."

신부는 문을 열면서 마지막으로 또 한 번 인사를 했다. 방문객도 인사를 하고 밖으로 나갔다.

마차는 그 사나이를 곧장 빌포르 씨 집에 데려다 주었다. 그로부터 1시간 뒤, 다시 나타난 마차는 퐁텐느생조르주 거리로 향했다. 마차는 5번지 앞에서 멈췄다. 그곳은 윌모어 경이 머물고 있는 집이었다.

방문객은 미리 윌모어 경에게 면회를 신청하는 편지를 보내 두었다. 그랬더니 10시에 오라는 회답이 왔다.

그리하여 검찰총장이 보낸 이 사나이가 10시 10분 전에 왔을 때, 정확하게 시간을 엄수하는 윌모어 경은 아직 돌아오지 않았다는 것이었다. 그러나

10시 정각이 되면 틀림없이 돌아올 것이라고 했다.

방문객은 객실에서 기다렸다. 객실에는 이렇다 하게 눈에 띨 만한 것은 없고, 그저 보통 여관의 객실 같았다.

그 무렵 쓰이던 세브르 화병과 활을 당기는 사랑의 신이 새겨진 탁상시계, 그리고 양면 거울이 벽난로 위에 놓여 있었다. 그 거울 양쪽에는 호위병을 데리고 있는 호메로스(그리스의 시인. 노년에 장님이 되어 안내인을 데리고 다니며 자작시를 낭송했다고 한다)와 동냥하며 걷고 있는 벨리사리우스를 그린 판화가 걸려 있었다. 그리고 회색 무늬가 있는 회색 벽지와, 붉은 바탕에 검은 무늬가 박힌 의자, 이것이 월모어 경이 쓰는 객실의 전부였다.

방은 뿌연 유리 램프에서 발하는 약한 빛이 밝혀주고 있었다. 그것은 마치 경시총감이 보낸 사자의 피로한 눈을 위한 배려처럼 보였다.

10분쯤 기다리니 탁상시계가 10시를 알렸다. 시계가 다섯 번 울렸을 때, 문이 열리면서 월모어 경이 모습을 나타냈다. 비교적 키가 크고 갈색 구레나룻이 듬성듬성 나 있었으며, 얼굴이 하얗고 머리는 반백이 된 금발이었다. 그리고 영국풍의 독특한 옷차림, 다시 말해 1811년 무렵 유행했던 금단추에 높은 옷깃이 달린 푸른 프록코트와 흰 캐시미어 조끼를 입고 있었다. 바지는 난징의 무명바지였는데 보통 바지보다 세 치쯤 짧아 무릎까지 올라가지 않도록 같은 천의 끈으로 묶여 있었다.

월모어 경은 방에 들어오자마자 이렇게 말했다. "아시겠지만, 전 프랑스어는 안 씁니다."

"네, 당신이 프랑스어를 쓰기 싫어한다는 것은 저도 알고 있습니다." 방문객은 대답했다.

"그렇지만 당신 쪽에선 프랑스어를 쓰셔도 좋습니다. 나는 프랑스어를 쓰지 않지만, 알아듣기는 하니까요."

그러자 이번에는 방문객이 영어로 말했다.

"저도 회화 정도는 영어로 할 수 있으니까, 그 점은 염려하지 마십시오."

"Hao!" 월모어 경은 가장 순수한 영국본토 발음 외에는 배워 보지 못한 것 같은 억양으로 말했다.

검찰총장의 사자는 월모어 경에게 소개장을 건넸다. 그는 영국인다운 냉정한 태도로 편지를 읽더니 알겠다고 영어로 말했다.

질문이 시작되었다.

그것은 부소니 신부에게 한 것과 거의 똑같은 내용의 질문이었다. 그러나 월모어 경은 몬테크리스토 백작의 적이니만큼, 신부처럼 그렇게 조심하지는 않았으므로 질문은 훨씬 더 대담하게 진행되었다. 그는 몬테크리스토 백작의 젊은 시절을 얘기해 주었다. 그의 말에 따르면, 백작은 10살 때, 영국과 전쟁하던 어느 작은 인도왕국의 편이었다고 한다. 월모어 경이 처음 그를 만난 것도 전쟁 때였으므로, 두 사람은 서로 적이 되어 싸웠다. 이 전쟁에서 자코네는 포로가 되어 수송선에 실려 영국으로 끌려가다가 도중에 헤엄쳐서 탈주했다는 것이다. 그때 이후로 자코네의 여행, 결투, 정열의 생활이 시작되었다. 그 무렵 그리스에서 반란이 일어나, 그는 그리스 군에 들어갔다. 이렇게 해서 군에 종사하고 있는 동안에, 그는 테살리아 산중에서 은광을 하나 발견했다. 그러나 그는 그것을 아무에게도 말하지 않았다. 나바리노 전쟁 뒤 그리스 정부가 확고해지자, 그는 오토 왕에게 은광 채굴의 특권을 신청했고 마침내 허가를 받았다. 그의 막대한 재산은 거기서 나온 것으로 월모어 경이 보기에는 연 수입이 100만에서 200만에 달할 것 같다고 했다. 하지만 그것은 은광 자체가 고갈하게 되는 날에는 당장에 없어질 수입이라고 덧붙였다.

"그런데 왜 그 사람이 프랑스에 왔는지 아시겠습니까?" 방문객이 물었다.

"철도 사업에 한번 걸어볼 생각이었던 거죠. 게다가 그는 뛰어난 화학자인 동시에, 우수한 물리학자로 신식 전신기를 발명해서 그 응용에 대해 연구하고 있습니다."

"일 년에 어느 정도의 돈을 쓸까요?" 방문객이 물었다.

"한 5, 60만 프랑 정도겠지요. 워낙 인색한 사람이니까." 월모어 경이 대답했다.

월모어 경은 분명 증오심을 품고 말하는 것 같았다. 백작을 비난할 거리를 찾고 있다가, 인색하다는 점을 공격했던 것이다.

"그 사람이 산 오퇴유의 집에 대해서 아시는 게 없으신지요?"

"물론 알고 있습니다."

"어떤 걸 알고 계십니까?"

"지금 묻고 계신 건, 무슨 목적으로 그 집을 샀느냐는 게 아닙니까?"

"맞습니다."

"백작은 투기꾼입니다. 그 사람은 여러 일을 해보고, 별의별 꿈을 다 꾸어 보다가, 결국 언젠가 파산할 사람이지요. 그의 말로는 자기가 손에 넣은 오퇴유의 집 근처에 바네르, 뤼숑이나 코트레 온천과 경쟁할 만한 광천의 맥이 흐르고 있다는 겁니다. 자기 집을 독일인들이 말하는 온천 여관으로 만들 속셈이지요. 그래서 벌써 두 번인지 세 번인지 그 물줄기를 찾아낸다고 뜰을 파보았답니다. 그런데 아무리 파도 물줄기가 나타나지 않았다는군요. 두고 보십시오, 얼마 안 있어, 자기 집 주위에 있는 집들을 여럿 사고 말 겁니다. 난 그 사람을 좋아하지 않으니, 그 사람이 하는 철도니 전신기니 온천 굴착 사업이 모조리 망하길 바랍니다. 그래서 난 어느 날인가 반드시 닥쳐올 그 사람의 파산을 지켜보고 있을 셈입니다."

"그 사람을 어째서 그렇게 증오하시죠?" 방문객이 물었다.

"내가 그를 증오하는 이유는 그 사람이 영국에 와서 내 친구의 부인을 유혹한 적이 있기 때문이죠."

"그 사람을 미워하신다면 왜 그 사람을 혼내 주지 않으셨나요?"

"벌써 결투를 세 번이나 했지요." 윌모어 경이 대답했다. "처음에는 권총으로, 두 번째는 검으로, 세 번째는 양날대검으로."

"그 결과는요?"

"첫 번째는 팔을 다쳤습니다. 두 번째는 가슴을 다쳤죠. 그리고 세 번째 다친 게 바로 이 상처입니다."

윌모어 경은 귀까지 가리고 있는 셔츠의 깃을 내려 상처를 보여주었다. 상처가 붉은 것으로 보아, 오래된 상처 같지는 않았다.

"그래서 나는 그를 매우 증오합니다." 영국인은 말을 되풀이했다. "반드시 내 손으로 죽일 생각입니다."

"하지만 죽일 방법은 생각하지 않으시는 것 같군요." 손님이 말했다.

"허!" 영국인은 말했다. "매일 사격하러 가는걸요. 그리고 하루걸러 한 번씩 그리시에르(글 당시의 유명한 검도 사범)가 내 집에 오고요."

방문객이 알고 싶었던 것은 그것이 전부였다. 아니 그보다도 윌모어 경이 알고 있는 것은 그것이 전부인 것 같았다. 그래서 방문객은 자리에서 일어나 윌모어 경에게 인사했다. 그도 영국인다운 뻣뻣하고 냉정한 태도로 답례했다. 방문객은 그 집을 나왔다.

한편 월모어 경은 문 닫히는 소리가 나자 자기 침실로 돌아갔다. 그리고 그는 금발 가발과 적갈색 구레나룻이 붙어 있는 가짜 턱과 상처를 벗어 던졌다. 그러자 몬테크리스토 백작의 검은 머리와 윤기 없는 얼굴빛, 그리고 진주 같은 하얀 이로 되돌아왔다.

물론 빌포르 씨 집으로 돌아온 사나이도 검찰총장이 보낸 사람이 아니라, 빌포르 씨임은 두말할 것도 없었다.

이 두 번의 방문으로 빌포르 씨는 어느 정도 마음이 놓였다. 안심할 만한 근거는 찾아내지 못했지만, 불안해 할 근거도 발견하지 못했기 때문이다. 그리하여 오퇴유에서의 만찬 이래로 그는 처음으로 편안하게 잠을 잤다.

무도회

시간이 흘러, 모르세르 씨 댁에서 무도회가 열리는 토요일이 되었을 때는 7월의 한창 무더울 때였다.

밤 10시였다. 금빛 별들이 총총한 하늘은 쪽빛이었지만, 온종일 몰아치던 폭풍우의 흔적이 하늘가에 감돌고 있었다. 그 하늘을 배경으로 정원에 있는 커다란 나무들이 선명하게 모습을 드러내고 있었다.

아래층 홀에서는 희미하게 음악이 흘러나오고, 왈츠며 갤럽 춤을 추는 소리가 들렸다. 그리고 미늘창 틈 사이로 눈부신 불빛이 새어나오고 있었다. 지금 정원에서는 십여 명의 하인들이 저녁 준비를 하고 있었다. 날씨가 점점 개는 것을 보고, 안심한 백작부인이 만찬을 준비하라는 명령을 내렸던 것이다.

백작부인은 그때까지도 만찬을 식당에서 해야 할지, 아니면 잔디밭에 친 기다란 텐트 아래에서 해야 할지 망설이고 있었다. 그러다 별들이 뿌려져 있는 하늘이 보이자, 잔디밭의 텐트 아래서 만찬을 하기로 결정되었다.

정원의 길목마다 이탈리아식으로 갖가지 색등이 켜져 있었다. 식탁은 식탁의 사치를 아는 나라라면 어디서나 그렇듯 초와 꽃으로 장식했다. 사실 식탁을 완벽하게 장식하고 싶을 때, 이런 식으로 식탁에 사치를 부리는 것은 모든 사치 중에서도 가장 탁월한 방법이었다.

하인들에게 마지막 지시를 내린 모르세르 백작부인은 객실로 들어왔다. 그때 객실은 이미 손님들로 꽉 차기 시작했다. 그들은 백작의 높은 지위 때문에 왔다기보다는 부인의 상냥한 접대에 마음이 끌려 찾아온 손님들이었다. 왜냐하면 오늘 만찬은 메르세데스의 우아한 취향대로 꾸며질 것이기에, 분명 여러 가지로 화제에 오를 만한 것이나 배워둘 만한 것이 있으리라고 생각했기 때문이다.

앞서 일어난 사건 때문에 불안에 휩싸여 있던 당글라르 부인은 그날 아침

자기가 탄 마차가 빌포르의 마차와 마주치게 되자, 모르세르 부인 집에 가야 할지 가지 말아야 할지 망설이고 있었다. 빌포르의 지시로 두 사람의 마차가 서로 다가섰다. 그러자 마차 문 너머로 검사가 물었다.

"모르세르 백작 부인 댁에 가시죠?"

"아뇨." 당글라르 부인이 대답했다. "몸이 좋지 않아서요."

"그건 안 돼요." 빌포르는 의미심장한 눈빛을 담아 말했다. "가시지 않으면 안 됩니다."

"그럴까요?"

"그렇게 생각합니다."

"그렇다면 가지요."

그리고 그들의 마차는 서로 다른 방향으로 달렸다. 당글라르 부인은 타고난 아름다움 위에 눈부시도록 화려한 단장을 하고 나타났다. 부인은 마침 메르세데스가 문을 열고 들어왔을 때 반대쪽 문에 나타났다. 모르세르 부인은 알베르에게 당글라르 부인을 맞이하도록 일렀다. 알베르는 당글라르 부인 앞으로 가서 부인의 아름다운 단장에 적절한 찬사를 보냈다. 그리고 부인이 원하는 자리로 안내하려고 부인의 팔을 잡았다.

알베르는 주위를 둘러보았다.

"우리 딸을 찾고 있어요?" 부인은 웃으면서 말했다.

"그렇습니다." 알베르가 대답했다. "일부러 안 데리고 오신 건 아니시지요?"

"염려 말아요. 그 앤 발랑틴 양을 만나서 같이 오기로 했으니까. 봐요, 저기 내 뒤에 두 사람이 오고 있지 않나요? 하나는 흰 옷에 동백꽃을 들고, 또 하나는 물망초를 들고 있죠. 그런데 한 가지 묻고 싶은 게 있는데……"

"부인께선 누굴 찾으시는데요?" 이번에는 알베르가 웃으면서 물었다.

"몬테크리스토 백작께선 오늘 밤에 안 오시나요?"

"열일곱!" 알베르가 말했다.

"네?"

"굉장하다는 말입니다." 알베르가 웃으면서 말했다. "같은 걸 물으신 분들이 벌써 열일곱 번째라는 말입니다. 백작은 굉장한 분인걸요! 경탄하지 않을 수가 없습니다."

"그러면 당신은 누구에게나 나한테 한 것처럼 이렇게 대답하나요?"

"아! 그러고 보니 그렇게 되었군요. 안심하십시오, 부인. 인기 있는 백작께선 우리에게 나타나실 겁니다. 우린 다 그런 특권을 누리고 있는 거죠."

"당신은 어제 오페라에 갔었나요?"

"안 갔습니다."

"백작은 오셨던데."

"아, 그랬군요! 그런데 그 기이한 분이 무슨 이상한 일이라도 하셨습니까?"

"안 하고 배길 수가 없지요? '절름발이 악마(오페라 이름)' 중에서 엘슬레르가 춤을 추었는데, 그걸 보고 그 그리스 여자가 푹 빠져 버렸지요. 그랬더니 춤이 끝나자, 백작은 꽃다발에 반지를 매달아서 그 아름다운 무희한테 던져주었어요. 3막 때 그 무희는 백작에게 경의를 표하려고, 그 반지를 끼고 무대에 나왔더군요. 그 여자도 오늘 밤에 올까요?"

"아니요, 그건 포기하시는 게 좋을 겁니다. 백작 댁에선 그 여자의 신분이 아직 확실히 정해져 있질 않아서요."

"난 이제 괜찮으니, 어서 빌포르 부인께 가서 인사를 드리세요." 당글라르 부인이 말했다. "당신과 얘기하고 싶어 안달이 난 것 같군요."

알베르는 당글라르 부인에게 인사를 하고 빌포르 부인에게로 다가갔다. 부인은 그가 오는 것을 보자 입을 열었다.

"저는……."

빌포르 부인이 말을 하려고 하자 알베르가 먼저 말했다.

"무슨 말씀을 하시려는지 알 것 같은데요."

"어머나! 그래요?" 빌포르 부인이 말했다.

"제 짐작이 맞으면 솔직하게 말씀해 주실 건가요?"

"그러죠."

"맹세하실 수 있나요?"

"하고말고요."

"부인께선 몬테크리스토 백작이 오셨는지, 또는 오실 것인지, 그걸 묻고 싶으신 게 아닌가요?"

"천만에요. 지금 내가 생각하고 있는 건 그분이 아니에요. 프란츠 씨한테서 무슨 소식이 없었느냐고 그걸 물으려던 참이었어요."

"있었습니다, 어제."

"뭐라고 하시던가요?"

"편지를 보내는 동시에 출발하겠다더군요."

"그래요? 그럼, 백작은요?"

"안심하십시오, 백작께선 반드시 오실 겁니다."

"알고 계세요? 그분은 몬테크리스토 백작이라는 이름 말고도 이름이 또 하나 있다면서요?"

"그건 모르겠는데요."

"몬테크리스토는 섬 이름이에요. 그분의 집안 이름이 또 있는 거예요."

"들어 본 적이 없습니다."

"그럼, 내가 훨씬 더 많이 알고 있군요. 그분의 본명은 자코네래요."

"있을 수 있는 일이겠네요."

"몰타 섬 사람이라는군요."

"그것도 있을 수 있는 일이겠고요."

"선주의 아들이래요."

"오! 큰 소리로 그런 얘기를 하시면 인기를 독차지하시겠는데요."

"전에 인도에서 군대 생활을 하다가, 지금은 테살리아에서 은광 사업을 한다는군요. 그리고 오퇴유에 온천 여관을 차리려고 파리에 온 거래요."

"그건 특보인데요!" 알베르가 말했다. "굉장한 뉴스로군요! 그걸 모두에게 얘기해도 괜찮겠습니까?"

"네, 하지만 조금씩 얘기하세요. 하나씩 말이에요. 나한테서 들었다는 말은 하지 말고요."

"왜요?"

"슬쩍 들은 거니까요."

"누구한테서요?"

"경찰한테서."

"그럼, 이 정보는……."

"어제저녁에 검찰총장님 댁에서 들은 거죠. 너무 호사스러운 생활을 해서 파리가 다 들썩거리고 있는걸요. 그래서 경찰이 손을 쓴 거지요."

"그렇군요. 이제 백작이 지나치게 돈이 많다는 이유로 부랑자란 명목 아래 잡아들이기만 하면 되겠군요."

"맞아요. 조사 결과가 좋지 않았더라면 그랬을지도 모르죠."

"백작은 그런 위험한 처지에 있는 걸 눈치채지 못했겠죠?"

"아무래도 그런 것 같아요."

"그럼, 알려드리는 게 좋겠군요. 나타나시면 잊지 않고 얘기하도록 하겠습니다."

바로 그때, 눈이 초롱초롱 빛나고 검은 머리에 매끈한 수염을 한 젊은이한 명이 빌포르 부인에게 다가와 인사를 했다. 알베르는 그 젊은이에게 손을 내밀었다.

"부인," 알베르가 말했다. "막시밀리앙 모렐 씨를 소개하겠습니다. 아프리카 기병대 대위로 우리나라의 훌륭하고 용감한 장교지요."

"전에 오퇴유의 몬테크리스토 백작 댁에서 뵌 적이 있습니다." 빌포르 부인은 눈에 띄게 차가운 태도로 막시밀리앙의 시선을 피하며 대답했다.

이러한 대답과 특히 말할 때의 차가운 어조에 막시밀리앙은 정나미가 떨어졌다. 그러나 그런 내색을 할 수는 없었다. 문쪽으로 눈을 돌려보니 겉으로는 아무 표정도 드러내지 않았지만, 그 커다랗고 푸른 눈으로 이쪽을 바라보며 천천히 물망초 꽃다발을 입술에 갖다 대는 아름다운 하얀 얼굴이 보였기 때문이었다.

그녀의 인사를 눈치챈 막시밀리앙은 같은 표정으로 자신도 손수건을 입술에 갖다 대었다. 그리고 이 살아 있는 두 조각상은 겉으로는 대리석처럼 차가운 얼굴을 하고 있지만, 속으로는 가슴을 설레며 넓은 홀을 사이에 두고 서로 바라보면서, 잠시 자기를 잊고 있었다. 아니, 방 안에 있는 모든 사람을 잊고 있었다.

그들은 아무도 눈치채지 못한 상태로 그렇게 서로 떨어져서 모든 것을 잊고 좀 더 있을 수도 있었다. 하지만 그때 몬테크리스토 백작이 들어왔다.

앞서도 말했듯이 백작은 의도적으로 노력했기 때문인지, 아니면 자연스럽게 몸에 밴 위엄 때문인지 나타나는 곳마다 사람들의 주목을 끌었다. 그것은 완전무결하게 재단된 것이긴 하지만 그의 간소하고 훈장 하나 달지 않은 검은 예복 때문은 아니었다. 또 수 하나 놓지 않은 흰 조끼 때문도 아니었다.

그렇다고 섬세한 다리 선을 감싸 다리를 가리고 있는 그의 바지 때문도 아니었다. 사람들의 주목을 끄는 것은 그런 것들이 아니었다. 윤기 없는 얼굴빛, 구불구불한 검은 머리, 차분하고도 밝은 얼굴, 깊고 우수에 찬 눈길, 우아하면서도 심한 경멸을 띠고 있는 그 입. 사람들의 시선을 끄는 것은 바로 이러한 모습 때문이었다.

사실 그보다 더 훌륭한 남자들도 있다. 그러나 이런 표현이 적절하다면, 그 사람보다 더 의미 있는 사람은 아무도 없었다. 백작의 말과 행동 하나하나가 무엇인가를 의미하고, 또 그럴 만한 가치가 있었다. 그것은 언제나 유익한 생각을 하는 버릇에서 비롯된 것으로, 백작의 얼굴과 그 표정, 그의 일거수일투족에 이르기까지 비할 데 없는 부드러움과 불굴의 정신이 엿보였기 때문이다.

게다가 파리의 사교계는 이상한 세계여서, 백작의 그런 면 뒤에 거대한 재산으로 장식된 신비스러운 이야깃거리가 없었다면 아마 아무런 관심도 기울이지 않았을 것이다.

백작은 사람들의 시선에 가볍게 답례하면서 모르세르 부인 앞까지 다가갔다. 꽃으로 장식된 벽난로 앞에 서 있던 부인은 문 맞은편에 걸려 있는 커다란 거울 속에 백작의 모습이 나타나자 그를 맞을 준비를 했다.

모르세르 부인은 백작이 자기 앞에 와서 머리를 숙이는 순간, 입가에 미소를 지으며 그를 향해 돌아섰다.

부인은 백작 쪽에서 말을 걸어올 거라고 생각했다. 백작도 부인 쪽에서 먼저 말을 건넬 거라 생각했다. 그러나 두 사람 모두 입을 다물고 있었다. 두 사람 사이에는 상식적인 인사 같은 것은 통하지 않는 듯했다. 서로 인사를 나눈 뒤에 백작은 자기를 향해 손을 벌리며 다가오는 알베르에게로 갔다.

"어머니 만나셨어요?" 알베르가 물었다.

"인사드리고 왔습니다." 백작이 대답했다. "그런데 아버님은 아직 못 뵈었는데요."

"저기서 정치 얘기를 하고 계십니다. 높은 분들 틈에서요."

"그렇군요," 백작이 말했다. "저기 저분들이 다 높은 분들입니까? 몰라뵀습니다. 그런데 어떤 면으로요? 높은 분도 종류가 많지 않습니까?"

"우선 저 키 크고 마른 사람은 학자입니다. 로마 교외에서 다른 종보다 척추골이 하나 더 많은 도마뱀을 발견해서 학사원에 보고하려고 돌아온 겁니다. 그것은 오랫동안 의문의 대상이 되어 오던 것인데, 결국 저 키 큰 신사가 이기고 돌아온 겁니다. 이 척추골 문제는 학계에서도 평판이 자자해서, 저분은 지금은 레지옹도뇌르의 5등 훈장밖에 안 되지만, 이번엔 4등 훈장을 받게 될걸요."

"잘됐군요!" 백작은 말했다. "훈장을 주었다는 것이 참 분별 있는 처사로 여겨집니다. 그럼 제2의 척추골을 발견하면 3등 훈장을 주겠군요?"

"아마 그렇게 되겠지요."

"그럼, 저쪽에 녹색으로 수놓은 특이한 푸른색 옷을 입고 있는 분은 누구죠?"

"그분이 그런 옷을 좋아해서 우스꽝스럽게 입은 건 아닙니다. 아시다시피 프랑스 정부가 예술 취향을 좀 가지고 있어서, 학사원 회원 제복을 만들 때 다비드(프랑스의 유
명한 화가)에게 부탁한 거죠."

"그렇군!" 백작이 말했다. "그럼 저분은 학사원 회원이군요?"

"일주일 전부터요."

"저분의 공적은 뭡니까? 전문 분야는?"

"전문 분야요? 토끼 머리에 핀을 꽂아놓거나, 닭에게 꼭두서니를 먹여 보거나, 고래 뼈로 개의 척수를 다시 자라게 하는 일이죠."

"과학 학사원의 회원인가요?"

"아닙니다. 아카데미 회원입니다."

"그런데 아카데미가 그런 일과 무슨 관련이 있을까요?"

"그건……"

"그분의 실험이 과학에 큰 족적을 남겼나요?"

"아니죠. 그분의 문체가 굉장히 훌륭하기 때문이죠."

"그렇군요." 백작은 말했다. "그의 문체가 머리에 핀이 꽂히는 토끼나, 뼈가 빨갛게 염색되는 닭이나, 척수가 다시 자라는 개의 자존심을 달래준다는 얘기가 되는군요."

알베르는 웃음을 터뜨렸다.

"그리고 저기 또 한 분은요?" 백작이 물었다.

"저기 저 분이요?"

"그래요, 세 번째."

"아, 저기 감청색 옷을 입고 있는 분이요?"

"그렇소."

"저분은 아버지의 동료인데, 귀족원 의원에게 제복을 입히는 일에 맹렬하게 반대한 사람입니다. 그 연설의 평판이 대단했습니다. 그때까지는 자유주의계 신문과 사이가 나쁘던 분인데 궁정의 뜻에 당당히 반대한 뒤로는 아주 친해졌지요. 곧 대사로 임명된다는 소문도 있습니다."

"귀족원 의원이 된 명분은?"

"코믹 오페라를 두세 편 썼지요. 그래서 〈세기〉 지에 네댓 편의 글을 발표한 겁니다. 그리고 5, 6년 동안 계속 정부를 지지하는 투표를 했고요."

"자작, 멋집니다." 백작은 웃으면서 말했다. "당신은 정말 근사한 안내자로군요. 그런데 한 가지 부탁이 있는데."

"부탁이요?"

"저분들께 나를 소개하지 말아달라는 겁니다. 그리고 만약 저쪽에서 소개를 청해 오면 미리 나한테 귀띔을 해주셨으면 합니다."

바로 그때 백작은 누군가가 자기 팔에 손을 얹는 것을 느꼈다. 돌아보니 당글라르였다.

"오, 남작, 당신이었군요!"

"어찌 남작이라고 부르십니까?" 당글라르가 말했다. "아시다시피, 전 작위 같은 건 염두에 두지 않는 사람입니다. 그 점은 자작, 당신과는 다르지요. 당신은 작위를 염두에 두고 있으시죠?"

"물론입니다." 알베르가 대답했다. "만약 내가 자작마저 아니었다면 아무 가치도 없었을 테니까요. 당신께서야 설령 남작 칭호를 버리시더라도 어엿한 백만장자이시지만요."

"7월 왕조(1830년 7월, 파리 시민의 폭동으로 샤를 10세가 쫓겨나고, 루이 필립이 국왕으로 추대되었다) 시대엔 그것도 더할 나위 없는 칭호였지만." 당글라르가 대답했다.

"그런데 불행히도," 몬테크리스토 백작이 말했다. "남작이라든가 프랑스 귀족이라든가 학사원 회원 같은 것과는 달리, 인간은 아무도 평생 백만장자로 있을 수는 없지요. 프랑크푸르트의 백만장자인 프랑크와 풀만 상회가 좋은 예겠지요. 최근에 파산했으니까요."

"그게 정말입니까?" 얼굴빛이 달라지며 당글라르가 물었다.

"정말이고말고요. 오늘 밤에 들어온 소식이지요. 전 그 상회에 100만쯤 맡기고 있었습니다. 그런데 마침 들은 소문이 있어서 한 달 전에 지급 청구서를 냈었지요."

"아! 이런! 그 상회에서 내 앞으로 20만 프랑의 어음을 받아놓은 게 있는데." 당글라르가 후회 섞인 어조로 말했다.

"하지만 이걸로 끝난 거죠. 그 상회의 서명은 이제 5퍼센트의 가치밖엔 없게 되었으니까요."

"그야 그렇죠. 너무 늦게 알았습니다." 당글라르가 말했다. "서명만 믿고 벌써 지급해 버렸으니 말입니다."

"저런!" 백작이 말했다. "그러니 또 20만 프랑이나 손해를 보신 셈이군요 ……."

그러자 당글라르가 백작 옆으로 바짝 다가서며 말했다.

"쉿! 제발 그 얘긴 하지 마십시오……. 특히 카발칸티 씨 아들 앞에선 말입니다." 그러고는 미소를 지으며 안드레아 쪽을 바라보았다.

알베르는 백작의 곁을 떠나 어머니에게 얘기하러 갔다. 당글라르도 카발칸티의 아들에게 인사하려고 백작 곁을 떠났다. 백작은 잠시 혼자 남게 되었다.

그러는 사이 날은 찌는 듯이 더워졌다.

하인들은 과일과 아이스크림을 담은 쟁반을 들고 객실 안을 돌아다녔다.

몬테크리스토 백작은 땀범벅이 된 얼굴을 손수건으로 닦으면서도 쟁반이 자기 앞으로 오면, 뒤로 한 발 물러서서 절대로 찬 음식에 손을 대지 않았다.

모르세르 부인은 계속 백작을 바라보고 있었다. 부인은 백작이 손도 대지 않고 쟁반을 그대로 보내는 것을 보았다. 그리고 백작이 뒤로 물러서는 동작까지도 놓치지 않았다.

"알베르," 모르세르 부인이 말했다. "눈치챘니?"

"무엇을요?"

"백작이 아버지가 베푸는 만찬에는 한 번도 오려 하지 않았던 것 말이다."

"그랬죠. 하지만 제가 대접하는 오찬엔 와 주셨어요. 그 오찬회가 계기가 돼서 사교계에 발을 들여놓았으니까요."

"너한테 온 것과 아버지한테 온 것은 다르지." 중얼거리듯 메르세데스는 말했다. "난 그분이 여기 오신 뒤로 죽 눈여겨보고 있었다."

"그런데요?"

"그런데 지금까지 아무것도 드시려 하질 않아."

"백작은 심하다 싶을 정도로 적게 드시던데요."

메르세데스는 쓸쓸하게 웃었다.

"그분 곁에 가서 쟁반이 앞으로 지나가거든 드시라고 권해 보렴."

"왜요?"

"부탁이니 그렇게 해 주렴." 메르세데스가 말했다. 알베르는 어머니의 손에 입을 맞추고, 백작 옆으로 다가갔다.

또다시 음식을 담은 쟁반이 왔다. 부인은 알베르가 백작에게 마실 것을 권하고, 직접 아이스크림을 들어서 권했는데도 백작이 끝내 거절하는 것을 보았다.

알베르는 어머니 옆으로 돌아왔다. 백작부인은 얼굴빛이 창백해졌다.

"그것 봐라. 역시 거절하셨잖니?"

"그랬어요. 그런데 그런 걸 왜 신경 쓰세요?"

"여자란 묘한 존재란다, 알베르. 백작이 내 집에서 석류 한 알이라도 좋으니 뭘 좀 들어주셨으면 좋겠구나. 아마 프랑스 습관에 익숙지 않으셔서 그런가 보지? 아니면 따로 좋아하시는 게 있거나."

"웬걸요! 이탈리아에선 뭐든지 다 잡숫던데요. 아마 오늘 저녁엔 몸이 좀 안 좋으신 모양이죠."

"게다가 늘 더운 지방에서만 살다 오셔서 다른 사람들보단 더위를 덜 느끼시는 모양이지?" 백작 부인이 말했다.

"그렇진 않은가 봐요. 굉장히 덥다고 그러시던데요. 그리고 창문들을 다 열어 놓았으면서 왜 블라인드창은 열어놓지 않았느냐고 물으시던데요."

"그렇다면 그것도 백작님이 아무 음식도 안 드시는 게 일부러 그러시는 건지 아닌지를 확인해 보는 방법이 되겠구나."

이렇게 말하고 메르세데스는 객실 밖으로 나갔다.

잠시 뒤에 덧창들이 열렸다. 그러자 창가에 놓인 재스민이며 미나리아재

비 사이로 등불이 켜진 뜰 전체와 텐트 밑에 준비된 만찬의 식탁이 보였다.

춤추고 있던 남녀며, 카드를 하고 있던 사람들이 일제히 환성을 질렀다. 가슴이 답답하던 사람들 모두 흘러들어오는 신선한 공기를 들이마셨다. 그때 메르세데스의 모습이 홀 안에 다시 나타났다. 밖으로 나갈 때보다 얼굴빛이 더 창백해져 있었으나, 그 얼굴 위에는 종종 나타나던 굳은 빛이 어려 있었다. 부인은 남편을 둘러싸고 있는 사람들 쪽으로 곧장 걸어갔다.

"당신, 이분들을 이렇게 잡아놓으시면 안 돼요." 모르세르 부인이 말했다. "카드를 하지 않는 한은 숨 막히게 여기 계시는 것보다 정원으로 나가서 바람을 쐬고 싶으실 거예요."

"아, 부인!" 한 멋쟁이 노장군이 말했다. 그는 1809년에 '시리아를 향하여(당시의 민요)'를 불렀던 사람이었다. "우리끼리만 가지는 않겠습니다."

"알겠습니다." 메르세데스가 말했다. "그럼 제가 앞장서지요."

그리고 몬테크리스토 백작을 돌아보며 말했다. "백작, 팔을 빌려 주시겠어요?"

이 한마디에 백작은 몸이 휘청하는 것만 같았다. 그리고 잠깐 메르세데스의 얼굴을 바라보았다. 스쳐가는 섬광과도 같은 순간이었다. 그러나 부인에게는 그 순간이 백년처럼 느껴졌다. 백작의 눈길에는 그만큼 무한한 뜻이 담겨 있었다.

백작은 부인에게 팔을 내밀었다. 부인은 그 팔에 기대었다. 아니, 그보다는 자신의 작은 손을 가볍게 대고 있었다고 말하는 편이 옳을 것이다. 두 사람은 철쭉과 동백으로 장식된 계단을 내려갔다.

그들의 뒤로 다른 층계를 통해 스무 명 남짓한 손님들이 요란한 환성을 지르며 정원으로 뛰어나왔다.

빵과 소금

모르세르 부인은 백작과 나뭇잎이 지붕처럼 덮인 숲길로 들어갔다. 그곳은 온실로 통하는 보리수 길이었다.

"객실 안은 무더웠지요?" 부인이 말했다.

"그랬습니다. 부인께서 창과 블라인드 창을 열게 하신 것은 참 잘하신 겁니다."

이렇게 말한 백작은 부인의 손이 떨리고 있는 것을 눈치챘다.

"부인께선 이렇게 가벼운 옷에 얇은 스카프 하나만 두르고 계신데 춥지는 않으신지요?" 백작이 말했다.

"지금 어디로 안내하려는지 아시겠습니까?" 부인은 백작의 말에는 대답도 않고 이렇게 물었다.

"모르겠는데요, 부인." 백작이 대답했다. "보시다시피 전 그저 따라가고 있습니다."

"온실로 가는 거예요. 저기를 보세요. 지금 걷고 있는 이 길 맨 끝에 있는 게 온실이랍니다."

백작은 여자에게 뭔가를 묻기라도 하려는 듯 메르세데스 쪽을 바라보았다. 그러나 부인은 아무 말 없이 길을 걸었다. 그래서 백작도 입을 다물고 말았다.

두 사람은 탐스러운 과일들이 가득 열려 있는 온실에 들어왔다. 프랑스는 햇빛이 부족해서 언제나 온실에서 온도를 조절해 주기 때문에, 7월 초인데도 벌써 과일들이 한창 무르익어 있었다. 부인은 몬테크리스토 백작의 팔을 놓고 포도 덩굴 앞으로 가서 사향 포도 한 송이를 땄다.

"이것 좀 보세요," 부인은 눈시울에 눈물이 고이기라도 한 듯 쓸쓸한 미소를 지으며 말했다. "이것 좀 보세요. 프랑스 포도는 시칠리아나 키프로스의 포도와는 비교도 안 되지만, 북쪽 지방 햇빛이 약하다는 것을 생각해서 너그러이 봐 주시지요."

백작은 고개를 숙여 인사했다. 그리고 한걸음 뒤로 물러섰다.

"거절하실 건가요?" 부인은 떨리는 목소리로 말했다.

"부인," 백작이 대답했다. "무례함을 용서해 주십시오. 전 사향 포도를 절대로 먹지 않습니다."

메르세데스는 한숨을 쉬며 포도송이를 바닥에 떨어뜨렸다. 탐스러운 복숭아가 바로 옆 울타리에 열려 있었다. 그것 역시 포도와 마찬가지로 온실의 인공적인 열기로 익은 것이었다. 메르세데스는 벨벳같이 부드러운 그 열매를 땄다.

"그럼, 이 복숭아는 어떠세요."

그러나 백작은 이번에도 똑같이 거절의 뜻을 표시했다.

"어머, 이것도?" 부인은 복받쳐 오르는 울음을 참는 듯한 어조로 말했다. "정말이지 서글프네요."

그러고 나서 긴 침묵이 흘렀다. 복숭아도 포도송이처럼 허무하게 바닥에 떨어졌다.

이윽고 부인은 호소하는 듯한 눈으로 백작을 쳐다보며 말했다. "백작, 아라비아에선 한 지붕 밑에서 빵과 소금을 나누어 먹은 사람들은 영원한 친구가 된다는 감동적인 관습이 있다지요."

"그건 저도 알고 있습니다." 백작이 말했다. "그러나 여긴 프랑스이지 아라비아가 아닙니다. 프랑스에서는 빵과 소금을 나누어 먹지도 않고, 영원한 친구 같은 것도 없습니다."

"하지만," 부인은 두근거리는 가슴을 안고, 백작의 눈을 바라보았다. 그러고는 거의 경련하는 듯이 양손으로 백작의 팔을 붙잡으며 말했다. "우린 친구가 아닌가요?"

백작의 가슴에 피가 울컥 몰려왔다. 처음에는 얼굴빛이 죽은 사람처럼 새파래지더니 곧 피가 심장에서 목구멍까지 올라와 뺨이 빨갛게 물들었다. 그리고 그 시선은 갑자기 방향을 잃은 사람처럼 잠시 허공을 헤매었다.

"물론 우린 친구입니다." 그는 대답했다. "그렇지 않을 리가 있습니까?"

하지만 백작의 말투는 부인이 바라던 것과는 거리가 멀었다. 부인은 고개를 돌려 신음하듯 한숨을 내쉬었다.

"감사합니다." 이렇게 말하고서 부인은 다시 걷기 시작했다. 두 사람은 한 마디 말도 없이 정원 안을 한 바퀴 돌았다.

거의 10분 동안이나 말없이 걷고 있다가 부인이 물었다. "백작께서는 많은 것을 보시고, 여행도 많이 하시고, 괴로움도 많이 겪으셨다고 들었습니다. 그게 정말입니까?"

"네, 저는 괴로움을 많이 겪었습니다, 부인." 백작이 대답했다.

"하지만 지금은 행복하시지요?"

"물론입니다." 백작은 대답했다. "아무도 내가 슬퍼하는 소리를 들은 사람이 없으니까요."

"그럼, 행복하시다는 그 말씀은 마음도 편안하시다는 뜻이겠지요?"

"지금의 행복은 지난날 제가 겪었던 불행에 대한 대가라고 할 수 있지요."

"결혼하지 않으셨나요?" 부인이 물었다.

"제가 결혼을요?" 백작은 몸서리치며 말했다. "누가 그런 소릴 하던가요?"

"아무도 하지 않았어요. 하지만 백작께서 오페라 극장에 젊고 아름다운 여자분과 같이 오신 걸 몇 번 보았는걸요."

"그건 제가 콘스탄티노플에서 산 노예입니다. 왕녀였는데, 이 세상에 별로 애정을 줄 만한 것도 없고 해서 제 양녀로 삼았지요."

"그럼, 죽 혼자 사시나요?"

"혼자 삽니다."

"형제나, 자제나…… 아버님도 ……?"

"아무도 없습니다."

"이 세상에 사랑하는 사람 하나 없이 그렇게 어떻게 사시나요?"

"그건 제 탓이 아닙니다. 저는 몰타에서 한 처녀를 사랑했습니다. 결혼하려고 할 때, 갑자기 전쟁이 일어나서 마치 소용돌이에 휩쓸린 것처럼 그 여자와 떨어지게 됐지요. 전 그 여자가 저를 사랑해서 제가 돌아올 때까지 기다려주고, 제가 죽더라도 정절을 지켜줄 거라 생각하고 있었습니다. 그런데 돌아와 보니 그 여잔 이미 결혼을 했더군요. 이런 얘기는 스무 살이 넘은 남자들에겐 그리 신기한 얘기도 아닙니다. 그런데 저는 아마 다른 사람들보다 마음이 약했던 모양입니다. 그런 경우를 당한 다른 사람들보다 저는 몇 배나 더 괴로워했으니까요."

부인은 잠시 발걸음을 멈추었다. 멈추지 않고서는 숨을 쉴 수가 없을 것 같았다.

"그랬군요? 그리고 그 사람을 생각하는 마음이 잊히지 않아서…… 하긴 진정으로 사랑할 수 있는 것은 단 한 번뿐이니까요. ……그 뒤에 그 여자를 다시 만나지 못하셨나요?"

"한번도."

"한번도요!"

"그 여자가 살던 나라에 다시는 발도 들여놓지 않았으니까요."

"몰타에요?"

"그렇습니다."

"그럼 그 여자는 몰타에 있나요?"

"그럴 겁니다."

"당신은 자신을 괴롭힌 그 여자를 용서해 주셨습니까?"

"여자는 용서해 주었습니다."

"그 여자만이군요. 그 여자를 백작 곁에서 빼앗은 다른 모든 사람은 아직도 미워하시는군요?"

부인은 백작 앞에 서 있었다. 손에는 아직도 사향 포도송이에서 떨어진 몇 개의 포도알을 쥐고 있었다.

"좀 드세요." 부인이 말했다.

"전 절대로 사향 포도는 먹지 않습니다, 부인." 몬테크리스토 백작이 말했다. 마치 두 사람 사이에 그런 것은 아무 문제도 되지 않는다는 식이었다. 부인은 절망의 몸짓으로 그 포도송이를 바로 곁에 있는 나무숲에 던져 버렸다.

"단호하시군요!" 부인은 투덜거리듯이 말했다.

백작은 그러한 비난이 자기를 향한 것이 아니라는 듯이 태연한 얼굴이었다.

그때 알베르가 달려왔다.

"어머니! 큰일났어요!"

"뭐?" 모르세르 부인은 꿈에서 현실로 되돌아온 듯이 깜짝 놀라며 물었다. "큰일이라니 대체 무슨 일이 일어났단 말이냐?"

"빌포르 씨가 오셨어요."

"그게 어쨌다는 거냐?"

"부인과 따님을 데리러 오신 거래요."

"왜?"

"파리에 도착하신 생메랑 후작부인 말씀에 따르면, 생메랑 후작께서 마르세유를 떠나시자 곧 돌아가셨대요. 빌포르 부인은 워낙 밝은 분이셔서 그런 우환을 믿으려 하지 않으셨다는군요. 그러나 발랑틴은 후작 애기가 나오자, 빌포르 씨가 조심스럽게 애길 하셨는데도 대뜸 모든 사태를 짐작해 버리고 벼락이라도 맞은 듯이 그만 기절하고 말았어요."

"생메랑 후작이 발랑틴 양과는 어떻게 되는데요?" 백작이 물었다.

"외조부에요. 손녀와 프란츠 씨의 혼담을 서두르려고 급히 오시던 참이었지요."

"그랬군요!"

"요번 일로 프란츠 녀석은 결혼이 늦어지겠어요. 생메랑 후작이 외제니양의 할아버지였다면!"

"알베르! 알베르!" 모르세르 부인은 부드럽게 나무라는 투로 말했다. "그게 무슨 소리냐? 백작, 알베르는 당신을 존경하고 있어요. 그러니 그런 소리를 하는 게 아니라고 좀 꾸짖어주세요."

부인은 몇 걸음 앞으로 나갔다.

그러나 백작이 꿈에 잠긴 듯하면서도 애정 넘치는 표정으로 자신을 바라보고 있는 것을 느끼자, 자기도 모르게 다시 뒤로 돌아왔다.

그때, 부인은 백작의 손과 아들의 손을 잡아 그 두 손을 한데 모으며 말했다.

"우린 친구지요?"

"오! 제가 부인의 친구라니요? 그럴 의도는 전혀 없습니다." 백작이 말했다. "그러나 부인의 충실한 종이긴 합니다."

부인은 말할 수 없이 슬픈 마음으로 걸어갔다. 그리고 열 걸음도 못 가서, 백작은 부인이 손수건을 눈에 갖다 대는 것을 보았다.

"어머니와 무슨 좋지 않은 일이라도 있었습니까?" 깜짝 놀란 알베르가 물었다.

"그렇지 않아요." 백작이 말했다. "어머니께선 방금 당신 앞에서 우리는 친구라고 하시지 않았소?"

그들이 객실로 돌아왔을 때는 빌포르 씨 부부와 발랑틴은 이미 떠나고 난 뒤였다.

막시밀리앙 또한 그들의 뒤를 이어 떠난 것은 두말할 필요도 없었다.

생메랑 후작 부인

빌포르 씨의 집에서는 정말 비통한 일이 있었다.

아내와 딸이 무도회에 가버리고 난 다음이었다. 사실 빌포르 부인이 무도회에 같이 가자고 아무리 애원해도 남편의 마음을 돌릴 수 없었던 것이다. 검찰총장은 습관대로 자신의 집무실에서 서류철을 앞에 두고 문을 잠그고 있었다. 서류들은 다른 모든 사람들에게는 겁나는 것이었지만, 그의 일상에서는 아무리 해도 질리지 않는 그의 일 욕심을 아주 조금 만족시키는 것에 불과했다.

그러나 지금 그런 서류들은 그저 형식적인 것이었다. 빌포르가 집무실에 틀어박혀 있는 것은 일을 하기 위해서가 아니라 생각을 하기 위해서였다. 그는 문을 잠그고, 중대한 일이 아니면 아무도 들어오지 말라는 명령을 내린 뒤에 안락의자에 앉았다. 그리고 지난 7, 8일 동안 암담한 슬픔과 쓰디쓴 추억의 잔을 넘치게 했던 모든 일들을 다시 한 번 기억 속에서 더듬어보았다.

그는 앞에 쌓여 있는 서류를 보는 대신, 책상 서랍을 열고 그 속에서 자기 노트를 꺼냈다. 그것은 귀중한 서류로, 그 속에는 그의 정치 생활과 금전 관계, 소송관계 혹은 비밀 연애 관계에 이르기까지, 지금까지 그의 적이 되어 버린 사람들의 이름이 자신만 알 수 있는 암호로 기록되고 배열되어 있었다.

그 수가 지금은 놀랄 만큼 많아져서 그는 몸서리치지 않을 수 없었다. 그러나 그 이름들은 아무리 강하고 두려운 것이더라도 그의 얼굴에 수없이 미소를 띠게 하는 것들에 불과했다. 그 미소는 산꼭대기에 올라서서 오랫동안 고생스럽게 기어오른 산봉우리며, 험한 길을 내려다보는 여행자의 미소와도 같은 것이었다.

이러한 이름들을 기억 속에 되새기며, 명단을 다시 한 번 찬찬히 읽고 연구하고 조사해 보더니 그는 고개를 가로저었다.

'그래,' 그는 중얼거렸다. '이 적들이 그 비밀로 나를 파멸시키려고 오늘날까지 참을성 있게 기다리고만 있었을 리 없어. 햄릿이 말한 것처럼 깊이 묻혀 있던 것들이 갑자기 지상으로 춤을 추며 나타나서 도깨비불처럼 둥실둥실 공중을 달리는 수가 있지. 그러나 그런 것은 순간적으로 사람의 눈을 멀게 하고, 스쳐가 버리는 불꽃 같은 것이야. 그 얘기가 분명 그 코르시카 놈의 입에서 신부의 귀에 들어갔을 테고, 그 신부는 또 누구에겐가 그 얘기를 했겠지. 그리고 그 얘기를 들은 몬테크리스토 백작이 진상을 확인하려고…….'

'그런데 왜 그 진상을 확인하려고 했을까?' 빌포르는 잠시 생각하다가, 갑자기 이런 생각이 들었다. '그 몬테크리스토 백작, 몰타 섬 선주의 아들이자 테살리아에 은광을 가지고 있는 자코네 씨가, 태어나 처음으로 찾아온 프랑스에서 무엇 때문에 그런 음산하고 이상한, 아무 소용도 없는 사건의 진상을 확인하려는 것일까? 부소니 신부와 월모어 경, 그러니까 백작의 친구와 적인 그 두 사람의 얘기는 모두 앞뒤가 맞지 않지만, 단 하나 뚜렷하고 명백한 사실이 있지. 그것은 나와 몬테크리스토 백작은 아무 관계도 아니라는 점이야.'

그러나 빌포르는 혼자 이런 생각을 하면서도 그것을 믿지 못하고 있었다. 발각되는 것도 그에게 가장 두려운 일이 못 되었다. 사실이 아니라고 부인하거나 그런 비슷한 대답을 하면 되기 때문이었다. 그는, 갑자기 벽 위에 '므네, 테켈, 파르신(1권 '34와 27호'장 참조)'이라는 피로 쓴 글자가 나타났다는 사실을 걱정하는 것이 아니었다. 단지 불안한 것은 그 글씨를 쓴 손의 주인을 알고 있다는 사실이었다.

그가 마음을 가라앉히려 애쓰고 있을 때, 그리고 야망에 불타는 꿈속에서 이따금 얼굴을 내미는 정치적 미래 대신, 오랫동안 잠자고 있던 적이 눈뜨는 것을 두려워하며 화목한 가정까지 파괴되고 말 장래를 생각하고 있을 때, 정원에서 마차 소리가 들려왔다. 그리고 계단 위에 웬 노인의 발소리가 들려오고, 이어서 흐느낌과 비탄의 소리가 들려왔다. 그것은 하인들이 주인의 비탄을 같이 애도하려고 울부짖는 소리였다.

그는 급히 서재의 문고리를 열었다. 그러자 아무 예고도 없이 팔에 숄을 걸치고 모자를 든 노부인이 들어왔다. 하얗게 센 머리 밑으로는 노란 상아처럼 윤기 없는 이마가 드러나 보였다. 눈가엔 깊은 주름이 패어 있었고, 눈은 눈물에 가려져서 거의 보이지도 않았다.

"오! 여보게!" 노부인이 말했다. "아! 여보게, 이런 불행한 일이 생기다니! 나 죽을 것 같네! 오! 그래, 정말 나 죽을 것 같아!"

그러고는 문 앞에 있던 안락의자에 털썩 주저앉아 울음을 터뜨렸다. 하인들은 문지방 앞에 선 채로 더 들어올 엄두도 못 내며, 방금 주인 방에서 난 소리를 듣고 달려온 누아르티에 씨의 늙은 하인만을 바라보고 있었다. 빌포르는 자리에서 일어나 장모에게로 달려갔다. 그 노부인은 바로 죽은 전처의 어머니였던 것이다.

"아니, 이게 웬일이십니까? 무슨 일이 일어났기에 이렇게 불안해하시는 겁니까? 아버님께선 함께 오지 않으셨나요?"

"그 양반이 돌아가셨다네." 노부인은 아무 표정도 없이, 정신 나간 사람처럼 말했다.

빌포르는 한발 뒤로 물러섰다. 그리고 놀란 듯이 두 손을 마주쳤다.

"돌아가셨다고요! ……" 그는 중얼거렸다. "그렇게…… 갑자기?"

"일주일 전 일이야." 생메랑 후작부인이 말을 이었다. "우리는 저녁을 먹고 나서 같이 마차를 탔지. 그 양반은 며칠 전부터 건강이 좋지 않으셨지만, 발랑틴을 보게 된다는 기쁨에 몸이 괴로운 것도 무릅쓰고 떠나자고 하셨다네. 마르세유에서 60리쯤 떠나서 늘 드시던 그 환약을 드시고는 깊이 잠에 드셨네. 깨워야 되나 말아야 되나 망설이고 있는데 얼굴빛이 붉어지고 관자놀이 혈관이 보통 때보다 심하게 뛰는 것 같더군. 그러다가 밤이 와서 사방이 어두워지기에 그냥 주무시도록 내버려두었지. 그런데 얼마 안 있어 가위에라도 눌린 사람처럼 답답하고 날카로운 소리를 지르시더니, 별안간 고개가 뒤로 넘어가 버리지 않겠나. 그래서 내가 하인을 불러 마차를 멈추게 하고, 그 양반을 흔들어 깨워서 약을 코에 갖다대 보았는데, 그땐 이미 늦었다네. 죽고 만 거야. 그래서 나는 죽은 사람하고 나란히 앉아 엑스까지 갔다네."

빌포르는 어이가 없어 입도 다물지 못했다.

"물론 의사는 부르셨겠지요?"

"금방 불렀지만, 이미 때가 늦었지."

"그렇지만 후작께서 무슨 병으로 돌아가셨는지 의사한테 들으셨겠지요?"

"오, 하느님! 그래, 의사는 급성 뇌일혈 같다고 하더군."

"그래서 어떻게 하셨습니까?"

"후작은 늘 자기가 파리에서 떨어진 곳에서 죽거든, 유골을 가족 묘지로 옮겨달라고 말씀하셨지. 그래서 유골을 납관〔鉛棺〕에 넣고, 이렇게 며칠 앞서 온 거네."

"오! 저런, 어머님!" 빌포르가 말했다. "그런 큰일을 당하시고도 그렇게 침착하게 뒤처리를 하시다니요! 더구나 연세도 많으신데!"

"하느님이 끝까지 힘을 빌려주신 거지. 그리고 그 양반도 나를 위해 그렇게 똑같이 해주었을 거라는 생각이 들더군. 거기다 그 사람을 남겨놓고 오니 꼭 미칠 것만 같네. 이젠 눈물도 안 나는군. 이 나이가 되면 눈물도 마른다더니, 그게 정말인가 보네. 하지만 슬프면 다 울게 마련이지. 그런데 발랑틴은 어디 있나? 그 아이를 보려고 올라온 건데. 발랑틴을 불러주게나."

빌포르는 발랑틴이 무도회에 갔다는 대답을 차마 하지 못할 것 같았다. 그래서 어머니하고 외출했으니 곧 알리겠다고만 말했다.

"지금 당장 좀 불러주게나." 노부인이 말했다.

빌포르는 생메랑 부인의 팔을 부축해서 자기 방으로 모셨다.

"좀 쉬십시오, 어머님."

그 말에 후작부인은 고개를 들어 이 남자를 바라보았다. 그를 보면 떠오르는 그토록 그리운 딸은 이제 발랑틴 속에서 살고 있었다. 부인은 어머니라는 호칭에 감격하여 울음을 터뜨리고는, 바닥에 무릎을 떨어뜨리며 안락의자에 그 기품있는 얼굴을 파묻어버렸다.

빌포르가 하인에게 부인을 보살피도록 일렀고, 늙은 하인 바루아는 허둥지둥 자기 주인인 누아르티에 씨의 방으로 달려갔다. 노인들에게 다른 노인들이 죽는 모습을 지켜보는 것보다 무서운 일은 없기 때문이었다. 후작부인이 여전히 무릎을 꿇은 채 깊은 기도에 빠져 있는 동안, 빌포르는 마차를 불러 아내와 딸을 데리고 몸소 모르세르의 집으로 말을 달렸다. 객실 문 앞에 모습을 나타낸 아버지의 얼굴이 몹시 창백한 것을 보고, 발랑틴은 아버지에게 달려가며 외쳤다.

"어머나, 아버지! 무슨 안 좋은 일이라도 생겼어요?"

"외할머니께서 오셨단다." 빌포르가 대답했다.

"그럼, 외할아버지께선요?" 딸은 온몸을 떨면서 물었다.

빌포르 씨는 대답 대신 딸에게 두 팔을 벌렸다.

그때 발랑틴은 갑자기 현기증을 일으키며 몸을 비틀거렸다. 빌포르 부인은 급히 딸을 붙들어 세워 남편과 함께 마차에 태우며 말했다.

"정말 이상하네요! 이럴 줄을 누가 상상이나 했겠어요? 정말 희한한 일이에요!"

그렇게 해서 슬픔에 젖은 빌포르 가족은 모두, 마치 검은 장례식 베일 같은 그들의 슬픔을 걸치고 연회가 남은 자리를 빠져나갔다.

발랑틴은 계단 앞에서 자기를 기다리고 있는 바루아를 만났다.

"할아버지께서 오늘 밤에 좀 보자고 하시는데요." 그는 낮은 소리로 말했다.

"외할머니를 뵙고 나서 금방 찾아뵙겠다고 전해 줘요." 발랑틴은 대답했다.

마음씨 착한 발랑틴은 지금 누구보다도 자기를 필요로 하는 사람이 외할머니 생메랑 부인이라는 것을 잘 알고 있었다.

들어가 보니 침대에 누워 있는 할머니의 모습이 보였다. 말없는 포옹, 아픔으로 터질 것만 같은 가슴, 새어나오는 한숨과 뜨거운 눈물, 두 사람이 만난 광경은 이렇게밖에 표현할 길이 없었다. 빌포르 부인은 남편의 팔에 팔짱을 끼고 적어도 겉으로는 미망인이 된 부인에게 경의를 표하면서 그 자리에 서 있었다.

잠시 뒤 빌포르 부인은 남편의 귀에 대고 소곤거렸다. "아무래도 저는 가보는 게 좋겠지요? 제가 있으면 당신 어머님 마음이 더 아프실 테니까요."

그 말을 생메랑 부인도 들었다.

"그래, 그래," 생메랑 부인은 발랑틴의 귀에 대고 말했다. "네 엄마는 가는 게 좋겠다. 그러나 넌 여기 있어라."

빌포르 부인은 방을 나갔다. 발랑틴만이 혼자 외할머니 곁에 남게 되었다. 검찰총장도 이 뜻하지 않은 불행에 정신이 나가서, 아내 뒤를 따라 방에서 나갔기 때문이다.

그들이 돌아오기에 앞서, 바루아는 누아르티에 씨의 방으로 올라갔다. 앞에서도 말했듯이 노인은 집 안에서 일어나는 소리를 다 듣고서, 상황을 살피기 위해 하인을 내려보냈던 것이다.

바루아가 돌아온 것을 보자, 노인은 지혜로운 눈을 번득이며 물었다.

"오, 큰일났습니다," 바루아가 말했다. "생메랑 마님께서 오셨는데, 생메랑 영감님께서 돌아가셨답니다."

누아르티에 노인과 생메랑 후작은 이렇다 할 깊은 우정으로 맺어진 사이는 아니었다. 그러나 노인들에게는 같은 또래 노인의 죽음이 큰 타격이 아닐 수 없다. 누아르티에는 난처한 사람처럼, 또는 생각에 잠긴 사람처럼 얼굴을 가슴에 파묻었다. 그러고는 한쪽 눈을 깜박여 보였다.

"발랑틴 아가씨 말씀이십니까?" 바루아가 물었다.

누아르티에 씨는 그렇다는 신호를 했다.

"무도회에 가셨지요. 아까 단장을 하고 인사하러 올라오지 않으셨던가요?"

노인은 다시 왼쪽 눈을 감아 보였다.

"만나고 싶으시다는 겁니까?"

노인은 그렇다는 대답을 해보였다.

"곧 모르세르 씨 댁으로 아가씨를 모시러 가실 겁니다. 그럼 제가 내려가서 기다렸다가, 아가씨가 돌아오시면 이리로 올라오시라고 이를까요?"

"그래." 노인이 대답했다.

바루아는 발랑틴이 돌아오기를 기다렸다. 그리고 이미 우리가 아는 바와 같이 그녀가 돌아오자 할아버지의 뜻이 전해졌다.

발랑틴은 외할머니의 손이 닿는 조그마한 테이블 위에 할머니가 좋아하시는 오렌지 주스와 컵을 올려놓고 할아버지 방으로 올라갔다. 부인은 흥분해 있었으면서도 많이 피곤했던지 이내 잠이 들었다.

발랑틴은 할아버지에게 입을 맞췄다. 노인이 자기를 바라보는 눈빛이 너무나 부드러워서, 발랑틴은 그만 또다시 눈물을 쏟고 말았다. 노인은 계속 그녀를 바라보았다.

노인의 눈을 보고 발랑틴이 말했다. "알겠어요. 저한테는 언제까지라도 좋은 할아버지가 계시다는 말씀을 하시려는 거죠?"

노인은 그렇다고 눈으로 대답했다.

"정말 다행이에요." 발랑틴이 다시 말했다. "만일 그렇지 않았다면 저는 어떻게 되었겠어요?"

벌써 새벽 1시였다. 바루아는 너무 졸려서 이렇게 힘든 밤을 보내고 나면 누구든지 휴식이 필요하다며 좀 쉬시라고 권했다. 그에게는 손녀를 보는 것만이 휴식이었지만, 그렇게 말하지는 않았다. 노인은 슬픔과 피로에 잠겨 괴로운 얼굴을 하고 있는 발랑틴을 돌려보냈다.

다음 날 발랑틴이 외할머니 방으로 들어왔을 때, 외할머니는 침대에 누워 있었다. 열이 조금도 가라앉지 않은 데다 눈은 빨갛게 충혈되고 몹시 흥분해 있었다.

"어머! 이런! 할머니 아직도 괴로우세요?" 발랑틴은 할머니의 이런 증상에 놀라서 소리쳤다.

"아니다." 생메랑 부인이 대답했다. "네 아버지를 부르러 보내려고 네가 오길 몹시 기다리고 있었단다."

"아버지를요?" 발랑틴이 불안한 표정으로 물었다.

"그렇단다. 네 아버지에게 할 말이 있어."

발랑틴은 할머니가 아버지를 찾는 이유는 몰랐지만, 할머니의 뜻을 감히 거역할 수는 없었다. 잠시 뒤, 빌포르 씨가 들어왔다.

"자네," 생메랑 부인은 시간에 쫓기기라도 하는 듯 단도직입적으로 말했다. "편지에 이 애 결혼문제를 얘기했던가?"

"네, 그렇습니다." 빌포르가 대답했다. "단순히 얘기만 할 단계는 넘었습니다. 이미 약혼까지 했으니까요."

"그런데 사위 될 사람 이름이 프란츠 데피네라고 그랬던가?"

"네."

"그 사람은 우리 편에 있다가 나폴레옹이 엘바 섬에서 돌아오기 며칠 전에 암살당한 데피네 장군의 아들 아닌가?"

"바로 그렇습니다."

"그분은 자코뱅 당원의 손녀를 아내로 맞이하는 것이 싫을 것 아닌가?"

"다행히 국내에 이제 그런 알력은 없어졌습니다." 빌포르가 말했다. "게다가 데피네는 아버지가 돌아가셨을 때, 아직 어린아이였습니다. 그래서 제 아버지에 대해서도 잘 모릅니다. 좋아한다고는 말할 수 없겠지만, 무관심한 기분으로 만나줄 거라고 생각합니다."

"그래, 합당한 혼담인가?"

"네, 어느 면에서 보나 그렇지요."

"그럼, 그 청년은 어떤가?"

"누구에게나 존경을 받는 사람이죠."

"나무랄 데 없는 사람인가?"

"제가 아는 바에 의하면, 누구보다 훌륭한 사람입니다."

이러한 대화가 오가는 동안 발랑틴은 잠자코 있었다. 생메랑 부인은 잠깐 생각하더니 이윽고 말을 꺼냈다.

"그렇다면 서둘러야겠는걸, 나는 이제 살 날이 얼마 남지 않았으니."

"그게 무슨 말씀이세요?" 빌포르 씨와 발랑틴이 거의 동시에 소리쳤다.

"난 얼마 못 살아." 부인은 다시 말을 이었다. "그러니 어서 서둘러야겠네, 엄마도 없는데 나라도 축복해 줘야지. 이 애의 엄마 쪽으로는 나뿐이니까. 자네는 우리 르네를 벌써 잊어버리고 말았지만."

"오, 어머님!" 빌포르가 말했다. "어머님은 잊으셨습니까? 저는 엄마 잃은 이 불쌍한 아이에게 엄마를 구해주었어야 했습니다."

"하지만 계모는 아무래도 친엄마 같지가 않다네. 어쨌든 문제는 발랑틴이야. 죽은 사람이야 어쩔 수 없지."

이 모든 것이 그렇게 막힘없이 그렇게 강한 어조로 얘기되고 있었고, 그런 것에 뭔가가 들어있는 이런 대화는 마치 정신착란의 초기증세같이 보였다.

"그렇게 하겠습니다." 빌포르가 말했다. "프란츠가 파리에 돌아오는 대로 어머님 뜻을 따르겠습니다."

"할머니," 발랑틴이 입을 열었다. "할아버지께서 돌아가셨는데, 어떻게 금방 결혼식을 올리겠어요?"

"애야," 할머니는 손녀의 말을 막았다. "바보 같은 사람들이나 앞일을 결정할 때 그런 일로 머뭇거리는 거란다. 그런 것은 이유가 못 된다. 나도 내 어머니가 돌아가셨을 때 결혼했지만, 그것 때문에 불행해지진 않았단다."

"또 불길한 얘기만 하시는군요!" 빌포르가 말했다.

"그럼, 말하고말고, 몇 번이라도 말할 거다. ……난 죽어가고 있어! 그래서 죽기 전에 손주사위를 한번 만나보고 싶은 걸세. 내 손녀를 행복하게 해달라는 부탁을 하고 싶어서. 그 사람이 내 뜻에 따르려는지 알아보고 싶고, 그 사람을 직접 만나서 확인해보고 싶은 거야." 부인은 성난 표정으로 말을 이어갔다. "만약 그 사람이 무책임하고, 못된 짓을 하면 무덤 속에서라도 다시 찾아오려고 그런다!"

"어머님! 너무 흥분하지 마시고 마음을 가라앉히세요. 죽은 사람은 무덤 속에 들어가면 그 속에서 영원히 잠드는 것 아닙니까."

"그래요. 할머니 진정하세요!" 손녀가 말했다.

"아니, 그렇지 않아. 지난밤 아주 무서운 꿈을 꾸었네. 마치 내 영혼이 이미 몸속에서 빠져나가 내 위를 훨훨 날아다니는 듯한 기분으로 잠을 잤어. 눈을 뜨려고 애썼지만 자꾸 감기더군. 자네는 그런 일이 있을 수 없다고 생각하겠지만, 나는 눈을 감은 채 지금 자네가 서 있는 그 자리, 자네 처의 드레스실로 통하는 문 귀퉁이에서 허연 그림자가 슬며시 들어오는 걸 봤다네."

발랑틴은 소리를 질렀다.

"열이 높으셔서 헛것을 보신 거겠죠." 빌포르가 말했다.

"그렇게 생각한다면 어쩔 수 없지. 하지만 난 분명히 흰 그림자를 보았네. 그리고 하느님께서 그것만으로는 불확실하다고 의심할까 봐 그러셨는지, 그 다음엔 내 귓가에 저 컵이 움직이는 소리가 들리더군."

"꿈을 꾸신 거예요."

"그게 꿈이 아니었다는 증거도 있네. 내가 초인종을 누르려고 팔을 뻗었더니 그 그림자는 이내 사라졌어. 바로 그때 하녀가 등불을 들고 들어왔지. 유령이란 보아야 할 사람에게만 나타나는 법이니까. 그건 우리 영감의 영혼이었던 거야. 우리 영감의 영혼이 나를 부르러 왔는데, 어찌 내 영혼인들 내 자식이나 다름없는 손녀를 돌보러오지 않을 수 있겠나."

"오, 어머님!" 빌포르는 자신도 모르게 마음 깊이 감동하여 이렇게 말했다. "그런 불길한 얘길랑 그만두시고 이제 우리와 함께 사시도록 하세요. 앞으로는 사랑과 존경을 받으면서 행복하게 오래오래 사셔야죠. 그리고 그런 생각을 안 하시도록 저희가……."

"아니네! 아니야! 절대로 그러지 않겠네!" 후작부인이 말했다. "그런데 데피네 군은 언제 돌아온다고?"

"오늘이라도 돌아올 겁니다."

"그럼 됐어. 오는 대로 알려 주게. 어서 어서 서둘러야지. 그리고 공중인도 좀 불러 주게나. 우리 재산이 모두 발랑틴에게 상속되도록 확실히 해두어야 하니까."

"오, 할머니!" 발랑틴은 불같이 뜨거운 할머니 이마에 입을 맞추며 말했다. "제가 죽는 것을 보시려고 그러세요? 이렇게 열이 심하시다니! 불러야 할 건 공증인이 아니라 먼저 의사예요."

"의사라고?" 부인은 어깨를 으쓱하며 말했다. "난 아무 데도 아프지 않다. 그저 목이 좀 마를 뿐이야."

"뭘 드시겠어요?"

"늘 마시는 그 오렌지 주스를 다오. 컵은 테이블 위에 있단다."

발랑틴은 오렌지 주스를 컵에 따랐다. 그리고 그것을 할머니에게 주려고 손에 들자 등골이 오싹해졌다. 이 컵은 유령이 만졌다고 한 바로 그 컵이 아니었던가.

후작부인은 주스를 단숨에 들이켰다. 그러고는 다시 베개 위에 머리를 누이며, "공증인! 공증인!" 하고 되풀이했다.

빌포르 씨는 밖으로 나갔다. 발랑틴은 외할머니의 침대 옆에 앉아 있었다. 가엾은 소녀는 자신도 의사가 몹시 필요한 것 같아서 할머니께 의사를 불러야겠다고 한 것이었다. 불꽃 같은 홍조가 양쪽 뺨의 광대뼈까지 물들였고 숨이 차서 헐떡였으며, 맥박은 열병이 났을 때처럼 뛰었다.

발랑틴은 막시밀리앙을 생각하고 있었다. 생메랑 후작부인이 자기편이 되어주는 대신 적이 되어버린 것을 알았을 때 막시밀리앙이 느꼈을 절망을 생각하고 있었기 때문이었다.

발랑틴은 몇 번이고 할머니에게 모든 것을 이야기할까 생각했다. 만약 막시밀리앙 모렐이 알베르 드 모르세르나 라울 드 샤토 르노였더라면 그녀는 망설이지 않고 말했을 것이다. 그러나 막시밀리앙은 평민이었다. 그녀는 기품이 높은 생메랑 후작부인이 신분이 다른 사람을 얼마나 경멸하는지 잘 알고 있었다. 그래서 그녀는 매번 비밀을 털어놓으려고 마음먹는 순간, 금세 포기하고 마음속에 숨겨놓고 말았다.

아버지나 어머니가 알게 되는 날에는 모든 게 다 끝난다는 것을 너무나 잘 알고 있었기 때문이었다.

그러는 사이 거의 두 시간이 지나갔다. 생메랑 부인은 심한 열 때문에 불안한 잠을 자고 있었다. 그때, 하인이 공증인이 도착했다는 말을 전했다.

아주 작은 소리로 전했는데도 불구하고, 생메랑 부인은 자리에서 벌떡 일어나 물었다.

"공증인이라고? 어서 들어오게 해라, 어서."

문 앞에 와 있던 공증인이 방 안으로 들어왔다.

"발랑틴, 넌 좀 나가 있거라. 이분하고만 할 얘기가 있으니." 부인이 말했다.

"하지만 할머니……."

"나가 있어, 나가 있으라니까."

발랑틴은 할머니의 이마에 키스를 하고 눈에 손수건을 갖다 대며 밖으로 나갔다.

문 앞에서 하인을 만난 발랑틴은 지금 객실에 의사가 와 있다는 소식을 전해 들었다.

발랑틴은 서둘러 아래층으로 뛰어 내려갔다. 의사는 그녀의 집안과 아주 가까운 사이로 당대 명의였다. 그는 발랑틴이 세상에 태어날 때 그녀를 받아 주었으며, 또 극진히 아껴주었다. 그에게는 발랑틴 또래의 딸이 있었다. 그러나 폐가 나쁜 어머니에게서 태어났기 때문에 의사는 언제나 딸의 건강이 걱정이었다.

"오, 다브리니 선생님!" 발랑틴은 말했다. "선생님을 얼마나 기다렸다고요! 마들렌과 앙투아네트도 잘 있어요?"

마들렌은 다브리니 씨의 딸이고, 앙투아네트는 조카였다.

다브리니 씨는 쓸쓸하게 웃으며 말했다. "앙투아네트는 아주 잘 있단다, 마들렌도 괜찮은 편이고. 그런데 왜 날 부른 거니? 아버지나 어머니께선 건강하신데. 그럼 네가 아픈가 보구나. 신경 계통은 내 분야가 아니라 내가 해줄 수 있는 건 고민을 너무 많이 하지 말라는 얘기밖엔 없구나."

발랑틴은 얼굴이 새빨개졌다. 다브리니 씨는 늘 기적적이라고 할 만큼 통찰력이 뛰어났다. 그는 언제나 정신적인 측면에서 육체를 치료하려고 하는 의사였다.

"아니에요," 발랑틴은 말했다. "할머니 때문이에요. 저희 집에 문제가 생긴 건 아시죠?"

"아니, 문제라니?"

"실은," 발랑틴은 울음을 참으며 말했다. "외할아버지께서 돌아가셨어요."

"생메랑 후작께서?"

"네."

"갑자기?"

"급성 뇌졸중으로요."

"뇌졸중이라고?" 의사는 되뇌었다.

"네. 그래서 할머니께서는 늘 같이 계시던 할아버지께서 부르셔서 할아버지 곁으로 가야 한다고 자꾸만 그러세요! 선생님! 할머니 좀 보살펴 주세요!"

"어디 계시지?"

"공증인하고 방에 계셔요."

"그런데 누아르티에 씨는?"

"변함없으세요. 여전히 정신은 맑으신데, 몸도 움직이지 못하시고 말도 못하세요."

"너를 사랑해 주시는 마음도 여전하시겠구나?"

"네." 발랑틴은 한숨을 쉬며 말했다. "아주 많이 사랑해 주시지요."

"너를 좋아하지 않을 사람이 어디 있겠니?"

발랑틴이 서글픈 듯이 미소 지었다.

"그래, 할머니 증상은 어떠시니?"

"이상하게 신경이 예민해지셨어요. 주무실 때도 이상한 꿈을 꾸시나 봐요. 오늘 아침에도 주무시는 동안에 영혼이 육체 위를 둥둥 떠다니더라고 말씀하시는 거예요. 착란을 일으키신 것 같아요. 유령이 방 안으로 들어오는 것을 보셨다고 하셨어요. 그리고 그 유령이 컵을 건드리는 소리까지 들었다고도 하셨고요."

"이상하군," 의사가 말했다. "후작부인은 그런 환상에 사로잡히실 분이 아닌데."

"저도 이런 일은 처음이에요." 발랑틴이 말했다. "그리고 오늘 아침엔 할머니 거동이 어찌나 무섭던지, 저와 아버지 모두 할머니께서 혹시 정신이 나가신 건 아닐까 생각할 정도였어요. 선생님도 저희 아버지가 얼마나 다부진 분인지 아시죠? 그런데 아버지께서도 마음이 많이 흔들리시는 것 같았어요."

"어서 가보자." 의사가 말했다. "그 애긴 아무래도 이상하구나."

공증인이 내려오자, 곧바로 하인이 할머니가 혼자 계시다고 말해 주었다.

"그럼, 올라가 보세요." 발랑틴이 말했다.

"넌?"

"오! 저는 못 가겠어요. 할머니께서 선생님을 부르지 말라고 하셨거든요. 그리고 아까 말씀드린 대로, 전 왠지 불안하고 열도 나고 기분이 좋질 않아서요. 나가서 정원 한 바퀴 돌고 마음을 좀 가라앉혀야겠어요."

의사는 발랑틴과 악수를 했다. 그리고 그는 할머니 방으로 올라가고, 발랑틴은 정원으로 가기 위해 돌계단을 내려왔다. 발랑틴이 정원의 어느 장소를 즐겨 산책하는지 또다시 설명할 필요는 없을 것이다. 그녀는 늘 집 주위를 둘러싸고 있는 화단을 두세 번 돌고 나서, 머리나 허리띠에 장미 한 송이를 꽂고, 벤치가 있는 어둡고 좁은 오솔길로 들어갔다. 그리고 벤치 앞에 이르면 거기서 다시 철문 쪽으로 가곤 했다.

오늘도 발랑틴은 언제나 그렇듯 화단 사이를 두세 번 돌았다. 그러나 꽃은 꺾으려 하지 않았다. 아직 가슴속에 남아 있는 괴로움 때문에 꽃 장식을 할 마음의 여유가 없었던 것이다. 그리고 나서 그녀는 오솔길로 걸어갔다. 걸어 들어갈수록, 꼭 누군가 자기 이름을 부르는 소리가 들려오는 것만 같았다. 발랑틴은 걸음을 멈추었다. 그 소리는 더욱 분명하게 들려왔다. 그것은 막시밀리앙의 목소리였다.

약속

바로 막시밀리앙 모렐이었다. 그는 어제부터 살아 있다는 느낌이 들지 않았다. 연인이나 어머니만이 가질 수 있는 특유의 직감으로, 생메랑 후작부인의 귀경과 후작의 죽음으로 인해 발랑틴을 향한 자기의 사랑에 어떤 일이 일어날 것인지를 통찰하고 있었다. 언젠가 알게 될 일이지만, 그러한 그의 예감은 들어맞았다.

그러니까 그가 이처럼 두려움에 휩싸여 마로니에 울타리 주위를 배회하는 것도 단순한 불안 때문만은 아니었다.

그러나 발랑틴은 막시밀리앙 모렐이 기다리고 있을 줄은 모르고 있었다. 그가 늘 오는 시간이 아니었기 때문이었다. 그녀가 정원에 온 것은 순전히 우연이었다. 아니면 마음이 통했는지도 모른다.

"아니! 어떻게 이 시간에 여길!" 그녀가 말했다.

"그렇소." 그는 대답했다. "나쁜 소식을 듣기도 했고, 들려주기도 하려고."

"여긴 불행의 집인 것 같아요." 발랑틴이 말했다. "이야기해 보세요. 하지만 슬픈 얘긴 이제 지긋지긋해요."

"발랑틴," 막시밀리앙 모렐은 말을 잘 해보려고 흔들리는 마음을 억눌렀다. "내 얘길 좀 들어 봐요. 내가 하려는 이야기는 아주 중요한 거예요. 결혼은 언제 하게 된대요?"

"저는 당신에게 아무것도 감추고 싶지 않아요. 사실 오늘 아침에도 결혼 얘기가 나왔어요. 그런데 제가 믿고 의지하던 할머니가 이 결혼을 찬성하실 뿐만 아니라 몹시 원하셔서, 지금은 데피네 씨가 돌아오기만 하면 그 이튿날 혼인 서약서에 서명하기로 되어 있어요."

청년의 입에서 가슴속 쓰라린 한숨이 흘러나왔다. 그는 발랑틴을 한참 동안 쓸쓸하게 바라보고 나서 낮은 소리로 말했다.

"아, 정말 가슴 아픈 일이군요. 사랑하는 사람의 입에서 '당신이 처형될 날이 정해졌어요. 시간문제지만, 아무렴 어때요. 방법이 없으니 반대는 하지 않을 생각이에요'라는 말이 또박또박 나오다니! 결국 이제 프란츠 군이 돌아오기를 기다려 서약서에 서명만 하면 된다는 말이군요. 그 사람이 돌아오면 당신은 그 다음 날로 그 사람 것이 된다는 얘기고요. 그럼 프란츠 군과의 결혼은 내일이면 이루어지겠네요. 그 사람은 오늘 아침 파리에 도착했으니까."

발랑틴은 그만 소리를 지르고 말았다.

"나는 한 시간 전에 몬테크리스토 백작 댁에 갔었소." 모렐이 말했다. "백작은 당신네 집에 생긴 불행한 일에 대해, 나는 당신의 고민에 대해 이야기했지요. 그때 갑자기 정원에 마차 한 대가 들어오더군요. 난 그때까지는 예감 같은 건 믿지 않았어요. 그런데 이번엔 싫어도 믿지 않을 수가 없게 되었소. 마차 소리를 들으니 몸이 오싹해지더군요. 이윽고 계단에 발소리가 들렸지요. 돈 후안이 사령관의 발소리를 듣고 놀랐던 것도, 내가 그 발소리를 듣고 놀란 것보다는 덜 했을 거요. 마침내 문이 열리더니 알베르가 들어오더군요. 그리고 그 뒤로 한 청년이 들어오는 것을 보고, 백작이 '오, 프란츠 데 피네 남작!' 했을 때 나는 내 자신을 의심했습니다. 나는 온몸의 힘과 용기를 내어 겨우 정신을 차렸지요. 아마 그때 나는 얼굴빛이 변하고 몸을 떨었을 겁니다. 그러나 입술만은 미소를 띠고 있었지요. 그렇지만 5분쯤 뒤에 그 방을 나와 버렸습니다. 그 5분 사이에 무슨 말이 오갔는지 하나도 귀에 들어오지 않았어요. 한 대 얻어맞은 기분이었지요."

"가엾은 막시밀리앙!" 발랑틴이 중얼거렸다.

"그래서 내가 왔어요, 발랑틴. 이제 대답해 봐요. 한 남자가 죽느냐 사느냐가 당신 한마디에 달려 있어요. 어떻게 할 생각이오?"

발랑틴은 고개를 숙였다. 고민으로 마음이 괴로웠다.

"이봐요, 발랑틴," 모렐이 말했다. "우리가 이렇게 될 것을 전혀 몰랐던 것도 아니지 않소. 고민만 하고 있을 때가 아니에요. 죽느냐 사느냐 하는 심각한 문제지요. 그런 건 괴로워하거나 눈물 흘리는 것을 즐기는 사람들이나 하는 짓이에요. 나중에 하늘나라에 가면 하느님께선 이 땅에서 그렇게 쉽게 포기한 사람들을 벌하실 거예요. 투쟁 의지를 가진 사람은 한순간도 쉬지 않고, 운명을 헤쳐나가는 법이오. 당신도 불행을 상대로 싸울 만한 의지를 가지고 있소? 난 그걸 물으려고 온 것이오."

발랑틴은 몸을 떨었다. 그리고 당황한 듯한 커다란 눈으로 막시밀리앙 모렐을 바라보았다. 아버지와 할머니, 그리고 온 가족에게 저항한다는 것은 생각조차 못하던 일이었다.

"그게 무슨 뜻이죠?" 발랑틴이 물었다. "투쟁이라니 무슨 말씀이시죠? 무례한 말은 하지 말아주세요. 제가 아버님의 뜻이나, 곧 돌아가실지도 모르는 할머니의 뜻을 거역하다니요! 그럴 수는 없어요."

막시밀리앙 모렐은 몸을 움찔했다.

"당신은 아주 훌륭한 마음을 가지고 계시니까, 제 뜻을 이해해 주시리라 생각해요. 막시밀리앙, 그렇게 가만히 계시는 것만 보아도 제 마음을 이해해 주시고 있다는 것을 알 수 있어요. 싸우다니 말도 안 돼요! 저는 온 마음을 다해 저 자신과 싸우고 있어요. 당신이 말씀하신 대로 눈물도 삼켜 버렸어요. 하지만 할머니의 마지막 순간을 방해하라고 하시니, 그건 못하겠어요."

"당신 말이 맞군요." 막시밀리앙 모렐은 냉담하게 말했다.

"어쩌면 그런 식으로 말씀하세요, 세상에!" 발랑틴은 마음이 상해서 말했다.

"전 단지 당신께 감탄하는 한 사나이로서 말씀드린 것뿐입니다, 아가씨."

"아가씨라고요!" 발랑틴이 소리쳤다. "아가씨라니요! 아, 당신은 정말 이기주의자로군요. 제가 이렇게 마음 아파하고 있는데, 전혀 모르는 체하시다니!"

"그건 오해입니다. 전 당신을 너무도 잘 이해하고 있으니까요, 당신은 아버님을 난처하게 하고 싶지 않고, 할머님의 뜻도 거스르고 싶지 않은 거예요. 그래서 내일 혼인 서약서에 서명을 하겠다는 거지요."

"그럼, 달리 어떻게 할 도리가 있을까요?"

"그런 건 묻지 말아 주십시오. 전 이 문제에 있어서는 올바른 판단을 내릴 수 없습니다. 제멋대로만 생각해서 장님이나 다름없으니까요." 막시밀리앙이 대답했다. 그러나 그 가라앉은 목소리며, 주먹을 꽉 쥔 모습에서 그가 점점 깊은 절망 속으로 빠져들어 가고 있음을 알 수 있었다.

"만약 제가 당신의 말씀대로 하겠다면, 어떻게 하라고 말씀해 주시겠어요? 어서 대답해 주세요. 제 방법이 틀렸다는 말씀은 마시고, 지혜를 빌려 주세요."

"진심으로 하는 얘기입니까? 정말 제 생각을 말씀드려도 괜찮겠습니까?"

"물론이죠, 그 의견이 좋다면 따르겠어요. 제가 오직 당신만을 사랑하고 있다는 걸 아시잖아요."

"발랑틴," 막시밀리앙은 이미 덜렁거리고 있던 나무판 하나를 완전히 떼어 내며 말했다. "손을 내밀어줘요, 내가 화냈던 것을 용서해 주겠다는 증거로. 아시다시피 내 머릿속은 엉망이에요. 한 시간 전부터 별의별 쓸데없는 생각을 다 했답니다. 만약 당신이 내 말을 거절한다면……."

"어떤 말씀인데요?"

"이런 겁니다."

발랑틴은 하늘을 우러러보며 한숨을 쉬었다.

"난 자유로운 몸이오," 막시밀리앙은 말을 이었다. "우리 둘이 같이 살 수 있을 만큼 돈도 있고, 아직 당신 이마에 키스도 한 번 못해 봤지만, 난 당신을 내 아내라 생각하고 있소."

"전 겁이 나요." 여자가 말했다.

"내 말대로만 해줘요." 모렐은 말을 이었다. "난 당신을 내 누이 집으로 데려갈 생각이오. 그 앤 당신에게도 훌륭한 동생이 될 수 있는 여자지요. 그리고 알제리나 영국, 또는 미국행 배를 타는 거요. 만약 우리가 같이 어느 지방으로 도망가는 게 싫다면 말이오. 사실 그런 곳에 있으면서 파리로 돌아올 기회를 엿보는 거지요. 그동안 우리 친구들이 나서서 당신 가족이 반대를 포기하도록 만들면 되니까요."

발랑틴은 고개를 저으며 말했다. "그런 말씀 하실 줄 알았어요. 그건 무분별한 생각이에요. 그리고 제가 안 된다는 말로 당신을 막지 못한다면 저는 더 무분별한 여자가 되겠지요. 막시밀리앙, 그건 안 되겠어요."

"그럼, 당신은 운명에 몸을 맡기고 그것에 따르겠단 말이오? 싸워볼 생각도 안 하고?" 어두운 얼굴로 막시밀리앙이 말했다.

"네. 그래서 죽게 된다 하더라도!"

"그럼 좋소, 발랑틴," 남자는 이렇게 말했다. "난 또 한 번 당신의 말이 옳다고 말해야겠소. 난 정말 정신이 나갔소. 그리고 당신 때문에 정열이란 것이 얼마나 사람을 바보로 만드는지를 배웠소. 당신에게 감사드리오. 당신은 냉정하게 판단할 줄 아는 사람이니까요. 그래요, 당신은 내일 프란츠 데피네 씨와 형식적으로 약혼하시는 겁니다. 그것도 희극의 마지막 장면에서처럼 부자연스럽게 혼인 서약서에 서명을 하는 게 아니라, 당신 자신의 의지로."

"저를 한 번 더 괴롭히시는군요, 막시밀리앙." 발랑틴이 말했다. "상처 난 곳을 한 번 더 칼로 찌르시는군요! 만약 당신 동생이 그 계획대로 한다면 당신은 어떠실 것 같으세요?"

"아가씨," 그는 쓰디쓴 미소를 띠며 말했다. "나는 이기주의자입니다. 당신이 그렇게 말했잖아요. 그래서 나는 다른 사람이 내 입장이라면 어떻게 할 것인가는 생각도 해보지 않고, 내가 하고 싶은 대로만 생각했습니다. 나는 지난 일 년 동안 당신이라는 사람을 알게 되었습니다. 그리고 당신을 알고 나서부터 내 행복 모두를 당신에 대한 사랑에 걸었습니다. 그리고 어느 날, 당신도 나를 사랑한다고 말한 적이 있었지요. 그래서 그날 이후로 나는 당신을 갖는 것에 내 모든 희망을 걸었습니다. 그것이 내 생활이었지요. 그러나 이제 아무것도 생각하지 않습니다. 다만 행운의 바람이 방향을 바꿔 겨우 잡았던 행복을 놓쳤다고 생각하고 있습니다. 노름꾼이 자기가 가지고 있던 것은 물론, 손에 없던 것까지도 다 날려 버렸다는 것은 조금도 놀라운 일이 아니죠."

모렐은 침착하게 말했다. 발랑틴은 커다란 눈으로 그를 유심히 살펴보았다. 그러면서도 모렐이 자기 마음속에서 맴돌고 있는 동요를 눈치채지 못하도록 애쓰고 있었다.

"이제 어떻게 하실 건가요?" 발랑틴이 물었다.

"당신께 작별 인사를 드려야겠지요. 그리고 제 말을 들으시고 제 마음속까지 읽어주시는 하느님께, 당신이 앞으로 제 생각 같은 건 나지 않을 만큼 행복하고 충실한 생활을 하도록 기도할 겁니다."

"오!" 발랑틴이 중얼거렸다.

"안녕히 가시오! 발랑틴, 안녕히!" 모렐은 인사를 했다.

"어딜 가시는 거예요?" 발랑틴은 자신의 마음은 이렇게 동요하는데 어떻게 저 사람은 그토록 평온할 수 있을까 의아해 하며 담 너머로 손을 내밀어 막시밀리앙의 옷깃을 잡았다. "어딜 가시는 거예요?"

"더는 당신 집에 폐를 끼치지 않을 생각입니다. 그래서 나 같은 처지의 정직하고 충실한 남자들에게 모범이 될 일을 하려고 합니다."

"가시기 전에, 이제 어떻게 하실 건지 얘기해 주세요."

젊은이는 서글픈 미소를 지었다.

"어서 애길 해주세요, 제발 부탁이에요!"

"발랑틴, 마음을 바꾸신 거요?"

"마음을 바꿀 수는 없어요! 잘 아시잖아요!" 발랑틴은 소리쳤다.

"그렇다면, 안녕, 발랑틴!"

발랑틴은 온 힘을 다해 철책을 흔들었다. 그리고 막시밀리앙 모렐이 멀어져 가자 두 손을 철책 사이로 내밀었다.

"어떻게 하실 거예요? 가르쳐 주세요! 어디로 가시는 거예요?"

"아, 염려 마십시오." 모렐은 문에서 서너 걸음 걸어가더니 발을 멈추고 말했다. "이 운명이 주는 고통을 다른 사람에게 돌릴 생각은 없소. 다른 사람 같았으면, 프란츠를 찾아가 결투를 신청하고 싸우겠노라고 당신을 위협했을지도 모르지요. 그러나 그건 다 바보 같은 짓이오. 프란츠에게 무슨 책임이 있단 말입니까? 그는 오늘 아침에 나를 처음 보았습니다. 나를 만났던 일도 벌써 잊어버렸을 겁니다. 양가에서 두 사람의 혼인을 결정했을 때도, 그는 나라는 사람이 있다는 것조차 생각해 보지 못한 사람입니다. 그러니 프란츠 군은 나와 아무 관계도 없어요. 그러니 맹세하건대, 난 절대로 그 사람은 원망하지 않아요."

"그럼 누굴 원망하시죠? 저를요?"

"당신을? 천만에! 여자는 신성합니다. 자기가 사랑하는 여자는 신성한 법이지요."

"그럼, 당신 자신인가요?"

"그렇소, 내가 죄인이요, 그렇지 않소?"

"막시밀리앙," 발랑틴은 말했다. "막시밀리앙, 이리 좀 와보세요. 얼굴 좀 보게요."

막시밀리앙은 부드럽게 미소 지으며 다가왔다. 얼굴빛만 창백하지 않았다면, 평소의 그와 다르지 않았다.

"내 얘길 들어봐요, 내 사랑 발랑틴!" 그는 맑고도 엄숙한 어조로 말했다. "우리처럼 세상이나 부모님이나 하느님 앞에서 얼굴을 붉힐 만한 생각을 해보지 않은 사람들은 서로의 마음을 한눈에 읽을 수 있지요. 나는 소설 같은 것을 써본 적도 없고, 나 자신이 우울한 주인공도 아니니까, 만프레드(바이런 시의 주인공)라든가 앙토니(뒤마의 희곡 〈앙토니〉의 주인공. 유부녀인 애인을 죽인다.)라도 된 듯한 생각은 하지 않아요. 이러쿵저러쿵 잔소리를 한다든가, 시위나 맹세 같은 것은 해본 적 없지만, 나는 당신에게 목숨을 걸었던 것이오. 그런데 그런 당신을 잃게 되었소. 당신이 내게서 떠나는 순간, 발랑틴, 나는 이 세상에 혼자가 됩니다. 내 누이는 남편이 있어 행복합니다. 그러나 그 남편 되는 사람은 사회제도가 내게 인연 지어준 매제일 뿐이오. 이 세상에 이제 나를 필요로 하는 사람은 하나도 없소. 난 당신이 결혼할 때까지 기다릴 생각이오. 우연이라는 가능성에 기대를 걸어 보는 거지요. 왜냐하면 오늘부터 그날까지 프란츠 군이 죽을 수도 있을 테니까요. 당신이 결혼의 제단으로 다가갈 때, 갑자기 제단 위에 벼락이 떨어지지 말라는 법도 없지요. 사형선고를 받은 사람은 무엇이든 다 믿습니다. 목숨을 구할 수 있다면 어떤 기적이건 다 가능하다고 생각합니다. 그래서 나도 최후의 순간까지 기다릴 겁니다. 그랬다가 내 불행이 마침내 확실해지고 더 이상 희망을 걸 수 없게 되면, 매제에게 모든 것을 고백하는 편지를 쓰고 검사에게는 내 계획을 알리는 편지를 보낼 생각이오. 그리고 어느 숲 한구석이나 웅덩이, 또는 강기슭으로 가서 머리에 총을 대고 쏘아버리겠소. 나는 프랑스에서 이제껏 한 번도 볼 수 없었던 가장 정직한 사람의 아들이니까."

발랑틴은 갑자기 경련하듯 후들후들 몸이 떨렸다. 그녀는 지금까지 잡고 있던 철책에서 손을 떼었다. 두 팔은 축 늘어졌다. 뺨에는 구슬 같은 눈물이 주르륵 흘러내렸다.

젊은이는 침통해 하면서 결심이 선 듯한 모습으로 그녀 앞에 서 있었다.

"오! 제발, 제발 살아 있어 주세요, 네?"

"아닙니다. 명예를 걸고 그렇게 할 겁니다." 막시밀리앙은 대답했다. "그리고 그게 당신에게 무슨 상관이 있단 말입니까? 당신은 의무를 다하기만 하면 됩니다. 거기에 가책 같은 건 없어도 됩니다."

발랑틴은 터질 듯한 가슴을 누르며 무릎을 꿇었다.

"막시밀리앙. 저의 친구이며, 이 세상에서는 나의 오빠이고, 천국에선 제 남편이 되실 막시밀리앙. 제발 저처럼 살아 있어 주세요. 고통을 참고 살다 보면 언젠가는 우리가 다시 만날 날이 있을 거예요."

"안녕히, 발랑틴!" 모렐은 다시 한 번 작별 인사를 했다.

"오!" 발랑틴은 거룩한 표정으로 높은 하늘을 향해 두 손을 모으며 말했다. "잘 아시겠지만, 전 순종하는 딸로서 온갖 애를 다 써왔어요. 기도도 하고 애원도 해보고 눈물도 흘렸습니다. 그러나 제 기도도 애원도 눈물도 소용이 없었어요." 소녀는 눈물을 닦고 마음을 가다듬더니 말했다. "전 후회하며 죽고 싶지는 않아요. 차라리 불명예스럽게 죽는 편이 낫겠어요. 막시밀리앙, 죽지 마세요, 막시밀리앙. 오직 당신의 사람이 될게요. 언제부터? 지금 당장? 말씀해 주세요, 명령만 해주세요. 하라는 대로 할게요."

모렐은 이 소리에 다시 되돌아왔다. 그리고 너무 기쁜 나머지 얼굴빛까지 변하여 두근거리는 가슴으로 두 손을 철책 너머 발랑틴에게 내밀면서 말했다. "발랑틴! 그런 말 하면 안 돼요. 날 그냥 죽게 내버려두어야 해요. 내가 당신을 사랑하는 만큼 당신이 나를 사랑해 준다면, 어찌 내가 당신에게 무리한 요구를 할 수 있겠소? 당신은 나를 동정해서 죽지 말라고 하는 거지요? 그게 전부라면 난 차라리 죽는 편을 택하겠소."

"사실," 발랑틴은 중얼거렸다. "이 세상에서 누가 정말 나를 사랑해 줄까? 이 사람뿐이지, 내 괴로움을 위로해 주는 것은 이분뿐이야. 나는 누구한테 희망을 걸고 있었던 걸까? 그리고 어디로 가야 할지 모르는 내 눈이, 괴로운 내 마음이 누구를 의지하고 있었던 걸까? 언제나 이분뿐이었어. 막시밀리앙 당신 말이 옳아요. 전 당신을 따르겠어요. 아버지의 집과 모든 것을 버리겠어요. 아, 나는 얼마나 은혜를 모르는 여자인가요?" 발랑틴은 흐느껴 울며 소리쳤다. "모든 걸 다! 지금까지 잊고 있었지만, 할아버지까지도."

"안 돼요," 청년은 말했다. "그분 곁을 떠나서는 안 돼요. 누아르티에 씨께선 제게 호의를 가지고 계셨잖아요? 떠나기 전에 할아버지를 뵙고 모든 걸 말씀드리기로 해요. 하느님 앞에 떳떳해지기 위해서라도 할아버지께는 허락을 받아야 하오. 그리고 결혼하면 할아버지를 모셔가도록 합시다. 지금까지 하나밖에 없던 손자가 둘이 생기는 셈이 아니겠소. 당신과 할아버지 사이에만 통하는 말이 따로 있다고 그랬으니, 나도 곧 그 말을 익히도록 하지요. 맹세하겠소! 우리 앞날은 절망이 아니라 행복으로 가득 차게 해주겠다고 말이오."

"오, 막시밀리앙! 당신은 정말 굉장한 힘을 가지고 계시군요. 당신 말만으로 모든 걸 다 믿게 되니 말이에요. 하지만 지금 그 얘기는 경솔한 말씀이에요. 할아버지께선 저를 저주하실 거예요. 전 할아버지를 잘 알아요. 완고하신 분이라서 용서하지 않으실 거예요. 그러니 막시밀리앙, 만약 무슨 수를 쓴다든가, 간청을 한다든가 또는 사고를 일으킨다든가, 교묘한 방법으로 결혼을 연기시킨다면 기다려 주시겠어요?"

"맹세하겠소. 당신도 이 무서운 결혼을, 만일 시장이나 신부 앞에 끌려가더라도, 분명히 싫다고 말하겠다는 약속만 해준다면."

"맹세할게요. 이 세상에서 가장 신성한 존재인 제 어머니의 이름을 걸고."

"그렇다면 우리 때를 기다립시다."

"그래요, 기다려요." 발랑틴이 대꾸했다. "이 세상에는 우리같이 불행한 사람들을 구원하는 길이 반드시 있을 테니까요."

"당신게 맡기겠소, 발랑틴," 청년이 말했다. "당신이 모든 걸 잘해낼 테니까. 그러나 만약 당신의 부탁을 묵살해 버리고, 아버지와 할머니께서 내일 프란츠 데피네 씨를 불러 혼인 서약서에 서명을 하라고 하시면……"

"그러면, 분명히 맹세하겠어요, 모렐."

"서명하는 대신에……"

"저는 당신과 함께 도망갈 거예요. 하지만 앞으로는 하느님을 시험하는 일 같은 건 하지 말기로 해요. 서로 만나지도 말고요. 아직 누구에게도 들키지 않은 것은 기적이고 하느님의 은총이에요. 만약 우리의 만남이 발각되거나 누가 만나는 장소를 알게 되면 모든 게 헛일이 될 테니까요."

"그건 그래요, 발랑틴. 하지만 나한테 어떻게 연락을 해줄 수 있을는지……"

"공증인을 통해서 알려드릴게요, 데샹 씨 말이에요."

"나도 그 사람이라면 알고 있소."

"그리고 저도 편지로 알려드릴게요. 아! 막시밀리앙, 이 결혼은 당신 못지 않게 제게도 가증스러워요."

"알겠어요! 고마워요, 내 사랑 발랑틴." 모렐은 계속해서 말했다. "이제다 됐군요. 시간만 알려주면 내가 여기로 달려오겠소. 그리고 내가 당신을안아서 이 담을 넘겨드리겠소. 어렵지 않게 넘어갈 수 있을 거요. 마차를 이울타리 밖에 대기시켜 놓을게요. 나하고 같이 누이 집으로 갑시다. 거기서는내키지 않으면 이름을 밝히지 않아도 좋습니다. 우리는 자신의 힘과 의지를깨닫게 되겠지요. 어쨌든 양 새끼처럼 한숨만 쉬면서 목을 졸리지는 않을 거란 말이오."

"알겠어요." 발랑틴은 말했다. "이번엔 제가 말할 차례예요, 막시밀리앙당신이 하는 모든 일이 다 잘될 거예요."

"오!"

"어떠세요? 당신의 아내로서 만족하시겠어요?" 소녀는 쓸쓸하게 말했다.

"사랑스런 발랑틴! 그렇다는 대답만으로는 부족할 지경이오."

"그래도 말씀해 주세요."

발랑틴은 앞으로 다가섰다. 그보다는 입술을 가까이 갖다 대었다. 그래서그녀의 말은 그 향기로운 입김과 함께 막시밀리앙의 입술에 닿았다. 모렐도그 차갑고 무정한 철책에 그의 입을 갖다 댔다.

"조심히 돌아가세요." 발랑틴은 그 행복에서 몸을 떼어 내는 게 아쉬운 듯이 말했다. "조심히 돌아가세요!"

"꼭 편지해 주시겠죠?"

"네, 꼭 할게요."

"고마워요, 나의 사랑스러운 아내! 그럼, 안녕!"

허공에 입 맞추는 순결한 키스 소리가 울려 퍼졌고, 발랑틴은 보리수 밑으로 달아나 버렸다.

막시밀리앙은 그 자리에 서서 그녀의 옷깃이 소나무를 스치는 소리, 발밑에 모래가 닿는 소리를 들었다. 그러고는 형언하기 어려운 미소를 지으며 하늘을 쳐다보았다. 자기가 이렇게까지 사랑받고 있는 것을 감사하며 그도 자취를 감추었다.

집으로 돌아온 그는 다음 날까지 기다리고 기다렸지만, 아무 소식도 받지못했다. 마침내 이틀 뒤 아침 10시쯤, 공증인 데샹 씨 집으로 가려고 하는데편지 한 장이 도착했다. 지금까지 한 번도 발랑틴의 필적을 본 일이 없었지만, 그는 금방 이 편지가 발랑틴에게서 왔다는 것을 알 수 있었다. 편지에는 다음과 같이 쓰여 있었다.

　눈물도 흘렸습니다. 애원도 했습니다. 부탁도 해보았습니다. 하지만 아무 소용없었습니다. 어제는 두 시간 동안 생필립뒤룰르 교회에 가서 마음을 다해 하느님께 기도를 드렸습니다. 그러나 하느님께서는 아무런 동정도 보여주시지 않으셨습니다. 혼인 서약서의 서명은 오늘 밤 아홉 시로 결정되었습니다.
　마음이 하나밖에 없듯이 제 말도 하나입니다. 그리고 그것은 바로 당신에게 한 약속입니다. 제 마음은 당신 것입니다.
　그럼, 오늘 밤 9시 15분 전에 철책 앞에서.

당신의 아내 발랑틴 드 빌포르

　추신 : 불쌍한 할머니께선 병세가 점점 나빠지고 있습니다. 어제는 흥분이 착란으로 바뀌고, 그 착란이 오늘은 거의 광기에 가깝습니다.
　당신은 저를 사랑하고 계시죠? 그리고 이런 할머니를 두고 떠나는 제 괴로움을 잊게 해주시겠죠?
　혼인 서약서 서명을 오늘 밤에 한다는 것을 할아버지께는 모두들 숨기고 있는 것 같아요.

　막시밀리앙 모렐은 발랑틴의 편지만으로는 만족이 되지 않아 공중인을 찾아 갔다. 그리고 공중인의 입으로 계약서 서명을 밤 9시에 한다는 것을 확인했다.
　다음에는 몬테크리스토 백작에게로 갔다. 거기서도 그것이 사실임을 알게 되었다. 프란츠가 와서 식을 올리게 되었다는 것을 알려왔다고 했다. 한편 빌포르 부인에게서도 편지가 왔다고 했다. 부인은 편지로 백작을 초대하지 못하는 것을 사과하고, 생메랑 후작의 죽음과 후작부인의 병세 때문에 슬픔 속에서 서약식이 거행될 것이며, 자기는 늘 백작이 행복하기를 바라는 마음에서 그 슬픈 의식이 백작의 얼굴을 어둡게 할까 염려되었다며 초대하지 못하는 이유를 전했다고 했다.

프란츠는 그 전날, 생메랑 후작부인과 마주하게 되었다. 후작부인은 그를 소개받기 위해 잠시 침대에서 일어났다가, 소개가 끝나자 이내 다시 자리에 누웠다.

막시밀리앙 모렐은 몹시 흥분해 있었다. 그리고 백작이 그의 이러한 동요를 놓쳤을 리가 없었다. 백작은 어느 때보다도 친절하게 막시밀리앙을 대해주었다. 그 친절한 태도에, 막시밀리앙은 몇 번이나 백작에게 모든 것을 고백할 뻔했다. 그러나 그는 발랑틴과의 약속을 되뇌며 그 비밀을 가슴에 간직해 두었다.

막시밀리앙은 그날 온종일 발랑틴의 편지를 수없이 읽고 또 읽었다. 그것은 그녀에게서 처음 받아본 편지였다. 그것도 하필이면 이런 때에! 그는 편지를 읽을 때마다 발랑틴을 행복하게 해주어야겠다고 마음속으로 다짐했다. 그렇다, 이렇게 과감한 결심을 하다니 얼마나 굳센 여자인가! 그리고 그런 여자의 모든 희생을 받게 된 사람은 얼마나 충성하고 또 충성해야 하겠는가! 그녀야말로 애인에게 최고의 존경을 받을 만한 존재가 아닌가! 아내이자 여왕인 그녀, 마음 하나만으로는 사랑하고 감사하기에 턱없이 부족할 지경이었다.

모렐은 이루 형언할 수 없는 흥분 속에서 발랑틴이 자신을 데려가 달라고 말하는 순간만을 상상하고 있었다.

그는 도망칠 준비를 다 해놓았다. 손수 끌고 갈 마차도 대기시켜 놓았다. 그는 하인도 데려가지 않고, 불도 밝히지 않을 생각이었다. 불은 첫 번째 길을 돌아선 다음에 켜기로 했다. 왜냐하면 너무 조심하다가 경찰의 눈에 띄면 안 되기 때문이었다.

때때로 그는 몸에 흐르는 전율을 느꼈다. 그는 담 너머로 발랑틴을 받아 안을 때, 이제껏 손만 잡아보고 손가락 끝밖에 닿아보지 못한 발랑틴이 떨면서 자기 팔에 몸을 맡기는 순간을 상상하고 있었다.

그러나 오후가 되어 이윽고 그 시간이 가까워오자 막시밀리앙은 혼자 있고 싶어졌다. 마치 피가 끓어오르는 것 같았다. 친구가 뭔가를 묻거나 목소리를 내기만 해도 신경이 날카로워졌다. 그는 집에 틀어박혀 책을 읽어보려 했다. 그러나 눈은 종이 위를 스쳐갈 뿐 전혀 내용이 머릿속에 들어오질 않았다. 그는 책을 팽개치고 다시 한 번 그 계획과 사다리, 채소밭을 머릿속에 그려보았다.

마침내 시간이 가까워졌다. 사랑에 빠진 남자는 시곗바늘을 그냥 두지 않는 법이다. 막시밀리앙도 괘종시계를 돌려놓아서 실제론 6시인데, 바늘은 8시 반을 가리키고 있었다. 그는 이젠 떠날 시간이 됐다고 생각했다. 서명은 9시지만, 발랑틴이 아무 소용없는 그 시간을 기다리고 있을 리가 없다고 생각했다. 그는 자기 집 괘종시계로 8시 반에 멜레 거리를 나와 생필립뒤룰르 교회의 종이 막 8시를 칠 때 채소밭으로 들어갔다.

말과 마차는 막시밀리앙이 늘 몸을 숨기던 오두막 뒤에 숨겨져 있었다.

날은 점점 어두워졌다. 정원의 수풀들이 수북하고 커다란 덩어리가 되어 버렸다.

그때 막시밀리앙은 가슴을 두근거리며 숨어 있던 곳에서 나와 철문 앞으로 갔다. 그러나 아직 아무도 없었다.

8시 반이 울렸다.

기다리는 동안 반시간이 흘러갔다. 모렐은 여기저기를 왔다 갔다 했다. 그리고 빈도를 높여 가며 이따금 멈춰 서서 판자 쪽을 보았다. 정원은 점점 어두워졌다. 그러나 어둠 속에서 아무리 찾아보아도 흰 옷자락을 찾을 수 없었다. 정막이 흐르는 가운데 발소리 같은 것은 들리지도 않았다.

수풀 사이로 보이는 빌포르의 집은 여전히 어두웠다. 결혼 서약서에 서명을 하는 중대사가 있는 집 같지 않았다.

모렐은 자기 회중시계가 몇 시인지 확인해보았다. 회중시계는 9시 45분을 울리고 있었다. 그러나 거의 동시에 공원의 괘종시계는 9시 30분을 쳤고, 그와 같은 소리가 이미 두세 번 들려왔었기 때문에 회중시계가 틀렸다는 사실을 알았다. 발랑틴이 정해 준 시간보다 이미 30분이나 더 기다린 것이다. 발랑틴은 9시라고 했다. 그보다 빠르면 빨랐지 더 늦게 하지는 않는다고 했다.

젊은이에게는 그 순간이야말로 가장 두려운 시간이었다. 일각일각이 납으로 된 망치가 되어 그의 가슴을 내리쳤다.

어디서 잎사귀 소리만 나도, 바람만 스쳐도 귀를 기울였다. 이마에 땀이 났다. 그는 몸을 떨면서 사다리를 세우고 그 위에 발을 올려놓았다.

이렇게 불안과 희망이 엇갈리는 가운데 또다시 교회의 종이 10시를 알렸다.

"오!" 두려움에 떨며 막시밀리앙은 중얼거렸다. "뭔가 뜻밖의 사건이 일어나지 않은 한 혼인 서약서의 서명이 이렇게 오래갈 리가 없어. 모든 경우를 생각하고 수속에 필요한 시간을 계산해 봐도 분명 무슨 일이 일어난 거야."

그는 불안한 마음으로 철책 앞을 왔다 갔다 하다가 불덩이 같은 이마를 차가운 강철에 대보곤 했다. 발랑틴이 서명을 하고 나서 기절이라도 한 건 아닐까, 아니면 도망치다가 붙잡혔을까? 막시밀리앙이 가정할 수 있는 것은 이 두 경우였다. 그리고 양쪽 모두 절망적이었다. 그러다 문득 발랑틴이 도망치다가 지쳐서 정원의 오솔길 어느 곳에 쓰러지기라도 한 것이 아닌가 하는 생각이 들었다.

"오! 만약 그렇다면," 그는 이렇게 외치면서 사다리 위로 뛰어 올라갔다. "그녀를 잃게 될 거야. 그것도 내 잘못으로!"

이러한 생각을 심어준 악마는 좀처럼 머릿속에서 떠나지 않았다. 처음에는 혹시나 하던 생각이, 논리의 힘에 어쩔 수 없이 확신으로 변하고 말았다. 이러한 집념이 그의 귓가에 맴돌았다. 점점 더 짙어져가는 어둠 속을 보는 그의 눈에 무엇인가가 들어왔다. 캄캄한 오솔길 위에 누군가 쓰러져 있는 것 같았다. 막시밀리앙은 용기를 내어 불러보았다. 그랬더니 확실치는 않으나 신음소리 같은 것이 바람을 타고 들려오는 것만 같았다.

교회에서 또다시 30분을 알리는 종이 울렸다. 더는 기다릴 수 없었다. 그는 여러 가지 일을 상상해 보았다. 관자놀이가 몹시 뛰었다. 눈앞에는 구름이 끼었다. 그는 담을 뛰어넘었다.

막시밀리앙은 지금 빌포르 집에 와 있다. 그는 이러한 행동이 어떤 결과를 가져올까 생각해 보았다. 그러나 이제 와서 되돌아갈 수는 없었다.

그는 곧 빽빽한 나무들 사이를 빠져나왔다. 그랬더니 집 전체가 드러났는데, 환히 불을 밝히고 있어야 할 집은 보이지 않고 회색빛 건물만 덩그러니 놓여 있었다.

때때로 불빛 하나가 당황한 듯이 세 개의 창문 뒤에서 왔다갔다하고 있었다. 그 세 개의 창은 생메랑 후작부인 방의 창이었다.

또 하나의 불빛은 붉은 커튼 뒤에서 움직이지 않고 있었다. 그것은 빌포르 부인의 침실 커튼이었다.

막시밀리앙은 모든 것을 상상할 수 있었다. 그는 전에 발랑틴의 생활을 머릿속에 그려보기 위해 발랑틴에게 수없이 집의 구조를 설명해달라고 했었다. 그래서 한 번도 가보지 않았지만 이 집을 훤히 알고 있었다.

그는 발랑틴이 나타나지 않는 것보다, 집 전체가 이렇게 어둡고 조용한 것이 더 무서웠다.

제정신을 잃고 슬픔에 잠긴 막시밀리앙은 이제 오직 발랑틴을 만나 대체 무슨 일이 일어난 건지 물어보려고 나무 숲을 막 빠져나온 참이었다. 그리고 가려지는 것이 하나도 없는 화단을 되도록 빨리 건너가려고 할 때, 꽤 먼 곳 어디선가 바람에 실려 사람 소리가 들려왔다.

그 소리를 듣자 그는 한 걸음 뒤로 물러섰다. 이미 숲 바깥으로 몸을 반쯤 내밀고 있었던 그는 다시 숲 속으로 들어가 몸을 숨기고 어둠 속에서 숨죽인 채로 있었다.

이미 결심은 돼 있었다. 발랑틴 혼자라면 지나가면서 말을 걸리라. 만일 누군가와 함께 있더라도, 그녀를 본 것에 만족하고 별다른 불행이 없었는지 확인해 보자. 만약 전혀 모르는 사람들이라면 그들의 얘기를 엿들어 도대체 무슨 일인지 알아내리라.

그때 달이 구름을 헤치고 모습을 드러냈다. 그리고 막시밀리앙은 계단 쪽 문에 빌포르와 검은 옷을 입은 사나이가 서 있는 것을 보았다. 그 두 사람은 계단을 내려와 나무 있는 곳으로 가고 있었다. 그들이 몇 걸음 걸어 나오자, 막시밀리앙은 그 검은 옷을 입은 사람이 의사인 다브리니라는 것을 알아보았다.

막시밀리앙은 두 사람이 자기 쪽으로 오는 것을 보고, 기계적으로 숲 가운데 있는 단풍나무 앞까지 물러났다. 거기까지 물러나자 그는 발을 멈추지 않을 수 없었다.

이윽고 그들이 밟던 모래 소리가 뚝 그쳤다. 그리고 검찰총장의 목소리가 들려왔다.

"아! 선생. 이거 원 하늘이 우리 집안에 나쁜 일만 생기게 하는 것 같군요. 이게 웬 뜻하지 않은 불행인가요! 절 위로하실 필요는 없습니다. 상처가 너무 심하고 깊습니다. 죽다니! 그렇게 죽어버리다니!"

막시밀리앙은 이마에 식은땀이 흐르고 이가 떨렸다.

'빌포르 씨 자신이 저주받았다고 한 이 집에서 도대체 누가 죽었을까?'

그러자 의사가 말했다.

"빌포르 씨. 제가 당신을 이리로 모시고 온 것은 위로하기 위해서가 아니라, 실은 그 반대입니다."

막시밀리앙은 그의 말을 들으니 한층 더 무서워졌다.

"그게 무슨 말씀이시죠?" 검찰총장이 깜짝 놀라 물었다.

"사실은 지금 일어난 이 불행보다 더 큰 불행이 있다는 것을 말씀드리려고요."

"오, 하느님! 아니 또 무슨 일입니까?" 빌포르는 두 손을 모으며 중얼거렸다.

"여기 분명 다른 사람은 아무도 없지요?"

"물론입니다. 우리 둘뿐입니다. 그런데 왜 그렇게 조심하시죠?"

"무서운 비밀입니다. 자, 앉읍시다." 의사가 말했다.

빌포르는 벤치 위에 쓰러지다시피 주저앉았다. 의사는 빌포르 어깨에 손을 얹고 그의 앞에 서 있었다. 막시밀리앙은 겁에 질려 몸이 얼어붙은 채 한 손으로는 이마를 짚고 다른 한 손으로는 행여 심장의 고동 소리가 들릴까 봐 가슴을 꽉 누르고 있었다.

'죽은 거야! 죽은 거야!' 막시밀리앙은 마음속으로 되뇌었다. 그 자신도 꼭 죽을 것만 같았다.

"얘길 해보시죠, 들어봅시다." 빌포르가 말했다. "부디 솔직히 말씀해 주십시오. 각오는 하고 있습니다."

"생메랑 후작부인은 나이는 고령이시지만 꽤 건강하셨습니다."

막시밀리앙 모렐은 거의 10분 만에 비로소 안도의 숨을 내쉬었다.

"너무 슬퍼하시다 돌아가신 거지요." 빌포르가 대답했다. "그래요, 너무 서러워하셨지요. 40년이나 후작을 모시고 살아오신 분이니까요."

"빌포르 씨, 슬픔 때문에 돌아가신 게 아닙니다." 의사가 말했다. "간혹 슬픔 때문에 죽는 수도 있긴 합니다만 그런 경우엔 하루 만에, 한 시간, 아니 10분 만에 그렇게 죽지는 않습니다."

빌포르는 아무 대답도 하지 않았다. 다만 이제까지 숙이고 있던 고개를 들어 놀란 눈으로 의사를 쳐다보았다.

"임종하실 때 옆에 계셨습니까?" 의사가 물었다.

"물론이죠." 검찰총장이 대답했다. "당신이 낮은 목소리로 곁을 떠나지 말라고 일러주셨으니까요."

"당신은 후작부인을 돌아가시게 한 그 병의 증세를 다 보셨겠군요?"

"물론입니다. 장모께서는 몇 분 간격으로 발작을 세 번 일으키셨습니다. 한 번 발작을 일으키실 때마다 간격이 점점 잦아지고 도가 심해졌지요. 선생께서 도착하셨을 때엔 이미 몇 분 전부터 숨도 잘 못 쉬고 계셨습니다. 바로 그때 발작을 일으키신 겁니다. 전 단순한 신경성인 줄로만 생각했는데, 어머님께서 목과 팔다리가 뻣뻣해지시더니 침대에서 몸을 일으켰을 때에야 처음으로 겁이 덜컥 났습니다. 그리고 당신의 얼굴을 보고서 병세가 생각보다 훨씬 심하다는 것을 깨달았습니다. 발작이 일어난 뒤에 저는 당신의 눈을 살폈지만, 제대로 마주칠 수 없었습니다. 맥을 짚고 심장의 고동을 세고 계셨으니까요. 그리고 두 번째 발작이 일어났을 때는 첫 번째보다도 더 무서웠습니다. 같은 신경성의 고통이 시작되었지요. 입이 쥐가 난 듯 오므라들고 보랏빛이 되더군요. 그리고 세 번째 발작 때 그만 숨을 거두신 겁니다. 첫 번째 발작 뒤에 저는 경직경련이라는 걸 알았습니다. 선생께서도 그렇게 생각하신다고 그러셨죠?"

"네, 그 자리에 사람들이 모두 있었으니까요. 그러나 지금은 우리 둘뿐입니다." 의사가 말했다.

"그게 무슨 말씀이십니까?"

"경직경련과 식물성 중독증은 증세가 똑같습니다."

빌포르는 벤치에서 벌떡 일어나더니 잠시 꼼짝하지도 못하고 말없이 서 있었다. 그러고는 다시 털썩 주저앉으며 말했다.

"오! 확실한 겁니까?"

막시밀리앙은 꿈인지 생시인지 잘 분간이 안 갔다.

"난 내가 하는 말이 얼마나 중요한지, 내 앞에 있는 상대가 누구인지도 잘 알고 있습니다."

의사의 말에 빌포르가 다시 물었다.

"그건 저에게 사법관으로 대하시는 말씀입니까, 아니면 친구로 대하시는 말씀입니까?"

"친구로서입니다. 지금 경우에는 친구로서만입니다. 경직경련과 식물성 독물에 의한 중독 증세는 매우 흡사해서 만약 내가 한 말에 서명을 해야 한다면, 신중하게 생각하지 않을 수 없습니다. 그러니 다시 한 번 말씀드리겠습니다만, 난 사법관이 아닌 친구에게 얘기하고 있는 겁니다. 돌아가시기 전 45분 동안, 나는 임종의 증상, 경련, 죽음, 이런 것들을 관찰했습니다. 그 결과 확신이 섰습니다. 후작부인이 독살을 당했다는 사실뿐만 아니라, 무슨 독에 의해 돌아가셨는지도 말할 수 있습니다."

"그럴 수가!"

"모든 증세가 다 나타났습니다. 신경성 발작에 의한 중단된 혼수상태, 극도의 흥분 상태, 신경 중독의 마비 상태. 후작부인은 브루신이나 스트리크닌을 다량으로 복용해서 돌아가신 겁니다. 물론 우연이거나, 또는 누가 실수로 드렸던 거겠지요."

빌포르는 의사의 손을 잡았다.

"오! 그럴 수가! 이건 분명 꿈이에요! 오, 나는 지금 꿈을 꾸고 있는 거예요. 당신 같은 분한테서 이런 무서운 소리를 듣다니! 제발 부탁입니다. 잘못 생각하신 거라고 말씀해 주시오!"

"물론 그럴 수도 있죠. 그러나……."

"그러나라니요……."

"잘못 판단했다고는 생각지 않습니다."

"저를 불쌍히 여겨 주십시오. 요 며칠간 온통 끔찍한 일들뿐입니다. 이러다 미쳐 버릴 것만 같아요."

"나 말고 다른 의사가 후작부인을 치료한 일이 있나요?"

"아무도 없습니다."

"나에게 알리지 않고 약방에 가서 약을 지어온 일은 없습니까?"

"없습니다."

"후작부인에게 적이 있었습니까?"

"그건 모르겠습니다."

"부인이 돌아가시게 되면 이익을 얻는 사람은요?"

"말도 안 됩니다. 내 딸만이 그분의 유일한 상속자니까요. 발랑틴이……오! 만약 내가 이런 생각을 한다면, 단 한 순간이라도 그런 생각을 한다면,

내 가슴을 칼로 찔러버려야 할 겁니다."

"오!" 의사가 소리쳤다. "나는 누구도 책망하는 게 아닙니다. 다만 어떤 사고나 실수 같은 것을 얘기하는 겁니다. 그러나 사고든 실수든 그런 게 문제가 아닙니다. 중요한 건 사실 그 자체가 제 양심에 호소하고 있다는 겁니다. 제 양심이 큰 소리로 진실을 밝혀달라고 말하고 있어요. 좀 알아봐 주셔야겠습니다."

"누구를요? 어떻게? 무얼 말입니까?"

"예를 들면 하인 바루아 말입니다. 그 사람이 혹시 자기 주인을 위해서 지어 놓은 약 같은 것을 후작부인께 잘못 드렸던 게 아닐까요?"

"제 아버지 약을요?"

"그렇소."

"하지만 아버지 약을 장모께서 마셨다고 해서 돌아가실 리가 있습니까?"

"그럴 수 있지요. 아시겠지만, 병에 따라서는 독약도 약이 되는 법이니까요. 중풍도 그런 병 가운데 하나지요. 누아르티에 씨의 몸과 말을 회복시키려고 온갖 약을 다 써보다가, 3개월 전부터 마지막 방법으로 브루신 요법을 쓰고 있습니다. 이번에 처방한 물약 중에는 6센티그램의 브루신이 들어 있지요. 마비되어 버린 누아르티에의 몸은 이미 독약에 익숙해져 아무 변화도 일으키지 않습니다. 하지만 6센티그램의 브루신을 보통 사람이 마신다면 충분히 죽을 수 있는 양이지요."

"하지만 아버님의 방과 후작부인의 방은 전혀 왕래가 없습니다. 바루아도 장모님 방엔 절대로 드나드는 일이 없고요. 이런 점으로 보아, 당신이 이 세상에서 가장 실력 있고 양심적인 분이라는 것을 알면서도, 모든 경우 당신의 말은 태양빛과 같이 나를 인도해 주는 횃불이라는 것을 확신하면서도 '인간에게 과오가 없으란 법은 없다'는 격언에 한번 의지해 보고 싶군요."

"들어보십시오, 빌포르 씨." 의사가 말했다. "다른 의사들 중에 나 말고도 믿을 수 있는 분이 또 없는지요?"

"그건 왜 물으십니까?"

"그분을 불러주십사 하고요. 그분에게 제가 본 것과 확신한 것을 이야기해 보겠습니다. 그리고 둘이서 함께 연구해 보겠습니다."

"그럼 독물의 흔적을 발견해 낼 수 있다는 말씀입니까?"

"독물이 아닙니다. 그것을 말한 게 아닙니다. 다만, 신경 계통의 흥분 상태를 조사해 보겠습니다. 그리고 의심할 여지가 없는 질식 상태인지 확인하는 겁니다. 그런 다음에 당신께 이렇게 말씀드리겠습니다. '만약 실수로 이런 일이 생겼다면 하인들을 잘 감독하셔야겠습니다. 그리고 만약 원한 때문이었다면 적을 조심하셔야겠습니다.'"

"도대체 그게 무슨 말씀이십니까?" 빌포르는 한 대 얻어맞은 듯이 물었다. "만약 이 비밀을 당신 말고 다른 사람이 알게 되면 저는 싫든 좋든 사건을 수사해야 합니다. 그런데 내 집을 수사해야 하다니 그건 말도 안 됩니다!" 검찰총장은 말투를 바꾸어 불안한 듯이 의사를 바라보며 말을 이었다. "그러나 당신이 굳이 그렇게 해보시겠다면 그렇게 하십시오. 그렇게 하도록 해드리는 게 제 의무겠지요. 제 기질이 그렇게 하라고 명령하고 있으니까요. 하지만 의사 선생, 보시다시피 저희 집은 지금 깊은 슬픔에 잠겨 있습니다. 그런데 거기다 나쁜 소문까지 내야 하다니! 오! 그렇게 되면 제 아내나 딸은 아마 죽고 싶을 만큼 괴로워할 겁니다. 그리고 선생께서도 아시겠지만, 누구도 저 같은 지위에 올라 25년이나 검찰총장을 하다보면 적이 많이 생기게 됩니다. 이런 소문이 퍼지기라도 하는 날엔 놈들은 자기들이 승리한 줄 알고 좋아서 펄쩍펄쩍 뛸 겁니다. 그럼 전 완전히 망신이지요. 이런 세속적인 생각을 하는 것을 용서하십시오. 당신이 성직자라면 감히 이런 소리 못했을 거예요. 그러나 당신은 한 인간이고, 인간들이 어떤 것인지 잘 알고 계십니다. 선생, 왜 아무 말씀이 없으십니까?"

의사는 마음이 흔들렸다. "빌포르 씨, 저의 첫 번째 의무는 인간을 사랑하는 일입니다. 과학의 힘이 허락했다면 후작부인을 구할 수 있었을 겁니다. 그러나 그분은 돌아가셨지요. 그러니 이제부터 산 사람들에게 공헌하는 것이 제 의무입니다. 이 비밀은 당신과 제 마음속에 묻어 버립시다. 만약 다른 사람들이 이 사실을 알게 된다고 해도, 내가 판단을 잘못한 것으로 그 책임을 돌리겠습니다. 그러나 조사는 계속하셔야 합니다. 사건은 이 정도로 끝날 것 같지 않으니까요. 그리고 범인을 알게 되면, 전 당신에게 사법관이니 마음대로 처벌하라고 말할 생각입니다."

"오! 감사합니다, 감사합니다!" 빌포르는 좋아서 어쩔 줄을 몰랐다. "전 지금까지 당신 같은 친구를 본 적이 없습니다."

이렇게 말한 그는 의사 마음이 변할까 봐 겁이 나는 듯 황급히 자리에서 일어나 집 쪽으로 갔다.

두 사람은 그대로 사라졌다.

막시밀리앙 모렐은 숨이라도 쉬어야 할 것 같아서, 나무 틈으로 고개를 내밀었다. 달빛에 비친 얼굴이 마치 유령 같았다.

그는 생각했다.

'하느님은 나를 분명하긴 하나, 무서운 방법으로 보호해 주신다. 그러나 발랑틴! 불쌍한 발랑틴이 과연 그런 슬픔을 견뎌낼 수 있을까?'

그는 이렇게 중얼거리며, 붉은 커튼을 드리운 창과 흰 커튼이 있는 세 개의 창을 번갈아 보았다.

붉은 커튼의 창에는 불빛이 거의 다 꺼져 있었다. 분명 빌포르 부인이 불을 꺼버렸을 것이다. 그리고 야간램프만이 유리창에 비치고 있었다.

그런데 건물 구석에 있는 흰 커튼이 드리워진 창 세 개 가운데 하나가 열리는 것이 보였다. 벽난로 위에 세워진 촛불에서 창백한 빛이 바깥으로 새어나왔다. 그리고 그림자 하나가 잠시 발코니로 나와 팔을 괴고 있었다.

막시밀리앙은 몸을 떨었다. 흐느껴 우는 소리가 들리는 것 같았기 때문이다.

평소엔 그렇게 용감하고 똑똑한 그였지만 사랑과 공포라는, 인간 감정 중에서도 가장 강한 두 감정에 휘말려 흥분하고 있는 지금, 어떤 환각에 마음이 흔들려 약해졌다고 해서 놀라울 것은 없었다.

그는 몸을 숨기고 있어 발랑틴이 자기를 알아볼 리가 없건만, 창가의 그림자가 자기를 부르는 것 같다고 느꼈다. 혼란스러운 그의 머리가 분명 그렇게 생각하고 있었다. 이러한 망상은 결국 움직일 수 없는 사실처럼 생각되었다. 그는 젊은 혈기로 지금까지 숨어 있던 곳에서 뛰어나왔다. 사람의 눈에 띄는 것도 잊고, 발랑틴을 놀라게 할지도 모른다는 것도, 발랑틴이 자기도 모르게 소리라도 지르면 사람들의 주목을 끌게 된다는 것도 잊은 채, 그는 화단을 넘어갔다. 화단은 달빛을 받고 마치 호수처럼 희고 넓어 보였다. 집 앞에 늘어선 오렌지 화분들이 있는 곳까지 오자 현관의 계단을 뛰어올라 숨을 내쉬고는 문을 밀었다. 문이 열렸다. 발랑틴에게는 그의 모습이 보이지 않았다. 하늘로 향한 그녀의 눈은 새파란 밤하늘을 흐르고 있는 은빛 구름을 좇고 있었다. 구름은 마치 하늘로 올라가는 혼령의 모습 같았다. 감정이 격해 있는 발랑틴의 눈에는 그 구름이 마치 할머니의 혼령 같았다.

그러는 동안 막시밀리앙은 대기실을 지나 계단의 난간 앞까지 왔다. 계단에 깔려 있는 양탄자 덕분에 발소리가 거의 나지 않았다. 막시밀리앙은 극도로 흥분해 있어서, 빌포르와 마주치게 되더라도 놀라지 않을 정도였다. 그의 결심은 확고하게 서 있었다. 그러니까 빌포르에게 다가가 모든 것을 고백하고, 딸과 자기 사이의 사랑을 용서하고 허락해 달라고 하는 것이다. 막시밀리앙은 제정신이 아니었다.

다행히 그는 아무도 마주치지 않았다. 발랑틴에게 그 집 내부구조를 들어둔 것이 도움이 되었다. 그는 무사히 계단을 다 올라갔다. 그리고 거기서 잠시 어디로 가야 할지 생각하고 있는데, 조금 전 그 울음소리가 방향을 알려주었다. 그는 뒤를 돌아보았다. 반쯤 열린 문에서 희미한 불빛과 흐느껴 우는 소리가 들려 왔다. 그는 그 문을 열고 방으로 들어갔다.

침대 한가운데에 흰 시트로 얼굴을 싸고 몸 전체의 선이 그대로 드러난 시체가 누워 있었다. 막시밀리앙은 우연히 비밀을 엿들었기 때문에 더 무섭게 느껴졌다.

침대 옆에는 발랑틴이 무릎을 꿇고 머리 위로 양 손을 꼭 쥔 채, 큰 안락의자 위에 놓인 쿠션에 얼굴을 파묻고서 훌쩍훌쩍 울고 있었다. 온몸이 떨리고 어깨가 들썩였다.

창밖을 바라보던 그녀는 이제 큰 소리로 기도를 올리고 있었다. 그 목소리는 무정한 사람의 마음도 움직일 정도로 처량했다. 발랑틴은 분명치 않은 말들을 빠르게 내뱉고 있었다. 가슴이 타는 듯한 괴로움에 목이 메인 것 같았다.

덧창 사이로 흘러 들어오는 달빛이 촛불을 희미하게 만들어, 이 애처로운 광경을 불길한 색깔로 비추고 있었다. 막시밀리앙은 이러한 광경을 더 이상 지켜보고 있을 수만은 없었다. 그는 신앙심이 깊은 것도 아니고, 감동을 잘 하는 성격도 아니었다. 그러나 괴로워하며 팔을 뒤틀면서 우는 발랑틴을 눈 앞에서 보고 가만히 있을 수가 없었다. 그는 한숨을 쉬더니 그녀의 이름을 불렀다. 그러자 눈물에 젖어 안락의자의 벨벳 위에 대리석같이 굳어 있는 얼굴, 코레지오(이탈리아 르네상스 화가(1494~1534).
파르마 파의 가장 중요한 화가이다)의 막달레나 같은 작은 얼굴이 모렐 쪽을 돌아보았다.

발랑틴은 그를 보고 별로 놀라는 기색도 없었다. 깊은 절망 속에 빠진 그녀의 마음에는 다른 감정이 끼어들 자리가 없었다.

막시밀리앙은 발랑틴에게 손을 내밀었다. 발랑틴은 그를 만나러 가지 못한 설명의 의미로 시트 아래 누워 있는 시체를 가리켰다. 그러고는 다시 흐느껴 울기 시작했다.

두 사람 모두 이 방 안에서는 입을 열 엄두를 내지 못 했다. 마치 죽음이 방 한구석에 서서 손가락을 입술에 대고 침묵을 명령하기라도 한 것 같았다.

이윽고 발랑틴이 먼저 입을 열었다.

"당신이 어떻게 여길 오셨어요? 사신이 집 문을 열어 놓지 않았더라면 반갑게 맞아드렸을 텐데."

"발랑틴," 막시밀리앙은 두 손을 모으며 떨리는 음성으로 말했다. "난 8시 반부터 기다리고 있었소. 허나, 당신의 모습은 보이지 않았소. 걱정이 돼서 그만 담을 넘어 정원 안으로 숨어 들어왔다오. 바로 그때, 이 괴로운 일에 대해 말하는 소릴 들었소……."

"누가 그런 소릴 했을까요?" 발랑틴이 물었다.

막시밀리앙은 몸을 떨었다. 의사와 빌포르의 이야기가 생각났기 때문이다. 시트 밑으로 뒤틀린 팔과 뻣뻣해진 목과 자줏빛 입술이 보이는 것만 같았다.

"하인들이 하는 얘길 들었소."

"하지만 여기까지 오시다니 이러면 우리 둘 다 파멸하는 거예요." 발랑틴은 별로 놀라거나 화를 내는 기색도 없이 말했다.

"용서해 주시오." 막시밀리앙도 같은 어조로 말했다. "그럼, 난 돌아가겠소."

"안 돼요," 발랑틴이 말했다. "누굴 만나게 될지도 몰라요. 그냥 여기 계세요."

"하지만 만일 누가 이 방으로 오면?"

발랑틴은 고개를 저었다.

"아무도 안 올 거예요. 염려 마세요. 여기 우릴 지켜주시는 분이 계시잖아요."

이렇게 말하며, 그녀는 시트 위로 몸의 모양이 그대로 드러난 시체를 가리켰다.

"그런데 데피네 씨 일은 어떻게 되었소? 부탁이니 어서 얘길 좀 해 봐요." 막시밀리앙이 말했다.

"프란츠가 서명을 하러 왔는데, 바로 그때 할머니께서 숨을 거두셨어요."

"오!"

막시밀리앙은 순간 승자가 된 듯 기분이 좋아졌다. 후작부인의 죽음으로 말미암아 발랑틴의 결혼이 오랫동안 연기될 것이라고 생각했기 때문이다.

그러나 발랑틴은 뜻밖에도 이렇게 말했다.

"하지만 제가 더 슬픈 것은 할머니께서 돌아가시면서 되도록 빨리 결혼하라고 하신 거예요. 할머니께선 저를 위해서 그러셨지만, 저를 오히려 불행에 빠뜨리신 거예요."

막시밀리앙은 벌을 받는 듯한 기분이었다. 그때 갑자기 문이 열리는 소리가 났다.

"쉿!" 막시밀리앙이 말했다.

두 사람은 입을 다물었다.

그러자 이어서 복도의 마루와 계단을 올라오는 소리가 들렸다.

"아버지께서 방에서 나오시는 소리예요." 발랑틴이 속삭였다.

"의사를 배웅하시려고." 막시밀리앙이 덧붙였다.

"어떻게 의사라는 걸 아세요?" 발랑틴이 깜짝 놀라며 물었다.

"아마 그럴 거란 말이오."

발랑틴은 그의 얼굴을 유심히 바라보았다.

이윽고 거리로 난 대문 소리가 들렸다. 빌포르는 다시 정원 뒷문으로 가서 열쇠를 채웠다. 그러고는 다시 계단을 올라왔다. 응접실에 오자, 그는 잠시 멈춰 섰다. 자기 방으로 돌아갈까, 후작부인의 방에 가볼까 망설이는 것 같았다. 막시밀리앙은 서둘러 문 뒤로 숨었다. 발랑틴은 조금도 움직이지 않았다. 비통한 슬픔에 비하면 공포 같은 것은 아무것도 아니라는 듯이.

빌포르가 자기 방으로 돌아간 것을 확인한 뒤 발랑틴이 말했다.

"이젠 대문으로도 뒷문으로도 나갈 수 없게 됐어요."

막시밀리앙은 놀란 듯이 그녀를 바라보았다.

"안전하게 나갈 수 있는 길은 하나밖에 없어요. 할아버지 방의 출구 쪽이죠." 발랑틴이 일어서며 말했다. "이리로 오세요."

"어디로 말이오?"

"할아버지 방으로요."

"내가? 누아르티에 씨 계신 곳엘?"

"그래요."

"그런 생각을 하다니, 발랑틴!"

"전 오래전부터 생각해왔어요. 저에게 친구라곤 이 세상에 할아버지밖에 없어요. 우린 둘 다 그분이 필요해요…… 자, 이쪽으로 오세요."

"발랑틴, 신중해야 하오." 막시밀리앙은 하라는 대로 따르기를 주저하며 말했다. "조심해요. 이제야 눈에 씌었던 게 걷히는구려. 여길 오다니, 내가 정신이 나갔던 거요. 당신은 지금 제정신으로 말하는 거요?"

"물론이죠. 전 말짱해요. 제가 걱정하는 것은 단 한 가지, 할머니를 혼자 두고 가는 것뿐이에요."

"발랑틴. 죽은 사람은 자기 자신을 지킬 수 있는 법이오."

"그렇지요. 게다가 잠깐 다녀오는 거니까요. 자, 이쪽으로 오세요."

발랑틴은 복도를 지나 누아르티에 씨 방으로 통하는 작은 계단을 내려갔다. 막시밀리앙은 발끝으로 조심조심 발랑틴의 뒤를 따랐다. 누아르티에 씨 방 바로 앞 계단까지 오니, 하인 바루아의 모습이 보였다.

"바루아, 문을 닫고 아무도 들여보내지 말아요."

발랑틴은 그렇게 말하고 앞장서서 들어갔다.

누아르티에 씨는 안락의자에 앉아 작은 소리에도 귀를 기울이며, 늙은 하인으로부터 집 안에서 일어나는 일들을 전해 들으면서 방문만 뚫어지게 지켜보고 있었다. 발랑틴을 보자 노인의 눈이 반짝였다.

발랑틴의 태도에는 무엇인가 중대한 일이 있어 보였기 때문에 노인은 가슴이 섬뜩해졌다. 반짝이고 있던 그의 눈이 곧 소녀에게 영문을 물어보았다.

"할아버지," 손녀는 서둘러 말했다. "아시겠지만, 외할머니가 한 시간 전에 돌아가셨어요. 그러니 이 세상에서 할아버지 말고 누가 또 저를 사랑해 주시겠어요?"

노인의 눈은 무한한 애정을 나타냈다.

"그러니까 제 슬픔이나 제 희망은 할아버지한테 밖에는 얘기할 곳이 없다는 걸 아시죠?"

노인은 그렇다고 전했다.

발랑틴은 막시밀리앙의 손을 잡았다.

"그렇다면 이분을 자세히 보아 주세요." 노인은 조금 놀란 듯한 눈으로 막시밀리앙의 얼굴을 유심히 바라보았다.

"막시밀리앙 모렐 씨예요." 발랑틴이 말했다. "마르세유의 그 정직한 실업가의 아드님인데, 할아버지께서도 얘기 들으셨겠죠?"

'그래.' 노인이 대답했다.

"나무랄 데 없는 이름이에요. 그것을 지금 막시밀리앙이 더욱 빛내고 있어요. 서른 살이라는 젊은 나이에 아프리카 기병대의 대위가 되어 레지옹도뇌르 훈장까지 가지고 있으니까요."

노인은 기억난다는 듯한 표시를 했다.

"그런데 할아버지," 발랑틴은 노인 앞에 무릎을 꿇고 한 손으로 막시밀리앙을 가리키며 말했다. "전 이분을 사랑하고 있어요. 그래서 이분이 아닌 다른 사람과는 결혼하고 싶지 않아요! 다른 사람에게 가야 한다면 차라리 죽는 게 나아요."

노인의 눈은 복잡한 마음을 나타내고 있었다.

"할아버지께서는 막시밀리앙 씨를 좋아하시죠?" 소녀가 물었다.

'그래.' 노인은 손가락 하나 꼼짝 못하며 대답했다.

"그리고 할아버지께선 저희를, 할아버지의 자식 같은 저희를 아버지가 뭐라고 하시든 보호해 주실 거죠?"

누아르티에는 그 지혜로운 눈길을 모렐에게 보냈다. 그것은 마치 이렇게 말하는 것 같았다.

'상황에 따라 다르단다.'

막시밀리앙도 이해할 수 있었다.

"아가씨," 그는 말했다. "할머니의 방을 지켜야 할 귀한 의무가 있으니 당신은 가 보아요. 잠깐 할아버님하고만 말씀을 나누어도 괜찮겠습니까?"

'그래, 그래, 그래.' 노인의 눈이 말했다.

하지만 금세 불안한 눈으로 발랑틴을 바라보았다.

"할아버지 말씀을 어떻게 저분에게 전하면 좋으냐는 말씀이시죠?"

"그래."

"그건 염려 마세요. 저희는 할아버지 애기를 자주 했어요. 그래서 이분은 저처럼 할아버지와 이야기를 나눌 수 있어요." 그녀는 슬픔에 싸여 있었지만, 막시밀리앙을 돌아보며 미소 지었다.

"이분은 제가 아는 건 다 알고 있어요." 발랑틴이 말했다.

발랑틴은 일어서서 막시밀리앙에게 의자를 권했다. 그리고 바루아에게 아무도 들여보내지 말라고 일렀다. 발랑틴은 할아버지에게 다정하게 입맞춤을 한 다음, 막시밀리앙에게도 쓸쓸히 인사하고 방을 나갔다.

막시밀리앙은 발랑틴이 자기를 믿고 있으며, 그녀와 할아버지 사이의 비밀을 모두 알고 있다는 것을 알리기 위해, 사전과 펜과 종이를 가져다가 램프가 있는 테이블 위에 놓았다.

"먼저 제가 어떤 사람인지, 어떻게 발랑틴을 사랑하게 되었는지, 그리고 발랑틴을 위해 어떤 계획을 세우고 있는지 말씀드리겠습니다."

'어디 말해보게.' 누아르티에의 눈이 말했다.

겉으로 보기에는 아무 짝에도 쓸모없어 보이는 노인이, 이제부터 세상으로 나가려는 젊고 아름다운데다 굳세기까지 한 이 연인들의 유일한 보호자이자 지지자이며 재판관이라는 것은 엄숙한 사실이었다.

놀랄 만한 기상과 위엄을 나타내고 있는 노인의 얼굴을 보며, 막시밀리앙은 위압을 느끼는 듯 떨면서 이야기를 시작했다. 그는 자기가 어떻게 발랑틴을 알게 되었는지, 발랑틴을 얼마나 사랑하고 있는지에 대해 이야기했다. 그리고 고독과 불행 속에 있는 발랑틴이 어떻게 자기의 진심을 받아 주었는지 이야기했다. 또 자신의 출신과 지위와 재산에 대해서도 설명했다. 그는 이야기하는 내내 노인의 눈길을 수없이 살폈다. 그때마다 노인의 눈은 이렇게 대답하는 것 같았다.

'좋아, 계속하게.'

막시밀리앙은 드디어 본론을 말하기 시작했다.

"그럼 발랑틴에 대한 제 사랑과 희망에 관해 말씀드렸으니, 이제 저희 두 사람의 계획을 말씀드려 볼까요?"

'그래.' 노인이 대답했다.

"그럼, 말씀드리겠습니다. 저희 결심은 이렇습니다."

그는 노인에게 모든 것을 털어놓았다. 마차를 울타리 안에 감추어 놓은 일이며, 발랑틴을 자기 누이의 집으로 데려가 결혼한 뒤, 빌포르 씨의 용서를 기다릴 거라는 이야기까지 모두 얘기했다.

'안 돼.' 누아르티에가 대답했다.

"안 됩니까? 그런 방법은 좋지 않다는 말씀이신가요?"

'그래.'

"그럼, 이 계획에 찬성하지 않으신다는 겁니까?"

'아니.'

"그럼 방법이 하나 더 있습니다."

노인이 궁금한 눈빛으로 물었다.

'어떤 방법이지?'

"제가 프란츠 데피네 씨에게 가는 겁니다. 다행히 발랑틴이 자리에 없으니 말씀드리겠습니다. 제가 가서 그 사람이 신사적으로 양보하지 않을 수 없게 만들겠습니다."

누아르티에의 눈은 계속 궁금한 듯 반짝거렸다.

"어떻게 하려는 거냐고 물으신 겁니까?"

'그래.'

"이런 겁니다. 지금 말씀드린 대로 그 사람을 찾아가겠습니다. 그래서 발랑틴과 저의 관계를 얘기하겠습니다. 만일 그 사람이 분별력 있는 사람이라면 스스로 단념하리라고 생각합니다. 그러면 그때부터 그 사람에 대한 우정과 신뢰는 죽을 때까지 계속되겠지요. 그러나 만약 어떤 이해관계나 어리석은 체면 때문에 그것을 거부한다면, 그가 내 아내 될 사람을 억지로 데려가는 것이라는 사실을 깨닫게 해줄 생각입니다. 발랑틴은 나를 사랑하고 있어 나 말고는 누구도 사랑하지 못한다는 것을 얘기하고, 그가 원하는 조건으로 결투를 요구할 생각입니다. 그래서 그를 죽이든가, 내가 죽든가 하는 거지요. 제가 그를 죽이면 그는 발랑틴과 결혼을 못하게 될 테고, 그가 나를 죽이면 발랑틴이 절대로 그와 결혼하지 않을 테니까요."

누아르티에는 말할 수 없이 기쁜 마음으로 이 기품 있고 진솔한 젊은이의 얼굴을 바라보고 있었다. 젊은이의 얼굴에는 그가 말하고 있는 모든 감정이 그대로 드러났다. 수려한 얼굴에 아름다운 표정이 더해져 마치 잘 그려진 스케치 위에 채색을 한 것처럼 돋보였다.

그러나 모렐이 얘기를 마치자 누아르티에는 눈을 여러 번 깜박였다. 그것은 부정의 표시였다.

"그것도 안 됩니까?" 모렐이 물었다. "그럼 두 번째 계획도 찬성 하지 않는다는 말씀이신가요?"

'그래, 찬성 못하겠네.' 노인이 말했다.

"그럼, 어떻게 하면 좋겠습니까?" 모렐이 물었다. "생메랑 후작부인이 마지막으로 말씀하시길 결혼을 지연시키지 말라고 하셨다는데, 그럼 그냥 보고만 있어야 합니까?"

누아르티에는 가만히 있었다.

"알겠습니다. 기다리겠습니다."

'그래.'

"하지만 자칫하면 저희는 끝장입니다. 발랑틴은 아무 힘이 없습니다. 그러니 어린애처럼 하자는 대로 끌려가게 될 것입니다. 저는 기적적으로 이곳에 들어와 할아버님 앞에 서게 되었습니다. 저는 이런 좋은 기회가 또다시 오리라고는 생각지 않습니다. 제발 절 믿어주십시오. 제가 말씀드린 두 가지 방법 말고는 다른 도리가 없습니다. 젊은 혈기로 이러는 것을 용서해 주십시오. 둘 중에 어느 쪽이 더 좋은지 말씀해 주십시오. 제가 발랑틴을 맡는 영광을 허락해 주시겠습니까?"

'아니.'

"그럼 데피네 씨를 찾아가는 것이 낫겠습니까?"

'아니.'

"그럼 하늘의 도움만 바라고 있는 저희는 도대체 누구의 도움을 기대해야 할까요?"

노인은 언제나 하늘 이야기만 나오면 늘 그렇듯 눈가에 미소를 띠었다. 자코뱅 당원이었던 노인의 사상에는 어느 정도 무신론이 깃들어 있었던 것이다.

"우연을 기대하라는 건가요?" 모렐이 또 물었다.

'아니.'

"그럼, 할아버님을?"

'그래.'

"할아버님을요?"

'그래.' 노인은 거듭 대답했다.

"제가 부탁을 드리는 것이 무엇인지 알고 계십니까? 너무 집요하게 굴어서 죄송합니다만, 제 생명은 할아버님의 말씀 한마디에 달려 있습니다. 할아버님께서 저희를 구해 주시겠습니까?"

'그래.'

"정말이십니까?"

'그래.'

"지금 그렇다고 대답하시는 겁니까?"

'그래.'

이렇게 긍정적인 대답을 하는 노인의 눈에는 굳은 결의가 엿보였다. 능력이야 어떻든 의지만은 의심할 여지가 없었다.

"오! 감사합니다, 정말 감사합니다!" 모렐이 소리쳤다. "하지만 말씀도 몸짓도 못하시는 할아버님께서 어떻게 결혼을 반대하시겠단 말씀이십니까."

노인의 얼굴에 밝은 미소가 떠올랐다. 움직이지 못하는 얼굴 위에 눈으로만 보여주는 희한한 미소였다.

"그럼, 저는 기다리고만 있을까요?"

'그래.'

"하지만 혼인 서약서는?"

노인은 또다시 미소 지었다.

"서명을 하게 되지 않을 거라는 말씀이신가요?"

'그래.'

"정말 서명을 안 하게 됩니까!" 모렐이 외쳤다. "오, 용서하십시오. 뜻밖의 행복은 의심할 수밖에 없으니까요. 정말 서약서에는 서명하지 않는 거죠?"

'그래.' 중풍환자가 대답했다.

확실한 대답을 듣고도 모렐은 선뜻 믿기지 않았다. 몸을 못 쓰는 노인의 약속이 의지의 힘에서 나온 것이 아니라 신체의 쇠약에서 온 것이 아닌가 생각했기 때문이다. 자신이 미쳐 있다는 사실을 모르는 미친 사람이 자기 능력 밖의 일을 하겠다고 말하는 것은 그리 드문 일이 아니다. 힘이 약한 사람은 무거운 짐을 들어보겠다고 말하는 법이다. 겁쟁이가 거인과 맞서보겠다고 말하는가 하면, 가난한 사람은 돈 같은 것은 마음대로 벌 수 있다고 말한다. 비천한 농부는 허세를 부리려고 자기가 제우스라며 큰소리를 치는 법이다.

누아르티에는 청년이 주저하는 것을 눈치 챘는지, 아니면 청년의 온순한 태도에 납득이 안 갔는지, 계속 젊은이를 바라보고 있었다.

"어떻게 하라는 말씀이십니까?" 모렐이 물었다. "아무 행동도 안 하겠다는 약속을 다시 한 번 할까요?"

누아르티에의 시선은 움직이지 않았다. 약속만으로는 부족하다고 말하는 듯했다. 노인의 눈이 젊은이의 얼굴에서 손으로 옮겨갔다.

"맹세하라는 말씀이십니까?"

'그래.' 중풍환자는 여전히 엄숙한 표정으로 대답했다. '맹세하게.'

모렐은 노인이 맹세를 중요하게 여긴다는 것을 알았다. 그는 손을 내밀며 말했다.

"제 명예를 걸고, 저는 할아버님께서 결정을 내려주실 때까지 데피네 군을 상대로 아무 짓도 하지 않을 것을 맹세합니다."

'그래.' 노인의 눈이 말했다.

"이제 그만 물러가라고 말씀하시는 겁니까?" 막시밀리앙이 물었다.

'그래.'

"발랑틴을 만나지 말고요?"

'그래.'

모렐은 명령에 따르겠다는 표시를 해보였다.

"그럼 발랑틴이 한 것처럼, 저도 자식으로서 입맞춤을 해드려도 되겠습니까?" 모렐이 말했다.

누아르티에는 허락하겠다는 듯 온화한 표정을 지어 보였다. 젊은이는 노인의 이마 가까이로 가 발랑틴이 입을 맞추었던 그 자리에 입술을 갖다 대었다.

그런 다음 인사를 하고 방을 나왔다.

그는 계단창에서 발랑틴의 명령을 받은 하인을 만났다. 하인은 모렐을 기다리고 있다가, 어두운 복도를 돌아 정원 쪽으로 난 조그만 문 앞으로 그를 안내했다.

정원으로 나온 모렐은 철책이 있는 곳까지 갔다. 그는 소사나무를 딛고 담위로 올라갔다. 그리고 거기서 사다리를 타고 울타리 안으로 내려갔다. 그곳에는 마차가 기다리고 있었다.

그는 벅찬 감동을 안고 자유로운 기분으로 마차에 올랐다. 자정이 다 돼서 멜레 거리로 돌아오자마자 그는 침대에 몸을 던지고 마치 술에 취한 듯 그대로 깊이 잠들었다.

빌포르 집안 지하 납골당

그로부터 이틀 뒤 아침 10시쯤 빌포르 씨 집 문 앞에 많은 사람들이 몰려들었다. 그리고 생토노레 구역과 페피니에르 거리를 따라 장례 마차가 줄지어 가는 것이 보였다.

그 마차들 중에는, 긴 여행에서 돌아온 듯한 이상한 모양의 마차가 한 대 있었다. 그 검은 마차는 짐차 같아 보였는데, 먼저 온 다른 마차들과 함께 있었다.

사람들은 그 마차에 대해 물었다. 곧 그 마차는 생메랑 후작의 유골을 싣고 온 마차라는 것이 알려졌다. 한 사람의 장례에 온 사람들이 뜻하지 않게 두 유골을 보내게 된 셈이었다.

장례식에는 수많은 사람들이 참석했다. 루이 18세의 충신이며 고관이었던 생메랑 후작에게는 친구들이 굉장히 많았다. 거기다가 사회적으로 빌포르와 관계있는 사람들까지 더해져, 그 수는 놀라울 정도였다.

곧 관계 당국에 장례식을 알렸고, 두 사람의 장례를 동시에 거행하도록 허가가 떨어졌다. 그래서 같은 장례 장식을 한 두 번째 마차가 빌포르 집 앞으로 인도되었다. 관은 운반차에서 그 장례 마차로 옮겨졌다.

두 구의 유골은 페를라셰즈 묘지에 안치하기로 되어 있었다. 그곳은 빌포르 씨가 오래전부터 가족 묘소로 마련해 놓은 지하납골당이 있는 곳이다. 그 묘소에는 가여운 르네의 유해도 안치되어 있었다. 그곳에 지금 10년 만에 그녀의 양친이 묻히는 것이다.

장례식 때면 늘 호기심과 설렘을 억누르지 못하는 파리 사람들은, 전통적 정신의 소유자이자 신뢰할 만한 사람으로 소문이 난 이 귀족 부부가 마지막 처소로 가는 행렬을 그저 경건한 침묵으로 바라보고 있었다.

같은 장의용 마차에 타고 있던 보샹, 알베르, 샤토 르노 세 사람은 거의 돌발적이라고 할 만한 이번 불행에 대해 이야기하고 있었다.

"아마 작년이었지. 알제리에서 돌아오는 길에 마르세유에서 생메랑 후작 부인을 만났는데, 굉장히 건강하고 원기가 넘쳐 보였어. 백년은 살 것 같았는데, 연세가 어떻게 되셨더라?" 샤토 르노가 말했다.

"70이셨지," 알베르가 대답했다. "프란츠 얘기로는 나이 때문에 돌아가신 게 아니래. 후작이 돌아가신 게 너무 슬퍼서 그랬던 거지. 후작이 돌아가신 충격 때문에 이성을 잃으셨다더군."

"그런데 도대체 무슨 병으로 돌아가신 거지?" 보샹이 물었다.

"뇌출혈이라는 것 같던데. 아니면 돌발성 뇌졸중이거나. 똑같은 거 아닌가?"

"거의 같은 거지."

"뇌졸중?" 보샹이 물었다. "그건 믿을 수 없는데. 나도 부인을 한두 번 만난 일이 있지만, 체구가 작고 가냘픈 분이던데. 다혈질이라기보단 예민한 분이었어. 후작부인 같은 체질이 슬픔 때문에 뇌졸중을 일으키는 경우는 거의 없다고 보는데."

"어쨌든 후작부인이 병으로 죽었건 의사가 죽였건 그 덕에 막대한 유산을 받는 사람이 생기게 됐지. 그게 빌포르 씨가 될지 발랑틴이 될지, 아니면 우리의 친구 프란츠가 될지는 알 수 없지만 말이야. 1년에 8만 리브르는 될걸." 알베르가 말했다.

"게다가 그 옛날 자코뱅 당원이었던 누아르티에 씨까지 죽으면 배가 되는 거지."

"그런데 그 노인 꽤 근력이 있으신 모양이야." 보샹이 말했다. "버티는 힘이 굉장해. 상속자들이 다 죽기 전에 절대로 죽지 않겠다고 저승사자한테 맹세라도 한 것 같아. 그리고 틀림없이 그렇게 될걸. 1793년 혁명의회 회원으로 여태 살아남았고, 1814년 (나폴레옹이 연합군 앞에 굴복하여 폐위한 해이다)에는 나폴레옹에게 이렇게 말했다지. '폐하는 약해지셨습니다. 폐하의 제국은 성장이 너무 빨라 지쳐버린 어린 나무 줄기와 같지요. 앞으로는 공화 정부를 바탕으로 새로운 조직으로 다시 일어나 전쟁터로 갑시다. 제가 50만 병력을 약속하겠습니다. 다시 마렝고 (1800년 나폴레옹군이 오스트리아군에 대해 서 대승리를 거둔 이탈리아의 지역이다)와 아우스테를리츠 (모라비아의 마을 이름. 1805년 나폴레옹이 오스 트리아 러시아 연합군을 크게 무찌른 곳이다)를 되찾으셔야지요. 폐하, 사상이란 쉽사리 없어지지 않습니다. 잠을 잘 때도 있는 것은 물론이고, 눈을 뜨면 잠들기 전보다 더욱 확고해지는 겁니다.'"

"그 양반은 인간과 사상이 똑같이 보이나봐. 그런데 한 가지 걱정스러운 것은 프란츠가 제 아내가 될 발랑틴 없이는 하루도 못 사는 그 노인과 어떻게 하면 잘 지낼 수 있나 하는 거야. 그런데 프란츠는 어디 있는 거지?" 알베르가 물었다.

"빌포르 씨하고 같이 맨 앞의 마차에 탔지. 빌포르 씨는 그를 벌써 가족처럼 대하니까."

장례행렬을 따르는 어느 마차에서나 이와 비슷한 대화들이 오고 갔다. 모두가 후작부부의 잇따른 죽음에 놀란 것이다. 그러나 그날 밤 다브리니 의사가 빌포르에게 털어놓은 무서운 비밀은 어느 누구도 짐작조차 하지 못했다.

한 시간 남짓 행진이 있은 뒤, 묘지 입구에 도착했다. 따뜻하면서도 흐린 날씨는 곧 시작될 장례식에 꼭 어울렸다. 가족 묘지로 향하는 사람들 사이에서 샤토 르노는 혼자 이륜마차를 타고 온 막시밀리앙 모렐을 보았다. 그는 사람들에게서 떨어져, 창백한 얼굴로 조용히 양쪽에 주목(朱木)이 늘어선 오솔길을 걷고 있었다.

"오셨군요!" 샤토 르노는 젊은 대위의 팔을 끼며 말했다. "빌포르 씨와 아는 사이셨습니까? 그런데 왜 한 번도 그 댁에서 못 만났을까요?"

"빌포르 씨와는 만난 적이 없습니다." 모렐이 대답했다. "생메랑 후작부인과 아는 사이지요."

바로 그때 알베르가 프란츠와 함께 두 사람 곁으로 다가와 말했다.

"이런 장소에서 소개하기는 좀 그렇지만 우린 미신 같은 것을 안 믿으니 괜찮겠지요. 모렐 씨, 프란츠 데피네 씨를 소개하지요. 제 절친한 여행 친구입니다. 함께 이탈리아를 여행한 친구이지요. 프란츠, 이분이 막시밀리앙 모렐 씨, 자네가 없는 사이에 사귄 친구라네. 앞으로 성실하고 머리가 좋다거나 친절하다는 얘기엔 늘 이분 이름이 나올 걸세."

모렐은 잠깐 당황했다. 자기의 적에게 친절한 인사를 보낸다는 것은 위선이라는 생각이 들었다. 그러나 그는 노인과 한 약속도 있고 또 경우가 경우이니 만큼 얼굴에 아무 내색도 나타내지 않으려 애썼다. 그래서 자신을 억누르며 프란츠에게 인사했다.

"발랑틴 양이 많이 슬퍼하시지요?" 드브레가 프란츠에게 물었다.

"네, 뭐라 말할 수 없을 정도로 슬퍼하고 있습니다. 오늘 아침에도 얼굴이 너무 수척해져서 하마터면 못 알아볼 뻔했는 걸요."

겉으로 아무렇지도 않은 척했지만, 모렐은 이 한마디에 마음이 찢어지는 것 같았다. 그럼, 이 남자는 발랑틴을 만났단 말인가? 그리고 그녀와 얘기도 했고?

혈기에 찬 이 젊은이는 맹세를 깨뜨리고 싶은 것을 참느라고 온 힘을 다했다.

그는 샤토 르노의 팔을 잡고, 서둘러 묘지 쪽으로 갔다. 묘지에선 일꾼들이 막 두 개의 관을 내려놓는 참이었다.

"아주 좋은 안식처로군." 무덤을 바라보며 보샹이 말했다. "여름에든 겨울에든 궁전이나 다름없군. 데피네, 자네도 언젠간 여기 묻히게 될 게 아닌가. 곧 이 집 식구가 될 테니까. 하지만 나 같은 철학자는 작은 시골집 울창한 나무 밑 오막살이가 좋지, 내 시체 위에 저렇게 잘 다듬은 돌들을 올려놓는 건 싫어. 죽을 땐 주위에 둘러선 사람들을 향해, 볼테르(계몽주의를 대표하는 18세기 프랑스 사상가)가 피롱(18세기 프랑스 극작가, 날카로운 풍자시로 유명하다)에게 '나는 시골로 가노라'라고 썼던 말을 할 생각이야. 그걸로 모든 게 끝나는 거지…… 제기랄! 그런데 프란츠, 기운을 내게. 자네 부인이 재산을 상속받지 않나."

"보샹, 자넨 하는 수 없는 친구로군. 정치를 하더니 매사를 놀리려고만 하니. 정치가란 아무것도 믿으려 하질 않아. 하지만 보샹, 보통 사람하고 만날 때는 제발 정신을 차려 주게. 하원이나 귀족원 창고에 버려두었던 마음을 다시 챙기란 말야." 프란츠가 말했다.

"됐네, 됐어!" 보샹이 손을 내저으며 말했다. "인생이란 게 뭐 있나? 죽음의 대합실에서 잠깐 쉬는 거지."

"난 보샹이 혐오스러워." 알베르는 그렇게 말하고서 드브레와 계속 철학을 논하고 있는 보샹을 남겨두고, 프란츠와 함께 그 자리를 빠져나왔다.

빌포르 집안의 지하납골당은 높이가 약 6미터가량의 흰 돌로 사각형을 이루고 있었다. 내부는 생메랑 집안과 빌포르 집안이 둘로 나뉘어 있었고, 각각 문이 있었다.

그곳에는 다른 무덤처럼, 서랍 속에 유골을 넣고 그 위에 이름표가 있다든가 하는 것은 볼 수 없었다. 청동문에서부터 가장 먼저 눈에 들어오는 것은 어둡고 엄숙한 대기실이었다. 그 방은 진짜 무덤과는 벽으로 막혀 있었다.

벽 한가운데에 조금 전 이야기한 두 개의 문이 열려 있어서, 그 문들이 각기 생메랑 집안과 빌포르 집안의 무덤으로 이어져 있었다.

그곳이야말로 교회 산책이나 밀회를 위하여 페를라셰즈 묘지에 오는 명랑한 산책객들이 노래를 부른다든가, 떠든다든가, 또는 그 주변을 뛰어다니더라도, 무덤 속에 있는 사람들의 조용한 묵상이나 눈물 젖은 기도를 방해하는 일 없이 슬픈 마음을 발산할 수 있는 곳이었다.

두 개의 관이 왼쪽 납골당 안으로 운반되었다. 그곳이 생메랑 집안의 묘지였다. 관들은 미리 준비되어 있었던 나무판 위에 놓여졌다. 묘소 안에는 빌포르와 프란츠, 그리고 몇몇 가까운 친척들만 들어갔다.

장례식은 이미 입구에서 끝나고 따로 추도 연설도 없었으므로 손님들은 곧 흩어졌다. 샤토 르노와 알베르와 막시밀리앙, 이들 세 사람은 저마다 집으로 돌아갈 준비를 했고, 드브레와 보샹도 다른 방향으로 떠났다.

프란츠는 빌포르 씨와 함께 묘소 입구에 남아 있었다. 모렐은 작은 구실을 만들어 잠시 발을 멈추었다. 프란츠와 빌포르 씨가 장의용 마차에서 나오는 것을 보았기 때문이다. 머리를 마주 대고 서 있는 그 두 사람을 보자, 아무래도 예감이 좋지 않았다. 우선 파리로는 돌아왔지만, 막시밀리앙은 샤토 르노와 알베르와 같은 마차를 타고오면서도, 그들의 얘기가 하나도 들리지 않았다.

그의 예측대로 프란츠가 빌포르 씨와 헤어지려고 하자, 과연 그의 예상대로 빌포르는 프란츠를 불러 세웠다.

"남작! 언제 또 만날 수 있겠나?"

"언제든 좋습니다." 프란츠가 대답했다.

"될 수 있는 대로 빨리 만나면 좋겠는데."

"저는 어느 때든지 좋습니다. 저와 같이 돌아가시겠습니까?"

"방해가 안 된다면."

"그럴 리가요."

이렇게 해서 가까운 미래에 장인과 사위가 될 두 사람은 같은 마차에 올랐다. 둘이 함께 지나가는 모습을 보자 모렐은 심한 불안에 사로잡혔다.

빌포르와 프란츠는 생토노레 구역의 집으로 돌아왔다.

검찰총장은 누구의 방에도 들르지 않고, 아내와 딸에게도 말 한마디 없이 젊은이를 자기 서재로 데리고 들어갔다. 그리고 의자를 권하며 말했다.

"데피네 군, 할 말이 있소. 지금 이런 얘기를 하는 것이 꼭 경우에 맞지 않는다고는 생각지 않아요. 왜냐하면 고인의 뜻을 따르는 것은 그분의 관 위에 가장 먼저 바쳐야 할 제물이니까. 후작부인께서 임종하실 때, 발랑틴의 결혼을 지체하지 말라고 하셨소. 알고 있겠지만 고인의 서류는 모두 법적으로 정리되어, 유언에 따라 생메랑 집안의 모든 재산이 발랑틴에게 상속되지. 어제 공증인이 혼인 서약서에 필요한 서류들을 보여 주더군. 남작이 공증인을 만나 내 얘길 하고, 그 서류들을 보았으면 하네만. 공증인은 데샹 씨라고, 생토노레 구역의 보보 광장 쪽에 계시는 분이네."

"하지만," 데피네가 대답했다. "발랑틴 양이 그토록 슬픔에 잠겨 있는데 결혼 같은 것을 생각할 여유가 있겠습니까. 저로서는 좀⋯⋯."

빌포르가 말을 막았다.

"발랑틴은 할머니의 마지막 뜻을 따르는 것을 기쁘게 생각할 거요. 그러니 그 점은 문제없어요. 그건 내가 책임지지."

"그렇다면 저는 아무 문제 없으니 좋으실 대로 하십시오. 약속한 것이니 기쁘고 행복한 마음으로 따르겠습니다."

"그럼 이제 아무것도 문제될 게 없군. 본디 약혼은 사흘 전에 하도록 되어 있으니 준비는 다 되어 있을 거네. 오늘이라도 하지."

"하지만 상중인데요?" 프란츠가 머뭇거리며 묻자, 빌포르는 그를 안심시키려는 듯이 말했다.

"그건 염려 말게. 그렇다고 우리 집안이 세상의 관습을 무시한다는 얘긴 아니네. 발랑틴을 석 달 동안 생메랑 집안 시골로 보낼까 하네. 그 땅은 이제부터 그 애의 것이니까. 그곳에서 일주일 뒤에 집안끼리만 간소하게 민법상의 결혼식을 올리자는 거지. 거기서 발랑틴을 결혼시키는 게 후작부인의 소원이었네. 결혼식이 끝나면 당신은 파리로 돌아오고, 신부는 상복을 벗을 때까지 제 새어머니와 같이 있으면 되네."

"좋으실 대로 하십시오." 프란츠가 말했다.

"30분만 기다리게, 발랑틴을 객실로 부를 테니. 그리고 데샹 씨도 불러야겠네. 이 자리에서 서약서를 보고 서명하지. 그리고 오늘 밤에라도 집사람한테 발랑틴을 시골로 데려가게 하고, 일주일 뒤에 거기서 혼례를 치르도록 하세."

"그런데 한 가지 부탁이 있습니다."

"뭔가?"

"서명할 때, 알베르 드 모르세르와 라울 드 샤토 르노를 입회시켰으면 합니다. 아시다시피 두 사람은 제 증인이니까요."

"그들을 불러오는데 30분이면 되겠나? 직접 부르러 가겠나, 아니면 누굴 보낼 건가?"

"제가 가지요."

"그럼, 30분 뒤에 기다리고 있겠네. 그때면 발랑틴도 준비가 다 돼 있을 테니."

프란츠는 빌포르 씨에게 인사를 하고 나갔다.

청년이 나가고 대문이 다시 닫히자, 빌포르는 발랑틴에게 사람을 보내어 30분 뒤엔 공증인과 데피네 씨의 증인들이 오기로 되어 있으니, 객실로 내려오라고 일렀다.

생각지도 못했던 이 전갈이 온 집안을 발칵 뒤집어놓았다. 빌포르 부인은 그 사실이 믿기지 않았고, 발랑틴은 벼락을 맞은 듯 정신이 아찔했다.

발랑틴은 누군가에게 도움을 구하려는 듯이 주위를 둘러보았다.

그녀는 할아버지 방으로 가 볼 생각이었다. 그러나 계단에서 아버지와 마주쳤다. 빌포르는 딸의 팔을 붙잡고 객실로 데려갔다.

가는 길에 발랑틴은 바루아를 만났다. 그녀는 이 늙은 하인에게 절망적인 눈길을 보냈다. 발랑틴이 들어가자, 곧바로 빌포르 부인과 에두아르가 들어왔다. 부인은 집안에서 일어난 불행을 슬퍼하는 빛이 역력했다. 얼굴빛이 창백하고 몹시 피곤해 보였다.

부인은 자리를 잡고 에두아르를 무릎 위에 앉혔다. 그리고 이따금씩 거의 경련을 일으키는 듯 아들을 끌어안았다. 마치 그 아이 하나에게 자기의 모든 생명을 맡기고 있기라도 한 듯이.

이윽고 뜰 안으로 들어오는 두 대의 마차 소리가 들렸다. 한 대는 공증인의 것이었고, 또 한 대는 프란츠와 친구 두 명이 타고 온 마차였다. 순식간에 객실에는 사람들이 모였다.

발랑틴은 너무나 창백한 얼굴을 하고 있어서, 눈 주위로 관자놀이의 파란 정맥이 선명하게 드러났다.

프란츠는 깊은 감동을 받았다.

샤토 르노와 알베르는 놀라서 서로 얼굴만 바라볼 뿐이었다. 조금 전에 끝내고 온 장례식도 이제부터 시작하려는 것에 비하면 아무것도 아닌 것 같았다.

빌포르 부인은 벨벳 커튼 뒤 어두운 곳에 있었다. 그리고 아들만 내려다보고 있어서, 무슨 생각을 하는지 표정을 볼 수가 없었다.

빌포르 씨는 여전히 냉담한 얼굴이었다.

공증인은 법률가들이 늘 하는 식으로 서류들을 테이블 위에 펼쳐놓고 안락의자에 앉아 안경을 고쳐 쓰며 프란츠를 향해 물었다. "데피네 남작, 당신이 프란츠 드 케넬 씨입니까?"

"그렇습니다." 프란츠가 대답했다.

공증인은 인사를 했다. "그럼 말씀드리겠습니다. 이건 빌포르 씨에게 들은 말입니다만 당신과 빌포르 양과의 결혼 얘기가 나오자 손녀에 대한 누아르티에 씨의 감정이 돌변해서, 손녀에게 주기로 했던 모든 재산을 없애기로 하셨답니다. 그래서 급히 말씀드립니다만," 공증인은 말을 계속했다. "원래 유언자는 재산의 일부밖에는 처분할 권리가 없습니다. 그러니 재산 전부를 없애는 유언에 대해 이의를 제기할 수도 있고, 그 유언을 무효로 선고할 수도 있다는 것입니다."

"그렇습니다." 빌포르가 말했다. "그러나 이 점은 데피네 군에게 분명히 밝혀두겠네만, 내가 살아 있는 한 아버지의 유언에 절대 이의는 제기하지 않을 생각이네. 내 신분상 안 좋은 소문을 내고 싶지는 않으니까."

"빌포르 씨," 프란츠가 말했다. "발랑틴 양 앞에서 이런 문제를 꺼낸다는 것을 지극히 유감으로 생각합니다. 전 여태 발랑틴 양의 재산이 얼마나 많은지에 대해 생각해 본 적이 없습니다. 물론 그 재산이 아무리 적어지더라도 제 재산보다야 많겠지요. 하지만 제 가족이 빌포르 씨와 인연을 맺으려고 한 것은 사회적인 명예 때문이고 제가 바란 것은 행복일 뿐입니다."

발랑틴은 눈에 띄지 않게 감사의 뜻을 보였다. 그리고 그녀의 뺨 위로 눈물 두 줄기가 소리 없이 흘러내렸다.

빌포르는 미래의 사위를 향해 말했다.

"게다가 당신 희망의 일부가 사라졌다는 것 말고 이 예기치 못한 유언은 자네에겐 아무런 해가 되지 않네. 그것은 아버님의 몸과 마음이 많이 약해진 결과일 뿐이지. 우리 아버님 기분이 상한 것은 발랑틴이 자네를 남편으로 정한 것 때문이 아니라 발랑틴이 결혼한다는 것 자체 때문이네. 자네가 아닌 그 누구와 결혼을 한대도 아버님은 마찬가지로 마음 아파하시겠지. 노인들은 자기 자신밖엔 모르니까. 발랑틴은 아버님께 더할 나위 없이 좋은 친구이자 손녀였네. 그런데 데피네 남작부인이 되어버리면 이제는 그럴 수 없게 되지. 아버님은 건강이 좋지 않아 정신이 쇠약해져 있었기 때문에 좀처럼 중요한 일은 들려드리지 않고 있네. 지금도 손녀가 결혼한다는 사실은 기억하고 계시겠지만, 손주사위가 될 사람이 누군지는 이름도 잊어버리셨을 것이네."

빌포르가 말을 마치고, 그 말에 프란츠가 인사를 하기 무섭게 객실 문이 열리더니 바루아가 모습을 나타냈다.

"여러분," 그는 이런 엄숙한 자리에서 하인이 주인에게 말하는 것치고는 너무나 당당한 목소리로 말했다. "여러분, 누아르티에 드 빌포르 씨께서 지금 당장 데피네 남작이신 프란츠 드 케넬 씨께 하실 말씀이 있으시답니다."

그는 착오가 있어선 안 된다고 생각하여 공증인이 하는 것처럼 신랑이 될 사람의 칭호를 모두 말했다.

빌포르는 몸을 떨었다. 부인은 아들을 무릎에서 내려놓았고, 발랑틴은 마치 석상처럼 새파랗게 질려 아무 말 없이 자리에서 일어섰다.

알베르와 샤토 르노는 너무 놀라 서로 얼굴만 바라보았다.

공증인은 빌포르의 얼굴만 살폈다.

"안 돼. 데피네 씨는 지금 이곳을 떠날 수 없어." 검찰총장이 말했다.

"그래도 지금 가셔야 합니다." 바루아는 여전히 당당한 어조로 말했다. "누아르티에 영감마님께서 중대한 일로 프란츠 씨와 하실 말씀이 있으시답니다."

"그럼 할아버지가 말을 하게 되셨다는 거야?" 에두아르가 여전히 버릇없는 말투로 물었다.

그러나 이러한 아들의 엉뚱한 질문에도 부인은 미소조차 띠지 않았다. 모두가 숨죽이고 있을 만큼 분위기는 엄숙했다.

"아버님께 가서 그렇게는 할 수 없다고 말씀드리게." 빌포르가 다시 입을 열었다.

"그러면 누아르티에 영감마님께서 몸소 이 방으로 내려오시겠답니다." 바루아가 말했다.

모두의 놀라움은 절정에 달했다.

빌포르 부인의 얼굴에는 미소 같은 것이 비쳤다. 발랑틴은 자기도 모르게 하느님께 감사하기 위해 천장 쪽에 눈이 갔다.

"발랑틴. 도대체 무슨 변덕이 나셨는지 가서 알아보고 오너라."

빌포르의 말에 발랑틴이 서둘러 나가려는데, 갑자기 생각을 바꾸었는지 빌포르가 그녀를 다시 불러세웠다. "잠깐, 나하고 같이 가자."

그러자 이번엔 프란츠가 입을 열었다. "죄송합니다만, 누아르티에 씨께선 저를 부르신 겁니다. 그러니 제가 가서 뵈어야 할 것 같습니다. 더구나 아직 만나뵐 영광을 갖지 못했으니, 기꺼이 찾아뵙고 인사드리겠습니다."

"오! 아니네. 그냥 있게!" 빌포르가 불안해하며 말했다.

"죄송합니다," 프란츠는 마음을 확실히 정한 듯이 말했다. "이 기회에 누아르티에 씨께, 제게 반감을 가지고 계신 것이 오해라는 것을 증명해 드릴 생각입니다. 그리고 어떤 반감이든지 깊은 성의를 보여 드려 오해를 풀어드려야겠습니다."

이렇게 말한 프란츠는 빌포르의 제지를 뒤로 하고 자리에서 일어나 발랑틴을 뒤따랐다. 발랑틴은 마치 조난당한 사람의 손이 바위에 닿았을 때처럼 기쁨에 넘쳐 이미 계단을 내려가고 있었다.

빌포르도 두 사람을 뒤따라갔다.

샤토 르노와 알베르는 지금까지보다 더욱 놀란 눈을 하고 서로 마주보고 있을 뿐이었다.

의사록 (議事錄)

노인은 검은 상복을 입고서 안락의자에 앉아 기다리고 있었다. 기다리던 세 사람이 방에 들어오자, 그는 문 쪽을 보았다. 곧장 하인이 문을 닫았다.

"정신 차려야 한다." 빌포르는 기쁨을 감추지 못하는 발랑틴에게 낮은 목소리로 말했다. "만약 할아버지께서 네 결혼을 방해하는 말씀을 하셔도 전혀 못 알아들은 체해야 해."

발랑틴은 얼굴이 붉어진 채 아무런 대답도 하지 않았다.

빌포르는 누아르티에 곁으로 다가갔다.

"프란츠 데피네 씨입니다. 아버님이 부르셔서 이렇게 찾아왔습니다. 진작 이런 자리를 마련하고 싶었습니다. 이렇게 서로 만나 보면, 발랑틴의 결혼에 대해 아버님께서 반대하실 이유가 없다는 것을 잘 아시게 될 겁니다."

노인은 그를 힐끗 쳐다볼 뿐이었다. 그러나 그것을 보고 빌포르는 온몸이 오싹해졌다.

누아르티에 노인은 발랑틴에게 가까이 오라는 눈짓을 했다.

그녀는 언제나 할아버지와 이야기할 때 쓰던 방법이라, 할아버지가 '열쇠'를 의미하고 있다는 것을 금세 알아챘다.

발랑틴은 할아버지의 시선을 살폈다. 노인의 눈은 창과 창 사이 벽에 있는 작은 문갑 서랍을 가리키고 있었다.

서랍을 열어보니, 그 안엔 예상대로 열쇠가 있었다.

노인은 열쇠를 든 손녀에게, 자기가 말하던 게 바로 그것이었다는 눈짓을 해 보였다. 그리고 이번에는 낡은 책상 쪽을 가리켰다. 책상은 긴 세월 동안 사용하지 않아 그 속에는 아무 소용없는 서류들만이 들어 있을 뿐이었다.

"이 책상을 열까요?" 발랑틴이 물었다.

'그래.'

"서랍을 열어요?"

'그래.'

"양쪽에 있는 거요?"

'아니.'

"가운데 서랍이요?"

'그래.'

발랑틴은 그 서랍을 열어, 그 속에서 서류 뭉치 하나를 꺼냈다.

"이건가요?"

'아니.'

그녀는 차례차례 다른 서류들을 모두 꺼내 보았다. 서랍 속에 아무것도 남지 않을 때까지 다 뒤졌다.

"이제 서랍 속엔 아무것도 없어요."

그러고 나서 그녀는 알파벳 문자를 하나하나 외었다. S자에 이르자, 노인은 발랑틴을 막았다. 사전을 펼친 그녀는 'secret(비밀)'이라는 단어에서 멈췄다.

"아! 무슨 비밀이 있는 거죠?"

'그래.' 노인이 대답했다.

"그럼, 그 비밀을 누가 알고 있는데요?"

노인은 하인이 나간 문 쪽을 바라보았다.

"바루아 말인가요?"

'그래.'

"바루아를 부를까요?"

'그래.'

발랑틴은 문 앞으로 가서 바루아를 불렀다.

그사이 빌포르는 이마에 식은땀을 흘리며 초조해했다. 그리고 프란츠는 영문을 몰라 어리둥절할 뿐이었다.

이윽고 하인이 모습을 나타냈다.

"바루아," 발랑틴이 말했다. "할아버지께서 나더러 저 문갑 속 열쇠를 꺼내서 책상 서랍을 열라고 하셨어. 이 서랍에 뭔가 비밀이 있는 모양인데, 그걸 알고 있는 것 같으니 어서 열어 봐."

바루아는 노인을 바라보았다.

'그래.' 노인의 총명한 눈이 말했다.

바루아는 명령에 따랐다. 이중으로 된 서랍 밑을 열어 보니, 그 안에서 검은 리본으로 묶은 서류 한 뭉치가 나왔다.

"찾으시는 게 이것입니까?" 바루아가 노인에게 물었다.

'그래.'

"이 서류를 누구에게 드릴까요? 빌포르 씨입니까?"

'아니.'

"발랑틴 아가씨입니까?"

'아니.'

"그럼, 프란츠 데피네 씨입니까?"

'그래.'

프란츠는 깜짝 놀라며, 한 걸음 앞으로 나왔다.

"저한테요?" 프란츠가 말했다.

'그래.'

프란츠는 바루아로부터 그 서류를 받아 표지를 훑어본 다음, 표지에 써 있는 것을 읽기 시작했다.

내가 죽은 뒤에는 내 친구 뒤랑 장군이 보관하도록. 장군이 사망했을 시엔 이것을 그 아들에게 맡겨, 중요 서류로 보관할 것을 명할지어다.

"하지만 이 서류를 저더러 어떻게 하라는 말씀이십니까?" 프란츠가 물었다.

"물론 봉한 채로 보관하라는 말씀이시죠." 빌포르가 말했다.

'아니, 아니야.' 노인이 강하게 부정했다.

"그럼, 프란츠 씨가 이걸 읽으시게 하라는 건가요?" 발랑틴이 물었다.

'그래.' 노인 대답했다.

"이해하셨지요? 할아버지께선 이 서류를 읽으시라는 거예요."

"그럼, 모두 앉읍시다. 시간이 걸릴 것 같으니까." 빌포르는 초조해하며 말했다.

'앉게.' 노인이 눈으로 말했다.

빌포르는 의자에 앉았다. 그러나 발랑틴은 안락의자에 기대어, 할아버지 옆에 서 있었다. 프란츠도 노인의 앞에 서 있었다.

그는 이 수수께끼 같은 서류를 들고 있었다.

'읽어 주시오.' 노인의 눈이 말했다.

프란츠는 봉투를 뜯었다. 방 안은 쥐 죽은 듯 조용했다. 프란츠는 이 고요함 속에서 서류를 읽기 시작했다.

1815년 2월 5일, 생자크 거리 보나파르트 당 클럽에서 열린 집회 조서 발췌.

프란츠는 읽기를 멈추었다. "1815년 2월 5일! 아, 이날은 아버지께서 암살당한 날입니다!"

발랑틴과 빌포르는 아무 말도 하지 않았다. 노인의 눈만이 분명히 말할 뿐이었다. '계속하게.'

"아버지는 바로 이 클럽에서 나오시는 길에 행방불명되신 겁니다." 프란츠는 말을 이었다.

노인의 눈은 계속해서, '읽게'라고 말했다.

프란츠는 계속 읽어나갔다.

포병 중령 루이 자크 보르페르와 육군 여단장 에티엔 뒤샹피, 수자원산림국장 클로드 르샤르팔은 아래와 같이 언명한다.

1815년 2월 4일 보나파르트 당 클럽 회원에게 플라비앵 드 케넬 장군을 추천하는 서신을 엘바 섬으로부터 접수했다. 장군은 1804년부터 1815년까지 황제를 받들어 루이 18세로부터 남작 칭호를 받았는데도, 나폴레옹 왕조에게 그의 영지를 모두 바친 충성스런 인물이다.

따라서 케넬 장군에게 이튿날인 5일, 집회에 출석하기를 바라는 서면이 전달되었다. 그 서면에는 집회 장소가 자세히 적혀 있지 않았다. 서명도 없이, 다만 장군에게 준비만 하고 있으면 저녁 9시에 사람을 보내겠다고만 쓰여 있었다.

집회는 저녁 9시부터 자정까지 열렸다.

9시에 클럽 회장은 장군에게 찾아갔다. 소개 조건의 하나로 집회 장소를 절대 알리지 않을 것, 그리고 절대로 엿보지 않을 것을 맹세 받고, 눈을 가리게 했다. 케넬 장군은 그 조건을 수락하고, 명예를 걸고 자기가 가는 방향을 알려고 하지 않을 것을 맹세했다.

장군은 이미 자신의 마차를 준비시켜 놓았다. 그러나 회장은 이를 만류했다. 마부가 눈을 뜨고 마차를 모는 한, 주인이 눈을 가리더라도 아무 소용이 없을 것이라고 생각했기 때문이다.

'그럼, 어떻게 할 겁니까?' 장군이 물었다.

'마차를 가지고 왔습니다.' 회장이 말했다.

'내 마부에겐 비밀로 하는 것을 당신의 마부에겐 알려도 될 만큼 믿을 수 있는 사람인가요?'

'마부도 클럽 회원입니다.' 회장이 말했다. '참의원 의원이 마부 노릇을 하고 있지요.'

'그렇다면 마차가 뒤집힐지도 모른다는 또 다른 위험이 따르는 셈이군요?' 장군이 웃으면서 말했다.

이런 농담을 기록하는 것은, 장군이 강제로 집회에 참석한 것이 아니라 자진해서 참석했다는 사실을 증명하기 위함이다. 마차에 오르자, 회장은 눈을 가리기로 했던 장군과의 약속을 다시 한 번 확인했다. 장군도 이 일에 대해선 조금도 반대하지 않았다. 그리고 미리 마차 안에 준비되어 있던 비단 수건으로 장군의 눈을 가렸다.

도중에 회장은 장군이 눈가리개 밑으로 밖을 내다보려는 것을 눈치채고, 다시 한 번 약속을 당부했다.

'아! 그랬지요.' 장군이 말했다.

생자크 거리에 이르자 마차가 멈추었다. 장군은 회장의 팔에 의지해 마차에서 내렸다. 그는 회장이 클럽 멤버라는 사실 말고는 그 신분에 대해 아무것도 몰랐다. 두 사람은 길을 건너 계단을 올라 회의실로 들어갔다.

이미 회의는 시작되어 있었다. 회원들은 그날 밤 장군의 소개가 있으리라는 것을 알고 있었으므로 모두 모여 있었다.

회의실 중앙까지 오자 장군의 눈가리개를 풀어 주었다. 그때까지 장군은 존재조차 모르고 있던 이 회합에 아는 사람들이 많이 모인 것을 보고 매우 놀랐다.

　사람들은 장군에게 그의 사상에 대한 질문을 했다. 그러나 장군은 '엘바 섬에서 온 편지대로'라고 대답할 뿐이었다.

　프란츠가 읽기를 멈추고 말했다.

"아버지께선 왕당파였습니다. 굳이 사상을 물을 필요도 없습니다. 이미 다 알고 있는 사실이니까요."

"그런 점 때문에 부친과 저의 교류가 시작된 거죠. 사상이 같으면 쉽게 가까워지니까요." 빌포르가 말했다.

"계속 읽으시오." 노인의 눈이 여전히 말하고 있었다.

　프란츠는 서류를 다시 읽어 나갔다.

　회장은 장군에게 보다 분명한 의견을 말해달라고 했다. 그러자 장군은 어떤 대답을 원하는지 알고 싶다고 말했다.

　그래서 장군에 대해 충분히 협력을 기대할 만한 인물이라고 추천한 내용의 엘바 섬으로부터 온 편지를 읽어 주었다. 그 서면 첫 구절에는 엘바 섬에서 나폴레옹이 귀환한 사실이 명시되어 있었다. 그리고 파라옹 호가 보다 상세한 연락을 전달할 것이라는 내용도 담겨 있었다. 이 배는 마르세유의 선주 모렐 씨의 소유로, 그 선장은 황제에게 전면적인 충성을 바치고 있는 인물이었다.

　그 편지를 읽는 동안, 모두가 형제처럼 신뢰할 수 있을 거라고 생각했던 장군은 반대로 불만과 혐오의 빛을 역력히 드러냈다.

　편지를 다 읽고 나자, 장군은 아무 말 없이 미간을 찌푸리고 앉아 있었다.

　'어떻게 생각하십니까? 이 편지를?' 회장이 말했다.

　'루이 18세에게 서약을 한 지가 얼마 안 돼서요.' 장군은 대답했다. '벌써부터 이전 황제를 위해 그 서약을 깨뜨리는 건······.' 이 대답은 너무나 뚜렷해서, 장군의 사상에 대해 잘못 생각할 여지가 없었다.

　회장이 말했다. '장군, 우리에겐 이전 황제가 없다기보다는 루이 18세가 없습니다. 폭력과 배신 때문에 10개월째 이 나라 프랑스에서 추방되신 황

제 폐하가 계실 뿐이오.'

그러자 장군이 단호하게 말했다. '실례지만, 여러분. 정말로 여러분들게는 루이 18세가 없을지도 모릅니다. 그러나 내겐 루이 18세가 계십니다. 나를 남작과 장군으로 임명해 주신 이상, 나로서는 그분이 프랑스로 돌아오셨기 때문에, 이 두 가지 칭호를 받았다는 것을 절대 잊을 수가 없습니다.'

회장은 심각한 어조로 말하며 자리에서 일어섰다. '장군, 말조심하십시오. 장군의 말로 미루어 우리가 엘바에서 장군을 잘못 알고 속아왔다는 것이 명백해졌소. 장군께 읽어드린 서신은 장군을 신뢰하고, 존경하는 뜻에서였소. 그러나 그것은 우리의 오해였소. 장군은 작위와 계급 때문에 신정부와 손잡았지만, 우리는 그 정부를 무너뜨리려 하오. 이젠 당신에게 우리와 협력해 달라고 강요하지 않겠소. 우리는 본인의 양심과 의사에 맞지 않는 사람을 동지로 삼지는 않소. 단, 당신이 신사적으로 행동할 것을 요구합니다. 설령 당신 마음에 내키지 않는다 해도 말입니다.'

'당신들이 신사라 부르는 것은, 이런 음모를 알고도 입 밖에 내지 않는 것을 말하는 거겠지요! 나는 그런 걸 공범자라고 부릅니다. 보시다시피, 난 당신들보다 훨씬 솔직합니다……'

"아, 아버지!" 프란츠는 읽기를 멈추고 이렇게 말했다. "그들이 아버질 암살한 이유를 알겠습니다."

발랑틴은 프란츠를 힐끔 쳐다보지 않을 수 없었다. 자식으로서의 열정에 타오르는 젊은이의 모습은 확실히 훌륭해 보였다.

빌포르는 프란츠의 뒤를 왔다 갔다 하고 있었다. 노인은 눈으로 그 한 사람 한 사람의 표정을 지켜보고 있었다. 그의 태도는 한결같이 엄하고 심각했다.

프란츠는 다시 서류를 읽기 시작했다.

회장이 말했다. '장군, 우리는 장군께 이 집회에 와달라고 부탁했습니다. 결코 강제로 끌고 나온 것은 아닙니다. 눈을 가려달라고 말씀드렸을 때도, 장군께선 승낙하셨습니다. 이 두 가지 부탁을 받아들였을 때, 당신은 우리가 루이 18세를 섬기고 있지 않다는 것쯤은 분명히 아셨을 겁니다. 그렇지 않다면 그렇게까지 경찰의 눈을 피해 다니진 않았을 테니까요. 아시겠지만, 가면을 쓰고 남의 비밀을 알아낸 뒤 다시 그 가면을 벗고 자신을 신뢰한 사람들을 파멸시킨다는 생각은 그럴 듯한 얘깁니다. 아니, 우선 솔직하게 얘기해 봅시다. 당신은 우연히 프랑스 왕좌에 오르게 된 루이 18세 편입니까? 아니면 황제 폐하 편이십니까?'

'난 왕당파요.' 장군이 대답했다. '난 루이 18세께 서약했습니다. 그러니 그 서약을 지켜야지요.'

그 말을 들은 사람들은 잠시 술렁대기 시작했다. 그리고 회원들 대다수가 데피네 장군에게 이 불경한 언행을 취소하라고 요구하는 듯한 시선을 보냈다.

회장은 다시 일어서며 조용히 하라고 명령한 뒤, 장군에게 말했다.

'장군은 신중하고 양식이 있는 분이시니, 지금 서로 직면해 있는 사태의 결과를 충분히 이해하실 거라 생각합니다. 그리고 장군께서 솔직히 말씀해 주셨으니, 우리도 솔직하게 조건을 말씀드리겠습니다. 명예를 걸고, 지금까지 여기서 들은 것에 대해 절대로 입 밖에 내지 않는다고 약속해 주십시오.'

장군은 칼에 손을 대고 소리쳤다.

'당신이 명예를 입에 담으신다면 먼저 그 명예를 잃지 않는 것, 그리고 어떠한 경우에도 폭력으로 강요하면 안 된다는 것부터 알아야 할 겁니다.'

회장은 장군의 노여움보다도 더 무섭게 냉정한 어조로 말했다.

'당신도 그 칼에서 손을 떼시오. 충고합니다.'

장군은 차츰 불안한 듯한 시선으로 주위를 둘러보았다. 그러나 여전히 굴하지 않고, 오히려 힘주어 이렇게 말했다.

'약속 못하겠소.'

'그렇다면 죽어 주셔야겠습니다.'

너무나도 침착하게 그런 말을 하는 회장을 보고 데피네 장군은 얼굴이 새파래졌다. 그는 또 한 번 주위를 둘러보았다. 회원들 몇몇이 수군대더니 외투 밑으로 무기를 찾고 있었다.

회장이 다시 말을 이었다. '장군, 걱정 마십시오. 여기 계신 분들은 모두 명예가 있는 분들이니, 최후의 수단을 쓰기 전에 모든 방법으로 당신을 설득시키려 할 것입니다. 그러나 당신도 아까 말씀하셨듯이, 장군께서는 지금 음모를 꾀하고 있는 사람들 사이에 있습니다. 당신은 우리의 비밀을 알고 있습니다. 그걸 우리에게 돌려주셔야 합니다.'

회장이 말을 끝마치자 의미심장한 침묵이 흘렀다. 그리고 장군이 아무 대답도 하지 않자, 회장이 문지기들에게 명령했다. "문을 닫으시오."

이 말이 떨어질 때까지도 죽음과 같은 침묵은 계속됐다.

그때 장군이 앞으로 나와 있는 힘을 다하여 자신을 억누르며 말했다.

'내겐 아들이 하나 있소. 그러니 이렇게 나를 죽이려는 사람들 앞에서 나는 그 아들을 생각하지 않을 수 없소.'

그러자 회장이 장중한 태도로 말했다. '장군, 한 사람은 50명의 사람을 모욕할 권리를 가지고 있습니다. 그것이 약자의 특권이지요. 그러나 그 특권을 사용하는 것은 잘못입니다. 나를 믿어주십시오. 맹세하십시오. 그리고 우리를 모욕하지 말아주십시오.'

장군은 회장의 위세에 또 한 번 눌린 듯이 잠깐 주저하고 있었다. 그러나 마침내 회장의 테이블 옆으로 걸어갔다.

'그래서 그 형식은?' 장군이 물었다.

'이런 겁니다. '나는 명예를 걸고 1815년 2월 5일 오후 9시부터 10시 사이에 보고 들은 일을 절대로 누설하지 않을 것을 맹세함. 만약 이 맹세를 저버리는 경우, 죽음으로 보상할 것을 서약함.' '

장군은 신경에 전율이라도 흐르는 듯이 잠시 대답을 하지 못하고 있었다. 이윽고 감출 수 없는 혐오감을 억누르며 마지못해 서약서를 낭독했다. 목소리가 너무 작아 들리지 않자, 몇몇 회원들이 더 크고 분명하게 다시 낭독하라고 요구했다.

'그럼, 이만 실례하겠습니다.' 장군이 말했다. '이젠 돌아가도 되겠지요?'

회장은 일어나 장군을 데려다 줄 세 사람을 지명했다. 그리고 장군의 눈을 가린 뒤, 그들과 함께 마차에 올랐다. 그 세 사람 가운데는 아까 장군을 데리고 온 마부도 있었다.

다른 회원들은 그대로 말없이 헤어졌다.

'어디로 모셔다드릴까요?' 회장이 물었다.

'당신 얼굴이 안 보이는 곳이면 됩니다.' 데피네 장군이 대답했다.

'장군, 조심하시는 게 좋을 겁니다. 지금은 회의 장소가 아닙니다. 이젠 일 대 일로 상대하는 겁니다. 모욕의 대가를 받고 싶지 않으면 조용히 하시는 게 좋을 겁니다.'

그러나 데피네 씨는 이 말의 뜻을 이해하려고 하기는커녕 이렇게 대답했다.

'당신네들은 마차 안에서도 용감하시군요. 네 사람이 한 사람보단 강하단 거겠지요.'

회장은 마차를 멈추게 했다.

그곳은 오르막길 기슭의 입구였다. 그곳에는 강으로 내려가는 돌계단이 있었다.

'왜 이런 곳에 멈추는 거요?' 데피네 씨가 물었다.

'당신은 한 사람을 모욕했소. 그 사람은 당신의 정중한 사과를 듣기 전엔, 한 발짝도 가지 않을 겁니다.'

'이것도 암살의 한 방법이로군요.' 장군은 어깨를 으쓱해 보이며 말했다.

'만약 당신이 나한테서 조금 전에 말씀하신 비겁자, 즉 자기 약점을 방패로 삼는 비겁자의 대우를 받고 싶지 않다면 쓸데없는 잔소리는 그만두십시오. 당신은 혼자입니다. 이쪽에서도 한 사람이 상대할 것입니다. 당신은 허리에 칼을 차고 있고, 나도 마찬가지입니다. 입회인이 없는 당신을 위해, 이 회원들 중 한 사람을 입회인으로 삼아 드리지요. 자, 이의 없으시면 눈가리개를 푸십시오.'

장군은 즉각 눈가리개를 풀어 버렸다.

'그럼, 내 본분을 다하겠소.' 장군이 말했다.

마차 문이 열렸다. 네 명의 남자가 내렸다……

프란츠는 여기서 또 한 번 읽기를 멈추었다. 그는 이마에 흐르는 식은땀을 닦았다. 지금까지 모르고 있던 아버지의 죽음에 대해 얼굴이 하얗게 되도록 몸을 떨며 큰 소리로 읽어 내려가는 아들의 모습은 보기에도 처참할 정도였다.

발랑틴은 마치 기도라도 올리듯 두 손을 모으고 있었다. 누아르티에 노인은 엄숙하다고 할 만큼, 경멸과 오만에 찬 얼굴로 빌포르를 바라보고 있었다.

프란츠는 계속 읽어 내려갔다.

때는 앞에서 말한 대로 2월 5일. 3일 전부터 영하 5, 6도까지 떨어져 계단은 꽝꽝 얼어 있었다. 장군은 키가 크고 뚱뚱한 사람이라, 회장은 계단을 내려갈 때 난간 쪽을 양보해 주었다. 두 입회인이 그들의 뒤를 따랐다.

밤은 어둡고, 돌계단에서 강으로 내려가는 땅은 눈과 서리로 젖어 있었다. 검고 깊은 강물 위로 얼음덩이들이 떠내려가는 것이 보였다.

입회인 하나가 석탄배로 가서 등불을 가져왔다. 그 등불 아래서 무기를 조사했다.

회장의 칼은 그가 말한 대로 단장 속에 넣는 칼이어서 상대의 검보다 길이가 짧았다.

데피네 장군은 그 두 자루의 칼을 놓고, 제비를 뽑아 정하자고 했다. 그러나 회장은 자기가 결투를 청한 것이라며, 각자의 무기를 쓸 것을 요구했다.

그래도 입회인들이 무언가 말을 하려고 하자, 회장은 그들에게 침묵할 것을 명령했다.

땅 위에 등불을 세워 놓았다. 두 사람은 저마다 제자리에 가서 섰다. 그리고 드디어 결투가 시작되었다.

불빛에 두 개의 검이 번득였다. 그러나 싸우고 있는 두 사람의 모습은 짙은 어둠에 묻혀 거의 보이지 않았다. 장군은 군대에서도 검의 달인으로 이름이 나 있었다. 그러나 처음부터 공격을 서둘렀던 탓에 공격을 하다가 쓰러지고 말았다. 입회인들은 그가 죽은 줄로 알았다. 그러나 칼에 맞아 쓰러진 것이 아니라는 사실을 알고 있는 상대가 장군에게 손을 내밀었다. 이러한 태도는 장군의 마음을 안정시키기는커녕 화를 돋우었다. 그는 일어나면서 갑자기 상대에게 덤벼들었다.

그러나 상대는 단 한 걸음도 물러서지 않고 얼른 칼로 막았다. 장군은 공격을 너무 서둘렀다고 생각하여, 세 번이나 뒤로 물러나서 다시 공격 태세를 취했다.

세 번째 공격 때, 그는 또다시 넘어졌다.

사람들은 이번에도 그가 아까처럼 얼음판에 미끄러진 줄로 생각했다. 그러나 시간이 지나도 장군은 일어날 생각을 하지 않았다. 입회인들은 장군에게 다가가 그를 일으키려고 허리를 안았다. 그러자 손에 무엇인가 뜨뜻하고 끈끈한 것이 느껴졌다. 그것은 피였다.

그때 거의 정신을 잃고 있던 장군은 다시 정신이 들었다.

'아! 누가 나에게 검객을 보낸 모양이군.'

회장은 그 말에는 대답도 않고, 두 입회인 가운데 등불을 들고 있는 쪽으로 걸어갔다. 그리고 소매를 걷으며, 칼에 두 번이나 맞은 팔을 보여 주었다. 그러더니 이번엔 윗옷 단추를 풀어 옆구리에 맞은 세 번째 상처를 보여주었다.

그러면서도 그는 소리 한 번 내지 않았다. 데피네 장군에게는 죽음이 다가오고 있었다. 그리고 5분 뒤 장군은 숨을 거두었다.

프란츠는 숨이 막히는 듯, 들릴까 말까 한 작은 목소리로 마지막 구절을 읽었다. 그리고 잠시 눈앞에 낀 구름을 거두려는 듯이 눈을 비볐다.

잠깐 입을 다물고 있다가 또다시 읽었다.

회장은 칼을 제자리에 꽂고 나서 계단을 올라왔다. 떨어지는 핏방울이 그가 걸어가는 대로 자국을 남겼다. 그가 미처 계단을 다 올라가기도 전에, 물속에 무언가 떨어지는 소리가 들려왔다. 입회인들이 장군의 죽음을 확인한 뒤, 시체를 강물에 던진 소리였다.

이렇게 해서 장군은 명예로운 결투 끝에 목숨을 잃은 것이다. 이것은 사람들이 오해하고 있는 것처럼 암살당한 것이 아니었다.

이상의 사실을 바탕으로, 우리는 사건의 진상을 알리기 위해 여기에 서명한다. 즉, 이 무서운 사건에 관계되어 있는 자가 살인이나 명예를 저버렸다는 오명을 쓰지 않기 위해서이다.

서명자 보르페르, 뒤샹피, 르샤르팔

프란츠가 이 가슴 아픈 서류를 다 읽고 나자, 마음에 감동을 받은 발랑틴은 얼굴에 흐르는 눈물을 닦고 있었다. 한편, 방 한쪽에 웅크리고 앉아 떨고 있던 빌포르가 굽힐 줄 모르는 노인에게 애원의 눈길을 보내며 닥쳐오려는 폭풍을 막아보려고 할 때, 프란츠가 말했다. "누아르티에 씨. 당신은 이 무서운 사건에 대해 자세히 알고 있으며, 이 사건을 서명자들에게 훌륭하게 증명시켜 주었습니다. 또 제게는 상처만 주었지만 어쨌든 제게 관심을 가지고 계시다는 걸 알게 되었습니다. 그러니 이 정도에서 그치지 마시고, 그 클럽 회장이라는 자의 이름을 알려 주십시오. 제 아버지를 죽인 자의 이름을 꼭 알고 싶습니다."

빌포르는 미친 사람처럼 문손잡이를 찾았다. 한편, 지금까지 수없이 노인의 팔에 있는 두 군데의 상처를 보아 왔기에 누구보다도 먼저 할아버지의 대답을 알고 있던 발랑틴은 한 걸음 뒤로 물러섰다.

"부탁입니다!" 프란츠는 그렇게 말하고 발랑틴에게 시선을 돌렸다. "제발 당신도 부탁해 주십시오. 저를 두 살 때 고아로 만든 그자의 이름을 알고 싶습니다."

발랑틴은 입을 다문 채 꼼짝도 하지 않았다.

그때 빌포르가 말했다. "자, 이런 무서운 일은 이 이상 알려고 하지 말게나. 게다가 이름도 일부러 가명을 쓴 거니까. 내 아버지께서도 그 회장 이름은 모르네. 혹 그 이름을 아신다 해도 말씀하실 수 없겠지. 사전에 사람 이름은 나와 있지 않으니까."

"오! 이렇게 답답한 일이!" 프란츠가 말했다. "내 몸을 지탱하고 이 글을 끝까지 읽을 수 있었던 것은 오직 아버지를 죽인 사람의 이름을 알아낼 수 있으리라는 한 가지 희망 때문이었습니다. 누아르티에 씨!" 그는 노인 쪽으로 돌아서며 소리쳤다. "부탁입니다! 제발 하실 수 있는 데까지 도와주십시오…… 부탁입니다. 가르쳐 주십시오. 어떻게 좀 알려 주십시오……."

'그래.' 노인이 대답했다.

"오, 아가씨!" 프란츠가 소리쳤다. "할아버지께서 가르쳐 주실 수 있다고 말씀하셨어요……. 당신은 알 수 있을 테니…… 제발 도와주세요."

노인은 사전 쪽을 바라보았다.

프란츠는 떨리는 손으로 사전을 들었다. 그리고 알파벳을 처음부터 하나하나 읽어내려가 M까지 읽었다.

그때 노인은 맞았다는 표시를 해 보였다.

'M!' 프란츠는 되뇌었다. 젊은이의 손가락이 단어 위를 훑어내렸다. 그러나 어느 단어도 노인은 아니라고만 대답했다.

발랑틴은 두 손으로 얼굴을 가렸다.

마침내 프란츠가 Moi(나)라는 단어까지 왔을 때, 노인이 대답했다.

'그래.'

"당신이!" 프란츠가 소리쳤다. 머리카락이 곤두서는 것 같았다. "당신이? 누아르티에 씨가! 당신이 내 아버지를 죽였습니까?"

'그래.' 노인은 위엄 있는 시선으로 젊은이를 응시하며 이렇게 대답했다.

프란츠는 맥없이 의자 위에 주저앉았다.

빌포르는 문을 열고 달아나버렸다. 노인의 소름끼치는 가슴속에 그 얼마 남지 않은 생명을 짓눌러버리고 싶어졌기 때문이었다.

아들 카발칸티의 순조로운 진출

그러는 동안 아버지 카발칸티는 일이 있어서 파리를 떠났다. 단지 오스트리아 황제 폐하의 군대로 가는 것이 아니라, 그가 뻔질나게 드나들던 루카 온천의 도박장으로 가려는 것이었다. 그가 여행 경비는 물론이고, 아버지 노릇을 훌륭히 해낸 대가로 받은 돈을 한푼도 남기지 않고 가지고 간 것은 두말할 나위도 없었다.

안드레아는 출발하기에 앞서, 영광스럽게도 바르톨로메오 후작과 레오노라 코르시나리 후작부인의 아들임을 증명해 주는 모든 서류를 물려받았다.

안드레아가 조금씩 입지를 다져가고 있는 파리의 사교계는 외국인들을 쉽사리 받아들이고, 현재 그들이 처한 상태가 어떠한가 보다는 앞으로 어떤 상황에 놓이게 될 것인가를 고려해서 대우하는 곳이었다.

그런데다가 파리가 한 젊은이에게 요구하는 것은 무엇일까? 프랑스어를 할 줄 알 것, 반듯한 옷차림을 할 것, 게임은 정직하게 하고 돈은 금화를 쓸 것, 이런 것들이었다. 또 파리 사람들이 외국인에게 한결 더 관대하다는 것도 잘 알려진 사실이다. 그래서 안드레아는 약 2주 동안 비교적 당당한 위치를 확보할 수 있었다. 그는 사람들로부터 백작이라는 소리를 들었으며, 연수입이 5만 프랑이고, 사라베차 광산에 아버지의 어마어마한 보물이 매장되어 있다는 소문도 나돌았다.

이 마지막 얘기가 사실인 양 화제에 올랐을 때, 그 얘기를 들은 어느 학자가 그 광산을 본 적이 있다고 말했다. 그럼으로써 그때까지 반신반의하던 이야기가 그만 사실처럼 되어 버렸다. 파리 사교계가 한창 그런 분위기로 흐르고 있을 때, 어느 날 밤 몬테크리스토 백작은 당글라르 씨 집을 방문했다. 그런데 마침 당글라르 씨는 외출 중이시니 당글라르 부인을 만나보시겠느냐는 것이었다. 백작은 그렇게 하기로 했다.

오퇴유의 만찬회와 뒤이어 일어난 여러 가지 일 탓에, 부인은 몬테크리스토라는 이름만 들어도 등골이 오싹해졌다. 그 이름만 들리고 장본인이 나타나지 않으면 부인은 더욱 불안했다. 반대로 백작이 모습을 나타내어, 그 친근한 얼굴과 반짝이는 눈, 그리고 부인을 대하는 다정한 태도를 보이면 어느덧 공포감은 깨끗이 사라졌다. 그렇게 친절해 보이는 사람이 마음속으로 자기에게 적의를 품고 있으리라고는 생각되지 않았기 때문이다. 게다가 아무리 악한 마음을 가진 사람이라도, 자기에게 아무 이익도 없는데 나쁜 짓을 할 리는 없는 법이다. 어떤 이익도, 이유도 없는 악은 변태라고 할 만한 비정상적인 것이 아닌가.

부인은 이 책의 앞부분에 이미 한 번 소개되었던 부인의 방에서, 딸이 안드레아와 함께 본 다음에 건네주는 몇 장의 그림들을 불안한 눈으로 바라보고 있었다. 그때 몬테크리스토 백작이 방 안으로 들어왔다. 그의 모습은 여느 때와 마찬가지로 그 효과를 발휘했다. 백작의 이름만 들어도 안절부절못하며 불안해하던 부인은 입가에 미소를 띠며 백작을 맞았다.

백작은 방 안 분위기를 한눈에 파악했다. 긴의자에 반쯤 누워 있는 부인 옆에는 딸 외제니가 앉아 있었고, 안드레아 카발칸티는 서 있었다.

안드레아는 괴테 작품에 나오는 주인공처럼 검은 옷과 에나멜 구두에 속이 비치는 하얀 비단 양말을 신고, 잘 가꾸어진 손으로 금발을 쓸어내리고 있었다. 그의 머릿속에서 다이아몬드가 반짝였다. 몬테크리스토 백작이 주의를 주었는데도, 이 젊은 건달은 새끼손가락에 다이아몬드를 끼지 않고는 못 배겼던 것이다.

젊은이는 이런 자세로 뇌쇄적인 시선과 그것과 같은 목적의 한숨을 당글라르 양에게 보내고 있었다.

당글라르 양은 변함없이 아름답고 냉정하고 비웃는 듯한 표정이었다. 그녀는 안드레아의 그러한 시선이며 한숨을 어느 것 하나 놓치지 않고 있었다. 하지만 그것들은 전해져 내려오는 말처럼, 미네르바의 철갑 두른 가슴을 스쳐갈 뿐이었다. 몇몇 철학자들이 주장하기로는 때로는 사포도 둘렀다는 그 철갑 말이다.

외제니는 쌀쌀맞게 백작에게 인사했다. 그러더니 대화가 시작되려는 틈을 타 자기 공부방으로 물러갔다. 얼마 안 있어 그 방에서는 즐겁고 명랑한 두 여자의 목소리가 피아노 소리와 함께 들려왔다. 몬테크리스토 백작은, 당글라르 양이 자기나 카발칸티와 함께 있는 것보다 성악 선생인 루이즈 다르미 양과 같이 있는 것을 더 좋아한다는 사실을 알았다. 그때 백작은 부인과 이야기를 나누며 얘기가 정말 재미있다는 듯한 모습을 보이면서도 사실은 안드레아의 모습까지 주시하고 있었던 것이다. 보니까 안드레아는 음악 소리를 들으려고 열심히 문 앞까지 갔다가 차마 들어가진 못하고 그저 찬사만 보내고 있었다.

곧 당글라르가 돌아왔다. 그는 먼저 몬테크리스토 백작 쪽을 보긴 했으나, 곧 안드레아 쪽으로 눈을 돌렸다.

아내에게는 몇몇 남편들이 자기 부인한테 하는 식으로 인사했다. 그것은 부부 사이에 대한 광범위한 법전이 나오지 않는 한, 독신자들은 생각도 못하는 방식이었다.

"아니, 아가씨들이 같이 음악을 하자고 권하지도 않았습니까?" 당글라르가 안드레아에게 물었다.

"아니요, 유감스럽게도!" 안드레아는 지금까지보다 더 눈에 띄게 한숨을 쉬며 대답했다.

당글라르는 곧 샛문으로 가서 문을 열었다.

두 여자가 피아노 앞에 놓인 의자에 나란히 앉아 있는 모습이 보였다. 둘은 저마다 한 손으로 피아노를 치고 있었다. 언제나 그렇게 치는 데 익숙해져 있었기 때문에, 두 사람의 손은 매우 능란하게 움직이고 있었다.

문틀을 배경으로 그 한가운데에 다르미 양의 얼굴이 있었는데, 마치 독일 사람들이 곧잘 그리는 활인화(活人畫)와도 같았다. 뛰어난 미인이라기보다는 귀염성 있는 얼굴이었다. 요정과도 같이 가냘픈 몸집에, 곱슬곱슬한 금발이 목덜미에 길게 늘어져 페르지노(16세기 이탈리아 화가)가 그린 성모 마리아 같은 모습이었고, 그 눈에는 피곤한 기색이 엿보였다. 폐가 약하다는 소문이 있었다. 그래서 《크레모나의 바이올린》에 나오는 안토니아(호프만의 단편소설 《크레모나의 바이올린》의 여주인공)처럼 노래를 하면서 죽으리라는 소문이 돌았다. 몬테크리스토 백작은 이 여자들의 방을 호기심에 찬 눈으로 보았다. 이 집에 와서, 가끔 얘기만 들었던 다르미 양을 오늘 처음 본 것이다.

"이게 어떻게 된 거냐?" 당글라르가 딸에게 물었다. "우린 빼놓기냐?"

그렇게 말하면서 그는 안드레아를 데리고 그 방으로 들어갔다. 그러자 일부러 그런 건지 우연이었는지는 몰라도 문이 꽝 닫혀 버려, 백작과 당글라르 부인이 앉은 곳에서는 아무것도 보이지 않게 되었다. 그러나 부인은 안드레아가 당글라르를 따라 들어갔기 때문에 별로 신경 쓰지 않았다.

잠시 뒤, 백작의 귀에는 안드레아가 피아노 반주에 맞추어 코르시카의 노래를 부르는 소리가 들려왔다.

그 소리는 노래를 부르는 사람이 안드레아라는 사실을 잊게 만들고, 베네데토를 떠오르게 하기에, 백작은 미소를 머금은 채 듣고 있었다. 그러는 동안 당글라르 부인은 남편의 대담함을 칭찬하고 있었다. 오늘 아침에도 밀라노에서 일어난 파산 때문에, 30, 40만을 손해 보았다는 것이었다.

사실 그 말이 칭찬해 줄 만한 것이었다. 백작이 그렇게 남작부인의 입을 통하거나, 어쩌면 자신이 알아낼 수 있는 모든 방법을 동원하여 알지 않았더라면 알 수도 없을 만큼, 남작의 얼굴에는 단 한 마디도 쓰여 있지 않았기 때문이었다.

'좋아!' 백작은 생각했다. '손해를 본 걸 감추고 있군. 한 달 전만 해도 자랑하더니.'

"하지만 부인," 백작이 입을 열었다. "주인께선 주식시장 일에 정통하시니까, 잃은 건 또 다른 데서라도 되찾으실 겁니다."

"백작께서도 세상 사람들처럼 착각하고 계시는군요." 부인이 말했다.

"착각이라니요?"

"남편은 투기 같은 건 한 적도 없는데, 다들 그렇게 생각하시는 것 같아요."

"그렇군요. 드브레 씨한테서 들은 얘기라…… 그런데 드브레 씨는 요즘 어떻습니까? 요 3, 4일 동안 못 뵈었는데요."

"저도 못 봤어요." 부인은 놀랄 만큼 침착한 어조로 말했다. "그런데 방금 하시려던 얘기가 뭐였죠?"

"무슨 얘기 말입니까?"

"드브레 씨한테 무슨 얘길 들으셨다고 하셨는데요?"

"아, 그랬지요. 부인께서 투기에 열심이시라는 얘기였습니다."

"그랬지요. 전엔 좀 흥미를 가졌지만, 이젠 그만두었어요."

"그건 좀 그렇군요. 운이란 오늘 있다고 해도 내일은 또 어떻게 될지 모르는 거니까요. 만약 제가 여자로 태어나 운 좋게 은행가의 아내가 되었다면,"

전 저대로 따로 재산을 만들려고 했을 겁니다. 설령 남편도 모르는 사람에게 재산을 맡기게 되는 한이 있더라도 말입니다."

당글라르 부인은 자기도 모르게 얼굴이 새빨개졌다.

"글쎄," 백작은 아무것도 못 본 체하며 말했다. "어제도 나폴리 공채에서 크게 한몫 챙긴 사람이 있다고 하더군요."

"전 그런 공채는 갖고 있지 않습니다." 부인이 당황해서 말했다. "그런 건 못 가져 봤어요. 어쨌든 투기 얘기는 그만하지요. 우리가 마치 증권 중개인이기라도 한 것 같으니까요. 그보다 빌포르 씨네 얘기나 하시지요. 큰 불행이 닥쳐서 정말 타격이 컸나 봐요."

"도대체 무슨 일이 있었습니까?" 백작은 정말 아무것도 모르고 있다는 듯이 물었다.

"알고 계실 줄 알았는데요. 생메랑 후작이 여행길에 오른 지 사나흘 만에 돌아가셨는데, 글쎄 이번엔 후작부인이 또 여기 도착하고 사나흘 만에 돌아가셨지 뭡니까."

"아, 그랬지요." 백작은 말했다. "그 얘긴 알고 있었습니다. 하지만 그건 클로디어스가 햄릿에게 말한 대로 자연의 법칙이겠지요. 후작부부도 부모님을 잃고 눈물을 흘렸으니, 이번엔 그분들 본인들이 돌아가셔서 자식들의 눈물을 흘리게 한 거죠."

"그런 것만은 아니랍니다."

"그런 것만은 아니라니요?"

"아시겠지만, 그 집에서는 딸을 결혼시키려던 참이었지요……."

"프란츠 데피네 씨에게 말이죠? 그런데 그 혼담이 이루어지지 않았나요?"

"보아하니 어제 아침에 프란츠가 약혼을 취소한 것 같더군요."

"아! 그렇군요…… 파기된 이유를 아십니까?"

"아니요."

"굉장한 소식을 들려주셨습니다. 그런 일이! 부인…… 그런데 이렇게 연이어 불행을 겪은 빌포르 씨께선 어떡하고 계신가요?"

"늘 그렇듯이 철학자처럼 태연하지요."

그때 당글라르가 혼자 돌아왔다.

"아니," 부인이 말했다. "안드레아 씨를 외제니 옆에 그냥 두고 오셨어요?"

"다르미 양도 같이 있는데, 뭐가 어때서." 그러고는 백작을 돌아보며 말했다. "어떻습니까, 백작, 카발칸티 공작은 꽤 유쾌한 젊은이 아닙니까? 그런데 그는 정말 공작일까요?"

"그건 저도 보증할 수 없습니다." 백작이 대답했다. "그 사람 아버지는 후작이라고 들었습니다. 그렇다면 아들은 백작쯤은 되겠지요. 그런데 그 청년은 그런 칭호 같은 건 별로 내세우지 않는 것 같더군요."

"왜 그럴까요?" 은행가가 물었다. "공작이면서도 그걸 자랑하지 않는 건 잘못이죠. 사람은 누구나 권리를 가지고 있습니다. 난 자기 신분을 감추는 사람은 별로입니다."

"하하, 남작께선 진짜 민주주의자시로군요." 백작이 웃으면서 말했다.

"하지만 어떡하려고 그러세요? 만약 우연히 알베르가 와서, 약혼자인 자기도 못 들어가는 외제니의 방에 안드레아 카발칸티 씨가 있는 걸 보기라도 하면." 부인이 말했다.

"우연이라고 말 한번 잘했소." 은행가는 말했다. "사실 알베르야 잘 오지도 않으니 온다면 그야말로 우연이겠지."

"어쨌든 만약 와서 외제니 옆에 안드레아 씨가 있는 걸 보면 불쾌하게 생각할 거예요."

"알베르가? 모르는 소리. 그럴 리가 없어. 알베르가 외제니 때문에 질투라도 할 줄 알고? 그 정도로 우리 애를 좋아하진 않는단 말이오. 그리고 그친구가 불쾌하건 말건, 나와는 상관없어."

"하지만 여기까지 얘기가 진행되었는데……."

"여기까지라니, 대체 어디까지라는 거지? 자기 어머니가 열었던 무도회에서도 외제니와 춤도 딱 한 번밖에 안 추었단 말야. 안드레아 카발칸티 군은 세 번이나 추었지. 그런데도 알베르 군은 조금도 신경 쓰지 않더군."

"알베르 드 모르세르 자작께서 오셨습니다!" 하인이 알렸다.

남작부인은 벌떡 일어섰다. 그리고 딸에게 알리려고 공부방으로 가려는데, 남작이 부인의 팔을 잡았다.

"가만있어."

부인은 너무 놀라 남편을 바라보았다.

몬테크리스토 백작은 이런 장면을 못 본 체하고 있었다.

알베르가 들어왔다. 그는 아직 잘생기고 쾌활한 모습이었다. 그는 남작부인에게는 싹싹하게, 남작에게는 친근하게, 그리고 몬테크리스토 백작에게는 정답게 인사를 했다. 그러고는 부인을 돌아보며 물었다.

"당글라르 양도 잘 있습니까?"

"네, 잘 있어요." 부인은 기세 좋게 대답했다. "지금 자기 방에서 안드레아 씨와 음악을 하고 있어요."

알베르는 여전히 침착하고 무관심한 표정이었다. 내심 속으로는 불쾌했을 것이다. 그러나 그는 몬테크리스토 백작이 자기를 지켜보고 있는 것을 의식하고 있었다.

"안드레아 씨는 아주 훌륭한 테너지요." 그가 대답했다. "그리고 외제니 양도 멋진 목소리를 가지고 있는데다가, 탈베르그(¹⁹세기 독일의 유명한 피아니스트) 못지않은 피아노 실력자이니 아주 잘 어울릴 겁니다."

그러자 당글라르가 말했다. "사실 두 사람이 잘 어울리긴 하지."

알베르는 이러한 말에는 신경 쓰지 않는 듯했다. 그러나 남편의 그런 무례한 태도에 당글라르 부인은 얼굴을 붉혔다.

"저희 선생님들 말씀에 따르면, 저도 다분히 음악가적인 면이 있다고 그러더군요. 하지만 이상하게도 아직 남과 노래를 불러본 일은 없어요. 더군다나 소프라노하고는요."

알베르의 이 말에 당글라르는 '좋을 대로 생각하시라지!' 하는 듯 씨익 웃기만 했다.

이윽고 당글라르가 마음먹은 얘기를 털어놓으려는 듯 말을 꺼냈다. "그래서 우리 아이와 공께서는 어제 모든 사람들의 격찬을 받았다네. 자넨 어제 안 왔던가?"

"공이라니요?" 알베르가 물었다.

"카발칸티 공 말이네." 당글라르가 대답했다. 당글라르는 카발칸티의 얘기만 나오면 꼭 공이라는 칭호를 붙였다.

"아, 실례했습니다," 알베르가 말했다. "왕족인 줄은 몰랐군요. 어제는 카발칸티 공이 외제니 양과 같이 노래를 불렀나요? 정말 멋졌겠는걸요. 듣지 못한 게 안타깝군요. 어제 샤토 르노 남작부인 댁에서 독일 사람들이 노래를 부른다며 어머니께서 같이 가자고 하신 바람에 부득이 여길 못 왔었습니다."

잠시 침묵이 흐른 뒤 마치 아무 일도 없었던 것처럼 알베르가 말했다. "저, 외제니 양을 좀 만날 수 없을까요?"

"잠시만 기다리게." 알베르를 제지하며 은행가가 말했다. "저들이 하는 기가 막힌 카바티(기악 반주가 따르는 / 서정적인 독창곡)가 들리지 않소? 따 따 따 띠 따 띠 따 따. 정말 황홀하군. 이제 곧 끝나요…… 조금만 더. 야, 기가 막히는군! 정말 멋져! 두 사람 모두!"

당글라르는 미친 듯이 손뼉을 쳤다.

"과연," 알베르가 말했다. "정말 놀랍습니다. 카발칸티 공작만큼 자기 나라 음악을 잘 아는 사람도 없을 겁니다. 아까 분명 공작이라고 그러셨죠? 만일 공작이 아니셨더라도 공작이 되셨을 겁니다. 이탈리아에서 그런 일은 흔하니까요. 그건 그렇고, 다시 저 멋진 사람들의 얘기로 돌아갈까요. 당글라르 씨, 한 가지 부탁이 있는데요, 누가 와 있다는 얘긴 마시고 외제니 양과 카발칸티 씨에게 다른 노래를 하나 더 불러달라고 부탁드려 주실 수 없을까요? 조금 떨어진 거리에서 어둑어둑한 가운데 아무것도 보지 않고, 또 누구의 눈에도 띄지 않은 채로 노래를 듣는다는 것은 멋진 일이니까요. 그러면 아무도 보지 않으니 음악을 하는 쪽에서도 거리낌 없이 그 재능을 십분 발휘해 감정을 마음껏 표현할 수 있을 겁니다."

알베르의 냉정한 태도에 이번에는 당글라르가 당황했다.

그는 몬테크리스토 백작에게 따로 이야기했다.

"어떻습니까?" 당글라르는 백작에게 물었다. "알베르 군을 어떻게 생각하십니까?"

"글쎄요! 퍽 냉담해 보이는군요. 그렇지만 이제 와서 뭘 어쩌시겠습니까? 이미 약속도 했으니!"

"물론 약속은 했습니다. 하지만 내 딸을 사랑하지도 않는 사람에게 줄 생각은 없습니다. 한번 보십시오. 대리석처럼 냉정하고 오만한 것이 제 아버지를 쏙 빼닮았거든요. 그나마도 카발칸티 집안만큼 재산이라도 많으면 그런 대로 눈감아 줄 수 있겠지만. 물론 딸아이의 의견은 아직 물어보지 않았습니다. 그렇지만 그 애도 바보가 아니고서야!"

"오!" 백작이 말했다. "호의를 가지고 있어서 그런지는 몰라도, 제가 보기에 알베르 씨는 훌륭한 젊은이인 것 같습니다. 따님을 행복하게 해줄 거고, 앞으로 큰 인물이 될 거라 생각합니다. 게다가 그 사람 아버지도 굉장한 지위에 있고요."

"글쎄요." 당글라르가 말했다.

"왜 그렇게 못 미더워하십니까?"

"과거라는 게 있으니까요…… 시커먼 과거가."

"하지만 아버지 과거 따위가 아들과 무슨 상관이 있지요?"

"있지요. 틀림없이 있고말고요."

"흥분하지 마세요. 한 달 전엔 이 결혼을 좋게 생각하셨지 않습니까? 제가 좀 난처하게 됐습니다. 안드레아 카발칸티를 아시게 된 것이 바로 저희 집에서였으니 말입니다. 한 번 더 말씀드리겠습니다만, 전 저 사람은 잘 모릅니다."

"전 저 젊은이를 잘 아는데요." 당글라르가 말했다. "그럼 된 게 아닙니까?"

"남작께서 잘 아신다니, 혹시 조사라도 해보셨나요?" 백작이 이렇게 물었다.

"그럴 필요가 있을까요? 어떤 사람인지 한번 보면 알 수 있습니다. 먼저 저 청년은 돈이 많습니다."

"전 장담 못하겠는데요."

"그래도 저 청년에 대한 책임을 지고 계시잖습니까?"

"5만 프랑에 한해서만입니다. 없어도 그만인 돈이니까요."

"대단히 교양 있는 사람이지요."

"흠!" 이번에는 몬테크리스토 백작이 말했다.

"거기다 음악까지 할 줄 알고."

"이탈리아 사람이면 누구나 다 하는 거죠."

"백작께선 저 젊은이한테 전혀 마음이 없으시군요."

"솔직히 그렇습니다. 댁의 따님이 모르세르 군과 약혼한 사이라는 것을 알면서 재산을 무기로 삼아 중간에 끼어드는 게 마음 아픕니다."

당글라르는 웃음을 터트렸다.

"나 참, 그렇게 청교도 같은 말씀을 하시다니요! 그런 일이야 이 세상에 얼마든지 있는 일 아닙니까?"

"하지만 그 정도 일로 파혼은 못하실 겁니다. 당글라르 씨, 모르세르 집안에서는 이 결혼을 당연히 하는 걸로 알고 있으니까요."

"하는 걸로 알고 있다고요?"

"그야 물론이죠."

"그렇다면 그쪽 얘기도 들어 보아야겠군요. 백작께선 그 댁하고 친한 사이시니, 이 일을 그 사람 아버지한테 귀띔해주시면 안 될까요?"

"제가요? 대체 뭘 보고 그런 말씀을 하십니까?"

"그 댁 무도회 때인 것 같군요. 백작부인 말입니다. 그 오만하고 건방진 카탈로니아 태생의 메르세데스가 평소 같으면 옛날 친구한테나 겨우 한마디 건넬 사람인데, 그날 보니 백작과 팔짱을 끼고 정원으로 나가서 오솔길을 산책하며 30분이나 같이 있다가 돌아오시더군요."

"아! 남작님, 남작님," 알베르가 말했다. "음악을 듣는 데 방해가 되는군요. 남작님 같은 음악애호가께서 그렇게 너무 시끄럽게 하시다니요."

"알았어요, 알았어. 비꼬지 마시게나!" 당글라르가 말했다.

그러고는 다시 백작을 향해 말했다.

"이 젊은이 아버지에게 얘기 좀 해주시겠습니까?"

"원하신다면 그러죠."

"그런데 이번만큼은 분명하게 결정적으로 얘기해 주셔야겠습니다. 더군다나 그쪽이 딸을 달라는 입장에 있으니 그쪽에서 시기와 금전상의 조건을 충족시키고, 마지막으로 결혼을 성사시킬 건지 말 건지 분명히 밝히도록 해주십시오. 더 이상 질질 끌지는 않을 테니까요."

"알겠습니다. 알아보도록 하죠."

"즐거운 마음으로 기다리지는 못하겠지만, 어쨌든 기다리는 보겠습니다. 은행가란 자기가 한 말에 충실해야 하는 법이니까요."

그렇게 말하고 나서 당글라르는 바로 30분 전에 카발칸티가 내쉰 것과 같은 한숨을 쉬었다.

"정말 멋져요! 두 사람 모두!" 알베르는 이렇게 아까 당글라르가 한 말을 흉내내며 음악이 끝나자 박수를 보냈다.

당글라르는 알베르를 곁눈으로 살짝 보았다. 그때 하인이 와서 무언가 낮은 소리로 두어 마디 하고 나갔다.

"금방 돌아오겠습니다." 당글라르는 몬테크리스토 백작에게 말했다. "조금만 기다려주십시오. 말씀드려야 할 게 있으니."

이렇게 말하고 그는 방을 나갔다.

남작부인은 남편이 나간 틈을 타서 딸의 방문을 열었다. 문이 열리자마자, 외제니와 함께 피아노 앞에 앉아 있던 안드레아가 용수철처럼 벌떡 일어났다.

알베르는 미소 지으며 외제니 양에게 인사를 했다. 그녀는 전혀 당황한 기색 없이 평소처럼 쌀쌀맞게 인사에 답했다. 카발칸티는 당황한 듯한 표정이었다. 그는 알베르에게 인사를 했다. 알베르는 지극히 무례한 태도로 그에게 답례를 보냈다.

이어서 알베르는 외제니의 목소리를 격찬하며, 전날 밤 음악회에 참석하지 못했던 것을 유감으로 생각한다는 이야기를 늘어놓았다. 외톨이가 되어버린 카발칸티는 몬테크리스토 백작을 한쪽으로 끌고 갔다.

"자!" 남작부인이 이야기에 끼어들었다. "이제 음악 얘기나 칭찬은 그만하시고 이리 오셔서 차를 드시지요."

"이리 와, 루이즈." 외제니가 다르미 양에게 말했다.

모두들 옆방으로 건너갔다. 그곳에는 이미 차가 준비되어 있었다.

그들이 찻숟가락을 영국식 찻잔에 넣으려고 하는 바로 그때, 문이 열리더니 당글라르가 몹시 놀란 듯 허둥지둥 나타났다.

백작은 대번에 이 은행가의 동요를 알아보고 눈으로 까닭을 물었다.

"실은," 당글라르는 말했다. "그리스에서 방금 기별이 왔습니다."

"아! 그래서 부르러 왔군요." 백작이 말했다.

"그렇습니다."

"오토 폐하께선 안녕하십니까?" 알베르가 익살스럽게 물었다.

당글라르는 아무 대답 없이 힐끗 곁눈질만 할 뿐이었다.

몬테크리스토 백작은 안됐다는 듯한 표정을 감추려고 고개를 돌렸다. 그 표정은 이내 사라졌다.

"이만 돌아가지 않으시겠습니까?" 알베르가 백작에게 물었다.

"그럽시다." 백작이 대답했다.

알베르는 당글라르가 왜 자기를 곁눈질해 보았는지 이해가 가지 않았다.

그래서 모든 것을 다 알고 있는 백작에게 물었다. "아까 저 양반이 절 보는 눈빛 보셨지요?"

"네, 보았지요." 백작이 대답했다. "왜요, 쳐다보는 눈빛이 이상하던가요?"

"좀 이상했어요. 그리스에서 온 소식이 어쨌다는 걸까요?"

"그걸 제가 어찌 알겠습니까?"

"왠지 백작님께선 그곳 사정에 훤하실 것 같아서요."

백작은 대답을 피하는 듯 웃음으로 대신했다.

"저것 보세요," 알베르가 말했다. "당글라르 씨가 오고 있잖아요? 난 이제부터 외제니의 카메오 장식을 칭찬해주고 오겠습니다. 그동안 두 분이 말씀을 나누시게 말입니다."

"칭찬을 하려거든 목소리도 좀 칭찬해 주시지 그래요." 백작이 말했다.

"아닙니다. 그런 건 제가 안 해도 세상 사람이 해줄 겁니다."

"자작," 백작이 말했다. "그런 무례한 말씀이 어딨소."

알베르는 미소를 지으며 외제니에게 다가갔다. 그러는 동안 당글라르는 백작의 귀에 속삭였다.

"제게 정말 좋은 걸 가르쳐 주셨더군요." 그는 말했다. "페르낭과 자니나, 이 두 가지에 대해 매우 무서운 얘기가 있습니다."

"저런!" 백작이 말했다.

"나중에 말씀드리죠. 먼저 저 친구를 데리고 나가주셨으면 좋겠는데요. 저 친구와 같이 있는 게 영 견디기 힘들어서요."

"그러려던 참입니다. 제가 데리고 나가죠. 저 사람 아버지를 오시라고 할까요?"

"네, 그렇게 해주시면 감사드리겠습니다."

"알겠습니다." 백작은 알베르에게 눈짓을 했다.

두 사람은 여자들에게 인사를 하고 돌아갔다. 알베르는 당글라르 양의 경멸에 찬 태도에 전혀 무관심한 체하고, 백작은 당글라르 부인에게 은행가의 아내로서 장래를 준비하라는 조언을 다시 한 번 되풀이했다. 이렇게 해서 안드레아 카발칸티가 이 싸움의 지배자가 되었다.

하이데

백작의 마차가 대로의 모퉁이를 돌아서자마자, 알베르는 다소 억지스러운 요란한 웃음을 터뜨리며 백작 쪽을 돌아보았다.

"어떻습니까?" 그가 백작에게 물었다. "성 바르톨로메오 학살(^{1572년 8월 23일 밤, 카트린 드 메디치의 청을 들어 샤를 9세가 명한 구 교도들에 의한 신교도 대학살})을 감행한 뒤에 샤를 9세가 카트린 드 메디치에게 물었던 것처럼, 저도 한번 물어볼까요? 어떻게 생각하시는지요, 제가 제 역할을 수행했다는 것 말입니다."

"대체 뭘 말이오?" 백작이 물었다.

"제 경쟁자가 당글라르 집안일에 끼어든 일 말이지요……."

"경쟁자라니요?"

"그걸 지금 저한테 물으시는 겁니까? 백작님께서 뒤를 봐주시는 안드레아 카발칸티 군 말입니다."

"천만의 말씀을. 안드레아 군의 뒤를 봐주다니, 왜 내가 그런 짓을 하겠소? 더군다나 당글라르 씨가 있는데 말이오."

"그러시지 않아도 되겠다는 말씀을 드리려던 참입니다. 다행히도 그 사람은 이제 후원이 필요하지 않은 모양입니다."

"그럼, 그 남자가 이미 구혼했다고 생각하십니까?"

"틀림없습니다. 사랑을 호소하는 듯한 시선을 보내는 거며, 홀딱 정신을 빼앗긴 듯한 목소리가 말입니다. 그 사나이는 그 거만한 외제니 양의 손을 그리워하고 있습니다. 이거 제가 너무 시적으로 말했군요. 그러나 이것도 제 탓은 아닙니다. 상관없습니다. 다시 한 번 읊어볼까요? '그 사나이는 그 오만한 외제니의 손을 그리워하고 있습니다!'"

"그게 뭐 어떻다는 겁니까? 외제니 양만 당신을 생각하고 있으면 됐지요."

"백작님, 그런 소린 마십시오. 전 지금 양쪽에서 괴롭힘을 받고 있습니다.”

“양쪽에서라니요?”

“외제니 양은 대답도 잘 안 해주는데다가 외제니의 모든 고민을 들어주는 다르미 양은 아무 말도 없으니까요.”

“그렇군요. 하지만 그 여자의 아버진 당신을 굉장히 좋아하는 것 같던데요?”

“그분이요? 천만에요. 그 양반은 제 가슴에 수없이 칼을 꽂았습니다. 물론 칼 같지도 않은 것이긴 하지만, 그래도 칼을 쥔 사람은 날이 잘 서 있는 줄 알고 칼질을 해대지요.”

“질투는 사랑한다는 증거입니다.”

“그렇죠. 하지만 전 질투 같은 건 하고 있지 않습니다.”

“아니, 그래도 그 남자 쪽에서는 질투를 하고 있지요.”

“누구를요? 드브레를요?”

“그럴 리가, 알베르 당신을 말입니다.”

“저를요? 장담하건대 그건 아닙니다. 일주일 내로 저를 문밖으로 쫓아낼 기세던데요.”

“그렇지 않아요.”

“그렇게 말씀하시는 증거라도 있습니까?”

“증거를 보여 드릴까요?”

“보여 주세요.”

“날더러 당신 아버지께 가서, 당글라르 씨에게 확실한 대답을 하게 해달라고 부탁하더군요.”

“누가 그런 부탁을 했단 말씀입니까?”

“당글라르 씨가요.”

“오!” 알베르는 한껏 응석을 부리듯이 말했다. “정말 그러실 건 아니시겠죠?”

“잘못 생각하셨소. 난 그 일을 할 생각이요. 약속했으니까.”

“그렇다면,” 알베르는 한숨을 쉬며 말했다. “절 어떻게든지 결혼시키겠단 말씀이군요.”

“난 누구한테나 친절하게 대하려는 겁니다. 그런데 요즘 드브레 씨가 어쩐 일인지 남작부인한테 드나들지 않던데요."

"좋지 않은 일이 있었다는군요."

"부인하고 말입니까?"

"아니, 남편하고요."

"그럼 당글라르 씨가 무슨 눈치라도 챈 게 아닐까요?"

"뭘 새삼스럽게!"

"그럼, 전부터 낌새를 채고 있었다는 건가요?" 백작은 아무것도 모르는 듯이 물었다.

"이런 세상에, 백작님은 도대체 어디서 오셨습니까?"

"콩고에서 왔다고 해둘까요."

"그것도 너무 가까운데요."

"내가 파리 남편들이 무슨 일을 하고 다니는지 어떻게 알겠소?"

"백작님! 남편이란 어딜 가나 다 마찬가지랍니다. 어느 한 나라에서나 한 사람의 인간만 알아보면 나머진 다 알게 되는 게 아닐까요?"

"그렇지만 대체 왜 당글라르 씨가 드브레 씨하고 싸웠단 말입니까? 두 사람은 서로 잘 맞는 것처럼 보이던데." 백작은 이번에도 정말 아무것도 모른다는 듯이 물었다.

"그건 이시스(의술, 결혼, 농업을 주관하는 이집트의 여신)의 비밀이라, 저도 아직 잘 모릅니다. 안드레아 카발칸티가 그 집 사위로 들어가거든 그 사람한테 물어보면 되겠군요."

마차가 멈췄다.

"다 왔습니다." 백작이 말했다.

"아직 10시 반이니, 올라가십시다."

"그러죠."

"가실 땐 제 마차로 모셔다 드리지요."

"아니, 괜찮습니다. 제 마차가 뒤따라 왔을 테니까요."

"아, 정말 저기 오는군요!" 백작이 마차에서 내리면서 말했다.

두 사람은 집 안으로 들어갔다. 응접실에는 불이 켜져 있었다. 그들은 안으로 들어갔다.

"바티스탱, 차를 준비해 주게." 백작이 말했다.

바티스탱은 아무 말 없이 방을 나갔다. 그러더니 금세 차가 준비된 쟁반을 들고 다시 들어왔다. 그것은 마치 동화에 나오는 과자처럼 땅에서 솟아나온 것 같았다.

"정말이지," 모르세르가 말했다. "제가 백작을 보고 감탄하는 것은, 백작께서 돈이 많아서가 아닙니다. 백작님보다 더 큰 부자들도 있을 테니까요. 또 재능이 뛰어나서도 아닙니다. 보마르셰(^{《피가로의 결혼》을 쓴}_{18세기 프랑스 극작가})도 백작님보다 재능이 더 뛰어났다고는 할 수 없더라도 뒤지지는 않았을 테니까요. 제가 감탄하는 것은 아랫사람들을 완벽하게 훈련시켜 놓으셨다는 점입니다. 단 한마디도 대답하지 않고 금세 백작께서 원하는 것을 척척 갖다 바치는 것 말입니다. 벨만 울리면 원하시는 게 다 준비되어 있더군요."

"어느 정도는 사실이죠. 그들은 내 습관을 다 알고 있으니까요. 한번 시험해 볼까요? 차를 마시면서 뭐 원하는 게 없습니까?"

"실은 담배가 피우고 싶습니다."

백작은 벨 쪽으로 가서 벨을 한 번 울렸다.

그러자 조금의 지체도 없이 특별문이 열리더니, 알리가 특상품 라타키에(^{터키산}_{담배})가 가득 찬 터키 장죽 두 개를 가지고 나타났다.

"정말 놀랍습니다." 알베르가 말했다.

"뭘요, 아주 간단한 일인데," 백작이 말을 이었다. "알리는 내가 차나 커피를 마시면서 담배를 피운다는 걸 알고 있소. 아까 차를 부탁했으니, 이번에는 담배가 필요할 거라고 미리 짐작했을 겁니다. 그런데 자기네 나라에선 손님을 접대할 때 담배를 내오는 게 관례니, 내가 당신과 함께 있다는 걸 알고 있던 알리는 담뱃대를 하나만 가져오질 않고 손님 것까지 두 개 가져온 것이죠."

"설명을 들으니 특별할 것까진 없네요. 하지만 그것도 당신이 아니면 그렇게 못한다는 게 사실이죠…… 어! 무슨 소리가 들리는데요."

알베르는 문 쪽으로 몸을 기울였다. 그 문으로 기타 소리 같은 것이 들려왔기 때문이다.

"오늘 저녁 자작께서는 음악을 들어야 할 운명이군요. 외제니 양의 피아노 소리에서 멀어졌는가 싶었는데 이번엔 또 하이데의 구즐라(^{기타의}_{하나}) 연주를 듣게 되었으니."

"하이데라! 참 멋있는 이름이군요! 하이데란 이름이 바이런의 시에만 나오는 줄 알았더니, 어딘가에 정말로 그 이름이 있었군요!”

“있고말고요. 하이데란 이름이 프랑스에는 별로 없지만, 알바니아나 그리스의 이피로스에선 아주 흔한 이름이죠. 순결이라든가 정숙 또는 순진하다는 뜻으로 이른바 파리 사람들이 말하는 세례명이죠.”

“정말 멋지군요!” 알베르가 말했다. “우리 프랑스 여자들도 친절 양이라든가, 침묵 양이라든가, 자비 양 같은 이름을 붙이면 좋겠어요. 당글라르 양에게도 클레르 마리 외제니 양이란 이름 대신에 순결, 정숙, 순진 당글라르 양이라고 한다면, 결혼 공시(公示 ; <small>결혼할 사람들의 이름을 마을의
관청 앞에 공시하던 제도</small>)를 할 때 참으로 근사할 텐데 말입니다.”

“쉿!” 백작이 말했다. “그렇게 큰 소리로 농담하시면 곤란합니다. 하이데가 들어요.”

“들으면 화를 낼까요?”

“아니오.” 백작은 그 오만한 어조로 말했다.

“그럼 착한가 봐요?” 알베르가 물었다.

“착한 게 아닙니다. 착해야 하는 것이 그 여자의 의무입니다. 노예는 주인에게 화를 낼 수 없으니까요.”

“무슨 말씀이십니까? 당신이야말로 그런 농담을 하시다니요. 그리고 지금 세상에 노예라니요?”

“사실입니다. 하이데는 분명 내 노예랍니다.”

“과연 백작님께선 하시는 일이나 가지고 계신 게 모두 보통 사람과는 철저하게 다르군요. 몬테크리스토 백작의 노예라면, 프랑스에서는 당당한 지위겠군요. 백작의 돈 씀씀이로 미루어 볼 때, 1년에 10만 에퀴는 받을 게 아닙니까?”

“10만 에퀴라고요? 그 여잔 그보다 더 많은 재산을 가지고 있습니다. 《아라비안나이트》에 나오는 보물들이 무색할 정도로 대단한 재산가의 가문에서 태어났답니다.”

“그럼 무슨 왕국의 공주이기라도 합니까?”

“그렇죠. 그것도 정말 대단한 가문의 왕녀이죠.”

“예상은 하고 있었지만, 그런데 그런 여자가 어떻게 해서 당신의 노예가 되었나요?”

"폭군 디오니시우스(고대 시라쿠사의 왕. 폭군이었지만 문학 애호가였다)가 어떻게 선생이 되었죠? 뜻하지 않은 전쟁 탓이었죠, 운명의 장난이죠."

"그러면 그녀의 이름은 비밀입니까?"

"세상에서는 절대 비밀이죠. 그러나 자작 당신은 예외입니다. 당신은 내 친구요, 또 한 번 침묵을 지키기로 하면 꼭 지킬 분이니까."

"맹세하겠습니다."

"당신은 자니나의 파샤(총독을 뜻하는 존칭) 애길 알고 있죠?"

"알리 테벨린의? 물론이죠. 제 아버지가 그 사람을 섬겨서 재산을 모았으니까요."

"그랬지요. 깜빡 잊고 있었습니다."

"그러면 하이데가 그 알리 테벨린과 어떻게 된다는 겁니까?"

"딸입니다."

"뭐라고요? 알리 파샤의 딸이라고요?"

"그래요. 알리 파샤와 그의 아름다운 아내 바실리키 사이에서 난 딸이죠."

"그런데 그 여자가 당신의 노예가 되었다고요?"

"안됐지만 그렇게 됐소."

"어쩌다가요?"

"어느 날, 콘스탄티노플의 시장을 지나가다가 내가 샀죠."

"굉장한데요! 백작, 당신과 같이 있으면 꼭 꿈을 꾸고 있는 것 같아요. 그런데 이런 애길 해도 괜찮을지 모르겠습니다만……."

"해보시지요."

"백작님께선 그 여자와 같이 외출도 하시고, 오페라에도 데리고 오시니……."

"그래서요?"

"이런 부탁을 해도 될까요?"

"당신이라면 무엇이든 들어드리지요."

"그럼, 백작. 저를 백작께서 데리고 있는 왕녀에게 인사시켜 주셨으면 해서요."

"그럽시다. 단, 두 가지 조건이 있습니다."

"좋아요. 받아들이겠습니다."

"첫째는 그 여자와 인사했다는 사실을 누구에게도 말하지 말 것."

"알겠습니다. (알베르는 손을 내밀었다) 약속드리죠."

"둘째는, 당신 아버님께서 그녀의 아버지를 모셨었다는 사실을 그녀에게는 비밀로 하라는 것입니다."

"그것도 약속합니다."

"그럼, 좋습니다. 두 가지를 잊지는 않으시겠지요?"

"물론이죠." 알베르가 말했다.

"됐습니다. 신의가 두터운 분이라는 건 알고 있습니다."

백작은 또 한 번 벨을 울렸다. 알리가 모습을 나타냈다.

"하이데에게 가서 내가 커피를 마시러 간다고 전해. 그리고 내가 친구 한 분을 소개하겠다고 하더라고 말하고."

알리는 인사를 하고 방을 나갔다.

"아시겠죠, 직접 무얼 물어보지 마십시오. 묻고 싶은 게 있거든 내게 물어 주시오. 그럼 내가 그걸 그녀한테 물어볼 테니까."

"그렇게 하겠습니다."

알리가 세 번째로 모습을 나타냈다. 그는 방 안의 휘장을 걷어들고 주인과 알베르에게 그리로 나가시라는 몸짓을 했다.

"들어갑시다." 몬테크리스토 백작이 말했다.

알베르는 머리를 한번 쓰다듬고 수염을 매만졌다. 백작은 모자를 들고 장갑을 낀 채 앞장서서 방 안으로 들어갔다. 방 앞에는 알리가 보초처럼 서 있고, 미르토의 지휘를 받는 프랑스 시녀 세 명이 방을 지키고 있었다.

하이데는 눈이 휘둥그레져서, 객실로 쓰는 첫 번째 방에서 기다리고 있었다. 왜냐하면 백작 말고 다른 남자가 이 방에 들어온 것은 이번이 처음이었기 때문이다.

그녀는 한쪽 구석에 있는 소파에 다리를 꼬고 앉아 있었다. 그녀는 동양풍의 화려하기 그지없는 줄무늬 자수가 수놓아진 비단옷으로 몸을 감싸고 자기만의 보금자리에 있는 듯했다. 그 곁에는 조금 전에 소리가 들렸던 악기가 놓여 있었다. 여자는 눈이 부실 정도로 아름다웠다.

백작이 들어오는 것을 보자 하이데는 그녀 특유의, 딸 같기도 하고 애인 같기도 한 이중적인 미소를 지으며 자리에서 일어났다. 백작이 가까이 다가가 손을 내밀자, 하이데는 언제나처럼 그 손에 입을 맞추었다.

알베르는 생전 처음 보는, 그리고 프랑스에서는 상상도 못할 이 기이한 미인에게 압도되어 문 옆에 그냥 서 있었다.

"어떤 분과 함께 오셨어요?" 여자는 로마이크어(근대그리스어)로 백작에게 물었다. "형제? 친구? 아니면 그냥 아는 분이신가요? 그것도 아니면 적인가요?"

"친구야." 같은 언어로 백작이 대답했다. "알베르 자작, 내가 로마에서 산적으로부터 구해 드린 분이지."

"어느 나라 말로 얘기하면 좋을까요?"

백작이 알베르를 돌아보며 물었다. "근대 그리스어를 아시오?"

"안타깝게도 모릅니다." 알베르가 말했다. "고대 그리스어도 모르는걸요! 호메로스든 플라톤이든 아마 저만큼 실력 없는 학생은 본 적이 없을 겁니다."

하이데는 자기가 한 말에 대해 백작과 알베르 사이에 오간 이야기를 듣고 말했다. "그럼 제게 얘길 하라고 하신다면 프랑스어나 이탈리아어로 할게요."

백작은 잠시 생각하더니 말했다. "이탈리아어가 좋겠군."

그러고는 다시 알베르에게로 시선을 돌렸다. "근대 그리스어와 고대 그리스어를 다 모른다는 건 유감이군요. 하이데는 두 가지 다 아주 잘하거든요. 할 수 없이 이탈리아어로 말해야겠소. 이탈리아어로 그녀가 충분히 이해하기는 어렵겠지만."

백작은 하이데에게 눈짓을 했다.

"제 주인님과 함께 오신 친구 분, 진심으로 반갑습니다." 그녀는 훌륭한 이탈리아어로 말했다. 그 부드러운 로마어는, 단테의 언어(이탈리아어)를 호메로스의 언어(그리스어)만큼이나 낭랑하게 만들어주었다. "알리! 커피와 담배를 가져와!"

그러고 나서 하이데는 알베르에게 가까이 오라는 몸짓을 했다. 한편 알리는 주인의 명령을 받들기 위해 방에서 나왔다.

백작은 알베르에게 두 개의 접이식 의자를 가리켰다. 두 사람은 각기 의자 하나씩을 가져다가 작고 둥근 테이블 앞에 앉았다. 테이블 한가운데에는 담뱃대가 놓여 있었고, 그 밖에 꽃과 그림, 악보 등이 놓여 있었다.

알리가 커피와 담뱃대를 가지고 들어왔다. 바티스탱은 이 방에 들어오는 것이 금지되어 있었다. 알베르는 알리가 내미는 담뱃대를 사양했다.

"아, 사양하지 마십시오." 백작이 말했다. "하이데는 파리 여자들 못지않게 개방적입니다. 하바나는 좋아하지 않지만요. 그 냄새가 싫다는군요. 하지만 아시다시피 동양의 담배는 향기롭습니다."

알리가 나갔다.

커피가 준비되어 있었다. 알베르를 위해 설탕통도 놓여 있었다. 백작과 하이데는 아라비아식으로 설탕을 넣지 않고 마셨다.

하이데는 분홍빛을 띠는 가는 손가락으로 일본제 찻잔을 들었다. 그리고 마치 어린애가 자기가 좋아하는 것을 먹을 때처럼 기쁨을 감추지 못하며 천진스럽게 잔을 입술에 갖다 대었다. 바로 그때, 두 여자가 아이스크림과 셔벗이 담긴 쟁반 두 개를 가지고 들어와 두 개의 작은 테이블 위에 내려놓았다.

"백작, 그리고 시뇨라." 알베르는 이탈리아어로 말했다. "이렇게 깜짝 놀란 것을 용서하십시오. 놀라는 게 당연하지만요. 여긴 마치 동양 그 자체인 것 같군요. 유감스럽게도 전 동양을 직접 보진 못했지만, 파리 한가운데에서 꿈에 그리던 동양 그대로입니다. 조금 아까만 해도 합승 마차 굴러가는 소리며 레몬 장수의 종소리가 났었는데요. 오, 시뇨라, 제가 그리스어를 못하는 게 안타까울 뿐입니다. 말이 통하면 당신께서는 옛날이야기 같은 분위기와 함께 제게 영원히 잊지 못할 저녁을 만들어주었을 텐데."

"저는 당신과 애기할 수 있을 정도의 이탈리아어는 할 수 있어요." 하이데가 조용하게 말했다. "그리고 동양을 좋아하신다면 동양의 기분을 느끼실 수 있도록 애써 보겠습니다."

"무슨 애길 하면 좋을까요?" 알베르는 백작에게 낮은 소리로 물었다.

"뭐든지요. 하이데의 고향이라든가, 어렸을 때 애기라든가, 여러 가지 추억이라든가. 그리고 원하신다면 로마나, 나폴리 또는 피렌체 애기도 좋겠죠."

"오!" 알베르가 말했다. "그리스 여성 앞에서, 파리 여성에게 하는 애길 하다니요. 동양 애기를 물어보겠습니다."

"그러시죠. 그녀도 그 얘길 아마 가장 좋아할 겁니다."

알베르는 하이데 쪽으로 돌아앉으며 물었다. "몇 살 때 그리스를 떠나셨나요?"

"다섯 살 때요."

"지금도 고향 생각이 나십니까?"

"눈을 감으면 어렸을 때 본 모든 것들이 떠올라요. 우리에겐 두 가지 눈이 있죠, 하나는 육체의 눈, 또 하나는 마음의 눈. 육체의 눈은 가끔 잊어버릴 때도 있지만 마음의 눈은 언제나 기억하고 있지요."

"그럼 당신이 기억하고 있는 가장 오래된 기억은?"

"겨우 걸음마를 떼기 시작했을 때의 일이죠. '왕가의 사람'이라는 뜻으로 바실리키라고 불리던 저희 어머니는," 소녀는 고개를 들며 덧붙여 말했다. "제 손을 붙잡고 죄수들을 위해 주머니를 들고 동냥을 하러 나갔었지요. 우린 베일로 얼굴을 가리고 있었고, 주머니 속에 가지고 있던 돈을 모두 넣었어요. 동정을 구하며, 우리는 이렇게 말했죠. '가난한 이에게 자비를 베푸는 사람은 주님께 꾸어 드리는 것입니다'(구약성서 〈잠언〉 19장 17절) 주머니가 가득 차자, 우리는 궁전으로 돌아왔죠. 사람들이 우리를 걸인으로 알고 준 돈 전부를 아버지껜 아무 말하지 않고 수도원장에게 보내 그것을 수도원장이 다시 죄수들에게 주도록 했답니다."

"그래, 그때 나이가 몇 살이었나요?"

"세 살이었어요." 하이데가 대답했다.

"그럼 세 살 때부터의 일은 모조리 기억하고 있단 말씀입니까?"

"네, 모두요."

"백작님," 알베르는 낮은 목소리로 백작에게 속삭였다. "시뇨라에게 신상 얘기를 좀 들려달라고 해도 괜찮을까요? 백작께선 제 아버지 얘긴 하지 말라고 그러셨지만, 아마도 얘길 하다 보면 자연히 제 아버지 얘기가 나올 겁니다. 저렇게 아름다운 여자의 입에서 아버지 이름이 나오는 걸 들으면 너무 좋을 것 같아요."

백작은 말을 조심하라는 표시로 하이데에게 눈썹을 한번 찡끗해 보였다. 그리고 그리스어로 말했다. "네 아버지의 운명은 얘기해도 좋다. 그러나 배신자의 이름이나 배신에 관한 얘긴 절대로 입 밖에 내선 안 돼." 하이데는 깊은 한숨을 쉬었다. 그녀의 밝은 이마에는 어두운 기운이 비쳤다.

"뭐라고 하셨어요?" 알베르가 조용히 물었다.

"당신은 나의 친구니까 당신에게는 아무것도 감출 필요가 없다는 것을 다시 한 번 일러주었지요."

"그럼," 알베르가 하이데에게 물었다. "죄수들을 위해 그 옛날 순례를 하셨던 게 최초의 기억이라면 또 다른 것은 없나요?"

"다른 추억이요? 저는 단풍나무 그늘에 있었죠. 옆에는 호수가 있었고, 나뭇잎 사이로 보이는 거울 같은 수면이 지금도 눈에 선해요. 아버지는 가장 오래되고, 잎이 가장 무성한 고목에 기대어 쿠션을 몇 개 깔고 앉아 계셨지요. 어머니는 아버지 발밑에 누워 있었어요. 그리고 어린 저는 가슴까지 내려온 아버지의 흰 수염과 아버지 허리에 매달린 다이아몬드를 박은 단검을 만지며 놀고 있었고요. 얼마 있자니까 알바니아 사람이 아버지께 와서 무슨 말인가를 하고 갔는데, 전 그 말에 주의를 기울이지는 않았지만, 아버지는 늘 같은 어조로 '죽여!'라고 하거나, 또는 '살려 줘라!'라고 하셨어요."

"그것 참 이상한 일이군요." 이런 말이 무대에서가 아니라 한 소녀의 입에서 나오는 것을 들으면서 그것이 결코 꾸며낸 얘기가 아니라고 생각한 알베르는 이렇게 말했다. "그렇게 시적이고, 놀라운 기억력을 가지신 당신은 이 프랑스를 어떻게 생각하십니까?"

"아름다운 나라라고 생각해요." 하이데가 말했다. "하지만 제가 본 프랑스는 있는 그대로의 프랑스예요. 다시 말하면 여자의 눈으로 본 프랑스지요. 그와 반대로 제 조국은 제가 어린아이의 눈으로 보았기 때문에, 아름다운 나라로 보였을 때를 기억하면 지금도 찬란하게 빛나는 나라로 떠오르고, 제가 몹시 심한 고통을 겪었을 때를 떠올리면 지금도 어두운 안개 속에 싸인 나라로만 보이지요."

"그렇게 어린 나이에 왜 고통을 겪으셨나요?" 알베르는 마침내 자기도 모르게 평범한 질문을 하고 말았다.

하이데는 백작을 돌아다보았다. 백작은 남이 못 알아보게 신호를 해주며 그리스어로 낮게 말했다. '얘길 해도 좋아.'

"최초의 기억만큼 마음 깊숙이 남아 있는 것은 없을 거예요. 지금 말씀드린 그 두 가지 기억 말고도 제 어린 시절 추억은 모두 슬픈 것뿐이지요."

"애길 해주세요, 시뇨라." 알베르가 말했다. "너무나 듣고 싶습니다."

하이데는 쓸쓸한 미소를 지었다.

"그럼 다른 추억들도 얘기해 달란 말씀인가요?"

"네, 꼭 듣고 싶습니다."

"그럼, 해드리지요. 제가 네 살 때였어요. 어느 날 밤 어머니가 저를 깨우셨습니다. 우리는 자니나의 궁전에 살고 있었지요. 어머니는 이불 위에서 잠들어 있는 저를 안아 일으키셨습니다. 눈을 떠보니, 어머니 눈에 눈물이 가득 고여 있는 것이 보였습니다. 어머니는 아무 말 없이 저를 데리고 나가셨지요. 울고 있는 어머니를 보고 저도 울상이 되어 버렸습니다.

'쉿!' 어머니가 말씀하시더군요.

아이들은 어머니가 달래거나 야단을 쳐도 말을 안 듣는 경우가 많듯이 저도 보통 때는 계속 울기만 했었지요. 그런데 그날은 어머니의 목소리가 무섭게 느껴져 대번에 울음을 뚝 그쳤어요.

어머니는 서둘러 저를 데리고 나갔습니다. 우리는 그때 굉장히 넓은 층계를 내려가고 있었어요. 우리 앞에는, 시녀들 모두가 금고며 자루, 장식품, 보석, 돈주머니 등을 가지고 같은 층계를 내려간다기보다는 뛰어가고 있더군요. 시녀들 뒤로는 20여 명의 호위병이 뒤따랐습니다. 그들은 장총과 권총을 차고 프랑스에도 잘 알려진, 그리스가 독립국이 된 뒤에 입게 된 옷차림을 하고 있었지요. 무언가 불길한 기분이 들었어요."

하이데는 고개를 저으며 생각만 해도 무섭다는 듯 얼굴빛이 창백해져서 말을 이었다. "노예들과 여자들의 긴 행렬. 이건 제가 선잠을 깨었기 때문에 그렇게 생각한 건지 몰라도, 다른 사람들도 다 잠에 취해 있는 것같이 보였죠. 계단에는 커다란 그림자들이 달리고 있었습니다. 그리고 그것들은 전나무 횃불에 반사되어 천장에까지 어른거렸습니다.

'서둘러!' 복도 구석에서 누군가가 외치는 소리가 들려왔습니다.

그 소리를 들은 사람들은 마치 들판을 지나가는 바람에 밀 이삭들이 넘어지듯 모두들 몸을 숙였습니다.

저는 그 소리에 몸이 떨렸습니다.

그것은 아버지의 목소리였습니다.

아버지는 호화로운 옷을 입고, 이 나라의 황제로부터 받은 소총을 손에 들고 가장 마지막으로 걸어나오고 계셨어요. 그리고 아버지께서 신임하시던 셀림에게 몸을 기대시고, 허둥대는 양 떼를 모는 목자처럼 우리를 재촉하시는 거예요. 아버지는," 하이데는 고개를 들며 말했다. "유럽에서는 자니나의 파샤, 알리 테벨린이라는 이름으로 알려져 있는 유명한 분으로, 터키도 그분 앞에선 벌벌 떨었지요."

알베르는 왠지 모를 위엄이 서려 있는 이 말을 듣고 몸이 오싹해졌다. 그리고 현대 유럽 사람들의 눈에 피투성이로 비쳐진 그 죽음의 기억을 상기시켰을 때, 소녀의 눈에서 무엇인가 음산하고 무서운 것이 번득이는 것처럼 느껴졌다.

계속해서 하이데가 말을 이었다. "이윽고 행렬이 멈췄습니다. 우리는 계단 밑 호숫가에 다다랐죠. 어머니는 저를 꼭 껴안으셨는데 가슴이 두근두근 뛰고 계셨습니다. 그리고 어머니 뒤로 두어 발자국쯤 떨어진 곳에는, 불안한 눈으로 사방을 살피시는 아버지의 모습이 보였습니다.

우리 앞에는 네 단으로 된 대리석 층계가 있었고, 그 맨 밑 계단 앞에 작은 배 한 척이 물 위에 떠 있었지요. 우리가 있는 곳에서 호수 한가운데에 커다란 검은 그림자가 보였는데, 그것이 저희가 가려는 큰 별궁이었죠.

어두운 탓인지 별궁은 꽤 멀리 있는 것 같았어요.

우리는 그 배를 탔습니다. 지금도 기억나지만 노가 물을 헤쳐가는데도 아무 소리도 나지 않았어요. 제가 몸을 구부려 살펴봤더니, 노가 전부 경호병들의 허리띠로 감싸여 있더군요.

배에는 노 젓는 사람들을 제외하면, 여자들과 아버지, 어머니, 셀림, 그리고 저밖엔 없었습니다.

경호병들은 호숫가에서 제일 아래에 있는 계단에 무릎을 꿇은 채, 만약 추격을 당하면 나머지 세 계단을 방패로 삼아 싸울 태세를 취하고 있었습니다.

배는 바람처럼 달렸습니다.

'왜 이렇게 빨리 가요?' 나는 어머니께 물었어요.

'쉿! 조용히 해라.' 어머니가 말씀하셨습니다. '우린 지금 도망가는 거란다.'

나는 이해할 수 없었습니다.

용감무쌍한 영웅이신 아버지, 그 앞에선 누구라도 도망가지 않을 수 없었던 아버지, '그들은 내가 무서워서 나를 미워하는 거야'라고 말씀하시던 아버지께서 왜 도망을 치시는 걸까?

그러나 아버지는 분명 호수 위로 도망치고 계셨어요. 아버지는 자니나 성의 수비대가 너무 오랜 주둔 끝에 지쳐서……."

여기까지 말하고 하이데는 의미심장한 눈으로 백작을 쳐다보았다. 그 뒤 백작의 눈은 하이데의 눈을 계속 응시하였다. 그래서 그녀는 어떤 대목에서는 이야기를 꾸미는 듯이, 또 어떤 것은 생략하는 듯이 천천히 얘기를 계속했다.

이야기를 주의 깊게 듣고 있던 알베르가 물었다. "아까 말씀이 자니나 성의 수비대가 너무 오랜 주둔 끝에 지쳐서…… 라고 하셨는데요."

"네, 터키 황제가 아버지를 잡아오라고 보낸 사령관 쿠르시드와 수비대가 결탁했던 겁니다. 그래서 아버지는 터키 황제에게 자신이 신임하고 계시던 프랑스 장교를 사자로 보낸 뒤, 벌써 오래전부터 준비해 두신 은신처로 가실 결심을 하신 겁니다. 그곳은 아버지께서 카타피지용, 그러니까 피난처라고 부르던 곳이었어요."

"그 장교 이름을 기억하십니까, 시뇨라?" 알베르가 물었다.

백작은 번개 같은 눈길을 하이데에게 보냈다. 그러나 모르세르는 그것을 눈치채지 못했다.

"아뇨," 하이데는 대답했다. "그건 기억하지 못합니다. 그러나 언젠가 기억이 날지 모르지요. 그때 얘기해 드릴게요."

알베르가 막 아버지의 이름을 대려고 하는데, 백작이 조용히 손가락을 들어 말하지 말라는 표시를 했다. 젊은이는 아까 자기가 했던 맹세를 떠올리고 입을 다물었다.

"우리는 별궁을 향해 배를 저어가고 있었죠. 1층은 테라스가 물에 잠겨 있고, 아라베스크 무늬의 장식을 한 2층은 호수를 향해 있죠. 이것이 별궁의 모습에서 눈으로 볼 수 있는 것의 전부였지요. 그러나 아래층 밑으로는 지하실이 있었습니다.

지하 창고 같은 넓은 그 지하실로 어머니와 저와 시녀들이 인도되었는데, 그 속에는 6만을 헤아리는 돈주머니와 200개의 통들이 산처럼 쌓여 있었습니다. 주머니 속에는 각각 금화 2천5백만 개가 들어 있었으며, 통 속에는 화약 3만 파운드씩이 들어 있었지요.

그 통들 옆에는 아까 말씀드린, 아버지가 아끼시는 병사 셀림이 있었습니다. 그는 불붙은 도화선이 달린 창을 손에 들고, 밤낮으로 거기서 보초를 서고 있었습니다. 아버지가 신호를 하면 그 안의 모든 것을, 곧 건물이며 파샤며 시녀며 호위병들 그리고 인부들까지 모조리 폭발시키라는 명령을 받고 있었던 거지요. 지금도 생각납니다. 이러한 위험 속에 있다는 것을 안 노예들은, 밤이고 낮이고 기도하고 울부짖었습니다.

저는 창백한 얼굴과 검은 눈의 그 젊은 병사를 잊을 수가 없어요. 죽음의 천사가 제게 내려올 때면, 저는 분명히 그가 셀림이라는 것을 알아볼 수 있을 거예요.

얼마나 오래 그 속에 그렇게 있었는지는 말할 수 없습니다. 그때의 저는 시간에 대한 개념이 없었으니까요. 가끔, 아버지께서 저와 어머니를 테라스로 불러내셨습니다. 지하실 안에서 그저 울고 있는 사람들의 그림자와 셀림이 들고 있는 불붙인 창만 보고 있던 저로서는, 테라스에 나가는 일이 정말 즐거웠습니다. 아버지께선 커다란 문 앞에 앉아 어두운 눈빛으로 먼 수평선만 바라보며, 호수 위에 나타나는 검은 점 하나하나를 살피셨습니다. 어머니는 아버지 곁에서 아버지의 어깨에 머리를 기대고 비스듬히 누워 있었고요. 그리고 전 무엇이나 굉장하게만 보이는 놀란 어린아이 눈으로 수평선 위에 우뚝 서 있는 핀도스 산맥의 절벽들이며, 호수의 푸른 수면에 하얗게 삐죽삐죽 솟아 있는 자니나의 성과 검푸른 숲을 바라보며 놀고 있었습니다. 바위산에 이끼처럼 붙어 있는 그 숲은, 사실 가까이서 보면 굉장히 큰 전나무와 도금양으로 된 울창한 숲이지만, 멀리서 보면 그저 잔잔한 이끼처럼만 보였지요.

어느 날 아침, 우리는 아버지 곁으로 불려갔습니다. 그날 아버지는 침착해 보였지만 여느 때보다 얼굴빛이 창백하셨습니다.

'바실리키, 조금만 더 참으면 되겠소. 오늘로 모든 게 끝나오. 오늘 터키 황제의 칙서가 오기로 되어 있는데, 그러면 운명이 결정되는 거요. 모든 걸 용서받는다면 우리는 자니나로 당당하게 돌아갈 수 있게 되는 것이고, 만약 나쁜 소식이 오면 오늘 밤 안으로 도망쳐야 할 것이오.'

'하지만 만약 달아나지 못한다면 어떻게 하죠?'

'아, 그건 안심해도 좋소.' 아버지는 웃으면서 대답하셨습니다. '셀림과 그가 들고 있는 불타는 창이 그들에게 답할 것이오. 그들은 내가 죽기를 바라겠지만, 나와 함께 죽기는 싫어할 테니까.' 어머니는 이 말이 아버지의 진심이 아닌 위로의 말임을 알고 한숨을 쉬었습니다.

어머니는 아버지께 찬물을 드렸습니다. 아버지는 쉴 새 없이 찬물을 들이켰지요. 왜냐하면 그 별궁에 온 뒤로, 아버지는 엄청난 고열로 고생하셨으니까요. 어머니는 아버지의 흰 수염에 향료를 발라드리고, 담뱃대에 불을 붙여드렸습니다. 아버진 때때로 담배 연기가 허공으로 사라지는 걸 멍하니 바라보고 계셨지요.

그런데 갑자기 아버지가 몸을 급히 움직이셨습니다. 저는 무서워졌습니다. 그러더니 어느 한곳을 쭉 지켜보고 계시던 아버지께서 망원경을 달라고 하셨습니다.

어머니는 망원경을 아버지께 드렸지요. 어머니의 얼굴은 어머니가 기대고 계시던 흰 벽보다도 더 하얗게 질렸습니다.

아버지의 손이 떨리는 것을 저는 보았습니다.

'배가 한 척! ……두 척……세 척…….' 아버지는 중얼거리셨습니다.

아버지는 권총을 손에 들고 일어나셔서, 지금도 기억나지만, 그 속에 탄환을 넣으셨습니다.

아버지는 와들와들 몸을 떠시면서 어머니에게 말씀하셨죠. '마침내 운명을 결정해야 할 때가 왔소. 이제 30분만 있으면 황제 폐하의 답을 알게 될 거요. 어서 하이데를 데리고 지하실로 돌아가시오.'

'당신 곁을 떠나고 싶진 않아요.' 어머니가 말씀하셨지요. '만약 당신이 돌아가시게 된다면, 저도 따라 죽겠습니다.'

'어서 셀림에게로 가시오!' 아버지는 소리치셨습니다.

'그럼, 안녕히.' 어머니는 아버지의 명령을 거역하지 못하고 마치 죽음이 다가온 듯 몸을 숙이며 중얼거리듯 말씀하셨습니다.

'바실리키를 모셔라!' 아버지는 호위병들에게 명령하셨습니다.

그런데 모두들 나를 잊고 있었기 때문에 저는 아버지께로 달려가 손을 내밀었습니다.

아버지께서 저를 보시고는 몸을 굽혀 이마에 키스를 해 주셨습니다.

오! 그것이 마지막 키스였지요. 그리고 그 키스는 지금까지도 이 이마에 남아 있습니다.

지하실로 내려오면서 우리는 테라스 포도 덩굴 사이로 수면 위에 점점 커다랗게 드러나는 배들을 보았어요. 아까까지만 해도 검은 점으로밖엔 안 보이던 배들이, 갑자기 물결을 스치는 새들처럼 보이더군요.

그러는 동안 별궁 안에서는 아버지 주위에 앉아 있던 20명의 호위병들이 벽 뒤로 몸을 감춘 채, 충혈된 눈으로 배가 다가오는 것을 엿보고 있었습니다. 당장에라도 총을 쏠 태세로 자개며 은과 금을 박은 장총들을 손에 들고 있었지요. 마룻바닥에는 화약통이 어질러져 있었습니다. 아버지께선 계속 시계를 들여다보시며 걱정스러운 듯 왔다 갔다 하셨습니다.

아버지의 마지막 키스를 받은 뒤, 막 아버지 곁을 떠나려던 제 눈에 비친 것은 그러한 것들이었어요.

어머니와 저는 지하실 안으로 들어갔습니다. 셀림은 여전히 자기 자리에 있다가, 우리를 보자 서글프게 미소 지었습니다. 우리는 지하실 한쪽에 있는 쿠션을 가져다가 셀림 곁에 자리를 잡고 앉았습니다. 커다란 위험에 부닥치게 되면 자연스레 서로 의지할 수 있는 사람들을 찾게 되지요. 그때 저는 어리긴 했지만, 무엇인가 커다란 불행이 우리를 위협해 오고 있음을 본능적으로 느낄 수 있었습니다."

알베르는 전에도 종종 자니나 총독의 최후에 대해 그의 아버지가 아닌, 모르는 사람들을 통해 들은 일이 있었다. 또 총독의 죽음에 관해서 쓴 여러 얘기들도 읽었다. 그러나 지금의 이야기는, 하이데라는 사람의 목소리에 담긴 생생하고 비통한 어조로 인해 그의 마음에 뭐라 말할 수 없는 매력과 공포를 자아냈다.

한편 하이데는 이 끔찍한 회상에 잠긴 채 잠시 이야기를 멈추었다. 그녀는 폭풍우를 만난 한 송이 꽃처럼 고개를 떨어뜨리고 있었다. 그리고 초점을 잃은 듯한 그녀의 눈은 먼 수평선 너머 푸른 핀도스 산이며, 방금 얘기한 그 슬픈 정경이 비쳐 거울과도 같은 자니나의 푸른 물을 바라보는 것 같았다.

백작은 뭐라 설명할 수 없는 진지하고도 연민에 찬 표정으로 하이데를 바라보았다.

"계속해요." 그는 하이데에게 그리스어로 말했다.

그녀는 백작의 말에 꿈에서 깨어나기라도 한 듯 고개를 들고 이야기를 계속했다.

"오후 4시였습니다. 밝은 태양이 환하게 빛나고 있었지만 우리는 지하실의 어둠 속에 갇혀 있었습니다.

캄캄한 하늘 저 끝에서 떨고 있는 별처럼, 지하실 안에는 단 하나의 불꽃이 빛나고 있었습니다. 그것은 셀림이 들고 있는 창 끝에서 타오르는 것이었습니다. 어머니는 그리스도교 신자였으므로 기도를 올리고 있었지요.

셀림은 갑자기 생각난 듯이 '하느님은 위대하시다!'는 말을 되풀이하곤 했습니다. 그래도 어머니는 어느 정도의 희망을 가지고 계셨어요. 지하실 계단을 내려올 때, 콘스탄티노플로 보냈던 그 프랑스 장교를 본 것 같았기 때문이었습니다. 그는 아버지께서 굉장히 신뢰하던 사람이었으니까요. 프랑스 황제의 군인은 일반적으로 기품이 있고 마음이 넓다고 생각하셨거든요. 어머니는 두어 발자국 계단 쪽으로 가서서 귀를 기울이셨습니다.

'그 사람들이 가까이 오고 있어.' 어머니가 말씀하셨습니다. '제발 평화와 생명을 가지고 왔으면 좋으련만.'

'뭘 두려워하고 계십니까, 바실리키?' 셀림은 상냥하고도 의연한 목소리로 어머니에게 말했습니다. '평화를 가지고 오지 않는다면 죽음으로 갚으면 그만입니다.'

이렇게 말하며 그는 마치 고대 크레타 섬의 디오니소스 같은 몸짓으로, 창 끝의 불꽃을 다시 불었습니다. 그러나 전 그때 어리고 순진했기 때문에, 그의 그러한 용기를 어리석다고 생각했어요. 그리고 허공으로 솟구쳤다가 불에 휩싸여 죽는 것이 무서웠습니다.

'어머니, 어머니,' 저는 소리쳤습니다. '우린 죽는 건가요?'

제 말을 들은 노예들은 전보다 더 크게 울며 기도했습니다.

어머니는 말씀하셨습니다. '하이데, 하느님께선 지금 네가 무서워하는 죽음을 고통 없이 맞을 수 있게 해주실 거다.' 그러고는 목소리를 낮추어 말씀하셨지요. '셀림, 주인 양반께선 어떤 분부를 내리셨지?'

'단도를 보내주시면, 그건 황제가 용서하지 않았다는 표시니 곧 불을 붙여야 하고, 만약 반지를 보내주시면 그건 용서를 내리셨다는 뜻이니 화약고를 내놓아야 한다고 말씀하셨습니다.'

'셀림,' 어머니는 말씀하셨습니다. '주인의 명령을 전달받았는데 그것이 만약 단도일 땐 우리를 그렇게 끔찍하게 죽이지 말고, 우리가 가슴을 내밀 테니 그 단도로 죽여주시오.'

'알겠습니다, 바실리키.' 셀림이 침착하게 대답했습니다.

그때 갑자기 크게 외치는 소리가 들려왔습니다. 그것은 환성이었습니다. 호위병들의 입에서 콘스탄티노플에 사자로 갔던 프랑스 장교의 이름이 울려 나오고 있었습니다. 황제의 회답을 가지고 온 것입니다. 그리고 그 회답은 희소식이었습니다."

"그런데도 당신은 그 프랑스인의 이름이 생각나지 않으십니까?" 모르세르는 상대가 기억해내도록 도우려는 듯이 물었다.

백작은 하이데에게 눈짓을 했다.

"생각 안 나는데요." 하이데가 대답했다. "소리는 점점 더 크게 들려왔습니다. 발소리가 가까워지더니 누군가 지하실 계단을 내려왔습니다. 셀림은 창을 붙잡았습니다.

이윽고 지하실 입구로 흘러 들어오는 햇빛으로 푸르스름한 가운데 그림자 하나가 나타났습니다.

'누구냐?' 셀림이 소리쳤습니다. '누구건 간에, 멈춰라!'

'황제 폐하 만세!' 그 그림자가 말했습니다. '황제께선 알리 파샤를 용서해 주셨다. 목숨만이 아니라 전 재산까지 돌려주셨다.'

어머니는 기뻐서 소리 지르시며 저를 끌어안으셨습니다.

'기다리시오!' 셀림은 밖으로 나가려는 어머니를 막으며 말했습니다. '아시다시피 반지가 있어야 됩니다.'

'그렇군요.' 어머니는 저를 높이 쳐들며 꿇어앉으셨습니다. 그것은 마치 저를 위해 하느님께 기도하면서, 저를 하늘에 바치려는 것 같았습니다."

여기까지 말하자, 또 한 번 가슴이 벅차 하이데는 말을 멈추었다. 창백해진 이마에는 땀이 흐르고 목이 메어 소리가 나오지 않는 듯이 목소리가 잠겨 있었다.

몬테크리스토 백작은 컵에 찬물을 조금 따라 하이데에게 주며 부드러우면서도 명령적인 어조로 말했다. "용기를 내거라, 애야."

하이데는 눈과 이마를 닦고 나서 다시 말을 이었다.

"그러는 동안 어둠에 익숙해진 제 눈에는, 파샤가 보낸 그 사람이 누구인지 보였지요. 그는 우리 편 사람이었습니다.

셀림도 그 남자를 알아보았습니다. 그러나 그는 다만 명령에 복종하는 것밖엔 모르는 사람이었습니다.

'누구의 이름으로 오셨소?'

'우리의 주인 알리 테벨린의 이름으로 왔소.'

'알리 테벨린의 사자라면 내게 줄 물건이 있을 텐데.'

'그렇소. 여기 반지를 가져왔소.'

그렇게 말하며 그는 머리 위로 손을 높이 올렸습니다. 그러나 너무 멀리 떨어져 있는 데다 어두웠기 때문에, 셀림은 그가 내민 물건을 알아볼 수가 없었습니다.

'잘 보이질 않는데.' 셀림이 말했습니다.

'그럼 가까이 오시오. 나도 그리로 갈 테니.'

'그건 우리 둘 다 안 되오. 지금 당신이 있는 햇빛이 비치는 그 자리에 물건을 놓고, 내가 그걸 볼 때까지 물러나 있으시오.'

'알겠소.'

그 사나이는 가져온 물건을 지정된 자리에 놓고 뒤로 물러섰습니다.

우리는 가슴이 몹시 뛰었습니다. 왜냐하면 그 물건이 정말 반지 같아 보였기 때문입니다. 문제는 그게 정말 아버지의 반지냐 하는 것이었지요.

셀림은 손에 불을 들고 입구 쪽으로 가더니, 햇빛을 받으며 허리를 굽혀 그 물건을 집어들었습니다.

'주인님의 반집니다!' 그는 반지에 입을 맞추며 말했습니다. '맞습니다!' 그러고 나서 도화선을 바닥에 던지고, 발로 밟아 불을 꺼버렸습니다.

심부름 온 사나이가 환성을 지르며 손뼉을 쳤습니다. 그 소리가 나자마자, 사령관 쿠르시드의 부하 넷이 달려왔고, 셀림은 단도에 다섯 군데나 찔려 쓰러졌습니다. 그들 다섯이 한 번씩 찌른 것이었습니다.

겁에 질려 창백한 얼굴을 하고 있으면서도 자기들이 저지른 살인에 도취된 병사들이 지하실 안으로 쳐들어왔습니다. 그러고는 어디 불이 있지 않나 찾으면서 돈 주머니들 위를 뒹굴었습니다.

그러는 동안 어머니는 저를 품에 안고 재빨리 우리만 알고 있던 구불구불한 길을 지나 별궁의 비상계단까지 왔습니다.

아래층 방에는 쿠르시드의 부하들, 즉 우리의 적들로 꽉 들어차 있었습니다.

어머니가 작은 문을 열려고 하는 순간, 아버지의 무섭고도 위협적인 목소리가 울려왔습니다.

어머니는 널빤지 틈으로 들여다보았습니다. 마침 제 앞에도 틈새가 있어 저도 들여다보았지요.

'뭘 어쩌자는 거냐?' 아버지는 황금 글씨로 쓰인 서류 한 장을 들고 있는 사람들에게 말했습니다.

'황제 폐하의 뜻을 전하려는 거요.' 그중 한 사람이 대답했습니다. '이 친서가 보이는가?'

'보인다.'

'그럼, 읽어보시지! 폐하께선 당신의 목숨을 원하는 거요.'

아버지께선 껄껄 웃으셨습니다. 그 웃음소리는 조금 전 호통 치실 때보다 더 무섭게 들렸습니다. 그 웃음소리가 미처 끝나기도 전에 아버지의 손에선 총알 두 발이 발사되어, 그중 한 사람이 쓰러졌습니다.

아버지의 주위에서 마루에 얼굴을 대고 엿듣고 있던 호위병들이 그 소리에 일제히 일어나 발포했습니다. 방 안은 총성과 불길, 그리고 연기로 자욱해졌습니다. 그때, 저쪽에서도 발포가 시작되어 우리를 둘러싸고 있던 벽에도 구멍이 뚫렸습니다.

오! 그때 아버지의 모습은, 총알이 빗발치는 가운데 반월도를 찾으며 화약 연기에 시커메진 얼굴로 서 있던 아버지, 제국의 재상 알리 테벨린의 모습은 정말 훌륭하고 위대해 보였습니다. 적들은 앞다투어 도망갔습니다.

'셀림! 셀림!' 아버지는 외치셨습니다. '자, 불을 맡은 셀림, 임무를 수행해라!'

'셀림은 죽었습니다.' 별궁 저 아래서 나오는 듯한 목소리가 대답했습니다. '그리고 당신의 운명도 이젠 다했습니다.'

그와 동시에 땅을 뒤흔드는 듯한 소리가 들려오더니 아버지 주위의 마루가 산산조각이 나며 날아갔습니다.

터키 병사들이 마루 밑에서 발포한 것이었습니다. 호위병 서너 명은 포탄에 온몸이 찢겨 나가떨어졌습니다.

아버지께선 분노의 소리를 지르시더니 탄환으로 뚫린 구멍에 손을 넣어 마루 한 장을 뜯어내셨습니다. 그런데 바로 그때 그 구멍에서 무수한 총성이 울리며 불길이 화산처럼 치솟아 커튼에 옮겨 붙더니 대번에 모든 것을 삼켜 버렸습니다.

이러한 소동과 무시무시한 아우성 속에서도 특히 분명하게 들려온 두 번의 총성, 그리고 모든 비명들 속에서 특히 날카롭게 두 번 들려온 외침에, 저는 두려워서 몸이 얼어붙었습니다. 그 두 번의 총성이 아버지를 쓰러뜨렸고, 두 번의 부르짖음은 아버지가 지르신 비명이었습니다.

그러면서도 아버지는 창문에 기대어 서 계셨습니다. 어머니는 아버지와 함께 죽으려고 문을 두드리셨습니다. 그러나 문은 안으로 잠겨 있었습니다.

아버지 주위에는 호위병들이 숨이 끊어지는 경련에 몸을 뒤틀고 있었습니다. 부상을 당하지 않았거나, 가벼운 부상을 입은 군인 두세 명이 창문을 뛰어넘고 있었지요. 마루 전체가 무너지며 폭삭 내려앉았습니다. 아버지는 털썩 주저앉으셨습니다. 그러자 칼이며 권총, 단검을 든 손들이 한꺼번에 아버지 한 사람을 향해 무기를 휘둘렀습니다. 그래서 아버지는 지옥문이 발밑에서 열린 듯, 이 미친 악마들이 일으키는 불길 속으로 사라져버리셨습니다.

제 몸이 땅바닥을 구르는 것이 느껴졌습니다. 어머니께서 정신을 잃고 쓰러지셨기 때문이었지요."

하이데는 신음 소리를 내며 백작 쪽을 보더니, 자기가 백작의 말대로 한 것에 만족하는지 묻는 듯한 눈빛을 보내며 두 팔을 힘없이 늘어뜨렸다.

백작은 자리에서 일어나 그녀에게로 가서 손을 잡고는 그리스어로 말했다.

"가서 좀 쉬도록 해. 그리고 배반자를 벌하는 신이 계시다는 걸 명심하고, 기운을 내도록 해 보아라."

"정말 끔찍한 얘기로군요." 알베르는 하이데의 새파랗게 질린 얼굴을 보고 놀라며 말했다. "제가 무례하게 그런 말씀을 부탁해서 정말 죄송합니다."

"아닙니다." 백작이 대답했다.

그러고는 소녀의 머리에 손을 얹으며 말을 이었다. "하이데는 정말 용감한 여자요. 가끔 그런 괴로웠던 날의 이야기를 하며 마음에 위안을 얻기도 하지요."

"왜냐하면," 하이데가 날카롭게 말했다. "저의 괴로웠던 기억이 백작님의 친절을 상기시켜주기 때문이지요."

알베르는 호기심 어린 눈으로 하이데를 바라보았다. 왜냐하면 그가 가장 알고 싶던 이야기, 그러니까 어떻게 해서 하이데가 백작의 노예가 되었는지에 대해 아직 듣지 못했기 때문이다.

하이데는 백작의 눈과 동시에 알베르의 눈에서 같은 염원이 떠오르는 것을 보았다. 그래서 그녀는 얘기를 계속했다.

"어머니가 제정신이 드셨을 때, 우리는 사령관 앞에 있었습니다.

'나를 죽이시오. 그러나 알리의 아내라는 명예만은 지키게 해주시오.' 어머니는 말씀하셨습니다.

'그건 나한테 할 얘기가 아니야.' 쿠르시드가 대답하더군요.

'그럼, 누구한테 해야 하지?'

'너의 새 주인한테.'

'그게 누구냐?'

'여기 계신 이분이야.'

그렇게 말하며 쿠르시드는 거기 있는 남자들 중에서 아버지를 죽이는 데 가장 공헌을 많이 한 사나이를 가리켰습니다." 심한 분노를 억누르며 하이데가 말했다.

"그럼," 알베르가 물었다. "당신들을 그 남자가 차지하게 됐단 말입니까?"

"아니에요," 하이데가 대답했다. "그 사람은 감히 우리를 손에 넣을 수가 없었지요. 그래서 콘스탄티노플로 가는 노예 상인에게 우리를 팔아버렸습니다. 우리는 그리스를 지나 거의 반쯤 죽어가는 상태로 터키 황궁의 정문까지 갔습니다. 구경꾼들이 모여 있다가 우리가 지나가려니까 길을 비켜주더군요. 그때 어머니가 갑자기 구경꾼들의 시선이 가는 방향을 따라 눈을 돌리시더니, 소리를 지르시며 문 위에 있는 머리 하나를 저에게 가리키시고는 쓰러지고 마셨습니다.

그 머리엔 이런 글이 씌어 있었지요.

'자니나의 파샤, 알리 테벨린의 머리'

저는 울면서 어머니를 일으키려고 했지만, 어머니는 이미 숨을 거두신 상태였습니다.

저는 시장으로 끌려갔습니다. 어느 돈 많은 아르메니아 사람이 저를 샀는데, 그 사람이 저를 교육시키고 여러 선생님을 붙여주었습니다. 그리고는 제가 열세 살이 되었을 때 마흐무드 왕에게 팔렸지요."

"전에도 얘기했지만, 그 왕한테서 내가 하이데를 다시 산 거죠. 해시시 환약을 넣어둔 통과 똑같은 크기의 에메랄드를 주고 말이오." 백작이 말했다.

"오, 당신은 정말 친절하고 훌륭한 분이세요!" 백작의 손에 입을 맞추며 하이데가 말했다. "당신의 소유가 되어서 저는 얼마나 행복한지 몰라요."

지금까지의 얘기를 다 들었을 때, 알베르는 정신 나간 사람 같은 상태였다.

"자, 어서 커피를 드시지요," 백작이 말했다. "이걸로 얘긴 끝이니까."

자니나발(發) 기사

누아르티에 노인의 방을 나간 프란츠는 다리가 휘청거리고 정신이 혼란스러워, 발랑틴까지도 그를 측은하게 생각할 정도였다.

알아들을 수 없는 말을 몇 마디 남기고 서재로 도망친 빌포르는 2시간 뒤에 다음과 같은 편지를 받았다.

오늘 아침에 밝혀진 사실로 미루어 보아, 누아르티에 드 빌포르 씨는 자기 집안과 프란츠 데피네 씨 집안 사이의 결혼이 불가능하다고 생각하는 것 같다. 프란츠 데피네는, 빌포르 씨가 오늘 아침 밝혀진 이 사건을 이미 알고 있었으면서도, 이 문제에 대해 사전에 단 한마디의 언급도 없었던 일을 몹시 불쾌하게 생각하는 바이다.

타격을 받고 기가 푹 꺾인 사법관의 모습을 본 사람은 누구라도, 그가 일이 그렇게 될 거라고 예상하지 못하고 있었다는 생각이 들 것이다. 정말 그는 아버지가 솔직함을 넘어 그런 애기까지 할 정도로 무례하게 나오리라곤 짐작조차 못했다. 누아르티에 노인은 아들의 의견 따위는 중시하지 않았던 만큼, 그러한 사건조차 아들에게 분명히 밝힐 생각은 하지 않았던 것이다. 그리고 아들 쪽에선 저 케넬 장군 또는 데피네 남작, 하나는 본인이 세운 공적으로 얻은 이름이고 또 하나는 남이 붙여준 이름으로 어느 이름으로 부르건 부르는 사람의 자유지만, 하여튼 그가 정정당당히 결투 끝에 죽은 것이 아니라 암살을 당한 것으로 철썩 같이 믿고 있었던 것이다.

그때까지 그토록 예의 바르던 젊은이로부터 그런 심한 편지를 받은 것은, 빌포르처럼 자존심 강한 사람으로서는 참을 수 없는 일이었다. 그가 서재로 온 지 얼마 안 되어 아내가 들어왔다.

프란츠가 누아르티에 노인의 부름을 받아 밖으로 나갔다는 사실은 사람들을 놀라게 했을 뿐 아니라, 공증인과 입회인들만 남은 그 방에 남겨진 부인의 입장을 점점 더 난처하게 만들었다. 그래서 부인은 결심을 하고, 사태가 어떻게 돌아가고 있는지 보고 오겠다 말하고는 방을 나왔던 것이다.

빌포르는 그저 자기와 누아르티에 노인과 프란츠 사이에 문제가 좀 있어 발랑틴과 프란츠가 파혼하게 되었다고만 이야기해 주었다.

아무래도 이런 사정을 응접실에서 기다리고 있는 사람들에게 얘기하면 안될 것 같았다. 그러자 부인은 응접실로 돌아와서, 누아르티에 노인이 의논을 시작하려는 순간 마비를 일으켜, 약혼은 뒷날로 연기해야 할 것 같다고만 말해 두었다.

이 얘기는 거짓말이었지만, 이상하게도 불행한 일이 연이어 두 번이나 일어난지라, 방 안에 있던 사람들은 깜짝 놀라 서로 얼굴을 마주 보더니 아무 말 없이 돌아갔다.

발랑틴은 무섭기도 했지만 불가능한 것으로 생각했던 파혼이 단번에 해결돼 한편으로는 기쁘기도 했다. 그래서 그녀는 감사의 뜻으로 쇠약한 할아버지에게 키스를 해주었다. 그러고는 마음을 가라앉히기 위해 잠깐 나갔다 와도 되냐고 물었다. 노인은 눈으로 그렇게 해도 좋다고 말했다.

그러나 발랑틴은 노인의 방에서 나오자 자기 방으로 돌아가지 않고, 복도를 지나 작은 문을 빠져나와 뒤뜰로 달려갔다. 계속 일어난 사건들로 발랑틴의 마음은 끊임없이 솟아나는 막연한 공포에 사로잡혀 있었다. 그래서 그녀는 창백하고 무서운 얼굴을 한 막시밀리앙이, 마치 람메르무어의 루치아가 약혼할 때 나타난 라벤스우드 경(월터 스콧의 소설을 바탕으로 한 도니체티의 오페라 〈람메르무어의 신부〉에 나오는 인물)처럼 나타날 것만 같았다.

발랑틴이 마침 문 울타리 쪽으로 간 것은 잘한 일이었다. 프란츠가 빌포르 씨와 함께 묘지에서 나오는 것을 본 막시밀리앙은 이제 무슨 일이 일어나는구나 하고 그의 뒤를 따라갔었다. 그 뒤에 빌포르의 집으로 들어간 프란츠가 다시 나와, 이번엔 알베르와 샤토 르노를 데리고 돌아온 것을 보았었다. 그러니 더 이상 의심할 여지가 없었다. 그는 만약의 경우를 대비해 모든 채비를 하고 울타리 안에 들어가 있었다. 그리고 발랑틴이 어떻게 해서든지 틈나는 대로 그리로 달려오리라 믿고 있었다.

그의 생각은 들어맞았다. 판자 울타리에 눈을 대고 뒤뜰을 살피던 그는 발랑틴의 모습을 보았다. 발랑틴은 평소처럼 조심하지도 않고 철문 쪽으로 곧장 달려오고 있었다. 그녀의 얼굴을 보자 그는 안심이 되었다. 그리고 그녀의 한마디에 너무 좋아서 펄쩍 뛰었다.

"우린 살았어요!" 발랑틴이 외쳤다.

"살았다고?" 막시밀리앙 모렐은 이러한 행운이 믿기지 않는다는 듯 이렇게 되뇌었다. "누구 덕분에?"

"할아버지 덕분이에요. 막시밀리앙, 부디 할아버지를 사랑해 주세요!"

그는 노인을 마음속 깊이 사랑하겠노라 맹세했다. 그에게 이런 맹세쯤은 아무것도 아니었다. 지금 그는 노인을 친구나 할아버지로서 사랑하는 정도가 아니라 신과 같이 숭배하고 있었기 때문이다.

"그런데 어떻게 그렇게 된 거지?" 그가 물었다. "할아버님께서 어떤 방법을 쓰신 거죠?"

발랑틴은 자초지종을 설명하려고 입을 열었다. 그러나 그녀는 그 모든 일 뒤에 할아버지뿐만 아니라, 어떤 무서운 비밀이 깔려 있음이 생각났다.

"다음에 다 얘기해 드릴게요." 그녀가 말했다.

"언제?"

"당신의 아내가 된 다음에요."

이것은 막시밀리앙에게 모든 것을 납득시킬 수 있는 얘기였다. 그래서 그는 지금 알고 있는 것으로 만족하고, 그날 하루 몫으로는 그것만으로도 충분하다고 생각했다. 그러면서도 그는 발랑틴이 내일 밤 다시 만나자는 약속을 하기까지는 그곳을 떠나려 하지 않았다.

발랑틴은 모렐이 원하는 대로 약속했다. 그녀가 보기에는 사태가 완전히 달라져 있었다. 그리고 막시밀리앙과 결혼하게 되리라는 생각이, 한 시간 전 프란츠와 결혼하지 않아도 될 것 같다는 생각보다 훨씬 쉽게 느껴졌다.

그동안 빌포르 부인은 누아르티에 노인의 방으로 올라갔다. 누아르티에는 그녀를 대할 때면 늘 그렇듯, 어둡고 엄격한 시선으로 바라보았다.

"아버님," 부인이 말했다. "이제 와서 발랑틴이 파혼했다는 얘기를 들으실 필요는 없겠지요. 파혼이 일어난 곳은 바로 이 방이니까요."

누아르티에의 얼굴빛은 조금도 변하지 않았다.

빌포르 부인은 말을 계속했다. "하지만 아버님께선 제가 이 결혼을 지금까지 반대해 왔는데, 제 의견이 무시된 채 이야기가 진전되어 왔다는 사실은 모르실 겁니다."

누아르티에는 설명을 듣고 싶다는 듯이 며느리를 바라보았다.

"그런데 아버님께서도 역시 싫어하시던 이 결혼이 깨지게 됐으니 이젠 빌 포르도, 발랑틴도 할 수 없는 일을 아버님께 부탁드리려고 이렇게 왔습니다."

노인의 눈은 그게 도대체 어떤 것이냐고 묻고 있었다.

"제가 부탁드리는 것은," 빌포르 부인은 말을 이었다. "저야말로 아무 이익을 얻지 못하는 유일한 사람이니까, 이런 말씀도 드릴 수 있는 거라 생각합니다. 늘 아버님은 발랑틴에게 호의를 베풀어 오셨으니, 재산도 아버님 손녀에게 물려주십사 하는 겁니다."

누아르티에의 눈은 잠시 망설이는 듯 흔들렸다. 그는 며느리가 한 말의 속뜻을 알고자 했으나 알 수가 없었다.

빌포르 부인이 또 말했다. "아버님께서도 저와 같은 생각을 하고 계셨던 것이죠?"

"그래." 누아르티에가 대답했다.

"그렇다면 전 감사하고 기쁜 마음으로 물러가겠습니다." 부인이 말했다.

빌포르 부인은 누아르티에에게 인사하고 방을 나갔다.

이튿날이 되자마자 누아르티에는 다시 공증인을 불렀다. 첫 번째 유언장은 찢어져 폐기되었고 새로운 유언장이 작성되었다. 이제 거기에는 손녀를 노인 곁에서 떼어놓지 않는다는 조건 아래, 노인의 전 재산을 발랑틴에게 주도록 되어 있었다.

세상 사람들은 생메랑 후작부부의 유산 상속인인 발랑틴이 할아버지의 마음도 다시 돌렸으니, 결국 30만 리브르에 가까운 액수를 받게 되리라고 생각했다.

빌포르 집안의 혼인이 파경에 이르게 되었을 때, 한편 모르세르 백작은 몬테크리스토 백작의 방문을 받았다. 그런 일이 있은 다음 모르세르는 당글라르에게 경의를 표해야겠다고 생각하여 육군 중장의 예복에, 훈장이란 훈장은 모두 달고 가장 좋은 말을 마차에 매었다. 이렇게 멋을 낸 그는 쇼세당탱 거리의 당글라르 집에 가서 명함을 내밀었다. 당글라르는 월말 계산을 하고 있던 참이었다.

빌포르가 오래전부터 이 은행가의 기분이 좋을 때 찾아가려고 했었다면, 그때는 적당한 시기라고 할 수 없었다.

따라서 옛 친구의 얼굴을 대한 당글라르는 근엄한 표정을 지으며 뻣뻣하게 의자에 앉았다.

반면 늘 어색한 표정을 짓던 모르세르는 상냥하게 미소 지으며 나타났다. 따라서 자기가 말을 꺼내면 기분 좋게 응대해 오겠거니 생각한 모르세르는 형식적인 인사는 모두 생략하고 대뜸 본론으로 들어갔다.

"남작, 내가 왔소. 꽤 오랫동안 옛날 우리가 했던 약속을 지키지 못하고 있었는데……"

모르세르는 은행가가 이 말을 들으면 분명 낯빛이 밝아지려니 생각하고 있었다. 그는 은행가의 얼굴이 어두운 것은 자기가 잠자코 있었기 때문이라 생각하고 있었다. 그런데 생각과 달리 당글라르는 믿을 수 없을 만큼 냉담한 얼굴로 눈 하나 까딱하지 않았다.

그래서 모르세르는 얘기를 꺼내다가 다시 입을 다물고 말았다.

"약속이라니, 무슨 약속 말이오, 백작?" 은행가는 마치 모르세르가 한 말의 뜻을 전혀 모르겠다는 듯 이렇게 물었다.

"아! 남작은 정말 형식을 존중하는 사람이군요. 그 말을 들으니, 의식은 반드시 형식에 따라야 한다던 말이 생각납니다. 좋습니다! 용서하시오. 내겐 하나뿐인 아들이라 결혼시킬 생각을 한 건 이번이 처음입니다. 그러다 보니 아직 서투르기는 하지만, 한번 마음먹고 해볼까 합니다." 이렇게 말한 모르세르는 억지 미소를 지으며 자리에서 일어나 당글라르에게 정중히 고개를 숙이고는 말했다.

"남작, 우리 아들 알베르 드 모르세르 자작에게 따님 외제니 당글라르 양의 손을 넘겨주시면 감사하겠습니다."

그러나 당글라르는 모르세르가 기대하던 것처럼 호의를 가지고 이 말을 받아들이기는커녕 도리어 이맛살을 찌푸렸다. 그리고 선 채로 대답을 기다리는 모르세르에게 앉으라는 말 한마디 없이 쳐다보며 말했다.

"백작, 대답을 드리기 전에 생각을 좀 해봐야겠습니다."

"생각을 해보다니요!" 모르세르는 점점 놀라움을 감추지 못하며 물었다.

"처음 이 결혼 얘기를 한 뒤로 8년이나 세월이 지났는데, 그동안 생각해 볼 겨를이 없었단 말입니까?"

"백작, 매일매일 여러 가지 일이 생기는데, 생각했던 것도 다시 한 번 잘 살펴봐야 하지 않겠습니까?" 당글라르가 말했다.

"도대체 무슨 말씀이십니까?" 모르세르가 물었다. "이해가 안 됩니다, 남작!"

"실은, 지난 2주 동안 새로운 일들이 많이 일어나서요……."

"실례지만, 지금 우리가 도대체 무슨 코미디라도 하는 건가요?" 모르세르가 말했다.

"그게 무슨 말씀입니까? 코미디라니."

"우리 확실하게 얘기를 좀 해볼까요."

"나야말로 바라는 바입니다."

"당신, 몬테크리스토 백작을 만났죠?"

"종종 만나지요," 당글라르가 넥타이를 만지면서 말했다. "제 친구니까요."

"그런데 최근 백작을 만났을 때 당신은, 내가 결혼에 대해 잊어버리고 있거나, 망설이고 있는 것 같다고 그에게 말씀하셨죠?"

"그랬지요."

"그래서 내가 이렇게 온 겁니다. 난 잊어버리지도 않았고 망설이고 있는 것도 아닙니다. 이렇게 약속을 지키려고 찾아오지 않았습니까?"

당글라르는 대답하지 않았다.

"왜 갑자기 마음이 변하셨단 말이오?" 모르세르가 말을 이었다. "아니면 날 모욕하려고 그러셨던 겁니까?"

당글라르는 더 이상 처음 같은 말투로 이야기를 계속하다가는 자기에게 불리한 상황되리라고 생각했다. "백작, 제 신중함을 보고 놀라시는 것도 무리는 아니십니다. 그건 저도 압니다. 그러나 내가 지금 몹시 괴롭고 피할 수 없는 상황에 처해 있어서 신중하지 않으면 안 된다는 걸 믿어 주십시오."

"겉으로만 그렇게 말씀하시는 건 아닙니까?" 모르세르가 말했다. "어제 오늘 사귄 사이라면 모를까. 난 오랜 친구 아닙니까? 그런 내가 약속을 한 사람한테 찾아가 그 약속을 어떡하겠느냐고 물었는데, 상대가 모르겠다고 하니 저는 확실한 이유만이라도 알아야겠습니다.”

당글라르는 비겁했지만 남에게 그렇게 보이고 싶지는 않았다. 그는 모르세르의 말투가 귀에 거슬렸다.

“물론 이유가 없는 건 아닙니다.” 그는 대꾸했다.

“그게 뭡니까?”

“이유가 있기는 있지요. 그러나 말씀드리긴 좀 어렵군요.”

“아시리라고 생각합니다만,” 모르세르가 말했다. “아무 대답도 듣지 못한 채 그냥 물러가진 않을 겁니다. 한 가지 명백한 사실은, 당신이 이 결혼을 거절했다는 겁니다.”

“그게 아니라, 다만 결정을 연기하려는 것뿐입니다.” 당글라르가 말했다.

“그렇다고 해서 설마 내가 당신 변덕에 모든 걸 맡기고 잠자코 기다리리라고 생각진 않으시겠죠?”

“백작, 기다려주시지 못하겠다면 이 얘기는 없었던 걸로 합시다.”

백작은 오만하고 화를 잘 내는 성질 탓에 분노가 폭발하려는 것을 참느라고 피가 나도록 입술을 깨물었다. 그러나 이런 경우에 바보가 되는 것은 자기 쪽이라는 생각이 들자, 어느새 방문 쪽으로 걸어가고 있었다. 그러나 그는 다시 생각을 바꾸어 되돌아왔다. 그의 얼굴이 어두워졌다. 자존심이 상했다기보다는, 막연히 불안한 그림자가 서려 있는 듯했다.

“이봐요, 당글라르 남작,” 그가 말했다. “우린 꽤 오래된 친구 사이가 아닙니까. 그러니 서로 조심스럽게 대해야 하지 않겠소? 어서 설명을 좀 해주시오. 도대체 내 아들이 어떤 실수를 했기에 당신의 신뢰를 잃었는지 얘기나 좀 들어 봅시다.”

“이건 아드님 자체의 문제는 아닙니다. 내가 할 수 있는 얘긴 이게 전부입니다.” 당글라르는 모르세르가 수그러드는 것을 보자, 다시 거만하게 대답했다.

“그럼 누구 때문이란 말씀이오?” 모르세르는 창백한 얼굴을 한 채, 상기된 목소리로 물었다.

이 모든 것을 하나하나 지켜보고 있던 당글라르는 여느 때와 달리 침착한 눈으로 모르세르를 쳐다보았다. “더 이상 설명하지 않는 것을 감사하게 생각하십시오.”

모르세르는 분노를 참느라고 신경질적으로 온몸을 떨었다.

그는 있는 힘을 다해 자신을 억누르며 말했다. "내겐 당신에게 설명을 들을 권리가 있습니다. 당신이 문제 삼고 있는 것은 내 아내에 관한 일인가요, 내 재산이 부족하다는 건가요? 아니면 내 의견이 당신 생각과 다르기 때문인가요?"

"그런 건 아닙니다." 당글라르가 말했다. "만약 그렇다면 난 정말 용서받을 수 없는 사람이겠죠. 그런 건 이미 알고 약속한 거니까요. 제발 더는 묻지 말아주시오. 이것저것 마음 쓰게 해서 미안하게 생각하고 있으니, 조금만 미룹시다. 이건 파혼도 아니고, 그렇다고 약혼도 아니니까요. 급할 거야 없지 않소? 내 딸은 이제 열일곱 살이고, 당신 아들도 스물한 살이니까. 우리가 한 발짝 물러서 있는 동안 시간이 흐르겠지요. 그 사이에 여러 가지 일이 생길 테고, 어제는 암담한 것 같던 일도 이튿날이 되면 밝게 보이는 일이 있으니까요. 그런가 하면 또 단 하루 사이에 중상모략을 당하는 수도 있고."

"중상모략이라니?" 얼굴빛이 변하며 모르세르가 소리쳤다. "날 중상하는 자가 있습니까?"

"백작, 이쯤에서 그만둡시다."

"그러니까 날더러 당신의 거절을 잠자코 받아들이란 말씀이오?"

"내 마음이 더 아픕니다. 그렇고말고요. 백작보다는 제가 더하지요. 난 당신네와의 결혼을 명예롭게 생각해 왔었으니까요. 그리고 파혼이란 남자 쪽보다는 여자 쪽이 손해가 더 큰 법이니 말입니다."

"알겠습니다. 이 이상 얘기하지 맙시다."

모르세르는 이렇게 말하고 나서 장갑을 확 구겨 쥐며 당글라르의 집을 나갔다. 당글라르는, 모르세르가 이쪽에서 혼담을 거절하게 된 이유에 대해 모르세르 자신도 영향을 끼쳤는지를 단 한마디도 묻지 않았다는 것을 깨달았다.

그날 밤, 당글라르는 여러 친구들과 만나 긴 시간 이야기를 나누었다. 그리고 줄곧 여자들 방에만 있던 안드레아 카발칸티는 가장 늦게 은행가의 집을 나갔다. 이튿날 눈을 뜨자마자, 당글라르는 신문을 달라고 했다. 그는 서너 종류의 신문을 겨드랑이 사이에 끼고, 〈앵파르시알〉지를 집어들었다.

그것은 바로 보샹이 편집장으로 있는 신문이었다.

그는 서둘러 겉봉을 뜯고 신경질적으로 다급하게 신문을 펼쳤다. 그리고 '파리 제1신'을 경멸하는 눈빛으로 지나쳐 잡다한 사회면에 이르자, 심술궂게 미소를 지으며 '자니나 통신'이라는 짤막한 기사에 눈길을 멈췄다.

"됐어." 그는 기사를 다 읽고 나서 이렇게 중얼거렸다. "여기에 페르낭 대령에 관한 기사가 났으니, 이젠 파혼 이유를 모르세르 백작한테 설명해 주지 않아도 되겠지."

바로 그때, 아침 9시쯤 검은 옷에 단추를 꼭 채운 알베르 드 모르세르가 급한 걸음걸이로 샹젤리제의 몬테크리스토 백작 저택에 나타나 짤막한 몇 마디 말로 면회를 청했다.

"백작께선 30분 전에 외출하셨습니다." 문지기가 말했다.

"바티스탱도 데리고 나가셨는가?" 알베르가 물었다.

"아닙니다."

"그럼, 그를 불러주게, 할 말이 있으니."

잠시 뒤 문지기가 바티스탱과 함께 나타나자, 알베르가 말했다.

"바티스탱, 무례함을 용서하시오. 그러나 백작님께서 정말 외출하셨는지 물어보고 싶었소."

"정말 나가셨습니다."

"나한테까지 이러기요?"

"백작님께서 자작님이 오시는 걸 반기신다는 걸 잘 알고 있습니다. 자작님을 일반 손님 대하듯 하지는 않습니다."

"그건 그렇겠지. 실은 중요한 일로 백작님께 의논드릴 게 있소. 늦게 돌아오실 것 같소?"

"아뇨. 10시에 식사를 준비하라고 하셨습니다."

"그럼 샹젤리제를 한 바퀴 돌고, 10시에 다시 오겠소. 백작께서 먼저 들어오시면 좀 기다려 달라고 전해주시오."

"알겠습니다. 걱정 마십시오."

알베르는 타고 온 마차를 백작 집 문 앞에 대고 산책을 나섰다.

뵈브 거리를 지나다가, 그는 고세사격장 앞에서 백작의 마차를 보았다. 틀림없이 백작의 마차였다. 가까이 가서 보니 말도, 마부도 백작의 것이었다.

"백작님께서 사격장에 계신가?" 알베르는 마부에게 물었다.

"그렇습니다." 마부가 대답했다.

과연 알베르가 사격장 근처에 다가가자 총소리가 규칙적으로 들려왔다. 그는 안으로 들어갔다.

작은 정원에 안내원이 서 있었다. "죄송합니다만, 잠깐 기다려 주셔야겠는데요."

"왜 그러나? 필립." 늘 드나들던 자기를 못 들어가게 하자 알베르는 놀라서 물었다.

"지금 총을 쏘고 계신 분께서 사격장을 통째로 빌리셨습니다. 절대로 남 앞에서는 안 쏘셔서요."

"자네 앞에서도 말인가?"

"네, 보시다시피 저도 이렇게 문 앞에 나와 있습니다."

"그럼 권총 탄환은 누가 채워주지?"

"그분의 하인이요."

"누비아 사람인가?"

"흑인입니다."

"역시 맞군."

"그럼 그분을 아십니까?"

"그분을 찾아온 걸세. 내 친구라네."

"그러시다면 얘기가 다르죠. 제가 들어가서 알려드리죠."

필립도 호기심이 나서 사격장으로 들어갔다. 곧 문 앞에 백작이 나타났다.

"이런 곳까지 따라와 죄송합니다, 백작." 알베르가 말했다. "그런데 제가 여기를 찾아오게 된 건 댁의 하인들 잘못이 아니라 제가 무례해서입니다. 댁으로 갔더니, 산책을 나가셔서 10시에나 식사하러 돌아오신다더군요. 그래서 10시까지 거리를 한 바퀴 돌려고 나왔다가 백작님의 말과 마차를 보게 되었습니다."

"그 말을 들으니, 같이 식사를 하시면 되겠군요."

"아닙니다. 이 시간에 식사는 무슨. 식사는 어쩌면 좀 나중에 하게 될 것 같군요. 단, 나쁜 패거리하고."

"그게 대체 무슨 소립니까?"

"백작님, 전 오늘 결투를 합니다."

"당신이 결투를? 그건 왜죠?"

"싸우기 위해서."

"그건 알겠는데, 무엇 때문이냔 말이오. 결투를 하는 데는 여러 이유가 있을 텐데요."

"명예를 위해서죠."

"그래요? 그렇다면 그건 중대한 일인데요."

"중대하지요. 그래서 한 가지 부탁이 있어 온 겁니다."

"뭔데요?"

"입회인이 되어주셨으면 합니다."

"그렇게 되면 일이 꽤 심각해지는데요. 여기선 아무 말 말고 우리 집으로 가십시다. 알리, 물 좀 주게."

백작은 팔을 걷어붙이고, 사격장 입구에 있는 작은 방으로 들어갔다. 사격을 하는 사람들은 거기서 손을 씻게 되어 있었다.

"이리 들어와서 좀 보세요, 자작님." 필립이 알베르에게 낮은 소리로 속삭였다. "재미있는 게 있으니까요."

알베르는 안으로 들어갔다. 벽 위에는 과녁의 검은 점 대신 카드가 붙어 있었다. 알베르가 멀리서 보니, 카드가 전부 있는 것 같았다. 1점에서 10점까지 다 있었다.

"아니!" 알베르가 말했다. "피케(카드놀이의 일종)를 하고 계셨군요?"

"아닙니다. 카드 한 벌을 만들고 있었죠." 백작이 말했다.

"어떻게요?"

"지금 보고 계신 카드는 모두 1, 2점짜리들입니다. 그런데 내가 총을 쏴서 3, 5, 7, 8, 9, 10이 된 겁니다."

알베르가 가까이 가서 보니, 정말 똑같은 간격을 두고 점이 있어야 할 장소 하나하나에 총알구멍이 뚫려 있었다. 그리고 벽 가까이에는 두세 마리의 제비가 마침 사정 거리 안을 날고 있었는지 총에 맞아 떨어져 있었다. 모르세르는 그 제비들을 주우며 말했다.

"대단하시군요!"

"무슨 말씀입니까, 자작," 몬테크리스토 백작은 알리가 가져온 수건에 손을 닦으며 알베르에게 말했다. "그냥 뭐든지 해서 한가한 시간을 때워야겠기에. 자, 가십시다. 당신 얘기가 기대됩니다."

두 사람은 백작의 마차에 올랐다. 잠시 뒤 그들은 30번지 집 앞에서 내렸다.

백작은 모르세르를 서재로 안내하고 의자를 권했다. 그들은 자리에 앉았다.

"자, 침착하게 얘길 해보시죠." 백작이 말했다.

"보시다시피 전 이렇게 침착합니다."

"결투할 상대는 누굽니까?"

"보샹입니다."

"친구 사이가 아니었습니까?"

"결투는 늘 친구 사이에 하는 법이지요."

"최소한 이유는 있어야죠."

"물론 있습니다."

"어떤 일이 있었던 겁니까?"

"어제 석간에…… 그보다도 이걸 좀 읽어 보십시오."

알베르는 백작에게 신문을 내밀었다. 거기에는 이런 기사가 실려 있었다.

자니나 통신

지금까지 알려져 있지 않던, 또는 발표되지 않았던 사실이 드러났다. 자니나 시를 방어하고 있던 성곽은 알리 테벨린 총독이 전적으로 신임하고 있던 프랑스 장교, 페르낭에 의해 터키군의 손에 넘어갔다.

기사를 다 읽고 나서 백작이 물었다. "그런데 어느 부분이 마음에 들지 않으셨단 말인가요?"

"어느 부분이냐고요?"

"그렇습니다. 자니나 성곽이 페르낭이라 불리는 장교에 의해 넘어갔다는 게 당신과 무슨 상관이 있단 말이오?"

"있고말고요. 제 아버지 모르세르 백작의 세례명이 페르낭이거든요."

"그럼 아버님께서 알리 파샤를 섬기고 계셨었나요?"

"말하자면 그리스 독립을 위해 싸우셨지요. 그래서 이런 중상모략을 받게 된 겁니다."

"아, 그렇군요! 그럼, 자작, 그 부분을 확실히 밝혀 봅시다."

"저도 원하는 바입니다."

"그럼 한 가지 묻겠는데, 그 페르낭이라는 장교가 모르세르 백작과 동일 인물이라는 것을 프랑스에서 누가 알겠습니까? 게다가 1822년인가 1823년에 함락된 자니나를 지금 와서 문제 삼을 사람이 어디 있겠습니까?"

"그러니 그게 음모라는 거죠. 시간이 지나가게 가만히 내버려 두었다가, 이제 와서 잊힌 사건들을 들추어내 높은 위치에 있는 사람을 깎아내릴 악평을 퍼뜨리겠다는 수작이지요. 그래서 아버지의 이름을 이어받아야 하는 저는 그 이름에 의혹의 그림자를 드리우고 싶지 않습니다. 이 기사를 발표한 보상에게 입회인을 두 사람 보내어 기사를 취소시키겠습니다."

"취소는 안 할걸요."

"그럼 결투하는 거죠."

"아니, 결투까진 하지 마세요. 저쪽에선 아마 그 무렵 그리스 군대에는 페르낭이란 이름을 가진 장교가 50명이나 있었다고 대답할 겁니다."

"설령 그렇게 대답한대도 결투는 반드시 할 생각입니다. 그런 소문은 없어져야 합니다. 훌륭한 군인이시고 그렇게 빛나는 역사를 가진 아버지께……."

"혹은 이런 기사를 내겠지요. '그 페르낭이라는 자는 똑같이 페르낭이라는 세례명을 가진 모르세르 백작과는 아무 관계가 없다고 한다.'"

"완전히 취소해주지 않으면 안 됩니다. 그 정도로는 만족할 수 없죠."

"그래, 정말 보상에게 입회인들을 보낼 생각이오?"

"물론이죠!"

"그러지 않는 게 좋을 것 같은데."

"그렇다면 제 부탁을 거절하시겠단 말씀인가요?"

"결투에 대한 내 생각은 이미 알고 계실 텐데요. 로마에서 말씀드렸잖소?"

"그런데 오늘 아침, 조금 전에 말입니다. 그 주장과는 맞지 않는 연습을 하고 계시던데요."

"그야 아시겠지만, 인간은 고립되어 살 수 없는 존재니까요. 미친 사람들

속에서 살려면, 미치는 연습도 해두어야죠. 어느 날 갑자기 흥분한 사람이 찾아와 정말 아무것도 아닌 일로 싸움을 걸고는, 입회인을 보내고 많은 사람 앞에서 나를 모욕한다면 그런 경우엔 그 친구를 죽여버려야 하니까요."

"그럼, 백작님도 결투를 인정하시는군요? 그럴 때는 결투를 하시겠네요?"

"물론입니다!"

"그렇다면 왜 저의 결투는 말리시는 거죠?"

"결투를 하지 말라는 게 아닙니다. 결투란 중대한 일이니 잘 생각해서 하라는 거죠."

"그럼 보샹은 잘 생각한 끝에 아버지를 비방했단 말인가요?"

"그가 아무 생각 없이 한 일이거나 자신의 잘못을 고백한다면 미워해선 안 되지 않을까요?"

"참, 백작님, 지나치게 관대하시군요!"

"당신은 너무 원칙적입니다. 만약에 말입니다. 제 애길 좀 들어 보세요. 제 애길 듣고 화내진 마십시오."

"들어 보지요."

"만약에 그 보도가 사실이라고 가정해 본다면……."

"아버지의 명예를 걸고, 아들로서 그런 가정은 허락할 수 없습니다."

"무슨 소릴! 지금 세상은 별의별 일이 다 허용되고 있습니다!"

"그게 바로 이 시대의 죄악이지요?"

"그걸 고쳐 보겠다는 말씀입니까?"

"네, 나와 관계있는 일에 한해서."

"여간 원칙적이신 게 아니군요!"

"전 그런 사람입니다."

"그럼 어떤 충고도 받아들이지 않겠단 말씀이오?"

"아니오, 친구의 충고라면 받아들이지요."

"그럼 날 친구라고 생각하시오?"

"물론이죠."

"그렇다면 입회인을 보샹에게 보내기 전에 먼저 물어보시는 게 좋을 겁니다."

"누구한테 말입니까?"

"이를테면 하이데에게."

"이런 문제에 여자를 끌어들여 무슨 도움이 되겠습니까?"

"그 여자의 아버지가 패배하고 죽은 일과 당신 아버지와는 아무 관계가 없다는 것을 분명히 말해 주겠죠. 만약 불행히도 부친께서 우연히 그 사건에 휘말리셨더라도, 하이데가 사정을 명백히 밝혀줄 테니……."

"아까도 말씀드렸지 않습니까? 전 그런 가정은 용납 못합니다."

"그럼, 그렇게 하지 않겠단 말씀인가요?"

"싫습니다."

"절대로?"

"절대로!"

"그럼, 마지막으로 한 마디만 더 하겠습니다."

"좋습니다. 그러나 그게 정말 마지막이겠죠?"

"충고를 듣는 게 싫으십니까?"

"그럴 리가! 부디 해주십시오."

"보샹 씨에게 입회인을 보내는 건 그만두십시오."

"무슨 말씀입니까?"

"직접 만나러 가세요."

"그건 관례에 어긋나는데요."

"당신 사건이 보통 일은 아니니까요."

"그래도 그렇지, 왜 제가 직접 가야 하죠?"

"그래야 사건이 당신과 보샹 씨 사이에서 끝납니다."

"설명을 부탁드려도 되겠습니까?"

"물론이죠. 만약 보샹 씨가 그 기사를 취소할 의사를 보인다면, 그 사람의 호의로 보아주어야 합니다. 그러나 반대로 그쪽에서 취소를 거부한다면, 그때는 두 사람의 타인에게 사건의 진상을 알리셔야 합니다."

"두 사람이 타인이라니요, 친구겠지요."

"오늘의 친구는 내일의 적입니다."

"오! 예를 들면!"

"보샹 씨 말입니다."

"그래서……?"

"그래서, 좀 신중히 할 필요가 있다는 겁니다."

"그래서, 제가 직접 보샹을 만나러 가야 한다는 겁니까?"

"그렇소."

"혼자서?"

"혼자서. 남의 자존심에서 무언가를 얻으려면, 그의 자존심을 겉으로라도 상하게 하면 안 됩니다."

"그 말씀이 맞는 것 같군요."

"알아주시니 기쁩니다!"

"그럼 혼자 가도록 하죠."

"그게 좋겠습니다. 그러나 더 좋은 것은 가지 않는 것입니다."

"그건 불가능합니다."

"그럼, 가보세요. 그것만 해도 좀 전에 마음먹었던 것보단 나으니."

"하지만 그렇게까지 했는데도 결국 결투를 해야 한다면, 제 입회인이 돼 주시겠습니까?"

백작은 지극히 엄숙하게 말했다. "자작, 당신은 내가 때와 장소를 가리지 않고 당신에게 모든 성의를 다했다는 것을 알고 있을 겁니다. 그러나 이번 일은 내가 할 수 있는 범위 밖의 일입니다."

"어째서요?"

"언젠가 알 날이 오겠지요."

"그럼 그때까지는요?"

"내 비밀을 존중해 주십시오."

"좋습니다. 프란츠와 샤토 르노에게 부탁하죠."

"그 두 사람이면 다행이군요."

"그런데 정말 결투를 하게 될 날이 오면, 제게 검과 권총 쓰는 법을 좀 가르쳐 주실 수는 있으시죠?"

"아니, 그것도 안 되겠습니다."

"당신은 정말 이상한 분이군요. 결국 어떤 일에도 말려들고 싶지 않단 말씀이군요?"

"네, 어디에도."

"그럼, 이걸로 얘기를 마치죠. 안녕히 계십시오, 백작님."

"안녕히 가십시오, 자작."

모르세르는 모자를 집어 들고 밖으로 나갔다. 문을 나서니 마차가 기다리고 있었다. 그는 끓어오르는 분노를 꾹 참고, 보샹의 집으로 마차를 달렸다. 그러나 보샹은 신문사에 나가고 없었다. 그는 마차를 신문사로 돌렸다.

보샹은 어두컴컴하고 먼지투성이인 사무실에 앉아 있었다. 생긴 지 얼마 안 되는 신문사란 어디나 그런 법이다.

알베르 드 모르세르가 찾아왔다는 말을 두 번이나 되풀이하게 한 그는 도무지 납득이 안 간다는 듯이 큰 소리로 외쳤다.

"들어와요!"

알베르가 들어왔다. 그가 종이 더미를 넘어 휘청거리며 편집실의 마루뿐만 아니라 붉은 타일 위까지 너저분하게 펼쳐진 신문지 위를 걸어오는 것을 보자, 보샹은 큰 소리로 외쳤다.

"여기야, 여기!" 그는 알베르에게 손을 내밀며 말했다. "여긴 웬일이야? 엄지동자(페로의 동화에 나오는 난쟁이)처럼 길을 잃었나? 그게 아니면 내게 점심이라도 청하러 온 건가? 우선 의자를 하나 찾아보게. 저기 제라늄 옆에 있군. 그래도 저 꽃을 보면 이 세상에 종이 뭉치 말고 풀잎도 있구나 하는 생각이 들어."

"보샹," 알베르는 입을 열었다. "자네 기사 얘길 좀 하려고 왔네."

"자네가 말인가? 도대체 무슨 일인데?"

"기사를 정정해 주었으면 하네."

"자네가? 정정이라고? 알베르, 대체 뭘 정정하란 말인가? 일단 앉기나 하게."

"고맙네." 알베르는 또 한 번 대답하고는 가볍게 머리로 인사했다.

"그런데 그게 무슨 얘기야?"

"내 가족의 명예를 훼손시킨 기사를 정정해 달라는 걸세."

"무슨 소리야?" 보샹은 놀라며 물었다. "어떤 기사 말인가? 그런 일이 있을 리 있나?"

"자니나 통신 기사 말이야."

"자니나?"

"그래, 자니나 말이야. 자네는 내가 왜 여길 왔는지 정말 모르는 것 같군?"

"명예 훼손이라…… 바티스트, 어제 신문을 가져오게!" 보샹이 소리쳤다.

"그럴 필요 없어. 내가 가져왔으니까."

보샹은 빠르게 읽어 내려갔다.

"자니나 통신에 의하면……."

"어때? 중대한 기사지?" 보샹이 기사를 다 읽을까 말까 하는 찰나에 알베르가 말했다.

"그럼, 그 장교라는 게 자네 친척이란 말인가?" 보샹이 물었다.

"그렇다네." 알베르는 얼굴을 붉히며 대답했다.

"좋아! 그럼, 내가 어떡해야 자네 마음이 편안해지겠나?" 다정한 목소리로 보샹이 말했다.

"이 기사를 취소해줬으면 하네."

보샹은 알베르의 얼굴을 바라보았다. 그의 눈에는 분명 깊은 호의가 어려 있었다.

"그렇게 되면 얘기가 길어지겠군. 취소란 여간 큰 문제가 아니니까 말이야. 자, 앉지. 다시 한 번 서너 줄 읽어 봐야겠네."

알베르는 의자에 앉았다. 보샹은 알베르가 비난한 그 기사를, 처음 읽을 때처럼 주의 깊게 읽었다.

"어떤가? 이젠 알겠지!" 알베르는 분명하고 거친 듯한 어조로 말했다. "자네 신문에서 내 가족이 비난을 받았네. 그러니 난 철회를 원하네."

"자네가…… 원한다……."

"그래, 내가 원한다고!"

"미안하지만 자넨 영 말솜씨가 없군, 자작."

"잘할 생각도 없네." 벌떡 일어서며 알베르가 말했다. "난 자네가 어제 발표한 기사의 취소를 요구하고 있을 뿐이야. 그리고 꼭 취소시켜야겠네. 자넨 내게 좋은 친구야." 알베르는 보샹이 오만하게 고개를 드는 것을 보고, 입술을 깨물면서 말을 계속했다. "자넨 내 친구이지 않은가. 그러니만큼 이런 경우에 내가 얼마나 강경하게 나가는지 알고 있을 테지."

"친구라도 말야, 모르세르. 방금 한 것 같은 그런 말투는 내가 자네 친구라는 걸 잊어버리게 해. 그러나 어쨌든 화는 내지 말자고. 적어도 당분간은 말이야……. 자네는 지금 초조하고 불안하고 화가 나 있군. 그런데 그 페르낭이라는 친척이 누군가?"

"내 아버지야." 알베르가 말했다. "모르세르 백작, 페르낭 몬테고. 전쟁 경험이 이루 헤아릴 수 없이 많은 노장군이지. 그 고귀한 상흔을 흙탕물로 더럽히려 했단 말이야."

"아버님이시라고? 그렇다면 얘긴 또 다르지. 알베르, 자네가 화를 내는 것도 무리가 아니군……. 어디, 다시 한 번 읽어보세……."

보샹은 이번에는 낱말 하나하나에 힘을 주어 다시 한 번 기사를 읽었다.

"하지만 여기 실린 페르낭이 자네 아버지라는 이유가 어디 있나?"

"물론 어디에도 그런 말은 없지. 그러나 사람들은 그렇게 생각할 거란 말이야. 그러니 이 기사가 허위라고 번복되길 원하네."

그 '원한다'는 말에 보샹은 모르세르를 올려다보았다. 그러더니 다시 눈을 내리깔고 잠시 생각에 잠겼다.

"번복해 주는 거지?" 모르세르는 자신을 억제하면서도, 화가 점점 치밀어 오르는 듯 이렇게 물었다.

"그러지." 보샹이 말했다.

"고맙네!" 모르세르가 말했다.

"단, 기사가 잘못되었다는 것을 확인하고 나서."

"뭐라고?"

"그래, 사실은 분명히 밝혀져야 하니까. 난 꼭 밝힐 생각일세."

"하지만 이 사건에 대해 밝히고 말고 할 게 어디 있나?" 모르세르는 당황해서 물었다. "만약 자네가 그게 우리 아버지가 아니라고 생각한다면, 당장 그렇다고 말해 주게. 그리고 만약 그게 우리 아버지라고 생각한다면 그렇게 생각하는 이유를 설명해 주고."

보샹은 여러 감정을 한꺼번에 나타낼 수 있는 그만의 독특한 미소를 띠고 모르세르의 얼굴을 보았다.

"이보게, 자네가 나한테 뭘 요구하려고 온 것이었다면, 처음에 내가 우정이니 뭐니 다른 쓸데없는 소리는 하지 말았어야지. 난 그걸 듣느라고 30분이나 인내심을 발휘하고 있었네. 앞으로도 그런 식으로 나갈 셈인가?" 보샹이 말했다.

"물론이지. 만약 그 파렴치한 중상모략을 취소하지 않는다면."

"잠깐! 부탁인데 알베르 몬테고 씨, 협박만은 삼가시지! 적일 경우에도 못 참는 법인데, 하물며 친구 사이에선 더 하지 않은가. 그래, 자넨 나더러 내 명예를 걸고 아무 관계도 없는 페르낭 대령에 관한 기사를 번복해 달라는 건가?"

"그래, 그걸 원해!" 이미 머리가 혼란스러워지기 시작한 알베르가 말했다.

"그렇게 안 하겠다고 하면, 결투라도 하겠단 말이지?" 보샹은 여전히 침착한 어조로 말했다.

"물론!" 알베르가 목청을 높이며 말했다.

"좋아. 그럼 대답하지." 보샹이 말했다. "그 기사는 내가 실은 게 아냐. 난 그 기사에 대해 몰랐어. 그런데 오늘 자네가 따지러 왔기 때문에, 비로소 그 기사에 관심이 생긴 거야. 그러니 관계자들이 사실 여부를 확인할 때까지 이 기사는 그대로 두겠네."

"그렇다면," 알베르는 자리에서 일어서며 말했다. "입회인들을 보낼 테니 장소와 무기에 관해 협의하도록 하게."

"좋아."

"그럼 오늘 밤에라도, 늦어도 내일 다시 만나기로 하지."

"아니, 난 가야 한다면 어느 때고 그 장소에 찾아가겠네. 그러나 결투 신청을 한 건 자네이니, 그것을 정할 권리는 나한테 있지. 하지만 아직은 그럴 시기가 아닌 것 같네. 난 자네가 칼을 아주 잘 쓴다는 걸 알고 있네. 나도 웬만큼은 쓰지. 자네가 여섯 발 중 세 발은 명중시키리라는 것도 알고 있지. 나도 그 정도는 되고. 우리 둘의 결투가 쉽게 끝나지 않으리라는 것도 알고 있어. 자넨 굉장히 용감하고 나 또한 마찬가지니까. 그래서 난 우리가 이렇다 할 이유도 없이 내가 자네를 죽이게 되거나 자네가 날 죽이게 되는 그런 위태로운 짓은 안 했으면 하네. 이번엔 내가 자네한테 물어봐야겠어. 분—명—하—게 말일세. 나는 내 명예를 걸고 그 기사에 대해선 정말 모르고 있었다고 거듭 얘기할 뿐 아니라, 자네 같은 야벳(노아의 아들로 아버지를 공경했다고 한다)이 아니고서야 다른 사람들은 아무도 그 페르낭이 자네 아버지 모르세르 백작이라는 걸 짐작 못한다고 단언하네. 그런데도 자네는 내가 기사 취소를 안 하겠다면 굳이 나를 죽이겠다고 할 만큼 그 기사의 취소를 고집할 생각인가?"

"그래, 죽어도 고집하겠네."

"좋아. 그렇다면 결투 신청을 받아들이지. 단, 3주간의 시간을 요구하겠네. 3주일 뒤에 내가 자넬 만나서 말하겠어. '맞아, 그 기사는 틀렸어. 없애겠네' 하든가, 아니면 '그 기사는 사실이야. 그러니 자네가 택하는 대로 난 내 칼자루에서 칼을 빼든지, 권총 상자에서 권총을 꺼내겠네'라고."

"3주일이라고!" 알베르가 소리쳤다. "3주일이라도 해도, 나한테 있어서는 3세기 동안이나 명예를 더럽히는 것과 마찬가지일세."

"자네가 내 친구라면 '참아주게!'라고 했겠지만, 이젠 이미 내 적이니 이렇게밖엔 할 말이 없군. 그게 나와 무슨 상관인가!"

"좋아, 3주일 뒤야." 알베르가 말했다. "하지만 잊지 말게. 3주일 뒤에 연기하거나 도망갈 핑계를 대는 건 허락하지 않겠어……."

"알베르 드 모르세르 군," 이번에는 보샹이 일어서면서 말했다. "3주일 뒤, 그러니까 24일이 지나지 않으면 나는 자네를 창 밖으로 던져버릴 권리가 없네. 자네 역시 그때까진 나를 칼로 찌를 권리가 없지. 오늘이 8월 29일, 그러니까 9월 21일이 돼야 한단 말이야. 신사로서 한마디 충고하겠네만, 그때까진 서로 떨어져서 쇠사슬에 매인 개처럼 짖어대지 않는 게 어때?"

이렇게 말한 보샹은 젊은이에게 정중히 인사를 하고 휙 돌아서더니, 인쇄실 안으로 들어갔다. 알베르는 화풀이로 산더미같이 쌓여 있는 신문지를 단장으로 후려쳐 흩어 놓았다. 그러고는 인쇄실 문을 두세 번 돌아보며 밖으로 나왔다.

알베르는 애꿎은 인쇄물들을 후려쳐 보았지만 아무래도 화가 가라앉지 않자, 마차 앞부분을 지팡이로 때렸다. 그러다 마침 대로를 지나가는 모렐을 보았다. 그는 얼굴을 하늘로 쳐들고 생기 있는 눈으로 두 팔을 세차게 휘두르며 길을 건넌 다음, 생 마르탱 문 쪽에서 마들렌 성당 쪽으로 가려고 중국식 목욕탕 앞을 막 지나는 길이었다.

"아! 정말 행복한 친구로군!" 그는 한숨을 쉬며 말했다.

우연인지는 몰라도 알베르가 말한 대로였다.

레모네이드

정말 모렐은 무척 행복했다.

그는 누아르티에 노인의 부름을 받고 가는 길이었다. 무슨 용건인지 빨리 알고 싶은 마음에, 그는 말의 다리보다 자기 다리가 더 빠르리라 믿고 일부러 마차를 타지 않았다. 모렐은 그때 멜레 거리를 지나 생토노레 구역 쪽으로 뛰어가는 길이었다.

모렐은 빠른 걸음으로 걷고 있었다. 그리고 바루아가 그 뒤를 힘겹게 따라가고 있었다. 모렐은 서른한 살, 바루아는 예순이었다. 모렐은 사랑에 취해 있었고, 바루아는 더워서 목이 말라 있었다. 이렇게 이해관계며 나이도 다른 두 사람은 삼각형의 두 변을 연상시켰다. 말하자면 기초는 서로 떨어져 있으면서 하나의 꼭짓점을 향해 올라가고 있는 변 같았다.

그 꼭짓점이 바로 누아르티에 노인이었다. 노인은 바루아에게 모렐을 급히 불러오라 시켰고, 그는 그 명령을 그대로 실행했다. 그래서 바루아는 숨이 턱에 닿아 있었다.

노인의 집에 도착했을 때, 모렐은 그다지 숨 가빠 하지도 않았다. 사랑은 사랑하는 사람에게 날개를 달아주는 법이니까. 그러나 사랑 같은 것은 예전에 다 없어진 바루아는 땀에 흠뻑 젖어 있었다.

이 늙은 하인은 특별 출입구로 모렐을 들어가게 한 뒤 방문을 닫았다. 얼마 안 있어, 마루 위에 옷자락이 스치는 소리가 들려왔다. 발랑틴이 오는 소리였다. 상복을 입은 발랑틴은 황홀하도록 아름다웠다. 모렐은 달콤한 꿈에 취해 누아르티에와 이야기하러 왔다는 사실조차 잊고 있었다. 그러나 이윽고 누아르티에의 안락의자 소리가 나더니, 그가 방 안으로 들어왔다.

모렐은 누아르티에가 자신과 발랑틴을 절망에서 구해 준 데 대해 감사의 뜻으로 부드러운 눈길을 보냈다. 그리고 앞으로 또 어떤 은혜가 베풀어질 것인지 알고 싶어서 멀찌감치 떨어져 말 시키기를 주뼛거리며 기다리고 있는 발랑틴을 보았다.

누아르티에도 손녀를 바라보았다.

"그럼, 아까 말씀하신 걸 얘기할까요?" 발랑틴이 물었다.

'그래.' 누아르티에가 대답했다.

"모렐 씨," 발랑틴은 자기를 뚫어지게 바라보고 있는 젊은이를 향해 말했다. "할아버지께선 당신한테 하실 말씀이 많으신데, 그걸 제게 지난 사흘 동안 일러주셨어요. 그리고 오늘, 그 얘길 당신에게 하라고 이렇게 부르신 거예요. 전 통역을 맡았으니, 할아버지 뜻에 어긋남이 없도록 단어 하나 바꾸지 않고 말씀드릴게요."

"오, 빨리 들려주세요," 젊은이가 말했다. "어서, 어서!"

발랑틴은 눈을 내리깔았다. 모렐은 그것을 좋은 징조로 생각했다. 발랑틴의 마음이 약해지는 것은 오직 행복할 때뿐이니까.

"할아버지께선 이 집을 떠나시겠답니다." 그녀가 말했다. "바루아가 지금 적당한 집을 찾고 있지요."

"하지만 당신은 어떻게 되는 겁니까? 할아버지께서 그렇게 아끼시고 또 그분께 없어서는 안 되는 사람인데?" 모렐이 물었다.

"전 할아버지 곁을 떠나지 않을 거예요. 이건 할아버지와도 약속한 일이에요. 제가 살 집도 할아버지 집 옆에다 얻을 거예요. 아버지께서 제가 할아버지와 같이 사는 것을 허락해 주실지 안 해주실지는 모르겠어요. 허락해 주신다면 저도 곧 집을 떠나고, 허락을 안 해주시면 저도 앞으로 열 달만 있으면 성인이 되니까 그때까지 기다리는 거죠. 그땐 저도 자유로운 몸이 되고, 독립된 제 개인 재산을 가질 수 있으니까요."

"그리고요?" 모렐이 물었다.

"그 다음엔 할아버지의 허락을 받고 당신과의 약속을 지키는 거죠."

발랑틴은 그 마지막 말을 아주 작은 목소리로 말했다. 모렐이 그 말을 집어삼킬 듯이 열심히 듣지 않았더라면, 아마 못 알아들었을 것이다.

"지금 제가 설명한 그대로지요, 할아버지?" 발랑틴은 노인을 보며 이렇게 말했다.

'그래.' 노인이 표정으로 말했다.

발랑틴은 계속 말을 이었다. "할아버지 댁에 가게 되면 당신은 훌륭하고 친절한 제 보호자이신 할아버지 앞에서 저를 만나러 오실 수가 있어요. 만약 아직은 아무것도 모르고 변덕스러운 우리 사랑일지라도, 우리 두 사람의 경험으로 보았을 때 장래의 행복이 보장될 수 있다고 생각되면, 하긴 장해물 앞에서는 불타던 사랑도 일단 안전하게 되면 식어버린다고들 하지만요, 그 땐 당신이 제게 정식으로 청혼해 주세요. 그때를 기다릴 테니."

"아!" 모렐이 소리쳤다. 그는 노인 앞에서는 마치 하느님 앞인 듯, 그리고 발랑틴 앞에서는 마치 천사 앞인 듯 무릎을 꿇고 싶은 심정이었다. "이렇게 행복해질 줄이야, 대체 내가 무슨 좋은 일을 했기에 이토록 은혜를 입는단 말입니까?"

소녀는 맑고도 엄격한 목소리로 말했다. "그때까진 세상의 관습과 부모님의 의사까지도 존중하고 싶어요. 그분들의 의견이 우리를 영원히 갈라놓는 것만 아니라면요. 한마디로 말해서, 저는 이 말을 거듭하겠어요, 이 말이 모든 것을 말해주니까요. 그러니까, 우리가 기다려야 한다는 거지요."

"그리고 그 말에 따르는 희생은, 할아버님," 모렐이 말했다. "제가 모두 감수하겠다고 할아버님께 맹세하겠습니다. 체념 속에서 하는 게 아니라 기쁜 마음으로 말입니다."

발랑틴은 막시밀리앙이 말할 수 없이 행복해할 만한 눈빛으로 말을 이었다. "그러니 앞으로는 무모한 짓을 하지 말아주세요. 오늘부터 당신의 훌륭한 이름을 그대로 이어받아야 할 저를 곤란한 입장에 몰아넣는 일이 없도록 해주세요."

모렐은 한 손을 가슴에 갖다 댔다.

그러는 동안 노인은 사랑스러운 눈빛으로 두 사람을 바라보고 있었다. 바루아는 계속 그 방 한구석에 앉아, 대머리에서 흐르는 땀방울을 닦으면서 이 광경을 보며 미소 짓고 있었다. 바루아에게는 이들의 비밀을 숨길 필요가 없었다.

"어머, 바루아, 그렇게 더워요?" 발랑틴이 물었다.

"예, 뛰어갔다 와서 그렇습죠." 바루아가 대답했다. "하지만 모렐 씨는 저보다도 훨씬 더 빨리 뛰시던걸요."

노인은 레모네이드 병과 컵이 놓인 쟁반을 눈으로 가리켰다. 30분 전에 노인이 음료수를 마셔 병 안의 음료는 반쯤 줄어 있었다.

"자요, 바루아." 발랑틴이 말했다. "좀 마셔요, 아까부터 따르고 남은 이 병만 보고 있으니."

"사실 목이 말라 죽는 줄 알았습니다. 여러분의 건강을 빌며 레모네이드 한 잔 마시겠습니다."

"마셔요," 발랑틴이 말했다. "그리고 곧 돌아와요!"

바루아는 쟁반을 들고 나갔다. 바루아는 복도로 나가자마자 문을 닫는 것도 잊은 채, 고개를 뒤로 젖히고 발랑틴이 따라 준 레모네이드를 벌컥벌컥 들이켰다. 그 모습이 열려 있는 문으로 다 보였다.

발랑틴과 모렐은 노인 앞에서 작별 인사를 나누었다. 바로 그때 빌포르의 방 계단에서 벨소리가 들렸다. 손님이 왔다는 신호였다. 발랑틴은 시계를 쳐다보았다.

"정오군요." 그녀가 말했다. "할아버지, 오늘 토요일이라 의사 선생님이 오셨나 봐요."

노인은 아마 틀림없이 그럴 거라는 표정을 지었다.

"그럼 이리로 오실 테니까 모렐 씨는 그만 보내드리는 게 좋겠죠?"

'그래.' 노인이 대답했다.

"바루아!" 발랑틴이 불렀다. "바루아! 이리 좀 와 봐요!"

"갑니다, 아가씨!"

늙은 하인이 대답하는 소리가 들렸다.

"바루아가 문까지 바래다 드릴 거예요." 발랑틴이 모렐에게 말했다.

"그리고 막시밀리앙. 이걸 잊지 마세요. 할아버지께서 우리 두 사람의 행복을 위태롭게 할 짓은 절대 하지 말라고 하셨어요."

"그러겠다고 약속하죠. 기다리겠습니다." 모렐이 대답했다.

그때 바루아가 들어왔다.

"벨을 누른 건 누구신가요?" 발랑틴이 물었다.

"다브리니 의사선생님이요." 다리를 부들부들 떨며 바루아가 말했다.

"어머, 왜 그래요, 바루아?"

바루아는 아무 대답도 하지 않았다. 그는 흔들리는 눈빛으로 주인을 바라보고 있을 뿐이었다. 그러면서 바르르 떨리는 손으로 무엇인가 잡고 서 있으려 애를 썼다.

"아니, 쓰러지겠어요!" 막시밀리앙이 소리쳤다.

바루아의 몸은 점점 더 심하게 떨리고 있었다. 경련으로 변한 얼굴을 보니 심한 신경성 발작이 틀림없었다.

누아르티에는 이렇게 괴로워하는 바루아를 보면서 더욱더 복잡한 눈을 했다. 그 눈길에는, 그의 마음속을 뒤흔드는 모든 감정이 손에 잡힐 듯 생생하게 드러났다.

바루아는 자기 주인 앞으로 두세 걸음 걸어 나갔다. "오, 오, 하느님!" 그는 외쳤다. "어찌된 일일까요? 너무 괴롭고…… 눈앞도 보이질 않습니다. 머릿속에서 불꽃이 수없이 맴돌고 있어요. 오! 제게 손대지 마십쇼! 손대지 마세요!"

그러더니 눈이 무섭게 튀어 나오고, 머리는 뒤로 젖혀진 채 온몸이 뻣뻣해졌다.

발랑틴은 놀라서 비명을 질렀다. 모렐은 뭔지 모를 위험으로부터 보호하려는 듯 그녀를 두 팔로 감싸 안았다.

"다브리니 선생님! 다브리니 선생님!" 발랑틴은 짓눌린 듯한 목소리로 외쳤다. "이리 좀 와 주세요! 큰일 났어요!"

바루아는 몸을 획 돌리며 서너 걸음 뒤로 물러서더니, 비틀거리며 노인의 발밑에 쓰러졌다. 그리고 노인의 무릎에 손을 얹으며 이렇게 소리쳤다.

"주인어른! 주인어른!"

그때 발랑틴의 비명 소리를 듣고 빌포르가 문 앞에 나타났다.

모렐은 반쯤 정신을 잃은 발랑틴을 놓아주고 뒤로 물러나, 방 한구석 커튼 뒤에 몸을 숨겼다. 그리고 마치 자기 앞에 머리를 꼿꼿이 쳐들고 있는 뱀이라도 본 듯이 얼굴이 새파래져서, 얼어붙은 듯한 시선으로 다 죽어가는 늙은 하인을 바라보았다.

누아르티에 노인은 공포와 불안으로 어쩔 줄을 모르고 있었다. 그는 하인이라기보다 친구인 이 불쌍한 늙은 하인을 구해주고 싶은 마음뿐이었다. 이마에 부풀어 오른 혈관과 아직 생기가 도는 눈언저리 근육의 경련으로 보아, 바루아가 삶과 죽음 사이에서 치열한 싸움을 벌이고 있음을 알 수 있었다.

바루아는 쓰러지며 얼굴에 경련을 일으켰고, 충혈된 눈으로 고개를 뒤로 젖히고, 두 손으로 마룻바닥을 치고 있었다. 다리는 뻣뻣해져서 금방이라도 부러질 것만 같았다.

입에서는 성긴 거품이 뿜어져 나왔다. 그는 괴로운 듯 숨을 몰아쉬고 있었다. 빌포르는 어리둥절한 모습으로 방 안에 들어와, 그 광경을 잠시 바라보고만 있었다. 그는 막시밀리앙을 보지 못했다.

아주 잠깐의 시간이 지난 뒤, 말없이 바라보는 사이에 그는 벌써 얼굴이 새파래지고 머리카락이 곤두섰다.

"의사선생! 의사선생!" 빌포르는 문으로 달려가며 소리쳤다. "이리 좀 와 보시오! 어서요!"

"어머니! 어머니!" 발랑틴은 계단의 벽에 몸을 부딪혀 가며 빌포르 부인을 불렀다. "이리 좀 오세요! 빨리요. 어머니의 그 약병을 가지고요!"

"무슨 일이냐?" 빌포르 부인은 침착한 목소리로 물었다.

"오! 얼른 좀 와 주세요! 빨리요!"

"의사선생은 어디 계시냐?" 빌포르가 외쳤다. "어디 계시지?"

빌포르 부인은 천천히 내려왔다. 부인의 발밑에서 마루가 삐걱거리는 소리가 들려왔다. 한 손에는 약병을 들고 있었다. 방 앞에 오자, 부인은 먼저 누아르티에 노인 쪽을 보았다. 노인의 얼굴은 이러한 상황에서 나타날 법한 감정을 제외하면 평상시와 다름없는 건강한 모습이었다. 부인은 다음으로 죽어가는 늙은 하인을 보았다.

부인은 얼굴빛이 확 변했다. 그리고 그녀의 눈은 늙은 하인에게서 누아르티에 노인에게로 마치 뛰어넘듯이 옮아갔다.

"여보, 말 좀 해봐요, 의사선생은 어디 있소? 당신 방으로 들어가던데. 졸도했군. 당신도 그렇게 보이지 않소? 피를 빼면 살 수 있을 거요."

"방금 뭘 먹었나요?" 부인은 남편의 말을 피하면서 이렇게 물었다.

"어머니," 발랑틴이 말했다. "바루아는 아직 아침도 안 먹은걸요. 아침에 할아버지 심부름으로 먼 길을 뛰어갔다 왔어요. 그리고 돌아와서 레모네이드를 한 잔 마셨을 뿐이에요."

"저런!" 부인은 말했다. "왜 포도주를 마시지 않고? 레모네이드는 별로 좋지 않은데."

"마침 레모네이드가 바로 할아버지 물병 옆에 있어서요. 바루아는 너무 목이 말라서 그걸 마셨던 거예요."

빌포르 부인은 몸을 바르르 떨었다. 누아르티에는 깊은 눈길로 부인을 바라보고 있었다.

"저 사람 몹시 숨 막혀 하네요!" 부인이 말했다.

"여보," 빌포르가 말했다. "다브리니 선생은 어디 있느냔 말이오, 제발 어서 대답 좀 해보오!"

"에두아르 방에 있어요. 그 애가 몸이 좀 좋지 않아서요." 부인은 더 이상 대답을 피할 수 없어 이렇게 말했다.

빌포르는 자기가 직접 의사를 찾으러 가려고 계단 쪽으로 뛰어갔다.

"자, 이걸," 부인은 발랑틴에게 약병을 내주었다. "분명 피를 토할 거다. 난 피를 보는 건 끔찍해서 싫으니, 내 방으로 돌아가마."

그러고는 남편의 뒤를 따라 나갔다.

모렐은 숨어 있던 곳에서 밖으로 나왔다. 모두들 정신이 한군데로 쏠려 있어 아무도 그를 보지 못했다.

"어서 떠나세요, 막시밀리앙," 발랑틴이 말했다. "그리고 제가 부를 때까지 기다리고 계세요."

모렐은 몸짓으로 누아르티에 노인의 의견을 물었다. 여전히 냉정함을 잃지 않은 노인은 그렇게 하는 게 좋겠다는 표시를 해 보였다.

그는 발랑틴의 손을 잡아 자기 가슴에 꼭 대어 보고는, 비상 복도를 통해 밖으로 나갔다.

바로 그때 빌포르와 의사가 반대쪽 문으로 들어왔다.

바루아는 차츰 정신이 들기 시작했다. 발작이 지나가고, 신음 소리를 내기 시작했다. 그리고 한쪽 무릎을 짚고 일어서려 했다.

다브리니와 빌포르는 바루아를 긴 의자로 옮겼다.

"뭘 마시게 할까요?" 빌포르가 물었다.

"물과 에테르를 가져오게 하세요. 댁에 있겠죠?"

"있습니다."

"그리고 서둘러 테레빈 유(油)와 구토제를 구해 오세요."

"자, 어서!" 빌포르가 말했다.

"그리고 모두들 이 방을 나가주십시오."

"저도요?" 발랑틴이 머뭇거리며 물었다.

"그래요. 특히 아가씨가 나가야겠어."

의사는 거칠게 말했다.

발랑틴은 놀라서 다브리니 씨를 쳐다보았다. 그러고는 할아버지 이마에 키스를 하고 밖으로 나갔다.

그녀가 나가자, 의사는 어두운 얼굴로 방문을 잠갔다.

"저것 보세요, 선생. 이제야 정신이 들었군요. 대수롭지 않은 발작이었어요."

다브리니 의사는 어두운 미소를 지었다.

"기분은 좀 어떤가, 바루아?" 의사가 물었다.

"좀 나아졌습니다."

"이 에테르를 조금 마실 수 있겠나?"

"마셔 보겠습니다. 그러나 저를 건드리지 말아 주십쇼."

"왜 그러는가?"

"손가락 끝만 대셔도, 다시 발작이 일어날 것만 같아서요."

"마셔 보게."

바루아는 컵을 들어 보랏빛으로 변한 입술에 갖다 대었다. 그리고 거의 반쯤 잔을 비웠다.

"어디가 아픈가?" 의사가 물었다.

"온몸이 다 아픕니다. 무섭게 죄어드는 것 같아요."

"눈앞이 침침한가?"

"네."

"귀에서 윙윙 소리가 나고?"

"네, 심하게 납니다."

"언제부터지?"

"조금 아까부터요."

"갑자기 그런가?"

"마치 벼락이라도 내린 듯 갑자기요."

"어젠 아무렇지도 않았는데? 그제도?"

"안 그랬습니다."

"졸리거나 몸이 무겁지도 않았고?"

"전혀요."

"오늘 뭘 먹었나?"

"아무것도 안 먹었습니다. 입에 댄 거라곤 영감님 물병에 든 레모네이드한 잔뿐입니다."

그렇게 말하면서 바루아는 누아르티에를 가리키기 위해 머리를 돌렸다. 노인은 안락의자에 꼼짝 않고 앉아 이런 무시무시한 광경을 동작 하나, 말한마디 놓치지 않고 낱낱이 지켜보고 있었다.

"그 레모네이드가 어디 있지?"

"아래층에 있는 병에요."

"아래층 어디?"

"부엌입니다."

"내가 가서 가져올까요?" 빌포르가 물었다.

"아니, 여기 계십시오. 그리고 환자에게 컵에 남은 물을 다 먹여 보십시오."

"그럼 레모네이드는……."

"제가 직접 가보겠습니다."

다브리니는 문을 열고 뒷계단으로 달려가다, 하마터면 부엌으로 가는 빌포르 부인을 쓰러뜨릴 뻔했다.

부인은 놀라 소리를 질렀다.

다브리니는 그 소리엔 신경도 쓰지 않았다. 오직 한 가지 생각에 사로잡힌 그는 마지막 서너 계단을 한 번에 뛰어내려 부엌으로 들어갔다. 부엌에는 쟁반 위에 빈 컵이 서너 개 놓여 있었다.

그는 마치 독수리가 먹이에게 덤벼들 듯 컵 위로 달려들었다.

이윽고 그가 숨을 헐떡이며 다시 방으로 돌아왔다.

빌포르 부인은 자기 방으로 통하는 계단을 천천히 올라갔다.

"여기 있던 물병이 이건가?" 다브리니가 물었다.

"틀림없습니다."

"이게 자네가 마신 레모네이드 맞나?"

"그런 것 같습니다."

"맛은 어떻던가?"

"썼습니다."

의사는 레모네이드를 손바닥에다 몇 방울 떨어뜨리고는, 입술을 대어 맛을 보았다. 그러고는 마치 포도주를 맛볼 때처럼 입안을 헹구더니, 벽난로에 뱉어 버렸다.

"분명 이걸 거야." 의사가 말했다. "누아르티에 씨께서도 이걸 마셨습니까?"

"그렇소." 노인이 대답했다.

"노인께서도 맛이 쓰다고 느끼셨습니까?"

"그랬소."

"오! 선생님!" 바루아가 소리쳤다. "또 시작입니다! 아이고! 하느님! 나 좀 살려주십시오!"

의사는 환자 곁으로 달려갔다.

"구토제! 빌포르 씨, 구토제는 아직입니까?"

빌포르가 목청껏 소리쳤다. "구토제! 구토제! 구토제 없어?"

그러나 아무도 대답이 없었다. 깊은 공포가 집 안을 뒤덮었다.

다브리니는 주위를 둘러보며 말했다. "폐 속에 공기를 불어넣어 줄 수만 있어도 질식은 면할 수 있을지 모르는데. 하지만 역시 안 되겠는걸!"

"아이고! 의사선생님!" 바루아가 외쳤다. "절 이대로 죽게 내버려두실 겁니까? 으악! 죽을 것 같습니다! 아이고! 나 죽어요!"

"깃펜! 깃펜을 가져와!" 의사가 말했다.

그는 테이블 위에 있는 깃펜을 발견했다.

그는 심한 경련 속에서도 토해 보려고 무진 애를 쓰는 환자의 입에 깃펜을 쑤셔넣으려 했다. 그러나 워낙 이를 악물고 있어 깃펜이 들어가질 않았다.

바루아는 아까보다 훨씬 더 심한 신경성 발작을 일으켰다. 그는 소파에서 굴러떨어져 마룻바닥 위에 뻣뻣해진 채 쓰러졌다.

의사는 심한 발작을 일으키는 환자에게 손 하나 쓰지 못하고 누아르티에 노인 곁으로 갔다.

"몸 상태는 어떻습니까?" 그는 성급하지만 낮은 목소리로 물었다. "괜찮으십니까?"

'그래.'

"위는 어떠신지요? 가볍습니까, 무겁습니까? 가볍나요?"

'그래.'

"제가 일요일마다 드리던 환약을 잡수셨을 때처럼?"

'그래.'

"레모네이드는 바루아가 만들었나요?"

'그래.'

"이걸 바루아에게 마시게 한 게 당신이었습니까?"

'아니.'

"그럼 빌포르 씨인가요?"

'아니.'

"그럼 빌포르 부인이?"

'아니.'

"그럼 발랑틴이 마시게 했나요?"

'그래.'

바루아가 한숨을 내쉬고 턱에서 소리가 날 정도로 하품을 하자, 다브리니는 그리로 주의를 돌렸다. 그는 누아르티에의 곁을 떠나 급히 환자에게로 달려갔다.

"바루아," 의사가 말했다. "말을 할 수 있겠나?"

바루아는 알아들을 수 없는 말을 중얼거렸다.

"힘을 내게."

바루아는 또다시 충혈된 눈을 떴다.

"누가 레모네이드를 만들었지?"

"저요."

"만들자마자 곧 누아르티에 씨에게 가져왔나?"

"아니요."

"그럼 그걸 다른 데 갖다 놓았었나?"

"부엌이요. 저를 부르시기에."

"누가 이걸 여기에 갖다 놓았지?"

"발랑틴 아가씨요."

다브리니는 자기 이마를 치며 중얼거렸다. "이럴 수가! 이럴 수가!"

"의사선생님! 의사선생님!" 세 번째 발작을 일으킨 바루아가 외쳤다.

"구토제는 아직인가?" 의사가 소리쳤다.

"이 컵에 다 준비돼 있습니다." 빌포르가 방으로 들어오면서 말했다.

"누가 만든 거죠?"

"저하고 같이 온 약제사가 만들었습니다."

"자, 마시게."

"안 되겠습니다. 너무 늦었어요. 목구멍이 꽉 죄어서 숨이 막힐 것 같아요. 아이고, 가슴이야! 아이고 머리야! 정말 죽겠다……. 계속 이렇게 아플까요?"

"아닐세," 의사가 말했다. "이제 곧 괜찮아질 거야."

"알겠습니다!" 불쌍한 바루아가 소리쳤다. "하느님! 자비를 베풀어주소서!"

그러고는 소리를 한 번 지르더니, 벼락이라도 맞은 듯 뒤로 벌렁 자빠졌다.

다브리니는 바루아의 심장에 손을 갖다 대고, 입술에 거울을 가까이 대어 보았다.

"어떻습니까?" 빌포르가 물었다.

"부엌에 가서 얼른 제비꽃 시럽을 가져오도록 하십시오."

빌포르는 즉시 아래로 내려갔다.

"누아르티에 씨, 놀라지 마십시오." 다브리니가 말했다. "피를 뽑아야 될 것 같아서, 환자를 다른 방으로 옮기겠습니다. 정말이지 이런 발작은 보기가 끔찍하니까요."

그는 바루아의 겨드랑이에 자기 팔을 끼워 그를 안아 올리고는 옆방으로 끌고 갔다. 그러더니 곧 남은 레모네이드를 가지러 다시 노인의 방으로 돌아왔다.

노인은 오른쪽 눈을 감아 보였다.

"발랑틴 양 말씀이십니까? 발랑틴 양을 부르라는 거지요? 제가 가서 발랑틴을 보내도록 이르겠습니다."

그때 막 빌포르가 다시 올라오고 있었다. 다브리니는 그와 복도에서 마주쳤다.

"어떻습니까?"

"이리 오십시오."

다브리니는 그렇게 말하며 빌포르를 방으로 데려갔다.

"아직도 정신을 잃은 상태입니까?" 빌포르가 물었다.

"죽었습니다."

빌포르는 서너 걸음 뒤로 물러서며 두 손을 머리 위로 모았다. 그리고 시체를 바라보며 깊은 연민에 찬 어조로 말했다.

"그렇게 빨리!"

"그렇습니다. 갑작스럽게 죽었지요." 다브리니가 말했다. "하지만 놀라울 거야 없으시겠죠. 생메랑 후작부부도 이렇게 갑작스레 돌아가셨으니까요. 빌포르 씨, 댁에선 누구든 이렇게 갑자기 죽는군요!"

"그게 무슨 소립니까?" 빌포르는 공포와 놀라움에 차서 외쳤다. "또 그런 무서운 생각을 하십니까?"

"계속 하고 있습니다!" 엄숙한 말투로 다브리니가 말했다. "그 생각은 잠시도 제 머릿속을 떠나지 않고 있습니다. 그리고 이번에야말로 제 생각이 결코 잘못되지 않았다는 걸 알려드리지요. 잘 들으세요."

빌포르는 부르르 몸을 떨었다.

"거의 아무 흔적도 남기지 않고 사람을 죽이는 독약이 있습니다. 저도 그 독약은 잘 알고 있습니다. 그 독약에 관련된 모든 사건과 그 독약을 먹으면 나타나는 모든 현상을 연구해 보았습니다. 그리고 전 생메랑 후작부인 때도 그랬지만, 이번에 이 불쌍한 바루아의 몸에서도 같은 독약이 사용됐다는 것을 발견했습니다. 그 독약인지 확인하는 방법이 하나 있습니다. 그 독약은 산 성분이 들어 있어 빨갛게 된 리트머스 시험지를 다시 청색으로 되돌립니다. 그리고 제비꽃 시럽을 녹색으로 변색시키지요. 리트머스 시험지는 지금 없지만, 제가 아까 부탁했던 제비꽃 시럽은 지금 가져오고 있습니다."

과연 복도에서 발소리가 났다. 의사는 문을 조금 열고 하녀의 손에서 두세 스푼의 시럽이 든 잔을 받고는 문을 닫았다.

"이걸 보시오." 의사는 검찰총장 빌포르에게 말했다. 빌포르의 심장은 옆사람에게 들릴 만큼 무섭게 뛰었다.

"이 찻잔엔 제비꽃 시럽이 있고, 이 병 속엔 아까 누아르티에 씨와 바루아가 마시고 남은 레모네이드가 들어 있습니다. 만약 이 레모네이드가 무해한 것이라면 시럽이 들어가도 색이 변하지 않습니다. 그러나 독약이 들어 있을 경우엔 시럽 색깔이 녹색이 될 겁니다. 자, 잘 보십시오!"

의사는 시럽 잔에 레모네이드 몇 방울을 천천히 떨어뜨렸다. 그러자 시럽 잔 밑이 뿌옇게 되더니 푸르스름한 색을 띠다가 이윽고 사파이어 색에서 오팔 색으로, 다시 오팔 색에서 에메랄드빛으로 바뀌었다.

마지막 색깔에서 그 빛은 더 이상 변하지 않았다. 실험 결과에는 의심할 여지가 없었다.

"불쌍한 바루아는 앙고스투라 나무껍질이나 상티냐스 열매로 죽은 겁니다." 다브리니가 말했다. "이렇게 된 이상 사람들과 하느님 앞에서 분명히 말해야겠습니다."

빌포르는 아무 말도 하지 않았다. 다만 두 손을 하늘로 올리더니, 얼빠진 눈을 하고 벼락 맞은 사람처럼 안락의자 위로 주저앉았다.

고발

　의사 다브리니는 이 불길한 방 안에서 제2의 시체가 되어버린 듯한 빌포르에게 정신을 차리게 해주었다.

　"오! 내 집엔 죽음의 신이 있는 모양입니다!" 빌포르가 외쳤다.

　"범죄라고 말씀하시는 게 옳겠지요." 의사가 말했다.

　"다브리니 씨!" 빌포르가 소리쳤다. "나로선 지금 마음속에 이는 감정을 어떻게 전달해야 할지 모르겠습니다. 이건 공포요, 고뇌요, 착란입니다."

　"그래요," 다브리니는 엄숙하고 냉정한 태도로 말했다. "하지만 지금이야말로 결단을 내려야만 할 때입니다. 이렇게 연속적으로 죽음을 가져오는 거센 물결을 막아야 한다고 생각합니다. 제가 사회나 희생자들을 위해 복수할 입장은 아니지만, 더 이상 이 비밀은 지킬 수 없습니다."

　빌포르는 침울한 눈길로 주위를 둘러보며 중얼거렸다. "내 집에서 이런 일이 벌어지다니!"

　"자, 검사님," 다브리니가 말했다. "대장부답게 구십시오. 법을 행사하는 분으로서, 모든 희생을 무릅쓰고 명예를 지키셔야 합니다."

　"희생이라니, 듣기만 해도 소름이 끼치는군요."

　"제 말이 그 말입니다."

　"그럼 누군가 의심 가는 사람이라도 있단 말씀이오?"

　"전 아무도 의심하지 않습니다. 단지 죽음이 이 집 문을 두드린 거지요. 게다가 되는 대로가 아니라 영리한 솜씨로 집 안에 들어온 겁니다. 그래서 제가 그 죽음의 뒤를 밟아본 거죠. 저는 그놈이 지나간 길을 찾아냈습니다. 선인들의 가르침을 따라 한번 시도해 보았죠. 사실 댁의 가족에 대한 제 우정이나, 당신에 대한 존경심이 제 눈을 가리고 있었습니다. 그런데……."

　"오! 말씀하십시오. 각오는 되어 있습니다."

　"그런데 말입니다. 댁에, 어쩌면 댁의 가족 중에, 한 세기에 하나 있을까 말까 한 무서운 사람이 있습니다. 로쿠스타(로마 시대의 독살가. 아그리피나의 꾐으로 황제 클라우디우스를 독살한다)와 아그리피나가 같은 시대에 살았던 것은 예외라고 할 수 있겠죠. 그래서 하느님의 노여움이 죄로 오염된 로마제국을 멸망시켰을 겁니다. 브룬힐다와 프레데군데(메로빙거 왕조가 4국으로 분열되었을 때의 두 국왕의 부인들로, 서로 전국적인 내전까지 일으켰다)가 행했던 그 악전고투의 결과물들도 문명이 시작되는 그 당시에 인간이 정신을 지배하는 법을 배워서 얻은 것입니다. 비록 지옥에서 온 사자의 손을 빌리긴 했지만. 그런데 그런 여자들도 아름다웠던 적이 있었거나, 적어도 당시에는 그랬던 여자들입니다. 그 여자들의 얼굴에는 지금 댁에 있는 범인의 얼굴에서 볼 수 있는 것과 똑같이 순진한 꽃이 피었던 적이 있었거나, 아니면 그 당시에 피어 있었을 겁니다."

빌포르는 "아!" 소리를 지르며 두 손을 모았다. 그리고 애원하듯 다브리니의 얼굴을 쳐다보았다.

그러나 다브리니는 냉담하게 얘기를 계속했다.

"범죄로 득을 보는 자를 찾으라는 법률상의 격언이 있습니다."

"선생!" 빌포르는 소리쳤다. "선생, 이런 불길한 말이 인간의 정의를 수없이 그르치는 게 아닐까요. 전 모르겠습니다만, 제 생각에 이 범죄는……."

"아, 그럼 범죄라는 사실은 인정하시는군요?"

"네, 인정합니다. 인정을 안 하려야 안 할 수 있습니까. 하지만 내 애길 좀 더 들어보십시오. 그 범죄는 바로 나를 목표로 한 거지, 희생자들을 노린 건 아닌 듯합니다. 이 모든 불행의 바탕엔 저에게 닥쳐올 재난이 도사리고 있는 것 같아요."

"오! 인간이란," 다브리니가 중얼거렸다. "어찌 이렇게 어떤 동물보다도 이기적이고 어떤 피조물보다도 개인주의적일 수 있단 말입니까, 지구가 도는 것도, 태양이 빛나는 것도, 죽음이 다가오는 것도 모두 자기만을 위해서라고 믿고 있으니. 한 가닥 풀잎 위에서 하느님을 깔보는 한 마리 개미 같다고나 할까요! 목숨을 잃은 사람들이 아무것도 잃지 않았다는 겁니까? 생메랑 후작부부와 누아르티에 씨가……."

"네? 아버님도요?"

"그렇소. 당신은 그 불쌍한 늙은 하인에게 누가 원한을 품고 있다 생각하십니까? 아니지요. 그는 셰익스피어의 폴로니어스(《햄릿》에 나오는 오필리아의 아버지. 햄릿이 실수로 죽이게 된다)처럼 다른 사람 대신 죽은 겁니다. 레모네이드는 누아르티에 씨께 먹이려고 만든 겁니다. 일이 순조로웠더라면 누아르티에 씨가 마셨겠지요. 그런 것을 바루아가 우연히 마시게 된 거죠. 그래서 그가 죽긴 했지만, 사실은 누아르티에 씨가 죽을 뻔했던 거지요.”

“그런데 어떻게 아버지께선 무사하셨을까요?”

“언젠가 후원에서 말씀드렸지요. 생메랑 후작부인이 돌아가시고 나서요. 아버님께선 그 독약이 몸에 익숙해지셨기 때문입니다. 그러니까 다른 사람에겐 죽을 수 있는 분량도, 아버님께는 아무렇지도 않은 것이지요. 그리고 아무도, 그 암살자조차 제가 1년 전부터 아버님의 중풍에 브루신을 쓰고 있었다는 것을 모르고 있었겠지요. 그런데 암살자는 브루신이 강렬한 독약이라는 것을 알고 있고, 또 그것을 경험에 비추어 확신하고 있었던 겁니다.”

“오! 세상에!” 빌포르는 팔을 꼬며 중얼거렸다.

“범인의 뒤를 쫓으십시오. 그가 생메랑 후작도 죽였습니다.”

“설마!”

“맹세할 수 있습니다. 병의 증세를 들어보니, 제가 눈으로 본 증세와 똑같습니다.”

빌포르는 더 항변도 못하고 신음만 냈다.

“범인은 생메랑 후작을 죽였습니다.” 의사는 되풀이해서 말했다. “그리고 후작부인도 죽였지요. 유산이 이중으로 굴러 들어오게 되는 거죠.”

빌포르는 이마에 흐르는 땀을 닦았다.

“제 애길 잘 들어보십시오.”

“오!” 빌포르는 중얼거리듯 말했다. “단 한마디도 빼놓지 않고 다 듣고 있습니다.”

“누아르티에 씨께선,” 다브리니는 냉정한 목소리로 말했다. “얼마 전까지 당신과 가족들의 의견을 반대하고 가난한 사람들을 위해 유산을 쓰시겠다고 유언하셨습니다. 그러니 그분한텐 아무것도 바랄 게 없으니까 아직 살아남아 계셨던 겁니다. 그런데 노인께서 최초의 유언장을 무효로 만드시고 제2의 유언장을 작성하셨습니다. 그러니 마지막에 가서 제3의 유언장을 또 쓰실까 봐 노인을 없애버리려고 한 겁니다. 유언장은 그저께 작성한 줄로 압니다. 우물쭈물하다간 때를 놓칠 거라고 생각한 거겠죠?”

“오, 다브리니 씨! 자비를 좀 베풀어 주십시오!”

"자비를 베풀고 말고 할 문제가 아닙니다. 의사란 이 지상에서 신성한 사명을 가지고 있습니다. 그 사명을 다하기 위해서는 생명의 근원까지도 올라야 하고, 또 신비한 죽음의 어둠 속까지도 내려가야 하지요. 범죄가 일어났을 때, 그리고 하느님마저도 너무 놀라 범인을 외면하셨을 때, 의사야말로 '이자가 범인이요!' 하고 밝혀야 합니다."

"딸아이를 위해서 제발 자비를 베풀어 주십시오!" 빌포르는 중얼거렸다.

"지금 아버지인 당신 입으로 따님 이름을 대셨다는 걸 아시겠죠!"

"발랑틴을 위해서 제발! 이거 보세요, 그건 불가능한 일입니다! 차라리 내가 나를 고발하고 말지! 다이아몬드와 같은 마음을 가지고, 백합처럼 순진한 발랑틴이라니!"

"자비로 해결될 문제가 아닙니다, 검사님. 살인이 확실합니다. 빌포르 양은 약들을 직접 포장해서 생메랑 씨한테 보냈고, 그 다음 생메랑 씨가 죽었습니다. 그리고 빌포르 양이 생메랑 부인의 탕약을 준비했는데, 생메랑 부인도 죽었지요. 또 빌포르 양이 준비했던 레모네이드 병이 결과적으로는 밖에 심부름 갔다 왔던 바루아의 손에 들어갔지만, 그것은 노인이 평소에 아침마다 마시는 것이었지요. 그러니 노인께서 살아나신 건 기적이라고밖에 할 수 없습니다. 범인은 빌포르 양입니다! 이건 독살입니다. 검찰총장님, 저는 당신에게 빌포르 양을 고발하겠습니다! 자, 당신의 의무를 수행하시지요!"

"선생, 더 이상 할 말은 없습니다. 더는 변명하지도 않겠습니다. 당신 말을 믿겠소. 다만 나를 불쌍히 여겨 내 목숨과 명예만은 건져 주십시오!"

"빌포르 씨," 의사는 더욱 완강한 어조로 말을 이었다. "물론 저도 경우에 따라서 어리석은 인간의 신중함 같은 것은 무시할 때도 있습니다. 만약 따님께서 첫 번째 범죄만 저지르고 두 번째 범죄는 계획하는 중이었다면, 이렇게 말씀드릴 수도 있겠지요. '따님에게 경고를 해야 합니다. 벌을 주시고, 수도원에라도 보내서 남은 생애를 눈물과 기도로 마치게 하시지요'라고 말입니다. 또 두 번째 범죄까지만 저질렀다면, 이렇게 말씀드렸을 겁니다. '빌포르 씨, 이건 해독제도 없는 독인데다가 약효는 생각의 속도만큼 빨라, 섬광처럼 순식간에, 그리고 벼락같이 죽음을 가져옵니다. 따님의 영혼을 하느님께 맡기고 따님에게 이 독약을 먹이십시오. 그것이 당신의 생명과 명예를 구하시는 길입니다. 따님이 원한을 품고 있는 사람은 바로 당신이니까요.'라고요.

저는 따님이 위선적인 미소를 띠고, 따뜻한 위로의 말을 하면서 당신의 머리 맡으로 다가오는 것이 상상됩니다! 빌포르 씨! 당신이 먼저 손을 쓰지 않으면 당신에게 불행이 닥칠 겁니다! 만약 따님이 두 사람의 목숨만 빼앗아갔더라도 전 아까처럼 말했을 겁니다. 그러나 따님은 세 명이 죽는 것을 보았고, 그들이 정신 잃는 모습을 떠올리며 세 명의 주검 앞에 무릎을 꿇었습니다. 독살자는 사형집행인에게 보내야 합니다! 아시겠습니까, 사형집행인에게로요! 당신은 지금 명예 운운하시는데, 제가 말씀드린 대로 하셔야 합니다! 그렇게 하는 것이 바로 당신이 말하는 불후의 명예인 겁니다!"

빌포르는 무릎을 꿇고 말했다.

"사실 나에겐 그만한 용기가 없습니다. 그리고 만일 발랑틴이 아니라 당신의 딸 마들렌이 그 입장에 처했다면 아마 당신도 그럴 용기가 없어질 거요."

의사의 얼굴빛이 달라졌다. 빌포르는 계속 말을 이어 갔다.

"선생, 여자의 몸에서 태어난 인간은 모두 고통받고 죽기 위해서 태어난 것입니다. 나는 고통을 달게 받겠습니다. 그리고 죽음을 기다리겠소."

"하지만 정신을 바짝 차리셔야 합니다." 다브리니가 말했다. "이 죽음이란 것은 천천히 다가오니까요…… 아마 아버님과 부인과 아드님까지 쓰러뜨린 뒤에 서서히 다가오겠지요."

빌포르는 숨이 막히는 듯 의사의 팔을 꽉 붙잡고 말했다.

"내 얘길 들어주십시오! 나를 불쌍히 여기시고 도와주십시오…… 내 딸은 범인이 아닙니다. 나를 법정으로 끌고 가십시오. 전 분명히 말할 수 있습니다. '아니요, 내 딸은 범인이 아니요'라고. 내 집에서 범죄 같은 것이 일어날 리 없습니다……. 짐작하시겠지만, 나는 내 집에서 범죄가 일어났다는 것을 인정할 수 없습니다. 범죄가 어딘가로 스며들 때엔 죽음과 마찬가지로 결코 단독으로 들어오진 않으니까요. 그리고 내가 설령 암살을 당한다고 한들 그게 당신과 무슨 상관이 있습니까? ……당신이 내 친구라도 됩니까? 당신이 인간입니까? 당신한테 인정이란 게 있단 말입니까? ……아니요, 당신은 의사입니다! 그러니 전 이렇게 말씀드리겠습니다. '절대 내 딸을 내 손으로 사형집행인에게 보낼 수는 없어'라고 말입니다. 아! 이런 생각만으로도 나는, 마치 미친 사람처럼 이 가슴을 손톱으로 후벼 파는 느낌입니다!

…… 선생, 만약 당신 생각이 틀리고, 내 딸이 범인이 아니라면, 내가 유령같이 새파란 얼굴로 당신한테 가서 '살인자! 넌 내 딸을 죽였다!'고 따지는 날이 온다면…… 어쩔 겁니까! 만일 그런 일이 벌어진다면 아무리 내가 그리스도교 신자라도 자살해버리고 말 겁니다."

"좋습니다," 의사는 잠시 생각을 하더니 이렇게 말했다. "제가 참겠습니다."

빌포르는 그 말이 믿어지지 않는다는 듯이 의사를 빤히 쳐다보았다.

의사는 느리고도 엄숙한 어조로 말을 이었다. "단, 댁에서 누가 병이 나거나, 아니면 당신 자신이 그런 일을 당했다고 생각되더라도 저를 부르지 마십시오. 전 이제 다시는 댁에 안 올 테니까요. 이 무서운 비밀은 우리 둘만 알기로 하지요. 범죄와 불행이 이 집안에서 점점 더 커져서 고질이 되어 버리듯 내 양심 속에서 수치와 회한이 자꾸 커져서 고질이 되는 건 싫으니까요."

"그럼 선생께선 나를 저버리시겠단 말씀입니까?"

"그렇습니다. 더 이상 당신의 뒤를 쫓아다닐 수는 없으니까요. 결국 단두대 아래까지 와서 발을 멈춘 셈이군요. 하지만 뭔가 다른 사실이 폭로되어 이 무서운 비극이 종말을 고하게 될지도 모르지요. 그럼 안녕히!"

"선생, 제발!"

"여러 가지 무서운 일로 마음이 더럽혀진 저에게도 당신네 집은 추악하고 저주스럽게만 보입니다. 자, 안녕히 계십시오!"

"선생, 한 마디만, 이 한 마디만 더 들어주시오. 당신은 나를 이렇게 끔찍한 지경에 몰아넣고 어떻게 그냥 가시려고만 하십니까. 당신은 그런 얘기를 해서 더욱더 일을 무섭게 만들었습니다. 그런데 저 불쌍한 하인의 갑작스러운 죽음에 대해 사람들은 뭐라고 할까요?"

"그렇군요," 다브리니가 말했다. "저를 배웅해 주십시오."

의사가 앞장서고 빌포르가 그를 따라나갔다. 하인들은 불안한 얼굴로 의사가 지나가게 될 복도와 층계에 나와 있었다.

"빌포르 씨," 다브리니는 모두에게 들리게 큰 소리로 말했다. "바루아는 몇 년째 너무 집 안에만 틀어박혀 있었지요. 전에는 주인과 함께 말이나 마차를 몰고 밤낮 유럽 곳곳을 돌아다니던 사람이 근래에 와선 줄곧 안락의자 주위만 맴도는 단조로운 생활을 해 왔습니다. 그래서 피가 무거워진 겁니다.

지나치게 살이 찌고 목이 굵어지고 짧아져서 돌발성 졸도를 일으킨 거예요. 게다가 손을 쓰기에는 이미 늦어버린 상황이었습니다." 그는 낮은 소리로 덧붙여 말했다. "그런데 말입니다, 그 찻잔 속에 있는 시럽은 꼭 재 속에 버리셔야 합니다."

그러고 나서 다브리니는 앞서 한 말을 단 한마디도 되풀이하지 않고 빌포르와 악수도 하지 않은 채, 집안사람들의 눈물과 탄식 어린 배웅을 받으며 밖으로 나갔다.

그날 밤 빌포르 집안의 하인들은 부엌에 모여 긴 시간 동안 서로 의논한 끝에 빌포르 부인에게 와서 이 집을 떠나겠다고 말했다. 아무리 부탁을 하고 급료를 올려준다고 해도 그들은 막무가내였다. 무슨 소릴 해도 다음과 같은 대답뿐이었다. "그만두고 가겠습니다. 이 집엔 죽음의 사자가 있으니까요."

그들은 그렇게 만류를 뿌리치고 떠나면서, 다만 이렇게 좋은 주인들을 떠나게 되어, 특히 친절하고, 착하고, 인정 많은 발랑틴 아가씨를 떠나게 되어 너무 섭섭하다고 입을 모았다. 그 소리를 들은 빌포르는 발랑틴의 얼굴을 보았다. 발랑틴은 울고 있었다.

그런데 이상한 것을 보고 말았다! 딸의 눈물에 가슴이 찡해진 빌포르가 아내를 쳐다보았는데, 아내의 얇은 입술에 음침한 미소가 순간적으로 스치는 것 같았기 때문이었다. 그것은 폭풍이 이는 하늘 한 구석에서 구름 사이를 스쳐 지나가는 불길한 유성과도 같았다.

은퇴한 빵집 주인의 방

당글라르가 보인 냉담한 태도에 치욕과 분노를 금치 못하고 모르세르 백작이 그 은행가의 집을 나오던 바로 그날 밤이었다. 안드레아 카발칸티는 곱슬곱슬한 머리를 윤이 나게 빗고, 수염을 빳빳이 비틀어 올리고, 손톱 모양을 그대로 드러내는 흰 장갑을 꼭 끼고는, 마차에서 앉지도 않고 거의 선 채로 쇼세당탱에 있는 은행가의 집 안뜰로 들어섰다.

객실에서 십여 분 정도 애기한 끝에, 그는 용케 당글라르를 창가로 끌고 가는 데 성공했다. 거기서 그는 또 그럴듯한 말로 서론을 늘어놓은 뒤, 아버지가 떠나고 나서 생긴 여러 걱정거리를 늘어놓았다. 아버지가 떠나고 자기를 아들처럼 맞아준 이 은행가의 집에서, 자신은 모든 것이 보장된 행복을 찾았는데, 그것이야말로 정열이라는 변덕에 앞서 한 남자가 부단히 추구해야 하는 것이며, 게다가 그 정열이라는 것을 외제니의 맑고 아름다운 눈동자 속에서 발견하게 되어 정말 다행이라고 이야기했다.

벌써 2, 3일 전부터 카발칸티의 입에서 이런 말이 나오기를 은근히 기다리고 있었던 당글라르는 그 말을 주의 깊게 들었다. 그래서 마침내 그 말을 듣게 되자, 조금 전에 모르세르 백작과 애기하면서 어둡게 내리감았던 눈을 다시 크게 떴다.

그러면서도 청년의 말을 그대로 받아들이려고는 하지 않았다. 그는 혹시나 하는 마음에 몇 가지 주의를 주었다.

"안드레아 씨. 결혼 생각을 하시기엔 아직 나이가 너무 어리지 않을까요?"

"천만에요," 안드레아가 대답했다. "적어도 전 그렇게 생각하지 않습니다. 이탈리아에서는 대귀족들이 일반적으로 일찍 결혼을 하지요. 그건 일리가 있는 관습입니다. 인생이란 애당초 운이 좌우하는 경우가 많으니까, 행복이 다가오면 때를 놓치지 말고 잡아야 한다는 거죠."

"그럼, 지금 하신 청혼을 제가 영광으로 받아들이고, 집사람과 딸아이가 승낙했을 경우, 재산 관계는 누구와 미리 의논해야 할까요? 이건 중대한 문제이니 자식들의 행복을 위해선 아버지들끼리 적당한 타협을 보아야 할 줄로 아는데." 당글라르가 말했다.

"당글라르 씨, 제 아버지께선 머리도 좋고 요령을 알고 계신 데다 상당히 분별력이 있는 분입니다. 아버지께선 제가 프랑스에서 살고 싶을 때가 오리라고 미리 예측하셨지요. 그래서 떠나실 때 제 신분을 증명할 모든 서류와 제가 아버지 마음에 들 아가씨와 결혼할 경우 결혼하는 날부터 매년 15만 리브르를 주겠다는 어음을 남겨주고 가셨습니다. 제 추측입니다만, 그 돈은 아버지 수입의 사분의 일에 해당하는 금액인 것 같습니다."

"나는 딸아이가 결혼을 할 때 50만 프랑을 줄 생각입니다. 게다가 그 애는 내 유일한 상속자란 말씀입니다." 당글라르가 말했다.

"그러면 부인과 외제니 양만 이의가 없으시다면, 모든 일이 다 잘되는 셈이군요. 그러니까 우리 두 사람의 수입이 일 년에 17만 5천 리브르가 되겠지요? 게다가 아버지로부터 연금 대신에 원금을 그대로 다 받게 되는 경우를 생각해 볼 때(물론 그건 쉽지는 않겠습니다만, 아주 불가능한 일도 아니지요), 그 200∼300만 프랑으로 돈을 불리는 일은 당신에게 맡기겠습니다. 수완 있는 분이 그만한 돈을 굴리게 된다면, 10퍼센트는 늘어날 게 아닙니까?" 안드레아가 말했다.

"나는 늘 4퍼센트의 이율에 예금을 맡깁니다." 은행가가 말했다. "3.5퍼센트에도 맡고요. 하지만 상대가 사위라면 5퍼센트는 드리죠. 이익은 반으로 나누기로 하고."

"거참 좋수다, 장인어른!" 안드레아는 무심코 그 천박한 성품을 그대로 노출시키며 말했다. 늘 조심하는데도, 정체를 감춘 채 뒤집어쓰고 있는 귀족의 칠갑이 이렇게 때때로 벗겨지는 것이었다.

그러나 그는 얼른 정신을 차렸다.

"실례했습니다. 보시다시피 기대만으로도 제가 제정신이 아니군요. 그런데 과연 그것이 현실화될까요?"

"그런데," 당글라르가 말했다. 그로서는 처음엔 사심 없이 시작했던 이 대화가 지금 얼마나 신속하게 금전문제로 돌려지고 있는지 깨닫지 못하고 있었다. "당신 재산 중에는 당신 아버지도 당신 뜻을 거역하지 못하는 부분이 있지 않습니까?"

"어떤 걸 말씀하시는 거죠?"

"이를테면 어머님에게서 받은 것 말입니다."

"아, 물론이죠. 어머니이신 레오노라 코르시나리한테 물려받은 몫이 있지요."

"그 재산은 얼마나 됩니까?"

"실은 거기에 대해선 여태까지 한 번도 생각해 본 일이 없습니다만, 적어도 200만 프랑 정도일 겁니다." 안드레아가 말했다.

당글라르는 너무 기뻐서 숨이 막히는 것같이 느껴졌다. 그것은 마치 수전노가 잃어버렸던 보물을 다시 찾는 느낌이거나, 물에 빠진 사람이 물속으로 막 빠져드는 줄 알았다가 발밑에 단단한 땅이 닿는 그런 느낌이었다.

"그럼 당글라르 씨," 안드레아는 존경을 담은 인사를 하면서 말했다. "기대를 걸어도 좋겠습니까……?"

당글라르는 말했다. "안드레아 씨 좋으실 대로. 그리고 그쪽에서만 아무 지장이 없다면, 이 얘긴 매듭지은 걸로 생각합시다. 그런데……," 그는 잠깐 무슨 생각을 하더니 말했다. "파리 사교계에서 당신의 후견인이신 몬테크리스토 백작이 이런 일에 어째서 같이 와주질 않았을까요?"

안드레아는 눈에 띄지 않을 만큼만 얼굴을 붉혔다.

"실은 지금 그 댁에서 오는 길이에요. 확실히 사람 좋은 분이시죠. 하지만 아무래도 납득이 잘 안 가는 괴상한 분입니다. 제 생각에 그분은 대찬성입니다. 게다가 또 아버지께서도 조금도 서슴지 않고 제게 연금 대신에 원금을 내주실 거라고까지 말씀하시더군요. 그리고 백작 자신도 아버지가 그렇게 해주시도록 얘기해주겠노라고 약속했습니다. 그런데 말씀은 그렇게 하시면서도 지금까지 그랬듯이 앞으로도 청혼의 책임자가 되는 일만은 절대로 안 하겠다고 그러시더군요. 그렇지만 곧 그 말에 덧붙여 그렇게 거절하는 것이 스스로도 유감스럽게 느껴지기는 제 경우가 처음이라면서, 분명 이번 혼담은 잘 어울리는 한 쌍이 좋은 인연을 맺게 될 거라고 말씀하셨습니다. 이건 백작께 감사드려야 할 점이라고 생각해야겠지요."

"아! 그래요? 참 잘됐군요!"

안드레아는 가능한 한 상냥하게 웃으며 이렇게 말했다. "그러니 미래의 장인과는 얘기가 끝난 셈이군요. 이번엔 은행가인 당글라르 씨께 말씀드리겠습니다."

"뭘 말이오?" 당글라르도 웃으면서 말했다.

"마침 모레가 댁의 은행에서 제가 4천 프랑 정도를 받게 되는 날입니다. 그런데 백작께서는 제가 다음 달에 아무래도 지출이 초과될 것이고, 또 제 수입만으로는 부족할 것 같다고 하면서, 이렇게 제게 2만 프랑의 어음을 주셨습니다. 그냥 주었다기보다도 저쪽에서 자진해서 보내온 거지요. 그리고 보시다시피 손수 서명을 하셨습니다. 이만하면 되겠습니까?"

"이런 거라면 100만 프랑이라도 받겠습니다." 당글라르는 어음을 주머니에 챙기며 말했다. "내일 몇 시까지 필요하신지 말씀하십시오. 출납계원을 시켜 2만 4천 프랑을 영수증과 함께 보내드릴 테니까요."

"아침 열 시로 할까요? 빠를수록 좋으니까요. 내일은 시골에 갈까 해서요."

"알겠습니다. 그럼 열 시에 보내드리지요. 아직 왕자 호텔에 머무시지요?"

"그렇습니다."

이튿날 당글라르는 은행가다운 정확성을 기해 2만 4천 프랑의 돈이 청년에게 전해지도록 했다. 그리고 청년은 카드루스를 위해 200프랑을 남기고 외출했다.

안드레아에게 이번 외출은 그 위험한 친구를 피한다는 것이 무엇보다 중요한 목적이었다. 그래서 그날 밤 될 수 있는 대로 늦게 돌아왔다.

그러나 안뜰에 마차가 멈춰서기 무섭게, 그는 호텔 문지기가 손에 모자를 든 채 자기를 기다리고 있는 것을 보았다.

"나리, 그 사람이 왔었습니다." 문지기가 말하였다.

"그 사람이라니?" 안드레아는 잊기는커녕 머릿속에서 줄곧 떠나지 않던 그 사람을, 마치 기억에 없는 인물인 양 대수롭지 않게 물었다.

"각하께서 수당을 주시고 있는 그 사내 말씀이죠."

"아, 그랬던가! 그래, 내가 주라고 두고 간 200프랑을 주었나?"

"예, 각하, 전해 주었습니다."

안드레아는 자기를 각하라고 부르게 했었던 것이다.

"그런데," 문지기가 말을 이었다. "그걸 받아가려고 하질 않더군요."

안드레아는 얼굴빛이 확 변했다. 그러나 밤이어서 얼굴빛이 변한 것은 보이지 않았다.

"뭐라고? 그걸 받아가려고 하지 않았다고?" 그는 노기를 띠며 물었다.

"예! 나리께 말씀드릴 게 있다면서. 안 계시다고 그래도 꼭 만나봬야겠다고 하더군요. 그러더니 나중에야 이해한다는 듯이, 이렇게 꼭 봉해서 가져온 편지를 주면서 나리께 전해드리라고 했습니다."

"어디 보세." 안드레아가 말했다.

그는 마차의 등불 아래로 가서 편지를 읽었다.

내 주소는 네가 알고 있는 그대로다. 내일 아침 아홉 시에 기다리겠다.

안드레아는 누가 몰래 편지 내용을 훔쳐보지 않았는지, 혹시 겉봉이 뜯겨졌던 건 아닌지 봉한 자리를 다시 살펴보았다. 그러나 편지는 꼭 접힌 채로 마름모꼴이며 삼각형의 표시가 딱 붙어 있어, 읽으려면 반드시 봉투를 찢어야 했다. 그리고 아무도 손댄 흔적 없이 온전하게 붙어 있었다.

"좋아, 이 친구 정말 괜찮은 녀석이군."

그는 이런 말을 하여 진상이 그렇다는 것을 문지기가 알도록 했다. 하지만 문지기는 자기가 감탄해야 하는 쪽이 젊은 주인인지 아니면 늙은 하인인지 알 수 없었다.

"어서 말을 마차에서 풀어놓게. 그리고 그 일이 끝나거든 내 방으로 올라오도록." 안드레아가 마부에게 말했다.

그리고 나서 그는 한달음에 방으로 뛰어 올라가, 편지에 불을 붙인 다음 재가 될 때까지 태워 버렸다.

그가 그 일을 막 끝냈을 때 하인이 들어왔다.

"피에르, 자넨 나하고 체격이 비슷하지?" 그가 물었다.

"영광입니다." 하인이 대답했다.

"어제 지급받은 새 제복 가지고 있겠지?"

"예, 있습니다."

"실은 어떤 계집애한테 가야겠는데, 내 이름이나 신분을 알리고 싶질 않단 말이야. 자네의 그 제복하고 신분증 좀 빌려주게. 혹시 필요하면 여관에서 잘 수도 있으니까."

피에르는 시키는 대로 했다.

그로부터 5분 뒤, 완전히 변장한 안드레아는 남의 눈에 띄지 않도록 호텔을 나가 마차 한 대를 잡아탔다. 그리고 피크퓌스에 있는 '붉은말' 여관으로 가자고 일렀다.

이튿날 그는 왕자 호텔을 빠져나올 때와 마찬가지로, 남의 눈에 띄지 않고 붉은말 여관을 나왔다. 그리고 생탕투안 구역을 내려가 메닐몽탕 거리까지 오자, 왼쪽 세 번째 집 앞에서 발을 멈췄다. 그 집에는 마침 문지기가 없어서, 그는 누구에게 물어볼까 하고 주위를 살펴보았다.

"어딜 찾으슈, 젊은 양반?" 마침 맞은편의 과일 가게 여주인이 물었다.

"파유탱 씨라고 혹시 아십니까, 아주머니?" 안드레아가 대답했다.

"빵집을 하다 은퇴했다는 사람?"

"네, 그렇습니다."

"안뜰 구석에서 왼쪽 4층이에요."

안드레아는 가르쳐 준 대로 4층까지 갔다. 문에 토끼 다리가 하나 늘어져 있는 것을 보고, 묘한 기분으로 그것을 흔들었다. 그리고 요란한 벨소리에서 그 기분을 또 한 번 느꼈다.

이내 카드루스의 얼굴이 문에 붙은 창살 사이로 나타났다.

"어이! 시간을 꼭 맞춰 왔구먼!" 그가 말했다.

그러고는 빗장을 벗겼다.

"그렇고말고!" 안드레아가 안으로 들어가며 말했다.

그는 제복과 한 벌인 모자를 내던졌다. 모자는 의자에 떨어지지 않고 마룻바닥에 떨어지면서, 방 안을 한 바퀴 빙그르 굴렀다.

"자, 자," 카드루스가 말했다. "화낼 건 없지 않나. 이봐, 난 네 생각을 했단 말야. 같이 먹으려고 준비해 놓은 이 아침상을 좀 봐. 모두 네가 좋아하는 것뿐이라니까."

안드레아는 그렇지 않아도 숨을 들이마시면서 음식 냄새를 맡고 있었다. 배가 고픈 참에 그 냄새들은 참을 수 없는 유혹이었다. 신선한 기름과 마늘

향이 섞인 그 냄새에서 프로방스 지방 사람들이 마구잡이로 해 먹는 음식 티가 났다. 게다가 그라탱 구이(빵가루를 뿌리고 붙여 구운 요리)에 생선 냄새가 뒤섞여, 특히 육두구(肉荳蔲)와 정향유(丁香油)의 톡 쏘는 향이 났다. 그 모든 냄새는 두 개의 화덕 위에 놓여 있는, 뚜껑 달린 움푹한 접시 두 개와 주철 난로 위에서 부글부글 끓고 있는 냄비 안에서 나는 것이었다.

게다가 옆방에 놓여 있는 조촐하지만 제법 괜찮은 식탁이 안드레아의 눈에 들어왔다. 식탁 위에는 두 사람 몫의 식기와 노랗고 파란 포도주 병 두 개가 따지 않은 채로 놓여 있었다. 그리고 브랜디가 가득 들어 있는 유리병도 하나 있었고, 도기 접시 위에 예쁘게 깔아 놓은 커다란 양배추 위에는 야채샐러드가 가득 담겨 있었다.

"어때?" 카드루스가 말했다. "응, 냄새 좋지? 아! 그렇잖아! 너도 알다시피 난 그때 일등 요리사였으니까! 기억하나? 내가 요리를 한 날에는 다들 손가락까지 빨아먹었지. 그리고 너도 가장 먼저 내 요리를 맛보았잖아. 나쁘다곤 안 했던 것 같은데?"

이렇게 말하면서 카드루스는 양파 껍질을 벗기기 시작했다.

"알았어, 알았어," 안드레아는 못마땅한 듯이 말했다. "흥! 그래, 나랑 아침을 같이 먹자고 불렀단 말이야? 어이없군!"

"이봐," 카드루스는 점잖게 말했다. "얘긴 밥을 먹으면서 하자고. 그리고 넌 인정도 없는 친구야. 친구를 만났는데 반갑지도 않은가? 난 반가워서 눈물이 다 나는 판인데."

그러면서 카드루스는 정말 눈물까지 흘려 보였다. 다만 옛날 가르 다리 주막집 주인의 눈물샘을 자극한 것이 정말 반가움이었는지, 아니면 양파였는지는 선뜻 구별하기 어려웠다.

"닥쳐! 이 위선자야!" 안드레아가 말했다. "당신이 날 좋아한다고, 당신이?"

"그래. 널 좋아한다니까. 사실이야. 그게 내 약점이지." 카드루스가 말했다. "그건 나도 알고 있지만, 어쩔 수가 없으니."

"그러면서도 나를 여기까지 불러 골탕 먹이려고 하는군."

"천만에," 카드루스는 커다란 식칼을 앞치마에 쓱쓱 문지르며 말했다. "내가 널 좋아하지 않는다면, 지금 이렇게 비참하게 살고 있을 줄 알아? 자,

넌 하인의 옷을 입었군그래? 그러니까 넌 하인이 있단 얘기잖아. 하지만 난 그런 것도 없어. 야채도 내 손으로 껍질을 벗겨야 해. 넌 내 음식 같은 건 거들떠도 안 보지. 왕자 호텔이나 파리 카페에서 정식만 잡수시니까. 그래, 나도 마음만 내키면 하인도 거느리고 마차도 가지고, 좋아하는 곳에서 정식도 먹을 수 있어. 그런 걸 내가 왜 안 하고 가만히 있는 줄 아나? 귀여운 베네데토에게 폐를 끼치지 않으려고 그러는 거라고. 자, 그럼 내가 원하는 대로 해도 괜찮겠지, 응?"

그런 다음 카드루스는 눈을 심하게 희번덕거리며 이 말의 뜻을 마무리했다.

"알았어," 안드레아가 말했다. "그래, 날 귀여워한다고 해두지. 그런데 밥은 왜 같이 먹자는 거야?"

"만나야 하니까 그렇지."

"날 만나려고 그랬다고? 새삼스럽게. 이미 조건을 달지 않았나?"

"어이," 카드루스가 말했다. "추가 내용이 없는 유언장도 있던가? 어쨌든 여기 밥을 먹으러 온 거 아냐? 우선 앉지! 포도잎에 올려놓은 정어리와 신선한 버터부터 먹어 볼까? 까다로운 널 위해 이렇게 차렸지. 아! 그래, 내 방 꼴을 보고 있군. 봐야 뭐 지푸라기로 만든 의자 네 개하고 3프랑짜리 그림이 몇 장 걸려 있는 것뿐이지. 별 수 있나? 그렇지! 여긴 왕자 호텔이 아니거든."

"왜 그렇게 불만이 많아? 빵집을 하다 은퇴하고 들어앉은 빵집 주인처럼만 되면 더 바랄 게 없다고 그러더니."

카드루스는 한숨을 쉬었다.

"왜 그래? 다른 할 말이라도 있나? 당신 꿈이 그대로 실현되고 있잖아."

"글쎄, 그러니 이건 꿈이란 얘기야. 은퇴한 빵집 주인은, 베네데토, 돈이 많게 마련이야. 연금을 받을 테니까."

"무슨 얘기야? 당신도 연금을 받잖아."

"내가?"

"그래, 200프랑씩 내가 주고 있지 않느냔 말이야."

카드루스는 어깨를 으쓱해 보였다.

"그렇게 마지못해 주는 돈은 굴욕적이지. 게다가 받은 다음 날이면 거덜

나고 마는 푼돈이고. 언제고 네가 봉을 잡은 게 끝장나는 날을 생각해서 난 아껴 써야 한단 말씀이지. 군종사제도 말했듯이, 운이란 뜬구름 같은 거니까. 헌데 지금 네 운이 굉장하다는 건 내가 알지. 당글라르의 사위가 되게 됐으니 말이야."

"뭐? 당글라르?"

"그래, 당글라르 말이야. 당글라르 남작이라고 해야 하는 건가? 그건 마치 내가 너를 베네데토 백작이라고 부르는 것과 같은 거지. 당글라르란 놈은 내 친구거든. 그 친구 건망증이 없다면 네 결혼식에도 날 초대해야 할 처지거든……. 내 결혼식 때도 왔으니까……. 암암, 그렇고말고! 내 결혼식에도 왔었지, 그땐 모렐 씨 밑에서 일하던 고용인이었으니까. 몇 번 그 친구와 모르세르 백작과 함께 저녁도 먹어 본 일이 있지……. 어때, 이만하면 나도 괜찮은 인간들을 꽤 알고 있는 셈이지? 그들을 조금만 이용하면, 우리가 같은 살롱에서 만날 수도 있을 거란 말야."

"아니, 질투에 눈이 멀어 무지개가 보이나 보군, 카드루스."

"좋아, 베네데토. 난 다 알고 말하는 거라고. 어쩌면 언젠가는 나들이 옷을 차려입고 정문 앞에서 '마차 지나가게 문 열어라' 할 날이 올 지도 모르지. 자, 그건 그렇고 어서 앉게나. 밥이나 먹자고."

카드루스는 본보기를 보여주려는 듯이 게걸스럽게 먹기 시작하더니, 음식들 하나하나마다 자랑을 늘어놓으며 자기 손님에게 권했다.

안드레아도 결정을 내렸는지, 술병을 기세 좋게 따더니 부야베스(마르세유식 생선찌개)며 기름과 마늘로 요리한 대구를 먹기 시작했다.

"이봐, 예전의 주방장하고 다시 화해했나 보지?" 카드루스가 말했다.

"그런 모양이지." 안드레아는 대답했다. 나이도 젊고 원기 왕성한 그에게 지금은 무엇보다도 식욕이 가장 우선인 듯했다.

"어때, 맛있지?"

"아주 맛있군. 이렇게 맛있는 요리를 끓여 먹을 줄 아는 인간이 어째서 세상만사에 투덜거리는지 알 수가 없을 정도야."

"응, 그건 속상한 일이 하나 있는데, 그놈의 것 때문에 영 맘이 편치 않아서 그래."

"뭔데, 그게?"

"친구 신세를 지면서 살고 있잖아. 이제껏 내 손으로 훌륭하게 살아오던 내가 말이야."

"이봐, 그런 건 신경 쓸 거 없어," 안드레아가 말했다. "두 사람 분의 돈쯤은 내게 있으니까 말이야. 그건 걱정하지 마."

"아냐, 이건 진짜야. 곧이듣건 말건 네 맘이지만 말이야. 언제나 월말 때마다 마음에 걸려서 말이지."

"훌륭한데, 카드루스!"

"오죽하면 어제도 그 200프랑을 내가 사양했겠나?"

"그렇군. 그럼 내게 할 말이 있다는 게 바로 그거야? 양심의 가책을 받는단 얘기?"

"그래, 정말 마음이 꺼림칙해서 못 견디겠다니까. 그래서 내가 생각해 낸 것이 있는데."

안드레아는 몸이 파르르 떨렸다. 그는 카드루스가 무언가를 '생각'해 낼 때면 늘 그렇게 몸이 떨렸다.

"사실 말이지," 카드루스는 말을 계속했다. "밤낮 월말만 기다린다는 건 한심하다는 거야."

"뭐!" 안드레아는 상대의 입에서 나올 말을 들어 보려는 자세를 취하며 마치 철학자처럼 말했다. "인생이란 어차피 기다리는 게 아닌가? 나만 하더라도, 내가 뭐 별달리 하는 게 있나? 그저 참고 기다리는 것뿐이지."

"그야 그렇겠지. 그렇지만 넌 나처럼 200프랑을 기다리는 게 아니라, 5천이나 6천 프랑, 경우에 따라선 1만이나 1만 2천까지도 되는 돈을 기다리는 거잖아. 너란 녀석은 언제나 잘 감추니까. 거기 있을 때만 해도 넌 늘 작은 주머니나 저금통 같은 걸 가지고 다니면서 불쌍한 친구인 이 카드루스한테까지도 숨기려고만 했었지. 하지만 카드루스란 인간은 냄새 맡는 데는 귀신이거든."

"자, 또 헛소리가 나오기 시작하는군." 안드레아가 말했다. "언제나 지나간 얘길 또 하고, 또 하고 그러는군! 그 말은 왜 그렇게 밤낮없이 주절대는 거야, 내가 물어보기라도 했어?"

"아! 그야 넌 이제 나이 스물하나이니 지난 얘긴 잊어버렸겠지. 하지만 내 나인 쉰이야. 그러니 옛날 일을 생각 안 할 수 없지. 어쨌든 그까짓 것 아무러면 어떤가? 자, 다시 본론으로 들어가자고."

"그러시지."

"내 얘긴 이거야. 만약 내가 네 입장에 있다고 치면……."

"그러면?"

"그럼 난 한번 해보겠다는 얘기야……."

"뭘? 뭘 해보겠다는 거야?"

"그거야. 피선거권도 얻고 땅도 사야겠다는 핑계로, 반년분의 연금을 미리 타서 뺑소니치겠다는 거지."

"옳거니, 옳거니, 옳거니," 안드레아가 말했다. "나쁘지 않은 생각인데!"

"자, 어서 먹으라고. 그리고 내 말대로 하는 거야. 물심양면으로 결국 손해는 안 볼 테니까 말이야."

"그런데 당신은 왜 그 생각대로 안 하는 거지? 왜 반년 치나 1년 치 돈을 미리 달라고 해서 브뤼셀로 도망가지 않느냔 말이야. 그럼 은퇴한 빵집 주인 정도가 아니라 업무수행 중에 파산한 사람처럼 보일 수도 있고, 어쨌든 훨씬 꼴이 좋아 보이지 않겠어?"

"아니, 지금 고작 120프랑 가지고, 날더러 왜 먹고 떨어지지 않느냐는 거야?"

"이봐, 카드루스," 안드레아가 말했다. "너무 투덜거리는데? 두 달 전만 해도 굶어 죽을 형편이더니만."

"식욕이란 먹으면 먹을수록 생기는 법이거든," 카드루스는 마치 원숭이가 웃을 때나 호랑이가 으르렁댈 때와 같이 이를 내보이며 말했다. 그러고는 나이에도 어울리지 않게 희고 날카로운 이로 빵을 덥석 베어 물며 말을 이었다. "그래서 내가 계획을 하나 생각해 냈단 말야."

카드루스의 이 '계획'이란 말을 들은 안드레아는, 그 '생각'이라고 하던 말을 들었을 때보다 섬뜩했다. 그 '생각'이라 하면 싹에 지나지 않는다. 그러나 '계획'이란 곧 실행이기 때문이다.

"어디, 그 계획이라는 걸 좀 들어 볼까? 아마도 굉장한 거겠지!"

"물론이지! 아, 그때 우리가 그 저택에서 감쪽같이 빠져나온 것도 다 누구 머리에서 나온 생각이었나? 나한테서 나온 것이잖아. 나쁘지 않은 생각이었지. 우리가 지금 여기에 이렇게 있을 수 있으니 말야."

"누가 안 그렇대?" 안드레아가 말했다. "때로는 좋은 생각도 해 냈었지. 자, 그건 그렇고 어서 얘기나 계속해 봐."

"그럼 말이지," 카드루스가 말을 이었다. "너, 네 돈은 단 한 푼도 쓰지 않고 내 손에 1만 5천 프랑쯤 들어오게 해줄 수 있겠나? ……아니, 3만 프랑도 충분하지 않지. 어차피 정직한 인간이 되고 싶진 않으니까."

"안 돼," 안드레아는 딱 잘라 말했다. "안 돼. 할 수 없어."

"내 말을 못 알아들은 것 같군그래." 카드루스는 침착한 얼굴로 냉정하게 말했다. "네 돈은 한 푼도 쓰지 않는 거래도."

"나한테 도둑질을 시켜서 내 몫은 물론, 네 몫까지 끌어다가 내 일을 망치고 날 또 감방에 보내고 싶은 건 아니고?"

"뭐, 나야 또 한 번 감방에 끌려간다 한들 상관없어. 그런데 난 좀 변했어. 가끔 동료가 없으면 심심해지거든. 너처럼 인정머리 없이 친구를 다시 만나고 싶어 하지 않는 놈과는 다르니까."

안드레아는 이번에는 몸만 떨리는 정도 아니라 얼굴빛까지 변했다.

"이봐, 카드루스, 그런 바보 같은 소리는 이제 그만두시지."

"괜찮아, 안심하게나, 베네데토. 그저, 너하곤 아무 상관없이 내게 3만 프랑을 얻을 수 있는 방법만 가르쳐주면 돼. 넌 내가 하는 일을 모른 척 그냥 내버려두기만 하면 된단 말이야."

"그래? 그렇다면 한번 생각해 보지." 안드레아가 말했다.

"그리고 그때까진 한 달에 500프랑씩 주게. 사실은 하녀를 하나 두는 게 내 소원이거든."

"좋아, 500프랑씩 주지." 안드레아가 대답했다. "하지만 나로선 그만한 돈을 주는 것도 여간 큰일이 아니야, 카드루스…… 아무래도 욕심이 좀 지나친 것 같은데……."

"농담하지 마! 아무리 써도 바닥이라곤 보이지 않는 금고가 있잖아."

안드레아는 마치 상대에게서 그 말이 나오기를 기다리고 있었던 것 같았다. 그의 눈에서 번쩍 불꽃이 일더니 금세 사라졌다.

"응, 그건 사실이야." 안드레아는 대답했다. "게다가 내 후견인이 여간 친절한 게 아니거든."

"그 친절한 후견인! 그가 너에게 매달 얼마씩 주고 있지?"

"5천 프랑씩 주지."

"나한테 100이라고 하면, 사실 1,000은 되겠지. 제길, 사생아라야 그런 봉을 잡을 수 있는 건가. 매달 5천 프랑이라니…… 그 돈을 다 어디다 쓰지?"

"그까짓 거 순식간에 다 써버리는걸. 그러니 나도 당신처럼 한밑천 잡아 봐야겠어."

"한밑천이라…… 암, 그렇고말고…… 세상 사람들이면 누구나 다 그 한밑천을 잡아보고 싶어 하지."

"그런데 내겐 지금 그게 보인단 말야."

"뭔데? 그 임금님 같은 양반?"

"그래, 맞았어. 그런데 유감스럽게도 지금 당장은 안 돼."

"언제까지 기다려야 하는데?"

"죽을 때까지."

"그 임금님 같은 양반이 죽는 걸?"

"그래."

"왜?"

"유언장에 내 얘길 써 놨으니까."

"정말?"

"거짓말일 리가 없잖아!"

"얼마나?"

"50만 프랑!"

"거 어마어마하군!"

"그렇지."

"농담하지 마. 설마!"

"카드루스, 당신은 내 친구지?"

"새삼스레 그건 무슨 소리야? 죽으나 사나 친구지."

"좋아, 그렇다면 비밀 얘길 하나 해주지."

"해봐."

"잠자코 듣기만 해."

"아! 물론이라니까! 잉어처럼 조용히 할게."

"사실은 말이지……."

안드레아는 주위를 둘러보더니 입을 다물었다.

"사실은 뭐? ……걱정 마, 여긴 우리 둘뿐이니까."

"사실은 내 진짜 아버지를 찾은 모양이야."

"네 진짜 아버지를?"

"그렇다니까."

"카발칸티 말고?"

"그래, 그치는 뺑소니치고 말았으니까. 이번엔 진짜야."

"그 아버지란 게 누군데?"

"바로 그자야, 카드루스, 그게 바로 몬테크리스토 백작이란 말야."

"설마!"

"그래. 이만하면 알겠지. 나한테 대놓고는 말 못하고, 카발칸티 소령을 시켜서 넌지시 암시를 준 것 같다고. 그 대신 소령에겐 그 일로 5만 프랑을 주고."

"네 아비 노릇만으로 5만 프랑이라, 나 같으면 그 반값이라도 받았을걸! 2만, 아니 1만 천 프랑이라도 말이야! 그럴 때 내 생각은 왜 못했냐, 이 배은망덕한 녀석아!"

"그런 걸 내가 알았을 리 없잖아. 우리가 거기 있었을 때는 일이 벌써 다 진행되고 난 뒤였는걸."

"참, 그렇지. 그럼, 그 유언장에는……."

"나한테 50만 프랑을 남겨주겠대."

"확실한가?"

"내게 직접 보여주던걸. 그것만이 아니야."

"그래, 내가 아까도 말했듯이 추가 사항이라는 게 있구나!"

"물론!"

"그래, 거기엔 또 뭐라고 쓰여 있지?"

"나를 인정해 준 거야."

"허! 거참 좋은 아버진데. 훌륭한 아버지야. 이를 데 없이 정직한 아버지군!" 카드루스는 손에 들고 있던 접시를 공중에서 돌리며 말했다.

"자, 이래도 내가 뭔가 감추고 있다고 할 테야?"

"아니지. 나를 믿어 주다니, 널 다시 보게 됐네. 그래, 네 아버지라는 사람은 부잔가? 정말 그렇게 부자야?"

"틀림없어. 자기 재산이 얼마나 되는지도 모를 정도라니까."

"설마?"

"원! 정말이라니까. 난 알지. 나야 그 집을 수시로 드나드니까. 요전 날도 가 보니까 은행에서 심부름꾼이 왔는데, 네가 하고 있는 그 냅킨만 한 지갑에다 5만 프랑을 넣어가지고 왔더란 말이지. 어제는 은행장이 금화로 10만 프랑을 가져오고."

카드루스는 정신이 얼떨떨해졌다. 그에게는 안드레아의 말이 금붙이 소리나 금화가 폭포처럼 쏟아져 내리는 소리처럼 들렸다.

"그래, 넌 그 집엘 드나든다고?" 카드루스가 순진하게 물었다.

"가고 싶을 때면 언제든지."

카드루스는 잠시 생각에 잠겼다. 무엇인가를 곰곰이 생각하고 있는 게 틀림없었다.

그러더니 갑자기 소리를 내질렀다.

"나도 한번 가 봤으면! 얼마나 으리으리할까!"

"사실 굉장하지!" 안드레아가 말했다.

"샹젤리제 거리에 살고 있지?"

"30번지야."

"아, 30번지라!"

"그래. 안뜰과 정원 속 깊숙이 자리 잡은 근사한 집이야. 당신이 알고 있는 건 그것뿐이지."

"그야 그렇지. 하지만 외양 따윈 아무래도 상관없어. 문제는 내부지. 훌륭한 가구들이 있겠지, 안 그래?"

"저 튈르리 궁전엔 가 봤겠지?"

"아니, 못 가봤어."

"그래? 거기보다 더 근사하다고."

"그럼, 안드레아, 그 몬테크리스토 백작이 혹 지갑을 떨어뜨리면, 몸을 구부려 주울 만은 하겠군?"

"오! 저런! 그때까지 기다리지 않아도 돼," 안드레아가 말했다. "그 집이야 과수원의 과일들처럼 돈이 널려 있으니까."

"어이, 나 한번 거기 들어가게 해줄 수 없겠나?"

"그걸 어떻게? 무슨 명목으로 데려가?"

"하긴 그렇군. 그렇지만 네 얘길 들으니 좀이 쑤시는군. 어떻게든지 한번
가 봐야겠어. 내가 무슨 수를 생각해 보지."

"바보 같은 짓은 그만둬, 카드루스!"

"마루닦이라면 어떨까?"

"마루엔 모조리 양탄자가 깔려 있다고."

"이것 참! 처량하게 상상만 해야겠군그래."

"그게 낫지. 내 말 들어."

"어떻게 돼 있는지 내가 알 수나 있도록 자세히 얘길 좀 해봐."

"그건 왜…… ?"

"뭐, 별건 아니지만. 집이 크던가?"

"너무 크지도 작지도 않아."

"집 안 구조는 어떻게 돼 있는데?"

"그럼 도면을 그려 보일 테니, 잉크와 종이를 가져와."

"좋아!" 카드루스는 신이 나서 말했다.

그러고는 낡은 책상으로 가서 그 위에 있던 흰 종이와 잉크와 펜을 가져왔
다.

"자, 전부 여기에 그려 봐." 카드루스가 말했다.

안드레아는 알아채지 못할 정도로 빙긋 웃으며 펜을 쥐고 도면을 그리기
시작했다.

"집은 아까도 말한 대로 안뜰과 후원 사이에 있어. 알겠지, 이렇게 말이
야."

안드레아는 후원과 안뜰, 집의 구조를 그리며 이렇게 말했다.

"담이 높아?"

"아니. 기껏해야 여남은 자밖엔 안 돼."

"그건 걱정 없군."

"안뜰에는 오렌지 화분이며 잔디, 꽃밭이 있지."

"늑대 덫 같은 건 없지?"

"없어."

"마구간은?"

"철문 안쪽에. 바로 여기야."

이렇게 말하며 안드레아는 계속 도면을 그려나갔다.

"1층은 어떻게 돼 있지?" 카드루스가 물었다.

"1층엔 식당, 응접실 둘, 당구실, 현관 계단, 그리고 조그만 비상 층계가 하나."

"창은…… ?"

"아름다운 창들이 있지. 근사하고 굉장히 크다고. 그래, 아마 당신만 한 사내라면 창문 격자 사이로 들어갈 수 있을 정도야."

"아니, 그렇게 큰 창들이 있는데 계단은 또 뭣하러 있담?"

"그게 사치라는 거지."

"그런데 덧창은?"

"덧창이 있긴 하지만, 걸어둔 적은 한 번도 없어. 몬테크리스토 백작이라는 작자가, 좀 괴짜라서 말이야. 밤에도 하늘을 내다본다더군."

"하인들은 어디서 자고?"

"아! 하인들은 숙소가 따로 있지. 들어가서 오른쪽에 사다리를 넣어둔 깨끗한 창고가 하나 있어. 그 창고 위에 하인들의 방이 죽 있고 그리로 벨이 울리게 돼 있지."

"빌어먹을! 벨이 있다고!"

"그게 어째서?"

"응, 아무것도 아냐. 그런 것을 달려면 돈이 꽤 들 거라고. 그런데 그 벨은 어디에 쓰이는 거지?"

"전에는 밤에 뜰 안을 개가 돌아다녔는데, 오퇴유에 있는 집으로 데려가 버렸어. 그때 당신도 갔던 그 집 말이야."

"그렇군."

"어제도 이런 얘길 했지. '백작님, 이래 가지곤 안심이 안 됩니다. 백작께서 오퇴유로 가시고, 게다가 하인들까지 데려가시면 이 집이 비게 됩니다' 하고 말이야."

"그래서?"

"그러고 나서 '언젠가는 도둑이 들어올지도 모릅니다' 했지."

"그랬더니 뭐라던가?"

"뭐라더냐고?"

"그래."

"백작 대답이 '도둑 좀 맞기로서니 어떤가?' 하지 않겠어?"

"안드레아, 그렇다면 분명 무슨 기계가 장치된 책상 같은 게 있을 거야."

"그게 무슨 소리야?"

"문으로 도둑이 들어오면 노랫소리가 난다든가 하는 기계 말이야. 지난번 박람회 때 그런 무언가가 나왔었다고 하더군."

"책상이라면 마호가니 책상이 하나 있을 뿐이야. 그건 늘 자물쇠로 잠겨 있던 걸."

"그래, 누가 슬쩍하는 일은 없고?"

"그런 일은 없어. 그 집에서 일하는 사람들은 모두 충성심이 대단하거든."

"그 책상 속엔 돈이 들어 있겠지?"

"아마도…… 하지만 뭐가 들어 있는지는 모르지."

"그게 어디 있는데?"

"이층에."

"그럼, 이층 도면 하나 그려줘. 일층 도면같이 말야."

"그야 어렵지 않지."

안드레아는 다시 펜을 잡았다.

"이층에는 대기실과 응접실이 있어. 응접실 오른쪽은 도서실과 서재, 응접실 왼쪽은 침실과 드레스실. 책상은 그 드레스실 안에 있어."

"드레스실에는 창문이 하난가?"

"둘. 여기 하나, 여기 하나."

이렇게 말하며 안드레아는 도면에 직사각형 침실 옆, 좀더 작은 사각형 방에 창문 두 개를 그렸다.

카드루스는 생각에 잠겼다.

"백작은 오퇴유엘 자주 가나?"

"일주일에 두세 번. 내일도 거기 가서 하루를 꼬박 보낼걸."

"그건 확실한 건가?"

"내일 나더러 거기 가서 저녁 식사를 하자고 초대했으니까."

"기가 막힌데! 그런 거야말로 사는 거라 할 수 있지! 파리에도 집이 있고 시골에도 있다니!" 카드루스가 말했다.

"부자란 게 그런 거야."

"그래, 너도 저녁 식사 하러 갈 거냐?"

"아마도."

"저녁을 먹으러 가면 거기서 자게 되겠지?"

"기분 내키는 대로 하니까. 나야 뭐, 백작 집이 내 집 같은걸."

카드루스는 안드레아의 속셈을 알아내려는 듯이 그를 빤히 바라보았다. 그러나 안드레아는 주머니에서 담뱃갑을 꺼내더니, 담배를 한 대 뽑아 가만히 불을 붙이고 천연덕스럽게 담배를 피우기 시작했다.

"500프랑은 언제 필요하지?" 그는 카드루스에게 물었다.

"있으면 지금이라도 당장 줘!"

안드레아는 주머니에서 25루이 (금화 1루이는 20 프랑에 해당한다) 를 꺼냈다.

"금화야?" 카드루스가 말했다. "미안하지만 사양하겠네."

"뭐라고? 금화가 싫단 말이야?"

"싫긴 왜? 귀한 거지. 하지만 그건 안 되겠단 말이야."

"바보 같으니라고! 바꾸면 되잖아? 금화는 5수나 더해준다고."

"그야 그렇지만, 돈 바꿔주는 놈이 틀림없이 내 뒤를 밟을 거란 말이야. 그러고는 날 붙잡아 금화로 땅값을 치르는 소작인이 어디 있느냐면서 사실을 대라고 족칠 테지. 자, 이따위 장난은 그만둬. 작은 돈으로 줘. 그냥 예삿돈 말이야, 거 왜 무슨 왕인가의 얼굴이 새겨져 있는 동전 있잖아? 5프랑짜리 동전 같으면 누가 가지고 있어도 의심받지 않을 테니까."

"이봐. 내 수중에 500프랑씩이나 있을 리 있어? 심부름꾼이라도 데리고 다닐 수 있어야 그런 돈이 있을 게 아냐?"

"좋아. 그럼, 그 문지기한테 맡겨 놔. 그 친구는 정직한 놈이니까. 내가 그리로 찾으러 가지."

"오늘?"

"아니, 내일. 오늘은 시간이 없거든."

"알았어! 내일 오퇴유로 떠날 때, 그 돈을 맡겨 놓지."

"믿어도 좋겠지?"

"그럼."

"하녀를 하나 미리 구해 놓으려고 말이야."

"좋아, 그렇게 해. 자, 이젠 끝난 거지? 이 이상은 나를 괴롭히지 않는 거지?"

"물론."

카드루스는 침울해졌다. 안드레아도 그가 기분이 변했음을 분명히 알 수 있었다. 안드레아는 일부러 더 명랑하고 무관심한 체했다.

"아주 들뜬 모양이군." 카드루스가 말했다. "벌써 상속이라도 받은 것 같은데그래."

"유감이지만 그건 아니지! 하지만 내 손에 그게 들어오는 날엔……"

"그날엔?"

"그래, 친구들이 떠오르겠지. 지금은 이렇게만 말해 두겠어."

"암, 넌 워낙 기억력이 좋으니까!"

"뭐가 어쨌다고? 어떻게든지 날 뜯어먹으려고만 하는 주제에!"

"내가? 흥! 농담하지 마. 너한테 친구로서 해줄 말이 또 있어."

"뭔데?"

"네 손가락에 낀 그 다이아몬드 반지는 여기 두고 가. 왜 그래? 우릴 잡아가게 하고 싶은 거야? 우리 둘 다 망치고 싶어서 그따위 바보 같은 짓을 하는 거야?"

"또 왜 그래?" 안드레아가 물었다.

"아니, 넌 하인 옷을 입고 하인 행세를 하면서 손가락엔 4천에서 5천 프랑은 될 법한 다이아몬드 반지를 끼고 있을 셈이냔 말이다."

"빌어먹을! 값은 잘도 알아맞힌다! 그런데 어째서 경매 감정사가 되질 못했을까?"

"다이아몬드 보는 눈이야 나도 있지. 나도 전엔 다이아몬드를 가지고 있었으니까."

"좋아, 어서 실컷 자랑이나 해봐." 안드레아가 말했다. 그는 카드루스가 또 빼앗으려고 하는데도 화내지 않고 반지를 순순히 내주었다.

카드루스는 반지를 눈앞에 바싹 들이대고 들여다보았다. 안드레아는 카드루스가 다이아몬드의 모가 하나하나 제대로 세공되었는지 살펴보고 있음을 알았다.

"이건 가짜구나." 카드루스가 말했다.

"아니, 뭐라고? 농담하는 거야?"

"화낼 건 없어. 다시 한 번 볼 테니."

카드루스는 창가로 가서 다이아몬드로 유리를 그어보았다. 유리가 삐익 하고 울렸다.

"미안하다!" 카드루스가 반지를 새끼손가락에 끼며 말했다. "내 눈이 틀렸네. 요즘 보석상들은 도둑놈들이라서 말이야. 하도 가짜를 잘 만들어 내서, 요샌 보석상으로는 도둑질하려도 안 가는 판이거든. 그 노릇도 이젠 못해 먹게 됐어."

"어때?" 안드레아가 말했다. "이젠 끝난 거지? 뭐 또 할 말이 남은 거야? 이 윗도리도 필요한가? 이 모자도 필요해? 자, 사양 말고 말해 보시지."

"됐네, 넌 정말 진정한 친구란 말이야. 이제 더는 붙잡지 않을게. 나도 이젠 이 욕심을 고쳐보도록 힘써 봐야겠어."

"그런데 조심하는 게 좋아. 이 다이아몬드를 팔면 아까 금화 때문에 걱정하던 일이 그대로 생길지도 모르니까."

"이건 안 팔 거야. 안심하게나."

'그래, 적어도 오늘이나 내일은 안 팔겠지.' 안드레아는 속으로 생각했다.

"행복하겠군," 카드루스가 말했다. "이제 돌아가기만 하면 하인에다 말에, 마차에, 약혼녀에 없는 게 없을 테니!"

"그야 그렇지." 안드레아가 말했다.

"야, 당글라르의 딸과 결혼하는 날에는 나한테 그럴듯한 선물 하나쯤은 보내주겠지?"

"아까도 말했지만, 그건 진작부터 생각하고 있다고."

"지참금은 얼마래?"

"글쎄……."

"100만인가?"

안드레아는 어깨를 으쓱했다.

"100만 프랑이라고 해두지." 카드루스가 말했다. "어차피 내가 바라는 만큼은 못 받을 테니까."

"고맙군." 안드레아가 말했다.

"이건 진심으로 하는 말이야." 카드루스는 웃으며 말했다. "자, 이젠 바래다주지."

"그럴 것까진 없어."

"아냐, 내가 같이 가줘야 해."

"왜?"

"문에 비밀 장치가 있거든. 조심하는 편이 좋을 것 같아서 그런 거야. 위레와 피셰가 만든 자물쇠를 가스파르 카드루스가 개량한 물건이지. 부자가 되면 너에게도 그런 걸 하나 만들어 주지."

"고맙군그래. 그렇게 될 것 같으면 일주일 전에 연락해 줄게."

두 사람은 헤어졌다. 카드루스는 층계참에 선 채 안드레아가 4층에서 1층까지 내려가는 것뿐 아니라, 안뜰을 지나가는 것까지 지켜보았다. 그리고 나서야 부랴부랴 방 안으로 들어와 조심스레 문을 잠그고는, 안드레아가 그려주고 간 도면을 건축가처럼 열심히 검토하기 시작했다.

"저 베네데토란 놈," 그는 중얼거렸다. "유산이 싫지는 않은 모양이군. 게다가 그 50만 프랑을 만져볼 날을 앞당겨주는 사람을 나쁜 친구라고 하지는 않겠지."

불법침입

두 사람의 이야기가 오간 그 이튿날, 과연 몬테크리스토 백작은 알리와 하인들을 데리고, 게다가 시험 삼아 타 보려고 생각했던 말 몇 마리까지 다 끌고서는 오퇴유로 떠났다. 그 전날까지만 해도 안드레아는 물론이고 백작 자신조차 생각지 않던 출발이 결정된 것은 베르투치오가 노르망디에서 돌아와 집과 범선에 대해 보고를 했기 때문이었다. 집도 준비가 다 되었고, 범선도 일주일 전에 도착해서 필요한 수속을 모두 끝마치고 선원 여섯 명과 함께 조그만 만에 닻을 내리고 있어 언제든지 바다로 나갈 준비가 다 되어 있다는 것이었다.

백작은 베르투치오의 수고를 칭찬해 주었다. 그리고 프랑스에서 한 달 이상 체류하지 않을 테니, 언제라도 출발할 수 있도록 만반의 준비를 해두라고 일러 놓았다.

백작은 말했다. "사실은 파리에서 트레포르(도버 해협에 있는 해수욕장)까지 하룻밤 만에 가야 할 일이 생길지도 모르네. 그러니 도중에 여덟 군데에 역마를 대기 시켜 놓고, 20킬로미터를 열 시간에 갈 수 있도록 준비해 두게."

"그건 이미 알고 있습니다." 베르투치오가 대답했다. "그래서 말도 다 준비해 놓았습니다. 말을 사서 적당한 장소에, 그러니까 보통은 아무도 머물지 않는 마을 여기저기에 제가 직접 배치해 두었습니다."

"좋아," 백작이 말했다. "난 여기에 하루나 이틀 머무를 걸세. 그러니 알아서 손을 써 두게."

베르투치오가 이러한 백작의 체재에 맞추어 여러 지시를 내리려고 밖으로 나가려는데, 그 순간 문이 열리더니 바티스탱이 들어왔다. 그는 도금된 쟁반 위에 편지를 한 장 얹어가지고 들어왔다.

"여긴 무슨 일인가?" 백작은 먼지투성이가 된 바티스탱을 보며 말했다. "부르지 않았는데."

바티스탱은 그 말에는 대답도 하지 않고 백작에게 편지를 내밀었다.

"중대하고도 급한 편지라." 그가 말했다.

백작은 편지 봉투를 뜯어 읽었다.

몬테크리스토 백작께 한 가지 알려드립니다. 오늘 밤, 어떤 자가 샹젤리제의 저택에 숨어들어 드레스실 책상에 있다고 짐작되는 서류를 훔쳐가려 한다는 사실을 알려드립니다. 백작께선 용감한 분이시니 경찰의 손을 빌리지는 않으시리라 생각합니다. 경찰이 알게 되면, 지금 이 사실을 알려드리는 저 자신에게 어떤 위험이 미칠지 모릅니다. 백작께선 드레스실의 침실로 통하는 통로에 계시거나, 드레스실에 숨어 계시면서 그자를 공정하게 판단하시면 될 것입니다. 사람들을 많이 모아 두시거나 너무 눈에 띄게 경계하시면, 오히려 그 악한은 도망칠 것입니다. 그러면 백작께선 제가 우연히 경고해 드릴 수 있었던 이 기회에 그자를 완전히 놓쳐버리게 되겠지요. 만약 그자가 이번 일에 실패하고 또다시 기회를 노린다면, 그때는 저도 그 사실을 경고해 드릴 수 없을 줄로 압니다.

처음에 백작은 분명 도둑들의 모략이 틀림없다고 여겼다. 다시 말하면 하찮은 위험이 있으리라는 경고를 미리 해놓고 나서, 그 다음에 진짜로 큰일을 벌이려는 간사스러운 함정이라고 느꼈던 것이다. 그래서 그는 편지를 보낸 익명의 친구의 권유에도 불구하고, 아니 오히려 그 친구의 권고 때문에라도 편지를 경찰에 넘기려고 했다. 그러나 갑자기 그 편지를 보낸 자야말로 자기 자신을 노리고 있는 적이며, 경우에 따라선 마치 피에스코(쉴러의 희곡 《피에스코의 반란》의 주인공)가 자기를 암살하려던 무어인에게 하듯이, 역으로 이용할 수 있는 인물일지도 모른다는 생각이 번개처럼 떠올랐다. 백작이 어떤 인물인지는 이미 알고 있으니 우리는 이제 와서 언급할 필요조차 없다. 그는 담력과 생명력이 넘치는 사람으로서 불가능 앞에서도 굽히지 않으며, 그의 그런 정력이 독특하게 작용해 그를 탁월한 인간으로 만들어 주는 것이다. 백작이 지금까지 살아온 생애를 통해, 그리고 그가 마음만 먹으면 어떤 일 앞에서도 물러서지 않았던 결의를 통해 정체불명의 기쁨을 맛본 투쟁 속에서 종종 대항한 상대는 신과 같은 자연과 악마가 활개 치는 세상이었다.

"그자들은 내 서류를 훔쳐가려는 게 아냐." 백작이 말했다. "날 죽이려는 거지. 그자들은 도둑이 아니라 암살자다. 나는 개인적인 일로 경찰을 귀찮게 하고 싶진 않아. 난 돈은 얼마든지 있으니, 그런 일로 경찰들에게 부담을 주고 싶지는 않군."

백작은 편지를 전하고 밖으로 나간 바티스탱을 다시 불러들였다.

"파리에 다시 갔다 오게. 그리고 거기에 남아 있는 하인들을 모두 이리로 데려오도록. 오퇴유에서는 모두가 필요하니까."

"그럼 집엔 아무도 없게 되는데요?" 바티스탱이 물었다.

"아니, 문지기가 있지."

"하지만 문지기가 있는 곳과 집은 꽤 멀리 떨어져 있는데요."

"그게 어떻단 말인가?"

"그러니까 집 안에 있는 걸 다 훔쳐가도, 문지기에게는 아무 소리도 들리지 않을 거란 말씀이죠."

"훔치긴, 누가?"

"도둑놈들입죠."

"바보 같은 소리 말게, 바티스탱. 설령 도둑놈들이 집채를 온통 다 들어내 간다 해도, 내게 해가 되기는커녕 불쾌감도 주지 못해."

바티스탱은 고개를 숙여 예를 표했다.

"이제 알겠나?" 백작이 말했다. "집에 있는 사람들을 전부 데려오도록 하게. 집 안은 손대지 말고 그대로 놓아두라 이르고. 아래층 덧창만 잠그면 되네."

"이층은 어떡할까요?"

"이층은 절대로 덧창을 잠그지 않는다는 걸 모르나? 자, 가 보게."

백작은 저녁 식사는 방에서 혼자 할 테니 알리만 있으면 된다고 일러놓았다.

그는 평상시와 다름없이 침착하게 간소한 식사를 했다. 식사가 끝나자 그는 알리에게 따라오라는 손짓을 하고, 작은 문으로 해서 산책이라도 가듯 불로뉴 숲으로 갔다가 태연하게 파리로 가는 길로 들어섰다. 캄캄한 어둠이 내려앉을 즈음, 그는 샹젤리제의 저택 앞에 이르렀다.

주위는 온통 캄캄했다. 다만 아까 바티스탱이 말했듯이 저택에서 약 사십 보쯤 떨어진 곳에서 한 줄기 희미한 빛이 새어 나올 뿐이었다.

백작은 나무에 기대섰다. 그러고는 잘못 보는 법이 거의 없는 그 명철한 눈으로, 두 줄로 늘어선 가로수길을 살폈다. 그리고 그 길을 지나가는 사람이 없는지, 또 숨어 있는 자는 없는지 가까운 길목을 노려보았다. 대략 십 분 만에 그는 자기를 노리고 있는 사람이 아무도 없다는 것을 깨달았다. 그는 곧 알리를 데리고 작은 문으로 달려가 급히 안으로 들어갔다. 그리고 가지고 있었던 열쇠로 비상계단을 통해 침실로 들어갔다. 그는 커튼 하나 건드리지 않았다. 문지기조차 텅 비어 있는 줄 알고 있는 이 집에, 설마 주인이 들어와 있으리라곤 생각지도 못했을 것이다.

침실까지 들어온 백작은 알리에게 멈추라고 신호를 보냈다. 그러고는 드레스실로 들어갔다. 모든 것이 그대로 있었다. 귀중한 책상도 제자리에 있었고, 열쇠는 책상에 꽂혀 있었다. 그는 그것을 두 번 돌려 잠근 뒤, 열쇠를 가지고 다시 침실 문으로 돌아와서, 이중으로 된 빗장의 자물쇠 판을 빼놓고 돌아왔다.

그러는 동안에 알리는 백작이 이른 대로 무기를 책상 위에 갖다 놓았다. 짧은 기병총과 권총 두 자루였다. 권총은 총열이 둘이어서 사격용 총에 뒤지지 않을 만큼 정확하게 사람을 쏠 수 있었다. 이러한 무기들이 있는 한 백작은 다섯 명쯤은 죽일 수 있는 셈이었다.

그럭저럭 아홉 시 반이 되었다. 백작과 알리는 서둘러 빵 한 조각을 먹고, 에스파냐 포도주 한 잔을 마셨다. 그리고 나서 백작은 이동식 벽판들 중 하나를 끌어내게 하여 그 방에서 옆방을 들여다볼 수 있게 했다. 권총과 기병총은 손이 닿는 곳에 가까이 두었다. 그의 곁에 선 알리는 십자군 시대부터 모양이 그대로 이어져 내려온 조그만 아라비아풍 도끼 한 자루를 손에 쥐고 있었다. 드레스실 창문과 나란히 있는 침실 창문들 중 하나를 통해 백작은 길을 내다볼 수가 있었다.

이렇게 두 시간이 흘러갔다. 주위에는 칠흑 같은 어둠뿐이었다. 그러나 알리는 원시적인 본능에 의해서, 그리고 백작은 단련하여 얻은 능력으로, 둘다 이 캄캄한 어둠 속에서도 뜰 안의 나뭇잎 하나 움직이는 것까지 알아볼 수 있었다.

한참 전에 문지기 방의 희미한 불빛도 사라졌다.

만약 누가 들어온다면, 그리고 그것이 계획적인 잠입이라면, 아래층의 계단으로 들어오지 창문으로는 들어오지 않을 것이 틀림없었다. 백작은 도둑들이 그의 돈이 아니라 목숨을 노린다고 생각했다. 그러니 놈들은 백작의 침실을 습격할 것이며, 그 침실에 들어오기 위해서는 비상계단이나 드레스실의 창문을 이용할 것이 틀림없었다.

그는 알리를 계단 문 옆에 세우고, 자신은 드레스실을 계속 감시했다.

앵발리드의 시계가 11시 45분을 알렸다. 서풍이 그 축축한 입김에 음산한 종소리를 실어왔다.

마지막 종소리가 사라졌을 때, 백작은 드레스실 쪽에서 무슨 소리가 살그머니 나는 것 같은 느낌이 들었다. 처음에는 바스락거리는 소리, 아니 무엇인가를 긁는 소리에 이어, 두 번 세 번 같은 소리가 잇달아 들렸다. 네 번째 소리가 났을 때 백작은 그 소리가 무엇인지 알 수 있었다. 단단한, 그리고 숙련된 손이 다이아몬드를 가지고 유리창을 네모나게 자르는 소리였던 것이다.

백작은 심장박동이 빨라지는 것을 느꼈다. 아무리 위험을 많이 겪어온 사람이라도, 또 아무리 위험을 미리 예측하고 있었던 사람이라 할지라도, 저도 모르게 마음이 떨리고 몸에 전율이 흘러, 꿈과 현실, 계획과 실천 사이의 커다란 차이를 느끼지 않을 수 없는 법이다.

그러나 몬테크리스토 백작은 알리에게 이를 알리려고, 손짓만 한 번 했을 뿐이었다. 알리는 드레스실 쪽에서 위험이 다가오고 있다는 것을 알고, 주인 쪽으로 한 걸음 다가섰다.

백작은 상대가 도대체 어떤 자인지, 또 몇 명이나 되는지 알고 싶었다.

지금 유리가 잘리고 있는 창문은, 바로 백작이 드레스실을 들여다보고 있던 구멍 맞은편에 있었다. 백작은 그 창문만 뚫어지게 바라보았다. 그는 어둠 속에서 시커멓게 나타나는 그림자 하나를 보았다. 이윽고 유리창 하나가 마치 바깥에서 종이를 갖다 붙이기라도 한 듯, 완전히 불투명해졌다. 이어서 유리는 소리를 내며 떨어졌지만, 밑으로 떨어지진 않았다. 이렇게 해서 생긴 구멍으로 팔이 하나 쑥 들어오더니, 창문의 손잡이를 찾았다. 잠시 뒤 창문이 스르르 열리면서 한 사나이가 안쪽으로 들어왔다.

남자는 혼자였다.

'담이 큰 친구로군.' 백작은 생각했다.

바로 그때 알리가 살짝 그의 어깨를 건드렸다. 그는 뒤를 돌아보았다. 알리는 두 사람이 있는 방의 큰길로 나 있는 창문을 가리켰다.

백작은 창문 쪽으로 서너 걸음 다가갔다. 그는 충복 알리가 대단히 예민한 감각을 지녔다는 것을 알고 있었다. 과연 한 사나이가 문에서 떨어져 나오더니, 담의 귓돌 위로 올라서서 백작의 집 안에서 무슨 일이 일어나고 있는지 살피는 것이었다.

"좋아!" 백작이 말했다. "두 놈이군. 하나는 들어와서 움직이고, 하나는 망을 보고."

그는 알리에게 거리에 있는 놈을 놓치지 말고 살피라는 손짓을 하고 다시 드레스실에 있는 남자를 지켜보았다.

유리창을 자른 자는 이미 안으로 들어와 양팔을 앞으로 내밀어 방향을 잡고 있었다. 마침내 그 사나이는 모든 것을 파악한 듯했다. 드레스실에는 문이 두 개 있었는데, 그는 양쪽 문의 빗장을 다 젖혀 놓고 있었다.

사나이가 침실 문으로 가까이 왔을 때, 백작은 그가 들어오려는 줄 알고 권총을 준비했다. 그러나 들리는 것은, 단순히 쇠로 된 문고리 사이로 빗장이 미끄러지는 소리였다. 신중했지만 그뿐이었다. 백작이 빗장의 자물쇠 판을 미리 빼놓은 것을 몰랐던 심야의 불청객은, 앞으로도 마치 제 집처럼 완전히 안심할 수 있는 것으로 믿고 행동할 수 있었다.

아무도 없어 마음대로 움직일 수 있다고 생각한 사나이는, 백작은 뭔지 알 수 없는 어떤 커다란 물건 하나를 주머니에서 꺼내 조그만 원탁 위에 놓았다. 그러고는 곧장 책상으로 가서 자물쇠 자리를 더듬어 보더니, 생각했던 것과 달리 열쇠가 꽂혀 있지 않은 것을 알아챘다.

그러나 사나이는 무척 조심스러운 사람으로, 모든 경우를 생각해 본 것이다. 이윽고 백작의 귀에 쇠와 쇠가 서로 스치는 소리가 들려왔다. 그것은 문을 열기 위해 자물쇠공을 부르면 가지고 오는, 가지각색의 열쇠들이 달린 꾸러미가 절겅거리는 소리였다. 도둑들은 이 열쇠 꾸러미를 '밤꾀꼬리'라는 이름으로 부른다. 그것은 아마도 열쇠가 자물쇠 구멍 속에서 맞아 돌아가는 소리가 심야의 노랫소리처럼 몹시 반갑기 때문에 붙인 이름이리라.

"젠장!" 백작은 실망한 듯 미소를 띠며 중얼거렸다. "평범한 도둑놈일 뿐이로군."

어두워서인지 사나이는 자물쇠에 맞는 열쇠를 쉽사리 찾지 못했다. 그래서 원탁 위에 놓아두었던 물건을 이용하기로 했다. 그는 용수철을 눌렀다. 그러자 거기서 약하긴 하나 충분히 주위를 볼 수 있을 만한 불빛이 새어 나와 사나이의 손과 얼굴을 비추었다.

"아니!" 갑자기 백작은 움찔 놀라 뒷걸음질 치면서 중얼거렸다. "저건……."

알리가 도끼를 들었다.

"가만히 있어!" 백작은 낮은 목소리로 말했다. "도끼를 내려 놔라, 무기는 이제 필요 없다."

그러더니 목소리를 더한층 낮추어 말했다. 방금 자기도 모르게 백작이 놀라서 내지른 소리는, 비록 약하긴 했지만, 고대 예술품의 칼을 가는 사람 자세로 있던 사나이를 떨게 했다. 백작이 말한 것은 하나의 명령이었다. 알리는 곧 발끝으로 걸어서 벽에 걸려 있던 검은 옷과 삼각 모자를 가져왔다. 그러는 사이에 백작은 입고 있던 프록코트와 조끼, 셔츠를 서둘러 벗었다. 이동식 벽판 틈으로 새어 들어오는 불빛에, 백작이 가슴에 걸치고 있던 부드러우면서도 촘촘한 강철 사슬로 된 속옷이 드러났다. 이것을 마지막으로 입은 사람은, 단도가 더 이상 두려운 것이 아닌 이 프랑스에서는, 아마도 루이 16세일 것이다. 가슴에 칼을 맞을까 봐 두려워서 그걸 입었던 그는 목에 도끼날을 맞고 죽었으니 말이다. 목에 도끼를 맞고 죽었다 _(루이 16세는 프랑스 대혁명 때 단두대에서 목이 잘렸다).

이윽고 그 속옷은 긴 사제복으로 가려져 보이지 않았다. 머리카락도 삭발한 가발 밑으로 사라졌다. 그 가발 위에 삼각모를 쓰니, 백작은 완전히 신부의 모습으로 변했다. 한편 도둑은 아무 소리도 들리지 않자, 다시 몸을 일으켰다. 백작이 변장하는 동안에 사나이는 곧장 책상으로 가서 열쇠로 '밤꾀꼬리' 소리를 내기 시작했다.

"좋아!" 백작이 말했다. 백작은 뭔가 믿는 구석이 있는 사람처럼 안심하고 있었는데, 마치 문 따는 도둑에게는 알려지지 않게 될 무슨 열쇠업계의 비밀이라도 가진 것 같았다. "됐어! 아직 5, 6분은 넉넉히 걸리겠지." 그러고 나서 백작은 창문 앞으로 갔다.

좀 전에 담의 귓돌 위에 올라서 있던 사나이는 다시 밑으로 내려가 있었다. 그리고 여전히 큰길을 돌아다니고 있었다. 그러나 이상하게도 사나이는 샹젤리제 거리나 생토노레 구역 쪽에서 인기척이 날까 봐 겁을 내지 않고, 오히려 백작의 집 안에서 일어나고 있는 일에만 신경 쓰는 것 같았다. 그의 움직임 하나하나는 백작 집의 드레스실에서 일어나는 일을 엿보는 데만 집중하고 있었다.

백작은 갑자기 이마를 탁 쳤다. 그리고 반쯤 열린 입가에 조용한 미소가 떠올랐다.

그는 다시 알리에게 가까이 가서 아주 낮은 소리로 말했다.

"그냥 여기 어두운 데 숨어 있어라. 그리고 무슨 소리가 나든, 무슨 일이 일어나든, 내가 부를 때까지 들어오지도 모습을 드러내지도 마라."

알리는 주인의 말을 알아듣고 명령대로 따르겠다는 표시로 고개를 끄덕여 보였다.

백작은 장 속에서 초를 하나 꺼내 불을 붙였다. 그리고 도둑이 한창 자물쇠 열기에 열중하고 있을 때, 자기 얼굴이 똑똑히 보이도록 촛불을 들고 조용히 문을 열었다.

문이 너무나 조용히 열려서, 도둑은 그 소리조차 듣지 못했다. 그러나 갑자기 방이 환해지는 것을 보고 깜짝 놀랐다.

그는 뒤를 돌아보았다.

"안녕하시오! 카드루스 씨." 백작이 말했다. "그런데 도대체 이 시간에 여긴 웬일이시오?"

"부소니 신부님!" 카드루스가 소리쳤다.

그리고 문이란 문은 다 잠가두었는데 어떻게 이렇게 나타날 수 있었는지 놀라며, 열쇠 꾸러미를 떨어뜨린 채 마치 뒤통수라도 얻어맞은 사람처럼 꼼짝 못하고 얼떨떨해 있었다.

카드루스와 창문 사이에 있던 백작은 벌벌 떨며 두려워하고 있는 도둑의 유일한 탈출구를 막아 버렸다.

"부소니 신부님!" 카드루스는 당황한 눈길로 백작을 보며 되풀이했다.

"암, 물론 그 부소니 신부요." 백작이 말했다. "바로 내가 그 사람이오. 카드루스 씨, 기억해 준 것만으로도 기쁘군요. 우린 기억력이 좋은 사람들이구려. 내 생각이 틀림없다면, 우리가 서로 못 본 지도 이럭저럭 십 년은 됐으니까."

이 침착한 태도, 이 빈정거리는 말투, 그리고 이 위엄 있는 모습 앞에서 카드루스는 현기증이 날 정도로 공포에 사로잡히고 말았다.

 "신부님! 신부님!" 카드루스는 주먹을 불끈 쥐고 이를 딱딱거리며 중얼거렸다.

 "그러니까 몬테크리스토 백작 집에서 뭘 훔치려는 게로구려?" 자칭 신부가 말했다.

 "신부님," 카드루스는 백작이 무자비하게 가로막고 있는 창문으로 가려고 하며 중얼거렸다. "신부님…… 저는 모릅니다……. 제발 좀 믿어주십시오……. 맹세합니다."

 "하지만 유리창이 잘려 있고, 등불도 있고 밤꾀꼬리도 있고, 게다가 책상도 반은 억지로 열려 있으니 이것만으로도 분명하지."

 카드루스는 넥타이로 자기 목을 조르고 있었다. 그리고 어디 숨을 구석이나 들어갈 구멍이 없나 찾고 있었다.

 "그런데 당신은 여전히 그 모양 그 꼴이구려." 백작이 말했다.

 "신부님께선 뭐든 다 알고 계시니 말씀드리겠습니다만, 제가 아니라 제 여편네가 한 짓입니다. 그건 재판에서도 판결이 났어요. 그래서 제겐 옥살이만 시킨 게 아닙니까."

 "그래, 이렇게 또 옥살이 해야 할 짓을 하고 있는 걸 보니 형기는 마친 모양이지요?"

 "아니요, 신부님. 어떤 분의 도움으로 빠져나왔죠."

 "그렇다면 그 양반은 사회에 아주 훌륭한 일을 하셨군그래."

 "아! 그 대신 전 아주 확실한 약속을 했습니다……." 카드루스가 말했다.

 "그런데 그 약속을 어겼단 말이로군요?" 백작이 끼어들었다.

 "예, 부끄럽습니다만." 자못 불안한 듯이 카드루스가 대답했다.

 "또 그 못된 버릇이 도졌구려……. 잘은 몰라도 이번엔 그레브 광장^(센 강변에 있었던 사형 집행장)으로 끌려가겠군. 하긴 그것도 다, 우리나라 속담을 빌리자면, 뿌린 대로 거두는 거니까."

 "신부님, 사실 저는 어쩔 수 없이……."

 "죄수들이란 누구나 그런 소릴 하지."

 "궁색했던 차라……."

"그런 소린 그만둡시다." 부소니 신부는 깔보는 듯이 냉담하게 말했다. "배가 고프면 동냥을 나서거나, 빵 가게 앞에서 빵을 한 조각 훔칠 수는 있겠지. 그렇지만 사람이 없는 집에 들어가 책상을 부수지는 않아. 그 보석상 조아네스가 당신한테, 내가 준 다이아몬드 값으로 4만 5천 프랑을 지급했을 때, 다이아몬드와 그 돈을 몽땅 빼앗으려고 그를 죽인 것도 살기가 어려워서 그랬던 건가?"

"죽을 죄를 지었습니다. 신부님, 신부님께선 전에도 한번 절 구해 주셨으니, 제발 한 번만 더 구해 주십시오."

"그럴 마음이 안 나는데."

"신부님, 신부님께선 지금 혼자십니까?" 카드루스가 두 손을 모으며 물었다. "아니면 경관들이 저를 잡으려고 벌써 여길 와 있습니까?"

"나 혼자뿐이오." 신부가 말했다. "만약 사실을 바른 대로 말하겠다면, 한 번 더 동정해 줄 여지는 있소. 내 약한 마음 때문에 또 다른 불행이 일어난다 하더라도 말이오."

"오, 신부님!" 카드루스는 두 손을 모으고 백작 앞으로 한 걸음 다가서며 소리쳤다. "신부님은 정말 제 구세주이십니다."

"아까 누가 감옥에서 당신을 구해 주었다고 했지요?"

"네, 이 카드루스의 양심에 걸고 맹세합니다, 신부님!"

"그게 누구요?"

"영국 사람입니다."

"이름은?"

"월모어 경이라고 합니다."

"그 사람이라면 내가 알고 있어. 그러니까 당신이 거짓말을 하는지 안 하는지 내가 알아볼 수 있소."

"신부님, 모두 정말입니다."

"그럼, 그 영국인이 당신을 돌봐주었단 말이오?"

"아니오, 제가 아닙니다요. 제 교도소 동료인 젊은 코르시카 사람을 돌보아주었습죠."

"그 코르시카 청년 이름은?"

"베네데토입니다요."

"그건 세례명이군?"

"다른 이름은 없습니다. 버려진 아이였으니까요."

"그럼, 그 청년이 당신과 같이 탈옥했단 말이지?"

"그렇습니다."

"탈옥은 어떻게?"

"우린 툴롱 근처의 생망드리에서 노역을 했습죠. 생망드리에를 아십니까?"

"알고 있소."

"그런데 모두들 정오부터 1시까지 낮잠을 자고 있는 동안에⋯⋯."

"징역수들이 낮잠이라니! 차라리 너무 자유로워서 불만이라고 하시지!" 신부가 말했다.

"글쎄요!" 카드루스가 말했다. "쉴 새 없이 일만 할 수는 없잖습니까요? 개가 아니니까요."

"개들이라면 행복해했겠지!"

"하여튼 다른 사람들이 낮잠을 자고 있는 동안에, 우리는 조금 떨어진 곳에 있었지요. 거기서 영국 사람이 갖다 준 줄칼로 쇠사슬을 끊고, 물에 뛰어들어 헤엄쳐 탈옥했습니다."

"그래, 베네데토는 어떻게 됐나?"

"그건 저도 모릅니다."

"알고 있을 텐데?"

"정말 모릅니다. 우린 그때 예르^(지중해와 접하고 있는 남프랑스의 도시)에서 헤어졌으니까요."

카드루스는 모른다는 말을 한층 더 강조하려고 신부 앞으로 한 발자국 더 다가섰다. 그러나 신부는 여전히 침착했고 심문하는 듯한 태도로 제자리에서 꼼짝도 하지 않았다.

"거짓말을 하는군!" 신부는 감히 거역할 수 없는 위엄으로 말했다.

"신부님⋯⋯ !"

"거짓말이군. 그 사람은 지금도 당신 친구잖소. 그리고 이번 일도 그를 공모자로 이용한 거잖소?"

"오, 신부님⋯⋯ !"

"툴롱을 떠나고서 당신은 어떻게 살아왔지? 대답하시오."

"그럭저럭 살아왔습지요."

"거짓말!" 신부는 세 번째로 위압적으로 말했다.

카드루스는 겁에 질려 부들부들 떨며 신부를 바라보았다. 신부가 말을 이었다.

"당신은 그 청년이 준 돈으로 살아왔지?"

"예, 그렇습니다." 카드루스가 대답했다. "베네데토는 대귀족의 아들이 됐거든요."

"어떻게 아들이 됐지?"

"사생아였답니다요."

"그래, 그 귀족의 이름은?"

"몬테크리스토 백작입니다. 여기가 그 집이죠."

"베네데토가 백작의 아들이라고?" 이번에는 백작이 놀라서 물었다.

"그렇습니다! 백작은 그 애를 위해서 가짜 아비까지 얻어주고, 한 달에 4천 프랑씩 주고 있답니다요. 게다가 유서에는 50만 프랑을 물려주는 것으로 해놨다고 하던데요."

"아, 그랬구먼!" 겨우 이해가 간 가짜 신부가 말했다. "그래 그 청년은 지금 어떤 이름으로 행세하고 있소?"

"안드레아 카발칸티라고 하지요."

"그럼 바로 내 친구 몬테크리스토 백작이 집 안에 드나들게 하고, 당글라르 씨의 딸과 결혼하게 될 그 청년이군그래?"

"예, 맞습니다."

"그런데 그 청년의 과거며 오점들을 다 알고 있으면서 당신은 그저 잠자코 보고만 있겠다는 건가?"

"친구가 출세하는데 왜 방해를 하겠습니까?" 카드루스가 말했다.

"하긴 그렇지, 당신이 당글라르 씨에게 그런 걸 알려 줄 처지는 아니오. 그건 내가 할 일이지."

"제발 그러진 말아주십시오, 신부님!"

"왜지?"

"그렇게 되면 우리 둘 다 밥줄이 끊어지게 됩니다요."

"그럼 내가 당신들 같은 악당들의 밥줄이 끊어지지 않도록 같이 공모라도 해야 한다는 말인가? 그런 못된 짓을 하는 걸 그냥 보고만 있으라고?"

"신부님!" 카드루스가 또 한 발 앞으로 다가서며 애원하듯이 말했다.

"내가 모든 걸 다 말하지."

"누구에게요?"

"당글라르 씨에게."

"에잇, 빌어먹을!" 카드루스는 그 순간 시퍼런 단도를 조끼에서 꺼내 백작의 가슴 한가운데를 찌르면서 외쳤다. "이놈의 신부, 말을 못하게 해주마!"

그런데 순간 카드루스는 흠칫 놀랐다. 단도가 백작의 가슴 속에 박히지 않고 튕겨 나오는 것이었다.

그때를 놓치지 않고 백작은 왼손으로 도둑의 팔목을 잡아 힘껏 비틀었다. 카드루스는 손가락이 뻣뻣해지자 칼을 떨어뜨리며 자기도 모르게 비명을 질렀다.

그러나 백작은 그 비명에도 아랑곳하지 않고 더욱 힘을 주어 도둑의 팔목을 비틀었다. 카드루스는 털썩 무릎을 꿇더니 얼굴을 땅에 박고 쓰러졌다.

백작은 발로 사나이의 머리를 짓누르면서 말했다.

"이대로 머리를 짓이겨 버릴 수도 있어, 이 악당아!"

"아악! 제발! 제발, 살려주세요!" 카드루스가 외쳤다.

백작은 발을 치웠다.

"일어나!"

카드루스는 일어섰다.

"제길! 팔심 한번 대단하시군! 신부님!" 카드루스는 집게같이 강한 손아귀에 비틀려 으스러져버릴 뻔한 팔을 문지르며 말했다. "제기랄! 무슨 팔심이 이렇게 세담!"

"조용히 해. 하느님께서 너 같은 맹수를 잡으라고 나한테 그런 힘을 주신거다. 나는 하느님의 뜻대로 움직일 뿐이야. 잊지 마, 내가 지금 너 같은 인간을 용서해 주는 것도 다 하느님의 뜻에 따르기 위해서라는 걸 말이야."

"아이고!" 카드루스는 너무 고통스러워 신음했다.

"자, 이 펜과 종이를 받아. 그리고 내가 부르는 대로 써라."

"전 쓸 줄 모릅니다, 신부님."

"거짓말 마. 어서 이 펜하고 종이를 들고 써!"

카드루스는 이 압도적인 힘에 눌려, 자리에 앉아 쓰기 시작했다.

　귀하가 귀댁에 출입을 허락하시고 따님과 결혼까지 시키려는 자는, 본인과 함께 툴롱 감옥을 탈옥한 전과자입니다. 그자는 59호, 본인은 58호 죄수였습니다.

　그자의 이름은 베네데토입니다. 부모의 얼굴을 본 적이 없는 자라, 본명은 그 자신도 모르고 있습니다.

"서명 해!" 백작이 다그쳤다.

"절 잡아가게 하실 겁니까?"

"바보 같은 놈, 내가 널 잡아가게 하려 했다면 근처 경찰서로 데려갔을 거다. 그러면 이 편지가 도착할 때쯤 넌 무사태평하게 지내고 있겠지. 자, 어서 서명해."

카드루스는 서명을 했다.

"주소는 '쇼세당탱 거리, 은행가 당글라르 남작 귀하'다."

카드루스가 주소를 쓰자 백작이 편지를 집어들며 말했다.

"이젠 됐어. 가!"

"어디로 나갈까요?"

"들어온 길로 해서."

"그럼 저더러 이 창문으로 나가라는 겁니까?"

"그리로 들어오지 않았나?"

"신부님, 절 어떻게 하시려는 생각을 품고 계시군요?"

"바보 같은 소리, 내가 무슨 생각을 한다는 거야?"

"그런데 왜 문을 열어주시지 않는 겁니까?"

"일부러 문지기를 깨울 필요가 있나?"

"신부님, 제가 죽기를 바라시는 건 아니겠죠?"

"난 하느님께서 바라시는 것을 바라는 사람이다."

"그럼 제가 내려갈 때까지 저를 죽이지 않겠다고 약속해 주시겠습니까?"

"멍청한 데다 비굴한 인간이로군!"

"절 어떻게 하실 생각입니까요?"

"그건 내가 물을 소리야. 난 널 좋은 사람으로 만들어주려고 애썼는데, 넌 살인자가 되고 말았으니."

"신부님," 카드루스가 말했다. "한 번만 더 기회를 주십시오."

"좋아," 백작이 말했다. "넌 내가 약속을 잘 지키는 사람이란 걸 알고 있겠지?"

"예."

"네가 무사히 집에 돌아간다면……."

"신부님만 절 가만 두신다면, 제가 겁날 게 또 뭐가 있겠습니까?"

"네가 무사히 집에 돌아간다면 파리를 떠나는 거야. 프랑스를 떠나는 거라고. 네가 어디에 있든 정직하게만 산다면, 내가 생활비를 조금 보내주마. 단, 무사히 돌아간다면 말이다. 그러면……."

"그러면이라니요?" 카드루스가 몸을 부들부들 떨며 물었다.

"그렇게 되면 하느님이 널 용서해 주신 걸로 믿을 수 있지. 그러면 나도 너를 용서하는 거고."

"전 정말 하느님을 믿습니다." 카드루스가 뒤로 물러서며 중얼거렸다. "그렇게 말씀하시니 겁이 나 죽겠습니다."

"자, 어서 꺼져!" 백작이 창문을 가리키며 말했다.

카드루스는 이러한 약속에도 아직 마음을 놓지 못한 채로, 창문을 넘어 사다리 위에 발을 디뎠다.

거기서 그는 부들부들 떨며 발을 멈추었다.

"이제 내려가!" 신부가 팔짱을 끼고 서서 말했다.

카드루스는 그제야 안심하고 사다리를 내려가기 시작했다.

백작은 촛불을 들고 다가갔다. 카드루스가 사다리를 내려가는 모습이 불빛을 받아 샹젤리제 쪽에서 뚜렷하게 보이게 할 셈이었다.

"도대체 왜 이러십니까, 신부님?" 카드루스가 물었다. "혹 순찰대라도 지나가면……."

백작은 촛불을 껐다. 그제야 카드루스는 계속 아래로 내려갔다. 그는 발이 정원의 땅에 닿고서야 비로소 안도의 숨을 내쉴 수 있었다.

백작은 다시 침실로 돌아왔다. 그는 재빨리 정원에서 큰길까지 둘러보았다. 내려간 카드루스가 정원을 한 바퀴 돌아 담 한쪽 모퉁이에 사다리를 세워놓는 것이 보였다. 들어왔을 때와는 다른 곳으로 나가기 위해서였다.

이번에는 정원에서 눈을 돌려 큰길 쪽을 보았다. 큰길에서 누군가를 기다리고 있는 듯 보이던 사나이가, 카드루스와 평행으로 큰길을 뛰어가서 바로 카드루스가 내려설 자리쯤 되는 곳의 모퉁이 뒤에 숨는 것이 보였다.

카드루스는 천천히 사다리 위로 올라갔다. 꼭대기까지 올라가자, 그는 길에 아무도 없는지 확인하기 위해 담 너머로 고개를 내밀었다.

주위에 사람은 하나도 보이지 않았다. 아무 소리도 나지 않았다.

앵발리드에서 1시를 알리는 종소리가 들려왔다.

카드루스는 담장 위에 걸터앉아 사다리를 끌어올려서는 담장 밖으로 넘겨놓았다. 그러고는 내려가기 시작했다. 내려간다기보다는 사다리의 양쪽 기둥을 붙잡고 미끄러져 내린다는 편이 옳을 것이다. 그 능숙한 솜씨로 보아, 그가 늘 해온 일임을 알 수 있었다. 그러니까 한번 미끄러지기 시작하면 도중에 멈출 수는 없었다. 그가 중간쯤 내려왔을 때 한 사나이가 어둠 속에서 뛰어나오는 것이 보였지만 어떻게 할 수가 없었다. 발이 땅에 닿는 찰나, 어둠 속에서 팔 하나가 치켜 올라오는 것을 보았지만 역시 어쩔 도리는 없었다. 카드루스가 채 자기 몸을 방어할 태세도 갖추기 전에, 그 팔이 카드루스의 등을 세게 내리쳤다. 그는 사다리를 잡았던 손을 놓치며 소리쳤다.

"사람 살려!"

그러자 그와 거의 동시에, 이번에는 옆구리를 맞았다. 그는 푹 쓰러지며 소리를 질렀다.

"살인이야!"

카드루스가 쓰러지자 상대는 그의 머리채를 휘어잡더니, 가슴 한복판을 세 번째로 내리쳤다.

카드루스는 또 한 번 소리를 지르려 했으나 신음밖엔 낼 수 없었고, 그 신음과 함께 세 군데 상처에서는 핏줄기가 뿜어져 나왔다. 암살자는 카드루스가 소리를 못 지르는 것을 보자, 머리채를 쥐어 고개를 끌어올려 보았다. 카드루스는 눈을 감은 채, 입술을 일그러뜨리고 있었다. 그는 카드루스가 죽었다 생각하고는 들어올렸던 머리를 다시 내려놓은 뒤 사라져버렸다.

그자가 사라졌다고 생각되자, 카드루스는 팔꿈치를 짚고 일어서며 필사적으로 힘을 짜내어 소리쳤다.

"살인이야! 사람 살려! 신부님! 신부님!"

이런 끔찍한 부르짖음이 주위의 어둠을 찢었다. 비밀계단의 문이 열리고 이어 정원의 작은 문이 열렸다. 그리고 알리와 백작이 등불을 들고 달려왔다.

신의 손길

카드루스는 계속 처량한 목소리로 외치고 있었다.

"신부님, 살려주세요! 살려주세요!"

"무슨 일인가?" 백작이 물었다.

"살려주세요!" 카드루스는 애원했다. "누가 날 죽이려 했습니다요!"

"우리가 왔네! 정신 차리게!"

"아! 이젠 틀렸어요. 너무 늦게 오셨어요! 난 이젠 죽어요. 당했어! 피가 이렇게 많이 나오다니!"

그러고는 기절해 버렸다.

알리와 백작은 그를 들어 방으로 옮겼다. 백작은 알리에게 카드루스의 옷을 벗기게 했다. 그리고 끔찍한 상처가 세 군데나 된다는 것을 확인했다.

"하느님!" 백작은 중얼거렸다. "당신의 복수에는 종종 너무 오랜 시간이 필요합니다. 그러나 그것은 보다 더 완전해지기 위해서이리라고 믿습니다."

알리는 어떻게 하면 좋을지 묻는 듯 백작을 가만히 바라보았다.

"생토노레 구역에 사는 빌포르 검사를 모셔와. 가는 길에 문지기를 깨워 의사를 불러오게 하고."

알리는 그 명령에 따라 백작과 정신을 잃은 카드루스를 남겨두고 자리를 떠났다. 카드루스는 여전히 의식이 없었다. 그가 다시 눈을 떴을 때, 백작은 그에게서 몇 발자국 떨어진 곳에 앉아 경건하고도 어두운 표정으로 그를 지켜보고 있었다. 움직이고 있는 그의 입술은 기도를 하고 있는 듯했다.

"신부님, 의사를 불러 주세요! 의사를!" 카드루스가 말했다.

"의사를 부르러 갔네." 신부가 대답했다.

"의사가 와도 전 살지 못할 거예요. 하지만 기운은 좀 차리게 해 주겠죠. 죽기 전에 할 말을 마칠 시간이라도 벌고 싶습니다요."

"뭘 말인가?"

"날 죽인 자에 대해서요."

"그자가 누군지 아시오?"

"아다마다요! 알지요, 베네데토예요."

"그 코르시카 젊은이?"

"맞습니다."

"당신 동료라면서?"

"예, 그자는 나한테 이 집 도면을 주면 내가 틀림없이 백작을 죽이리라 여기고, 그러면 자기가 상속자가 되리라 믿은 거죠. 그래서 나만 없애면 걸림돌이 없어진다고 생각해서 큰길에서 날 기다리고 있다가 죽이려 한 겁니다요."

"내가 의사를 부르면서 검사님도 모셔오도록 그 댁으로 사람을 보내놨네."

"늦을 겁니다. 이미 늦었을 거예요." 카드루스가 말했다. "온몸의 피가 다 빠져나가는 것 같아요."

"기다리게." 백작이 말했다.

그는 나가더니 잠시 뒤 약병을 들고 돌아왔다. 거의 죽어가던 사나이는 백작이 없는 동안 내내 그 문만을 무섭게 지켜보았다. 그는 직감적으로 그 문으로 구원의 손길이 들어오리라고 느꼈던 것이다.

"어서요! 신부님, 어서요! 또 정신을 잃을 것만 같아요."

백작은 환자 옆으로 와서 그 보랏빛 입술에 병 속에 들어 있던 약을 서너 방울 떨어뜨렸다.

카드루스는 한숨을 한 번 내쉬었다.

"오, 마치 생명의 물이라도 넣어주신 것 같군요……. 좀더……."

"두 방울만 더 주면 자네는 죽을 걸세." 신부가 대답했다.

"오, 빨리 왔으면 좋겠는데. 그래야 그놈을 고발할 수 있어요."

"내가 당신 진술을 받아써 줄까? 자네는 거기에 서명만 하면 돼."

"네…… 네……" 카드루스가 대답했다. 죽어서도 복수할 수 있다는 생각에 그의 눈이 빛났다.

백작이 받아썼다.

나는 살해당해 죽습니다. 살인자는 코르시카 사람 베네데토, 툴롱 교도소에 있었던 저의 동료 죄수 59호입니다.

"빨리요! 빨리!" 카드루스가 말했다. "서명도 못할 거 같습니다요."

백작은 그에게 펜을 쥐어 주었다. 그는 있는 힘을 다해서 서명하고 나자, 다시 마루에 쓰러지며 이렇게 말했다.

"그 나머지는 신부님께서 말씀해 주세요. 그놈은 안드레아 카발칸티라는 이름으로 왕자 호텔에 묵고 있습니다. 그리고…… 아! 아! 하느님! 하느님! 이제 전 죽습니다!"

카드루스가 다시 의식을 잃었다.

신부는 약 냄새를 맡게 해주었다. 그러자 카드루스는 다시 눈을 떴다. 의식을 잃은 동안에도 복수에 대한 집념은 버리지 않았다.

"신부님, 그 얘길 다 해주실 거죠, 그렇죠?"

"다 하겠네. 게다가 다른 일들까지도."

"뭘요?"

"그자는 당신이 백작 손에 죽을 거라 생각하고 이 집 도면을 당신에게 주었을 거라는 것. 그자가 미리 백작에게 편지를 보내서 알렸다는 것. 그리고 백작이 집에 없어 그 편지를 내가 받았기에 내가 당신을 밤새 기다리고 있었다는 것 등을 말하겠네."

"그 자식은 단두대행이겠죠?" 카드루스가 물었다. "틀림없이 단두대에 서겠죠? 그런 확신이라도 있어야 저는 눈을 감겠습니다. 그래야 안심하고 죽겠어요."

"게다가 그자가 당신 뒤를 따라와 계속 밖에서 지키고 있다가, 당신이 나오는 것을 보자 담 밑으로 뛰어가 거기에 숨어 있었다는 것을 말하겠네."

"그럼 신부님께선 그걸 다 보셨군요?"

"그래 내가 뭐라던가? '만약 네가 무사히 집으로 돌아간다면 하느님께서 너를 용서해 주신 것으로 믿고, 나도 너를 용서해 주마' 하지 않았던가?"

"왜 알려주지 않으셨습니까?" 카드루스는 팔꿈치를 짚고 일어서려 애쓰며 소리쳤다. "신부님께선 제가 여기서 나가면 죽으리라는 걸 아시면서도 아무 소리 안 하셨단 말씀이군요!"

"안 했지, 그건 베네데토의 손이 곧 하느님의 정의라고 생각했기 때문이야. 하느님의 뜻을 거스르는 건 곧 하느님을 거역하는 짓이니까."

"하느님의 정의라고요? 신부님, 그런 말씀 마십쇼. 하느님의 정의가 있다면 당연히 벌을 받아야 하는데, 이 세상에 벌을 안 받아도 될 사람이 몇이나 있겠습니까?"

"두고 봐야지!"

백작의 어조는 카드루스를 오싹하게 했다.

카드루스는 놀란 듯이 백작을 바라보았다.

"그리고 하느님께선 당신한테 그러셨던 것과 마찬가지로 모든 사람들에게 자비를 베푸시는 거야. 하느님께선 재판관이기 이전에 아버지이시니까." 신부가 말했다.

"아! 도대체 신부님은 하느님을 믿으시는 게 맞나요?" 카드루스가 말했다.

"불행히도 지금까지는 하느님을 믿지 않았다 해도 이런 꼴을 보니 믿지 않을 수 없군."

카드루스는 두 주먹을 불끈 쥐어 하늘로 쳐들었다.

"잘 들어라," 신부는 마치 그에게 신앙을 심어주려는 듯 손을 내밀며 말했다. "네가 마지막 이 순간까지도 믿으려 하지 않는 하느님께서는 너를 위해 이런 일을 해 주셨다. 즉 건강과 힘과 확실한 직업과 친구들을, 그리고 마음 편하게 자연의 소망에 만족하며 조용히 살아갈 수 있는 생활을 주셨다. 그런데 이렇게 완전히 받기 힘든 그 은혜를 잘 가꾸지는 않고 도대체 너는 무슨 짓을 했지? 너는 게으름과 술독에만 빠져 살다가 취중에 가장 좋은 친구까지 배반했다."

"살려주세요!" 카드루스가 소리쳤다. "난 지금 신부 따윈 필요 없어. 의사가 필요해. 치명상이 아닐지도 모르니까. 아직 죽을 때가 아냐. 어쩌면 살아날지도 몰라!"

"그 상처로는 이제 살아날 수 없다. 아까 그 세 방울의 약이 없었으면 넌 벌써 죽었을 것이다. 자, 잘 들어."

"아!" 카드루스가 중얼거렸다. "정말 이상한 신부로군. 죽어가는 사람을 위로하기는커녕 오히려 절망을 안겨주고 있네."

"잘 들어라," 신부가 말을 이었다. "네가 친구를 배반했을 때, 하느님께선 벌을 내리시기 전에 먼저 주의를 주셨지. 그래서 너는 비참해지고, 가난으로 먹을 것도 부족했던 것이다. 그러다가 남은 생애를 보낼 돈이나 충분히 벌어 보겠다고, 이번엔 먹고살기 위해 어쩔 수 없다는 구실로 죄를 지을 생각까지 했단 말이지. 그때 하느님께선 내 손을 빌어 당신에게 기적을 베풀어 주셨지. 당신같이 가난한 자에게 재산을 만들어 주신 것이다. 그때까지 아무것도 없던 당신에겐 눈이 뒤집힐 정도의 재산이었지. 하지만 생각지도 못한, 감히 바라지도 못하고 들어보지도 못하던 재물이 손에 들어왔는데도 너는 그걸 손에 넣는 순간부터 그것만으론 만족을 못했어. 그 곱절을 원했지. 그래서 그럴 수 있는 방법이란 무엇이었지? 살인이었다. 그렇게 해서 너는 재산을 배로 늘렸지만, 그때 하느님께선 너를 인간의 심판대 앞으로 인도하셔서 그 재물을 도로 거두어 가신 것이다."

"그 유대인 보석상을 죽이려고 한 건 제가 아니었어요, 제 여편네였지요."

"그래," 백작은 말했다. "하느님께서 늘 정당하시다는 건 아니다. 만약 언제나 정당하시기만 하다면 재판에서 너에게 사형을 내리셨을 테니까. 하지만 언제나 자비로우시기도 하신 하느님께선 재판관들이 네 말을 동정하여 널 살리도록 허락하신 것이다."

"그래서 뭐! 난 종신형이었어. 쳇, 자비치곤 대단한 자비였지!"

"이 불쌍한 사람아! 넌 그 자비가 베풀어졌을 때 그걸 감사하게 생각했잖은가! 죽음 앞에 벌벌 떨고 있던 겁쟁이인 너는, 영원히 치욕을 겪을 선고를 받고서도 펄쩍 뛰며 기뻐하지 않았나! 모든 죄수들이 생각하듯 너도 '무덤엔 문이 없지만, 감옥엔 문이 있다'고 해서 좋아했던 게 아니냔 말이다! 과연 네 생각대로였지. 감옥의 문이 뜻밖에도 너를 위해 열렸으니. 한 영국 사람이 툴롱에 와서 징역수를 둘 구해주고 싶어했는데, 그러한 그의 뜻이 하필이면 너와 네 친구 녀석한테 떨어졌지. 두 번째 행운이 하늘에서 내려와, 너에게 돈과 안정된 생활이 한꺼번에 굴러들어왔지. 그래서 너는 죄수로서 징역살이나 해야 할 인간이, 보통 사람들이 누리는 생활을 버젓이 할 수 있게 된 거야. 그러자 이번에 넌 하느님을 한번 더 시험해 보려 들었어. 여태까지 가져보지 못했던 많은 돈을 가지고도 부족해서, 이번에는 아무 이유도 없이 죄를 범했단 말이지. 이젠 하느님께서도 포기하시고 널 벌하신 거다."

카드루스는 눈에 띄게 쇠약해져 갔다.

"물을…… 목말라…… 목이 타!" 그가 말했다.

백작은 그에게 물을 한 컵 주었다.

"빌어먹을 놈의 베네데토!" 카드루스는 컵을 돌려주며 말했다. "그 자식은 도망가겠지!"

"아무도 도망가지 못 한다. 카드루스, 그건 내가 확실히 말할 수 있다……. 베네데토도 벌을 받을 것이다."

"그럼 당신도 벌을 받을 거요," 카드루스가 말했다. "당신은 신부로서의 의무를 다하지 않았으니까……. 당신은 베네데토가 날 죽이는 걸 막았어야 했어."

"내가!" 백작은 다 죽어가던 카드루스가 섬뜩할 정도로 빙그레 웃으며 말했다. "너는 단도가 망가질 만큼 내 가슴에 걸친 갑옷을 칼로 찔러 놓고, 베네데토가 널 죽이는 걸 막지 않았다고 지금 나를 원망하는 건가? ……그래, 만약 네가 미안해하고 네 죄를 후회하는 빛이 있었다면, 베네데토가 널 죽이는 걸 막았을지도 모르지. 그러나 너는 오만하게도 살의까지 품고 있었다. 그래서 하느님의 뜻에 널 그대로 맡겨둔 거야."

"난 하느님 따위 믿지 않아!" 카드루스가 으르렁거렸다. "당신도 믿지 않잖아…… 다 거짓말이야…… 거짓말 말라고."

"닥쳐!" 신부가 말했다. "몇 방울 안 남은 피까지 흘려버리고 싶으냐? 아! 그래, 너는 하느님을 믿지 않으니, 하느님께 벌을 받아 죽는 것이다…… 아! 넌 하느님을 믿지 않는구나. 그러나 하느님께서는 널 용서하는 조건으로 너의 한 마디 기도, 한 방울의 눈물밖에는 요구하지 않으신다…… 하느님께선 그 살인자의 칼로 너를 죽일 수도 있었지만, 네가 참회하도록 15분이라는 시간까지도 주셨다…… 어서 너 자신으로 돌아가라! 불쌍한 인간, 다시 생각해라!"

"싫소," 카드루스가 말했다. "싫소. 난 참회 따위 하지 않아. 하느님은 없어, 섭리란 것도 없고. 모두 우연이라고."

"섭리도 있고 하느님도 계시다." 백작이 말했다. "그 증거는 네가 거기 그렇게 쓰러진 채 신을 부정하며 절망하고 있다는 것이지. 그리고 부유하고 행복한 내가 무사히 네 앞에 서서, 네가 믿지 않으려고 애쓰면서도 속으로는 믿고 있는 하느님께 두 손 모아 기도하고 있다는 것이지."

"도대체 당신은 누구야?" 카드루스는 꺼져가는 두 눈으로 백작을 바라보며 물었다.

"나를 잘 봐라." 백작은 촛불을 들어 얼굴로 갖다 대며 말했다.

"그래, 분명 신부인데…… 부소니 신부……."

백작은 변장하고 있던 모자와 가발을 벗었다. 그리고 그 창백한 얼굴에 잘 어울리는 아름다운 검은 머리를 늘어뜨렸다.

"앗!" 카드루스는 겁에 질린 듯이 소리쳤다. "머리가 검지 않다면 꼭 그 영국사람 같군요. 윌모어 경 같습니다."

"나는 부소니 신부도, 윌모어 경도 아니다." 백작이 말했다. "잘 봐라. 좀 더 옛날로 돌아가서 기억을 더듬어봐."

이렇게 내뱉은 백작의 말은 마치 전기라도 통하듯, 쇠약해져 가던 카드루스의 다 꺼진 감각을 마지막으로 일깨워 주었다.

"아! 정말," 그는 말했다. "어디서 본 것 같습니다요, 옛날에 알던 사람 같아요."

"그래. 카드루스, 넌 나를 본 일도 있고 잘 알기도 해."

"대체 누구란 말이오? 나를 본 일도 있고 잘 아는 사람이라면서 어째서 나를 죽게 내버려둔단 말이오?"

"넌 어디서도 구원받을 수 없는 인간이기 때문이야. 네 상처는 어차피 치명적이다. 네게 구원의 여지가 있었다면 나도 하느님의 마지막 자비라고 생각해서, 아버지의 무덤을 걸고 맹세하건대, 너를 살려 참회시켜 보았을 거다."

"아버지의 무덤에 걸고라니!" 카드루스는 마지막 힘을 끌어 모아, 지위고하를 막론하고 누구에게나 신성한 이런 맹세를 하는 사람이 어떤 사람인지 좀 더 가까이 보려고 몸을 일으켰다.

"그런 말을 하는 당신은 도대체 누구요?"

백작은 카드루스의 임종이 가까워오는 것을 지켜보고 있었다. 그는 사나이가 몸을 움직여보는 것도 이번이 마지막임을 알았다. 그는 죽어가는 카드루스의 곁으로 갔다. 그리고 침착하고 서글픈 눈으로 그를 내려다보았다.

"나는……" 그는 카드루스의 귀에다 대고 속삭였다. "나는……."

열릴까 말까 한 입술 사이로 조용히 이름이 새어나왔다. 아주 낮게, 마치 백작 자신이 그 소리를 듣는 것을 두려워하기라도 하는 것 같았다.

무릎을 꿇고 몸을 일으켰던 카드루스는 두 팔을 벌리고는 뒤로 물러서려고 애썼다. 이어서 두 손을 모은 그는 마지막으로 힘을 짜내어 팔을 하늘로 쳐들면서 말했다.

"오! 하느님! 하느님! 하느님을 믿지 않았던 것을 용서해 주십시오. 당신은 분명 계십니다. 당신은 하늘에서는 인간들의 아버지요, 땅에서는 인간들의 심판관이십니다. 하느님, 저는 오랫동안 하느님을 인정하지 않았습니다. 신이여! 용서해 주시옵소서! 신이여, 저를 받아들여 주소서!"

그러면서 카드루스는 두 눈을 감은 채 마지막 소리를 지르고, 마지막 숨을 내쉬며 뒤로 벌렁 자빠졌다.

입술같이 벌어진 그의 커다란 상처에서도 곧 피가 멈추었다.

그는 죽어 버렸다.

"한 명!" 이 무서운 죽음으로 벌써 모습이 변해 버린 시체를 응시하며, 백작은 이렇게 이상한 말을 했다.

십 분 뒤에 의사와 검사가, 한 사람은 문지기에게, 또 한 사람은 알리에게 안내를 받아 도착했다. 그들을 맞이한 것은 시체 옆에서 기도를 드리고 있던 부소니 신부였다.

보상

이 주일 동안 파리에서는 온통 백작 집에서 일어난 대담무쌍한 도난 미수 사건 애기뿐이었다. 살해당한 도둑이 남겨놓은 진술서에는, 살인자가 베네데토라는 것이 밝혀져 있고, 그의 서명도 있었다. 경찰은 그 범인을 뒤쫓기 위해 사방으로 형사대를 쫙 깔았다.

카드루스의 단도, 초롱불, 열쇠 꾸러미, 그리고 조끼를 뺀 모든 옷이 재판소의 서기과에 보관되었다. 그리고 살해당한 도둑의 시체는 시체공시장(公示場)으로 옮겨졌다.

모든 사람들에 대한 백작의 대답은 이러했다. 즉 자기가 오퇴유에 가 있는 동안 일어난 사건으로서, 서재에 있는 귀중한 문헌들을 조사할 것이 있어 공교롭게도 그날 밤을 그 집에서 보내게 된 부소니 신부에게서 들은 일 말고는 아무것도 모른다는 것이다.

다만, 베르투치오만은 자기 앞에서 베네데토라는 이름이 나올 때마다 얼굴빛이 변했다. 그러나 누구 한 사람 베르투치오의 얼굴빛이 변하는 것을 눈치채지는 못했다.

범죄 사실을 확인하기 위해서 불려온 빌포르는 사건을 자기가 인수하겠다고 선언했다. 그리고 지금까지 자기가 맡았던 모든 범죄 사건의 경우와 마찬가지로 악착같이 조사를 진행했다.

그러나 벌써 삼 주일이 지났는데도, 그처럼 활발한 수사를 펼쳤건만 아무런 단서를 잡지 못했다. 그래서 세상 사람들은 백작 집에서 일어난 도난 사건이나, 한패의 손에 의해 저질러진 살인 사건을 차츰 잊어버리기 시작했다. 그리고 이번에는 얼마 남지 않은 당글라르 양과 안드레아 카발칸티 백작 사이의 결혼으로 화제가 옮아가고 있었다.

이 결혼은 거의 공표된 바나 다름이 없어, 그 청년은 이미 약혼자 자격으로 은행가의 집을 드나들고 있는 터였다.

청년의 아버지인 카발칸티 후작에게도 이 사실이 편지로 미리 알려져 있었다. 그러자 후작은 이 결혼에 대찬성이라는 것과 많은 일이 있어서 직무상 당장은 지금 머물러 있는 파르마를 떠날 수 없게 된 것을 유감으로 생각하며, 연 15만 리브르의 금리소득을 올릴 수 있는 자산을 물려주겠다고 선언하는 회답을 보내왔다.

이것은 300만이라는 돈을 당글라르의 은행에 맡겨서 그런 금리수입이 나오도록 한 것이었다. 몇몇 사람들은 청년에게, 최근 주식 거래소에서 몇 번이나 손해를 본 미래의 장인 당글라르의 지위가 과연 안정적일지 의혹을 제기하기도 했다. 그러나 청년은 그런 것쯤 아무러면 어떠냐는 식의 깊은 신뢰를 가지고, 그러한 의혹을 모두 무시해 버렸다. 그리고 그런 소문들을 남작에겐 전혀 일러주지 않았다.

그래서 남작은 안드레아 카발칸티 백작에게 감동을 받았다.

그러나 외제니 당글라르 양은 그와는 전혀 생각이 달랐다. 본능적으로 결혼을 싫어하고 있던 그녀는 알베르를 멀리하고 싶은 마음에 안드레아를 받아들인 것뿐이었다. 그런데 안드레아가 너무 치근덕거리기 시작하자, 이제는 안드레아를 눈에 띨 만큼 싫어하기 시작했다.

당글라르 남작도 이러한 딸의 심정을 눈치챈 것이 틀림없었다. 그러나 그것을 어디까지나 단순한 변덕 탓으로 돌리고, 겉으로는 모르는 체해 버렸다.

한편 그러는 사이 보샹이 요구해 온 유예 기간이 거의 다 끝나가고 있었다. 알베르는 사건이 저절로 소멸될 때까지 내버려두라던 몬테크리스토 백작의 충고가 얼마나 가치 있는 것이었는지 차츰 납득이 가기 시작했다. 장군에 관한 기사를 문제 삼으려 하는 자는 한 명도 없었다. 그리고 자니나의 성을 팔아먹은 사관이, 지금은 귀족원의 일원이 된 당당한 백작이라고 생각하는 사람도 없었다.

그러나 알베르로서는 여전히 모욕감을 느끼지 않을 수 없었다. 확실히 그 몇 줄의 기사 속에는 모욕을 주려는 의지가 뚜렷이 엿보였기 때문이다. 게다가 그때 얘기를 끝맺는 보샹의 태도가 마음속에 분한 기억으로 남아 있었다. 그래서 그는 보샹과의 결투만을 계속 생각하고 있었다. 단 보샹만 승낙해 준다면, 결투의 이유에 관해서만큼은 입회인에게도 비밀로 해두고 싶었다.

한편 보샹으로 말하자면, 알베르가 찾아갔던 날 이후로 아무도 그를 본 사람이 없었다. 면회를 청하면 며칠 동안 여행을 가서 집에 없다는 말만 들을 수 있었다. 그는 대체 어디에 간 것일까?

누구 하나 아는 사람이 없었다.

어느 날 아침 알베르는 하인의 부름에 잠을 깼다. 보샹이 찾아왔다는 것이다.

알베르는 눈을 비비며 보샹을 아래층 흡연실에서 기다리게 하라고 이른 뒤, 서둘러 옷을 입고 아래층으로 내려갔다.

보샹은 방 안을 왔다 갔다 하고 있다가 알베르를 보더니 우뚝 섰다.

"내가 오늘 자넬 찾아가려고 했는데 이렇게 자네 쪽에서 직접 날 찾아와 준 걸 보니 어째 좋은 소식이라도 있는 것 같은데," 알베르가 말했다. "자, 어서 얘기해 보게. 그래야 내가 자네한테 손을 내밀며 '보샹, 자네가 나빴다는 걸 인정하게. 그리고 날 계속 친구로 여겨주고'라고 말하든가, 아니면 단 한 마디로 '무기는 뭘로 하겠나?'라고 말할 수 있지 않겠나. 이 두 가지 중에서 내가 해야 할 말을 얼른 알아야겠어."

"알베르," 보샹의 말투가 너무나 침통하게 들려서 알베르는 흠칫 놀랐다. "우선 앉지. 그리고 얘길 좀 해야겠어."

"하지만 앉기 전에 먼저 내 말에 대답을 해줘야 할 게 아닌가?"

"알베르," 보샹이 말했다. "대답하는 것 자체가 곤란해서 그래."

"곤란하긴. 그럼 간단하게 대답하도록 해 주지. 자, 다시 한 번 묻겠네. 자네 그 기사를 취소하겠나, 안 하겠나?"

"알베르, 자네 아버님은 프랑스 귀족이자 육군 중장인 모르세르 백작이야. 그런데 그런 분의 명예와 사회적 지위, 인생이 걸려 있다면, 그건 예, 아니오로 대답할 수 있는 문제가 아니네."

"그럼 어쩌자는 건가?"

"난 어쩔 수 없었어. 한 가정의 명예나 이해관계가 문제될 경우에는, 돈이나 시간이나 피곤 같은 건 아무것도 아니거든. 친구와 목숨을 거는 결투를 하려면 추측만으론 불충분한 거야. 확실성을 기해야 한단 말이지. 내가 삼 년씩이나 손을 잡아온 친구에게 칼을 휘두르거나 권총의 방아쇠를 당기려면, 적어도 내가 왜 그런 짓을 해야 하는가를 정확하게 알아둬야겠더란 말일세. 그래야 결투 장소에 갈 때 마음을 가라앉힐 수 있고, 자기 팔로 자기 목숨을 지켜야 할 때 양심에 거리낄 만한 것을 없앨 수 있을 테니까."

"그래서?" 알베르가 초조하게 물었다. "그게 도대체 어떻게 됐단 말인가?"

"그래서 내가 자니나에 갔다 왔단 말일세."

"자니나에, 자네가?"

"그래, 내가."

"그럴 리가."

"알베르, 이게 그 여권일세. 이 비자를 보게. 제네바, 밀라노, 베네치아, 트리에스테, 텔비노, 그리고 자니나로 되어 있지. 자넨 하나의 공화국이나 하나의 왕국, 한 제국의 경찰을 신용하겠지?"

알베르는 여권을 보더니 놀란 듯이 보샹을 바라보았다.

"자니나에 갔었다고?" 알베르가 말했다.

"알베르, 만약 자네가 외국인이거나 모르는 사람이거나 서너 달 전에 나에게 해명을 요구하러 와서 귀찮게 굴기에 내가 죽여 놓았던 영국 귀족 같으면, 내가 이렇게까지 애쓰진 않았을 걸세. 그러나 자네에겐 이 정도의 성의는 표해야 한다고 생각했어. 가고 오는데 16일이나 걸렸네. 그리고 검역이 나흘, 거기서 묵은 게 48시간. 그래서 꼭 삼 주일이 걸렸네. 그리고 간밤에 도착해서 이렇게 찾아온 걸세."

"거참! 번거롭게 빙 둘러서 얘기하는군, 보샹. 내가 듣고 싶은 거나 어서 말하라니까!"

"그게 사실은, 알베르……."

"주저하는 것 같군그래."

"그래, 사실은 겁이 나네."

"자네 신문사의 통신원이 잘못된 기사를 내보냈다는 걸 고백하기가 두렵단 말이지? 자, 자존심 같은 건 버리게! 보샹, 솔직히 말해 봐. 자네의 용기를 의심하게 해선 안 되지."

"그게 아냐," 보샹이 중얼거렸다. "오히려……."

알베르의 얼굴이 끔찍하도록 창백해졌다. 그는 무슨 말을 하려 했으나, 말이 입술 밖으로 나오지 않았다.

"알베르," 보샹은 매우 부드러운 어조로 말했다. "실은 나도 자네한테 사과를 하게 됐으면 하고 바라고 있었네. 그리고 진심으로 사과하고 싶었다고. 하지만 불행히도……."

"불행히도…… 뭐지?"

"기사는 틀린 게 아니었어."

"뭐라고? 그럼, 그 프랑스 장교가……."

"그래."

"그 페르낭이라는 사람이?"

"그래."

"자기가 섬기고 있던 사람의 성을 팔아넘긴 그 배신자라는 사람이……."

"이런 말을 하게 된 걸 용서해 주게. 그 사람이 바로 자네 아버님이시네!"

알베르는 사나운 기세로 보샹에게 덤벼들려고 했다. 그러나 보샹은 팔을 벌리면서, 그리고 지금까지보다 더 부드러운 눈길로 알베르를 막았다.

"알베르, 이걸 봐," 보샹은 주머니에서 서류를 한 장 꺼내며 말했다. "이게 증거물이야."

알베르는 서류를 펼쳐보았다. 그것은 자니나의 유력인사 네 사람이 쓴 증언이었다. 그것에 따르면, 알리 테벨린 총독부의 군사 교관 페르낭 몬테고 대령은 2천 부르스(터키의 화폐 단위. 1부르스는 5백 피아스터, 즉 10프랑에 해당한다)에 자니나 성을 팔아넘겼다는 것이었다. 증인들의 서명은 영사가 인증하고 있었다.

알베르는 비틀거리며 안락의자에 주저앉았다.

이렇게 된 이상 의심할 여지가 없었다. 알베르의 가문 이름이 똑똑히 적혀 있지 않은가.

그는 잠깐 침통한 얼굴로 잠자코 있었다. 이윽고 심장이 무섭게 뛰고 목의 혈관이 부풀어오르며, 눈물이 비 오듯 쏟아져 내렸다.

보샹은 극심한 고뇌 속에 빠진 이 청년을 동정 어린 눈길로 바라보다가 청년 가까이로 다가왔다.

"알베르, 이제 나를 이해하겠나? 난 모든 걸 내 눈으로 확인하고, 직접 판단을 내리고 싶었던 거야. 자네 아버지께 유리한 설명을 할 수 있기를 바랐고, 아버님의 결백을 증명할 수 있을 줄 알았어. 그런데 뜻밖에도 조사 결과, 군사 교관으로 알리 파샤에 의해 총사령관 자리까지 올라갔던 페르낭 몬테고가, 다름 아닌 페르낭 드 모르세르 백작이라는 사실을 알았네. 그래서 난 자네가 보여준 우정을 생각해서 이렇게 곧장 달려온 걸세."

알베르는 안락의자에 쓰러진 채로 마치 햇빛을 막으려는 듯 두 손으로 눈을 가리고 있었다.

"난 곧장 자네한테로 달려온 거야." 보샹은 말을 이었다. "자네한테 이렇게 얘기해 주고 싶었어. 알베르, 지금은 격렬히 싸우거나 서로 상대를 찌르거나 하는 일이 당연한 세상이야. 부모들이 저지른 잘못이 자식인 우리한테까지 미치는 일은 없네. 그 어지럽던 혁명기에, 군복이고 관복이고 할 것 없이 더럽혀지지 않은 사람이 얼마나 되겠나? 하지만 난 자네가 내게 요구할 수 없는 것을 먼저 제의하고자 여기 왔네. 나 혼자만이 가지고 있는 이 증거, 이 사실, 이 증명서를 이대로 묻어버리면 어떻겠나? 이 무서운 비밀을 나와 자네만이 알고 묵살해 버리는 게 어떨까? 내가 맹세한다고 한 이상, 절대로 이 비밀이 내 입에서 새어 나가는 일은 없을 걸세. 어때, 알베르, 그렇게 하지 않겠나? 말해 보게."

알베르는 보샹의 목을 끌어안았다.

"아, 보샹! 자넨 정말."

"자, 받아." 보샹은 알베르에게 서류들을 내주며 말했다.

알베르는 몸을 부들부들 떨며 그 서류들을 받더니, 손에 움켜쥐고 꾸깃꾸깃 구겼다. 그러고는 찢어버리려고 했다. 그러나 혹시 그중 한 조각이라도 바람에 날려갔다가, 뒷날 다시 그의 이마 앞으로 날아올까 두려웠다. 그래서 그는 담뱃불을 붙이기 위해 켜놓은 촛불로 다가가서 마지막 한 조각까지 모조리 태워버렸다.

"보샹, 자넨 정말 고마운 친구일세!" 알베르는 서류를 태우며 중얼거렸다.

"모든 걸 악몽이라고 생각하고 잊어버리게." 보샹이 말했다. "모든 것을 이 시커먼 종이 위의 마지막 불꽃처럼 사라져버리게 놔둬. 그리고 모든 것을 이 말없는 재에서 피어오르는 마지막 연기 한 가닥처럼 꺼져버리게 두는 거야."

"그래, 그래," 알베르가 말했다. "그리고 남은 것은 오직 내 은인인 자네에게 바치는 우정뿐이야. 그 우정을 내 자식들 대에 가서 자네 자식들한테까지 바칠 걸세. 이 우정이야말로 내 혈관에 흐르는 피같이, 내 몸의 생명같이, 내 이름의 명예같이, 늘 내 마음속에서 사라지지 않을 걸세. 만약 그런 일이 세상에 알려졌더라면, 난 분명 자살하고 말았을 거야! 그렇지 않으면 …… 아니지, 불쌍한 우리 어머니! 어머니까지 죽게 할 수는 없지. 그러니 그렇지 않으면 난 이 나라를 버렸을 거야."

"오, 알베르!" 보샹이 말했다.

그러나 이윽고 알베르는 이러한 뜻하지 않던, 말하자면 부자연스럽다고 할 만한 기쁨 속에서 문득 깨어난 듯 더욱 깊은 슬픔 속에 빠져들었다.

"왜 그래, 알베르?" 보샹이 물었다. "아직 뭔가 있는 건가?"

"그래," 알베르가 말했다. "내 마음속에 무엇인가 망가진 것이 있어. 보샹, 내 말 좀 들어봐. 자식이란 오점이 없는 아버지의 이름에서 비롯된 존경심이라든가 신뢰감, 또는 자존심을 이런 식으로 단 한순간에 버릴 수는 없는 법이야. 아, 보샹! 이제 내가 어떻게 아버지를 사랑할 수 있단 말인가? 아버지가 내 이마에 입맞추려 할 때, 내가 뒤로 물러서야 할까? 아버지가 내 손을 잡으려 할 때, 손을 뿌리쳐야 할까? ……이보게, 보샹, 난 이 세상에서 가장 불행한 인간이네. 아, 어머니! 불쌍한 어머니!" 알베르는 눈에 눈물이 고인 채 어머니의 초상화를 바라보며 말했다. "만약 어머니께서 이 사실을 아신다면 얼마나 괴로워하실까?"

"자!" 보샹은 알베르의 손을 잡으며 말했다. "용기를 내야지."

"그런데 신문에 실린 처음 그 기사는 도대체 어떻게 된 건가?" 알베르가 소리를 높여 물었다. "그 이면에는 확실히 무슨 증오가 숨어 있는 거야. 보이지 않는 적이 숨어 있는 게 틀림없어."

"이봐. 이제 그만해 두고 기운을 내게! 이렇게 격한 감정을 얼굴에 보이면 안 돼. 구름이 폭풍우로 터뜨리기 전까지 파괴와 죽음을 그 속에 품고 있듯, 이 괴로움은 마음속에 꾹 누르고 있게. 이 비밀은 폭풍우가 닥쳐왔을 때가 아니면 그 누구에게도 알려서는 안 되는 무서운 것일세. 자, 폭발하게 될 때에 대비해서 힘을 길러둬야 하네."

"그럼 이게 끝이 아니라고 생각하는 건가?" 알베르가 몸을 떨면서 물었다.

"꼭 그렇다는 건 아니야. 하지만 무슨 일이 일어날지 모르잖아. 그건 그렇고……."

"뭔가?" 알베르가 머뭇거리는 보샹을 보고 물었다.

"자네 결국 당글라르 양과 결혼할 건가?"

"이런 때 왜 그런 걸 묻나?"

"내 생각엔 그 결혼 여부가 이 문제와 관계가 있을 것 같아서 그래."

"뭐라고?" 알베르는 얼굴을 확 붉히면서 물었다. "그럼 자네는 당글라르 씨가……."

"난 단지 자네 결혼이 어떻게 되는 건지 물었을 뿐이야. 이런! 괜히 쓸데 없는 생각은 말게. 내 말에 있지도 않은 의미를 상상하거나 엉뚱한 데까지 앞서 나가진 말라고!"

"알겠네," 알베르가 말했다. "그 혼담은 깨졌어."

"그럼 됐네."

보샹은 그렇게 대답한 뒤, 다시 침울해지려는 알베르를 보며 말했다.

"이봐, 알베르, 밖에 나가지 않겠나? 마차나 말을 타고 한 바퀴 돌면 기분도 나아질 거야. 그리고 돌아오는 길에 어디 가서 아침이나 먹지. 그 다음엔 자넨 자네 일을 하고, 난 내 할 일을 찾아가는 거야."

"좋아," 알베르가 말했다. "그런데 걸어서 가지. 좀 피곤해지는 편이 낫겠어."

"그래."

두 청년은 집에서 나와 큰길을 따라 걸었다. 마들렌 성당 앞에 이르자, 보샹이 말했다.

"어때? 여기까지 나왔으니 몬테크리스토 백작한테 가보지 않겠나? 기분이 좋아질지도 모르니. 정신을 가다듬게 하는 데는 그 양반이 뛰어난 재주가 있잖은가. 절대로 뭘 물어보거나 하지는 않잖아. 내 생각엔 뭘 캐묻지 않는 사람이야말로, 사람의 마음을 가장 잘 위로할 수 있는 사람인 것 같아."

"좋아," 알베르가 말했다. "그 집으로 가세. 나도 그 사람은 좋아하니까."

여행

백작은 함께 온 두 청년을 보자 환성을 질렀다.

"잘 왔습니다!" 그가 말했다. "이젠 모든 것이 밝혀지고 제자리를 찾고, 다 끝난 모양이지요?"

"네," 보상이 말했다. "바보 같은 소문은 저절로 사라지는 법이지요. 만약 두 번 다시 문제 삼는 날엔 제가 먼저 나서서 싸울 작정이에요. 그건 그렇고, 이젠 그 애긴 그만하죠."

"알베르 씨한테서 들으셨겠지만, 사실 내가 한 말도 바로 그 애기였습니다. 오늘 아침은 보다시피 전에 없이 지독하게 바쁘군요." 백작이 말했다.

"무슨 일을 하시는데요?" 알베르가 물었다. "서류라도 정리하고 계셨던 모양이죠?"

"서류요? 천만의 말씀! 서류라면 언제나 기가 막히게 정리돼 있지요. 사실 내겐 서류라고 할 만한 것도 없으니까요. 하지만 이건 카발칸티 씨의 서류랍니다."

"카발칸티 씨의 서류라고요?" 보상이 물었다.

"그래! 몰랐나? 그 사람은 백작이 사교계에 내놓은 청년이라네." 알베르가 말했다.

"아니, 그렇게 오해하면 안 됩니다." 백작이 대답했다. "난 절대로 어느 누구도 개인적으로 뒤를 밀어주진 않습니다. 카발칸티 씨든 누구든 간에."

"게다가 나 대신 당글라르 양과 결혼할 사람이고," 알베르는 애써 미소를 지으며 말을 이었다. "그래서 자네도 짐작하겠지만, 그 일로 내가 이렇게 가슴 아파하는 거야."

"뭐라고? 카발칸티가 당글라르 양과 결혼을 한다고?" 보상이 물었다.

"그렇답니다. 마치 딴 세상에서 온 양반 같군요." 백작이 말했다. "소식통인 신문기자께서 그걸 모르시다니! 온 파리가 요샌 그 애기뿐인데요."

"그래, 그 결혼을 중매한 것이 백작님이신가요?" 보샹이 물었다.

"내가요? 오! 큰일 날 소리! 기자님, 그런 비슷한 말도 꺼내지 마십시오. 이런! 내가 중매를 서요? 아닙니다, 당신은 나를 전혀 모르시는군요. 오히려 난 완강히 반대했습니다. 통혼을 부탁받은 것도 거절했고요."

"아, 알겠습니다," 보샹이 말했다. "우리 친구, 알베르를 위해서 그러셨군요?"

"나를 위해서?" 알베르가 말했다. "천만에. 백작께서 증명해 주시겠지만, 난 오히려 이 혼담이 깨지기를 바라고 있었다고. 결국 다행히도 혼담이 깨졌지. 백작께선 내게 감사 인사 같은 건 할 필요 없다고 하시고. 그러니 나도 옛날 로마 사람처럼 '미지의 신'을 위해 제단이라도 세워야겠어."

그러자 백작이 말했다. "난 그들과 아무 사이도 아닙니다. 시아버지가 될 사람도 그 청년도 잘 모릅니다. 다만 외제니 양만은 얘기가 다르죠. 외제니 양은 결혼 문제엔 별로 마음을 두지 않는 것 같고, 또 자기가 소중히 여기는 자유를 내가 빼앗으려 하지 않는 것을 알고는 나에게 어느 정도 호의도 가지고 있으니까요."

"정말 그 결혼이 성사될 일만 남아 있습니까?"

"유감이지만, 그렇다더군요. 난 그 청년에 대해선 전혀 모릅니다. 돈이 많고 훌륭한 가문 출신이라고 하지만 내가 보기에는 그건 소문에 지나지 않아요. 그래서 내가 그 애길 당글라르 씨에게 누누이 했는데도, 당글라르 씨가 어찌나 그 청년한테 푹 빠져 있는지. 나로서는 꽤 중요하게 생각되는 사정까지 들려주었지요. 나도 자세히는 모르지만, 그 청년은 아기 때 뒤바뀌었다던가, 집시의 손에 자랐다던가, 아니면 가정교사에게 유괴되었던다던가 하는 일을 당했었답니다. 어쨌든 확실한 건, 그의 아버지가 십여 년 동안 그 사람을 잃어버렸었다는 거지요. 그 십여 년이라는 방랑생활 중에 그 사람이 어떻게 생활했는지는 하느님만이 아시겠죠. 어쨌든 무슨 말을 해 줘도 소용이 없더군요. 그러고는 나에게 그 청년의 아버지한테 서류를 보내달라는 부탁까지 했습니다. 그 서류라는 게 바로 이거죠. 얼른 보내버릴 생각입니다. 그러나 빌라도의 경우처럼 제 책임은 아닌 것입니다(빌라도는 로마 총독으로, 그리스도의 무죄를 알면서도 유대인들의 강요에 못 이겨, 사기는 책임지지 않겠다고 선언하고서 그리스도를 유대인들에게 넘겨준다)."

"그런데 다르미 양은 백작을 어떻게 여길까요?" 보샹이 물었다. "제자를 당신 손에 빼앗기는 셈인데 말입니다."

"글쎄요, 잘 모르겠습니다. 다르미 양은 이탈리아로 간다고 하는 것 같던데요. 당글라르 부인이 그 여자 얘길 하며, 그쪽 흥행주들에게 소개장을 써 달라고 부탁하더군요. 그래서 나하고 친분이 있는 발레 극장의 지배인한테 편지를 써 보냈지요. 그런데 왜 그러십니까, 알베르 씨? 우울해 보이는데요. 혹시 자신도 모르게 당글라르 양을 사랑하고 있었던 겁니까?"

"천만에요." 알베르는 서글프게 웃으며 대답했다.

보샹은 방에 걸려 있는 그림들을 훑어보기 시작했다.

백작이 말을 이었다. "아무래도 평소와는 다른 거 같은데, 왜 그러십니까? 어서 말해 보세요."

"머리가 아파서요."

"그렇다면 자작, 그럴 때 잘 듣는 약을 추천해 드리죠. 나도 기분이 나쁠 때 쓰는 약인데, 늘 효과가 그만이랍니다."

"무슨 약인데요?" 알베르가 물었다.

"거처를 옮기는 거죠."

"정말이세요?" 알베르가 말했다.

"물론이죠. 나도 요새 우울해져서 거처를 옮겨볼까 하던 참이었습니다. 어때요, 같이 나가보지 않겠소?"

"우울하시다고요?" 보샹이 말했다. "아니, 왜요?"

"정말이지 마음 편한 소리시군요. 댁에서 예심이 벌어지고 있으면 어떻겠는지 한번 상상해 보세요."

"예심이라니요? 무슨 예심 말씀입니까?"

"빌포르 씨가 나를 죽이려던 자를 놓고 심문하는 겁니다. 나도 잘 모르겠지만 감옥을 탈옥한 도둑 같더군요."

"아 참, 그렇죠." 보샹이 말했다. "신문에서 읽었던 것 같습니다. 그런데 그 카드루스란 자는 어떤 인간입니까?"

"글쎄요…… 프로방스 태생인 것 같습니다. 빌포르 씨는 마르세유에 있을 때 그자의 소문을 들은 적이 있다더군요. 당글라르 씨도 본 적이 있다고 하고요. 그런 만큼 검찰총장도 이 사건에 매우 힘쓰고 있고, 경찰총장도 여간 관심을 기울이고 있는 게 아닌 모양입니다. 덕분에, 이 2주일 동안 파리 시

내나 교외에서 체포된 범죄자들은 카드루스를 죽인 놈이 아닌가 해서 모조리 나한테 보내오더군요. 그러니 이런 식으로 나가다간 석 달만 지나면, 프랑스 안의 도둑이나 살인자는 모두 내 집 구조를 낱낱이 알게 되고 말 겁니다. 그래서 난 파리에 있는 집을 통째로 그자들에게 내주고 이곳을 떠나, 어디든 아주 멀리 가버릴까 하고 있습니다. 나하고 같이 갑시다, 자작, 데리고 갈 테니."

"좋습니다."

"그럼 약속한 거지요?"

"네, 그런데 어디로 가십니까?"

"방금 얘기한 대로지요. 공기 맑고, 시끄럽지 않고, 아무리 오만한 사람도 자기가 보잘것없고 아주 작고 초라하게 느껴지는 그런 곳입니다. 사람들은 저를 아우구스투스(로마 황제)처럼 세계의 주인이라고 여깁니다만, 사실 저는 그렇게 자신을 낮추는 게 좋거든요."

"어딜 가실 생각입니까?"

"바다죠, 자작, 바다입니다. 아시다시피 난 뱃사람이오. 아주 어렸을 때 나는 저 늙은 오케아노스(그리스 신화에 나오는 바다의 신)의 팔에 안겨 아름다운 암피트리테(그리스 신화에 나오는 지중해의 여신. 오케아노스의 딸, 포세이돈의 아내.)의 품에서 자랐지요. 나는 오케아노스의 녹색 망토와 암피트리테의 푸른 옷에 감싸여 놀았습니다. 사람들이 여자를 좋아하듯, 나는 바다를 좋아합니다. 그리고 오랫동안 바다를 못 보면 견딜 수 없을 만큼 바다가 그리워지지요."

"가겠습니다, 백작, 갑시다!"

"바다로요?"

"그렇죠."

"찬성하는 건가요?"

"물론이죠."

"그럼 자작, 오늘 저녁에 집 뜰에 여행용 브리스카(간단한 사륜마차)를 대기시켜 놓겠습니다. 그걸 타면 침대에 누운 거나 다름없이 편안하게 갈 수 있죠. 말 네 마리가 그 마차를 끌고요. 보샹 씨, 그 마차엔 네 사람은 넉넉히 탈 수 있는데, 어떻습니까? 당신도 같이 가지 않겠습니까?"

"감사합니다만, 전 바다에서 방금 돌아오는 길이라."

"그래요? 바다엘 갔다 오셨다고요?"

"네, 그렇다고 할 수 있죠. 보로메 군도에 갔다 왔으니까요."

"그런 건 아무래도 좋아! 같이 가자고." 알베르가 말했다.

"안 돼. 자네도 알겠지만, 내가 거절할 땐 그럴 만한 사정이 있어서 그러는 거니까." 그는 목소리를 낮추며 덧붙였다. "게다가 난 아무래도 파리에 있어야만 해. 신문 편집을 감독하기 위해서라도 말이야."

"아! 자네는 정말 대단한 친구로군!" 알베르가 말했다. "그래, 자네 말이 옳아. 눈에 힘을 주고 잘 지켜봐 주게. 그리고 그 비밀을 폭로한 적을 언젠가 꼭 찾아줘."

알베르와 보샹은 헤어졌다. 두 사람은 마지막에 악수를 했는데, 거기에는 남 앞에서 말로 표현할 수 없는 깊은 뜻이 깃들어 있었다.

"정말 보샹은 훌륭한 청년이군!" 신문기자가 나가는 것을 보고 백작이 말했다. "안 그렇소, 알베르 씨?"

"네, 그렇고말고요. 정말 친절한 친구죠. 그래서 저도 진심으로 저 친구를 좋아하고 있어요. 그런데 아무래도 좋습니다만, 도대체 어딜 가시려는 겁니까?"

"노르망디인데 어떻소?"

"좋지요. 완전히 시골 기분이 드는 곳이죠. 어울려야 할 사람도 없고, 이웃 사람들도 없고."

"있는 것은 오직 달리는 말과 사냥개들, 그리고 낚시질할 배 한 척, 그것뿐입니다."

"정말 좋네요. 가서 어머니께 말씀드리고 곧 다시 오겠습니다."

"그런데 과연 허락해 주실까요?" 백작이 물었다.

"허락이라뇨?"

"노르망디에 가는 것 말입니다."

"제가 아무데나 마음대로 못 가는 줄 아세요?"

"당신 혼자서만 어딜 가고 싶다면 그렇겠죠. 하긴 우리가 처음 만난 것도 당신이 이탈리아에 나와 있을 때였으니까."

"그런데요?"

"하지만 몬테크리스토 백작이라는 사람과 같이 가는 건 안 될는지도 모르지 않소?"

"백작께선 건망증이 심하시군요?"

"아니, 왜요?"

"어머니께선 백작께 대단한 호의를 가지고 계시다는 얘길 제가 했었는데요."

"프랑수아 1세는 여자란 언제나 변한다고 말했죠. 셰익스피어도 여자는 파도와 같다고 했지요. 한 사람은 위대한 왕이고, 다른 하나는 위대한 시인입니다. 그러니 여자라는 존재를 잘 알고 한 소리이지 않겠소."

"그렇죠. 일반적인 의미로 여자란 그렇죠. 하지만 어머니께선 보통 여자가 아닙니다. 전혀 다른, 정말 특별한 여인이지요."

"혹시 이 가련한 외국인이 전혀 알아듣지 못하도록 일부러 미묘하게 말씀하시는 겁니까?"

"제 말은 어머니께선 남에게 좀처럼 정을 주지 않는 분이지만, 일단 정을 쏟은 사람에겐 영원히 변치 않는 분이란 말씀입니다."

"아, 그러신가요?" 백작은 한숨을 내쉬며 말했다. "그런 어머니께서 제게 완전히 무관심하다고는 할 수 없는 다른 어떤 감정을 가지고 계시단 말씀인가요?"

"그렇다니까요. 이건 전에도 말씀드린 적이 있으니 다시 한 번 되풀이하는 겁니다만, 백작께선 정말 독특하고 뛰어난 분이시라고요."

"오!"

"그렇습니다. 어머니께선 단순한 호기심에서가 아니라, 백작께 대단히 관심을 가지고 마음을 쏟고 계십니다. 우린 둘만 있게 되면 으레 당신 얘기뿐이시죠."

"그리고 어머니께서 이 만프레드를 경계하라고 하시던가요?"

"천만에요. 어머니께선 '모르세르, 그분은 훌륭한 분인 것 같더구나. 그분의 총애를 받도록 애써야 한다' 이렇게 말씀하시던걸요."

백작은 시선을 돌려 한숨을 내쉬었다.

"아! 그게 정말입니까?" 백작이 말했다.

"그러니 제 여행에 반대는커녕, 진심으로 찬성해 주실 거예요. 그거야말로 어머니께서 매일 말하신 대로 되는 거니까요."

"그럼, 어서 갔다 오시오." 백작이 말했다. "저녁에 봅시다. 5시에 이리 와요. 그러면 자정이나 새벽 1시쯤엔 그곳에 도착할 거요."

"아니! 트레포르에요?"

"트레포르나 아니면 그 근방에."

"그럼 200킬로미터를 가는데, 겨우 8시간밖에 안 걸린단 말씀인가요?"

"그것도 많이 걸리는 거죠." 백작이 말했다.

"당신은 정말 놀라운 분이십니다. 기차보다 빨리 가시겠다는 거네요, 하긴 특히 프랑스에선 기차를 앞지르는 것쯤 그리 어려운 일은 아니겠지만, 그뿐 아니라 전신보다도 더 빨리 가시겠다니."

"어쨌든 거기까지 7, 8시간은 걸릴 터이니 약속 시간은 꼭 지키도록 하십시오."

"안심하세요. 지금부터 그 시간까지는 떠날 준비밖엔 할 일도 없으니까요."

"그럼, 5시에."

"네, 5시에 뵙죠."

알베르는 떠났다. 백작은 미소를 띠며 가볍게 묵례한 뒤, 잠시 깊은 생각에 잠겨 있었다. 그러고 나서 마치 모든 사념을 떨쳐버리려는 듯 이마를 손으로 쓰다듬고는 벨을 두 번 울렸다.

백작이 벨을 두 번 울리자, 베르투치오가 들어왔다.

"베르투치오," 백작이 말했다. "처음 생각하던 대로 내일이나 모레가 아니라, 오늘 밤 노르망디로 떠나야겠네. 지금부터 5시까지면 시간은 충분하겠지. 첫 번째 역의 마부들에게 알려두도록. 알베르 드 모르세르와 동행하겠네. 자, 부탁하네."

베르투치오는 명령에 따랐다. 그는 하인 하나를 퐁투아즈로 급히 보내서, 마차가 정각 6시에 그곳을 통과한다는 사실을 알렸다. 퐁투아즈의 마부는 다음 역으로 서둘러 사람을 보냈고, 거기서도 또 다음 역으로 서둘러 사람을 보냈다. 이리하여 여섯 시간이 지나자, 도중에 있는 역이란 역엔 모조리 이 사실이 전해졌다.

출발하기에 앞서 백작은 하이데에게 그가 여행을 떠난다는 사실과 어디로 가는지 알려주고, 그가 없는 동안의 모든 집안일을 그녀에게 맡겼다.

알베르는 시간을 어기지 않고 왔다. 그는 처음에는 조금 우울했지만, 마차의 빠른 속력에 가슴이 확 트였다. 알베르는 그 정도로 빠르게 달리리라고는 생각지도 못했던 것이다.

"사실, 당신네 나라에선 역마차가 한 시간에 8킬로미터밖에 달리지 못하죠. 게다가 터무니없는 법률 때문에 허락 없이는 다른 마차를 앞질러 가지도 못해요. 게다가 앞 마차에 탄 사람이 아프거나 제멋대로 늑장을 부리는 경우엔, 빨리 갈 수 있는데도 뒤에 있는 차의 여행자들까지 꼼짝 못하고 발이 묶여야 하는 판이라, 어디 여행이란 걸 할 수 있어야 말이죠. 그래서 난 그런 불편을 피하기 위해서 내 말과 마부, 역참을 따로 가지고 있는 겁니다. 그렇지, 알리?"

이렇게 말하고서 백작은 창문에 머리를 내밀어 무엇인가 재촉하는 소리를 한마디 외치는 듯했다. 그러자 말은 마치 날개라도 돋친 듯이 더욱 빠르게 달리기 시작했다. 달린다기보다는 마치 나는 듯했다. 마차는 단단한 포장도로 위를 우레와 같은 소리를 내며 돌진하기 시작했다. 사람들은 별똥별의 불꽃같이 지나가는 이 마차를 구경하느라고 고개를 돌리곤 했다. 알리는 주인이 지른 소리를 되풀이하면서 흰 이를 드러내며 미소를 보였다. 그러고는 그 억센 손에 고삐를 꽉 쥐고, 아름다운 갈기를 바람에 휘날리는 말들을 몰고 있었다. 사막에서 태어난 그는 지금이야말로 그 본성을 되찾고 있는 것이었다. 검은 얼굴에 타는 듯한 눈을 하고 새하얀 외투를 입은 그는, 자기가 일으키는 먼지 속에서 마치 사막 열풍의 정령이나 태풍의 신과도 같았다.

"이건 제가 이제까지 느껴보지 못한 쾌감인데요. 정말 스피드에서 느껴지는 쾌감이군요." 알베르가 말했다.

그의 이마에 끼어 있던 마지막 어두운 그림자까지도, 마치 그가 헤치고 나가는 바람에 날려간 듯 깨끗이 걷혔다.

"그런데 이런 말들은 도대체 어디서 나셨어요?" 알베르가 물었다. "일부러 어디서 구해 오셨겠죠?"

"그렇소," 백작이 말했다. "6년 전에 빠르기로 이름난 종마를 헝가리에서 살 수 있었어요. 얼마였는지는 잊어버렸소. 돈은 베르투치오가 치렀으니까. 그해에 새끼 서른두 마리가 태어났지요. 우리가 타고 갈 말들은 모두 그 종마한테서 태어난 것들인데, 전부 새까맣고 이마엔 흰 별 모양의 점이 있는 것 말고는 반점 하나 없습니다. 종마 사육장 최고의 말 하나를 위해, 파샤 (터키
홍독)에게 애첩을 구해 주듯 암말들을 골라다 주었기 때문이죠."

"정말 굉장한데요. 하지만 백작님, 그 많은 말들을 다 어디다 쓰시려고 그러셨습니까?"

"보시다시피 여행하는 데 쓰려는 거죠."

"그렇지만 여행은 늘 하시는 게 아니지 않습니까?"

"필요 없게 되면 베르투치오가 팔아버릴 겁니다. 모두 팔면 3, 4만 프랑은 버는 셈이라더군요."

"그렇지만 아마도 유럽에는 그것들을 살 만큼 돈이 넉넉한 왕은 없을 텐데요."

"그럼 동양의 재상 중 누군가에게 팔겠죠. 그 사람들은 그걸 사느라 국고를 바닥내더라도 채찍으로 백성들의 발바닥을 쳐서 다시 금화를 가득 채우면 되니까요."

"백작님, 제 생각을 한번 들어보시겠습니까?"

"말해 보세요."

"당신 다음으로 베르투치오가 유럽에서 제일 부자일 것 같다는 생각이 드는군요."

"그건 모르시는 소리. 확신하건대, 베르투치오의 주머니를 뒤져봐야 10수도 안 나올 겁니다."

"어째서 그렇죠?" 알베르가 물었다. "베르투치오란 사람, 좀 괴상한 사람인가요? 백작님, 더 이상 터무니없는 말씀은 말아 주십시오. 그렇지 않으면 당신을 믿지 않게 될지도 모릅니다."

"절대로 터무니없는 말이 아니에요. 숫자와 이론을 얘기하고 있을 뿐이지요. 이런 모순을 한번 생각해 보세요. 집사가 도둑질을 한다? 하지만 왜 도둑질을 해야 할까요?"

"그거야 집사의 근성이 그런 것 아니겠어요?" 알베르가 말했다. "도둑질을 위해 도둑질을 하는 거죠."

"그런데 그게 그렇질 않습니다. 그가 도둑질을 하는 건, 아내와 자식이 있고 자기를 위해서건 가족들을 위해서건 어떤 야심이 있기 때문입니다. 특히 언제 주인한테서 해고될지 모르니, 앞으로를 위해서 하는 셈이죠. 하지만 베르투치오는 혼자예요. 나에게 아무런 사전 양해도 구하지 않고, 그는 돈을 쓴니다. 절대로 해고당하지 않으리라고 확신하기 때문이지요."

"그건 또 왜죠?"

"그 친구보다 더 나은 집사를 내가 구하지 못하리라는 것을 아니까요."

"그럴듯한 순환논법이로군요."

"천만에요. 난 확신합니다. 나에게 좋은 하인이란, 생사를 좌우할 권리가 내게 있는 자입니다."

"그럼 베르투치오의 생사도 당신 손에 달려 있단 말인가요?" 알베르가 물었다.

"그렇소." 백작은 냉담하게 대답했다.

마치 철문이 잠기듯 대화를 중단시키는 말이 있다. 백작의 '그렇소'라는 말도 그런 말 중의 하나였다.

그 뒤의 여행도 같은 속도로 계속되었다. 여덟 곳의 역에 배치된 말 서른 두 마리가 200킬로미터의 길을 여덟 시간에 달렸다. 마차는 한밤중에 어느 아름다운 정원의 문 앞에 다다랐다. 문지기는 일어나 철문을 열고 기다리고 있었다. 마지막 마부로부터 연락이 있었던 것이다.

새벽 두 시 반이었다. 알베르는 자기 방으로 안내되었다. 목욕물과 저녁 식사가 준비되어 있었다. 마차 뒷자리에 앉아 따라온 하인이 알베르의 시중을 들게 되었다. 그리고 백작은 바티스탱이 시중을 맡았다.

알베르는 목욕을 하고 저녁 식사를 한 뒤 잠자리에 들었다. 밤새도록 구슬프게 물결치는 소리가 들려왔다. 그는 눈을 뜨고 성큼성큼 창가로 걸어가, 창을 열고 조그만 테라스로 나갔다. 눈앞에 바다, 다시 말하면 무한의 세계가 펼쳐져 있었다. 뒤로는 작은 숲과 이어져 있는 아름다운 정원이 보였다.

제법 넓은 만에는 선체가 날씬하고 돛대가 높이 솟은 작은 범선 한 척이 몬테크리스토 백작의 문장이 달린 깃발을 휘날리며 파도에 흔들리고 있었다. 그 문장은 짙푸른 바다 위로 금빛 산이 아로새겨져 있는 것으로, 그 위쪽에는 진홍빛 십자가가 서 있었다. 그 이름(몬테크리스토란 '그리스도'의 산이란 뜻이다)은 골고다 언덕이, 예수 그리스도의 수난으로 그 산을 황금보다 더 귀하게 만들고, 오욕의 십자가가 신성한 피로 성스럽게 된 것을 암시하는 것과 같이, 또한 그 남자가 신비에 싸인 과거의 어둠 속에 매장된 고통과 갱생에 대한 개인적인 기억을 가지고 있다는 것을 암시하는 것이었다. 백작의 범선은 근처 마을의 작은 어선들에 둘러싸여 있었다. 그 모습은 마치 여왕의 명령을 기다리고 있는 공손한 신하들 같았다.

여기서도 역시, 백작이 단 이틀이라도 발을 멈추는 곳이면 어느 곳이나 그렇듯이 안락함을 나타내는 지표가 최고치를 가리킬 정도로 생활이 준비되어 있었고, 그와 동시에 일상은 순조롭게 진행되었다.

알베르는 옆방에 엽총 두 자루와 그 밖의 사냥에 필요한 도구가 모두 준비되어 있는 것을 발견했다. 1층에 있는 천장이 높은 방에는 위대한 낚시꾼인 영국 사람들이 여유와 끈기로 발명해 놓았지만, 낡은 인습에 얽매인 프랑스 낚시꾼은 아직 사용해 보지 못한 기묘한 도구들이 있었다.

그날은 온종일 그러한 도구들을 다루며 보냈다. 어느 도구를 써도 백작의 솜씨는 한결같이 뛰어났다. 정원에서는 꿩 열두 마리를 잡았으며, 개울에서는 또 송어가 그만큼 잡혔다. 두 사람은 바다로 향해 나 있는 정자에서 저녁 식사를 하고, 서재에서 차를 마셨다.

사흘째 되는 날 저녁때 쯤, 알베르는 이런 생활에 시간을 소비하는 것에도 지쳐버렸지만 백작에게는 하나의 유희인 것처럼 보였다. 그래서 알베르는 창가에서 졸고 있는데도, 백작은 이 집에 온실을 지으려고 건축기사와 설계에 대해 의논하고 있었다. 그때 갑자기 도로의 자갈을 깨부술 듯 요란하게 말이 달려오는 소리가 나서 젊은이는 고개를 들었다. 심한 불길함과 함께 놀라움을 느끼며 창을 통해 보니 안마당에 몬테크리스토 백작에게 폐를 덜 끼치려고 데려오지 않았던 자기 하인이 와 있는 것이었다.

"플로랑탱이 여길 오다니!" 알베르는 안락의자에서 몸을 벌떡 일으키며 소리쳤다. "어머니가 편찮으신가?"

그는 서둘러 문 쪽으로 달려나갔다.

백작은 가만히 그의 뒤를 눈으로 좇았다. 알베르가 하인 곁으로 다가가자, 연방 숨을 헐떡이던 하인이 주머니에서 뚜껑이 봉해진 꾸러미를 꺼내 주인에게 내주는 것이 보였다. 꾸러미 속에는 신문 한 장과 편지 한 통이 들어 있었다.

"누가 보내는 편지냐?" 알베르가 성급하게 물었다.

"보샹 씨가 보내시는 겁니다." 플로랑탱이 대답했다.

"그럼, 보샹이 널 여기로 보냈단 말이냐?"

"예, 저를 댁으로 부르셔서 여기로 오는 데 필요한 여비를 주시고는 역마를 부르시더니, 도련님을 만날 때까진 절대로 멈추지 말고 곧장 가라고 하시더군요. 그래서 여기까지 열다섯 시간 동안 달려왔습니다요."

알베르는 부들부들 떨면서 편지를 뜯었다. 그리고 처음 몇 줄을 읽자마자 비명을 내지르더니, 눈에 띌 정도로 몸을 떨면서 신문을 움켜잡았다. 순식간에 눈앞이 캄캄해지며 다리가 무너져버릴 것 같았다. 그가 쓰러지듯 플로랑탱에게 몸을 기대자 플로랑탱이 주인의 팔을 부축했다.

"가엾게도!" 백작이 중얼거렸다. 그러나 그 동정의 말은 자기 자신에게도 들리지 않을 만큼 낮은 목소리였다. "결국 아버지가 저지른 죄로 3대, 4대 뒤의 자손까지 벌을 받는다는 건가?"

그러는 동안에 알베르는 다시 기운을 차렸다. 편지를 계속 읽고는 땀에 흠뻑 젖은 머리를 저으며 편지와 신문을 구겨버렸다.

"플로랑탱, 타고 온 말로 다시 파리로 돌아갈 수 있겠나?"

"실은 다리를 절어요. 형편없는 역마라서."

"그것 참 야단이군. 그런데 네가 떠나올 때 집안은 어떻더냐?"

"비교적 조용했었지요. 하지만 제가 보샹 씨한테 갔다 와보니까, 마님께서 울고 계시더군요. 그러다 저를 부르셔서 도련님께서 언제 돌아오시는지 물으셨습니다. 그래서 지금 보샹 씨 심부름으로 도련님을 뵈러 갈 참이라고 말씀드렸죠. 그랬더니 처음엔 말릴 생각으로 팔을 내저으시더니, 잠깐 생각하신 다음에 '그래, 가거라. 도련님을 모시고 오너라' 하고 말씀하시더군요."

"네, 어머니, 알겠습니다." 알베르가 중얼거렸다. "안심하세요. 돌아갈 테니. 그리고 그 파렴치한 인간을 없애버리고 말겠습니다! 그러나 어쨌든 우선 떠나고 봐야 할 텐데."

그는 백작이 있던 방으로 되돌아갔다.

그는 이미 딴사람이 되어 있었다. 불과 5분 사이에 알베르의 얼굴에는 슬픔의 빛이 짙게 드리워져 있었다. 방에서 나갈 때는 평상시와 다름없던 모습이, 돌아왔을 때는 목소리가 완전히 변하고, 얼굴은 열이 있는 듯 불그레하고, 눈은 정맥이 내비치는 시퍼런 눈썹 밑에서 번쩍번쩍 빛났으며, 걸음걸이는 마치 술 취한 사람처럼 비틀거리고 있었다.

"백작님," 그는 말했다. "여러 가지로 대접해 주셔서 감사합니다. 더 머물고 싶지만, 아무래도 파리로 돌아가야 할 일이 생긴 것 같습니다."

"무슨 일이오?"

"불행한 일이 생겨서요. 먼저 가는 걸 용서하십시오. 목숨을 걸 만큼 퍽 중대한 일이에요. 부탁이니, 아무것도 묻지 말아 주십시오. 그저 말만 한 필 빌려주셨으면 합니다."

"말이야 맘대로 쓰시죠, 자작." 몬테크리스토 백작이 대답했다. "하지만 말을 타고 달려간다면 너무 지치실 겁니다. 사륜마차든 소형 마차든, 어쨌든 마차를 타는 게 나을 거요."

"아닙니다. 그러면 시간이 너무 걸려서요. 그리고 제가 피곤할까 봐 염려해 주시는데, 오히려 저는 피곤해지는 게 필요합니다. 그 편이 제게 좋을 듯합니다."

알베르는 총알을 맞은 듯 빙그르 돌며 몇 걸음 내딛더니, 문 옆에 있는 의자에 가서 쓰러지고 말았다.

백작은 알베르가 이렇게 또다시 휘청이는 것을 그냥 보고 있지 못했다. 그는 창가에 가서 소리를 질렀다.

"알리, 모르세르 씨에게 말을 한 필 준비해 드려. 서둘러! 급하시다니까."

이 소리에 알베르는 다시 정신을 차리고는 방을 뛰쳐나갔다. 백작이 그의 뒤를 따랐다.

"감사합니다," 청년은 안장으로 뛰어오르며 중얼거리듯이 말했다. "플로랑탱, 너도 될 수 있는 한 빨리 돌아와라. 백작님, 다른 말로 교체할 때 제가 해야 할 말은 없습니까?"

"타고 있는 그 말을 돌려주기만 하면 됩니다. 바로 바꿔드릴 테니까요."

알베르는 출발하려다가 잠시 멈추었다.

"저의 이런 출발이 이상하고 미쳤다고도 생각하실 겁니다." 청년은 백작에게 말했다. "하지만 이 신문에 난 기사 몇 줄이 한 인간을 얼마나 큰 절망으로 몰아넣을 수 있는지 모르시기 때문입니다. 자!" 그는 백작에게 신문을 던져주며 덧붙였다.

"이걸 읽어보십시오. 단, 제가 떠난 뒤에 읽으셔야 합니다. 제 얼굴이 붉어지는 걸 보여드리고 싶지 않으니까요."

백작이 신문을 집어드는 사이 알베르는 장화에 달린 박차로 말의 옆구리를 찼다. 말은 어떤 기수가 이렇게까지 강한 자극을 주는지 깜짝 놀라서 화살처럼 내닫기 시작했다.

백작은 무한한 연민이 담긴 눈길로 청년을 배웅했다. 그는 청년의 모습이 완전히 보이지 않게 된 뒤에야 비로소 눈길을 신문으로 돌려 다음과 같은 기사를 읽었다.

삼 주일 전, 〈앵파르시알〉에 보도된 자니나 총독 밑에 있던 프랑스 장교는 자니나의 성을 적의 손에 넘겨주었을 뿐만 아니라 그 은인을 터키인 손에 팔아넘기기까지 한 자로서, 믿을 만한 그 신문이 발표한 바와 같이 당시 페르낭이라는 이름을 썼다. 그 뒤 그는 그 이름에 귀족의 칭호와 영지 이름을 덧붙였다.

그는 오늘날 모르세르 백작이라 일컬어지는, 귀족원의 귀족임이 밝혀졌다.

이렇게 해서 보상이 그처럼 관대하게 묻어두려고 했던 이 무서운 비밀은 무장한 망령처럼 세상에 다시 모습을 드러냈다. 그 정보를 손에 넣은 다른 어떤 신문이 알베르가 노르망디로 떠난 그 다음 날, 이 기사 몇 줄을 가차없이 발표하여 불쌍한 알베르를 불행과 광란 속에 몰아넣은 것이다.

심판

아침 8시에 알베르는 벼락같이 보샹의 집에 들이닥쳤다. 하인은 미리 지시를 받은 까닭에 알베르를 욕실에서 막 나온 주인의 방으로 곧장 안내했다.

"그래서?" 알베르가 입을 열었다.

"그래서 기다리고 있었지." 보샹이 대답했다.

"그래서 이렇게 오지 않았나? 새삼스럽게 말할 것도 없지만, 자넨 훌륭하고 친절한 사람이야. 상대가 누구든 간에 그 일을 말했을 리 없지. 자네가 내게 이 사실을 알리려고 사람을 보낸 것 자체가 나에 대한 우정을 증명하고 있어. 그러니 쓸데없는 소리는 집어치우고 시간을 낭비하지 말도록 하세. 자넨 이번 일이 누가 한 짓인지 짐작 가는 데가 있나?"

"그 얘긴 조금 이따가 하지."

"좋아. 하지만 먼저, 이런 무서운 배신이 어떻게 해서 이렇게 터져나온 건지, 그 과정을 좀 얘기해 주게."

보샹은 수치심과 슬픔에 짓눌려 있는 이 청년에게 다음과 같은 얘기를 들려주었다. 그 내용을 간단히 요약해 보면 이러했다.

그저께 아침이었다. 그 사건의 기사는 〈앵파르시알〉이 아닌 다른 신문에 실렸다. 그것은 정부 기관지로 잘 알려져 있는 신문이었기 때문에 사건은 더욱 중대하게 확대되었다. 그 기사가 눈에 들어왔을 때 보샹은 마침 아침을 먹고 있었는데, 그 즉시 식사도 끝내지 않은 채 마차를 불러 타고 그 문제의 신문사로 달려갔다. 보샹은 이 문제를 끄집어낸 신문사 편집장과는 정치적으로 전혀 견해가 달랐지만, 개인적으로는 절친한 사이였다.

보샹이 방문했을 때, 그 편집장은 자기네 신문을 손에 들고 '파리 제1란'에 실린, 그의 의견이 반영된 것이 분명한 사탕무에 관한 기사를 만족한 듯이 읽고 있었다.

"아, 마침 잘됐어." 보샹이 말했다. "자네 손에 신문이 있군. 내가 무슨 일로 왔는지 일부러 말하지 않아도 되니까 말이야."

"설마 자네가 사탕무 파는 사람은 아닐 텐데?" 정부 기관지의 편집장이 말했다.

"아니," 보샹이 대답했다. "난 그 문제는 전혀 모르네. 다른 문제로 온 거야."

"무슨 일인데?"

"모르세르 기사 때문이야."

"아, 그거! 너무 재미있지 않아?"

"그래, 재미가 지나쳐서 명예훼손에 가까울 정도야. 까딱하다가는 위험한 소송까지 일어나겠던걸."

"천만에, 우린 모든 증거서류들을 가지고 있어. 게다가 모르세르 씨도 절대로 찍소리 못하리라는 확신이 있지. 그리고 부당한 명예를 뒤집어쓰고 있는 그런 파렴치한 인간을 고발하는 것도 국가에 대한 봉사가 아닐까?"

보샹은 어리둥절했다.

"그런데 도대체 누구한테서 그런 상세한 정보를 입수했나?" 보샹이 물었다. "우리 신문에서도 맨 처음 보도했는데 증거가 없어서 보류했었지. 모르세르 씨는 프랑스의 대귀족이고, 사실 우린 그 반대파라 누구보다 들추어내고 싶은 사건이었거든."

"오! 글쎄, 아주 간단해. 우리가 스캔들을 뒤쫓아간 게 아니라, 그것이 제 발로 우릴 찾아왔거든. 어제 한 남자가 자니나에서 엄청난 서류를 가지고 왔지. 그래서 고발 글을 실을까 말까 주저하고 있었더니, 그 사람이 우리가 거절하면 그 기사를 다른 신문사에 싣게 하겠다는 거야. 자네도 중요한 뉴스가 어떤 건지는 알잖아. 그러니 그 뉴스를 놓치고 싶진 않더란 말이지. 그래서 우리가 터뜨렸던 거야. 여파가 굉장할걸. 아마 유럽 구석구석까지 떠들썩해질 거라고."

보샹은 이젠 그저 머리를 숙이는 수밖엔 도리가 없다는 것을 알았다. 그래서 절망적으로 밖으로 나온 그는 모르세르에게 사람을 보냈던 것이다.

그러나 이제부터 하려는 얘기는 알베르에게 하인을 보낸 뒤의 일이어서 그에게 보내는 편지에는 쓰지 못했다. 그날로 귀족원은 발칵 뒤집혀, 보통때에는 그처럼 엄숙하던 의원들 사이에서도 소동이 일어났다. 모두들 시간이 채 되기도 전에 귀족원에 출석했으며, 세상의 이목이 이 내로라하는 귀족원의 인물 중에서도 가장 명망 있다고 하는 축에 드는 사람에게로 집중될 이 불상사에 대해 입을 모아 얘기했다. 낮은 소리로 그 기사를 읽는가 하면, 사건을 보다 명확하게 하기 위한 설명을 덧붙이거나 회고담을 서로 주고받았다.

모르세르 백작은 동료들로부터 미움을 받고 있는 터였다. 벼락부자들이 다 그렇듯이 그는 자기 체면을 유지하기 위해 언제나 거만한 태도를 보여왔던 것이다. 그렇기에 귀족들은 그를 비웃고 있었다. 재주 있는 사람들은 그를 외면했고, 정당한 영예를 지닌 사람들은 본능적으로 그를 멸시했다. 모르세르 백작은 속죄의 제물이라는, 극히 비참한 입장에 처해질 운명에 있었다. 바로 저자를 희생 제물로 바치라고 이제 신의 손가락이 한 번만 지목하면, 모두 함성을 내지르며 희생물을 도살할 준비가 되어 있었다.

오직 모르세르 백작만 아무것도 모르고 있었다. 이런 중상 기사가 실린 신문을 받아보지 못했던 그는 그날 아침나절을 편지도 쓰고 말도 시승해 보며 지냈다. 그러므로 여느 때와 같은 시간에, 거만한 눈길과 거리낌 없이 걷는 걸음걸이로 거드름을 피우며 의회에 나타날 수 있었다. 마차에서 내려 복도를 몇 개씩 거쳐 회의장으로 들어가면서도, 수위들의 무언가 주뼛주뼛하는 태도에서도, 동료들의 머리만 끄떡해 보이는 인사에서도 그는 아무것도 눈치채지 못했다.

모르세르가 회의장에 들어왔을 때는 이미 회의가 시작된 지 삼십 분도 더 지나 있었다. 앞서 말한 대로, 무슨 일이 일어났는지 전혀 모르고 있었던 백작의 입장에서는 그 태도와 몸짓이 평상시와 조금도 다르지 않았지만, 사람들의 눈에는 오히려 평상시보다 더 거만하게 보였다. 그리고 아무렇지도 않은 듯이 회의장에 나타난 사실 자체가 명예를 존중하는 의회에 대한 도전으로 생각되었기 때문에, 사람들은 그런 태도를 무례하기 짝이 없다 여겼고, 어떤 사람들은 도전이라고 생각하는가 하면, 또 어떤 사람들은 모욕이라고 생각하기도 했다.

귀족원 전체가 이 문제를 놓고 한바탕 토론을 벌여보고 싶어하는 기미가 역력했다.

한 사람도 빼놓지 않고 그 고발 기사가 실린 신문을 들고 있었다. 그러나 늘 그렇듯이 아무도 자기가 자진해서 공격의 책임을 지고 싶어하지는 않았다. 이윽고 모르세르 백작과 공공연한 적대자로 알려져 있는 어느 유력한 귀족 한 사람이 마침내 기다리던 때가 왔다는 듯한 엄숙한 표정으로 단상에 올랐다.

장내는 물을 끼얹은 듯 조용해졌다. 늘 달갑지 않게 들었던 이 연설자의 등장에 오늘따라 왜 이렇게 사람들이 지대한 관심을 보이는지 그 이유를 모르는 것은 모르세르 백작뿐이었다.

이제부터 말하려는 것은 실로 중대하고도 신성하며, 귀족원의 사활이 걸린 일이라고 서두를 꺼내는 연설자의 말을, 백작은 아무렇지도 않게 흘려들었다.

그러나 자니나와 페르낭 대령이라는 말이 연설자의 입에서 나오는 순간, 모르세르 백작의 얼굴은 무서울 정도로 창백해졌다. 회의장에는 약간의 동요가 스쳐갔을 뿐 모든 사람의 시선이 백작에게로 쏠렸다.

정신적인 상처는 눈에 보이지 않지만 결코 완전히 아물지 않는 것이 특징이다. 그 고통은 늘 사라지지 않으며, 누군가의 손이 닿으면 바로 피가 배어나오도록 가슴속에서 언제나 생생하게 입을 벌리고 있는 법이다.

이따금 술렁거리는 소리에 잠깐씩 동요가 있기는 했지만, 시종일관 조용한 가운데 기사의 낭독이 끝났다. 그러자 고발에 나선 연설자는 다시 말을 이어 자기의 임무가 얼마나 어려운 일인가를 설명하기 시작했다. 이렇게 개인적인 문제를 대상으로 토의를 제기하는 것도, 실은 모르세르 백작과 귀족원 전체의 명예를 지키기 위해서라고 말했다. 끝으로 그는 조속하게 조사를 벌여 중상이 확대되는 것을 방지하는 한편, 모르세르 백작이 그 중상에 대해 복수하는 것을 도와서 오랫동안 여론이 인정해 온 그의 지위를 회복해 주어야 한다며 결론을 맺었다.

모르세르 백작은 이 뜻하지 않은 엄청난 재난에 완전히 타격을 받아, 후들후들 떨면서 동료들 쪽을 당황한 듯한 눈길로 바라보며 몇 마디 말을 중얼거릴 뿐이었다. 이처럼 겁에 질린 태도는 죄인의 수치심으로도 보이지만 동시에 죄 없는 자의 놀라움으로도 보아줄 수 있는 까닭에 몇몇 동료들의 동정을 샀다. 정말로 고결한 사람은 적에게 품고 있는 증오보다 적의 불행이 더 클경우, 오히려 동정적으로 나오게 되는 법이다.

의장은 이 조사 여부를 투표로 결정하기로 하였다. 그리고 찬반을 기립에 의해서 표시한 결과, 조사를 하기로 결정되었다. 백작에게는, 자신이 결백하다는 증거를 제시하려면 얼마나 시일이 걸릴 것인지 물었다.

백작은 이러한 무서운 타격을 받고도 자기가 아직 살아 있음을 깨닫자 다시 용기를 내었다.

"의원 여러분," 그는 대답했다. "본인이 모르는 적, 분명 세상에 알려지지 않은 채 어둠 속에 숨어 본인에게 공격을 가해 오는 적들을 쳐부수는 데는 조금의 시간도 필요 없습니다. 잠시나마 나를 혼란시킨 이 벼락같은 공격에 대해, 본인은 시간을 끌지 않고 바로 응징하지 않을 수 없습니다. 이처럼 결백을 변명하는 대신, 본인이 동료 여러분들과 같은 곳에 서 있을 자격이 있음을 증명하기 위해 제게 피를 흘릴 기회가 주어지지 않은 것을 유감으로 생각할 뿐입니다!"

이러한 발언은 피고에게 유리한 인상을 주었다. 그는 말을 이었다.

"그래서 저는 조사가 가능한 한 신속히 진행되기를 요구하는 바입니다. 그리고 유효한 조사가 이루어지도록 필요한 모든 서류를 귀족원에 제출할 생각입니다."

"날짜는 언제로 할까요?" 의장이 물었다.

"오늘부터 즉각 지시에 따를 생각입니다." 백작이 대답했다.

의장이 종을 울렸다.

"의원 여러분께서는 오늘부터 조사를 벌이는 데에 찬성이십니까?"

"찬성이오!" 의원 전체가 일제히 대답했다.

그래서 모르세르 백작이 제출할 서류를 심사하기 위하여 열두 명으로 구성된 위원회가 임명되었다. 위원회의 첫 번째 회의는 귀족원 사무실에서 오후 8시부터 열기로 했다. 만약 회의를 여러 번 해야 할 경우에는, 늘 같은 시간에 같은 장소에서 가지기로 합의를 보았다.

결의가 끝나자 모르세르 백작은 퇴장할 수 있도록 허가를 요청했다. 그는 평소에도 세심하고 용의주도한 성격이어서, 이런 험악한 사태가 일어날 경우에 대비하여 서류들을 모아두어야겠다고 오래전부터 생각했던 것이다.

보샹은 지금 이 모든 이야기를 알베르에게 전부 들려주었다. 다만 우리가 생기 없이 무미건조하게 얘기했던 것에 비해 그는 생생하게 얘기했을 뿐이다.

알베르는 이 얘기를 듣는 동안 때로는 희망으로, 때로는 분노로, 또 어느 때는 수치심으로 몸을 떨었다. 왜냐하면 보샹의 솔직한 설명으로, 아버지가 정말로 죄를 범했다는 것을 인정하지 않을 수 없었기 때문이다. 그는 이제부터 아버지가 도대체 무슨 수로 자신의 무죄를 증명할 것인지 생각해 보았다. 보샹은 여기까지 이야기를 하고 말을 멈췄다.

"그 다음엔?" 알베르가 물었다.

"그 다음이라고?" 보샹이 되받아 말했다.

"그래."

"이렇게 되면 난 싫어도 무서운 사실을 얘기해야 해. 그 다음 얘기가 알고 싶은가?"

"꼭 들어야겠네. 그리고 사실 난, 그 얘길 다른 사람의 입에서 듣느니 자네한테서 듣는 편이 낫겠어."

"그렇다면 좋아!" 보샹이 대답했다. "알베르, 용기를 내게. 이번만큼 용기를 필요로 할 일은 없을 테니까."

알베르는 자신의 힘을 확인해 보느라고 손으로 이마를 짚었다. 그것은 마치 목숨을 지키려는 사람이 갑옷을 만져보고 칼날을 휘어보는 것과도 같았다.

그는 자신에게 충분한 힘이 있다고 느꼈다. 흥분한 것을 용기라고 착각하고 있었기 때문이다.

"자, 계속해 봐." 그가 말했다.

"저녁이 되자 온 파리 사람들은 숨죽이고 사건의 결과를 기다리고 있었지. 많은 사람들이, 자네 아버님이 나타나시기만 하면 그런 탄핵쯤은 완전히 무력화시킬 수 있다고 생각하는가 하면, 또 어떤 사람들은 백작께서 나타나지 않을 거라고들 떠들어댔네. 또 한편에서는 아버님이 브뤼셀로 떠나는 것을 보았다는 사람도 있었고, 더구나 정말 아버님이 여권을 받아갔느냐고 경찰청에 가서 물어보는 사람도 있었다더군." 보샹은 말을 계속했다. "그래서 나는 모든 수단을 써서 귀족원 소속 귀족인 내 친구에게 부탁해, 회의장의 특별석에 몰래 들어가기로 했네. 저녁 일곱 시에 그 친구가 내게 왔고, 아직 아무도 오지 않은 틈을 타 수위에게 나를 소개해 주었지. 그랬더니 특별석 같은 의자에 나를 앉게 해 주더군. 그 의자는 둥근 기둥 뒤에 있었는데, 주위가 깜깜해서 아무도 나를 볼 수 없었지. 그래서 난 곧 열릴 위원회를 처음부터 끝까지 다 볼 수 있었다네.

모두들 정각 8시에 오더군.

모르세르 씨는 8시를 알리는 시계가 마지막 종을 칠 때 나타났지. 무슨 서류 뭉치 같은 것을 손에 들고. 침착해 보이시더군. 여느 때와 달리 걸음걸이가 소탈하고, 복장은 격식을 갖추어 엄숙하게 차려입으셨는데, 옛날 군인 시절의 습관으로 위에서부터 아래까지 단추를 꼭꼭 채우고 계셨지.

백작께서 그 회의에 출석한 것은 아주 좋은 인상을 주었네. 의원들의 태도는 무뚝뚝하기는커녕, 몇몇 위원들이 백작을 맞이하려고 일어나 악수를 청하더군."

알베르는 이러한 상세한 이야기를 들으면서, 가슴이 터져 나가는 것 같았다. 그러나 그 고통 속에서도 위험에 빠져 있는 아버지에게 경의를 표시해 준 사람들을 끌어안고 싶은 심정이었다. 거기엔 감사하는 마음이 섞여 있었다.

"바로 그때 수위가 들어오더니 의장에게 편지 한 통을 전하더군. 의장은 편지를 뜯으며 말했어.

'모르세르 백작에게 발언을 허락합니다.'

백작께선 변론을 시작했어. 그런데 알베르, 자네 아버님의 웅변은 청산유수더군. 백작께선, 자니나 총독이 황제와 생사에 관한 직접적인 협상을 모두 자기에게 맡긴 것만 보더라도, 마지막 순간까지 자신을 전폭적으로 신뢰하고 있었다는 사실을 증명한다며 서류를 제출하셨어. 그리고 지휘권자임을 표시하는 반지를 내보였지. 그것은 알리 파샤가 보통 편지를 봉할 때 인장으로 사용하던 것인데, 백작이 돌아올 때면 시간에 구애받지 않고 밤이건 낮이건 간에, 심지어 파샤가 후궁에 들어가 있을 때라도 백작만은 거침없이 그곳까지 들어갈 수 있도록 허용해 주는 반지였다더군. 그런데 불행히도 황제와의 협상이 불리하게 되어, 백작이 은인인 알리 파샤를 보호할 수 없게 된 채로 자니나에 돌아와 보니 그는 이미 죽은 뒤였다는 거야. 그래도 백작에 대한 알리 파샤의 신뢰는 절대적이어서 죽어가면서도 사랑하는 부인과 딸을 자기에게 부탁할 정도였다더군."

알베르는 보샹의 이 말에 몸을 떨었다. 보샹의 얘기를 들으면서, 하이데의 이야기가 생각났기 때문이다. 그리고 하이데가 그 사명에 관한 일이며, 반지, 그리고 자기가 어떻게 해서 노예로 팔리게 되었는지 그 경위를 얘기한 것이 생각났다.

"그래, 아버지의 변론 효과는 어땠나?" 알베르는 불안한 듯이 물었다.

"솔직히 말해서 감동적이었어. 의원들도 모두 감동받았지. 그러는 동안에 의장은 수위에게 받은 편지를 대수롭지 않게 들여다보았어. 그러나 처음 몇 줄을 읽더니 눈이 번쩍 뜨인 듯이, 읽고 또 읽으며 모르세르 씨를 바라보았네.

의장은 말했지. '백작, 백작께선 방금 자니나의 총독이 자신의 딸과 부인을 백작께 맡겼다고 하셨지요?'

'그렇습니다,' 백작이 대답했어. '그런데 그것조차 다른 일들과 마찬가지로 불행하게 되어버렸습니다. 제가 돌아갔을 때는, 총독의 부인 바실리키와 그의 딸 하이데는 모습을 감춘 뒤였으니까요.'

'백작께선 그 두 사람을 아십니까?'

'파샤와 가까운 사이였고, 또 그분이 저의 충성심을 절대적으로 신임하셨기 때문에, 그들을 볼 기회를 여러 번 베풀어주셨습니다.'

'그 여자들이 어떻게 됐는지 혹시 모르십니까?'

'네, 두 사람 다 너무 상심한 나머지 그렇게 됐는지, 아니면 빈곤 때문이었는지 죽었다는 소문을 들었습니다. 저도 부유하지 않았고 제 목숨도 위험에 처해 있어서, 유감스럽게도 그들을 찾으러 나설 수가 없었지요.'

의장은 눈에 띄지 않을 정도로 눈살을 조금 찌푸리더군.

'여러분,' 의장이 말했다네. '여러분은 지금 모르세르 백작의 설명을 들으셨습니다. 그런데 백작, 당신이 방금 한 얘기를 증명해 줄 만한 사람이 누구든 있습니까?'

'유감스럽습니다만 없습니다!' 백작이 대답했네. '총독의 측근이나, 당시 그 댁에서 저를 알고 있던 사람들은 모두 죽었거나, 행방불명이 되어버려서요. 프랑스 사람으로는 저만이 그 무서운 전쟁에서 살아남았으니까요. 전 다만 알리 테벨린의 편지를 몇 통 가지고 있을 뿐입니다. 그것을 여러분의 눈앞에 제출합니다. 그리고 그분의 뜻을 인증하는 반지도 있습니다. 이게 그 반지입니다. 마지막으로 제가 제시할 수 있는 가장 확실한 증거는, 이런 무기명 투서의 공격에도 불구하고 제가 결백한 사람이며 군 생활을 청렴하게 해 왔다는 사실에 위배되는 증거가 아무것도 없다는 것입니다.'

그 의견에 찬성하는 소리가 회의장에서 웅성웅성 오갔네. 알베르, 그때 다른 사건이 일어나지 않았더라면 자네 아버님이 승리하셨을 거야. 가결 투표만 하면 됐으니까. 그러나 그때 의장이 입을 열었다네.

'여러분, 그리고 모르세르 백작, 지금 자신이 중요한 증인이라며 본인 스스로 증거를 제시하겠다고 이곳에 온 증인의 말을 듣는 데 대해 아무런 이의가 없을 줄로 생각합니다. 방금 백작의 설명으로 미루어보더라도, 이 증인은 백작의 완전한 결백을 설명해 주리라 믿습니다. 여기 그 사건에 관계되는 편지가 있습니다. 이 편지를 읽는 게 좋겠습니까? 아니면 이걸 불문에 부치고 이번 사건을 묻어 버리는 게 좋을까요?'

모르세르 백작은 얼굴빛이 확 변하더군. 그리고 들고 있던 서류를 소리나게 움켜쥐셨어. 위원들의 의견은 그 편지를 읽자는 쪽이었어. 백작은 생각에 잠긴 채 아무런 의견도 표시하지 않고 계셨고. 그래서 의장은 편지를 읽어 내려가기 시작했네.

의장 각하

본인은 육군 중장 모르세르 백작이 그리스와 마케도니아에서 벌인 행각을 조사하는 위원회에 지극히 확실한 정보를 제공할 생각입니다.

의장은 잠깐 말을 멈추었지.

모르세르 백작께선 얼굴이 하얘져 계시더군. 의장은 청중들에게 눈으로 의견을 물었어.

'계속하시오! 계속하시오!' 사방에서 고함 소리가 났어.

의장은 다시 읽었네.

저는 알리 파샤가 죽은 그 현장에 있었습니다. 저는 그의 임종을 보았습니다. 또한 총독의 부인 바실리키와 그의 딸 하이데가 그 뒤에 어떻게 되었는지도 알고 있습니다. 모든 것은 위원회의 지시에 따르겠사오니, 제 말씀을 들어주시기를 요청합니다. 이 편지를 받으실 즈음 저는 위원회의 현관에서 기다리고 있겠습니다.

'그래, 그 증인이라는 자, 아니 차라리 적이라고 해야 할 그자는 도대체 어떤 자랍니까?' 백작께서 의장에게 물었네.

그 목소리에는 분명히 커다란 변화가 보였어.

'곧 알게 되겠지요,' 의장이 대답했다네. '의원 여러분은 이 증인의 증언을 듣는 데 찬성하십니까?'

'찬성이오!' 모두 일제히 대답했어.

수위가 불려왔지.

의장이 물었어. '수위, 현관에서 기다리는 사람이 있소?'

'예, 있습니다.'

'어떤 사람이오?'

'하인을 데리고 온 여자입니다.'

모두들 서로의 얼굴을 마주보았네.

'그 여자를 데리고 오시오.' 의장이 말했네.

5분 뒤에 수위가 다시 모습을 드러냈어. 모든 사람들의 시선이 일제히 문으로 쏠렸지. 그리고 나도 그들과 마찬가지로 기대와 불안감으로 가득 찼지.

수위 뒤로 온몸을 베일로 감싼 한 여인이 걸어오더군. 베일 속으로 드러난 몸과 풍겨 나오는 향기로, 젊고 우아한 여자라는 것을 짐작할 수가 있었지. 하지만 그것뿐이었어.

의장은 그 미지의 여성에게 베일을 벗어달라고 청했네. 그 다음 여자가 그리스 옷을 입고 있는 것을 알 수 있었어. 뛰어난 미인이더군.''

"아!" 알베르는 소리쳤다. "그 여자군."

"뭐? 그 여자라니?"

"하이데 말이야."

"누구에게 들었어?" 보샹이 물었다.

"그저 그런 것 같다는 거지. 자, 보샹 계속해 봐. 난 침착하고 끄떡없으니, 어서 얘기의 결말을 알고 싶네."

"모르세르 백작께선," 보샹은 얘기를 계속하였다. "그 여자를 공포가 뒤섞인 놀란 눈으로 바라보고 계셨지. 그분으로서는 그 여자의 아름다운 입으로 사느냐 죽느냐 하는 문제가 판가름 날 판국이었으니까. 그러나 다른 사람들에겐 이 일이 너무나 신기하고 흥미로워서 모르세르 백작의 흥망 같은 것은 이미 부차적인 일로 물러나 있었지.

의장은 손을 뻗어 그 여자에게 앉으라고 했다네. 그러나 여자는 고개를 저으며 그냥 서 있겠다고 하더군. 백작께선 의자에 털썩 주저앉았고. 분명 다리로 버틸 힘이 없었기 때문일 테지.

의장이 여자에게 말했어. '아가씨께선 위원회에 자니나 사건에 대한 정보를 제공하겠다고 편지를 쓰셨습니다. 그리고 본인 자신이 그 사건의 목격자라고 하셨는데요.'

'사실이 그렇습니다.' 미지의 여인은 애수에 찬, 동양인 특유의 울림이 깃든 목소리로 대답했다네.

의장이 다시 말을 이었어. '하지만 당시에는 퍽 어리셨을 텐데요?'

'네 살이었습니다. 그러나 그 사건은 저에게 너무나 심각한 사건이었던 만큼 당시의 일이 머릿속에서 하나도 사라지지 않았습니다.'

'그런데 그 사건이 당신에게 어떤 의미를 가지고 있었습니까? 또 그 사건에 그처럼 강한 인상을 받은 당신은 대체 누구십니까?"

'제 아버님의 생사에 관한 문제였으니까요.' 여자가 대답했지. '저는 자니나 총독 알리 테벨린과 그의 사랑하는 부인 바실리키 사이의 딸, 하이데입니다.'

여자의 볼을 붉게 물들인, 수줍어하면서도 흥분한 듯한 홍조와 불꽃처럼 빛나는 눈, 그리고 그 위엄에 찬 말은 모두에게 말할 수 없이 깊은 감명을 주었네.

한편 백작께선 벼락이 발밑에 떨어져 깊은 심연을 파놓았다 하더라도 그처럼 심한 타격을 받지는 않았을 정도로 엄청나게 놀라신 듯하더군.

의장은 정중하게 허리를 굽힌 뒤에 이렇게 말하더군. '그럼 한 가지만 묻겠습니다. 결코 의심해서가 아닙니다. 마지막 질문입니다. 아가씨께서 말씀하신 것이 틀림없는 사실이라고 증명하실 수 있습니까?'

'있어요.' 하이데는 베일 밑으로 조그만 공단 주머니를 꺼내며 말했어.

'여기 제 출생증명서가 있습니다. 이것은 제 아버님이 쓰셨고 주요 대신들의 서명도 있습니다. 그리고 출생증명서와 함께 세례증명서도 여기 있습니다. 아버님께서 저를 어머니와 같은 종교로 교육시키는 것을 허락하셨기 때문에, 마케도니아와 이피로스 대주교의 서명이 첨부된 것입니다. 그리고 마지막으로 이건, 이거야말로 가장 중요한 증서로 그 프랑스 장교가 저와 제 어머니를 아르메니아 상인 엘 코비르에게 팔아넘긴 증서입니다. 그 장교는 터키 황제와 비열한 거래를 마친 뒤, 자기 은인의 딸과 부인을 자기 몫으로 차지해 1천 부르스, 그러니까 대략 40만 프랑에 노예상에게 팔아넘겼습니다.'

등골이 오싹해지는 침묵 속에서 의원들이 그 무서운 진술을 듣는 동안, 모르세르 씨의 뺨은 새파랗게 질렸고 눈은 시뻘겋게 충혈되었다네.

다른 사람 같았으면 분노로 몸을 떨었을 테지만 하이데는 그보다 더 무서운 침착함을 보이며, 아라비아어로 적힌 매도증서를 의장에게 제출했어.

이렇게 제출된 서류들 중 몇 장은 아라비아어나 그리스어 내지는 터키어로 적어졌으리라 생각한 위원회는 곧 의회의 통역 쪽에 연락했어. 영광의 이집트 전쟁에 종군했을 때 아라비아어를 배운 어느 귀족이, 통역가가 높은 소리로 읽은 증서의 내용을 양피지 위에 받아썼네.

노예상이며, 황제 폐하의 후궁에게 물품을 공급하는 업자인 엘 코비르는 프랑스의 귀족 몬테크리스토 백작에게 자니나 총독 고(故) 알리 테벨린과 그의 처 바실리키의 딸이자 열한 살의 기독교 신자인 노예 하이데를 양도함으로써, 황제 폐하께 상납하기 위한 추정 가격 2천 부르스의 에메랄드 한 개를 영수한 것을 인정함. 하이데는 7년 전 콘스탄티노플 도착시 사망한 그의 모친 바실리키와 함께, 자니나의 파샤인 알리 테벨린 휘하의 페르낭 몬테고라는 프랑스인 육군 장교에게서 본인이 산 노예임.

위의 매매는, 본인에게 황제 폐하를 대신하여 1천 부르스의 가격으로 이루어졌음을 통지함.

회교력 1247년, 황제 폐하의 재가 아래 콘스탄티노플에서 본 증서를 작성함.

서명 엘 코비르

본 증서는 그 정당성을 인정하기 위해 매도인에게 당연히 필요한 황제 폐하의 옥쇄를 날인함.

과연 노예 상인의 서명과 나란히 황제의 옥쇄가 찍혀 있었네. 낭독이 끝나고 증서 검증이 이루어진 뒤에는 오직 무서운 침묵이 계속되었네. 모르세르 백작께선 그저 눈만 뜨고 있는 것 같았어. 그리고 자신도 모르게 하이데를 향해 있는 그 눈은 불꽃과 증오로 타오르고 있었지.

의장이 말했네. '그러면 지금 파리에 있으리라고 생각되는 몬테크리스토 백작에게 문의해 보아도 좋을까요?'

'제 아버님이나 다름없는 몬테크리스토 백작께서는 사흘 전에 노르망디로 가셨습니다.'

그러자 의장이 물었지. '그렇다면 누가 당신에게 이렇게 하도록 권고해 주었습니까? 저희로서는 아가씨께 감사하게 생각하고, 또 당신의 신분이나 그 억울한 불행을 생각할 땐 당연한 행동이라 사료되긴 합니다만.'

'그것은 제 자존심과 슬픔이 뒷받침해 준 일입니다. 저는 기독교 신자이긴 하지만 언제나 훌륭하셨던 제 아버님의 복수만을 생각해 왔습니다. 그래서 제가 프랑스에 와서 그 배반자가 파리에 살고 있다는 사실을 알게 되면서부터, 제 눈과 귀는 잠시도 쉬질 않았습니다. 저는, 저를 보호해 주시는 고귀한 분의 댁에 깊이 파묻혀 살아왔습니다. 깊은 생각에 잠길 수 있는 조용하고 어두운 그곳과 그곳의 생활이 좋았기 때문입니다. 그러나 몬테크리스토 백작께서 어버이처럼 매사를 깊이 보살펴주셔서, 저는 그 속에서도 이 세상에서 일어나고 있는 일들을 모조리 알 수 있었습니다. 그러나 거기에선 먼발치에서 듣기만 할 수 있을 뿐이었습니다. 그래서 저는 앨범과 악보를 주문해 보듯이, 신문이란 신문은 모조리 읽었습니다. 그 결과 저는 별로 신경을 안 써도 남의 생활을 알 수 있었습니다. 오늘 아침에 귀족원에서 무슨 일이 일어났으며, 오늘 저녁엔 또 무슨 일이 있을 것인지도 그래서 안 것입니다. 그래서 저는 편지를 썼습니다.'

'그럼 몬테크리스토 백작은 이 일과는 아무런 관계도 없단 말인가요?'

'그분은 아무것도 모르고 계십니다. 그래서 나중에 이 일을 아시고 나무라시지나 않을까 걱정입니다. 그러나 저에게는 오늘이야말로 정말 기쁜 날입니다.' 여자는 불타는 듯한 눈길로 하늘을 쳐다보며 말을 이었지. '오늘이야

말로 아버님의 복수를 할 기회가 왔으니까요!'

그러는 동안 모르세르 백작께선 말 한마디 못하고 계셨네. 동료들은 가만히 그를 바라보고 있었지. 모두들 백작의 그 좋았던 운이 여인의 향기로운 입김 한번에 깨져버린 것을 측은히 여기고 있는 눈치였어. 백작의 불행이 얼굴 위에 차츰 불길한 윤곽을 그리며 뚜렷하게 드러나기 시작했네.

'모르세르 백작,' 의장이 물었네. '당신은 이 여인을 자니나의 파샤 알리 테벨린의 딸로 인정합니까?'

'아니오,' 백작께선 일어서려고 애를 쓰며 대답했네. '이건 내 적들이 꾸며낸 음모입니다.'

하이데는 마치 누구를 기다리기라도 하는 듯 문에 시선을 고정시키고 있다가, 갑자기 고개를 돌려 모르세르 백작이 서 있는 모습이 보이자 무섭게 소리를 질렀네.

'나를 모른다고!' 여자는 소리쳤지. '그러나 난 불행히도 너를 알아보겠는데! 넌 페르낭 몬테고, 아버님의 군대에서 교관을 하던 프랑스 장교가 아니냐! 자니나의 성을 적에게 팔아넘긴 건 너야! 네 은인의 생사에 대해 터키 황제와 협상하라고 콘스탄티노플로 파견되었으면서, 터키 황제와 밀모하여 완전 사면을 허한다는 거짓 칙서를 가지고 돌아온 것이 바로 너지! 넌 그 칙서를 가지고서 파샤에게서 반지를 받고, 화약고를 지키던 셀림을 속여 그를 죽였지! 그러고는 나와 내 어머니를 노예상 엘 코비르에게 팔아먹은 게 너 아니고 누구란 말이냐! 살인자! 살인자! 살인자! 네 이마에는 아직도 네 주인의 피가 묻어 있다. 모두들 저자를 잘 보세요!'

격한 진실이 담긴 말에, 모든 사람들의 눈은 모르세르 백작의 얼굴로 쏠렸어. 백작도 마치 알리 파샤의 피가 느껴지는 듯 손을 이마로 가져가더군.

'그러면 모르세르 백작이 바로 그 페르낭 몬테고라는 장교란 말씀이신가요?'

'물론이죠!' 하이데가 소리쳤다네. '오! 어머니! 어머니께선 이렇게 말씀하셨어요—너는 자유로운 몸이었다. 네게는 사랑하는 아버지도 계셨다. 너는 여왕도 될 수 있는 신분이었다! 저자의 얼굴을 잘 보아두어라. 저자가 너를 노예로 만들었다. 저자가 네 아버님의 머리를 창끝에 꿰어 매달고, 우리를 노예로 노예상에게 팔았다. 저 커다란 흉터가 있는 오른손을 기억하거

라. 비록 네가 저놈의 얼굴은 잊어버리더라도, 노예상 엘 코비르에게서 금화를 한 닢 한 닢 받아 쥔 저 손을 보면 바로 알아볼 수 있을 게다. ─그래요, 알아볼 수 있고말고요! 자, 저자가 나를 정말 알아보지 못하는지 한번 직접 얘기해 보게 해주세요.'

말 한마디 한마디가 마치 단검처럼 모르세르 백작을 찔렀어. 그리고 백작의 힘을 조금씩 도려내고 있었지. 그리고 하이데의 마지막 말이 떨어졌을 때, 백작은 자기도 모르게 실제로 흉터가 있는 본인의 손을 가슴속으로 얼른 감춰버렸다네. 그러고는 암담한 절망 속에 가라앉았듯 안락의자에 털썩 주저앉았지.

이러한 광경을 본 의원들의 머릿속에는 마치 세찬 폭풍에 휘날리는 낙엽처럼 혼란이 일기 시작했네.

'모르세르 백작,' 의장이 말했네. '정신 바짝 차리셔야 합니다. 자, 대답해 보십시오. 위원회의 재판은 하느님의 재판과 마찬가지로 숭고하고도 평등한 것입니다. 당신에게 방어의 여지도 주지 않고 그대로 적의 음모에 넘어가게 하지는 않을 것입니다. 조사를 재개하길 원하시오? 귀족원 의원 두 사람을 선정해서 자니나로 보내길 원하시오? 자, 대답해 보시오.'

모르세르 백작은 아무 대답도 못했지.

그러자 의원들은 공포심이 어린 눈으로 서로의 얼굴을 바라보았다네. 백작의 성품이 과격하다는 것은 이미 알고 있는 터였지. 그런 백작께서 변명할 기력조차 잃어버렸다면 틀림없이 무서운 허탈 상태에 빠져 있음이 분명했어. 그리고 마치 잠자는 듯한 이 침묵 뒤에 벼락과도 같이 갑작스레 무섭게 일깨우는 말이 울려나오지 않을까 하는 생각도 할 수 있었네.

'어떻습니까?' 의장이 물었어. '어떻게 하시겠습니까?'

'아무것도 하지 않겠습니다.' 백작은 일어서며 무거운 목소리로 말했지.

의장은 재차 물었네. '그렇다면 알리 테벨린의 따님이 진술한 게 정말 사실이란 말이오? 그리고 이 여인이 진짜로 죄인이 한마디도 반박하지 못할 무서운 증인이란 말씀인가요? 그리고 지금 고발당한 일들을 당신이 실제로 범했단 말이오?'

백작은 마치 호랑이의 마음이라도 움직일 정도로 절망적인 표정을 하고 주위를 둘러보았어. 그러나 의원들의 마음은 움직일 수가 없었네. 그리고 나서 천장을 바라보더니 이내 눈길을 돌리시고 말더군. 마치 천장이 둘로 갈라지며, 그 가운데 하늘이라고 불리는 제2의 법정과, 신이라고 불리는 또 다른 심판자가 나타날까 봐 두려워서 그러시는 것 같았네.

그러더니 숨이 막힐 듯 몸에 꽉 끼는 양복의 단추를 우두둑 뜯어버렸어. 그리고 침울한 광인처럼 밖으로 나갔지. 잠시 동안 백작의 발소리가 천장 밑으로 음산하게 울려왔네. 이윽고 바람처럼 백작을 실어가는 마차 소리가 피렌체풍의 건물 문을 흔들며 들려왔어.

'여러분,' 회의장이 다시 정숙해진 것을 보자, 의장이 말했다네. '모르세르 백작이 반역, 매국 등 파렴치한 행동을 한 사실을 인정합니까?'

'인정하오!' 조사 위원회의 전원이 모두 입을 모아 대답했네.

하이데는 회의가 끝날 때까지 그 자리에 남아 있었지. 그녀는 모르세르 백작에게 판결이 내려지는 것을 들었지만, 그 표정에는 기쁨의 빛도 연민의 빛도 보이지 않았어.

그리고 다시 얼굴에 베일을 쓰고 의원들에게 정중하게 인사를 한 다음 방을 나갔지. 그 발걸음은 베르길리우스(기원전 1세기경 로마의 대시인)가 여신들의 걸음을 묘사한 모습과도 같았네."

도전

보상이 말을 이었다. "그래서 난 방 안이 조용해지고 어두워지는 것을 틈타서 아무도 모르게 회의실을 빠져나왔지. 나를 안내해 준 수위가 문밖에서 기다리고 있다가, 나를 데리고 복도 몇 개를 빠져나와 보지라르 거리로 통하는 조그만 문으로 데려가더군. 나는 괴로운 심정과 동시에 기쁜 마음으로 거길 빠져나왔지. 이런 말을 하는 것을 용서해 주게나. 그러나 자네를 생각하면 괴로웠고, 아버지의 원수에게 복수하던 그 고귀한 여자를 생각하면 사실 기뻤다네. 그래, 알베르, 난 맹세할 수 있어. 그와 같이 숨은 적을 적발하는 일이 어디서부터 시작되었든 간에, 설령 적으로부터 시작되었다 하더라도, 그 적이야말로 신의 섭리를 이룬 것이라고."

알베르는 두 손으로 머리를 움켜쥐었다. 수치심으로 붉어진 얼굴에선 눈물이 쏟아져 내렸다. 그는 얼굴을 들어 보상의 팔을 잡고 말했다.

"보상, 내 인생은 이제 끝났어. 이젠 자네 말처럼 이런 일이 다만 신의 섭리라고만 말할 게 아니라, 나한테 이런 적의를 품은 사람이 도대체 누군지 찾아내는 일이 남았을 뿐이야. 나는 그자를 죽여야 해. 그렇지 않으면 그자가 날 죽일 테니까. 그런데 나는 자네의 우정에 기대어 도움을 받을 생각이야, 보상, 만약 나를 경멸하는 마음 때문에 우리의 우정이 자네 마음속에서 사라지지만 않았다면 말이네."

"경멸이라니! 그런데 이번 일이 자네와 무슨 상관이 있다고 그러는 건가? 그런 소린 말게. 지금은 아버지의 행동을 자식에게까지 책임 지우는 부당한 편견 같은 건 없어진 세상이니까. 알베르, 지금까지의 자네 인생을 다시 한 번 생각해 보게. 얼마 안 되는 짧은 생애였지만 어떤 쾌청한 날의 새벽빛도 자네 인생의 여명만큼 밝지는 못했을 걸세. 알베르, 내 말을 믿어. 자넨 젊고 돈도 있으니 프랑스를 떠나게. 생활이 분주하고 사람들의 취미가 늘 달라지는 파리에서는 어떤 일이라도 금세 잊히고 말아. 그러니 3, 4년 뒤에 돌아오게. 그래서 러시아의 어느 왕녀하고 결혼하란 말야. 그러면 지난날에 있었던 일을 기억할 사람은 아무도 없을 거야. 더군다나 16년 전에 일어났던 일 따위야 더 말할 필요도 없지.”

“고맙네, 보샹. 그렇게 말해주는 자네의 호의는 정말 고맙네. 그러나 그럴 수가 없어. 난 자네에게 내가 무엇을 바라는지 얘기했네. 그 희망이라는 말을 필요에 따라선 의지라고 말할 수도 있겠지. 자넨 알아주리라 믿네만 이 사건의 당사자인 난 자네 같은 관점에서 이 일을 바라볼 수가 없어. 자네는 이번 일을 하느님이 일으키신 거라 생각하겠지만, 나는 어떤 불순한 원인에서 생긴 것처럼 느껴지거든. 내가 보기에 이 사건은 신의 섭리와는 전혀 상관이 없는 것 같아. 그리고 그편이 오히려 다행이지. 눈에 보이지도 않고 만질 수도 없는 신의 보상이나 징벌 대신 내 손으로 직접 보이는 놈을 잡고 말 테니까 말야. 그리고 그놈에게 복수할 거야! 그렇게 되면 보샹, 다시 한 번 말하지만 난 인간적이고 현실적인 생활로 돌아가겠어. 그러니까 자네 말대로 자네가 아직도 내 친구라면, 나에게 이런 불행을 가져온 그자를 찾아내는 걸 도와주게.”

“그러지!” 보샹이 말했다. “나더러 지상 어딘가에 발붙이고 서 있으라면 그렇게 하겠네. 자네가 무슨 일이 있어도 적을 찾아 나서야겠다면 나도 같이 나서겠네. 그리고 꼭 그자를 찾아내겠네. 내 명예도 자네 명예와 마찬가지로 그자를 찾아내는 데 있으니까.”

“그렇다면 보샹, 지금부터라도 지체할 것 없이 당장 조사에 나서세. 단 일 분 늦춰지는 게 내겐 마치 영원처럼 느껴지니까 말이야. 고발한 자는 아직 벌을 받지 않고 있어. 잘하면 벌 받는 걸 면하리라고 생각하겠지. 하지만 내 명예를 걸고 다짐하겠네만, 그자가 그런 생각을 한다면 그야말로 착각이야.”

“그런데 알베르, 내 얘길 들어보게.”

“뭔데? 자넨 뭔가 알고 있지. 정신이 번쩍 나는군.”

“이게 사실이란 말은 아니지만, 적어도 어두운 밤의 한 가닥 불빛 정도는 되는 듯하네. 이 불빛을 쫓아가면 어쩌면 목적지에 도착할 수 있을지도 몰라.”

“무슨 얘긴데 그래? 얼른 좀 말해 보게. 애가 타서 죽겠어.”

“그럼 내가 자니나에서 돌아왔을 때, 자네에게 안 했던 얘길 하나 들려주지."

"해 봐."

"실은 말야, 알베르. 난 그때 자연스럽게 그곳에서 제일가는 은행가의 집으로 정보를 얻으러 갔었네. 그런데 그 사건 얘기를 꺼내자, 아직 자네 아버님 이름도 나오기 전에 저쪽에서 먼저 '아! 당신이 왜 오셨는지 알겠군요' 하더군.

그래서 내가 물었지. '아니, 어떻게요?'

'이 주일쯤 전에 같은 문제로 내게 문의를 한 사람이 있었지요.'

'그게 누굽니까?'

'제가 거래하고 있는 파리의 은행가죠.'

'이름이?'

그랬더니 '당글라르 씨 입니다' 하지 않겠나?"

"그 인간이!" 알베르가 소리쳤다. "맞았어! 벌써 오래전부터 질투한 나머지 증오에 차서 불쌍한 내 아버지의 뒤를 노려왔던 게 바로 그자야. 자기는 민중적이라면서 우리 아버지가 프랑스 귀족이 된 걸 늘 탐탁지 않게 여겼었어. 그리고 아무 이유도 내세우지 않고 이번 혼담을 깨버렸다고! 틀림없어."

"잘 알아보게, 알베르. 미리부터 너무 흥분하지만 말고, 잘 조사해 봐. 그래서 만약 그게 사실이라면……."

"그래, 그게 사실이라면!" 젊은이가 외쳤다. "여태까지 내가 받은 고통을 갚아줘야지."

"조심하는 게 좋아, 모르세르. 그쪽은 나이가 많은 사람이니까."

"그자가 우리 집 명예에 대해서 생각한 것만큼 나도 그자의 나이를 고려하지. 아버지한테 원한이 있다면, 왜 아버지를 정면으로 해치우려 들지 못했느냐 말이야? 그래, 그자는 상대 앞에 모습을 드러내는 게 두려웠던 거야."

"알베르, 아니라고는 하지 않겠네. 다만 신중을 기해야 해. 알베르, 조심해서 처신하게."

"응, 염려하지 마. 보샹, 자네도 같이 가 주겠지? 엄숙한 일은 증인 앞에서 하는 거니까. 오늘이 다 가기 전에 당글라르가 범인임이 밝혀진다면, 그자의 숨이 끊어지거나 아니면 내가 죽거나 둘 중 하나야. 보샹, 그러면 내 명예를 위해 장례식만은 근사하게 치러 주게."

"좋아. 결심이 선 이상, 바로 실천에 옮기세. 당글라르 집으로 가 볼까? 자, 떠나자고."

둘은 마차를 불러 당글라르 집으로 향했다. 은행가의 저택에 도착했을 때, 마침 문 앞에 안드레아 카발칸티의 마차와 하인이 눈에 들어왔다.

"흥! 잘됐군." 알베르는 침통한 소리로 말했다. "만약 당글라르가 결투를 거부한다면 저 사위 놈을 죽여버려야겠군. 카발칸티 같은 놈이면 싸우지 않을 수가 없지."

알베르가 왔다는 소식이 은행가에게 알려졌다. 알베르의 이름을 듣자 지난밤에 있었던 일을 알고 있는 당글라르는 먼저 문을 잠그게 했다. 그러나 때는 이미 늦었다. 알베르는 하인의 뒤를 바로 쫓아 들어왔던 것이다. 그는 당글라르가 문을 잠그라고 하는 소리를 듣자, 곧 문을 박차고 은행가의 서재까지 들어갔다. 보샹이 그 뒤를 따랐다.

"아니, 이게 무슨 일인가?" 당글라르가 소리쳤다. "집주인은 자기 집에서 원하는 손님과 원치 않는 손님을 가려 만날 수 있는 게 아닌가? 어째 꽤 흥분한 거 같군그래."

"천만에요," 알베르는 차갑게 대답했다. "인간에겐 여러 때와 경우가 있지요. 그리고 당신은 지금 그중 한 가지 경우에 처해 있는 거고요. 제가 비겁자가 아닌 한 당신을 위해 도망갈 구멍을 마련해 주어야겠지만, 적어도 그 탈출구를 허락할 수 없는 사람들이 있는 법입니다."

"그래, 무슨 일로 왔는가?"

모르세르는 벽난로에 등을 대고 서 있는 카발칸티는 전혀 거들떠보지도 않는 듯 당글라르에게로 다가갔다.

"난 십 분쯤 아무도 방해하지 않을 외진 장소에서 당신을 한번 만나뵙기를 요청하러 왔습니다. 그저 그뿐입니다. 단, 그러고 나면 우리 두 사람 가운데 한 사람은 땅바닥 위에 드러눕게 되겠지요."

당글라르의 얼굴빛이 변했다. 카발칸티도 움찔했다. 알베르는 이번에는 카발칸티에게로 돌아섰다.

"아 참, 그렇지!" 알베르가 말했다. "원하신다면 당신도 오시죠. 한 가족이나 다름없으니 오실 권리는 있습니다. 또 이런 걸 원하는 분이 계신다면 얼마든지 받아들일 용의가 있으니까요."

카발칸티는 놀라서 멍하니 당글라르를 바라보았다. 당글라르는 정신을 바짝 차리고 자리에서 일어나 두 청년 사이로 다가갔다. 알베르가 안드레아에게 도전하는 것을 보자 그의 입장이 달라졌다. 그리고 알베르가 찾아온 이유는 자기가 처음에 생각하던 것과는 다르다는 사실을 알았다.

"잠깐," 그는 알베르에게 말했다. "만약 내가 자네 대신 카발칸티 씨를 선택했다는 이유로 싸움을 건다면 난 이 일을 검사 손에 넘길 테니 그리 아시오."

"그건 오해이신데요." 알베르가 씁쓸하게 웃으며 말했다. "난 결혼 문제 같은 걸로 이러는 게 아닙니다. 카발칸티 씨에게 이런 말을 하는 건, 이분이 우리 사이의 문제에 조금이나마 참견하려는 것 같은 인상을 주었기 때문입니다. 자, 그건 그렇고 지금 하신 말씀대로 오늘 나는 누구에게든지 싸움을 걸고 싶은 심정입니다. 그러나 안심하십시오, 우선권은 당신에게 드릴 테니."

"이봐," 당글라르는 분노와 공포로 얼굴빛이 새파래져서 말했다. "미리 말해 두지만, 난 어쩌다가 길에서 미친개를 만나면 죽여버린다네. 그리고 그런 경우 내가 나쁜 짓을 했다고는 생각지 않고, 오히려 사회에 도움을 주었다 생각하지. 그러니 지금 미쳐서 나를 물려고 대들면 가차없이 죽여버릴 테니 그런 줄 아시오. 당신 아버지의 명예가 손상된 것이 내 죄란 말이오?"

"그래!" 모르세르가 소리쳤다. "바로 당신 죄야!"

당글라르는 한 걸음 뒤로 물러섰다.

"내 죄라고? 천만에! 내가 그리스에서 벌어진 일 같은 걸 어찌 알겠어? 내가 그 고장에 가보길 했나, 또 자네 아버지더러 자니나 성을 팔아넘기라고 충동질하길 했나, 도대체 그게 나와 무슨 상관이라는 건가?"

"닥쳐요!" 알베르는 침통한 소리로 말했다. "그래요, 물론 직접 그 일을 폭로했거나, 그런 불행을 가져왔다고는 할 수 없어요. 비겁하게 뒤에서 일을 선동했을 뿐이지."

"내가?"

"그래요! 당신이! 대체 어디서 그걸 알아냈습니까?"

"자네도 신문에서 봤겠지만, 자니나 통신이란 기사에서지!"

"그럼 자니나에 편지를 보낸 건 누구죠?"

"자니나에?"

"그래요, 누가 아버지에 관한 조회를 부탁하는 편지를 보냈습니까?"

"자니나에 편지를 보내는 일쯤 누군들 못하겠나?"

"하지만 편지는, 단 한 사람이 보냈습니다."

"단 한 사람?"

"그렇습니다. 그리고 그게 바로 당신이죠."

"그래, 내가 편질 보내긴 했지. 하지만 딸을 시집보내려는 아버지가 신랑 가족에 대해 알아보는 것쯤이야 있을 수 있는 일 아닌가? 그건 단순한 권리일 뿐만 아니라 의무라고 할 수 있네."

"당신은 어떤 답장이 올지 뻔히 알면서 편지를 보냈던 겁니다." 알베르가 말했다.

"내가? 맹세하지만," 당글라르는 안도에 찬 어조로 자신감 있게 말했다. 그것은 공포심에서 나온 말이라기보다는 차라리 이 불행한 청년에 대한 동정에서 우러나오는 듯했다. "난 절대로 자니나에 편지를 쓸 생각은 없었소. 내가 알리 파샤의 비극 따위를 알았을 리가 없잖소?"

"그럼 누가 권하기라도 했단 말인가요?"

"물론."

"누가 그러라고 했단 말이죠?"

"그렇소."

"그게 누구죠? 계속 얘길 해 보십시오…… 자, 어서……."

"별 거 없소. 난 당신 아버님의 과거에 관해 얘기하고 있었지. 당신 아버님이 재산을 어떻게 그렇게 많이 모았는지 아무래도 분명치 않다고 했지. 그러자 듣고 있던 상대가 아버님이 재산을 모은 장소가 어딘지 묻더군. 나는 그리스라고 대답했소. 그랬더니 그 사람이, 그럼 자니나로 편지를 해 보면 알 게 아니냐고 그럽디다."

"그래서 그것을 권한 자는?"

"그건 바로 당신 친구, 몬테크리스토 백작이오."

"몬테크리스토 백작이 자니나로 편지를 보내보라고 그랬단 말씀입니까?"

"그렇소. 그래서 편지를 보냈지. 그 편지를 보겠소? 보여드리리다."

알베르와 보샹은 서로 얼굴을 마주 보았다.

"당글라르 씨," 그때까지 한 마디도 하지 않던 보샹이 입을 열었다. "당신은 지금 파리를 떠나 변명조차 할 수 없게 된 몬테크리스토 백작에게 죄를 덮어씌우려는 모양인데."

"난 누구에게 죄를 덮어씌우려는 게 아니오." 당글라르가 말했다. "있는 그대로를 얘기하는 것뿐이니까. 몬테크리스토 백작 앞에서 지금 한 말을 되풀이할 수도 있소이다."

"백작은 당신이 어떤 회답을 받았는지 알고 있나요?"

"백작에게도 보여드렸으니까."

"백작은 아버지의 세례명이 페르낭이며, 성은 몬테고라는 것도 알고 있던 가요?"

"그렇소, 그 얘긴 벌써 오래전에 내가 말씀해 드렸으니까. 나는 다른 누구라도 내 입장이라면 할 만큼의 일을 했을 뿐이오. 아마 다른 사람 같았으면 나보다 훨씬 더 심하게 했을 거요. 그 답장이 온 이튿날, 몬테크리스토 백작의 권고로 당신 아버님께서 정식으로 내게 자네의 결혼 문제로 왔을 때, 난 누구하고든 끝을 낼 때 하는 식으로 분명히 거절했소. 사실 딱 잘라 거절하긴 했네만, 그 이유나 그 사건 이야기는 하지 않았지. 뭐, 그 얘길 들춰낼 필요도 없지 않소. 그 양반의 명예나 불명예가 나와 무슨 상관이라고…… 내 수입이 느는 것도, 줄어드는 것도 아닌데 말이야."

알베르는 얼굴이 화끈 달아오르는 것을 느낄 수 있었다. 당글라르가 비굴하게도 자기변명을 늘어놓고 있음에는 틀림없었다. 그러나 당글라르는 양심에 찔려서라기보다 겁에 질려 사실 전부는 아니더라도, 적어도 그 일부를 이야기하고 있다는 확신이 들었다. 게다가 알베르는 도대체 무엇을 찾고 있었던가? 당글라르와 몬테크리스토 백작 중에 누구의 죄가 더 크냐는 문제가 아니었다. 그가 찾고 있던 것은 가문에 입혀진 모욕이 무엇인가 하는 것이었으며 무겁건 가볍건 간에 어쨌든 그 모욕에 책임이 있는 당사자, 즉 결투할 상대였다. 그러나 당글라르가 결투에 응하지 않을 것은 뻔한 일이었다.

게다가 여태까지 잊고 있었거나 혹은 깨닫지 못하고 있던 일들이 하나하나 그의 눈에 분명하게 아른거리고, 그의 기억에 생생하게 되살아나기 시작했다. 그렇다, 몬테크리스토 백작은 모든 걸 다 알고 있었던 것이다. 백작은 알리 파샤의 딸을 알고 있었다. 그러니까 다 알면서도 당글라르에게 자니나에 편지를 보내보라고 권했던 것이다. 회신 내용을 알고 나자 백작은 하이데를 소개받고 싶다는 알베르의 청을 들어준 것이다. 그리고 하이데와 자리를 같이하게 되자, 백작은 하이데가 알리 파샤의 죽음을 이야기하는 것에 이를 때까지 내버려두었다(물론 하이데에게는 그때 그리스어로 몇 마디 주의를 주어, 알베르가 그것이 자기 아버지의 얘긴 줄 꿈에도 상상하지 못하게 했었다). 게다가 알베르에게도 하이데 앞에서 절대로 아버지의 이름은 말하지 말라고 이르지 않았었던가? 그러고 나서 백작은 이 사건이 터지려고 할 때쯤 알베르를 노르망디로 데려갔던 것이다. 그렇다, 조금도 의심할 여지가 없다. 모든 것이 다 계산되어 있었던 것이다. 분명 백작은 아버지의 적들과 내통하고 있었던 것이다.

알베르는 보샹을 한쪽 구석으로 데리고 가서 이러한 자기 생각을 이야기했다.

"자네 말이 맞네," 보샹이 말했다. "이번 일에 당글라르는 눈에 띄긴 하나 단순히 껍데기 역할에 지나지 않아. 가서 따져야 할 상대는 바로 몬테크리스토 백작이야."

알베르는 다시 돌아섰다.

"당글라르 씨," 그가 말했다. "잘 알겠습니다. 하지만 아직 이 정도로 당신과의 일이 끝났다고는 생각지 않습니다. 앞으로 당신의 말이 과연 옳은지 그른지 가려봐야겠으니까요. 난 이 길로 당장 몬테크리스토 백작에게 가서 사건의 진상을 확인하겠습니다."

이렇게 말하면서 그는 은행가에게 인사한 뒤 카발칸티는 상대도 하지 않고 보샹과 함께 그대로 방을 나갔다.

당글라르는 두 사람을 문 앞까지 배웅했다. 문 앞에 이르자 그는 알베르에게, 자기는 모르세르 백작을 증오할 개인적인 이유가 아무것도 없다는 얘기를 다시 한 번 강조했다.

모욕

은행가의 집을 나오자 보샹은 알베르를 붙들었다.

"이보게, 아까 내가 당글라르 씨 집에서 이번엔 몬테크리스토 백작에게 따져야 한다고 그랬지?"

"그래. 그래서 백작에게 가는 길 아냐?"

"그런데 모르세르, 기다려 봐. 가기 전에 잠깐 생각해 보는 것이 어떨까?"

"생각하라니, 뭘?"

"백작의 집에 따지러 가는 게 얼마나 중대한 일인가를 말이야."

"당글라르 집에 가는 것보다, 이게 더 중대한 일이란 말인가?"

"그렇지. 당글라르는 말하자면 돈을 다루는 자야. 자네도 알겠지만, 돈을 다루는 사람은 쉽사리 결투 같은 걸 하기보단 밑천이 행여 어떻게 될까, 그걸 더 중요하게 생각하는 법이거든. 그러나 백작은 적어도 겉모습만은 누가 뭐래도 훌륭한 신사야. 그렇지만 혹시나 그런 신사의 모습 뒤에 죽음 따위를 겁내지 않는 면이 있다면 자네가 위험에 부딪힐 수 있지 않을까 염려되네."

"내가 두려워하는 것은 단 하나야. 결투를 못하는 인간을 만나게 되는 것뿐이네."

"아! 그 점만은 염려 말게," 보샹이 말하였다. "백작은 결투를 받아들일 테니까. 오히려 내가 걱정하는 것은 단 하나, 그 사람이 결투를 너무 잘하지 않을까 하는 거야. 조심하게."

"보샹," 알베르는 밝은 미소를 띠며 말했다. "그거야말로 내가 바라는 바야. 내게 가장 기쁜 일은 아버지를 위해 목숨을 잃을 수 있는 거지. 그것으로 우리 모두가 구원받을 수 있을 테니까."

"하지만 어머님께서 돌아가시게 될걸."

"가엾은 어머니!" 알베르는 눈 위에 손을 얹으면서 말했다. "그건 나도 알아. 하지만 수치심으로 죽는 거에 비하면 그렇게 죽는 게 나을 거야."

"마음을 확실히 정한 건가?"

"물론."

"그럼, 좋아! 하지만 백작을 만날 수나 있을까?"

"나보다 몇 시간 뒤에 돌아올 예정이었으니까, 도착했겠지."

그들은 마차에 올랐다. 그리고 샹젤리제 거리 30번지를 향해 마차를 달렸다.

보샹이 마차에서 내리려고 하자 알베르는 말했다.

"이번 사건은 그 자체가 상식적인 규범에서 벗어난 일이니, 결투의 의례에서 벗어난다 해도 별로 이상할 것은 없어."

알베르는 이렇게 매사에 정당한 이유를 고려하며 행동하고 있었으므로, 보샹은 모든 것을 알베르의 뜻대로 따르는 수밖에 없었다. 그래서 알베르가 말하는 대로 그의 뒤를 따라 들어갔다.

알베르는 문지기 집에서 입구 계단까지 한걸음에 달려갔다. 그를 맞으러 나온 것은 바티스탱이었다.

과연 백작은 방금 돌아왔다고 했다. 그러나 지금 욕실에 있으니 누구도 만날 수는 없다는 것이었다.

"목욕이 끝나시면?" 알베르가 물었다.

"식사하실 겁니다."

"식사 뒤에는?"

"한 시간쯤 주무시죠."

"그 다음엔?"

"오페라 극장에 가실 겁니다."

"틀림없나?" 알베르가 물었다. "틀림없습니다. 정각 8시에 말을 준비시키라고 하셨습니다."

"됐네," 알베르가 대답했다. "그만하면 다 알았으니까." 그러고는 보샹을 향해 말했다. "보샹, 뭔가 일이 있으면 지금 해두게. 혹시 오늘 밤에 약속이 있거든 내일로 미뤄주고. 알겠지만, 자네가 오페라 극장에 같이 가줬으면 하네. 그리고 가능하면 샤토 르노도 데리고 와주면 좋겠어."

보샹은 이 기회를 이용하여, 8시 10분 전에 다시 오겠다는 약속을 하고 알베르와 헤어졌다.

집으로 돌아온 알베르는 프란츠, 드브레, 모렐 세 사람에게 오늘 밤에 오페라 극장에서 꼭 만나고 싶다는 뜻을 알렸다.

그러고 나서 그는 어머니에게로 갔다. 어머니는 전날의 사건이 있은 뒤로 아무도 방에 들이지 말라 하고 방에 틀어박혀 있었다. 알베르가 방으로 들어가 보니, 어머니는 그 치명적이고 불명예스런 사건으로 괴로워하며 자리에 누워 있었다.

알베르를 보자 메르세데스는 누구라도 짐작할 수 있는 표정이 되어버렸다. 어머니는 아들의 손을 잡고 울음을 터뜨렸다. 울고 나니 마음이 조금 진정되었다.

알베르는 잠시 어머니 곁에 선 채 잠자코 있었다. 어머니의 창백한 안색과 눈썹을 찌푸린 얼굴을 보고 있자니, 그의 마음속에서 복수의 결의가 점점 확고해져 가는 것을 느낄 수 있었다.

"어머니," 알베르가 물었다. "어머니는 모르세르 백작의 적이 누군지 혹시 마음에 짚이시는 데가 없으세요?"

메르세데스는 깜짝 놀라 몸을 떨었다. 알베르가 '아버지'라고 말하지 않은 것을 알았기 때문이다.

메르세데스는 대답했다. "아버지 같은 지위에 있는 사람이면 자신도 모르는 적이 많은 법이다. 그리고 이쪽에서 모르고 있는 적이야말로 정말 무서운 적이지."

"그건 저도 알아요. 그러니까 매사를 잘 들여다보시는 어머니한테 여쭈러 온 겁니다. 어머니, 어머닌 보통 분과 다르시니까, 무엇이건 어머니 눈을 피할 수가 없잖아요."

"왜 그런 소릴 하니?"

"이를테면 요전에 우리 집에서 무도회를 연 날 밤에는, 몬테크리스토 백작이 우리 집 음식을 절대 입에 대려 하지 않는다는 걸 대뜸 알아차리셨잖아요."

메르세데스는 열로 뜨거워진 팔을 짚고 후들후들 떨리는 몸을 일으켰다.

"몬테크리스토 백작이라니!" 그녀는 소리쳤다. "그게 지금 네 질문과 무슨 관계가 있단 말이냐?"

"알고 계시죠. 몬테크리스토 백작은 거의 동양 사람이라 할 수 있지요. 그리고 동양 사람들은 언제까지나 자유롭게 복수하기 위해, 적의 집에서는 절대로 먹지도, 마시지도 않습니다."

"그러니까 몬테크리스토 백작이 우리의 적이란 말이냐, 알베르?" 메르세데스는 덮고 있던 시트보다도 더 얼굴빛이 창백해지며 말을 이었다. "누가 그런 소리를 하더냐? 그리고 왜? 알베르, 너 제정신이니? 몬테크리스토 백작은 우리에게 늘 예의를 지켜온 분이다. 그분은 네 목숨을 구해 주었어. 그리고 그분을 우리한테 소개한 게 바로 네가 아니냐? 애야, 그런 생각이 들었거든 제발 잊어버려라. 내가 네게 권하고 싶은 것이 있다면, 아니 그것만으로는 부족하고 부탁하고 싶은 게 있다면, 네가 그분과 잘 지냈으면 하는 거란다."

알베르는 침울한 눈길로 어머니를 바라보며 말했다. "어머니는 그 사람을 용서해 줄 만한 이유가 있으시겠죠."

"내가?" 메르세데스는 방금 전 얼굴빛이 창백해질 때와 같은 속도로, 이번에는 새빨개지더니 곧 다시 전보다도 더 창백해지며 소리쳤다.

알베르는 말을 이었다. "그래요. 그리고 그 이유는 바로 그 사람이 우리를 해칠 까닭이 없다는 것 아니겠어요?"

메르세데스는 몸을 떨었다. 그리고 무엇인가를 알아내려는 듯한 눈길로 아들을 바라보더니 말했다.

"이상한 말을 하는구나. 그리고 이상한 선입관을 가지고 있는 모양이다. 백작이 너한테 뭘 어떻게 했단 말이니? 사흘 전만 해도 같이 노르망디에 가지 않았었니. 그리고 사흘 전만 해도 나와 마찬가지로 너도 백작을 가장 좋은 친구로 알고 있더니만."

알베르의 입술에는 비꼬는 듯한 미소가 스쳐갔다. 메르세데스는 그 미소를 보았다. 그리고 여자이자 어머니로서의 이중의 본능으로 모든 것을 알아챘다. 그러나 신중하면서도 강한 의지력을 가진 그녀는 자기 내부의 동요와 몸이 떨리는 것을 숨겼다.

알베르는 그대로 얘기를 중단하고 말았다. 백작부인이 다시 말을 이었다.

"넌 내 몸이 좀 어떤가 해서 왔겠지? 사실대로 말하자면, 암만해도 기분이 좋아지지 않는구나. 네가 여기 있어주면 좋겠다. 내 말벗이나 되어주려무나. 혼자 있기가 싫어."

"어머니," 알베르가 말했다. "물론 어머니 말씀대로 하지요. 그러나 아주

급하고 중요한 일이 있어서 오늘 저녁만은 아무래도 곁에 있어 드릴 수가 없겠네요."

"그렇다면 할 수 없지," 메르세데스는 한숨을 쉬며 말했다. "가거라. 효도하라고 너를 꽉 붙잡아 매어둘 생각은 없으니까."

알베르는 메르세데스의 마지막 말을 전혀 못 들은 체하며 어머니에게 인사를 하고 밖으로 나갔다.

알베르가 문을 닫고 나가자마자, 메르세데스는 믿을 만한 하인 한 사람을 불렀다. 그리고 오늘 밤에 알베르가 가는 곳을 일일이 뒤쫓아 가보고 곧 자기에게 알리라고 일렀다. 그러고 나서 이번에는 벨을 눌러 하녀를 불렀다. 그리고 몸이 퍽 쇠약해져 있지만, 만일의 경우에 대비해서 옷을 입혀달라고 말했다.

하인에게 내려진 임무는 그리 어려운 일은 아니었다. 자기 방으로 들어간 알베르는 1분도 안 걸려 정장으로 갈아입었다. 8시 10분 전에 보샹이 왔다. 보샹은 샤토 르노를 만나, 오페라의 막이 오르기 전까지 아래층의 앞자리에 와 있겠다는 약속을 받아 왔다고 말했다.

두 사람은 알베르의 마차에 올랐다. 알베르는 어디로 가는지 숨길 필요도 없었으므로 큰 소리로 외쳤다.

"오페라 극장으로!"

발을 동동 구르던 끝에 알베르는 막이 오르기 전에 도착했다. 샤토 르노는 자기 자리에 와 있었다. 그는 이미 모든 것을 보샹에게서 듣고 난 터라, 알베르가 다시 설명할 필요도 없었다. 아버지의 복수를 하려는 아들의 마음이란 지극히 간단한 것이어서 샤토 르노로서는 그의 마음을 돌릴 생각도 별로 하지 않고, 자기가 필요한 경우엔 언제라도 부응할 각오가 서 있다는 것을 다시 한 번 다짐해 주기만 하면 되었다.

드브레는 아직 와 있지 않았다. 그러나 알베르는 그가 오페라 극장의 공연을 빼먹는 일이 거의 없다는 사실을 알고 있었다. 알베르는 막이 오르기 전까지 극장 안을 돌아다녔다. 복도에서든 층계에서든 몬테크리스토 백작을 만날 수 있을까 해서였다. 그러다 개막을 알리는 벨이 울려 자기 자리로 되돌아왔다. 그는 아래층 앞자리의 샤토 르노와 보샹 사이에 자리를 잡았다.

그러나 제1막이 진행되는 동안 알베르는 기둥과 기둥 사이에 문이 닫힌 채로 있는 특별석에서 잠시도 눈을 떼지 않았다. 드디어 제2막이 막 시작되려는 찰나 알베르가 수백 번째로 다시 시계를 들여다보는 순간, 특별석의 문이 열렸다. 검은 옷을 입은 몬테크리스토 백작이 들어오더니, 난간에 몸을 구부리고 장내를 내려다보았다. 백작의 뒤로는 막시밀리앙 모렐이 들어왔다. 모렐은 누이 부부를 눈으로 찾고 있었다. 마침내 제2열 좌석에서 누이 부부를 발견한 그는 그들에게 손짓을 해 보였다.

백작은 장내를 한 바퀴 둘러보다가 그의 시선을 끄는 창백한 얼굴과 번득이는 눈에 부딪혔다. 백작은 그것이 알베르라는 것을 바로 알 수 있었다. 그러나 일그러진 그의 표정을 보느니 못 본 체하는 편이 낫겠다는 생각이 들었다. 백작은 자기 생각을 드러낼 만한 표정은 전혀 보이지 않고 자리에 앉아 오페라 관람용 쌍안경을 케이스에서 꺼내 다른 쪽을 바라보았다.

그러나 백작은 알베르를 보지 않는 척하면서도, 사실은 그에게서 눈을 떼지 않고 있었다. 그리하여 제2막의 막이 내렸을 때, 결코 잘못 보는 일이 없는 확실한 그의 눈에 알베르가 두 친구를 데리고 밖으로 나가는 것이 보였다.

얼마 안 있어, 그의 얼굴이 백작의 좌석 앞에 있는 유리창에 나타났다. 백작은 자기에게로 폭풍우가 몰려오는 것을 느꼈다. 그리고 관람석 자물쇠에서 열쇠가 돌아가는 소리를 들었을 때, 그는 웃으며 모렐과 이야기를 나누면서도, 이제 닥칠 게 왔다 생각하고서는 모든 사태에 대처할 수 있도록 마음의 준비를 끝내고 있었다.

문이 열렸다.

백작은 그제야 비로소 고개를 돌렸다. 그러자 창백한 얼굴로 몸을 떨고 서 있는 알베르의 모습이 눈에 들어왔다. 알베르의 뒤에는 보샹과 샤토 르노가 서 있었다.

"이런!" 백작은 세속적이고 평범한 예절과는 전혀 다른, 공손하고도 호의 가득한 어조로 인사했다. "우리 멋진 기사님 당도하셨네! 안녕하십니까, 모르세르 씨."

놀랄 만큼 자기를 억제할 줄 아는 이 사람의 얼굴에는 더할 나위 없이 친근한 정이 넘쳐흘렀다.

모렐은 그제야 알베르에게서 편지를 받았던 일을 떠올렸다. 편지에는 아무 설명도 없이 오페라 극장에 나와달라고 적혀 있었다. 그래서 그는 무엇인가 무시무시한 일이 일어나려고 한다는 것을 짐작할 수 있었다.

"우리는 위선적인 예절이나 마음에도 없는 우정 따위를 교환하려고 여기에 온 것이 아닙니다." 젊은이가 말했다. "백작님, 우리는 당신에게 해명을 요구하러 온 것입니다."

젊은이의 떨리는 음성은 악물고 있는 이 사이에서 간신히 새어나오는 듯했다.

"오페라 극장에서 해명을?" 백작이 말했다. 그 말을 할 때 백작의 침착한 말투며 꿰뚫어 보는 듯한 눈길에서, 이 사나이는 영원히 확고한 자신감을 가지고 있는 인간임을 엿볼 수 있었다. "내가 파리의 습관에 별로 익숙하지 못한 사람이지만, 그래도 이런 장소에서 해명을 요청받으리라곤 생각도 못했군요."

"하지만 상대가 집 안에 틀어박혀서 목욕을 하고 있다느니, 식사중이라느니, 잠자리에 들었다느니 하는 핑계로 안 만나줄 경우엔 어디서건 마주치는 장소에서 요구하는 수밖엔 없죠." 알베르가 말했다.

"난 결코 만나기 힘든 사람은 아닙니다." 백작이 대답했다. "내 기억이 틀림없다면, 어제도 당신은 우리 집에 계셨는데."

"맞습니다," 알베르는 머릿속이 복잡해진 채 대답했다. "어제 전 그 댁에 있었습니다. 그건 제가 당신이 어떤 분인지 모르고 있었기 때문이죠."

그렇게 말하면서도, 알베르는 옆자리에 앉은 사람들이나 복도를 지나가는 사람들에게 들리도록 일부러 목청을 높였다. 말다툼 소리에 근처에 있던 사람들이 고개를 돌렸고, 복도에 있던 사람들도 보샹과 샤토 르노의 뒤에 몰려와 섰다.

"도대체 무슨 일로 이러십니까?" 몬테크리스토 백작은 조금도 동요하는 듯한 빛을 띠지 않고 물었다. "아무래도 흥분하고 계신 듯한데요."

"제가 당신의 배신을 알아차리고 이렇게 당신께 와서 복수하겠다는 뜻을 알려드리는 이상, 저는 어쨌든 충분히 이성적이라고 할 수 있겠죠." 몹시 흥분한 알베르가 말했다.

"아무래도 무슨 소린지 모르겠는데요." 백작이 대답했다. "그리고 만일 내가 알고 있다 하더라도, 언성이 너무 높은 것 같소이다. 여긴 내 자리요. 나만이 다른 사람들보다 큰 소리로 말할 수 있는 권리가 있는 셈이죠. 자, 돌아가 주시지요!"

이렇게 말하며 백작은 당당하고도 명령적인 몸짓으로 알베르에게 문을 가리켰다.

"오, 당신이야말로 내가 이곳에서 끌어낼 사람입니다." 알베르는 경련처럼 부들부들 떨리는 두 손으로 장갑을 움켜쥐며 말했다. 백작은 그것을 놓치지 않았다.

"좋습니다!" 백작은 냉담하게 대답했다. "나한테 싸움을 걸러 오신 거군요. 알겠습니다. 그러나 한 가지 충고하겠는데, 자작, 잘 기억해 두십시오. 도전을 하되, 그렇게 큰 소리를 내는 것은 결코 좋은 습관이 아닙니다. 큰 소리가 누구에게나 통하는 건 아니니까요, 모르세르 씨."

그 이름을 듣자, 주위에 몰려선 사람들 사이에 일종의 오한과 같은 놀라움이 물결처럼 스치고 지나갔다. 그 전날부터 모르세르라는 이름은 모든 사람들의 입에 오르내리고 있었기 때문이다.

알베르는 누구보다도 잘, 그리고 누구보다도 먼저 백작이 한 말의 뜻을 알아차렸다. 그래서 곧 백작의 얼굴에 장갑을 던지려고 했다(결투에 대한 도전의 표시). 그러나 모렐이 알베르의 손목을 잡았다. 한편, 보샹과 샤토 르노는 이 행동이 결투 신청의 정도를 넘어서게 될까 염려되어, 역시 뒤에서 그를 제지했다.

그러나 몬테크리스토 백작은 일어서려고도 하지 않고 의자를 앞으로 기울이면서 손만 내밀어, 알베르의 움켜쥔 손가락 사이에서 땀으로 축축해지고 구겨진 장갑을 빼내며 무서운 어조로 말했다.

"이 장갑은 던진 것으로 생각하고 받겠습니다. 나중에 총알에 싸서 보내드리죠. 자, 이젠 돌아가시오. 그렇지 않으면 하인들을 불러서 문밖으로 던져버리게 하겠습니다."

알베르는 흥분하고 놀라 눈에 핏발이 서서 두어 걸음 뒤로 물러섰다.

그 틈을 이용해서 모렐이 문을 닫아버렸다.

몬테크리스토 백작은 다시 쌍안경을 들고 마치 아무 일도 없었다는 듯 장내를 둘러보기 시작했다.

이 사나이는 청동 심장과 대리석으로 된 얼굴을 가진 것이 틀림없었다. 막시밀리앙 모렐은 백작의 귀에 대고 물었다.

"도대체 무슨 일을 하셨습니까?"

"내가요? 아무 일도 하지 않았습니다. 적어도 개인적으로는 아무 일도 안

했지요." 백작이 대답했다.

"하지만 이런 이상한 일이 생긴 데는 무슨 이유가 있을 게 아닙니까?"

"모르세르 백작이 일을 당해서 젊은이가 너무 흥분해 있는 거겠지요."

"그 사건에 뭔가 관계라도 있는 겁니까?"

"하이데가 귀족원에 가서 그 사람의 아버지가 범한 배신을 폭로했기 때문이오."

"그게 사실이었군요," 모렐이 말했다. "저도 얘긴 들었습니다만, 전에 당신과 함께 이 자리에 와 있던 그 그리스 노예가 설마 알리 파샤의 딸이었으리라고는 생각지 못했습니다."

"하지만 사실입니다."

"아, 그랬군요," 모렐이 말했다. "이제야 모든 걸 알겠습니다. 그러고 보니 아까 그 일은 계획적인 것이었군요."

"무슨 말씀이신지?"

"어제 알베르가 저한테 오늘 밤 이리로 와달라는 편지를 보냈더군요. 그러니까 당신을 모욕하는 일에 저를 증인으로 만들 심산이었던 겁니다."

"그랬을지도 모르죠." 백작은 평소대로 그 차갑고 침착한 어조로 대답했다.

"그 친구를 어떡하실 작정이십니까?"

"누구를?"

"알베르 말입니다."

"알베르?" 백작은 여전히 같은 어조로 말했다. "지금 내가 어떻게 할 건지 물었습니까? 당신이 지금 여기 이렇게 있고 또 내가 당신과 악수하는 것과 같이, 내일 아침 10시 전에 확실하게 그를 죽일 겁니다. 그렇게 할 생각입니다."

이번에는 막시밀리앙이 두 손으로 백작의 손을 잡았다. 그러자 백작의 손이 너무나 차고 또 그가 너무나 침착한 것을 알고서 그는 그만 온몸이 오싹해졌다.

"오, 백작님!" 그가 말했다. "그 사람 아버지가 그를 얼마나 사랑한다고요!"

"그런 말은 내게 하지 마시오!" 백작은 화라도 난 듯 처음으로 소리쳤다. "난 그 아버지란 사람을 괴롭혀주려는 거요!"

모렐은 깜짝 놀라 백작의 손을 놓았다.

"백작님, 당신은!" 모렐이 말했다.

"막시밀리앙 씨," 백작은 상대의 말을 막으며 말했다. "어때요, 뒤프레 (당시의 유명한 테너 가수)가 기가 막히게 부르죠? '오, 마틸드! 내 마음의 우상이여!' 하는 구절 말입니다. 들어보시오. 나폴리에서 뒤프레의 재능을 가장 먼저 발견한 게 나였습니다. 내가 처음으로 브라보를 외치며 갈채를 보내 주었거든요."

모렐은 이제 무슨 말을 해 보아도 소용없다는 것을 깨닫고, 그냥 기다리기로 했다.

알베르와의 언쟁이 끝나자 올라갔던 막이 이내 다시 내려왔다. 문을 노크하는 소리가 났다.

"들어오세요." 백작이 말했다. 그 목소리에는 조금도 변한 것이 없었다.

보샹이 나타났다.

"아, 보샹 씨!" 백작은 마치 그를 오늘 밤에 처음으로 만난 듯이 말했다. "앉으세요."

보샹은 인사를 하고 안으로 들어와 의자에 앉았다.

"백작님," 보샹이 말했다. "보셨겠지만, 좀전에 저는 알베르하고 같이 왔었습니다."

백작이 웃으며 말했다. "그러니까 같이 식사를 하고 오셨던 모양이군요. 보샹 씨, 당신이 그 사람보다 술을 덜 마신 건 반가운 일이네요."

"백작님, 알베르는 확실히 극도로 흥분해 있었습니다. 그래서 제가 개인적으로 사과를 드리러 온 겁니다. 물론 이건 저 한 사람의 뜻이지만, 그래도 사과를 드렸고 또 당신은 훌륭한 신사이시니, 자나나 사람들과 백작님과의 관계를 설명해 주십사 청해도 거절하지 않으실 줄로 믿습니다. 그러면 제가 그 그리스 아가씨에 대해서 말씀드릴 게 있습니다."

백작은 입술과 눈으로 잠자코 있어달라는 뜻의 표시를 했다.

"거참!" 백작은 웃으면서 덧붙였다. "이걸로 내 희망도 완전히 무너져버렸는데요."

"무슨 말씀이신지요?" 보샹이 물었다.

"당신은 서둘러서 나를 보통 사람과는 다른 인간으로 만들고 있습니다. 그러니까 당신에게 난 라라라든가 만프레드, 루드벤 경 같은 인간인 셈이죠. 그러다가 내가 그런 특이한 인간으로 보이지 않게 되는 날엔 다시 나를 평범한 인간으로 만들어놓을 생각이죠. 당신은 내가 평범하고 저속한 인간이기를 바라고 있습니다. 그래서 무슨 설명이든 요구해 오는 겁니다. 그런 바보 같은 짓을! 보샹 씨, 농담은 딱 질색입니다."

보샹은 펄쩍 뛰며 말했다. "하지만 경우에 따라선 정직함이 우선이기도 하지요……."

"보샹 씨," 이 기이한 대화 상대는 말을 가로막았다. "몬테크리스토 백작에게 명령할 수 있는 것은 몬테크리스토 백작 말고는 없습니다. 그러니 그런 문제는 언급하지 마십시오. 보샹 씨, 난 내가 생각하는 대로 행동할 따름입니다. 그리고 그건 언제나 훌륭하게 이루어지지요."

"백작님," 보샹이 말했다. "정직한 사람에게 그런 말은 통하지 않습니다. 명예를 위해서는 보증이 필요합니다."

"나 자신이 살아 있는 보증입니다." 백작은 침착하게 말하면서도, 그 눈에는 위협하는 듯한 불빛이 번득였다. "우린 둘 다 흘리고 싶어 못 견디는 피를 혈관 속에 가진 사람들입니다. 그것이야말로 우리 사이의 보증이라고 할 수 있겠지요. 이 말을 자작에게 전해 주시오. 그리고 내일 10시 전에 자신이 흘린 피를 보게 될 것이라고도 전해 주시오."

"그럼 저는 결투에 필요한 준비밖엔 할 일이 없겠군요."

"그런 건 전혀 관심 없는 일입니다." 백작이 대답했다. "그런 하찮은 일로 내 오페라 감상을 방해하실 필요까진 없습니다. 프랑스에선 검이나 권총으로 결투하지요. 그러나 식민지에서는 기병총을, 아라비아에서는 단도를 씁니다. 자작에게 가서 이 말을 전해 주시오. 모욕을 받은 건 나지만, 무기 선택은 그쪽에 맡기겠다고. 난 아무 불평 없이 무엇이든 응할 테니까요, 무엇이든지 말입니다. 아시겠습니까? 제비뽑기로 정하는 결투라도 말입니다. 그건 어떤 경우든 무모한 짓이니까요. 하지만 내 경우엔 얘기가 좀 다르죠. 난 반드시 이기니까요."

"반드시 이긴다고요!" 보샹은 눈이 휘둥그레져서 백작을 바라보았다.

"물론입니다." 백작은 가볍게 어깨를 으쓱이며 대답했다. "그렇지 않다면 알베르 씨와 결투 따위는 하지 않겠지요. 난 그를 죽일 겁니다. 죽여야만 합니다. 두고 보시오. 단, 오늘 밤 안으로 시간과 무기를 내게 알려 주시오. 기다리는 건 싫으니까요."

"권총으로 내일 오전 8시, 뱅상 숲에서입니다." 보샹은 허둥거리며 대답했다. 도대체 상대가 거만한 허풍쟁이인지, 아니면 초인적인 인간인지 도무지 알 수가 없었던 것이다.

"좋습니다," 백작이 말했다. "그럼 이걸로 모든 게 결정되었군요. 이젠 오페라를 좀 보아야겠습니다. 그리고 당신 친구 알베르 씨에게 오늘 밤에는 오지 말라고 전해 주십시오. 그렇게 난폭하고 점잖지 못한 꼴은 안 보이는 게 좋을 테니까요. 집에 가서 잠이나 자라고 하십시오."

보샹은 놀란 모습으로 돌아갔다.

"자, 그럼," 백작은 모렐 쪽을 돌아보며 말했다. "당신에게 증인을 부탁해도 좋을까요?"

"물론이죠," 막시밀리앙 모렐이 대답했다. "무슨 일이든지 시키시는 대로 하겠습니다. 하지만……."

"하지만?"

"저는 이 사건의 진짜 원인을 알아야겠는데요?"

"그렇다면 거절하는 건가요?"

"천만에요."

"진짜 이유라고 그러셨죠?" 백작이 말했다. "알베르 씨 자신도 지금 맹목적으로 덤벼들기 때문에 그 이유를 모르고 있습니다. 그 진정한 이유는 나와 하느님 말고는 아무도 모릅니다. 그러나 모렐 씨, 명예를 걸고 말하지만 그 이유를 알고 계신 하느님은 반드시 우리 편에 서실 거요."

"그럼 좋습니다." 모렐이 말했다. "그런데 또 한 사람의 증인은 누구로 하죠?"

"난 파리에서 지금 부탁드린 당신과 당신의 매부 엠마뉘엘 말고는 아무도 모릅니다. 어때요? 엠마뉘엘이 이런 부탁을 들어줄 것 같습니까?"

"저와 마찬가지로 틀림없이 들어줄 겁니다."

"좋아요. 이만하면 다 된 겁니다. 내일 아침 7시에 내 집으로 와주시겠소?"

"그러지요."

"쉿! 막이 오르는군요. 들어봅시다. 난 이 오페라는 단 한 구절도 빼놓지 않고 듣습니다. '빌헬름 텔'은 참 훌륭한 음악이지요."

밤

몬테크리스토 백작은 여느 때처럼 뒤프레가 부르는 유명한 곡 〈나를 따르라!〉를 다 듣고 자리에서 일어나 관람석을 나왔다.

극장 입구에서 모렐은 이튿날 아침 7시 정각에 엠마뉘엘을 데리고 백작의 집으로 가겠다는 약속을 다시 한 번 다짐하며 돌아갔다. 백작은 여느 때처럼 조용히 미소를 띠며 마차에 올랐다. 5분 뒤 그는 집으로 돌아왔다. 그러나 백작을 잘 아는 사람이면 그가 집에 들어서면서 알리에게 이렇게 소리쳤을 때의 표정을 놓치지는 않았을 것이다.

"알리, 상아 총자루가 달린 권총을 가져와!"

알리는 권총 상자를 주인 앞으로 가져왔다. 주인은 자신의 생명을 쇠와 납 한 덩어리에 맡기려는 사람이면 누구나 그렇듯이, 지극히 신중하게 그 무기를 검사해 보았다. 그것은 몬테크리스토 백작이 자기 집에서 사격 연습을 하기 위해 특별히 만든 권총이었다. 뇌관 하나로 탄환이 발사되게 만들어진 것이어서 옆방에 있는 사람조차 백작이 이른바 '모의 연습'에 열중해 있는 줄 알아채지 못했다.

백작이 권총을 손에 쥐고 과녁으로 쓰고 있는 작은 아연판을 겨누려고 할 때, 방문이 열리며 바티스탱이 들어왔다.

그러나 바티스탱이 채 입을 열기도 전에 백작은 열려 있는 문어귀에 바티스탱의 뒤를 따라온 베일로 얼굴을 가린 부인이 어둑어둑한 옆방에 서 있는 것을 보았다.

그 부인은 백작이 권총을 들고 있고, 테이블 위에는 두 자루의 검이 놓인 것을 보자마자 방 안으로 달려왔다.

바티스탱이 주인을 바라보았다. 백작이 신호를 보내자 바티스탱은 방을 나가 문을 닫았다.

"부인은 누구시죠?" 백작은 베일을 쓴 여자에게 물었다.

미지의 여인은 누구 다른 사람이 없나 주위를 둘러보았다. 그리고 나서는 마치 무릎이라도 꿇으려는 듯 몸을 구부리며, 두 손을 모은 채 절망적인 어조로 말했다.

"에드몽, 제발 제 아들을 죽이지 말아주세요!"

백작은 한 걸음 뒤로 물러서며 나지막하게 외마디 소리를 지르더니, 들고 있던 권총을 떨어뜨렸다.

"방금 뭐라고 부르신 겁니까, 모르세르 부인?" 그가 물었다.

"당신 이름이에요!" 부인은 베일을 벗어 던지며 말했다. "당신의 진짜 이름말입니다. 저만은 그 이름을 잊지 않고 있었습니다. 에드몽, 지금 여기 온 사람은 모르세르 부인이 아니에요. 메르세데스예요."

"메르세데스는 죽었습니다." 백작이 말했다. "그리고 전 그런 이름은 모릅니다."

"메르세데스는 살아 있어요. 그리고 모든 것을 기억하고 있지요. 메르세데스만은 당신을 보았을 때, 아니 보지 않고 당신의 목소리만 듣고도 당신을 알아보았으니까요. 그 뒤부터 이 메르세데스는 당신의 뒤를 밟고, 당신을 지켜보며, 당신을 두려워하고 있었습니다. 그리고 모르세르가 그런 일을 당한 것이 누구 때문인지 알려고 애쓸 필요조차 없었죠."

"페르낭 얘기시로군요." 백작은 신랄하게 비꼬는 어조로 말을 이었다. "기왕에 우리의 옛 이름을 떠올리려면 다른 사람들의 이름도 기억해 내시지요."

몬테크리스토 백작이 페르낭이라는 이름을 극도로 증오에 찬 어조로 말하는 것을 보자, 부인은 공포로 온몸이 부들부들 떨리는 것을 느꼈다.

"그것 보세요, 에드몽, 역시 제 짐작이 틀리지 않았군요!" 메르세데스는 소리쳤다. "그럼 제 자식의 목숨을 살려달라고 부탁하는 제 뜻도 당연히 알아주시겠지요."

"그런데 누가 그럽디까, 제가 당신 아드님을 죽이고 싶어 한다고."

"누구에게서 들은 게 아니에요. 하지만 어미란 자식 일이라면 두 배로 잘 보이는 법이죠. 전 모든 걸 알고 있어요. 오늘 밤 아들의 뒤를 밟아 오페라 극장에 갔었지요. 그리고 아래층 특별석에 몸을 숨기고 다 지켜보았습니다."

"모든 걸 다 보셨다면 페르낭의 아들이 저를 공공연히 모욕하는 것도 보셨겠군요." 백작은 섬뜩할 정도로 침착하게 말했다.

"오, 제발!"

백작이 말을 이었다. "만일 모렐 씨가 아드님의 팔을 붙잡고 말리지 않았더라면, 부인께선 아드님이 제 얼굴에 장갑을 던지려던 것도 보셨을 겁니다."

"제 애길 좀 들어주세요. 제 아들도 당신이 어떤 분인지 짐작한 겁니다. 그리고 자기 아버지의 불행이 당신 탓이라 여겼던 거예요."

"부인," 백작이 말했다. "부인께선 지금 혼동하고 계시는군요. 이건 불행이 아닙니다. 이건 벌이에요. 모르세르 씨가 무너진 것은 제가 한 일이 아니라, 하느님께서 벌을 내리신 겁니다."

"하지만 당신은 어째서 하느님을 대신해 일을 하시죠?" 메르세데스가 소리쳤다. "하느님께서 다 잊으신 일을 어째서 당신이 되살려내는 거예요? 에드몽, 자니나나 그 총독이 당신과 무슨 상관이 있나요? 페르낭 몬테고가 알리 테벨린을 배반했다 하더라도, 그것이 당신에게 무슨 손해라도 끼쳤나요?"

"그건 그 프랑스 장교와 바실리키의 딸 사이의 문제입니다. 부인 말씀대로 저와 아무 상관도 없는 일이죠. 그리고 제가 만약 복수를 맹세했다 하더라도, 그건 결코 프랑스 장교나 모르세르 백작을 향해서가 아닙니다. 어디까지나 어부 페르낭, 즉 카탈로니아 출신 메르세데스의 남편입니다."

"아아!" 모르세르 백작부인이 소리쳤다. "어쩔 수 없는 운명의 장난으로 범해진 잘못인데, 어쩌면 그렇게까지 무서운 복수를 하실 수 있으신가요! 에드몽, 죄가 있다면 그건 제게 있으니, 당신이 복수해야만 한다면 저한테 하세요. 당신이 없어서 혼자 남게 되자 그 외로움을 이겨내지 못했던 건 저였으니까요."

"하지만 제가 사라지게 된 이유는 어디에 있었을까요? 그리고 당신이 혼자 남게 된 이유는 또 무엇이라고 생각합니까?" 몬테크리스토 백작이 말했다.

"당신이 체포되어 감옥으로 끌려갔기 때문이죠."

"그럼, 제가 왜 체포되었을까요? 제가 어째서 감옥에 들어가야 했었냔 말입니다."

"전 모르겠군요." 메르세데스가 말했다.

"부인께선 모르실 겁니다. 적어도 그러길 바랍니다. 좋습니다. 그럼, 그전말을 들려 드리죠. 저는 체포되자마자 투옥됐습니다. 그건, 레제르브 정자에서 제가 당신과 결혼식을 올리려고 하던 그 전날, 당글라르라는 이름의 사나이가 검사에게 밀고 편지를 쓰고 그것을 어부 페르낭이라는 자가 직접 우체국으로 가져가 부쳤기 때문이었습니다."

이렇게 말하며 몬테크리스토 백작은 책상으로 가서 서랍을 열고, 그 속에서 이미 빛도 바래고, 잉크도 녹이 슨 것처럼 변색된 편지를 한 장 꺼내 메르세데스의 눈앞에 내밀었다.

그것은 검사 앞으로 당글라르가 보낸 편지로, 톰슨 앤드 프렌치 상사의 대리인으로 변장한 몬테크리스토 백작이 보빌에게 20만 프랑을 지급하고 에드몽 당테스, 바로 자기 자신의 서류 중에서 빼낸 것이었다.

메르세데스는 부들부들 떨면서 편지를 읽었다.

존경하는 검사 각하. 왕실에 충성을 다하고 성실하게 신앙을 지켜온 저는, 나폴리와 포르토페라이오에 기항한 뒤 오늘 아침에 스미르나에서 돌아온 범선 파라옹 호의 일등 항해사 에드몽 당테스가, 뮈라가 찬탈자에게 전하는 편지를, 그리고 다시 그 찬탈자가 파리의 보나파르트 일당에게 전하는 편지를 위탁받은 사실을 알려드리는 바입니다. 그가 죄를 지었다는 증거는 그를 체포하면 드러날 것이며, 그 편지는 당사자나 그 아버지의 집, 또는 파라옹 호에 있는 그의 선실에서 찾을 수 있을 것입니다.

"오! 세상에!" 메르세데스는 땀으로 젖은 이마에 손을 갖다 대며 소리쳤다. "그런데 어떻게 이 편지가……."

"편지는 20만 프랑을 주고 샀습니다, 부인." 백작이 대답했다. "사실 그것도 싼 편이죠. 오늘 이렇게 부인께 이 편지를 보여드려서 저의 무죄를 입증할 수 있게 되었으니까요."

"그럼 이 편지는 어떤 결과를 가져왔나요?"

"아시는 것처럼 저는 체포되었습니다. 하지만 그 편지의 결과가 얼마나 오랫동안 지속되었는지는 모르시겠지요. 또 제가 14년 동안이나 당신이 계시던 곳에서 불과 1킬로미터도 안 떨어진 이프 성채의 지하 감옥에 갇혀 있었다는 사실도 모르고 계실 겁니다. 14년 동안, 투옥되던 첫날 결심했던 복수의 맹세를 매일같이 되새겨왔다는 것도요. 하지만 정작 당신이 나를 밀고한 페르낭과 결혼했다는 것과 아버님께서 돌아가셨다는 것, 그것도 굶주림 때문에 돌아가셨다는 것은 모르고 있었습니다."

"그럴 수가!" 메르세데스가 비틀거리며 외쳤다.

"그거야말로 제가 14년 동안 감옥 속에 있다가 나와서야 비로소 안 사실입니다. 그리고 살아 있는 메르세데스와 죽은 아버지를 위해, 페르낭에게 복수하겠다고 맹세한 것도 그 때문이죠! 그리고 지금 이렇게 그 복수를 하고 있습니다."

"당신은 페르낭이 정말 그런 짓을 했다고 믿고 계시나요?"

"믿고말고요, 부인. 그가 어땠는지 아십니까, 프랑스에 귀화하면서 영국 사람들에게 했던 짓은 추악하기가 이를 데 없었지요! 에스파냐 태생이면서도 에스파냐 사람들을 적으로 돌리고, 알리의 녹을 받아먹으면서 알리를 배반하고 죽였죠. 그에 비하면, 지금 읽어보신 편지가 뭐 그리 대단한 것이겠습니까? 여자의 환심을 사기 위한 속임수일 뿐이고, 그 남자와 결혼한 여자로서는 용서할 만한 것이겠지요. 압니다, 이해하고 말고요. 하지만 그녀의 애인이었고, 남편이 될 예정이었던 남자는 그것을 용서할 수 없습니다. 그런데 프랑스 사람들은 그런 반역자에게 아무 복수도 하지 않더군요. 에스파냐 사람들도 그를 총살하지 않았고요. 알리도 무덤 속에 누워 있어, 결국 그 배신자는 처벌받지 않았지요. 그러나 배신당하고 살해당해 무덤 속에까지 던져졌던 저는 하느님의 은혜로 그 무덤에서 나올 수 있었습니다. 그리고 지금 그런 은혜를 베푸신 하느님을 위해 저는 복수해야 합니다. 하느님이 저를 내보내주신 것은 바로 그 때문이니까요. 그 덕분에 제가 여기 이렇게 서 있는 겁니다."

여자는 애처롭게 두 손에 얼굴을 묻었다. 다리가 휘청거렸다. 곧 그녀는 무릎을 꿇고 말았다.

"용서해 주세요, 에드몽," 여자는 말했다. "저를 보아서 용서해 주세요! 아직도 당신을 사랑하는 저를 보아서!"

아내로서의 품위가 연인과 어머니로서의 충동을 억누르고 있었다. 이마는 거의 카펫에 닿을 정도로 숙여져 있었다.

몬테크리스토 백작은 여자에게 달려가 그녀를 일으켰다.

그녀는 안락의자에 앉아서야 비로소 눈물을 흘리며 남자다운 백작의 얼굴을 쳐다볼 수 있었다. 백작의 얼굴에는 아직도 고통과 증오가, 보는 사람을 섬뜩하게 하는 무시무시한 표정이 어려 있었다.

"아니 그럼 흉악한 족속들을 짓밟으면 안 된단 말입니까?" 그는 중얼거리듯이 말했다. "그를 벌하기 위해 나를 보내신 하느님에게 등을 돌리란 말입니까? 절대로 그럴 수 없습니다⋯⋯."

"에드몽," 모든 방법을 동원해 보려는 듯이 가련한 어머니가 말했다. "아! 저는 당신을 에드몽이라고 부르는데, 당신은 왜 저를 메르세데스라고 부르지 않나요?"

"메르세데스," 백작은 그 말을 되받아 이렇게 말했다. "메르세데스, 그래요. 과연 그 이름을 부르니 지금도 마음이 즐겁군요. 이 말이 입에서 이렇게 낭랑하게 울려나오긴 정말 오랜만인 것 같군요. 오, 메르세데스! 나는 슬픈 탄식을 할 때나, 괴로워 신음할 때나, 무서운 절망 속에서나 늘 이 이름을 불러왔습니다. 감방의 짚더미 위에 쭈그리고 앉아 추위에 몸이 얼어붙어서도 이 이름을 불렀지요. 너무 더워서 바닥의 포석 위로 몸을 이리저리 굴리면서도 이 이름을 불렀어요. 메르세데스, 나는 복수를 해야만 합니다. 난 14년이나 되는 세월 동안 괴로웠고, 14년 동안 울면서 저주했으니까요. 메르세데스, 분명히 말해 두지만 저는 무슨 일이 있어도 복수를 해야만 합니다."

백작은 자신이 너무나 사랑하던 여자의 애원에 마음이 약해질까 두려워 증오심을 불러일으킬 만한 여러 기억을 떠올리고 있었다.

"그럼, 복수하세요." 불쌍한 어머니가 소리쳤다. "단 죄 있는 사람에게만 복수하세요. 그 사람과 저에게만 복수하시면 돼요. 그러나 제 아들에게까지 복수하시진 말아주세요."

"성서에도 적혀 있습니다." 몬테크리스토 백작이 대답했다. "아비의 죄는 3대, 4대 뒤의 후손에게까지 미친다고 말입니다. 하느님이 이런 말씀을 선지자를 통해 쓰게 하셨는데, 어찌 제가 하느님보다 더 자비로울 수 있겠습니까?"

"하느님께는 시간과 영원성이 있으니까요. 이 두 가지는 사람에겐 해당하는 것이 아니에요."

몬테크리스토 백작은 마치 울부짖듯 한숨을 내쉬더니, 그 아름다운 머리카락을 두 손으로 움켜쥐었다.

메르세데스는 두 팔을 백작에게로 내밀며 말을 계속했다.

"에드몽, 저는 당신을 만나고 나서 늘 당신의 이름을 소중하게 생각했고, 당신에 대한 추억을 소중히 간직해 왔습니다. 에드몽, 제 마음의 거울 속에 언제나 고귀하고 밝게 비치는 그 모습을 제발 흐리게 하지 말아주세요. 에드몽, 당신이 살아 있기를 바라는 동안에도, 당신이 죽었다고, 그래요, 당신이 죽은 줄로만 알게 된 뒤에도, 제가 하느님께 얼마나 많은 기도를 올렸는지 당신이 그걸 알아주신다면 얼마나 좋을까요. 저는 당신의 시체가 어느 어두운 탑 밑에 묻혀버린 줄 알았지요. 간수들이 죄수들의 시체를 굴려 떨어뜨리는 어느 깊은 심연 속에 당신의 시체도 내던져진 줄로만 알고 있었어요. 그래서 저는 울었습니다. 에드몽, 제가 당신을 위해 기도하거나 우는 일 말고 무슨 일을 할 수 있었겠어요. 제 얘길 들어보세요. 십 년이란 세월 동안 저는 매일 밤 같은 꿈을 꾸었어요. 소문으로는 당신이 탈옥을 하려고 죽은 죄수가 들어갈 자루 속에 대신 들어가 산 채로 이프 성의 감옥에서 바다로 던져졌다고 했어요. 바위에 부딪혀 산산조각나면서 당신이 지른 비명으로, 당신을 물속에 넣은 사형집행인들이 죄수가 바뀌었다는 걸 알았다고 하더군요. 에드몽, 지금 제가 살려달라고 간청하는 제 아들의 목숨을 걸고 맹세하지만, 그로부터 십 년 동안은 매일 밤 무슨 형태도 없고 정체도 모를 물건을 흔드는 사람들 꿈을 꾸었어요. 십 년 동안 매일 밤 그 무서운 소리에 잠에서 깨면 몸은 부들부들 떨리고 얼어붙었지요. 에드몽, 제 말을 믿어주세요. 저도 물론 잘못했지만, 그만큼 고통도 받아왔어요!"

"그럼 당신은 자신이 없는 동안 아버지를 잃은 마음을 이해할 수 있습니까?" 백작은 두 손으로 머리를 누르며 소리쳤다. "그럼 당신은 심연 속에서 몸부림치면서, 자기가 사랑하는 여자가 자기의 연적에게 손을 내미는 것을 본 적이 있습니까?"

"없어요," 메르세데스가 말을 막았다. "하지만 내가 사랑했던 사람이 내 아들을 죽이려는 것은 본 적이 있지요."

너무나 짙은 슬픔의 빛이 스며 있고, 너무나 절망적인 메르세데스의 말과 말투를 듣는 백작의 목구멍에서는 급기야 흐느끼는 소리가 터져 나왔다. 결국 사자는 길들어졌다. 복수를 부르짖던 사람이 굴복하고 만 것이었다.

"도대체 어쩌란 말씀이십니까?" 그가 물었다. "아드님을 살려달라고요? 좋습니다. 살려드리죠."

메르세데스는 환성을 질렀고, 그 소리에 백작의 두 눈에서는 눈물이 솟구쳤다. 그러나 그 눈물은 이내 사라졌다. 아마도 신이 천사를 보내, 신의 눈에는 구자라트나 오피르(황금이나 보석을 가지러
갔다는 고대의 항구)의 가장 값비싼 진주보다도 더 귀한 이 눈물을 거두게 하셨음에 틀림없었다.

"아!" 메르세데스는 백작의 손을 잡아 자기 입술에 갖다 대고 말했다. "아아! 고마워요, 고마워요, 에드몽! 당신은 언제나 제가 꿈꾸어 오고 사랑해 오던 분 그대로군요. 아! 이제야 이런 말씀을 드릴 수 있게 됐네요."

"이 불쌍한 에드몽은 이제 당신의 사랑을 받을 수 없을 겁니다. 죽은 자는 다시 무덤으로 돌아가고, 유령은 다시 어둠 속으로 돌아가야 하니까요." 백작이 대답했다.

"무슨 뜻이죠?"

"당신이 제게 죽으라고 말씀하시니, 난 죽어야만 합니다."

"죽다니요! 누가 그런 소릴 했나요? 누가 그런 말을 했나요? 어째서 죽음을 생각하시지요?"

"극장의 관객들 앞에서, 당신과 아드님의 친구들 앞에서 공공연하게 모욕을 당한 제가, 마치 자기가 승리라도 한 듯 의기양양해할 청년에게 결투 신청을 받은 제가 단 한순간도 더 살고 싶어하지 않으리라는 걸 당신은 모르시는군요. 메르세데스, 내가 이 세상에서 당신 다음으로 가장 사랑하는 건 나 자신입니다. 즉 내 권위는 다시 말하면 나를 다른 사람들보다 우월하게 해주는 나의 힘입니다. 이 힘이야말로 곧 내 생명이고요. 그 힘을 당신은 단 한마디로 쓰러뜨려 버린 겁니다. 그러니 난 죽을 수밖에 없지요."

"그런데 당신이 용서해 주신 이상 결투는 하지 않는 것이 아닌가요?"

"결투는 할 겁니다," 백작이 엄숙하게 말했다. "단, 아드님의 피가 땅속으로 스며드는 게 아니라 제 피가 흐르게 될 뿐이죠."

메르세데스는 소리를 질렀다. 그리고 백작에게로 달려가다가 갑자기 멈춰 섰다.

"에드몽," 그녀가 말했다. "이렇게 당신이 살아 계시고, 제가 다시 당신을 만나뵙게 된 것으로 보아 하느님은 우리 위에 계십니다. 그런 하느님을 저는 마음속 깊이 믿고 있었습니다. 하느님의 도움을 기다리면서 저는 당신의 말을 믿겠습니다. 아까 제 아들이 죽지 않을 거라고 말씀하셨죠. 그러니 그 애는 반드시 살겠죠, 그렇죠?"

"살 겁니다." 몬테크리스토 백작이 말했다. 그는 메르세데스가 아무 두려움도 없이 이렇다 할 놀라움도 보이지 않고, 자신이 맞이할 비장한 희생을 받아들이는 것에 놀랐다.

메르세데스는 백작에게 손을 내밀었다.

"에드몽," 그녀가 말했다. 그렇게 말을 걸며 상대를 바라보는 그녀의 눈은 눈물로 촉촉이 젖어갔다. "얼마나 훌륭한 일입니까? 당신은 정말 위대한 분이십니다. 당신 뜻에 어긋나는 일만을 해온 이 불쌍한 여자를 동정해 주시니 너무나 숭고하시군요. 아! 저는 나이를 먹어서라기보다 너무나 많은 슬픔 때문에 늙어버렸습니다! 그래서 지금의 저에게는 지난날의 에드몽이 끝없이 바라보아 주던 때의 메르세데스를 떠올릴 만한 미소도, 눈길도 다 사라졌습니다. 아! 제 말을 믿어주세요. 에드몽, 저도 충분히 고통받았습니다. 그걸 다시 한 번 말씀드리고 싶어요. 단 하나의 즐거운 추억도 없이, 단 하나의 희망도 없이 일생을 보낸다는 건 너무나 비참한 일이지요. 하지만 그걸로 모든 것이 이 지상에서 끝나는 것은 아니라는 걸 가르쳐주고 있습니다. 그래요! 모든 것이 끝난 것은 아니에요. 제 마음 한구석에 아직도 남아 있기 때문에 저는 그것을 느낄 수 있습니다. 오! 에드몽, 거듭 말씀드리지만, 당신이 용서해 주신 일은 정말로 훌륭하고 위대하고 거룩한 일이십니다!"

"당신은 그렇게 말하지만, 메르세데스, 당신을 위해 내가 치른 희생이 얼마나 큰지 알게 된다면 뭐라고 하실 겁니까? 생각해 보세요. 조물주가 세상을 창조하고 혼돈스런 이 땅을 기름지게 만드신 뒤, 피조물을 3분의 1까지만 창조하고 마치시면서, 그 이유를 천사가 눈물 흘리는 일이 없도록 하기 위해서라고, 그러니까 우리의 죄가 천사의 눈물이 되어 어느 날 그 불멸의 눈에서 굴러떨어지는 일이 없도록 하기 위해서라고 한다면 어떨 것 같습니까. 만일 하느님이 모든 것을 준비해서, 모든 것을 빚어내시고, 모든 것을 비옥하게 하신 뒤에, 우리가 그 작품을 찬양하려고 하는 순간, 태양을 꺼버리고 세계를 영원한 암흑 속으로 걷어차 버렸다면 어떨까요? 그러면 당신은 알지도 모르죠, 아니 오히려 모르실 수도 있겠네요. 내가 그 당시 목숨을 잃음으로써 무엇을 잃어버렸는지 당신은 여전히 생각조차 할 수 없을 겁니다."

메르세데스는 경이와 감탄과 감사의 뜻이 한데 뒤섞인 표정으로 백작을 바라보았다.

몬테크리스토 백작은 열이 오른 손으로 이마를 짚었다. 마치 머리만으로는 자신의 무거운 생각을 지탱할 수가 없는 것 같았다.

"에드몽, 한마디만 더 하고 싶어요." 메르세데스가 말했다.

백작은 비통한 미소를 지었다.

"에드몽," 그녀가 말을 이었다. "제 이마에서 윤기가 가시고, 눈에서는 아름다운 빛이라곤 사라져버려 제 얼굴 표정은 옛날의 메르세데스와 닮지 않았더라도, 제 마음만은 변함없다는 것을 당신은 아실 수 있을 거예요. …… 그럼 안녕히 계세요, 에드몽. 이제 저는 하늘에 바랄 것이 아무것도 없습니다…… 옛날과 다름없이 고귀하고 훌륭하신 당신을 다시 만날 수 있었으니까요. 안녕히 계세요, 에드몽…… 안녕히 계세요. 그리고 고마워요."

그러나 백작은 아무 대답도 하지 않았다.

메르세데스는 방문을 열었다. 그리고 백작이 복수의 기회를 잃은 데서 오는 비통하고도 심각한 상념 속에서 깨어났을 때, 그녀는 이미 사라진 뒤였다.

모르세르 부인을 태운 마차가 샹젤리제 거리의 포석 위를 구르는 소리를 듣고 백작이 고개를 다시 들자, 앵발리드의 시계가 1시를 알리고 있었다.

"어리석었어," 백작은 생각했다. "복수하려고 다짐했을 때, 왜 내가 심장을 뽑아버리지 못했단 말인가!"

결투

메르세데스가 떠난 뒤, 몬테크리스토 백작의 집은 전체가 다시 암흑 속에 잠기고 말았다. 그의 주위에서도 마음속에서도 생각이 멈춰 있었다. 그의 강인한 정신은 극도로 피로한 육체와 마찬가지로 잠들어 있었다.

'어찌된 일인가?' 그는 생각했다. 램프와 촛불들이 슬픈 듯이 타고 있었고, 하인들은 초조하게 옆방에서 기다리고 있었다. '이게 무슨 일인가! 그처럼 오랫동안 준비하고 그토록 고심해서 세워놓은 계획이 단 한 마디, 한 번의 일격에 모두 무너져버리다니! 이게 무슨 일인가! 그래도 보통 인물은 아니라고 생각해 오던 내가, 그처럼 자신만만하던 내가, 이프 성에서 그처럼 초라하게 지내다가도 이렇게 위대하게 될 수 있었던 내가 내일은 한줌의 먼지가 되어버려야 하다니! 유감스러운 것은 육체가 죽어 없어진다는 것이 아니다. 생명의 근원인 파멸이야말로 모든 사람이 가야 하고 불행한 인간들이 동경하는 휴식이 아닌가? 나 자신도 오랫동안 바라고 바라던 육체의 안식이 아닌가? 내 감방 안에 파리아 신부님이 나타나기 전만 해도 단식이라는 고통스러운 방법으로 그 안식에 도달하려 하지 않았던가? 도대체 죽음이란 무엇인가? 평안 속으로 한 단계, 그리고 어쩌면 침묵 속으로 또 한 단계 더 나아가는 것이 아닌가. 그래, 그러니까 내게 미련이 남는 것은 삶을 영위하는 것이 아니다. 그처럼 오랫동안 고심해서 열심히 쌓아놓은 계획이 허무하게 무너져버렸다는 사실에 있는 것이다. 이 계획을 찬성해 주시는 줄 알았던 하느님도 실은 반대해 오신 것일까? 결국 하느님은 이 계획이 성취되는 것을 바라지 않으신단 말인가?

거의 이 땅덩어리만큼이나 무거운 짐, 나는 그것을 들어올려서 마지막까지 가져온 줄 알았는데…… 다만 내 소망이었을 뿐, 내 힘이 모자랐던 것인가? 오직 내 의지였을 뿐이고, 내 능력으로는 미치지 못하는 것이기에, 지금 반쯤밖에 못 온 이 지점에서 그만 짐을 내려놓아야만 할 것인가? 오, 14

년 동안의 절망과 10년간의 희망으로, 신과 같이 된 줄 알았던 내가 다시 운명론자로 되돌아가야 하다니!

이 모든 것은, 맙소사! 내 심장, 죽어버린 줄로만 알고 있던 내 심장이 잠시 마비된 상태에 있었던 것일 뿐이라는 사실 때문이다. 내 심장이 뛰었기 때문이다. 한 여자의 목소리에 가슴 밑바닥에서 피어오르는 그 고동 소리를 견디지 못하고 굴복해버렸기 때문이다.'

'하지만,' 이라고 되뇌며, 백작은 내일 벌어질 무시무시한 일을 말없이 받아들인 메르세데스로 인해 수심에 잠겼다. '하지만 그렇게 기품 있는 여자가 단지 이기심 때문에 나같이 힘과 생명력 넘치는 사람의 죽음을 태연히 받아들일 수 있다니! 어머니의 사랑, 아니 오히려 어머니로서의 광기라 해도 그렇게까지 뻗어나갈 순 없어! 아무리 미덕이라고 해도 지나치면 죄가 될 테니. 그녀는 무엇인가 비장한 생각을 한 것이 틀림없다. 두 사람이 결투하는 칼 사이에 자신이 달려들려는 건지도 모르지. 결투 장소에서 그런 일이 벌어진다면 더욱 웃음거리가 되겠군.'

이렇게 생각한 백작의 얼굴은 수치심으로 확 달아올랐다.

'웃음거리가 되고말고!' 그는 되풀이해 중얼거렸다. '게다가 그 비웃음은 나에게로 돌아올 테지…… 내가 웃음거리가 되다니! 농담이 아냐! 웃음거리가 되느니, 차라리 죽는 게 낫다.'

그리고 메르세데스에게 아들의 목숨을 살려주겠다고 약속한 이상, 자기 자신이 각오해야 할 다음날의 불행을 최대한 심사숙고한 그는 이런 생각까지 하게 되었다.

'어처구니없군, 어처구니가 없어! 아무리 관대해진다 하더라도 그 청년의 권총 앞에 서서 움직이지 않는 과녁이 되어버리다니! 내가 죽는다 하더라도 그는 그게 자살이라고는 생각지 못할 거다. 그러나 내 사후의 명예를 생각한다면…… (하느님, 이건 결코 허영은 아니겠지요. 다만 정당한 자존심일 뿐입니다) 내가 나 자신의 의지로, 나 자신의 생각으로 상대를 치려고 들었던 팔을 멈추고, 다른 사람들에겐 그처럼 완강하던 팔로 이번엔 나 자신의 몸을 쳤다는 사실을 세상 사람들에게 알려주어야만 해. 꼭 그래야만 해. 그렇게 해야 해.'

그는 펜을 잡고, 책상의 비밀 서랍에서 서류 한 통을 꺼냈다. 그것은 바로 그가 파리에 도착한 뒤 작성해 놓은 유언장이었다. 백작은 유언장 밑에 일종의 추가 조항을 덧붙였다. 그것을 읽으면 아무리 둔한 사람이라도 그의 죽음을 이해할 수 있으리라.

"하느님!" 그는 하늘을 우러러보며 말했다. "저는 하느님의 명예를 위해서나 저 자신의 명예를 위해 이런 결정을 내렸습니다. 지난 십 년 동안 저는 복수를 위해 하느님께서 보내주신 사도라고 스스로 자부해 왔습니다. 따라서 저 모르세르 이외의 악당들, 당글라르나 빌포르에게, 그리고 모르세르 자신에게 우연의 힘으로 용케 적의 손에서 빠져나올 수 있었다고 생각하게 해선 안 됩니다. 오히려 그들의 처벌을 명한 신의 섭리가 단지 저 한 사람의 의지로 말미암아 바뀌었다는 점과 이 세상에서 모면한 벌이 저세상, 영구한 내세에서 기다리고 있다는 것을 알려야만 합니다."

괴로운 나머지 악몽에서 깬 듯한, 어둡고 불안정한 기분 속에서 헤매고 있는 동안, 아침 햇살이 유리창을 희뿌옇게 비추며 그가 방금 하느님 섭리의 지고한 뜻을 써놓은 푸르스름한 종이를 비추기 시작했다.

정각 새벽 5시였다.

갑자기 무슨 소리가 들려왔다. 숨을 참는 듯한 소리가 들린 것 같았다. 그는 머리를 들어 주위를 둘러보았으나 아무도 없었다. 그러나 그 소리는 또 한 번, 그것도 분명히 들려왔기 때문에 지금까지의 의심은 확신으로 변했다.

그래서 백작은 자리에서 일어나 응접실의 문을 살짝 열어보았다. 그러자 두 팔을 늘어뜨린 채, 창백하면서도 아름다운 얼굴을 의자 뒤로 기대고 앉아 있는 하이데의 모습이 눈에 들어왔다. 하이데는 백작이 방을 나서기만 하면 자기를 보지 않을 수 없도록 문 앞에 앉아 있었다. 그러나 밤을 새워 피곤한 하이데는, 특히 젊은 사람에겐 거부할 수 없는 잠에 취해 있었다.

문이 열리는 소리에도 하이데는 눈을 뜨지 못했다.

몬테크리스토 백작은 애정과 회한 어린 눈길로 하이데를 내려다보며 속삭였다.

"그녀는 자기에게 아들이 하나 있다는 것을 떠올렸다." 그가 말했다. "그런데 난 딸이 하나 있었다는 사실을 잊어버리고 있었구나."

그리고 쓸쓸하게 고개를 저으며 말했다.

"가엾은 하이데! 이 아이는 나를 만나러 온 거야. 나에게 뭔가 말하려고 했던 거야. 무슨 일이 일어나리라고 짐작하고서 겁이 났던 거야…… 그래! 오, 이 아이에게 아무런 작별 인사도 하지 않고 떠날 수야 없지. 하이데를 누구에게 맡기지 않고서는 죽을 수 없다."

그리고 백작은 다시 자기 자리로 돌아와, 처음에 써놓은 구절 아래 다음과 같이 썼다.

나는 내 옛날 주인이었던 마르세유의 선주, 피에르 모렐의 아들이자 알제리 기병 대위 막시밀리앙 모렐에게 2천만 프랑을 상속한다. 이 금액의 일부는 상속자의 뜻에 따라 두 사람의 행복을 손상시키지 않는 한에서 그의 누이 쥘리와 매제 엠마뉘엘에게 나누어줄 수도 있다. 이 2천만 프랑은 몬테크리스토 섬의 동굴에 매장되어 있으며, 그 비밀은 베르투치오가 알고 있다.

혹시 막시밀리앙이, 내가 아버지 같은 마음으로 보살폈고 또 나에게 딸처럼 대해 준 하이데, 즉 자니나의 총독 알리의 딸과 결혼한다면, 그는 내 마지막 유언이라고는 할 수 없으나 내 마지막 희망을 이루어주는 셈이 된다.

또한, 이미 그 밖의 재산 모두를 하이데에게 상속할 것으로 기재했다. 그 재산이란 많은 토지와 영국·오스트리아·네덜란드의 국채, 각지에 있는 내 저택의 동산(動産) 전부를 의미하는 것으로, 상기한 2천만 프랑과 내 하인들에게 갈 각종 유산을 빼고도 6천만 프랑에 달할 것이다.

막 마지막 줄을 썼을 때, 백작은 등 뒤에서 난 소리에 엉겁결에 펜을 떨어뜨렸다.

"하이데, 읽어버린 거야?" 백작이 말했다.

하이데는 눈꺼풀에 내려온 새벽빛에 눈을 뜨고서 가만히 일어나 백작에게 왔으나, 그 가벼운 발걸음이 카펫에 묻혀 백작의 귀에는 아무것도 들리지 않았던 것이다.

"이럴 수가!" 하이데는 두 손을 모으며 말했다. "어째서 이런 시간에 그런 글을 쓰십니까? 그리고 왜 그 재산을 모두 제게 물려주시겠단 말씀이시죠? 저를 버리고 떠나시려고요?"

"여행을 좀 하려고 그런단다, 우리 천사 아가씨," 백작은 한없는 슬픔과 애정을 보이며 말했다. "그래서 혹 무슨 일이 생긴다 해도⋯⋯."

백작은 말끝을 흐렸다.

"그래서요⋯⋯?" 하이데는 백작이 지금까지 들어본 적도 없을 뿐 아니라 가슴이 섬뜩해질 정도로 위엄 있는 어조로 말했다.

"그래서, 혹시 무슨 일이 일어나게 되더라도 너만은 행복해질 거야."

하이데는 고개를 저으며 슬픈 듯이 미소를 지어 보였다.

"당신은 죽을 생각을 하고 계시는군요, 그렇죠?" 하이데가 말했다.

"그건 즐거운 생각이라고 현자들도 말하고 있단다."

"만약 정말 돌아가신다면 그 재산은 다른 사람들에게 주세요. 만약 백작께서 돌아가신다면⋯⋯ 전 아무것도 필요 없게 될 테니까요."

이렇게 말하면서 하이데는 유언장을 집어 네 조각으로 찢더니 방 한가운데로 던져버렸다. 그리고 노예로서는 생각도 못할 이 용감한 행동으로 힘이 빠진 하이데는, 이번에는 잠이 와서가 아니라 정신을 잃어 마룻바닥에 쓰러졌다.

백작은 몸을 기울여 하이데를 두 팔로 소중하게 안아 일으켰다. 그 아름답고 핏기 없는 얼굴빛과 감고 있는 아름다운 두 눈, 죽은 듯이, 그리고 버림받은 듯이 널브러진 그 아름다운 몸을 보며, 백작은 처음으로 하이데가 자기를 아버지로서가 아닌 이성으로 사랑해 온 것이 아닐까 하는 생각이 들었다.

"오, 이런!" 그는 깊은 절망감으로 중얼거렸다. "난 아직 행복해질 수 있었던 것을!"

그는 하이데를 방까지 안고 가서 여전히 정신을 잃은 그녀를 하녀의 손에 맡기고서 다시 서재로 돌아왔다. 그리고 이번에는 문을 단단히 잠그고 찢겨진 유언장을 다시 쓰기 시작했다.

그가 유언장을 다 쓰고 났을 때, 마당으로 마차가 들어오는 소리가 났다. 백작은 창가로 가 보았다. 마차에서 막시밀리앙 모렐이 내려오는 것이 보였다.

"그래, 시간이 되었군!"

그는 유언장을 삼중으로 봉인했다.

잠시 뒤 객실에서 발소리가 들려왔다. 백작이 손수 문을 여니, 막시밀리앙이 문 앞에 모습을 드러냈다.

막시밀리앙은 약속 시간보다 20분이나 빨리 온 것이었다.

"제가 너무 빨리 온 것 같네요." 모렐이 말했다. "사실 전 한숨도 자지 못했습니다. 온 집안사람들이 모두 그랬죠. 전 백작님의 꿋꿋하고 침착하신 모습을 보고 정신을 차리려고 이렇게 일찍 왔습니다."

이렇게 애정이 담긴 말을 듣자, 백작은 더 이상 참을 수가 없어 청년에게 손을 내미는 대신 두 팔을 벌렸다.

"모렐, 당신 같은 사람의 애정을 받게 되다니 나로선 오늘이 정말 좋은 날이오. 안녕하시오, 엠마뉘엘 씨. 그럼 나하고 같이 가주시는 거죠, 막시밀리앙?" 백작은 감동적인 목소리로 말했다.

"물론입니다!" 젊은 대위 모렐이 말했다. "그걸 의심하고 계셨단 말씀입니까?"

"그러나 만약 내가 잘못한 것이라면……."

"들어보세요. 전 어제 결투 신청이 있었을 때, 처음부터 끝까지 백작님만 쳐다보고 있었지요. 그리고 어젯밤 백작께서 어떻게 그렇게 침착할 수 있었는지 계속 생각해 봤습니다. 그건 분명 당신이 옳기 때문이라고밖에 여겨지지 않더군요. 그렇지 않다면 인간의 얼굴 따위 믿을 수 없는 거라고 생각했지요."

"그런데 모렐, 알베르는 당신 친구가 아닌가요?"

"그저 알고 있을 뿐입니다, 백작."

"나를 만나던 날 그도 처음으로 만나지 않았소?"

"그랬죠. 하지만 그게 어쨌단 말씀이십니까? 그 말씀을 듣고 보니, 이제야 생각나는데요."

"고맙소, 모렐."

그리고 나서 백작은 벨을 눌렀다. 벨을 누르자마자 나타난 알리에게 백작이 말했다. "자, 이걸 공증인에게 보내도록. 모렐, 이건 내 유언장입니다. 내가 죽거든 그 내용을 확인하러 오시오."

"무슨 말씀입니까?" 모렐이 소리쳤다. "죽다니요?"

"그거야, 어떤 경우건 미리 대비해 두어야 하지 않겠습니까? 그런데 어제 나하고 헤어진 다음엔 무얼 하셨소?"

"카페 토르토니에 갔었죠. 그랬더니 제가 예상한 대로 보샹과 샤토 르노가 와 있더군요. 실은 그 사람들을 찾으러 거기에 간 것이었습니다."

"뭐 때문에? 다 결정된 일인데."

"백작님, 이 일은 중대하고 이제 와서 피할 수도 없게 됐습니다."

"뭘 새삼스럽게?"

"백작님이 많은 사람들 앞에서 모욕을 당하셨으니. 모두들 그 얘기뿐이더군요."

"그래서요?"

"그래서 제 생각엔 무기를 바꾸어 권총 대신에 검을 쓰시는 게 어떨까 했지요. 권총이란 재고의 여지가 없는 물건 아닙니까?"

"바라던 뜻은 이루셨나요?" 눈에 띌 정도는 아니었으나, 백작은 분명 희망의 빛을 보이며 성급히 물었다.

"아니요. 그 사람들이 백작님의 검술 실력을 익히 들어 알고 있더군요."

"아니! 누가 그런 소릴 퍼뜨렸답니까?"

"백작님과 싸워봤던 검술 선생들이죠."

"그럼 당신의 의도는 완전히 실패했다는 말씀이군요?"

"그들은 딱 잘라 거절했습니다."

"모렐 씨," 백작이 말했다. "내가 권총을 쏘는 걸 본 일이 있습니까?"

"한 번도 없습니다."

"아직 시간이 있으니 한번 보시죠."

백작은 메르세데스가 들어왔을 때 손에 들고 있던 권총을 집었다. 그리고 과녁으로 삼고 있던 철판에다 카드의 클로버 에이스를 갖다 붙이더니, 탄환 네 발에 그 클로버의 잎사귀 네 개를 차례차례 떨어뜨렸다.

한 발씩 발사될 때마다 모렐의 얼굴빛이 변했다.

그는 백작이 그처럼 비범한 재주를 보인 탄환을 살펴보았다. 그리고 그 탄환들이 노루 사냥에 쓰는 것보다 더 크지는 않다는 것을 알았다.

"대단한 사격술입니다." 그가 말했다. "엠마뉘엘, 좀 봐요!" 그러고는 다시 백작을 돌아보며 말했다. "백작님, 제발 알베르를 죽이지 말아주십시오! 그에게는 어머니가 계시니까요."

"그렇군요," 백작이 말했다. "그리고 난 어머니가 안 계시니까."

모렐은 그 말의 어조에 몸을 떨었다.

"당신은 모욕을 받은 쪽이십니다."

"그렇죠. 그래서요?"

"즉 백작께서 먼저 쏘시게 됩니다."

"내가?"

"제가 그렇게 하겠다고 했습니다. 오히려 강요하다시피 했지요. 우리 쪽에서도 양보해줬으니, 그쪽에서도 양보하라고 요구했습니다."

"간격은?"

"20보."

무서운 미소가 백작의 입술 위를 스쳐갔다.

"모렐," 백작이 말했다. "지금 보신 것을 잊지 마세요."

"그러니 알베르를 구하려면 백작님의 동정심에 호소하는 길밖엔 없게 됐습니다." 청년이 말했다.

"나에게 동정을 구한다고요?"

"아니면 관용에 호소하겠습니다. 백작께서 자신하시는 만큼, 저도 당신의 사격 실력을 믿고 있습니다. 그래서 다른 사람에게 이런 소릴 하면 웃음거리가 되겠지만, 백작께는 말씀드려 볼까 합니다만."

"무슨?"

"팔을 쏘아주십시오. 상처만 주고 죽이지는 말아주십시오."

"모렐, 내 얘길 좀 들어보시오." 백작이 말했다. "내게 굳이 모르세르 씨의 목숨을 구해 달라고 청할 필요는 없습니다. 미리 얘기해 두지만, 모르세르 씨는 무사히 목숨을 건지고 두 친구와 함께 조용히 돌아가게 될 겁니다. 그에 반해서 나는……."

"그럼, 백작께선?"

"나는 다르죠. 나는 운반되어 돌아가게 되겠지요."

"설마, 그럴 수가!" 막시밀리앙은 이성을 잃고 소리쳤다.

"내가 지금 말한 대로요. 모르세르 씨가 나를 죽일 것이오."

모렐은 영문을 모르겠다는 듯이 백작을 바라보았다.

"대체 어젯밤 이후로 무슨 일이라도 있었습니까?"

"필리피 (마케도니아 도시. 기원전 42년 안토니우스와 옥타비아누스 군이 브루투스와 카시우스를 무찌른 곳)에서의 전투 전날 밤, 브루투스에게 생겼던 일이 제게도 일어났지요. 내 눈앞에 망령이 나타났습니다 (필리피에서의 전투 전날, 일찍이 브루투스가 암살한 시저의 망령이 나타나 그가 다음 날 죽을 것이라고 예언했다). "

"그 망령이 어떻게 했단 말씀입니까?"

"그 망령이 내게 하는 말이, 모렐, 내가 이제 살 만큼 살았다고 하더군요."

모렐과 엠마뉘엘은 서로 얼굴을 마주 보았다. 백작은 시계를 꺼냈다.

"갑시다," 그가 말했다. "7시 5분입니다. 결투는 정각 8시니까요."

이미 준비를 끝낸 마차가 그들을 기다리고 있었다. 백작은 두 사람의 증인과 함께 마차에 올랐다.

백작은 복도를 지나가다가 어느 문 앞에서 뭔가 들으려는 듯이 멈춰 섰다. 조심스레 몇 걸음 앞서 가던 모렐과 엠마뉘엘은 문틈으로 새어나오는 울음소리에 백작이 한숨짓는 소리를 들은 것 같았다.

정각 8시에 세 사람은 약속 장소에 도착했다.

"다 왔군요," 마차의 창으로 고개를 내밀며 모렐이 말했다. "우리가 먼저 왔네요."

"실례합니다만," 뭔가 표현할 수 없는 공포감에 몸을 떨면서 주인의 뒤를 따라온 바티스탱이 말했다. "저 나무 밑에 마차 한 대가 보이는 것 같습니다."

"그렇군요," 엠마뉘엘이 말했다. "저기 왔다 갔다 하면서 기다리고 있는 청년들이 보이는군요."

백작은 가볍게 마차에서 뛰어내려 엠마뉘엘과 막시밀리앙에게 손을 내밀어 마차에서 내리는 것을 도왔다.

막시밀리앙은 백작의 손을 두 손으로 잡았다. "기쁩니다," 그가 말했다. "바로 이 손이군요. 저는 이 손이 정의를 실현하는 올바름 속에서 한 사람의 목숨을 좌지우지 하는 것을 보고 싶습니다."

백작은 막시밀리앙을 그의 매제로부터 두어 걸음 뒤로 이끌었다.

"막시밀리앙," 백작이 물었다. "당신에겐 마음을 정한 여자가 있나요?"

모렐은 놀란 듯이 백작을 바라보았다.

"다 털어놓고 얘기해 달라는 건 아니오. 이건 단순한 질문입니다. 예나 아니오, 한마디로만 대답해 주시오. 그것만으로 충분하오."

"전 어떤 처녀를 사랑하고 있습니다."

"그 사람을 많이 사랑하오?"

"제 목숨보다 더."

"자!" 백작이 말했다. "이걸로 내 희망이 또 하나 무너졌는걸." 그러더니 한숨을 쉬며 중얼거렸다. "가엾은 하이데!"

"백작님!" 막시밀리앙이 소리쳤다. "제가 만약 백작님을 잘 알지 못했다면, 당신을 용기 있는 분이라고는 생각하지 않았겠죠."

"두고 갈 생각을 하니 한숨이 저절로 나오는군요. 모렐 씨, 당신은 군인이면서도 용기를 알아보는 눈이 없단 말이오! 내가 목숨이 아까워서 이러는 줄 아시오? 21년이란 세월을 생사의 갈림길에서 보낸 나에게 죽고 사는 게 무슨 문제겠소! 하지만 안심하시오. 내가 지금 약한 모습을 보이고 있다 하더라도 오직 당신에게만 그런 거니까. 난 이 세상을 하나의 살롱으로 보고 있소. 그러니 그곳에서 나오려면 예의 바르고 정직해야 한단 말이오. 다시 말하면 인사치레 할 건 하고, 빚도 갚아야 할 것은 다 갚고 나와야 하지 않겠소?"

"옳은 말씀이십니다!" 모렐이 말했다. "정말 훌륭하십니다. 그런데 무기는 가져오셨나요?"

"내가? 그럴 필요가 있나요? 저쪽에서 다 가져올 텐데!"

"물어보고 오겠습니다."

"그래요. 하지만 협상 같은 건 하지 마시오, 내 말 알겠죠?"

"네, 그건 염려 마세요."

모렐은 보샹과 샤토 르노가 있는 쪽으로 걸어갔다. 두 사람은 모렐이 오고 있는 것을 보자 몇 걸음 앞으로 다가왔다.

세 젊은이는 다정하다고는 할 수 없었지만 적어도 공손하게 인사했다.

모렐이 입을 열었다. "실례지만 모르세르 씨가 안 보이는 것 같은데요."

"오늘 아침 그냥 여기서 만나자고 연락을 받았습니다." 샤토 르노가 대답했다.

"아!" 모렐이 말했다.

보샹이 시계를 꺼내보더니 말했다. "8시 5분. 정말 이젠 꾸물거릴 시간이 없겠습니다. 모렐 씨!"

"아니 그런 뜻으로 말씀드린 건 아닙니다." 모렐이 말했다.

"저쪽에," 샤토 르노가 말을 막았다. "마차가 오네요."

정말 마차 한 대가 세 사람이 서 있는 이쪽 사거리를 향해 말을 급히 몰아 도로를 달려오고 있었다.

모렐이 다시 말했다. "그런데 권총은 다들 가져오셨겠죠? 몬테크리스토 백작은 자기 권총을 쓰지 않겠다고 하시더군요."

"백작은 틀림없이 그런 데까지 신경 쓸 줄 알고 있었습니다." 보샹이 대답했다. "그래서 실은 일주일인가 열흘쯤 전에 이럴 필요가 있을 것 같아서 권총을 새로 사두었습니다. 완전히 새것이죠. 아직 아무도 써보지 않은 겁니다. 한번 보시겠습니까?"

"오! 보샹 씨, 아닙니다," 모렐은 고개를 숙여 예를 표하며 말했다. "모르세르 씨조차 그 권총을 아직 써보지 않았다고 말씀하셨으니, 그 말씀만으로 충분합니다."

"여러분," 샤토 르노가 말했다. "저 마차로 온 건 모르세르가 아니네요. 프란츠와 드브레예요."

과연 그 두 청년이 이쪽으로 오고 있었다.

"자네들까지 오다니!" 샤토 르노는 그들과 차례차례 악수를 하면서 말했다. "도대체 웬일인가?"

"실은 알베르가 우리더러 이리 와 달라기에." 드브레가 말했다.

보샹과 샤토 르노는 깜짝 놀라며 서로 얼굴을 마주 보았다.

"전 그 뜻을 알 것 같습니다." 모렐이 말했다.

"어떻게요?"

"저는 어제 오후에 모르세르 씨로부터 오페라 극장에 와 달라는 편지를 받았지요."

"나도 받았는데." 드브레가 말했다.

"나도." 프란츠가 말했다.

"우리도." 샤토 르노와 보샹이 말했다.

"모르세르 씨는 우리를 결투신청 현장에 모이도록 할 생각이었지요." 모렐이 말했다. "그리고 결투장에도 참석하길 바랐던 겁니다."

"그래요," 청년들이 대답했다. "아마 그 짐작이 맞을 겁니다, 막시밀리앙 씨."

"그런데 알베르는 왜 오지 않을까. 벌써 10분이 지났는데." 샤토 르노가 중얼거렸다.

"저기 보이는군!" 보샹이 말했다. "말을 타고 오는군. 하인 하나를 데리고 막 달려오는데."

"저런 경솔한 짓을!" 샤토 르노가 말했다. "권총으로 결투하러 오는데 말을 타고 오다니! 내가 단단히 일러놓았건만."

"그런데, 저것 봐," 보샹이 말했다. "옷깃에 넥타이를 매고, 상의는 잠그지도 않고, 흰 조끼를 입었군. 그럼 배에는 과녁이라도 하나 그려오지 그랬어? 그렇게 하면 일이 훨씬 더 쉽게 빨리 끝날 텐데, 참나!"

그러는 사이에 알베르는 다섯 사람이 모여 있는 곳에서 열 발자국쯤 떨어진 곳까지 왔다. 그는 말을 세우고 땅으로 뛰어 내리더니 고삐를 하인에게 던져주었다.

알베르가 다가왔다.

얼굴빛은 창백하고 눈은 벌겋게 부어 있었다. 밤새 한숨도 못 잔 것이 분명했다. 얼굴에는 평소에 볼 수 없던 심각하고 슬픈 빛이 어려 있었다.

"모두들 고맙네," 알베르가 말했다. "이렇게 와 주었군. 자네들의 우정에 진심으로 감사하네."

모렐은 모르세르가 가까이 오는 것을 보고는 열 발자국쯤 뒤로 물러났다.

"모렐 씨!" 알베르가 말했다. "당신에게도 감사 드리겠습니다. 어서 이리로 오십시오. 그러지 마시고."

"하지만 당신은 제가 몬테크리스토 백작의 입회인이라는 것을 잊으셨습니까?" 모렐이 말했다.

"솔직히 몰랐습니다. 그럴 거라는 생각은 했습니다만 아무튼 잘됐습니다. 훌륭한 입회인이 많으면 많을수록 전 더 좋습니다."

"모렐 씨," 샤토 르노가 말했다. "몬테크리스토 백작에게 모르세르 씨가 왔다는 것을 알리시지요. 그리고 모든 게 준비되어 있다는 것도요."

모렐은 부탁대로 움직이려고 했다. 한편 보샹은 마차에서 권총 상자를 꺼내러 갔다.

"잠깐 기다려 주세요, 여러분. 몬테크리스토 백작에게 한마디 드릴 말씀이 있습니다."

"개인적으로 말씀인가요?" 모렐이 물었다.

"아니, 여러분 앞에서."

알베르의 증인들은 놀란 듯이 서로 얼굴을 마주 보았다. 프란츠와 드브레는 낮은 소리로 수군거렸다. 한편 이 뜻하지 않은 사건에 기분이 좋아진 모렐은 보도 위를 거닐고 있는 백작과 엠마뉘엘에게 달려갔다.

"내게 무슨 볼일이 있답니까?" 백작이 물었다.

"모르겠습니다. 백작께 하고 싶은 말이 있대요."

"아!" 몬테크리스토 백작이 말했다. "또다시 하느님을 모독하는 행동 같은 건 하지 말아야 하는데!"

"그럴 것 같지는 않던데요." 모렐이 말했다.

백작은 모렐과 엠마뉘엘을 데리고 걸어갔다. 조용하고도 평온한 그의 얼굴은 청년 네 사람을 데리고 이쪽으로 다가온 알베르의 어수선한 얼굴과는 기묘한 대조를 이루었다.

서로가 세 걸음쯤 떨어진 곳까지 오자 알베르도 백작도 멈춰 섰다.

"여러분," 알베르가 말했다. "좀 더 가까이 와주십시오. 이제부터 제가 몬테크리스토 백작님께 드리려는 말씀을 단 한마디라도 흘려보내지 않도록 하기 위해서입니다. 또한 제가 이제부터 하려는 얘기가 여러분에게는 좀 이상하게 생각될지도 모르지만, 이 얘기를 듣고 싶어하는 사람이 있을 때는 여러분의 입으로 반복해 주셔야 하기 때문입니다."

"들어봅시다." 백작이 말했다.

"백작님," 알베르가 말했다. 처음엔 목소리가 떨렸으나 차츰 안정되었다. "저는 이피로스에서 제 아버님이 저지른 일을 폭로한 백작님을 비난했습니다. 왜냐하면 제 아버지가 아무리 죄가 있다 하더라도, 백작님께 그를 벌할 권리는 없다고 믿었기 때문입니다. 그러나 저는 오늘 백작님께 그럴 권리가 있다는 것을 알았습니다. 오늘 이렇게 급히 사죄드릴 생각을 한 것도 페르낭 몬테고가 알리 파샤를 배반했다는 점 때문이 아니라, 어부 페르낭이 당신을 배신하고 그 결과 당신이 누구도 상상하지 못할 불행을 겪었다는 사실 때문이었습니다. 그래서 저는 큰 소리로 선포하는 바입니다. 백작님, 당신이 제 아버지에게 한 복수는 당연한 처사였습니다. 그리고 지금 저는 백작님께서 제 아버지에게 그 이상의 일을 하지 않으신 점을 오히려 감사드리지 않을 수 없습니다."

상상도 못했던 광경에 입회인들은 입을 다물지 못한 채 그 자리에 그대로 얼어붙었다. 벼락에 맞았다 하더라도 이보다 더 놀라지는 않았을 것이다.

몬테크리스토 백작은 무한한 감사의 표정을 지으며 천천히 하늘을 우러러보았다. 그리고 지난날 로마의 산적들 틈에서도 담대하고 용기 있게 행동하던 알베르의 격한 성격이 어찌 이렇게 갑자기 공손해질 수 있는지, 감탄하지 않을 수 없었다. 그는 그 점에서 메르세데스의 영향을 인정하지 않을 수 없었다. 그리고 그토록 고귀한 마음을 가진 메르세데스가 왜 백작이 자기 목숨을 희생하겠다는데도 말리지 않았는지 이해되었다. 그녀는 그런 일이 일어나지 않을 것을 미리 알고 있었던 것이다.

"백작님, 지금 제가 사죄드린 것만으로 만족하실 수 있다면 제발 손을 잡게 해주십시오. 절대로 실수하지 않는 백작님의 미덕이 최고로 훌륭한 것이라면 그 다음으론 자기 잘못을 고백하는 것이 아닌가 생각됩니다. 그러나 이 고백은 저 자신에 관한 것입니다. 저는 한 인간으로서 행동해 왔습니다. 그러나 백작님께서는 언제나 신의 뜻에 따라 행동해 오셨습니다. 우리 두 사람 중 한 사람의 목숨을 죽음에서 구할 수 있는 존재는 천사 말고는 없습니다. 그리고 그 천사는, 우리 두 사람이 친구가 되는 것은 운명이 허락하지 않는다 해도, 최소한 서로를 인정하는 사이가 되게 해 주려고 하늘에서 내려왔습니다." 알베르가 말했다.

백작은 눈가가 촉촉해지고 가슴이 뿌듯해져서, 입을 반쯤 벌린 채 알베르에게 손을 내밀었다. 알베르는 그 손을 잡더니 경의에 찬, 거의 두려움에 가까운 기분으로 힘껏 쥐었다.

"여러분," 알베르가 말했다. "몬테크리스토 백작님께선 제 사죄를 들어주셨습니다. 전 백작님께 너무 경솔하게 덤벼들었습니다. 경솔함은 사람의 행동을 그르칩니다. 내 행동은 도리에 맞지 않았습니다. 그러나 이제 내 잘못은 용서받았습니다. 양심에 따라 움직인 나의 이런 행동을 보고, 세상이 나를 비겁자라고 부르지 말아주었으면 합니다. 그러나 만약 내 처사를 오해하는 사람이 생기는 경우엔," 그는 오만하게, 마치 친구든 적이든 용서하지 않겠다는 듯이 얼굴을 쳐들면서 덧붙였다. "꼭 그 의견을 뜯어고치게 할 작정입니다.”

"대체 어젯밤에 무슨 일이 있었던 거야?" 보샹이 샤토 르노에게 물었다. "아무래도 우리가 어릿광대 노릇을 하고 있는 것 같군그래."

"사실 알베르가 지금 한 행동은 졸렬하거나 아니면 아주 훌륭하거나, 둘 중에 하나일 거야." 샤토 르노는 대답했다.

"대체 무슨 소리야?" 이번에는 드브레가 프란츠에게 물었다. "몬테크리스토 백작은 모르세르 씨의 명예를 분명 땅에 떨어뜨리지 않았어? 그런데 그게 아들의 눈에 당연하게 보인다고? 난 내 집안에서 자니나 사건 같은 게 열 번 생긴다 하더라도, 결투를 열 번 하지 다른 짓은 못해."

한편 몬테크리스토 백작은 고개를 숙이고 두 팔을 늘어뜨린 채, 지난 24년 동안의 회상에 빠져들어 알베르도, 보샹이니 샤토 르노니 그곳에 있는 다른 누구도 눈에 들어오지 않았다. 그는 아들의 목숨을 구해 달라고 찾아왔던 그 용감한 메르세데스를 생각하고 있었다. 그 아들을 위해 백작이 자기 목숨을 희생하기로 한 이 마당에, 그녀는 가정 내의 그 끔찍한 비밀을 고백함으로써 다시 자기 목숨을 구해 준 것이었다. 그리고 그 고백이야말로 알베르에게서 아버지에 대한 자식의 마음을 완전히 사라지게 만들었던 것이다.

"신의 섭리란 언제나 이런 것이지!" 백작은 중얼거렸다. "오늘에야말로 내가 하느님의 사자라는 확신이 든다!"

어머니와 아들

몬테크리스토 백작은 다섯 사람의 청년들에게 우수와 위엄이 넘치는 미소로 인사를 한 뒤, 모렐과 엠마뉘엘을 데리고 마차에 올랐다.

이렇게 해서 결투장에는 알베르, 보샹, 그리고 샤토 르노 셋만 남았다.

알베르는 별로 주눅 든 것도 없이, 방금 자기가 한 행동을 어떻게 생각하느냐는 듯한 눈으로 두 사람을 바라보았다.

보샹이 보다 민감해서랄까 아니면 보다 솔직해서랄까, 먼저 입을 열었다. "정말이지, 축하하네. 그런 불쾌한 사건이 이렇게 뜻밖에 해결이 날 줄이야."

알베르는 잠자코 생각에 잠겼다. 샤토 르노는 그저 단장으로 구두코만 툭툭 치고 있었다.

"갈까?" 거북한 침묵을 견디지 못한 샤토 르노가 말했다.

"그러지," 보샹이 대답했다. "그런데 그 전에 알베르에게 경의는 표해야 할 게 아닌가? 그는 오늘 정말 신사적인…… 쉽지 않은 관용을 보여주었으니까."

"그건 그래." 샤토 르노가 대답했다.

"그 정도로 자기 자신을 억제할 수 있다니," 보샹이 말을 계속했다. "정말 굉장한 일이지!"

"그러게. 나 같으면 도저히 그렇게는 못했을 거야." 자못 의미심장하고 냉담한 어조로 샤토 르노가 말했다.

"자네들은 모를 거야." 알베르가 말을 막았다. "몬테크리스토 백작과 나 사이에 어떤 중대한 일이 있었는지 말이야."

"알아, 알아," 보샹이 이내 대꾸했다. "하지만 우리 주변의 건달들은 자네의 그 영웅주의를 이해하지 못할 거야. 자넨 조만간 자네의 건강을 해치고 수명을 줄여가면서까지, 저들에게 무척 열심히 설명해주어야 할 거야. 내가 친구로서 충고 한 마디 해줄까? 나폴리나 상트페테르부르크 같은 조용한 곳으로 떠나게. 그런 데선 명예라는 문제를 가지고 우리 파리 사람들처럼 그렇게 미치광이처럼 크게 떠들지는 않으니까. 거기 가서 권총 연습을 충분히 하게. 또 끊임없이 사단, 삼단의 방어 태세와 역습을 익혀 두게. 그리고 프랑스엔 5, 6년쯤 지나 자네가 유유히 돌아올 수 있을 만큼 사람들이 이 사건을 잊어버렸을 만한 때, 그리고 자네도 괜찮다는 확신이 생길 때 돌아오게. 샤토 르노, 어때, 내가 틀렸나?"

"아니, 나도 같은 생각일세," 귀족인 샤토 르노가 대답했다. "결말 없는 결투란 진짜 결투라고 할 수 없지."

"고맙네," 알베르는 차가운 미소를 띠며 대답했다. "자네들 충고에 따르지. 이건 자네들이 권해서가 아니라, 사실은 내가 프랑스를 떠나고 싶어서야. 그리고 내 입회인이 되어준 것에 대해 고맙게 생각하네. 자네들 말을 가슴속 깊이 새기겠네. 안 그래도 그런 말들을 듣고 났더니 그것만 기억에 남네."

샤토 르노와 보샹은 서로 얼굴을 마주 보았다. 둘 다 같은 인상을 받았던 것이다. 그리고 방금 알베르가 감사의 뜻을 말한 그 어조에는 확고한 결심이 엿보여서, 더 이상 얘기를 계속하면 모두의 입장이 퍽 난처해질 것 같았다.

"그럼, 잘 가게, 알베르." 보샹이 불쑥, 아무렇지도 않은 듯이 알베르에게 손을 내밀며 말했다. 그러나 알베르는 여전히 꿈속에서 깨어나지 못하는 것 같았다.

그는 상대가 손을 내민 데 대해서 아무런 반응도 보이지 못했다.

"잘 가게." 이번에는 샤토 르노가 왼손에 단장을 들고 오른손으로는 인사를 하며 말했다.

알베르는 겨우 '안녕히!'라는 말만 입속으로 중얼거렸을 뿐이었다. 그러나 그의 눈빛은 한층 웅변적이었다. 거기에는 억누른 노여움과 오만한 경멸, 그리고 깊은 분개의 빛이 어리어 있었다.

샤토 르노와 보샹이 마차에 오른 뒤에도 알베르는 잠시 꼼짝도 않고 침통한 얼굴로 서 있었다. 그러더니 하인이 나무에 매어놓은 말 고삐를 끄르고 가볍게 안장으로 뛰어올랐다. 그러고는 파리로 가는 길을 달리기 시작했다. 15분 뒤에 그는 엘데 거리의 저택에 이르렀다.

말에서 내릴 때 그는 아버지의 침실 커튼 너머로 아버지의 창백한 얼굴을 본 것 같았다. 알베르는 한숨을 쉬며 고개를 돌렸다. 그리고 자기 방으로 들어갔다.

방으로 돌아온 그는 어렸을 때부터 그의 생활을 즐겁고 행복하게 해 주던 화려한 실내를 마지막으로 둘러보았다. 그는 자기에게 미소 짓는 듯한 초상화나 다채로운 색채로 살아 움직이는 것만 같은 몇몇 풍경화들을 바라보았다.

그는 어머니의 초상화를 틀에서 빼어 둘둘 말았다. 그러자 그림을 끼웠던 금빛 액자만이 텅 빈 채로 시커멓게 남겨졌다.

그리고 나서 훌륭한 터키제 무기와 영국제 총, 일본제 도자기며 여러 장식이 붙은 검, 그리고 프세르와 바리의 서명이 든 동상들을 정리하고, 장롱들을 열어본 뒤 하나하나 자물쇠를 채웠다. 그리고 이번에는 서랍 하나를 열어놓고는 그 속에다 주머니에 있던 돈을 모조리 털어 넣고 컵이며 보석 상자며 선반들을 장식했던 보석들까지 모조리 넣은 뒤, 그 모든 물건들의 목록을 정확하게 정리했다. 마지막으로 테이블 위에 가득했던 책이며 서류들을 정리했다. 그리고 책상 위에서 가장 눈에 잘 띄는 곳에 그의 물품 목록을 놓아두었다.

그가 이런 일을 시작했을 때, 들어오지 말라고 명령을 내렸는데도 한 하인이 그의 방에 들어왔다.

"무슨 일이야?" 알베르는 화가 났다기보다는 슬픈 어조로 물었다.

"죄송합니다," 하인이 말했다. "방에 들어오지 말라고 하셨지만, 모르세르 백작께서 절 부르셔서요."

"그런데?" 알베르가 물었다.

"도련님의 말씀도 듣지 않고 직접 나리께 갈 수가 없어서 왔습니다."

"어째서?"

"나리께선 제가 도련님을 모시고 결투장에 갔던 사실을 알고 계신 것 같아요."

"어쩌면 그럴지도 모르지." 알베르가 말했다.

"저를 부르시는 것은 분명 거기서 일어났던 일을 물으시려는 것 같은데요. 뭐라고 여쭐까요?"

"있는 그대로 대답해."

"그럼, 결투는 안 하셨다고 말씀드릴까요?"

"내가 몬테크리스토 백작께 사과드렸다고 해. 어서 가봐."

하인은 고개를 숙이고 방을 나갔다.

알베르는 다시 목록을 작성하기 시작했다.

모든 게 끝났을 때, 안뜰에서 말발굽 소리와 유리창을 울리는 마차 바퀴 소리가 났다. 그는 창가로 가 보았다. 아버지가 마차에 오르더니 밖으로 나가는 것이 보였다.

모르세르 백작이 나간 뒤 대문이 닫히자마자 알베르는 어머니의 방으로 갔다. 자기가 온 것을 알릴 사람이 없어, 그는 어머니의 침실까지 들어갔다. 알베르는 눈앞에 보이는 광경에 짐작되는 바가 있어, 가슴이 뭉클해진 나머지 문어귀에서 발을 멈추었다.

두 사람이 마치 같은 생각을 하기라도 한 듯이, 메르세데스는 방금 아들이 한 것과 똑같은 일을 하고 있었다. 모든 것이 정리되어 있었다. 백작 부인은 레이스, 장신구, 보석, 의류, 돈을 모두 서랍 속에 챙겨넣고는 장롱의 열쇠들을 정성스럽게 모아놓고 있는 참이었다.

알베르는 이런 준비 상태를 보고 이내 눈치를 챘다. 그는 어머니의 목을 얼싸안으며 외쳤다. "어머니!"

어느 화가가 그때 그 두 사람의 표정을 그릴 수 있었다면 분명 한 폭의 명화가 될 수 있었을 것이다.

알베르로서는 아무런 두려움도 생기지 않았고 비장한 결심의 결과라 생각될 뿐이었건만, 일단 어머니가 그러는 것을 보니 그는 두려워지지 않을 수 없었다.

"뭘 하고 계십니까?" 그가 물었다.

"그렇게 말하는 넌 뭘 하고 있었느냐?" 이번에는 어머니가 물었다.

"아, 어머니!" 알베르는 너무 가슴이 메어와서 말을 하지도 못하고 그저 소리만 지를 뿐이었다. "어머니는 저하고 다릅니다! 어머니께서는 저와 같은 결심을 하시면 안 됩니다! 어머니, 전 이 집과…… 또 어머니에게 작별 인사를 드리려고 왔습니다."

"알베르, 나도," 메르세데스가 대답했다. "나도 떠나겠다. 실은 네가 나와 같이 가줄 거라고 생각하고 있었단다. 내가 잘못 생각한 건 아니지?"

"어머니," 알베르는 딱 잘라 말했다. "전 어머니께 저와 같은 운명을 밟으시게 하고 싶진 않습니다. 저는 이제부터 이름도 재산도 없이 살게 됩니다. 그런 괴로운 생활의 시작으로, 먼저 제 힘으로 생활할 수 있을 때까지 먹을 식량을 친구에게 가서 꾸어볼 생각입니다. 그래서 전 이 길로 프란츠에게 가서 필요한 돈을 얼마간 빌려볼까 합니다."

"이럴 수가, 네가!" 메르세데스가 소리쳤다. "네가 빈곤한 생활을 하다니! 끼니 걱정을 해야 하다니! 오, 그런 소린 아예 마라. 이 어미의 결심이 무너지겠다."

"제 결심은 꺾이지 않습니다." 알베르가 대답했다. "저는 젊습니다. 저는 강해요. 저는 저 자신이 용감하다고 생각합니다. 그리고 어제 의지라는 것이 어떤 것인가를 깨달았습니다. 아, 어머니, 이 세상에는 굉장히 큰 고통을 겪는 사람들도 있습니다. 그러고도 죽지 않고 살아남아서, 하늘이 주신 모든 행복의 약속이 무너져버린 황무지에, 그리고 하느님이 주신 모든 희망이 다 사라져버린 뒤에 다시 새로운 운명을 세우는 사람들이 있습니다. 저는 그걸 알게 되었습니다. 저는 그런 사람들을 보았습니다. 적의 손에 의해 심연에 던져지고도, 힘차고 영광스럽게 다시 일어서서 지난날의 승리자였던 적을 그 심연 속으로 던져버린 사람들을 알았습니다. 전 오늘부터 과거와 결별하고 그 과거로부터 아무것도 받아들이지 않겠습니다. 이름조차도 말입니다. 왜냐하면 어머니, 어머니는 이해하시죠? 전 다른 사람 앞에 서면 얼굴을 붉혀야만 하는 그런 이름을 가질 수가 없습니다."

"알베르," 메르세데스가 말했다. "그 일은 사실, 만약 내가 좀더 강했더라면 너한테 권하고 싶던 일이었다. 내 약한 목소리가 못하고 있던 말을 네 양심이 대신해 주었구나. 양심의 소리를 들어야 한다. 네겐 많은 친구들이 있지만 당분간 그 사람들과 인연을 끊도록 해라. 하지만 이 어미를 생각해서 결코 절망해서는 안 된다. 알베르, 네 나이엔 인생은 아직 아름다운 법이야. 네 나이 이제 겨우 스물둘이니 말이다. 그리고 너같이 순수한 마음을 가진 사람은 이름도 깨끗해야 할 필요가 있지. 그러니 네 외할아버지의 이름을 쓰도록 해라. 외할아버지의 이름은 에레라야. 알베르, 난 너를 잘 알고 있어. 네가 어떤 길을 선택하더라도 얼마 안 있어 그 이름을 빛낼 것이라는 걸. 그때 가선 지금까지 불행했던 만큼 더욱 훌륭한 모습으로 다시 세상에 나타나 다오. 오, 그리고 설령 내 기대가 어긋나서 그렇게 되지 못한다 하더라도, 내가 그런 희망만은 갖게 해다오. 지금 내겐 미래도 없고, 이 집 문턱을 넘으면 내 앞엔 죽음만이 기다리고 있을 뿐이니까."

"어머니 뜻대로 해 보겠습니다." 알베르가 대답했다. "저도 어머니와 같은 희망을 가지고 있습니다. 하느님의 노여움도 이처럼 순결하신 어머님과 죄 없는 저의 뒤를 쫓지는 않을 겁니다. 이제 결심이 섰으니 바로 실행에 옮겨야겠습니다. 아버지께선 30분쯤 전에 외출하셨습니다. 집안을 시끄럽게 하거나 설명을 늘어놓지 않아도 될 좋은 기회입니다."

"여기서 기다리마." 메르세데스가 말했다.

알베르는 곧 한길로 뛰어나가 마차를 불러왔다. 그 마차로 두 사람이 집을 떠날 셈이었던 것이다. 그는 생페르 거리에 가구가 딸린 조그만 집 한 채를 가지고 있던 것이 생각났다. 거기에서라면, 어머니도 검소하지만 그래도 정돈된 생활을 할 수 있으리란 생각이 들었다. 그는 어머니를 찾으러 집으로 되돌아왔다.

마차가 집 문 앞에 다다라 알베르가 차에서 내리려는데, 한 사나이가 그에게 가까이 오더니 편지 한 장을 전했다.

알베르는 그 사나이가 몬테크리스토 백작 댁의 사람임을 알아보았다.

"이 편지는 백작께서 보내시는 겁니다." 베르투치오가 말했다.

알베르는 편지를 받아 읽었다. 편지를 다 읽고 나서 그는 눈으로 베르투치오를 찾았다. 그러나 베르투치오는 알베르가 편지를 읽는 사이에 이미 어디론가 사라져버렸다.

알베르는 눈시울이 젖은 채, 깊이 감동하여 뻐근해진 가슴을 안고 메르세데스의 방으로 돌아왔다. 그러고는 아무 말 없이 어머니에게 그 편지를 내밀었다. 메르세데스는 편지를 읽었다.

알베르,

나는 지금 당신이 자신을 포기하려는 계획을 갖고 있다는 걸 다 알고 있습니다. 이 사실을 당신이 안다면, 내가 당신에게 얼마나 세심히 신경을 쓰고 있는지도 알게 될 것입니다. 당신은 이제야 자유의 몸이 되었습니다.

당신은 부친 모르세르 백작 댁을 떠나, 당신 옆에 당신과 마찬가지로 자유의 몸이 된 어머니까지 모시고 가려고 하시죠. 그러나 알베르, 잘 생각해 보십시오. 고귀한 마음을 가진 당신은 당신의 어머니로부터 보답할 수 없을 정도의 은혜를 입고 있습니다. 인생과 싸우는 것은 당신만으로 족합니다. 거기에 따르는 고통도 당신 혼자 감수해야 합니다. 당신이 처음으로 노력하고 감당해야 할 고난을 어머니까지 겪게 하지는 마십시오. 왜냐하면 어머니께선 지금 당하고 계신 불행에 조금도 책임이 없기 때문입니다. 그리고 하느님은 죄 없는 사람이 죄인의 책임을 지는 걸 원치 않으시니까요.

두 분이 빈손으로 엘데 거리의 저택을 떠나시려는 것을 알고 있습니다. 내가 어떻게 그걸 알게 되었는지는 알려고 하지 마십시오. 그저 내가 그것을 알고 있다는 사실만 아시면 됩니다.

알베르, 내 말을 들어보십시오.

24년 전에, 나는 기쁨과 자랑스러움으로 가슴이 부풀어 내 조국에 돌아왔습니다. 알베르 씨, 내게는 그 당시 약혼자가 있었습니다. 진심으로 사랑하는 청순한 처녀가 있었지요. 그래서 그 약혼녀를 위해 쉬지 않고 일해서 번 50루이($_{20프랑}^{1루이는}$)를 가지고 돌아왔지요. 그 돈은 그 여자를 위한 것이었기 때문에, 나는 그 돈을 그 여자에게 줄 생각이었습니다. 바다란 장래를 맡길 수 없는 곳이라는 것을 알았던 나는, 우리의 그 돈을 마르세유 멜랑 골목의 아버지가 사시던 집 작은 정원에 묻어두었습니다.

알베르, 당신 어머니께선 그 집을 잘 알고 계십니다.

최근 파리로 오는 길에 나는 마르세유를 지나왔지요. 슬픈 추억이 담긴 그 집에 가 보았습니다. 그리고 그날 밤, 우리의 보물이 묻힌 그 뜰 한구석을 삽으로 파 보았지요. 보물이 든 쇠 상자는 여전히 그 자리에 있더군요. 아무도 손을 안 댔던 것입니다. 그것은 내 아버님께서 내가 태어나던 날 심어 놓은 무화과나무 그늘 한쪽 구석에 있습니다.

그러니 알베르, 지난날 내가 사랑하던 여인의 생활과 안녕을 위해 마련해 둔 그 돈이, 오늘날 이상하고도 괴로운 인연으로 같은 목적에 쓰이게 된 것입니다. 오! 내 생각을 헤아려 주십시오. 내가 그 가엾은 여자에게 몇백만 프랑이라도 줄 수 있다 해도, 그것은 사랑하던 그녀와 헤어진 뒤부터 내 초라한 거처 아래 잊혀버린 검은 빵조각을 주는 것에 지나지 않은 것입니다.

　알베르, 당신은 도량이 넓은 사람입니다. 그러나 어쩌면 자존심과 원한으로 사리판단을 올바르게 못 하실지도 모릅니다. 만약 당신이 내 뜻을 거절하신다면, 또 드릴 권리가 내게 있는데도 다른 사람에게서 구하신다면, 난 이렇게 말할 겁니다. 당신의 아버지 때문에 굶주림과 절망으로 끔찍하게 죽어 간 사람의 자식이 당신 어머니께 드리는 생활비를 거절한다면, 그건 매우 옹졸한 생각이라고 말입니다.

　편지는 이렇게 끝났다. 알베르는 창백해진 얼굴로 꼼짝도 않고 어머니의 결정을 기다리고 있었다.

　메르세데스는 뭐라고 말할 수 없는 표정으로 하늘을 우러러보았다.

　"받겠다," 메르세데스가 말했다. "그분은 내가 수도원에 들어갈 입회금을 치러주실 권리가 있으니까!"

　그리고 편지를 가슴에 댄 어머니는 아들의 팔을 잡고 스스로도 생각지 못한 힘찬 발걸음으로 층계를 향해 걸어갔다.

자살

한편 몬테크리스토 백작도 엠마뉘엘과 막시밀리앙과 함께 시내로 돌아왔다.

돌아오는 길은 활기에 차 있었다. 엠마뉘엘은 사건이 평화적으로 마무리되었다는 기쁨을 감추지 못했다. 그리고 자기의 기쁨을 큰 소리로 떠들었다. 모렐은 마차 안 한쪽 귀퉁이에 앉아 매제가 신이 나서 떠드는 것을 마냥 내버려두었다. 그는 자신도 똑같은 기쁨을 느끼면서도 그 기쁨을 눈빛 속에만 간직하고 있었다.

트론느 성벽에 이르자, 베르투치오가 거기에서 기다리고 있었다. 그는 보초병처럼 꼼짝도 않고 제자리에 서 있었다.

몬테크리스토 백작이 마차 문으로 고개를 내밀고 낮은 소리로 몇 마디 말을 건네자 집사는 다시 사라졌다.

"백작님," 루아얄 광장에 다다르자 엠마뉘엘이 입을 열었다. "전 저희 집 문 앞에서 내려주십시오. 백작님이나 저로 인해 잠시라도 아내를 걱정시키고 싶지 않아서요."

"백작님의 승리를 보여주는 것이 우스꽝스럽지만 않다면," 모렐이 말했다. "백작님을 우리 집에 초대하고 싶네, 하지만 백작님께서도 걱정하고 있는 사람들을 안심시켜 주셔야겠지. 다 왔군, 엠마뉘엘. 우리는 여기서 인사하고 백작님을 그냥 가시게 해드리자고."

"그렇게 두 분 다 가버리시면 안 됩니다. 엠마뉘엘 씨는 어서 아름다운 부인 곁으로 가서 제 안부도 좀 전해 주십시오. 그리고 모렐, 당신은 샹젤리제까지 나하고 같이 가십시다." 백작이 말했다.

"그러지요," 막시밀리앙이 대답했다. "마침 저도 댁 근처에 볼일도 있으니까요."

"점심때까지 돌아올 겁니까?" 엠마뉘엘이 물었다.

"아니." 젊은이가 대답했다.

문이 다시 닫히자, 마차가 출발했다.

"어떻습니까? 제가 행운을 가져왔지요?" 모렐은 백작과 단둘이 있게 되자 이렇게 말했다. "그렇게 생각하지 않으세요?"

"그렇게 생각하고말고요," 백작이 대답했다. "그래서 이렇게 늘 같이 있고 싶은 거라오."

"정말 불가사의한 일이라니까!" 모렐은 마치 자기 생각에 자기가 대답하는 듯이 말했다.

"뭐가요?" 백작이 물었다.

"아까 일어난 일말입니다."

"정말 그래요," 백작은 미소를 띠며 대답했다. "모렐, 정말 그 말이 옳습니다. 기적적이었지요."

모렐은 말을 이었다. "어쨌든 알베르는 용감한 사람이죠."

"아주 용감하죠. 칼이 머리 위에 와 떨어지게 됐는데도 그냥 자던 사람인 걸요."

"저는 그가 결투를 두 번이나 했는데, 모두 훌륭히 싸운 사실을 알고 있지요." 모렐이 말했다. "그것하고 오늘 아침 일을 비교해 보십시오."

"그게 다 당신의 힘입니다." 백작은 웃으면서 대답했다.

"알베르가 군인이 아니라서 참 다행입니다." 모렐이 말했다.

"그건 또 왜요?"

"결투장에서 사과를 하다니!" 젊은 대위는 고개를 저으며 말했다.

"이봐요," 백작이 다정하게 말했다. "당신마저 보통 사람들 같은 편견에 빠져들려고 그래요, 모렐? 알베르는 비겁하려야 비겁할 수가 없다고 생각하지 않습니까? 그는 용감하니까요. 그 사람에겐 오늘 아침에 그런 행동을 해야 할 만한 어떤 이유가 있었으니까요. 그 행동이 다른 행동에 비해 훨씬 영웅적이었다고는 생각지 않소?" 백작은 다시 다정하게 말했다.

"물론입니다," 막시밀리앙이 대답했다. "하지만 전 에스파냐 사람들이 하는 말을 하고 싶습니다. 이렇게요. 오늘의 그는 어제의 그보다는 용감하지 못했다."

"모렐, 점심이나 같이 하지 않겠소?" 백작은 화제를 돌리려고 이렇게 말했다.

"아닙니다. 10시엔 가봐야 합니다."

"점심 약속이라도 있으신가요?"

모렐은 미소를 띠며 고개를 저었다.

"그러면 어디서든 점심은 드셔야 할 게 아니오?"

"그런데 배가 고프지 않으면요?" 청년이 대답했다.

"아!" 백작이 말했다. "내가 알기로는 그처럼 식욕을 싹 가시게 하는 데는 두 가지 감정밖엔 없다고 보는데, 그중 하나는 슬픔이죠. 하지만 밝아 보이는 걸 보면, 그건 아니겠고. 또 하나는 사랑이지요. 그런데 전에 고백하신 말을 떠올려보면, 아무래도……."

"사실 백작님," 모렐은 쾌활하게 대답했다. "아니라곤 말 못하겠습니다."

"그런데도 그 얘기는 못해 주시겠단 거군요, 막시밀리앙?" 백작은 강한 어조로 말했다. 그 점으로 보아 백작이 그 비밀을 얼마나 알고 싶어하는지 짐작할 수 있었다.

"오늘 아침 제가 마음에 두고 있는 사람이 있다고 말씀드렸죠?"

백작은 대답 대신 청년에게 손을 내밀었다.

청년은 말을 이었다. "그래서 제 마음은 뱅센 숲에서 백작과 헤어지고 나서부터는 다른 곳에 가 있답니다. 사실은 이제부터 찾아가는 길입니다."

"그럼 가 보시오," 백작은 느릿느릿 말했다. "어서 가 보시오. 하지만 한 가지 부탁이 있소. 뭔가 난관에 부딪히게 되면 내 생각을 해 주시오. 나란 인간이 이 세상에서 어떤 힘을 가지고 있다는 것, 그리고 내가 사랑하는 사람들에게는 기꺼이 그 힘을 써보고 싶어한다는 것, 그리고 모렐 씨, 내가 당신을 좋아하고 있다는 것을 잊지 말아 주시오."

"알겠습니다," 청년이 말했다. "전 마치 어린아이들이 필요할 때만 이기적으로 부모를 생각하듯 그 사실을 기억하겠습니다. 백작님이 필요할 때가 오면, 반드시 그런 순간이 오리라 생각됩니다만, 곧바로 알려드리겠습니다."

"좋아요. 그 말을 기억하겠소. 자, 그럼 잘 가시오."

"안녕히 계십시오."

두 사람은 이미 샹젤리제 저택 앞에 도착했다. 백작은 마차 문을 열었다. 막시밀리앙은 도로의 포석 위로 뛰어내렸다.

베르투치오가 계단 앞에서 기다리고 있었다.

막시밀리앙은 마리니 거리 쪽으로 사라졌다. 백작은 급히 베르투치오 앞으로 걸어갔다.

"어떻게 됐나?" 백작은 물었다.

"네!" 집사가 대답했다. "부인께선 집을 떠나시려 하고 계십니다."

"아들은?"

"제 생각으로는 같이 떠날 것 같습니다."

"이리 오게."

몬테크리스토 백작은 베르투치오를 서재로 데리고 갔다. 그리고 앞서 언급된 그 편지를 써서 그에게 내줬다.

"가보게," 백작이 말했다. "서둘러. 그리고 하이데에게 내가 돌아온 사실을 알리도록."

"저 여기 있어요." 하이데가 말했다. 마차 소리를 듣고 내려온 하이데는 무사히 돌아온 백작을 보더니 얼굴이 환하게 밝아졌다.

베르투치오는 밖으로 나갔다.

부모에 대한 애틋한 정으로 아버지를 다시 보게 된 딸의 흥분, 열렬히 사랑하는 애인을 다시 만난 연인의 격정, 하이데는 애타게 기다리던 백작이 돌아오자 처음 순간에 그 두 가지 감정을 모두 느꼈다.

몬테크리스토 백작도 겉으로는 하이데만큼 내색하지 않았지만, 그녀 못지않게 기쁘기 그지없었다. 오랜 세월 고통 받은 마음이 느끼는 기쁨이란 햇볕에 말라버린 땅에 내리는 이슬 같은 것이다. 마음도 대지도 때마침 내리는 단비를 빨아들일 때 겉으로는 아무런 표시도 나지 않는 법이다. 며칠째 백작은 오래전부터 믿어지지 않던 한 가지 사실을 깨닫게 되었다. 그것은 이 세상에 두 사람의 메르세데스가 있다는 것과 자기가 아직도 행복해질 수 있다는 사실이었다.

백작의 행복에 겨운 눈이 하이데의 눈물 젖은 눈을 열렬히 바라보고 있는데, 갑자기 문이 열렸다. 백작은 눈살을 찌푸렸다.

"모르세르 씨입니다!" 바티스탱이 말했다. 마치 그 말 한마디면 실례를 범한 것도 다 해명이 된다는 투였다.

역시 백작은 바로 밝은 얼굴로 돌아왔다.

"어느 쪽인가?" 백작이 물었다. "자작이시든가, 백작이시든가?"

"백작이십니다."

"이럴 수가!" 하이데가 소리쳤다. "그럼 아직도 끝나지 않았단 말씀인가요?"

"그건 나도 몰라," 백작은 하이데의 손을 잡으며 말했다. "그러나 이젠 아무것도 겁낼 게 없다는 것만은 안다."

"하지만 그자는 짐승만도 못한 인간이에요."

"하이데, 그 사람은 나한텐 어떤 짓도 못할 사람이야." 백작이 말했다. "걱정이 되었던 건 상대가 그 사람 아들이었을 때였지."

"그래서 제가 얼마나 걱정했는지 아마 모르실 거예요." 하이데가 말했다.

백작은 미소를 지었다.

"내 아버님의 무덤에 걸고," 백작은 하이데의 머리 위로 손을 뻗으면서 말했다. "맹세하지. 만일 불행한 일이 일어난다 하더라도, 절대로 나한테는 일어나지 않을 거야."

"그 말씀을 하느님의 말씀이라 생각하고 믿겠어요." 하이데는 백작에게 이마를 내밀며 말했다.

백작은 그 맑고 아름다운 이마에 입을 맞췄다. 그 입맞춤은 두 사람의 가슴을 동시에, 한쪽은 격렬하게, 또 한쪽은 은밀하게 뛰게 했다.

'아! 하느님!' 백작은 중얼거렸다. '저에게 아직도 사랑을 허락해 주시는 겁니까! ……' 백작은 하이데를 비밀계단 쪽으로 데리고 나가며 말했다.

"모르세르 백작을 객실로 모셔라."

백작으로서는 예측했던 일이지만, 독자들에게는 전혀 뜻밖의 방문일 테니까 한마디 설명해 두기로 한다.

앞서 말한 대로 메르세데스는 알베르가 자기 방에서 재산 목록을 작성하는 동안 자기도 그와 비슷한 것을 만들고 있었다. 모든 것을 깨끗이 정리해두고, 서랍을 잠그고, 열쇠를 한데 모으고 있던 메르세데스는 복도로 난 채광창에 창백하고 음산한 얼굴이 나타난 것도 깨닫지 못하고 있었다. 그 창으로는 안이 다 들여다보일 뿐만 아니라 얘기 소리까지 들렸다. 그러니 소리를 죽이며 몰래 숨어서 들여다보고 있던 그 사람은 모르세르 부인의 방에서 일어난 일을 모조리 보고 들었던 것이다.

창백한 얼굴의 사나이는 그 채광창에서 떠나 모르세르 백작의 침실로 들어갔다. 거기까지 가서 안뜰로 난 창문의 커튼을 올렸다. 그는 10분가량 꼼짝하지도 않고 입을 다문 채 자신의 심장 고동 소리만 듣고 있었다. 그에게는 꽤 긴 10분이었다.

바로 그때, 결투에서 돌아온 알베르의 눈에 커튼 뒤에서 자기가 돌아오는 것을 엿보고 있는 아버지의 모습이 보였던 것이다. 하지만 알베르는 그대로 얼굴을 돌렸다.

백작은 눈을 크게 떴다. 그는 알베르가 몬테크리스토 백작에게 심한 모욕을 주었다는 것, 그리고 그러한 모욕이라면 세계 어느 나라에서도 목숨을 거는 결투가 벌어진다는 것을 알고 있었다. 그런데 알베르가 무사히 돌아온 것이다. 그렇다면 분명 자신의 복수를 해준 것이 틀림없는 것이었다.

뭐라 할 수 없는 기쁨의 빛이 음침하던 백작의 얼굴을 빛나게 했다. 그것은 마치 태양이, 잠자리라기보다는 오히려 무덤 같은 구름 속으로 사라져가기 전에 마지막으로 발하는 빛을 연상케 했다.

앞에서도 말한 바와 같이, 백작은 아들이 승리를 보고하러 자기 방으로 올라오기만을 기다렸다. 결투에 나가기 전에 아들이 명예가 땅에 떨어진 아버지를 만나러 오지 않았던 것은 이해할 수 있었다. 그러나 명예를 회복하고 온 지금, 어째서 아들은 아버지의 품속으로 달려들지 않을까?

백작은 그때서야 하인을 불렀다. 알베르가 그 하인에게, 아버지 모르세르 백작에게 가서 아무것도 숨기지 말고 사실대로 아뢰라고 명령한 것은 앞서 언급된 그대로이다.

그로부터 10분 뒤, 현관 계단 위에 모르세르 장군의 모습이 나타났다. 그는 군대식으로 깃 달린 검은 프록코트에 검은 바지와 검은 외투를 입고 있었다. 그가 미리 무슨 명령을 내렸음에 틀림없었다. 왜냐하면 그가 계단의 맨 아래 층계에 이르자, 준비가 갖춰진 마차가 차고에서 나와 그의 앞에 와서 섰기 때문이었다.

그때 하인이 두 자루의 검을 싼 관군용 외투를 가져다 마차 안에 던졌다. 그러고는 마차 문을 닫고 자기도 마부 곁에 가서 앉았다.

마부는 마차 앞으로 몸을 내밀며 명령을 기다렸다.

"샹젤리제로!" 모르세르 장군이 말했다. "몬테크리스토 백작 댁으로 서둘러라!"

말들은 채찍을 받으며 세차게 달렸다. 그렇게 달려서 5분 뒤에는 이미 백작의 집 앞에 도착해 있었다.

모르세르 백작은 하인의 손을 빌리지 않고 마차 문을 열었다. 그리고 마차가 미처 서기도 전에 젊은 사람처럼 땅 위로 뛰어내리더니, 초인종을 누르고, 하인과 함께 열린 문 안으로 사라졌다.

바티스탱은 몬테크리스토 백작에게 모르세르 백작의 방문을 바로 알렸다. 그러자 몬테크리스토 백작은 하이데를 내보내면서 모르세르 백작을 응접실로 들이라고 일렀다.

장군이 객실을 세 번 정도 왔다 갔다 하다가 뒤를 돌아보니 문간에 몬테크리스토 백작이 서 있었다.

"이런, 모르세르 씨였군요!" 몬테크리스토 백작은 침착하게 말했다. "잘못 들은 게 아닌가 했습니다."

"그렇소, 바로 저올시다." 모르세르 장군은 무섭게 입을 떨면서 발음도 제대로 하지 못하며 대답했다.

"어떻게 이렇게 이른 시간에 찾아와 주셨는지 정말 궁금하군요." 백작이 말했다.

"당신은 오늘 아침 제 아들과 결투를 하셨던가요?" 장군이 물었다.

"그걸 알고 계셨나요?" 백작이 대답했다.

"게다가 제 아들이 당신과 결투해서 당신을 죽일 생각을 할 충분한 이유가 있었다는 것도 저는 알고 있습니다."

"분명 훌륭한 이유야 있었지요! 그런데도 보시는 대로 저를 죽이지 않았습니다. 아니, 결투조차 하지 않았습니다."

"하지만 그 아이는 당신을 제 아버지의 명예를 훼손한 데다, 지금 우리 집안을 위협하고 있는 끔찍한 파멸을 가져온 장본인으로 보고 있지요."

"틀림없는 사실이죠," 백작은 여느 때처럼 무서울 만큼 태연하게 말했다. "단, 그것은 부차적인 이유이지 직접적인 이유는 아니지요."

"당신이 그 애에게 사과나 변명이라도 하셨던 게 아닙니까?"

"나는 아무 소리도 안 했습니다. 아드님 쪽에서 사과를 했죠."

"어째서 그랬다고 생각하십니까?"

"이 사건에서 나보다도 더 죄가 있는 어떤 인간이 있다는 확신에서 비롯된 행동이었겠죠."

"그 사람이라면?"

"그 부친이지요."

"그렇다고 칩시다," 장군은 얼굴빛이 확 바뀌면서 말했다. "그러나 본디 죄 있는 자는 자기에게 죄가 있음을 인정하려 들지 않는 법이죠."

"알고 있습니다……. 그러니 지금 이런 일이 일어날 줄 알고 있었지요."

"그러니까 당신은 내 아들이 비겁한 인간이 될 줄 알았단 말씀이요!" 장군이 소리쳤다.

"알베르 씨는 절대로 비겁자가 아닙니다." 백작이 말했다.

"칼을 손에 들고, 그 칼 앞에 죽도록 싸워야 할 적을 두고도 싸우지 않았는데 비겁자가 아니라고요? 그놈이 지금 여기 있다면 내 입으로 그 소릴 해줄 텐데 아쉽군요!"

"모르세르 씨," 몬테크리스토 백작이 차갑게 말했다. "지금 댁 가정의 시시콜콜한 일들을 들려주려고 여기에 오신 건 아니라고 생각되는데요. 그런 말씀은 아드님에게나 가서 하시죠. 아마 아드님께서도 할 말이 있을 테니까요."

"그러죠," 장군은 미소를 지을 듯하더니 이내 표정을 지우며 대답했다. "그 말씀이 맞습니다. 그 때문에 온 게 아닙니다. 나도 당신을 원수로 보고 있다는 것을 알리러 온 겁니다. 당신을 본능적으로 증오하고 있다는 것을 말하려고 온 겁니다. 당신이란 인간을 안 뒤부터, 늘 당신을 증오해 온 것 같다는 것을 말하려고 온 거지요. 그리고 마지막으로 요새 젊은이들은 결투하려고 들지를 않으니, 이젠 우리끼리라도 결투해야 한다는 걸 말하러 온 겁니다……. 어떻게 생각하십니까?"

"좋습니다. 그리고 아까 이런 일이 일어날 줄 알았다고 한 것도, 실은 그런 일로 찾아오실 줄 알고 있었다는 얘기였지요."

"잘됐군요……. 그럼, 준비는 다 되셨나요?"

"준비야 늘 되어 있지요."

"아시겠지만, 우리 두 사람 중 하나가 목숨을 잃을 때까지 싸우는 거지요?" 장군은 분노에 이를 악물고 말했다.

"한 사람이 목숨을 잃을 때까지요." 백작은 가볍게 고개를 끄덕이며 되풀이해서 말했다.

"그럼, 가십시다. 입회인은 필요 없으니."

"하긴," 몬테크리스토 백작이 말했다. "필요 없겠군요. 서로 너무도 잘 아는 사이니까."

"아니," 장군이 말했다. "오히려 서로 알지 못하는 사이니까 그러는 거죠."

"이런!" 몬테크리스토 백작은 상대가 견딜 수 없어하는 예의 그 냉담한 태도로 이렇게 말을 이었다. "한번 얘기해 볼까요? 당신은 워털루 전쟁 전날 군대를 탈영한 페르낭이란 사병이 아니시던가요? 당신은 에스파냐에서 프랑스 군대의 안내자이면서도 간첩이었던 페르낭 중위가 아니시던가요? 당신은 은인인 알리를 배반하고 적에게 팔아먹은 데다 암살까지 한 페르낭 대령이 아니시던가요? 그리고 이런 여러 역할을 한 페르낭을 합친 결과로, 현재 프랑스 귀족이며 육군 중장인 모르세르 백작이 되신 게 아닌지요?"

"이럴 수가!" 이 말에 장군은 마치 붉게 달군 쇠뭉치로 얻어맞은 듯 신음했다. "이! 이런 치사한 놈 같으니! 내 목숨을 빼앗아가려는 지금, 일부러 내 수치까지 들춰내다니! 나는 네가 날 모르고 있다고는 말한 적 없다. 이 악마 같은 놈, 난 알고 있어. 네가 내 과거의 어둠 속에 숨어들어 어떤 빛을 받고 읽어냈겠지, 그렇게 내 과거를 한 페이지 한 페이지 다 읽었겠지. 하지만 이런 치욕을 당한다 하더라도, 그렇게 겉만 번지르르한 너보다는 그래도 명예를 아는 사람이다. 그래, 네가 날 알고 있다는 건 나도 잘 알고 있다. 그러나 금과 보석을 휘감고 다니는 건달 같은 놈을 난 모르겠다! 넌 파리에서 자칭 몬테크리스토 백작이라고 행세하고 있지! 이탈리아에서는 선원 신드바드, 몰타에서는 또 뭐라고 행세했더라? 그까짓 건 아무래도 좋다. 다만 난 너한테 네 진짜 이름을 밝히길 요구한다. 너의 그 많은 이름 중에서 내가 알고 싶은 건 네 본명이야. 결투하면서 내 칼로 네 심장을 찌를 때, 그 이름을 불러줄 테니."

몬테크리스토 백작의 얼굴은 무서우리만큼 창백해졌다. 그의 갈색 눈은 뜨거운 불꽃으로 변했다. 그는 방 옆에 붙은 화장실로 달려가더니, 삽시간에 넥타이와 프록코트와 조끼를 벗어버리고, 뱃사람들이 입는 조그만 윗도리에

선원 모자를 쓰고, 모자 밑으로 그 길고 검은 머리를 늘어뜨렸다.

이렇게 무섭고도 냉혹한 태세로, 그는 팔짱을 끼고 장군 앞에 나타났다. 장군은 몬테크리스토 백작이 갑자기 자리를 뜬 이유를 몰라서 그가 돌아오기만을 기다리고 있었다. 장군은 이를 딱딱 부딪치며, 다리를 후들후들 떨고 있었다. 그는 한 발자국 뒤로 물러서다가, 그만 잘 펴지지도 않는 손으로 테이블을 짚으며 간신히 몸을 지탱하고 섰다.

"페르낭!" 백작이 소리쳤다. "나의 수없이 많은 이름 가운데서 너를 때려 눕힐 이름은 단 하나면 충분하다. 그 이름이 뭔지 짐작하겠지? 아니, 차라리 기억하느냐고 묻는 편이 좋겠군. 내 모든 슬픔과 괴로움도, 오늘 네게 복수를 할 수 있다는 기쁨으로 내 얼굴을 다시 젊어지게 했을 테니까. 더구나 이 얼굴을 꿈속에서 아주 자주 봤을 텐데, 네가 결혼한 뒤부터는…… 내 약혼자 메르세데스와 말이다!"

고개를 뒤로 젖힌 장군은 두 손을 벌리면서 아무 소리 못하고, 다만 이 무시무시한 망령을 뚫어지게 바라볼 뿐이었다. 그러고는 몸을 기대려고 벽 쪽으로 가서, 벽을 짚고 천천히 문까지 미끄러져 뒷걸음질로 문을 빠져나갔다. 나가면서 그는 음울하고 비통하며, 가슴을 찢는 듯한 이 한마디 소리밖엔 지르지 못했다.

"에드몽…… 당테스!"

이어서 사람의 입에서 나온 소리라고는 할 수 없는 깊은 한숨을 내쉬며 건물 입구까지 가자, 술 취한 사람처럼 안뜰을 빠져나가 하인의 팔 안에 쓰러지면서 들리지도 않는 작은 소리로 중얼거렸다.

"저택으로! 저택으로!"

집으로 돌아가면서 신선한 공기를 마시자 정신이 들었다. 하인들에게 사나운 꼴을 보이고 말았던 수치를 생각하자, 그는 다시 정신을 가다듬을 수 있었다. 그러나 가는 길은 짧아서 집이 가까워짐에 따라 다시금 마음의 고통이 되살아나는 것을 느꼈다.

집에서 조금 떨어진 곳에 마차를 세우고 내렸다. 집 대문은 활짝 열려 있었다. 그리고 마당 한가운데에는 이렇게 으리으리한 집에 불려온 것이 어울리지 않는 듯한 합승 마차 한 대가 어색하게 서 있었다. 모르세르 장군은 흠칫 놀라 그 마차를 바라보았다. 그러나 누구에게 물어볼 용기도 나지 않아,

그대로 자기 방으로 돌아갔다.

마침 그때, 두 사람이 계단을 내려오고 있었다. 백작은 황급히 자기 서재로 뛰어들어가 아슬아슬하게 그들과 마주치는 것을 피했다.

메르세데스가 아들의 팔에 의지해 내려오고 있었다. 이들 모자는 집을 떠나는 참이었다.

두 사람은 이 초라한 사나이의 바로 코앞을 지나갔다. 커튼 뒤에 숨어 있던 그는 메르세데스의 비단옷이 몸에 스친 것만 같은 느낌을 받았다. 그리고 그의 얼굴 위로는 방금 아들이 한 말의 따뜻한 입김이 와 닿는 것 같았다.

"기운을 내세요, 어머니! 어서 가요. 이제 더 이상 여긴 우리집이 아니에요."

마침내 두 사람의 말소리는 들리지 않게 되었다. 발걸음 소리도 사라져갔다.

장군은 커튼을 움켜쥐며 몸을 세웠다. 그는 아내와 아들에게서 동시에 버림받은 남편이자 아버지로서의 울음이 터져 나오는 것을 억지로 참았다.

곧 그의 귀에 마차의 철문 소리와 이어서 마부의 말소리가 들려왔다. 그러더니 마침내 무거운 쇠바퀴 구르는 소리가 유리창을 흔들었다. 그는 침실로 달려갔다. 자기가 이 세상에서 가장 사랑하던 사람들을 한 번 더 보기 위해서였다. 그러나 메르세데스도 알베르도, 이 쓸쓸한 집과 버림받은 아버지이자 남편에게 마지막 눈길, 마지막 인사나 후회, 즉 용서해 주기 위해 마차의 창에서 고개 한 번 내미는 일 없이 그대로 떠나버렸다.

그리하여 마차 바퀴가 대문의 포석 위를 구를 때, 한 방의 총소리가 울렸다. 이어서 폭발의 힘으로 깨진 침실 유리 사이로 시커먼 연기가 새어나왔다.

발랑틴

막시밀리앙 모렐이 어디서 볼일이 있었는지, 그리고 누구네 집으로 갔는 지는 짐작한 대로다.

몬테크리스토 백작과 헤어진 막시밀리앙은 천천히 빌포르의 집으로 걸어 갔다. 그는 천천히 걸었다. 오백 보만 가면 되는 거리에, 시간은 삼십 분이 나 남아 있었기 때문이다. 이렇게 시간이 남을 만큼 여유가 있었지만, 그는 서둘러 백작과 헤어졌던 것이다. 어서 자기 혼자만의 생각으로 빠져들고 싶 었기 때문이었다.

그는 누아르티에 노인의 점심 시중을 드는 발랑틴의 그 성스러운 임무를 방해하지 않는 시간을 알고 있었다. 누아르티에 노인과 발랑틴은 그에게 일 주일에 두 번은 방문해도 된다고 했었다. 그래서 그는 지금 그 권리를 행사 하러 가는 길이었다.

그가 도착했을 때 발랑틴은 그를 기다리고 있었다. 그녀는 불안한 듯이 거 의 정신이 나간 사람처럼 그의 손을 잡고, 할아버지 앞으로 데려갔다.

이렇게까지 거의 정신이 나갈 정도로 불안했던 이유는 세간에서 떠들고 있는 모르세르 사건 때문이었다. 모두들 (세상에는 비밀이 없으니까) 오페 라 극장에서 일어난 일을 알고 있었다. 빌포르 집안에서도 일단 그런 사건이 일어난 이상, 싫어도 결투를 하지 않을 수 없으리라는 것을 의심하는 사람은 아무도 없었다. 발랑틴은 여자의 직감으로 막시밀리앙이 몬테크리스토 백작 의 입회인이 되리라는 것을 짐작했었다. 게다가 이미 소문이 자자한 막시밀 리앙의 용기라든가 백작에 대한 그의 깊은 우정을 미루어볼 때, 그가 자기가 맡은 수동적인 역할에만 그칠 것 같지 않아 두려움에 떨며 괴로워하고 있었 다.

그러니 그 일에 대해서 얼마나 열심히 묻고 자세한 설명을 듣고싶어 했을 것인가는 가히 짐작할 만한 일이다. 그래서 발랑틴은 그 무서운 사건이 뜻하지 않게 다행한 결과로 끝났다는 것을 알게 되었고, 그런 그녀의 눈에서 모렐은 이루 말할 수 없는 기쁨을 읽을 수 있었다.

발랑틴은 모렐에게 노인의 옆에 앉으라 권하고, 자기도 노인이 발을 올려 놓고 있던 의자에 앉으며 말했다.

"그럼 이젠 우리 얘길 해 볼까요? 막시밀리앙, 할아버지께서 이 집을 나가셔서 빌포르 저택 밖에다 집을 얻으셨으면 하신다는 건 알고 계시죠?"

"알고 있습니다," 막시밀리앙이 대답했다. "기억하고 있습니다. 난 그 생각엔 대찬성입니다."

"그러면!" 발랑틴이 말했다. "계속해서 찬성해 주세요. 할아버지께선 다시 그 생각을 하고 계시니까요."

"굉장한데요!" 막시밀리앙이 말했다.

"그런데 할아버님께서 무슨 이유로 집을 나가시려는지 아세요?" 발랑틴이 물었다.

누아르티에 노인은 발랑틴에게 잠자코 있으라는 듯한 눈길을 보냈다. 그러나 발랑틴은 할아버지를 보지 못했다. 그녀의 눈과 시선과 미소는 모두 막시밀리앙에게 쏠려 있었기 때문이다.

"할아버님께서 무슨 이유를 대시든 나는 좋습니다." 막시밀리앙이 소리쳤다.

"그게 아주 멋져요. 할아버지께선 이 생토노레 구역의 공기가 제게 좋지 않다고 하시는 거예요."

"하긴. 발랑틴, 할아버님 말씀이 옳아요. 대략 보름 전부터 당신 건강이 퍽 나빠진 것 같아요."

"뭐, 조금이요." 발랑틴이 대답했다. "그래서 할아버지께서 제 의사가 되어주신 거예요. 그리고 할아버진 모르는 게 없으시니까, 전 어느 누구보다도 할아버지 말씀을 믿어요."

"그럼, 정말 어디가 아픈 건가요, 발랑틴?" 막시밀리앙은 급히 물었다.

"아, 어디가 아픈 건 아니에요. 그저 몸이 좀 노곤할 뿐이에요. 식욕도 없고, 위가 무언가에 적응하려고 애를 쓰는 것 같은 느낌이에요."

누아르티에 노인은 손녀의 말을 한 마디도 놓치지 않고 들었다.

"그럼 그런 확실치 않은 병에는 어떤 치료를 하죠?"

"그건 아주 간단하죠." 발랑틴이 말했다. "할아버지한테 가져오는 물약을 매일 아침 한 숟갈씩 삼키는 거예요. 한 숟갈씩이라곤 하지만, 처음 시작할 땐 그만큼이었는데 요새는 네 숟갈씩 삼켜요. 할아버지께선 그 약이 만병통치약이라고 그러시던데요."

발랑틴은 미소를 지었다. 그러나 그 미소에는 무언가 슬픔과 괴로움의 빛이 깃들어 있었다.

막시밀리앙은 사랑에 취한 듯 여자를 잠자코 바라보고만 있었다. 발랑틴은 아름다웠다. 그러나 그 창백한 얼굴에는 윤기가 없었고, 그 눈은 여느 때보다는 약간 열기가 있었다. 보통 때는 진줏빛처럼 하얗던 손도 오랜 세월에 노랗게 찌든 양초처럼 변해 있었다.

막시밀리앙은 시선을 발랑틴에게서 누아르티에 노인에게로 옮겼다. 노인은 그 이상하고도 깊은 지혜가 담긴 눈길로 사랑에 빠져 있는 손녀를 바라보고 있었다. 그러나 노인의 눈에도 막시밀리앙이 보는 것처럼 손녀가 속으로 무엇인가 병고를 겪고 있는 기미가 보였다. 그 기미는 너무 미미한 것이라 보통 사람들의 눈에는 드러나지 않았지만, 할아버지와 애인의 눈에는 역력히 드러났던 것이다.

"그런데 네 숟갈이나 마신다는 그 물약은 할아버님을 위해 조제된 게 아닌가요?" 막시밀리앙이 물었다.

"너무 써요." 발랑틴이 말했다. "너무 써서, 그 약을 먹고 난 다음에 먹는 것은 다 같은 맛이 나요."

노인은 뭔가 물어보려는 듯한 눈으로 손녀를 보았다.

"그래요, 할아버지," 발랑틴이 말했다. "아까도 여기 내려오기 전에 설탕물을 한 컵이나 마시고 왔어요. 그런데 반이나 남겼어요. 그 물도 어찌나 쓰던지."

노인은 얼굴빛이 확 변했다. 그리고 무슨 말을 하고 싶다는 듯이 신호를 보냈다.

발랑틴은 일어나서 사전을 찾으러 갔다.

노인은 눈에 보이도록 불안한 표정으로 손녀의 뒷모습을 바라보았다.

사실 손녀의 얼굴은 피가 역류한 듯 뺨이 빨갛게 상기되어 있었다.

"이런!" 발랑틴은 여전히 쾌활한 말투였다. "이상한데요. 눈이 핑 도는군요. 햇빛이 눈에 비쳐서 그런가?"

발랑틴이 창문의 손잡이를 잡으며 말했다.

"햇빛도 비치지 않는데요." 막시밀리앙은 발랑틴의 몸이 불편한 것보다 노인의 얼굴 표정에 더욱 신경을 쓰며 말했다.

그리고 그는 발랑틴에게 달려갔다. 발랑틴은 미소를 지었다.

"걱정 마세요, 할아버지." 그녀는 할아버지에게 말했다. "막시밀리앙, 당신도 걱정 마세요. 아무것도 아닌걸요. 이제 괜찮아요. 그런데 마당에서 마차 소리가 들리지 않나요?"

발랑틴은 방문을 열고 복도의 창으로 달려가더니, 다시 급히 되돌아 말했다.

"맞네요. 당글라르 부인하고 그 댁 따님이 찾아왔어요. 자, 안녕. 전 가봐야 해요. 이리로 날 찾으러 올 테니까요. 다시 올 때까지 잘 있어요. 막시밀리앙, 할아버지와 함께 여기에 계세요. 손님들을 오래 붙잡고 있지 않을게요."

막시밀리앙은 눈으로 그녀를 좇았다. 그녀가 방문을 닫고 나가자, 곧 그녀의 방과 빌포르 부인의 방으로 통하는 작은 계단을 올라가는 소리가 들렸다.

발랑틴의 모습이 보이지 않게 되자, 노인은 막시밀리앙에게 사전을 가져오라는 신호를 했다. 청년은 노인의 말에 따랐다. 그는 발랑틴이 가르쳐 준 적이 있기 때문에 노인이 뭘 원하는지 금방 이해할 수 있었다.

그러나 평소에 몇 번 해봤다고 해도 알파벳 스물넉 자 중에 몇 자를 가려내야 했고, 그것을 또 사전에서 한 자 한 자 찾으면서 단어로 만들어야 했다. 결국 10분이나 걸린 끝에 노인의 생각을 이런 말로 바꾸어 놓을 수 있었다.

'발랑틴의 방에 있는 컵과 물병을 가져와.'

막시밀리앙은 곧 벨을 눌러 바루아 대신 일하고 있는 하인을 불렀다. 그리고 누아르티에 노인의 이름으로 그 일을 명령했다.

하인은 이내 되돌아왔다.

컵과 물병은 깨끗이 비어 있었다.

노인은 뭔가 말하고 싶다는 신호를 보냈다.

'어째서 컵과 물병이 비어 있지?' 노인이 물었다. '발랑틴은 반만 마셨다고

했는데.'

이 질문을 풀이하는 데도 5분이 걸렸다.

"모르겠습니다," 하인이 대답했다. "발랑틴 아가씨 방에 하녀가 있었는데 아마 그 여자가 마셨나 봅니다."

"그 하녀에게 물어보게." 막시밀리앙이, 이번에는 노인의 눈에서 그 뜻을 알아채고 말했다.

하인이 방을 나갔다. 그러더니 이내 되돌아왔다.

"발랑틴 아가씨께선 마님 방으로 가시느라고, 아가씨 방을 지나가셨습지요." 하인이 말했다. "그런데 가시는 길에 목이 마르시다며 잔에 남아 있던 물을 마저 드셨다는군요. 물병에 있던 물은 에두아르 도련님이 오리가 있는 못에다 쏟으셨답니다."

노인은 마치 가지고 있는 돈을 모두 단 한 번에 거는 도박꾼처럼 하늘을 우러러보았다.

그 뒤부터는 문만 바라보며 시선을 움직이지 않았다.

발랑틴은 과연 당글라르 부인과 그 딸을 만났다. 두 사람은 빌포르 부인의 말에 따라 부인의 방으로 안내되었다. 그래서 발랑틴이 자기 방을 지나가게 되었던 것이다. 발랑틴의 방은 어머니의 방과 같은 층이고 두 방 사이에는 에두아르의 방이 있었다.

당글라르 부인과 그 딸 외제니는 무엇인가 통보하러 왔음이 분명했다. 그들은 딱딱하고 사무적인 태도로 들어왔다.

같은 무리의 사람들 사이에서는 조금만 달라져도 이내 알아채는 법이다. 빌포르 부인 쪽에서도 이런 딱딱한 태도에 똑같이 딱딱한 태도로 대했다.

마침 그때 발랑틴이 들어와서, 또 한 번 인사가 오갔다.

당글라르 남작부인은, 두 처녀들이 서로 손을 잡는 사이에 입을 열었다. "실은 우리 외제니가 곧 카발칸티 공과 결혼하게 돼서, 그걸 맨 먼저 알리려고 이렇게 딸아이를 데려왔어요."

당글라르는 이 공이라는 칭호를 고집해 왔다. 속물 은행가인 그는 그 칭호가 백작보다 훨씬 낫다고 생각했기 때문이었다.

"진심으로 축하합니다," 빌포르 부인이 대답했다. "카발칸티 공께선 뛰어난 재능이 있는 분 같던데요."

남작부인은 미소를 띠며 말했다. "그런데 우리끼리만 하는 얘기지만, 공께서는 아직 자기가 지닌 진정한 가치를 다 발휘하지 않고 계시는 거예요. 좀 특이한 성격이어서, 우리 프랑스 사람들이 첫눈에 보기엔 그저 평범한 이탈리아나 독일의 귀족으로 보이지만, 사실은 착하고 머리도 여간 좋은 분이 아니랍니다. 그리고 저의 주인 양반 말씀이 재산도 엄청나다는군요."

외제니는 빌포르 부인의 앨범을 뒤적이며 말했다. "게다가 어머니가 그분에게 특히 더 열심이시라는 것도 덧붙여 말씀하셔야죠."

"그런데 외제니 양도 물론 열심이겠지요?" 빌포르 부인이 말했다.

"저요?" 외제니는 여느 때처럼 침착하게 말했다. "전혀 그렇지 않아요. 전 타고난 성격이 누가 됐든 남자의 비위를 맞춘다든가 살림을 한다든가 하는 거하곤 거리가 먼 걸요. 전 원래 예술가 기질을 갖고 태어나서 마음이고 몸이고 생각이고 모두 자유로워야만 해요."

외제니가 이런 말을 딱 부러지게 하는 것을 듣고 발랑틴은 얼굴을 붉혔다. 겁이 많은 발랑틴은 여자다운 수줍음이라곤 조금도 볼 수 없는 외제니의 이러한 성품을 이해할 수 없었다.

외제니는 말을 이었다. "하지만 좋든 싫든 간에 결혼하게 되고 보니, 알베르 씨로부터 무시당한 일을 하느님께 감사할 뿐이에요. 그런 일이 없었더라면, 명예를 잃어버린 사람의 아내가 될 뻔했으니까요."

"그건 그래요," 남작부인은 야릇한 솔직함을 보이며 말했다. 그런 습성은 가끔은 귀부인들에게서도 볼 수 있는 것이지만, 품위 없는 사람들의 사교에서 완전히 없어지기란 불가능한 것이었다. "그건 사실이에요. 모르세르 집안에서 주저하지 않았더라면, 얘는 그 집 알베르와 결혼했겠지요. 모르세르 장군이 아주 열심이었으니까요. 심지어는 얘 아버지한테까지 찾아왔었다니까요. 뭐 용케 빠져나왔지만."

"그런데 그게 아들에게까지 미칠까요? 제 생각에 알베르 씨는 아버지의 반역죄와는 아무 상관도 없는 것 같던데요." 발랑틴이 조심스레 물었다.

"그렇지 않아요," 외제니가 냉정하게 말했다. "알베르 씨에게도 책임이 있어요. 그러니까 어제 오페라 극장에서 몬테크리스토 백작에게 결투 신청을 해놓고서 오늘 결투장에서 사과를 했죠."

"설마!" 빌포르 부인이 말했다.

"아! 그거요," 당글라르 부인은 우리가 앞서 지적한 것과 똑같이 솔직한 태도로 말했다. "사실이에요. 그가 사과했을 때 입회했던 드브레 씨한테 들었는걸요."

발랑틴도 그 일은 알고 있었다. 그러나 아무 말도 하지 않았다. 문득 그 말 한마디에 다시 자기 일이 머릿속에 되살아난 그녀는 모렐이 기다리고 있는 누아르티에 노인의 방에 있는 듯한 기분이 들었다.

이렇게 깊은 생각에 잠겨 있던 발랑틴은 얼마 전부터 화제에도 끼지 않았다. 조금 전에 화제에 올랐던 이야기를 그대로 되풀이해 보라고 해도 아마 못했을 것이다. 그때 갑자기 당글라르 부인의 손이 발랑틴의 팔을 건드려 발랑틴의 상념을 깨어놓았다.

"왜 그러세요?" 당글라르 부인의 손가락이 닿자 발랑틴은 마치 전기라도 통한 듯이 몸을 떨었다.

"발랑틴," 남작부인이 말했다. "어디가 아픈 모양이지?"

"제가요?" 발랑틴은 펄펄 끓는 이마로 손을 가져가며 말했다.

"그래요. 이 거울을 좀 들여다봐요. 잠깐 사이에도, 계속해서 서너 번씩 얼굴이 빨개졌다 하얘졌다 하네."

"정말, 얼굴빛이 아주 창백해!" 외제니가 소리쳤다.

"오! 너무 걱정하지 마, 외제니. 벌써 며칠째 그런걸."

발랑틴은 눈치가 빠르지는 않지만, 이때야말로 이 방을 빠져나가기에 절호의 기회라는 생각이 들었다. 게다가 빌포르 부인이 그녀의 뜻을 거들어 주었다.

"들어가 보아라." 부인이 말했다. "정말 아픈 모양인데, 두 분께선 양해해 주실 테니 걱정 말고. 물이라도 마시면 곧 괜찮아질 거다."

발랑틴은 외제니에게 키스를 하고, 벌써부터 돌아가려고 몸을 반쯤 일으키고 있던 당글라르 부인에게도 인사한 뒤, 방을 나갔다.

"가엾게도," 발랑틴이 밖으로 나가자 빌포르 부인은 이렇게 말했다. "저 애 때문에 걱정이랍니다. 저러다가 갑자기 무슨 일이라도 당할까 봐 말이에요."

그 사이에 발랑틴은, 자신도 모를 어떤 흥분 상태에서 에두아르가 무엇인가 짓궂은 말을 거는데도 대답도 하지 않고 에두아르의 방을 지나 자기 방을 통해서 작은 계단까지 왔다. 발랑틴은 계단을 거의 다 내려가 마지막 세 계단 정도를 남겨두고 있었다. 벌써 모렐의 목소리가 들리고 있었다. 그때 갑자기 눈앞이 희미해지고 다리가 뻣뻣해지더니 계단을 헛디디고 말았다. 손은 난간을 잡을 기력조차 없었기 때문에, 벽에 몸을 부딪히며 발랑틴은 마지막 세 계단을 내려왔다고 하기보다는 그대로 굴러떨어졌다.

막시밀리앙이 단숨에 달려와 문을 열었다. 그리고 층계참에 쓰러져 있는 발랑틴을 보았다.

그는 번개처럼 발랑틴을 안아다가 안락의자에 앉혔다. 여자는 다시 눈을 떴다.

"오! 제가 덤벙거렸네요," 발랑틴은 열에 들뜬 듯이 빠르게 말했다. "내 몸을 가눌 줄도 모르나! 층계참까지 계단이 세 개나 남아 있었다는 걸 잊어 버리다니!"

"다치진 않았어요, 발랑틴?" 막시밀리앙이 소리쳤다. "오! 이런! 이런!"

발랑틴은 주위를 둘러보았다. 그리고 누아르티에 노인의 눈에 깊은 공포의 빛이 떠오른 것을 보았다.

"걱정 마세요, 할아버지," 발랑틴은 억지로 웃음을 지으며 말했다. "아무것도 아니에요……. 잠깐 어지러웠을 뿐이에요."

"또 어지러웠다고요?" 막시밀리앙은 두 손을 모으며 말했다. "발랑틴, 조심해야 합니다. 제발 부탁이오."

"괜찮아요," 발랑틴이 말했다. "이젠 다 나았어요. 아무것도 아니라고 말씀드렸잖아요. 자, 이젠 제가 뉴스를 하나 알려드릴게요. 일주일만 있으면 외제니가 결혼을 한대요. 그리고 사흘 뒤엔 약혼 파티가 있다나요. 우리 아버지, 어머니, 저, 모두 초대될 거예요……. 적어도 제 생각엔 그럴 것 같아요."

"우린 언제나 그런 일로 바쁘게 될까요? 오! 발랑틴, 당신은 할아버님께 무슨 일이든 부탁할 수 있으니 제발, 할아버지께서 '이제 곧'이라는 대답을 하시도록 노력해 봐요!"

"그럼 저더러 우리 할아버지의 지체장애를 자극해서 뇌기능을 되살려보라는 말씀이세요?" 발랑틴이 물었다.

"그래요," 막시밀리앙이 큰 소리로 말했다. "아, 빨리 그렇게 좀 해 봐요.

발랑틴, 당신이 내 사람이 되지 않으니 언제나 내게서 달아나버릴 것만 같은 생각이 들어요.”

“아!” 발랑틴은 경련을 일으키며 말했다. “정말이지 막시밀리앙, 장교인 데다 무서운 게 없다고 소문난 분인 줄 알았는데, 겁쟁이시군요, 호호호!”

발랑틴은 고통스러운 듯이 날카로운 웃음을 터뜨렸다. 그 다음 팔이 뻣뻣해지며 뒤틀리더니, 고개가 돌아가며 안락의자의 머리 받침에 닿은 채로, 발랑틴은 꼼짝도 않고 그대로 굳어버렸다.

신이 누아르티에 노인의 입술에서 막아 버린 공포의 외침은 노인의 눈으로 튀어나왔다.

막시밀리앙은 알 수 있었다. 어서 도움을 청하라는 뜻이었다.

그는 초인종을 잡아당겼다. 발랑틴의 방에 있던 하녀와 바루아의 후임으로 온 하인이 동시에 달려왔다.

얼굴빛이 너무나 창백해지고 몸이 싸늘하게 움직이지 않는 발랑틴을 보자, 그들은 애기도 채 듣지 않고 이 흉가에서 시시각각으로 느껴오던 공포감에 사로잡혀 소리를 지르며 복도로 뛰어나갔다.

마침 그때 당글라르 모녀는 자리를 일어서던 참이었다. 두 사람은 그 떠들썩한 이유를 알게 되었다.

“제가 뭐랬어요!” 빌포르 부인이 소리쳤다. “불쌍한 것 같으니!”

고백

마침 그때 서재에서 외치는 빌포르 씨의 목소리가 들렸다.

"무슨 일이냐?"

막시밀리앙은 눈으로 누아르티에 노인에게 어떻게 했으면 좋겠느냐고 물었다. 노인은 다시 냉정을 완전히 회복하고 난 뒤였다. 그는 청년에게 눈으로 조그만 방을 가리켰다. 그 방은 전에도 한 번 이와 비슷한 경우를 당했을 때 몸을 숨겼던 방이었다.

그는 즉시 모자를 집어들고 허둥지둥 그 방으로 뛰어 들어갔다. 그러자 복도에서 검사의 발소리가 들려왔다.

빌포르는 방에 뛰어들더니, 발랑틴에게로 달려가 두 팔로 딸의 몸을 안았다.

"의사를! 의사를……. 다브리니 씨를 불러와!" 빌포르가 소리쳤다. "아니, 내가 가지."

그러고는 방을 뛰쳐나갔다.

다른 쪽 문으로는 막시밀리앙이 뛰쳐나왔다. 무시무시한 기억이 문득 그의 가슴을 때렸다. 그의 머릿속에 생메랑 후작부인이 죽던 날 밤, 빌포르 씨와 의사 사이에 오가던 이야기가 떠올랐다. 이번 징후가 정도는 다소 약하더라도, 바루아가 죽기 전에 일어났던 증세와 같았다.

그때 막시밀리앙의 귀에 불과 두 시간 전에 몬테크리스토 백작이 해 준 말이 메아리치는 것 같았다.

'어떤 일이라도 내가 도울 일이 생기거든 내게로 오시오. 도움이 될 수 있을 테니.'

그는 그 생각이 떠오르자 삽시간에 생토노레 구역에서 마티뇽 거리로 뛰어갔고, 다시 마티뇽 거리에서 샹젤리제 거리로 달려갔다.

그 사이 빌포르는 이륜마차를 타고 다브리니의 집 앞에 도착했다. 그가 하도 세게 초인종을 흔드는 바람에 문지기가 겁에 질려 달려나왔다. 빌포르는 입을 열 사이도 없이 곧장 계단으로 달려갔다. 문지기는 그를 잘 알고 있는 터였으므로, 그대로 들여보내면서 큰 소리로 외쳤다.

"검사님, 서재에 계십니다. 서재에 계세요!"

빌포르가 이미 문을 열고 난 뒤였다. 열었다기보다는 부수고 들어갔다는 편이 옳을 것이다.

"아!" 의사가 말했다. "당신이었군요!"

"그렇소," 빌포르는 문을 닫으면서 대답했다. "접니다, 박사. 먼저 하나 묻겠는데, 여긴 우리 두 사람밖에 없지요? 박사, 내 집은 아무래도 저주 받은 집인가 보오."

"무슨 말씀이십니까?" 의사는 겉으로는 태연한 척하면서도 내심 무척 놀라서 말했다. "또 누가 편찮으신가요?"

"말한 그대로요, 박사!" 빌포르는 떨리는 손으로 자기 머리카락을 움켜쥐며 대답했다. "그렇소!"

다브리니는 '내가 뭐라고 했습니까!' 하는 듯한 눈길을 보내왔다. 그러고 나서 느릿느릿 입술을 움직여 다음과 같이 물었다.

"대체 누가 죽어가고 있습니까? 하느님 앞에 우리 약점을 고발하는 새로운 희생자는 또 누구입니까?"

빌포르의 가슴에서는 비통한 흐느낌이 용솟음쳐 올랐다. 그는 의사에게 다가가서 팔을 잡으며 말했다. "발랑틴이오! 이번에는 발랑틴 차례라고요."

"따님이?" 다브리니는 슬픔과 놀라움에 큰 소리로 외쳤다.

"어때요? 당신 짐작이 틀렸다는 걸 이제 아시겠죠?" 검사는 중얼거리듯 말했다. "괴로워하는 그 애 머리맡에 가서 그 애를 의심했던 일을 사과해 주시오."

"저를 부르러 오실 땐 늘 때가 늦었지요. 그러나 그건 그렇고, 가야죠. 자, 어서 가십시다. 댁을 노리고 있는 적에게 단 일 초라도 여유를 주면 안 될 테니까요." 다브리니가 말했다.

"오! 박사, 이번만은 내가 마음이 약하다고 탓하진 못하실 겁니다. 이번에야말로 범인을 잡아 해치우고 말겠소."

"그러나 복수보다는 먼저 희생자를 구해 낼 생각을 해야죠." 다브리니가 말했다. "갑시다."

이렇게 해서, 빌포르를 태우고 온 이륜마차는 이번에는 다브리니를 함께 태우고 전속력으로 돌아왔다. 그때 막시밀리앙은 몬테크리스토 백작 집의 문을 두드리고 있었다.

백작은 서재에 있었다. 그리고 베르투치오가 급히 가져온 편지를 걱정스럽게 읽고 있었다.

두 시간 전에 돌아간 막시밀리앙이 다시 찾아왔다는 소리에 백작은 고개를 들었다.

막시밀리앙에게도 백작에게도 그 두 시간 동안 많은 일이 일어났었음이 틀림없었다. 미소를 띠며 떠났던 청년이 지금은 얼굴이 일그러져서 돌아왔기 때문이다.

백작은 모렐을 맞으려 일어섰다.

"막시밀리앙, 뭔가 일이 생긴 거요? 얼굴빛도 나쁘고, 이마엔 땀이 비 오듯 흐르니."

모렐은 안락의자에 앉는다기보다는 푹 쓰러졌다.

"그렇습니다," 청년이 대답했다. "급히 달려왔습니다. 드릴 말씀이 있어서요."

"댁에서는 모두 안녕들 하시죠?" 백작은 누가 봐도 곧 알 수 있는 성실하고 친절한 어조로 물었다.

"덕분에," 청년은 얘기를 꺼내기가 퍽 거북한 듯 대답했다. "네, 집은 모두 평안합니다."

"다행이군요. 그런데 무슨 할 말이라도 있습니까?" 백작은 더욱 걱정스러운 얼굴로 말을 이었다.

"그렇습니다. 전 지금 죽음이 드리운 집에서 이리로 달려온 길입니다."

"그렇다면 모르세르 씨 댁에서 오시는 길이오?" 백작이 물었다.

"아니에요," 청년이 대답했다. "모르세르 씨 댁에서 누가 죽었습니까?"

"모르세르 장군이 조금 전에 권총 자살을 했답니다." 백작이 대답했다.

"오! 그 끔찍한 일이!" 막시밀리앙이 부르짖었다.

"하지만 그 부인이나 알베르에겐 다르지요. 명예를 더럽힌 아버지나 남편으로 남아 있기보다는 차라리 죽는 편이 그들에겐 낫지요. 피로 치욕을 씻은 셈이 되니까요.”

“가엾은 백작 부인,” 막시밀리앙이 말했다. “특히 백작 부인이 안됐어요. 정말 고결한 분이셨는데!”

“하지만 막시밀리앙, 알베르도 동정해야 해요. 백작 부인의 아들도 그럴 자격이 있는 사람이니까요. 그건 그렇고, 어서 아까 그 얘기로 돌아갑시다. 이렇게 뛰어오셨으니, 내가 필요하게 된 무슨 일이 있는지요?”

“그렇습니다. 도움을 청하러 왔습니다. 하느님이 아니라면 도와줄 수 없는 일이지만 백작이라면 도와주실 수 있으리라고 믿고, 미친 사람처럼 뛰어왔습니다.”

“계속 얘기해 보세요.” 백작이 대답했다.

“오!” 청년이 말했다. “이런 비밀을 사람의 귀에 대고 말해도 괜찮을지 모르겠습니다. 하지만 운명이 이것을 말하라고 명령하고 있습니다. 그리고 정말 어쩔 도리가 없네요, 백작.”

모렐은 잠시 주저하더니 입을 다물었다.

“당신은 내가 당신을 좋아하고 있다는 걸 믿지요?” 백작은 다정하게 두 손으로 청년의 손을 잡으며 물었다.

“아! 그 말씀을 들으니 용기가 납니다. 게다가 제 가슴이(모렐은 손을 가슴에 얹으며 말했다) 당신에게는 비밀을 감추면 안 된다고 말하는군요.”

“그렇소, 모렐. 하느님이 당신 가슴에 말씀하시는 거요. 그리고 당신의 심장 또한 당신에게 말하는 거지요. 어서 그 가슴속에서 하고 있는 말을 내게 그대로 말해 보시오.”

“백작님, 당신이 하시는 일인 것처럼 해서 바티스탱을 시켜 백작도 잘 알고 계신 집의 일을 물어봐 주지 않으시겠습니까?”

“재량권을 드리겠습니다. 더 한 것도 해 드릴 수 있는데 내 하인들은 당연히 마음대로 하실 수 있지요.”

“오! 그녀의 건강이 회복된다는 확신이 없으면 저는 살 수 없습니다.”

“바티스탱을 불러드릴까요?”

“아닙니다. 제가 가서 얘길 하죠.”

밖으로 나간 모렐은 바티스탱을 부르더니, 무언가를 낮은 소리로 소곤거렸다. 바티스탱은 그 말이 끝나자 이내 달려나갔다.

"어떻게 되었소? 얘기했소?" 백작은 모렐이 돌아오는 것을 보고 물었다.

"네, 이젠 마음도 진정된 것 같습니다."

"내가 얘기를 기다리고 있다는 거 아시죠?" 백작이 웃으며 말했다.

"네, 말씀드리겠습니다. 어느 날 밤, 전 어느 집 뒷마당의 나무숲에 몸을 숨기고 있었습니다. 제가 거기 있으리라곤 아무도 짐작 못했겠죠. 그런데 그때 사람들이 제 곁을 스쳐 지나가더군요. 그 사람들의 이름은 잠깐 비밀로 해두겠습니다. 용서하십시오. 그들은 아주 낮은 소리로 뭔가 얘길하더군요. 그러나 무슨 얘길하는지 흥미가 생긴 전 그들의 얘기를 한마디도 놓치지 않고 다 들었습니다."

"얼굴빛까지 나빠지고 몸서리치는 걸 보니, 뭔가 불길한 얘기 같군요, 모렐."

"그렇습니다. 아주 불길한 얘기였습니다! 제가 숨어 있던 그 집에서는 그 얼마 전에 누군가 죽었었죠. 제가 엿듣고 있던 대화를 하던 두 사람 중 하나는 그 집의 주인이고, 또 한 사람은 의사였습니다. 그때 그 주인은 의사에게 자기 마음이 몹시 두렵고 괴롭다는 사정 얘기를 하더군요. 왜냐하면 불과 한 달 사이에 그 집안에 뜻하지 않은 죽음이 벌써 두 번째로 일어났기 때문이지요. 마치 하느님의 분노를 사서 그 집안에 죽음의 천사가 깃들어 있기라도 한 듯이 말입니다."

"아! 아!" 백작은 가만히 청년을 바라보며 말했다. 그리고 안락의자를 눈에 띄지 않게 회전시켜, 자신의 얼굴은 어둠 속에 묻히게 하는 반면, 청년의 얼굴은 빛을 받도록 했다.

"그렇습니다," 청년은 말을 이었다. "한 달 사이에 그 집안에선 사람이 둘이나 죽었답니다."

"그래, 의사는 뭐라고 말하던가요?" 백작이 물었다.

"이렇게 말했습니다. 아무래도 자연사가 아니라, 그 원인은……."

"그 원인은?"

"독약 때문이랍니다!"

"정말입니까?" 백작은 가볍게 기침을 하며 말했다. 그는 마음의 동요를 크게 느꼈을 때, 이를테면 얼굴이 상기된다든가 창백해진다든가, 또는 그가 주의를 기울여 얘기를 듣고 있다는 사실을 감추려고 할 때면 늘 그런 기침을 했다. "막시밀리앙 씨, 정말 그런 얘길 들으셨소?"

"그렇습니다. 저는 그들이 얘기하는 것을 똑똑히 들었습니다. 그리고 의사는 또 이런 말도 하더군요. 만약 그런 일이 또다시 일어나는 날엔 법에 고발하는 수밖에 없다고요."

백작은 지극히 냉정하게 그 얘기를 듣고 있었다. 아니 어쩌면 그런 것처럼 보였는지도 모른다.

"그런데!" 막시밀리앙은 다시 입을 열었다. "세 번째로 사람이 또 죽었습니다. 그때는 집주인도 의사도 일절 아무 소리를 하지 않았습니다. 그런데 또 어쩌면 네 번째로 사람이 죽을지도 모르게 되었어요. 이 비밀을 알고 있는 저는 어떻게 하면 좋을까요?"

"이봐요," 백작이 말했다. "당신의 이야기는 우리 누구나 다 뻔히 알고 있는 사건처럼 들리는군요. 난 당신이 그 얘기를 들었다는 집을 알고 있어요. 적어도 그 비슷한 집을 알고 있습니다. 그 집에는 뒤뜰이 있고, 집주인이 있고, 의사가 있고, 뜻하지 않던 기이한 죽음이 몇 번씩 생기고…… 자, 내 얼굴을 보세요. 난 비밀 얘기를 엿듣지도 않았는데, 들은 당신이나 마찬가지로 훤히 알고 있지요? 그렇다고 내가 양심에 가책을 받는 줄 아시오? 천만에. 그런 건 나와는 아무 상관도 없는 일이오. 아까 신의 분노로 그 집에 죽음의 천사가 내린 것 같다고 말씀하셨는데, 그게 사실이 아니라고 누가 말할 수 있겠어요? 정작 생각해야 할 사람들도 생각하기 싫어하는 것들을 굳이 생각하지 마세요. 그 집을 찾아든 것이 신의 분노가 아니라 신의 심판이라면, 막시밀리앙, 모르는 척하세요. 하느님의 심판을 받도록 내버려두는 거죠."

모렐은 섬뜩했다. 백작의 그 어조에는 무엇인가 불길하고도 엄숙한, 그리고 가혹한 것이 들어 있었기 때문이었다.

백작은 도저히 같은 사람의 입에서 나왔다고는 생각이 안 될 만큼 전혀 다른 목소리로 말을 이었다. "게다가 그런 일이 또 일어나지 않는다고 어찌 말할 수 있겠소?"

"이미 일어났다니까요!" 모렐은 소리쳤다. "그래서 이렇게 뛰어온 게 아닙니까?"

"그래, 내가 어떻게 해드렸으면 좋겠소? 혹시 그 얘길 알리란 말씀인가요, 검사님한테?"

몬테크리스토 백작은 이 마지막 말을 분명하게, 쩌렁쩌렁 울리도록 강하게 발음했다. 모렐은 그 소리에 자리에서 벌떡 일어서며 큰 소리로 외쳤다.

"백작님! 제가 지금 누구 얘길 하고 있는지 알고 계시는 거죠?"

"어이, 친구, 물론입니다. 내가 알고 있다는 사실을 입증하기 위해 더 분명하게 말해볼까요. 아니, 그보다는 그 사람들의 이름을 대겠소. 어느 날 밤 당신은 빌포르 씨 집 뒷마당을 걷고 있었지요. 아무래도 그날은 생메랑 후작부인이 죽던 날 밤이었던 것 같소. 당신은 빌포르 씨와 다브리니 씨가, 생메랑 후작의 죽음과 그에 못지않게 놀라운 후작부인의 갑작스러운 죽음에 대해 얘기하는 것을 들은 거지요. 다브리니 씨는 분명 독살이 틀림없으며, 그것도 두 사람 다 독살당한 게 틀림없다고 말했습니다. 그래서 정직한 당신은 이 비밀을 말해야 좋을지, 아니면 잠자코 있어야 좋을지 혼자서 마음을 헤아려 보고, 스스로의 양심에 저울질해 왔던 것이오. 그러나 지금은 중세가 아닙니다. 비밀의 신성 법정 페메도 없고 비밀 법관도 없습니다. 어떻게 그런 사람들한테 가서 물어보겠습니까? 스턴이 말한 것처럼, 양심? 나한테 그런 걸 바라나? 하겠지요. 이봐요, 그들이 자거들랑 그냥 자도록 내버려두고, 잠을 못 자서 얼굴이 파리해져도 그냥 내버려두는 거요. 그리고 잠도 못 이룰 정도로 후회할 만한 일을 전혀 하지 않은 당신은 그냥 푹 주무시면 되는 겁니다."

모렐의 얼굴에는 무서운 고민의 빛이 떠올랐다. 그는 백작의 손을 잡고 말했다.

"하지만 일은 이미 일어났습니다!"

백작은 막시밀리앙이 이처럼 마음을 가라앉히지 못하는 것이 이상스러워, 청년을 주의 깊게 바라보며 말했다.

"그렇다면 그대로 일어나게 내버려두어요. 그 집안은 아트레우스 집안(그리스 비극에 등장하는 가문으로, 탄탈로스의 손자뻘이다. 선조의 죄과 때문에 자손들이 모두 고통을 당한다)과 같은 집안이기 때문에 하늘의 분노로 재판을 받는 거니까요. 애들이 종이를 접어 만든 수도승 인형들처럼 입으로 한 번 훅 불기만 하면 그 수가 2백이더라도 줄줄이 쓰러져버릴 겁니다. 석 달 전에 생메랑 후작, 두 달 전엔 후작부인, 최근엔 바루아, 이번엔 누아르티에 아니면 발랑틴 차례겠지요."

"알고 계셨군요?" 막시밀리앙은 두려움이 극도에 달해 말했다. 그러자 하늘이 무너져도 끄떡하지 않을 몬테크리스토 백작도 몸을 떨었다. "알고 계시면서 잠자코 계셨던 거예요!"

"아니, 그게 나와 무슨 상관이오!" 백작은 어깨를 으쓱하며 말을 계속했다. "그 사람들과 친한 사이도 아니고, 그런 내가 하나를 살리려고 다른 하나를 희생시킬 필요가 있겠습니까. 안 될 말이요. 난 범인과 희생자 중에 누구 편도 아니니까요."

"하지만, 전! 전!" 청년은 괴로운 나머지 울부짖었다. "전 사랑하고 있습니다!"

"누굴 사랑한다는 거요?"

백작은 벌떡 일어나더니, 뒤틀며 하늘을 향해 쳐들고 있는 모렐의 두 손을 잡았다.

"저는 죽도록 사랑합니다. 미칠 듯이 사랑해요! 그녀가 눈물 한 방울이라도 흘리지 않게 하기 위해서라면, 제 온몸의 피를 다 흘려도 좋을 만큼 사랑합니다. 저는 지금 독살 당하고 있는 발랑틴 드 빌포르를 사랑하고 있어요! 저는 하느님과 당신에게 묻고 있는 겁니다. 어떻게 하면 그녀를 구해낼 수 있겠느냐고요!"

몬테크리스토 백작은 포효하는 듯한 소리를 내었다. 그것은 상처 입은 사자가 울부짖는 것을 들어본 사람이나 상상할 수 있는 소리였다.

"딱한 친구!" 이번엔 백작이 두 주먹을 비틀며 말했다. "가엾은 친구! 왜 하필이면 발랑틴을 사랑한단 말인가? 그 저주 받은 집안의 딸을!"

모렐은 지금까지 그런 표정을 본 적이 없었다. 그처럼 이글이글 타오르는 백작의 눈을 본 일이 없었다. 전쟁터에서도, 살인이 일어나는 알제리의 밤에도 주위에서 수없이 불길한 빛을 보아왔건만, 바로 자기 눈앞에서 이처럼 음산한 공포의 화신을 본 적은 없었던 것이다. 그는 겁에 질려 뒤로 물러섰다.

한편 백작은 그처럼 심한 격정을 터뜨리고 나더니, 마치 내부에서 발산하는 불빛이 어지러운 듯 잠시 눈을 감았다. 그러는 사이 그는 강한 정신력으로 마음을 가다듬었다. 그러자 폭풍우로 부풀었던 가슴의 동요도 차츰 가라앉기 시작했다. 먹구름이 지난 뒤 거품을 뿜는 거친 파도가 햇빛에 누그러지는 모양 그대로였다.

이러한 침묵과 명상, 그리고 갈등이 약 20초 동안 계속되었다.

그러고 나서 백작은 창백해진 얼굴을 다시 들었다.

"아시겠죠," 그는 좀 전과 거의 변함이 없는 목소리로 말했다. "아시겠지만 신은 자신이 내리는 무서운 일에 무관심한, 지극히 오만한 인간과 지극히 냉담한 인간들을 가차없이 벌하시는 겁니다. 냉정하고 호기심에만 가득 찬 입회인으로서 이 불길한 비극을 관조해 오던 내가, 마치 악의 천사처럼 비밀의 그늘 뒤에 숨어서 (비밀은 돈과 권력이 있는 자에겐 지키기 쉬운 법이지만) 인간이 저지르는 죄악을 비웃어오던 내가, 이번에는 꿈틀꿈틀 기어가는 것을 바라만 보던 그 뱀에게 도리어 물린 듯한 기분이오. 그것도 심장을 물린 느낌이오!"

모렐은 괴로운 듯이 신음을 내었다.

"자, 자," 백작은 다시 말을 이었다. "그렇게 한탄할 것까진 없어요. 남자답게 강해져야 합니다. 희망을 가지시오. 내가 있으니까, 내가 보살펴 드릴 테니까."

모렐은 슬픈 듯이 고개를 저었다.

"희망을 가지라고 했소! 아시겠소?" 백작은 소리쳤다. "난 절대로 거짓말하지 않는다는 것, 잘못 생각하는 일이 없다는 것을 알아야 합니다. 지금이 정오군요. 막시밀리앙, 오늘 오신 게 마침 정오인 것을 하느님께 감사해야겠군요. 오늘 저녁이나 내일 아침이 아닌 게 다행이란 말이오. 자, 내가 하는 애기를 잘 들어보시오, 모렐. 지금은 정오입니다. 만약 발랑틴이 지금 이 시간까지 죽지 않았다면, 그 여자는 사는 겁니다."

"아, 이럴 수가!" 청년은 부르짖었다. "죽어가는 그녀를 이렇게 두고 와 버렸으니!"

백작은 손으로 이마를 짚었다. 무서운 비밀로 가득 찬 그 머릿속에서는 어떤 일이 일어났을까? 동요할 줄 모르면서도 지극히 인간적인 그 마음속에 빛의 천사가 무슨 말을 한 것일까, 아니면 암흑의 천사가 말을 걸어 온 것일까? 그것은 하느님만이 아시는 일이다!

백작은 다시 고개를 들었다. 그러자 이번에는 그의 얼굴이 마치 잠에서 깨어난 어린아이의 얼굴처럼 평화로웠다.

"막시밀리앙," 그가 말했다. "당신은 안심하고 집으로 돌아가시오. 그리고 한마디 해두겠는데, 섣부른 행동을 한다거나, 무슨 일을 꾀해 본다거나, 얼굴에 근심이나 침울한 빛을 나타내지 마시오. 소식은 내가 전해줄 테니. 그럼, 돌아가시오."

"이런! 세상에!" 모렐이 말했다. "그렇게까지 냉정한 당신이 무섭습니다. 그럼, 백작님께선 죽음을 상대로 뭘 하실 수 있단 말인가요? 당신이 인간 이상의 사람이란 말씀인가요? 당신이 천사인가요? 당신이 하느님인가요?"

그러더니 젊은이는 이제껏 어떤 위험 앞에서도 절대로 물러설 줄 몰랐었는데도, 몬테크리스토 백작 앞에서만은 이상한 두려움에 사로잡혀 뒷걸음질 치고 말았다.

그러나 백작은 몹시 쓸쓸하면서도 다정한 미소를 띠고 그를 바라보았다. 그것을 본 막시밀리앙은 눈에 눈물이 고여 오는 것을 느꼈다.

"난 여러 가지를 할 수 있지요, 친구." 백작이 대답했다. "돌아가시오, 좀 혼자 있고 싶으니까."

모렐은 몬테크리스토 백작이 주위 사람들에게 늘 발휘해 온 그 비상한 힘에 압도되어, 이 말을 거역할 용기가 나지 않았다. 그는 백작의 손을 꼭 잡더니 밖으로 나갔다.

그러나 문 앞까지 나온 그는, 마침 마티뇽 거리에서 이쪽을 향해 급히 달려오는 바티스탱의 모습을 보고 그를 기다리기 위해 멈춰 섰다.

한편 빌포르와 다브리니는 부랴부랴 집으로 왔다. 그들이 돌아왔을 때 발랑틴은 아직도 정신을 잃고 있었다. 의사는 환자에게 필요한 검진을 했는데, 이미 비밀을 알고 있었으므로 더욱 면밀하게 진찰했다.

빌포르는 의사의 눈과 입에서 눈을 떼지 않고, 진찰 결과만을 기다리고 있었다. 누아르티에 노인은 손녀보다도 창백해진 채 빌포르보다 더 열심히 진찰 결과를 초조하게 기다렸다. 그리고 온몸으로 무엇인가를 알아내고 느껴보려 애썼다.

이윽고 다브리니는 천천히 말했다.

"아직은 살아 있습니다."

"아직은이라니요!" 빌포르가 외쳤다. "오, 박사, 그게 무슨 끔찍한 말씀이오?"

"그렇습니다." 의사가 말했다. "다시 한 번 말씀드리지만, 아직은 살아 있습니다. 아직 살아 있다는 게 놀랍군요."

"그럼 이젠 살아난 겁니까?" 아버지가 물었다.

"그렇죠. 살아 있으니까요."

그 순간 다브리니의 눈이 누아르티에의 눈과 마주쳤다. 노인의 눈이 너무나 큰 기쁨과 수많은 생각으로 빛나고 있어서 의사는 흠칫 놀라지 않을 수 없었다.

의사는 발랑틴을 다시 안락의자에 눕혔다. 그녀의 입술이 어찌나 창백해졌는지 얼굴의 다른 부분들과 구별하기 어려울 정도였다. 의사는 꼼짝 않고 노인만 바라보고 있었다. 노인은 그의 행동 하나하나를 기다리며, 거기에 해석을 덧붙이려는 듯했다.

"빌포르 씨," 의사가 말했다. "발랑틴 양의 하녀를 불러 주십시오."

빌포르는 그때까지 손으로 받치고 있던 발랑틴의 머리를 내려놓고, 하녀를 부르러 직접 나갔다.

빌포르가 방문을 닫고 나가자 다브리니는 노인 곁으로 다가갔다.

"뭔가 제게 하시고 싶은 말씀이라도 있습니까?" 그는 노인에게 물었다.

노인은 과연 의미심장하게 눈을 껌벅거렸다. 그것은 독자 여러분들도 기억하시겠지만, 그가 긍정의 뜻을 나타내는 유일한 방법이었다.

"저한테만요?"

'그래.' 누아르티에의 대답이었다.

"알겠습니다. 그럼 제가 여기에 남아 있겠습니다."

마침 그때 빌포르가 하녀를 데리고 돌아왔다. 하녀 뒤로는 빌포르 부인이 걸어오고 있었다.

"대체 무슨 일이에요?" 부인이 소리쳤다. "내 방을 나가면서 몸이 불편하다고는 했지만, 큰일은 아닌 줄 알았는데."

부인은 눈물을 글썽거리고, 친어머니 같은 사랑의 빛을 보이며 발랑틴의 곁으로 와서 손을 잡았다.

다브리니는 계속 누아르티에만 쳐다보고 있었다. 그는 노인의 눈이 커다랗고 둥그레지며, 뺨이 창백해지고 떨리면서 이마에 땀이 흐르는 것을 보았다.

"아!" 의사는 누아르티에의 시선을 좇아 빌포르 부인에게 눈을 고정시키며 말했다.

부인은 또 이런 소리를 했다.

"이 가여운 애를 침대에 눕히는 게 낫겠군. 파니, 이리 와, 아가씨를 눕히자."

다브리니 씨는 부인의 말대로 해야 노인과 단둘이 남게 되리라 생각하고, 정말 그렇게 하는 편이 좋겠다는 의사를 표시했다. 단, 자기가 약을 처방해 줄 것이니 환자에게 아무것도 먹이지 말라고 경고했다.

발랑틴은 침대로 옮겨졌다. 그녀는 이제 의식을 회복하긴 했지만 몸을 움직일 수도, 말을 할 수도 없는 상태였다. 손발이 발작으로 완전히 마비되어 버린 것이다. 그러나 할아버지에게만은 눈으로 아는 체할 수 있었다. 노인은 발랑틴이 들려나가는 것이 마치 자기 정신을 빼앗기는 것인 양 안타까운 표정이었다.

다브리니는 환자의 뒤를 따라나갔다. 그리고 처방전을 써준 뒤, 빌포르에게 직접 마차를 타고 약국으로 가서 보는 앞에서 약을 지어가지고 와서, 발랑틴의 방에서 기다리라고 말했다.

그리고 다시 한 번 발랑틴에게 아무것도 먹이지 말라고 이른 뒤에, 누아르티에 노인의 방으로 내려갔다. 의사는 문을 조심스럽게 닫고 아무도 없는 것을 확인하고서 말했다.

"자, 발랑틴 양의 병에 대해 뭔가 말할 게 있는 거죠?"

'그래.' 노인이 눈으로 대답했다.

"그럼, 꾸물거릴 시간이 없습니다. 제가 묻는 데에 대답해 주셔야겠습니다."

누아르티에는 무엇이든 대답하겠다는 눈짓을 보였다.

"오늘 발랑틴 양에게 이런 일이 일어나리라는 걸 미리 짐작하고 계셨던가요?"

'그래.'

다브리니는 잠시 생각한 뒤에 누아르티에 곁으로 다가서며 말했다.

"제가 이런 말씀을 드리는 걸 용서해 주십시오. 하지만 이런 무시무시한 일이 일어난 이상, 조그만 일 하나라도 소홀히 넘겨서는 안 되겠기에 그럽니다. 노인께선 그 불쌍한 바루아가 죽는 걸 목격하셨던가요?"

누아르티에는 눈길을 하늘로 보냈다.

"어째서 그 사람이 죽었는지 아시겠습니까?" 다브리니는 누아르티에의 어깨에 손을 얹으며 물었다.

'그래.' 노인이 대답했다.

"자연사라고 생각하십니까?"

누아르티에의 굳어 버린 입술 위에 미소 같은 것이 스치고 지나갔다.

"그럼 독살당했다고 생각하십니까?"

'그래.'

"그러면 바루아가 먹은 독약이, 그 사람을 죽이기 위해서 누가 일부러 가져다 놓은 거라고 생각하십니까?"

'아니지.'

"그럼, 바루아를 죽인 사람이 다시 누군가를 죽이려고 독약이 든 물을 갖다 놓았고, 그걸 오늘 발랑틴 양이 마신 거라고 생각하십니까?"

'그래.'

"그럼, 발랑틴 양도 죽을까요?" 다브리니는 누아르티에를 가만히 바라보며 물었다.

그는 그 말이 노인에게 어떤 결과를 가져오는지 기다리고 있었다.

'아니.' 노인은 만만치 않은 점쟁이의 예측조차 어긋나게 할 듯이 우쭐한 표정으로 대답했다.

"그럼, 희망을 가지고 계십니까?" 다브리니가 놀란 듯이 물었다.

'그래.'

"어떤 희망을 가지고 계십니까?"

노인은 그 말에는 대답할 수가 없다는 뜻을 눈으로 나타냈다.

"아! 참, 그렇지." 의사는 중얼거렸다. 그러더니 다시 노인을 향하여 말했다. "노인께선 범인이 이제 체념해 버릴 거라고 생각하시나요?"

'아니.'

"그럼, 그 독약이 발랑틴 양에게는 듣지 않을 거라고 생각하시는 건가요?"

'그래.'

"그런데 누군가 발랑틴 양을 독살하려고 독약을 먹였다는 건 알고 계시겠죠?"

노인은 그 점에 있어서는 의심할 여지가 없다는 뜻을 눈으로 표시했다.

"그럼, 어떻게 발랑틴 양이 살아날 거라고 기대하십니까?"

누아르티에가 어느 한쪽만을 뚫어지게 바라보자 다브리니는 그 시선의 방향을 좇았다. 그리고 노인의 눈이 매일 아침 노인에게 들여오는 물약 병에가 있다는 사실을 알았다.

"아! 아!" 한 생각이 다브리니의 뇌리를 강하게 스쳤다. "그럼……."

누아르티에는 그 말이 끝나기도 전에 대답했다. '그래.'

"발랑틴 양에게 독약이 듣지 않게 하시려고……."

'그래.'

"독약에 점점 익숙해지게 해서……."

'그래, 그래, 그래.' 자신의 뜻이 상대에게 전달되자 노인은 몹시 기뻤다.

"역시, 제가 드리는 물약 속에 브루신이 들어 있다는 사실을 제가 하는 말을 듣고 알게 되셨나요?"

'그래.'

"다음에는 그 약에 익숙해지게 해서 독약의 효과를 중화시키려고 하셨던 건가요?"

노인의 눈에 조금 전과 같은 승리감에 찬 기쁨이 떠올랐다.

"그래서 결국은 성공하신 거로군요?" 의사는 소리쳤다. "그렇게 하지 않았더라면 발랑틴 양은 죽었을 겁니다. 손 하나 쓰지 못하고 무참하게 살해당하는 거죠. 발작이 그렇게 심했는데도 그저 잠깐 뒤흔들린 정도로 끝나고 말았으니까요. 적어도 이번 일로는 죽지 않을 겁니다."

무한한 감사의 빛으로 하늘을 우러러보는 노인의 눈은 인간적인 것을 넘어선 듯한 기쁨으로 환하게 빛났다.

마침 그때 빌포르가 돌아왔다.

"여기 가져오라고 하신 약을 지어왔습니다."

"이 약은 직접 보는 앞에서 지어오셨지요?"

"그렇소." 빌포르가 말했다.

"다른 사람 손에 건네진 적이 없었죠?"

"절대로."

다브리니는 약병을 받아 손바닥에다 몇 방울을 떨어뜨려 맛을 보았다.

"됐습니다," 의사가 말했다. "발랑틴 양의 방으로 올라갑시다. 제가 모두에게 지시를 내리겠습니다. 누구든 제 지시를 어기지 않도록 당신이 직접 감독해 주셔야겠습니다, 빌포르 씨."

다브리니가 빌포르와 함께 발랑틴의 방으로 돌아왔을 때, 빌포르의 바로 옆집에는 이탈리아인 신부 한 사람이 찾아왔다. 몸가짐이 단정하고 침착하면서도 경건한 그 신부는 그 집에 세를 얻으러 온 것이다.

어떤 거래가 있었는지는 모르지만, 그 집에 살고 있던 세입자 3명이 두 시간 뒤에 전부 이사를 갔다. 근처 소문으로는 그 집의 기초가 부실해서 곧 무너질 지경이었다는 것이다. 그러나 새로 세든 사람은 그러한 소문에도 불구하고, 그날로 저녁 5시쯤 초라한 가구 몇 가지를 싣고 이사를 왔다.

새로운 세대주는 2년, 6년, 9년, 이렇게 세 가지로 계약서를 작성했다. 그리고 관례대로 6개월의 집세를 선불로 냈다. 새로 세를 든 사람은, 앞서 말한 대로 이탈리아 사람이며 이름은 자코모 부소니였다.

서둘러 인부들이 불려왔다. 그리고 그날 밤 시내 외각에 나갔다가 늦게 돌아오던 사람들은 석공과 목수들이 흔들흔들하던 그 집의 기초부터 뜯어고치며 전면적인 보수작업을 벌이는 것을 보고 모두 놀라워했다.

아버지와 딸

당글라르 부인이 딸 외제니와 안드레아 카발칸티와의 결혼을 빌포르 부인에게 정식으로 알리러 온 일은, 앞에서 말한 대로이다.

그런데 이러한 중대 사건의 관계자 전원이 내린 결정, 또는 결정과 유사한 결과가 정식으로 발표되기에 앞서, 독자들에게 꼭 말해두어야 할 하나의 사건이 있었다.

그러니까 독자들은 한 걸음 뒤로 가서, 그 대사건이 일어났던 날 아침, 당글라르 남작이 자랑스럽게 여기고 있던 금빛 찬란한 그의 객실로 되돌아가 주기를 바란다.

당글라르는 바로 그 객실 안을 아침 10시 무렵에 벌써 몇 번째 왔다 갔다 하고 있었다. 깊은 생각에 잠긴 그는 눈에 띄게 초조한 모습으로 문 하나하나를 눈여겨보면서, 어디에서 조그만 소리라도 나면 발을 멈추곤 했다.

더 이상 기다릴 수 없게 된 그는 하인을 불렀다.

'에티엔,' 그가 말했다. "어째서 외제니가 나더러 여기 와서 기다리라고 그랬지? 그리고 왜 이렇게 오래 기다리게 하는 건가?"

언짢은 마음을 털어놓고 나니 그는 다소 마음이 가라앉았다.

당글라르 양은 잠에서 깨자마자 아버지에게 할 말이 있다며 그 금빛 객실에서 만났으면 한다는 말을 전했던 것이다. 이런 이상한 행동, 특히 지극히 사무적인 그 방법 때문에 당글라르는 조금 놀랐다. 그래서 딸의 말대로 자기가 먼저 객실로 즉시 들어온 것이다.

에티엔은 이내 심부름을 마치고 돌아왔다.

"아가씨 방의 하녀 말이 아가씨께서 몸단장을 다 마치셨으니 오시는데 오래 걸리지 않을 거랍니다."

당글라르는 고개를 끄덕여 알겠다는 표시를 했다. 그는 세상 사람들에게나 하인들에게, 자기가 좋은 사람이며 마음 약한 아버지인 것처럼 보이려고 애썼다. 그것은 그가 연극에서 인기를 끌기 위해 애써 보여주려던 얼굴의 일면이었고, 자기 자신을 위해서 선택한 표정이었다. 오른쪽에서 보면 고대극에 나오는 아버지의 얼굴처럼 한쪽은 입술이 위로 말리면서 웃는 모습이고, 왼쪽은 입술이 아래로 처지며 못마땅한 듯한 그 표정은 그에게 더할 나위 없이 어울렸다.

그러나 우리끼리 얼른 얘기하자면, 다정할 때의 위로 말리면서 웃는 듯 보이는 그 입술도 결국은 아래로 축 처지며 못마땅한 모양으로 바뀌고 만다. 따라서 그는 대개 호인 같은 표정을 짓다가도, 금세 난폭한 남편이나 무서운 아버지로 변하곤 했다.

"할 말이 있다니, 빌어먹을, 할 말은 무슨 할 말이야?" 그는 중얼거렸다. "왜 내 서재로 오지 않고, 할 말이라니, 도대체 무슨 소리를 하려고?"

걱정스레 머릿속으로 수없이 이런 생각을 되씹고 있을 때, 문이 열리며 외제니가 검은 꽃을 수놓은 검은 공단드레스에, 모자는 쓰지 않았으나 장갑은 끼고 마치 이탈리아 극장에라도 가는 듯한 모습으로 들어왔다.

"대체 무슨 일이냐?" 당글라르가 물었다. "서재가 편한데 어째서 이 객실에서 만나자는 거냐?"

"말씀하신 대로예요." 외제니는 아버지에게 앉으라는 손짓을 하며 말했다. "아버지의 그 두 가지 질문이 바로 이제부터 할 얘기의 초점입니다. 그러니까 제가 그 두 가지 질문에 대답해 드리겠어요. 그리고 관례에는 어긋나지만, 두 번째 질문에 먼저 대답해 드리죠. 그게 좀 덜 복잡하니까요. 제가 이 객실에서 뵙자고 말씀드렸던 건, 은행가의 서재라는 그 불쾌한 분위기를 피하고 싶었기 때문이었어요. 막대한 금액이 기입되어 있는 그 출납부라든가 요새의 문처럼 꽉 잠긴 서랍이라든가 어디서 온 건지 모를 산더미 같은 지폐 뭉치라든가 영국, 네덜란드, 에스파냐, 인도, 중국, 페루 같은 데서 온 편지 뭉치들. 그런 것들은 대개 아버지의 머리를 이상하게 만들어 이 세상에는 사회적인 지위나 예금주들의 여론보다도 더 중요하고 신성한 것이 있다는 사실을 잊어버리게 하니까요. 그래서 전 이 방을 택한 거예요. 이 방에는 보시다시피, 아버지와 어머니, 그리고 제 초상화가 있어요. 그리고 풍경화며 마음을 포근하게 감싸주는 목가적인 그림들이 모두 훌륭한 틀에 끼워져 있지요. 전 주위 환경의 영향력이라는 걸 아주 중요하게 생각해요. 물론 아버지 같은 분에게 그런 걸 기대한다면 안 될지 모르겠지만, 어쨌든 전 예술가니까요. 그러니 그런 공상쯤 하는 건 이상할 게 없겠죠?"

"알았다." 당글라르가 대답했다. 이런 긴 대사를 천연덕스럽게 조용히 들으면서도, 그는 늘 자기대로 머릿속으로 생각을 하는 사람이었기 때문에 열심히 생각의 실마리를 뽑아내느라 사실 한마디도 알아듣지 못했다.

"이걸로 두 번째 질문은 확실히 밝힌 겁니다. 적어도 대개는 밝혀졌다고 볼 수 있지요." 외제니는 마음이 흔들리는 기색이라곤 조금도 없이, 그 태도라든가 말투에 그녀 특유의 남성적인 냉정함을 잃지 않고 말했다. "아버지께서도 제 설명에 만족하신 것 같군요. 그럼, 이제부터 첫 번째 문제로 돌아가겠습니다. 아버지께서는 제가 왜 아버지를 만나 뵙겠다고 했는지를 물으셨죠. 단 한마디로 답해 드리죠. 저는 안드레아 카발칸티 백작과 결혼하고 싶지 않아요."

당글라르는 의자에서 펄쩍 뛰어올랐다. 그 반동으로 눈과 팔이 동시에 하늘을 향해 올라갔다.

"그래요," 외제니는 여전히 침착하게 말을 이었다. "놀라시는군요. 그러실 줄 알았어요. 그 시시한 얘기가 시작된 뒤로 제가 반대한 적은 없으니까요. 하지만 전 제게 의논 한 번 안 했던 사람들이나 제 뜻에 맞지 않는 일에 대해서는 언제라도 분명하게 솔직한 의견을 밝힐 수 있어요. 그러나 이번 일에 제가 그처럼 조용하게 있었던 것에는, 철학자들 말을 빌려 수동적으로 나왔던 것에는, 다른 이유가 있었던 거예요. 그건 온순하고 충실한 딸로서…… (이렇게 말하는 외제니의 붉은 입술에는 가벼운 미소가 떠올랐다) 아버지께 복종하려고 그랬던 거예요."

"그런데?" 당글라르가 물었다.

외제니가 말을 이었다. "그래서 저는 최대한 노력했어요. 그런데 지금 드디어 때가 온 거예요. 무척 애써봤지만, 복종할 수 없습니다."

"그렇지만 싫다는 이유가 뭐냐?" 당글라르가 말했다. 머리가 둔한 그는 딸의 냉정한 태도에서 볼 수 있는, 충분한 생각과 결의가 드러난 그 가차없는 논리에 먼저 압도된 것 같았다.

"이유라고요?" 외제니가 대답했다. "아, 그건, 그 사람이 다른 사람들에 비해 못생겼다든지 불쾌한 인상을 준다든지 해서는 아니에요. 그러기는커녕 안드레아 카발칸티 씨는 사람의 용모나 풍채만 보는 사람들 눈엔 충분히 훌륭하게 보일 거예요. 그렇다고 제가 그 사람보다 더 마음에 두고 있는 사람이 있는 것은 아니고요. 그런 건 기숙사 여학생들이나 갖다 댈 이유지요. 전 아무도 사랑하고 있지 않아요. 아버지도 아시겠지만, 전 도대체 왜 일생을, 필요도 없는데 영원한 반려자라는 사람에게 방해 받으며 살아야 하는지 모르겠어요. 어느 현인이 이렇게 말했지요. '필요 이상의 것은 전혀 없는 것과 마찬가지'라고요. 또 이런 말도 있지요. '온전히 가지려면 자기 자신과 함께 해라.' 이 두 가지 금언을 저는, 라틴어와 그리스어로도 배웠습니다. 하나는 분명 파이드로스(기원전 1세기 그리스의 철학자. 플라톤의 《대화》에 소크라테스와 나온 인물)의 말이고, 또 하나는 비아스(기원전 6세기 그리스 7현인 중 한 명)의 말일 거예요. 그러니 아버지, 저는 난파되면(본디 인생이란 우리의 희망을 끊임없이 난파시키는 거니까요) 필요없는 짐은 바닷물에 던져버릴 생각이에요. 그저 그뿐입니다. 그래서 자신의 의지만 가지고 인생을 완전히 혼자, 그러니까 완전히 자유롭게 살아가겠어요."

"참, 딱하다, 딱해!" 당글라르는 얼굴빛이 달라지며 말했다. 그는 오랜 경험으로 이런 갑작스러운 반발이 얼마나 완강한 것인지 알고 있었기 때문이다.

"딱하다고요!" 외제니가 되받았다. "지금 딱하다고 하셨어요? 천만에요. 하긴, 그런 한탄은 어디까지나 연극이지 마음에도 없는 말씀이시잖아요. 그러기는커녕, 전 행복해요. 무엇 하나 부족한 게 없으니까요. 사람들은 저를 아름답다고들 말하지요. 그것만으로도 전 남들한테 대접을 받을 수 있어요. 전 대접받는 게 좋아요. 대접을 받게 되면 얼굴이 환해지고, 얼굴이 환해지면 주위 사람들이 저를 더 아름답게 볼 테니까요. 게다가 전 머리가 좋고 감수성이 뛰어나서, 일반 사람들의 생활 속에서 좋은 것을 끌어내 제 생활 속에 끌어들일 수가 있어요. 마치 원숭이가 덜 익은 호두를 깨고, 안에 들어 있는 알맹이를 꺼내는 것처럼 말이에요. 게다가 전 부자예요. 왜냐하면 아버지께선 프랑스에서 이름난 재산가요, 저는 그런 아버지의 외딸이니까요. 그리고 아버지께선 포르트 생 마르탱 극장이나 게테 극장의 연극에 나오는 아버지들처럼, 손자를 안 낳는다고 해서 딸들한테 유산을 안 주실 그런 완고한 분은 아니니까요. 게다가 선견지명이 있는 법률 덕에 저는 어떤 사람과 강제로 결혼하지 않아도 될 뿐만 아니라, 상속권을 박탈당할지도 모른다는 걱정은 절대로 하지 않아도 됩니다. 이렇게 희극 대사에 나오는 대로 전 아름답고, 머리 좋고, 재능까지 겸비한데다가 부자이기까지 해요! 이보다 더한 행복이 어디 있어요? 그런데 어째서 절 딱하다고 하세요?"

당글라르는 오만한 웃음을 띤 딸의 모습을 보고, 버럭 소리를 지르며 난폭한 본심을 드러내고 싶은 것을 참을 수 없었다. 그러나 그걸로 끝나고 말았다. 대답을 기다리는 듯한 딸의 눈길과 뭔가 묻는 듯이 찌푸린 아름다운 검은 눈썹을 보고, 그는 조심스레 생각을 돌려보았다. 그리고 신중함이라는 무쇠 손에 눌려 이내 마음을 가라앉힐 수 있었다.

"그래," 당글라르는 미소를 띠며 대답했다. "넌 지금 네가 자랑한 그대로다. 단 한 가지만 빼놓고 말이다. 그게 뭔지 지금 당장은 얘기하고 싶지는 않구나. 네 추측에 맡기기로 하겠다."

외제니는 자기 머리 위에 그토록 화려하게 씌워져 있는 자랑스러운 화관에 꽃장식 하나가 빠졌다는 소리를 듣고 깜짝 놀라 아버지의 얼굴을 쳐다보았다.

당글라르는 말을 이었다. "너는 너 같은 처녀가 왜 결혼하지 않을 결심을 하게 됐는지, 그 감정을 충분히 설명해 주었다. 그럼, 이번엔 아버지인 내가 어째서 너를 결혼시킬 생각을 하게 됐는지 설명해 주마."

외제니는 고개를 숙여 예를 표했다. 그러나 그것은 얌전하게 들으려는 딸의 태도가 아니라, 오히려 당장에라도 반박하려는 태도였다.

"아버지가 딸한테 시집가라고 하는 데는 결혼을 원할 만한 어떤 이유가 있는 법이다. 사실, 아까 네가 말한 대로 손자를 봄으로써 자기 핏줄을 이어가겠다는 우스운 생각에 사로잡힌 사람들도 있긴 있지. 그러나 난 그런 약한 마음은 없다. 네가 말을 꺼냈으니 하는 말이지만, 난 즐거운 가정이라는 것에는 거의 관심이 없는 사람이다. 넌 이런 나의 무관심을 이해할 수도 있고 그걸 죄악으로 여기지도 않을 만큼 생각이 깊은 애니까, 너한테만 이런 고백을 하는 거다."

"그래요," 외제니가 말했다. "우리 솔직하게 말하기로 해요, 아버지. 저도 그러는 편이 좋으니까요."

"아!" 당글라르가 말했다. "평상시라면 솔직한 게 좋다는 너의 그런 뜻엔 찬성할 수 없지만, 사정이 사정이니만큼, 내가 좀 솔직해지려고 한다는 것을 너도 알겠지? 그래서 얘길 계속하겠다. 난 너를 위해서 그랬던 건 아니야. 사실 말이지, 그때 난 네 생각은 조금도 하지 않았다. 네가 솔직한 걸 좋아하니까 이런 말도 하는 거다. 사실 나한텐 네가 신랑감으로 꼭 그를 택해야만 할 필요가 있었어. 그건 지금 내가 서두르고 있는 거래상의 계획 때문이었다.

외제니는 몸을 움찔했다.

"그러나 날 원망하진 말아다오. 그것도 따지고 보면, 너 때문에 그렇게 한 거니까. 불쾌하고 시적인 멋도 전혀 없는 은행가의 사무실 같은 곳에 발도 들이고 싶어 하지 않는 너 같은 예술가한테 나도 계산적인 애기는 하기 싫다, 애야. 하지만 나한테서 매달 1천 프랑을 받아 쓰느라고, 그런 은행가의 사무실에 엊그제만 해도 네가 왔다 갔었다는 걸 알아 둬라. 결혼 같은 건 하지 않겠다는 젊은 사람들도 많은 걸 배우게 되는 거야. 예를 들면 이건 네 신경과민을 생각해서 이 방에서 얘기해 주는 거지만, 신용이란 것은 은행가에겐 정신적 육체적 생명이고, 신용이야말로 마치 호흡이 육체를 살게 해주는 것과 마찬가지로 은행가의 생명을 지탱해 주는 힘이란다. 언젠가 몬테크리스토 백작도 이 문제에 대해 잊으려야 잊을 수 없는 말을 해줬는데, 신용을 잃으면 은행가는 시체나 다름없어진다는 거야. 그런데 논리에 밝은 딸을 가지고 있는 걸 자랑으로 여기는 바로 나에게, 그런 위험이 코앞에 닥쳐오고 있단 말이다."

"그럼, 파산이란 말인가요?" 그녀가 물었다.

"그래, 바로 그거다. 그거야." 당글라르는 손톱 끝으로 가슴을 쥐어뜯으며 말했다. 그러면서도 거친 얼굴 위에는, 비정하긴 하나 저의를 깔고 있는 사람다운 미소를 띠었다. "파산이다! 파산!"

"이럴 수가!" 외제니가 소리쳤다.

"그래, 파산이야! 이젠 잘 알겠느냐? 비극 시인들이 말하는 '공포에 찬 비밀'이란 걸 말이다. 그런데 이 불행이 네 덕분에 어떻게 하면 조금이라도 가벼워질 수 있는지, 그 얘기를 좀 들어다오. 이건 나를 위해서가 아니라, 다 너를 위해서 하는 말이다."

"아!" 외제니는 외쳤다. "지금 제가 아버지의 말씀을 듣고, 아버지가 저 때문에 한탄하고 있는 줄로 안다고 생각하신다면, 정말 사람 얼굴을 전혀 볼

줄 모르시는군요. 파산을 한다고요! 그게 저와 무슨 상관이 있어요? 제겐 제 재능이 있다고요. 제가 파스타나 말리브랑, 그리시(모두 당시에 유명했던 오페라 가수)처럼 10만이나 15만 프랑 정도의 연수입을 혼자 힘으로 못 벌 줄 아세요? 아버지 재산이 얼마나 되는지는 몰라도, 여태 아버지도 제게 그만한 돈을 제게 주어보신적은 없지요. 게다가 그런 돈은 아버지가 눈살을 찌푸리고 잔소리를 하면서 주셨던 고작 1만2천 프랑 정도의 돈과는 달라서, 박수갈채와 꽃다발과 함께 척척 굴러들어올걸요. 웃으시는 걸 보니 믿지 않으시는 모양이지만, 설령 그런 재능이 제게 없다 하더라도 제겐 어떠한 보물에도 필적할 만한, 그리고 그 때문에 죽는다 하더라도 포기할 수 없는 독립에 대한 갈망이 있어요. 제가 슬퍼하는 것은 결코 저 때문이 아니에요. 전 어떤 일을 당해도 헤쳐나갈 수 있어요. 책이라든가 연필, 피아노 같은 비싸지도 않고 어느 때고 손에 넣을 수 있는 물건들은 그대로 남을 거예요. 그럼 아버지, 제가 어머니 때문에 상심하고 있는 줄 아세요? 그것도 잘못 보신 거예요. 제 생각이 틀리지 않다면, 어머니는 아버지에게 닥쳐올 재난에 대비해서 다 손을 써놓고 있을걸요. 그러니까 어머니한테도 어떤 영향도 미치지 못할 거예요. 어머니는 벌써 안전한 곳에 계실 테니까요. 그리고 어머니가 재산 걱정을 하지 않아도 되도록 손을 쓴 건, 절 위해서 그런 건 아니에요. 어머니는 제가 자유를 좋아한다는 것을 핑계 삼아 제 일은 일체 간섭도 하지 않으시는걸요. 아버지, 전 어려서부터 제 주위에서 일어나는 일들을 너무나 많이 보아왔어요. 그리고 그런 걸 너무 잘 알게 되다 보니, 불행을 당해도 필요 이상으로 마음 쓰지 않게 된 거예요. 철이 들면서 저는 누구의 사랑도 받지 못했어요. 그러니 자연히 저 또한 아무도 사랑하지 않았지요. 잘됐네요, 뭐! 이젠, 제 얘기는 다 해드린 셈이에요."

"그럼, 넌 나를 파산시키고 말겠다는 거냐?" 당글라르는 노여움으로 얼굴빛이 새파래져 말했다. 그러나 그 노여움이라는 것이 자식에게 사랑을 배반당했다는 데서 오는 것은 아니었다.

"아버지를 파산시킨다고요?" 외제니가 말했다. "제가 아버지를 파산시키려 한다고요? 대체 그게 무슨 말씀이시죠? 전 못 알아듣겠는데요."

"그럼, 일말의 희망이 남아 있는 셈이구나. 내 얘길 좀 들어봐라."

"말씀하세요." 외제니는 아버지를 똑바로 쳐다보며 말했다. 아버지는 딸의 그 강한 시선에 눈을 피하지 않으려고 애썼다.

"카발칸티 씨는 너와 결혼할 생각이다. 그리고 너와 결혼하게 되면 네게 3백만 프랑이라는 돈을 가져오는 거야. 그래서 그 돈을 내 은행에 넣어두는 거지."

"잘됐군요!" 외제니는 장갑 두 짝을 마주 비비면서 경멸조로 말했다.

"그런데 내가 그 3백만 프랑을 어떻게 할까 봐 그러니?" 당글라르는 말했다. "천만에! 그 3백만 프랑으로 적어도 1천만 프랑을 만들어보려고 하는 거야. 난 어느 자산가와 손잡고 철도 시설권을 손에 넣었단다. 이건 요즘 세상에서는 어마어마한 행운을 즉각 거머쥘 수 있는 유일한 사업이지. 예전에 존 로우가 늘 새로운 것을 좋아하는 파리 사람들을 위해 기상천외한 미시시피 계획을 실행에 옮겼던 것 만큼 말이다. 내 계산에 의하면, 옛날 사람들이 오하이오 호반의 황무지를 1아르팡씩 샀듯이, 이번엔 철도 전선의 100만 분의 1씩을 사들이는 거야. 이건 담보가 있는 투자지. 이게 바로 진보라는 거다. 다시 말하면 투자액에 따라서, 적어도 10파운드, 15파운드, 20파운드, 100파운드라는 철이 자기 것이 된단 말이야. 그래서 난 앞으로 일주일 내에 내 몫으로 4백만 프랑을 내야 한다. 그럼 그 4백만 프랑이 곧 1천만, 1천2백만이 되는 것이지."

"그런데 그저께 제가 아버지한테 갔던 건 아버지도 똑똑히 기억하고 계시지 않아요?" 외제니가 말했다. "그때 550만 프랑을 입금하시는 걸 봤는데요. 그 액수의 채권 두 장을 제게 보이시면서, 제가 그걸 보고도 눈이 휘둥그레지지 않는다고 놀라셨잖아요?"

"그래, 하지만 그 550만 프랑은 내 돈이 아니라, 내가 사람들의 신용을 얻고 있다는 증거일 뿐이야. 난 대중적인 은행가라고 해서 자선원 관계자들의 신용을 얻고 있다. 그 550만이라는 돈도 실은 그쪽의 돈이란다. 다른 때 같으면 그 돈을 서슴지 않고 쓸 수도 있겠지. 그러나 지금은 크게 손해 본 것을 다들 알고 있는 판이고, 또 아까도 말했듯이 내 신용도 서서히 떨어지기 시작했거든. 얼마 있으면, 자선원 사무국에서 기탁금을 내놓으라고 할 거야. 그때 그 돈을 내가 다른 데로 돌려쓴 것이 드러나면, 좋든 싫든 난 불명예 파산을 하는 거지. 파산도 파산 나름이야. 파산해서 나중에 득이 되는 경우면 모르되, 아주 파멸하고 마는 경우라면 큰일이다. 그런데 네가 카발칸티 씨와 결혼을 하게 되어서 내가 그 300만 프랑을 손에 넣게 되면, 또는 그 돈이 내 손에 들어오게 되리라고 사람들 머릿속에 심어주기만 해도, 내 신용은 다시 회복되는 거다. 그렇게 되면 최근 1, 2개월째 어찌된 영문인지, 발밑에 입을 벌리고 있는 심연으로 빠져들어 가던 내 재산도 다시 붙잡을 수가 있고. 알아듣겠느냐?"

"네, 잘 알겠어요. 그래서 절 300만 프랑에 대한 담보로 잡히시려는 거군요?"

"금액이 크면 클수록 너도 자랑할 수 있지 않겠니? 그건 네가 어느 정도의 가치가 있는가를 분명히 밝혀주는 거니까."

"감사드릴 일이군요. 그럼, 마지막으로 한마디만 더 하지요. 카발칸티 씨가 가져오는 지참금을 자본삼아 어떻게 이용해서 불리시든 그건 상관없지만, 그 금액 자체는 조금도 줄지 않게 손대지 않겠다고 확실히 약속해 주시겠어요? 이건 이기심에서 나온 생각과는 문제가 좀 달라요. 전 아버지의 재산을 다시 회복하는 데는 도움이 되어드릴 수 있지만 아버지와 공범이 돼서 다른 사람들을 파산하게 만들고 싶지는 않으니까요."

"그러니까 지금도 얘기하지 않았니?" 당글라르가 큰 소리로 외쳤다. "그 300만으로……."

"그 300만에 손을 대지 않고도 일을 잘 처리해 나갈 수 있다고 생각하세요?"

"그러면 다행이지. 하지만 이 결혼이 성사되어서 내 신용이 회복되고 난 뒤의 일이야."

"그럼 제 지참금으로 주신다던 50만 프랑은 카발칸티 씨에게 내주실 건가요?"

"결혼 수속만 끝내고 오면 바로 내줄 생각이다."

"좋아요!"

"좋다니, 뭐가 좋다는 말이냐?"

"혼인 서약서에 서명한 다음에는 절 완전히 자유롭게 해주시는 거겠죠?"

"당연하지."

"그걸로 됐다는 거예요. 그럼, 카발칸티 씨와 당장에라도 결혼하겠어요."

"그런데 네가 생각하고 있는 계획은 뭐냐?"

"아, 그건 비밀이에요. 아버지가 제 비밀을 알고 난 다음에 그걸 누설해 버리면 제가 아버지를 누르고 일어설 수 없잖아요?"

당글라르는 화가 난 듯이 입술을 깨물었다.

"그럼 반드시 필요한 공식적인 방문도 해주겠단 말이지?" 그가 말했다.

"물론이에요."

"사흘 안에 서명도 해주고?"

"그래요."

"그럼, 이번엔 내가 말할 차례지. 좋아, 그걸로 됐어."

그렇게 말하면서 당글라르는 두 손으로 딸의 손을 꼭 쥐었다.

그러나 이상하게도 이렇게 악수를 하면서도 아버지는 딸에게 '고맙다'는 말이 안 나왔으며, 딸은 또 딸대로 아버지에게 미소조차 짓지 못했다.

"그럼, 얘긴 끝난 거죠?" 외제니는 자리에서 일어서며 말했다.

당글라르는 더 이상은 할 말이 없다는 뜻으로 고개를 끄덕여 보였다. 5분 뒤엔 다르미 양이 치는 피아노 소리가 들려왔고, 외제니는 데스데모나에 대한 브라반시오의 저주의 노래 (셰익스피어의 《오셀로》를 토대로 로시니가 만든 오페라에 나오는 노래) 를 부르고 있었다.

마침 그 곡이 끝나자 에티엔이 들어왔다. 그리고 마차 준비도 다 되었고 당글라르 부인이 기다리고 있다고 전했다.

우리가 이미 앞에서 보았듯이 이렇게 해서 두 여자가 빌포르의 집을 방문 했던 것이다. 당글라르 모녀는 그 후 그 집에서 나와 다른 볼일을 보러 갔 다.

혼인서약

앞에서 말한 일이 있고 난 지 사흘 뒤, 즉 외제니 당글라르 양과 당글라르가 어디까지나 왕족 대우를 하고 있는 자산가인 안드레아 카발칸티가 혼인서약서에 서명하기로 결정된 날, 오후 5시쯤이었다. 몬테크리스토 백작 저택 앞의 작은 정원에서는 나뭇잎들이 싱그런 바람에 흔들리고 있었다. 백작은 막 외출을 하려던 참이었다. 마차에는 벌써 15분 전부터 마부가 자리를 잡고, 발길로 땅을 차고 있는 말들을 달래고 있었다. 마침 그때 벌써 여러 번, 특히 오퇴유의 만찬회에서 보았던 그 우아한 이륜마차가 정문을 빠른 속도로 돌아 들어오더니, 마치 왕녀한테 장가라도 드는 듯이 금빛 찬란하게 치장한 안드레아 카발칸티를 계단 위에 내려놓았다. 아니, 내려놓았다기보다는 내던졌다.

그는 여느 때와 같이 친숙한 태도로 백작의 안부를 물은 뒤, 가볍게 계단을 올라가다가 맨 꼭대기 계단에서 몬테크리스토 백작과 딱 마주쳤다.

청년을 보자 백작은 멈춰 섰다. 안드레아 카발칸티는 무척 우쭐거리고 있었다. 그는 한번 그러기 시작하면 그칠 줄을 모르는 사람이었다.

"여어! 안녕하십니까, 몬테크리스토 백작님." 그가 말했다.

"아! 안드레아 씨가 아니시오!" 백작은 반쯤 빈정거리는 투로 말했다. "그래, 안녕하셨소?"

"보시다시피 잘 있습니다. 이것저것 할 얘기가 많아서 찾아왔는데 지금 나가시는 길입니까? 들어오시는 길입니까?"

"나가려던 참이오."

"그럼, 늦으면 안 되실 테니, 괜찮으시다면 저도 백작 마차에 같이 타겠습니다. 제 마차는 톰더러 끌고 뒤따르라고 하지요."

"아니," 백작은 다소 경멸하는 듯한 웃음을 띠며 말했다. 청년과 동행하고 싶지 않았기 때문이다. "아니오, 여기서 얘길 듣는 게 좋겠소, 안드레아 씨.

얘기하기엔 방이 좋으니까. 마부가 엿들을 염려도 없고."

백작은 이렇게 말하면서 2층에 있는 작은 객실로 들어가 앉았다. 그리고 두 다리를 꼬며 청년에게도 앉으라는 손짓을 했다.

안드레아는 여느 때처럼 상냥한 모습이었다.

"백작께서도 아시다시피 오늘 밤에 식을 올립니다. 밤 9시에 장인 댁에서 혼인 서약서에 서명하기로 돼 있지요."

"아, 그래요?" 백작이 말했다.

"아니, 처음 들으셨습니까? 오늘 밤 식에 대해 당글라르 씨가 말하지 않았던가요?"

"아뇨," 백작이 말했다. "어제 당글라르 씨의 편지를 받았죠. 하지만 시간은 적혀 있지 않더군요."

"그럴지도 모르겠네요. 장인께서는 세상이 다 아는 줄 알고 있으니까요."

"이제 행복하게 되셨구려. 썩 잘 어울리는 부부니 말이에요. 게다가 외제니 양은 미인이기까지 하니."

"그렇죠." 카발칸티는 제법 겸손을 떨며 대답했다.

"특히 외제니 양은 굉장한 부자라고 생각되는데." 백작이 말했다.

"굉장한 부자일까요?" 청년이 물었다.

"물론이오. 소문에는 당글라르 씨가 재산을 적어도 절반은 감춰두었다고 하니 말입니다."

"자기 말로는 1천5백만 내지 2천만 프랑이라고 하던데요." 안드레아는 기쁨으로 눈을 반짝이면서 말했다.

"게다가 미국이나 영국에서는 벌써 시들해졌지만, 프랑스에선 새롭게 일어나는 투기사업에 손을 대고 있는 모양입니다." 백작이 덧붙였다.

"그래요, 지금 말씀하신 건 저도 알고 있어요. 철도 시설권이 낙찰된 것을 말씀하시는 것 아닙니까?"

"맞아요. 일반적으로 그 사업이 적어도 1천만은 벌 거라고 하더군요."

"1천만이라! 그게 정말입니까? 거, 굉장한데요!" 카발칸티는 이 황홀한 말의 울림에 취한 듯이 말했다.

"게다가 그 재산은 모두 당신한테로 갈 거요. 외제니 양이 외동딸인 이상, 그건 당연한 일이죠. 그런데다 당신 재산도 당신 아버지 말에 따르면, 외제니 양의 재산에 거의 맞먹을 겁니다. 그건 그렇고, 안드레아 씨, 돈 얘긴 이제 그만둡시다. 그런데 결혼 문제를 굉장히 민첩하고 능숙하게 해치우셨는데요!"

"네, 아무래도 그렇죠," 청년이 대답했다. "저는 외교관의 자질을 타고났으니까요."

"그럼, 외교관이 되셔야겠군요. 아시겠지만, 외교적 수완이란 건 배워서 얻는 게 아니라 어디까지나 본능적인 거니까……. 그래, 상대의 마음을 잡았나요?"

"사실은 그게 걱정이에요." 안드레아의 대답은 프랑스 대극장의 무대에서, 도랑트나 발레르가 알세스트(모두 몰리에르의 결작 <인간 혐오>의 등장인물)에게 대답하는 어조 그대로였다.

"그래도 조금은 사랑받고 있겠지요?"

"그건 틀림없습니다." 안드레아는 의기양양한 미소를 띠며 대답했다. "어쨌든 결혼 승낙을 받았으니까요. 하지만 한 가지 잊어버리면 안 될 중대한 문제가 있습니다."

"뭐죠?" 백작이 물었다.

"이번 일은 이상하게도 어떤 힘이 도운 것 같아요."

"설마!"

"틀림없습니다."

"그럼 그때의 주위 사정 덕분인가요?"

"아니요, 백작 덕분이죠."

"내가? 그만두시오, 카발칸티 공," 백작은 일부러 그 공이라는 칭호에 힘을 주며 말했다. "내가 당신에게 뭘 도울 수 있었다고 그러는 거죠? 당신의 그 이름과 사회적 지위, 그리고 당신의 그 재능이면 충분하지 않소?"

"아닙니다," 청년이 대답했다. "백작이 뭐라고 하셔도 전, 백작 같은 분의 지위가 제 이름이나 사회적 지위 혹은 재능에 비해서 훨씬 힘이 크다는 것을 알고 있습니다."

"오해입니다," 백작은 청년이 무엇을 노리고 있는지를 짐작하고는 이렇게 말했다. "당신을 밀어준 것도, 당신 아버님의 세력과 재산을 인정하고 난 다음의 일입니다. 당신을, 그리고 훌륭하신 당신 아버지를 한 번도 보지 못했을 때 당신을 알게 해준 게 누구였던가요? 나와 아주 가까운 두 친구, 윌모어 경과 부소니 신부였지요. 그 뒤에 나에게 당신을 보증해 주는데다가 밀어주고 싶은 마음까지 들게 한 건 누구였지요? 바로 이탈리아에서 명성이 자자하고 존경받는 당신 아버지였지요. 그러니까 난 개인적으로는 당신을 모르는 셈입니다."

이렇게 조용하고도 온후한 백작의 태도를 접하자, 안드레아는 그 순간 자기가 자기보다도 억센 어떤 손에 꽉 붙잡혀 쉽사리 그 속에서 빠져나올 수 없게 되었다는 것을 깨달았다.

"아, 그렇군요! 하지만 아버지가 정말로 막대한 재산을 가지고 있을까요, 백작님?" 그가 물었다.

"그런 것 같아요." 백작이 대답했다.

"제게 약속한 결혼 자금은 정말 와 있을까요?"

"어제 그 통지를 받는데요."

"그럼, 그 3백만 프랑은요?"

"그 3백만 프랑은 지금쯤 송금하고 있는 중일 걸요."

"그럼, 그 돈이 정말 제 손에 들어오겠군요?"

"그거야 물론이죠!" 백작이 대답했다. "당신이 이제껏 돈 때문에 낭패를 본 일은 없지 않겠소!"

안드레아는 움찔해서 잠시 생각해보지 않을 수 없었다. 이윽고 생각을 멈춘 그가 말했다.

"그럼, 백작께 한 가지 부탁하고 싶은 것이 있는데요. 귀찮으실지 모르지만, 이해해 주실 줄 압니다."

"말해보세요." 백작이 대답했다.

"저는 재산이 있는 덕분에 꽤 많은 저명인사들을 알고 지냅니다. 그리고 적어도 지금은 친구들도 많지요. 그러나 이번 결혼은 파리의 사교계를 앞에 놓고 하는 일이니만큼, 누군가 훌륭한 이름을 갖고 계신 분이 뒤를 밀어주셔야 할 겁니다. 그리고 아버지가 못 오시게 되면, 누구든 유력한 분께서 제 손을 잡고 저를 결혼식 제단까지 데려다 주셔야 합니다. 그런데 아버진 파리에 안 오시겠죠?"

"나이도 많으신데다가 온몸에 부상을 당하셨으니, 여행을 한다는 게 여간 힘든 일이 아닐 겁니다."

"알고 있습니다. 그래서 이렇게 부탁을 드리러 온 겁니다."

"나한테요?"

"네, 백작께요."

"대체 뭘 말이오?"

"아버지를 대신해 주십사 하고요."

"세상에! 무슨 소릴 하시는 거요? 날 그토록 많이 접했는데도 그런 부탁을 하시다니, 나를 그렇게 모르신다는 말이오? 차라리 나한테 50만 프랑을 빌려달라고 하시는 게 낫지. 그만한 돈을 빌려 주기가 그리 쉬운 일이 아니지만, 그래도 내겐 지금 그 부탁보다는 낫겠어요. 전에도 말했을 줄 알지만 세상일에, 더군다나 정신적인 일에 관여하게 될 때 난 언제나 동양적인 조심성, 더 나아가서는 그러한 미신을 버릴 수가 없습니다. 카이로, 스미르나, 그리고 콘스탄티노플에 궁전을 가지고 있는 내가 결혼식을 주재하다니요!"

"그럼 거절하시는 겁니까?"

"깨끗이 거절합니다. 당신이 설령 내 자식이나 형제라도 거절할 거요."

"이것 참!" 안드레아는 절망적으로 외쳤다. "그럼, 저는 어떡하면 좋죠?"

"친구가 많다고 그러지 않으셨소?"

"그건 그래요. 그렇지만 저를 당글라르 씨에게 소개해 준 것은 백작이십니다."

"전혀요! 하나하나 사실을 확실히 해 두죠. 물론 오퇴유의 내 집 만찬에 당신을 당글라르 씨와 함께 초대한 건 납니다. 그렇지만 거기서 당신은 자신이 직접 당글라르 씨한테 자기소개를 했지요. 그러니 이 문제와는 전혀 상관없는 일입니다."

"그렇죠. 하지만 제 결혼 문제에서는 백작께서 도와주시지 않았어요?"

"내가요? 절대로 그런 적 없습니다. 당신이 나한테 와서 결혼 신청을 해 달라고 부탁했을 때, 내가 대답한 말을 기억해 보시죠. 그때 내가 이런 말을 했습니다. '오! 난 중매 같은 건 안 합니다. 이건 내 철칙이에요' 하지 않았던가요?"

안드레아는 화가 난 듯이 입술을 깨물었다.

"그래도 식에 참석은 해주시겠죠?"

"파리 사람들이 다 가겠죠?"

"오! 물론입니다."

"그럼, 나도 모든 파리 사람들과 마찬가지로 가겠죠." 백작이 대답했다.

"혼인 서약서에 서명은 해주시겠습니까?"

"오! 그건 별로 어려울 것 없습니다. 그 정도까지 거절할 생각은 없으니까요."

"그럼, 그 이상은 허락해주시지 않을 테니, 그 정도로 만족할 수밖에 없지요. 그런데 마지막으로 한마디만 하겠습니다."

"그러세요."

"한 가지 의견을 듣고 싶어서요."

"잠깐만. 내 의견을 내놓는다는 건, 뭘 도와드리는 것보다 더 싫은 일인데요."

"아니, 이건 뭐 그리 폐가 될 것까진 없는 일입니다."

"말해보세요."

"신부는 지참금 50만 프랑을 가져오게 되어 있습니다."

"그 금액은 나도 당글라르 씨한테 들었지요."

"그 돈을 제가 직접 받나요, 아니면 공증인 손에 맡겨두는 건가요?"

"지참금은 일반적으로 이렇게들 하지요. 쌍방의 공증인이 혼인 서약 때, 다음날이나 그 다음다음 날 만나기로 약속을 합니다. 그리고 약속한 날 만나서 서로 결혼 지참금을 교환하고 영수증을 주고받습니다. 그 다음 정식 결혼식이 끝나면, 가장인 신랑에게 그 몇백만 프랑의 재량권을 맡깁니다."

"사실은," 안드레아는 다소 불안감을 감추지 못하고 말했다. "장인이 우리의 재산을 아까 말씀하신 그 철도 사업에 투자하려고 한다는 말을 들은 것 같아서요."

"아! 그래도 사람들 말에 의하면, 그거야말로 당신네 재산을 1년 안에 세 배로 늘리는 방법이라고 하던데요. 당글라르 남작은 좋은 아버지이기는 하지만 계산에 밝은 사람이기도 하니까요."

"그럼 만사가 다 제대로 되는 것이군요. 아까 백작께서 거절하신 그 일만큼은 조금 섭섭하지만요." 안드레아가 말했다.

"그것도 이런 경우에는 지극히 당연한 거라고 생각해 버리세요."

"그럼, 오늘 밤 9시에 또 뵙겠습니다." 안드레아가 말했다.

"저녁에 만납시다."

백작의 입술은 예의를 갖춘 미소를 띠면서도 창백해져서 석연치 않은 감정을 드러내고 있었지만, 안드레아는 백작의 손을 꽉 잡았다. 그러고는 마차에 뛰어올라 밖으로 사라졌다.

그로부터 저녁 9시까지 네댓 시간동안, 안드레아는 여기저기 돌아다니며 앞서 말한 친구들을 찾아가 화려한 차림으로 은행가의 집에 와달라고 부탁했다. 그리고 그들에게 당글라르가 결정권을 가지고 있는 사업주식의 전망을 들려주면서 모두들 눈이 휘둥그레지게 만들었다.

아니나 다를까 8시 반이 되자, 당글라르 집의 살롱과 거기 딸린 복도와 그 층에 있는 다른 세 개의 객실들은 향수 냄새를 풍기는 사람들로 가득 찼다. 그들은 호의를 가지고 있어서라기보다는 새로운 일이 생기는 곳에 가지 않고는 못 배겨서 모여든 사람들이었다.

만약에 프랑스 한림원의 회원이라도 있었다면 이런 사교계의 저녁 모임을 일컬어 바람둥이 나비와 굶주린 꿀벌, 그리고 시끄러운 무늬말벌들을 끌어들이는 꽃들의 집단이라고 표현할지도 모른다.

말할 것도 없이 객실이란 객실은 모조리 양초불빛으로 휘황찬란했으며, 비단 휘장 위의 금빛 띠장에서도 빛이 넘쳐흐르고 있었다. 게다가 비싸다는 것 말고는 무엇 하나 볼 것도 없는 악취미의 실내 장식들도 번쩍번쩍 빛나고 있었음은 두말할 것도 없다.

외제니는 비할 데 없이 우아하고 청초한 옷차림을 하고 있었다. 하얀 비단에 흰 실로 수를 놓은 옷에 검은 머리칼에 반쯤 가려진 흰 장미 한 송이가 장식의 전부였고, 보석이라고는 단 하나도 지니고 있지 않았다. 그러나 그녀의 눈빛은, 이런 청초한 옷차림도 세속적인 순결성을 의미할 뿐이라고 비난하듯 지극히 확고한 의지를 보여주고 있었다.

외제니로부터 삼십 보쯤 떨어진 곳에서, 당글라르 부인은 드브레, 보샹, 그리고 샤토 르노와 애기를 나누고 있었다. 드브레는 이런 경사 때문에 이 집에 다시 발을 들여놓게 되었지만, 다른 손님들과 구별되는 특별 대우는 받지 못했다.

대의원들이나 은행가들에게 둘러싸인 당글라르는, 정부가 정세에 몰려 자신을 각료로 불러들이게 될 경우 꼭 실행해 보려고 벼르고 있는 새로운 조세

이론을 설명하고 있었다.

안드레아는 오페라 극장에서 사귄 굉장한 멋쟁이와 어깨를 맞대고, 제법 거만하게 앞으로의 생활 계획이며 연수입 17만5천 프랑으로 어떻게 파리의 유행을 좀더 화려하게 만들 것인가를 설명해주고 있었다. 물론 그것은 자기가 겁먹고 있다는 사실을 남에게 보이지 않기 위해, 짐짓 대담한 소리를 할 필요가 있다고 느낀 데서 비롯된 행동이었다.

일반 사람들은 마치 터키석이며 루비, 에메랄드, 오팔, 다이아몬드로 이루어진 물결처럼 몇 개의 살롱 안을 밀물처럼 밀려들었다가 썰물처럼 빠져나가곤 했다.

어디서나 마찬가지로 여기서도 가장 늙은 여자들이 가장 화려한 옷차림을 하고, 가장 못생긴 여자들이 가장 콧대 높게 구는 모습을 볼 수 있었다.

간혹 아름다운 흰 백합이나 싱그럽고 향기로운 장미 같은 아가씨가 있다 하더라도, 어느 한구석에 머리에 터번을 쓴 어머니나 극락조 장식이 달린 모자를 쓴 아주머니 뒤에 숨어 있는 것을 애써 찾아내야 했다.

이러한 온갖 잡다한 소음과 웃음소리 속으로, 문지기는 끊임없이 새로 오는 손님들의 이름을 외쳤다. 그 이름들은 모두 재계에서, 군부에서, 문단에서 존경받는 유명한 이름들이었다. 그때마다 실내에 있던 사람들은 여기저기서 가벼운 움직임을 보이며 그 이름을 가진 사람들을 맞아들였다.

그러나 한 이름이 불려 인파로 만들어진 그 대양을 뒤흔드는 특권을 행사하기 전까진, 얼마나 많은 사람들이 아예 무관심하거나 무시하는 콧방귀를 끼며 서로를 맞이하고 있었는지 모른다!

잠자는 엔디미온 (그리스 신화에 나오는 아름다운 청년. 달의 여신 셀레나가 그 미모에 반해 라트모스 산 동굴에서 자는 그에게 밤마다 찾아갔다고 한다) 을 연상시키는 추시계의 바늘이 그 황금의 시계판 위에서 9시를 가리켰을 때, 그리고 기계의 뜻을 충실하게 전하는 종소리가 아홉 번 울렸을 때, 이번에는 몬테크리스토 백작의 이름이 큰 소리로 울려 퍼졌다. 그러자 마치 전기라도 통한 듯이 사람들은 일제히 문 쪽으로 눈을 돌렸다.

검은 옷을 입은 백작은 보통때와 다름없는 간소한 차림이었다. 흰 조끼는 넓고 품위 있는 가슴윤곽을 드러내고 있었다. 검은 옷깃은 기이한 생기를 띠며 창백하고도 남성적인 그의 얼굴빛을 살려주고 있었다. 장신구라고는 조끼에 달린 섬세한 금사슬뿐이었다. 그 가느다란 황금 실선이 흰 피케 천 위에서 뚜렷하게 부각되고 있었다.

사람들이 문 주위로 즉시 모여들었다.

백작은 객실 한쪽 구석에 있는 당글라르 부인과 다른 쪽에 있는 당글라르, 그리고 그 앞에 있는 외제니 양을 첫눈에 알아보았다.

그는 먼저 빌포르 부인과 이야기하고 있는 당글라르 남작 부인 쪽으로 갔다. 빌포르 부인은 발랑틴이 아파서 혼자 와 있었다. 백작은 자기 앞으로 길이 트여 있어서 당글라르 부인에게서 외제니에게 곧장 걸어가 축하의 말을 건넸다. 백작의 말은 너무나 간단하면서도 내용이 꽉 차 있어서, 오만한 예술가인 외제니마저 깜짝 놀라지 않을 수 없었다.

외제니 옆에는 루이즈 다르미 양이 있었다. 그녀는 백작이 친절하게도 이탈리아로 소개장을 써준 것에 감사를 표하고, 곧 그 소개장을 이용할 생각이라고 말했다.

백작이 부인들에게서 떠나려고 몸을 돌리자 악수를 하러 온 당글라르와 마주치게 되었다.

이렇게 세 차례에 걸쳐 사교적인 인사를 끝낸 뒤, 백작은 일부 계층, 특히 특정 지위의 사람들이 짓는 독특한 표정과 함께 확신에 찬 눈길로 주위를 돌아보며 우뚝 발을 멈추었다. 그의 눈은 이렇게 말하는 듯했다. '이것으로 내가 할 것은 다 했고, 이젠 다른 사람들이 나한테 자기들이 해야 할 것을 해야겠지.'

옆방에 있던 안드레아도 백작이 손님들에게 느끼게 한 그 전율 같은 것을 느꼈다. 그래서 서둘러 인사를 하려고 달려나왔다.

백작은 완전히 사람들에게 둘러싸여 있었다. 모두들 서로 얘기 하려고 경쟁을 벌였지만, 언제나 그렇듯 사람들은 말을 아끼고 가시 없는 말은 절대로 하지 않았다.

마침 그때 공증인들이 들어왔다. 그들은 급히 써 가져온 서류들을 금실로 자수가 놓인 벨벳 위에 곧바로 올려놓았다. 그 벨벳은 서명을 위해 마련된 금도금한 목재 테이블을 덮고 있었다.

공증인 중 한 사람은 의자에 앉고, 다른 사람은 그대로 선 채 있었다.

드디어 혼인 서약서 낭독이 시작되려는 순간이었다. 거기에는 이 식에 참석한, 파리의 유명한 사람들 중 절반이 서명하게 되어 있었다.

모두들 자리에 앉았다. 그러나 사실 여자들은 둥그렇게 원을 이루고 있었고, 남자들은 부알로(17세기 프랑스의 시인이자 비평가. 1636~1711)가 말한 '힘찬 문체' 따위에는 관심이 없었다. 그들은 차라리 열병에라도 걸린 듯한 안드레아의 들뜬 모습이라든가 당글라르의 심각한 모습이며 외제니의 무감각한 모습, 이런 중요한 일 앞에서도 가볍고 경쾌한 당글라르 부인의 모습에 대해서만 이러니저러니 말이 많았다.

혼인 서약서는 소리 하나 없이 조용한 가운데 낭독되었다. 그러나 낭독이 끝나자마자, 객실 안은 전보다 배는 더 시끄러워졌다. 눈이 휘둥그레질 만한 이 액수, 신랑 신부에게 가게 될 수백만이라는 금액, 게다가 특별한 방 하나를 마련해서 진열해 놓은 신부의 결혼 의상이며 다이아몬드들이 모두의 선망의 대상이 되었다.

그런 점에서 청년들의 눈에는 외제니 양의 아름다움이 한층 더 돋보였으며, 태양 빛조차도 잠시 그 빛을 잃는 것 같았다.

부인들은 그 몇백만이라는 돈을 부러워하면서도, 속으로는 그런 돈이 없더라도 아름다워지는 데는 별 상관이 없다고 생각하는 듯했다.

친구들에게 둘러싸인 안드레아는 아부와 축하의 말을 들으며, 이제 지금까지의 꿈이 실현된다는 생각에, 마치 정신 나간 사람같이 되어버렸다.

공증인은 엄숙하게 펜을 머리 위로 높이 쳐들며 이렇게 말했다.

"여러분, 지금부터 서명을 시작하겠습니다."

우선 첫 번째로 당글라르 남작, 이어서 안드레아 아버지의 대리인, 그 다음으로 당글라르 부인, (그러고 나서 공증서 상의 불쾌한 표현대로라면) 장래의 양 배우자가 서명을 하는 순서였다.

당글라르는 펜을 들고 서명했다. 이어서 안드레아 아버지의 대리인이 서명했다.

당글라르 부인은 빌포르 부인의 팔에 의지하면서 앞으로 걸어나왔다. 당글라르 부인은 펜을 들며, 빌포르 부인에게 말했다.

"이런, 정말 유감이에요. 몬테크리스토 백작 댁에서 일어난 살인 사건과 도난 사건 때문에 빌포르 씨가 못 오시고 말았으니 말이에요."

"오! 저런!" 그 말을 들은 당글라르가 말했다. 말은 그렇게 했지만, '아니, 그게 무슨 상관인데'하는 듯한 어조였다.

"이런!" 옆으로 다가선 몬테크리스토 백작이 말했다. "빌포르 씨가 못 오신 이유가 저한테 있는 것 같아서 정말 송구스럽군요."

"아니, 무슨 말씀이세요, 백작님?" 당글라르 부인이 서명을 하면서 말했다. "만약 그게 정말이라면 조심하세요. 전 용서해 드리지 않을 테니까요."

안드레아는 귀를 기울이고 있었다.

"그런데 그런 일이 있었다 하더라도, 제 잘못은 아닙니다." 백작이 말했다. "제 입으로 그걸 증명하고 싶군요."

모두들 숨죽이며 귀를 기울였다. 좀처럼 입을 열지 않는 백작이 얘기를 하겠다는 것이었다.

"여러분은 기억하시고 계시겠지요?" 백작은 조용한 가운데 입을 열었다. "저희 집에 도둑질을 하러 들어왔던 그 사나이는 집을 빠져나가는 순간, 공범자의 손에 죽었습니다."

"그랬지요." 당글라르가 말했다.

"그래서 저는 그 사나이를 구해 주려고 옷을 벗겼었지요. 그리고 한쪽 구석에 던져둔 그 옷을 경찰이 주웠습니다. 그러나 경찰이 재판소의 서기과에 보관하겠다고 가져가면서, 윗옷과 바지만 가져가고 조끼는 그만 잊어버리고 두고 갔더군요."

안드레아는 얼굴빛이 확 변했다. 그리고 슬그머니 문 쪽으로 물러났다. 그의 눈에는 지평선 위에 먹구름이 이는 것이 보이는 듯했다. 더구나 그것은 폭풍을 머금은 것 같았다.

"그런데 오늘 그 조끼를 찾아냈습니다. 피투성이인데다가 심장부분에 구멍이 뚫려 있는……."

부인들은 비명을 질렀다. 그리고 두세 명은 당장에라도 기절할 것만 같았다.

"그걸 하인들이 저에게 가져왔더군요. 그 더러운 옷이 누구 것인지 아무도 짐작하지 못했는데, 저만은 그게 살해된 그 사나이의 조끼라는 걸 알아보았지요. 그런데 그 지저분한 옷을 집의 하인이 구역질을 하며 조심스럽게 뒤졌더니, 갑자기 주머니에서 웬 종이쪽지가 만져지더랍니다. 그래서 꺼내보니까 그 종이는 편지였는데, 그게 누구 앞으로 적힌 편지였는지 아시겠습니까? 당신한테였습니다, 남작."

"나한테요?" 당글라르가 소리쳤다.

"그래요. 당신 앞으로 보낸 편지였습니다. 저는 피로 얼룩진 그 쪽지 위에서 당신 이름을 읽을 수 있었습니다." 몬테크리스토 백작은 모두들 놀라서 소리를 지르는 가운데 이렇게 대답했다.

당글라르 부인은 불안한 듯이 남편을 바라보며 물었다. "그런데 그것 때문에 빌포르 씨가 못 오실 까닭이 있나요?"

"아주 간단하지요," 백작이 대답했다. "그 조끼와 편지가 곧 증거물인 셈이지요. 전 그 조끼와 편지를 모두 검사에게 보냈습니다. 남작께서도 아시겠지만, 형사 사건에서는 법적 수속을 밟는 것이 가장 안전한 길이니까요. 아무래도 당신을 노린 무슨 음모 같더군요."

안드레아는 구멍이 뚫릴 정도로 몬테크리스토 백작을 바라보았다. 그러고는 옆방으로 자취를 감추었다.

"그럴지도 모르겠네요." 당글라르가 대답했다. "그 살해된 자가 전에 죄수가 아니었을까요?"

"그래요," 백작이 대답했다. "카드루스라는 죄수였지요."

당글라르의 얼굴빛이 약간 변했다. 안드레아는 옆방에서 다시 현관의 대기실로 옮겨갔다.

"그건 그렇고, 어서 서명을 계속하셔야죠!" 백작이 말했다. "이런 얼토당토않은 얘길 해드려서 여러분 마음이 혼란스러워진 모양이군요. 특히 남작 부인, 그리고 외제니 양, 죄송합니다."

남작 부인은 서명을 끝내고 공증인에게 펜을 돌려주었다.

"카발칸티 공," 공증인이 안드레아의 이름을 불렀다. "카발칸티 공, 어디 계시죠?"

"안드레아! 안드레아!" 이미 세례명으로 부를 정도로 친해진 몇몇 젊은이들이 여기저기서 그를 불렀다.

"공을 불러오게! 대공께 서명할 차례가 되었다고 일러 드려!" 당글라르는 하인에게 소리쳤다.

마침 그때 방 안에 있던 사람들이, 어떤 무시무시한 괴물이 태연하고도 뻔뻔스러운 모습을 하고 방으로 들어오기라도 하는 듯 부들부들 떨며 뒤로 물러났다.

과연, 뒤로 물러서며 놀라 소리를 지를 만한 일이 일어났던 것이다.

객실 문 앞마다 경관이 두 사람씩 배치되었고, 허리에 휘장을 두른 경찰서장 뒤로 헌병이 당글라르를 향해 걸어오고 있었다.

당글라르 부인은 외마디! 소리를 지르고 그대로 정신을 잃었다.

당글라르는 뭔가 자기에게 위험이 닥치고 있다는 것을 느껴(이런 상황이면 꼭 마음이 편안치 못한 사람들이 있게 마련이다) 손님들 앞에서 두려움에 일그러진 얼굴을 하고 있었다.

"대체 무슨 일이십니까?" 몬테크리스토 백작이 경찰관 앞으로 나서며 물었다.

경관은 백작의 말에는 대답도 하지 않고 물었다. "여러분 가운데 안드레아 카발칸티라는 사람이 누구죠?"

객실 이 구석 저 구석에서 기가 막힌다는 듯 소리를 질렀다. 모두들 주위를 둘러보며 물었다.

"그 안드레아 카발칸티가 어쨌단 말입니까?" 당글라르가 정신 나간 사람처럼 물었다.

"툴롱 감옥을 탈옥한 죄수요."

"그럼 무슨 죄를 지었지요?"

"전에 동료 죄수였던 카드루스라는 자가 몬테크리스토 백작 댁에서 도망쳐 나오는 것을 살해한 죄로 고발되었소." 경찰관은 냉정한 목소리로 대답했다.

몬테크리스토 백작은 주위를 한 번 둘러보았다. 이미 안드레아의 모습은 찾아볼 수 없었다.

벨기에로 가는 길

생각지도 못한 경찰의 출현과 그 결과로 폭로된 사실에 의해서 당글라르 집안의 객실이 혼란에 빠지자, 마치 손님들 중에 페스트나 콜레라 환자라도 생긴 듯이 그 넓은 저택은 삽시간에 텅 비고 말았다. 불과 몇 분 사이에 모든 문이며 계단을 통해 손님들은 앞다투어 그 집을 빠져나왔다. 아니, 그보다는 도망쳐 나왔다는 말이 어울릴 것이다. 왜냐하면 그런 경우에는 평범한 위로의 말 따위는 건넬 필요가 없기 때문이다. 너무 큰 불행을 당하고 보면, 위로의 말은 아무리 상대가 친한 친구일지라도 오히려 폐가 되는 법이다. 이제 이 저택에는, 사무실 안에서 경찰관에게 진술을 하고 있는 당글라르와 우리도 이미 알고 있는 내실 안에서 부들부들 떨고 있는 당글라르 부인, 그리고 거만한 눈초리와 사람을 깔보는 듯한 입모양을 하고서 자기 방으로 들어가 버린 외제니 양과 그녀와 언제나 붙어다니는 다르미 양만이 남았다.

한편 오늘 밤의 성대한 연회를 위해 파리카페에서 아이스크림 제조사, 요리사, 급사들을 불렀기 때문에 하인들은 평소보다도 더 많았다. 그런데 이런 사태가 벌어지자, 그들은 자신들이 모욕당한 듯이 느껴져 그 화풀이를 급사장들에게 했다. 그리고 이렇게 된 이상 당연하게 일할 필요도 없다고 느꼈는지 일할 생각도 않고 조리실이나 부엌 또는 자기네들 방으로 뿔뿔이 흩어져 있었다.

이러니 저마다 서로 다른 이해관계 때문에 떨고 있는 여러 사람들 중에서 언급할 만한 사람은 외제니 양과 루이즈 다르미 양 둘밖에 없다.

외제니는 앞에도 말했듯이, 거만한 태도와 깔보는 듯한 입모양을 하고서 마치 모욕당한 여왕 같은 걸음걸이로 다르미 양과 함께 방으로 돌아갔다. 뒤따르는 다르미 양이 오히려 새파래진 얼굴로 가슴을 두근거리고 있었다.

방에 들어온 외제니는 방문을 안으로 잠갔다. 루이즈 다르미는 털썩 의자에 주저앉았다.

"맙소사! 어쩌면 그런 끔찍한 일이!" 다르미 양은 말했다. "어떻게 그럴 수가 있을까? 안드레아 카발칸티 씨가…… 사람을 죽이다니…… 탈옥수라니…… 죄수라니!"

차가운 미소가 외제니의 입술을 일그러뜨렸다.

"정말이지, 이게 내 운명인가 보군." 외제니가 말했다. "겨우 알베르 드 모르세르한테서 빠져나왔는가 했더니, 이번에는 카발칸티라니!"

"두 사람을 똑같이 취급하진 마."

"잠자코 있어. 남자들이란 다 파렴치해. 난 남자들을 싫어할 뿐만 아니라 경멸하기조차 하니 오히려 다행으로 생각해."

"이제부터 어떡하지?" 다르미 양이 물었다.

"어떡하냐고?"

"그래."

"사흘 뒤에 하려고 했던 일을 지금 하면 되지……. 떠나는 거야."

"결혼하지 않고 떠날 거야?"

"이봐, 루이즈. 난 마치 악보처럼 정돈되고 틀에 박혀서 규칙 속에 갇힌 이 사교계 생활이 정말 싫어. 내가 늘 동경하고 바라오던 것은 바로 예술가의 생활이야. 자유롭고 자기만 책임을 지고 자기만 생각하면 되는 거지. 여기 남아 있을 필요가 어디 있겠어? 한 달이 지나면 다시 나를 결혼시키려고 들 텐데. 누구한테일까? 분명 이번엔 드브레겠지. 전에도 한때 말이 있었으니까. 안 돼, 루이즈, 싫어. 오늘 밤 일이 좋은 구실이 될 거야. 내가 구실을 찾지도 구하지도 않았는데 말야. 이런 게 바로 하느님이 보내주신 절호의 기회라는 거라고."

"넌 정말 강하구나. 게다가 용기도 있어!" 연약한 금발 처녀는 갈색 머리의 외제니에게 말했다.

"여태 날 모르고 있었구나? 자, 루이즈, 이젠 앞으로 할 일이나 의논하자. 그래, 역마차는 어떻게 됐어……?"

"간신히 사흘 전에 사놓았어."

"우리가 탈 곳에 대기하라고 말했니?"

"물론이지."

"우리 여권은?"

"여기 있어!"

외제니는 여느 때처럼 기가 죽지도 않고, 여권을 펴서 읽었다.

'레옹 다르미 씨. 20세. 예술가. 흑색 머리에 검은색 눈. 누이를 동반하여 여행함.'

"대단해! 그런데 이 여권은 어떻게 구했지?"

"몬테크리스토 백작에게 로마와 나폴리 극장 지배인한테 소개장을 써달라고 갔다가, 여자 몸으로 여행하기가 불안하다고 그랬지. 그랬더니 그럴 거라고 이해해 주시면서 남자 여권을 구해주겠다고 하셨어. 그래서 이틀 뒤에 가서 이 여권을 찾아가지고는 '누이와 함께 여행함'이라고 내가 써넣었지."

"자!" 외제니는 쾌활하게 말했다. "이젠 짐만 싸면 되겠구나. 그러니까 결혼식 날 밤에 출발하려던 걸, 혼인 서약서 서명하는 날 미리 하는 것뿐이네, 뭐."

"그런데 외제니, 잘 생각해서 해."

"어머, 생각해 볼 만큼 다 해본 거야. 난 이제 보고서니, 월말 통계니, 주가가 올라갔다느니 떨어졌다느니, 에스파냐 공채니, 아이티 증권이니 하는 얘기엔 신물이 나. 그 대신 루이즈, 알지? 넓은 하늘이라든가 자유라든가 새들의 노랫소리, 롬바르디아 평야, 베네치아 운하, 로마의 궁전, 나폴리 해안 같은 데 말야. 그런데 우리, 돈은 얼마나 있지?"

그 말을 듣자 루이즈 다르미 양은 상감(象嵌)이 되어 있는 서류 가방 속에서 자물쇠가 채워진 조그만 지갑을 꺼내었다. 그 속에는 23장의 지폐가 들어 있었다.

"2만3천 프랑." 루이즈가 대답했다.

"게다가 적어도 그 정도 값어치는 되는 보석과 다이아몬드가 있으니, 우린 부자야. 4만5천 프랑이면 2년 동안은 공주처럼 지낼 수 있고, 아껴쓴다면 4년은 살 수 있어. 게다가 반년 안에 루이즈 너는 피아노로, 난 노래로 그 돈의 배는 벌 수 있을 거야. 자, 그 돈은 네가 가지고 있어. 난 보석 상자를 맡을게. 그렇게 해두면 만약 우리 둘 중에 누가 잃어버리더라도, 한 사람 것은 남을 테니까. 자, 그럼 짐 싸자, 빨리!"

"잠깐만." 루이즈는 당글라르 부인의 방문에 귀를 갖다 대며 말했다.

"뭐가 겁나서 그래?"

"누가 오지 않나 해서."

"문은 잠겼잖아."

"그래도 열어 달라고 할지도 몰라."

"그러려면 그러라지 뭐. 우리는 안 열어줄 테니까."

"넌 정말 여장부야, 외제니."

두 처녀는 놀랄 만큼 민첩하게 여행에 필요한 물건들을 가방 속에 넣기 시작했다.

"이걸로 됐어," 외제니가 말했다. "나 옷 갈아입고 올게. 그 가방 좀 닫아줘."

루이즈는 하얗고 조그만 손으로 있는 힘을 다해 가방 뚜껑을 눌렀다.

"안 되겠는데, 난 힘이 없으니까 네가 해봐."

"참, 그렇지," 외제니는 웃으면서 말했다. "난 헤라클레스(그리스 신화에 나오
는 최대의 영웅)고 넌 연약한 옴팔레(헤라클레스
의 연인)라는 걸 잊고 있었네."

이렇게 말하며, 외제니는 무릎으로 트렁크를 누르고 루이즈가 자물쇠를 채울 때까지 희고 튼튼한 팔로 꽉 버티고 있었다.

그 일이 끝나자, 외제니는 가지고 있던 열쇠로 옷장을 열고, 솜을 넣은 보랏빛 비단으로 만든 여행용 외투를 꺼냈다.

"자, 내가 하나하나 다 생각해 놓았지. 이 외투만 있으면 넌 춥지 않을 거야."

"그럼, 넌?"

"나? 난 추위 안 타는 거 너도 알잖아? 그리고 난 남장을 할 테니……."

"여기서 갈아입으려고?"

"물론이지."

"그럴 시간이 있을까?"

"이런 겁쟁이! 걱정할 것 없어. 집안 식구들은 모두 아까 그 사건 때문에 정신이 없다고. 게다가 내가 절망에 빠져 있는 줄 알 텐데, 방문 좀 잠그고 있다고 해서 이상하게 여겨지겠니?"

"그건 그래. 그 소리 들으니 안심이네."

"자, 나 좀 거들어줘."

외제니는 방금 외투를 꺼낸 서랍에서 신발부터 프록코트까지 완벽하게 준비된 남자 옷 한 벌을 꺼냈는데, 쓸모없는 거라곤 하나도 없이 꼭 필요한 것으로만 해서 속옷까지 마련된 것이었다. 루이즈는 외제니가 준 망토를 벌써 어깨에 걸치고 있었다.

그리고 남자 옷을 입는 게 처음은 아닌 듯이, 재빠르게 구두를 신고 바지를 입고, 넥타이를 매고, 조끼 단추를 목까지 채운 다음 날씬한 몸에 착 달라붙는 프록코트를 꼭 끼게 입었다.

"너무 멋있다! 정말 멋진데!" 감탄한 루이즈가 말했다. "그렇지만 보는 여자마다 부러워하던 네 검고 아름다운 머리칼이 남자 모자 밑으로 다 들어갈까?"

"한번 봐." 외제니가 말했다.

그녀는 긴 손가락으로 붙잡아도 겨우 손아귀에 다 들어갈까 말까 한 풍성한 머리카락을 왼손으로 꽉 잡고, 오른손을 뻗어 가위를 들었다. 이윽고 그 많은 아름다운 머리털 속으로 가위 소리가 나면서 머리털은 발밑으로 툭 떨어졌다. 외제니는 머리털이 프록코트에 붙지 않게 몸을 뒤로 젖혔다.

이렇게 머리카락 한 묶음을 잘라낸 외제니는, 이번에는 계속해서 아까워하는 빛도 없이 앞머리를 척척 잘라버렸다. 그러자 오히려 그 흑단 같은 눈썹 밑의 눈은 여느 때보다도 더 반짝반짝 빛나고 생기가 돌았다.

"어머나! 그렇게 예쁜 머리칼을!" 루이즈는 아까운 듯이 목소리를 높였다.

"그렇지만 이렇게 자르는 편이 백배는 더 나을걸?" 외제니는 완전히 남자같이 흐트러진 머리를 다듬으며 말했다. "이렇게 하니까 더 예뻐 보이지 않아?"

"예뻐! 넌 어떻게 해도 예뻐!" 루이즈가 큰 소리로 말했다. "그런데 이제 어디로 가지?"

"브뤼셀은 어떨까? 여기서 제일 가까운 국경이니 말이야. 브뤼셀에서 리에주, 엑슬라샤펠로 가자. 그리고 거기서 라인 강을 끼고 스트라스부르까지 거슬러 올라가고, 스위스를 건너서 생고다르를 지나 이탈리아로 내려가는 게 어때?"

"좋아."

"루이즈, 뭘 그렇게 봐?"

"널 보고 있어. 넌 정말 멋있어. 마치 날 유괴해 가는 것 같아."

"그건 그렇지 뭐."

"너 약속한 건 꼭 지키는 거지?"

이렇게 해서 한 사람은 자신에게 일어난 일을 생각하고, 또 한 사람은 우정을 생각하며 둘이 함께 눈물이 핑 돌 것만 같다는 생각이 들자, 두 처녀는 갑자기 까르르 웃음을 터뜨렸다. 그리고 도망갈 준비를 하느라 어질러진 주위를 대충이나마 눈에 띄지 않게 치우기 시작했다.

그리고 불을 끈 두 사람은 주위를 살피면서 귀를 바짝 세우고 목을 앞으로 빼고는, 마당으로 통하는 뒤쪽 계단에 붙어 있는 드레스실 문을 열었다. 외제니가 여행 가방을 한쪽 팔로 들고서 앞장서자, 루이즈가 여행 가방의 맞은편 손잡이를 두 손으로 가까스로 들어 올리고 뒤를 따랐다.

뜰에는 사람 그림자 하나 없었다. 마침 자정을 알리는 시계 소리가 들려오고 있었다. 그래도 수위가 있었다.

외제니가 살그머니 가까이 가보았더니, 그는 스위스사람답게 경비실 안쪽의 안락의자에 몸을 묻고 정신없이 자고 있었다.

외제니는 다시 루이즈에게 와서, 땅바닥에 내려놓았던 여행 가방을 들었다. 그리고 두 사람은 벽 밑의 컴컴한 곳을 따라 대문까지 다다랐다.

외제니는 루이즈를 문 한 모퉁이에 숨게 했다. 혹시 문지기가 잠이 깨어서 나와보더라도 자신만 보이도록 하기 위해서였다.

그리고 나서 자기는 안뜰을 환하게 비추고 있는 램프 밑으로 나서서 유리창을 두드리며 제법 멋있는 저음으로 소리쳤다. "문 열어라!"

문지기는 외제니가 예상한 대로 벌떡 일어나, 지금 나오는 사람이 누군가 하여 앞으로 몇 걸음 다가왔다. 그러나 한 청년이 초조한 듯 단장으로 바지를 탁탁 때리고 있는 것을 보자, 즉각 문을 열었다.

루이즈는 그때를 놓치지 않고 반쯤 열린 대문 사이를 뱀처럼 살짝 빠져나가 가볍게 밖으로 뛰었다. 외제니는 평소보다는 가슴이 두근거렸지만, 겉으로는 태연하게 밖으로 나갔다.

마침 짐꾼이 하나 지나갔다. 두 사람은 짐꾼에게 짐을 맡기고, 빅투아르

거리 36번지까지 갖다 달라고 이른 다음, 그 뒤를 따라 걸었다. 루이즈는 남자와 같이 가게 되어 안심이 되었다. 반면에 외제니로 말하자면, 마치 유디트(마을을 구하려고 적장의 목을 벤 유대의 여걸)나 델릴라(삼손을 유혹해, 그 괴력의 원천인 삼손의 머리카락을 잘라 그를 파멸시킨다)처럼 끄떡도 하지 않을 만큼 강인했다.

목적지까지 오자 외제니는 짐꾼에게 짐을 내리게 한 다음 돈을 몇 푼 주었다. 그리고 어느 집 덧창을 두드린 후에야 그 사나이를 돌려보냈다.

외제니가 두드린 덧창은 미리 약속이 되어 있는 리넨일 담당 하녀의 집이었다. 그 하녀는 미리 알고 여태 깨어 있었기 때문에 곧 문을 열었다.

"문지기한테 마차를 꺼내라고 말해 주세요. 그리고 역마차 정류소에 가서 마차에 말을 매어놓으라고 하세요. 이 5프랑은 문지기에게 주는 심부름 값이에요." 외제니가 말했다.

"정말이지 넌 존경스러워." 루이즈가 말했다.

리넨 담당 하녀는 놀란 듯이 쳐다보았다. 그러나 자기도 20루이(4백 프랑)를 받기로 되어 있었기 때문에 아무 말도 하지 않았다.

15분쯤 있으니, 문지기가 마부와 역마를 데리고 왔다. 말을 마차에 매고 문지기는 노끈과 고리로 트렁크를 단단히 차에 매어놓았다.

"여권 여기 있습니다." 마부가 말했다. "그런데 어느 길로 갈까요, 도련님?"

"퐁텐블로 가도로 갑시다." 외제니는 정말 남자 같은 목소리로 대답했다.

"어, 무슨 소리야?" 루이즈가 물었다.

"속인 거야," 외제니가 대답했다. "우리한테 20루이를 받은 여자니까, 40루이를 받고 우릴 배반할지도 몰라. 그러니까 큰길로 나가서 방향을 돌리자고."

이렇게 말하며 외제니는 거의 발판도 밟지 않고, 침대 마차로 꾸며져 있는 여행용 사륜마차로 솜씨 좋게 뛰어올랐다.

"넌 언제나 빈틈이 없구나." 외제니 옆에 앉으며 다르미가 말했다.

15분 뒤, 제 길을 잡은 마부는 채찍 소리를 요란하게 내며 생마르탱 경계를 통과했다.

"아!" 루이즈가 말했다. "이젠 파리를 빠져나왔어!"

"그래, 유괴치고는 멋있게 해치웠지?" 외제니가 대답했다.

“응, 폭력도 안 쓰고 말이야.”

“나중에 그 점을 들어서, 정상참작을 해달라고 해 볼 셈이거든.” 외제니가 말했다.

그 얘기는 마차가 라빌레트(옛 파리 외곽의 도살장 및 도축업자의 지역. 현재는 파리 시에 포함되어 있으며 과학 공원으로 조성되어 있다)의 포석 위를 달리는 소리에 지워져 버리고 말았다.

이렇게 당글라르는 딸을 잃고 말았다.

초인종과 술병 여관

이제 브뤼셀 가도를 달리고 있는 당글라르 양과 다르미 양은 내버려두고, 막 행운을 손에 넣으려는 순간 운수 사납게도 덫에 걸려들게 된 안드레아 카발칸티에게로 되돌아가자.

이 안드레아 카발칸티란 친구는 나이는 어리지만 아주 약삭빠르고 머리가 좋은 자였다. 그래서 그는 객실 안에서 뭔가 동요가 일자, 차츰 문 쪽으로 다가가 방을 하나하나 나가서 자취를 감춰버리고 말았다.

우리가 잊고 있었던 상황이 하나 있는데, 빼먹으면 안 되는 것이니 지금 이야기해 두어야겠다. 카발칸티가 거쳐 간 방 두 개 가운데 하나에는 신부의 혼수가 진열되어 있었다. 다이아몬드 상자, 캐시미어 솔, 발랑시엔 레이스, 영국제 베일 등 그 이름만 들어도 젊은 처녀들의 가슴을 설레게 하는 물건들이었다.

그런데 안드레아는 머리가 좋고 영리할 뿐만 아니라, 선견지명까지 있는 인간이었다. 그 증거로, 그는 그 방을 지나가면서 진열되어 있는 장신구들 중에서 가장 값비싼 물건만 슬쩍했던 것이다. 이렇게 감쪽같이 노자까지 손에 넣은 그는, 아주 가벼운 마음으로 창에서 뛰어내려 경관들 사이를 빠져나갔다.

옛날의 투사처럼 키가 크고 균형 잡힌 몸에, 스파르타 사람처럼 근육이 우람한 안드레아는, 하마터면 붙잡힐 뻔했던 그 장소에서 그저 멀리 달아날 생각밖에 없었기 때문에, 어디로 갈지 목적지도 없이 15분가량 무작정 뛰기만 했다.

몽블랑 거리를 빠져나온 그는 마치 토끼가 보금자리를 찾듯, 검문소를 피해 안전한 곳을 찾아내려는 본능에 사로잡혀 라파예트 거리의 끝까지 왔다.

거기까지 오자 그는 숨이 막히고 가슴이 뛰어 멈춰 섰다.

그는 완전히 혼자였다. 왼쪽에는 사람 하나 보이지 않는 생라자르 포도밭이, 오른쪽으로는 파리가 아주 멀리 보일 뿐이었다.

"이제 틀린 건가?" 그는 자문해 보았다. "아니, 그럴 리가 없어. 내가 그놈들보다 훨씬 뛰어난 활동력을 보여줄 수만 있다면 괜찮을 거야. 결국 내가 죽느냐 사느냐는 1만 미터를 뛸 수 있느냐 없느냐 하는 문제에 달린 거다."

마침 그때 푸아소니에르 구역 쪽에서 이쪽을 향해 공영 마차 한 대가 오고 있는 것이 보였다. 마부는 울적한 얼굴을 하고 파이프 담배를 피우면서 아마도 상시 차고지인 생드니 구역으로 돌아가는 길 같았다.

"어이!" 베네데토가 소리쳤다.

"무슨 일이쇼, 귀족 도련님?" 마부가 물었다.

"그 말이 지쳐 있지는 않소?"

"지쳐 있다니! 천만에! 오늘 온종일 아무 일도 안 했수. 손님은 네 번밖에 안 태웠고, 팁도 20수뿐인걸. 다 합쳐도 7프랑밖에 안 되는데, 주인한텐 10프랑을 내놓아야 한단 말이오."

"어떻소, 그 7프랑에다 이 20프랑을 보태면?"

"감사하지요. 20프랑이면 나쁘지 않죠. 무슨 일이신데요?"

"아주 간단한 일이오. 그 말만 지쳐 있지 않다면."

"바람처럼 달릴 겁니다. 어디로 갈지만 말해 주십시오."

"루브르(^{파리 교외의}^{작은 도시}) 쪽으로 갑시다."

"알겠수. 라타피아라주(酒)로 유명한 고장 말이구려."

"그렇소. 내일 샤펠랑세르발에서 같이 사냥하기로 한 친구들의 뒤를 쫓아가기만 하면 되는 거요. 11시 반에 이리로 마차를 대기시키기로 했는데, 지금 12시요. 아마 기다리다 그냥 간 모양이니, 나 혼자 따라갈 수밖에."

"그럴 수도 있겠죠."

"어떻소, 쫓아가 주겠소?"

"좋습니다요."

"그런데 만약 부르제까지 가는 동안에 따라잡지 못할 때에는 20프랑, 루브르까지도 따라잡지 못할 경우에는 30프랑을 내지."

"만약 따라잡게 될 때는요?"

"40프랑!" 안드레아는 잠시 망설인 끝에, 약속은 얼마로 하든 괜찮겠다 생각하고 이렇게 대답했다.

"좋습니다!" 마부가 말했다. "타십시오. 자, 이랴! ……."

안드레아가 마차에 오르자, 마차는 쏜살같이 생드니 구역을 지나 생마르탱 구역을 따라 시 경계를 통과하여, 끝없이 뻗어 있는 빌레트 가도를 달렸다.

애초에 쫓아가야 할 친구는 없었으므로 뒤따른다는 기분도 전혀 없었다. 그래도 이따금씩 안드레아는 귀가가 늦은 행인들이며, 아직도 문을 열고 있는 주점 같은 데 가서, 흑갈색 말이 끄는 녹색 마차를 못 보았느냐고 물었다. 그러나 네덜란드 쪽으로 가는 이 가도에는 마차들이 무수히 지나다녔고, 게다가 마차들 중 열에 아홉은 녹색이어서 물을 때마다 대답은 가지각색이었다.

누구나 다 그 마차라면 지나갔다고 하면서 불과 오백 보나 백 보밖에 더 가지 못했을 거라고 말했다. 그러면 곧 그 마차를 뒤쫓아 가보았고, 번번이 그 마차는 아니었다.

한번은 뒤에서 오던 마차가 그들의 마차를 앞질렀다. 두 마리의 역마에 끌려 화살처럼 달려가는 사륜마차였다.

"아!" 카발칸티는 생각했다. "나도 저런 마차와 말이 있었으면! 특히 저런 것들을 손에 넣을 수 있는 여권만 있었으면!"

그러면서 그는 깊은 한숨을 쉬었다.

그 사륜마차는 바로 당글라르 양과 다르미 양을 태운 마차였다.

"서둘러! 빨리!" 안드레아는 말했다. "이러다간 내 친구들을 만나지 못하겠어."

가엾은 말은 시 경계를 지나면서부터 계속 미친 듯이 달렸다. 그리고 마침내 흠뻑 땀에 젖은 채 루브르에 다다랐다.

"아무래도 내 친구는 만나지 못할 것 같고 이 말도 죽을 것 같으니 내가 여기서 내리는 게 좋겠소. 자, 30프랑이요. 난 적토마 호텔에 묵었다가 내일 빈 마차가 구해지는 대로 타고 가야겠소. 자, 그럼 수고하셨소." 안드레아는 마부에게 말했다.

안드레아는 마부의 손에 5프랑짜리 은화 여섯 닢을 주고 포석 위로 뛰어내렸다.

신이 나서 그 돈을 주머니에 넣은 마부는, 말을 천천히 걷게 하면서 파리 쪽으로 뻗은 길로 돌아갔다. 안드레아는 적토마 호텔로 가는 체했다. 그러나 잠깐 호텔 문에 붙어서서 마차 소리가 멀어져가는 것을 확인하고 다시 계속 걸었다. 그리고 놀랄 만큼 빨리 8킬로미터쯤을 달렸다.

거기까지 가서야 그는 숨을 돌렸다. 결국엔 앞서 자기가 가겠다고 말했던 샤펠랑세르발까지 거의 온 것 같았다. 그러나 안드레아 카발칸티가 발을 멈춘 것은 피로 때문은 아니었다. 결정을 내리고 계획을 짜기 위해서였다.

합승 마차를 탈 수는 없었다. 역마차도 탈 수 없었다. 어느 쪽을 타든지 여권이 반드시 필요하기 때문이었다.

그렇다고 프랑스에서도 가장 들키기 쉽고 가장 감시가 심한 우아즈 지방에서 머무는 것도 역시 안 될 일이었다. 특히 범죄 사건이 계류 중인 안드레아 같은 사람에게는 더군다나 안 될 말이었다.

안드레아는 도랑 끝에 앉아 두 손에 머리를 파묻고 생각에 골몰했다. 그리고 10분 뒤에 다시 고개를 들었다. 결심이 선 것이다.

그는 당글라르의 집에서 나올 때 무도회복 위에 재빨리 걸치고 나온 외투 한쪽을 먼지투성이로 만들었다. 그리고 샤펠랑세르발로 가서 그 고장에 단 하나밖에 없는 여관의 문을 대담하게 두드렸다.

주인이 나와서 문을 열었다.

"이보시오, 모르트퐁텐에서 상리스로 가는 길인데, 말이 갑자기 펄쩍 뛰는 바람에 저만큼 가서 떨어졌구려. 오늘 밤 안으로는 어떻게든 콩피에뉴까지는 가야 하는데, 안 그러면 집에서 걱정할 테니까 말이오. 혹시 말 한 필 빌릴 수 없겠소?"

좋건 나쁘건 여관에는 으레 말 한 필쯤은 있는 법이다.

주인은 마부를 불러 '흰둥이'에게 안장을 얹으라고 일렀다. 그리고 일곱 살짜리 아들을 깨워, 손님의 말 꽁무니에 타고 갔다가 말을 다시 데려오라고 말했다.

안드레아는 주인에게 20프랑을 주었다. 돈을 주머니에서 꺼내다가 그는 명함 한 장을 떨어뜨렸다.

그 명함은 파리카페에서 사귄 친구의 명함이었다. 안드레아가 떠나고, 여관 주인은 떨어져 있는 그 명함을 주웠다. 주인은 말을 빌려간 손님이 생도미니크 거리 25번지에 사는 몰레옹 백작이라고 생각했다. 명함에는 바로 그 주소와 이름이 인쇄되어 있었던 것이다.

'흰둥이'란 놈은 빠르지는 않았지만, 고른 발걸음으로 끈기 있게 달렸다. 안드레아는 세 시간 반 만에 콩피에뉴까지 36킬로미터를 갈 수 있었다. 합승 마차들이 늘어선 광장까지 왔을 때, 시청의 커다란 시계가 새벽 4시를 가리키고 있었다.

콩피에뉴에서는 한 번밖에 묵어보지 못했지만, 잊을 수 없는 근사한 여인숙이 하나 있었다.

파리 외곽을 돌아다니다가 한 번 그곳에서 쉬었던 적이 있는 안드레아는 그 '초인종과 술병 여관'을 떠올렸다. 그는 그쪽으로 갔다. 가로등 불빛 밑으로 간판이 보이자 그는 따라온 아이에게 가지고 있던 잔돈을 전부 주어 돌려보내고 문을 두드렸다. 아직 서너 시간이나 여유가 있으니 그동안 앞으로 닥쳐올 피로를 미리 방지하기 위해 충분한 수면과 식사를 해두는 것이 상책이라 여겼던 것이다.

여관 종업원이 나와서 문을 열어주었다.

"이봐," 안드레아가 말을 걸었다. "난 생장오부아에서 오는 길인데, 저녁은 거기서 먹었네. 실은 밤중에 여길 지나가는 마차를 탈 셈이었는데, 바보같이 길을 잃어버리고 네 시간이나 숲 속을 헤맸다네. 그러니 뜰로 난 좋은 방을 하나 빌려주게. 차가운 닭고기하고 보르도 포도주도 한 병 올려 보내고."

종업원은 전혀 의심하지 않았다. 안드레아의 말투가 아주 침착했기 때문이었다. 그는 입에 담배를 물고 두 손은 외투 주머니에 쑤셔 넣고 의젓하게 서 있었다. 옷차림도 깨끗했고, 수염도 말끔히 깎여 있었고, 장화도 나무랄 데가 없었다. 어느 모로 보나 귀가가 늦어진 이웃 사람 같은 모습일 뿐이었다.

종업원이 방 준비를 하고 있는데, 주인아주머니가 들어왔다. 안드레아는 예의 그 상냥한 미소를 지었다. 그리고 지난번 콩피에뉴에 들렀을 때 묵었던 3호실이 좋겠다고 말했다. 그러나 불행히도 그 방엔 여행 중인 어떤 남매가 묵고 있다는 것이었다.

실망한 듯한 얼굴의 안드레아는 주인 여자한테서 지금 준비하고 있는 7호실도 3호실과 똑같은 방이라는 소리를 듣고서야, 다소 마음을 놓았다. 그리고 발을 불에 녹이며, 최근에 샹티이에 갔었던 일을 얘기하면서 방 준비가 다 되었다는 소식을 기다리고 있었다.

그런데 안드레아가 뜰로 난 좋은 방을 원한 것은 분명 그만한 이유가 있었다. 이 여관의 안뜰은 극장처럼 세 층으로 된 난간으로 둘러싸여 있었고, 그 난간 하나하나에 재스민이며 미나리아재비가 마치 자연의 장식처럼 가볍게 뻗어 오르고 있어, 여관의 정면으로서는 세상에서 가장 마음을 끄는 곳 중에 하나라고 생각했기 때문이다.

닭고기는 신선했고 포도주는 잘 묵혀진 것이었으며, 불은 환하게 타오르고 있었다. 마치 아무 일도 없었다는 듯이 맛있게 음식을 먹으며 안드레아 본인도 자신에게 놀라지 않을 수 없었다.

식사가 끝나자 그는 자리에 눕는가 싶더니 바로 곯아떨어지고 말았다. 그런 견디기 어려운 졸음은 20대에 흔히 볼 수 있는 것이었다. 설사 양심의 가책으로 시달리고 있는 상황이더라도 말이다.

우리는 천하의 안드레아라 해도 양심의 가책을 받을 수밖에 없을 거라고 말하겠지만, 사실 그 자신은 조금도 그렇지 않았다. 안드레아는 가장 안전한 방법일 것이라고 생각하고 다음과 같은 계획을 세웠다.

날이 새면 자리에서 일어나 계산을 다 한 뒤에 여관을 나선다. 그리고 숲으로 가서, 그림 공부를 한다는 구실을 대고 어느 농가에 방을 얻는다. 그러고 나서 나무꾼의 옷과 도끼 한 자루를 구한 다음, 지금까지 입었던 값비싼 옷을 벗어버리고 일꾼 차림을 한다. 손은 흙투성이로 만들고, 머리는 납으로 된 빗으로 빗어서 갈색으로 만들고, 얼굴은 옛날 친구들한테서 배운 대로 약을 발라 시커멓게 칠한다. 그러고는 밤엔 걷고 낮엔 숲 속이나 채석장에서 자면서, 사람 사는 부락엔 가끔 방이나 구하러 갈 때 말고는 절대 가까이 가지 않고, 숲에서 숲으로 전전하여 가장 가까운 국경까지 가는 것이다.

국경만 넘고 나면 다이아몬드를 돈으로 바꾸고, 거기다가 만약의 경우를 생각해서 지니고 다니던 지폐 몇 장을 합하면 5만 리브르가량의 돈을 가지게 된다. 그것은 그의 처지에서 볼 때 그리 적은 금액은 아니었다.

한편으론 당글라르 집안이 자기들 가문의 체면을 손상시킨 이 불미스런 일을 되도록이면 얼버무리려고 할지도 모른다는 생각도 했다.

그래서 그는 피곤하기도 했겠지만, 바로 곯아떨어질 수 있었던 것이다.

게다가 안드레아는 아침 일찍 일어나려고 덧창문은 닫지 않고 안쪽 창문만 잠가놓았다. 그리고 탁자 위에는 늘 몸에 지니고 다니는 날이 선 예리한 칼을 칼집에서 빼서 놓아두었다.

아침 7시 반쯤, 안드레아는 따스하고 눈부신 햇살이 얼굴 위에 와 닿는 것을 느끼고 잠에서 깼다.

빈틈없는 사람들에게는 반드시 자신을 지배하는 생각이 한 가지 있어서, 그것이 마지막까지 눈을 감지 않고 있다가 잠에서 깨면 대뜸 가장 먼저 머리에 떠오르는 법이다.

안드레아는 아직 눈도 다 뜨기 전에 벌써 그 지배적인 생각이 머리에 떠올랐고, 불현듯 너무 오래 잤다는 생각이 들었다.

그는 침대에서 뛰어내려 창문으로 달려갔다.

마침 그때 헌병 한 명이 안뜰을 지나가고 있었다.

헌병이란 마음에 아무 거리낌이 없는 사람에게도 세상에서 가장 눈에 잘 띄는 존재이다. 그러니 조그만 일에도 전전긍긍하는 사람이나 그럴 만한 이유가 있는 사람에게는, 헌병의 노랗고 파랗고 하얀 제복은 무시무시한 색깔이라고 할 법도 하다.

'왜 헌병이 왔지?' 안드레아는 생각했다.

그러자 곧, 독자 여러분 모두가 이미 알고 있는 그의 독특한 논리를 적용시켜 그는 스스로 해답을 얻었다.

'여관에 헌병이 나타났다고 해서 놀랄 것도 없지. 그러나 어쨌든 옷은 입어두자.'

그는 최근 몇 달 동안 파리에서 호사스런 생활을 하며 늘 하인들이 옷시중을 들었는데도 잊지 않고 재빠르게 옷을 주워 입었다.

'좋아.' 그는 옷을 입으면서 생각했다. '저자가 갈 때까지 기다리자. 가고 나면 살짝 빠져나가야지.'

이런 소리를 중얼거리면서도 신을 신고 넥타이를 매고, 살며시 창가로 가서 또 한 번 모슬린 커튼을 쳐들고 밖을 내다보았다.

그러나 그 첫 번째 헌병이 나가기는커녕, 하나밖에 없는 계단 아래 역시 파랑, 노랑, 흰색의 제복을 입은 두 번째 헌병이 눈에 띄었다. 게다가 말을 타고 소총을 손에 든 세 번째 헌병이 그가 유일한 출구로 여기고 있는 큰길로 난 대문에 보였다.

이 세 번째 헌병이야말로 의미심장했다. 왜냐하면 그 헌병 앞에는 구경꾼들이 반원을 그리며 여관 문을 빽빽이 둘러싸고 있었기 때문이었다.

'날 찾는구나!' 안드레아의 머릿속에 이런 생각이 대번에 떠올랐다. '제기랄!'

그의 얼굴에서 핏기가 싹 가셨다. 그는 불안하게 주위를 둘러보았다.

그의 방은 같은 층에 있는 다른 방들과 마찬가지로, 출구라고는 모든 사람들 눈에 띄는 바깥으로 난 난간뿐이었다.

'난 끝났구나!' 이것이 두 번째로 떠오른 생각이었다.

사실 안드레아와 같은 처지에서, 체포란 중죄 재판소, 판결, 사형, 그것도 사면이나 유예 없는 사형집행을 의미하는 것이다.

그는 잠시 경련하듯 두 손으로 머리를 움켜쥐었다. 그 순간 금방이라도 두려움으로 미쳐버릴 것만 같았다. 그러나 곧 머릿속에서 와글거리는 잡다한 생각 가운데 희망적인 생각이 하나 떠올랐다. 그러자 새파래진 입술과 일그러진 뺨 위로 창백한 미소가 떠올랐다.

그는 주위를 살펴보았다. 그가 찾는 것은 모두 대리석 책상 위에 놓여 있었다. 그것은 펜과 잉크와 종이였다.

그는 펜에 잉크를 찍어, 노트 위에 또박또박 다음과 같은 글을 썼다.

나는 숙박료를 지급할 돈이 한 푼도 없습니다. 그러나 나는 부정직한 인간은 아닙니다. 담보로 지급 금액의 열 배에 해당하는 핀을 놓고 갑니다. 밝기 전에 떠난 것을 용서하시오. 수치심이라는 것을 알기 때문입니다.

그는 넥타이핀을 뽑아 그 편지 위에 놓았다.

그러고 나서 그는 문의 빗장을 빼놓고 일부러 문을 반쯤 열어놓아, 마치 방을 나올 때 문 닫는 것을 잊어버린 것처럼 해 놓았다. 그 다음엔 익숙한 솜씨로 벽난로 속으로 들어가, 그 앞에 아킬레우스(아킬레스 《일리아스》에 나오는 그리스 최대의 영웅. 스키로스, 리코메데스왕 궁전에서 길러진다)가 데이다메이아(스키로스 왕 리코에데스의 딸. 아킬레우스에게 유혹당한다) 그림이 그려져 있는 병풍을 끌어다 놓았다. 그리고 재 속에 난 발자국을 완전히 지워버린 뒤, 마지막 희망을 걸고 굴뚝 속을 기어오르기 시작했다.

마침 그때, 가장 먼저 눈에 띄어 안드레아를 놀라게 했던 첫 번째 헌병이 경관을 앞세우고 계단을 올라왔다. 뒤는 계단 밑에 있는 두 번째 헌병에게 맡겼고, 그 두 번째 헌병 또한 여차하면 대문 앞에 있는 세 번째 헌병에게 구원을 청할 태세였다.

안드레아가 이 괴로운 헌병들의 방문을 받게 된 상황은 다음과 같다.

새벽녘에 여기저기로 전신이 날아갔다. 그것을 바로 접수한 지방에서는 곧 관헌을 동원하여, 카드루스의 살해범 수사를 위해 헌병대를 출동시켰다.

궁전 소재지이며, 사냥터이고, 군부대 주둔지이기도 한 콩피에뉴는 관헌과 헌병과 경찰이 충분히 배치되어 있었다. 그래서 전신으로 명령이 접수되자마자 검문이 시작되었다. '초인종과 술병 여관'은 그 지방에서 가장 큰 여관이었던 만큼, 당연히 제일 먼저 검문을 받게 되었다.

게다가 그날 밤 시청을 경비했던 보초병들의 보고에 의하면(시청은 바로 그 여관 옆에 있었다), 그날 밤 몇 사람의 여행자가 그 여관에 투숙했다는 것이 확인되었다.

6시에 교대하러 나온 보초병은 그가 막 보초 자리에 섰을 때, 그러니까 새벽 4시가 조금 지난 시간에 한 청년이 흰 말을 타고 가는 모습을 보았다. 말 꽁무니엔 소년을 태우고 있었다. 청년은 광장에 이르자 말에서 내린 뒤, 말과 소년을 돌려보내고 자기는 여관으로 가서 문을 두드렸다. 그러자 문이 열리고 곧 다시 청년의 뒤로 문이 닫혔던 것까지 그 보초병은 기억하고 있다.

이렇게 해서, 이상하리만큼 늦은 시간에 여관을 찾아와 투숙한 청년에게 혐의가 갔다.

그 청년은 다름 아닌 안드레아였다.

이러한 사실에 확신을 가지고 경관과 헌병대장은 안드레아의 방으로 몰려 갔다. 그런데 그 방의 문이 반쯤 열려 있었다.

"오! 오!" 이런 계략엔 너무나 밝은 헌병대장이 말했다. "문이 열려 있는 건 좋지 않은 징조인데! 차라리 문이 삼중으로 잠겨 있는 편이 좋았을걸!"

안드레아가 탁자 위에 남기고 간 종이쪽지와 넥타이핀은 안드레아가 도망 쳤다는 유감스러운 사실을 입증하고 있었다. 아니, 그보다는 뒷받침하고 있었다.

우리가 여기서 '뒷받침한다'고 한 것은 이 헌병대장이란 사람은 단 한 가지 증거 정도로 호락호락 믿어버리는 인간이 아니었기 때문이다.

그는 주위를 둘러보고 침대 밑을 살펴보았다. 그리고 커튼을 젖혀보고 옷장을 열어본 뒤, 벽난로 앞에서 멈춰 섰다.

안드레아가 조심해서 치운 까닭에, 재에는 발자국 하나 보이지 않았다.

그러나 그곳도 하나의 출구임에는 틀림없었다. 그리고 이러한 경우, 출구가 될 만한 곳이면 어디든지 수사해 볼 필요가 있었다.

헌병대장은 나뭇단과 짚을 가져오게 했다. 그래서 대포 구멍이라도 메우듯이, 그것들을 벽난로 속에 처넣은 다음, 불을 지폈다.

벽돌로 된 벽이 불길에 타닥타닥 튀는 소리를 냈다. 연기가 구름 기둥을 이루어 뭉게뭉게 굴뚝 속을 지나, 화산에서 뿜어내는 연기처럼 하늘을 향해 피어올랐다. 그러나 예상과 달리 죄인은 떨어지지 않았다.

어려서부터 세상과 싸워온 안드레아는 비록 상대가 헌병대장이라는 지위까지 올라간 사람이라 하더라도, 그에 필적할 정도의 두뇌를 가지고 있었던 것이다. 그는 분명 불을 피우리라 짐작하고, 미리 지붕 위로 올라가 굴뚝에 몸을 대고 쭈그리고 앉아 있었다.

순간 그는 살았다고 생각했다. 그 헌병대장이 다른 두 헌병들에게 큰 소리로 "여긴 없다!" 하고 소리치는 것을 들었기 때문이다.

그러나 고개를 내민 그의 눈에는, 두 헌병이 대장의 말을 듣고 당연히 물러갈 줄 알았는데 오히려 더 긴장하고 있는 것이 보였다.

이번에는 안드레아가 자기 주위를 살펴보았다. 17세기의 위엄 있는 건물인 시청이, 마치 음침한 성벽처럼 우뚝 솟아 있었다. 그의 오른쪽 건물, 즉 시청의 창들은 산꼭대기에서 계곡이 내려다보이듯이 지붕 위의 구석구석이 모조리 내려다보이는 위치에 있었다.

안드레아는 그 창들 어딘가에서 곧 헌병대장의 머리가 틀림없이 나타나리라고 생각했다.

들키는 날엔 모든 것이 끝이었다. 지붕 위에서 들키면 달아날 가능성이 별로 없었다.

그래서 그는 다시 내려가기로 마음먹었다. 단, 아까 올라왔던 길이 아니라 그와 비슷한 다른 통로로.

그는 연기가 나오지 않는 굴뚝을 찾아 지붕 위를 엎드린 채 기어갔다. 그리고 누구의 눈에도 띄지 않게 굴뚝 속으로 사라졌다.

마침 그때, 시청의 조그마한 창문이 하나 열리더니 헌병대장의 머리가 불쑥 나타났다.

잠시 그 머리는 건물을 장식한 석상처럼 꼼짝도 하지 않았다. 그러더니 실망한 듯 깊은 한숨을 내쉬며 다시 들어갔다.

헌병대장은 자기가 대변하고 있는 법률 그 자체이기나 한 듯, 광장에 모여 있는 사람들의 질문은 들은 척도 않고 다시 여관으로 들어갔다.

"어떻게 됐습니까?" 이번에는 두 헌병이 물었다.

"음," 헌병대장이 대답했다. "오늘 새벽 일찍 도망간 모양이군. 빌레르코트레와 누아용 가도를 뒤지도록 해야지. 숲 속도 찾아보고. 잡을 수 있을 거야, 틀림없이."

그가 헌병 특유의 어조로 '틀림없이'라는 말을 자신 있게 하기가 무섭게, 요란한 초인종 소리와 함께 공포에서 비롯된 긴 비명이 여관 마당을 흔들어 놓았다.

"아니, 뭐지?" 헌병대장이 소리쳤다.

"손님이 급해서 그러는 거겠죠." 여관 주인이 대답했다.

"몇 호실 벨소리지?"

"3호실이요."

"빨리 가봐!"

바로 그때, 초인종 소리와 비명이 더욱 크게 울려왔다.

여관 종업원이 급히 달려갔다.

"기다려," 헌병대장은 종업원을 제지하며 말했다. "종업원을 부르는 초인종 소리 같지가 않아. 헌병을 한 사람 올려보내지. 3호실엔 누가 들었소?"

"간밤에 역마차로 온 젊은 남매지요. 침대가 둘 있는 방을 찾더군요."

몹시 괴로운 듯한 벨소리가 세 번째로 울려왔다.

"경관, 내가 가겠다!" 헌병대장이 소리쳤다. "내 뒤를 따라오시오, 바로 뒤에서."

"잠깐 기다려요," 주인이 말했다. "3호실엔 계단이 두 개 있습니다. 바깥쪽에 하나, 안쪽에 하나."

"좋소," 헌병대장이 말했다. "내가 안쪽 계단으로 가지. 내가 거길 맡겠다. 총에 총알 들어 있지?"

"네, 대장님."

"그럼 다들 바깥쪽을 감시하도록. 놈이 도망치려 들거든 쏘아도 좋다. 전신에 의하면 중대한 살인범이라니까."

헌병대장은 경관을 거느리고 곧 안쪽 계단으로 사라졌다. 대장이 안드레아에 대해 한 말 때문에 그들 뒤에서 군중이 웅성거리기 시작했다.

이렇게 된 것은 다음과 같은 일이 생겼기 때문이다.

안드레아는 능숙하게 굴뚝의 3분의 2까지 내려왔다. 그러나 거기까지 오자 그만 발을 헛디뎌, 두 손으로 굴뚝 벽을 짚고 꽉 버티었건만, 뜻밖에 빠른 속도로 요란한 소리를 내며 아래로 미끄러졌다. 그 방에 아무도 없었으면 아무런 문제가 되지 않았을 것인데, 불행히도 사람이 있었다.

한 침대에서 자고 있던 여자 둘이 그 소리에 잠이 깼다.

그들은 소리가 난 쪽을 주시했다. 그러자 벽난로 안에서 남자가 하나 나타나는 것이 보였다. 그래서 둘 중 금발머리 여자가 방금 여관 안을 온통 뒤흔들어 놓은 그 공포의 비명을 내질렀고, 갈색머리 여자는 초인종이 있는 곳으로 달려가 있는 힘을 다해 그 줄을 흔들어서 경보를 울렸던 것이다.

이렇게 안드레아는 보기 좋게 실수를 했다.

"제발!" 안드레아는 상대가 누구인지 알아보지 못한 채 얼굴이 새파래져 정신없이 외쳤다. "제발! 사람은 부르지 말아주십시오. 살려주십시오! 해치지는 않을 테니까요."

"살인자, 안드레아!" 한 여자가 외쳤다.

"외제니! 당글라르 양!" 공포에서 놀라움으로 바뀌며 중얼거리듯이 안드레아가 말했다.

"사람 살려요! 사람 살려요!" 다르미 양이 소리질렀다. 그리고 외제니가 손을 움직이지 않고 있자 초인종의 끈을 뺏어, 외제니보다도 더 세게 흔들었다.

"살려주십시오! 쫓기고 있어요!" 안드레아는 두 손을 모으며 말했다. "제발 인정을 베풀어 주십시오. 경찰에 넘기지는 말아 주십시오!"

"늦었어요. 누가 올라오고 있어요." 외제니가 대답했다.

"그럼, 숨겨주시지 않겠습니까? 아무 일도 아닌데, 그냥 놀라서 그랬다고 얘기하시고요. 의심을 딴 데로 돌리게 해주시면, 저는 무사할 겁니다."

두 여자는 이런 애원에는 대답도 않고, 이불을 뒤집어쓴 채 서로 꼭 껴안고 있었다. 불안과 혐오감이 두 마음속에서 뒤섞였다.

"그럼, 그렇게 하세요!" 외제니가 말했다. "지금 내려온 곳으로 나가세요. 자, 어서 가요, 아무 말 안 할 테니."

"여기 있다! 여기 있어!" 하는 소리가 계단참에서 들려왔다. "여기 있다! 찾았다!"

헌병대장은 열쇠 구멍에 눈을 대고 있었다. 그리고 안드레아가 선 채로 애원하는 것을 보았다.

자물쇠는 개머리판에 맞아 부서졌다. 다시 두 번을 더 치자 빗장이 나와버렸고 이어 문이 부서지며 방 안쪽으로 쓰러졌다.

안드레아는 앞마당으로 난, 복도로 통하는 또 하나의 문으로 가서 뛰어나갈 셈으로 열어젖혔다.

그러나 거기에는 총을 든 헌병 둘이 서서, 그를 겨누었다.

안드레아는 그대로 멈춰 섰다. 그는 선 채로 얼굴빛이 새파래져서는 몸을 조금 뒤로 젖히면서 아무 소용도 없게 된 칼을 부들부들 떨며 움켜쥐고 있었다.

"어서 도망가세요!" 다르미 양은 차츰 무서운 마음이 가라앉자, 가엾다는 생각이 들어 안드레아에게 말했다. "도망가세요!"

"아니면 자살을 해버려요!" 외제니는 마치 옛날 로마의 투기장에서 승리한 검투사에게 패배한 상대를 죽여버리라고 엄지손가락으로 명령하던 무녀 같은 어조와 태도로 말했다.

안드레아는 몸을 떨며 경멸하는 듯한 웃음을 띠고 외제니를 바라보았다. 그것만 보더라도 타락할 대로 타락한 그가 죽음으로 명예를 지킨다는 숭고함이 납득되지 않는다는 것이 명백했다.

"자살이라고!" 그는 칼을 버리며 말했다. "내가 왜 그런 짓을 해?"

"하지만 당신 스스로 그렇게 말했잖아요!" 외제니가 말했다. "사형당하게 될 거라고요. 극악범으로 처벌될 거라고!"

"흥!" 안드레아는 팔짱을 끼며 말했다. "그래도 내겐 친구들이 많으니까."

헌병대장은 칼을 쥐고 그의 곁으로 다가왔다.

"자, 자," 안드레아가 말했다. "칼은 칼집에 넣어두시지. 고분고분 따라갈 테니 으스대지는 말라고!"

이렇게 말하며 그는 두 손을 내밀어 수갑을 받았다.

두 처녀는 바들바들 떨며, 사교계에서 날리던 신사가 탈을 벗자 죄수로 변해버리는 이 무시무시한 변모를 바라보고 있었다.

안드레아는 두 여자 쪽을 돌아보고 파렴치한 웃음을 띠며 이렇게 말했다.

"외제니 양, 아버님께 전할 말 없소? 분명 난 파리로 돌아갈 테니 말이오."

외제니는 두 손으로 얼굴을 가렸다.

"오! 오!" 안드레아가 말했다. "그렇게 부끄러워할 것 없잖아. 그리고 역마차로 내 뒤를 따라왔다 해도, 난 언짢게 생각하진 않는단 말이야……. 난 거의 당신 남편 아니었나?"

안드레아는 이렇게 이죽거리며, 두 여자를 쥐구멍에라도 들어가고 싶은 창피함과 구경꾼들의 숙덕공론 속에 남겨두고 밖으로 나갔다.

한 시간 뒤에 두 여자는 모두 여자 옷을 입고, 여행 마차에 올랐다.

사람들의 눈에서 두 여자를 피하게 하느라고 여관 문을 닫아놓았지만, 일단 다시 그 문이 열리기만 하면 눈을 번득거리며 수군거리는 구경꾼들 사이를 싫어도 지나가야 했다.

외제니는 마차의 창문을 내렸다. 구경꾼들이 보이지는 않았지만, 그 얘기 소리는 안 들으려야 안 들을 수가 없었다. 그들의 비웃는 소리가 결국 외제니의 귀에까지 들려왔다.

"오! 이 세상이 사막이었으면!" 외제니는 다르미 양의 가슴에 쓰러지며 노여움에 불타는 눈으로 이렇게 말했다. 그것은 마치 네로 황제가 로마 국민들의 머리가 하나로 되어 있다면 단칼에 잘라버리겠다던 분노와 같은 것이었다.

이튿날 두 여자는 브뤼셀의 플랑드르 호텔에 머물렀다.

안드레아는 그 전날 이미 콩시에르주리 감옥에 수감되었다.

법률

외제니와 다르미 양이 얼마나 침착하게 변장을 하고 감쪽같이 달아나는 데 성공했는지는 이미 설명한 대로다. 그렇게 할 수 있었던 것은 다른 사람들이 모두 자기 일에 정신이 팔려 그 두 사람에 대해서는 잊고 있었기 때문이었다.

파산의 그림자가 눈앞에서 어른거리자, 이마에 땀을 흘리며 막대한 부채를 어떻게 청산할 것인지 고심하고 있던 은행가는 잠시 그대로 두고, 지금은 커다란 충격을 받은 끝에 평소의 의논 상대인 뤼시앵 드브레를 찾아간 남작 부인의 뒤를 쫓기로 하자.

사실 남작부인으로서는 이번 결혼 이야기를 계기로, 외제니 같은 성격의 처녀와 함께 있으면 곤란한 가정교사를 내쫓고 싶었다. 게다가 가정 안에서의 신분관계를 보장하는 암묵적인 약속에 있어서, 어머니라는 존재는 딸에게 지혜롭고 완벽한 모범이 되어야만 진정한 어머니의 자격이 있다고 할 수 있었다.

하지만 당글라르 부인은 외제니의 통찰력과 다르미 양의 훈수에 대해 불안을 느끼고 있었다. 그녀는 딸이 드브레를 볼 때 언제나 모멸스러운 눈빛으로 쳐다본다는 것을 간파하고 있었다. 그 눈빛은 딸이 자신들의 내연관계나 금전적인 모든 비밀스런 관계를 다 알고 있다는 의미인 것만 같았다. 그것은 말로 하는 것보다 더 통찰력이 있어서 더 깊게 꿰뚫어보는 것 같았다. 반면에 정작 남작부인의 눈에 외제니가 드브레를 싫어하는 것으로 보인 이유는, 외제니가 드브레를 온정 넘치는 이 집에 불행이나 추문을 일으키는 장본인으로 생각하기 때문이 아니라, 그를 두 발 달린 짐승 부류로 정직하게 분류해 놓았기 때문이었다. 이 부류는 옛날 디오게네스(그리스의 철학자)가 진작부터 인간의 이름으로 부를 가치가 없다 생각했고, 또 플라톤(그리스의 철학자)이 다리 두 개에 날개가 없는 동물이라고 완곡하게 불렀던 부류이기도 하다.

불행하게도 이 세상 사람들은 오로지 자기 입장만 생각하지 타인의 입장 같은 것은 생각하지 않는다. 당글라르 부인만 해도 단순히 자신의 입장에서 외제니의 결혼이 깨진 것을 매우 아깝게 생각했을 뿐이다. 말하자면, 딸의 결혼을 더할 나위 없이 잘 어울리고, 딸의 행복한 앞날이 보장된 것으로 생각한 것이 아니라, 그 결혼을 통해 자기가 자유로워질 거라고 생각했던 것이었다.

그리하여 그녀는 앞에서도 말했듯이 드브레에게 달려갔다. 그러나 그녀가 도착했을 때는 혼인 서약식과 거기에 이어진 복잡한 소동을 겪은 뒤여서, 그는 서둘러 클럽으로 돌아가고 없었다. 그리고 그 클럽에서 몇몇 친구를 상대로 그 당시 세계의 도시라고 불리고, 특히 남의 말을 하기 좋아하는 이 도시에서 거의 3분의 2가량 되는 사람들 입에 오르내리던 사건에 대해 얘기하고 있었다.

문지기로부터 분명하게 드브레가 돌아오지 않았다는 말을 듣고도, 당글라르 부인은 검은 옷을 입고 베일로 얼굴을 가린 채 드브레의 방으로 가는 계단을 올라갔다. 그 시각 드브레는 한 친구와 옥신각신하며 그의 주장을 물리치기 위해 안간힘을 쓰고 있었다. 그 친구가 하는 말은, 그런 소동이 일어난 이상, 싫어도 당글라르 집안의 친구로서 외제니와 결혼하고 2백만 프랑의 지참금을 받아야 한다는 것이었다.

겉으로는 반대했지만 실은 드브레도 상대의 말대로 하고 싶은 마음도 들었다. 자신도 그런 생각을 몇 번 해본 적이 있었기 때문이다. 그렇다 해도 외제니의 지기 싫어하고 너무나 오만한 성격을 잘 알고 있던 그는 이따금 생각난 듯이 완전한 방어 자세를 취하면서 그런 결혼은 도저히 생각할 수도 없는 일이라고 주장했다. 하지만 한편으로는 모든 도덕주의자들의 십자가 뒤에 언제나 사탄의 눈이 빛나고 있는 것과 마찬가지로, 아무리 결백하고 순수한 사람이라도 반드시 마음속에 품고 있다는 옳지 않은 생각에 끊임없이 마음이 흔들리고 있었다. 차를 마시며 도박을 하고, 또 결국은 문제가 문제인 만큼 이야기가 길어지다 보니 어느새 새벽 1시 반이 되고 말았다.

그러는 동안 드브레의 하인에게 안내를 받은 당글라르 부인은, 얼굴을 베일로 가리고 마음을 졸이며 초록빛의 작은 객실 안에서 두 꽃바구니 사이에 앉아 기다리고 있었다. 그것은 모두 그녀가 오늘 아침에 보낸 꽃바구니였는데, 언급하지 않을 수 없는 것은 드브레가 그것을 손수 정성껏 층이 지게 정렬해서 가지를 쳐놓았다는 사실이다. 그 세심한 배려에 감동한 그녀는 그가 집에 없다는 사실마저 용서해 줄 수 있을 것 같은 심정이었다.

11시 40분쯤 되자, 당글라르 부인은 기다리다 지쳐서 삯 마차를 타고 집으로 돌아갔다.

어느 사교계의 부인들은 보통 자정이 넘어야만 귀가한다는 점에서, 임자를 만나 바람난 여공들과 공통점을 가진다. 당글라르 부인은 외제니가 집을 나갈 때 그랬던 것처럼 조심조심 집 안에 들어갔다. 그녀는 발소리를 죽이고 슬픈 마음으로, 외제니의 방 바로 옆방인 자기 방으로 가는 계단을 올라갔다.

부인은 딸에게 들키지 않을까 가슴이 조마조마했다. 그런 점에서, 어수룩한 그녀는 끝까지 딸이 순진하고 집안에 순종한다는 것을 믿어 의심치 않았던 것이다!

집에 돌아온 그녀는 외제니의 방문 앞에서 귀를 기울였다. 그러나 아무소리도 들리지 않았다. 그녀는 안에 들어가 보려고 했지만 문에 빗장이 걸려 있었다.

부인은 외제니가 아마 오늘 밤의 무서운 사건에 흥분한 나머지 지쳐서 침대에 들어가 잠이 들어버린 게 틀림없다고 생각했다.

부인은 하녀를 불러서 물어보았다.

"아가씨는 다르미 아가씨와 함께 방에 들어가셔서 차를 마시고는, 더 이상 볼일이 없으니 가도 좋다고 하셨어요."

그때부터 하녀는 내내 부엌에 있었다고 했다. 그리고 다른 사람들과 마찬가지로 젊은 두 처녀가 방에 있는 것으로 알고 있었다.

그런 이유로 당글라르 부인은 아무 걱정 없이 잠자리에 들었다. 그러나 두 사람에 대해 마음이 놓이자, 사건에 대한 생각을 하기 시작했다. 약혼식 때의 일이 선명하게 떠오르며 머리가 맑아졌다. 그것은 단순한 추태가 아니라 그야말로 놀라운 사건이었고, 망신을 넘어서는 수준이었다.

부인은 최근에 메르세데스의 남편과 아들에게 커다란 불행이 닥쳐왔을 때, 그녀에 대해 자기가 얼마나 냉담했는지를 떠올렸다.

'외제니는 이제 망한 거야. 게다가 우리도 마찬가지지. 일단 사건이 공개

되면 우리는 치욕을 면치 못하게 돼. 무엇보다 이 사교계에서는 한번 웃음거리가 되었다 하면, 그건 아물지 않고 피를 철철 흘리는, 치유할 수 없는 상처가 되고 마니까. 하느님이 외제니를 엄마인 나조차 가끔은 몸서리쳐지는 그런 이상한 성격으로 만들어주셔서 이런 때 참 다행이야!'

부인은 그렇게 중얼거리며 감사에 넘치는 눈길로 하늘을 우러러보았다. 거기서 신비한 신의 섭리는 곧 닥칠 일들에 따라 모든 것을 준비하기에, 난관에 봉착하거나 또는 악덕을 저지르기까지 했어도 때로는 행복을 만들어주는 것이다.

부인의 생각은, 새가 날개를 펼치고 심연 위를 날아가듯이 넓은 공간을 날아 안드레아에게 옮겨갔다.

'안드레아는 분명히 형편없는 남자이고 도둑놈인 데다 살인자야. 하지만 그자는 완전하지는 않더라도 어느 정도 교육받은 면도 가지고 있었어. 그러니까 당당한 재산가의 면모로 명망 높은 이름값을 하면서 사교계에 등장할 수 있었던 것이겠지.'

그런데 이 복잡한 사태를 과연 어떻게 헤쳐 나가야 하지? 이런 궁지에서 벗어나려면 누구와 의논해야 할까? 그녀는 여차하면 자기를 파멸로 이끌지 모르는 남자라도, 자기가 사랑하는 남자에게 가장 먼저 도움을 청하고 싶어 하는 여자의 마음에서 무작정 드브레에게 달려갔었다. 그런데 드브레는 고작 이런 조언밖에 줄 수 없었다. 즉 자기보다 더 유력한 사람에게 부탁해 보라는 것이었다.

그래서 당글라르 부인은 빌포르 씨를 떠올렸다.

그러나 카발칸티를 체포하게 만든 것은 바로 그 빌포르 씨가 틀림없었다. 빌포르 씨가 어떻게 서로 전혀 모르는 집안인 것처럼 이쪽 집에 가차 없이 재난을 안겨줄 수 있느냐 말이다.

그러나 그렇지만도 않았다. 다시 생각해 보면, 그 사람이 반드시 피도 눈물도 없는 검사총장이라고는 할 수 없었다. 결국은 자신의 의무에 충실한 한 사람의 법관이며 좀 거칠긴 하지만 공정하고 의지가 강한 친구일 뿐이었다. 그 친구가 확실한 솜씨로 부패한 곳에 메스를 가했던 것이다. 그러니 냉혈한이 아니라 외과의사라고 해야 했다. 그 외과의사가, 집안의 사위로서 사교계에 소개된 그 볼 장 다 본 청년의 추악함을 감안하여 당글라르 집안의 명예를 사교계 사람들의 눈에서 격리시켜주려고 한 것으로 생각해야 했다.

당글라르 집안의 친구인 빌포르 씨가 정말 그런 마음에서 행동한 것이라면, 검찰총장이 아무것도 미리 알지 못했고, 안드레아의 술책 중에 어느 것도 거들지 않았다고 가정할 수 있었다.

그렇게 생각한 부인은 빌포르가 취한 행동이 오히려 서로의 공통된 이익을 위한 것이라 여기기 시작했다.

그렇다 해도 검찰총장의 그 완고함은 이제 이쯤에서는 끝나야 했다. 부인은 날이 밝으면 그를 찾아가서, 사법관의 의무를 저버릴 수는 없다 해도 할 수 있는 한 관대한 처분을 부탁해 보자고 생각했다.

부인은 옛일을 떠오르게 하는 수밖에 없다고 생각했다. 그 기억을 떠올려서, 도리에 어긋난 관계이기는 했지만 서로 즐거웠던 그때의 일을 내세워 특별히 부탁해 보겠다고 생각했던 것이다. 빌포르 씨는 아마도 사건을 수습해줄 것이다. 적어도 사건을 없던 일로 해줄 것이다. (그러기 위해서는 사건을 보고도 보지 않은 척만 해주면 된다) 하다못해 카발칸티가 달아나도록 내버려 둘 것이다. 그리고 숨어버린 범죄자에 대한 이 사건을 결석재판으로만 기소해 줄 것이다.

거기까지 생각이 미치자, 부인은 비로소 다리를 뻗고 잠을 청할 수 있었다.

이튿날 아침 9시, 그녀는 일어나서 하녀도 부르지 않고 아무도 모르게 조용히 옷을 갈아입었다. 그리고 전날 밤과 같은 간단한 차림으로 계단을 내려가서 집을 나섰다. 그리고 프로방스 거리까지 걸어가 삯마차를 잡아타고 빌포르의 집으로 달렸다.

한 달 전부터 이 저주받은 집은 페스트 환자라도 발생해 격리된 것처럼 음산한 기운이 감돌고 있었다. 건물 일부는 안팎으로 굳게 잠겨 있었다. 덧창도 꼭꼭 닫힌 채, 다만 환기를 위해 잠시 동안 열릴 뿐이었다. 그런 때는 창문에 겁에 질린 듯한 하인의 얼굴이 나타났다. 그러나 창문은 이내 무덤 위에 묘석이 내려앉듯이 다시 닫히고 말았다. 이웃 사람들은 목소리를 낮춰 이렇게 수군거리곤 했다.

"오늘도 검찰총장의 집에서 관이 나올까?"

그 흉가 같은 집을 본 순간 부인은 자기도 모르게 몸을 떨었다. 마차에서 내린 부인은 무릎을 부들부들 떨며 닫혀 있는 문으로 가서 벨을 울렸다.

　세 번까지 벨을 울려서 그 음산한 벨소리가 집 전체의 적막함과 하나인 듯이 울려 퍼졌을 때, 문지기가 겨우 목소리가 들릴 정도로만 문을 열고 얼굴을 내밀었다.

　문지기의 눈앞에 한 부인, 틀림없이 사교계 여성으로 보이는 한 부인이 우아한 복장으로 서 있었다. 그러나 문은 여전히 거의 닫힌 것과 같은 상태였다.

　"문 열라니까요!" 당글라르 부인이 말했다.

　"부인, 누구신지요?" 문지기가 물었다.

　"누구냐고? 잘 알면서 무슨 소리지?"

　"아무도 아는 척하지 못하게 되어 있습니다."

　"머리가 어떻게 된 거 아닌가?" 남작부인이 소리쳤다.

　"어디서 오셨습니까?"

　"오, 이건 너무 심하잖아."

　"용서해 주십시오. 그렇게 분부를 받아서 하는 수 없습니다. 이제 성함을 말씀해 주십시오."

　"당글라르 남작부인. 지금까지 여러 번 봤을 텐데."

　"그야 그럴지도 모르지요. 그런데 무슨 일로 오셨습니까?"

　"정말 별 소릴 다 듣겠군! 이집 하인이 무례하다고 빌포르 씨에게 말해야겠어."

　"무례한 것이 아닙니다. 조심하고 있을 뿐이죠. 다브리니 씨로부터 말씀이 있거나, 아니면 검찰총장님께 긴히 할 얘기가 있는 사람이 아니면 들이지 말라고 하셨습니다."

　"바로 그 검찰총장님께 볼일이 있어서 왔어요."

　"급한 용건이신가요?"

　"보면 알지 않나? 마차에 아직 다시 타지 않은 걸 보면. 그런 소린 이제 그만하고, 여기 명함이 있어요. 이걸 주인께 갖다 드려요."

　"돌아올 때까지 기다리시겠습니까?"

　"기다리고말고. 갔다 와요."

　문지기는 당글라르 부인을 문밖에 세워둔 채 다시 문을 닫아버렸다.

당글라르 부인은 실제로 그리 오래 기다리지는 않았다. 잠시 뒤, 부인이 겨우 지나갈 수 있을 만큼 문이 열렸다. 그리고 부인이 안에 들어가자 문은 다시 닫혔다.

안뜰에 들어서자, 한 순간도 문에서 눈을 떼지 않고 있던 문지기가 호주머니에서 호루라기를 꺼내 불었다.

그러자 정면 돌계단 위에서 빌포르 씨의 하인이 나타났다.

"부인, 부디 저 선량한 이 사람의 무례를 용서해 주십시오." 부인 쪽으로 다가오면서 하인이 말했다. "저 사람에게는 잘못이 없습니다. 주인나리께서 그렇게 할 수밖에 없음을 잘 말씀드리라고 하셨습니다."

안뜰에서는 똑같은 경계를 당하면서 들어온 한 상인이 상품을 조사받고 있었다.

남작부인은 입구의 돌계단을 올라갔다. 부인은 자신의 슬픔을 더욱 극대화시켜 주는 듯한 이 집의 적막한 분위기에 마음 깊이 동요했다. 그녀는 자기한테서 시선을 떼지 않고 있는 하인이 이끄는 대로 검찰총장의 서재에 들어갔다.

당글라르 부인은 자기가 이곳에 온 일에 대해 끊임없이 마음을 빼앗기고는 있었지만, 자신을 대하는 하인들의 태도가 너무나 괘씸해서 먼저 그 점부터 털어놓지 않을 수 없었다.

빌포르는 고뇌에 찬 얼굴을 들어 너무도 서글픈 미소로 부인을 바라보았다. 그것을 본 순간, 입에서 나오려던 부인의 불평은 그대로 사라지고 말았다.

"하인들이 그토록 심하게 겁내고 있는 것을 용서해 주십시오. 저로서도 도저히 나무랄 수가 없는 노릇입니다. 언제나 사람들의 의심을 받고 있는 탓에 자기 쪽에서도 의심이 깊어진 것입니다."

당글라르 부인은 그때까지 종종 빌포르 씨가 얼마나 두려워하고 있는지에 대해 사교계의 소문을 듣고 있었다. 그러나 이렇게 눈앞에서 보기 전까지 그 두려움이 과연 어느 정도인지는 도저히 짐작이 가지 않았다.

"그럼 당신도 편치 않으신가 보군요?" 부인이 말했다.

"그렇습니다."

"그럼 저에 대해서도 동정해 주시겠군요?"

"진심으로."

"제가 무슨 용건으로 찾아왔는지도 알고 계시고요?"

"이번 일로 의논하러 오신 거 아닙니까?"

"맞아요. 정말 무서운 불행이었어요."

"재수가 없어서 생긴 일이었지요."

"재수가 없어서 생긴 일이라고요!" 부인이 소리쳤다.

"그렇습니다!" 빌포르는 평소의 침착하고 냉정한 태도를 잃지 않고 대답했다. "저는 돌이킬 수 없는 일이 아니면 불행이라고 부르지 않습니다."

"그럼 잊을 수 있는 일이라고 생각하시나요? ……"

"모든 건 잊히게 마련입니다. 따님의 결혼만 해도, 설령 오늘은 그렇게 되었다 해도 내일은 잘될 수도 있습니다. 설령 내일 안 된다 해도 1주일만 지나면 괜찮아지는 수도 있고요. 그런데 외제니 씨의 결혼에 대해 걱정하시는 것처럼 보이지만, 그게 반드시 진심이라고는 생각되지 않는군요."

당글라르 부인은 빌포르의 거의 조롱하는 듯한 침착한 태도에 놀라 그를 바라보았다.

"아니, 내가 정말 내 친구의 집에 있는 게 맞나요?" 부인은 슬픈 듯이 위엄을 담은 목소리로 물었다.

"분명히 그렇다고 생각합니다만." 빌포르는 자신이 이렇게 확신에 찬 어조로 말하고 있다는 것 때문에 얼굴을 가볍게 붉혔다.

그도 그럴 것이, 그렇다고 대답한 말 이면에는 두 사람 사이에 현재 얘기되고 있는 문제 말고 또 다른 일이 암시되어 있었기 때문이다.

"그렇다면 좀 더 친절하게 대해 주실 수 없을까요? 재판관으로서가 아니라 친구로서 얘기해주셨으면 해요. 그리고 이렇게 불행한 저에게 마음을 밝게 가지라는 말씀은 마시고요." 부인이 말했다.

빌포르는 고개를 숙여 예를 표한 다음 말했다.

"석 달 전부터 저는 사람들한테서 불행이라는 말을 들을 때마다 저 자신의 불행을 생각하는 한심한 버릇이 생겼습니다. 그리고 나도 모르게 마음속으로 양쪽의 불행을 비교해 보는 정말 이기적인 짓을 하기 시작했지요. 그래서 내 불행에 비하면 부인이 말씀하시는 불행은 그저 재수 없는 일이라고 해야 하는 게 아닌가 생각했습니다. 저 자신의 기막힌 입장에 비하면 부인의 입장은 오히려 부러울 정도지요. 듣기에 언짢으신가요? 그럼 이 이야기는 그만두고 부인의 얘기를 듣기로 하지요."

"전 그 사기꾼 사건이 도대체 어떻게 되었는지 당신 입을 통해 직접 듣고 싶어서 왔어요."

"사기꾼이라고요!" 빌포르가 되받았다. "당신은 어떤 일은 아주 가볍게 생각하고 어떤 일은 유난히 과장해서 생각하시는 것 같군요. 그 안드레아 카발칸티 씨가, 아니 그보다도 베네데토 씨가 단순한 사기꾼이라는 말입니까! 그건 너무도 모르시는 말씀입니다. 베네데토는 그야말로 진짜 살인자입니다."

"그렇게 말씀하신다면 더 이상 뭐라고 하지 않겠어요. 다만 그 사람에 대해 엄격하면 할수록 우리 집안은 더욱 큰 고통을 받게 됩니다. 부탁이에요, 잠시 잊어주시면 안 될까요? 추적하는 대신 그대로 달아나게 해주실 수 없을까요?"

"너무 늦었습니다. 이미 명령이 나갔습니다."

"그럼 만약 붙잡히는 날에는…… 붙잡힐 거라고 생각하시나요?"

"그러기를 바랍니다."

"만약 체포되면, 교도소는 언제나 대만원이라지만 교도소에 넣어 주세요." 검찰총장은 안 된다는 몸짓을 했다.

"적어도 제 딸이 결혼할 때까지 만이라도." 당글라르 부인이 덧붙였다.

"안 됩니다. 재판에는 절차라는 것이 있어서요."

"제가 이렇게 부탁드리는데도요?" 반은 미소 지으면서, 반은 진지한 표정으로 부인이 물었다.

"누구든 마찬가집니다. 설령 내 경우라도 다른 모든 사람의 경우와 똑같습니다."

"아!" 부인은 소리쳤다. 그러나 자기도 모르게 새어 나온 속마음을 다시 말로 표현하려고는 하지 않았다.

빌포르는 상대의 마음을 꿰뚫어보는 듯한 눈길로 부인을 응시했다.

"그렇습니다. 부인이 무슨 말을 하려는지 잘 알고 있습니다. 부인이 암시하시는 것은 바로 세상에서 수군거리고 있는 그 무서운 소문에 대한 것이겠지요. 석 달 전부터 나에게 상복을 입힌 죽은 사람들에 대한 것, 기적적으로 발랑틴만은 목숨을 건졌지만, 모두 자연사라고는 할 수 없는 죽음을 맞이한 사람들에 대한 거라고 생각하는데요."

"전 그런 건 전혀 생각하지 않았는데요." 당글라르 부인은 힘주어 대답했다.

"아니, 당신은 분명히 생각하고 있었습니다. 그리고 그건 당연한 일이지요. 생각하지 않을 수가 없었을 겁니다. 그리고 당신은 속으로 이렇게 생각하셨을 겁니다. '대답해 봐, 죄인을 추적하면서 너는 왜 자기 주위의 범죄를 응징하지 않고 내버려두고 있는 거지?' "

당글라르 부인의 얼굴빛이 창백해졌다.

"그렇게 생각하셨지요?"

"네, 사실은 그래요."

"그럼 대답해 드리지요."

빌포르는 자신의 안락의자를 당글라르 부인에게 가까이 가져갔다. 그리고 두 손을 책상 위에 놓고 평소보다 가라앉은 목소리로 얘기하기 시작했다.

"설령 범죄가 있었다 해도 그 범인이 벌을 받을 수 없는 경우가 있습니다. 범인이 누군지 확실하게 알 수 없는 경우, 또는 진범으로 오인하고 무고한 자의 목을 베어버릴 우려가 있는 경우. 그러나 일단 범인을 알았을 때는(그렇게 말하면서 빌포르는 책상 정면에 있는 십자가 쪽으로 손을 뻗었다), 일단 범인을 알았을 때는," 그는 되풀이했다. "살아계신 신께 맹세코, 부인, 그 범인이 누구이든 반드시 죽음의 형벌을 내려야 마땅합니다! 전 지금 막 맹세를 하고 그것을 지키겠다고 확실히 말씀드렸습니다. 그런데 어찌 저보고 그 흉악한 놈에게 자비를 베풀라고 하십니까!"

"하지만 그 사람이 정말 사람들이 말하는 만큼 분명히 나쁜 짓을 했다고 생각하시나요?" 당글라르 부인이 말했다.

"이것이 그 남자의 소송기록입니다. '베네데토, 16세, 화폐위조범으로 5년의 징역에 처한다.' 보시는 바와 같이 어릴 적부터 앞날이 뻔한 놈이었습니다. 아니나 다를까 다음엔 탈옥수, 그 다음엔 살인자가 되었지요."

"그럼 도대체 어떤 사람인데 그랬을까요?"

"그걸 누가 알겠습니까! 부랑자지요. 코르시카 사람이라더군요."

"신원을 맡아주려는 사람이 아무도 없었나요?"

"아무도. 부모도 누군지 모르고 있습니다."

"그럼 그 루카에서 온 남자는요?"

"그자도 놈과 마찬가지로 사기꾼입니다. 아마 공범일 거요."

남작부인은 두 손을 모았다.

"빌포르!" 그녀는 너무나 다정하고 그윽한 목소리로 말했다.

"제발! 부인," 퉁명스럽다고 할 만큼 엄중한 태도로 빌포르가 대답했다. "부탁입니다! 제발 죄인을 용서해 주라는 말씀은 마십시오. 도대체 나를 어떤 사람으로 생각하십니까? 나는 법률 그 자체입니다. 법률에 당신의 슬픔을 바라볼 눈이 있다고 생각하십니까? 법률에 당신의 그윽한 목소리를 들어줄 귀가 있을 거라고 생각하십니까? 법률에 당신의 미묘한 마음에 열의를 보일 만한 추억이 있다고 생각하십니까? 아닙니다, 부인. 법률에는 명령만 있을 뿐입니다. 그리고 한 번 명령을 내리고 나면 반드시 상대를 해치웁니다.

당신은 내가 법전이 아니라 피와 눈물이 있다고, 단순히 한 권의 책이 아니라 한 사람의 인간이라고 말하고 싶겠지요. 그러나 부인, 내 주위를 둘러보십시오. 도대체 세상 사람들이 나를 형제로 대해준 적이 있을까요? 나를 사랑해 준 적이 있을까요? 나를 아껴준 적이 있을까요? 나를 관대하게 봐준 적이 있을까요? 이 빌포르를 위해 누가 자비를 베풀어 달라고 한 사람이 있을까요? 만약 그런 사람이 있었다 해도 그 사람 말을 들어준 사람이 있을까요? 없지요, 없어요, 없단 말입니다. 공격만 했지요. 나는 늘 당하기만 했습니다! 당신은 끈질긴 여자에요. 말하자면 세이렌(그리스 신화에 나오는 요귀로 아름다운 노래로 선원들을 유혹해 파멸에 빠뜨렸다고 한다)처럼 마음을 유혹하는 의미심장한 눈빛으로 내 입을 열게 만들려고 하고, 내가 회상으로 얼굴을 붉히지 않을 수 없게 만들려는 것 같은데, 좋소, 당신이 알고 있는 일로 얼굴이 붉어지는 일도 있겠지요. 그런데 어쩌면, 어쩌면 다른 것으로도 얼굴이 붉어질 수 있다는 걸 명심해요.

그러니까 내 스스로가 죄를 지은 뒤부터, 더구나 어쩌면 다른 누구보다도 중한 죄를 저지른 뒤부터, 그래요, 그 때 이후로 나는 다른 사람들의 곪은 구석을 찾아내기 위해 그들의 옷을 샅샅이 털었소.

그리고 그건 어김없이 늘 발견되었습니다. 더 심하게 말하자면 난 행복과 기쁨을 느끼며 찾아내었던 거요, 그 인간적인 약점이나 타락의 흔적을 말이오.

내가 죄를 찾아낸 한 사람 한 사람, 내가 응징한 한 사람 한 사람은 단적으로 말해 반드시 나만이 추한 인간은 아니라는 살아 있는 증거, 새로운 증거니까요! 아, 슬프게도! 이 세상에서는 누구나 다 악인입니다. 그것을 증명해 보이는 거지요! 그리고 악당을 응징하자는 겁니다!"

빌포르의 이 마지막 말에는 격렬한 분노가 담겨 있었다. 그래서 그의 말은 잔인하리만큼 가차 없는 웅변조가 되고 말았다.

"하지만 당신은 그 사람이 부랑자이고 고아이며 모두로부터 버림받은 사람이라고 하시지 않았나요?" 당글라르 부인이 마지막 노력이라 생각하며 말했다.

"유감이지만, 아니 차라리 다행이라고 해야겠군요. 신의 섭리는 그를 위해 눈물을 흘릴 사람이 아무도 없도록 해주셨으니까요."

"약자를 더욱 괴롭히는 말씀이군요."

"그 약자는 살인을 저질렀습니다!"

"하지만 그 남자의 불명예는 어쩔 수 없이 우리 집안에 떨어지게 될 텐데요."

"나는 안 그런 줄 아십니까? 내 집에서는 사람이 죽어나가고 있어요."

"오!" 당글라르 부인이 소리쳤다. "당신은 타인에 대해 피도 눈물도 없는 분이군요. 네, 분명히 말하겠어요. 당신에 대해 이제부터는 눈곱만큼도 동정하지 않겠어요!"

"좋을 대로 하십시오!" 빌포르는 위협하듯이 팔을 높이 쳐들면서 말했다.

"그래도 그 사람이 붙잡혔을 땐 심리를 다음 재판까지 연기해 주실 수 없을까요? 그러면 6개월 뒤가 되니 세상 사람들도 잊어버릴 테니까요."

"안 되겠는데요. 그때까지 아직 닷새나 남았습니다. 조사도 다 마친 상태이니 닷새만 있으면 나에게는 충분합니다. 게다가 부인, 이해해 주실 수 없습니까, 나도 모든 걸 잊고 싶습니다! 그렇습니다. 그래서 일단 일을 시작하면 밤낮없이 매달립니다. 일을 계속하는 동안은 잊을 수 있으니까요. 생각하지 않을 수 있을 때만 그나마 죽은 사람처럼 행복해질 수 있지요. 적어도 괴로운 생각을 하는 것보다는 낫습니다."

"그 사람은 달아났어요. 제발 그대로 내버려 두시면 안 될까요? 그냥 내버려 두는 정도는 얼마든지 가능하잖아요."

"하지만 아까도 말씀드렸다시피 그것도 이젠 늦었습니다! 새벽에 전보가 나갔으니 아마 지금쯤……."

"검사님," 하인이 들어와서 말했다. "용기병(龍騎兵)이 내무대신의 편지를 가지고 왔습니다."

빌포르는 편지를 받아들자마자 흥분하여 봉투를 뜯었다. 당글라르 부인은 겁에 질려 몸을 떨었다. 빌포르는 자기도 모르게 기뻐서 펄쩍 뛰었다.

"붙잡혔어요!" 그가 소리쳤다. "콩피에뉴에서 잡혔답니다. 이제 모든 건 끝났습니다."

당글라르 부인은 새파래져서 얼음장 같은 태도로 일어섰다.

"안녕히 계세요." 그녀가 말했다.

"안녕히 가십시오." 부인을 문까지 배웅하면서 사뭇 기뻐하는 모습으로 빌포르가 대답했다.

그리고 서재에 돌아온 빌포르는 오른손 손등으로 편지를 탁탁 치면서 말했다.

"자, 위조 건이 하나, 절도 건이 셋, 방화 건이 셋이군. 지금까지 손대지 못한 건 살인사건뿐이었는데, 그것도 이렇게 붙잡혔으니 이번 법정은 볼만하겠군."

헛것들

검찰총장이 당글라르 부인에게 말했던 것처럼, 발랑틴은 아직도 전혀 몸을 추스르지 못하고 있었다.

건강이 상해 쇠약해진 자리를 보전하고 침대에 누워 있었다. 그리고 그렇게 방에 누워서 빌포르 부인의 입을 통해 지금까지 있었던 사건, 즉 외제니가 가출한 것, 안드레아 카발칸티, 아니 베네데토가 체포된 것, 또 그 베네데토가 살인혐의로 기소되었다는 소식들을 들었다.

그러나 너무나 기진맥진해 있는 발랑틴은 그런 이야기를 들어도 건강할 때만큼은 감흥을 느끼지 못했다.

그것은 다만, 병들어 있는 그녀의 뇌리에서 떠나지 않거나, 아니면 눈앞을 스쳐 지나가는 기괴한 생각과 덧없는 환영이 뒤섞인 막연한 생각, 뭐가 뭔지 알 수 없는 형태 같은 것에 지나지 않았다. 곧 모든 것이 사라졌다가도 독특한 느낌 속에서 그 모든 여파는 다시 계속되었다.

그나마 낮 동안은 누아르티에 노인이 와주어서 기분이 나은 편이었다. 노인은 손녀딸의 방으로 자기를 옮겨 달라고 하여, 거기서 계속 머무르며 자애로운 눈길로 손녀를 지켜봐 주었다. 빌포르도 재판소에서 돌아온 뒤에는 아버지와 딸 사이에 앉아서 늘 한두 시간을 보내곤 했다.

6시가 되면 빌포르는 자기 서재로 돌아갔다가 8시에 다브리니 씨가 그녀를 위해 조제한, 밤에 먹는 물약을 가지고 직접 찾아왔다. 그리고 나면 누아르티에 노인은 다시 자기 방으로 실려갔다.

그때부터는 의사가 뽑은 간호사가 환자를 지켰다. 그리고 10시나 11시쯤 발랑틴이 잠든 모습을 보고서야 돌아가는 것이다.

간호사는 아래층으로 내려가면서 발랑틴의 방 열쇠를 빌포르 씨에게 넘겨준다. 따라서 그때부터는 빌포르 부인의 방이나 에두아르의 방을 거치지 않으면 누구도 환자의 방에 들어갈 수 없었다.

모렐은 매일 아침 누아르티에 노인에게 발랑틴의 병이 좀 나아졌는지를 물으러 왔다. 그러나 이상하게도 그의 불안은 날이 갈수록 줄어들어 가는 듯 했다.

발랑틴은 처음에는 심한 신경성 흥분에 빠졌지만 하루하루 병세가 나아지고 있었다. 게다가 그가 놀라서 몬테크리스토 백작에게 달려갔을 때, 만약 발랑틴이 두 시간 안에 죽지 않는다면 틀림없이 살아날 거라고 말하지 않았던가.

그런 발랑틴이 아직 살아 있었다. 그리고 그 사이 벌써 나흘이나 지나 있었다. 지금 이야기한 신경성 흥분은 잠자는 동안에도 발랑틴을 계속 괴롭혔다. 아니 그보다 깨어 있다가 막 잠들기 전의 반수면 상태에도 어김없이 발랑틴을 덮치곤 했다. 그럴 때는 고요한 밤이 되어, 벽난로 위에 놓인 야간램프에서 퍼지는 희미한 불빛 속에서 설화석고로 만든 램프 표면이 빛을 발한다. 그러면 발랑틴의 눈에는 으레 병자들의 방을 차지하러 오곤 하는 그런 그림자들이 지나가며 날개를 흔들며 열을 털어내고 있는 것이 보였다.

그럴 때마다 그녀는, 때로는 계모가 나타나 자기를 위협하거나, 때로는 막시밀리앙이 나타나 자기를 향해 손을 내밀고 있고, 또 때로는 자기의 일상생활과는 거의 관계가 없는 인물, 이를테면 몬테크리스토 백작 같은 사람이 나타나는 것이 보이는 것 같기도 했다. 그리고 그렇게 열에 들떠 있는 동안에는 온갖 가구들까지 움직이거나 걸어 다니는 것처럼 보였다. 그런 현상은 새벽 2시, 3시까지 계속되었다. 그리고 그때가 되어야 비로소 무거운 잠이 그녀를 찾아와 아침까지 잠들 수 있게 해주었다.

발랑틴이 외제니의 실종과 베네데토의 체포 소식을 들은 날 밤이었다. 그런 사건에 대한 이야기는 한참동안이나 자신의 느낌과 뒤엉켜 있다가, 빌포르, 다브리니, 누아르티에 노인이 잇따라 돌아가고 나서야 조금씩 머리에서 사라져 가고 있었다. 생필리프뒤룰르 사원의 종소리가 11시를 알리며 울려 퍼지고, 간호사는 환자의 손이 닿는 곳에 의사가 조제해준 물약을 놓고 방문을 닫고서 부엌으로 돌아갔다. 그러자 발랑틴은 몸을 떨면서 하인들의 얘기 소리에 귀를 기울이며, 지난 석 달 동안 매일 밤 하인들이 수군거리던 불길한 이야기를 떠올리고 있었다. 바로 그때, 아까 분명히 문을 꼭 닫은 방 안에서 생각지도 못한 일이 일어났다.

간호사가 나간 지는 이미 10분이나 지나 있었다.

한 시간 전부터 매일 밤 찾아오는 열에 시달리고 있던 발랑틴은, 자신의 의지로는 어떻게 할 수 없는 두뇌가 단조로우면서도 활발하고 끈질기게 활동하는 것을 내버려두고 있었다. 머리는 지치지도 않고 같은 일을 생각하고 같은 환영을 떠올리고 있었다.

램프 심지에서는 이상한 의미가 담긴 듯한 무수한 빛살이 발산되고 있었다. 그때 갑자기 발랑틴은 그 램프의 떨리는 빛 속에서, 난로 옆의 움푹 들어간 곳에 있는 책장이 소리도 없이 조용히 열리는 것을 본 것 같았다.

만약 다른 때 같으면, 발랑틴은 벨을 찾아 비단 끈을 당겨서 도움을 청했을 것이다. 그러나 그때 그녀의 기분으로는 조금도 놀랍지 않았다. 그녀는 주위에 환영이 떠오르는 이유는 열 때문에 헛것이 보이기 때문이라고 굳게 믿고 있었다. 그녀가 그렇게 믿는 것은, 해가 뜸과 동시에 밤의 환영들은 전부 자취를 감추고 아무런 흔적도 남기지 않았기 때문이었다.

그때 문 쪽에서 사람 얼굴이 하나 나타났다.

열 때문에 그런 환영에도 익숙해져 있던 발랑틴은 별로 놀라지도 않았다. 다만 막시밀리앙이 아닐까 하는 생각에 눈을 크게 뜨고 쳐다보았을 뿐이다.

얼굴은 그녀의 침대 쪽으로 다가오다가 문득 멈춰서더니, 가만히 주의 깊게 귀를 기울이는 것 같았다.

그 순간 램프의 불빛이 야밤에 찾아온 그 방문객의 얼굴 위에서 흔들렸다. "그이가 아니구나!" 그녀는 중얼거렸다.

그녀는 꿈을 꾸고 있는 거라고 생각하면서, 그 남자가 매일 밤 꿈속에서처럼 자취를 감춰버리거나 다른 사람으로 변하기를 기다렸다.

그녀는 자신의 맥을 짚어 보았다. 그리고 그것이 심하게 뛰고 있는 것을 느낀 그녀는 그 끈질긴 환영을 물리치는 데는 물약을 마시는 게 가장 좋다는 것을 떠올렸다. 차가운 그 물약은 발랑틴의 부탁으로 의사가 조제해 준 것인데, 흥분을 진정시키는 효과가 있어 그것을 마시면 열도 내려가고 머리도 다시 맑아졌다. 그러면 잠시나마 괴로움이 가시는 것 같았다.

그래서 발랑틴은 네모난 쟁반 위에 놓여 있던 컵을 집으려고 손을 뻗었다. 그러나 그녀가 떨리는 팔을 침대 밖으로 뻗고 있을 때, 환영은 지금까지 본 적이 없을 만큼 생생하게 침대 쪽으로 두어 걸음 더 걸어왔다. 그리고 숨결이 느껴질 정도로 그녀 옆에 가까이 다가와 팔을 잡았다.

이번의 환상은, 아니 그 현실은 발랑틴이 지금까지 느꼈던 것 중에서 가장 또렷했다. 그녀는 자기가 분명히 깨어 있으며 정신이 말짱하다는 것을 느끼기 시작했다. 그리고 자신의 의식이 생생하게 작용하고 있음을 의식했다. 오싹 소름이 끼쳤다. 팔을 꽉 잡혔다고 생각한 것은 누군가가 자기의 팔에 압박을 가했기 때문이었다. 발랑틴은 천천히 팔을 뺐다.

그때 그녀가 보지 않으려 해도 보지 않을 수 없는 그 얼굴, 게다가 그녀를 위협하기보다는 오히려 지켜주고 있는 듯한 그 얼굴은, 컵을 집어 들고 램프 쪽으로 가져가더니 그것이 투명하고 맑은지 조사하는 것처럼 물약을 가만히 응시했다.

그러나 그 첫 번째 확인만으로는 충분하지 않았는지 그 남자, 아니 환영이라고 하는 것이 나을지도 모르는(왜냐하면 걸음걸이가 너무나 조용해서 깔개 위에 아무런 소리도 나지 않았기 때문이다) 그 남자는 컵 속에서 물약을 한 스푼 떠서 먹어보는 것이었다. 발랑틴은 어안이 벙벙하여 자기 눈앞에서 벌어지는 일을 지켜보고만 있었다.

그녀는 이 광경이 곧 사라지고 다른 광경이 나타날 거라고 생각했다. 그런데 그 남자는 환영처럼 사라져 버리기는커녕 발랑틴 옆으로 다가오더니, 그녀 앞에 컵을 내밀며 깊은 감동이 담긴 목소리로 말했다.

"자, 이걸 마셔요!"

발랑틴은 놀라서 몸을 바르르 떨었다.

환영이 이렇게 생생한 목소리로 말을 건 것은 이번이 처음이었다.

그녀는 비명을 지르려고 입을 열었다.

그러자 남자가 그녀의 입술 위에 손가락을 댔다.

"아, 몬테크리스토 백작님!" 그녀가 중얼거리듯이 말했다.

그녀의 눈은 공포의 빛이 역력했으며, 손은 떨고 있었다. 그러더니 황급히 이불을 뒤집어쓰고 몸을 숨겼다. 그 동작에는, 이건 추호도 사실이 아닐 거라고 의심하려는 마지막 노력이 엿보였다. 몬테크리스토 백작이 이 시간에 이 방에 나타나다니! 게다가 벽 속에서 그런 이상하고 꿈만 같은 기이한 방법으로 나타난다는 것은 허약한 그녀의 이성으로는 도저히 납득할 수 없는 일이었다.

"사람을 불러선 안 돼요. 그리고 무서워하지 말아요." 백작이 말했다. "실낱같은 의심도, 아주 조그만 불안의 그림자도 마음속에 느끼지 말아요. 지금 당신 앞에 있는 사람은(그렇소, 이번에는 분명히 당신 생각이 맞아요. 환영이 아니니까요) 당신이 생각할 수 있는 한 가장 자애로운 아버지이자 당신에게 더없이 진실한 친구입니다."

발랑틴은 뭐라고 대답해야 좋을지 몰랐다. 그녀는 자기에게 말을 걸고 있는 것을 보면 실재하는 인간이 틀림없지 않으냐는 듯이 얘기하는 그 무서운 목소리에 대답하기가 너무나 두려웠다. 그러나 겁을 먹은 듯한 그녀의 눈길은 이렇게 말하고 있었다.

'그렇게 순수한 마음이라면 왜 이곳에 오셨나요?'

백작의 놀랄 만큼 뛰어난 관찰력으로 발랑틴의 마음속을 이내 꿰뚫어보았다.

"내 얘길 들어요. 아니 그보다도 나를 똑바로 보세요. 평소보다 충혈된 내 눈과 창백한 내 얼굴을 봐요. 그건 나흘 동안 한숨도 자지 못했기 때문이라오. 지난 나흘 밤 동안 끊임없이 당신을 지켜보고 있었어요. 우리의 친구인 막시밀리앙의 부탁으로 당신을 보호하고, 당신을 지켜주었던 겁니다."

환자의 뺨에 기쁜 듯 타오르는 혈색이 확 피어났다. 그것은 방금 백작의 입에서 나온 이름이 그때까지 품고 있었던 의심을 완전히 풀어주었기 때문이다.

"막시밀리앙!" 발랑틴은 되뇌었다. 그녀에게 그 이름을 말하는 것은 그토록 즐거운 일이었던 것이다. "막시밀리앙! 그럼 그분이 모든 걸 얘기해 주었나요?"

"그래요, 모든 것을. 그 사람은 당신의 목숨이 곧 자신의 목숨이라고 하더군요. 그래서 난 당신을 살려내겠다고 약속했지요."

"저를 살려주겠다고 약속하셨다고요?"

"그렇소."

"아, 그래서 저를 걱정하고 지켜봐 주신 거란 말인가요? 그럼 당신은 의사 선생님이신가요?"

"맞아요. 그리고 지금 현재로서는 하늘이 당신에게 보내준 가장 훌륭한 의사지요."

"잠도 자지 않고 지켜봐 주었다고 하셨나요?" 발랑틴이 걱정스러운 얼굴로 물었다. "어디에 계셨어요? 전 보지 못했는데요?"

백작은 책장을 가리키면서 말했다.

"저 문 뒤에 숨어 있었소. 저 문이 내가 빌린 옆집으로 통하고 있다오."

발랑틴은 내성적인 여자의 품위를 보이면서 눈길을 돌렸다. 그리고 몹시 무서워하는 기색으로 말했다.

"백작님, 그건 터무니없는 방법이라고 생각해요. 저를 지켜봐 주셨다고 하지만, 그건 오히려 저를 모욕하시는 것처럼 생각되는데요."

"발랑틴 양. 며칠씩 자지 않는 동안 내가 본 것은 이런 것뿐이었소. 즉, 이 방에 어떤 사람들이 들어오는지, 어떤 식사를 가져오는지, 어떤 음료가 나오는지. 그리고 음료가 아무래도 의심스러울 때는 아까처럼 몰래 이 방에 들어와서, 컵 안의 음료를 버리고 그 독약 대신 건강에 좋은 음료를 넣었지요. 당신을 죽이기 위해 준비된 것 대신 당신의 혈관에 생기를 되찾아주는 것을 주었던 셈이었소."

"독약이라고요? 절 죽인다고요?" 발랑틴은 이것도 열로 인한 환청인가 싶어서 소리쳤다. "그게 대체 무슨 말씀이세요?"

"쉿!" 몬테크리스토 백작은 또다시 손가락을 입술에 대면서 말했다. "난 독약이라고 말했소. 그래요, 죽인다고 말했습니다. 되풀이해서 말하지요. 죽이기 위해서였습니다. 하지만 일단 이것부터 먹어요. (백작은 호주머니에서 붉은 액체가 든 작은 병을 꺼내 컵 속에 몇 방울 떨어뜨렸다) 이것을 마신 뒤에는 오늘 밤 아무것도 마시지 마시오."

발랑틴은 손을 뻗었다. 그러나 컵에 손이 닿자마자 무서운 듯이 얼른 손을 다시 집어넣었다.

그러자 몬테크리스토 백작이 컵을 들더니 그것을 반쯤 마신 뒤 발랑틴에게 내밀었다. 그녀는 미소 지으면서 반쯤 남아 있던 액체를 마셨다.

"아, 맞아요." 그녀가 말했다. "알았어요. 매일 밤 내가 마시던 바로 그 맛이에요. 마시면 가슴이 시원해지고 머리가 진정되던 바로 그 물맛. 감사해요."

"발랑틴 양, 당신은 이렇게 했기 때문에 나흘 밤 동안 살아 있을 수 있었던 겁니다. 그런데 난 어떻게 지냈는지 아시오? 오, 당신을 위해 얼마나 괴로운 시간을 보냈는지! 당신 컵에 든 그 목숨을 앗아가는 독, 내가 그것을 난로 밑에 부어 버리기 전에 당신이 마시지나 않을까 하고 얼마나 마음을 졸였는지 아시오!"

발랑틴은 극심한 공포에 몸을 떨면서 말했다. "그럼 제 컵에 독약 넣는 것을 보고 그토록 걱정하셨다는 말씀인가요? 그럼 독약 넣는 것을 보셨으니 그걸 넣은 사람도 보셨겠네요?"

"보았소."

발랑틴은 침대 위에 일어나 앉았다. 그리고 눈보다 더 창백한 가슴 위로 손을 가져가 수가 놓인 삼베 속옷을 여몄다. 속옷은 열에 들떠서 흘린 식은 땀과 이제는 공포 때문에 흘리는 더 차가운 땀이 뒤범벅되어 젖어 있었다.

"보셨다고요?" 발랑틴이 반문하자 백작이 다시 한 번 대답했다.

"보았소."

"이렇게 무서운 이야기가 또 있을까요? 그 이야기가 맞는다면 너무나 끔찍해요. 이렇게 아버지의 집에 있는데! 이렇게 내 방에 있는데! 네? 이렇게 침대 속에서 괴로워하고 있는데도 여전히 절 죽이려 한다고요? 오, 제발 저리 가주세요. 저를 시험해 보려는 거지요? 이건 하느님의 뜻을 짓밟는 거예요. 안 돼요, 그러지 마세요."

"그럼, 그런 식으로 살해된 사람이 당신이 처음일 거라고 생각하시오? 당신은 자기 주위에서 생메랑 씨, 생메랑 부인, 발루아가 죽어나간 것을 보지 못했단 말이오? 누아르티에 씨도 3년 전부터 계속했던 치료법이 독으로 독을 다스리는 효과를 내지 않았더라면 살해될 뻔했던 것을 모른단 말이오?"

"아! 이제야 알겠어요. 한 달 전부터 할아버지는 자신의 약을 억지로 저에게 먹이셨어요."

"그 약에서 반쯤 말린 오렌지 껍질 같은 쓴 맛이 나지 않던가요?" 몬테크리스토 백작이 소리쳤다.

"네, 정말 그랬어요!"

"이제야 확실히 알겠소. 할아버지도 여기서 독살이 일어나고 있다는 것, 게다가 아마 누가 독살하려는지 알고 계신 거군요. 그분은 사랑하는 손녀딸을 독약에서 보호해 주신 겁니다. 그래서 면역성이 생겼기 때문에 독약이 아무런 효과를 발휘하지 못했던 거요! 이제야 비로소 알겠군. 아무래도 이상하다 생각하고 있었어요. 보통사람 같으면 벌써 죽고도 남을 독약을 먹고 이렇게 나흘째 살아 있으니."

"그런데 그 살인자가 도대체 누구인가요?"

"이번에는 내 쪽에서 물어야 할 차례군요. 당신은 밤에 누군가가 방에 들어오는 것을 보지 못했소?"

"보았어요. 전 종종 헛것 같은 것을 보았어요. 그것은 다가왔다가 멀어지고 나중에 자취를 감춰버리곤 했어요. 그래서 아까 백작님이 들어오셨을 때도 제가 열에 들떠 있거나 꿈을 꾸고 있는 거라고 생각했죠."

"그럼 당신은 자신의 목숨을 빼앗으려는 자가 누구인지 모른다는 거군요?"

"네, 누가 저를 죽이려고 하는 걸까요?"

"곧 알게 될 거요." 백작은 뭔가에 귀를 기울이면서 말했다.

"무슨 말씀이세요?" 발랑틴은 무서운 듯이 주위를 둘러보면서 물었다.

"오늘 밤 당신은 열도 나지 않고 열에 들떠 있지도 않아요. 오늘 밤에는 확실히 깨어 있으니까요. 지금 12시가 울렸으니 이제 곧 살인자가 찾아올 시간이 됐소."

"아, 아!" 발랑틴은 이마에 맺힌 구슬 같은 땀을 손으로 닦으면서 말했다.

아니나 다를까, 바로 그때 12시를 알리는 종소리가 천천히 구슬프게 들려왔다. 청동 시계추가 한 번씩 칠 때마다 마치 발랑틴의 심장을 때리는 것 같았다.

"발랑틴 양," 백작이 말을 이었다. "있는 힘을 다해 마음을 단단히 먹어야 합니다! 소리 내지 말고 자는 척해요! 그러면 곧 알게 될 테니까!"

발랑틴은 백작의 손을 붙잡았다.

"무슨 소리가 난 것 같아요," 그녀가 말했다. "어서 저쪽으로 가세요!"

"그럼 안녕히. 아니 곧 다시 만납시다." 백작이 대답했다.

발랑틴은 깊이 감사하지 않을 수 없었다. 백작은 쓸쓸한 듯 너무나 온화한 미소를 지으면서 발끝으로 걸어 책장 문으로 돌아갔다.

그는 그 문을 닫기 전에 돌아보면서 이렇게 말했다.

"절대로 몸을 움직이면 안 됩니다! 절대로 말을 해서는 안 돼요! 잠든 것처럼 보여야 하오! 그렇지 않으면 내가 오기도 전에 살해될지 모르니까."
이렇게 무서운 명령을 내린 뒤 백작은 문 뒤로 사라졌다. 그의 등 뒤로 문이 조용히 닫혔다.

로쿠스타 (로마시대에 독살 전문가였던 여자)

발랑틴은 혼자 남았다. 생필리프뒤룰르 성당의 종소리보다 늦게, 두 개의 큰시계가 각각 다른 곳에서 아직도 12시를 치고 있었다.

그때부터 멀리서 들리는 몇 대의 마차소리 말고는 주위는 쥐 죽은 듯이 고요했다.

그때 발랑틴은 시계추가 1초, 1초 움직이고 있는 방 안의 시계에 온몸의 신경을 집중했다.

그녀는 1초씩 세기 시작했다. 그리고 그 소리가 자신의 맥박보다 두 배나 느리게 간다는 것을 깨달았다. 그녀는 여전히 의심하고 있었다. 마음씨 착한 발랑틴에게는 누가 자신이 죽기를 원하고 있다는 건 상상도 할 수 없는 일이었다. 도대체 왜? 무슨 목적으로? 내가 적을 만들 만한 무슨 나쁜 짓이라도 했단 말인가?

잠이 들어버릴 염려는 없었다. 긴장한 그녀의 마음은 단 한 가지 생각, 단 하나의 무서운 생각에 사로잡혀 있었다. 그것은 이 세상에 누군가 한 사람이 자기를 죽이려 했다는 것, 그리고 지금도 죽이려 하고 있다는 것이었다.

만약 이번에 그 사람이 독약이 듣지 않은 것에 화가 나서 칼을 사용한다면 어떻게 하지? 만약 백작님이 제때에 달려와 주지 못한다면? 만약 이것이 내 마지막이 된다면? 막시밀리앙을 두 번 다시 만날 수 없게 된다면?

그렇게 생각하며 새파랗게 질려 얼음 같은 땀을 흘리던 발랑틴은 하마터면 초인종 끈을 당겨 도움을 청할 뻔했다.

그러나 그녀는 책장 뒤에서 백작의 눈이 빛나고 있는 것이 보이는 것만 같았다. 그 눈을 똑똑히 떠올린 그녀는 만약 상대가 눈치를 채게 되어 그동안 백작이 친절하게 애써준 노력을 물거품으로 만들어버린다면, 그거야말로 견딜 수 없이 부끄러운 일이라는 생각이 들었다.

20분, 그 지루한 20분이 지난 뒤 다시 10분이 흘렀다. 이윽고 시계가 1초

전에 째깍 하는 소리를 내더니 심장을 울리는 듯한 소리로 1시를 쳤다.

바로 그때 책장의 나무판을 거의 알아들을 수 없을 만큼 손톱으로 긁는 소리가 났다. 발랑틴은 백작이 지켜보고 있다는 것, 깨어 있으라고 가르쳐 주는 것이라는 것을 알았다.

그 방의 반대 방향, 즉 에두아르의 방 쪽에서 마룻바닥이 삐걱거리는 소리가 들리는 것 같았다. 그녀는 숨이 막힐 정도로 호흡을 참으면서 가만히 귀를 기울였다. 문손잡이가 삐걱거렸다. 그리고 문이 열렸다.

팔꿈치를 짚고 몸을 일으키고 있던 발랑틴은 얼른 이불 속에 들어가 팔로 눈을 가릴 시간밖에 없었다.

온몸이 오들오들 떨리고 가슴이 두근거렸다. 그녀는 형언할 수 없는 두려움에 오그라드는 기분으로 기다렸다.

누군가가 침대 옆으로 다가와서 침대커튼에 가만히 손을 댔다.

발랑틴은 안간힘을 다해, 깊이 잠든 척 규칙적으로 숨을 쉬고 있었다.

"발랑틴!" 낮은 목소리가 말했다.

그녀는 마음속까지 떨려왔다. 그러나 아무 대답도 하지 않았다.

"발랑틴!" 같은 목소리가 되풀이했다.

역시 대답하지 않았다. 발랑틴은 눈을 뜨지 않기로 약속하고 있었으니까.

이윽고 모든 것이 정지했다.

발랑틴의 귀에 아까 마신 컵 안에 들릴 듯 말 듯한 소리를 내면서 액체를 붓는 소리가 들려왔다.

그녀는 용기를 내어 얼굴을 가리고 있던 팔 밑에서 눈을 약간 떠보았다.

그러자 하얀 실내복을 입은 여자가 미리 병에 만들어온 액체를 컵 안에 붓고 있는 것이 눈에 들어왔다.

그 잠깐 사이에 발랑틴이 아마 숨을 삼키거나 몸을 조금 움직인 모양이었다. 여자는 깜짝 놀란 듯이 손길을 멈추더니, 발랑틴이 정말 잠들어 있는지 확인하려고 침대 위를 들여다보았다. 빌포르 부인이었다.

계모라는 걸 안 발랑틴이 자기도 모르게 몸이 오싹해지는 바람에 침대가 희미하게 움직였다.

빌포르 부인은 즉각 벽에 가서 붙었다. 그리고 침대 커튼 뒤에 몸을 숨기고 가만히 주의를 기울여 발랑틴의 기색을 살폈다.

발랑틴은 몬테크리스토 백작이 한 무서운 말을 떠올렸다. 계모가 병을 쥐고 있지 않은 손에 길고 가느다란 단도를 들고 있는 걸 본 것만 같았다. 그녀는 있는 힘을 다해 모든 의지를 짜내어 눈을 감고 있으려고 노력했다. 그러나 우리의 감각은 겁이 많은 탓인지, 평소에는 별것도 아닌 동작인데 이런 때만큼은 아무리 하려고 해도 잘되지 않았다. 강렬한 호기심의 눈이 언제까지나 감지 않고 진실을 알고자 하는 것이다.

그러는 사이 발랑틴의 호흡이 다시 규칙적으로 들리기 시작하자, 빌포르 부인은 깊이 잠들어 있는 것으로 여기고 안심했다. 이윽고 부인은 다시 팔을 뻗어 침대 머리맡에 몰려 있는 커튼 뒤에 반쯤 몸을 숨기더니, 병에 든 액체를 발랑틴의 컵 안에 마저 옮겼다.

그런 다음 발랑틴도 깨닫지 못할 정도로 소리 하나 내지 않고 방을 나갔다.

발랑틴에게는 부인의 팔이 사라지는 것만 보였을 뿐이다. 그것은 젊고 아름다운 스물다섯 살 난 여자의 탄력 있고 맵시 있는 팔, 그러나 죽음을 따라 붓고 있던 팔이었다.

빌포르 부인이 방에 머무른 약 1분 30초 동안 발랑틴은 도저히 말로 표현할 수 없는 기분을 느꼈다.

그때 책장의 나무판을 긁는 소리가, 마치 마비된 것 같은 방심상태에서 비로소 그녀를 풀어주었다.

그녀는 간신히 고개를 들었다.

문이 다시 소리 없이 열리더니 몬테크리스토 백작이 나타났다.

"어떻소?" 백작이 물었다. "아직도 못 믿겠소?"

"아! 이럴 수가!" 발랑틴이 중얼거리듯이 내뱉었다.

"보았소?"

"슬픈 일이에요!"

"이젠 확실히 알겠지요?"

발랑틴은 신음하듯이 외쳤다.

"네. 하지만 아직도 믿고 싶지 않아요."

"그럼 죽는 편이 낫다고 생각하시오? 그리고 막시밀리앙까지 죽게 만드는 편이 나은가요!"

"아, 아!" 발랑틴은 거의 실성한 것처럼 되풀이했다. "이 집을 나갈 방법이 없을까요? 여기서 달아나면 안 될까요?"

"발랑틴 양, 당신을 노리고 있는 자는 당신이 어디에 있든 그냥 두지 않을 겁니다. 돈으로 당신 하인들을 매수할지도 몰라요. 그리고 죽음은 어떤 모습으로든 계속 모습을 바꾸며 당신을 쫓아다닐 겁니다. 샘에서 마시는 물속에도 나무에서 따먹는 과일 속에도 죽음이 있을 수 있어요."

"하지만 아버지 같은 마음으로 저를 독약에서 지켜주셨다고 하셨잖아요."

"한 가지의 독, 그것도 소량일 때나 그럴 수 있었지요. 상대는 틀림없이 다른 독약을 사용할 겁니다. 그렇지 않으면 분량을 더 늘리거나."

백작은 컵을 들고 거기에 입술을 대어보았다.

"보세요, 이젠 브루신으로 죽이려는 게 아니군요. 이건 단순한 마취약입니다. 나는 그것을 녹인 알코올 맛을 알고 있어요. 만약 당신이 빌포르 부인이 따라 놓은 것을 마셨더라면 벌써 죽었을 겁니다."

"하지만 왜 저를 노리는 것일까요?"

"뭐라고요! 그럼 자신이 너무 친절하고 너무 선량해서 다른 사람에게 아무 잘못도 안 했다고 생각하나요, 발랑틴?"

"그걸 모르겠어요," 발랑틴이 말했다. "전 어머니에게 나쁜 짓을 하지 않았거든요."

"하지만 발랑틴 양, 당신은 부자입니다. 당신에게는 20만 프랑의 연수입이 있어요. 즉 당신은 그 20만 프랑의 연수입을 그 사람의 아들한테서 빼앗은 셈입니다."

"네? 하지만 그 재산은 그분 것이 아니에요. 그건 제 외조부모님한테서 받은 재산이에요."

"그야 물론 그렇지요. 그래서 생메랑 씨 부부가 살해당한 겁니다. 즉, 당신에게 외조부모의 재산을 물려받게 할 속셈으로. 그리고 누아르티에 씨가 당신을 상속인으로 정하신 뒤부터는 누아르티에 씨에게도 마수를 뻗었어요. 그리하여 이번에는 드디어 당신 차례가 된 겁니다. 이것이 성사되면 당신 재산은 당신 아버지가 상속하지요. 그러면 외아들인 당신의 동생이 아버지의 재산을 물려받게 되는 겁니다."

"에두아르라니! 그럼 그 아이를 위해 이런 범죄들이 일어난 거예요?"

"이제야 알겠소?"

"아, 제발 그 아이에게 죄의 보복이 내려지지 않아야 할 텐데!"

"오, 정말 천사 같은 아가씨로군요."

"하지만 할아버지를 죽이려는 건 이미 포기했을까요?"

"당신만 죽으면 상속자격에 결격 사유가 없는 한, 재산은 그대로 에두아르의 것이 되리라고 생각했기 때문입니다. 그리고 살인을 저질러봤자 아무 소용도 없는 일이라면, 결국 위험만 커질 뿐이라고 생각한 거지요."

"그런 음모를 여자 혼자서 생각해냈다는 말씀인가요!"

"페루자에서 있었던 일, 역의 여관에서 있었던 일, 어머니가 갈색 망토의 남자에게 아쿠아토파나에 대해 물었던 일을 생각해 봐요. 그렇소, 이미 그 무렵부터 이런 무서운 계획을 세우고 있었던 겁니다."

"아!" 발랑틴이 눈물을 흘리면서 소리쳤다. "이젠 절 죽이려는 이유를 알 것 같아요."

"그러나 걱정 말아요. 나는 그 음모를 모두 다 꿰뚫어보고 있으니까. 걱정 말아요. 일단 그것을 간파한 이상 우리 쪽이 이기게 되어 있어요. 안심하시오. 살해되는 일은 없을 테니까. 당신은 사랑하고 사랑받기 위해 살아 있는 겁니다. 당신 자신이 행복해지고, 또 뛰어난 마음의 소유자를 행복하게 해주기 위해 살아 있는 겁니다. 하지만 발랑틴 양, 살고 싶으면 나를 철저히 믿어주어야 합니다."

"말씀해 주세요, 제가 어떻게 하면 될까요?"

"내가 드리는 것을 아무 말도 하지 않고 먹는 겁니다."

"아! 하느님은 모든 걸 알고 계실 거예요." 발랑틴이 소리쳤다. "저 한 사람의 문제라면 차라리 죽는 게 낫겠지만!"

"아무도 믿어서는 안 됩니다. 설령 아버지라 해도."

"아버지는 이 무서운 음모를 모르고 계시겠죠?" 발랑틴은 두 손을 모으면서 말했다.

"그렇소. 하지만 언제나 범죄 고발을 다루고 있는 분이니 집안에서 일어난 모든 불행이 반드시 자연적인 일이 아니라는 것 정도는 눈치채고 있을 거요. 당신 아버지야말로 당신을 걱정하고 당신을 보호해야 할 사람이오. 이 시간에 내가 하고 있는 역할을 해야 하고, 이 컵에 든 것을 버려야 하고, 범인과 맞서야 할 사람은 정작 당신 아버지인데. 유령 대 유령인 셈이군요."
백작은 이 마지막 말에 힘을 주면서 중얼거리듯이 말했다.

"전 어떻게든 살아남겠어요. 이 세상에는 제가 죽으면 자신도 죽을 만큼 저를 사랑해 주는 사람이 두 사람이나 있는걸요. 할아버지와 막시밀리앙이지요."

"그 두 사람도 당신과 마찬가지로 내가 잘 지켜보겠소."

"그럼 전 모든 걸 백작님께 맡기겠어요." 그리고 발랑틴은 목소리를 낮췄다. "아, 아! 난 도대체 어떻게 될까?"

"무슨 일이 일어나도 절대로 두려워해서는 안 됩니다. 아무리 괴로워도, 눈도 보이지 않고 귀도 들리지 않고 손발에 감각이 사라져도 절대로 걱정해서는 안 됩니다. 어딘가 모르는 곳에서 눈을 떠도, 눈을 뜬 곳이 무덤 속이라 해도, 관 속이라 해도 무서워할 필요 없습니다. 곧 마음을 돌려 이렇게 생각하는 겁니다. '한 친구가, 한 아버지가, 나와 막시밀리앙이 행복해지기를 바라는 한 사람이 모든 걸 지켜보고 있다'고."

"오, 오! 너무 무서워요!"

"그럼 어머니를 고소하는 게 낫다고 생각하나요?"

"그럴 바엔 차라리 제가 죽는 게 나아요! 네, 죽어버리는 편이!"

"안 됩니다. 당신은 죽어서는 안 됩니다, 무슨 일이 있어도. 약속해 주겠소, 슬퍼하지 않고 언제나 희망을 가지겠다고."

"막시밀리앙을 생각해야겠지요."

"발랑틴 양, 사랑스러운 딸과 같은 당신을 구할 수 있는 건 나 말고는 없어요. 그리고 반드시 구하고 말겠소."

발랑틴은 무서운 나머지 두 손을 모으고(그녀는 지금이 바로 하느님에게 용기를 달라고 기도해야 할 때라고 생각했다) 기도하기 위해 일어나더니, 뭔가 알아들을 수 없는 말을 중얼거렸다. 그녀는 하얀 어깨를 가려주는 것이 긴 머리밖에 없다는 것도, 잠옷의 얇은 레이스 속으로 가슴이 고동치는 게 보인다는 것도 잊어버리고 있었다.

백작은 발랑틴의 팔에 가만히 손을 가져갔다. 그리고 벨벳 이불을 그녀의 가슴팍까지 끌어올려 준 뒤, 아버지 같은 미소를 지으면서 말했다.

"내 마음을 믿어 주시오. 하느님의 은총과 막시밀리앙의 사랑을 믿는 것처럼."

발랑틴은 감사의 마음이 넘치는 눈길로 그를 바라보았다. 그리고 이불 속에서 마치 어린아이처럼 얌전하게 있었다.

그때 백작이 조끼 호주머니에서 에메랄드 용기를 꺼내 그 황금 뚜껑을 열더니, 발랑틴의 오른손에 완두콩만 한 크기의 환약을 하나 떨어뜨렸다.

발랑틴은 그것을 왼손으로 집어 들고 백작의 얼굴을 가만히 올려다보았다. 그 담대한 보호자의 얼굴에는 신성한 위엄과 힘이 빛나고 있었다. 발랑틴이 눈으로 물었다.

"그래요." 백작이 말했다.

발랑틴은 환약을 입에 넣고 삼켰다.

"그럼 잘 자요," 백작이 말했다. "나도 눈 좀 붙여야겠소. 이제 당신도 살아났으니까."

"걱정 마세요," 발랑틴이 말했다. "무슨 일이 일어나도 결코 두려워하지 않겠다고 약속할게요."

몬테크리스토 백작은 오랫동안 그녀를 가만히 응시하고 있었다. 발랑틴은 백작이 준 약 덕분에 어느덧 잠에 빠져들기 시작했다.

그러자 백작은 컵을 들고, 발랑틴이 음료를 마신 것처럼 보이기 위해 4분의 3 정도를 난로 속에 쏟아버렸다. 그런 다음 그 컵을 다시 침대 옆 탁자위에 놓았다. 그리고 책장 문까지 걸어가서 발랑틴을 마지막으로 한 번 바라본 뒤 그대로 자취를 감췄다. 발랑틴은 신의 곁에 누운 천사처럼 안심하고 천진난만하게 자고 있었다.

발랑틴

발랑틴의 방 벽난로 위의 야간램프는 물에 뜬 마지막 기름방울을 빨아들이면서 타고 있었다. 이제는 전보다 더 불그스름해진 빛의 고리가 설화석고로 된 램프의 구(球)형 몸체를 물들이고, 전보다 더욱 커진 불꽃은 흔히 비참한 인간들의 단말마에 비유되는 그 마지막 빛을 발산했다. 약하고 음산한 빛이 하얀 커튼과 발랑틴의 이불을 오팔색으로 물들였다. 이제 거리의 소음은 모두 가라앉고 방 안은 무서운 침묵에 빠졌다.

그때 에두아르의 방문이 열렸다. 그리고 이미 본 적이 있는 얼굴 하나가 문 반대쪽에 있는 거울에 비쳤다. 바로 약의 효과를 보려고 돌아온 빌포르 부인이었다.

부인은 문 앞에서 걸음을 멈추더니, 인기척 없는 이 방 안에서 단 하나 소리를 내는 들릴 듯 말 듯한 램프 타는 소리에 귀를 기울였다. 그리고 발랑틴의 컵이 비어 있는지 확인하려고 가만히 탁자 옆으로 다가갔다.

컵에는 앞에서도 말했듯이 내용물이 4분의 1정도 남아 있었다.

빌포르 부인은 컵을 들고 그것을 난로의 재 속에 비운 뒤, 물을 빨리 흡수하도록 재를 헤쳐 놓았다. 그러고는 컵을 깨끗이 헹군 다음 자기 손수건으로 닦아서 탁자 위에 다시 올려 놓았다.

만약 이때 방 안을 들여다본 사람이 있었다면, 발랑틴을 바라보면서 침대 옆으로 다가가는 빌포르 부인이 얼마나 머뭇거렸는지 알았을 것이다.

그것은 이 음산한 램프 불빛, 이 침묵, 이 무서운 밤의 기운이 그녀 마음 속 두려운 기분과 통했기 때문일 것이다. 독살범은 자기가 저지른 일을 두려워하기 시작한 것이 분명했다.

이윽고 부인은 용기를 내어 침대커튼을 젖히고, 침대 머리맡에 기대면서 발랑틴을 가만히 응시했다.

발랑틴은 이미 숨이 끊어져 있었다. 반쯤 벌린 입술 사이로는 살아 있음을 보여주는 희미한 숨결조차 새나오지 않았다. 핏기가 사라진 입술에서는 떨림도 전혀 보이지 않았다. 눈은 피부 속까지 스며든 것 같은 검푸른 색으로 에워싸여, 눈꺼풀이 부어 오른 안구 부분만 하얗게 튀어나온 것처럼 보였다. 그리고 검고 긴 속눈썹이 밀랍처럼 하얘진 피부 위에 가지런히 나열되어 있었다.

빌포르 부인은 움직이지 않고 의미심장한 표정으로 발랑틴의 얼굴을 가만히 바라보았다. 그러더니 마음을 단단히 먹은 다음 이불을 젖히고 발랑틴의 심장에 손을 대보았다.

심장은 아무 소리도 없이 얼어붙어 있는 것 같았다.

손 밑에서 팔딱팔딱 뛰는 것은 자신의 손가락에서 뛰는 동맥일 뿐이었다. 그녀는 소름이 끼쳐서 손을 뺐다.

발랑틴의 팔은 침대 밖으로 늘어져 있었다. 그 팔은 어깻죽지에서 팔꿈치 안쪽에 걸쳐, 마치 제르맹 필롱(16세기 프랑스 조각가)이 조각했던 〈세 명의 미의 여신들〉 중 한 명의 팔 같았다. 그러나 팔꿈치 아래는 경련 때문에 가볍게 일그러져 있었다. 너무나 고운 그 팔목은, 조금 경직되어 손가락을 다 벌린 채 마호가니 탁자 위에 놓여 있었다. 손톱 밑도 이미 푸르죽죽하게 변해 있었다.

빌포르 부인으로서는 이제 의심할 여지가 전혀 없었다. 이것으로 모든 것이 끝났다. 그 끔찍하지만 반드시 해야만 하는 마지막 일도 이것으로 끝난 셈이다.

이제 더는 이 방에 머물러 있을 필요도 없었다. 그녀는 깔개 위를 밟는 발소리조차 두려운 듯이 조심스럽게 뒷걸음으로 물러났다. 그러나 물러나면서도 어쩔 수 없이 마음을 사로잡고 놓지 않는 그 주검의 모습에서 눈을 떼지 못하고 있었다. 커튼은 젖혀진 그대로 있었다. 주검은, 아직 부패가 시작되기 전이라 단순히 움직이지 않는 것으로만 보일 때, 즉 그것이 아직 신비의 영역에 머물러 있어서 혐오감을 불러일으키기 전일 때에는 사람의 마음을 끌지 않을 수 없는 것이다.

시간은 조용히 흘러갔다. 빌포르 부인은 발랑틴의 머리 위에 수의처럼 걸쳐 있는 커튼에서 손을 뗄 수가 없었다. 그녀는 공상에 몸을 맡겼다. 죄의 공상, 그것은 바로 회한 말고는 아무것도 아니었다.

바로 그때 램프가 바지직 소리를 내며 더욱 세게 타올랐다.

그 소리를 듣는 순간, 부인은 깜짝 놀라 몸을 떨면서 자기도 모르게 커튼을 내리고 말았다.

동시에 램프가 꺼졌다. 방 안은 무섭도록 깊은 어둠에 잠겼다.

그 어둠 속에서 유일하게 깨어 있던 시계만이 4시 반임을 알렸다.

부인은 계속되는 소리의 진동에 겁을 먹었는지 손으로 더듬어 문까지 간 다음, 극도의 불안으로 이마에 땀을 흘리면서 자기 방으로 돌아갔다.

어둠은 그로부터 두 시간이나 계속되었다.

이윽고 희미한 빛이 덧문 틈새를 통해 방 안으로 비쳐 들었다.

그 빛이 점차 밝아짐에 따라 사물과 사람이 색과 형태를 찾기 시작했다.

바로 그때 복도에서 간호사의 기침소리가 들려왔다. 그녀는 찻잔을 들고 발랑틴의 방으로 들어갔다.

만약 아버지나 연인이 그 방에 들어갔더라면 발랑틴이 죽어 있다는 것을 한눈에 알아보았을 것이다. 그런데 고용 간호사인 그녀는 발랑틴이 자고 있는 줄로만 생각했다.

"좋아요," 그녀는 탁자 옆에 다가가면서 말했다. "물약을 마셨네. 컵이 3분의 2나 비어 있어."

그런 다음 난로 옆으로 가서 불을 피운 뒤 안락의자에 앉았다. 방금 일어난 참인데도 발랑틴이 자고 있는 틈을 타서 한숨 더 잘 생각이었다.

그녀는 시계가 8시를 치는 소리를 듣고 놀라 눈을 떴다.

그때 그녀는 아직도 자고 있는 발랑틴의 팔이 이불에서 밖으로 나온 채 계속 그대로 있는 것을 보고 침대로 다가갔다. 그리고 비로소 차가운 입술과 얼음장 같은 가슴을 알아챘다.

그녀는 팔을 제자리로 돌려놓으려고 했다. 그러나 무서울 정도로 경직되어 있는 팔을 보고 그제야 깨달았다.

그녀는 무서운 비명을 질렀다. 그리고 급히 문으로 달려가서 소리쳤다.

"도와주세요! 도와주세요!"

"무슨 일이야? 큰일이 났다니?" 계단 밑에서 다브리니 씨가 대답했다.

늘 다브리니 씨가 진찰하러 오는 시간이었던 것이다.

"뭐? 무슨 일이야?" 서재에서 급히 뛰어나온 빌포르 씨가 소리쳤다. "박사, 도와달라는 소리 못 들었소?"

"들었습니다," 다브리니 씨가 대답했다. "어서 발랑틴 양의 방으로 올라가 봅시다."

그러나 의사와 아버지보다 먼저 같은 층의 방과 복도에 있던 하인들이 방으로 달려갔다. 그리고 침대 위에서 미동도 하지 않는 창백한 발랑틴을 보자, 두 팔을 하늘로 높이 쳐들고 현기증이 나는 것처럼 비틀거리고 있었다.

"마님을 오시라고 해! 마님을 깨워!" 방 안에 선뜻 들어가지 못하고 방문 앞에서 검찰총장이 소리쳤다.

그러나 하인들은 아무 대답도 하지 않고 다브리니 씨를 바라보았다. 다브리니 씨는 방 안으로 들어가서 발랑틴에게 달려가 두 팔로 안아 일으켰다.

"또 한 사람이……" 그는 발랑틴의 몸을 내려놓으면서 말했다. "오, 하느님, 언제까지 계속하실 겁니까?"

빌포르도 방 안으로 뛰어 들어왔다.

"무슨 소리요!" 그는 두 팔을 높이 쳐들면서 말했다. "박사…… 박사!"

"발랑틴 양이 죽었습니다!" 다브리니 씨는 엄숙하게, 그러나 엄숙함 가운데서도 두려운 목소리로 대답했다.

빌포르 씨는 무릎이 꺾인 것처럼 쓰러지더니 발랑틴의 침대에 얼굴을 묻었다.

의사의 말, 아버지의 외침에 하인들은 두려움에 떨며 나지막이 기도문을 외면서 달아났다. 한동안 계단에서, 복도에서 당황한 발소리가 들리더니 이어 마당에서 소동이 일어나는 듯하다가, 곧 모든 것이 끝난 것처럼 주위가 다시 조용히 가라앉았다. 하인들이 한 사람도 남김없이 이 저주받은 집을 버리고 달아난 것이다.

바로 그때 빌포르 부인이 가운 속에 팔을 반쯤 넣은 채 휘장을 들치고 나타났다. 그녀는 한 순간 문 앞에 멈춰 서서, 마음에도 없는 눈물을 흘리면서 그곳에 있는 사람들의 기색을 살폈다.

그러다가 부인은 갑자기 테이블을 향해 팔을 뻗으며 한 걸음 앞으로 내딛었다. 아니, 그보다는 몸을 날렸다고 해야 정확할 것이다. 그때 막 다브리니가 테이블 위로 몸을 굽혀 이상하다는 표정을 하고 컵을 드는 것을 보았던 것이었다. 그 컵은 그녀가 간밤에 분명히 비워둔 것으로 알고 있는 컵이었다. 하지만 컵에는 4분의 1정도의 내용물이 남아 있었다. 그것은 그녀가 재

속에 버린 것과 같은 분량이었다. 설령 발랑틴의 망령이 지금 그녀 앞에 나타났다 해도 이보다 더 놀라지는 않았을 것이다. 게다가 그것은 바로 그녀가 발랑틴의 컵 안에 부은, 즉 발랑틴이 마신 약과 색깔이 똑같았다. 독약에 관한 한 절대로 다브리니의 눈을 속일 수는 없었다. 그런데 그 독약을 지금 다브리니가 가만히 응시하고 있는 것이다. 그토록 조심했는데도 이렇게 범죄의 흔적과 증거, 고발자료가 남아 있다는 것은 바로 신이 보여준 하나의 기적이라고 할 수 있었다.

그리하여 빌포르 부인이 '공포정치'의 화신처럼 꼼짝도 못하고 서 있는 동안, 그리고 빌포르 씨가 죽은 자의 침대에 얼굴을 묻은 채 주위에서 어떤 일이 일어나고 있는지 신경도 쓰지 않는 동안, 다브리니는 창가로 다가가서 컵 안의 내용물을 자세히 살펴본 뒤 그것을 손가락 끝에 한 방울 찍어서 맛을 보았다.

"아!" 그가 중얼거렸다. "이젠 브루신이 아니군, 어디 볼까?"

그는 발랑틴의 방에서 약장으로 쓰고 있는 찬장에 가더니, 거기 있는 작은 은상자에서 조그마한 초산병을 꺼내 몇 방울을 오팔색 액체 속에 떨어뜨렸다. 그러자 액체는 금세 핏빛으로 변했다.

"아!" 다브리니는 어려운 문제를 푼 학생의 기쁨과, 사실을 밝힌 재판관의 놀라움이 섞인 듯한 모습으로 소리쳤다.

빌포르 부인은 주위를 둘러보았다. 그 눈에 한 순간 불꽃이 튀는 것 같더니 이내 사라졌다. 그녀는 비틀거리면서 입구를 찾아 더듬거리며 그대로 사라지고 말았다. 잠시 뒤 멀리서 누군가가 쓰러지는 소리가 들려왔다.

그러나 그것을 알아챈 사람은 아무도 없었다. 간호사는 화학분석 결과를 살피는 데 열중해 있었다. 빌포르는 내내 멍하니 정신을 잃은 채로 있었다.

다브리니 씨만이 빌포르 부인을 지켜보고 있었던 셈이다. 그는 그녀가 허둥지둥 나가는 것을 보고 있었다.

그는 발랑틴의 방 휘장을 열었다. 거기서는 에두아르의 방을 지나 부인이 꼼짝도 하지 않고 쓰러져 있는 그녀의 방까지 내다보였다.

"가서 부인을 보살펴 드려요." 그는 간호사에게 말했다. "아무래도 몸이 좋지 않으신 모양이니."

"하지만 아가씨는 어떡하고요?" 간호사가 우물거리면서 말했다.

"더 이상 손을 쓸 게 없어요," 다브리니가 말했다. "발랑틴은 이미 죽었어."

"죽었어! 죽었어!" 빌포르가 고통이 극도에 달해 탄식했다. 이런 고통을 느끼는 것은 처음일 뿐 아니라, 지금까지 알지도 못했고, 믿어지지도 않았기 때문에, 청동으로 만들어진 것 같던 그 비정한 마음도 찢어지는 것만 같았다.

"죽었다고요?" 어딘가에서 외치는 세 번째 목소리가 들려왔다. "누굽니까, 발랑틴이 죽었다고 말씀하신 분이?"

두 사람은 뒤를 돌아봤다. 그러자 문 앞에 새파랗게 질린 얼굴로 완전히 흥분하여 무서운 형상을 한 채 서 있는 막시밀리앙의 모습이 보였다.

그가 나타난 데는 다음과 같은 경위가 있었다.

막시밀리앙은 평소와 같은 시간에 누아르티에 노인의 방으로 통하는 작은 문으로 들어왔다. 다른 때와 달리 문이 열려 있었다. 따라서 그는 벨을 누를 것도 없이 안으로 들어갔다.

그는 현관에 서서 자기를 누아르티에 노인에게 안내해 줄 하인을 불렀다.

그러나 아무도 대답이 없었다. 그것은 앞에서도 말했듯이 하인들이 전부 이 집을 나가버렸기 때문이다.

이날 막시밀리앙은 특별히 걱정할 만한 이유가 없었다. 왜냐하면 몬테크리스토 백작이 발랑틴은 절대로 죽지 않을 거라고 약속했기 때문이었다. 그리고 지금까지 백작의 약속이 지켜지지 않았던 적은 한 번도 없었다. 백작은 밤마다 좋은 소식을 가져와 주었다. 그것은 이튿날 누아르티에 노인의 입을 통해 확인되었다.

그러나 그는 집안이 이토록 조용한 것이 오히려 이상했다. 그는 두 번 세 번 불러 보았다. 역시 아무 대답이 없었다.

그는 올라가 보기로 했다.

누아르티에 노인의 방문도 다른 방문과 마찬가지로 열려 있었다.

맨 먼저 그의 눈에 들어온 것은, 늘 그 자리에 놓여 있던 안락의자에 앉아 있는 노인의 모습이었다. 크게 열린 노인의 눈은 얼굴에 나타난 이상한 창백함에서 엿볼 수 있듯이, 마음속의 공포를 얘기하고 있는 것 같았다.

"오늘은 좀 어떠세요?" 막시밀리앙은 왠지 모르게 견딜 수 없는 느낌에 쫓기면서 노인에게 물었다.

'괜찮네!' 노인은 눈을 껌벅여서 대답했다. '괜찮아!'

그런데도 노인의 얼굴에는 불안의 빛이 더욱 짙어진 것 같았다.

"무슨 걱정거리라도 있으신 것 같은데요? 뭐 필요한 것 없으세요? 누구 불러 드릴까요?"

'그래.' 노인이 대답했다.

모렐은 초인종 끈을 당겼다. 그러나 끊어지도록 당겨도 아무도 오지 않았다. 그는 다시 노인을 향했다. 노인의 얼굴에는 창백하고 불안한 빛이 더욱 짙게 나타나 있었다.

"아!" 모렐이 말했다. "왜 안 올까요? 아픈 사람이라도 생긴 걸까요?"

노인의 눈은 금방이라도 튀어나올 것처럼 부풀어 있었다.

"왜 그러세요? 왠지 무서운 생각이 드는데요. 발랑틴! 발랑틴! ……"

'그래! 그래!' 노인이 말했다.

막시밀리앙은 입을 열어 뭔가 말하려고 했다. 그러나 그 혀는 아무 소리도 내지 못했다. 그는 자기도 모르게 휘청거리다가 벽에 몸을 기댔다.

그리고 그는 문 쪽을 가리켰다.

'그래! 그래! 그래!' 노인이 되풀이했다.

막시밀리앙은 작은 계단에 몸을 던져 그것을 단 두 걸음 만에 올라가 버렸다.

노인의 눈이 '빨리! 빨리!' 하고 소리치는 것 같았기 때문이었다.

다른 방과 마찬가지로 조용한 방을 여러 개 지나서 발랑틴의 방까지 달려가는 데는 채 1분도 걸리지 않았다.

문을 열 필요도 없었다. 그것은 활짝 열려 있었으니까.

그가 맨 처음 들은 것은 흐느껴 우는 소리였다. 마치 구름을 통해서 보는 것처럼, 검은 그림자 하나가 어질러진 이불 속에 얼굴을 묻은 채 무릎을 꿇고 있는 것이 어렴풋이 보였다. 그는 공포에서, 너무나 두려운 공포 앞에서 그대로 문 앞에 선 채 얼어붙고 말았다.

바로 그때 그의 귀에 "발랑틴은 이미 죽었어" 하는 소리가 들려왔다. 이어서 거기에 대답하는 메아리처럼 다른 목소리도 들려왔다.

"죽었어! 죽었어!"

막시밀리앙

빌포르는 슬퍼하는 모습을 보인 것이 부끄러운 듯 일어섰다.

25년 전부터 계속되어 온 그의 무서운 직책이 그를 보통 사람과는 약간 다르게 변모시키고 만 것이다.

그 눈은 한 순간 평정을 잃은 듯했지만 곧 단호하게 모렐을 바라보았다.

"당신은 누구요? 불행한 일이 일어난 집 안에 이렇게 함부로 들어오는 법이 어딨소? 나가주시오! 나가!"

그러나 모렐은 꼼짝도 하지 않았다. 그는 어질러진 침대와 거기에 누워 있는 창백한 얼굴에서 시선을 뗄 수가 없었다.

"나가라고 하지 않나!" 빌포르가 소리치자 다브리니가 모렐을 내보내려고 거들었다.

청년은 망연자실한 모습으로 시신, 두 남자, 또 방 안 전체를 멍하니 바라보면서 잠시 주저하는 듯하더니 이윽고 입을 열었다. 그러나 괴로운 생각이 한꺼번에 머릿속에 몰려와서 아무 대답도 하지 못한 채, 두 손으로 머리칼을 움켜쥐고 왔던 길을 다시 돌아갔다. 빌포르와 다브리니는 한동안 자신들에 대해서는 잊어버린 듯이, 청년의 모습을 눈으로 좇으면서 "저런 미친놈!"이라고 말하는 듯한 눈짓을 주고받았다.

그러나 5분도 지나지 않아 어마어마하게 무거운 사람이 걸어오는 것처럼 복도가 삐걱거리는 소리가 들려왔다. 모렐이 도저히 인간이라고 생각할 수 없는 힘으로, 누아르티에 노인을 의자째 들고 2층까지 운반해 오는 것이 보였다.

계단 위에 이르자 모렐은 의자를 내려놓고, 그것을 재빨리 발랑틴의 방까지 밀고 갔다.

청년은 몹시 흥분한 탓인지 이 모든 일들을 평소의 열 배나 되는 힘으로 해결했다.

그러나 더욱 무서운 것은, 모렐이 미는 대로 발랑틴의 침대로 다가가고 있는 누아르티에 노인의 얼굴이었다. 노인의 얼굴에는 그가 지닌 모든 지혜가 남김없이 나타나 있고, 그 눈 속에는 다른 기능들을 보완하기 위해서인 듯 모든 힘이 집중되어 있었다.

그리하여 그 창백한 얼굴과 불타는 듯한 눈은 빌포르에게는 그야말로 무서운 망령 그 자체처럼 보였다.

아버지와 함께 있을 때면 어김없이 뭔가 무서운 일이 일어났다.

"보십시오, 저들이 한 짓을!" 모렐은 한쪽 손을 노인의 의자 등에 걸치고, 다른 한쪽 손으로 발랑틴을 가리키면서 소리쳤다. "저길 좀 보십시오, 아버님!"

빌포르는 한 걸음 뒤로 물러섰다. 그리고 자기에게는 거의 미지의 청년, 그런데도 누아르티에 노인을 아버지라 부르고 있는 이 청년을 깜짝 놀란 듯이 지켜보았다.

바로 그때 노인의 온 정신이 눈에 집중된 것처럼 눈에 빨갛게 피가 몰려왔다. 이어서 목의 혈관이 부풀어 오르고, 간질환자의 피부에 나타나는 푸른빛이 목과 뺨, 관자놀이를 뒤덮었다. 온몸에서 분노가 폭발하는 데는 이제 단 하나의 외침이 남았을 뿐이었다.

그 외침은 말하자면 온몸의 털구멍에서 터져 나오는 듯했는데, 실어증 상태이기에 더 무섭게 보이고, 무언의 외침이기에 더 비통하게 보였다.

다브리니는 노인에게 달려가서 강한 유도제를 코로 맡게 했다.

"할아버지!" 그때 모렐이 노인의 자유롭지 않은 손을 잡으면서 말했다. "제가 누구인지 어떤 권리가 있어서 이곳에 있는 건지 그것을 묻고 있군요. 오, 할아버지는 그것을 알고 계십니다. 어서 말씀해 주세요!"

그렇게 말하면서 청년의 목소리는 자신의 흐느낌 속에 꺼져갔다.

노인은 숨을 헐떡이느라 가슴을 들먹이고 있었다. 그것은 죽기 직전의 고통처럼 보였다.

이윽고 노인의 눈에서 눈물이 솟아났다. 눈물도 흘리지 못하고 그저 흐느끼고 있을 뿐인 청년에 비하면 오히려 다행이라고 할 수 있었다. 고개를 숙일 수도 없는 그는 그저 말없이 눈을 감고 있었다.

"말씀해 주십시오," 모렐은 목이 메는 목소리로 다시 말했다. "제가 약혼자인 것을 말씀해 주십시오! 발랑틴은 저의 고결한 친구이며, 세상에서 제가 사랑하는 단 한 사람이었다고 말씀해 주세요! 저 시신마저도 제 것이라고 말씀해 주세요!"

청년은 커다란 힘이 파괴되는 듯한 무서운 모습을, 경련하는 손으로 꽉 잡고 있던 침대 앞에 무너지듯 무릎을 꿇었다.

너무나 비통한 그 고뇌를 본 다브리니는 감동을 숨기려고 고개를 돌렸다.

한편 빌포르는 딸을 사랑해 주고 딸의 죽음을 슬퍼해주는 사람들을 보자 어쩔 수 없는 힘에 이끌려, 더 이상 아무것도 묻지 않고 청년에게 손을 내밀었다.

그러나 모렐의 눈에는 아무것도 들어오지 않았다. 그는 얼음장 같은 발랑틴의 손을 잡고 있었다. 그리고 울음조차 나오지 않는 듯 알 수 없는 소리로 울부짖으면서 이불을 물어뜯었다.

방 안에는 한동안 흐느낌과 저주와 기도가 서로 경쟁하듯 들려올 뿐이었다. 그러나 그 모든 것을 압도하는 가슴이 찢어지는 듯한 거친 숨소리가 들려오고 있었다. 그 호흡은 매 순간 누아르티에 노인의 가슴 속에서 생명력을 끊어놓으려는 것 같았다.

이윽고 그 자리의 주인공이라고 할 수 있는 빌포르는 그렇게 한동안 막시밀리앙에게 자리를 물려준 뒤 이렇게 말했다.

"당신은 발랑틴을 사랑하고 있었다 말했소. 그리고 약혼자였다는 말도 했지. 그런데 난 그런 사이인 줄 모르고 있었고, 그런 약속에 대해서도 아는 바가 없소. 하지만 발랑틴의 아버지로서 나는 그것을 당신에게 허락하리다. 당신의 슬픔이 그토록 깊고 거짓 없는 진실이라는 것을 내 눈으로 똑똑히 보았기 때문이오. 게다가 내 마음은 슬픔으로 가득해서 분노할 기력조차 없소. 하지만 보다시피, 당신이 원했던 천사는 이제 이 세상 사람이 아니오. 우리가 아무리 그 아이를 사랑한다해도 아마 지금쯤 하느님 곁에 있을 이 아이에게는 아무 소용도 없는 일이오. 이제 이 아이가 우리에게 남기고 간 유해에 대해 영원한 작별을 고하는 게 어떻겠소. 기다리고 있었을 이 아이의 손이나 마지막으로 잡아주고 그것으로 영원히 작별해 주시오. 발랑틴은 이제 축복해 주실 신부님 말고는 아무도 필요하지 않을 테니까."

"아닙니다." 한쪽 무릎을 세우면서 모렐이 소리쳤다. 그의 마음에는 지금까지 한 번도 느낀 적이 없는 극심한 슬픔이 넘쳐흐르고 있었다. "아닙니다, 이런 죽음을 당한 발랑틴에게는 신부님뿐만 아니라 원수를 갚아줄 사람이 필요합니다. 빌포르 씨는 신부님을 부르십시오. 저는 원수를 갚겠습니다."

"그게 무슨 소리요?" 빌포르는 제정신이 아닌 모렐이 그런 생각을 한 것에 당혹감을 느끼면서 중얼거리듯이 말했다.

"그러니까 빌포르 씨 속에는 두 사람이 있습니다. 아버지인 당신은 이미 충분히 눈물을 흘리셨습니다. 이제는 검찰총장으로서 당신의 의무를 다하실 차례입니다."

누아르티에 노인의 눈이 빛났다. 다브리니는 바짝 곁으로 다가섰다.

"빌포르 씨," 모렐은 사람들의 얼굴에 나타난 표정을 읽으면서 말을 이었다. "저는 제가 무슨 말을 하고 있는지 잘 알고 있습니다. 또 여러분도 제가 말하려 하는 것을 저와 마찬가지로 잘 아실 겁니다. 발랑틴은 누군가에게 살해당했습니다!"

빌포르는 고개를 떨어뜨렸다. 다브리니는 한 걸음 더 앞으로 나아갔다. 누아르티에 노인은 눈빛으로 그렇다고 말하고 있었다.

모렐은 계속 말했다. "그런데 지금 시대에 설령 그 사람이 발랑틴처럼 젊지도 않고, 아름답지도 않으며, 또 사랑받을 만한 사람이 아니라 해도, 한 인간이 갑자기 이 세상에서 사라졌을 때는 왜 사라져야 했는지 반드시 그 이유를 밝혀내지 않으면 안 됩니다. 그러니까 검찰총장님," 모렐의 어조는 더욱 강해졌다. "용납해서는 안 됩니다! 저는 범죄를 고발합니다. 살인자를 찾아주십시오!"

그 어떤 것도 불사하겠다는 그의 눈앞에서 빌포르는 누아르티에 노인과 다브리니 두 사람에게 도와달라는 눈빛을 보냈다.

그러나 아버지도 의사도 도와주기는커녕, 모렐에 못지않은 단호한 눈길만 보낼 뿐이었다.

'그래!' 노인의 눈이 말하고 있었다.

"맞습니다!" 다브리니가 말했다.

빌포르는 그런 세 사람의 의지와 자기 자신의 마음의 동요에 저항하면서 말했다.

"아닙니다. 이 집에 범죄 따위는 없습니다. 물론 나는 운명의 채찍을 받았습니다. 하느님의 시험에 들었습니다. 물론 그것은 생각하는 것조차 무서운 일이었지요. 하지만 살인 따위는 있을 수 없습니다!"

누아르티에 노인의 눈이 불타올랐다. 다브리니가 뭔가 말하려고 입을 열었다.

그러나 모렐이 손짓으로 그것을 제지한 뒤 소리쳤다.

"저는 감히 말합니다. 이곳에서 살인이 일어났습니다!" 낮은 목소리였지만 그 무서운 울림은 여전했다. "그렇습니다. 넉 달 동안, 이번까지 희생자가 네 사람입니다. 네! 그자는 이미 나흘 전에도 발랑틴을 독살하려고 했습니다. 다행히 그것은 누아르티에 씨의 세심한 주의로 실패로 끝났지요! 그렇습니다. 당신은 그 사실을 저와 마찬가지로 알고 계십니다. 여기 계시는 이분이 의사이자 친구로서 당신께 경고하셨습니다."

"아! 당신은 지금 흥분해서 앞뒤 분간을 못하고 있는 거요!" 빌포르는 자기가 올가미에 걸려든 것을 알고 거기서 달아나기 위해 헛된 몸부림을 계속했다.

"제가 흥분했다고요!" 모렐이 소리쳤다. "좋습니다. 그렇다면 다브리니 씨가 증인입니다. 빌포르 씨, 어디 다브리니 씨에게 물어보십시오. 생메랑 부인이 돌아가신 날 밤, 댁의 정원, 이 저택의 정원에서 다브리니 씨 자신이 말씀하신 것을 지금도 기억하고 있는지. 그때 당신과 다브리니 씨 둘이서 아무도 없는 줄 알고 부인의 무참한 죽음에 대해 얘기하고 계셨습니다. 그 죽음에는 당신이 말씀하시는 운명도, 당신이 부당하게 비난하시는 하느님도 아무런 관계가 없습니다. 단 한 가지, 발랑틴을 죽일 자를 창조하셨다는 것 말고는 말입니다!"

빌포르와 다브리니는 서로 얼굴을 마주보았다.

"그렇습니다. 생각해 보십시오," 막시밀리앙이 말했다. "두 분이 조용한 곳에서 아무도 없는 줄 알고 나누시는 얘기를 저는 들었습니다. 그랬지요, 그날 밤 빌포르 씨가 부당하게 가족을 감싸려 하시는 것을 알았을 때 즉시 경찰에 고발했어야 했습니다. 만약 제가 그랬더라면, 아, 발랑틴, 내 사랑 발랑틴, 당신을 이렇게 죽게 만들지는 않았을 것을! 그 범행을 도운 꼴이 된 나는 이제 그 원수를 반드시 갚고야 말겠소. 이번 네 번째 살인범은 그야말로 누구의 눈에도 지극히 명백한 현행범입니다. 발랑틴, 만약 아버님이 그 일을 안 하시겠다면 내가, 그래요, 내가 맹세하겠소. 반드시 범인을 붙잡고야 말겠소!"

그러자 마치 자연의 섭리가 자신의 힘 때문에 고꾸라지려는 이 격렬한 청년을 가련하게 생각했는지, 그 마지막 말은 그대로 목구멍 안으로 사라지고 말았다. 그의 가슴은 오열로 찢어지는 듯하고, 내내 나오지 않던 눈물이 두 눈에서 넘쳐났다. 그래서 몸 안에 있던 기운이 모조리 빠져나가자, 그는 발랑틴의 침대 옆에 무너지듯 무릎을 꿇었다.

그러자 이번에는 다브리니가 분명한 목소리로 말했다.

"나도 모렐 씨와 마찬가지로 이번 범죄의 수사를 요구합니다. 내 소극적인 태도 때문에 범인을 더욱 부추긴 것 같아서 견딜 수가 없군요."

"아, 아!" 빌포르는 큰 충격을 받은 듯이 중얼거렸다.

모렐은 고개를 들었다. 그리고 이상하게 불타고 있는 노인의 눈 속을 들여다보았다.

"아, 누아르티에 씨가 뭔가 하시고 싶은 말씀이 있는 것 같습니다."

'그래.' 누아르티에 노인이 말했다. 무력한 몸의 모든 힘을 오직 눈에만 모으고 있었기에 그 표정이 매우 무서웠다.

"할아버지께선 범인을 알고 계십니까?" 모렐이 물었다.

'그래.' 노인이 대답했다.

"그럼 저희를 도와주시겠습니까?" 청년이 소리쳤다. "할아버지의 얘기를 들어봅시다! 다브리니 씨, 얘기를 들어보자고요!"

누아르티에는 지금까지도 종종 발랑틴을 기쁘게 하기 위해 지어보이던 눈만의 미소, 어딘지 슬픈 듯한 미소를 모렐에게 보내며 가만히 상대의 주의를 끌었다.

그리하여 상대의 눈길을 확실하게 자신의 눈으로 끌어당긴 그는, 이번에는 그 시선을 문 쪽으로 보냈다.

"저에게 나가라는 말씀이세요?" 안타까운 듯이 모렐이 소리쳤다.

'그래.' 노인이 말했다.

"아! 하지만 제발 제 마음도 헤아려 주세요!"

노인의 눈은 무정하게도 가만히 문을 계속 응시했다.

"그럼 나중에 다시 돌아와도 되겠지요?" 막시밀리앙이 물었다.

'그래.'

"저만 나가면 됩니까?"

'아니.'

"그럼 누구와 함께? 검찰총장님인가요?"

'아니.'

"선생님입니까?"

'그래.'

"그럼 빌포르 씨와 단둘이 있고 싶으신 거군요?"

'그래.'

"하지만 검찰총장님이 할아버지 말씀을 알아들으실까요?"

'그래.'

빌포르는 조사가 자기와 단둘이서 이루어진다는 것을 알고 거의 반색하듯이 말했다. "오, 그 점은 걱정할 것 없소. 난 아버지가 말씀하시는 것은 얼마든지 알아들을 수 있으니까."

그는 좀전에 말했듯이 기쁜 표정을 지어보였지만, 사실 마음속으로는 분하다는 듯이 이를 갈고 있었다.

다브리니는 막시밀리앙의 팔을 잡고 옆방으로 데리고 나갔다.

집 안은 죽음보다 깊은 침묵에 빠졌다.

이윽고 15분쯤 지났을 때 비틀거리는 발소리가 들려왔다. 그리고 다브리니와 모렐이, 한 사람은 깊은 생각에 잠겨, 또 한 사람은 숨이 막히는 듯한 기분으로 기다리고 있던 객실 입구에 빌포르가 모습을 드러냈다.

"이리들 오시오." 빌포르가 말했다.

그는 두 사람을 노인의 안락의자 옆으로 데리고 갔다.

모렐은 주의를 기울여 빌포르의 얼굴을 바라보았다.

검찰총장의 얼굴은 납빛이었다. 이마는 불그스름한 자국으로 얼룩덜룩했고, 손가락 사이에 낀 깃털 펜을 수도 없이 비틀며 갈가리 찢어지는 소리를 내고 있었다.

빌포르는 다브리니와 막시밀리앙에게 목이 막힌 듯한 목소리로 말했다. "두 분 다 이 무서운 비밀을 두 사람 사이에만 묻어두겠다고 맹세해 줬으면 합니다."

두 사람은 몸을 움찔했다.

"반드시 그렇게 해주시오!"

"하지만 범인은! 살인자는! …… 암살자는요! ……." 막시밀리앙이 말했다.

"걱정 마시오, 반드시 가려낼 테니까." 빌포르가 말했다. "아버지는 범인의 이름을 밝혔소. 아버지도 역시 두 사람과 마찬가지로 복수심에 불타고 있어요. 그런 한편 나와 마찬가지로 이 범죄의 비밀을 지켜주기를 바라고 계십니다. 그렇죠, 아버님?"

'그래.' 노인이 단호하게 대답했다.

막시밀리앙은 두려우면서도 의심스럽다는 몸짓을 했다.

"아!" 빌포르가 팔로 막시밀리앙을 제지하며 소리쳤다. "이보시오, 당신도 아시다시피 아버지는 굽힐 줄을 모르는 분이시오. 이런 요구를 하는 것도 발랑틴의 원수가 끔찍한 보복을 받으리라는 것이 뻔하기 때문이오. 그렇죠, 아버님?"

노인은 그렇다는 신호를 보냈다.

빌포르는 계속해서 이렇게 말했다.

"아버지는 나에 대해 잘 알고 계십니다. 나는 그런 아버지와 약속했어요. 그러니까 안심하시오. 사흘이오, 사흘만 기다려 주시오. 재판 수속보다 훨씬 짧은 기간이오. 그 사흘 뒤, 딸을 죽인 자에게 아무리 무심한 사람이라도 심장 속까지 떨게 만들 복수를 할 것이오. 그렇죠, 아버님?"

그는 분노로 이를 갈면서 노인의 마비된 손을 잡고 흔들었다.

"누아르티에 씨, 모든 게 약속대로 지켜질 거라고 생각하십니까?" 모렐이 물었다. 다브리니도 눈짓으로 그 의미를 묻고 있었다.

'그래.' 음산한 기쁨의 눈길로 노인이 대답했다.

"그럼 이제 맹세해 주시오." 빌포르는 다브리니와 모렐의 손을 잡으면서 말했다. "이 집안의 명예를 생각해 주실 것, 또 이 복수를 나에게 맡겨 주실 것을 약속해 주시오."

다브리니는 눈길을 피하며 희미하게 승낙의 말을 중얼거렸다. 그러나 모렐은 검사가 잡고 있던 손을 뿌리치고, 침대 쪽으로 달려가더니 발랑틴의 차가운 입술에 자신의 입술을 갖다 댔다. 그리고 절망에 빠진 영혼이 발하는 긴 신음 소리를 내면서 방을 나갔다.

이미 앞에서도 말했듯이 집 안의 하인들은 모두 자취를 감춘 뒤였다.

따라서 빌포르 씨는 어쩔 수 없이 다브리니에게, 누가 죽게 되면 따르는 복잡다단한 일들의 뒤처리를 맡아달라고 부탁했다. 우리가 살고 있는 대도시의 집에서는, 특히 이런 심상치 않은 사정하에 일어난 죽음인 경우는 처리할 일이 한층 많고 복잡한 법이었다.

한편, 누아르티에 노인이 깊은 슬픔과 절망에 빠져 미동도 하지 않고 소리 없이 눈물만 흘리는 모습은 차마 보기가 어려울 정도였다.

빌포르는 자신의 서재로 돌아갔다. 다브리니는 시청의 의사를 부르러 갔다. 그 사람은 검시관으로 '죽은 자의 의사'라고 불리는 사람이었다.

누아르티에 노인은 손녀의 곁을 떠나는 것을 완강하게 거부했다.

30분 뒤 다브리니 씨는 동료 의사를 데리고 돌아왔다. 거리를 향한 문은 모두 닫혀 있고, 하인들과 함께 문지기도 사라져 빌포르가 직접 문을 열어주어야 했다. 그러나 그는 층계참에서 걸음을 멈췄다. 죽은 딸의 방에 들어갈 용기가 도저히 나지 않았다. 그래서 두 의사만 발랑틴의 방에 들어갔다.

누아르티에 노인은 죽은 발랑틴과 마찬가지로 창백한 얼굴로, 아무 말도 없이 침대 옆에 자리를 차지하고 있었다.

'죽은 자의 의사'는 반생을 시체와 함께 살아온 사람답게 무심한 모습으로 다가가서 발랑틴을 덮고 있던 시트를 들추고 입술을 조금 벌렸다.

그러자 다브리니가 한숨을 내쉬면서 말했다. "가엾게도 사망한 것이 분명합니다."

"그렇군요." 상대 의사는 발랑틴의 얼굴에 시트를 덮어주면서 매우 간결하게 대답했다.

노인의 입에서 낮은 신음 소리가 새나왔다.

다브리니가 돌아보니 노인의 눈이 번득이고 있었다. 친절한 그는 노인이 손녀딸을 보고 싶어한다는 것을 눈치챘다. 그는 침대 옆에 다가갔다. 그리고 검시관이 죽은 사람의 입술을 만진 손가락을 소독수에 담그고 있는 동안, 마치 잠자는 천사처럼 평온하고 창백한 발랑틴의 얼굴을 보여주었다.

노인의 눈가에 맺힌 눈물 한 방울은 친절한 다브리니에 대한 감사의 표시였다.

검시관은 발랑틴의 방 안에 있는 탁자 한쪽에서 검시조서를 썼다. 그 마지막 절차를 마친 뒤 그는 다브리니의 안내로 돌아갔다.

두 사람이 내려가는 발소리를 들은 빌포르가 서재 문 앞으로 나왔다.

빌포르는 검시관에게 짤막하게 인사를 건넸다. 그리고 다브리니를 돌아보면서 말했다.

"그럼 이젠 신부님이 올 차롄가요?"

"누군가 특별히 발랑틴 양을 위한 기도를 부탁하고 싶은 신부가 있습니까?" 다브리니가 물었다.

"아니오. 가까운 곳에 있는 사람이 좋겠지요."

"가까운 곳이라면 바로 옆집에 친절한 이탈리아인 신부님이 이사를 왔는데, 돌아가는 길에 부탁해 둘까요?" 검시관이 말했다.

"다브리니 씨," 빌포르가 말했다. "당신이 가주시겠소? 이 열쇠를 받으세요. 이게 있으면 자유롭게 출입할 수 있을 겁니다. 그 신부님을 모셔 와서 발랑틴의 방으로 안내해 주세요."

"당신도 만나시겠습니까?"

"난 혼자 있고 싶습니다. 이해해 주시겠죠? 신부님은 모든 고통을 이해하실 겁니다. 아버지로서의 고통도."

빌포르는 다브리니에게 열쇠를 건네주고 외부에서 온 의사에게 다시 한번 인사를 했다. 그리고 서재에 들어가서 일을 시작했다. 어떤 사람들에게는 일을 하는 것이야말로 모든 고통을 잊는 방법일 수 있다.

두 의사가 거리로 나온 바로 그때 옆집 문 앞에 신부옷을 입은 한 남자가 보였다.

"저 사람이 제가 말한 신부입니다." 검시관이 말했다.

다브리니는 신부에게 다가가서 말을 걸었다.

"딸을 잃은 아버지를 위해 부탁 좀 드려도 될까요? 검찰총장 빌포르 씨 댁인데요."

"오, 알고 있습니다. 그 댁에 불행한 일이 일어났군요." 신부는 확실한 이탈리아 억양으로 대답했다.

"그럼 굳이 설명드리지 않아도 되겠군요."

"그렇지 않아도 제 쪽에서 찾아뵈려던 참이었습니다. 스스로 찾아가서 의무를 다하는 게 바로 저희 사명이니까요."

"그 댁 따님이 운명을 달리했습니다."

"그것도 알고 있습니다. 그 댁에서 달아나는 하인들의 말을 듣고 알았지요. 발랑틴이라는 이름도 들었어요. 실은 이미 기도도 해두었습니다."

"정말 감사합니다," 다브리니가 말했다. "이미 신성한 의무를 시작하셨으니 그대로 계속해주셨으면 합니다. 고인 곁에 가주시겠습니까? 가족들은 비탄에 잠겨 있지만 틀림없이 감사드릴 겁니다."

"가겠습니다," 신부가 대답했다. "외람된 말씀일지 모르지만 특별히 성의를 다해 기도드리겠습니다."

다브리니는 신부의 손을 잡고, 서재에서 나오지 않은 채 있는 빌포르를 만나지도 않고 발랑틴의 방으로 안내했다. 유해는 그날 밤 장의사에 넘길 예정이었다.

방에 들어갔을 때 누아르티에의 눈이 신부의 눈과 마주쳤다. 그는 뭔가 이상한 것을 읽은 듯 신부에게서 눈을 떼지 않았다.

다브리니는 고인뿐만 아니라 살아 있는 노인까지 신부에게 부탁했다. 신부는 발랑틴을 위한 기도는 물론이고 노인을 위한 기도도 해주겠다고 대답했다.

신부는 엄숙하게 약속했다. 그리고 기도를 방해받지 않기 위해선지, 아니면 노인의 슬픔이 방해받지 않도록 하기 위해선지, 다브리니 씨가 나간 문은 물론 빌포르 부인의 방으로 통하는 문까지 모두 잠가버렸다.

당글라르의 서명

이튿날 아침, 슬픔 속에 구름이 무겁게 낀 채 날이 밝았다.

장의사는 전날 밤 안에 장례 준비를 마치고, 침대에 안치되어 있던 유해를 수의로 싸서 꿰맸다. 사람은 죽음 앞에 평등하다고 하지만, 그 수의는 발랑틴이 2주일 전에 산 고급 리넨으로 지은 것으로서 고인이 생전에 좋아했던 사치의 마지막 표현이라고 할 수 있었다.

저녁에 장례 준비를 위해 불려온 사람들은 노인을 발랑틴의 방에서 노인의 방으로 옮겼다. 그런데 누아르티에는 예상과 달리, 손녀딸 옆을 떠나는 것에 대해 아무런 불평도 하지 않았다.

부소니 신부는 날이 샐 때까지 밤을 새웠다. 그러고는 날이 새자 아무도 부르지 않고 혼자 집으로 돌아갔다.

8시쯤 다브리니가 찾아왔다. 그는 마침 누아르티에의 방으로 가고 있던 빌포르를 만났다. 그래서 자기도 노인이 하룻밤을 어떻게 보냈는지 궁금해서 함께 가보기로 했다.

노인은 침대 대신 사용하고 있는 안락의자에 앉은 채, 미소짓는 얼굴로 편안하게 잠들어 있었다.

두 사람은 놀란 기색으로 문 앞에서 멈췄다.

"저길 보십시오," 다브리니는 자고 있는 아버지를 가만히 응시하고 있는 빌포르에게 말했다. "보세요. 자연은 어떠한 고통도 달래줍니다. 물론 누아르티에 씨가 손녀를 사랑하지 않았던 건 아니지요. 그런데 저렇게 주무시고 계시는군요."

"그렇군요," 빌포르가 깜짝 놀라서 말했다. "주무시는군요. 정말 신기합니다. 조금만 마음에 들지 않는 일이 있으면 며칠이고 잠을 못 주무시는 분인데."

"슬픔에 지쳐 쓰러지신 거겠지요." 다브리니가 대답했다.

두 사람은 생각에 잠긴 모습으로 검찰총장의 서재로 돌아갔다.

"보십시오. 난 한숨도 못 잤습니다." 빌포르는 조금도 흐트러지지 않고 그대로 있는 침대를 가리켰다. "난 슬픔에 무너지고 말았습니다. 이틀 밤이나 누워보지 못했어요. 그 대신 책상 위를 보십시오. 이틀 낮밤으로 썼지요! ……열심히 서류를 조사했습니다! 살인범 베네데토의 기소장에 깨알같이 주를 달았어요! ……아, 일, 일! 나의 정열, 나의 기쁨, 나의 애착. 일이야말로 모든 고뇌를 물리쳐주니까요!"

빌포르는 그렇게 말하면서 다브리니의 손을 열광적으로 잡았다.

"내가 할 일이 아직 있습니까?" 다브리니가 물었다.

"아닙니다," 빌포르가 대답했다. "11시에 와 주십시오. 발인이 12시로 예정되어 있어서요…… 아, 가엾은 발랑틴!" 인간적인 면을 되찾은 빌포르는 하늘을 우러러보면서 한숨을 내쉬었다.

"그럼 검사님은 응접실에 계실 겁니까?"

"아니오, 장례식은 내 사촌 동생이 맡아서 해줄 겁니다. 나는 일을 계속할 겁니다. 일하고 있을 때만큼은 모든 걸 잊을 수 있으니까요."

다브리니가 문까지 채 가기도 전에, 검찰총장은 정말 자기 말대로 일을 하기 시작했다.

다브리니는 현관 앞 돌계단에서 방금 빌포르가 말한 친척을 만났다. 그는 이 이야기에서도 그렇지만, 빌포르 일가에서도 미미한 존재로서 나면서부터 단역만 하는 인물에 지나지 않는 사람이었다.

그는 시간이 되자 상복을 갖춰 입고 팔에는 상장을 두르고서, 슬픈 표정으로 빌포르의 집을 찾아왔다. 그 얼굴은 필요할 때만 그렇게 보이고, 필요하지 않으면 바로 벗어버릴 수 있는 가면 같았다.

11시가 되자, 장례용 마차 여러 대가 정원의 포석 위에 발굽소리를 울리기 시작했다. 이곳 포부르 생토노레 거리는 부유한 집안의 경조사에 대해 호기심이 많은 사람들로 떠들썩했다. 그들은 공작부인의 경사와 마찬가지로, 성대한 장례식에도 달려가야만 직성이 풀리는 사람들이었다.

불행한 일이 있었던 집의 객실은 점점 사람들로 가득 찼다. 맨 먼저 얼굴을 보인 것은 드브레, 샤토 르노, 보샹처럼 가깝게 지내는 오랜 친구들이었고, 다음은 법조계, 문단, 군부의 명사들이었다. 그것은 빌포르 씨가 사회적 지위보다 개인적인 힘에 의해 파리사교계의 최상류층에 속해 있었기 때문이다.

빌포르의 사촌동생이 입구에 서서 조문객을 맞이하고 있었다. 체면상 찾아온 사람들은 그로 인해 한결 마음의 부담을 덜었다. 왜냐하면 상대가 아버지나 형제, 약혼자가 아니라서, 짐짓 슬픈 표정을 짓거나 눈물을 짜내지 않아도 되었기 때문이다.

지인들은 눈과 눈으로 서로를 부르면서 여기저기 모여 있었다.

"안됐어!" 다른 사람들이 마음에도 없는 말을 하고 있는 것과 마찬가지로, 드브레도 이 가슴 아픈 사건에 대한 약간의 의무감에서 그렇게 말했다. "정말 안됐어! 그렇게 유복하고 그렇게 아름다운 아가씨였는데! 안 그래, 샤토 르노, 언젠가 만났을 때는 상상도 하지 못했던 일 아닌가? 그게 언제였더라…… 3주 전이나 기껏해야 한 달 전 혼인서약서 서명식 때였지? 결국 서명은 못했지만 말이야."

"정말 생각지도 못한 일이었지." 샤토 르노가 말했다.

"자넨 발랑틴 양과 아는 사이였나?"

"모르세르 부인의 무도회에서 한두 번 얘기해 봤을 뿐이야. 좀 쓸쓸해 보이기는 해도 무척 아름다운 사람이라고 생각했지. 그런데 어머니라는 사람은 어디 있나?"

"어머니는 저기서 접대하고 있는 사람의 부인과 오늘 하루 함께 지내러 갔다는군."

"그 사람이 누군데?"

"누구?"

"접대하고 있다는 친구 말이야. 대의원인가?"

"아니," 보샹이 말했다. "대의원이라면 내가 매일 보고 있는데, 저런 얼굴은 한 번도 본 적이 없어."

"자네 신문에서도 이번 불행에 대한 기사가 나왔겠지?"

"내가 쓴 건 아니지만, 나오기는 나왔어. 빌포르 씨의 마음에 들지는 않을걸. '네 사람이나 연달아 죽은 것이 검찰총장의 집이 아닌 다른 곳이었다면, 총장은 아마 더욱 신경이 날카로웠을 것이다.' 뭐 이런 기사지."

"어쨌든 내 어머니의 주치의인 다브리니 씨의 말로는 검사장도 꽤 충격을 받은 것 같던데." 샤토 르노가 말했다.

"이봐 드브레, 지금 누굴 찾고 있나?"

"몬테크리스토 백작." 드브레가 대답했다.

"이곳에 오다가 큰길에서 만났어. 어디론가 여행을 떠날 모양이더군. 은행가를 찾아가는 길이라던데."

보샹의 말에 샤토 르노가 물었다.

"은행가? 그 사람의 은행가라면 당글라르 씨 아닌가?"

"아마 그럴걸," 드브레가 약간 긴장하면서 대답했다. "하지만 이곳에 오지 않은 건 몬테크리스토 백작뿐만이 아니야. 막시밀리앙 모렐도 안 보이는데?"

"막시밀리앙! 허, 그 사람이 이 집과 아는 사이였나?" 샤토 르노가 물었다.

"부인은 소개받은 적이 있는 모양이야."

"어쨌든 와야 할 사람인데," 드브레가 말했다. "어차피 오늘은 이 일 말고는 얘기할 게 없잖아? 이 장례식은 어쨌든 오늘의 뉴스니까 말이야. 쉿! 법무대신이 오는군. 저 사람, 훌쩍거리는 사촌에게 추모사라도 할 모양인데."

세 사람은 법무대신의 추모사를 듣기 위해 입구 쪽으로 걸어갔다.

사실 보샹이 한 말은 거짓이 아니었다. 그는 분명히 영결식 소식을 듣고 달려오던 도중에 몬테크리스토 백작을 만났다. 백작은 쇼세당탱 거리에 있는 당글라르의 집에 가던 길이었다.

은행가는 창문을 통해 몬테크리스토 백작의 마차가 정원에 들어서는 것을 보았다. 그리고 슬픈 듯한, 그러나 반가운 기색으로 그를 맞이했다.

"어서 오십시오, 백작!" 그는 몬테크리스토에게 손을 내밀면서 말했다. "저에게 위로의 말을 하러 오신 모양이군요. 실은 집안에 좋지 않은 일이 있었습니다. 그래서 당신 모습이 보였을 때, 저는 어쩌면 내가 저 가엾은 모르세르 집안에 뭔가 불행한 일이 일어나기를 바라고 있진 않았나 생각하던 중이었지요. '남을 물에 빠뜨리려면 자기가 먼저 물에 빠진다'는 속담처럼 말입니다. 하지만 맹세코 나는 모르세르 집안에 무슨 나쁜 일이 일어나기를 바랐던 건 절대로 아닙니다. 하기는 그 사람은 나와 마찬가지로 비천한 신분에서 빈손으로 자수성가한 사람치고는 좀 거만한 데가 있지요. 하지만 사람은 누구나 결점이 있는 법이니까요. 그런데 백작, 우리 연배…… 아, 실례했습니다. 당신은 우리 연배보다 훨씬 젊으시죠. 우리 연배의 사람들에게 아마도 올해는 불운의 연속인 것 같군요. 그 고결한 검찰총장 빌포르도 이번에 딸을 잃었습니다. 생각해보니, 방금도 말씀드렸다시피, 빌포르는 자기 가족들이 정말 기괴한 죽음을 당했고, 모르세르는 말할 수 없는 치욕을 당하고 죽었으며, 나는 나대로 그 베네데토라는 파렴치한 놈 때문에 그런 웃음거리가 된데다, 또……."

"또?" 백작이 말했다.

"아니, 아직도 모르십니까?"

"또 무슨 불행이라도?"

"딸아이가……."

"당글라르 양이 왜요?"

"외제니가 집을 나갔습니다."

"그럴 리가! 그렇게 말씀하신 게 맞습니까!"

"사실입니다. 백작은 부인도 자식도 없으니 얼마나 속이 편하시겠습니까?"

"정말 그렇게 생각하십니까?"

"아! 속상합니다!"

"외제니 양은 대체 왜……."

"그런 망나니 같은 놈한테서 받은 치욕을 견딜 수 없었던 거겠지요. 여행을 떠나고 싶다고 하더군요."

"그래서 떠났습니까?"

"간밤에."

"부인도 함께?"

"아닙니다. 친척 아이와 함께 갔습니다. 그 귀여운 외제니는 잃어버린 거나 다름없어요. 그 아이의 성격으로 봐선 두 번 다시 프랑스로 돌아오지 않을 테니까요!"

"그게 무슨 말씀입니까?" 몬테크리스토 백작이 말했다. "한 집안이 불행에 빠졌을 때 그 불행이라는 것은 물론 재산이라고는 자식밖에 없는 가난한 사람에게는 분명히 견딜 수 없는 일이겠지요. 하지만 백만장자라면 그래도 견딜 만한 것입니다. 철학자들이 뭐라고 떠들어대도 현실적인 사람은 언제든 반박할 수 있는 것이니까요. 돈이 여러 가지 감정을 달래준다는 얘기지요. 이 진통제의 효능을 인정하신다면 당신도 곧 슬픔을 극복할 수 있을 겁니다. 모든 권력을 한손에 쥐고 있는 재계의 왕이시니까요."

당글라르는 혹시 자기를 야유하고 있는 건지, 아니면 진심으로 하는 얘기인지 확인하려고 곁눈으로 힐끗 백작을 바라보았다.

"물론 재산에서 위안을 얻을 수 있다면 저도 분명히 위로받을 수는 있지요. 부자인 건 사실이니까요."

"대단한 부자이시지요, 남작. 당신의 재력은 피라미드도 저리 가라 할 정도입니다. 무너뜨리려 해도 끄떡도 하지 않을 뿐 아니라 누구도 감히 그럴 생각조차 할 수 없을 걸요."

당글라르는 백작의 순박한 신뢰에 대해 미소를 지었다.

"아 참, 백작님이 들어오셨을 때 마침 어음을 다섯 장 쓰고 있던 중이었습니다. 두 장은 이미 서명을 마쳤으니 양해해 주신다면 나머지 석 장에 서명을 좀 해도 되겠습니까?"

"아, 물론 그러셔야죠."

잠시 은행가의 깃털펜이 움직이는 소리만 조용히 들리며 정적이 흐르는 동안, 몬테크리스토 백작은 금색으로 테두리를 두른 천장을 가만히 바라보고 있었다.

"에스파냐 어음인가요?" 몬테크리스토 백작이 말했다. "아니면 아이티나 나폴리 어음인가요?"

"아닙니다," 당글라르는 매우 의기양양하게 웃었다. "자기앞 수표입니다. 프랑스 은행이 지급하는 수표지요. 그런데 백작님, 제가 재계의 왕이라면 당신은 황제라고 해야 합니다. 당신은 지금까지 한 장에 백만 프랑이나 되는 고액의 어음쯤은 많이 보시지 않았습니까?"

몬테크리스토 백작은 당글라르가 자랑스럽게 내민 다섯 장의 어음을, 그 무게를 재기라도 하는 듯이 손에 들었다. 그리고 그것을 읽어보았다.

> 프랑스 은행 이사 귀하. 이 어음을 지참한 자에게 본인의 예금 중에서 액면가 백만 프랑을 지급하시기 바람.
>
> 당글라르 남작

"한 장, 두 장, 세 장, 네 장, 다섯 장." 몬테크리스토 백작은 숫자를 헤아렸다. "5백만 프랑! 오! 마치 크로이소스(부호로 유명한 리디아 마지막 왕) 황제 같군요!"

"이것이 제가 일하는 방식이지요." 당글라르가 말했다.

"대단하시군요. 게다가, 물론 의심하는 건 아니지만, 이만한 금액을 현금으로 지급할 수 있다면 말입니다."

"물론 현금으로 지급될 겁니다."

"이만한 신용이 있는 사람은 정말 어디에도 없을 겁니다. 사실 프랑스가 아니면 이런 일은 찾아볼 수도 없을 겁니다. 겨우 다섯 장의 종잇조각이 5백만 프랑이 된다니, 직접 눈으로 보지 않는 한 믿을 수 없는 일이죠."

"그럼 그것을 의심하신다는 말씀입니까?"

"천만에요."

"말투가 묘하게 들려서 말입니다……. 그럼 직접 보시지요. 저희 행원을 데리고 은행에 가보시겠습니까? 그만한 공채를 가지고 나오는 것을 보여드리고 싶습니다만."

"아닙니다," 몬테크리스토 백작은 어음 다섯 장을 접으면서 말했다. "별말씀을 다하십니다. 하지만 정말 궁금하긴 하군요. 그렇게 해볼까요? 댁의 은행에 6백만 프랑을 맡겨 두었는데 그 가운데 90만 프랑을 받았으니 나머지 510만 프랑만 받으면 되는 상황입니다. 마침 서명도 하셨으니 이 다섯 장의 종잇조각을 저한테 일시불로 주시죠. 이것이 6백만 프랑 전액에 대한 영수증입니다. 그러면 이제 우리 사이에 대차관계는 없어지는 겁니다. 실은 오늘 목돈이 좀 필요해서 미리 만들어 왔지요."

몬테크리스토 백작은 한 손으로는 다섯 장의 수표를 자기 호주머니 속에 넣어 버리고 다른 한 손으로 영수증을 내밀었다.

발밑에 벼락이 떨어졌다 해도 당글라르가 이토록 놀라지는 않았을 것이다.

"뭐라고요!" 당글라르는 말을 더듬었다. "이 돈을 가져가시겠다는 겁니까? 그런데 죄송합니다, 죄송해요. 이건 빈민구제원에 줄 돈이라서요. 거기서 맡긴 돈입니다. 오늘 아침에 지급하기로 약속이 되어 있어요."

"아니! 얘기가 달라지는군요. 꼭 이 수표가 아니라도 됩니다. 다른 수표를 주셔도 좋습니다. 이 수표는 그저 호기심에서 받으려고 한 것뿐입니다.

그러니까 세상 사람들에게 당글라르 상사가 군말 없이 단 5분도 기다리게 하지 않고 현금으로 5백만 프랑을 지급해 주더라고 얘기하고 싶었을 뿐입니다! 만약 그렇게 할 수 있다면 정말 굉장할 거라고 생각했는데! 어쨌든 수표는 돌려드리지요. 그 대신 다른 것을 주십시오.”

몬테크리스토 백작은 그렇게 말하면서 그 다섯 장의 수표를 당글라르에게 내밀었다. 처음에 은행가는 얼굴이 새파랗게 질려서, 마치 독수리가 철창 사이로 발톱을 내밀어 먹이를 채가려고 하듯이 손을 앞으로 뻗었다.

그러나 그는 곧 다시 생각해보았다. 그리고 눈물겨운 노력으로 자기를 억제했다.

이어서 그의 얼굴에 미소가 떠오르더니, 깜짝 놀라 굳었던 표정도 조금씩 풀리기 시작했다.

“사실 백작님의 영수증이라면 현금이나 다름없으니까요.”

“그렇습니다! 만약 여기가 로마라면, 내 영수증이라는 사실만으로 톰슨 앤드 프렌치 상사는 당신처럼 여러 말 하지 않고 그 자리에서 돈을 지급해 줄 겁니다.”

“아, 백작님, 이거 큰 실례를 했군요.”

“그럼 이 돈을 제가 가져도 괜찮겠습니까?”

“물론입니다.” 당글라르는 머리 밑에서 솟아나는 땀방울을 닦으면서 말했다. “어서 넣어 두십시오.”

몬테크리스토 백작은 다섯 장의 수표를 다시 호주머니에 넣었다. 그의 뭐라고 표현할 수 없이 움직이는 표정은 이렇게 말하는 듯했다.

‘글쎄! 다시 생각하는 게 어떠신지. 실수했다고 생각한다면 아직 늦지 않았소.’

“아닙니다,” 당글라르가 말했다. “염려마시고 제가 서명한 어음을 넣어두십시오. 아시다시피 은행가만큼 형식을 중시하는 인간은 없으니까요. 사실 그건 빈민구제원에 줄 돈이었습니다. 그런데 그 돈을 거기에 주지 않으면 도둑질을 하는 거나 마찬가지라는 생각이 들어서요. 다른 돈과는 가치가 다르다고 생각한 거지요. 그래서 그만 큰 실례를 하고 말았습니다.”

그렇게 말하면서 당글라르는 호들갑스럽게, 그러나 신경질적으로 웃었다.

“원 별말씀을. 그럼 받아 넣겠습니다.” 몬테크리스토 백작은 친절하게 대답했다. 그러고는 수표를 집어서 다시 지갑에 넣었다.

"그러면 아직도 드릴 돈이 10만 프랑이 남아 있군요." 당글라르가 말했다.

"오! 그건 푼돈입니다. 그까짓 거야 이자만 해도 그 정도는 될 겁니다. 그냥 놔두십시오. 그럼 이것으로 계산 끝난 겁니다."

"백작님 진심으로 하는 말씀이십니까?" 당글라르가 물었다.

"은행가를 상대로 왜 농담을 하겠습니까?" 몬테크리스토 백작은 오만하게 느껴질 정도로 진지하게 대답했다.

그리고 문 쪽으로 걸어가려 하는데 하인이 들어와서 말했다.

"빈민구제원의 수납과장 보빌 씨가 오셨습니다."

"제가 때를 잘 맞춰서 서명을 받은 셈이군요. 하마터면 쟁탈전이 벌어질 뻔했어요."

당글라르는 또다시 안색이 변해 서둘러 백작에게 작별 인사를 했다.

몬테크리스토 백작은 대기실에 서 있는 보빌 씨에게 정중하게 인사를 건넸다. 보빌 씨는 몬테크리스토 백작이 나가자 곧 당글라르 씨의 서재에 안내되었다.

아마도 수납과장이 들고 있는 지갑을 보는 순간 그토록 진지한 백작의 얼굴에 미소가 힐끗 스치고 지나갔을 것이다.

그는 문 앞에서 기다리고 있던 마차를 타고 곧장 프랑스 은행으로 갔다.

그러는 동안 당글라르는 마음의 동요를 억제하면서 수납과장을 맞이했다. 물론 그는 판에 박힌 미소와 상냥함을 입술에 머금고 있었다.

"어서 오십시오. 아마 돈을 받으러 오신 것 같군요."

"맞습니다," 보빌 씨가 말했다. "빈민구제원을 대표해서 왔습니다. 미망인들과 고아들이 맡겨둔 5백만 프랑을 받아 오라고 해서요."

"세상은 그런 고아들을 정말 가엾게 여긴다니까요!" 당글라르는 농담을 계속했다. "참 불쌍한 사람들이긴 하지요!"

"그래서 그들을 대신해서 온 겁니다. 어제 보낸 편지 받으셨겠지요?"

"받았습니다."

"여기, 이건 영수증입니다."

"보빌 씨," 당글라르가 말했다. "그 미망인과 고아들이 24시간만 기다려 주었으면 좋겠군요. 아까 여기서 나가시던 몬테크리스토 백작님…… 아마 보셨죠?"

"예, 봤습니다. 그런데?"

"그 몬테크리스토 백작님이 그쪽에 지급할 예정이었던 5백만 프랑을 가져가버렸습니다!"

"그게 무슨 말씀이십니까?"

"백작님은 로마의 톰슨 앤드 프렌치 상사가 내 앞으로 개설해둔 무제한 대출의 신용장을 가지고 있었습니다. 그래서 일시불로 5백만 프랑의 지급을 요구하더군요. 하는 수 없이 저는 프랑스 은행 수표를 드렸습니다. 제 자산은 모두 거기에 맡겨 두었거든요. 그런데 이해해 주시겠지만, 하루에 1천만 프랑을 인출하면 프랑스 은행 총재가 좀 이상하게 생각할 것 같아서요. 적어도 이틀에 걸쳐 인출하면 문제가 되지 않지요." 당글라르는 미소 지으면서 말했다.

"무슨 말씀이십니까?" 보빌 씨는 도저히 믿을 수 없다는 듯이 말했다. "그럼 아까 나가면서 아는 사이인 것처럼 인사를 하던 양반에게 5백만 프랑이나 내주셨단 말입니까?"

"당신은 모르실지 모르지만 저쪽에서는 알고 있었겠지요. 몬테크리스토 백작님이 모르는 사람은 없으니까요."

"5백만 프랑을!"

"이것이 그분의 영수증입니다. 성 토마스처럼 잘 살펴보시고 확인해 보십시오." (성 토마스는 그리스도의 12사도 가운데
가장 조심성이 깊은 사람이다)

보빌 씨는 당글라르가 내민 서류를 받아들고 읽어보았다.

당글라르 남작으로부터 5백만 프랑을 영수함. 위 금액은 언제라도 로마의 톰슨 앤드 프렌치 상사로부터 받을 수 있음.

"정말 말씀하신 대로군요!" 보빌이 말했다.

"톰슨 앤드 프렌치 상사를 아십니까?"

"알고 있습니다." 보빌 씨가 말했다. "전에 20만 프랑 정도 거래한 적이 있습니다. 하지만 그 뒤로는 아무런 얘기도 듣지 못했습니다."

"유럽에서 손꼽히는 상사지요." 당글라르는 보빌이 돌려준 영수증을 아무

렇게나 책상 위에 던지면서 말했다.

"그럼 그분은 당신 한 사람에게만도 5백만 프랑의 신용을 가지고 있다는 말인가요? 몬테크리스토 백작은 대부호인가 보군요."

"글쎄요. 그건 잘 모릅니다만, 그분은 세 개의 은행에서 무제한 대출신용을 가지고 있지요. 그 하나가 저희 은행이고, 나머진 로트실트와 라피트 은행입니다." 당글라르는 태연하게 말을 계속했다. "그런데 여기가 마음에 들었는지 환금수수료로 10만 프랑이나 주시더군요."

보빌은 무척 감탄하는 눈치였다.

"그렇다면 한번 찾아가서 우리에게도 기부를 부탁해 봐야겠군요."

"그건 이미 성공한 거나 다름없습니다. 그런 기부만 해도 하루에 2만 프랑이라고 하니까요."

"정말 굉장하군요. 하기는 모르세르 부인과 그 아드님도 비슷한 예라고 할 수 있겠군요."

"비슷한 예라고 하시면?"

"전 재산을 빈민구제원에 기부하셨습니다."

"전 재산을요?"

"그분들의 재산이죠. 결국은 돌아가신 모르세르 장군의 재산인 셈이지만."

"무엇 때문에 그 많은 돈을 기부했을까요?"

"깨끗하지 않은 재산은 갖지 않겠다는 거였죠."

"그럼 앞으로 생활은 어떻게?"

"어머니는 시골로 내려가고 아드님은 군대에 들어갈 거라던가 하더군요."

"저런, 저런, 결벽이 너무 심한 것 아닌가요?"

"어제 기부행위에 대한 등기도 마쳤습니다."

"그래, 얼마나 되던가요?"

"그리 대단한 건 아니었습니다. 1백 2, 30만 프랑 정도더군요. 그건 그렇고 본론으로 돌아갑시다."

"알겠습니다," 당글라르는 여전히 태연하게 말했다. "그래, 돈이 급하신가요?"

"물론입니다. 내일이 금고를 검사하는 날이거든요."

"뭐, 내일요? 진작 좀 말씀하시지! 내일이라면 충분히 시간이 있습니다!

당글라르의 서명 1369

검사 시간은 언제입니까?"

"2시입니다."

"그럼 정오에 사람을 보내주십시오." 미소를 지으면서 당글라르가 말했다.

보빌 씨는 아무 대답도 하지 않았다. 다만 고개를 끄덕여 보인 뒤, 어쩔 줄 몰라서 지갑만 만지작거리고 있었다.

"아, 그렇군요!" 당글라르가 말했다. "더 좋은 방법이 있습니다."

"이제 와서 무슨?"

"몬테크리스토 백작의 영수증은 바로 현금이나 마찬가집니다. 이 영수증을 로트실트나 라피트 은행에 가지고 가시는 겁니다. 아마 그 자리에서 받아줄 겁니다."

"로마 지불증인데도 말입니까?"

"물론입니다. 할인한다 해야 고작 5, 6천 프랑 정도일 겁니다."

수납과장은 움찔하여 뒤로 물러섰다.

"무슨 소립니까! 그럴 바엔 차라리 내일까지 기다리겠어요. 그런 돈을 왜 씁니까?"

"실은 이런 말을 해서 안됐습니다만, 혹시 구멍 낸 걸 때우시려는 게 아닌가 해서요." 당글라르는 철면피처럼 말했다.

"뭐라고요!" 수납과장이 말했다.

"척보면 알 수 있거든요. 그렇다면 약간의 희생은 감수하셔야지요."

"거절하겠습니다!" 보빌 씨가 말했다.

"그럼 내일까지 기다리시겠습니까?"

"그럼, 내일 봅시다. 틀림없겠지요?"

"농담 하십니까! 정오에 사람을 보내 주십시오. 은행 쪽에도 말해 두겠습니다."

"내가 직접 오겠습니다."

"그러시면 더 좋지요. 다시 한 번 뵐 수 있을 테니까요."

두 사람은 악수를 했다.

"그런데 아까 길에서 봤는데, 그 불쌍한 빌포르 씨 따님의 장례식에는 안 가실 생각이십니까?" 보빌 씨가 말했다.

"안 갈 겁니다." 은행가가 대답했다. "저는 그 베네데토 사건 이후 아직도 웃음거리가 되고 있으니까요. 그냥 이렇게 집에 있겠습니다."

"그건 좀 잘못 생각하시는 게 아닐까요? 당신이 죄를 지은 건 아니잖습니까."

"저처럼 오점 없이 깨끗한 이름을 가진 사람은 그런 일에 민감해지기 쉬워서요."

"정말이지 모두 동정하고 있습니다. 특히 따님 일은 안됐다고 말들 하더군요."

"불쌍한 외제니!" 깊은 한숨과 함께 당글라르가 말했다. "그 아이가 수녀가 되겠다고 한 걸 아십니까?"

"처음 듣는데요."

"안타깝지만 사실입니다. 사건 다음 날, 신앙심이 깊은 친구하고 함께 가출할 결심을 했더군요. 이탈리아나 에스파냐 근처의 엄격한 수도원을 찾아 나섰습니다."

"아, 거 참 큰일이군요!"

보빌 씨는 한탄을 하면서 위로의 말을 수없이 되풀이 하고 돌아갔다.

그가 방을 나가자마자 당글라르는 프레데리크(프랑스 19세기의 희극 작 가 프레데리크 르메트르)가 쓴 《로베르 마케르》를 본 사람이 아니면 알 수 없는 거친 몸짓을 하면서 소리쳤다.

"바보 같은 놈!"

그리고 몬테크리스토 백작의 영수증을 작은 지갑 속에 넣으면서 말했다.

"내일 정오가 되어 봐, 그때 난 이미 멀리 달아나고 없을 테니까."

그런 다음 문에 자물쇠를 이중으로 잠그고, 금고 서랍에 있는 것을 몽땅 꺼내 1천 프랑짜리 지폐 50장을 그러모은 뒤 서류 일부는 불태우고, 다른 것은 일부러 눈에 띄도록 꺼내 놓은 다음 편지를 쓰기 시작했다. 이윽고 그는 다 쓴 편지를 봉투에 넣어 봉한 뒤, 그 위에 '당글라르 남작부인에게'라고 썼다.

"오늘 밤 이것을 화장대 위에 놓아두어야지."

당글라르는 그렇게 중얼거리며 서랍 속에서 여권을 꺼냈다.

"좋아, 아직 두 달은 유효하군."

페를라셰즈 묘지

보빌 씨가 발랑틴을 마지막 휴식처로 보내는 장례 행렬을 만난 것은 사실이었다.

어둡고 흐린 날이라 바람은 아직 훈훈했다. 하지만 노랗게 마른 나뭇잎에게는 치명적이었는지, 점점 벌거숭이가 되어가는 가지에서 떨어진 나뭇잎이 거리를 가득 메운 인파 위를 날아다니고 있었다.

파리 토박이인 빌포르 씨에게는 페를라셰즈야말로 자기 집안에 유일하게 어울리는 묘지처럼 생각되었다. 거기에 비하면 다른 묘지는 시골 묘지나 망자를 위한 하숙집 정도로밖에 보이지 않았다. 페를라셰즈야말로 상류사회에서 죽은 사람이 편히 잠들 수 있는 단 하나의 휴식처라고 그는 생각했다.

이미 앞에서도 말했듯이, 그는 그곳에 영구묘지를 사 두었다. 그리고 그곳에 묘를 쓰게 했는데, 그곳은 벌써 전처의 가족들이 가득 차지하고 있었다.

무덤 정면에 '생메랑, 빌포르 양가(兩家)의 묘지'라는 글귀가 보였다. 그렇게라도 써놓는 것이 발랑틴의 어머니, 그 박복한 르네의 마지막 소원이었던 것이다.

그리하여 생토노레 구역을 출발한 장례 행렬은 페를라셰즈를 향해 나아가고 있었다. 행렬은 파리 전역을 거쳐 탕플 구역에서 외곽 거리를 몇 개 지나서 묘지로 갔다. 20대에 이르는 장의마차 뒤로 무려 50대가 넘는 유명인사의 마차가 뒤를 따랐다. 그리고 다시 그 뒤에는 5백 명이 넘는 사람들이 걷고 있었다.

대부분 발랑틴의 죽음으로 커다란 충격을 받은 젊은 사람들이었다. 그들은 냉랭한 기운이 감돌고 있는 이 세기, 이 삭막하기 그지없는 시대 속에서도 꽃봉오리째 꺾여버린 아름답고 순결하고 사랑스러운 처녀의 죽음에 깊은 시적 감명을 받은 사람들이었다.

장례 행렬이 막 파리를 벗어났을 때, 사두마차 한 대가 급히 달려왔다. 마차를 끌던 네 마리의 말은 장례 행렬 앞에 이르자 쇠 용수철처럼 탄력 있는 다리로 급격히 멈춰섰다. 마차에 탄 사람은 바로 몬테크리스토 백작이었다.

백작은 마차에서 내리더니 걸어서 관을 따라가는 사람들 틈에 끼어들었다.

먼저 샤토 르노가 백작을 발견했다. 그러자 자기도 마차에서 내려 백작에게 다가갔다. 보샹도 타고 있던 삯마차에서 내렸다.

백작은 군중의 모든 틈새를 통해 주위를 주의 깊게 살펴보고 있었다. 틀림없이 누군가를 찾고 있는 듯했다. 그러나 결국 포기하지 않을 수 없었다.

"모렐 씨는 어디 있습니까?" 그가 물었다. "어디에 있는지 누구 본 사람 없습니까?"

"우리도 아까 빌포르 씨 집에서 서로 물었는데 아무도 아는 사람이 없었습니다." 샤토 르노가 대답했다.

백작은 입을 다물었다. 그러나 계속해서 주위를 살펴보고 있었다.

이윽고 묘지에 도착했다.

몬테크리스토 백작의 날카로운 시선이 주목과 소나무 숲 속을 헤치고 들어갔다. 그리고 그는 안도했다. 그림자 하나가 검은 소나무 아래를 미끄러지듯 지나가는 것이 보였기 때문이다. 백작은 찾던 사람을 발견한 것 같았다.

이 으리으리한 묘지의 매장식에 대해서는 아는 사람은 다 알 것이다. 하얀 오솔길 위에 여기저기 무리를 지어 흩어져 있는 검은 옷의 무리들. 고요하게 가라앉은 하늘과 땅 사이에서, 그 고요함을 깨는 나뭇가지 부러지는 소리, 어느 묘지의 산울타리를 헤치는 소리, 이윽고 신부들의 슬픈 노랫소리에 섞여 여기저기 꽃다발 사이로 들려오는 흐느낌 소리. 그리고 그 꽃다발 뒤에 수척한 얼굴로 두 손을 모으고 있는 여자들의 모습이 있었다.

백작이 찾은 그림자는 엘로이즈와 아벨라르(12세기 프랑스의 철학자이자 신부. 수녀 엘로이즈와의 순결한 사랑으로 유명하다. 사후에 함께 페를라셰즈에 묻혔다.)의 무덤 뒤, 5점형으로 늘어선 나무들 사이를 재빨리 빠져나가더니, 장의사들과 함께 유해를 운반하고 있는 말의 선두에 서서 잰걸음으로 매장 장소까지 갔다.

사람들은 제각기 뭔가를 바라보고 있었다. 몬테크리스토 백작은 옆 사람도 눈치챌 수 없게 하면서, 그 사람의 그림자만 바라보고 있었다.

백작은 두 번이나 행렬을 벗어나서, 그 남자의 손이 옷 뒤에 무슨 무기 같은 것을 숨겨놓고 만지작거리는 것은 아닌지 살피고 있었다.

장례 행렬이 멈춰 서자, 그 사람이 모렐이라는 것을 알 수 있었다. 그는 목까지 단추를 채운 검은 프록코트를 입고 있었다. 이마는 창백하고 뺨은 움푹 꺼져 있었으며, 경련하는 듯한 손으로는 모자를 쥐어뜯고 있었다. 그러면서 이제부터 진행될 의식을 하나도 빠짐없이 지켜보기 위해 묘지가 내려다보이는 낮은 언덕의 나무에 몸을 기대고 서 있었다.

모든 것이 관례대로 진행되었다. 감정이 메마른 몇몇 사람들이 무미건조한 조사를 늘어놓았다. 어떤 사람은 아직 꽃다운 나이인 것을 동정하고, 어떤 사람은 아버지의 슬픔에 대해 언급했다. 그중에서 생각이 있는 자들은 이 처녀가 빌포르 씨를 졸라서 법의 칼날을 맞으려던 죄인들을 구해준 일을 얘기하며, 결국은 모두들 말레르브가 뒤 페리에에게 보낸 시(17세기 프랑스의 대시인 말레르브가 친구 뒤페리에의 딸 마르게리트가 죽었을 때 지었다는 유명한 추도시)를 다양하게 인용하면서 아름다운 비유와 비통한 문구를 생각해내느라 애쓰고 있었다.

그러나 몬테크리스토 백작의 귀에는 아무것도 들어오지 않고, 눈에는 오직 한 가지밖에 들어오지 않았다. 그는 막시밀리앙의 모습만 좇고 있었던 것이다. 침착하게 미동도 하지 않고 있는 청년의 모습은, 그 마음에 무슨 일이 일어나고 있는지 읽을 수 있는 사람에게는 보기만 해도 무서운 것으로 비쳤다.

"어?" 갑자기 보상이 드브레에게 말했다. "모렐이 저기 있군! 저 녀석, 어디서 나타났지?"

두 사람은 샤토 르노에게도 가르쳐 주었다.

"얼굴이 아주 창백한데." 샤토 르노가 깜짝 놀란 듯이 말했다.

"추운가보지." 드브레가 대답했다.

"아니야. 슬픔 때문일걸. 막시밀리앙은 워낙 감수성이 풍부하니까."

"설마!" 드브레가 말했다. "빌포르 양과는 그다지 잘 아는 사이도 아니었는데? 그도 그렇게 말했었잖아?"

"그건 그래. 하지만 모르세르 부인 댁의 무도회에서는 그녀와 세 번이나 춤을 추었어. 백작님도 아시죠? 백작님께서 대단한 인기를 끌었던 무도회 때 말입니다."

"아니, 나는 모르는 일인데요." 열심히 막시밀리앙을 응시하고 있던 몬테크리스토 백작은, 누구에게, 또 무슨 말에 대답하는 것인지도 모르고 그렇게 말했다. 한편 막시밀리앙은 마치 숨을 참고 있는 것처럼 얼굴이 새빨갛게 상기되어 있었다.

"추도 연설도 끝났군요. 그럼 여러분, 안녕히." 백작이 불쑥 말했다. 그렇게 자취를 감춘 그가 과연 어디로 갔는지는 아무도 알 수 없었다.

장례식이 끝났다. 조문객들은 다시 파리로 돌아가기 시작했다.

샤토 르노만 잠시 눈으로 모렐을 찾고 있었다. 그러나 몬테크리스토 백작이 돌아가는 것을 보는 사이, 모렐은 어느새 지금까지 있던 곳에서 사라져 보이지 않았다. 샤토 르노는 잠시 더 찾아보다가 드브레와 보샹을 뒤따라 가기로 했다.

몬테크리스토 백작은 작은 수풀 속으로 들어갔다. 그리고 커다란 무덤 뒤에 몸을 숨기고 모렐의 행동 하나하나를 엿보고 있었다. 막시밀리앙은 구경꾼들과 인부들마저 돌아가 버린 무덤 쪽으로 조금씩 다가갔다. 그리고 몽롱한 기색으로 주위를 천천히 둘러보았다.

몬테크리스토 백작은 모렐의 눈이 자기가 있는 곳과 반대쪽을 향한 틈을 타서 그에게 들키지 않게 열 걸음 정도 더 다가갔다.

막시밀리앙이 무릎을 꿇었다.

백작은 머리를 앞으로 내밀고, 눈을 크게 뜨고 가만히 주시하면서, 언제라도 뛰어나갈 수 있도록 몸을 낮춘 채 막시밀리앙에게 계속 다가갔다.

모렐은 묘석에 닿을 정도로 머리를 숙이며 양손으로 철책을 붙잡고 중얼거렸다.

"오, 발랑틴!"

갑자기 들려온 이 말에 백작은 가슴이 찢어지는 듯했다. 그는 다시 한 걸음 앞으로 나갔다. 그리고 모렐의 어깨를 두드렸다.

"여기 있었군! 찾고 있었소."

몬테크리스토 백작은 틀림없이 상대가 소리를 지르면서 자기를 비난하고 질책할 거라고 생각했다. 그러나 그것은 그의 착각이었다.

백작을 돌아본 막시밀리앙은 무척 평온한 기색으로 말했다.

"보시다시피 기도를 하고 있었습니다!"

백작은 탐색하는 듯한 눈길로 청년을 머리끝에서 발끝까지 재빨리 훑어보왔다. 그러더니 이윽고 안심한 기색으로 물었다.

"같이 파리로 돌아가지 않겠소?"

"호의는 감사하지만."

"무슨 볼일이라도 있습니까?"

"그냥 이대로 기도를 올리고 싶습니다."

백작은 더 이상 말리지 않고 멀리 떨어졌다. 그러나 그것은 다른 장소로 몸을 옮기려는 생각이었을 뿐, 그 상태에서 그는 다시 모렐의 행동을 주시하기 시작했다. 이윽고 일어선 청년은 돌가루가 하얗게 묻은 무릎을 턴 뒤 두 번 다시 뒤돌아보지도 않고 파리로 돌아갔다.

그는 천천히 로케트 거리를 내려갔다.

백작은 페를라셰즈에서 기다리게 해둔 마차를 돌려보내고서, 백 걸음 정도의 거리를 두고 청년의 뒤를 따라갔다. 막시밀리앙은 운하를 건넜다. 그리고 큰길을 몇 개 지나 멜레 거리의 집으로 돌아갔다.

모렐을 위해 열린 문은 그로부터 5분 뒤에 몬테크리스토 백작을 맞이하기 위해 다시 열렸다.

쥘리는 정원 입구에 서서 페늘롱이 정원 일에 몰두하여 벵골 장미를 꺾꽂이하는 것을 바라보고 있었다.

"어머, 몬테크리스토 백작님!" 그녀는 몬테크리스토 백작이 이 멜레 거리의 집을 찾아올 때마다, 이 집 사람들이 한결같이 보여주는 반색하는 모습으로 소리쳤다.

"방금 막시밀리앙이 돌아왔지요?" 백작이 물었다.

"네, 들어가는 걸 본 것 같아요. 하지만 엠마뉘엘도 만나지 않으시겠어요?"

"미안하지만, 실은 막시밀리앙한테 바로 가봐야 합니다. 매우 중요한 얘기가 있어서요."

"아, 그럼 어서 올라가 보세요." 그녀는 백작의 모습이 계단에서 사라질 때까지 언제나 변함없는 상냥한 미소로 배웅했다.

몬테크리스토 백작은 곧장 1층에서 막시밀리앙의 방이 있는 3층까지 올라갔다. 그리고 층계참에서 귀를 기울였다. 아무 소리도 들려오지 않았다.

한 가족이 살고 있는 옛날 집들 대부분이 그렇듯이, 층계참에서 방으로 들어가려면 유리가 달린 문 하나만 열면 되었다.

그러나 이 유리문의 열쇠가 없었다. 그 방 안에 막시밀리앙이 문을 잠그고 있는데, 유리문 안쪽에 붉은 비단 커튼이 쳐져 있어서 안을 들여다볼 수도 없었다.

백작의 불안은 붉은 색이 되어 그의 얼굴에 뚜렷하게 나타났다. 그와 같은 냉정한 남자가 이렇게까지 마음의 동요를 보인 것은 지금까지 한 번도 없는 일이었다.

'어떻게 한다?' 그는 혼자 중얼거렸다.

그는 잠시 생각했다.

'벨을 누를까?' 그는 계속 생각했다. '그건 안 되지! 벨소리 같이 누군가 찾아온 것을 알리는 소리는 지금의 막시밀리앙 같은 사람의 결심을 종종 부추기는 법이지. 그럼, 벨소리에 다른 소리가 대답하게 될 수도 있어.'

몬테크리스토 백작은 발끝에서 머리끝까지 몸을 떨었다. 결단력이 번개처럼 빠른 그가 즉시 팔꿈치로 유리문을 때리자 유리문은 박살이 나고 말았다. 그는 커튼을 들춰 보았다. 그러자 책상 앞에 앉아서 펜을 들고 있던 막시밀리앙이 유리가 깨지는 소리를 듣고 의자 위에서 벌떡 일어나는 모습이 눈에 들어왔다.

"아무 일도 아니오." 백작이 말했다 "용서하시오! 발이 미끄러졌는데 그 바람에 유리를 팔꿈치로 치고 말았어요. 기왕에 유리문이 깨졌으니, 좀 들어 가리다. 아, 상관하지 말고 하던 일을 계속하시오. 계속해요."

그러면서 그는 깨진 유리 사이로 팔을 집어넣어 문을 열었다.

막시밀리앙은 눈에 띄게 당혹한 모습으로 일어섰다. 그리고 백작을 맞이 하는 것이 아니라 오히려 그가 들어오는 것을 막으려는 듯이 다가왔다.

"이건 분명히 하인들의 잘못이오." 팔꿈치를 문지르면서 몬테크리스토 백 작이 말했다. "바닥을 이렇게 거울처럼 닦아 놓았으니."

"다치시진 않았습니까?" 모렐이 냉정하게 물었다.

"괜찮소, 그런데 뭘 하고 있었소? 뭘 쓰고 있는 것 같던데?"

"제가요?"

"손가락에 잉크가 묻었군요."

"맞습니다." 막시밀리앙이 대답했다. "뭘 좀 쓰고 있었습니다. 군인이지만 이따금 글도 쓰고 있지요."

몬테크리스토 백작은 방 안으로 몇 걸음 들어섰다. 막시밀리앙은 자연히 백작을 들어오게 할 수밖에 없었다. 그는 백작을 바짝 뒤따라갔다.

"역시 뭔가 쓰고 계셨군?" 백작은 상대가 난처할 정도로 뚫어지게 바라보면서 말했다.

"예, 아까도 말씀드렸듯이." 막시밀리앙이 대답했다.

백작은 주위를 둘러보았다.

"잉크병 옆에 권총이 있는데요?" 그는 손가락으로 책상 위에 놓인 권총을 가리키면서 말했다.

"여행을 떠나려고요." 막시밀리앙이 대답했다.

"이보게!" 몬테크리스토 백작이 한없이 부드러운 목소리로 말했다.

"이보게, 막시밀리앙, 허튼 생각을 해선 안 됩니다! 이렇게 간청하오."

"허튼 생각이라니요?" 모렐은 어깨를 으쓱하면서 말했다. "그럼 묻겠습니다만, 여행을 하는 것이 허튼 생각이란 말입니까?"

"막시밀리앙, 서로 가면 같은 건 벗어버리는 게 어떻겠소? 나도 친절한 척하는 건 그만둘 테니, 당신도 제발 아무렇지도 않은 척하는 건 그만두시오. 당신도 알지 않소, 내가 이렇게 유리를 깨고 한 친구의 방에서 일어나는 비밀을 엿본 것을. 사실 견딜 수 없이 걱정이 되어서, 아니 그보다 어떤 무서운 확신이 있어서였소. 모렐, 당신은 자살하려고 하지요!"

"네에?" 막시밀리앙은 펄쩍 뛰면서 말했다. "왜 그렇게 생각하셨습니까?"

"당신은 분명히 자살할 생각이었소!" 백작은 여전한 기세로 말했다. "이것이 바로 그 증거요."

그렇게 말한 뒤 그는 책상에 다가가서 막시밀리앙이 쓰던 편지 위에 덮어둔 백지를 치우고 그 편지를 손에 들었다.

모렐이 그것을 빼앗으려고 달려들었다.

그러나 백작은 미리 그럴 줄 예상하고 있었다. 그는 막시밀리앙의 팔목을 잡고, 마치 튀어 오르는 용수철을 강철 사슬로 누르듯이 곧바로 제압하고 말았다.

"거보시오, 자살하려 하지 않았소?" 백작이 말했다. "여기 이렇게 써놓고!"

좀전까지 침착한 태도를 보이던 막시밀리앙은 갑자기 거친 표정으로 변해 소리쳤다.

"그게 뭐 어쨌다는 겁니까! 설령 그렇다 한들, 내가 총구를 나 자신에게 겨누려고 결심했다 한들, 누가 저를 방해할 권리가 있다는 말입니까? 누가 저를 제지할 소신이 있다고 생각하십니까? 제가 '내 희망은 모두 사라졌다. 내 마음은 부서지고 내 생명도 사라지고, 나에게는 오직 슬픔과 절망만이 남았다. 대지도 재가 되어 사라져버렸다. 모든 인간들의 목소리는 내 마음을 갈가리 찢어놓았다'고 말했다 칩시다. 또 '죽게 내버려두는 것이 자비다. 만약 죽지 못한다면 나는 이성을 잃고 끝내 미쳐버리고 말 것'이라고 말했다 칩시다. 그래요, 정말 제가 그렇게 말할 경우, 그런 제가 고통과 눈물 속에서 헤어나지 못하고 있는 것을 아는 사람이라면, 과연 '네 생각이 잘못되었다'고 말할 수 있을까요? 제가 이 세상에서 가장 비참한 사람이 되지 않으려고 하는 행동을 방해할 권리를 대체 누가 가지고 있다는 겁니까? 말해 보십시오. 백작님은 그럴 소신이 있습니까?"

"있지요, 모렐." 몬테크리스토 백작이 말했다. 침착한 그 목소리는 극도로 흥분한 청년의 목소리와 이상한 대조를 이루고 있었다. "있어요, 나에게는."

"당신에게?" 막시밀리앙은 분노와 비난에 더욱 불타는 기색으로 소리쳤다. "터무니없는 희망으로 나를 속인 당신에게요? 과감하게 결심하고 기발한 수단을 써서 그녀를 구하거나, 적어도 그녀를 내 품 안에서 죽게 할 수도 있었는데, 그런 저를 쓸데없는 약속으로 제지하고, 속이고, 붙잡은 당신에게 말입니까! 어떤 지혜나 어떤 물질적인 힘도 모두 가지고 있는 척하던 당신! 당신은 신과 같은 일을 할 수 있다면서, 아니, 할 수 있는 척하면서도, 실은 독약을 마신 그녀에게 해독제를 줄 만한 힘도 없었습니다. 그런 당신에게 말입니까! 아, 당신은, 당신은 날 분노하게 하지 말고 차라리 동정이나 받아야 할 사람입니다!"

"모렐……."

"그래요, 저에게 가면을 벗으라고 하셨지요? 그래 이제 그 가면을 벗었으니 만족하십니까? 그랬지요, 묘지에서 뒤를 밟으셨을 때, 전 그래도 대답을 해드렸습니다. 마음이 모질지 못해서요. 이 방에 오셨을 때도 여기까지 들어오시게 했습니다…… 그런데 그것을 이용하신다면, 제가 무덤으로 생각하고 틀어박혀 있는 이 방 안까지 들어와서 저를 바보 취급하신다면, 그리고 이제 끝이라고 생각한 저에게 다시 새로운 고통을 주려 하신다면, 스스로 은인으로 여기시는 몬테크리스토 백작님, 세계의 구세주를 자처하시는 몬테크리스토 백작님, 이젠 만족하시겠군요. 친구가 죽는 꼴을 볼 수 있을 테니까요!"

이렇게 말한 모렐은 입가에 광기 어린 미소를 띠면서 다시 권총을 향해 달려들었다.

유령처럼 창백한 얼굴로 눈만 빛내고 있던 몬테크리스토 백작은 번개처럼 손을 권총 위로 뻗으면서 이성을 잃은 상대에게 말했다.

"다시 말하지만 자살은 안 되오!"

"막을 수 있다면 어디 막아 보십시오!" 모렐은 대답과 함께 또다시 권총을 향해 달려들었다. 그러나 전과 마찬가지로 강철 같은 백작의 팔에 제압당하고 말았다.

"난 막겠소!"

"자유로운 사고를 가진 인간에게 그렇게 마음대로 힘을 행사하다니 그럴 권리가 있는 것처럼 행동하지 마십시오. 당신이 도대체 뭔데 그러시는 겁니까!" 막시밀리앙이 소리쳤다.

"내가 누구냐고 물었소?" 몬테크리스토 백작이 반문했다. "그럼 말하지요. 나는 이 세상에서 유일하게 당신에게 이렇게 말할 수 있는 사람이오. 모렐, 그분의 아들인 네가 오늘 죽는 것을 용납하지 않겠다!"

몬테크리스토 백작은 마치 딴사람이 된 듯이 엄숙하고 숭고한 태도로 팔짱을 끼면서, 깜짝 놀라고 있는 청년에게 다가섰다. 막시밀리앙은 자기도 모르게 거의 거룩해 보이기까지 하는 이 사람에게 압도되어 한 발짝 뒤로 물러섰다.

"어째서 제 아버지를 들먹이십니까?" 그는 중얼거리듯 말했다. "이 문제에 대해 어째서 제 아버지를 끌어대는 거죠?"

"왜냐하면 나는 바로 옛날 당신 아버님이 지금의 당신처럼 자살하려고 했을 때 구해준 사람이기 때문이오. 나는 당신 누이동생에게는 지갑을, 당신 아버님에게는 '파라옹 호'를 선물한 사람, 그 옛날 어린 당신을 무릎에 안고 놀아주었던 에드몽 당테스, 바로 그 사람이기 때문이오!"

막시밀리앙은 몸을 휘청거리면서 숨이 막히는 듯 허덕이다가, 마치 한 대

언어맞은 것처럼 다시 한 발짝 뒤로 물러섰다. 그리고 소리를 지르면서 몬테 크리스토 백작의 발아래로 몸을 던졌다.

그러자 이내 이 갸륵한 청년의 마음은 완전히 다시 태어난 것 같았다. 그는 몸을 일으키더니 방을 뛰쳐나갔다. 그리고 계단 아래를 향해 있는 힘껏 소리를 질렀다.

"쥘리! 쥘리! 엠마뉘엘! 엠마뉘엘!"

몬테크리스토 백작은 뛰어나가려고 했다. 그러나 막시밀리앙은 죽을힘을 다해 문 손잡이를 붙잡고 백작에게 문을 열어주지 않았다.

막시밀리앙의 고함소리를 듣고 깜짝 놀란 쥘리와 엠마뉘엘, 페늘롱, 그리고 하인 몇 명이 달려왔다.

막시밀리앙은 그들의 손을 잡고 문을 열면서 오열로 떨리는 목소리로 소리쳤다.

"모두들 무릎을 꿇도록 해! 무릎들 꿇어! 이분이 우리의 은인이시다. 아버님의 목숨을 구해주신 분이야! 이분이 바로……."

청년이 '에드몽 당테스 씨다!' 라고 말하려는 순간, 백작이 그의 팔을 붙잡고 제지했다.

쥘리는 백작의 팔에 와락 달려들었다. 엠마뉘엘은 백작이 수호신이라도 되는 것처럼 부둥켜안고 키스를 했다. 막시밀리앙은 또다시 무릎을 꿇으며 이마가 바닥에 닿도록 엎드렸다.

그러자 청동 같은 백작도 가슴이 벅차오르면서 타는 듯한 한 줄기 불길이 목구멍에서 눈으로 치밀어오르는 것을 느꼈다. 백작은 고개를 숙이더니 눈물을 흘리기 시작했다.

한참 동안 그 방 안에서는 하느님이 사랑하는 천사들의 귀에도 아름답게 들릴 숭고한 눈물과 오열이 합창을 이루고 있었다!

쥘리는 깊은 감동에서 깨어나자 방에서 뛰어나가 계단을 내려간 뒤 어린 아이처럼 기뻐하면서 객실 안으로 뛰어 들어갔다. 그리고 멜랑 골목의 집에서 미지의 사람으로부터 받은 지갑을 넣어두었던 둥근 수정함의 뚜껑을 열었다.

그러는 동안 엠마뉘엘은 더듬더듬 백작에게 말하고 있었다.

"오, 백작님! 우리가 누구인지도 모르는 은인에 대해 그토록 자주 얘기하는 것을 들으시고, 우리가 그 추억에 그토록 감사와 존경을 바치고 있는 것을 아셨으면서도 어째서 오늘까지 신분을 밝히지 않으셨습니까? 오! 저희 입장에서 보면 그건 정말 무정한 처사였습니다. 그리고 감히 말씀드리지만 그건 백작님 자신에게도 무정한 처사라고 생각합니다."

"나의 친구인 엠마뉘엘 씨, 내 얘기를 들어주시오." 백작이 말했다. "난 당신을 친구라고 불러도 된다고 생각합니다. 왜냐하면 믿기지 않으셔도, 당신은 11년 전부터 내 친구였기 때문이오. 이 비밀을 알게 된 것은 당신은 모르시겠지만, 한 가지 중대한 사건의 결과라오. 나는 그것을 평생 마음속에 넣어둘 생각이었소. 그건 하느님도 아시는 일이오. 그것을 당신의 처남인 막시밀리앙이 억지로 발설하고 만 것이오. 그리고 지금은 그도 후회하고 있을 겁니다."

백작은 무릎을 꿇은 채 옆에 있는 안락의자에 몸을 기대고 있는 막시밀리앙을 바라보았다. 그러더니 엠마뉘엘의 손을 잡으면서 낮은 목소리로 의미심장하게 말했다.

"처남을 잘 지키시오."

"예?" 엠마뉘엘이 놀라서 물었다.

"이유는 말할 수 없소. 하지만 어쨌든 잘 감시해야 합니다."

방 안을 한 바퀴 둘러보는 엠마뉘엘의 눈에 막시밀리앙의 권총이 들어왔다. 그는 무서운 듯이 가만히 권총을 바라보았다. 그리고 몬테크리스토 백작에게 그것을 가리키면서 손가락을 천천히 관자놀이까지 올렸다.

몬테크리스토 백작은 고개를 끄덕였다.

엠마뉘엘은 권총 쪽으로 몸을 약간 움직였다.

"그대로 두시오." 몬테크리스토 백작이 말했다.

백작은 막시밀리앙에게 다가가 그의 손을 잡았다. 아까까지 청년의 마음을 한때 날뛰게 했던 흥분은 이제 깊은 방심상태로 변해 있었다.

쥘리가 올라왔다. 손에 비단 지갑을 들고 있었다. 그녀의 얼굴에는 기쁨으로 반짝이는 두 줄기의 눈물이 마치 아침이슬처럼 방울지며 흘러내리고 있었다.

"이것이 그 추억의 물건이에요." 그녀가 말했다. "은인이 누구인지 알았다고 해서, 이것이 더 이상 소중하지 않게 되었을 거라고는 생각하지 말아주세요."

"쥘리," 몬테크리스토는 얼굴을 붉히면서 대답했다. "이제 그 지갑을 가져가게 해 주시오. 내 정체를 알았으니, 이제부터는 부디 나에 대한 애정만 기억해 주셨으면 합니다."

"아!" 쥘리는 지갑을 가슴에 꼭 대면서 말했다. "안 돼요, 안 돼요, 제발 그런 말씀 마세요. 백작님은 언젠가 우리 곁을 떠나실 거잖아요. 정말 서운하지만, 우리를 떠나실 날이 올 거예요, 그렇죠?"

"그건 맞는 말이오," 몬테크리스토 백작은 미소 지으면서 말했다. "1주일이 지나면 나는 이 나라를 떠납니다. 여기는 당연히 천벌을 받아야 할 사람들이 오히려 행복하게 살지만, 내 아버지 같은 사람은 굶주림과 슬픔 속에서 숨을 거두었던 곳입니다."

그렇게 곧 떠날 것을 말하면서 몬테크리스토 백작은 막시밀리앙을 지긋이 바라보았다. '이 나라를 떠난다'는 말에도, 막시밀리앙은 여전히 멍한 상태에서 깨어나지 못하고 있었다. 백작은 마지막으로 다시 한 번 그의 슬픔과 싸워줘야겠다고 생각했다. 그는 쥘리와 엠마뉘엘의 손을 꼭 잡아주면서 아버지같이 자애롭고 따뜻한 위엄을 담아 이렇게 말했다.

"이제 막시밀리앙과 둘만 있게 해 주시겠소?"

쥘리로서는 그것이 소중한 추억의 물건을 도로 가져갈 수 있는 좋은 기회였다. 몬테크리스토 백작이 지갑을 돌려달라고 다시 한 번 말하는 것을 잊고 있는 듯했기 때문이다.

그녀는 서둘러 남편을 데리고 나갔다.

"우린 그만 나가요."

또 다시 백작과 막시밀리앙 둘만 남았다. 청년은 여전히 석상처럼 꼼짝도 하지 않고 있었다.

백작은 불같이 뜨거운 손을 청년의 어깨에 얹으면서 말했다. "막시밀리앙, 이제 정신이 좀 드나?"

"네. 또다시 고통이 느껴지기 시작한 걸 보면요."

뭔가 불길한 망설임을 느꼈는지 백작의 이마에 주름이 잡혔다.

"막시밀리앙! 막시밀리앙! 자네가 하는 생각은 그리스도교 신자에게는 어울리지 않네."

"오, 안심하십시오," 막시밀리앙은 고개를 들고 뭐라 표현할 수 없는 슬픈 미소를 지으면서 말했다. "저는 이제 죽고 싶은 마음이 없습니다."

"그럼 이젠 권총도 필요 없고, 절망도 끝이라는 말인가?"

"아닙니다. 고통에서 달아나는 데 권총의 총구나 단도의 날보다 더 좋은 것이 생겼습니다."

"무슨 말인지…… 그게 도대체 뭐요?"

"나 자신의 슬픔, 그것으로 죽을 수 있을 테니까요."

"이보게," 몬테크리스토 백작은 청년 못지않게 슬픈 기색으로 말했다. "내 애길 들어보시오. 나도 언젠가 당신처럼 절망에 빠졌을 때 자살을 생각한 적이 있소. 당신 아버님도 마찬가지로 절망하셨을 때 자살을 시도하셨지요. 만약 아버님이 권총을 이마에 대려고 했을 때, 또 내가 사흘 동안 손도 대지 않던 죄수용 식사를 또다시 물리치려고 했을 때, 만약 그런 극한 상황에서 '살아야 한다! 너는 언젠가 행복을 얻고 살아 있다는 것을 축복할 수 있는 날을 맞이할 것이다'라고 말해주는 사람이 있었다면, 설령 그 목소리가 어디서 왔든, 아버님이나 나는 의혹에 찬 미소나 신뢰가 가지 않는 고민과 함께 그것을 맞이했을 거요. 게다가 아버님은 당신에게 입을 맞추면서 살아 있다는 것에 얼마나 자주 감사했을까. 나 역시 몇 번……."

"아!" 모렐은 백작의 말을 제지하면서 말했다. "당신에게는 자유라는 것이 있었고, 아버지께는 재산이라는 것이 있었습니다. 하지만 저에게는 이제 발랑틴이 없습니다."

"나를 똑똑히 보게, 모렐!" 백작은 이따금 스스로를 지극히 위대하고 지극히 설득력 있는 사람으로 보이게 하는 위엄 있는 목소리로 말했다. "나를 똑똑히 보란 말이오! 내 눈에는 눈물이 말랐고, 혈관 속에는 열기가 없고, 가슴에선 그 침울하기만 한 심장 박동 같은 것이 느껴지지도 않지. 그렇지만 난 아들처럼 사랑하는 당신의 고통을 이해할 수 있지. 알겠소, 막시밀리앙, 이것이 고통도 생명과 같은 것이고, 그 너머에는 언제나 미지의 무언가가 있다는 것을 뜻하는 것이 아니겠소? 난 지금 자네에게 살아 있어 달라고 부탁하고 있소. 그건, 언젠가는 자네가 나에게 살아 있게 해준 걸 감사할 날이 있을 거라고 확신하기 때문이오."

"천만에요!" 청년이 소리쳤다. "그렇지 않습니다! 도대체 무슨 말씀을 하시는 겁니까? 그런 말씀은 좀 삼가주시지요! 당신은 누군가를 사랑한 적도 없으신가 보죠?"

"어린애 같긴!" 백작이 대답했다.

"저는 사랑에 대해 잘 알고 있습니다. 어른이 되고 나서는 쭉 군인이었지요. 스물아홉 살까지 저는 사랑을 모르고 살았습니다. 그 나이까지 경험해본 감정 가운데 사랑이라고 부를 만한 것은 하나도 없었으니까요. 그런데 스물아홉 살이 되었을 때 발랑틴을 만났습니다. 그리고 거의 2년 동안 그 사람을 사랑했습니다. 그 2년 동안 마치 한 권의 책처럼 내 앞에 펼쳐진 그 사람의 마음속에서 하느님의 손에 의해 쓰여진, 처녀로서의, 또 여자로서의 그 사람의 모든 미덕을 읽을 수 있었습니다. 백작님, 전 발랑틴을 만남으로써 지금까지 몰랐던 무한하고 광대한 행복, 이 세상의 것으로는 믿을 수 없을 만큼 크고 완전하고 신성한 행복을 얻었습니다. 이제 그런 행복을 이 세상에서 얻을 수 없다는 것을 생각하면, 발랑틴이 죽은 지금 저에게 이 세상은 절망과 슬픔 말고는 아무것도 아닙니다."

"모렐, 나는 당신에게 희망을 가지라고 말했소." 백작이 되풀이했다.

"말씀 좀 삼가주시지요." 막시밀리앙도 되풀이해서 말했다. "백작님은 지금 저를 설득하려 하십니다. 만약 그 설득에 성공하신다면, 그건 저에게서 이성을 빼앗아가는 것일 뿐입니다. 다시 말해, 저로 하여금 발랑틴을 다시 만날 수 있을 거라고 믿게 만드는 거지요."

백작은 미소 지었다.

그러자 막시밀리앙은 흥분하여 소리쳤다.

"백작님! 세 번째로 말씀드립니다. 말씀을 좀 삼가주세요. 저는 당신의 영향이 두렵습니다. 조심해서 말씀하셔야 합니다. 보세요, 그런 말만 들어도 제 눈에는 벌써 생기가 돌아왔습니다. 제 심장은 마치 다시 태어난 것처럼 기운을 되찾았습니다. 삼가주십시오. 당신은 제가 초자연적인 것을 믿도록 만들고 있습니다.

만약 당신이 야이로의 딸(누가복음 속에 나오는 카파르나움의 회당장의 / 딸. 그리스도의 기적에 의해 되살아났다)의 묘석을 들어 올리라고 말씀하신다면 전 그 말을 따를지도 모릅니다. 물 위를 걸으라고 말씀하신다면 그 사도(성 베드로)처럼 물 위를 걷기도 할 것입니다. 말씀 좀 삼가주세요. 저는 백작님이 말씀하시는 대로 할 테니까요."

"희망을 가지게, 친구." 백작이 되풀이했다.

"아!" 모렐은 흥분의 절정에서 비탄의 밑바닥에 떨어진 기분이었다. "오! 당신은 저를 장난감처럼 여기고 계시는군요. 어린아이가 우는 소리가 성가셔서 달콤한 말로 아파하는 아이를 속이려는, 착한 것이 아니라 이기적인 어머니의 방식을 흉내 내고 계시는 겁니다. 아니, 삼가달라고 말씀드린 것은 잘못한 것 같군요. 그래요, 제발 걱정하지 마십시오. 저는 고통을 조심스럽게 가슴속 깊이 묻어버릴 테니까요. 그것을 완전히 숨겨버리고, 완전히 비밀로 만들어, 동정 같은 건 받지 않도록 할 생각입니다. 그럼 백작님, 안녕히 가십시오!"

"그건 안 돼요," 백작이 말했다. "막시밀리앙, 당신은 이제부터 내 옆에서, 나와 함께 있으면서, 나한테서 떠나지 않게 될 거요. 1주일 뒤에는 나와 함께 프랑스를 떠나는 겁니다."

"그리고 언제까지나 희망을 버리지 말라는 말씀입니까?"

"물론 희망을 가져야하고말고요. 난 당신을 치유해줄 방법을 다 알고 있으니까."

"백작님, 설령 그런 방법이 있다 해도 그것은 나를 더욱 슬프게 할 뿐입니다. 당신은 제가 받은 타격에 대해 아무데서나 볼 수 있는 흔한 고통으로밖에 알지 못 하시니까요. 그리고 아주 흔한 방법, 즉 여행을 떠나면 치유될 거라 생각하고 계십니다."

그렇게 말하면서, 모렐은 자못 경멸하는 듯한 불신을 나타내면서 고개를 저었다.

"그렇다면 내가 뭐라고 말하면 좋겠소? 난 약속한 것에 대해 확신이 있어요. 내가 하는 대로 맡겨 두면 안 되겠소?"

"그건 다만 제 마지막 고통을 연장시킬 뿐입니다."

"그렇다면 당신은 의지가 약해서 친구가 하려는 일을 단 며칠도 기다려줄 수 없다는 거군요! 당신은 몬테크리스토 백작이 어떤 일을 할 수 있는지 알고 있소? 그가 모든 지상의 힘을 움직일 수 있다는 것을 알고 있소? 깊이 신을 믿고 있는 그가 '믿음이 깊으면 산도 움직일 수 있다'고 하신 분한테서 기적을 일으키도록 허락받은 것을 아시오? 자, 내가 기대하고 있는 그 기적, 그것을 기다려야 해요! 그것이 싫다고 하신다면……."

"그것이 싫다고 한다면……." 막시밀리앙이 되풀이했다.

"그것이 싫다면, 모렐, 잘 들어요! 난 당신을 배은망덕한 인간이라고 말하겠소."

"저를 동정해 주세요, 백작님."

"막시밀리앙, 동정하고 있기 때문에, 무척 동정하고 있기 때문에, 만약 오늘부터 한 달 뒤, 같은 날, 같은 시간까지 당신을 기운차리게 하지 못한다면, 모렐, 내 말을 잘 기억해 두시오, 그때는 나 스스로 당신을 실탄을 장전한 권총 앞에 세워 드리리다. 어쩌면 당신에게 효과가 확실한 이탈리아 독약, 알겠소, 발랑틴을 죽인 것보다 훨씬 더 확실하고 훨씬 더 약효가 빠른 독약의 잔을 드리리다."

"그런 약속을 할 수 있다고요?"

"물론이오. 나도 남자니까. 게다가 나 자신도 아까 말했듯이 자살하려고 한 적이 있으니까. 그리고 불행한 날이 지나간 뒤에도, 영원히 잠들면 얼마나 편할까 생각한 적이 있으니까."

"오, 분명히 약속하실 수 있습니까?" 막시밀리앙은 마치 술에 취한 것처럼 소리쳤다.

"단순한 약속이 아니라 맹세도 할 수 있소." 백작은 손을 내밀면서 말했다.

"한 달 뒤에도 내가 위안을 얻을 수 없다면, 당신은 맹세코 내 목숨을 자유롭게 해 주시는 거죠? 제가 무슨 짓을 해도 저를 배은망덕한 인간이라고 말씀하지 않고요?"

"한 달 뒤 오늘. 한 달 뒤 같은 시간에. 그날은 그야말로 신성한 날이 될 것이오. 알고 계신지 모르겠지만, 오늘은 9월 5일이오. 바로 10년 전 오늘이 죽으려 하시던 아버님을 구했던 바로 그날이오."

막시밀리앙은 백작의 손을 잡고 입을 맞췄다. 백작은 그러한 경의를 마치 당연하게 여기는 듯이 청년이 하는 대로 맡기고 있었다.

백작은 말을 이었다. "한 달 뒤에 당신은 우리 두 사람이 앉게 될 책상 위에서 훌륭한 무기를, 게다가 즐거운 죽음을 찾아낼 수 있을 것이오. 그 대신 그때까지는 꾹 참고 살아 있겠다고 약속해 주겠소?"

"오, 백작님, 이번에는 제가 맹세할 차례군요. 저는 그것을 맹세하겠습니다!"

몬테크리스토 백작은 청년을 가슴에 끌어당겨 오래도록 부둥켜안고 있었다.

"그럼 오늘부터 내 집에서 함께 지냅시다. 하이데의 방을 드리겠소. 이제 딸을 잃은 대신 아들이 생긴 셈이군요." 백작이 말했다.

"하이데!" 막시밀리앙이 말했다 "하이데가 어떻게 되었는데요?

"간밤에 떠났소."

"백작님 곁을 영원히 떠나기 위해서요?"

"아니, 날 기다리기 위해서…… 자, 샹젤리제 거리의 집으로 이사할 준비를 하시오! 그리고 날 누구의 눈에도 띄지 않게 여기서 내보내 주시오."

막시밀리앙은 고개를 숙였다. 그리고 마치 엄마가 시키는 대로 하는 어린아이나 그리스도가 시키는 대로 하는 사도처럼 백작이 시키는 대로 했다.

분배

    알베르 드 모르세르와 그 어머니가 방을 빌리고 있는 생제르맹데프레 거리에 있는 호텔 2층, 가구가 딸린 어느 작은 방에는 정체를 알 수 없는 이상한 인물이 세들어 있었다.

    그 인물은 나갈 때도 들어올 때도 문지기조차 얼굴을 본 적이 없는 사내였다. 그도 그럴 것이, 겨울에는 극장 출구에서 주인을 기다리는 대갓집 마부처럼 붉은 넥타이 속에 턱을 파묻고 있고, 여름에는 여름대로 사람들의 눈에 띄기 쉬운 수위실 앞을 지나갈 때는 으레 코를 풀기 때문이었다. 그런데 여기서 주목해야 할 것은, 세상의 관습과 달리 사람들은 그 사람을 아무도 이상하게 여기지 않는다는 것이다. 그 사람이 정체를 숨기는 것도 신분이 높은 세력가이기 때문이라는 소문이 나돌아, 그 이상한 모습을 볼 때마다 사람들은 존경의 눈빛마저 보내고 있었다.

    그가 이 집에 찾아오는 것은 때에 따라 빠를 때도 있고 늦을 때도 있지만 대개 정해진 시간이었다. 겨울이든 여름이든, 거의 언제나 4시쯤에 찾아오는데 그렇다고 그곳에서 묵는 일은 절대로 없었다. 겨울에 3시 반쯤이 되면 그 작은 방을 보살피는 눈에 띄지 않는 하녀는 난로에 불을 지펴둔다. 여름에도 역시 3시 반에 그 하녀가 아이스크림을 갖다 놓는다.

    그런 다음 4시 반이 되면, 앞에서 설명한 그 이상한 인물이 찾아오는 것이다.

    사내가 온 지 20분이 지나면, 마차 한 대가 호텔 앞에 와서 선다. 그리고 검은색이나 짙은 감색 옷을 입고 언제나 커다란 베일을 쓴 한 여자가 마차에서 내려, 마치 유령처럼 수위실 앞을 지나, 발소리도 내지 않고 계단을 올라간다.

    그녀는 한 번도 어디 가느냐는 질문을 받은 적이 없었다.

    그래서 그녀의 얼굴은 그 수수께끼 남자와 마찬가지로 두 사람의 문지기도 전혀 알지 못했다. 이 두 사람의 문지기야말로 진정 모범적인 문지기라고 할 수 있으며, 넓은 파리에 수없이 많은 문지기 가운데 이토록 예의 바른 사람들은 다시없다 해도 지나치지 않을 것이다.

그 여인은 물론 2층에서 걸음을 멈춘다. 그리고 독특한 방법으로 문을 손톱으로 긁는다. 그러면 문이 열렸다가 다시 꼭 닫힌다. 언제나 어김없이 그랬다.

호텔에서 나갈 때도 들어올 때와 마찬가지였다.

미지의 여인이 먼저 베일로 얼굴을 완전히 감싸고 호텔을 나선다. 그리고 마차를 타고 그 근처의 거리로 자취를 감춘다. 그러면 20분 뒤 이번에는 미지의 남자가 얼굴을 넥타이나 손수건 속에 파묻고 밖으로 나간다. 그리고는 여자와 마찬가지로 사라진다.

발랑틴의 장례식이 있었던 날, 즉 몬테크리스토 백작이 당글라르를 방문한 그 이튿날, 이 이상한 사내는 평소처럼 오후 4시 무렵에 찾아오는 대신 아침 10시쯤 찾아왔다.

그러자 거의 동시에, 여느 때처럼 사이를 두지 않고 삯마차 한 대가 오더니, 베일로 얼굴을 가린 여자가 빠른 걸음으로 계단을 올라갔다.

문이 열리고 다시 닫혔다.

그러나 문이 채 닫히기 전에 여자가 이렇게 소리쳤다.

"오, 뤼시앵!"

그리하여 뜻하지 않게 그 목소리를 들은 문지기는 비로소 그 방의 주인이 뤼시앵이라는 사람이라는 것을 알았다. 그러나 누구보다 모범적인 문지기는 그 사실을 마누라에게도 말하지 않으리라고 속으로 맹세했다.

"무슨 일이오?" 당황해서인지 다급해서인지 베일의 여자가 자기도 모르게 내뱉은 그 이름의 사내가 물었다. "얘기해 봐요."

"당신을 믿어도 될까요?"

"물론이오! 대체 무슨 일이오? 아침에 편지를 받고 얼마나 놀랐는지 아시오? 그 급하게 갈겨쓴 글씨라니! 자, 어서 안심시켜 주시오. 아니면 마음껏 놀라게라도 해주던지!"

"뤼시앵, 큰일 났어요!" 여자는 상대의 기분을 살피는 듯이 가만히 응시하면서 말했다. "당글라르가 오늘 아침 어디론가 떠나버렸어요."

"어디론가 떠났다? 당글라르 씨가 어디론가 떠났다고! 도대체 어디로 갔소?"

"그건 몰라요."

"아니, 당신도 모른다고요? 그럼 나간 뒤로 돌아오지 않았다는 거요?"

"틀림없이 그럴 거예요! 밤 10시에 마차를 타고 샤랑통까지 갔어요. 거기까지 가면 말을 맨 역마차가 기다리고 있는데, 그 사람은 마부에게 퐁텐블로에 간다고 하면서 하인과 함께 마차에 탔대요."

"그래서 그게 어쨌다는 겁니까?"

"기다려요! 그 사람이 편지를 남겨두고 갔어요."

"편지를?"

"네. 이걸 읽어보세요."

남작 부인은 호주머니에서 봉투를 뜯은 편지를 한 통 꺼내 드브레에게 주었다.

드브레는 그것을 읽기 전에, 무슨 말이 쓰여 있는지 예상해 보려는 듯이, 아니 그보다 설령 무슨 말이 쓰여 있든 먼저 자신의 결심부터 정해두려는 듯이 잠시 주저했다.

이윽고 결심이 섰는지 그는 편지를 읽기 시작했다.

당글라르 부인을 그토록 당황하게 만든 편지에는 다음과 같은 내용이 쓰여 있었다.

몹시도 정숙한 아내에게

드브레는 자기도 모르게 읽는 것을 중단하고 부인을 바라보았다. 부인은 눈 속까지 빨개져 있었다.

"어서 읽어보세요." 그녀가 말했다.

드브레는 다시 읽기 시작했다.

당신이 이 편지를 읽을 때쯤 당신에게는 이미 남편이란 존재는 없을 것이오. 오! 너무 놀라지는 마시오. 당신에게는 딸이 사라진 것처럼 남편이라는 사람도 사라진 것뿐이니까. 나는 프랑스 국외로 나가는 어느 길 위를 달리고 있을 거라는 말이오.

나로서는 당신에게 그래야만 하는 이유를 설명해야 할 것 같소. 그것을 잘 이해해 줄 당신이니 이제부터 그 이유를 설명해 주리다.

잘 들어주기 바라오.

난 오늘 아침 갑자기 5백만 프랑을 지급해 달라는 요구를 받았소. 그래서 그 지급을 마쳤지. 그런데 바로 그 뒤에 그것과 같은 금액의 지급을 또 요구받았소. 그래서 난 내일까지 기다려 달라고 말해 두었지. 그런데 내가 오늘 집을 떠나는 까닭은, 실은 그 피할 수 없는 내일이 오는 것을 견딜 수가 없기 때문이라오.

너무도 소중한 아내여, 당신은 그걸 이해해 주겠지?

내가 이해해 줄 거라고 말한 것은 당신이 나와 마찬가지로 내 사업을 잘 이해하고 있다 여기기 때문이오. 아니, 당신은 나보다도 더 잘 알고 있소. 이를테면 바로 얼마 전까지 상당했던 내 재산의 대부분이 도대체 어디로 갔는지 나는 아무것도 말할 수 없는 것과는 반대로, 당신은 그것에 대해 분명히 알고 있을 테니까 말이오.

즉 여자에겐 결코 실수하지 않는 확실한 본능이 있는 법이지. 여자는 자신이 생각해낸 대수(代數)로 매우 이상한 일도 설명할 수 있소. 그런데 나 자신의 숫자밖에 몰랐던 나는 숫자에 의해 기만당할 때까지 아무것도 모르고 있었던 것이오.

당신은 내가 이렇게 빨리 몰락한 것을 보고 놀랐을까?

내 금괴가 너무 뜨거워져 녹아내려 버린 것을 보고 조금은 놀랐을까?

솔직히 말해, 난 뭐가 뭔지 도대체 알 수가 없소. 그나마 당신이라도 그 잿더미 속에서 약간의 황금이라도 찾아낼 수 있으면 다행이련만.

몹시도 신중한 내 아내여, 하다못해 그런 희망을 위안삼아 난 이렇게 떠나려 하오. 당신을 버리는 것에 대해서는 조금도 양심의 가책을 느끼지 않소. 당신에게는 많은 친구들이 있으니까. 또 방금 말한 잿더미도 남아 있지 않소? 그리고 당신에게 무엇보다 기쁜 것은, 나한테서 다시 자유로워진 것이겠지.

그러나 여기까지 온 이상 한 가지 사실을 털어놓고 설명해야 할 것 같소.

당신이 내 집안을 위해, 딸의 행복을 위해 애써주고 있다고 생각한 동안 나는 냉정하게 눈을 감고 있었소. 그러나 당신은 이 집안을 파괴해 버리고 말았소. 이렇게 된 이상, 나는 이제 타인의 행복의 발판이 되고 싶지는 않소.

생각하면 당신과 결혼했을 때, 당신은 돈은 많았지만 평판은 상당히 나빴소.

너무 솔직하게 말하는 것을 용서해주기 바라오. 그러나 이건 아마 우리 둘만의 이야기일 테니 굳이 가식을 부릴 필요는 없다고 생각하오.

나는 우리 두 사람의 재산을 늘려왔고 그것은 15년이 넘도록 계속 불어났소. 그런데 갑자기, 아직도 이해할 수 없는 커다란 이변이 일어나 그것을 허물어버리고 말았소. 게다가 분명히 말할 수 있는데, 그것에 대해 나는 아무런 잘못도 없소.

아내여, 당신은 오로지 자신의 재산을 늘리는 데만 고심해 왔소. 그리고 당신은 성공했지. 난 확실히 그렇게 생각하고 있소.

그래서 난, 옛날 당신을 아내로 맞이했을 때 그대로, 즉 여전히 부자이지만 평판은 그다지 좋지 않은 여자인 당신을 남겨두고 떠나오.

안녕.

나도 오늘부터는 나 자신을 위해서만 노력할 생각이오. 좋은 모범을 보았으니 그것을 본받으려는 것이오. 진심으로 감사를 보내면서.

당신의 헌신적인 남편

당글라르 남작

당글라르 부인은 양심을 찌르는 듯한 그 긴 편지를 드브레가 읽는 동안, 그한테서 눈을 떼지 않고 있었다. 그리고 부인은 어떤 일에도 감정을 겉으로 드러내지 않는 그의 안색이 한두 번 바뀐 것을 놓치지 않았다.

편지를 다 읽은 그는 그것을 천천히 접은 뒤, 생각에 잠긴 듯한 모습을 보였다.

"어때요?" 부인은 한눈에 알 수 있는 불안한 기색으로 물었다.

"어떻다니요?" 드브레는 기계적으로 그 말을 되풀이했다.

"그 편지를 읽고 어떤 생각이 드시느냐는 말이에요."

"그야 간단하지요. 당글라르 씨는 뭔가 의심을 품고 가출하신 거라고 생각합니다."

"물론이에요. 하지만 그뿐인가요?"

"나야 모르지요." 드브레는 얼음처럼 차가운 태도로 말했다.

"그 사람은 가버렸어요! 아주 가버렸다고요! 그리고 다시는 돌아오지 않을 거예요."

"저런!" 드브레가 말했다. "설마."

"그래요. 그게 틀림없어요. 그 사람은 두 번 다시 돌아오지 않아요. 난 그 사람을 잘 알고 있는걸요. 이익을 따져서 일단 결정하면 절대로 마음을 바꾸지 않는 사람이에요. 만약 내가 뭔가 도움이 된다고 생각한다면 함께 데리고 갔겠지요. 그런데 날 파리에 남겨두고 갔어요. 그건 우리가 헤어지는 편이 그 사람의 계획에 유리하기 때문이죠. 그러니까 이제 다시는 예전처럼 돌아가지 않을 거예요. 그리고 난 이제부터 자유로운 몸이 된 거고요." 당글라르 부인은 여전히 애원하는 태도로 말했다.

그러나 드브레는 아무 대답도 하지 않고, 상대가 그 눈과 태도로 무척 걱정스러운 듯이 대답을 기다리는 것을 그대로 내버려 두었다.

"아니!" 그녀가 기다리다 못해 입을 열었다. "대답을 안 하시는 건가요?"

"난 물어보고 싶은 것이 한 가지 있을 뿐입니다. 이제부터 도대체 어떻게 하실 생각입니까?"

"그걸 저한테 물으시는 거예요?"

부인은 심장이 뛰는 것을 느끼면서 대답했다.

"아!" 드브레가 말했다. "그럼 내 생각을 듣고 싶으신 거군요?"

"그래요. 당신 생각을 듣고 싶어요." 부인이 가슴을 졸이면서 말했다.

"내 생각을 듣고 싶단 말이죠," 드브레는 냉정하게 대답했다. "그럼 여행을 하시라고 권하고 싶군요."

"여행을 하라고요?" 부인은 중얼거리듯이 말했다.

"그렇습니다. 당글라르 씨도 말씀하신 것처럼 당신은 돈이 있고, 게다가 완전히 자유롭습니다. 외제니 씨의 파혼, 당글라르 씨의 가출, 이 두 가지 사건이 있었던 만큼 파리를 떠나시는 것이 절대적으로 필요하다는 생각이 드는군요. 적어도 내가 생각하기에는 말입니다. 단 당신이 버림받았다는 것, 그리고 당신이 부자가 아니라는 것을 모두에게 알려둘 필요가 있겠지요. 파산한 사람의 부인이 사치를 부리거나 당당하게 생활한다면 세상 사람들이 용납하지 않을 테니까요. 첫째로 파리에는 2주일 정도만 계시면 될 겁니다. 그리고 모두에게 남편이 당신을 버렸다는 사실을 얘기하는 겁니다. 친한 친구들에게는 어떻게 버림받게 되었는지도 얘기하세요. 그러면 친구들은 그러한 사실이 사교계에 소문나도록 퍼뜨려줄 겁니다. 그런 다음 당신은 집을 떠나는 거예요. 보석은 그대로 남겨두고 남편한테서 받은 재산도 포기하세요. 그러면 모두들 당신의 욕심없는 마음을 칭찬하고, 당신을 칭송해 줄 겁니다. 그리고 모두들 당신이 버림받았으니 무일푼일 거라고 생각하겠지요. 당신의 재정 상태를 알고 있는 사람은 나뿐입니다. 그리고 당신의 공정한 공동사업자인 만큼 언제라도 결산보고를 해 드릴 생각입니다."

한 대 얻어맞은 것처럼 새파랗게 질린 당글라르 부인은, 드브레가 천연덕스럽게 하는 말을 공포와 절망 속에서 듣고 있었다.

"난 버림을 받았어요!" 그녀는 되풀이해서 말했다. "아, 난 정말로 버림받은 거라고요……. 그리고 당신이 말한 대로, 사람들은 모두 내가 버림받은 것을 알게 될 거예요."

그토록 도도하고, 그토록 드브레에게 빠져 있던 그녀가 지금 그에게 할 수 있는 말은 그것뿐이었다.

"하지만 부인에게는 돈이 있지 않습니까? 그것도 무척 많은 돈이." 드브레는 지갑 속에서 지폐를 몇 장 꺼내 테이블 위에 늘어놓았다.

당글라르 부인은 가슴을 진정시키고 눈가에 넘쳐 나는 눈물을 참는 것이 너무 급해 일단은 그가 하는 대로 내버려 두었다. 그러나 결국엔 남작부인으로서의 자존심을 추슬렀다. 그리고 마음을 억제하는 것에 성공하여 최소한 눈물을 흘리지 않게 되었다.

"부인," 드브레가 말했다. "함께 일을 시작한 지 거의 6개월이 되는군요. 당신은 10만 프랑을 출자했습니다. 지난 4월에 공동사업 이야기가 결정되어 5월부터 일을 시작했지요. 그 5월에는 45만 프랑을 벌었습니다. 6월이 되자 수입은 90만 프랑으로 늘어났습니다. 7월에는 170만 프랑을 더 보탰는데, 아시다시피 그건 에스파냐 공채가 있는 달이었지요. 8월에 들어서자 월초에 30만 프랑의 결손이 있었습니다. 하지만 15일에는 다시 10만이 늘어나고 월말에는 완전히 회복했어요. 그러니까 우리가 사업을 시작했을 때부터 사업을 중단한 어제까지 정산한 결과는 자산 240만 프랑, 즉 한 사람 당 120만 프랑이 되는 셈이군요. 그런데 현재 보유한 금액의 복리도 8만 프랑 되는군요." 드브레는 주식 중개인 같은 치밀함과 침착함을 보이며 수첩을 살폈다.

"하지만 이자라니, 그게 무슨 말이에요? 그 돈을 운용하지 않은 것 아니었어요?" 부인이 말했다.

"천만에요." 드브레가 냉정한 태도로 말했다. "당신은 그 돈을 운용할 수 있도록 나에게 권한을 주셨습니다. 나는 그 권한을 사용했지요. 그래서 이자의 반이 4만 프랑. 거기에다 최초의 투자액 10만 프랑을 합쳐서 당신 몫과 합계를 내면 총 134만 프랑, 이것이 부인의 몫이 되는군요. 그런데 부인," 드브레가 말을 이었다. "나는 그저께, 그러니까 아주 최근에 만약을 위해 당신의 몫을 모두 현금화해 두었습니다. 마치 부인한테서 곧 결산 청구가 있을 거라고 예감이라도 한 것 같군요. 그것이 저기 있습니다. 반은 지폐, 반은 무기명 채권. 저기라고 말했는데, 그렇습니다. 왜냐하면 우리집도 그리 안심할 만한 곳은 못되고, 공증인도 입이 무거운 편이 아니니까요. 게다가 부동산을 사두면 공증인에게 맡기는 것보다 더욱 사람들 눈에 띄기 쉽고, 또 부인에게는 부부 공유재산 말고는 뭘 사거나 가질 권리가 없지 않습니까. 그래서 난 전액을, 즉 오늘까지의 당신 자산 전부를 저기 있는 옷장 속에 봉해둔 작은 금고 안에 넣어두었지요. 더욱 안전을 기하기 위해 나 자신이 직접 넣고 봉했습니다." 드브레는 먼저 옷장을 연 다음 그 작은 금고를 열면서 말을 이었다. "그래서 1천 프랑짜리 지폐로 8백 장, 보시다시피 마치 철로 묶은 커다란 앨범 같은 느낌이군요. 그리고 2만5천 프랑의 지급증서 한 장. 그리고 11만 프랑은 내 거래은행 앞으로 일람출급어음으로 만들어두었습니다. 그 은행은 당글라르 씨의 은행이 아니니 분명히 지급해 줄 겁니다."

당글라르 부인은 일람출급어음, 지급증서, 지폐다발을 기계적으로 거둬들였다.

그런 막대한 재산도 이렇게 책상 위에 늘어놓고 보니 하잘 것 없는 것으로 생각되었다.

당글라르 부인은 눈물만은 참고 있었지만, 가슴은 오열로 심하게 들먹이고 있었다. 그녀는 그 재산을 거둬들여 지폐다발은 핸드백 속에, 지급증서와 일람출급어음은 지갑 속에 챙겨 넣은 뒤, 아무 말도 하지 않고 새파란 얼굴로 서서, 이만한 부자가 된 자신을 위로하는 다정한 말을 기다리고 있었다.

그러나 그것은 헛된 희망으로 끝나고 말았다.

"그런데 부인," 드브레가 말했다. "이자로 6만 프랑이 들어온다는 건 정말 대단한 겁니다. 적어도 앞으로 1년은 집안일에 신경 쓰지 않아도 되는 분에게는 정말 막대한 금액이라고 할 수 있죠. 그것만 있으면 마음 내키는 대로, 하고 싶은 것 다하며 살 수 있을 테니까요. 만약 그것만으로 부족하다면, 지금까지도 그랬듯이 제 몫도 쓰십시오. 기꺼이 제 몫인 106만 프랑까지 내드리겠습니다. 물론 빌려드리는 거지만."

"호의는 감사하지만, 적어도 이제부터 한동안 세상에 얼굴을 내밀지 않을 생각인 여자에게는 방금 주신 것만으로도 충분할 거예요." 당글라르 부인이 대답했다.

드브레는 한 순간 놀라는 기색이었지만, 곧 다시 정신을 가다듬고 매우 은근하게 "그렇다면 좋으실 대로!"라고 하는 듯한 몸짓을 했다.

당글라르 부인은 그때까지도 좀더 다른 것을 기대한 듯 보였다. 그러나 드브레의 냉담한 반응과 곁눈질, 거기에 이어진 정중한 인사와 의미심장한 침묵을 보자, 그녀는 고개를 꼿꼿이 들고 문을 열더니, 특별히 화난 기색이나 동요한 기색은 보이지 않고, 또 주저하는 모습도 전혀 보이지 않고, 자기를 이렇게 내보내는 남자에게 마지막 인사를 하는 것조차 불쾌하다는 듯이 계단 쪽으로 홱 나가버렸다.

"흥!" 그녀가 나가자마자 드브레가 말했다. "잘돼 가는군. 이젠 거래소에도 갈 수 없으니 꼼짝없이 집 안에 틀어박혀 소설책을 읽거나 트럼프놀이나 하는 신세가 되었군."

그리고 다시 수첩을 꺼내놓고 방금 지급한 금액 위에 줄을 그었다.

"106만 프랑 남았군. 그래도 발랑틴이 죽은 건 아무래도 아까운걸! 여러 가지 면에서 그 여자가 내 마음에 들었는데 말이야. 그 여자라면 결혼해도 괜찮았을 텐데."

그리고 여느 때처럼 침착하게, 부인이 나간 지 20분 뒤에 자기도 나가려고 기다리고 있었다.

그 20분 동안 드브레는 시계를 옆에 두고 계속 계산을 하고 있었다.

르사주 (18세기 프랑스의 소설가이자 극작가.)가 일찌감치 자기 걸작 (《절름발이 악마》) 속에 소유권을 획득해놓지만 않았다면 다른 모든 기상천외한 상상력을 가진 작가들도 나름 성공적으로 창작해냈을 저 악마적인 인물, 르사주의 작품에 나오는 그 아스데모데는 집집마다 지붕 껍데기를 걷어내고 남의 집 안을 들여다보곤 했는데, 드브레가 돈 계산을 하고 있는 이 순간에도 생제르맹데프레 거리의 작은 호텔 지붕을 걷어내고 이상한 광경을 즐기고 있었다.

드브레가 당글라르 부인과 250만 프랑의 돈을 분배한 방 바로 위에는, 우리가 익히 알고 있는 사람들이 살고 있었던 것이다. 그들은 지금까지 얘기해 온 사건 속에서도 상당히 중요한 역할을 한 사람들이므로, 이쯤에서 그들과 재회하는 것도 우리에게 전혀 흥미가 없는 일은 아닐 것이다.

그 방에는 바로 메르세데스와 알베르가 살고 있었다.

지난 며칠 사이에 메르세데스는 완전히 변해 있었다. 변했다는 것은 전성기에 다른 사람들과는 확연히 구별될 정도로 호사를 누리며 살았던 그녀가 갑자기 초라한 옷을 입게 되어 옛날의 그녀와 너무나 달라졌다는 얘기가 아니다. 하물며 어쩔 수 없이 초라한 옷을 입어야 하는 비참한 신세로 전락했다는 얘기도 아니다. 그렇다, 메르세데스가 변했다는 것은 그녀의 눈에서 빛이 사라지고 입술에서는 미소가 사라졌으며, 또 전에는 언제든지 술술 나오던 재치있는 말들이 끊임없는 걱정으로 입술에서만 맴돌 뿐 입 밖으로 나오지 않는다는 사실을 뜻했다.

메르세데스한테서 기지가 사라진 것은 결코 가난 때문이 아니었다. 또 그녀가 가난에 짓눌려 있었던 것은 결코 그녀가 용기를 잃었기 때문이 아니었다.

지금까지 자신이 살았던 사회에서보다 수준이 격하된 메르세데스는 마치 눈이 부시도록 환한 살롱에 있다가 느닷없이 어두운 곳으로 걸어 들어간 사람처럼 스스로 선택한 새로운 세계 속에서 헤매고 있었다. 궁핍한 생활을 하게 된 메르세데스는 궁전에서 나와 오막살이집으로 내려온 여왕처럼, 자기 손으로 테이블에 옮겨야만 하는 점토 접시며, 예전에 가지고 있었던 침대 대신 놓여있는 낡은 침상 등을 대체 어떻게 해야 할지 알 수 없었다.

이 아름다운 카탈로니아 여인, 이 고귀한 백작부인의 얼굴에서는 이제 기품 있는 눈길도 아름다운 미소도 보이지 않았다. 주위를 둘러봐도 눈에 들어오는 것은 가슴이 찢어지는 것들뿐이었기 때문이다. 방이라고 해야 인색한 집주인들이 더러움을 잘 탄다는 이유로 즐겨 고르는, 회색 바탕에 회색 무늬가 있는 벽지를 붙인 방이었다. 마룻바닥에는 아무것도 깔려 있지 않았다.

살림이라고는 어쩔 수 없이 시선을 끄는, 겉모양만 잔뜩 호사스럽게 꾸민 것들이었다. 요컨대 모든 것이, 지금까지 익숙했던 우아한 것만 찾는 눈에는 도저히 조화를 이룰 수 없는 요란하고 천박한 것들뿐이었다.

모르세르 부인은 저택을 나온 뒤 줄곧 이곳에서 살고 있었다. 그녀는 심연의 가장자리에 선 여행자처럼, 그 영원한 침묵 앞에서 언제나 현기증을 느끼고 있었다. 알베르가 끊임없이 자신을 훔쳐보면서 자기가 무슨 생각을 하는지 탐색하고 있다는 것을 깨달은 그녀는, 애써 아무렇지도 않은 듯이 미소를 짓곤 했다. 그러나 그 눈빛에는 따스함이 스며 있지 않아서, 마치 빛이 반사된 것 같은, 다시 말해 온도가 없는 빛이라는 느낌밖에 주지 못했다.

알베르는 아무래도 현재의 상태에 적응하지 못하게 하는, 과거의 사치스러운 추억에서 완전히 벗어나지 못한 채 불쾌하고 불안한 기분을 계속 느끼고 있었다. 장갑 없이 외출하려 해도 손이 너무 하얀 것이 마음에 걸렸다. 또 걸어서 시내에 가려 해도, 구두가 너무 번쩍이는 것이 신경에 거슬려 견딜 수가 없었다.

그러면서도 어머니와 아들이라는 사랑의 관계로 굳게 결합된, 이 고상하고 총명한 두 사람은 아무 말 하지 않아도 서로를 잘 이해했다. 생활이라는 현실적인 문제 앞에서도 친한 친구들 사이에 요구되는 서론 같은 것 없이도 대화가 가능했다.

알베르는 어머니를 별로 놀라게 하지 않고도 "어머니, 이제 돈이 다 떨어졌어요" 라는 말을 할 수 있게 되었다.

메르세데스는 지금까지 가난의 참맛을 느낀 적이 한 번도 없었다. 물론 어린 시절에 종종 가난이라는 말을 입에 올린 적은 있지만, 그것과는 전혀 다른 것이었다. 부자유와 가난, 그것은 동의어라고 할 수 있어도 그 두 가지 말에는 여러 가지 차이가 있었다.

카탈로니아 마을에서 살았을 때, 메르세데스에게는 많은 것이 부족했다. 그러나 그 밖의 면에서는 불편할 게 아무것도 없었다. 좋은 그물만 있으면 물고기를 잡을 수 있었다. 잡은 물고기를 팔기만 하면 그물을 수선하기 위한 실을 살 수 있었다.

게다가 우정을 떠나서, 생활상의 다양한 현실적 문제와는 아무 관계도 없는 단 하나의 사랑을 계속 간직해 왔던 그녀는, 오직 자기에 대해서만 생각하고, 자기 말고는 생각하지 않을 수가 있었던 것이다.

따라서 메르세데스는 자기가 가진 얼마 안 되는 것을 가능한 한 구애받지 않고 쓸 수 있었다. 그런데 지금의 그녀는 두 사람 몫을 감당하지 않으면 안 되었다. 게다가 그녀는 무일푼이었다.

겨울이 다가오고 있었다. 그동안은 객실에서 화장실까지 집 안 곳곳을 데 워주는 난방장치가 있는 집에서 살았지만, 지금은 장식 하나 없이 벌써 추위 가 스며들기 시작한 방에서 지내야 했다. 그 방 안에서는 불기운을 조금도 느낄 수 없었다. 전에는 집 전체가 값비싼 꽃으로 가득한 온실 같았지만 지 금은 초라한 꽃 한 송이 없는 처지였다!

그러나 그녀에게는 아들이 있었다…….

지금까지는 아마도 과장된 의무감에 대한 흥분이 그녀를 수준 높은 세계 속에 계속 머무를 수 있도록 지탱해 준 건지도 모른다. 흥분은 거의 감격과 같은 것이다. 감격은 사람을 이 지상의 일에는 무관심하게 만들어준다.

그런데 이제는 그러한 감격도 조금씩 가라앉고 있었다. 그리고 지금은 꿈 의 나라에서 현실 세계로 내려가야 할 때였다.

"어머니," 당글라르 부인이 계단을 내려가고 있던 바로 그때 알베르가 어 머니에게 말했다. "우리가 가진 재산을 확인해·보시지 않겠어요? 계획을 세 우려면 전체 금액을 알고 있어야죠."

"전체 금액이라니, 이젠 한 푼도 없단다, 애야." 메르세데스는 괴롭게 미 소 지으면서 말했다.

"네, 전체 금액이요. 그럼 일단 3천 프랑이군요. 그 3천 프랑만 있으면 어 머니와 저는 잘 살 수 있어요."

"아!" 메르세데스는 한숨을 내쉬었다.

"어머니," 알베르가 말했다. "죄송해요, 전 어머니께 쓸데없이 많은 돈을 쓰시게 한 뒤에야 비로소 그 가치를 알게 되었어요. 하지만 3천 프랑이면 굉 장한 돈이에요. 전 그 3천 프랑을 밑천으로 평생 안락하게 살 수 있는 미래 의 계획을 세웠어요."

"넌 그렇게 말하지만 우리가 그 3천 프랑을 받아도 될까?" 메르세데스가 얼굴을 붉히면서 말했다.

"받아도 되지 않을까요?" 알베르는 확신을 가진 태도로 말했다. "우린 돈

이 없으니까 그걸 받아도 괜찮을 거예요. 그건 마르세유의 멜랑 골목에 있는
작은 집 정원에 묻혀 있잖아요. 2백 프랑이면 둘이서 마르세유로 갈 수 있어
요."

"2백 프랑으로! 알베르, 넌 그게 가능하다고 생각하니?"

"그 점에 대해서는 승합마차와 기선 쪽을 알아봤어요. 그리고 계산을 다
세워둔 걸요. 어머닌 샬롱으로 가는 마차에 자리를 잡으실 거예요. 어때요,
어머니, 마치 여왕님 같지 않아요? 그게 35프랑."

알베르는 펜을 들어 적기 시작했다.

마차 35프랑 ·· 35프랑
샬롱에서 리옹까지 기선으로 가는 비용 6프랑 ·········· 6프랑
리옹에서 아비뇽까지 역시 기선으로 16프랑 ············ 16프랑
아비뇽에서 마르세유까지 7프랑 ······················ 7프랑
중간 경비 50프랑 ··································· 50프랑
합계 ··· 114프랑

"120프랑이면 되겠어요." 미소 지으면서 알베르가 말했다. "이만하면 인
심이 무척 좋은 편이죠, 어머니?"

"하지만 넌 어쩌고?"

"저요? 저를 위해선 80프랑이 있잖아요? 젊은 사람은 사서 고생도 한다
는데요 뭐. 게다가 전 여행이라는 게 어떤 건지 잘 알고 있어요."

"하지만 그건 역마차를 타고 하인을 데리고 다니는 여행이었지."

"어떤 여행이든 다 마찬가지예요."

"그래? 그렇지만 그 2백 프랑은 또 어디서 난다는 거니?"

"여기 2백 프랑이 있고, 또 2백 프랑 더 있어요. 실은 시계를 1백 프랑에,
시곗줄에 달린 장식을 3백 프랑에 팔았거든요. 재미있던데요! 장식이 시계
의 세 배에 팔렸으니까요. 사치품이란 게 그런 건가 봐요! 이것으로 우린
큰 부자가 되었어요. 여비는 114프랑이면 되는데, 어머닌 250프랑을 가지시
게 되는 거니까요."

"하지만 이 방값은 어떡하고?"

"30프랑이죠. 그건 제 150프랑에서 내겠어요. 그렇게 하기로 생각해 두었죠. 제 여행 경비는 80프랑만 있으면 되니까요. 정말 어느 영주도 부럽지 않을 정도죠. 그런데 그게 다가 아니에요. 이건 어때요, 어머니?"

그렇게 말하면서 알베르는 금장식이 달린 작은 수첩 속에서 1천 프랑짜리 지폐를 한 장 꺼냈다. 아마 수첩은 지난날 그의 도락의 흔적이거나, 아니면 베일로 얼굴을 가리고 찾아와 작은 문을 두드리던 어느 수수께끼의 여자한테서 받은 선물일 것이다.

"그건 또 웬 거니?" 메르세데스가 물었다.

"어머니, 1천 프랑, 어때요? 아주 빳빳한 1천 프랑짜리 지폐예요!"

"하지만 어떻게 그런 1천 프랑짜리 지폐가?"

"제 얘길 들어 보세요. 그리고 너무 놀라지 마세요."

알베르는 일어나 어머니 곁으로 가서 양쪽 뺨에 키스를 했다. 그리고 어머니의 얼굴을 가만히 응시했다.

"어머니는 모르시죠? 제가 어머니를 얼마나 아름답다고 생각하는지!" 알베르는 아들로서 어머니에 대한 깊은 사랑을 담아서 말했다. "어머닌 제가 지금까지 본 가장 기품 있는 분이고 또 가장 아름다운 분이에요!"

"우리 아들!" 메르세데스는 눈시울이 젖어드는 걸 참지 못하고 말했다.

"정말이에요. 그런 어머니가 불행에 빠진 뒤로 제 사랑은 예찬으로 바뀌었어요."

"나에게 아들이 있는 한 난 불행하지 않단다." 메르세데스가 말했다. "아들이 있는 한 결코 불행하지 않아."

"정말이세요?" 알베르가 말했다. "그런데 이제부터 시련이 시작될 거예요. 어떻게 할 생각인지 아시겠어요?"

"그럼 무슨 계획이라도 있다는 거니?"

"맞아요. 어머닌 앞으로 마르세유에 가서 사시는 거예요. 그리고 전 아프리카로 가고요. 그곳에 가서 제가 버린 이름 대신 저 자신의 이름을 사용할 생각이에요."

메르세데스는 한숨을 내쉬었다.

"그래요, 어머니! 전 어제 알제리 기병대에 지원했어요." 청년은 뭔가 부끄러운 듯이 눈을 내리깔면서 덧붙였다. "그것은 이렇게 밑바닥으로 내려가는 것이 얼마나 숭고한 일인지 그 자신도 모르고 있었기 때문이다. "아니, 그보다는 이 몸은 나 자신의 것이니까 이것을 팔아도 좋겠다고 생각했어요. 그래서 전 어제 어떤 사람을 대신해서 지원했어요. 세상 사람들의 표현에 따르면 몸을 판 셈이죠." 그는 애써 미소 지으면서 말을 계속했다. "게다가 생각했던 것보다 비싸게 팔렸어요. 2천 프랑에요!"

"그럼 이게 그 돈이라는 거니?" 메르세데스는 몸을 떨면서 말했다.

"그러니까 이게 그 돈의 반이고, 나머지 반은 1년 뒤에 받을 거예요."

메르세데스는 뭐라 표현할 수 없는 표정으로 천장을 올려다보았다. 눈가에 맺혀 있던 두 방울의 눈물이 마음속의 감동으로 넘쳐나서 뺨을 타고 조용히 흘러내렸다.

"네 목숨 값이구나!" 그녀는 중얼거리듯이 말했다.

"그렇죠, 만약 죽는다면요." 알베르는 웃으면서 말했다. "하지만 어머니 걱정 마세요. 전 절대로 죽지 않을 테니까요. 전 지금처럼 살고 싶었던 적이 없어요."

"세상에! 세상에!" 메르세데스가 신음하듯이 말했다.

"게다가 제가 왜 죽는단 말이에요? '남프랑스의 네'(18세기 프랑스의 용장, 나폴레옹 휘하의 장수로 빛나는 무훈을 세웠다)라고 일컬어졌던 라모리시에르(알제리에서 용명을 떨친 프랑스 장군)가 죽음을 당했던가요? 샹가르니에(프랑스의 장군. 마찬가지로 알제리에서 무훈을 세웠다)가 죽음을 당했나요? 부도(아프리카에서 용명을 떨친 프랑스 장군)가 죽음을 당했던가요? 우리가 알고 있는 모렐, 그가 죽음을 당했나요? 어머니 제가 금줄이 들어간 군복을 입고 돌아올 때 얼마나 기쁠지 상상해 보세요! 저는 분명히 말할 수 있어요. 전 그리로 가서 근사한 남자가 되어 돌아오겠어요. 제가 그곳의 연대를 선택한 것도 사실 약간의 연극 같은 기분을 내보려고 그런 거예요."

메르세데스는 미소 지으려고 했지만 한숨이 나왔다. 정결한 마음의 이 어머니는 아들에게만 모든 희생의 무거운 짐을 지우는 것 같아서 가슴이 찢어지는 듯이 아팠다.

"이것으로 어머니가 쓰실 1천 프랑 이상의 돈이 생긴 까닭을 이해하시겠죠. 이 4천 프랑의 돈이 있으면 2년은 충분히 살 수 있을 거예요." 알베르가 말을 이었다.

"그렇게 생각하니?" 메르세데스가 말했다.

메르세데스는 겨우 그렇게 말했을 뿐이지만, 너무나도 슬픈 목소리에 알베르는 어머니의 진심을 놓치지 않았다. 그는 가슴이 조여듦을 느꼈다. 그는 어머니의 손을 잡고 두 손으로 다정하게 감싸면서 말했다.

"그래요. 어머닌 살아 계셔야 해요!"

"암, 살고말고!" 메르세데스가 소리쳤다. "그 대신 너도 가지 마라, 응?"

"어머니, 전 가야 해요!" 알베르는 침착하고 확고한 목소리로 말했다. "저를 사랑해 주시는 어머니로서, 설마 아들을 언제나 어머니 곁에서 빈둥거리기만 하는 쓸모없는 인간으로 만드실 생각은 아니겠죠? 게다가 벌써 서명도 마친 걸요."

"정 그렇다면 네 생각대로 하렴. 나는 나대로 하느님의 뜻에 따를 테니까."

"제 생각대로는 아닙니다. 이성과 필요가 명하는 바에 따를 뿐이에요. 지금의 우리는 아무런 희망도 없는 사람들 아니겠어요? 지금의 어머니에게 살아간다는 것은 아무런 의미도 없는 일이 아니에요? 저에게도 살아간다는 건 의미가 없는 일 아닐까요? 만약 어머니가 계시지 않는다면 제 삶은 저에게 부질없는 것이에요. 만약 어머니가 안 계셨다면, 제 목숨은 제가 아버지에 대한 믿음을 잃고 아버지의 이름을 거부했을 때부터 이미 없는 것과 마찬가지였을 거예요! 하지만 전 살아갈 겁니다. 어머니가 희망을 계속 잃지 않겠다고 약속해 주신다면, 어머니가 미래의 행복을 저에게 맡겨 주신다면, 제 용기는 배로 커질 거예요. 전 그곳에 있는 알제리 총독을 찾아갈 거예요. 그 사람은 곧은 마음을 가진 진정한 군인이죠. 전 제 불행한 신상을 그분에게 얘기하려고 해요. 그리고 가끔 저를 지켜봐 달라고 부탁할 거예요. 그분이 만약 그 약속을 잊지 않고 저를 지켜봐 주신다면, 전 6개월도 지나기 전에 어엿한 장교가 되어 있거나, 아니면 죽겠지요. 만약 장교가 될 수 있다면, 어머니, 어머니의 미래는 보장되는 거예요. 어머니와 저, 두 사람이 살아갈 수 있는 돈도 들어올 거고, 게다가 저는 새 이름을 얻을 수 있어요. 그리고 그것은 바로 어머니와 제가 자랑할 수 있는 새로운 이름일 거예요. 그것이야말로 어머니의 진정한 이름이 될 테니까요. 하지만 만약 제가 죽는다면…… 그래요, 만약 제가 죽게 된다면, 그때는 어머니도 이 세상을 하직하셔도 됩니다. 우리 두 사람의 불행이 극에 달해 모든 게 끝나게 되는 거지요."

"알겠다," 메르세데스는 기품 있고 단호한 눈빛으로 대답했다. "네 말이 맞다. 우리를 주시하면서 우리가 하는 일에 이러쿵저러쿵 떠들어대는 사람들에게 적어도 우리가 동정을 받을 만한 가치가 있다는 것만이라도 가르쳐 줘야지."

"하지만 어머니, 어두운 생각을 하시면 안 돼요!" 알베르는 소리쳤다. "맹세코 말하겠어요, 우리는 행복합니다, 적어도 행복해질 수 있습니다. 어머니는 현명하시면서 동시에 단념하실 줄도 아는 분이시죠. 저는 취미가 단순하고 열중 같은 건 할 줄 모르는 남자가 될 수 있었을 거예요. 군대에 들어가니 이렇게 돈도 생기는군요. 어머니도 당테스 씨의 집에 가시기만 하면 걱정이 없을 거예요. 어머니, 그렇게 하세요, 네?"

"그래, 그렇게 해보자꾸나. 어쨌든 넌 살아가야 하니까. 그리고 행복해져야만 하니까." 메르세데스가 대답했다.

"그럼 이제 분배도 끝났군요." 알베르는 짐짓 마음이 가벼워진 시늉을 하면서 말했다. "우린 오늘이라도 출발할 수 있어요. 아까 얘기한 대로 어머니의 좌석표를 사가지고 올게요."

"네 것은?"

"전 앞으로 2, 3일 더 남아 있어야 해요. 이것이 작별의 첫 단계인 셈이죠. 미리 연습해 두는 것도 나쁘지 않을 거예요. 소개장을 몇 통 받아야 하고, 아프리카에 대해 조사할 것도 있어요. 마르세유에서 다시 만나기로 해요."

"그래, 떠나자꾸나!" 메르세데스는 자신에게 어쩌다 단 하나 남아 있던 값비싼 검은 캐시미어 숄을 두르면서 말했다. "떠나자꾸나!"

알베르는 서둘러 서류를 정리하고, 초인종을 울려 호텔 주인에게 30프랑의 방값을 지급한 뒤, 어머니의 팔짱을 끼고 계단을 내려갔다.

그런데 두 사람보다 앞서 계단을 내려가고 있는 사람이 있었다. 그 사람 쪽에서도 난간에 비단 옷이 스치는 소리를 듣고 돌아보았다.

"드브레!" 알베르가 중얼거렸다.

"아니, 자네 모르세르 아닌가!" 대신의 비서관은 계단 위에서 걸음을 멈추고 대답했다.

드브레의 마음에는 자기를 남에게 숨기고 싶은 마음보다도 호기심이 더 강하게 작용하고 있었다. 게다가 이미 상대가 보고 난 뒤이기도 했다.

실제로 이런 호텔에서, 그 난처했던 결투사건으로 파리를 떠들썩하게 했던 청년을 다시 만난 것은 참으로 흥미로운 일이었다.

"모르세르!" 드브레가 되풀이해서 불렀다.

어슴푸레한 가운데 모르세르 부인의 검은 베일과 아직 젊어 보이는 여인의 얼굴을 본 그가 미소 지으면서 말했다.

"오! 이거 실례했군요. 알베르, 그럼 난 이만 가겠네."

알베르는 곧 드브레의 마음을 읽었다.

"어머니," 그는 메르세데스에게 말했다. "내무대신의 비서이자 제 옛날 친구인 드브레 씨예요."

"뭐라고, 옛날이라니!" 드브레가 더듬거리면서 말했다. "그게 무슨 소린가?"

"그러니까 지금의 나에게는 친구 같은 건 없기 때문이네. 또 있어서도 안 된다고 생각하지. 하지만 잊지 않고 기억해줘서 고마워." 알베르가 대답했다.

드브레는 두 계단을 다시 올라오더니 알베르의 손을 힘껏 잡았다.

"알베르, 믿어주게." 그는 최대한 감정을 담아서 말했다. "난 자네의 불행에 대해 진심으로 동정했어. 앞으로 무슨 일이든 힘이 닿는 대로 도움을 주고 싶네."

"고맙군," 알베르가 미소 지으면서 말했다. "하지만 난 불행하기는 해도 돈이 상당히 있으니 누구의 도움도 필요하지 않아. 우리는 파리를 떠날 생각인데, 여비를 다 치르고도 5천 프랑이나 남는다네."

지갑 속에 1백만 프랑이나 가지고 있던 드브레는 얼굴이 확 달아올랐다. 시적인 데가 전혀 없이 계산적이고 빈틈이 없는 그도, 이런저런 생각이 들지 않을 수 없었다. 조금 전까지 같은 호텔에 두 여자가 있었다. 그중 한 사람은 당연한 일이지만 불명예를 당하여, 외투 속에 150만 프랑이나 되는 돈을 가지고 있으면서도 앞으로 비참한 심정으로 살아가야 한다. 그런데 또 한 사람은 부당한 비난과 불행을 당하고도 여전히 기품을 잃지 않고, 몇 푼 되지 않는 돈으로도 부자 같은 마음을 지니려 하지 않는가.

드브레는 이러한 비교를 시도하면서, 예의 같은 것은 완전히 잊어버리고 말았다. 그는 이러한 실례가 보여주는 이치에 의해, 완전히 한 대 얻어맞은 듯한 충격을 받아 상투적인 인사만 몇 마디 한 뒤 서둘러 계단을 내려갔다.

그날, 그의 부하인 서기들은 상관의 침울한 기분 때문에 하루종일 전전긍긍해야 했다.

그러나 그는 그날 저녁, 마들렌 대로에 있는 으리으리한 저택, 5만 프랑의 집세는 충분히 받을 수 있는 집을 한 채 사들였다.

이튿날 드브레가 그 매매계약서에 서명하고 있던 시간, 즉 오후 5시 무렵, 모르세르 부인은 아들에게 다정하게 키스를 하고 자기도 키스를 받은 뒤 역마차에 올라탔다. 이어서 마차 문이 닫혔다.

그때 라피트 역마차 사무실 안에서는 사무용 책상 위로 열려 있는 아치형 창문 옆에 한 남자가 몸을 숨기고 있었다. 그는 메르세데스가 마차에 오르고, 역마차가 출발하고, 알베르가 멀어져가는 모습을 차례로 보았다.

그리고 그는 생각에 찬 이마를 손으로 짚으면서 이렇게 중얼거렸다.

"어떻게 하면 내가 저 죄 없는 두 사람에게서 빼앗은 행복을 되돌려 줄 수 있을까? 아, 하느님이 틀림없이 도와주시겠지."

사자굴

라포르스 교도소 안에서도 가장 질이 나쁘고 가장 위험한 죄수가 들어 있는 구역을 사람들은 생베르나르 감옥이라고 부른다.

죄수들은 그것을 거칠게 표현하여 '사자굴'이라는 별명을 붙이고 있었다. 아마 죄수들이 종종 철창을 물어뜯거나 간수에게 덤벼들기도 하기 때문인 듯하다.

이곳은 감옥 안에 있는 또 하나의 감옥이었다. 벽만 해도 다른 벽의 배나 두껍다. 간수들은 날마다 그 묵직한 철창을 자세히 조사했다. 그들의 그 튼튼한 체구와 차갑고 날카로운 눈초리만 보아도, 공포와 철저한 경계로 죄수들을 통제하기 위해 일부러 뽑은 자들임을 알 수 있었다.

이 구역의 안뜰은 거대한 벽으로 에워싸여 있어서, 햇빛은 정신적으로나 육체적으로 추악한 자들이 가득한 이 골짜기에 비쳐들기 전에, 먼저 그 벽 위를 비스듬히 스치게 되어 있었다. 그 안뜰의 포석 위에는 날이 샐 무렵부터, 법률이 만들어낸 단두대의 칼날 아래 주눅이 든 사람들이, 마치 망령처럼 수심에 차서 충혈된 눈과 창백한 얼굴로 서성거리고 있었다.

그들은 충분히 흡수한 열을 그대로 품고 있는 듯한 벽에 딱 몸을 붙이거나 그 밑에 웅크리고 있었다. 때로는 두 사람씩 얘기를 나누기도 하지만, 대부분은 혼자서 끊임없이 입구 쪽을 바라보고 있다. 그 입구는 가끔씩 이 음산한 세계에 사는 사람 가운데 한 사람을 불러내기 위해, 또 때로는 사회라는 도가니가 내뱉은 새로운 찌꺼기를 이 심연 속으로 던져넣기 위해 열리곤 했다.

생베르나르 감옥에는 특별면회실이라는 것이 있었다. 그 직사각형의 방은 두 겹의 철창이 석 자 가량의 간격을 두고 평행하게 세워져서 반대쪽과 서로 격리되어 있었다. 따라서 면회인은 죄수의 손을 잡을 수도 없고 뭔가 물건을 전할 수도 없었다. 이 어둡고 축축한 면회실에서 방금 말한 철창 사이로 수없이 오갔을, 그 철봉마저 녹슬게 할 정도로 무서운 비밀이야기를 생각하면,

어느새 등골이 오싹하지 않을 수 없었다.

그러나 이 면회실이 아무리 끔찍하다 해도, 목숨이 얼마 남지 않은 사람들에게는 그나마 즐거운 곳이었다. 언제나 꿈에 그리던 바깥세상의 공기를 쐴 수 있는 천국이라고 할 수 있었다. 왜냐하면 이 사자굴에서 나가는 죄수는 생자크의 처형장이나 특별독방이 아닌 곳에 가는 일이 거의 없기 때문이다.

그 축축한 감옥 안을 호주머니에 손을 찔러 넣은 한 청년이 거닐고 있었다. 그는 이 사자굴의 거주자들이 매우 큰 호기심을 가지고 지켜보는 청년이었다.

입고 있는 옷이 찢어지지만 않았더라면, 틀림없이 세련된 신사로 통할 차림새였다. 그렇다고 딱히 옷이 낡은 것도 아니었다. 멀쩡한 부분은 천이 보들보들하고 섬세해서, 청년이 그것을 새 옷처럼 보이기 위해 손으로 잘 만지기만 하면 이내 처음의 화사한 광택이 되살아났다.

청년은 감옥에 들어온 뒤로 갈아입은 적이 없는, 색이 완전히 바랜 리넨 셔츠의 가슴을 여밀 때도 마찬가지로 세심한 주의를 기울이는 것을 잊지 않았다. 그리고 위에 문장이 그려진 머리글자를 수놓은 손수건으로 에나멜 구두를 닦았다.

사자굴의 몇몇 죄수들은 청년이 그렇게 멋을 내는 모습을 매우 흥미롭게 지켜보고 있었다.

"저것 좀 봐, 또 왕자님이 단장을 시작했군." 한 도둑이 말했다.

"저 녀석, 아주 미남이긴 해." 다른 사내가 말했다. "빗과 포마드만 있으면 흰 장갑을 낀 나리들도 무색하게 만들겠는걸."

"저 녀석이 입은 옷은 새것이 틀림없어. 구두도 번쩍번쩍하고 말이야. 우리 중에 저런 근사한 놈이 끼어 있으면 우리한테도 나쁠 게 없지. 그것에 비하면 간수들 꼬락서니 좀 보라지. 자식들, 그게 부럽고 아니꼬우니까 저렇게 옷을 찢어 놓은 거잖아!"

"어쨌든 예사 놈은 아닌 것 같아." 다른 사내가 말했다. "뭐든지 다 누려 본 놈일 걸…… 그것도 멋진 일만. 저렇게 새파란 녀석이…… 어쨌든 대단해!"

한편 이 흉측한 자들의 찬탄의 대상이 된 사내는, 그러한 찬사를, 아니 실은 그런 말들이 확실히 들리지는 않았기 때문에, 그런 찬사가 발산하는 기운만이라도 만끽하고 있는 것 같았다.

단장을 마친 그는 매점의 작은 문 쪽으로 걸어갔다. 그곳에는 간수가 문에 등을 기대고 서 있었다.

"이봐요, 간수양반," 청년이 말했다. "한 20프랑 정도 꿔줄 수 없겠소? 곧 돌려드릴 테니. 나한테 돈을 떼일 염려는 없을 거요. 나에게는 당신과는 비교도 할 수 없는 수백만 프랑씩 가진 친척이 있다는 걸 아셔야지…… 20프랑이오. 자비독방에 들어갔으면 좋겠고, 또 실내복도 하나 사야해서 그러오. 자나 깨나 같은 옷과 같은 신발만으로는 어디 견딜 수가 있어야지. 이 옷꼴을 좀 보시오! 카발칸티 공에게 이런 옷이 말이나 되오?"

간수는 홱 저쪽으로 돌아서면서 어깨를 으쓱 치켜보였다. 보통 사람이면 누구나 웃음을 터뜨릴 그런 말을 듣고도 그는 전혀 웃지 않았다. 늘 들어오던 이야기, 언제나 똑같은 이야기였기 때문이다.

"좋소," 안드레아가 말했다. "당신은 인정머리라고는 없는 사람이군. 두고 봐, 그 목이 달아나게 해줄 테니까."

이 말을 듣고 간수가 돌아보았다. 그리고 이번에는 껄껄대고 웃기 시작했다. 그것을 보고 다른 죄수들이 모여들어 그 주위를 에워쌌다.

"내 말 잘 들어." 안드레아가 계속했다. "그 정도 하찮은 돈만 있으면 옷과 개인실을 마련할 수 있단 말이지. 그래야 곧 찾아올 귀한 손님을 예의를 갖춘 모습으로 맞이할 수 있지 않겠소?"

"그 말이 맞네! 그 말이 맞아!" 다른 죄수들이 말했다. "그렇고말고! 보아하니 이 친구 훌륭한 신사인걸."

"그렇다면 네놈들이 그 20프랑을 빌려주면 될 게 아냐!" 기대고 있던 넓은 어깨를 다른 쪽으로 바꾸면서 간수가 말했다. "그게 동료에 대한 의리 아니겠어?"

"난 이런 녀석들의 동료가 아니오." 발끈한 안드레아가 말했다. "그건 날 모욕하는 말이라고."

도둑들은 뭔가 낮은 소리로 중얼거리면서 서로 얼굴을 바라보았다. 그런데 사실 안드레아의 말보다는 간수의 이간질에 훨씬 더 자극되었기 때문에, 폭동의 조짐이 이 귀족 죄수를 향해 끓어오르기 시작했다.

간수는 소동이 너무 커질 때는 얼마든지 본때를 보여 줄 자신이 있어서,

그 무모한 요청을 한 사내를 좋은 구경거리로 삼아 긴 근무시간의 지루함을 달래보려는 마음으로, 죄수들이 날뛰는 대로 그냥 내버려 두었다.

도둑들은 벌써 안드레아에게 다가가고 있었다. 그 가운데 몇 사람이 소리 쳤다.

"헌 실내화로 하자고!"

그런데 그것은 헌 실내화가 아니라 바닥에 못을 박은 신발로 마음에 안 드는 동료를 때리는 잔인한 처벌을 말하는 것이었다.

다른 자들은 '뱀장어'로 하자고 주장했다. 이것은 또 다른 처벌을 뜻하는 것으로, 손수건을 꼬아서 거기에 모래나, 만약 있다면 큼지막한 동전을 채워 넣고, 그것을 도리깨처럼 휘둘러 상대의 어깨와 머리에 내려치는 기분전환의 일종이었다.

"어디 한번 나리를 조져보기로 할까?" 몇 사람이 그렇게 말했다. "이 애송이 나리를 말이야!"

그러자 안드레아는 그들 쪽을 돌아보고 눈을 깜빡거리더니 혀로 뺨을 밀어 볼록하게 만든 뒤, 입술을 움직여 딱딱 소리를 냈다. 이것은 말을 하는 것이 허용되지 않은 도둑들 사이에서 그야말로 수천 마디 말보다 나은 암호였다.

그것은 바로 그가 전에 카드루스한테서 배운 패거리끼리의 신호였다.

그들은 곧 그가 자기들의 동료라는 것을 알아보았다.

손수건은 당장 아래로 내려지고, 못을 박은 구두도 곧 선동하던 자의 발로 되돌아갔다. 몇몇 사람들이, 나리는 분명히 잘못한 것이 없다, 나리도 자기 생각을 정직하게 말할 수 있는 것이고, 자기들도 그저 생각나는 대로 해보려 했을 뿐이라고 말했다.

소동은 일단 진정되었다. 어안이 벙벙해진 간수는 당장 안드레아의 손을 잡더니, 이렇게 '사자굴'의 거주자들이 갑자기 태도를 바꾼 걸 보면, 혹시 그들이 놀라는 것 이상으로 뭔가 특별한 의미를 가진 신호를 사용한 것이 아닐까 하고 안드레아의 몸을 검사하기 시작했다.

안드레아는 조금 반항하는 척하다가 하는 대로 가만히 있었다.

그때 갑자기 문 쪽에서 커다란 목소리가 들려왔다.

"베네데토!" 한 감시인이 소리치고 있었다.

간수는 손을 놓았다.

"나 말이오?" 안드레아가 물었다.

"면회실로 와!" 그 목소리가 대답했다.

"거봐, 누가 찾아왔잖아. 안 그래, 간수 양반, 이 카발칸티 님을 보통사람과 똑같이 대하면 어떻게 되는지 곧 알게 될 거야!"

안드레아는 검은 그림자처럼 감옥 안뜰을 달려가더니 놀라고 있는 죄수들과 간수를 뒤에 남기고, 빠끔 열려 있는 작은 문으로 뛰어들었다.

그는 정말 면회실로 불려간 것이다. 안드레아는 물론 모두 깜짝 놀라지 않을 수 없었다. 왜냐하면 이 교활한 청년은 라포르스 감옥에 들어온 이래, 다른 죄수들처럼 신원보증인을 부르기 위한 편지를 보낼 수 있는 특전 같은 것은 거들떠보지도 않고 완강하게 침묵을 지키고 있었기 때문이다.

그는 이렇게 말하곤 했다.

"난 누군가 힘 있는 인물의 보호를 받고 있는 게 분명해. 모든 사실이 그걸 뒷받침하고 있어. 그 벼락 같았던 행운과 어떤 장애도 그처럼 쉽게 극복할 수 있었던 것, 가족관계가 그렇게 갑자기 만들어지고, 명문가의 성을 얻게 되었을 뿐 아니라, 돈이 비처럼 쏟아진 것, 게다가 내 야심을 만족시키는 근사한 혼담까지! 내가 잠깐 행운을 잊어버리거나 보호자가 잠시 없는 사이에 이렇게 발을 헛디뎠을 뿐이지, 절대 이대로는 끝나지 않을 거야. 절대로! 그냥 잠깐 손을 놓쳤을 뿐이야. 다시 손을 내밀어 줄 게 분명해. 그리고 정말 나락으로 떨어질 때는 틀림없이 건져올려 줄 거란 말이지. 그러니까 함부로 경솔한 짓을 해선 안 돼. 까딱하다간 보호자가 정나미가 떨어질지도 모르니까! 그런데 나를 구출하는 데는 두 가지 방법이 있어. 돈의 힘으로 몰래 달아나게 하는 방법. 그리고 재판관에게 압력을 가해 사면을 받아내는 방법. 결국 버림받았다는 것이 확실해질 때까지 아무 말도 하지 않고 아무 저항도 하지 말아야지. 그리고……."

안드레아는 분명히 그럴 듯한 생각을 해두고 있었던 것이다. 그는 공격할 때는 저돌적이고, 수세에 몰릴 때는 완강했다. 비참한 감옥살이, 모든 종류의 결핍을 그는 꿋꿋이 견뎌내고 있었다. 그러면서도 타고난 성격보다는 습관이 점점 고개를 쳐들었다. 안드레아는 남루하고 더럽고 배가 고픈 것이 갈수록 견디기 어려웠다. 시간 가는 것이 지루해서 미칠 지경이었다.

그렇게 지루해 하고 있을 때, 면회실로 가보라는 감시인의 목소리를 들은 것이다.

안드레아는 기뻐서 가슴이 뛰었다. 예심판사가 오기에는 시간이 너무 이르고, 교도소장이나 의사가 불러내는 것치고는 너무 늦었다. 그렇다면 분명히 뜻하지 않은 면회가 틀림없었다.

참을 수 없는 호기심으로 눈을 반짝이던 안드레아는 면회실 철창 뒤에서 음산하고 영리해 보이는 베르투치오의 얼굴을 발견했다. 베르투치오도 놀랍고 비통한 눈빛으로 철창과 녹슨 문 너머로 나타난 안드레아의 모습을 응시하고 있었다.

"아!" 안드레아는 가슴이 철렁했다.

"잘 지냈느냐, 베네데토." 베르투치오가 낮게 울리는 목소리로 말했다.

"당신은! 당신은!" 안드레아는 겁먹은 듯이 주위를 돌아보면서 말했다.

"날 몰라봤단 말이냐?" 베르투치오가 말했다. "한심한 녀석 같으니!"

"조용히 해요, 조용히 좀!" 벽에도 귀가 있다는 속담을 알고 있는 안드레아가 말했다. "제발, 그렇게 큰 소리로 말하지 말라니까!"

"나와 얘기하고 싶겠지? 그것도 단둘이."

"그래, 그래요!"

"알았다."

베르투치오는 주머니 속을 뒤지면서 입구의 유리문 저편에 보이는 간수에게 신호를 보낸 뒤, 안드레아에게 말했다.

"이걸 읽어봐라."

"뭔데요?"

"널 다른 방으로 데려가서 나하고 자유롭게 얘기하게 하라는 명령서다."

"오!" 안드레아는 펄쩍 뛸 듯이 좋아했다.

그리고 곧 마음속으로 생각했다.

'거봐, 또 내가 모르는 보호자가 나타난 거야! 역시 버림받은 것이 아니었어! 별실에서 얘기하자는 걸 보니, 틀림없이 뭔가 비밀을 알아내려는 거겠지. 됐어! 베르투치오는 그 보호자의 심부름으로 날 찾아온 거야!'

간수는 잠깐 상관과 의논하더니, 두 개의 철창을 열고서 기뻐 어쩔 줄 모르는 안드레아를 불러냈다. 그러고는 그를 안뜰로 향한 2층 방으로 데려갔다.

여느 감옥과 마찬가지로 하얀 회반죽이 칠해진 그 방은 죄수라면 눈이 휘둥그레질 정도로 안락한 방이었다. 난로와 침대, 의자, 테이블 등 상당히 호사스러운 가구가 갖춰져 있었다.

베르투치오는 그곳에 있는 의자에 앉고, 안드레아는 침대에 몸을 던졌다. 간수는 그대로 나가버렸다.

"그래, 네 이야기를 들어볼까?" 베르투치오가 말했다.

"당신은요?" 안드레아가 말했다.

"네 얘기부터 듣고 싶은데……."

"아니요, 당신 쪽에서 할 얘기가 더 많을 텐데요. 이렇게 만나러 온 걸 보니."

"좋아. 그럼 얘기하지. 넌 여전히 못된 짓만 했더구나. 도둑질을 하고 사람을 죽이고."

"그 얘기요? 그런 말을 하려고 특별실까지 불러낸 거라면 굳이 이렇게 찾아올 필요도 없었는데. 그 일이라면 당사자가 더 잘 알고 있으니까. 그런데 내가 모르는 것이 한 가지 있어요. 그 이야기나 해 주세요. 도대체 누구의 부탁으로 온 거죠?"

"어허! 꽤 성질이 급하구나."

"그래요? 그렇다면 쓸데없는 얘기는 집어치우고 단도직입적으로 물어보죠. 그래서 누가 보냈어요?"

"아무도 보내지 않았어."

"내가 감옥에 들어온 걸 누구한테서 들었는데요?"

"오래 전에 말을 타고 샹젤리제를 우아하게 돌아다니는 건방진 녀석을 보고 바로 너라는 걸 알았지."

"샹젤리제! ……아! 아! 우리가 답을 찾아냈군요. 이런 게 족집게 게임이라는 거죠. 샹젤리제라…… 그럼, 이쯤에서 드디어 내 아버지 이야기를 하려는 거요?"

"그럼 난 너에게 누구란 말이냐?"

"당신은 그저 순박한 내 양아버지죠……. 하지만 나를 위해 수십만 프랑의 돈을 마련해 준 건 분명히 당신이 아니었던 것 같은데요. 하기는 그 돈도 너덧 달 만에 다 써버렸지만. 또 나를 위해 이탈리아인 신사를 아버지로 만

들어준 것도 분명히 당신은 아니었을걸요. 나를 사교계에 넣어주고 오퇴유의 만찬에 불러준 것도 아무래도 당신은 아니었던 것 같고. 그때의 음식 맛을 지금도 똑똑히 기억하고 있죠. 함께 불려간 사람들도 모두 파리에서 손꼽히는 명사들이었죠. 검찰총장이라는 사람도 있었는데 그때 좀 더 친해지지 못한 게 일생일대의 실수지. 이럴 때 꽤나 도움이 되었을 텐데. 그리고 드디어 비밀이 탄로났을 때, 1백만 프랑, 2백만 프랑의 보증을 서주려고 한 것도 분명히 당신은 아니었어요……. 어때요, 코르시카 양반, 까놓고 얘기해 버리지 그래요?"

"뭘 말이냐……."

"그렇다면 제가 도와드리죠. 아버지, 방금 샹젤리제 애길 했죠?"

"그런데?"

"그런데요, 그 샹젤리제에 돈이 무지하게 많은 신사가 한 사람 살고 있지요."

"그 신사의 집에서 네가 도둑질을 하고 사람까지 죽이지 않았냐?"

"뭐, 그렇게 되는 셈이죠."

"그게 몬테크리스토 백작이었다는 얘기지?"

"라신(17세기 프랑스의 대비극시인)이 말한 것처럼 우리가 그 이름을 대고 말았군요. 어때요, 픽세레쿠르(19세기 프랑스의 극작가)처럼 그분의 품에 뛰어들어 부둥켜안고 '아버지! 아버지'라고 불러볼까요?"

"무슨 소릴 하는 게냐?" 베르투치오가 위엄 있는 목소리로 말했다. "이런 데서 함부로 지껄일 이름이 아니다."

"예에?" 안드레아는 베르투치오의 엄격한 모습에 어이가 없다는 듯이 말했다. "왜 안 돼요?"

"그 이름을 가진 분은 하느님의 보호를 받고 계신 분이다. 너처럼 형편없는 놈의 아버지가 될 분이 아니란 말이다."

"오호, 거창한 말씀을 하시는군……."

"정신 똑바로 차리지 않으면 정말 엄청난 일이 일어날 거야!"

"겁주시는 거예요? 난 하나도 겁나지 않아요……. 분명히 말할 수 있어요……."

"도대체 상대가 너처럼 비열한 인간일 거라고 생각하는 게냐!" 베르투치오의 지극히 침착하고 지극히 확신에 찬 말을 듣자 안드레아는 뱃속까지 섬뜩해졌다. "상대가 감옥에나 들락거리는 형편없는 멍청인 줄 아느냐? …… 베네데토, 넌 지금 무서운 손에 붙잡혀 있는 거다. 그런데 그 손길이 지금 너를 위해 뻗어오고 있다. 그걸 꽉 붙들어야 한다. 하늘을 우습게 보면 안돼. 지금은 쉬고 있는 것 같지만, 한번 으르렁거리기 시작하면 단칼에 불벼락이 떨어질 테니까."

"아버지는…… 난 내 아버지가 누군지 알고 싶어요!" 안드레아는 집요하게 물었다. "난 죽어도 상관없어요. 무조건 그걸 알고 싶단 말이에요. 나쁜 소문이 나는 것쯤 아무렇지도 않아요! 오히려 좋죠. 평판을 얻을 테니까……. 신문기자 보샹의 말대로 '광고'가 되지 않겠어요? 그런데 사교계의 신사 양반들은 재산이 아무리 많고 집안이 아무리 좋아도, 한번 나쁜 소문이 나버리면 타격을 입게 마련이거든요……. 자, 진짜 내 아버진 누구예요?"

"그걸 가르쳐주러 왔다."

"정말이에요?" 베네데토는 기쁨에 눈을 반짝이면서 말했다. 바로 그때 문이 열리더니 문지기가 들어와서 말했다.

"미안하지만 예심판사가 이 죄수를 기다리고 있습니다."

"그럼 면회도 끝이군," 안드레아가 말했다. "꼭 중요한 순간에 훼방을 놓는단 말이야."

"내일 다시 오마." 베르투치오가 말했다.

"좋아요. 자, 헌병 나리, 어디든 따라갑죠……. 아 참, 서기과에 10에퀴쯤 주고 갈 수 없어요? 필요한 게 좀 있어서요."

"그러마." 베르투치오가 대답했다.

안드레아는 손을 내밀었다. 베르투치오는 손을 주머니에 넣은 채 은화 몇 개가 짤랑거리는 소리만 낼 뿐이었다.

"그럴 줄 알았다니까." 안드레아가 쓴웃음을 지으면서 말했다. 그러나 그는 베르투치오의 이상하리만치 참착한 모습에 압도되어 있었다.

'내가 잘못 생각한 건가?' 샐러드 바구니로 불리는 좁고 긴 호송마차에 올라타면서 안드레아는 생각했다. 그리고 베르투치오를 향해 말했다. "나중에 다시 봐요! 내일 봐요!"

"내일 보자!" 베르투치오가 대답했다.

재판관

부소니 신부와 누아르티에 노인이 발랑틴의 방에 남았던 것과 그 두 사람만
이 젊은 처녀의 유해를 지키고 있었던 것은 독자 여러분도 기억할 것이다.

아마 신부의 종교적인 교훈과 친절한 마음씨, 설득력 있는 말이 노인에게
기운을 되찾아준 것이리라. 신부와 얘기를 나눈 뒤, 지금까지 노인의 마음을
사로잡고 있던 절망은 깊은 체념으로 바뀌어 있었다. 지금까지 노인이 발랑
틴을 얼마나 깊이 사랑하고 있었는지 알고 있는 사람이면 참으로 이상하게
생각할 만큼 침착하기만 했다.

빌포르 씨는 발랑틴이 죽은 날 아침 이후 노인을 만나지 않고 있었다. 집
안에서 일하는 사람들은 완전히 바뀌어 있었다. 빌포르 씨를 위해서는 다른
방의 하인이 고용되었고, 누아르티에 노인에게는 새로운 하인이 고용되었으
며, 빌포르 부인에게도 역시 두 명의 하녀가 새로 들어왔다. 문지기에서 마
부에 이르기까지 모두가 새 얼굴로 바뀌어, 이 저주받은 집에서는 모든 사람
이 각자 다른 주인을 시중들게 되었다. 그 때문에 안 그래도 냉랭했던 가족
사이는 더욱 멀어져 갔다. 더욱이 중죄재판소의 공판이 사흘 앞으로 다가와
있어서, 빌포르는 서재에 틀어박힌 채 카드루스를 죽인 자에 대한 소송 준비
에 여념이 없었다. 사건은 몬테크리스토 백작이 관련된 다른 사건과 마찬가
지로, 이미 파리 사교계에서 커다란 화제를 불러일으키고 있었다. 그런데 그
사건의 증거는 그다지 믿을 만한 것은 아니었다. 왜냐하면 그것은 죽어가던
피해자가 동료 죄수였던 자를 고발한 말을 근거로 한 것으로, 어쩌면 증오와
복수심에서 비롯된 것인지도 모르기 때문이었다. 그러나 빌포르의 마음에는
이미 확신이 서 있었다. 그는 이미 베네데토가 범인이라는 무서운 확신에 이
르러 있었다. 그러한 어려운 승리에 도달함으로써, 빌포르는 그나마 얼어붙
은 듯한 마음에 조금이라도 활기를 불어넣어 주는 자부심의 만족을 느끼지
않을 수 없었다.

그리하여 이 소송을 이번 재판에서 맨 처음 다루고 싶어 했던 빌포르의 지칠 줄 모르는 노력으로, 소송 심리는 착착 진행되어 갔다. 그래서 그는 방청권을 구하려는 산더미 같은 요청을 피하기 위해 전보다 자신의 소재를 더욱 숨겨야만 했다.

게다가 발랑틴이 무덤에 묻힌 지 얼마 되지 않아서 온 가족이 아직도 깊은 슬픔에 빠져 있었으므로, 아버지인 그가 슬픔을 잊을 수 있는 유일한 일, 즉 자신의 의무에 이토록 몰두해 있는 것에 대해 이상하게 여기는 사람은 아무도 없었다.

빌포르는 일요일에 딱 한번 누아르티에 노인의 모습을 보았다. 그날은 베르투치오가 베네데토에게 진짜 아버지의 이름을 말해줘야 했던 그 두 번째 면회일의 다음 날이었다. 사법관이 몹시 피곤하여 잠시 정원으로 내려갔을 때였다. 그는 음울하고 괴로운 기분에 등을 구부리면서, 옛날 타르퀴니우스^(로마의 폭군)가 가는 단장을 휘둘러 가장 높이 있는 개양귀비의 씨방을 때려서 떨어뜨린 것처럼 자기도 지팡이를 휘둘렀다. 빌포르는 오솔길에 유령처럼 가만히 서 있는, 바로 얼마 전까지 그토록 화사하게 꽃을 피우다가 마침내 시들기 시작한 키 큰 접시꽃 줄기를 지팡이로 때리면서 걷고 있었다.

그는 정원 안의 버려진 공터를 향하는 철문까지 걸어갔다가, 거기서 다시 같은 속도 같은 동작으로 같은 오솔길을 지나 돌아오기를 여러 차례 되풀이하고 있었다. 문득 기계적으로 집 쪽을 바라보자, 마침 일요일과 월요일을 어머니 곁에서 보내려고 기숙사에서 돌아와 있던 아들이 집안에서 떠들썩하게 뛰어다니는 소리가 들려왔다.

그때 그는 열려 있는 노인의 방 창가에서 노인의 모습을 발견했다. 노인은 발코니를 가득 뒤덮은 시들어가는 나팔꽃과 아직 온기를 머금고 붉게 물든 포도나무 잎사귀 위를 비추는 저녁햇살을 즐기기 위해 안락의자를 거기까지 옮기게 한 것이었다.

노인의 눈은 빌포르가 확실하게 알 수 없는 어느 한 곳을 주시하고 있었다. 몹시 분노한 빛을 띠고 있는 그 거친 눈은 맹렬한 증오에 불타고 있었다. 노인의 모든 표정과 그것을 읽을 수 있는 방법을 알고 있던 빌포르는, 그 무서운 눈길이 도대체 누구를 향하고 있는지 확인하기 위해 지금까지 걷고 있던 길 밖으로 발을 내딛었다.

그러자 벌써 잎이 거의 다 떨어진 보리수나무 밑에서 손에 책을 든 빌포르 부인이 이따금 읽는 것을 멈추고 아들에게 미소 짓는 모습이 눈에 들어왔다. 에두아르는 집요하게 객실에서 정원을 향해 고무공을 던졌는데, 그럴 때마다 부인은 공을 주워 다시 던져주고 있었다.

　빌포르는 순식간에 얼굴색이 변했다. 노인이 무엇을 원하고 있는지 알았기 때문이다.

　노인은 꼼짝하지 않고 같은 곳을 계속 응시하고 있었다. 그런데 갑자기 그 눈길이 빌포르 부인한테서 그에게로 옮겨왔다. 이제 빌포르가 그 무서운 눈길의 공격을 받게 된 것이다. 그 눈길이 대상을 바꾸자 그 눈이 얘기하는 내용도 바뀌었다. 그러나 위협하는 듯한 표정만은 여전했다. 빌포르 부인은 자신의 머리 위로 불꽃 튀기는 시선을 교환하고 있는 그들의 격정은 알지 못한 채, 아들이 던진 공을 들고, 자기에게 와서 키스를 해주고 가져가라는 신호를 보내고 있었다. 그러나 에두아르는 좀처럼 오려고 하지 않았다. 어머니의 애무 같은 건, 일부러 받으러 갈 만큼 기쁜 선물이 아니라고 생각하는 듯했다. 그러나 이윽고 그는 결심한 듯이, 창문에서 헬리오트로프와 과꽃이 무성한 덤불 속으로 뛰어내렸다. 그리고 이마에 땀을 뻘뻘 흘리면서 빌포르 부인에게로 달려갔다. 부인은 땀을 닦아준 뒤 상아같이 촉촉해진 에두아르의 이마에 키스를 해주었다. 그러고는 한쪽 손에 공을, 다른 한쪽 손에는 사탕을 한 움큼 쥐어주어 집으로 돌려보냈다.

　빌포르는 뱀에 쫓기는 새처럼 저항할 수 없는 힘에 이끌려 집 쪽으로 걸어갔다. 그가 다가감에 따라 그를 응시하는 노인의 시선도 아래쪽으로 내려갔다. 그 눈동자의 불꽃은 이제 최고점에 다다라 빌포르는 그야말로 마음속까지 타버리는 듯한 느낌이었다. 그 눈빛에서는 피맺힌 비난과 함께 무서운 위협을 읽을 수 있었다. 그때 누아르티에 노인의 눈이 하늘 쪽으로 향했다. 그것은 마치 잊고 있었던 맹세를 아들에게 상기시키려는 것 같았다.

　"알겠습니다!" 빌포르는 밑에서 대답했다. "알겠습니다, 아버지! 이제 하루만 더 기다리십시오. 반드시 약속을 지킬 테니까요."

　그 말에 노인은 안심한 기색이었다. 그리고 아무 일도 없었다는 듯이 다른 방향으로 눈길을 돌렸다.

　빌포르는 숨쉬기가 답답했는지 프록코트 단추를 거칠게 풀더니, 창백한 손으로 이마를 닦으면서 서재로 돌아갔다.

밤은 차갑고 조용하게 가라앉고 있었다. 집 안에서는 모든 사람들이 평소처럼 잠자리에 들어 잠을 청하고 있었다. 그리고 역시 평소처럼 빌포르만 잠자리에 들지 않은 채, 새벽 5시까지 전날 예심판사가 작성한 마지막 심문서류를 훑어보고 증인 진술서를 조사했다. 그런 다음 그는 자기가 쓴 것 가운데 가장 강력하고 가장 잘됐다고 생각하는 기소장을 더욱 명확하게 정리하는 일을 계속했다.

중죄재판의 제1회 공판은 이제 그 이튿날인 월요일에 열릴 예정이었다. 빌포르는 마침내 그날이 음산하게 어렴풋이 밝아오는 것을 보았다. 파르스름한 새벽빛이 종이 위를 비추어 붉은 잉크로 그은 선들을 드러냈다. 사법관은 램프가 마지막 숨소리를 토하고 있는 동안 깜박 잠이 들었다. 그리고 램프에서 나는 탁탁 튀는 소리에 눈을 떴다. 손가락들이 마치 피에 담가놓은 것처럼 축축하고 붉게 물들어 있었다.

그는 창문을 열었다. 하늘 저 멀리 가로누워 있는 오렌지 색의 넓은 띠가, 지평선에 검게 늘어서 있는 늘씬한 포플러나무들을 중간에서 자르고 있었다. 마로니에 가로수 저편으로 보이는 클로버 들판 속에서는 종달새 한 마리가 밝게 아침 노래를 부르면서 하늘 높이 날아오르고 있었다.

빌포르의 머릿속에 새벽의 촉촉한 공기가 흘러들었다. 그러자 그의 기억이 선명해지기 시작했다.

"드디어 오늘이 왔군." 그가 힘없이 말했다. "오늘은 바로 법의 칼을 수호해야 하는 사람으로서 죄를 지은 자에게 처단의 칼을 내려야 하는 날이다."

그때 빌포르의 눈은 자기도 모르게 밖으로 튀어나와 있는 누아르티에 노인 방의 창문, 어제 노인의 모습을 보았던 그 창문을 찾고 있었다.

커튼이 쳐져 있었다. 그런데도 창가에 앉아 있는 아버지의 모습이 생생하게 보이는 듯했다. 그는 닫혀 있는 창문이 마치 열려 있는 것처럼, 또 그 창문에서 위협하던 노인의 모습이 보이는 것처럼 이렇게 중얼거렸다.

"알겠습니다, 아버지. 안심하십시오!"

그는 다시 고개를 떨어뜨리고는 그대로 수없이 서재를 거닐었다. 그러다 옷을 그대로 입은 채 긴 의자 위에 몸을 던졌다. 잠을 자기 위해서가 아니라, 밤새워 일하느라 뼛속까지 스며든 냉기와 피로 때문에 팔다리가 굳는 것을 풀기 위해서였다.

이윽고 집안사람들이 하나둘 일어나기 시작했다. 빌포르는 서재에서 생활 그 자체와도 같은 집 안의 소음이 차례차례 일어나는 것을 듣고 있었다. 문이 열리는 소리, 하인을 부르는 빌포르 부인의 초인종 소리, 그 나이 때면 누구나 그렇듯이 기분 좋게 잠에서 깬 에두아르가 내지르는 아침의 소리.

빌포르도 초인종을 울렸다. 새로 온 하인이 신문을 가지고 들어왔다.

그는 신문과 함께 초콜릿 잔을 들고 있었다.

"그게 뭔가?"

"초콜릿입니다."

"달라고 하지 않았는데, 누가 그런 걸 지시했지?"

"마님께서요. 나리께서는 오늘 살인사건으로 말씀을 오래 하셔야 하니 기운을 북돋아주어야 하신다면서."

그렇게 말하면서 하인은 긴 의자 옆에 있는, 다른 모든 테이블과 마찬가지로 서류가 잔뜩 널린 테이블 위에 금으로 도금한 초콜릿 잔을 내려놓았다.

하인이 나가자 빌포르는 한동안 어두운 얼굴로 그 잔을 바라보았다. 그러더니 갑자기 신경질적으로 그것을 집어 들어 단숨에 들이켰다. 마치 그것이 치명적인 독극물이어서 죽기보다 괴로운 일을 해야 하는 지금의 상황에서 자신을 해방시켜 주기라도 할 것처럼. 그런 다음 그는 일어섰다. 그리고 누군가 보는 사람이 있다면 소름이 끼치지 않을 수 없는 무서운 미소를 지으면서 방 안을 거닐기 시작했다.

초콜릿은 아무런 이상 징후도 보이지 않았다. 그리고 빌포르는 아무런 반응도 느끼지 못했다.

아침식사 시간이 되어도 그는 식당에 나타나지 않았다. 하인이 서재에 들어와서 말했다.

"마님께서 정오부터 공판이 시작되는데 벌써 11시라고 말씀드리라고 하셔서요."

"그게 왜?" 빌포르가 말했다.

"마님은 벌써 몸단장도 마치고 준비가 다 되었으니, 함께 가도 되는지 여쭈어보라고 하셨습니다."

"어딜 말인가?"

"재판소에요."

"무슨 일로?"

"마님은 꼭 공판에 가고 싶다고 하십니다."

"허!" 빌포르는 무서운 목소리로 말했다. "그런 소릴 하더란 말인가!"

하인은 한 걸음 뒤로 물러섰다.

"만약 혼자 가시겠다면 그렇게 전하겠습니다."

빌포르는 잠시 아무 말이 없었다. 그는 새카만 수염이 자라고 있는 창백한 뺨을 손톱으로 긁었다.

"마님에게 전해," 그가 마침내 말했다. "할 얘기가 있으니 방에서 기다리라고."

"알겠습니다."

"그리고 수염을 깎고 옷을 갈아입는 걸 도와주게."

"곧 오겠습니다."

하인은 말 그대로 금세 돌아와, 빌포르가 수염을 깎고 위엄 있는 검은 양복을 입는 것을 도와주었다.

그것이 끝나자 하인이 말했다.

"마님이 기다리고 계십니다."

"곧 가지."

빌포르는 소송서류를 옆구리에 끼고 모자를 들고 아내의 방으로 걸어갔다.

그는 문 앞에서 잠깐 걸음을 멈추고 창백한 얼굴에 흘러내리는 땀을 손수건으로 닦았다. 그런 다음 문을 열었다.

빌포르 부인은 오토만(동양풍의 긴 의자)에 앉아서 자기가 읽기 전에 개구쟁이 에두아르가 장난으로 찢어버린 신문과 작은 책자를 초조한 듯이 뒤적이고 있었다. 그녀는 외출할 준비를 완전히 마친 상태였다. 모자도 안락의자 위에서 그녀를 기다리고 있고, 장갑은 이미 끼고 있었다.

"아, 오셨군요." 여느 때와 다름없이 매우 자연스럽고 태연한 목소리였다. "어머, 안색이 너무 좋지 않아요! 간밤에도 밤새워 일하신 거예요? 왜 아침 식사 때 내려오지 않으셨어요? 그건 그렇고 저도 같이 갈까요, 아니면, 에두아르를 데리고 따로 갈까요?"

빌포르 부인은 겨우 대답 하나를 얻기 위해 많은 질문을 연달아 퍼부었다.

그러나 빌포르는 그 질문에 대해 마치 석고상처럼 냉정하게 침묵을 지키고 있었다.

"에두아르," 빌포르는 명령하는 듯한 눈길로 에두아르의 얼굴을 가만히 응시했다. "객실에 가서 놀아라. 엄마하고 할 얘기가 있으니."

빌포르 부인은 그 차가운 태도와 결연한 말투, 불길한 서두를 듣자 몸이 떨려왔다.

에두아르는 고개를 들어 어머니를 쳐다보았다. 그리고 어머니가 빌포르의 명령을 인정하지 않는 듯한 기색을 보이자 납으로 만든 병정 머리를 자르는 것에 다시 몰두하기 시작했다.

"에두아르!" 빌포르가 거친 목소리로 호통을 쳤다. "아버지 말이 안 들리니? 어서 나가!"

이런 대우에 익숙지 않은 에두아르는 얼굴이 새파래져 카펫 위에서 펄쩍 뛰었다. 그것이 두려움 때문인지 아니면 화가 나서인지 스스로도 모를 지경이었다.

아버지는 아들에게 다가가서 팔을 붙잡고 이마에 키스를 해주었다.

"자, 이제 나가 있어라. 착하지? 어서 나가!"

에두아르가 나갔다.

빌포르 씨는 문으로 가서 빗장을 걸고 돌아왔다.

"여보!" 부인은 그렇게 말하며 마음속까지 꿰뚫어보려는 듯이 남편을 쳐다보았다. 그리고 미소를 지으려고 했지만 남편의 냉정한 태도 앞에서 다시 얼어붙고 말았다. "왜 그래요?"

"당신이 늘 사용하고 있는 독약은 어디다 뒀소?" 빌포르는 아내와 문 사이에 서서 단도직입적으로 말했다.

빌포르 부인은 마치 자기를 노리는 독수리가 원을 그리면서 머리 위로 내려오는 광경을 보고 있는 한 마리의 종달새가 된 듯한 기분이었다.

부인의 가슴에서 목이 졸리는 듯한 쉰 소리가 새어 나왔다. 그러자 지금까지 창백하던 부인의 얼굴이 대번에 납빛으로 변하고 말았다.

"여보…… 무슨 말씀을 하시는 건지 모르겠어요."

그녀는 극심한 공포를 주는 충격에서 일단 정신을 수습했지만, 더욱 심한 두 번째 충격을 받고 소파의 쿠션 위로 쓰러지고 말았다.

"난 당신에게 묻고 있소," 빌포르는 침착한 목소리로 계속했다. "내 이전 장인이신 생메랑 후작부부와 바루아, 그리고 내 딸 발랑틴을 죽이는 데 사용한 독약을 어디다 두었소?"

"아니, 여보!" 부인이 두 손을 맞잡으면서 소리쳤다. "무슨 말씀을 하시는 거예요?"

"당신에게는 물을 권리가 없소. 대답만 하면 돼."

"누구에게요? 내 남편에게 말인가요, 아니면 재판관에게 말인가요?" 부인이 웅얼거리듯이 말했다.

"재판관에게야, 여보! 재판관에게 하는 거라고!"

부인은 창백한 얼굴에 고뇌의 빛이 가득한 눈을 하고 보기에도 무서울 정도로 온몸을 떨었다.

"오, 당신!" 그녀는 더듬거리면서 말했다. "오, 여보……." 부인은 겨우 그 말만 되풀이할 뿐이었다.

"왜 대답이 없어!" 무서운 목소리로 빌포르가 외쳤다.

그는 분노와 함께 차가운 미소를 지으면서 덧붙였다. "그걸 부인하지는 않는군!"

그녀는 움찔 몸을 떨었다.

"부인하려 해도 할 수 없겠지." 빌포르는 법의 이름으로 외치듯이 그녀 쪽으로 손을 뻗었다. "당신은 그 파렴치한 계략으로 몇 번이나 그런 죄를 저질렀어. 하지만 당신이 속일 수 있었던 사람들은 그들의 병세 때문에 당신 계략에 눈먼 사람들뿐이었지. 난 생메랑 부인이 사망했을 때부터 독약을 먹인 자가 이 집 안에 있다는 걸 알고 있었어. 그것을 다브리니 씨가 가르쳐 주었지. 바루아가 죽었을 때, 난 어처구니없게도 엉뚱한 사람을, 그 천사 같은 아이를 의심했지! 난 범죄가 없을 때도, 언제나 마음속으로 의심의 눈을 번뜩이고 있는 사람이니까. 그런데 발랑틴이 죽은 뒤에는 더 이상 의심할 여지가 없었지. 그건 나뿐만이 아니라 다른 사람들도 마찬가지였어. 그러니 현재 다브리니 씨와 나만 알고 있는 당신의 범죄, 그리고 다른 몇 사람들한테서는 의심의 시선을 받고 있는 당신의 범죄가 조만간 세상에 알려지게 되겠지. 이건 아까도 말했듯이 당신 남편으로서가 아니라 사법관으로서 하는 말이오!"

부인은 두 손으로 얼굴을 가렸다.

"여보!" 그녀는 말끝을 흐렸다. "부탁이에요. 제발 겉으로만 보고 판단하지 말아주세요!"

"당신은 비겁자가 되려는 거요?" 빌포르는 경멸하는 목소리로 말했다. "그래, 독살 같은 걸 하는 자는 언제나 비겁자이게 마련이지. 자기 손에 걸려든 두 노인과 한 소녀가 죽어가는 모습을 눈앞에서 바라볼 용기가 있었던 당신이, 이제 와서 비겁자가 되겠다는 건가?"

"여보! 여보!"

"정말 이제 와서 비겁자가 되려는 거요?" 빌포르는 점점 흥분하고 있었다. "네 사람이 숨을 거두는 것을 1분 1분 잴 수 있었던 당신이? 그런 무서운 계획을 세우고 놀랍도록 교묘하고 놀랍도록 정확하게 그 끔찍한 독약을 배합한 당신이? 그토록 교묘하게 모든 것을 꾸며낸 당신이, 오직 한 가지, 범죄가 탄로나는 날 자기가 도대체 어떻게 될지 생각해 두는 것을 잊었단 말이오? 그럴 리가 없지. 틀림없이 당연히 받아야 할 형벌을 피하기 위해 다른 것보다 훨씬 마시기 쉽고 효과가 빠르고 확실한 독약을 만들어 두었을 거야…… 그렇지 않나? 적어도 그랬기를 바라오."

빌포르 부인은 두 손을 비틀면서 무릎을 꿇었다.

"알았소…… 알았어." 빌포르가 말했다. "당신은 완전히 자백했소. 하지만 재판관에게 하는 자백이나 마지막 순간에 하는 자백, 도저히 부인할 수 없게 된 뒤의 자백은 범인에 대한 형벌을 조금도 경감시켜 주지 않아."

"형벌!" 빌포르 부인이 소리쳤다. "형벌이라고요! 아까도 그 말을 하셨죠?"

"그렇소. 네 번이나 죄를 지은 당신이 빠져나갈 수 있을 거라고 생각했나? 구형하는 사람이 당신 남편이니까 벌을 받지 않아도 될 거라고 생각했소? 어림 없지! 누구의 아내이든 간에 단두대는 독살범을 기다리고 있어. 아까도 말했지만 그 여자가 효과가 확실한 독약 몇 방울을 챙겨두는 것을 잊었다면 말이오."

빌포르 부인은 거친 소리로 비명을 질렀다. 무너져버린 부인의 얼굴 위로 억제할 수 없는 추악한 공포의 빛이 순식간에 퍼져갔다.

"아, 단두대에 대해선 걱정할 필요 없소." 빌포르가 말했다. "나는 당신의 불명예를 원하지 않소. 다시 말하면 그건 나의 불명예이기도 하니까. 하지만 내가 하는 말을 이해한다면, 당신은 단두대에서 죽지 않을 거야."

"아니에요, 난 이해 못하겠어요. 그게 무슨 말이에요?" 절망한 부인이 완전히 깜짝 놀라 말했다.

"다시 말하면, 파리 최고 사법관의 아내는 그 파렴치한 소행으로 한 점의 오점도 없는 가문의 이름을 더럽히거나 아버지와 아들의 얼굴에 먹칠을 해서는 안 된다는 거요."

"안 돼요! 오! 안 돼요."

"그렇지 안 되지, 그건 당신으로서 훌륭한 각오요. 그 점에 대해선 감사드리지."

"감사라고요! 도대체 뭘 말이에요?"

"당신 입에서 방금 들은 말에 대해서."

"내가 무슨 말을 했는데요? 난 뭐가 뭔지 통 알 수가 없군요. 하나도!"

부인은 그렇게 말하면서 머리를 헝클어트린 채 입술에 거품을 물면서 일어섰다.

"내가 이 방에 들어와 '당신이 늘 사용하고 있는 독약을 어디다 두었소?' 하고 물었을 때 당신은 이미 대답한 거요."

빌포르 부인은 팔을 허공으로 쳐들고 경련하듯이 두 손을 비틀었다.

"아니에요, 아니에요!" 부인은 울부짖었다. "당신, 정말로 그렇게 할 생각은 아니겠죠?"

"난 당신을 단두대에서 죽게 만들고 싶지는 않아."

"오, 여보, 부탁이에요!"

"난 정의가 이루어지는 걸 원하고 있소. 이 세상에서의 내 사명은 악을 처벌하는 데 있소." 그는 불같이 타오르는 눈길로 말했다. "당신이 아닌 다른 여자였다면, 상대가 왕비라 해도 사형집행인을 보냈을 거요. 그러나 당신에게만은 인정을 베푸는 거요. 난 당신에게 이렇게 말했소. '가장 마시기 쉽고 빠르고 확실한 독약을 몇 방울 가지고 있겠지?'"

"오, 용서해 주세요! 제발 살려 주세요!"

"역시 비겁한 여자였군!"

"전 당신 아내잖아요!"

"당신은 독살범이야!"

"아, 제발……!"

"안 돼!"

"절 사랑하셨잖아요!"

"안 돼! 안 돼!"

"우리의 아이를 봐서! 오, 아이를 봐서 제발 절 살려 주세요!"

"안 돼! 안 돼! 안 돼! 이대로 당신을 살려두면 언젠가 다른 사람들처럼 그 아이도 죽여 버릴지 몰라."

"제가요? 제 자식을 죽인다고요?" 부인은 광기에 사로잡혀 빌포르를 향해 소리쳤다. "제가요? 에두아르를 죽인다고! ……오! 오!"

이 말은 무서운 웃음, 악마 같은 웃음, 미친 여자 같은 웃음으로 바뀌어 처절한 허덕임 속에 사라지고 말았다.

"잘 기억해 둬," 빌포르가 말했다. "내가 돌아올 때까지 만약 결행하지 못했다면, 내 입으로 당신을 고발하겠소. 그리고 내 손으로 당신을 체포하겠소."

그녀는 충격 속에서 숨 쉬기도 어려운 모습으로 힘없이 듣고 있었다. 살아 있는 것은 눈뿐이었다. 그 눈에서는 무서운 불꽃이 타오르고 있었다.

"알아들었겠지?" 빌포르가 말했다. "난 이제부터 살인범에게 사형을 구형하러 나가야 해. ……만약 돌아와서 당신이 이대로 살아 있다면 오늘 밤에는 콩시에르쥬리 (유명한 감옥. 프랑스 대혁명의 공포시대에 정치범이라는 이름으로 체포된 자는 이곳에 투옥되어 단두대로 보내졌다) 에서 자게 될 거요."

빌포르 부인은 한숨을 내쉬었다. 그리고 기진맥진하여 카펫 위에 쓰러지고 말았다.

빌포르는 마음이 조금 움직인 것 같았다. 그는 부드러운 눈길로 아내를 바라보았다. 그리고 그녀 앞에 가볍게 몸을 굽히고 천천히 말했다.

"안녕히! 잘 가시오."

그 '안녕히'라는 말이 마지막 칼날처럼 부인에게 떨어져 내렸다. 부인은 그대로 정신을 잃었다.

빌포르는 방을 나갔다. 나가면서 그는 열쇠를 두 번 돌려 방문을 단단히 잠갔다.

중죄 재판

　재판소와 세상 사람들이 베네데토 사건이라고 불렀던 그 사건은 매우 큰 파장을 불러일으켰다. 파리 카페, 드강 거리, 불로뉴 숲에서 출몰하던 가짜 카발칸티는 파리에 있는 동안, 그리고 그 부귀영화가 계속되었던 두세 달 동안 참으로 많은 사람들과 교제했다. 신문은 한결같이 피고의 풍류생활과 옥중생활에 대한 다양한 정보를 연일 기사화했다. 그 결과 특히 안드레아 카발칸티 공작을 개인적으로 알고 있었던 사람들은 매우 큰 호기심을 느꼈다. 따라서 그들은 어떻게든 수를 써서 지난날 동료 죄수를 살해한 베네데토가 피고석에 앉아 있는 모습을 보려고 안간힘을 썼다.

　대부분의 사람들은 베네데토가 법의 희생자까지는 아니더라도, 적어도 우발적인 실수로 그렇게 된 거라 생각하고 있었다. 전에 파리에서 아버지인 카발칸티 씨의 모습을 본 사람들은, 이번에도 또 그가 유명해진 아들의 신병을 인수하기 위해 틀림없이 파리에 오리라고 생각했다. 그가 처음 몬테크리스토 백작을 찾아왔을 때의 그 이상한 군복 이야기를 듣지 못한 사람들도, 이 노귀족의 당당한 풍채와 귀족적인 거동, 또 사교계의 의례에 대한 상당한 지식에 경탄의 눈길마저 보냈다. 사실 뭔가 얘기를 하거나 돈 계산을 하지 않는 한, 그야말로 훌륭한 귀족으로 보였던 것이다.

　한편, 피고에 대해 그가 얼마나 인상이 좋고 멋있으며, 또 돈을 얼마나 잘 쓰는지 알고 있는 사람들은, 그럴 경우에 흔히 그렇듯이, 무슨 적의 음모 같은 것에 걸려든 것일지도 모른다고 생각했다. 아무튼 이 세상에서는 막대한 부만 있으면, 선한 일로든 나쁜 일로든 사람들을 깜짝 놀라게 할 수 있고, 엄청난 권력의 힘을 발휘할 수도 있기 때문이다.

　그리하여 사람들은 어떤 사람은 호기심으로, 또 어떤 사람은 화젯거리로 삼으려는 기분으로 앞다투어 재판정으로 달려갔다. 재판소의 철문 앞에는 아침 7시부터 사람들이 길게 줄지어 서 있었고, 법정은 재판이 시작되기 한 시간 전부터 운 좋게 들어간 사람들로 벌써 가득 차 있었다.

공판이 시작되기 전은 물론이고 이미 시작된 뒤에도, 대사건의 날을 맞이한 방청석은 때때로 살롱 같은 분위기를 자아냈다. 누군가 아는 얼굴을 발견한 사람들은 다행히 자리가 가까워서 자기 자리를 빼앗길 염려가 없을 때는 일어나 서로 인사를 나누고, 다른 사람들이나 변호사, 헌병 등이 사이를 가로막고 있을 때는 손짓으로 신호를 교환했다.

그날은 여름 같지 않은 여름, 또는 너무 짧은 여름을 보충이라도 하듯이 눈부시게 화창한 가을날이었다. 그날 아침에 빌포르 씨가 보았던, 아침 해를 가리고 있던 구름도 이제는 마법처럼 사라지고 없었다. 올해의 마지막으로 여겨지는 아름다운 9월의 하루가 한껏 맑게 빛나고 있었다.

언론계를 주름잡고 곳곳에 자신의 옥좌를 가지고 있는 보샹은 여기저기 둘러보았다. 샤토 르노와 드브레의 모습이 보였다. 두 사람은 경관의 호의로 방금 자리를 잡은 참이었다. 그리고 경관은 당연한 권리로서 두 사람 앞에 서 있어도 되는데, 일부러 두 사람 뒤로 가 섰다. 이 우수한 경관들은 그 두 사람이 각각 대신비서와 백만장자라는 사실을 꿰뚫어본 것이 틀림없었다. 경관은 귀하신 두 젊은이들에게 최고의 경의를 표한 뒤, 자리 걱정은 하지 말고 어서 가서 보샹을 만나고 오라고 말했다.

"여어!" 보샹이 말했다. "우리 친구의 얼굴을 보러 온 건가!"

"물론이지!" 드브레가 대답했다. "그 훌륭하신 공작님 말이야! 이탈리아 왕가의 자손은 무슨, 얼어죽을!"

"단테(14세기 이탈리아의 시인, 《신곡》의 작자)에게 족보를 쓰게 하고, 멀리 《신곡》까지 거슬러 올라간다는 집안사람 말인가!"

"오랏줄에 묶인 왕자님이지!" 샤토 르노가 내뱉듯이 말했다.

"틀림없이 유죄겠지?" 드브레가 보샹에게 물었다.

"그건 오히려 내 쪽에서 물어보고 싶은데? 관청의 분위기는 그쪽이 더 잘 알 테니까. 그런데 지난번에 대신의 파티에서 재판장을 만났었지?" 보샹이 말했다.

"그랬지."

"무슨 말 없었나?"

"자네가 깜짝 놀랄 만한 얘기를 들었네."

"그래? 어서 그 얘기를 해 주게나. 최근에는 그런 얘기를 통 못 들어서 말이야."

"재판장은 이렇게 말하더군. 베네데토가 희대의 재주꾼이고 천재적인 사기꾼인 것처럼 말들하고 있지만, 사실은 가장 저급하고 가장 멍청한 사기꾼일 뿐, 처형 뒤에도 골상학적(骨相學的) 조사 같은 것은 할 만한 가치조차 없다더군."

"그래?" 보샹이 말했다. "하지만 제법 그럴듯하게 공작 행세를 하던걸."

"자네 보기에는 그랬겠지. 어쨌든 자네는 공작 같은 건 질색인 사람이라, 뭔가 실수를 발견하면 엄청 좋아하는 쪽이니까. 그런데 난 좀 달라. 난 본능적으로 귀족인지 아닌지 알 수 있거든. 그리고 상대가 어떤 귀족이든 간에 문장(紋章)에 대해선 기막히게 냄새를 잘 맡는 명견이라 어떤 집안도 척척 알아낼 수 있지."

"그럼 그자의 공작령에 대해 결코 믿지 않았었다는 말인가?"

"공작령? 그건 분명히 믿기는 했지……. 하지만 과연 진짜 공작인가 하는 것은 절대로 믿지 않았네."

"잘했군," 드브레가 말했다. "하지만 자네 말고는 분명히 공작으로 통하고 있었거든……. 대신들에게도 얼굴을 내밀고 있었고."

"그건 그래." 샤토 르노가 말했다. "대신들이야 공작을 잘 알아볼 테니까 말이야!"

"방금 그 말 좋은데." 보샹이 킬킬 웃으면서 말했다. "말이 간결한 데다 매우 날카롭군. 그걸 기사에 써먹어도 될까?"

"좋으실 대로," 샤토 르노가 말했다. "단순히 그런 의미에서만이라면 사용해도 상관없네."

"하지만 난 재판장과 얘기한 거고, 자넨 검찰총장과 얘기해 봤나?" 드브레가 보샹을 돌아보면서 물었다.

"아니, 얘기 못했어. 1주일 전부터 두문불출한 채 어디 나타나야 말이지. 하긴 그것도 무리는 아니지. 정체를 알 수 없는 불행의 연속인 데다 딸까지 이상하게 죽었으니……."

"이상하게 죽었다고? 그건 무슨 소린가?"

"모르는 척하는 게 좋을 거야. 무엇보다 사법관의 집에서 일어난 일이니까." 보샹은 외알박이 안경을 한쪽 눈에 댄 채 고정시키려고 애쓰면서 말했다.

"미안한 말이지만 외알박이 안경을 쓰는 데 있어서 드브레를 따라갈 사람은 없지. 드브레, 보샹에게 한 수 가르쳐 주지 그래." 샤토 르노가 말했다.

그때 갑자기 보샹이 놀란 듯한 목소리로 외쳤다. "아니, 설마 내가 잘못 보진 않았겠지?"

"뭘 말인가?"

"분명히 그녀야."

"그녀라니?"

"가출을 했다던데."

"외제니 양 말인가?" 샤토 르노가 물었다. "그럼 벌써 돌아온 건가?"

"그게 아니라, 그녀의 어머니 같다고."

"그럼 당글라르 부인?"

"설마!" 샤토 르노가 말했다. "그럴 리가! 딸이 가출한 지 열흘도 지나지 않았고, 남편이 파산한 지는 불과 사흘밖에 안 되었는데!"

드브레는 희미하게 얼굴을 붉혔다. 그리고 보샹의 시선이 향하고 있는 쪽을 바라보며 말했다.

"그건 말도 안 돼! 베일로 얼굴을 가리고 있네, 뭐. 모르는 여자라고. 어느 외국의 왕녀인가 보지. 카발칸티 공작의 어머니일지도 몰라. 그런데 자네, 무슨 얘길 하던 중이었지? 무척 재미있는 얘기 같던데."

"내가?"

"그래, 자네가 말했잖아. 발랑틴의 이상한 죽음에 대해서."

"아, 그랬지. 그런데 빌포르 부인은 왜 안 왔을까?"

"가엾은 부인이야!" 드브레가 말했다. "아마 이곳저곳의 병원을 위해서라며 멜리사 수(水 : 진통제)를 만들거나, 자기와 친구들을 위해 화장수나 만들고 있겠지. 소문에 의하면, 그런 소일거리에 1년에 2, 3천 에퀴나 쓰고 있다더군. 하지만 분명히 자네 말이 맞을 거야. 왜 오지 않았을까? 이곳에서 만날 수 있으면 좋을 텐데. 난 그 여자가 마음에 들어."

"난 그 여잔 질색이야." 샤토 르노가 말했다.

"왜?"

"그건 모르겠어. 좋고 싫은 것에 이유가 있나? 난 그냥 까닭 없이 싫더군."

"그것도 본능이라는 건가?"

"아마도……. 그런데 보샹, 아까 하던 얘기를 계속해보게."

보샹이 말을 이었다. "자네들은 빌포르 집안에 왜 죽음이 억수같이 퍼붓는지 아무래도 이상하지 않나?"

"억수같이, 거 딱 맞는 표현이군." 샤토 르노가 말했다.

"생시몽 (18세기 프랑스의 유명한 《회상록》의 저자 생시몽인지, 아니면 18, 9세기의 공상적 사회주의의 선구자 생시몽인지 확실치 않으나 전자로 추정된다)이 했던 말이야."

"어쨌든 빌포르 집안에서 일어난 사건이야. 그럼 얘기해보세."

"사실 난 석 달 전부터 잇따라 상을 당한 그 집을 늘 주시하고 있었네. 그리고 바로 그저께 발랑틴 사건에 대해 부인한테서 그런 이야기를 들었지." 드브레가 말했다.

"부인이라니?" 샤토 르노가 물었다.

"대신의 부인 말이네!"

"아! 미안," 샤토 르노가 말했다. "난 대신들과는 교제가 없어서 말이야. 그런 일은 젊은 공작님들에게 맡기고 있지."

"지금까지 잘만 하더니 이젠 신랄하게 나오시는군, 남작. 좀 봐주게. 제우스처럼 우릴 불살라버리려고 그러나."

"그렇다면 이제 입 다물기로 할 테니," 샤토 르노가 말했다. "나도 잘 좀 봐줘. 보복은 이제 그만두고."

"그건 그렇고, 보샹, 하던 얘기는 끝내야지. 그저께 부인이 그 일에 대해 요모조모 물으시더군. 그러니 얘기해주게, 나도 듣고나서 부인에게 알려드려야겠네."

"그래, 빌포르 집안에 그토록 억수같이, 난 계속 이 말을 쓰고 싶네, 억수같이 죽음이 퍼붓는 건 요컨대 범인이 집 안에 있기 때문이야!"

드브레와 샤토 르노는 자기도 모르게 움찔 몸을 떨었다. 왜냐하면 두 사람도 똑같은 생각을 여러 번 한 적이 있었기 때문이다.

"그렇다면 범인은 누구라고 생각하나?" 두 사람이 물었다.

"에두아르라는 아이지."

두 사람은 껄껄 웃기 시작했다. 그러나 보샹은 그들의 반응에 아랑곳하지 않고 하던 얘기를 이어나갔다.

"그렇다니까. 그 아인 놀라운 어린애지. 어른 뺨치게 사람을 죽일 수 있다니까."

"설마?"

"왜 아닐 거라고 생각하나? 난 어제 빌포르 집안에서 나온 하인을 한 사람 고용했어. 그가 얘기한 것을 들어보게."

"얘기해 보게."

"실은 내일이 되면 내보낼 생각이야. 빌포르 집안에서는 무서워서 밥을 먹지 못했다면서 어찌나 많이 먹어대는지. 그런데 그 하인이 말하길, 에두아르가 독약을 한 병 훔쳐서 이따금 그걸 사용해 마음에 들지 않는 사람을 차례차례 죽인다는 거야. 맨 먼저 생메랑 부부가 마음에 들지 않았지. 그래서 그 영약을 세 방울 먹였어. 세 방울이면 충분했거든. 이어서 누아르티에 노인의 늙은 하인인 바루아가 당했어. 가끔 그 맹랑한 아이를 호되게 다뤘다나 봐. 그래서 역시 영약을 세 방울 먹인 거지. 그리고 발랑틴에게도 똑같은 수법을 쓴 거야. 발랑틴한테 혼난 적은 없지만 그녀에 대한 질투 때문이라나. 그래서 또 영약 세 방울. 그래서 그녀도 다른 사람들과 마찬가지로 끝장나고만 거라네."

"무슨 옛날이야기라도 듣는 것 같지 않은가?" 샤토 르노가 말했다.

"바로 그거야," 보샹이 말했다. "그야말로 딴 세상의 얘기."

"무슨 말 같잖은 소리." 드브레가 말했다.

"내 이야기를 농담으로 돌릴 셈인가! 좋아! 그렇다면 우리집에 있는 그 하인에게 물어봐. 그 집에서도 다들 그렇게 얘기하고 있다던데."

"하지만 그 영약이라는 것은 어디에 있고? 또 그건 도대체 어떤 약인데?"

"유감이지만, 아이는 그것을 감추고 있어."

"그런데 그게 어디서 났을까?"

"엄마 실험실에서."

"그럼 그 여잔 실험실에 독약 같은 걸 두었단 말인가?"

"거기까지 내가 어떻게 아나! 마치 검사 나리가 신문하는 것 같군. 난 그저 들은 대로 얘기했을 뿐이야. 그 얘기를 한 하인의 이름 정도는 말해줄 수 있지만 그 이상은 나도 모르네. 그 녀석, 겁에 질려서 뭘 먹어도 목구멍에 넘어가지 않더라는 거야."

"설마!"

"그런데 그 설마가 사람 잡는다는 말 모르나? 거 왜 바로 작년에도 리슐리외 거리의 소년이 형제와 자매가 자고 있는 동안 재미삼아 귀에 바늘을 찔러 넣어 죽인 사건이 있었지. 요즘 아이들은 여간 조숙한 게 아니거든."

"하지만 자네 자신도 그걸 진실로 여기지는 않는 것 같은데? 그런데 몬테크리스토 백작이 보이지 않는군. 왜 안 왔을까?" 샤토 르노가 의아하다는 듯이 물었다.

"지친 거지," 드브레가 말했다. "게다가 카발칸티 부자에게 당했으니 사람들 앞에 나서기도 싫을 것이고. 가짜 신용장을 들고 백작을 찾아와서 공작령을 담보로 10만 프랑을 빌려갔다더군."

"그런데 샤토 르노," 보상이 물었다. "막시밀리앙은 어떻게 됐나?"

"실은 지금까지 세 번이나 찾아가 봤는데 그림자도 보이지 않았어. 하지만 누이동생은 전혀 걱정하는 기색이 없더군. 무척 밝은 표정으로 자기도 지난 2, 3일 동안 만나지 못했지만 잘 있을 거라고 하던데?" 샤토 르노가 말했다.

"알았다! 몬테크리스토 백작은 이 공판에 나타날 수 없게 돼 있어." 보상이 말했다.

"그건 또 왜?"

"백작 자신이 이번 사건과 관련이 있으니까."

"그럼 백작 역시 살인이라도 했단 말인가?" 드브레가 물었다.

"말도 안 돼. 반대로 백작 자신이 살해당할 뻔한 거지. 카드루스는 백작의 집에서 나가다가 베네데토라는 놈에게 살해당하지 않나? 게다가 혼인계약서의 서명을 물거품으로 만들었던 편지가 든 조끼도 백작의 집에서 발견되었지. 저길 보게, 그 조끼가 보이지? 증거물로 저 책상 위에 피 묻은 채 놓여 있잖아."

"그렇군."

"조용히 해주십시오! 곧 개정하겠습니다. 모두 자리에 앉아 주십시오."

법정 안은 술렁거리기 시작했다. 좀전에 자리를 잡아 주었던 순경이 엄숙한 목소리로 두 사람을 불렀다. 그리고 공판정 입구에 나타난 수위는, 이미 보마르셰(프랑스 18세기의 극작가, 《피가로의 결혼》 《세비야의 이발사》 등의 작가) 시대부터 내려오는 그 드높은 목소리로 외쳤다.

"재판을 시작하겠습니다!"

기소장

물을 끼얹은 듯 조용한 분위기 속에 재판관들이 자리를 잡고 앉았다. 배심원들도 모두 자기 자리에 앉았다. 주목의 대상, 아니 그보다 법정에 있는 모든 사람들의 존경을 한 몸에 받고 있는 검사 빌포르 씨는 모자를 쓴 채 안락의자에 앉아 조용히 주위를 둘러보았다.

아버지다운 슬픔은 그림자조차 비추지 않는, 빌포르의 냉정하고도 엄숙하며 인간으로서의 감정을 잃어버린 듯한 얼굴을 모두들 무서운 듯이 바라보았다.

"헌병!" 재판장이 말했다. "피고를 데리고 들어오시오."

이 말을 듣자 사람들은 더욱 긴장했다. 모두의 시선이 베네데토가 들어올 문 쪽으로 쏠렸다.

곧 문이 열리고 피고가 들어왔다.

모든 사람들은 똑같은 인상을 받았다. 어느 누구도 그 얼굴 표정을 잘못 본 사람은 없었다.

그의 얼굴에는 피를 심장으로 거꾸로 돌게 하고 이마와 뺨에서 핏기가 사라지게 하는 깊은 감정은 조금도 보이지 않았다. 한쪽 손은 모자 위에, 다른 손은 하얀 피케 조끼 위에 얌전히 얹고 있는데, 전혀 떨고 있지 않았다. 눈은 침착하게 빛나기까지 했다. 법정에 들어오자마자 그는 판사들과 방청객들을 쭉 둘러보았다. 그리고 재판장과, 특히 검찰총장에게 오랫동안 시선이 머물렀다.

그 옆에는 변호사가 앉았다. 관선 변호사(안드레아는 그런 데는 신경도 쓰지 않는 듯, 자기 쪽에서는 아무것도 나서서 하려고 하지 않았다)인 옅은 금발의 청년은 피고보다 더 흥분한 기색으로 얼굴이 상기되어 있었다.

재판장은 앞에서도 말했듯이 빌포르가 도도하고 가차 없이 써내려간 고소장을 낭독하라고 명령했다.

다른 사람 같으면 도저히 견딜 수 없는 그 긴 고소장이 낭독되는 동안, 안드레아는 모든 사람들의 주목을 한 몸에 받으면서 마치 스파르타 사람처럼 밝은 모습을 유지하고 있었다.

빌포르가 이토록 간결하고 웅변적으로 논고를 펼친 것은 아마 이번이 처음이었을 것이다. 범죄의 전말이 너무나 생생하게 묘사되어 있었다. 피고의 출생과 성장 과정 그리고 아주 어릴 때부터의 모든 행적이, 뛰어난 두뇌와 실생활의 체험, 인간심리에 대한 깊은 이해를 지닌 검찰총장의 수완을 바탕으로 매우 훌륭하게 추론되어 있었다.

베네데토는 법률에 의한 실제적인 처벌에 앞서서, 이 논고에 의해 일찌감치 세상에서 매장되고 만 셈이었다.

안드레아는 잇따라 자기에게 제시되는 증빙에 대해 눈썹 하나 까딱하지 않았다. 빌포르 씨는 종종 그에게 시선을 보내면서, 이제까지 많은 피고에게 그랬던 것처럼 예리하게 심리탐구를 계속했다. 그러나 아무리 뚫어지게 응시해도 안드레아는 한 번도 그 시선을 피하지 않았다.

이윽고 기소장 낭독이 끝났다.

"피고," 재판장이 말했다. "이름이 뭔가?"

안드레아가 일어나 매우 맑은 목소리로 말했다.

"실례지만 재판장님. 재판장님이 이제부터 하시려는 질문에 순서대로 대답하는 건 아무래도 어려울 듯합니다. 나중에, 제 경우는 다른 피고와 다르다는 것을 밝히고 싶습니다. 따라서 부디 순서를 바꾸어 대답하는 것을 허락해 주십시오. 물론 어떤 질문에 대해서도 다 대답할 생각입니다."

재판장은 놀란 기색으로 배심원 쪽을 바라보았다. 배심원들은 검찰총장을 다시 바라보았다.

법정 안에 있는 사람들은 모두 크게 놀란 기색이었다. 그러나 안드레아는 조금도 동요하는 기색이 없었다.

"나이는?" 재판관이 물었다. "이 질문에는 대답할 수 있나?"

"다른 질문과 마찬가지로 대답할 생각입니다만, 이것 역시 때가 되면 대답하겠습니다."

"나이는?" 재판장이 되풀이했다.

"스물한 살. 아니 더 정확하게 말하면 앞으로 며칠 뒤면 스물한 살이 되니다. 저는 1817년 9월 27일부터 28일 밤 사이에 태어났습니다."

기록을 하고 있던 빌포르는 이 날짜를 듣자 고개를 들었다.

"태어난 곳은?" 재판장이 계속했다.

"파리 근교의 오퇴유입니다." 베네데토가 대답했다.

빌포르 씨가 또다시 고개를 들었다. 그리고 마치 메두사(그리스 신화에 나오는 미녀. 여신 미네르바의 분노를 사서 머리카락은 모조리 뱀이 되고, 또 그 눈으로 보는 상대는 모두 돌로 변했다고 한다)의 얼굴이라도 보는 듯이 베네데토를 쳐다보더니 이내 얼굴빛이 변하고 말았다.

한편 베네데토는 수놓은 고급 리넨 손수건의 끝자락을 손가락으로 가볍게 잡고 맵시 있게 입술을 닦고 있었다.

"직업은 뭔가?" 재판장이 물었다.

"처음에는 위조지폐를 만들었습니다." 안드레아는 천연덕스럽게 대답했다. "그런 다음에는 도둑질을 했고, 아주 최근에 살인을 했습니다."

술렁거리는 소리, 아니 그보다 분노와 놀라움의 폭풍이 법정 안을 휩쓸었다. 판사들조차 어이가 없다는 듯이 서로 얼굴을 마주보았다. 배심원들은 이렇게 고상한 청년에게서 나오리라고는 상상할 수도 없는 뻔뻔스러운 태도에 깊은 혐오감을 나타냈다.

빌포르는 손으로 이마를 짚었다. 처음에는 창백했던 그의 이마가 지금은 불타는 듯이 붉게 변해 있었다. 그는 별안간 일어서더니 정신이 아득한 것처럼 주위를 둘러보았다. 숨도 막히는 듯했다.

"검찰총장님, 뭘 찾으시는 건지요?" 베네데토는 매우 정중한 미소를 지으면서 물었다.

빌포르는 한 마디도 대답하지 않았다. 그리고 앉는다기보다는 쓰러지듯이 안락의자에 주저앉았다.

"그럼, 이제는 이름을 말해 줄 수 있나?" 재판장이 물었다. "피고는 자신이 저지른 온갖 범죄를 마치 직업인 것처럼 태연하게 나열하는 불손한 태도를 보이고 있으며, 인류에 대한 도덕과 존경의 이름으로 이 법정이 엄숙하게 꾸짖어야 하는 행위에 대해 의기양양한 모습을 보이고 있다. 아마도 피고는 그것 때문에 이름을 말하기를 미룬 것으로 보이는데, 말하자면 미리 그러한 경력을 늘어놓은 다음에 대답함으로써 자신의 이름을 돋보이게 하려는 생각이겠지?"

"이거 놀랍군요," 베네데토는 나긋나긋한 목소리로 정중하게 말했다. "사람의 마음속을 그토록 꿰뚫어 보시다니. 질문 순서를 바꿔달라고 한 것은 사실 그 때문이었습니다."

방청객들의 놀람은 극도에 달했다. 피고의 말에서는 어떠한 허세나 뻔뻔함도 보이지 않았다. 깜짝 놀란 방청석은 그 암담한 구름 속에서 금방이라도 벼락이 칠 것을 예감하고 있었다.

"좋아!" 재판장이 말했다. "그럼, 이름은?"

"저는 제 이름을 모릅니다. 따라서 그것을 말씀드릴 수가 없습니다. 단 아버지의 이름은 알고 있으니 그거라면 말씀드릴 수 있습니다."

빌포르는 무서운 현기증에 눈앞이 캄캄해졌다. 그 경련하듯 떨리는 손이 만지작거리고 있는 서류 위로 고통스런 땀방울이 뚝뚝 떨어졌다.

"그럼 아버지의 이름을 말해보라." 재판관이 말했다.

넓은 법정 안은 정적에 싸여 속삭임 하나, 숨소리 하나 들리지 않았다. 모든 사람들이 마른침을 삼키며 기다리고 있었다.

"제 아버지는 검찰총장으로 계십니다." 안드레아는 침착하게 대답했다.

"검찰총장?" 경악한 재판장은 빌포르의 얼굴에 나타난 혼란은 보지 못한 채 말했다. "검찰총장이라고!"

"그렇습니다. 그리고 이름을 말하라고 하시니 대답하지요. 그분의 이름은 빌포르입니다!"

개정 중인 재판소에 대한 존경심에서 참고 참았던 감정이 마치 천둥처럼 모든 사람들의 가슴 속에서 폭발했다. 법정조차 그러한 군중의 동요를 제지하는 것을 잊어버릴 정도였다. 무엇도 아랑곳하지 않는 천연덕스러운 베네데토에게 쏟아지는 욕설, 헌병들의 흥분한 몸짓과 움직임, 많은 사람이 모인 자리에서 뭔가 혼란이나 문제가 일어날 때는 즉각 끝으로 나타나는 비열한 자들의 조소. 이 모든 것이 판사와 경비원들이 가까스로 진정시킬 때까지 거의 5분이나 계속되었다.

그 소란 속에서 재판장이 외치는 소리가 들려왔다.

"피고는 법정을 우롱할 작정인가? 지금은 전혀 불만족스러울 게 없는 시대임에도, 피고는 감히 국민들 앞에 지금까지 전례가 없는 화려한 타락상을 드러내려는 것인가?"

몇 사람이 의자 위에 반쯤 쓰러져 있는 검찰총장에게 달려갔다. 그리고 그를 위로하고 격려하면서, 열의와 동정에서 나온 피고에 대한 항의의 말을 해주었다.

법정은 다시 조용한 분위기를 되찾았지만, 단 한 군데에서만은 상당히 많은 사람들이 동요하면서 술렁거리고 있었다. 한 부인이 정신을 잃었다가 각성제를 맡게 한 덕분에 겨우 깨어났던 것이다.

그 소동 속에서 안드레아는 미소 짓는 얼굴로 방청석을 바라보고 있었다. 그는 자신이 앉아 있던 떡갈나무 벤치의 등받이에 한 손을 걸치고 매우 우아한 모습으로 말했다.

"여러분, 저는 결코 법정을 모욕하거나, 이렇게 훌륭한 방청객 여러분 앞에서 쓸데없는 소동을 일으킬 생각이 없습니다. 저는 몇 살이냐는 질문에 대해 대답했습니다. 어디서 태어났느냐는 질문에 대해서도 역시 대답했습니다. 단, 이름을 말하라고 명령하셨을 때 그 질문에 대해서만큼은 대답하지 않았습니다. 왜냐하면 저는 부모에게 버림받은 자식이기 때문입니다. 처음부터 이름이 없었으니 말할 수 없었던 거죠. 하지만 아버지의 이름은 말할 수 있습니다. 그래서 다시 한 번 말씀드립니다. 아버지의 이름은 빌포르. 그 증거는 언제라도 보여드리겠습니다."

확신과 자신과 힘이 담겨 있는 청년의 말에 장내의 술렁거림은 곧 가라앉았다. 사람들은 그 순간, 마치 벼락에 맞아 죽은 사람처럼 의자 위에서 미동도 하지 않고 있는 검찰총장에게 시선을 옮겼다.

"여러분," 안드레아는 몸짓과 목소리로 조용히 해주기를 요청하면서 말을 이었다. "저는 여러분 앞에 제 자신이 한 말을 증명하고 설명하지 않으면 안 된다고 생각합니다."

그 말에 재판장이 초조해하면서 소리쳤다.

"그러나 피고는 예심에서 스스로 베네데토라 이름을 대고 고아이며 태어난 곳은 코르시카라고 진술하지 않았는가!"

"예심에서는 예심에서 할 수 있는 말을 했을 뿐입니다. 자신의 진술에 부여하고 싶은 엄숙함이 타인에 의해 약해지거나 중단되어서는 안 된다고 생각했기 때문입니다. 사실 그러한 우려가 있었습니다. 자, 그럼 다시 한 번 말하겠습니다. 저는 1817년 9월 27일에서 28일 밤 사이, 오퇴유에서 검찰총장 빌포르 씨의 아들로 태어났습니다. 더 자세한 사정을 듣고 싶으시다면 말씀드리지요. 저는 퐁텐느 거리 28번지에 있는 어느 집 2층, 붉은 다마스 천의 커튼이 쳐진 방에서 태어났습니다. 아버지는 어머니에게 제가 죽은 채로 태어났다고 말한 뒤, 저를 H와 N이라는 머리글자가 새겨진 수건에 싸서 그대로 정원으로 나가 그곳에 산 채로 묻었습니다."

빌포르의 얼굴에 공포의 빛이 더해갈수록 피고의 자신감은 더욱더 높아져 갔다. 그 모습을 보고 법정 안의 사람들은 자기도 모르게 몸을 떨었다.

"그러나 피고는 그렇게 상세한 사정을 어떻게 알고 있는 것인가?" 재판장이 물었다.

"말씀드리지요. 그날 밤, 아버지가 저를 산 채로 묻어버린 그 정원 안에, 아버지에게 깊은 원한을 품고 오래 전부터 코르시카식 복수를 하기 위해 기회를 엿보고 있던 한 사내가 몰래 들어와 수풀 속에 숨어 있었습니다. 아버지가 손에 든 것을 땅에 묻자, 사내는 그 모습을 보고 그 자리에서 아버지를 칼로 찔렀습니다. 그리고 그것이 무슨 귀중품인 줄 알고 구덩이를 파헤치다가, 아직 숨이 붙어 있던 저를 발견했습니다. 그는 저를 고아원에 데려다 주었고, 저는 57호라는 번호로 그곳에 수용되었습니다. 그리고 석 달 뒤, 남자의 누나가 저를 데려가기 위해 로글리아노에서 파리로 찾아와 저를 자기 아들이라 말하고는 데리고 돌아갔습니다. 그리하여 저는 오퇴유에서 태어났지만 자란 곳은 코르시카였습니다."

잠깐 동안 정적이 흘렀다. 그러나 그 정적은 너무나 깊어서, 수많은 사람들의 가슴이 호흡하고 있을 것이 분명한 불안의 기운마저 없었다면 실내가 텅 비어 있는 것으로 착각될 정도였다.

"계속하게." 재판장이 말했다.

"저는 저를 사랑해준 그들과 함께 행복하게 살 수 있었을지도 모릅니다. 그러나 제가 가지고 태어난 비뚤어진 심성이, 양어머니가 저에게 가르쳐주려 했던 올바른 미덕을 저버리고 말았습니다. 저는 점점 나쁜 쪽으로 기울어 마침내 범죄를 저지르게 되었습니다. 어느 날, 저에게 그토록 나쁜 짓을 하도록 한심한 운명을 내려주신 하느님을 저주하고 있으니, 양아버지가 그것을 듣고 저에게 와서 이렇게 말했습니다. '이 멍청한 녀석! 하느님을 저주해선 안 돼! 하느님은 분노 때문에 널 이 세상에 내보내신 것이 아니니까!

죄는 네 아버지한테서 온 것이지 너 자신한테서 온 게 아니야. 그건 네가 죽었으면 너를 지옥에 떨어뜨리고, 만약 기적적으로 살아난다면 너를 비참한 생활로 내던져버리려 한 네 아버지한테서 온 거란 말이다!' 그때부터 저는 하느님을 저주하는 것을 그만두고 대신 아버지를 저주했지요. 그 결과 이곳에 계신 분들이 몸서리를 칠 만한 일을 저질렀습니다. 또 그래서 조금 전에 저를 꾸짖으신 그런 말을 하게 된 겁니다. 그것이 또 하나의 죄가 된다면 부디 처벌해 주십시오. 그러나 태어날 때부터 제가 불행하고 괴롭고 가엾은 운명을 타고났다는 것을 이해하신다면, 부디 불쌍한 놈이라고 여겨주십시오!"

"그렇다면 피고의 어머니는?" 재판장이 물었다.

"어머니는 제가 죽은 줄로 알고 있었습니다. 그러니 어머니에게는 아무런 잘못도 없습니다. 저는 어머니의 이름은 알고 싶지도 않았습니다. 그래서 저는 어머니가 누군지 모릅니다."

그때 아까 말했듯이 한 여자를 에워싸고 있던 사람들 사이에서 외마디 비명이 날카롭게 들려오더니 이내 흐느낌으로 변했다.

심한 신경성 발작이 일어나 쓰러진 여자는 법정 밖으로 실려 나갔다. 실려 나가는 동안 여자의 얼굴을 가리고 있던 두꺼운 베일이 약간 벗겨졌다. 그 얼굴은 다름 아닌 당글라르 부인이었다.

감각은 터질 것처럼 긴장하고, 귀는 심하게 울리고, 머릿속은 어지러운 가운데서도, 당글라르 부인을 알아본 빌포르는 그 자리에서 벌떡 일어섰다.

"증거! 증거를 대라!" 재판장이 말했다. "피고는 그런 무서운 사실을 주장하려면 명백한 증거가 필요하다는 걸 모르는가!"

"증거요?" 베네데토가 웃으면서 말했다. "증거를 보여 달라는 말씀입니까?"

"그렇다."

"빌포르 씨를 보십시오. 그런 다음 증거를 요구하시죠."

사람들은 일제히 검찰총장을 바라보았다. 그는 자신에게 쏟아지고 있는 무수한 시선의 무게를 한 몸에 느끼면서, 흐트러진 머리와 손톱자국이 깊게 패인 얼굴로 비틀비틀 법정 중앙으로 나아갔다.

법정은 놀라움으로 일제히 술렁거렸다.

"아버지, 증거를 보여 달라는군요," 베네데토가 말했다. "보여드려도 될까요?"

"아니, 아니," 빌포르 씨는 쉰 목소리로 말했다. "아니야, 그럴 필요 없다."

"뭐라고요? 필요가 없다고 하셨소?" 재판장이 소리쳤다. "그건 무슨 뜻입니까?"

검찰총장은 외치듯이 말했다. "그건 이렇게 저를 압박하고 있는 무서운 힘 앞에서는 아무리 발버둥쳐 봐도 소용이 없다는 뜻입니다. 여러분, 인정합니다. 저는 지금 복수의 신의 손아귀 안에 있습니다. 증거는 필요 없습니다. 그런 건 전혀 필요 없습니다. 이 청년이 한 말은 모두 진실입니다!"

자연계의 천재지변보다 더 심한 무겁고 불길한 침묵이 그 납 같은 외투로 법정을 가득 메운 사람들을 뒤덮어 버렸다. 그들은 공포에 떨면서 머리카락이 곤두서는 것을 느꼈다.

"무슨 말씀이오!" 재판장이 소리쳤다. "혹시 꿈을 꾸고 있는 것이 아닙니까? 정말 제정신으로 하는 말씀입니까? 이렇게 괴상하고 갑작스러운 무서운 모험 때문에 정신에 혼돈이 일어나는 수도 있어요. 어서 진정하시오."

검찰총장은 고개를 옆으로 흔들었다. 그의 이는 열병을 앓는 사람처럼 심하게 부딪치고 있었다. 얼굴은 죽은 사람처럼 보랏빛이었다.

"정신은 말짱합니다. 다만 육체만이 괴로워하고 있을 뿐입니다. 그것도 왜 그런지 이유를 알고 있습니다. 저는 이 청년이 저에 대해 말한 모든 것에 대해 저에게 죄가 있다는 것을 인정합니다. 저는 이제 집으로 돌아가서 후임 검찰총장의 처분을 기다리겠습니다."

거의 숨이 막히는 듯한 침통한 목소리로 그렇게 말한 뒤, 빌포르는 위태위태한 걸음으로 입구를 향해 걸어갔다. 수위가 기계적으로 문을 열어주었다.

2주 전부터 파리 상류사회를 그토록 떠들썩하게 했던 파란이 이러한 폭로와 고백으로 무서운 결말을 맞이한 것을 보자, 법정 안의 사람들은 말 한 마디 없이 망연자실해 있을 뿐이었다.

"어떤가!" 보샹이 말했다. "인생에는 정말 있을 수 없는 일도 일어나는군!"

그러자 샤토 르노가 덧붙였다. "정말이야. 나라면 모르세르 씨와 똑같은 최후를 택하겠어. 권총 한 방이 이런 막장보다는 나을 것 같군."

"게다가 확실하게 죽을 수 있고."

"더욱이 난 한때 저 사람의 딸과 결혼할 생각을 했으니. 그 아가씨, 죽길 잘했지!" 드브레가 다행이라는 듯이 말했다.

"폐정합니다." 재판장이 외쳤다. "본건의 심리는 다음 공판까지 연기하고 재심리에 부칠 것이며, 이것을 다른 재판장에게 맡기기로 하겠습니다."

안드레아는 여전히 침착한 태도로 전보다 더욱 사람들의 관심을 모으면서 헌병들의 호위 속에 법정을 나갔다. 헌병들은 자기도 모르게 그에게 경의를 표하고 있었다.

"이번 사건에 대한 당신의 의견은 어떻소?" 드브레는 경관에게 1루이짜리 금화를 쥐여주면서 물었다.

그 경관이 대답했다. "아마도 정상참작이 되겠죠."

속죄

빌포르 씨는 그토록 빼곡하게 차 있던 사람들이 자기 앞에 길을 터주는 것을 보았다. 엄청난 고통은 사람들의 존경심을 불러일으키는 법이어서, 아무리 어지러운 세상이라도 어떤 커다란 재앙 앞에서 대중이 최초로 느끼는 감정은 언제나 동정이게 마련이다. 미움을 받던 많은 사람들이 폭동에 의해 살해된 적은 있다. 그러나 파렴치한 한 남자가 설령 정말 죄를 저질렀다 해도, 그 사형선고에 입회한 사람들한테서 모욕을 당하는 일은 거의 없다.

그래서 주위에 열을 지어 둘러서 있는 방청객과 경비원, 재판소 직원들 사이를 빠져나간 빌포르는, 비록 베네데토의 고백으로 자기 죄가 드러났어도 그 괴로워하는 모습 때문에 보호를 받으면서 그 자리를 떠날 수 있었다.

세상에는 본능으로는 파악할 수 있어도 이성으로는 설명할 수 없는 일이 있다. 그런 경우, 가장 격렬하고 가장 자연스러운 외침을 내지르는 자, 그 자야말로 위대한 시인이 틀림없을 것이다. 민중은 그러한 외침이야말로 모든 사정을 설명해주는 것으로 생각하고 그것으로 만족하며, 더 나아가서 그것이 진실일 경우에는 숭고하다고까지 생각한다.

물론 재판소에서 나갈 때의 빌포르의 방심상태를, 또 그의 동맥을 격렬하게 뛰게 하고 그의 신경섬유를 긴장시키며, 그 혈관 하나하나를 모조리 찢어버릴 것처럼 부풀려 몸의 각 부분을 무수한 고통으로 찢어놓은, 마치 열에 들뜬 것 같은 상태를 묘사하는 건 지극히 어려운 일이다.

지금까지의 습관에 따라 복도를 더듬어간 그는 어깨에서 법복을 떨쳐버렸다. 그러나 그것은 지금의 처지를 생각해서 한 일이 아니라, 어깨 위의 법복이 견딜 수 없이 무거운 짐처럼, 또 무수한 고통을 품고 있는 네소스(그리스 신화에 나오는 인마(人馬). 자신의 피가 묻은 복수의 속옷을 헤라클레스에게 전달하여 그것을 입은 헤라클레스가 독이 퍼져 죽게 하였다)의 속옷처럼 느껴졌기 때문이다.

그는 비틀거리면서 도팽 광장까지 가서 자신의 마차를 찾아 스스로 마차 문을 열고 자고 있는 마부를 깨웠다. 그리고 의자 위에 쓰러지듯 몸을 던지면서, 생토노레 구역 쪽을 손가락으로 가리켰다. 마부는 곧 마차를 달리기 시작했다.

그의 머리 위에는 이제 무너져버린 운명의 무게가 실려 있었다. 그는 그 무게에 짓눌리면서도 그 결과가 어떻게 될지는 알지 못했다. 그 무게를 생각해보려고도 하지 않았다. 다만 그것을 느끼고 있을 뿐이었다. 법전의 문구를 따져보지도 않았다. 알고 있는 조문을 인용하며 냉혹하게 사형을 구형하던 사람 같지가 않았다.

그는 마음속으로 신을 느끼고 있었다.

"하느님!" 그는 자기가 무슨 말을 하고 있는지조차 의식하지 못한 채 중얼거렸다. "하느님! 하느님!"

그에게는 방금 일어난 붕괴의 저 너머로 오직 신밖에 보이지 않았다.

마차는 빠르게 달렸다. 빌포르는 의자 위에서 흔들리며 무언가가 몸에 부딪치고 있음을 느꼈다. 손으로 그것을 만져보았다. 아내가 의자와 등받이 사이에 둔 채 잊어버리고 간 부채였다. 그 부채를 보자 생각이 났다. 마치 어둠속에 번갯불이 번쩍인 것 같은 느낌이었다.

그는 아내를 떠올렸다.

"아!" 그는 심장이 뜨겁게 달군 쇠에 찔린 것처럼 소리쳤다.

한 시간 전부터 그는 자신의 비참한 입장에 대해 그 일면밖에 생각하지 않고 있었다. 그런데 지금 갑자기 다른 일면이 떠오른 것이다. 게다가 그것은 앞의 일면 못지않게 무서운 것이었다.

그 여자, 그는 그 여자에게 조금 전에 준엄한 재판관으로서 사형선고를 내렸었다. 그 여자는 공포와 회한에 사로잡혀, 완전무결한 그의 원칙에 의해 치욕을 당하고, 절대적인 권력 앞에 나약한 자신을 보호할 줄도 모른 채, 아마 지금쯤 죽으려 하고 있을 것이 아닌가!

그가 선고를 내린 지 이미 한 시간이나 지나 있었다. 그녀는 지금쯤 자기가 저지른 모든 죄를 기억 속에서 되씹으면서 신께 용서를 구하고, 덕망 높은 남편에게도 무릎을 꿇고 죽음으로 용서를 구하기 위해 유서를 쓰고 있을 것이 틀림없었다.

빌포르는 고뇌와 분노로 다시 신음을 내뱉었다.

"아!" 그는 마차의 공단을 씌운 의자 위에 뒹굴면서 소리쳤다. "그 여자는 나와 같이 살았기 때문에 죄를 저지르게 된 것이다. 나는 죄의 기운을 뿌리고 있는 사람이다! 그래서 그녀는 사람이 티푸스와 페스트에 걸리듯이 죄에 감염된 것이다! ……그런데도 내가 그녀를 벌하다니! ……난 그녀에게 '참회하고 죽으라'고 말했다…… 안 돼, 안 돼! 죽어서는 안 돼…… 나와 함께, 끝까지 함께 가는 거야…… 달아나자. 프랑스를 떠나자. 지구 끝까지, 가는 데까지 가자. 난 그녀에게 단두대를 들먹였다! 아, 내가 어떻게 그런 말을 할 수 있었단 말인가! 나 자신에게도 단두대가 기다리고 있는 것을! ……달아나자…… 그래. 가서 그녀에게 고백하자! 날마다 머리 숙이고 그녀에게 말하는 거야, 나 또한 죄를 지었다고…… 아! 호랑이와 뱀 부부 같구나! 그래, 나 같은 놈에게 꼭 어울리는 여자지! ……그 사람을 살려야 해! 그리고 나의 오명으로 그녀의 오명을 덮어주어야 한다!"

빌포르는 칸막이 유리를 미친 듯이 아래로 내렸다.

"빨리, 더 빨리!" 그는 마부가 마부석 위에서 펄쩍 뛰어오를 만큼 소리를 내질렀다.

말은 공포에 몸을 떨면서 나는 듯이 달려갔다.

"그래, 그래," 빌포르는 점점 집이 가까워짐에 따라 되풀이해 말했다. "그래, 제발 살아 있어 다오. 마음을 고쳐먹고, 모두가 전멸해버린 내 집에서 불사신 같은 노인과 함께 하나밖에 살아남지 않은 내 아들, 그 사랑스러운 아들을 키워주어야 해! 그 사람은 아들을 사랑했어. 그녀는 그 아들을 위해 그런 짓까지 저지른 거야. 자식을 사랑하는 어머니의 마음은 결코 경멸을 받아서는 안 되지. 생각을 돌이켜 줄 거야. 그 사람이 죄를 지은 것은 아무도 모를 거야. 내 집에서 일어난 그 범죄를 세상이 어렴풋이 눈치채고 있을지 몰라도 시간이 지나면 잊어버리겠지. 설령 몇몇 적들이 그것을 기억해 내는 일이 있다 해도, 그래, 그때는 내가 뒤집어쓰면 돼. 지은 죄가 하나, 둘, 셋이 된다 한들 무슨 상관이야! 이제 나와 함께 세상이 그 속으로 무너져 내리려 하는 이 심연을 떠나, 그 사람은 돈을 가지고 아들을 데리고 달아나면 되는 거야. 그 사람은 살아 줄 거야. 그리고 행복해질 수 있을 거야. 그 사람은 아들에게 모든 사랑을 쏟을 것이고, 또 내 아들은 내내 그 사람 곁에 있게 되는 거니까. 그러면 나도 좋은 일을 한 셈이 되지. 그렇게 생각하니 마음이 조금은 가벼워지는 것 같군."

이렇게 생각한 검찰총장은 오랫동안 잊고 있었던 것처럼 길게 숨을 토해냈다.

마차는 집의 앞뜰에 와서 멈춰 섰다.

빌포르는 마차 발판에서 입구의 돌계단 위로 뛰어내렸다. 그는 하인들이 자기가 너무 빨리 돌아온 것에 놀라는 모습을 보았다. 하인들의 얼굴에서는 그런 표정밖에 볼 수 없었다. 누구 한 사람 아무 말도 하지 않았다. 모두 평소처럼 그 앞에 서서 그가 지나가기를 기다렸다. 그뿐이었다.

그는 누아르티에 노인의 방 앞을 지나갔다. 반쯤 열린 문을 통해 두 사람이 있는 것이 보였다. 그러나 누가 아버지를 찾아왔는지 궁금하지도 않았다. 불안한 마음이 그를 다른 곳으로 끌어당기고 있었기 때문이다.

"좋아," 그는 아내의 방과 지금은 비어 있는 발랑틴의 방으로 가는 계단을 오르면서 말했다. "됐어, 여기는 아무 변화도 없군."

그는 먼저 층계참에 있는 문을 닫았다.

"누가 방해하면 안 되니까. 그 사람에게 털어놓고 얘기해야 해. 그 사람 앞에서 모든 걸 고백해야 해……."

그는 방문에 다가갔다. 그리고 유리창이 달린 문의 손잡이에 손을 대자 문이 그대로 열렸다.

"잠그지 않았어! 다행이군, 다행이야." 그는 중얼거리듯이 말했다.

그는 매일 밤 에두아르의 잠자리를 준비해주는 작은 살롱으로 들어갔다. 사실 에두아르는 기숙학교에 다니는데도 저녁마다 집에 왔다. 아이 어머니가 한시도 아이와 떨어져 있고 싶어 하지 않았기 때문이었다.

그는 그 살롱 안을 한 바퀴 둘러보았다.

"아무도 없군. 침실에 있는 건가?"

그는 침실 문으로 뛰어갔다. 문은 잠겨 있었다. 그는 꿈틀 몸을 떨면서 멈춰 섰다.

"엘로이즈!" 그가 소리쳤다.

가구 움직이는 소리가 들리는 것 같았다.

"엘로이즈!" 그가 다시 한 번 소리쳤다.

"누구세요?" 그가 부르는 소리를 듣고 아내가 물었다.

그 목소리는 평소보다 약하게 들렸다.

"문 열어! 문 열어!" 빌포르가 외쳤다. "나야!"

그 명령에도, 게다가 그 목소리에 불안이 담겨 있는데도 문은 열리지 않았다.

빌포르는 발로 있는 힘껏 문을 차서 부숴버렸다.

빌포르 부인은 내실로 통하는 방 입구에서 창백한 얼굴과 경련하는 듯한 표정으로, 무서우리만치 눈을 크게 뜨고 그를 응시하고 서 있었다.

"엘로이즈! 엘로이즈! 무슨 일이오? 말해 봐요!"

부인은 그를 향해 납빛으로 굳은 손을 내밀었다.

"이미 끝났어요." 그녀는 목구멍이 찢어지는 것처럼 허덕이면서 말했다. "이 이상 더 어떻게 하라는 건가요?"

그렇게 말한 순간, 그녀는 카펫 위에 털썩 쓰러졌다.

빌포르는 달려가서 아내의 손을 잡았다. 황금 마개가 있는 수정 약병을 꼭 쥔 손이 떨리고 있었다.

부인은 숨이 멎어 있었다.

공포에 사로잡힌 빌포르는 방문까지 뒷걸음질쳐서 주검을 응시했다.

"내 아들!" 갑자기 그가 소리쳤다. "내 아들은 어디 있지? 에두아르! 에두아르!"

그는 아들의 이름을 부르면서 방 밖으로 뛰쳐나갔다.

너무나 불안에 찬 그 목소리를 듣고 하인들이 달려왔다.

"에두아르는? 그 아이는 어디 있나?" 빌포르 씨가 물었다. "그 아이를 집에서 멀리 보내야 해. 그 아이에게 보여서는 안 돼⋯⋯."

"에두아르 도련님은 아래층엔 안 계십니다." 하인이 대답했다.

"그럼 정원에서 놀고 있는 게 틀림없어. 가 봐! 어서 가 봐!"

"아닙니다. 마님이 30분쯤 전에 불러 들이셨습니다. 그리고 마님 방에 들어가신 뒤로 내려오지 않으셨습니다."

빌포르의 이마에는 얼음 같은 땀이 흐르고, 바닥을 딛는 발걸음은 비틀거렸다. 그의 생각은 부서진 시계의 고장난 태엽처럼 머릿속에서 돌기 시작했다.

"마님의 방!" 그는 중얼거렸다. "마님의 방이라고?"

그는 한손으로 이마를 닦고 다른 손으로는 벽을 짚어 몸을 지탱하면서, 느린 걸음으로 아까 그 방으로 돌아갔다.

방에 들어간 그는 싫어도 불행한 아내의 시신을 안 보려야 안 볼 수가 없었다. 그리고 에두아르의 이름을 부르기 위해서는 이제 관이 되어버린 방에 메아리를 불러일으켜야만 했다. 그러나 목소리를 내는 것은 곧 묘지의 침묵을 깨는 것이었다.

빌포르는 목구멍 안에서 혀가 마비되는 것 같았다.

"에두아르! 에두아르!" 그는 중얼거리듯이 말했다.

아이의 대답은 들리지 않았다. 하인들은 에두아르가 어머니의 방에 들어가서 나오지 않았다고 말했다. 어디로 간 것일까?

빌포르는 한 걸음 앞으로 나아갔다.

빌포르 부인의 시신은 방 입구에 누워 있었다. 에두아르는 그 방 안에 있는 게 분명했다. 가만히 눈을 뜬 채 입술에 수수께끼 같은 섬뜩한 비웃음을 띠고 있는 부인의 시신은 마치 망을 보고 있는 듯한 모습이었다.

시신 저편 커튼을 통해 부인의 방 일부와 피아노, 그리고 푸른 공단을 씌운 긴 의자가 보였다.

빌포르는 세 걸음 더 나아갔다. 그리고 긴 의자 위에 누워 있는 아이의 모습을 보았다.

아이는 자고 있는 것 같았다.

빌포르는 형언할 수 없는 기쁨에 가슴이 터질 것 같았다. 몸부림치고 있던 지옥 속에서 한 줄기 영롱한 빛이 비쳐드는 느낌이었다.

이제는 시신을 넘어 그 방에 들어가서, 아이를 안고 자신과 함께 먼 곳으로, 아주 먼 곳으로 달아나면 되는 것이다.

빌포르는 더 이상 세련된 나약함을 특징으로 하는 문명인이 아니었다. 그는 마지막 상처에서 부러진 이빨을 뽑아낼 힘조차 없는 빈사상태의 한 마리 호랑이에 지나지 않았다.

지금 그가 두려워하고 있는 것은 사람들의 비방이 아니었다. 그것은 망령이었다. 그는 몸을 날려 마치 타오르는 불길 위를 뛰어넘듯이 시체 위를 뛰어넘었다.

그는 아이를 부둥켜안고 흔들면서 아이의 이름을 불렀다. 아이는 대답이 없었다. 그는 아이의 이마 위에 미친 듯이 입술을 갖다 댔다. 그러나 그 이마는 이미 납빛으로 변해 있고 얼음장처럼 차가웠다. 그는 굳은 아이의 팔다리를 문질렀다. 그리고 아이의 심장에 손을 대보았다. 심장 고동소리는 이미 멎어 있었다.

아이는 죽어 있었던 것이다.

그때 에두아르의 가슴에서 넷으로 접은 종이쪽지가 떨어졌다.

빌포르는 움찔 놀라며 자기도 모르게 무릎을 푹 꺾었다. 아이는 힘이 빠진 그의 팔에서 미끄러져 어머니 옆으로 굴러떨어졌다.

종이쪽지를 집어들고 그것이 아내의 필적임을 안 빌포르는 급히 그것을 읽어 내려갔다.

거기에는 다음과 같은 글이 적혀 있었다.

제가 좋은 어미였는지 어떤지 그건 당신이 잘 아실 거예요. 저는 이 아이를 위해 죄까지 저질렀으니까요! 그리고 좋은 어미는 자식을 두고 가지 않아요!

빌포르는 자신의 눈을 의심하지 않을 수 없었다. 에두아르의 몸 옆에 무릎으로 다가간 그는, 마치 수사자가 죽은 새끼사자에게 하듯이 세심한 주의를 기울여 아들의 모습을 바라보았다.

이윽고 그의 입에서 가슴을 찢는 듯한 소리가 터져 나왔다.

"하느님!" 그는 중얼거리듯이 말했다. "하느님!"

두 희생자의 존재는 그에게 두려움을 불러 일으켰다. 두 시체를 감싸고 있는 적막한 공포가 그를 견딜 수 없게 했다.

바로 조금 전까지 그는 강한 남자의 커다란 힘인 분노, 그리고 막다른 곳에 다다른 순간에 나오는 마지막 힘인 자포자기, 이 두 가지에 의해 지탱되고 있었다. 그것은 곧 티탄(하늘과 땅의 아들. 신들에게 반항하여 산에 산을 쌓아서 하늘로 올라가려다가 제우스의 노여움을 사서 벼락을 맞고 죽었다)으로 하여금 하늘로 올라갈 생각을 하게 하고, 아이아스(트로이 전쟁에서 귀국하다가 배가 난파하자 바위에 올라가 신들을 저주한 인물)로 하여금 신들에게 주먹을 휘두르게 한 힘이었다.

그 크나큰 고통에 고개를 떨어뜨리고 있던 빌포르는 무릎을 짚고 일어섰다. 그리고 땀으로 흠뻑 젖은 머리를 흔들었다. 지금까지 누구 앞에서도 감정이 흔들린 적이 없었던 그가 웬일로 노인의 방에 가보고 싶은 마음이 든 것이다. 마음이 약해진 지금, 자신의 불행을 누군가에게 얘기하고 그 사람 곁에서 울고 싶었기 때문이었다.

그는 이미 우리가 알고 있는 그 계단을 내려가 노인의 방에 들어갔다.

빌포르가 들어갔을 때, 누아르티에 노인은 움직일 수 없는 그 몸으로 할 수 있는 만큼 기쁨을 드러내면서, 침착하고 냉정한 태도의 부소니 신부가 하는 이야기를 듣고 있었다.

신부의 모습을 본 빌포르는 자기도 모르게 손을 이마로 가져갔다. 그러자 지난 기억이, 마치 분노에 날뛰는 파도보다 더한 거품을 일으키면서 그의 마음에 되살아났다.

그는 오퇴유에서의 만찬 이틀 뒤 신부를 찾아갔던 일, 발랑틴이 죽은 날 신부가 자기를 찾아온 일을 떠올렸다.

"여기 계셨습니까!" 빌포르가 말했다. "마치 언제나 죽음의 신과 함께 오시는 것 같군요."

부소니 신부가 몸을 일으켰다. 신부는 빌포르의 얼굴에 보이는 변화, 그 눈 속의 광포한 광채를 보고 중죄 재판소에서의 일이 끝났음을 알았다. 아니, 아는 것 같았다. 그러나 신부는 그 이후의 일에 대해서는 아무것도 모르고 있었다.

"그때는 따님의 유해에 기도를 드리려고 왔었지요!" 부소니 신부가 대답했다.

"그래, 오늘은 무엇을 하러 오셨소?"

"이제 당신은 저에게 진 빚을 충분히 갚았다는 것과 이제부터는 하느님도 저와 마찬가지로 만족하시기를 기도할 생각임을 알려드리러 왔습니다."

"아!" 빌포르는 이마에 공포의 빛을 나타내며 뒷걸음질쳤다. "이 목소리, 이건 부소니 신부의 목소리가 아닌 것 같은데!"

"그렇습니다."

신부는 대머리 가발을 벗어던지며 머리를 세게 흔들었다. 그러자 잔뜩 눌려 있던 긴 머리카락이 흐트러지면서 어깨 위에 떨어져 그의 늠름한 얼굴을 감쌌다.

"오, 몬테크리스토 백작!" 빌포르가 미친 듯한 눈으로 소리쳤다.

"검찰총장, 그것도 틀렸습니다. 좀 더 옛날 일을 생각해보셔야 할 겁니다."

"그 목소리! 그 목소리! 그 목소리를 어디서 처음 들었더라?"

"당신은 그것을 지금으로부터 23년 전, 당신이 생메랑 양과 결혼한 날 마르세유에서 처음 들으셨을 겁니다. 기록을 조사해 보십시오."

"부소니 신부가 아니라고? 몬테크리스토 백작도 아니고? 세상에, 그럼 당신은 숨어서 가차없이 날 죽음으로 내몬 바로 그 적이라는 말이군! 내가 마르세유에서 당신한테 뭐 못할 짓이라도 했단 말이오?"

"그렇습니다. 바로 그겁니다." 백작은 넓은 가슴 위에 팔짱을 끼면서 말했다. "잘 생각해 보십시오! 잘 생각해 보세요!"

"내가 당신한테 도대체 무슨 짓을 했기에?" 빌포르가 소리쳤다. 그의 마음은 이성과 착란이 뒤섞이는 경계, 꿈도 아니고 그렇다고 현실도 아닌 안개 속을 헤매기 시작했다. "내가 당신한테 도대체 무슨 짓을 했기에? 어서 말해 봐!"

"당신은 나에게 무섭고도 지긋지긋한 사형선고를 내렸소. 당신은 내 아버지도 죽였소. 당신은 나의 자유와 내 사랑도 빼앗았소. 사랑과 함께 행복까지도!"

"그러는 너는 누구냐? 도대체 넌 누구야?"

"난 당신이 이프 성의 토굴에 묻어버린 불행한 사내의 망령이오. 그 망령은 마침내 감옥에서 나왔고, 신은 그 망령에게 몬테크리스토 백작의 가면을 씌워주셨소. 그리고 지금까지 당신이 알아보지 못하도록 다이아몬드와 황금으로 감싸주셨던 거요."

"오, 알았다, 알았어!" 검찰총장이 소리쳤다. "그럼 넌……."

"그렇소, 에드몽 당테스요!"

"네가 에드몽 당테스라고!" 검찰총장은 백작의 손목을 붙잡으면서 소리쳤다. "그랬군. 그렇다면 이리로 따라와!"

빌포르는 무작정 백작을 끌고 나갔다. 놀란 백작은 자신이 어디로 끌려가는지도 모르고, 다만 뭔가 새로운 사건이 일어났음을 어렴풋이 짐작하면서 그 뒤를 따라갔다.

"이걸 봐라, 에드몽 당테스," 그는 백작에게 아내와 아들의 시체를 가리키면서 말했다. "자, 잘 보란 말이다. 이제 속이 시원하냐?"

그 무서운 광경을 보고 몬테크리스토 백작은 순식간에 얼굴이 새파랗게 변했다. 그리고 자신은 이미 복수의 권리를 훨씬 넘어섰으며, 이제 '신은 내 편이며 나는 신과 함께 있다'고 말할 수 없게 되었음을 깨달았다.

형언할 수 없는 고뇌에 사로잡힌 그는, 아이의 시체에 달려들어 그 눈꺼풀을 뒤집어보고 맥을 짚어 보았다. 그러고는 아이를 안고 발랑틴의 방으로 뛰어들더니 문을 단단히 잠그고 말았다.

"오, 내 아이를!" 빌포르가 소리쳤다. "내 아들의 시체를 빼앗아갔어! 오, 빌어먹을!"

그는 몬테크리스토 백작의 뒤를 쫓아가려고 했다. 그러나 마치 꿈속에서처럼 발이 땅에 붙어버린 것 같았다. 눈은 찢어질 것처럼 부풀어 오르고, 가슴을 움켜잡은 손은 점점 깊이 파고들어, 마침내 피가 배어나와 손톱을 붉게 물들였다. 끓어오르는 기운에 관자놀이의 혈관이 부풀어 올라, 너무나 좁은 그의 두개골을 터뜨리자 그 뇌수는 타오르는 불길 속에 잠기고 말았다.

그리하여 그는 몇 분 동안 꼼짝도 할 수 없었다. 그리고 마침내 무서운 광기가 찾아왔다.

그는 외마디 날카로운 소리를 외치더니 낄낄거리며 웃기 시작했다. 그리고 황급히 계단을 내려갔다.

15분쯤 지나 발랑틴의 방문이 열리고 몬테크리스토 백작이 모습을 드러냈다.

창백한 뺨, 공허한 눈빛, 죄어드는 가슴, 언제나 그토록 침착한 기품을 보여주던 그의 얼굴은 고뇌 때문에 완전히 딴사람처럼 변해 있었다.

그는 가슴에 아이를 안고 있었다. 온갖 수단을 다 시도했지만 끝내 되살릴 수가 없었던 것이다.

몬테크리스토 백작은 엄숙하게 한쪽 무릎을 꿇고 아이를 어머니 옆에 눕혀 주었다. 그러고는 아이의 머리를 어머니의 가슴에 살포시 기대어 놓았다.

다시 일어선 백작은 방을 나갔다. 그리고 계단에서 만난 하인에게 물었다.

"빌포르 씨는 어디 계시나?"

하인은 아무 말도 하지 않고 정원 쪽을 가리켰다.

몬테크리스토 백작은 돌계단을 내려가 하인이 가리킨 쪽으로 걸어갔다. 그러자 하인들에게 에워싸여, 가래를 들고 미친 듯이 흙을 파헤치고 있는 빌포르의 모습이 눈에 들어왔다.

"여기도 아니야," 빌포르가 말했다. "여기도 아니고."

그러면서 그는 다시 다른 곳을 파기 시작했다.

몬테크리스토 백작은 그에게 걸어가서 낮은 목소리로 겸허하게 말을 걸었다.

"당신은 아드님을 잃으셨습니다. 그러나……."

빌포르는 백작의 말을 가로막았다. 들을 마음도 없었고, 아무 소리도 들리지 않는 것 같았다.

"오! 틀림없이 찾고 말 테다. 아무리 없다고 말해도 소용없어. 마지막 심판의 날까지 찾아야 한대도 난 반드시 찾아내고야 말겠어!"

몬테크리스토 백작은 전율하면서 뒤로 물러났다.

"오! 미치고 말았구나!"

백작은 이 저주받은 집의 벽이 모조리 무너져 내릴까봐 두려운 듯이 서둘러 거리로 뛰쳐나갔다. 그러자 비로소 자신에게 과연 그만한 행위를 할 권리가 있었는지 의심이 생기기 시작했다.

"그래! 이제 이 정도면 충분하다." 그는 말했다. "마지막 한 사람만은 구해주자!"

샹젤리제 거리의 집으로 돌아간 몬테크리스토 백작은, 마치 신이 정해주신 무덤에 돌아가야 할 시간이 오기를 기다리는 망령처럼 말 한 마디 없이 집 안을 거닐고 있는 막시밀리앙을 만났다.

"막시밀리앙 씨, 준비하시오." 그는 미소 지으면서 말했다. "내일 파리를 떠날 테니까."

"이제 여기서 하실 일은 다 끝났습니까?" 막시밀리앙이 물었다.

"그렇소," 백작이 말했다. "신이시여, 제가 저지른 일이 너무 지나치지 않았기를 빕니다!"

출발

최근에 일어난 그 다양한 사건들은 파리 전체에서 화제가 되었다. 엠마뉘엘과 그의 아내도 멜레 거리의 작은 응접실에서 당연히 놀란 마음으로 그런 일들에 대해 얘기를 나누고 있었다. 두 사람은 모르세르와 당글라르와 빌포르, 이 세 가정에 느닷없이, 그리고 뜻하지 않게 찾아온 세 사건을 서로 연관시켜 얘기하고 있었다.

그때 두 사람을 찾아와 있던 막시밀리앙도 그 이야기를 듣고 있었다. 아니, 들었다기보다는 늘 그렇듯이 무심하게 그 자리에 앉아 있었다.

"여보," 쥘리가 말했다. "어제까지 그토록 부유하고 그토록 행복했던 사람들이, 그 소중한 자신들의 재산과 행복과 존경을 끌어모을 계산은 하면서도, 거기에 악마의 자리를 남겨놓는 건 잊었던 모양이죠? 그 악마가 사람이 자기를 잊어버린 것에 화가 나서 보복을 하기 위해 갑자기 나타난 것 같지 않아요? 페로(17세기 프랑스의 유명한 동화작가)의 동화에 나오는, 결혼식과 세례식에 초대받지 못해 심술을 부리는 요정처럼 말이에요."

"정말 잔인한 재앙이야!" 엠마뉘엘은 모르세르와 당글라르를 생각하면서 말했다.

"얼마나 괴로웠을까?" 쥘리는 발랑틴을 생각하며 그렇게 말한 것이었지만, 여자의 직감으로 차마 오빠 앞에서는 그 이름을 입 밖에 낼 수 없었다.

"그 사람들이 천벌을 받은 거라면, 그건 자비로운 하느님께서 그 사람들이 지금까지 살아오면서 자기가 지은 죄만큼 선행으로 보상하는 일을 조금도 하지 않았다고 생각하셨기 때문이야. 결국 그들은 저주받은 사람인 거지." 엠마뉘엘이 말했다.

"그렇게 단정하는 건 너무 심하지 않아요, 엠마뉘엘?" 쥘리가 말했다. "아버지가 권총으로 하마터면 머리를 쏠 뻔했을 때, 만약 누군가가 당신처럼 '자업자득'이라고 말했다면 얼마나 기막힌 일이겠어요?"

"그건 그렇지. 하지만 하느님이 아브라함 (이스라엘 사람의 조상. 또 그들의 신앙의 아버지로 숭배받은 인물)에게 그의 아들을 희생으로 바치는 걸 허락하지 않은 것과 마찬가지로, 당신 아버님에게도 죽음을 허락하지 않으신 거지. 하느님은 아브라함의 경우와 마찬가지로, 우리집에 천사를 보내 죽음의 날개를 잘라버리신 거야."

그가 그렇게 말한 순간 종소리가 들려왔다. 손님이 왔음을 알리는 문지기의 신호였다.

그러자 곧바로 응접실 문이 열리더니 몬테크리스토 백작이 모습을 드러냈다.

두 사람은 동시에 환성을 질렀다.

막시밀리앙은 일단 고개를 들더니 그대로 다시 숙이고 말았다.

"막시밀리앙," 몬테크리스토 백작은 그들의 분위기가 평소와는 다르다는 것을 눈치채지 못한 듯이 말했다. "당신을 데리러 왔소."

"저를요?" 꿈에서 깨어난 것처럼 모렐이 말했다.

"그래요. 함께 가기로 하지 않았소. 그리고 준비를 해 두라고 부탁했는데?"

"그래서 보시다시피 두 사람에게 작별인사를 하러 왔습니다." 모렐이 말했다.

"백작님, 어디로 가실 건데요?" 쥘리가 물었다.

"먼저 마르세유로 갈 겁니다."

"마르세유요?" 부부가 동시에 되물었다.

"그렇소. 그리고 오빠도 데리고 갈 겁니다."

"백작님, 오빠가 다시 건강해져서 돌아올 수 있게 해주세요!" 쥘리가 말했다.

모렐은 자기도 모르게 붉어진 얼굴을 숨기려는 듯이 고개를 돌렸다.

"그럼 오빠의 건강이 좋지 않다는 사실을 알고 계셨던 겁니까?" 백작이 말했다.

"네, 저희와 함께 있으면 더 우울해지는 게 아닌가 걱정했어요." 쥘리가 대답했다.

"기분전환을 하여 새로운 마음으로 만날 수 있게 해드리겠소."

"자, 그럼 두 사람 다 잘 있어! 엠마뉘엘, 잘 있게! 쥘리, 안녕!"

막시밀리앙이 작별 인사를 하자 쥘리가 소리쳤다.

"뭐라고요? 안녕이라고요? 그럼 준비도 하지 않고 여권도 없이 이대로 떠난단 말이에요?"

"머뭇거리면 그만큼 작별이 더 괴로워집니다." 몬테크리스토 백작이 말했다. "게다가 막시밀리앙 씨는 이미 준비가 다 되어 있을 겁니다. 전부터 얘기해 두었으니까요."

"여권도 있습니다. 짐도 다 챙겨두었고요." 모렐이 아무 표정도 없이 침착하게 말했다.

"잘했소," 백작이 미소를 지으며 말했다. "훌륭한 군인답게 빈틈이 없군요."

"그럼 이대로 가버리시는 거예요?" 쥘리가 말했다. "지금 당장? 하루라도 기다려 주실 수 없을까요? 아니, 한 시간만이라도!"

"문 앞에 마차가 기다리고 있어요. 로마까지 닷새 안에 가려고 합니다."

"하지만 막시밀리앙 형님은 로마에 가는 게 아니잖아요?" 엠마뉘엘이 말했다.

"난 백작님이 가는 곳이면 어디든 갈 생각이야." 모렐은 쓸쓸한 미소를 지으면서 말했다. "앞으로 한 달 동안 백작님에게 모든 걸 맡기기로 했어."

"오! 세상에! 형님이 어째서 저렇게 말하는 거죠, 백작님?"

"막시밀리앙은 늘 저와 함께 있을 겁니다." 특유의 설득력 있는 부드러운 말투로 백작이 말했다. "그러니 당신 형님에 대해서는 조금도 걱정할 필요가 없습니다."

"그럼 쥘리, 잘 있어!" 모렐이 되풀이했다. "엠마뉘엘, 잘 있게!"

"어쩌면 저렇게 무심할 수가 있을까! 그게 더 걱정이야." 쥘리가 말했다. "오빠, 뭔가 숨기는 게 있죠?"

"그렇지 않아요!" 백작이 말했다. "곧 건강해져서 웃는 얼굴로 돌아올 거요."

막시밀리앙은 백작을 향해 경멸하는 것 같기도 하고 화가 난 것 같기도 한 눈길을 던졌다.

"갑시다!" 백작이 말했다.

"그럼 떠나시기 전에 드리고 싶은 말씀이 있어요……" 쥘리가 말했다.

"부인," 백작은 그녀의 두 손을 잡으면서 대답했다. "말로 표현하는 것보다 내가 당신의 눈을 통해서 읽는 것, 당신이 마음으로 생각하고 있는 것, 그리고 내가 마음으로 느끼는 것이 훨씬 더 가치가 있을 겁니다. 실은 소설 속에 나오는 착한 일을 한 사람들처럼 두 분을 만나지 말고 떠났어야 했는데, 나에게는 그런 용기가 없었소. 그건 나 역시 마음이 약하고 허영으로 가득한 인간이어서, 기쁨의 눈물에 젖어 있는 마음 따뜻한 친구의 눈빛을 보면 마음이 따뜻해지기 때문이오. 그럼 출발하겠소. 그리고 염치없는 부탁일지 모르지만, 두 분 다 부디 나를 잊지 말고 기억해 주셨으면 합니다. 아마 다시는 만날 수 없게 될 테니까요."

"다시는 만나지 못한다고요! 다시는 뵙지 못한다고요! 백작님은 인간이 아니십니다. 당신은 저희를 남기고 가 버리시는 신이십니다. 은혜를 베풀기 위해 지상에 모습을 드러낸 뒤, 하늘로 올라가 버리는 신 말입니다!" 엠마뉘엘이 소리쳤다.

쥘리의 뺨 위로 굵은 눈물 두 방울이 흘러 내렸다.

"무슨 그런 말씀을!" 몬테크리스토 백작은 격렬하게 말했다. "절대로 그런 말을 해선 안 됩니다. 하느님은 결코 나쁜 일을 하지 않으십니다. 하느님은 어디든 머물고자 하시는 곳에 머무실 수가 있습니다. 우연은 결코 하느님보다 강하지 않을 뿐만 아니라, 오히려 하느님이야말로 우연을 지배하고 계십니다. 그렇습니다, 엠마뉘엘 씨, 나는 인간입니다. 당신의 그런 찬사는 부당하며, 하느님을 모독하는 말입니다."

그렇게 말한 그는 자신의 품으로 뛰어든 쥘리의 손에 입을 맞추고 한 손을 엠마뉘엘에게 내밀었다. 그러고는 따뜻하고 행복한 보금자리라 할 수 있는 이 집에서 과감하게 나가면서, 발랑틴이 죽은 뒤 우울감에 빠져 무기력해진 막시밀리앙을 향해 함께 가자고 손짓했다.

"제발 오빠에게 기쁨을 되찾아 주세요!" 쥘리가 몬테크리스토 백작의 귓가에 그렇게 속삭였다.

백작은 11년 전에 모렐 씨의 서재로 통하는 계단에서 한 것처럼 쥘리의 손을 꼭 잡았다.

"당신은 선원 신드바드를 지금도 믿고 있나요?" 백작이 미소 지으면서 물었다.

"물론이에요!"

"그렇다면 하느님을 믿고 아무 걱정 없이 계시면 됩니다."

백작의 말대로 역마차가 기다리고 있었다. 튼튼한 말 네 필이 갈기를 곤두세우고, 기다리기 지루한 듯이 바닥을 발로 차고 있었다.

돌계단 밑에는 알리가 기다리고 있었다. 먼 곳에서 달려왔는지 얼굴이 땀으로 번들거리고 있었다.

"어떻게 됐느냐?" 백작이 아랍어로 물었다. "노인에게 갔다 왔느냐?"

알리는 갔다 왔다는 신호를 해 보였다.

"지시한 대로 편지를 눈앞에 보여드렸겠지?"

"예, 백작님." 노예가 정중하게 대답했다.

"노인이 뭐라고 하시더냐? 아니, 어떤 기색을 보이시더냐?"

알리는 주인이 잘 볼 수 있도록 등불 밑에 가서 섰다. 그러고는 노인의 표정을 열심히 떠올리면서 노인이 '그래' 하고 말할 때처럼 두 눈을 감아 보였다.

"됐다. 그럼 승낙해 주신 거군. 출발하자!"

그 말이 채 끝나기도 전에 마차는 벌써 달리기 시작했다. 네 필의 말발굽이 도로 위에 불꽃을 튀기며 앞으로 달려 나갔다. 막시밀리앙은 아무 말도 하지 않고 자기 자리에 앉아 있었다.

30분쯤 지났을 때 마차가 갑자기 멈춰 섰다. 백작이 알리의 손가락에 매어 둔 가는 비단끈을 당겼기 때문이었다.

누비아인은 마차에서 내려 문을 열었다.

밤하늘에는 무수한 별들이 반짝이고 있었다. 그곳은 바로 빌쥐프의 언덕 위였다. 그 언덕에 서서 보는 파리는 마치 어두운 바다 같았다. 인광의 물결처럼 보이는 수많은 등불이 반짝거리고 있었다. 그것은 그야말로 파도였다. 미쳐 날뛰는 대양의 파도보다 더욱 요란하고 더욱 거칠고 더욱 출렁거리고 더욱 날뛰고 더욱 지칠 줄 모르는 파도였다. 거대한 바다의 파도처럼 가라앉을 줄 모르는 파도. 끊임없이 부딪치고 끊임없이 끓어오르며 끊임없이 모든 것을 삼키고 마는 파도…….

백작은 홀로 서 있었다. 그가 신호를 하자 마차는 조금 앞쪽으로 나아갔다.

그때 백작은 팔짱을 끼면서 가만히 그 도가니를, 다시 말해 끓어오르는 심연 속에서 뛰쳐나와 결국엔 세계를 뒤흔들게 될 모든 사상이 녹아들고 뒤엉켜서 형태를 갖추게 되는 그 도가니를 바라보았다. 이윽고 그는, 종교시인들을 꿈꾸게 하는 동시에, 아무리 냉소적인 유물론자라도 꿈을 품지 않을 수 없는 이 바빌론(파리를 가리킨다)을 지긋이 응시한 뒤, 고개를 들고 마치 기도하는 것처럼 두 손 모으며 중얼거리듯이 말했다.

"위대한 도시여! 내가 네 문을 넘어들어간 지 아직 6개월도 되지 않았다. 난 믿고 있다. 나를 그곳으로 이끈 것은 바로 신의 뜻이었음을. 그리고 지금 다시 신의 의지가 나로 하여금 개가를 올리고 이곳에서 물러가게 하신다. 나로 하여금 너의 문 안에 모습을 드러내게 만든 비밀을, 나는 오직 내 마음을 들여다보시는 신에게만 털어놓았다. 신만이 내가 어떤 증오도 어떤 오만함도 없이, 다만 회한만을 품고 떠난다는 사실을 알고 계신다. 신만이 내가 신에게서 받은 힘을 나 자신을 위해, 또 무익한 일을 위해 사용하지 않았음을 알고 있다. 오, 위대한 도시여! 나는 너의 뛰는 가슴 속에서 내가 구하던 것을 찾을 수 있었다. 나는 인내하는 광부처럼 너의 내부를 파헤치고 거기서 악을 몰아냈다. 이제 나의 일은 끝났고, 내 사명은 완수되었다. 난 이제 너에게서 어떠한 기쁨도 어떠한 고통도 구하지 않는다. 안녕, 파리여! 안녕히!"

그의 눈길은 그러고도 한동안 밤의 정령처럼 드넓은 평야 위를 헤매었다. 이윽고 그는 이마에 손을 대고 다시 마차에 올랐다. 문이 닫히자 마차는 먼지와 소음의 소용돌이 속에서 언덕 저편으로 사라졌다.

두 사람은 아무 말도 하지 않고 20리쯤 달려갔다. 모렐은 생각에 잠겨 있었다. 몬테크리스토 백작은 생각에 잠겨 있는 그를 가만히 바라보다가 이내 물었다.

"모렐 씨," 백작이 말했다. "나와 함께 온 것을 후회하지 않소?"

"아닙니다. 하지만 파리를 떠난다는 것이……."

"파리에 있는 것이 행복할 거라 생각했다면 당신을 데리고 오지 않았을 거요."

"하지만 파리에는 발랑틴이 잠들어 있습니다. 파리를 떠난다는 것은 그 사람을 또 한 번 잃게 되는 일이니까요."

"막시밀리앙, 우리가 잃어버린 친구들은 결코 흙 속에 묻혀 있는 것이 아닙니다. 그들은 우리 마음속에 잠들어 있습니다. 신은 우리가 언제나 그들과 함께 있을 수 있도록 해주셨습니다. 나에게도 그렇게 언제나 함께 있는 사람이 둘 있습니다. 한 사람은 나를 낳아준 사람. 다른 한 사람은 나에게 지혜를 준 사람. 그 두 사람의 정신이 언제나 내 안에 살아 있습니다. 뭔가 생각이 정리되지 않을 때, 나는 그 두 사람과 의논합니다. 혹시 내가 지금까지 뭔가 선한 일을 했다면, 그것은 그 두 사람의 의견에 따른 것이지요. 모렐, 마음의 목소리와 의논해 보세요. 그리고 앞으로도 그런 우울한 얼굴을 나에게 계속 보여줘도 좋은지 물어보십시오."

"백작님. 제 마음의 목소리는 무척 슬퍼하고 있습니다. 그리고 앞으로 불행한 일만이 기다리고 있을 거라 말하고 있군요."

"모든 걸 베일을 통해 보는 건 마음이 약한 사람들에게 흔히 있는 일이죠. 그런 마음 자체가 자기의 한계를 그어버리는 것입니다. 당신은 지금 마음이 어둡습니다. 당신의 그 마음 때문에 하늘도 어둡게 보이는 거지요."

"그럴지도 모르지요."

막시밀리앙은 그렇게 대답하고는 또다시 생각에 잠기고 말았다.

여행은 백작 특유의 그 번개 같은 속도로 계속되었다. 도시들이 마치 그림자처럼 두 사람이 가는 거리 위로 지나갔다. 나무들은 벌써 불어오기 시작한 가을바람에 흔들리며 머리를 늘어뜨린 거인처럼 두 사람을 맞이해 주는 것 같다가도, 두 사람이 그곳까지 달려가면 어느새 뒤로 쏜살같이 물러갔다. 이튿날 아침나절에 백작의 증기선이 기다리고 있는 샬롱에 도착했다. 두 사람은 지체하지 않고 마차와 함께 배로 옮겨탔다.

경주용으로 만들어진 배는 인도식 카누 같았다. 양쪽 뱃전의 바퀴는 철새가 날갯짓을 하듯 빠르게 수면을 스치며 달려갔다. 모렐도 그러한 속도가 주는 쾌감을 느끼지 않을 수 없었다. 이따금 부는 바람에 머리카락이 나부끼면 이마에 서린 구름도 잠시 날아가 버리는 듯했다.

한편 백작은 파리에서 멀어짐에 따라 천상에서만 맛볼 수 있는 청량함이 후광처럼 몸을 감싸고 있음을 느꼈다. 그것은 마치 추방당한 사람이 조국으로 돌아갈 때의 느낌과 같았다.

이윽고 마르세유가 보이기 시작했다. 하얗고 따뜻한, 그리고 생기에 넘치는 마르세유! 티레 (고대 페니키아의 항구도시)와 카르타고 (페니키아인이 북해에 건설한 항구도시, 당시 티르와 번영을 다투었다)의 자매 도시로 서 이 두 항구의 뒤를 이어 지중해를 지배한 마르세유! 세월이 흐를수록 더욱 화려하게 빛나는 마르세유가 보이기 시작했다. 그 원탑과 생니콜라 요새, 퓌제 (마르세유 출신의 유명한 조각가)의 조각으로 장식된 시청, 이 두 사람 모두 어린 시절에 뛰놀았던 벽돌 둑이 있는 항구, 두 사람에게는 수많은 추억으로 가득한 전경이었다. 그래서 두 사람 모두 칸느비에르에 정박하는 것에 의견이 일치했다.

바로 그때, 한 척의 배가 알제를 향해 떠나고 있었다. 화물과 갑판을 메운 승객들, 작별 인사를 하면서 눈물 흘리는 가족과 친구들. 그것은 매일같이 익숙하게 보던 사람에게도 감격적인 광경이었다. 그러나 막시밀리앙은 부두의 커다란 포석 위에 내려서자마자 떠오른 한 가지 생각에 사로잡혀 그런 광경에도 마음이 동요하지 않았다.

"보세요," 그는 몬테크리스토 백작의 팔을 잡으면서 말했다. "파라옹 호가 들어왔을 때, 아버지는 이곳에 서 계셨습니다. 백작님 덕분에 죽음과 불명예에서 구원받은 아버지는 이곳에서 제 팔에 와락 안기셨습니다. 그때 제 뺨 위로 떨어지던 아버지의 눈물을 저는 지금도 생생하게 기억하고 있습니다. 게다가 아버지뿐만 아니라 우리 두 사람을 보고 있던 수많은 사람들도 함께 눈물을 흘렸지요."

몬테크리스토 백작은 미소를 지었다.

"나는 저곳에 있었지요." 그는 모렐에게 어느 길모퉁이를 가리키면서 말했다.

바로 그때 그가 가리킨 방향에서 형언할 수 없이 비통한 울음소리가 들려왔다. 그리고 배를 타고 떠나려는 한 승객에게 손을 흔들고 있는 여자가 눈에 들어왔다. 여자는 얼굴에 베일을 쓰고 있었다. 몬테크리스토 백작은 이상한 감동에 젖어 그 여자의 모습을 지켜보고 있었다. 막시밀리앙도 만약 열심히 배만 쳐다보고 있지 않았더라면 분명히 눈치챌 수 있었을 것이다.

"아!" 막시밀리앙이 소리쳤다. "제가 잘못 본 건 아니겠죠? 모자를 흔들면서 인사하고 있는 저 청년, 군복 차림의 저 청년, 분명히 알베르 드 모르세르예요!"

"그렇소," 몬테크리스토 백작이 말했다. "나도 알고 있었소."

"뭐라고요? 하지만 백작님은 다른 쪽을 보고 계셨잖아요?"

백작은 대답하고 싶지 않을 때 늘 그러듯이 그저 미소만 지어 보이고는, 다시 베일을 쓴 여자 쪽으로 시선을 옮겼다. 여자는 길모퉁이로 사라져 갔다.

백작이 막시밀리앙을 돌아보면서 말했다.

"막시밀리앙 씨, 이곳에 무슨 볼일이 없소?"

"아버님 묘에 가서 울고 싶군요." 막시밀리앙은 침통한 목소리로 대답했다.

"그럼, 그렇게 하세요. 그리고 거기서 기다리고 계시오. 나중에 내가 그쪽으로 갈 테니까."

"혼자 어디 가 보실 데가 있군요?"

"그렇소…… 나도 애틋한 마음으로 찾아가야 할 곳이 있지요."

모렐은 백작이 내민 손에 힘없이 자기 손을 얹었다. 그리고 말할 수 없이 쓸쓸한 모습으로 고개를 저으면서 백작과 헤어져 도시의 동쪽으로 걸음을 옮겼다.

몬테크리스토 백작은 멀어져 가는 막시밀리앙을 보이지 않을 때까지 지켜보았다. 그런 다음 그는 이미 이 이야기의 첫머리에 나와서 독자여러분에게 친근한 그 작은 집을 찾아가기 위해 멜랑 골목길 쪽으로 걸어갔다.

그 집은 지금도 여전히 마르세유 시민들의 산책로가 되어 있는 넓은 참피나무 가로수길 그늘에 서 있었다. 남프랑스의 타는 듯한 햇살에 노랗게 바랜 석벽 위에는, 두꺼운 장막을 이룬 포도덩굴이 오랜 세월에 검게 그을리고 금이 간 팔로 서로 뒤엉켜 있었다. 사람들의 발길에 닳아빠진 돌계단을 두 개 올라선 곳에 입구가 있었다. 판자 석 장으로 만든 문은 오랜 풍상으로 군데군데 갈라졌지만 회반죽으로 메우거나 페인트칠도 하지 않아서, 그저 습기에 의해 다시 이어지기만을 끈기 있게 기다리고 있는 듯했다.

낡기는 했지만 아름다운 그 집, 초라한 겉모습에도 불구하고 즐거워보이는 그 집은 바로 옛날 당테스 노인이 살았던 집이었다. 그때 노인이 살았던 곳은 다락방이었다. 그리고 지금은 몬테크리스토 백작이 이 집 전체를 메르세데스에게 내주고 있었다.

백작이, 출범하는 배를 배웅하고 돌아가는 모습을 본 긴 베일의 여자는 바로 이 집으로 들어간 것이었다. 백작이 길모퉁이까지 왔을 때, 여자는 막 문을 닫는 중이었다. 백작이 그녀의 모습을 발견한 순간 여자는 모습을 감추고 만 것이다.

백작은 닳아빠진 돌계단을 올라 낡은 문 앞에 섰다. 그에게는 돌계단도 문도 모두 눈에 익은 것들이었다. 그는 그 낡은 문을 여는 방법을 누구보다 잘 알고 있었다. 대가리가 큰 못을 사용하여 안의 고리를 들어 올리기만 하면 되었다.

그는 마치 그 집의 주인이나 친구라도 되는 듯이 노크도 하지 않고 안내도 청하지 않은 채 집 안으로 들어갔다.

벽돌을 깐 오솔길 양쪽으로 열기와 햇빛이 넘치는 작은 뜰이 펼쳐져 있었다. 그곳은 바로 메르세데스가, 백작이 가르쳐 준 대로 그가 24년 전에 묻어 둔 돈을 꺼낸 장소였다. 거리로 나 있는 문에서는 정원의 가장 앞쪽에 있는 나무 몇 그루가 보였다.

입구에 선 몬테크리스토 백작의 귀에 흐느끼며 울고 있는 듯한 한숨 소리가 들려왔다. 그 한숨에 이끌려 시선을 옮긴 백작은, 잎이 무성하고 새빨간 색의 긴 꽃을 피운 버지니아 재스민 아래 앉아서 고개를 숙이고 울고 있는 메르세데스의 모습을 보았다.

그녀는 베일을 벗고 얼굴을 두 손으로 가린 채, 그 동안 곁에 있는 아들 때문에 참고 또 참았던 한숨과 흐느낌을 마음껏 하늘에 토해내고 있었다.

몬테크리스토 백작은 두세 걸음 앞으로 나아갔다. 그 발밑에서 모래가 소리를 냈다.

메르세데스가 고개를 들었다. 그리고 자기 앞에 누군가 있다는 사실을 알고 공포의 비명을 질렀다.

"부인," 백작이 말했다. "저는 이제 당신을 행복하게 해드릴 힘이 없습니다. 다만 위로해 드리고 싶을 뿐입니다. 친구의 성의라 생각하고 받아주시겠습니까?"

"전 지금 말할 수 없이 불행해요. 이 세상에 홀로…… 단 하나뿐인 자식까지 떠나가고 말았어요." 메르세데스가 대답했다.

"아드님은 훌륭한 결정을 한 겁니다." 백작이 대답했다. "정말 훌륭한 청년입니다. 아드님은 인간이라면 누구나 조국을 위해 일해야 한다는 것을 알게 된 겁니다. 어떤 사람은 재능을 발휘해, 어떤 사람은 고된 노동을 통해 조국에 이바지해야 하고, 또 어떤 사람은 밤잠도 자지 않고 심지어 목숨까지 바쳐가며 조국을 위해 일해야 한다는 사실을 깨닫게 된 거죠. 당신 곁에 남아 있었다면 아마 아무 쓸모도 없게 된 생명을 헛되이 써버렸겠지요. 당신은 슬픔을 견디지 못하고, 아무것도 할 수 없는 자신을 원망하게 되었을 겁니다. 그런데 이제 아드님은 용감하게 불행과 맞섬으로써 훌륭하고 강한 사람이 되었습니다. 그러니 곧 불행이 행운으로 바뀔 겁니다. 아드님이 당신들 두 사람의 미래를 다시 세우는 것을 지켜봐 주십시오. 제가 약속하지요. 아드님은 틀림없이 안전할 겁니다."

"아!" 메르세데스는 슬픈 듯이 고개를 저으면서 말했다. "당신이 말씀하신 그 행운이 우리 아이에게 찾아오기를 저도 진심으로 하느님께 기도하고 있습니다. 하지만 저에게는 그런 행운이 찾아올 것 같지 않아요. 지금은 제 마음속도, 제 주변도, 모두 파괴되어 버리고 이제 무덤으로 갈 날도 멀지 않았다는 생각이 들어요. 백작님, 당신은 좋은 일을 하셨어요. 저를 이렇게 즐거운 곳으로 돌아올 수 있게 해주셨으니까요. 인간은 옛날에 행복하게 살았던 곳에서 죽어야 하는 법이죠."

"오!" 몬테크리스토 백작이 말했다. "당신이 그런 말을 하니 내 마음이 타는 듯이 괴롭습니다. 당신의 입장에서는 저를 미워하시는 것이 당연한 일인 만큼, 더욱 가슴이 찢어집니다. 당신이 불행해진 것은 모두 제 탓입니다. 그런 저를 원망하지 않고 위로해 주시는 겁니까? 전 오히려 그게 더 괴롭군요⋯⋯."

"당신을 미워한다고요! 당신을 원망한다고요! 에드몽, 당신을⋯⋯ 아들의 목숨을 구해주신 당신을 미워하고 원망해야 한다는 말씀인가요! 모르세르가 자랑스럽게 여겼던 아들을 무슨 일이 있어도 죽여야 한다는, 그 무섭고 피비린내 나는 생각을 했던 당신인데도? 오, 제발 절 보세요! 제가 원망하고 있는지 어떤지 보시라고요!"

백작은 눈을 들었다. 그리고 반쯤 일어나서 자기를 향해 두 손을 내밀고 있는 메르세데스의 얼굴을 바라보았다.

"오! 절 보세요!" 그녀는 깊은 슬픔이 담긴 목소리로 말했다. "이제는 제 눈빛을 아무렇지도 않게 바라보실 수 있을 거예요. 이제 늙은 아버지가 살고 있는 다락방 창문에서 절 기다리고 있던 에드몽 당테스를 웃는 얼굴로 찾아가던 무렵과는 달라졌어요⋯⋯. 그로부터 괴로웠던 오랜 세월이 흘러갔지요. 그리고 그 무렵의 저와 지금의 저 사이에는 깊은 심연이 가로놓여 있답니다. 에드몽, 당신을 원망하라고 하셨나요? 당신을 미워하라고 하셨나요? 천만에요. 전 제 자신을 원망하고 미워하고 있어요!" 그녀는 두 손을 모으고 하늘을 우러러보면서 말했다. "벌을 받은 거예요! ……옛날의 저는 사람을 천사처럼 만드는 신앙과 순결과 사랑, 그 세 가지 행복을 가지고 있었어요. 그런데도 전 한심하게 하느님을 의심했어요!"

몬테크리스토 백작은 그녀 쪽으로 한 걸음 다가가서 말없이 손을 내밀었다.

"안 돼요." 그녀는 자기 손을 조용히 거두면서 말했다. "안 돼요. 저에게 손대려 하지 마세요. 당신은 저를 용서해 주셨어요. 하지만 당신이 복수했던 사람 가운데 누구보다도 제가 가장 죄가 많아요. 다른 사람들은 증오와 탐욕과 이기심에 이끌려 한 짓이지만, 전 비겁한 마음으로 그랬으니까요. 다른 사람들은 원하는 바가 있어서 그랬지만 전 무서워서 한 짓이니까요. 안 돼요. 제발 이 손을 잡진 마세요. 에드몽, 위로의 말을 하시려는 거지요? 전 잘 알고 있어요. 하지만 제발 그 말을 입 밖에 내지 마세요! 당신이 그런 말을 해 드릴 분은 따로 있어요. 저는 그런 말을 들을 자격이 없어요. 보세요…… (그녀는 완전히 베일을 벗어버렸다) 보세요…… 불행 때문에 머리는 잿빛으로 변하고, 눈물을 너무 많이 흘려서 눈가에는 보랏빛 그늘이 생기고, 이마는 주름으로 덮여 버렸어요. 이런 저와는 반대로 에드몽, 당신은 여전히 젊고, 아름답고, 늠름하시군요. 그건 당신이 신앙을 가지고 있었기 때문이지요. 그건 당신이 힘을 가졌기 때문이에요. 그건 당신이 하느님을 믿고 하느님의 보호를 받고 있었기 때문이에요. 그런데 전 비겁했어요. 전 하느님을 저버렸어요. 하느님도 절 버리셨고요. 그래서 마침내 이런 모습이 되고 말았어요."

메르세데스는 크게 울음을 터뜨리며 무너졌다. 가슴은 밀려오는 추억에 갈가리 찢기고 있었다.

몬테크리스토 백작은 그녀의 손을 잡고 정중하게 입을 맞췄다. 그러나 그녀는 그 입맞춤에 아무런 열정도 담겨 있지 않음을 느낄 수 있었다. 그것은 마치 백작이 대리석으로 만든 성녀상의 손에 입맞춤하는 느낌이었다.

그녀는 계속 말을 이었다. "세상에는 처음 저지른 작은 실수 때문에 일생을 망쳐버리는 사람들이 많이 있어요. 전 당신이 죽은 줄로만 알고 있었지요. 그때 죽어버렸어야 했는데. 당신을 잃은 슬픔을 평생 지니고 산다 한들 무슨 소용 있겠어요? 결국 서른아홉 살인 제가 쉰 살 여자처럼 늙어버렸을 뿐인 걸요. 많은 사람 가운데 저만이 당신을 알아보고 아들을 구했지만, 그게 무슨 소용이 있었죠? 설령 아무리 죄를 지었어도 저로서는 일단 남편인 그 사람을 살려야 했던 것 아닐까요? 그런데 전 그 사람을 죽게 만들었어요. 그 사람이 신의를 저버리고 배신자가 된 것도 나 자신 때문이었다고는 생각도 하지 않고. 아니 일부러 생각해 보려고도 하지 않고. 비겁함 때문에 아무렇지도 않은 척 그 사람을 경멸하면서 두 눈 뻔히 뜨고 죽게 내버려 두었어요! 게다가 자식하고 함께 여기까지 온 것도, 무슨 소용이 있나요? 저렇게 그 아이를 말리지도 못하고 혼자 그 타는 듯한 아프리카 땅으로 보내버리고 말았는데요! 아! 전 정말 비겁했어요. 전 사랑을 배신한 여자예요. 그리고 믿음을 저버린 사람들처럼 제 주위의 모든 사람을 불행하게 만들고 말거예요!"

"그렇지 않아요, 메르세데스 부인." 몬테크리스토 백작이 말했다. "그렇지 않아요. 자신을 좀 더 올바르게 판단해야 합니다! 아닙니다. 당신은 고귀하고 또 정결한 사람입니다. 난 당신의 슬픔 앞에서는 완전히 무력했습니다. 그러나 거기에는 우리 눈에 보이지 않고 사람들이 알지 못하는 하느님이 분노하고 계셨습니다. 저는 다만 하느님의 대리인일 뿐입니다. 그리고 그 하느님은 제가 번갯불을 던지는 것을 막지 않으셨습니다. 아, 나는 10년이라는 긴 세월 동안 날마다 그 발밑에 무릎 꿇었던 하느님을 두고 맹세할 수 있소. 난 당신을 위해 내 인생은 물론이고 거기에 따르는 모든 계획을 모조리 버릴 생각이었으니까. 하지만 메르세데스, 나는 긍지를 가지고 말할 수 있소. 하느님은 나를 필요로 하셨고 그 때문에 나는 살아 있었던 거요. 과거를 돌이켜 보고 현재를 살펴보시오. 미래까지 헤아려 보고 내가 하느님의 도구가 아니었는지 어떤지 생각해 보시오. 무서운 불행, 가혹한 고통. 사랑하는 모든 사람들에게서 잊히고, 전혀 모르는 사람들한테 핍박을 받은 지난 반평생. 이어서 감옥에 갇혀 고독하고 비참한 나날을 보낸 끝에 가까스로 해방되어 자유의 몸이 되었소. 그리고 그 휘황찬란한 재물! 장님이 아닌 한, 거기에는 하느님의 커다란 뜻이 있는 거라고 생각하지 않을 수 없었소. 그때부터 그 재산이 꼭 하느님이 나에게 맡기신 것으로 보이기 시작했소. 그때부터 이를테면 당신이 가끔 즐겁게 누리던 이 세상의 생활 같은 건 내 머리에서 완전히 사라져 버렸소. 한 순간도 마음이 평안할 때가 없이, 나는 마치 저주받은 도시들을 불태우기 위해 하늘을 날아오는 불 구름인 것같이, 자꾸만 떠밀려 가는 듯한 느낌이었소. 늘 위험한 원정을 구상하고, 위험한 바다를 향해 출범하는 담대한 선장처럼 식량을 준비했소. 무기를 싣고, 대결을 위한 모든 도구를 갖추고, 격심한 움직임을 위해 몸을 단련하고, 강렬한 충격에 대비해 마음을 단련하고, 내 팔은 사람을 쓰러뜨릴 수 있도록, 내 눈은 모든 고통을 태연하게 바라볼 수 있도록, 내 입은 더할 수 없이 무서운 일도 미소 지으며 맞이할 수 있도록 완벽하게 훈련되어 있었지요. 옛날에는 선량하고, 남의 말을 잘 믿고, 뭐든지 잊어버릴 수 있는 나였지만, 지금은 집념이 강하고 본심을 숨기고 심보가 고약하고, 아니 그보다 귀도 들리지 않고 눈도 보이지 않는 운명 그 자체인 것 같은 비정한 인간으로 변했소. 난 내 앞에 뻗어있는 길에 뛰어들었던 거요. 그리고 곁눈질 한 번 하지 않고 날아올라 지향하는 목적에 다다랐소. 어쩌다 그 길에서 나를 만난 사람들이 모두 재앙을 당하고 만 거지요."

"이제 그만!" 메르세데스가 말했다. "에드몽, 이제 그만하세요! 유일하게 당신을 알아보았던 여자야말로 당신의 마음을 이해할 수 있는 단 한 사람의 여자라는 것을 믿어주세요. 그런데 에드몽, 당신을 알아보았던 그 여자, 당신의 마음을 이해할 수 있었던 그 여자, 바로 그 여자는, 설령 당신을 그 길에서 만나 유리처럼 산산조각이 났다 해도, 언제나 당신을 찬미할 겁니다! 지금의 저와 옛날의 저 사이에 커다란 차이가 있는 것처럼 당신과 다른 사람들 사이에서도 큰 차이를 느껴요. 그리고 지금 저에게 가장 큰 고통은, 분명히 말해서 당신을 다른 사람과 비교해 보는 것이에요. 이 세상을 아무리 둘러봐도 당신만 한 가치가 있는 사람, 당신과 닮은 사람은 한 사람도 없어요. 자, 에드몽, 이젠 작별 인사를 해주세요. 그리고 그만 헤어지도록 해요."

"내가 당신을 떠나기 전에 뭔가 바라는 것은 없소?" 몬테크리스토 백작이 물었다.

"에드몽, 제가 바라는 것이 있다면 그건 오직 하나, 제 아들이 행복해지는 일뿐이랍니다."

"그럼 생명을 관장하시는 주님께 알베르한테서 죽음이 멀리 떨어지도록 기도하십시오. 나머지는 내가 맡겠소."

"고마워요, 에드몽."

"그런데 당신 자신을 위해서는?"

"아무것도 없어요. 전 두 개의 무덤 사이에서 살아갈 뿐이에요. 하나는 아주 먼 옛날에 죽은 에드몽 당테스의 무덤. 전 그 사람을 사랑했어요! 오, 그런 말도 지금의 빛바랜 입술에는 어울리지 않지만요. 하지만 지금도 마음으로 느끼고 있어요. 그리고 무슨 일이 있어도 그 추억만은 잃고 싶지 않아요. 또 하나는 에드몽 당테스의 손에 죽은 사람의 무덤. 그렇게 죽는 것도 당연하다고는 생각하지만, 저로선 그 사람을 위해 기도하지 않을 수가 없군요."

"알베르는 틀림없이 행복해질 겁니다." 백작이 다시 말했다.

"그렇게 된다면 저에게도 더없이 행복한 일이죠."

"하지만…… 당신은 어떻게 할 생각이오?"

메르세데스는 서글픈 미소를 지어보였다.

"이곳에서 지난날의 메르세데스처럼 일하며 먹고 살겠다고 말해도 아마 믿지 않으시겠죠. 지금 제가 할 수 있는 건 오직 기도하는 것뿐이에요. 특별히 일할 필요는 없어요. 당신이 묻어 두신 작은 보물도 말씀하신 곳에서 찾았어요. 아마 세상은 제가 어떤 여자인지 궁금해 하겠죠. 제가 무엇을 하고 있는지 물어보기도 하겠지만 도대체 어떻게 사는지 아마 이해하지 못할 거예요. 하지만 그건 아무래도 상관없어요! 하느님과 당신과 나, 이 세 사람 사이의 일이니까요."

"메르세데스, 당신을 나무라는 건 아니지만, 당신은 모르세르가 모은 재산을 전부 버렸다고 하던데, 그건 너무 큰 희생이 아닐까요? 그 반은 당연히 당신 것이고, 그 정도는 당신이 관리해도 된다고 생각합니다만."

"그 마음은 이해합니다. 하지만 전 받을 수 없어요, 에드몽. 아들이 받지 못하게 할 테니까요.

"그럼 저도 알베르가 찬성하지 않는 일은 아무것도 하지 않겠다고 약속하겠습니다. 알베르의 견해를 듣고 그것에 따를 생각입니다. 하지만 만약 알베르가 제가 하는 일을 받아들인다면, 그때는 당신도 딴 소리 하지 않고 받아주시겠죠?"

"에드몽, 전 이제 아무것도 생각할 수 없는 여자가 되어 버렸어요. 결심을 할 수 없는 여자, 할 수 있다 해도 그건 결심 같은 건 하지 않겠다는 결심뿐이죠. 하느님의 무서운 폭풍을 맞은 저는 의지도 잃어버렸어요. 지금은 독수리 발톱에 채인 참새처럼 하느님의 손아귀에 잡혀 있습니다. 이렇게 살아 있는 것도 하느님이 죽어서는 안 된다고 하시기 때문이에요. 만약 하느님이 구원해 주신다면, 그것도 그분의 뜻이니 그 손에 매달려야겠지요."

"잘 생각하십시오," 몬테크리스토 백작이 말했다. "그런 생각을 하는 것은 하느님을 섬기는 올바른 방법이 아닙니다! 하느님은 인간이 하느님의 마음을 이해하고, 그 힘을 생각해 보기를 원하십니다. 이를 위해 자유로운 의지도 주신 것입니다."

"그렇지 않아요!" 메르세데스가 소리쳤다. "제발 그런 말씀 그만하세요! 만약 하느님이 제게 자유로운 의지를 주셨다고 생각한다면, 앞으로 어떻게 절망에서 벗어날 수 있겠어요?"

몬테크리스토 백작은 얼굴빛이 창백하게 바뀌더니, 그 격렬한 고뇌에 짓눌렸는지 고개를 떨어뜨렸다.

"잘 가고 나중에 다시 보자고 말해 줄 수 있겠습니까?" 백작이 손을 내밀면서 말했다.

"그거는 할 수 있지요. 안녕히 가시고 나중에 또 뵈어요," 메르세데스는 엄숙하게 하늘을 가리키면서 말했다. "제가 여전히 희망을 잃지 않고 있다는 걸 아셔야 하니까요."

메르세데스는 그렇게 말하면서 가늘게 떨리는 손으로 몬테크리스토 백작의 손을 살짝 잡았다. 그러고는 계단 쪽으로 뛰어가더니 백작의 눈에서 사라져버렸다.

몬테크리스토 백작은 느린 걸음으로 그 집을 나섰다. 그리고 항구로 가는 길을 향해 걸어갔다.

메르세데스는 당테스의 아버지가 살았던 작은 방 창문 옆에 있으면서도, 백작이 멀어져 가는 모습을 보려고 하지 않았다. 그녀의 눈은 멀리 자식을 바다로 실어가고 있는 배를 찾고 있었다. 그러는 자신의 행동과는 달리, 사실 그녀의 목소리는 낮게 중얼거리고 있었다.

"에드몽, 에드몽, 에드몽!"

과거

백작은 가슴이 찢어지는 듯한 심정으로, 아마 두 번 다시 만날 일이 없을 메르세데스를 뒤에 남기고 그 집을 나갔다.

에두아르가 죽은 뒤부터 몬테크리스토 백작의 마음에는 커다란 변화가 일어나고 있었다. 완만하게 구불구불 이어진 언덕길을 올라가 마침내 복수의 정점에 도달한 그는, 그 산 너머에서 회의의 골짜기를 발견한 셈이었다.

그뿐만이 아니었다. 메르세데스의 이야기를 통해 그의 마음에서 수많은 추억들이 되살아났다. 먼저 그러한 추억부터 물리쳐야 했다.

백작은 겉으로는 아름답게 보이지만 사실은 지고한 정신을 죽여버리는 우수 속에 젖어 언제까지나 배회하며, 평범한 사람들처럼 거기서 삶의 보람을 느끼고 살 수만은 없었다. 백작은 자신이 한 여러 일들을 이렇게까지 자책하게 된 건 자신의 계획에 뭔가 오산이 있었기 때문이라고 생각했다.

"난 지금까지 있었던 일을 잘못 보고 있어. 하지만 내가 잘못 보았을 리가 있나……. 만약 그렇다면 내가 지향한 목적이 어리석은 것이었던가! 그래, 10년 전에 난 길을 잘못 들어선 것일까! 그럴 리가 한 시간이면 충분했을 텐데, 건축가 자신의 모든 희망을 걸었던 작업이 하나의 작품이었는지, 아니면 불가능한 것이었는지, 최소한 신을 모독하는 행위는 아니었는지 분간을 못하다니!

그렇게는 생각할 수 없어. 만약 그렇게 생각한다면 난 당장 미치광이가 되어버릴 거야. 지금 내 판단에서 빠진 건 과거에 대한 올바른 평가야. 왜냐하면 나는 지금 그 과거를 멀리서 바라보고 있을 뿐이니까. 그래, 사람이 나이를 먹을수록 과거는 지나가는 풍경과 마찬가지로 점점 희미해지는 법이지. 내 경우는 마치 꿈속에서 다친 사람과 같아. 그 상처를 보기도 하고 느끼기도 하지만 어떻게 다쳤는지를 기억하지 못하는 것이지.

아, 다시 태어난 남자여. 앞만 보고 달려온 억만장자여. 잠에서 깨어난 남자여. 용감한 꿈을 꾸고 있는 남자여. 무적의 부를 자랑하던 남자여. 여기서 잠시 그 비참했던, 굶주림에 허덕였던 그 옛날의 암담한 생활을 떠올려 보자! 숙명에 의해 나락으로 떨어져, 오직 절망밖에 기다리지 않는 그 불행한 길을 더듬었던 것을 상기해 보자! 너무나 많은 다이아몬드와 황금, 그리고 빛나는 행복으로 장식된 거울을 통해 몬테크리스토 백작이 거기에 비친 당테스를 바라보고 있다. 그 다이아몬드를 감추고 그 황금의 빛을 퇴색시켜 그러한 광채를 지워 버려라. 부유하지만, 가난했던 지난날을 떠올려 보라. 자유롭지만, 그 옛날 죄수의 몸이었던 자신을 생각하라. 다시 태어났지만, 그 옛날 송장이었던 때의 자신을 떠올려 보라."

몬테크리스토 백작은 그렇게 혼잣말을 하면서 케스리 거리를 내려갔다. 그 거리는 바로 24년 전, 소리도 없이 밤의 호송대에 끌려가면서 지나간 거리였다. 그날 밤에는 어두운 침묵에 싸여 굳게 닫혀 있던 거리의 집들이 지금은 활기를 띠고 있었다.

"모습은 좀 다르지만 같은 집들이 틀림없어." 몬테크리스토 백작은 중얼거리듯이 말했다. "다만 그때는 밤이었고 지금은 낮일 뿐이지. 태양이 모든 것을 비춰서 밝게 만들고 있어."

그는 생로랑 거리를 지나 부두 쪽으로 내려가서 경비소를 향해 걸어갔다. 그곳은 바로 그가 배에 태워졌던 곳이었다. 마침 포장을 친 유람선 한 척이 지나가고 있었다. 몬테크리스토 백작이 선장을 불렀다. 선장은 이게 웬 횡재냐는 듯이 재빨리 노를 저어 다가왔다.

날씨는 쾌청했고 뱃길 여행도 즐거웠다. 태양이 점점 붉게 물들어 가는 물결 사이로 새빨갛게 타오르면서 수평선 아래로 가라앉고 있었다. 거울처럼 잔잔한 바다는 이따금 숨어 있던 적의 공격을 받은 물고기가 구원을 청하기 위해 수면으로 뛰어오를 때마다 잔물결을 일으켰다. 수평선에서는 마르세유로 돌아가는 어선과 코르시카나 에스파냐로 가는 상선이 바다를 건너는 갈매기처럼 하얗게 아름다운 모습을 보여주면서 지나가고 있었다.

이렇게 화창한 날씨에 이토록 아름다운 광경을 보여 주는 수많은 배에도 불구하고, 또 시선이 닿는 곳마다 온통 황금빛으로 넘쳐남에도 불구하고, 백작은 외투로 몸을 감싸며 그때의 무서웠던 뱃길을 차례차례 더듬고 있었다. 카탈루냐 마을에서 반짝이고 있던 단 하나의 외로운 불빛, 어디로 끌려가는 건지 처음으로 알게 해준 이프 성채의 모습. 바다에 뛰어들려고 헌병들과 격투를 벌인 일, 이젠 글렀다는 것을 알고 절망한 일. 그리고 관자놀이에 닿았던 총구가 마치 얼음 고리처럼 차갑게 느껴졌던 일.

가을이 구름을 몰고 오면서 여름 내내 메말라 있던 샘에 한 방울 한 방울 샘물이 솟아나듯이, 지금 몬테크리스토 백작은 옛날 에드몽 당테스의 마음에 넘쳐나던 고통이 마음속에 점차 되살아남을 느끼고 있었다.

그에게는 이제 화창한 하늘도, 아름다운 배도, 불타는 듯한 햇살도 보이지 않았다. 하늘은 장례식 베일로 뒤덮여 있었다. 이프 성이라는 이름으로 불리는 그 검은 거인의 모습은 마치 철천지 원수의 망령이 갑자기 눈앞에 나났을 때처럼 그를 전율시켰다.

배가 도착했다.

백작은 자기도 모르게 배 꽁무니로 물러났다. 선장이 아무리 친절한 목소리로 "나리, 도착했습니다요" 하고 말해도 귀에 들어오지 않았다.

몬테크리스토 백작은 바로 그곳 그 바위 위로 호송 헌병들에게 난폭하게 끌려갔다. 그리고 총검 끝이 허리를 찌르는 걸 느끼면서 비탈길을 올라갔던 것이다.

그때의 당테스는 그 길이 너무도 길게 느껴졌지만, 지금 몬테크리스토 백작에겐 무척 짧아 보였다. 노가 물속에 들어갈 때마다 축축한 물보라와 함께 수많은 생각과 추억이 솟구쳤다.

7월 혁명(1830년 7월 샤를 10세의 전제
정치에 분노하여 일어난 혁명) 때부터 이프 성에는 죄수가 한 사람도 없었다. 그곳 위병소에는 밀수입을 단속하기 위한 분대만이 머물고 있었다. 지금은 관리인 한 사람이 호기심에 이 무서운 건물을 구경하러 오는 관광객들을 문에서 기다리고 있었다.

그는 그 모든 것을 알고 있으면서도 둥근 천장 밑에 들어갔을 때, 깜깜한 계단을 내려갔을 때, 토굴을 보려고 안내를 받았을 때, 이마가 차가워지면서 창백해지고, 얼음 같은 땀이 심장을 향해 역류하는 것이 느껴졌다.

백작은 관리인에게 왕정복고 시대(1814년 부르봉 왕조의 재건에서
1830년 그 몰락까지의 시기)의 간수가 아직 남아 있는지 물었다. 그러자 관리인은 그들 모두가 퇴직하거나 직업을 바꿨고, 자기는 1830년부터 이곳에서 일하기 시작했다고 말했다.

백작은 옛날에 자기가 살았던 토굴까지 안내를 받았다.

그리하여 그는 좁은 환기창으로 들어오는 푸르스름한 햇빛을 다시 보게 되었다. 그는 지금은 치워버리고 없지만, 옛날에 침대가 있었던 자리를 바라보았다. 그 침대 뒤에서 그 옛날 파리아 신부가 파낸 구멍의 흔적을 발견했다. 지금은 막혀 있지만 그 부분에 새 돌이 메워져 있는 모습을 보고 이내 그것임을 알 수 있었다.

몬테크리스토 백작은 다리에서 힘이 빠져나가는 것을 느꼈다. 그는 나무 걸상을 끌어당겨 거기에 앉았다.

"이 감옥에 미라보(당통, 로베스피에르와 함께)가 갇혀 있었다는 것 말고, 뭔가 전해져 내려오는 이야기가 없소?" 백작이 물었다. "인간을 산 채로 가뒀다고는 도저히 믿기 어려운 이런 음침한 감옥에 무슨 전설 같은 것은 없습니까?"

"있습니다. 실은 이 토굴에 대해 앙투안이라는 간수한테서 들은 얘기가 있습지요."

몬테크리스토 백작은 문지기의 말에 몸을 떨었다. 간수 앙투안, 그는 틀림없이 백작이 이곳에 있었을 때의 간수였다. 백작은 그의 이름도, 얼굴도 거의 잊고 있었다. 그런데 그 이름을 듣는 순간, 온통 수염으로 뒤덮인 얼굴과 갈색 상의, 지금도 그 부딪히는 소리가 들리는 듯한 열쇠 뭉치 등이 생생하게 떠올랐다.

백작은 뒤를 돌아보았다. 관리인의 손에서 타고 있는 횃불 때문에 더욱 짙어진 복도의 어둠 속에서 앙투안의 모습이 보이는 것 같았다.

"들어 보시겠습니까?" 문지기가 물었다.

"얘기해 보시오." 몬테크리스토 백작이 말했다.

자기 자신에 대한 얘기가 시작되려 하는 것에 두려움을 느낀 백작은 격렬한 심장의 고동을 억제하기 위해 가슴에 손을 얹었다.

"얘기해 보시오." 그는 되풀이했다.

"이 토굴에는 아주 오래 전에 한 죄수가 갇혀 있었습니다. 정말 위험한 사내였지요. 머리가 비상했기 때문에 더욱더 위험한 사람이었습니다. 그런데 비슷한 시기에 또 한 사람이 토굴에서 살고 있었습니다. 그리 나쁜 사람은 아니지만 딱하게도 실성한 신부였어요."

"아, 미치광이였단 말이군요. 그래, 어떻게 미쳤기에?" 몬테크리스토 백작이 물었다.

"자기를 자유롭게 풀어주면 수백만 프랑의 돈을 주겠다고 말하곤 했지요."

몬테크리스토 백작은 하늘을 우러러보았다. 그러나 돌의 장막에 가로막혀 하늘은 보이지 않았다. 그는 파리아 신부한테서 보물을 주겠다는 말을 들은 사람들의 눈과 그 보물 사이에도 이와 같은 두꺼운 장벽이 있었으리라고 생각했다.

"죄수들은 서로 만날 수 있었습니까?" 몬테크리스토 백작이 물었다.

"웬걸요! 절대로 금지되어 있었죠. 그런데 그 두 사람은 그 금제를 교묘하게 피해서 서로의 토굴로 통하는 굴을 팠던 것이죠."

"둘 중에 누가 그것을 팠소?"

"물론 젊은 죄수 쪽이죠. 그 젊은 남자는 솜씨가 좋고 몸도 튼튼했지만, 신부는 늙은 데다 몸도 약해서 뭔가를 판단하거나 생각하는 게 도저히 불가능했으니까요."

"눈먼 인간들!" 중얼거리듯이 몬테크리스토 백작이 말했다.

관리인이 말을 이었다. "어쨌든 젊은 죄수가 굴을 팠습니다. 무엇으로 팠는지는 전혀 밝혀지지 않았습니다. 아무튼 뭔가로 팠겠지요. 그 증거로 지금까지 구멍의 흔적이 남아 있어요. 여길 보십시오. 보이시죠?"

그렇게 말하면서 그는 횃불을 벽에 가까이 가져갔다.

"그렇군요!" 백작은 깊은 감동에 사로잡힌 목소리로 말했다.

"그리하여 두 죄수는 서로 오가기 시작했습니다. 그 왕래가 얼마동안 계속되었는지는 알 수 없습니다. 그러던 어느 날 늙은 죄수가 병으로 죽었습니다. 그때 젊은 죄수가 어떻게 했을 것 같습니까?" 말을 끊고 관리인이 물었다.

"말해 보시오."

"그자는 시체를 자기 방으로 옮기고, 시체의 얼굴이 벽을 바라보도록 자기 침대에 눕혔습니다. 그리고 비어 있는 토굴로 돌아와서 원래대로 구멍을 막고, 자기가 죽은 사람을 넣는 자루 속에 들어갔습니다. 어떻습니까, 전대미문의 사건 아닙니까?"

몬테크리스토 백작은 눈을 감았다. 그리고 자신의 얼굴에 시체의 냉기가 스며든 거친 삼베가 닿았을 때의 모든 느낌을 회상해 보았다.

관리인은 말을 이었다.

"이런 생각을 했던 거죠. 이프 성에서는 죽은 사람을 땅에 묻을 것이다,

그리고 죄수들을 위해 일부러 돈을 들여 관을 짤 리는 없을 테니 땅에 묻힌 뒤 어깨로 흙을 밀어내면 될 것이다, 하고 말이죠. 그런데 불행히도 이프 성의 관습은 그자의 생각과는 달랐습니다. 여기서는 죽은 사람을 땅에 묻지 않아요. 발에 쇠뭉치를 매달아서 바다에 던져 버리니까요. 그래서 그때도 그렇게 되었다는 얘기죠. 그는 바위에서 바다 위로 내던져졌습니다. 다음날이 되어서야 그 사람의 침대에서 진짜로 죽은 사람이 발견되었죠. 그래서 비로소 진상이 드러났습니다. 시체를 처리했던 인부들이 그제야 그때까지 말하지 않았던 사실을 얘기해 주었거든요. 시체를 허공에 던졌을 때 무시무시한 비명소리가 났다는 겁니다. 하지만 이상하다고 생각한 순간 시체는 이미 물속에 빠져서 보이지 않았다더군요."

백작은 쓸쓸하게 한숨을 내쉬었다. 이마에는 땀이 흐르고 마음은 고통으로 죄어드는 것 같았다. 그는 마음속으로 생각했다.

'그래! 난 아까 회의에 사로잡혀 있었다. 그것은 망각으로 가는 첫걸음이지. 그런데 지금 내 마음은 다시 찢어지려 하고 있다. 그리고 또다시 복수심이 타오르기 시작했다.'

"그래, 그 뒤로는 죄수에 대해 아무런 얘기도 없었소?"

"전혀. 요컨대 둘 중의 하나겠지요. 머리가 먼저 떨어졌다면 15미터 높이에서 떨어졌으니 즉사했을 겁니다."

"하지만 발에 쇠뭉치를 달았다고 하지 않았소? 그렇다면 선 자세로 떨어졌을 텐데."

"선 채로 떨어졌다면 아마 추 때문에 바닥까지 끌려 들어갔겠지요. 그리고 가엾게도 그대로 저세상으로 갔을 겁니다."

"그 죄수를 동정하시오?"

"그야 그렇죠. 아무리 바다가 그 사람의 일터라 해도."

"무슨 말이오?"

"그 사람은 그때 선원이었는데 보나파르트 당원이라는 이유로 붙잡혔거든요."

'맞았어,' 백작은 속으로 중얼거렸다. '신은 너를 파도와 불길 위로 넘어갈 수 있도록 만들어 주셨다. 그래서 한낱 선원이 지금까지 사람들의 추억 속에 남아 있는 거지. 사람들은 난롯가에서 몸서리쳐지는 그의 이야기를 한다. 그

리고 그 사내가 하늘을 가르며 깊은 바다로 빨려 들어가는 대목에서 자기도 모르게 몸서리를 치는 것이다.'

"그 사람의 이름은 모르시오?" 백작이 큰 소리로 물었다.

"글쎄요, 34호라는 이름밖에 알려지지 않았지요."

'빌포르! 빌포르!' 백작은 마음속으로 외쳤다. '그거야말로 네가 편히 잠들지 못하고 밤새도록 망령에 시달리면서도 수없이 되뇌었던 이름이었겠지.'

"더 구경하시겠습니까?" 관리인이 물었다.

"그럽시다. 특히 그 불쌍한 신부님의 방을 보고 싶군요."

"27호실 말입니까?"

"예, 27호실." 백작이 되풀이했다.

백작은 파리아 신부에게 이름을 물었을 때, 신부가 벽 저편에서 그 번호를 외치던 목소리가 지금도 생생하게 들려오는 것 같았다.

"그럼 이쪽으로 오십시오."

"아, 잠깐만 기다려 주시오." 몬테크리스토 백작이 말했다. "이 토굴을 다시 한 번 자세히 봐두고 싶소."

"그렇다면 마침 잘됐군요. 저쪽 토굴의 열쇠를 두고 와서요."

"그럼 다녀오시오."

"이 횃불은 두고 가겠습니다."

"아니 됐어요. 가져가시오."

"하지만 어두울 텐데."

"난 밤에도 잘 보이니까요."

"아, 그렇다면 그 사람하고 같군요."

"그 사람이라니?"

"34호 말입니다. 그 사람은 어둠에 완전히 익숙해져서 토굴의 가장 어두운 곳에 떨어진 바늘을 볼 수 있었다고 하더군요."

'그렇게 되기까지 10년이라는 세월이 걸렸지.' 백작이 마음속으로 말했다.

안내인은 횃불을 가지고 저쪽으로 갔다.

백작의 말은 사실이었다. 어둠 속에 남겨진 그는 불과 몇 초 뒤에 모든 것을 대낮처럼 훤히 구별할 수 있었다.

그는 주위를 둘러보았다. 그리고 그곳이 자기가 갇혀 있었던 토굴이 틀림없음을 확인했다.

"그래," 그는 말했다. "저것이 옛날에 내가 늘 앉았던 돌이다! 저건 벽에 어깨를 문질러 벽이 패인 자국! 저건 차라리 벽에 머리를 부딪쳐 죽으려고 했을 때 이마에서 흘러내린 피의 흔적! ……오, 이 숫자…… 그래, 기억하고 있어. 아버지가 아직 살아 계실까 생각하면서 나이를 헤아렸을 때, 또 메르세데스가 결혼하지 않고 기다리고 있을까 생각하면서 그 나이를 헤아렸을 때 내가 써둔 것이다! 그것을 헤아린 뒤에는 한동안 희망을 잃지 않고 있었지……. 난 굶주림과 배신이라는 변수를 계산에 넣는 것을 잊고 있었던 거야!"

그때 백작의 입가에 괴로운 미소가 번졌다. 그는 마치 꿈을 꾸듯이 묘지로 옮겨지는 아버지의 모습과 결혼식 제단을 향해 걸어가는 메르세데스를 보았다.

다른 벽면에 적혀 있는 한 글귀에 백작의 시선이 머물렀다. 그것은 녹색빛이 도는 벽 위에 지금도 하얀 색으로 선명하게 드러나 있었다.

'신이여!' 몬테크리스토 백작은 글귀를 읽었다. '저에게서 기억을 빼앗아 가지 마옵소서!'

"오, 그래!" 그는 소리쳤다. "이것이 바로 최후가 다가왔을 때 내가 품었던 단 하나의 소원이었다. 난 이제 자유를 얻기는 글렀다고 포기하고 있었다. 다만 기억을 잃어버리지 않기만을 바라고 있었어. 미쳐서 모든 기억을 잃어버리지 않을까 그것만 걱정했지. 하느님! 당신은 저에게 기억을 잃지 않게 해주셨습니다. 그리고 저는 모든 것을 떠올릴 수 있었습니다. 하느님, 감사합니다. 감사합니다!"

바로 그때 횃불이 벽에 비쳤다. 관리인이 내려온 모양이었다.

몬테크리스토 백작은 그에게 다가갔다.

"저를 따라오십시오." 관리인이 말했다.

그들은 다시 밝은 곳으로 올라가지 않고 지하도를 따라 다른 입구로 갔다. 몬테크리스토 백작은 그곳에서도 끝없는 감회에 사로잡혔다.

맨 먼저 눈에 들어온 것은 파리아 신부가 시간을 계산하기 위해 벽에 새겨두었던 해시계였다. 이어서 신부가 숨을 거둔 침대의 잔해가 보였다. 그것을 보자 그의 마음은 토굴 속에 갇혀 있을 때 느꼈던 고통 대신 온화하고 그리운 감정, 감사의 감정으로 넘쳐났다. 그의 두 눈에서 뜨거운 눈물이 흘러내렸다.

그런 백작의 마음을 전혀 알아채지 못한 안내인은 굴 앞에 다다르자 백작에게 말했다.

"이곳에 그 미친 신부가 있었습니다. 젊은 죄수는 저기를 통해 신부를 만나러 왔어요."

관리인은 굴 입구를 가리키며 말을 이었다.

"어떤 학자가 말했다는데, 돌의 색깔로 추정하여 두 죄수는 거의 10년 정도 왕래했을 거라더군요. 그 10년 동안 얼마나 괴로웠겠습니까?"

당테스는 호주머니에서 금화를 몇 개 꺼내 관리인에게 내밀었다. 관리인은 상대가 누군지도 모르면서 또다시 그 남자에게 동정을 표했다.

관리인은 동전 몇 개 줬겠거니 생각하며 금화를 받았다. 그러나 곧 횃불의 불빛을 통해 자기가 받은 돈의 가치를 알았다.

"이거, 잘못 주신 것 같은데요."

"어째서요?"

"금화를 주셨군요."

"알고 있소."

"예? 알고 계신다고요?"

"그렇소."

"그럼 이걸 저에게 주시는 겁니까?"

"그럼요."

"이런 걸 받아도 괜찮을까요?"

"물론이오."

관리인은 깜짝 놀라 몬테크리스토 백작의 얼굴을 바라보았다.

"정직하시군." 백작은 마치 햄릿처럼 말했다.

"감사합니다," 관리인은 어째서 자기에게 이런 행운이 굴러들어왔는지 모른 채 말했다. "저에게 왜 이런 친절을 베푸시는지 알 수가 없군요."

"별 말씀을, 특별한 이유는 없소." 백작이 말했다. "나도 한때 선원이었어요. 그래서 그 이야기를 듣고 특별한 감회를 느껴서 그러는 것이오."

"그러시다면 이렇게 친절을 베풀어 주셨으니 저도 뭔가 드리고 싶은데."

"뭘 주시겠소? 조개껍질? 짚 세공품? 난 괜찮으니 사양하겠소."

"그럴 수야 없지요. 아까 한 이야기와 관련이 있는 것을 드려야겠군요."

"정말이오?" 갑자기 백작이 흥분해서 소리쳤다. "도대체 어떤 것이오?"

"그건 말이죠," 관리인이 말했다. "죄수가 15년 동안이나 있었던 방에는 어김없이 뭔가 남아 있는 법이거든요. 그래서 벽 속을 찾아보았지요."

"아하!" 몬테크리스토 백작은 신부가 2중으로 만든 비밀장소를 떠올리면서 말했다. "그렇겠군요."

"이리저리 찾아본 끝에 침대 머리맡과 벽난로의 아궁이가 속이 비어 있는 듯한 소리를 내는 것을 알았지요."

"아! 그랬군요." 몬테크리스토 백작이 말했다.

"그래서 돌을 들춰보니……."

"줄사다리와 연장이 있었다는 말이군요?" 백작이 소리쳤다.

"그걸 어떻게 아십니까?" 관리인이 깜짝 놀란 기색으로 말했다.

"알고 있었던 건 아니오. 그럴 거라고 짐작했을 뿐이지. 죄수들의 은신처에서 나오는 건 대개가 그런 것들이니까."

"맞습니다! 줄사다리와 여러 가지 연장이 나왔지요."

"그걸 지금도 가지고 있소?"

"아닙니다. 그런 귀중한 것은 이곳에 찾아오시는 손님들에게 모두 팔았습니다. 그런데 다른 것이 하나 남아 있습죠."

"그게 뭡니까?" 기다릴 수 없다는 듯이 백작이 물었다.

"몇 장의 긴 천 위에 쓴 책 같은 것입니다."

"오!" 몬테크리스토 백작이 소리쳤다. "그 책이 남아 있다는 말입니까?"

"책인지 뭔지는 모릅니다. 하지만 남아 있는 건 그것뿐입니다."

"그걸 가져와 보시오, 어서! 내가 생각하고 있는 것이 맞다면 충분히 보답할 테니까."

"얼른 가서 가져오겠습니다."

그렇게 말하면서 관리인은 재빨리 나갔다.

백작은 그 침대의 잔해 앞에 가서 엄숙하게 무릎을 꿇었다. 신부가 숨을 거둔 그 침대야말로 그에게는 제단이라고 할 수 있었다.

"나의 두 번째 아버지여," 그가 말했다. "나에게 자유와 학문과 부를 주신

분. 우리 같은 범인과 달리 뛰어난 자질을 갖추고, 선악을 구별하는 능력을 가지신 분. 만약 우리 가운데 누군가가 무덤 속에서도 여전히 지상에 남아 있는 인간들의 목소리에 반응하여 몸을 떨 수 있다면, 또 시체는 썩어 없어지더라도 살아 있는 무언가가 옛날 자신이 가장 사랑했거나 가장 고통스러웠던 곳으로 찾아올 수 있다면, 고귀한 마음과 위대한 정신 그리고 깊은 영혼을 지니신 분이여! 일찍이 저에게 주신 아버지로서의 사랑에 걸고, 또 제가 당신에게 바쳤던 아들로서의 존경심에 걸고 부탁드립니다. 제발 한 마디 말이든, 하나의 표시이든, 아니면 계시 같은 것을 내려 주시어 제 마음에 남아 있는 의심을 씻어주십시오. 그것이 확신으로 바뀌지 않는 한, 반드시 제 마음에 회한으로 남게 될 것입니다."

백작은 고개를 숙이고 두 손을 모았다.

"나리, 이겁니다!" 뒤에서 목소리가 들려왔다.

몬테크리스토 백작은 깜짝 놀라 뒤를 돌아보았다.

관리인이 문제의 천 두루마리를 그에게 내밀었다. 그것은 바로 파리아 신부가 자신이 평생 동안 쌓은 학문의 모든 것을 쏟아부어 만든 이탈리아 왕가에 관한 저작이었다.

백작은 그것을 덥석 받아들었다. 그리고 먼저 머리말부터 단숨에 읽어 내려갔다.

'주께서 이르시기를 너는 용의 이빨을 뽑고 발아래 사자도 짓밟으리라 하셨느니라.'

"오!" 그는 소리쳤다. "이것이 바로 그 대답이구나! 아버지! 감사합니다! 감사합니다!"

그는 호주머니에서 1천 프랑짜리 지폐 한 장이 들어 있는 작은 지갑을 꺼내면서 말했다.

"자, 이걸 받으시오."

"이걸 제게 주시는 겁니까?"

"그렇소. 단, 내가 돌아간 뒤에 열어보시오."

그러면서 백작은 방금 손에 넣은, 자신에게는 무엇과도 바꿀 수 없는 귀한 보물을 가슴에 꼭 품고 지하실에서 나와 배로 돌아갔다.

"마르세유로!"

섬에서 멀어져 가면서 그는 내내 시커먼 감옥을 응시하고 있었다.

"저주가 내리기를! 나를 저 어두운 감옥 속에 가둔 자들이여, 내가 그곳에 갇혀 있는 것을 잊고 있었던 자들이여!"

다시 카탈루냐 마을 앞을 지나갔을 때, 백작은 그쪽으로 눈을 돌렸다. 그리고 외투로 머리를 감싼 채 한 여자의 이름을 중얼거렸다.

이로써 승리는 완전해졌다. 백작은 두 번이나 의혹을 극복한 것이다.

그가 거의 사랑이라고도 할 수 있는 애정을 담아 입에 올린 그 이름은 바로 '하이데'였다.

배에서 내린 백작은 막시밀리앙이 가 있는 묘지를 향해 걸어갔다.

10년 전, 그도 그 묘지에서 경건한 마음으로 한 무덤을 찾아다닌 적이 있었다. 그러나 끝내 찾지 못하고 말았다. 그는 그 막대한 부를 가지고 프랑스로 돌아왔지만 굶어 죽은 아버지의 무덤은 찾을 수가 없었다.

물론 모렐 씨가 거기에 십자가를 세워주기는 했다. 그러나 십자가는 금방 쓰러지고 말았다. 그리고 묘지에 고목이 쓰러져 있으면 흔히 그렇게 하듯이 인부들은 그것을 가져다 땔감으로 써 버렸다. 그에 비하면, 훌륭한 실업가였던 모렐 씨는 훨씬 행복했다고 할 수 있다. 자식들의 품에 안겨 숨을 거둔 그는, 마찬가지로 자식들에 의해 2년 먼저 간 아내 옆에 묻힐 수 있었던 것이다.

두 사람의 이름이 새겨진 커다란 대리석 묘비 두 개가 사이프러스 네 그루가 그들을 드리우고 있는 조촐한 터 안에서 철책에 에워싸여 있었다.

막시밀리앙은 그 사이프러스 한 그루에 기대어 공허한 눈길로 두 무덤을 멍하니 바라보고 있었다.

그는 슬픔이 너무 깊어서 거의 넋이 나간 사람처럼 보였다.

"막시밀리앙, 너무 그곳만 보면 안 됩니다. 저기도 쳐다봐야죠."

그러면서 백작은 하늘을 가리켰다.

"죽은 사람들은 모든 곳에 있습니다. 저를 파리에서 데리고 나오면서 백작님 자신이 그렇게 말씀하시지 않았습니까?" 막시밀리앙이 말했다.

"막시밀리앙, 이곳에 오면서 당신은 마르세유에서 며칠 보내고 싶다고 했는데 지금도 그럴 생각이오?"

"지금은 그러고 싶은 마음도 사라졌습니다. 다만 이곳은 다른 곳보다 그리 괴롭지 않게 기다릴 수 있을 것 같아서요."

"잘 됐군요. 난 이제 이곳을 떠나야 하니까요. 당신의 약속을 믿어도 되겠지요?"

"아! 전 그것을 잊기로 하겠습니다. 그것을 잊겠어요!"

"아니오! 잊어서는 안 돼요. 막시밀리앙, 당신은 누구보다 명예를 소중히 하는 분이 아니오? 당신은 맹세했소. 그리고 앞으로도 맹세할 분이고."

"백작님, 제발 절 불쌍한 놈으로 여겨 주십시오! 전 정말 불행합니다!"

"막시밀리앙 씨, 난 당신보다 훨씬 더 불행했던 한 남자를 알고 있소."

"그럴 리가요!"

"유감이지만 사람은 누구나 자기 옆에서 눈물 흘리며 괴로워하는 불행한 사람보다 자기가 훨씬 더 불행하다고 생각하지요. 그것이 바로 우리 가련한 인간들의 자부심이니까요."

"하지만 자기가 이 세상에서 가장 사랑하고, 가장 원했던 단 하나의 보물을 잃은 남자보다 더 불행한 사람이 있을까요?"

"내 애길 들어보시오, 모렐, 이제부터 하는 얘기를 마음속에 잘 새기면서 들어야 해요. 나도 당신처럼 행복에 대한 모든 희망을 단 한 여자에게 걸었던 남자를 알고 있소. 그는 나이도 젊었고, 사랑하는 아버지와 마음속 깊이 사모하는 약혼자가 있었습니다. 그런데 그가 약혼녀와 결혼하려던 순간 느닷없이 운명의 장난으로 인해 그동안 소중히 여기던 것들을 모두 빼앗긴 채 토굴 속에 갇히고 말았소. 만약 하느님이 나중에 당신의 의지를 보여주시고 모든 것이 그를 신의 섭리로 이끌기 위한 수단이었음을 알려주시지 않았더라면, 아마 신의 선의조차 의심했을 것이오. 그는 자유를 빼앗기고 사랑하는 여자도 빼앗겼으며, 그때까지 꿈꾸어 오던, 그리고 자기 것이 되리라고 믿었던(그는 맹목적으로 살았기 때문에 현재밖에는 볼 수 없었던 것이지요) 미래마저 모두 빼앗겨 버렸으니까."

"오! 하지만 토굴에서는 일주일, 한 달, 적어도 1년 뒤에는 나올 수 있잖아요!"

"그 남자는 14년을 토굴 속에 있었소." 백작은 청년의 어깨에 손을 얹으며 말했다.

막시밀리앙은 소스라쳤다.

"14년이나!"

"그렇소, 14년이나. 그 남자도 그 14년 동안 수없이 절망에 빠졌소. 또 모렐 당신처럼 자기가 이 세상에서 가장 불행한 사람이라 생각해 자살까지 하려고 했소."

"그래서요?"

"그런데 드디어 마지막이라고 생각한 순간, 신이 인간을 통해 모습을 나타내셨지요. 신은 이젠 기적 같은 건 보여주지 않으시니까요. 그 사람은 적어도 처음에는(눈물에 젖은 눈이 열리기 위해서는 시간이 필요하니까) 신의 그 무한한 자비를 이해하지 못했어요. 하지만 그는 잘 참고 기다렸지요. 어느 날, 그는 모습이 바뀌어 부와 힘을 가진, 거의 신 같은 존재가 되어 기적적으로 무덤에서 나올 수 있었소. 그의 입에서 나온 최초의 외침은 아버지를 부르는 소리였소. 그러나 그 아버지는 이미 이 세상에 없었소."

"저 역시 아버지를 잃었습니다." 모렐이 말했다.

"그렇습니다. 하지만 당신 아버님은 당신의 품에 안겨 사랑과 존경을 받고, 부도 가지고, 천수를 누리다 행복하게 돌아가셨소. 그런데 그 사람의 아버지는 가난 속에 절망하여 신을 의심하면서 죽어갔소. 아버지가 죽은 지 10년, 아들이 그 무덤을 찾았을 때는 알아볼 수조차 없게 되어 있었소. 그때까지 그에게 '너를 그토록 사랑했던 사람은 그곳에서 주의 품 안에 평안하게 잠들어 있다'고 가르쳐 주는 사람은 아무도 없었소."

"오!" 모렐이 탄식했다.

"모렐, 그 사람이야말로 당신보다 더욱 불행한 아들이라고 해야 할 것이오. 그 사람은 자기 아버지의 무덤조차 찾지 못했으니까요."

"하지만 그 사람에게는 사랑하는 여자가 남아 있지 않습니까."

"당신이 틀렸소, 모렐, 그 여자는……."

"죽었나요?" 막시밀리앙이 소리쳤다.

"그보다 더 가혹합니다. 여자는 그를 배신했어요. 그 여자는 자기 약혼자를 괴롭힌 자들 중 한 사람과 결혼했습니다. 아시겠소, 모렐, 그 사람은 당신 이상으로 불행한 연인이었다는 것을!"

"그렇다면 신은 그 사람에게 어떤 위안을 주셨습니까?"

"적어도 마음의 안정은 주셨지요."

"그 사람은 언젠가 행복해질까요?"

"그렇게 되기를 바랍니다."

청년은 가슴에 닿도록 고개를 푹 숙였다.

"약속을 지키겠습니다." 한동안 말없이 있던 청년은 이렇게 말하면서 몬테크리스토 백작에게 손을 내밀었다. "다만 잊지 말아주셨으면 하는 건……."

"모렐, 10월 5일, 몬테크리스토 섬에서 기다리겠소. 4일에 바스티아 항에서 요트 한 척이 기다리고 있을 거요. 요트의 이름은 에우로스 호(동풍이라는 뜻)이고, 선장에게 이름을 말하면 나에게 안내해 줄 거요. 그럼 약속한 겁니다, 막시밀리앙."

"약속합니다. 그리고 약속대로 실행에 옮길 겁니다. 그러니 10월 5일에는 잊지 마시고……."

"당신은 아직 어린애군요. 어른의 약속이 어떤 것인지 아직 모르시는 것 같으니. 이제까지 몇 번이나 말했소. 그날이 되어서도 꼭 죽고 싶다면 내가 나서서 도와드리리다. 그럼."

"벌써 가시는 겁니까?"

"그렇소. 이탈리아에 볼일이 있어서요. 혼자 있게 해드릴 테니 혼자서 불행과 싸워보도록 하시오. 하느님께서 자신이 선택한 사람들을 데려가기 위해 보내주실 날개가 튼튼한 독수리하고 말이요. 막시밀리앙, 가니메데 이야기(독수리로 변신한 제우스가 트로이 왕자 가니메데를 납치하여 신들의 시동으로 삼았다는 전설)는 단순히 지어낸 이야기가 아니에요. 그건 하나의 비유입니다."

"언제 출발하실 겁니까?"

"지금 바로. 기선이 기다리고 있소. 한 시간 뒤면 아주 멀리 가 있을 겁니다. 항구까지 같이 가주겠소?"

"기꺼이."

"날 포옹해 주게."

모렐은 항구까지 백작을 배웅했다. 검은 굴뚝에서는 벌써 커다란 깃털 장식 같은 연기가 피어올라 하늘로 올라가고 있었다. 배는 곧 출범했다. 그리고 몬테크리스토 백작이 말했듯이 한 시간이 지나자, 깃털 같은 그 하얀 연기는, 밤안개가 자욱하게 끼기 시작했기 때문에 흐려진 동쪽 수평선 위에 거의 분간할 수 없을 정도의 흰 줄을 긋고 있었다.

페피노

백작의 배가 모르지옹 곶 뒤로 사라질 즈음, 피렌체에서 로마로 향하는 큰 길로 역마차를 타고 가던 한 사내는, 이제 막 아쿠아펜덴테의 작은 마을을 지나던 중이었다. 그는 길을 서두르기 위해 마차를 빨리 몰고 있었다. 그렇다고 특별히 수상하게 보일 정도는 아니었다.

사내는 프록코트라고 할까, 여행을 하는 동안 몹시 구겨진 외투 같은 것을 입고 있었고, 아직 새것이라 번쩍번쩍하는 레지옹도뇌르 훈장의 리본을 윗도리에 달고 있었는데, 그 두 가지 특징뿐만 아니라 마부에게 말하는 억양에서 짐작건대 프랑스 사람이 분명했다. 그 사내가 프랑스어를 쓰는 나라 출신이라는 증거로, 그는 피가로(프랑스 18세기의 극작가 보마르셰의 작품 주인공)가 미묘한 부분에 가서는 모두 '고담'('제기랄'이라는 뜻의 감탄사)이라는 특이한 말로 대신한 것처럼, 할 수 있는 말이라곤 음악용어뿐이었고 다른 이탈리아어 단어는 모르고 있다.

그는 비탈길을 오를 때마다 마부에게 "알레그로! ('빨리'라는 뜻)" 하고 외쳤으며, 내리막길을 갈 때는 "모데라토! ('적당히'라는 뜻)"라고 말했다.

아쿠아펜덴테를 지나 피렌체에서 로마로 갈 때까지는 이러한 길을 수없이 오르락내리락해야만 한다.

그는 영원한 도시 로마를 눈앞에 보았을 때도, 즉 로마가 보이기 시작하는 스토르타까지 왔을 때도, 맨 먼저 눈에 띄는 그 유명한 산피에트로 대성당의 둥근 지붕을 보려는 외국인이라면 누구라도 자리에서 일어서지 않을 수 없는 감격에 찬 호기심 같은 건 전혀 느끼지 못하는 눈치였다. 그는 다만 호주머니에서 지갑을 꺼내 그 속에서 넷으로 접은 종이쪽지를 꺼내더니, 그것을 거의 엄숙하다고 할 수 있을 정도로 주의 깊게 펼친 다음 다시 접고는 이렇게 한 마디 했을 뿐이다.

"됐어, 이것만 있으면."

마차는 포폴로 문으로 들어가 왼쪽으로 방향을 잡은 뒤 이윽고 런던 호텔 앞에서 멈췄다.

이미 우리와는 친숙한 호텔 주인 파스트리니가 모자를 들고 호텔 입구에서 사내를 맞이했다.

그는 마차에서 내리자 고급 식사를 주문한 뒤, 톰슨 앤드 프렌치 상사의 주소를 물었다. 로마에서 워낙 유명한 상사여서 금방 주소를 알아낼 수 있었다.

톰슨 앤드 프렌치 상사는 산피에트로 성당 옆 반치 거리에 있었다.

어디서나 마찬가지지만, 로마에서도 역마차의 도착은 하나의 사건이다. 카이사르의 백부인 마리우스와 로마의 유명한 웅변가 그라쿠스 형제의 자손들인 열 명 남짓한 소년들이, 맨발에 팔꿈치가 드러난 옷을 입고도 한쪽 주먹을 허리에 떡하니 대고, 한쪽 팔은 구부려 이마 위에 올리고서 그 여행객과 마차와 말을 쳐다보고 있었다. 이 도시의 개구쟁이들 사이에 교황령의 건달들도 쉰 명가량 끼어 있었다. 그들은 로마를 관통하는 테베레 강에 물이 있을 때는 곳곳에 무리를 지어 산탄젤로 다리 위에서 강 속으로 침을 뱉고 노는 패거리들이었다.

이 로마의 골목대장과 건달들은 파리의 그런 무리에 비하면 훨씬 형편이 좋았다. 그들은 각 나라의 언어, 특히 프랑스어를 잘 알고 있었던 것이다. 그래서 그 여행객이 방을 잡고, 식사를 주문하고, 마지막으로 톰슨 앤드 프렌치 상사의 주소를 묻는 것을 다 알아들을 수 있었다.

그리하여 방금 찾아온 그 손님이 정석대로 안내인을 데리고 호텔에서 나갔을 때, 한 사내가 건달들 속에서 빠져나왔다. 그리고 그 여행객 몰래, 또 안내인에게도 들키지 않도록 약간 거리를 두고 파리의 경찰관처럼 교묘하게 두 사람의 뒤를 밟았다.

톰슨 앤드 프렌치 상사에 가려고 마음이 조급했던 그 프랑스인은 마차가 준비될 때까지 기다릴 수가 없었다. 그래서 마차는 뒤에 따라오거나 아니면 은행가의 집 앞에서 기다리게 했다.

그는 마차가 따라오기 전에 벌써 도착해 있었다.

프랑스인은 안내인을 대기실에 남겨두고 안으로 들어갔다. 그러자 안내인은 로마에서 은행이나 교회, 유적, 박물관, 극장 앞에 모여 있는, 이렇다 할 직업이 없는 백수들, 아니 무슨 일이든 해치울 수 있는 사람 두세 명과 곧 얘기를 시작했다.

프랑스인이 안으로 들어가자, 아까 건달들 중에서 빠져나온 인물도 뒤따라 들어갔다. 프랑스인은 사무실 창구의 초인종을 울린 뒤 첫 번째 방에 들어갔다. 그림자처럼 뒤를 따라간 사내도 그 방으로 들어갔다.

"여기가 톰슨 앤드 프렌치 상사입니까?" 외국인이 물었다.

첫 번째 방의 감시자처럼 보이는 위엄 있는 모습의 한 은행원이 신호를 하자, 사환인 듯한 남자가 일어났다.

"누구십니까?" 그 외국인을 안내할 태도를 갖추고 사환이 물었다.

"당글라르 남작이오." 손님이 대답했다.

"이쪽으로 오십시오." 사환이 말했다.

문이 하나 열리자 사환과 남작은 그 문 안으로 자취를 감췄다. 당글라르를 뒤따라 온 사내는 대기용 벤치에 앉아 있었다. 은행원은 거의 5분 동안이나 뭔가 계속 쓰고 있었다. 그 5분 동안 사내는 아무 말 없이 꼼짝도 하지 않고 앉아 있었다.

이윽고 은행원의 펜이 종이 위에서 멈춰 섰다. 그는 고개를 들고 주의 깊게 주위를 둘러보았다. 그리고 두 사람뿐이라는 걸 확인하자 이렇게 말했다.

"웬일이야, 페피노 아닌가?"

"그래!" 사내는 한 마디만 대답했다.

"저 뚱보한테서 무슨 근사한 냄새라도 맡았나?"

"대단한 건 아니야. 미리 연락을 받았어."

"그럼 무슨 용건으로 왔는지 알고 있군?"

"물론 돈을 받으러 왔겠지. 중요한 건 금액이 얼마나 되느냐 하는 거지."

"조금 이따가 가르쳐 주지."

"고마워. 하지만 언젠가처럼 거짓말하면 곤란해."

"대체 그게 무슨 소리야? 누구 말인데? 지난번에 여기서 3천 에퀴를 가져간 영국사람 말인가?"

"아니, 그놈은 정말로 3천 에퀴를 가지고 있었지. 바로 찾아냈으니까. 난 지금 러시아 공작 애기를 하는 거야."

"그게 왜?"

"3만 프랑을 가지고 있다고 했지만 우리가 찾아낸 건 2만2천 프랑뿐이었거든."

"잘못 찾은 거겠지."

"루이지 밤파가 직접 몸을 뒤져 봤단 말이야."

"그럼 빚이 있어서 갚았나 보지……."

"러시아 사람이?"

"아니면 써 버렸거나."

"결국 그런 건지도 몰라."

"그럴 걸. 그런데 잠깐 들여다보고 오겠네. 확실한 금액을 알기 전에 거래가 끝나버리면 안 되니까."

페피노는 그게 좋겠다는 시늉을 해 보였다. 그리고 호주머니에서 묵주를 꺼내 무슨 기도문을 외기 시작했다. 그동안 은행원은 아까 사환과 남작이 들어간 문 안쪽으로 사라졌다.

약 10분 뒤에 은행원은 환한 표정으로 돌아왔다.

"어떻게 됐어?" 페피노가 물었다.

"굉장해! 어마어마한 금액이야."

"5, 6백만 정도?"

"맞아. 자네, 액수도 알고 있었나?"

"몬테크리스토 백작의 영수증과 맞바꾸는 거지?"

"백작을 알고 있나?"

"로마, 베네치아, 빈에서 받게 되어 있고."

"맞아!" 은행원이 소리쳤다. "어떻게 그런 것까지 알고 있나?"

"아까 말했잖아, 미리 연락 받았다고."

"그럼 왜 나에게 물었나?"

"분명히 그 사람인지 확인하려고 그랬지."

"그 사람 맞아! 5백만 프랑이라……. 나쁘지 않군. 안 그래, 페피노?"

"그래."

"우리는 생전 그런 돈은 만져볼 수 없겠지?"

"어쨌든 우리한테 조금이라도 생기는 게 있을 거라고." 페피노는 세상 이치를 제법 안다는 듯이 말했다.

"쉿! 그자야."

은행원은 펜을, 페피노는 묵주를 다시 들었다. 당글라르가 문을 열었을 때는 뭔가를 계속 쓰고 있는 사람과 열심히 기도하고 있는 사람의 모습만 보일 뿐이었다.

당글라르는 환한 얼굴로 은행가의 배웅을 받으면서 문까지 안내되었다.

당글라르가 나가자 페피노도 뒤따라 나갔다.

당글라르를 따라잡을 예정이었던 마차는 약속대로 톰슨 앤드 프렌치 상사 앞에서 기다리고 있었다. 여행 안내인은 마차 문을 열고 그곳에 서 있었다. 원래 여행 안내인이란 무슨 일이든 마음 놓고 시킬 수 있는 사람이다.

당글라르는 20대 청년처럼 가볍게 마차에 올랐다. 안내인은 문을 닫고 마부 옆자리에 앉았다. 페피노는 마차 뒷좌석에 올라탔다.

"나리, 산피에트로 성당을 구경하시겠습니까?" 안내인이 물었다.

"거긴 뭐하러?"

"그냥 구경하는 거지요, 뭐."

"난 로마에 관광하러 온 게 아니네." 당글라르는 큰 소리로 말했다. 그리고 탐욕스러운 미소와 함께 낮은 목소리로 덧붙였다. "돈을 받으러 왔을 뿐이야."

그렇게 말하면서 그는 방금 신용장을 넣어 둔 지갑을 만져 보았다.

"그럼 나리, 이제부터 어디로⋯⋯"

"호텔로 가세."

"카사 파스트리니." 안내인이 마부에게 말했다.

그러자 마차는 자가용 마차 같은 속도로 달리기 시작했다.

10분 뒤 남작은 자기 방에 돌아와 있었다. 페피노는 이 장의 처음에도 나왔던 마리우스와 그라쿠스의 후손인 한 소년에게 한두 마디 귓속말을 한 뒤, 호텔 앞에 갖다 둔 벤치에 가서 앉았다. 귓속말을 들은 소년은 부리나케 카피톨 언덕을 향해 달리기 시작했다.

당글라르는 피로와 안도감으로 졸음이 몰려왔다. 그는 침대에 누워 지갑을 베개 밑에 넣고 이내 잠들어 버렸다.

할 일이 없어진 페피노는 오가는 짐꾼들과 동전치기를 하여 3에퀴를 잃었다. 그리고 홧김에 오르비에토 포도주 한 병을 다 마셔 버렸다.

이튿날 당글라르는 전날 밤 일찍 잠자리에 들었는데도 늦잠을 잤다. 지난 대엿새 동안 잠을 자기는 했지만 내내 숙면을 취하지는 못했던 것이다.

그는 아침을 배불리 먹었다. 이미 말했듯이 이 영원한 도시의 명소를 관광할 생각은 없었기에 역마차를 정오에 오라고 일러두었다. 그런데 그는 경찰과 복잡한 수속을 밟아야 하는 일과 역마차 주인의 게으름을 계산에 넣는 것을 잊고 있었다.

마차는 2시가 되어서야 왔고 안내인은 간신히 3시에 여권을 가지고 왔다.

파스트리니 호텔 앞에서는 오늘도 수많은 구경꾼들이 모여들어 그들이 여행 준비하는 모습을 구경하고 있었다.

그중에는 물론 그라쿠스와 마리우스의 후손들도 섞여 있었다.

남작은 바조코 동전 한 닢이라도 얻어가려고 "각하, 각하!" 하고 소리치는 군중 속을 의기양양하게 지나갔다.

알다시피 매우 서민적인 당글라르는 지금까지는 남작으로 불리는 것에 만족하고 살아, 아직 각하로서 대우받은 적이 없었다. 그래서 그러한 칭호는 그를 크게 기쁘게 했다. 그는 비렁뱅이들에게 포르^(이탈리아의 옛 화폐)를 열두 개 던져주었다. 그들은 다시 포르 열두 개를 더 얻을 수 있다면 전하라고 부를 수도 있는 자들이었다.

"어느 길로 가시겠습니까?" 마부가 이탈리아어로 물었다.

"안코나 가도로." 남작이 대답했다.

파스트리니가 그 질문과 대답을 통역했다. 마차는 단숨에 달리기 시작했다.

당글라르는 이제부터 베네치아로 가서 재산의 일부를 받고, 다시 베네치아에서 빈으로 가서 나머지 재산을 현금으로 바꿀 생각이었다. 그의 계획은 사람들이 환락의 도시라고 부르는 그 마지막 도시에 가서 자리를 잡는 것이었다.

로마 교외를 12킬로미터도 달리기 전에 벌써 날이 저물기 시작하고 있었다. 당글라르는 출발이 이토록 늦어지리라고는 예상하지 않았다. 그럴 줄 알았다면 출발하지 않고 호텔에 머물렀을 것이다. 그는 마부에게 다음 도시까지 얼마나 걸리는지 물어보았다.

"Non capisco(글쎄요)." 마부가 대답했다.

당글라르는 알았다는 듯이 고개를 끄덕여 보였다.

마차는 계속 달렸다.

'첫 번째 호텔에서 머물기로 하자.' 당글라르는 그렇게 생각했다.

그는 간밤에 느꼈던 그 좋은 기분을 아직도 느끼고 있었다. 덕분에 하룻밤 잠도 푹 잘 수 있었던 것이다. 그는 이중 용수철이 장치된 기분 좋은 영국식 사륜마차 안에서, 느긋하게 누워 두 마리의 준마가 질주하는 것을 느꼈다. 말은 28킬로미터마다 바꾸게 되어 있었고 그도 그것은 알고 있었다. 은행가가 이렇게 보기 좋게 파산했을 경우, 달리 어떻게 할 수 있겠는가!

당글라르는 한 10분쯤 파리에 두고 온 아내를 생각했다. 그리고 다시 10분쯤 다르미 양과 함께 살고 있을 딸을 생각했다. 그는 다시 10분쯤 채권자들과 그 채권자들의 돈을 어떻게 쓸 것인지 궁리했다. 그런 다음 생각할 거리가 떨어지자 그는 이내 눈을 감고 잠들어 버렸다.

그래도 이따금, 특히 마차가 심하게 흔들릴 때 잠시 눈을 떴다. 그때마다 그는 바위로 변한 화강암 거인 같은 옛 로마의 수로가 폐허처럼 여기저기 널려 있는 로마 교외를 마차가 언제나 같은 속력으로 달리고 있다고 생각했다. 밤이 되자 춥고 어둡고, 금방이라도 비가 쏟아질 것 같은 날씨가 되었다. 꾸벅꾸벅 졸고 있는 그로서는 일부러 마차 문에 얼굴을 내밀고, '글쎄요'라는 대답밖에 할 줄 모르는 마부에게 이곳이 어딘지 묻는 것보다는 차라리 자리에 가만히 앉아서 눈을 감고 있는 편이 나았다.

그리하여 역참에나 닿으면 눈을 떠야겠다고 생각한 그는 내내 잠만 자고 있었다.

마차가 멈춰 섰다. 당글라르는 마침내 목적지에 도착한 것으로 생각했다.

그는 눈을 뜨고 창밖을 보면서 어느 도시 한복판이나 마을에라도 도착했을 줄 알았다. 그러나 눈에 들어온 것은 오두막 한 채와 그림자처럼 오가고 있는 서너 명의 사람들이었다.

당글라르는 운행을 마친 마부가 틀림없이 돈을 받으러 올 것이라고 생각하고 잠시 기다렸다. 그리고 바뀐 마부가 오면 이것저것 물어봐야겠다고 생각했다. 그런데 말은 교환되었지만 아무도 돈을 받으러 오지 않았다. 당글라르는 놀란 기색으로 마차 문을 열었다. 그랬더니 곧바로 억센 손에 의해 문이 다시 닫혀 버리는 것이었다. 마차는 다시 움직이기 시작했다.

어리둥절해진 남작은 졸음이 확 달아났다.

"어이!" 그는 마부를 향해 물었다. "이봐! 미오 카로!"

'미오 카로'는 '친구 또는 자네'라는 뜻의 이탈리아어로 딸이 카발칸티 공작과 이중창을 했던 로망스 속에서 배워 두었던 말이었다.

그러나 그 '미오 카로'는 아무 대답이 없었다.

당글라르는 유리창을 내려 보았다.

"어이, 자네! 도대체 어디로 가는 거야?" 그는 열린 창문 사이로 목을 내밀면서 말했다.

"Dentro la testa! (머리 집어넣어!)" 위협하는 몸짓과 함께 엄격하게 명령하는 듯한 목소리가 들려왔다.

당글라르는 곧 그 뜻을 알아챘다. 보다시피 그의 이탈리아어 실력은 매우 빠른 속도로 늘고 있었다.

그는 다소 불안을 느끼면서도 시키는 대로 했다. 그 불안은 시시각각 높아져서, 한참 뒤 그의 마음은 출발할 때 느꼈던 졸음을 불러일으키는 듯한 멍한 기분 대신, 모든 것이 한 여행자의 주의를, 특히 당글라르 같은 입장에 있는 여행자의 주의를 끌 수밖에 없는 온갖 생각으로 가득 찼다.

그의 눈은 어둠 속에서 놀라운 예리함을 발휘했다. 그것은 강한 격정에 사로잡힌 최초의 순간에만 나타나는 현상으로, 오래 지속되면 다시 약해지는 것이었다. 공포를 느끼지 않을 때는 무엇이든 똑바로 보인다. 그러나 공포를 느끼기 시작하면 모든 것이 이중으로 보인다. 그리고 일단 공포를 느꼈다 하면 모든 게 뒤죽박죽이 된다.

당글라르는 마차 오른쪽 문 옆으로 망토를 입은 한 남자가 마차와 나란히 말을 달리고 있는 것을 보았다.

'헌병이군. 프랑스에서 교황령의 경찰에게 지명수배 통신이라도 보낸 것인가?'

그는 이러한 불안에서 빠져나가기로 결심했다.

"도대체 나를 어디로 데려가는 거요?" 그가 물었다.

"Dentro la testa!" 같은 목소리가 마찬가지로 위협하는 말투로 되풀이했다.

당글라르는 왼쪽 문을 돌아보았다.

그러자 그 왼쪽 문 옆에서도 역시 말을 탄 다른 남자가 달리고 있었다.

"그래," 당글라르는 이마에 땀을 흘리면서 말했다. "그래, 분명히 마수가 뻗친 거야."

그는 다시 마차 안에 몸을 던졌다. 그것은 잠을 자기 위해서가 아니라 생각하기 위해서였다.

곧 달이 떴다.

그는 마차 안에서 로마 교외를 물끄러미 바라보았다. 또다시 아까 지나가다 본 바위의 망령 같은 거대한 옛 로마의 수로가 눈에 들어왔다. 그런데 이번에는 오른쪽이 아니라 왼쪽이었다.

그는 마차가 반 바퀴를 돌아 다시 로마로 돌아가고 있다는 것을 알았다.

"이런 빌어먹을!" 그는 중얼거렸다. "날 넘기라는 명령이 떨어진 거야!"

마차는 여전히 무시무시한 속도로 달리고 있었다. 무서운 한 시간이 지났다. 지나가면서 눈에 들어오는 풍경들을 통해 그는 자기가 분명히 왔던 길을 되돌아가고 있다고 생각했다. 이윽고 거무스름한 산 같은 것이 보였다. 당장이라도 마차가 거기에 부딪칠 것만 같았다. 그러나 마차는 방향을 틀더니 그 검은 산을 끼고 계속 달려갔다.

그것은 로마 시를 에워싸고 있는 성벽이었다.

"아니, 아니!" 당글라르는 중얼거렸다. "로마 시내로 돌아가는 게 아니잖아. 그러고 보니 경찰에 붙잡힌 건 아닌 모양인데. 그렇다면……."

그의 머리카락이 곤두섰다.

그는 로마의 산적에 대한 흥미로운 이야기를 떠올리고 있었다. 그것은 파리에서는 거의 믿는 사람이 없었지만, 알베르 드 모르세르가 사위가 될 거라는 말이 있었을 때 당글라르 부인과 외제니를 통해 들은 이야기였다.

"산적이 틀림없어!" 그는 중얼거렸다.

그때 갑자기 마차는 모래땅과 달리 더욱 단단한 땅 위를 달리기 시작했다. 당글라르는 자기도 모르게 길 양쪽을 바라보았다. 이상한 모양의 건물 하나가 눈에 들어왔다. 좀전까지 알베르의 이야기가 마음에 걸려 그 자세한 대목까지 떠올리고 있었던 당글라르는 곧 자기가 지금 아피아 가도에 있음을 분명히 깨달았다.

마차 왼쪽으로 골짜기처럼 생긴 곳에 둥그런 동굴이 보였다.

그것은 카라칼라 황제(3세기 로마의 황제)가 건설한 원형경기장이었다.

오른쪽 문 옆에서 말을 달리고 있던 사내가 명령을 내리자 마차가 섰다.

동시에 왼쪽 문이 열렸다.

"내려!" 하고 명령하는 목소리가 들려왔다.

당글라르는 얼른 마차에서 내렸다. 그는 아직 이탈리아어로 말하지는 못했지만 알아들을 수는 있었다.

남작은 죽었구나 하는 심정으로 주위를 둘러보았다. 마부 말고도 남자들 넷이 그를 에워싸고 있었다.

"Di quà(이리로)." 네 사람 가운데 한 사람이 아피아 가도에서 로마교외의 불규칙한 나무 숲으로 통하는 오솔길 안으로 들어가며 말했다.

당글라르는 아무런 불평도 하지 않고 사내를 뒤따라갔다. 뒤돌아볼 것도 없이 세 사람이 따라오고 있음을 느낄 수 있었다.

그러나 그 세 사내는 거의 같은 간격을 두고 군데군데 보초처럼 남은 모양이었다.

당글라르는 안내자와 단 한 마디도 하지 않고 10분이나 걸은 끝에, 언덕 하나와 키 큰 풀이 자라고 있는 수풀 사이로 나왔다. 그곳에서 묵묵히 서 있던 세 사내가 당장 그를 중심에 넣고 삼각형으로 섰다.

그는 뭔가 말하려고 했지만 혀가 생각대로 움직이지 않았다.

"Abanti(앞으로)!" 아까의 그 퉁명스러운 목소리가 명령하듯이 말했다.

당글라르는 이번에는 더욱 확실하게 사태를 파악했다. 그는 사내의 말과 몸짓을 통해 그것을 이해할 수 있었다. 뒤따라오던 사내에게 거칠게 떠밀려 앞으로 고꾸라지다가 안내하던 남자에게 부딪혔기 때문이다.

안내하던 사내는 바로 페피노였다. 페피노는 족제비나 도마뱀이 아니면 길로 여기지도 않을 구불구불한 길을 지나 키 큰 수풀 속에 들어갔다. 그리고 위에 두꺼운 덤불이 덮여 있는 바위 앞에서 멈춰 섰다. 페피노는 마치 가늘게 뜬 눈처럼 입을 벌리고 있는 그 바위 사이로 들어갔다. 그리고 프랑스 요정극에서 악마가 널빤지 뚜껑 속으로 사라지듯이 그 안으로 모습을 감춰버렸다.

당글라르 뒤를 따라온 사내는 말과 몸짓으로 그에게도 그렇게 하라고 명령했다. 이제는 의심할 여지가 없었다. 파산한 은행가의 상대는 바로 로마의 산적이었던 것이다.

당글라르는 앞뒤로 무서운 위협 사이에 끼여 있었지만, 그 무서움 속에서 오히려 대담해져 있었다. 로마 교외의 바위 틈새에 기어들어가는 데는 뚱뚱한 배가 방해가 되었지만, 그래도 그는 페피노를 뒤따라 기어들어갔다. 눈을 감고, 발이 땅에 닿을 때까지 미끄러져 내려갔다.

땅에 닿은 그는 눈을 떠보았다.

길은 넓지만 어두웠다.

자기 집으로 돌아온 페피노는 이제 자기를 숨길 필요가 없었다. 그는 부싯돌을 쳐서 횃불에 불을 붙였다.

뒤쪽에서 당글라르를 지켜보며 따라 내려오던 두 사내는, 당글라르가 멈춰서자 그를 뒤에서 밀어 불길한 느낌이 드는 완만한 언덕길로 몰아갔다.

정말 그 느낌대로, 관이 겹쳐져 쌓아올려진 것 같은 흰 암석으로 된 주위의 암벽에는 빈 공간이 있을 것 같아서, 사람이 지나가는 것을 알아본 시체들 머리가 검고 깊은 눈을 뜨고 지켜보고 있는 것만 같았다.

보초 한 사람이 왼손으로 철커덕하는 소리를 내며 총을 장전했다.

"누구냐?" 보초가 말했다.

"우리야, 우리," 페피노가 말했다. "두목은 어디 있어?"

"저기야." 보초는 어깨너머로 바위에 뚫려 있는 커다란 방 같은 곳을 가리켰다. 그 방에서는 커다란 아치 모양의 굴을 통해 통로에까지 빛이 흘러들고 있었다.

"근사한 놈을 잡아왔습니다, 두목. 큰 놈이에요." 페피노가 이탈리아어로 말했다.

그는 당글라르의 프록코트 깃을 붙잡더니, 방 입구인 듯한 구멍 쪽으로 끌고 갔다. 그 입구는 두목이 지내는 방과 통해 있었다.

"그자인가?" 플루타르코스의 《알렉산드로스 대왕전》을 열심히 읽고 있던 두목이 물었다.

"그렇습니다, 두목. 이놈입니다."

"좋다, 보여줘."

이 건방진 명령에 페피노는 갑자기 횃불을 당글라르 얼굴에 갖다 댔다. 당글라르는 눈썹이 탈까 봐 얼른 뒤로 물러섰다.

그 깜짝 놀란 얼굴에는 생생한 공포의 빛이 서려 있었다.

"피곤한 모양이군," 두목이 말했다. "침상으로 데려가."

"오!" 당글라르가 중얼거렸다. "침상이라는 건 아마 그 벽에 뚫린 관을 말하는 모양이다. 잠이라는 건 어둠속에 번쩍이는 단도를 한 번 휘둘러 죽인 다는 것을 뜻하는 게 틀림없어."

커다란 방의 어두컴컴한 안쪽에서 전에 알베르가 만났을 때는 카이사르의 《갈리아전기》를, 지금은 《알렉산드로스 대왕전》을 읽고 있는 그 사내의 동료 들이 건초와 늑대 가죽을 깐 바닥 위에서 일어나고 있는 모습이 보였다.

당글라르는 둔한 탄성을 지르면서 안내자 뒤를 따라갔다. 그는 기도도 하 지 않고 그렇다고 악을 쓰지도 않았다. 이미 힘도, 의지도, 감정도 잃어버린 채 그저 끌리는 대로 따라갈 뿐이었다.

계단에 부딪치고 나서야 그곳에 계단이 있다는 것을 안 그는 머리를 부딪 치지 않으려고 본능적으로 몸을 웅크렸다.

이윽고 바위를 깎아서 만든 또 다른 방에 이르렀다. 그 방은 아무런 장식 도 없어 살풍경한 데다 땅속으로 얼마나 되는지 알 수도 없는 깊은 곳에 있 으면서도 무척 쾌적했다. 방 한구석에는 건초로 만들어 그 위에 산양 가죽을 깐 침대가 자리하고 있었다. 당글라르는 그것이 목숨을 잃지는 않을 거라는 기쁜 징조라고 생각했다.

"오, 하느님, 감사합니다!" 그는 중얼거리듯이 말했다. "이건 진짜 침대 로군!"

지금까지 한 시간 동안 그가 신의 이름을 입에 올린 것은 이번이 벌써 두 번째였다. 이런 일은 지난 10년 동안 한 번도 없었던 일이다.

"Ecco(여기야)." 안내자는 그렇게 말하고 당글라르를 방 안에 밀어 넣은 뒤 문을 닫았다.

빗장을 지르는 소리가 들려왔다. 당글라르는 감금되고 만 것이다.

설령 빗장이 채워지지 않았어도, 산적들이 산세바스티아노 지하 묘지를 점령하여 두목을 중심으로 경계를 펼치고 있는 이 일대를 빠져나간다는 것 은 성 베드로가 천사의 인도라도 받지 않는 한 도저히 불가능한 일이었다. 그들의 두목이 바로 그 유명한 루이지 밤파인 것은 독자 여러분도 이미 짐작 했을 것이다.

당글라르도 전에 알베르한테서 루이지 밤파가 프랑스인 같다는 얘기를 들었을 때는 그 존재를 믿으려 하지 않았지만, 이제는 이 산적이 자기가 바로 그 밤파라는 사람이라는 것을 인정하고 있었다. 그뿐 아니라 전에 알베르가 갇혔던, 아마 외국인 전용으로 보이는 방의 존재도 확실히 목격한 것이다.

그러한 기억을 기쁜 마음으로 떠올리는 동안, 당글라르는 마음이 서서히 가라앉기 시작했다.

산적들이 나를 금방 죽이지 않은 걸 보면 죽일 생각이 없는 건지도 몰라. 돈을 빼앗을 목적으로 나를 붙잡은 거지. 그런데 나는 지금 몇 루이밖에 지니고 있지 않으니, 곧 나를 인질로 몸값을 요구할 생각이 아닐까?'

그는 알베르가 4천 에퀴가량 요구받은 것을 떠올렸다. 그리고 자기가 알베르보다 훨씬 당당한 풍채를 하고 있다는 점에서 아마 8천 에퀴 정도의 몸값을 요구할 거라고 생각했다.

'8천 에퀴면 4만8천 프랑이다. 나에게는 아직 5백5만 프랑의 돈이 남아 있다. 그것만 있으면 어딜 가도 살아갈 수 있어. 무엇보다 5백만 프랑의 몸값을 요구할 리는 없으니 어떻게든 감당할 수 있겠지.'

그렇게 생각한 그는 침상 위에 누워 두세 번 몸을 뒤척인 뒤, 루이지 밤파가 연구하고 있는 전기의 영웅처럼 편안하게 잠들어버렸다.

루이지 밤파의 메뉴

당글라르가 두려워하던 영원한 잠에 들지 않는 한, 언젠가는 깨어나게 마련이다.

당글라르는 눈을 떴다.

비단 커튼과 벨벳을 늘어뜨린 벽과 난로 안에서 하얗게 타버린 향목에서 피어오른 향기가 공단을 드리운 천장으로 올라갔다가 다시 내려오는 데 익숙한 파리사람에게, 석회암 동굴 속에서 눈을 뜨는 건 그야말로 악몽이었다.

따라서 당글라르는 손이 산양가죽 깔개에 닿는 감촉에서, 아마 사모아 사람이나 라플란드 사람이 된 꿈이라도 꾸었던 모양이다. 그러나 경우가 경우인 만큼, 아무리 강한 의심이라도 확실한 현실로 되돌리는 데는 단 1초면 충분했다.

"맞아, 그랬지." 그는 중얼거렸다. "난 알베르 드 모르세르가 얘기했던 산적의 손에 걸려들었지, 참."

그는 자기가 다치지 않은 것을 확인하려고 먼저 심호흡부터 해보았다. 그것은 《돈키호테》에서 배운 방법이었다. 물론 그가 그 작품만 읽은 것은 아니었지만, 지금은 그 작품밖에 기억나지 않았다.

"그래," 그는 말했다. "난 놈들에게 살해를 당하거나 몸을 다친 것은 아니야. 하지만 돈을 빼앗길 것은 분명해."

그는 얼른 호주머니에 손을 넣어 보았다. 아무 이상도 없었다. 로마에서 베네치아까지의 여비로 챙겨 두었던 1백 루이도 바지 주머니에 그대로 들어 있고, 5백5만 프랑의 신용장을 넣은 지갑도 프록코트 주머니 속에 얌전히 들어 있었다. 그는 생각했다.

'묘한 산적이군. 지갑과 전대에는 손도 대지 않다니! 간밤에도 생각했지만 나를 인질로 몸값을 받아내려는 거겠지. 아! 시계도 있구나! 도대체 몇 시나 됐을까?'

당글라르는 유명한 시계기술자 브레게의 걸작이라 할 만한 그 시계를 내려다보았다. 어제 출발하기 전에 태엽을 잘 감아두었는데, 그 바늘이 꼭 5시 반을 가리키고 있었다. 시계가 없었다면, 방에 해가 비쳐들지 않아서 전혀 시간을 알 수 없었을 것이다.

이쪽에서 먼저 산적들에게 설명을 요구할 것인가? 아니면 저쪽에서 뭔가 말이 나올 때까지 기다리는 게 좋을까?

아무래도 후자가 신중한 태도라고 생각한 당글라르는 좀더 기다리기로 했다.

문 앞에서는 어제부터 내내 누군가가 그를 감시하고 있었다. 그런데 오늘 아침 8시에 감시하던 보초가 교체되었다.

당글라르는 어떤 사람이 보초를 서고 있는지 보고 싶었다. 그는 문 판자 틈새로, 햇빛이 아니라 램프 불빛이 새어 들어오고 있음을 깨달았다. 그가 그 틈새에 다가갔을 때, 보초를 서던 산적은 마침 브랜디를 마시고 있었다. 그것은 가죽 주머니에 들어 있었기 때문에, 당글라르에게는 거기서 퍼지는 향기가 도저히 견딜 수 없는 유혹으로 느껴졌다.

"어휴!" 그는 방구석까지 뒷걸음질치면서 탄식했다.

정오가 되자 브랜디를 마시던 사내는 또 다른 보초와 교대되었다. 당글라르는 새로운 보초가 보고 싶었다. 그래서 또다시 널판 틈새로 다가갔다.

이번의 사내는 장사 같은 산적이었다. 커다란 눈과 두꺼운 입술, 코가 납작한 골리앗(구약성서에 나오는 인물, 다윗에게 살해된 거인) 같은 사내였다. 어깨 위에는 붉은 머리카락이 뱀처럼 구불구불 꼬여서 늘어져 있었다.

"아니, 이 녀석은 인간이 아니라 꼭 식인귀 같구나. 그런데 난 나이도 먹었고 고기도 질긴데 어쩌지? 이런 뚱보 노인을 먹어봤자 맛이 없을 텐데 말이야."

이렇게 당글라르는 아직 농담을 할 만한 여유가 남아 있었다.

바로 그때, 마치 자신이 식인귀가 아니라는 증거를 보여주려는 듯이, 보초는 방문 바로 정면에 앉아 등에 진 자루에서 검은 빵과 양파와 치즈를 꺼내 게걸스럽게 먹기 시작했다.

당글라르는 문틈에서 산적이 식사하는 모습을 엿보면서 말했다.

"세상에! 어떻게 저런 쓰레기 같은 음식을 먹을 수 있지?"

그러고는 다시 산양가죽 위에 가서 앉았다. 그러자 가죽 냄새가 그의 콧속으로 스며들며 좀전에 보초가 마시던 브랜디가 떠올랐다.

당글라르라도 별 수 없는 일이었다. 자연의 신비란 참으로 알 수 없는 것이어서, 아무리 먹지 못할 것 같은 음식조차도 비어 있는 위장에는 너무나 유혹적으로 호소하는 것이다.

당글라르는 자신의 위장이 비어 있음을 느꼈다. 그러자 상대가 전처럼 추하게 느껴지지 않았고, 빵이 전처럼 검게 생각되지 않았으며, 치즈도 훨씬 신선하게 보이기 시작했다. 게다가 미개인이 먹는 무서운 음식으로 생각되었던 생 양파도 이젠 로베르소스를 떠오르게 하여, 그가 자기 집 요리사에게 "드니조, 오늘은 뭐 맛있는 걸 먹고 싶은데" 하고 말하면 한껏 솜씨를 발휘하여 만들어주던 미로통^(쇠고기에 양파를 넣은 스튜)을 연상시켰다.

그는 일어나서 문을 두드렸다.

산적이 고개를 들었다.

당글라르는 그가 문 두드리는 소리를 들었다고 생각하고 다시 한 번 세게 두드렸다.

"Che cosa(뭐야)?" 산적이 물었다.

"이보시오!" 당글라르는 문을 손가락으로 가볍게 두드리면서 말했다. "나에게도 뭔가 먹을 걸 좀 줘야 할 때가 되지 않았소?"

그러나 그 말을 알아듣지 못했는지, 아니면 당글라르의 식사에 대해 아무런 지시도 받지 못했는지, 사내는 그대로 식사를 계속했다.

당글라르는 자존심이 상했다. 그는 더 이상 이런 야만인을 상대하고 싶지 않아, 다시 산양가죽 위에 누워 그대로 입을 다물어 버렸다.

네 시간이 지났다. 사내는 다른 산적과 교대했다. 위가 무섭도록 당기는 것을 느낀 당글라르는 벌떡 일어나서 다시 귀를 문틈에 갖다 댔다. 그러자 그를 안내했던 영리해 보이는 사내의 얼굴이 눈에 들어왔다.

그는 바로 페피노였다. 페피노는 문 정면에 앉아서 두 다리 사이에 이제 막 돼지기름으로 튀겨서 따끈따끈하고 좋은 향기가 나는 이집트콩이 든 토끼냄비를 두고, 매우 흐뭇하게 보초 설 준비를 하고 있었다.

페피노는 그 이집트콩 옆에 벨레트리 포도가 담긴 예쁜 바구니와 오르비에토 포도주 병도 놓았다.

페피노는 식도락가임이 분명했다.

그 맛있는 음식을 눈앞에 보자 당글라르의 입에 군침이 돌기 시작했다.

"아!" 포로인 그가 말했다. "아까 그 놈보다는 다루기가 쉽겠지. 어디 한 번 보자."

그는 조용하게 문을 두드렸다.

"갑니다." 산적이 말했다. 페피노는 파스트리니의 호텔에 드나드는 동안 특유의 프랑스어 표현까지 배워버린 것이었다.

정말 그는 문을 열러 왔다.

당글라르는 이 녀석이 험상궂은 얼굴로 '머리 집어넣어!' 하고 소리치던 바로 그놈이라는 사실을 알았다. 그러나 지금은 그걸 따질 때가 아니었다. 그는 반대로 애교 어린 웃음을 지으면서 더없이 선량한 얼굴로 말했다.

"미안하지만 나도 식사를 할 수 없을까요?"

"뭐라고요!" 페피노가 소리쳤다. "그럼 나리, 혹시 배가 고프신 겁니까?"

"혹시라니, 나는 만 24시간 동안 아무것도 먹지 못했는데," 당글라르는 중얼거리듯이 말하더니 곧 소리를 높여 이렇게 덧붙였다. "시장해요, 아주 몹시 시장합니다."

"그래서 뭘 좀 드시고 싶다는 말씀이죠?"

"가능하다면 지금 당장."

"그거야 어렵지 않죠." 페피노가 말했다. "여기서는 원하는 것은 뭐든지 손에 넣을 수 있습니다. 물론 돈만 내시면. 그 점에서는 정직한 그리스도교도들의 방식과 똑같지요."

"물론 돈은 내겠소!" 당글라르가 소리쳤다. "솔직히 말해서, 사람을 붙잡아서 가두었다 해도 먹을 것은 줘야 하지 않겠소?"

"오, 나리," 페피노가 말했다. "우리에겐 그런 관습이 없어서요."

"그건 좀 인간의 도리에 어긋나는 일이 아니오?" 당글라르는 애써 기분 좋은 척하며 페피노의 비위를 맞춰주려고 노력했다. "하지만 하는 수 없죠. 그럼 먹을 것을 주시겠소?"

"당장 갖다 그리지요. 그런데 뭘 드릴까요?"

그렇게 말하면서 페피노는 토기냄비를 밑에 내려놓아, 피어오르는 냄새가 직접 당글라르의 코를 간질이도록 했다.

"주문은 어떻게 할까요?" 그가 말했다.

"그럼 이곳에 주방장이라도 있다는 애긴가?" 당글라르가 물었다.

"예? 주방장이 있느냐고요? 있고말고요. 최고의 주방장이 있지요!"

"그럼 요리사는?"

"모두 일류들이죠!"

"그럼 닭이든 생선이든 고기든 뭐든지 좋아요, 먹을 수만 있다면."

"뭐든지. 그럼 닭으로 할깝쇼?"

"닭, 좋지."

페피노는 일어나더니 있는 힘껏 소리를 질렀다.

"나리께 닭 한 마리 올려!"

페피노의 목소리가 아직 천장 아래로 울려 퍼지기도 전에, 늘씬하고 아름다운 청년이 고대의 생선 장수처럼 반라의 모습으로 나타났다. 그는 머리 위에 닭이 담긴 은접시를 이고 있었다.

"마치 파리카페에 온 것 같군."

당글라르가 중얼거렸다.

"여기 있습니다, 나리!" 페피노는 젊은 산적의 손에서 닭을 받아 좀이 슨 탁자 위에 놓으며 말했다. 그 탁자와 의자, 그리고 산양가죽 침상이 그 방에 있는 가구의 전부였다.

당글라르는 나이프와 포크를 달라고 부탁했다.

"여기 있습니다, 나리!" 페피노는 끝이 뭉툭한 나이프와 회양목으로 만든 포크를 갖다 주었다.

당글라르는 한 손에 나이프를 다른 한 손에는 포크를 잡고 닭을 썰기 시작했다.

"죄송합니다만, 나리," 페피노는 당글라르의 어깨에 손을 얹으면서 말했다. "여기서는 선불로 치르게 되어 있습니다. 다 드시고 나서 마음에 들지 않았다느니 딴소리 하시면 곤란하니까요……."

'이런, 이런!' 당글라르는 생각했다. '역시 파리와는 많이 다르군. 물론 바가지를 씌우려는 거겠지. 좋아, 어디 후하게 쳐주자. 그래, 이탈리아는 물가가 싸다고 하던데 로마에서는 닭 한 마리에 12수쯤 되려나?'

"여기 있소." 당글라르는 페피노에게 1루이짜리 금화를 던져주고 다시 나이프를 닭에 가져갔다.

그러자 페피노는 금화를 주위 금액을 확인하더니 몸을 일으키면서 말했다.

"나리, 잠깐만요. 나리, 잠깐만요. 좀 더 주셔야겠는데요."

"내 이럴 줄 알았다, 아주 바가지를 씌울 작정이군!" 당글라르는 중얼거렸다. 그래도 당하는 수밖에 없다고 마음을 정한 그가 물었다. "이렇게 말라 빠진 닭에 얼마나 더 내라는 거요?"

"나리께서는 선금으로 1루이를 주셨습니다."

"닭 한 마리에 선금이 1루이?"

"그렇죠, 선금."

"좋소……. 그럼 나머진?"

"나머지 4999루이만 주시면 됩니다."

이런 터무니없는 소리를 듣고 당글라르는 자기도 모르게 눈을 크게 떴다.

"뭐 이런 말도 안 되는 소리가 있어!"

당글라르는 그렇게 중얼거리면서 다시 닭을 썰기 시작했다. 그러자 페피노는 왼손으로 당글라르의 오른손을 잡고 남은 손을 내밀었다.

"돈을 주실까요?"

"어, 농담이 아니었소?"

"나리, 우리는 농담을 하지 않습니다." 청교도 같은 진지한 얼굴로 페피노가 대답했다.

"에? 이 닭이 정말 10만 프랑이란 말이오!"

"각하, 이런 끔찍한 동굴 속에서 닭을 키우는 건 상상도 할 수 없을 만큼 힘든 일이라서요."

"자! 자!" 당글라르가 말했다. "물론 재미있고 우스운 얘기라고는 생각하지만 어쨌든 배가 고파 죽겠으니 일단 먹고 봅시다. 자, 1루이 더 드리지."

"그럼 4998루이가 남는군요." 페피노는 여전히 천연덕스럽게 말했다. "참을성 있게 조금씩 받기로 하지요."

당글라르는 자기를 조롱하는 듯한 이 집요함에 화를 내면서 말했다.

"그건 절대로 주지 않을 거요. 말이 돼야 말이지. 상대가 누군지나 알고 말하시오."

페피노는 신호를 보냈다. 그러자 젊은 사내가 팔을 뻗더니 잽싸게 닭을 빼앗아갔다. 당글라르는 산양가죽 침상 위에 쓰러져 버렸다. 페피노는 원래대로 문을 닫은 뒤, 다시 베이컨과 이집트콩을 먹으러 갔다.

당글라르의 눈에는 페피노의 모습이 보이지 않았지만, 소리만 듣고도 그가 무엇을 하고 있는지 훤히 알 수 있었다. 분명히 뭔가 먹고 있는 것이다. 그것도 교육을 받지 못한 자답게 요란하게 소리를 내면서 먹고 있었다.

"빌어먹을!"

페피노는 못 들은 척하면서 고개 한 번 돌리지 않고 느긋하고 침착하게 식사를 계속했다.

당글라르의 위장은 마치 다나이드(그리스 신화의 인물. 남편을 죽인 죄로 지옥에서 채워지지 않는 통에 끝없이 물을 부어야 했던 여자)의 통처럼 마치 바닥이 뚫린 것 같은 느낌이었다. 언제가 되어야 그것을 채울 수 있을지 도무지 희망이 보이지 않았다.

그래도 30분 정도는 참았다. 그러나 그 30분이 마치 1세기나 되는 듯이 길게 느껴졌다.

그는 일어나서 다시 문 쪽으로 걸어갔다.

"이보시오," 그가 말했다. "더 이상 애태우지 말고, 도대체 나를 어떻게 할 생각이오? 어서 말해줄 수 없겠소?"

"나리, 그보다 당신이 원하는 것을 들어 봅시다. 분부대로 해드릴 테니까."

"그럼 우선 이 문을 좀 열어주시오."

페피노는 문을 열었다.

"난 뭐 좀 먹고 싶소!"

"배가 고프신가요?"

"당신도 알고 있을 텐데."

"무엇을 드시고 싶으신지요?"

"빵 한 쪽. 이 동굴에서는 닭이 그렇게 비싸다니까."

"빵! 그렇게 하시죠." 그가 소리쳤다. "어이, 빵이래!"

젊은 산적이 작은 빵을 가지고 왔다.

"여기 있습니다!" 페피노가 말했다.

"얼마요?" 당글라르가 물었다.

"4998루이. 2루이는 아까 받았으니까요."

"뭐? 빵 하나에 10만 프랑?"

"예, 10만 프랑입니다."

"아니, 닭도 10만 프랑이라고 하지 않았나!"

"여기서는 일품요리가 아니라 모든 게 무조건 같은 가격입니다. 조금 드시든 많이 드시든, 열 접시든 한 접시든 가격은 모두 같다는 얘기죠."

"또 농담하자는 거요! 말도 안 돼! 자, 말해 봐, 날 굶겨 죽일 작정이라면 금방이라도 죽어줄 테니!"

"그럴 리가요. 그건 나리 스스로 자살하는 겁니다요. 돈을 내고 잡수시면 되는데요."

"돈을 내라고? 도대체 뭘로 내라는 거냐, 이 빌어먹을 놈아!" 화가 난 당글라르가 소리쳤다. "내가 10만 프랑이나 되는 돈을 지니고 있을 거라고 생각해?"

"주머니에 5백5만 프랑을 지니고 있잖소." 페피노가 말했다. "10만 프랑짜리 닭이 50마리, 그리고 5만 프랑으로 반 마리나 더 드실 수 있겠구먼."

당글라르는 자기도 모르게 등골이 오싹해졌다. 눈에서 눈가리개가 벗겨진 느낌이었다. 마치 농담 같았지만, 그 농담의 의미를 비로소 안 것이다. 그리고 그 농담은 지금까지처럼 아무렇지도 않게 받아들일 수 있을 만한 것이 아니었다.

"그럼 10만 프랑을 내면 그것으로 된다는 말이오? 뭐든지 먹을 수 있다는 말인가?"

"물론입니다."

"하지만 그것을 주려면 어떻게 하면 되지?" 당글라르는 오히려 마음이 편해지는 걸 느꼈다.

"그거야 간단하죠. 당신은 로마의 반치 거리에 있는 톰슨 앤드 프렌치 상사에 예금계좌를 가지고 있소. 그 상사 앞으로 4천9백 90만 루이의 어음을 써 주면 이쪽 은행에서 내줄 거요."

당글라르는 일단 딴 마음이 없다는 것을 보여주는 게 좋겠다고 생각했다. 그는 페피노가 내민 펜과 종이를 받아서 어음을 쓰고 서명했다.

"자, 지참인에게 지급하는 어음이오."

"그럼 이제 이건 각하의 닭입니다."

당글라르는 한숨을 내쉬면서 닭을 뜯기 시작했다. 그리고 가격에 비하면 무척 여윈 닭이라고 생각했다.

페피노는 그 종잇조각을 주의 깊게 읽은 뒤 주머니에 넣고, 다시 이집트콩을 먹기 시작했다.

용서

이튿날 당글라르는 또다시 배가 고파왔다. 이 동굴에는 식욕을 부추기는 공기가 흐르고 있는 듯했다. 그래도 당글라르는 오늘만큼은 돈을 내지 않고 버티리라 생각했다. 구두쇠인 그는 닭 반 마리와 빵 한 조각을 방구석에 숨겨두었기 때문이었다.

그러나 그것을 먹고 나자 갈증이 느껴졌다. 그는 거기까진 생각하지 못했던 것이다. 그는 혀가 바짝 말라서 입천장에 붙어 버릴 때까지 갈증을 상대로 싸움을 계속했다. 그러나 타는 듯한 극심한 갈증을 더 이상 견딜 수 없게 된 그는 드디어 소리를 질러 사람을 불렀다.

보초를 서던 사내가 문을 열었다. 처음 보는 얼굴이었다.

그는 그래도 낯이 익은 사람이 흥정하기에 더 좋을 듯해서 페피노를 불러 달라고 했다.

"나리, 무슨 일이십니까?" 페피노가 득달같이 나타났다. 당글라르는 뭔가 일이 잘 풀릴 것 같은 예감이 들었다. "뭐 원하시는 거라도?"

"마실 것 좀 주구려."

"각하, 각하께서도 알고 계시겠지만, 로마 근교에서는 포도주가 여간 비싸지 않습니다."

"그럼 물을 주시오." 당글라르는 슬쩍 넘어갈 생각으로 그렇게 말했다.

"그런데 각하, 물은 포도주보다 더 구하기가 어렵거든요. 가뭄이 워낙 심해서요!"

"어이구, 또 시작이군. 아무래도 어제처럼 나오려는 모양인데."

당글라르는 농담처럼 보이려고 애써 미소를 짓고 있었지만 관자놀이에는 진땀이 배어나고 있었다.

페피노가 조금도 넘어올 기세를 보이지 않자 당글라르는 말했다.

"그럼 포도주나 한 잔 하지 뭐. 어떻소?"

"전에도 말했지만 나리," 페피노가 진지한 태도로 대답했다. "잔으로는 팔지 않습니다."

"그럼 한 병을 주시오."

"어떤 걸로 드릴까요?"

"가장 값이 싼 것으로."

"어느 것이나 값은 같습니다."

"그게 얼만데?"

"한 병에 2만5천 프랑."

"이보게," 당글라르는 아르파공 (몰리에르의 작품 《수전노》의 주인공)을 제외하고는 인간으로서는 도저히 낼 수 없는 비통한 목소리로 말했다. "차라리 나를 껍데기째 벗길 작정이라고 말하지 그래. 이렇게 한 꺼풀 한 꺼풀 벗기느니 그 편이 훨씬 간단하지 않겠어?"

"아마 두목이 노리는 것도 바로 그거일걸요."

"두목이라고? 그건 도대체 누군데?"

"그저께 당신이 앞에 끌려 나갔을 때 뵈었던 분이지."

"그래, 그 사람은 어디에 있나?"

"여기 있소."

"만나게 해 주게."

"얼마든지."

대답이 끝나기가 무섭게 루이지 밤파가 당글라르 앞에 모습을 드러냈다.

"나를 부르셨소?" 그는 당글라르에게 물었다.

"당신이 나를 이곳에 데려온 자들의 두목이십니까?"

"그렇습니다, 나리!"

"내 몸값으로 얼마를 요구하는지 얘기해 보십시오."

"지금 가지고 계신 5백만 프랑이면 됩니다."

당글라르는 심한 경련으로 심장이 산산조각이 나는 듯한 기분이었다.

"나에게는 이제 이것밖에 남지 않았습니다. 그 많던 재산 중에 겨우 이것만 남았어요. 이것마저 빼앗아 가실 바엔 차라리 죽여주십시오."

"그런데 각하, 이곳에선 목숨을 빼앗는 건 엄격하게 금지되어 있습니다."

"누가 그것을 금지했는데요?"

"우리가 복종하고 있는 분이지요."

"그럼 따로 복종하고 있는 사람이 있단 말입니까?"

"그렇습니다. 우리 대장님이시죠."

"난 당신이 대장인 줄 알았는데요."

"난 이곳에 있는 자들의 두목일 뿐이고, 내가 섬기는 두목은 따로 있지요."

"그리고 그 두목 위에 또 두목이 있고?"

"맞습니다."

"그건 누구죠?"

"하느님이죠."

당글라르는 한동안 생각에 잠긴 뒤 이렇게 말했다.

"이해할 수가 없군요."

"아마 그러실 겁니다."

"그럼 나를 이런 꼴로 만들라고 명령한 게 그 두목이란 말입니까?"

"그렇습니다."

"도대체 목적이 뭡니까?"

"그건 저도 모릅니다."

"하지만 그렇게 되면 내 지갑은 텅 비게 되는데요."

"그럴 테지요."

"이러면 어떻겠소?" 당글라르가 말했다 "1백만 프랑은 드릴 수 있는데?"

"거절하겠습니다."

"그럼 2백만 프랑."

"그것도 거절합니다."

"3백만 프랑? 4백만…… 어떻소, 4백만 프랑이면? 나를 풀어준다면 그만큼 드릴까 하는데."

"5백만 프랑을 가지고 있으면서 어째서 4백만 프랑만 내겠다는 겁니까? 은행가 양반, 그게 바로 고리대금업자의 근성인가 보군요. 그렇게라도 생각하지 않으면 도저히 이해할 수가 없습니다."

"그렇다면 다 가져가시오. 아주 다 가져가란 말이오!" 당글라르가 소리쳤다. "그리고 나를 죽여주시오!"

"진정하십시오, 나리. 좀 조용히 하시라니까요, 흥분하시면 배가 고파집니다. 그러다가 하루에 1백만 프랑어치를 드시게 되면 안 되지 않습니까? 좀 더 아끼셔야지요!"

"하지만 낼 돈이 없어지면!" 절망에 빠져 당글라르가 말했다.

"배를 곯게 되는 거지요."

"배를 곯는다고?" 새파랗게 질린 당글라르가 말했다.

"아마도 그렇게 되지 않겠습니까?" 밤파는 냉담하게 대답했다.

"하지만 나를 죽일 생각은 없다고 하지 않았소?"

"그렇습니다."

"그렇다면서 나를 굶어 죽이려는 거요?"

"그것과는 또 다른 얘기지요."

"빌어먹을!" 당글라르가 소리쳤다. "그렇게 비열한 수법으로 나온다면 나도 당하고만 있지 않을 거요. 죽는 일밖에 남지 않았다면 차라리 빨리 죽는 게 낫지. 자, 얼마든지 괴롭혀 봐! 얼마든지 고문해도 좋아! 목숨을 빼앗겠다면 그것도 얼마든지! 하지만 절대로 서명은 안 할 테니까!"

"그거야 각하 좋으실 대로." 밤파는 그렇게 말하고 그대로 나가버렸다.

당글라르는 큰 소리로 울부짖으면서 산양 가죽 침상에 몸을 던졌다.

도대체 상대가 누구란 말인가? 모습을 드러내지 않는 두목은 도대체 어떤 인물인가? 나에 대해 어떤 계획을 가지고 있는 것일까? 누구는 돈만 내면 풀어주는데, 어째서 나에게는 그것이 허락되지 않는 것인가?

"오, 그래, 죽어 주자. 갑자기 사고로 죽어 주는 거다. 그거야말로, 이해할 수 없는 복수를 시도하는 그 괘씸한 적의 허를 찌를 만한 절호의 수단이다. 그래. 하지만 죽는다는 건?"

당글라르는 그의 긴 생애에서 처음으로 선망과 동시에 두려운 마음을 안고 죽음에 대해 생각해 보았다. 그러나 그에게는 마침내, 살아 있는 모든 존재의 가슴속에 살면서 심장이 뛸 때마다 '너는 죽어야 한다!'고 속삭이는 그 무자비한 망령을 응시하지 않으면 안 될 때가 찾아왔다.

지금 당글라르는 사냥꾼에게 쫓겨 죽을힘을 다하다가 이윽고 절망하고, 그 절망 끝에서 때로는 기적적으로 도주에 성공할 수도 있는 야수 같았다.

당글라르는 어떻게 하면 달아날 수 있을지 궁리해 보았다.

그러나 주위의 벽은 온통 바위였다. 방에서 나가기 위한 단 하나의 출입구에서는 한 사내가 책을 읽고 있었다. 그리고 그 사내의 뒤로 총을 든 사람들이 왔다 갔다 하는 모습이 보였다.

서명을 하지 않겠다는 그의 결심은 이틀 동안 지속되었다. 그러나 그 뒤에 그는 음식을 요구하며 1백만 프랑 주겠다고 말했다.

썩 괜찮은 만찬이 나왔고, 그는 1백만 프랑을 지급했다.

그때부터 가련한 당글라르의 생활은 끊임없는 착란상태의 연속이었다. 이미 지쳐버릴 정도로 시달려 더는 괴로움을 겪고 싶지 않았다. 그리고 아무리 무리한 요구도 다 들어주었다. 그러나 12일가량이 지나, 화려했던 지난 시절을 연상시키는 식사를 한 어느 날 오후, 그는 남은 돈을 계산해 보았다. 그리고 지참인에게 지급하도록 되어 있는 어음을 남발한 결과, 이제는 겨우 5만 프랑밖에 남지 않았음을 깨달았다.

그때 그의 마음에 이상한 반발심이 일어났다. 5백만 프랑을 내던진 그는 남은 5만 프랑만은 무슨 짓을 해서라도 지키고 싶었다. 그 5만 프랑을 내줄 바에는 차라리 궁핍한 생활을 되풀이하겠다고 결심했다. 그때 광기에 가까운 희망의 빛이 보이기 시작했다. 오랫동안 신을 잊고 있었던 그는 이때 별안간 신을 떠올렸다. 신은 흔히 기적을 일으킨다. 그래서 어쩌면 이 동굴이 무너지고, 교황청의 헌병이 이 저주받은 은신처를 발견하여 그를 구해 주면 자신의 손에 5만 프랑의 돈이 남게 될지도 모른다. 5만 프랑, 그만한 돈만 있으면 사내대장부가 어딘간들 굶어 죽기야 하랴. 그는 5만 프랑만은 남길 수 있게 해달라고 신께 기도했다. 눈물을 흘리면서 기도했다.

그렇게 사흘이 지났다. 그동안 그는 마음속으로도 그랬는지는 몰라도 입으로는 끊임없이 신의 이름을 부르고 있었다. 이따금 그의 정신은 몽롱해졌다. 그럴 때마다 그는 창문 너머로 비참한 방 안이 보이고, 낡은 침대에 누워 있는 노인의 모습이 떠오르는 듯했다. 그 노인도 마찬가지로 굶어 죽어가고 있었다.

나흘째가 되자 그는 더 이상 인간이라고 할 수 없는 상태가 되었다. 그야말로 살아 있는 송장 그 자체였다. 그는 전에 먹다가 떨어뜨린 빵부스러기까지 땅에서 주워 먹었다. 그 다음에는 바닥에 깔린 거적까지 뜯어먹기 시작했다.

당글라르는 마치 수호천사에게 호소하듯이 페피노에게 먹을 것을 달라고 애원했다. 그리고 빵 한 조각에 1천 프랑을 주겠다고 말했다. 페피노는 아무 대답도 하지 않았다.

닷새째가 되자 그는 방 입구까지 기어갔다.

"자네도 그리스도교 신자겠지?" 그는 무릎을 짚고 몸을 일으키면서 말했다. "하느님 앞에서는 똑같은 형제인 한 인간을 이렇게 죽일 셈인가? 오! 옛 친구여, 나의 옛 친구들이여!" 그는 그렇게 중얼거리고 나서 앞으로 털썩 고꾸라지고 말았다.

이윽고 그는 절망한 듯이 몸을 일으키더니 소리쳤다.

"두목! 두목을 불러줘!"

"여기 있습니다!" 곧바로 모습을 드러낸 밤파가 말했다. "아직 볼일이 남았습니까?"

"내 마지막 목숨을 가져가시오." 당글라르는 지갑을 앞으로 내밀면서 웅얼거렸다. "그리고 여기, 이 동굴 안에서 살도록 해주시오. 자유롭게 해달라고는 하지 않겠소. 그저 살아 있게만 해주시오."

"이제 충분히 고통을 겪으신 모양이군요!" 밤파가 말했다.

"물론이오. 고통스럽소, 끔찍하도록!"

"그러나 세상에는 당신보다 더 괴로워한 사람들이 있는데요."

"설마 그럴 리가."

"아니, 있어요! 굶어 죽은 사람들 말이오."

당글라르는 환각이 찾아왔을 때, 창문 너머로 본 그 비참한 방 안과 침대 위에서 신음하고 있던 노인을 떠올렸다.

그는 이마를 바닥에 찧으면서 신음했다.

"그래, 그랬어. 분명히 나보다 더 고통스러워한 사람들이 있었어. 하지만 그들은 적어도 순교한 사람들이었지."

"그럼 이제 후회하는 겁니까?" 침통하고도 엄숙한 목소리가 들려왔다. 그 목소리를 듣자, 당글라르는 자기도 모르게 머리털이 곤두서는 것을 느꼈다.

그는 약해진 시력으로 주위를 둘러보려고 했다. 산적의 뒤에서 외투로 몸을 감싸고 돌기둥 뒤에 숨어 있는 한 사내의 모습이 보였다.

"무엇을 후회한단 말입니까?" 당글라르가 웅얼거리듯이 말했다.

"당신이 저지른 악행에 대해."

아까와 같은 목소리가 되풀이했다.

"물론입니다. 저는 후회하고 있습니다, 후회하고말고요!" 당글라르는 그렇게 소리치면서 앙상한 주먹으로 가슴을 쳤다.

"그렇다면 용서해 드리지요." 사내는 외투를 벗어 버리고 한 걸음 앞으로 나서서 불빛 속에 들어갔다.

"몬테크리스토 백작!" 당글라르가 소리쳤다. 바로 조금 전까지 굶주림과 고통으로 창백했던 그의 얼굴빛이 공포로 더욱 새파랗게 질렸다.

"틀렸소. 나는 몬테크리스토 백작이 아닙니다."

"그럼 당신은 누구요?"

"나는 당신에 의해 밀고 당하고, 당신에 의해 끌려가서, 당신에 의해 치욕을 당한 사람이오. 당신 때문에 내 약혼자는 정조를 잃었고, 당신은 행운을 차지하기 위해 나를 발판으로 짓밟고 올라섰소. 또 당신 때문에 내 아버지가 굶어 죽었고, 그래서 당신을 굶어 죽게 하려다가 이제 당신을 용서해 주려는 사람이오. 그건 나 자신이 용서받아야 할 사람이기 때문이오. 나는 에드몽 당테스요!"

당글라르는 외마디 소리를 지르더니 그대로 바닥에 무너지고 말았다.

"일어나시오," 백작이 말했다. "당신은 살아났소. 당신과 함께 악행을 저지른 다른 두 사람은 이런 행운을 얻지 못했지. 한 사람은 미쳐 버리고 다른 한 사람은 죽고 말았으니! 그 5만 프랑은 그대로 가져도 좋소. 이건 내가 주는 선물이라고 생각하시오. 당신이 횡령한 빈민구제원에 줄 돈 5백만 프랑은 아무도 모르게 돌려주었소. 자, 이젠 마음대로 먹고 마셔도 좋소. 오늘 밤엔 내가 대접하리다. 밤파, 배불리 먹인 뒤 풀어 주게."

백작이 사라져가는 동안 당글라르는 내내 바닥에 웅크리고 있었다. 그리고 비로소 얼굴을 들었을 때, 복도 끝으로 희미한 그림자가 지나가고, 그에게 산적들이 머리를 숙이고 있는 모습이 보였다.

백작이 지시한 대로 밤파는 당글라르 앞에 이탈리아 최고의 포도주와 보기에도 싱싱한 과일을 내왔다. 식사 대접을 받은 당글라르는 역마차에 태워져 길가의 나무 밑에 버려졌다.

그는 자기가 어디에 있는지도 모른 채, 날이 샐 때까지 그 자리에서 기다렸다. 날이 새자 자기가 작은 강 옆에 있다는 사실을 깨달았다. 목이 말랐던 그는 강까지 기어갔다. 막 물을 마시려고 강물 위로 몸을 구부린 그는 머리가 하얗게 세어버린 자신의 모습을 보았다.

10월 5일

저녁 6시 무렵이었다. 아름다운 가을, 황금빛으로 찬란하게 수놓은 오팔색 태양이 드높은 하늘에서 새파란 바다 위로 떨어지고 있었다.

한낮의 더위는 점차 식어가고 있었다. 남국의 타는 듯한 낮잠에서 깬 자연이 한숨 같은 미풍을 내쉬어 지중해 연안에 상쾌한 바람을 보내고 있었다. 쌉쓸한 갯내가 섞인 숲의 냄새를 기슭에서 기슭으로 실어가는 향기로운 숨결이 느껴지기 시작했다.

지브롤터에서 다르다넬스까지, 그리고 튀니스에서 베네치아까지 펼쳐져 있는 이 거대한 호수 위를 날렵하고 우아한 모습을 한 쾌적한 요트 한 척이 저녁 안개가 퍼지는 속을 미끄러져 가고 있었다. 그 나아가는 모습은 바람을 받아 날개를 펼치고 수면 위를 미끄러져 가는 백조와 흡사했다. 그것은 참으로 빠르면서도 우아하게, 인광을 발하는 물거품을 뒤에 남기면서 나아가고 있었다.

마지막 빛을 발산하고 있던 태양도, 이제 천천히 서쪽 지평선 너머로 자취를 감추고 있었다. 그러나 붉게 타오르는 그 빛은 마치 빛나는 신화 같은 꿈에 이성을 부여하려는 듯이 여전히 하나하나의 물마루에 흔적을 남기고 있었다. 마치 암피트리테^(바다의 신 포세
이돈의 아내)가 자기 가슴속에 숨으려고 뛰어든 연인인 불꽃의 신을 자신의 쪽빛 망토 주름들 사이에 숨겨주려 했지만 끝내 숨기지 못했던 것처럼.

처녀의 곱슬머리를 나부끼게 하는 정도의 바람밖에 불지 않는데도, 요트는 화살처럼 달려가고 있었다.

큰 키에 구릿빛 얼굴을 가진 한 청년이 눈을 크게 뜨고 뱃머리에 우뚝 서서, 원추형의 시커먼 덩어리 같은 육지가 점점 자기 쪽으로 다가오는 것을 바라보고 있었다. 그것은 마치 카탈루냐 사람의 커다란 모자처럼 물결 사이에서 모습을 드러내기 시작하고 있었다.

"저것이 몬테크리스토 섬인가요?" 청년은 깊은 슬픔을 띤 무거운 목소리로 말했다. 요트는 지금 이 사람의 지휘 아래 있는 듯했다.

"그렇습니다, 나리," 선장이 대답했다. "이제 곧 도착할 겁니다."

"곧 도착한다고!" 청년은 뭐라 표현할 수 없는 쓸쓸한 목소리로 말했다. 그리고 낮은 목소리로 덧붙였다. "그래, 저기가 항구인가보다."

그는 눈물보다 더욱 슬픈 미소를 지으며 또다시 생각에 잠겼다.

몇 분 뒤 육지 쪽에서 불빛이 하나 번쩍하더니 이내 사라지고 말았다. 그러자 한 발의 총소리가 요트까지 들려왔다.

"나리," 선장이 말했다. "육지에서 신호를 하고 있습니다. 대답하시겠습니까?

"무슨 신호를?" 청년이 물었다.

선장은 섬을 향해 손을 뻗었다. 섬 중턱에 외따로 떨어진 곳에서 허연 연기가 피어오른 뒤 차츰 갈라지면서 퍼져가고 있었다.

"아! 그래요," 청년은 꿈에서 깨어난 듯이 말했다. "그걸 주시오."

선장은 탄환을 채운 기총을 건넸다. 청년은 그것을 받아들자, 천천히 위로 쳐들어 공중을 향해 발사했다.

10분 뒤 돛이 접히고, 작은 항구에서 5백 걸음쯤 되는 곳에 닻이 내려졌다.

보트는 노 젓는 선원 네 사람과 키잡이 한 사람을 태우고 벌써 바다에 내려져 있었다. 요트에서 보트로 옮겨탄 청년은 자기를 위해 깔아 놓은 녹색 깔개 위에는 앉지 않고, 팔짱을 낀 채 가만히 서 있었다.

노 젓는 선원들은 마치 날개를 말리는 새처럼 노를 반쯤 쳐든 채 기다리고 있었다.

"갑시다!" 청년이 말했다.

여덟 개의 노는 물 한 방울 튀기지 않고 일제히 물속으로 들어갔다. 그 힘을 받아 보트는 화살처럼 달리기 시작했다.

잠시 뒤 보트는 자연이 깎아낸 작은 후미 안에 들어가 있었다. 배 바닥이 고운 모래땅에 닿는 것이 느껴졌다.

"나리, 두 사람이 어깨에 태워서 육지까지 모셔다 드리지요." 키잡이가 말했다.

청년은 그 권유에 대해 무관심한 몸짓으로 대답했다. 보트에서 발을 내딛어 물속에 미끄러지듯 내려선 것이다. 물은 그의 허리까지 왔다.

"아! 나리," 안내인이 중얼거리듯이 말했다. "그러시면 주인님께 우리가 혼납니다."

청년은 발 딛을 곳을 찾아주고 있는 선원 두 사람을 따라 기슭으로 걸어갔다.

서른 걸음쯤 가자 기슭에 도착했다. 청년은 마른 땅 위에 서서 두 다리를 털었다. 그런 다음 해가 완전히 져버린 주위를 둘러보면서 가야 할 방향을 찾고 있었다. 그가 뒤돌아 본 순간, 그의 어깨 위에 손이 하나 올라왔다. 그리고 그 사람의 목소리를 들은 그는 움찔 놀랐다.

"안녕하시오, 막시밀리앙." 그 목소리가 말했다. "오늘을 정확하게 지키셨군요. 감사합니다!"

"오, 백작님이셨군요." 청년은 기쁜 듯이 두 손으로 몬테크리스토 백작의 손을 잡았다.

"예, 보시다시피 나도 당신에게 지지 않을 만큼 정확한 시간에 왔습니다. 그런데 몸이 흠뻑 젖으셨군요. 칼립소 (이오니아 해에 있는 섬의 여신. 오디세우스의 아들 텔레마코스를 섬에 잡아두려고 했다)가 텔레마코스에게 말한 것처럼, 자, 이제 옷을 갈아입으셔야겠군요! 가십시다. 이리로 가면 당신을 위해 준비해 둔 방이 있습니다. 거기에 가시면 피곤도 추위도 싹 다 잊어버리실 겁니다."

몬테크리스토 백작은 모렐이 뒤를 돌아보고 있는 것을 깨달았다. 그는 잠시 기다렸다.

청년은 자기를 데려온 사람들이 아무 말도 없이 돈도 받지 않고 그대로 돌아가려 하는 것을 놀란 눈으로 바라보았다. 이미 작은 요트 쪽으로 돌아가고 있는 보트에서 노 젓는 소리까지 들려왔다.

"아, 저 선원들을 기다리고 계셨습니까?" 백작이 말했다.

"예. 전 아무것도 주지 않았습니다. 그런데 그대로 돌아가고 마는군요."

"걱정하실 것 없습니다," 몬테크리스토 백작이 웃으면서 말했다. "내 섬에 올 때는 운송료도 뱃삯도 모두 무료로 약속이 되어 있습니다. 문명국의 언어로 말하면 특약이 되어 있는 거지요."

모렐은 깜짝 놀란 듯이 백작의 얼굴을 바라보았다.

"백작님은 파리에 계실 때와는 완전히 다른 사람처럼 보입니다."

"어떻게요?"

"글쎄요. 백작님께서 여기서는 웃고 계시는군요."

몬테크리스토 백작은 갑자기 얼굴빛이 흐려졌다.

"막시밀리앙, 용케도 그걸 알아보셨군요. 나는 이렇게 당신을 다시 만나게 된 것이 무척 행복해서 그렇습니다. 그래서 어떤 행복도 모두 한순간에 지나지 않다는 것을 잠시 잊고 있었나 봅니다.

"오, 그건 아닙니다!" 모렐은 또다시 백작의 두 손을 잡으면서 말했다. "그보다 부디 이렇게 웃어 주십시오. 부디 이렇게 행복해지십시오. 그리고 당신의 그 편안한 모습으로 인생은 다만 괴로워하는 자에게만 괴로운 것이라는 사실을 보여 주십시오. 아, 당신은 자비로운 분이십니다. 친절하고 위대한 분이십니다. 당신은 저에게 용기를 주시려고 일부러 쾌활한 척 가장하고 계시는 겁니다."

"아니오, 막시밀리앙. 정말로 나는 즐겁습니다."

"그럼 당신은 저에 대해선 잊어버리고 계셨군요. 그것도 분명히 좋은 일이지요!"

"그게 무슨 말씀인지?"

"그렇습니다. 아시겠지만 지금의 저는 옛날에 투사가 투기장(고대 로마에서 맹수를 상대로 전사가 싸우던 곳)으로 들어가면서 황제를 향해 말한 것처럼, '죽음을 앞두고 인사 올립니다' 하고 말해야 하기 때문이지요."

"그럼 아직도 계속 슬퍼하고 있는 겁니까?" 몬테크리스토 백작은 이상하다는 듯이 물었다.

"아!" 모렐은 슬픔에 넘치는 눈빛으로 대답했다. "백작님은 정말 제가 슬픔을 잊을 수 있을 거라고 생각하셨습니까?"

"내 얘길 들어 보시오. 당신은 내가 하는 말을 잘 이해해 주시겠지요? 당신은 나를 보잘것없는 한 인간, 확실하지 않은 무의미한 말만 지껄이는 인간으로 생각하지는 않을 겁니다. 내가 당신에게 이제 슬픔을 잊어버렸느냐고 물었을 때, 나는 사람의 마음을 속속들이 다 아는 사람으로서 얘기한 겁니다. 그래서 모렐, 나는 당신과 함께 당신 마음속을 파헤쳐서 탐색해 봤으면 싶군요. 당신은 아직도 모기에게 물려 괴롭게 뛰어다니는 사자처럼 육체를 날뛰게 하는 심한 고통을 느끼고 있는 겁니까? 아직도 무덤 속에 들어가기 전에는 사라지지 않는 커다란 욕망에 불타고 있는 겁니까? 아직도 죽은 사람의 뒤를 따라가기 위해 산 사람이 스스로 목숨을 버리게 만드는 슬픔이 계속되고 있는 겁니까? 아니면 단순히 찬란하게 빛나기 시작한 희망에 그림자를 드리우는 의기소침이나 권태 같은 것인가요? 또는 기억도 잃어버리고 지금은 눈물도 나오지 않게 된 것인가요? 오! 친구여, 만약 그렇다면, 만약 눈물조차 나오지 않게 되었다면, 울적한 마음도 지금은 사라져버렸다고 생각한다면, 그리고 이제는 오로지 신께 매달리는 힘밖에 남지 않고 눈 돌릴 곳이라고는 하늘밖에 없다면, 친구, 우리의 마음을 전하기에는 너무나 의미가 좁은 말 따위는 집어치우기로 합시다. 막시밀리앙, 당신은 이미 위로를 받고 있습니다. 더는 슬퍼하지 마십시오."

"백작님," 모렐은 온화하면서도 단호한 목소리로 말했다. "백작님, 손가락으로는 땅을 가리키고, 눈으로는 하늘을 우러러 보고 있는 사람이 하는 말로서 들어주십시오. 저는 친구의 품에 안겨 죽기 위해 당신을 찾아왔습니다. 물론 저에게는 사랑하는 사람들도 있습니다. 저는 누이동생 쥘리를 사랑하고 있고, 그 남편 엠마뉘엘도 사랑하고 있습니다. 하지만 전 드디어 마지막을 맞이하여 굳센 팔로 안아주고 웃어줄 사람이 필요합니다. 여동생이라면 틀림없이 울음을 터뜨리거나 정신을 잃고 쓰러져버리겠죠. 그러면 그 괴로워하는 모습을 봐야 하는데 저는 이미 너무나 많은 괴로움을 느껴 왔습니다. 엠마뉘엘은 제 손에서 무기를 빼앗고, 온 집 안이 울리도록 커다랗게 소리칠 겁니다. 그러나 백작님, 저와 약속해 주신 당신, 인간을 초월한 당신, 죽지 않는 분이라면 신이라고 부르고 싶은 당신, 그런 당신은 조용하고 따뜻하게 저를 죽음의 문까지 인도해 주시겠죠?"

"나에게는 아직 한 가지 의문이 남아 있습니다. 정말 당신은 자신의 슬픔을 그토록 자랑스럽게 나열할 정도로 나약해진 겁니까?

"아닙니다. 보시다시피 저는 단순합니다." 모렐은 백작에게 손을 내밀면서 말했다. "맥박은 평소에 비해 빠르지도 느리지도 않습니다. 그래요, 저는 지금 올 데까지 왔다는 느낌입니다. 그렇습니다, 저는 이제 더 이상 앞으로 나아가지 않겠습니다. 당신은 기다려라, 그리고 희망을 가지라고 말씀하셨습니다. 위대한 현자인 당신은 과연 자신이 한 일을 알고 계신가요? 전 한 달을 기다렸습니다. 다시 말해 한 달이나 고통스러워 했습니다! 전 희망을 가졌습니다. (인간은 얼마나 가련하고 비참한 존재인지요!) 전 희망을 가졌어요. 어떤 희망이냐고요? 그건 저도 모릅니다. 뭔가 알 수 없는, 터무니없고 어리석기 짝이 없는 기적 같은 것……. 그럼, 그건 과연 어떤 것일까요? 그건 우리의 이성 속에 희망이라는 미친 생각을 불어넣으신 신만이 아십니다. 그렇습니다, 전 기다렸습니다. 기다렸다고요! 그리고 이렇게 얘기를 시작한 지 15분 동안에도, 당신은 자신도 모르는 사이에 제 마음을 수없이 찢어놓고 괴롭히셨습니다. 왜냐하면 당신의 말에서 저는 이제 그런 희망이 남아 있지 않다는 것을 알았기 때문입니다. 오, 백작님! 제발 저를 조용하고 편안하게 죽게 해주십시오!"

막시밀리앙은 이 마지막 말을 마치 폭발하는 듯한 격정에 사로잡혀 내뱉었다. 그 말을 듣고 백작은 흠칫 놀랐다.

"백작님," 모렐은 백작이 잠자코 있는 것을 보고 다시 말을 이었다. "당신은 저에게 살아 있어야 하는 기한을 10월 5일까지로 정하셨습니다. 백작님, 오늘이 그 10월 5일이군요."

모렐은 시계를 꺼냈다.

"정각 8시니까 앞으로 3시간은 더 살아 있어야 하는군요."

"좋소," 몬테크리스토 백작이 대답했다. "나를 따라 오시오."

모렐은 기계적으로 백작의 뒤를 따라갔다. 두 사람은 이미 동굴 속에 들어가 있었다. 그러나 막시밀리앙은 아직 그 사실을 깨닫지 못하고 있었다.

그는 발밑에 카펫이 깔려 있는 것을 보았다. 문이 열리자 감미로운 향기와 눈이 부실 정도로 강한 빛이 밀려들어 왔다.

모렐은 앞으로 나아가기가 조심스러워 걸음을 멈췄다. 그는 자기 몸을 감싸는, 마음을 현혹시키는 듯한 향기를 경계하고 있었다.

몬테크리스토 백작은 그를 살며시 끌어당겼다.

"어떻소? 그 옛날 자신들의 황제이자 결국은 자신들의 재산을 몰수하는 네로한테서 사형선고를 받은 로마 사람처럼, 꽃을 장식한 식탁에 앉아 헬리오트로프와 장미 향기와 함께 죽음의 향기를 맡으면서 남은 세 시간을 보내도 나쁘지 않을 듯한데?"

모렐은 미소 지어 보였다.

"좋으실 대로 하십시오. 그래도 죽음은 여전히 죽음이니까요. 그건 망각이고 안식이며 생명이 사라지는 것이고, 따라서 괴로움도 사라지는 것이니까요."

그는 의자에 앉았다. 몬테크리스토 백작은 그의 정면에 앉았다. 이미 말한 것처럼, 눈이 번쩍 뜨일 정도로 화려한 식당이었다. 거기에는 꽃과 과일로 가득한 바구니를 머리에 인 대리석 석상이 여러 개 서 있었다.

모렐은 모든 것을 그저 멍한 눈길로 바라보고 있었다. 그의 눈에는 아무것도 보이지 않는 것이 분명했다.

"사내 대 사내로서 얘기하고 싶습니다." 그는 백작을 엄격한 눈길로 응시하면서 말했다.

"그럽시다. 말씀하세요." 백작이 대답했다.

"백작님, 당신은 인간으로서 모든 지식을 한 몸에 지니고 계십니다. 그리고 우리의 세계보다 훨씬 진보하고 훨씬 지식이 뛰어난 세계에서 내려오신 분처럼 생각됩니다."

"그럴지도 모르지요, 모렐," 백작은 쓸쓸하게 미소 지으면서 대답했다. 그 미소 때문에 백작의 얼굴은 더욱 아름답게 보였다. "나는 고뇌라고 하는 별에서 내려왔어요."

"전 당신이 말씀하시는 것은 전부, 그 의미를 깊이 생각해보지도 않고 믿고 있습니다. 당신이 살아 있으라고 해서 이렇게 제가 살아 있는 게 그 증거가 아니겠습니까? 당신이 희망을 가지라고 해서 저는 거의 희망 같은 것을 가졌습니다. 백작님, 저는 당신을 이미 한 번 죽은 적이 있는 분으로 생각하고 여쭤 보겠습니다. 죽음이란 게 정말 그렇게 괴로운 것인가요?"

몬테크리스토 백작은 말할 수 없이 애틋한 표정으로 모렐의 얼굴을 응시하고 있었다.

"맞습니다," 백작이 말했다. "만약 당신이 무슨 일이 있어도 살고 싶어 하는 육체를 난폭하게 파괴하려 하신다면, 그건 분명히 괴로운 일이겠지요. 만약 당신이 자신의 육체를 보이지 않는 단도로 찢으려 한다면, 또 만약 언제나 빗나갈 준비가 되어 있는 멍청한 탄환으로, 아주 작은 충격에도 고통을 느끼는 자신의 머리를 뚫으려 한다면, 당신은 분명히 괴로워 할 거라고 생각합니다. 그리고 당신은 돌이킬 수 없는 고통 속에서, 그렇게까지 해서 얻은 안식보다 차라리 살아 있는 것이 얼마나 나은지 모르겠다고 생각하면서 견딜 수 없는 심정으로 이 세상을 하직하게 되겠지요."

"맞아요, 그건 저도 알고 있습니다." 막시밀리앙이 말했다. "죽음도 삶과 마찬가지로 아무도 알 수 없는 고통과 즐거움의 비밀을 가지고 있겠지요. 요컨대 그 두 가지 모두를 알아야 하는 거지요."

"그렇소. 당신은 지금 중요한 말을 했어요. 죽음은 우리가 그것에 올바르게 대응하는가, 그렇지 않은가에 따라, 때로는 유모처럼 우리를 품어주는 좋은 친구가 되고, 때로는 우리의 영혼을 육체에서 난폭하게 빼앗아가는 원수가 되기도 하지요. 앞으로 천년이 지난 뒤, 인간이 자연의 모든 파괴력을 정복하여 인류의 일반적인 복지에 그것을 이용하게 되는 날, 즉 인간이 방금 당신이 말한 것처럼 죽음의 모든 비밀을 알게 되는 날, 죽음은 아마 연인의 품에 안겨 단잠에 빠져드는 것처럼 포근하고 지극히 행복한 것이 될 겁니다."

"그런데 백작님, 만약 백작님이 죽고 싶으실 때는 그렇게 죽을 수 있다고 보십니까?"

"물론입니다."

모렐은 백작에게 손을 내밀었다.

"이제 알겠습니다. 백작님이 왜 바다 한복판의 이 고독한 섬에서 고대 이집트의 왕들도 부러워할 이 무덤 같은 지하 궁전에서 절 만나려 하셨는지. 백작님, 그건 저를 사랑하고 계시기 때문이 아닌가요? 당신은 저를 사랑하고 계시기 때문에, 저에게 아까 얘기하신 죽음, 마지막 고통이 없는 죽음, 당신의 손을 잡고 발랑틴의 이름을 부르면서 숨을 거두는, 바로 그런 죽음을 성취할 수 있게 해 주겠다는 말씀이시죠?"

"맞았소," 백작이 단호하게 말했다. "그럴 생각이었소."

"감사합니다. 내일이면 고통이 사라진다고 생각하니 괴로운 마음이 편안해지는군요."

"아쉬움 같은 건 없소?"

"없습니다."

"나에 대해서도?" 깊은 감동을 담아 백작이 물었다.

모렐은 얼른 대답이 나오지 않았다. 그의 맑은 눈이 금세 흐려지더니, 이

어서 심상치 않은 빛을 띠기 시작했다. 굵은 눈물이 한 방울 솟아나 뺨 위로 한 줄기 은빛 선을 그으면서 흘러내렸다.

"아니, 왜 그러시오!" 백작이 말했다. "이 세상에 미련이 있는 것이오? 그러면서도 죽으려는 겁니까?"

"오! 부탁입니다." 막시밀리앙은 힘없는 목소리로 말했다. "백작님, 아무 말씀 마십시오. 더 이상 괴로운 생각을 하지 않게 해주세요!"

백작은 막시밀리앙이 마음이 약해지고 있다고 생각했다.

한 순간 그런 생각이 떠오르자, 그 옛날 이프 성채의 감옥에서 자신이 극복했던 그 무서운 의혹이 마음속에 되살아났다.

'나는 지금,' 백작은 생각했다. '이 사람을 행복하게 해 주려 하고 있다. 난 이러한 속죄를 통해 지금까지 수많은 불행을 던져 쌓아올린 저울의 한쪽과 균형을 맞추려 한 것이다. 그런데 만약 내가 잘못 생각한 것이라면, 만약 이 청년이 내가 행복을 가져다 줘야 할 만큼 불행한 사람이 아니라면! 그렇다면, 선행의 설계도를 다시 그림으로써 악을 잊고자 하는 나는 도대체 어떻게 되는 것인가?'

"들어 봐요! 모렐, 당신은 지금 크나큰 고통은 겪고 있소. 그건 나도 알고 있어요. 다만 당신은 신을 믿고 있습니다. 영혼의 구원에 대한 믿음을 아무렇게나 버릴 생각은 아니겠지요?"

모렐은 슬픈 듯이 미소 지었다.

"백작님, 알고 계시겠지만 전 이제 꿈을 꾸려는 생각은 하지 않습니다. 분명히 말씀드리지만, 제 영혼은 이미 제 것이 아닙니다."

"들어 봐요! 모렐, 당신도 알다시피 나에게는 가족이 아무도 없소. 난 지금까지 당신을 아들처럼 생각했소. 그래요! 그 아들을 구하기 위해서라면, 나는 내 재산은 물론이고 목숨까지 희생할 생각이오."

"무슨 말씀을 하시려는 거죠?"

"모렐, 당신은 지금 목숨을 끊고 싶어 하고 있소. 그건 당신이 막대한 재산이 주는 즐거움을 모르기 때문이오. 모렐, 나에게는 무려 1억 프랑의 재산이 있어요. 그것을 당신에게 주겠소. 그만한 재산이 있으면 무슨 일이라도 할 수 있소. 뭔가 야망을 가지고 있나요? 어떤 길이라도 반드시 원하는 대로 열릴 것이오. 세계를 뒤흔들어 그 모습을 바꿔 놓으세요. 말도 안 되는 짓을 해도 괜찮아요. 죄를 저질러도 상관없어요. 단, 오로지 살아 있어야 합니다."

"백작님, 당신은 약속하셨습니다." 막시밀리앙은 냉정하게 대답했다. 그리고 시계를 꺼내면서 덧붙였다. "11시 반이 되었군요."

"모렐! 당신은 내 집에서, 내가 보는 앞에서 그 일을 할 생각이오?"

"그렇다면 떠나도록 해주세요." 막시밀리앙은 갑자기 침울해졌다. "그렇지 않으면, 당신이 저를 사랑하시는 것도 저를 위해서가 아니라 당신 자신을 위해서라고 생각하겠습니다."

그렇게 말하면서 그는 일어섰다.

"좋아요," 그 말을 들은 백작은 비로소 밝은 얼굴로 말했다. "모렐, 당신은 그렇게 하고 싶다고 했소. 정말 흔들리지 않는 결심을 하신 모양이군요. 그래요! 당신은 진정 불행한 사람이오. 그리고 당신 자신이 말한 것처럼 기적이라도 일어나지 않는 한 다시 일어설 수는 없을 겁니다. 앉아요, 모렐. 그리고 잠시 기다려 주시오."

모렐은 백작이 시키는 대로 했다. 백작이 일어섰다. 그리고 금사슬에 매달아둔 열쇠로, 잠겨 있던 장롱을 열더니, 경이로울 정도로 훌륭하게 세공하여 조각한 은으로 만든 작은 상자를 꺼냈다. 상자 네 귀퉁이에는 괴롭게 몸을 비틀며 몸을 구부린 네 명의 여인상이 하늘을 동경하는 천사의 상징처럼 새겨져 있었다.

백작은 그 작은 상자를 책상 위에 놓았다. 그리고 그것을 열어 비밀스러운 용수철 장치로 뚜껑이 열리게 되어 있는 작은 금빛 상자를 꺼냈다.

상자 속에는 반쯤 고체가 된 기름 같은 것이 들어 있었다. 그것은 상자를 장식하고 있는 황금과 사파이어, 루비, 에메랄드의 광채가 반사되어 형언할 수 없는 색깔을 하고 있었다. 쪽빛과 자주색, 황금색이 아롱진 색깔이었다.

도금한 숟가락으로 그 액체를 조금 뜬 백작은 막시밀리앙의 얼굴을 뚫어지게 응시하면서 그것을 내밀었다.

그때 비로소 그것이 녹색이라는 것을 알 수 있었다.

"이것이 바로 당신이 원한 것이고," 백작이 말했다. "또 내가 약속한 것이오."

"아직 살아 있을 때," 백작의 손에서 숟가락을 받으면서 청년이 말했다.

"진심으로 감사하다는 말씀을 드려야겠군요."

백작은 다른 숟가락을 들어 금빛 상자 속에 있는 것을 또 한 번 떴다.

"아니, 뭘 하시려는 겁니까?" 그 손을 잡으면서 모렐이 물었다.

"실은 모렐," 백작이 미소 지으면서 말했다. "하느님도 날 용서해 주실 것이라 믿어요. 나 또한 당신처럼 인생에 지쳤습니다. 다행히 이런 기회를 만났으니……"

"안 됩니다!" 청년이 소리쳤다. "오! 사람들을 사랑하고, 사람들의 사랑을 받으며 희망을 품고 계신 당신이! 아, 부디 저 같은 짓은 하지 말아주십시오. 당신이 그런 짓을 하시면 그건 하나의 죄악입니다. 높고 넓은 마음을 지니신 백작님, 그럼 안녕히 계십시오. 발랑틴에게 당신이 우리 두 사람을 위해 어떻게 해주셨는지 꼭 전하겠습니다."

그리고 천천히, 백작에게 내밀었던 왼손을 꼭 쥐는 것 외에는 아무런 주저의 빛도 보이지 않고, 백작한테서 받은 그 신비한 물질을 삼켰다. 아니 맛을 음미했다고 하는 것이 맞을 것이다.

두 사람은 그대로 입을 다물었다. 그때 알리는 아무 말 없이 주의 깊은 태도로 담배와 수연통을 가지고 와서 커피를 따라놓고 나갔다.

대리석상의 손이 받치고 있는 램프의 불빛이 점차 희미해졌다. 모렐은 향로 냄새가 전처럼 예민하게 느껴지지 않는 듯한 느낌이었다.

그와 마주 보고 앉아 있던 몬테크리스토 백작은 그늘진 곳에서 그를 바라보고 있었다. 모렐에게는 번쩍번쩍 빛나는 백작의 눈만 보였다.

모렐은 극심한 고통에 사로잡혔다. 그는 수연통이 손에서 빠져나가는 것을 느꼈다. 모든 것들이 어느새 모양과 색을 잃어가고 있었다. 그는 흔들리는 시력으로 벽 속에서 문과 장막이 열리는 것을 본 것 같았다.

"백작님," 그가 말했다. "이제 죽어가고 있는 모양입니다. 그동안 감사했습니다."

그는 마지막으로 다시 한 번 백작에게 손을 내밀려고 했다. 그러나 그 손은 힘없이 떨어져 버렸다.

그때 그에게는 몬테크리스토 백작이 미소 짓고 있는 것처럼 보였다. 그러나 그것은 지금까지 수도 없이, 그에게 몬테크리스토 백작의 깊은 영혼의 비밀을 엿보게 했던 그 이상하고 무서운 미소와 달리, 떼를 쓰는 아이를 바라보는 아버지 같은 따뜻한 애정이 담긴 미소였다.

동시에 백작의 모습이 점점 커져가는 것처럼 느껴졌다. 거의 두 배나 되는 키가 된 백작의 몸이 붉은 벽지 위로 선명하게 부각되어 있었다. 검은 머리는 뒤쪽으로 쓸어 넘겨져 있었다. 그는 마지막 심판의 날을 떠올리게 함으로써 악인들을 위협하는 천사처럼 당당한 모습으로 우뚝 서 있는 것 같았다.

모렐은 힘이 빠지면서 쓰러지듯이 안락의자 위에 털썩 주저앉았다. 형언할 수 없을 만큼 기분 좋은 혼수상태가 혈관 하나하나에 스며들었다. 머릿속에는 마치 만화경 속에 온갖 무늬가 잇따라 나타나는 것처럼 온갖 생각이 떠올랐다.

쓰러져서 경련하듯이 가쁜 숨을 몰아쉬던 막시밀리앙의 몸 안에서 발랄하게 살아 있는 것은 오직 그러한 꿈뿐이었다. 그는 지금, 활짝 편 돛에 바람을 잔뜩 받으면서 죽음이라 불리는 미지의 나라 문 앞에 있는, 알 수 없는 혼수상태 속에 빠져드는 듯한 기분이었다.

그는 다시 한 번 백작에게 손을 내밀려고 했다. 이번에는 손이 움직이지 않았다. 그는 마지막 작별의 말을 하려고 했다. 혀는 마치 무덤을 막는 돌처럼 목구멍 속에서 둔하게 움직이고 있을 뿐이었다.

지칠 대로 지친 눈이 저절로 감겼다. 주위는 어두운 암흑에 싸여 있는데도 눈꺼풀 안에서 어떤 그림자 하나가 움직이고 있는 것이 보였다.

그것은 막 문을 열고 있는 백작의 모습이었다.

곧 옆방이라기보다는 하나의 장려한 궁전 속에서 빛나는 휘황찬란한 빛이, 이제는 막시밀리앙이 기분 좋은 임종에 몸을 맡기고 있는 이 방 안으로 흘러들어 왔다.

그러자 그의 눈에는 방 입구, 두 개의 방 사이의 문에 눈부시도록 아름다운 여인이 서 있는 것이 보였다. 창백한 얼굴로 부드럽게 미소 짓고 있는 그 여인은 복수의 천사를 쫓아내려는 자애로운 천사처럼 보였다.

"오, 나를 위해 벌써 천국의 문이 열린 건가?" 모렐은 죽어가면서 그렇게 생각했다. "저 천사는 내가 잃어버린 천사와 닮았어."

몬테크리스토 백작은 그 젊은 여인에게 모렐이 누워 있는 소파를 가리켰다.

그녀는 손을 맞잡고 입술에 미소를 지으면서 그에게 다가왔다.

'발랑틴! 발랑틴!' 모렐은 마음속으로 외쳤다.

그러나 입에서는 단 한 마디도 새나오지 않았다. 모든 힘을 오로지 이 마음속의 감동에 집중한 것처럼 그는 한숨을 한 번 내쉬었을 뿐 그대로 눈을 감았다.

발랑틴이 그에게 달려갔다.

다시 한 번 막시밀리앙의 입술이 움직였다.

"당신을 부르고 있어요," 백작이 말했다. "당신이 당신 운명을 맡긴 그 사람이 잠 속에서 당신을 부르고 있는 것이오. 죽음이 두 사람을 갈라놓으려 했지만, 다행히 내가 그 자리에 있었기에 그 죽음을 물리칠 수 있었지요! 발랑틴, 이제부터 두 사람이 이 세상에서 헤어지는 일은 결코 없을 거요. 저 사람은 당신을 다시 만나고 싶은 일념에서 무덤 속으로 뛰어들 생각까지 했으니까요. 만약 내가 없었더라면 두 사람은 벌써 죽었을 거요. 나는 지금 두 사람을 서로에게 돌려 드렸소. 내가 두 사람을 구했다는 것을 하느님께서 부디 기억해 주시기를!"

발랑틴은 몬테크리스토 백작의 손을 꼭 잡았다. 그리고 참을 수 없는 기쁨의 충동에서 그 손을 자신에 입술에 대었다.

"오! 나에게 감사하다고 말해 주시오." 백작이 말했다. "오, 부디 몇 번이라도 말해 주시오. 내 덕분에 두 사람이 행복해 질 수 있었다고! 아마 이해하지 못하시겠지만 나에게는 그런 확신이 필요합니다."

"네, 네, 전 진심으로 감사드리고 있어요." 발랑틴이 말했다. "제 감사가 진심인지 의심스러우시다면 부디 하이데 씨에게 물어봐 주세요. 제가 너무 좋아하는 언니 하이데 씨에게 물어보세요. 그분은 우리가 프랑스를 떠난 이후, 제게 늘 당신에 대해 얘기하면서 행복하게 빛나는 오늘이 오기를 참을성 있게 기다리게 해주신 분이세요."

"그럼 당신은 하이데를 좋아한다는 겁니까?" 몬테크리스토 백작은 숨기려야 숨길 수 없는 감동을 담아 물었다.

"네! 진심으로."

"그렇다면 발랑틴, 한 가지 부탁이 있소."

"저에게 말인가요? 오 그런 분에 넘치는 행복이 또 있을까요? ……"

"맞습니다. 당신은 하이데를 언니라고 불렀지요. 그렇다면 진짜 자매로 생각해 주시오. 만약 내 덕분이라고 생각한다면 그것을 모두 하이데에게 갚아주시오. 모렐과 당신이 하이데를 보호해 주시오. (여기까지 말하자 백작의 목소리는 목구멍 안으로 사라져갔다) 이제부터 하이데는 이 세상에 혼자 남게 될 테니까……"

"혼자라고요!" 백작의 뒤에서 목소리가 들려왔다. "어째서요?"

몬테크리스토 백작이 돌아보았다.

거기에 하이데가 서 있었다. 그녀는 새파랗게 질린 얼굴, 얼어붙은 것처럼 더없는 놀람의 몸짓을 하면서 백작을 뚫어지게 바라보고 있었다.

"넌 내일 자유의 몸이 되기 때문이란다." 백작이 대답했다. "이 세상에서 당연히 네가 가져야 할 지위에 오르게 될 테니까. 난 내 운명으로 너의 운명까지 어두워지게 하고 싶지 않다. 넌 왕의 딸이다! 나는 너에게 네 아버지의 부와 명예를 돌려줄 생각이다."

하이데의 낯빛이 창백해졌다. 그녀는 투명하리만치 순결한 두 손을 벌리면서 신께 기도하는 소녀처럼 눈물 젖은 목소리로 말했다.

"그렇다면 저를 떠나실 건가요?"

"하이데! 하이데! 넌 젊어. 그리고 아름다워. 내 이름 따윈 잊어버리고 행복해져야 한단다."

"좋아요. 명령대로 하겠어요. 당신의 이름도 잊어버리고 행복해지겠어요."

그렇게 말한 하이데는 나가려고 한 걸음 뒤로 물러섰다.

"오, 오!" 축 늘어져 있는 막시밀리앙의 머리를 어깨로 받친 채 발렁틴이 소리쳤다. "모르시겠어요, 백작님? 저 새파랗게 질린 얼굴 좀 보세요. 너무도 괴로워하고 있어요."

하이데는 가슴을 찢는 듯한 목소리로 발렁틴에게 말했다.

"왜 이분이 제 마음을 알아주길 바라세요? 이분은 나의 주인인걸요. 그리고 난 이분의 노예인걸요. 이분은 내 마음을 알아주지 않아도 되는 권리를 가지고 계신 걸요."

백작은 그 목소리에 자기도 모르게 몸을 떨었다. 그것은 그의 마음 속 가장 깊은 곳까지 잠에서 깨어나게 했다. 그의 눈이 하이데가 자기를 보고 있는 눈과 마주쳤다. 그는 하이데의 타는 듯한 눈빛을 감당할 수가 없었다.

"오, 이런!" 몬테크리스토 백작이 말했다. "그럼 내가 짐작했던 것이 역시 사실이었단 말인가! 하이데, 넌 나와 함께 있어도 행복해질 수 있다는 말이냐?"

"전 젊어요," 그녀는 부드러운 목소리로 대답했다. "전 당신이 늘 편하게 살 수 있도록 해주신 이 생활을 사랑해요. 전 죽고 싶지 않아요."

"그렇다면 만약 나하고 헤어진다면 하이데……"

"그때는 전 목숨을 끊을 생각이에요."

"그럼 넌 나를 사랑하고 있단 말이냐?"

"오! 발랑틴, 들어보세요, 내가 사랑하고 있느냐고 물으시는군요! 그럼 발랑틴, 당신이 막시밀리앙을 얼마나 사랑하는지 제발 이분에게 얘기해 주세요!"

백작은 가슴이 활짝 열리고 심장이 부풀어 오르는 것을 느꼈다. 그는 두 팔을 한껏 벌렸다. 하이데는 외마디 탄성을 지르며 그의 품안에 뛰어들었다.

"오, 그럼요, 사랑하고말고요! 사람들이 아버지와 형제와 남편을 사랑하는 것과 똑같이 당신을 사랑해요! 사람들이 생명을 사랑하고 신을 사랑하는 것과 똑같이 당신을 사랑해요! 당신은 이 세상에서 가장 훌륭하고 가장 위대하고 가장 멋진 분이니까요!"

"나의 사랑스런 천사 하이데! 네가 원하는 대로 된다면 바랄 것이 없구나! 나를 적과 맞서게 하고 나를 이기게 해주신 신은, 그래, 난 알고 있어, 나의 승리 끝에 이런 회한에 사로잡히는 걸 원하지 않으시는 거다. 난 나 자신을 벌하려고 했다. 그런데 신은 나를 용서해 주실 모양이다. 그래, 하이데, 나를 사랑해 다오! 아마 네 사랑 덕분에 내가 잊어야 하는 것을 잊을 수 있을지도 모른다."

"그게 무슨 말씀이세요?" 하이데가 물었다.

"너의 그 한 마디가 기나긴 지난 20년 동안의 지식보다 훨씬 더 내 눈을 뜨게 해주었다는 뜻이다. 하이데, 난 이 세상에 너 말고는 아무것도 없다. 너만 있으면 나는 살 수도 있고 괴로워질 수도, 또 행복해질 수도 있어."

"발랑틴, 들었어요?" 하이데가 소리쳤다. "내가 있어서 괴로워할 수도 있대요! 목숨까지 바치는 내가 있어서요!"

백작은 잠시 생각에 잠겼다.

"난 과연 진실을 얻었다고 할 수 있을까?" 그는 말했다. "오, 하느님! 그런 건 아무래도 상관없습니다. 이것이 제게 주시는 상이든 벌이든, 이 운명을 받아들이겠습니다. 이리 와요, 하이데. 이리로……"

그는 한쪽 팔로 하이데의 허리를 안은 채, 발랑틴의 손을 한번 잡은 뒤 밖으로 나갔다.

거의 한 시간이 흘렀다. 그 동안 발랑틴은 숨을 죽이며 소리도 내지 않고 가만히 시선을 고정한 채 모렐 곁을 지켰다. 이윽고 그녀는 모렐의 심장이 다시 뛰기 시작하는 것을 보았다. 희미한 숨결에 입술이 움직였다. 그리고 생명이 되살아나는 것을 알려주는 가벼운 떨림이 온몸을 타고 흘렀다.

잠시 뒤 그가 눈을 떴다. 그러나 그것은 초점이 없이 마치 실성한 사람의 눈 같았다. 이윽고 또렷하고 밝은 시력이 돌아왔다. 시력에 이어서 감정도 돌아왔고, 감정이 돌아오자 슬픔도 되살아났다.

"오!" 그는 절망한 목소리로 말했다. "아직도 살아 있어! 백작님에게 속은 것인가!"

그는 테이블로 손을 뻗어 거기에 있는 단도를 집어들었다.

"이봐요," 발랑틴이 원래의 사랑스러운 미소를 지으며 말했다. "눈을 뜨세요. 그리고 날 봐요."

모렐은 외마디 소리를 질렀다. 그리고 착란한 듯이, 자신의 눈을 의심하는 듯이, 또 천상의 환상에 눈이 부시다는 듯이 그대로 털썩 무릎을 꿇었……

이튿날 날이 샐 무렵 모렐과 발랑틴은 서로 팔짱을 끼고 해안을 따라 산책하고 있었다. 발랑틴은 그에게 몬테크리스토 백작이 자신의 방에 나타났던 것, 자기에게 모든 비밀을 얘기하고 범죄 사실을 밝혀 준 것, 그리고 자기를 죽은 것처럼 보이게 한 뒤 기적적으로 죽음에서 구해준 것을 얘기했다.

두 사람은 동굴의 문이 열려 있는 것을 보고 이렇게 나온 것이었다. 아침의 쪽빛 하늘에는 밤의 자취인 별이 빛나고 있었다.

그때 막시밀리앙은 우뚝우뚝 서 있는 바위틈에서 누군가가 이쪽으로 오기 위해 지시를 기다리고 있는 것을 보았다. 그는 발랑틴에게 누가 있다는 것을 말해주었다.

"아! 자코포예요! 요트 선장이요."

그 선장은 발랑틴과 막시밀리앙에게 이쪽으로 오라고 손짓했다.

"우리에게 무슨 볼일이 있죠?" 모렐이 물었다.

"백작님이 당신들께 이 편지를 전하라고 하셨습니다."

"백작님이!" 두 사람은 한 목소리로 중얼거렸다.

"예. 어서 읽어보십시오."

모렐은 편지를 펼쳐서 읽기 시작했다.

친애하는 막시밀리앙

두 분을 위해 펠러카선을 정박시켜 놓았습니다. 자코포가 두 분을 리보르노까지 모셔다 드릴 겁니다. 그곳에서 누아르티에 노인이 기다리고 계시는데, 두 분의 결혼식에 앞서서 발랑틴 양에게 축복을 주고 싶다고 하셨습니다. 이 동굴에 있는 모든 것, 샹젤리제 거리의 집, 트레포르의 작은 별장은 모두 에드몽 당테스가 옛 은인인 모렐 씨의 아드님에게 드리는 결혼선물입니다. 빌포르 양은 그 반을 가지십시오. 그것은 정신을 놓아버린 당신 아버님의 전 재산과 지난 9월 어머니와 함께 세상을 떠난 동생의 전 재산을 모두 파리의 가난한 사람들에게 기부해주셨으면 하는 뜻에서입니다.

모렐, 앞으로 당신의 삶을 지켜봐 주실 천사에게 전해주십시오. 이 한 사람의 인간, 때로는 사탄처럼 자기 자신을 신과 같은 존재로 생각하기도 했지만, 결국은 그리스도교도의 겸손한 마음으로 오직 신만이 지고한 힘과 무한한 지혜를 소유한다는 것을 확인한 이 사람을 위해 가끔 기도해달라고 말입니다. 그러한 기도야말로 아마 그 사람 마음 속 깊은 곳의 회한을 달래줄 수 있을 것입니다.

모렐, 내가 당신에게 그런 행동을 한 진정한 이유를 알려드리겠습니다. 이 세상에는 행복도 있고 불행도 있지만, 다만 그것은 하나의 상태와 또 다른 상태의 비교에 지나지 않는다는 것입니다. 가장 큰 불행을 경험한 자만이 가장 큰 행복을 느낄 수 있습니다. 막시밀리앙, 산다는 것이 얼마나 멋진 일인지 알기 위해서는 한번 죽음을 생각해 보는 것도 필요합니다. 그럼 그리운 두 분, 부디 행복하게 사시기 바랍니다. 그리고 하느님이 인간에게 미래까지 알게 해주실 그날까지 인간의 지혜는 오로지 다음과 같은 두 마디에 있다는 것을 잊지 마시기를.

기다려라, 그리고 희망을 가져라!

당신의 친구 에드몽 당테스
몬테크리스토 백작

막시밀리앙이 그 편지, 아버지가 광인이 되었다는 것과 동생의 죽음, 다시 말해 그녀가 지금까지 모르고 있었던 정신착란과 죽음에 관련된 그 편지를 읽는 동안, 발랑틴은 얼굴이 창백해지더니, 가슴에서는 괴로운 한숨이 새나오고, 뺨 위로는 소리 없는 만큼 더욱 비통한 눈물이 흐르고 있었다. 생각하면 그녀가 행복해지기까지 너무나 큰 희생이 있었던 것이다.

모렐은 불안한 기색으로 주위를 둘러보았다.

"아무리 그래도," 그가 말했다. "백작님은 지나치게 친절하신 게 아닐까? 발랑틴은 얼마 안 되는 내 재산만으로도 만족해 줄 텐데 말이야. 그런데 백작님은 어디 계시지? 백작님에게 안내해 주지 않겠소?"

자코포는 저 멀리 수평선을 가리켰다.

"그게 무슨 뜻이에요?" 발랑틴이 물었다. "백작님은? 하이데는요?"

"저기를 보십시오." 자코포가 말했다.

두 사람은 자코포가 가리키는 수평선 위로 시선을 모았다. 그리고 저 멀리 하늘과 지중해가 맞닿은 짙푸른 수평선 위에 떠 있는 갈매기 날개만 한 하얀 돛을 보았다.

"떠나셨구나!" 모렐이 소리쳤다. "가버리셨어! 안녕히 가십시오, 내 친구! 안녕히 가십시오, 아버지!"

"하이데도 떠났어요!" 발랑틴이 중얼거렸다. "잘 가요, 내 친구! 안녕, 언니!"

"언제 다시 만날 날이 있을까?" 눈물을 닦으면서 모렐이 말했다.

"막시밀리앙," 발랑틴이 말했다. "백작님이 말씀하셨잖아요. 인간의 지혜는 오직 이 두 마디 속에 있다고. 기다려라, 그리고 희망을 가져라!"

알렉상드르 뒤마의 생애와 문학

《몬테크리스토 백작》의 알렉상드르 뒤마

"아버지를 낳기 위해 자연은 얼마나 많이 준비해야 했을까요? 왕성한 식욕을 충족시키기 위해 당신은 그 몸속에 얼마나 많은 음식을 섭취해야 했을까요? 자연은 그것을 예견하고 있었던 것입니다! ……그리하여 벌써 40년이나 지속되어 온 이 거인의 작업이 시작된 것입니다. 비극·드라마·역사·소설·여행기·희극, 이 모든 것이 당신의 두뇌라는 거푸집에 부어졌습니다. 허구 세계에 새로운 인물들이 살게 된 것입니다. 당신은 그 건장한 어깨로 짓눌러 아주 작은 신문, 서적, 극장들을 뿔뿔이 흩어 놓았습니다. 당신은 프랑스·유럽·미국에 영양분을 공급했습니다. 출판사·번역가·표절자들을 먹여 살리고, 인쇄공들을 숨쉴 사이 없이 몰아붙였으며, 글쟁이들을 녹초로 만들었습니다. 당신은 자신이 사용하는 금속 재료를 반드시 매번 확인했다고는 할 수 없을 것입니다. 때로는 손에 잡히는 물건을 닥치는 대로 용광로 속으로 처넣은 적도 있었습니다. 그러면 훨훨 타오르는 예지의 불꽃이 그것들을 제련시킵니다. 당신 자신에게서 나온 것은 청동이 되어 흘러나오고, 다른 곳에서 온 것은 연기가 되어 사라집니다."

그의 아들 뒤마 피스가 말한 아버지 알렉상드르 뒤마의 모습이다.

이 이야기에서 사람들은 정열적인 뒤마에 대한 칭송을 느낄 수도, 악의에 가득 찬 풍자를 떠올릴 수도 있다. 알렉상드르 뒤마 탄생 100주년을 맞이하여 르네 두믹이 했던 말도 바로 그런 예이다.

"뒤마는 거인이다…… 이것이 뒤마의 육체적 특징이다. 희곡의 대량생산과 소설쓰기에 몰두하면서 뒤마는 늘 장대한 사건을 묘사함으로써 자기를 과시했다. 지칠 줄 모르는 어마어마한 생산력을 소유한 뒤마는 끊임없이 솟아오르는 정열을 가지고 작업을 하나하나 마무리해 갔다. 비슷비슷한 드라마 60편을 가뿐히 무대에 올리고, 여기에 멈추지 않고 희곡 10편을 추가하

18세기의 빌레르 코
트레

이 마을은 수아송 길
가에 면한 숲속에 있
는 조그마한 마을이
었다.

였으며, 별 어려움 없이 소설 30편을 써내려가고, 서적 250권을 출판했다. 자신이 지휘하는 공동 집필자들을 숨 쉴 틈 없이 몰아붙이고, 신문사들을 벌벌 떨게 했으며, 거리의 극장에 양분을 공급하고, 신문사 1층과 독서실을 사람들로 가득 메우게 하고, 유럽 침투에 이어 미국까지 쳐들어갔으며, 진짜 관객은 일반 대중이라고 여기더니 결국 수백만 관객의 갈채를 받았다. 이리하여 뒤마 작품에 매료되어 황홀한 즐거움을 맛본 독자들이 전세계 모든 나라에 생겨났다…… 그러나 작가의 가치는 그 체구나 작품의 양으로 결정되는 것이 아니다. 농담이 아니라면 문학의 척도로 투아즈(옛날 프랑스에서 쓰인 길이단위)나 미터를 사용하는 것은 최악의 악취미이다. 따라서 세간으로부터 정당하게 평가받고 있는 프랑스 대문호들의 연구논문집 감수자들이 이런 오류를 범한다는 사실은 매우 유감스럽다. 뒤마의 작품은 문학에서 어떠한 위치를 차지할 만한 것이 못 된다."(〈양(兩) 세계〉지, 1902년)

두믹의 말은 이와 비슷하게 매우 단정적인 어조로 쓰인 1838년 티에르의 다음과 같은 말을 연상시킨다. "철도 같은 것은 결코 장래성 있는 발명품이 아니다."

그러나 유명한 낭만파 시인이자 뒤마의 친구였던 라마르틴은 1853년 12월 20일, 이런 편지를 보내 그를 옹호했다.

"자네, 내가 자네의 신문을 예약했다는 사실을 알고 자네의 신문(《총사(銃士)》)을 읽은 감상을 말해 달라고 부탁했지. 나는 인간들이 하는 일에는 진저리내지만 기적에 대해서는 그렇지 않네. 자네는 초인이야. 자네에 대한 나의 감상은 감탄사(!)라고 할 수 있네…… 자네는 영원한 경이를 낳은 거야. 잘 있게. 그리고 잘 살아 주게. 다시 말하면 계속 글을 써 주게. 나는 언제나 자네 작품을 읽을 준비가 되어 있네."

이것으로도 부족하다면, 알렉상드르 뒤마 자신의 자화상을 살펴보자. 다음은 66세이던 1868년에 친구이자 여류시인인 아멜리 에른스트의 사인북에 뒤마가 자신에 대해 쓴 글이다.

소중하게 여기는 미덕 : 배려

남자를 대할 때 중요한 자질 : 관용

여자를 대할 때 중요한 자질 : 사랑

좋아하는 것 : 일

내 성격의 특징 : 무관심

되고 싶은 인물 : 위고

살고 싶은 곳 : 어디든 상관없음. 여자와 종이와 펜과 잉크만 있다면

역사상 가장 좋아하는 남성 : 예수 그리스도, 줄리어스 시저

가장 좋아하는 여성 : 마들렌, 잔 다르크, 샬로트 코르디

가장 싫어하는 것 : 어떤 것도 누구도 싫어하지 않는다.

가장 용서할 수 있는 인간의 결점 : 중상과 도둑질과 위선을 뺀 모든 결점을 용서한다.

좋아하는 격언은 : 자유. 신께서 결정하셨다. 앞으로도 결정하실 것이다.

뒤마의 생애

작가로서 천부적인 재능과 왕성한 정력을 지녔던 알렉상드르 뒤마의 인생은 자서전인 《회상록》을 통해 그 세세한 면면을 엿볼 수 있다.

떠오르는 제정

루이 15세가 통치하던 1760년, 군대를 전역한 알렉상드르 라 파이예트리라는 포병사관이 새로운 일을 하기 위해 미대륙으로 건너갔다. 산토도밍고 섬(현재 아이티)의 사탕수수 재배지 경영을 위해서였다. 그의 가계는 1669년에 귀족으로 인정되었는데, 그는 스스로 후작 칭호를 달았다.

▲어머니 마리 루이즈 라부레
아들 때문에 파리를 두려워했다.

◀아버지 토마 알렉상드르 뒤마 장군
그의 이름은 파리 개선문 남측에 새겨
져 있다.

그의 집에는 마리 세세트라는 흑인 여자 노예가 있었다. 그녀는 농장
(mas)에서 일했으므로 사람들은 이 노예를 농장의 마리 세세트, 즉 마리 세
세트 뒤 마(du mas)라고 불렀다. 라 파이예트리는 밤마다 마리를 자신의 침
실로 끌어들였고, 마침내 1762년 3월 27일, 영리해 보이는 아들을 얻게 되
었다. 그는 아이를 무척 아낀 나머지 라 파이예트리라는 성은 물론이고 알렉
상드르라는 자신의 이름까지 물려주었다. 그리고 세세트가 죽자 열두 살 된
이 사생아를 데리고 프랑스로 돌아왔다.

그 후 재혼한 아버지는 아들에게 생활비도 주지 않고, 집안의 명예를 떨어
뜨린다며 자신의 성을 쓰지 못하게 했다. 그러자 아들은 성을 뒤마로 고치고
생계를 위해 군인이 되었다. 이 사람이 곧 뒤마의 아버지 토마 알렉상드르
뒤마이다. 원인이야 어쨌든 할아버지 라 파이예트리 후작은 뒷날 프랑스 공
화국에 충성스런 장군을 선물한 셈이 되었다.

그레구아르 신부의 학교

뒤마 장군의 무용은 가히 전설적이나 그런 수식어만으로는 부족하다. 반은 흑인이었던 그는 키가 무척 크고 체격이 우람하여 군대 안에서 '검은 악마'라는 이름으로 유명했고, 힘이 장사였다고 한다. 그는 프랑스 혁명 때, 반혁명 외국군을 상대로 놀라운 공을 세우고 경기병 연대장으로 진급한 뒤, 10개월 뒤에는 장군이 되고, 또 2개월 뒤에는 중장이 되는 등 초고속 진급을 계속했다. 그러나 2년 동안 감옥에 갇힌 후 거의 반신불수가 되어 풀려난 그는 고단함과 절망감 속에서 1806년, 44세의 짧은 생을 마감했다.

알렉상드르 뒤마는 1802년 7월 24일에 태어났는데, 이때 아버지는 이미 장군으로서의 영향력을 상실한 뒤였다. 따라서 어린 알렉상드르 뒤마는 어려운 가정 형편 속에서 자라게 되었다. 뒤에 남겨진 어머니는 학교 기숙사에 들어가 있던 뒤마의 누나와, 그때 네 살이었던 뒤마를 거느리고 궁핍한 생계를 이어갔다.

숲의 아이에서 서기로

한 친척 아주머니의 가르침으로 다섯 살 때 글을 깨쳤던 뒤마는 그레구아르 신부가 운영하는 빌레르 코트레의 학교에서 초등교육을 받게 되었다. 구식 교양이 몸에 밴 신부는 뒤마에게 상급학교로 진학하기 위한 수험공부보다는 독서에 크게 도움이 될 만한 지식을 가르쳐 주었다. 뒤마 또한 공부보다 사방을 돌아다니길 더 좋아했다. 몇 시간이고 숲속을 뛰어다니며 새소리를 듣고 그것이 어떤 새인지 알아맞히거나 사냥감의 습성을 구분하는 것이었다. 아버지로부터 물려받은 건강한 육체와 웅장한 삼림을 배경으로 한 대

범한 생활이, 한창 성장하던 그
의 마음을 얼마나 넓게 열어 주
고, 또 얼마나 자신감을 불어넣
어 주었을지 상상하는 건 어렵
지 않다. 역사의 한 페이지조차
몰랐던 그가 뒷날 역사문학에
파고들고자 하는 마음을 불러
일으키게 되는 것도 결코 확신
을 배신당한 적 없는 강한 자신
감에서 비롯되었다고 할 수 있
다. 대자연이 낳은 뒤마의 어린

디포의 《로빈슨 크루소》 삽화
뒤마의 청소년 시절을 풍요롭게 했던 책이었다.

시절은, 나면서부터 매우 건강
했던 그를 더욱 유감없이 단련
시켜 주는 동시에 그의 작품에
서 볼 수 있는 놀라운 상상력을
기르는 데 큰 자양분이 되었다.
틈만 나면 숲으로 들어가서, 나
무 그루터기에 앉아 삼림 감시
원들에게 나폴레옹의 전쟁 이
야기를 듣는 것이 뒤마의 가장
큰 즐거움이었다. 바로 그 무
렵, 그가 손에 들었던 것이 《아
라비안나이트》이고 《로빈슨 크
루소》이며, 신화이고 성서였던
것을 생각하면, 참으로 순수했
던 그의 어린 마음이 뒷날 뒤마
를 성공의 길로 이끌었다고 볼
수 있다. 마찬가지로 그 무렵,
그는 아메데 드 라 퐁스라고 하
는 사관을 통해 처음으로 괴테

괴테의 《젊은 베르테르의 슬픔》에서
'베르테르의 권총 자살' 장면. 뒤마의 문학적 소질을 일
깨운 작품이었다.

의 《젊은 베르테르의 슬픔》을 알게 되었다. 그는 그 시절 대부분의 청년들처럼 이 작품을 탐독했다. 그리고 어렴풋하게나마 처음으로 문학에 대한 선망을 느꼈다. 뒤마는 빌레르 코트레에서 10킬로쯤 떨어진 빌레르 엘롱의 작은 성을 찾아가기도 했다. 이 성의 주인인 콜라르는 뒤마의 아버지와 우정을 나누던 친구로 나중에 뒤마의 후견인이 된 사람이었다.

작은 해자로 둘러싸인 보석 같은 이 작은 성은 뒤마의 마음을 사로잡았다. 뒤마는 이 성에서 아름다운 풍경을 바라보거나, 〈콜라르 집안의 훌륭한 삽화가 들어간 성서〉를 뒤적이며 몇 시간이고 보냈다. 혁명 활동으로 단두대에서 처형당한 오를레앙 집안 마지막 공작인 필립 에갈리테(1747~1793)의 사생아였던 콜라르 부인은 뒤마를 따뜻하게 대해 주었다. 작가로서의 뒤마의 탄생에 박차를 가한 것은 아돌프 드 뢰방 자작과의 교류였다. 아돌프는 뒤마와 비슷한 나이로, 스웨덴 귀족 집안에서 태어났지만 나라에서 쫓겨나 프랑스로 이주했는데, 우연히 빌레르 엘롱의 별장에서 머물다가 뒤마를 알게 되었다. 파리에서도 이름이 알려진 사람으로서 연극계에서도 발이 넓고 극장 여러 곳에도 자유롭게 출입하고 있던 아돌프의 이야기는 뒤마의 마음을 크게 매료했다. 뒤마의 마음에 기이한 이야기로 가득한 이야기의 싹을 틔워 준 사람은 바로 이런 사람들이었다.

15세가 되던 해에 뒤마는 돈벌이를 위해 공증인의 3등서기로서 심부름꾼 노릇을 했다. 그러다가 다시 크레피 지방사람 발루아의 공증인 사무실로 가게 되었다. 보수도 좋았고 방과 식사가 딸려 있었다. 사람들은 모두 뒤마의 아름다운 글씨체를 칭찬했다. 그러나 넘치는 생명력과 예술적 자질로 피가 들끓던 뒤마는 이해할 수 없는 법조문 따위에 흥미를 갖지 못했다.

어느 날 한 단체가 수아송으로 찾아와 셰익스피어를 공연했다. 이것을 본 뒤마는 완전히 마음을 빼앗겨 버렸다. "나는 장님이었다. 셰익스피어는 내게 빛을 던져 주었다." 그는 곧 그 빛을 따라가기로 마음먹었다. 뒤마의 눈에는 이미 어머니가 꾸리는 가게를 나와 파리 국립극장으로 걸어가는 자신의 모습이 보였다. 이때 처음으로 접한 셰익스피어의 매력은 작가로서의 뒤마에게 결정적인 영향을 미쳤다. 《몬테크리스토 백작》의 경우에도, 셰익스피어에게 영향받은 것으로 생각되는 구상과 성격을 곳곳에서 엿볼 수 있다. 주의 깊은 독자라면, 그 지극히 명백한 예로서 빌포르 부인의 원형이 바로 맥베스 부인이라는 것을 눈치챌 수 있을 것이다.

뒤마는 창고 안에 극장 같은 것을 만들었다. 벤치도 있었고 무대를 만들 널빤지도 있었다. "젊은이 몇 명과 예쁜 처녀들이 그곳에 있다는 사실이 우리의 열정을 자극했다." 뒤마는 늘 연출을 맡았고 때로는 대본도 썼다. 그러나 성공은 요원하기만 했다. 그는 극을 쓸 수 있다는 자신감에 차서 어떻게든 파리에 가고 싶었다. 그래서 뒤마는 파예라는 친구와 의논 끝에 말을 타고 파리로 갔다. 파리에 도착하자, 콜라르 집안과 잘 알고 지내던 아돌프 드 뢰방이 두 사람을 국립극장으로 데려가 주었다. 마침 《실라》가 상연 중이었는데 연극이 끝난 뒤 뢰방이 배우 탈마에게 뒤마를 소개했다.

탈마는 서기라는 자신의 직업을 부끄러워하는 뒤마에게 극작가 코르네유도 서기였다고 말하며 위로한다. 뒤마는 그에게 자신을 축복해 달라고 했다. 그러자 탈마가 그의 이마에 손을 짚으며 말했다.

"셰익스피어, 코르네유, 실러의 이름으로 너에게 세례를 주노라. 시골로 돌아가서 연습을 더 하여라. 네게 진정한 재능이 있다면 시(詩)의 천사는 네가 어디에 있든 너를 데리러 갈 것이다."

파리로의 진출

반년 뒤 루아얄 궁의 오를레앙 공작 비서실에 일자리를 얻은 뒤마는 마침내 파리에서 살게 되었다. '수도에 상륙한' 알렉상드르는 비서실 일을 하는 한편으로 타고난 정력을 기울여 손에 넣을 수 있는 한 동서고금의 모든 명작을 섭렵하였다. 그는 옛날 아이스킬로스와 소포클레스의 작품에서부터 코르네유와 셰익스피어, 몰리에르는 물론 카르데론·괴테·실러의 작품에 이르기까지 먹고 자는 일도 잊은 채 탐독했다.

이렇게 맹렬히 공부한 결과, 1825년에 루소와 뢰방과 함께 〈사냥과 사랑〉이라는 3자 합작 형식의 운문극을 쓰게 되었다. 그것이 운 좋게 랑비귀 코믹 극장에 상연된 것에 힘입어, 이듬해인 1826년에는 포르트 생마르탱 극장에서 상연한 〈혼례와 매장〉을 썼다. 이것 역시 라사뉴와 뷜피앙과의 3자 합작이었는데, 이로써 뒤마는 한 걸음 한 걸음 극단으로 진출하는 데 성공한다.

그러는 사이 그는 프랑스 극단을 석권하는 최초의 신호탄이 된 첫 작품 《앙리 3세와 그의 궁정》 5막을 틈틈이 준비해 완성한다. 1829년 2월 11일,

이 작품이 간절히 바라던 공식 무대인 프랑스 국립극장에서 상연되면서 관객들에게 큰 박수갈채를 받는다. 금세 상상을 초월하는 친구를 얻게 되었다. 1823년 가구 세 개와 푼돈 몇 프랑만 가지고 파리로 상경했던 그가 1829년에는 유명해져 이미 30대에 파리의 명사들과 어깨를 나란히 하게 되었으니, 그 무렵 빌레르 코트레 사람들이 하던 말을 빌리자면 그야말로 대서특필할 만한 사건이었다.

확실히 그에게는 행운이 따랐다. 파리에 도착한 지 얼마 되지 않아 연극을 보러 간 그는 포르트 생마르탱 극장에서 자기 오른쪽에 앉아 있던 인물과 친밀한 대화를 나눴다. 그는 매우 예의바르고 나이가 지긋한 신사였다. 뒤마는 스웨덴의 크리스틴 여왕에 대해 역사적 사실을 바탕으로 대담한 극본을 썼다. 그리고 극장에서 만난 이후 한 번도 다시 만난 적이 없는데도 그때의 신사에게 원고를 보냈다. 원고를 읽은 신사는 즉시 다음과 같은 문구를 덧붙여서 그 원고를 테일러 남작에게 보냈다.

"진심으로 말씀드립니다만, 〈크리스틴〉은 제가 지난 20년간 읽어 본 작품들 가운데 가장 주목할 만한 작품입니다."

사실 그 노신사는 샤를 노디에라는 인물로 소설가이자 아르스나르 도서관의 관장이었다. 이런 운명적인 우연으로 뒤마는 순식간에 그의 친구가 되었고, 이윽고 노디에 집안에서 아들과 다름없는 대접을 받게 된다. 그리고 노디에 집안의 살롱은 점점 낭만주의자들의 본거지가 되어 갔다. 게다가 테일러 남작은 코미디 프랑세즈의 수뇌부에 속하는 왕실위원이었다. 〈크리스틴〉은 이내 코미디 프랑세즈에 받아들여졌다. 그러나 검열위원회가 제동을 거는 바람에, 결국 뒤마의 두 번째 희곡인 《앙리 3세와 그의 궁정》이 최초로 무대에 오르게 됐다.

뒤마는 그야말로 열정적으로 공부했다. 뒤마의 상사였던 라사뉴가 그에게 교양과 독서를 지도했다. 그리고 1826년 11월 21일, 두 사람의 공동작품 〈혼례와 매장〉이 포르트 생마르탱 극장에서 상연되었다.

1823년 여름, 그가 거주하던 건물의 같은 층에는 로르 라베라는 어여쁜 재봉사가 살았다. 그녀는 30세의 금발머리 처녀로 매력적이었다. 두 사람은 사랑에 빠졌고, 이듬해 7월 27일, 곱슬머리의 잘생긴 아들을 낳았다. 사생아의 이름은 아버지와 같은 알렉상드르로 지었다. 이 아이가 뒷날의 뒤마 피

팔레 루아얄 뒤마는 이곳에서 글쓰는 법을 배웠다.

스이다.

낭만주의 연극의 첫 작품

1829년 4월 1일 런던 〈뉴 먼슬리 매거진〉은 다음과 같은 스탕달의 논설을 게재했다. "이곳(파리) 연극계의 새로운 소식 중에서도 가장 주목을 끄는 것은 알렉상드르 뒤마의 《앙리 3세와 그의 궁정》이다. 이 연극은 셰익스피어의 《리처드 2세》 같은 부류에 속하는 작품으로, 약하고 힘없는 왕정의 궁정을 묘사하고 있다. 아마 이 작품에는 커다란 결점도 있을 것이다. 그러나 무척 흥미로운 작품으로서, 이 연극의 상연은 이번 겨울 문학계에서 일어난 가장 큰 사건이라 할 수 있을 것이다."

뒤마는 《회상록》에서 시(詩)의 혁명은 위고와 라마르틴이 일으켰지만, 연극의 혁명은 1829년 2월 10일 자신의 작품이 상연되기 전까지는 전혀 일어나지 않았다고 털어놓은 적 있는데, 이는 옳은 말이다.

뒤마는 이렇게 말한다. "〈앙리 3세〉가 대담하고 솔직하면서도 성공적인 방식으로 이 변혁을 일으킨 것이다. 따라서 이 연극의 상연은 위고에게 커다란 기쁨을 주었을 뿐만 아니라 크나큰 격려도 해 준 셈이다. 우리는 공연이 끝난 뒤에 만났다. 위고가 내게 손을 내밀었다. 나는 성공의 기쁨에 취해 '이제 나도 당신의 진영에 합류할 수 있게 되었군요' 하고 되뇌었다. 이 성공이 더욱 값진 것은 위고와 같은 인물들과 손을 잡을 권리가 생겼기 때문이다."

사실 이때까지 빅토르 위고는 뒤마에게 별로 친근감을 품고 있지 않았다. 그런데 그 빅토르 위고가 자기를 앞질러 달려 나간 이 '흑인 혼혈'의 손을 잡아 준 것이다. 알렉상드르 뒤마에게 1830년은 그야말로 눈부신 해였다. 이 해에 그는 애인을 다섯이나 사귀고 두 편의 연극을 상연하고 또 두 편의 희곡을 썼다. 1830년 7월 혁명이 발발할 당시, 뒤마는 이미 오를레앙 공 곁에서 물러나 오로지 문필생활에만 전념하고 있었다. 그 조용한 생활에서 하늘을 나는 듯한 풍부한 상상력을 발휘하여, 놀랄 만큼 많은 작품들이 파리의 대극장에서 잇따라 상연되었다. 그리하여 그의 〈앙토니〉 〈나폴레옹 보나파르트〉 〈넬르 탑〉 〈킨〉과 같은 작품들이 그야말로 그 무렵의 극단을 풍미하게 된다.

뒤마는 그 놀라운 정력을 단순히 연극계에만 쏟아붓는 데 만족하지 않았다. 일찍이 1826년에 《현대소설》 1권을 쓴 이래 한동안 그 방면으로는 펜을 놓고 있었던 그는, 1832년에 스위스를 여행하다가 〈망명귀족의 아들〉의 상연이 포르트 생마르탱 극장에서 실패한 소식을 듣고 다시 소설로 복귀하기로 결심한다. 그는 프랑스 혁명과 나폴레옹의 폐업에 이어 프랑스에 거세게 일어나고 있었던 역사적 유행을 생각하는 동시에, 역사소설이 정확한 고증에 연연한 나머지 자칫하면 독자들의 권태를 유발할 수 있다는 점에 착안하여, 무엇보다 정열과 행동력을 내세워 민중의 입장에서 보는 역사소설을 만들어야겠다고 생각한다. 여기에 뒤마의 뛰어난 안목이 있었다고 할 수 있다.

뒤마 본인의 말에 따르면 거의 자기 혼자 7월 혁명을 이끌었다고 한다. 오를레앙 공이 국왕 자리에 오르고, 빌레르 코트레와 팔레 루아얄의 각 부국(部局)이 모든 권력을 잡은 듯했다. 게다가 그의 새로운 친구들(특히 위고와 비니)과 더불어 노디에 모임의 참가자들은 연극계를 점령하고 있었다.

한편 뒤마는 눈코뜰 새 없이 바빴다. 작품 활동은 물론이고 애정관계에서도 왕성한 활동을 보였다. 그는 한 번에 다섯 집의 집세를 치르곤 했다. 셋은 애인들 집이고 하나는 자기 집, 또 하나는 어머니 집이었다. 돈과 명예가 뒤마에게 그야말로 완벽한 행복을 가져다 주었다.

뒤마(1802~1870)

아카데미 프랑세즈에 들어가려고 결혼하다

뒤마는 성격이 시원시원했으나, 그 대신 털끝만큼도 진지함이 없었다. 당시 상류사회 사람들은 그의 성격을 두고 말이 많았다. 이러한 평판은 야심가에게는 결코 득 될 게 없었다. 그는 국왕 루이 필리프의 아들들을 잘 알고 있다는 사실을 자랑스러워했기에, 좋아하는 공식 연회를 계속하고 명예를 추구하기 위해선 좋지 않은 소문을 잠재워야겠다고 마음먹었다.

그는 먼저 복잡한 여자관계를 정리하기로 했다. 그 방법 또한 무척 제멋대로였다. 맨 처음으로 그는 자기 아들을 낳아 준 재봉사를 버렸다. 그녀는 점점 늙어 가고 있었던 데다 잔소리가 많았다. 이어서 그는 멜라니 발도르를 찼다. 반복되는 그녀의 눈물과 후회에 질린 데다, 그녀의 남편이 휴가를 얻어 돌아오자 관계를 마무리지은 것이다. 하지만 그녀와의 이야기는 낭만적인 멜로드라마 〈앙토니〉의 주제가 되었다. 이 연극은 1831년에 엄청난 성공을 거두었다.

긴 갈색 머리의 클레르 사베르는 뇌쇄적인 옆모습과 꿈꾸는 듯한 푸른 눈동자의 소유자였지만 뒤마에게는 그야말로 처치 곤란한 여자였다. 우유부단한 사람에게 이런 보물을 버리기란 쉬운 일이 아니었다. 그러나 그는 자신이 얻게 될 명성과 명예를 생각해 마음을 굳게 먹고 그녀와 헤어진다.

도르발과의 관계는 쉽게 정리할 수 있었다. 비니가 이 여배우에게 반해 있었다. 뒤마는 비니의 열렬한 마음을 깨닫고 있었다. 어느 날 밤 큰길의 카페 테라스에서 뒤마가 이 매력적인 여배우와 함께 있을 때 비니가 그쪽으로 다가왔다. 늘 명랑하고 사교성 넘치는 뒤마가 비니에게 도르발을 소개해 주었다. 그리고 이 점잖은 작가가 자신이 동경하는 여배우 손에 처음 입맞춤하는 순간, 그의 끓어오르는 감정을 뒤마는 놓치지 않았다. 그래서 그는 자리에서 일어나 여기저기 돌아다니면서 손님들에게 말을 걸고 다니다가 슬쩍 모습을 감춰 버렸다. 결국 비니는 뒤마 대신 도르발을 마차에 태워 바래다 주어야 했다.

이렇게 인원 감축을 한 끝에 뒤마와 이다 페리에만 남게 되었다. 그녀는 의지가 강한 여배우였는데 곱슬거리는 금발머리와 맑게 반짝이는 검은 눈동자를 지니고 있었다. 1840년이 다 될 무렵 뒤마는 그녀가 뒤마 부인으로 되어 가고 있음을 인정하게 된다. 확실히 그녀는 손님 접대를 잘 해냈다. 뒤마는 저택에 문인들과 화가들을 자주 불러들여 야회를 열었는데, 이를 준비하고 손님을 접대하는 일을 그녀는 놀랍도록 잘 해냈다. 또한 애인으로서의 매력과 아내로서의 수완을 서로 잘 조화시키는 그녀의 능력을 인정하지 않을 수 없었다.

작가로서 대성공을 거둔 뒤마는 아카데미 프랑세즈 회원이 되고 싶어했다. 자신이 연극계에서 거둔 성공을 생각한다면 아카데미 프랑세즈 회원 자리도 노려볼 만하다고 생각했다. 그러려면 학사원 회원들을 집에 초대하고, 그들을 방문하고, 공식 연회에도 출석해야만 했다. 이다는 이 힘든 사교계 일을 모두 멋지게 해치울 능력이 있었다.

오를레앙 공이 그를 어느 문학자 모임에 초대했을 때, 뒤마는 이다를 상류 사교계에 소개할 절호의 기회가 왔다고 생각했다. 그래서 그는 내연의 아내를 데리고 그 모임에 참석했다. 파티가 끝날 무렵 오를레앙 공은 뒤마를 한쪽 구석으로 데려가서 말했다. "자네도 잘 알겠지만, 정식 아내가 아닌 사람은 나한테 소개하면 안 되는 걸세."

결국 그는 시청과 생로슈 성당에 갈 수밖에 없었다. '궁정의 결혼만능주의'라는 폴 라크루아의 말도 부질없는 노릇이었다. 이렇게 1840년 2월 5일,

뒤마와 이다의 혼인이 성사되었다. 하지만 발자크와 마찬가지로 뒤마는 결국 아카데미 프랑세즈에 들어가지 않았다. 샤토브리앙, 샤를 노디에, 빌망이 결혼증인으로 나섰지만 소용이 없었다. 뒤마뿐만 아니라 이다도 이 결혼으로 득을 보지는 못했다.

뒤마의 자화상
내놓은 작품들이 연이어 성공하면서 여자관계도 더불어 복잡해졌다.

밀려드는 일거리와 표절

증기기관의 힘으로 영국에서는 이미 1시간에 천 부가 넘는 신문을 인쇄할 수 있는 시대에 들어서 있었다. 철도가 전국 방방곡곡에 깔리면서 신속한 신문배포가 가능해졌다. 또 동시에 우편 시스템도 정비되고, 우표가 발명된 덕분에 지방 예약 구독자들에게 신문을 발송하기도 편해졌다. 뒤마는 극작가가 아니라 신문인으로 새롭게 나타났다.

뒤마가 1840년대에 완전히 다른 방식으로 활동하게 된 사정을 밝히려면 우선은 이런 사회적 변화를 이해해야 한다. 연극계에서는 이제 성공할 만큼 성공했고, 돈은 점점 더 필요해지기만 했다. 그래서 뒤마는 제2의 인생을 시작할 때가 왔다고 판단했다. 그는 1838년에 이미 신문업계에 몸담고 있었다. 그는 먼저 〈데바〉지의 사옥 1층에서 일을 시작했다. 여기서는 신문소설이 새롭게 기획되고 있었다. 짤막한 소설 또는 여행기가 신문 맨 아래에 가로로 넓게 게재되었으므로 사람들은 오랫동안 신문소설을 가리켜 '1층'이라고 불렀는데, 이렇게 소설로 다져진 기반 위에 거대한 신문사가 우뚝 서게 된 것이다.

세상이 진보하면서 신문사들은 발행부수 경쟁을 벌이게 되었다. 이 와중에 좋은 소설은 예약부수를 눈덩이처럼 늘려 주었다. 〈파리〉지의 사장 벨롱은 1829년에 이미 '다음 호에 계속'이라는 마법의 말을 사용했다. 이런 세상은 뒤마에게는 천국이나 다름없었다. 훌륭한 이야기꾼인 그는 여기서 새로운 길을 발견했다. 한 줄만 써도 돈이 들어오는 황금이 흘러넘치는 길이었다.

당시에는 신문 발행부수가 3만을 넘는 경우는 거의 없었다. 그런데 뒤마의 첫 번째 신문소설 《폴 선장》 덕분에 〈세기〉지는 5천 명의 예약 구독자를 확보하게 되었다. 뒤마의 힘을 알게 된 신문사는 이후 하루에 몇 행, 1년에 몇 편의 소설을 작가에게 주문하게 된다. 이리하여 유행작가는 매일 밤 신문사가 기다리고 있는 원고를 꼬박꼬박 써야만 했다.

물론 뒤마는 글을 쓰는 데 괴로움을 느끼진 않았다. 그는 종종 침대 위에서 이불을 뒤집어쓰고 편안히 글을 썼다고 한다. 왼쪽 팔꿈치를 베개 위에 올리고서 커다란 색지 위에 글을 썼다. 그러나 머지않아 날마다 원고를 써야하는 가혹한 톱니바퀴 사이에서 괴로워하게 된다. 그러다가 원고를 늦게 보내 줬다는 이유로 〈라 프레스〉지의 사장이 뒤마를 상대로 소송을 걸기도 했다. 밀려드는 일거리에 파묻혀 버린 뒤마는 난국을 타개하기 위해 때때로 외국작가의 작품을 표절했다. 그래도 그는 양심에 거리껴 하지 않았다. 자신의 글이 독자에게는 행복을 주고 채권자에게는 돈을 주며, 도서관에서 먼지를 뒤집어쓰고 있던 문장에 멋진 의상을 입혀 내보내는 것이라고 합리화했던 것이다.

수백 편을 헤아리는 그의 소설은 글자 그대로 민중의 마음을 사로잡으며 프랑스 국민문학으로서 위대한 뒤마의 산맥을 쌓아올린다. 인간의 힘을 넘어서는 듯한 그런 대사업의 이면에는, 그 자신의 말을 빌리면 '나폴레옹의 장군들'에 비견할 만한 수많은 협력자가 필요했다. 재능은 필요 없었다. 고용주가 두 사람 몫의 재능을 가지고 있었기 때문이다. 그는 출판사에서 퇴짜를 맞은 다른 사람들의 원고를 사들여서 자기 식으로 각색했다. 1839년부터 시작된 오귀스트 마케라는 청년과의 공동작업은 뒤마의 명작들이 출현하는 계기가 되었다고 할 수 있다. 다만 《몬테크리스토 백작》만은 착상에서 집필에 이르기까지 모두 뒤마 혼자의 힘으로 완성되었다고 한다. 즉 주인공 에드몽 당테스에게 느끼는 애착이 그로 하여금 이 작품을 필생의 걸작으로 만들어 내겠다는 의지에 불을 붙여 붓을 들게 한 것이라고 할 수 있다. 그렇다고 해도 마케가 달타냥에 대해서 쓴 시험적인 단순한 작품을 토대로 뒤마가 《삼총사》라는 걸작을 탄생시킨 것은 참으로 놀라운 일이다.

몬테크리스토 성의 성주

수입은 어마어마했으나 낭비는 그 이상이었다. 아내 이다 페리에가 이탈리아로 옮겨 살게 되자, 뒤마는 파리에서 살던 방을 정리하고 아들과 함께 파리 교외의 생제르맹 앙레 지구에서 살았다. 이 무렵은 뒤마의 문필활동이 가장 왕성했던 시기로 《삼총사》와 《몬테크리스토 백작》이 쓰였던 시기이다.

뒤마는 메지나 별장에 방을 빌렸다. 앙리4세 별장의 수석 요리사 콜리네가 훌륭한 요리를 만들어 주었다. 덕분에 뒤마는 작품 활동을 계속할 수 있었다. 또 극작가와 이야기 나누고 싶어하는 아름다운 여배우들에게는 새로 개통된 파리―생제르맹 철도가 도움을 주었다. 이것을 이용하면 '근대문명의 정수와 속도감에 취해 있는 동안' 눈 깜짝할 사이에 생제르맹에 도착했다.

이곳이 몹시 마음에 든 뒤마는 센 강변에 있는 경사진 언덕에 둥지를 틀기로 했다. 그리고 《삼총사》를 완성한 1844년, 뒤마는 멀리 파리가 보이고 생제르맹과 포르마를리 사이를 흐르는 센 강이 내려다보이는 곳에 땅을 사들였다. 건설 예정지에 뒤마의 친구들이 모여 식사를 하기로 했는데, 이곳을 찾아오려던 배우 머랭은 《몬테크리스토 백작》이 〈데베〉지에 연재되기 시작한 것을 떠올리고 마부에게 "몬테크리스토 저택으로 갑시다" 하고 말했다. 뒤마는 이 이야기를 듣고 매우 즐거워하며 그 성을 몬테크리스토라고 명명하였다.

뒤마는 건축가에게 르네상스 양식의 3층짜리 성채와 성채 오른쪽의 야트막한 산 위에 조용히 글을 쓸 아주 작은 고딕식 성을 지어달라고 했다.

"하지만 땅이 점토질이어서 금방 허물어질 겁니다." 건축가 뒤랑이 말했다.

"그러면 암반까지 파내려가서 지하에 아케이드를 두 개 만들어 주었으면 하네. 그리고 마구간, 온실, 새장, 부속 건물도 필요해."

"엄청난 비용이 들 겁니다. 20만 프랑 이상은 필요할 텐데요."

"바라던 바요."

이렇게 몬테크리스토 성이 지어지고 뒤마는 2년 뒤 파산했다.

계산서에 따르면 건축비는 40만 프랑에 달했다. 마침 이다 페리에와 이혼하며 위자료로 12만 프랑을 지급한 시기였다. 사실 이다는 그와 결혼할 때까지 가난한 삼류 여배우였지만, 뒤마는 친지들에게 깊은 인상을 심어 주고 싶어서 신부가 결혼 지참금으로 12만 프랑을 지불했다고 혼인계약서에 허위 기술을 했었다. 이혼하면서 그 지참금을 돌려주어야 했던 것이다. 아무리 대단한 뒤마라도 이렇게 많은 지출을 감당할 수는 없었다. 그의 집에는 늘 식객들이 들끓었고 끊임없이 성대한 연회가 열렸다. 하인이 마지막 포도주가 동났다고 알렸을 때, 뒤마는 '포도주가 떨어졌으면 샴페인을 내놓으면 된다'고 대답했다. 결국 1849년 '몬테크리스토 성'은 공매에 붙여져 미국의 어느 치과의사 손에 3만 프랑에 넘어갔다.

멈추지 않는 정력가

한편 뒤마는 여전히 여색에 빠져 있었다. 그가 자신의 작품 전용극장인 '역사극장'의 실패에 직면했을 때, 이다 페리에와의 이혼으로 빚어진 경제적 위기는 아직 해결되지 못한 상태였다. 1847년 개장했을 때는 이 호화로운 극장에 열광적인 관객들이 모여들었으나, 1848년 혁명으로 인해 텅 비어 버렸다.

이 괴로운 시기에 그를 위로해 준 사람은 안나 보어라는 여인뿐이었다. 두 사람 사이에서는 아들 앙리가 태어났다. 앙리는 뒷날 비평가로 활동하면서 제라르라는 아들을 낳았다. 이 제라르는 게르망트라는 필명을 쓰는 훌륭한 기자가 됐다.

뒤마는 제3의 인생을 계획했다. 이번에는 정치가가 되기로 결심했다. 그래서 네 번 입후보했으나 그의 정열과 상상력으로도 유권자들의 표를 모으기란 역부족이었다. 그는 더 이상 얼굴을 마주칠 수도 없게 된 채권자들을 피해서 프랑스 국외로 도망치는 편이 낫겠다고 판단했다. 그는 벨기에 브뤼셀로 가서 추방당한 정치가 행세를 하며 그곳에 눌러앉았다.

1853년 파리에 돌아온 뒤마는 또다시 여배우들에게 붙들리고 말았다. 도망치려면 여행을 떠나는 것이 최고였다. 그래서 다시 1년간 러시아로 떠났는데, 이때 이탈리아 군인 가리발디의 활약이 그를 흥분케 했다. 그러다가 뒤마는 좋은 지위를 얻게 됐다. 가리발디가 자신이 정복한 나폴리 왕국의 미술관 관리자 자리를 그에게 준 것이다. 뒤마는 2년이 더 지난 뒤에야 파리로 귀환했다. 안타깝게도 파리에 돌아온 뒤마의 인기는 예전 같지 않았고, 제2제정(帝政)은 반항적인 작가들을 무시하는 분위기가 굳게 확립되어 있었다.

세상에 남긴 방대한 흔적

가벼운 발작이 경종을 울렸다. 뒤마는 디에프에서 1870년 여름을 보내기 위해 말제르브 거리를 떠났다. 여순셋이 되어서야 파리의 생활에서 벗어나 서자인 아들 뒤마 곁에서 비로소 가정의 행복을 맛보았다. 한때 정복자로 활약했던 정력가 뒤마의 모습 가운데 남아 있는 것이

몬테크리스토 성
1847년 〈일뤼스트라시옹〉지는 마울식 살롱과 프라디에의 조각이 있는 이 너무나 화려한 저택에 6쪽을 할애했다.

라고는 한없는 선량함과 날카로운 유머뿐이었다. 그리고 1870년 12월 5일 10시, 마리 뒤마(클레르 사베르가 낳은 딸)가 신부를 부르러 달려갔다.

"죽음의 여신이 내게 심술을 부릴 리 없다. 나는 아직 그녀에게 재미있는 이야기를 들려줄 수 있으니까."

이렇게 늘 버릇처럼 말하던 알렉상드르 뒤마는 죄를 사하는 의식을 치른 지 1시간 만에 그토록 사랑하던 이 세상을 영영 떠나고 말았다.

1826년부터 1870년까지 알렉상드르 뒤마는 희곡 91편, 소설 200편, 회상록 10권, 여행기 19권을 썼다. 또 신문을 여덟 개나 발간했다. 카디스에서 볼가 강에 이르기까지 전 유럽을 방문하며 이름을 떨쳤다. 요리대사전도 편찬했다. 애인은 무려 34명이나 있었고, 한 번에 꼭 한 명인 것도 아니었다. 동시에 3명까지 사귄 적도 있었다. 게다가 짧으나마 이 34명의 애인 중 한

파리 말제르브 광장의 뒤마 동상(1883)

사람과 정식 결혼도 했었다 (이다 페리에). 처음부터 임신 사실을 안 아이가 2명, 뒷날 자기 아이라고 밝혀진 아이가 2명, 뒤마 자신의 말에 따르면 그가 모르는 아이도 100명은 될 것이라고 한다.

아들 뒤마는 아버지에 대해 이렇게 말했다. "아버지는 큰 강이다. 누구든 큰 강에 대고 소변을 보는 법이다." 확실히 이 크고 힘찬 강에는 무거운 충적토가 쌓여 있다. 뒤마에게는 위고가 가진 거품 이는 격류의 반짝임이나 라마르틴이 가진 호수의 깨끗함은 없다. 그러나 아프리카와 미대륙에 원천을 둔 이 큰 강은 야생의 파도와 풍부한 금빛 모래를 가지고 있으며 바로 그것이 우리에게 생생한 기쁨을 준다.

뒤마의 최대 걸작, 뒤마 피스

《춘희》가 무대에서 대성공을 거둔 다음 날, 작가 뒤마 피스는 브뤼셀에 있던 아버지에게 전보를 보냈다. "대성공! 엄청난 성공에 마치 아버지의 연극 첫날을 보고 있는 것만 같습니다."

아버지는 답신을 보냈다. "나의 최고 걸작은 바로 너란다."

이 전보가 아버지 뒤마의 작품 중 최고의 자리를 아들 뒤마에게 안겨 주었다.

1824년 파리에서, 뒤마와 로르 라베 사이에서 태어났던 아이의 인생 초반은 불행하기만 했다. 흐릿한 촛불 아래 우울한 표정으로 바느질하는 어머니 모습이 그의 머릿속에 각인되었다. 사람들의 사랑을 받는 아버지는 늘 만인의 연인 노릇을 하느라 집에 없었다. 그에게 가장 불행했던 시절은 구보 기숙학교에 들어갔을 때였다. 그곳은 프랑스에서도 유명한 귀족 학교였다. 아이들은 곧바로 그를 놀림거리로 삼았다.

"바느질데기, 서자(庶子), 사생아, 아비 없는 자식, 검둥이 얼굴에 글자도 모르는 서자."

이러한 놀림을 그는 아무렇지 않은 척 무시하자, 친구들은 놀리는 데에 곧 시들해졌다. 하지만 그는 속으로 분노의 눈물을 흘리며 복수를 다짐했고, 그의 복수는 성공이라는 형태로 이루어졌다.

첫 소설이었던 《춘희》(1848)는 획기적인 걸작으로 화제를 낳았다. 더욱이 발표 7년 뒤인 1853

뒤마 피스(1824~1895)
뒤마와 로드 라베 사이에 태어난 아들이다. 아버지 뒤마에 뒤이어 《춘희》를 비롯한 많은 작품을 내놓아 아버지를 흥분하게 만들었다.

년 이탈리아 작곡가 베르디가 이를 원작으로 한 오페라 《라 트라비아타》를 발표하면서 더욱 생명력을 갖게 됐다. 《디아누 드리스》(1853), 《도미몽드》(1855), 《금전문제》(1857), 《사생아》(1858), 《방탕한 아버지》(1859)는 학교에서 받았던 굴욕에 대한 대답이자 세상의 박수갈채를 받은 승리이기도 했다. 그는 《오브리 부인의 생각》(1867)과 《이국의 여인》(1876)을 발표해 부르주아 사회의 결함을 잔혹할 정도로 발가벗긴다. 그 밖에도 《클레망소 사건》(1867)과 《테레즈》(1875)가 있다. 그의 작품에는 특히 남성들의 이기적 행태와 관습 속에 약자로 놓인 여성을 주인공으로 삼은 작품이 많았다. 아마도 이는 아버지로 인해 고난을 겪어야 했던 어머니에 대한 안타까움 때문이었으리라.

아들에 대한 아버지의 자랑스러움은 극에 달했었는데, 《춘희》가 재연되었을 때 어떤 기자가, 이 작품에 도움을 준 것이 있느냐고 물었다. 그러자 아버지 뒤마는 "어리석군! 내가 이 작품을 쓴 작가를 만들었네!"하고 소리 질렀다.

1874년, 아들 뒤마가 아카데미 프랑세즈 회원으로 선출된 것은 지금까지 아버지에게 내려진 소송판결에 대한 복권 선언이나 마찬가지였고, 어떤 의미로는 문학자들이 두어 왔던 거리감의 소멸이기도 했다. 22년 동안이나 떨어져 있었던 빅토르 위고도 낭만주의의 화려한 싸움에 충실했던 친구의 아들에게 박수를 보내고자 일부러 아카데미를 찾아오기까지 했다. 정부도 그에게 칭찬을 아끼지 않았다. 레지옹 도뇌르 3등 훈장을 수여한 것이다. 아들 뒤마는 1895년 죽었다.

뒤마를 빛낸 작품들

《앙리 3세와 그의 궁정》(1829)

1829년 2월, 뒤마는 오를레앙 공의 사무국장 브로발 남작에게서 주의를 받는다. 그의 문학과 연극이 오를레앙 공의 일과 권위에 맞지 않아 급료 지급을 정지시킬 생각이라는 것이다. 뒤마는 5막 연극 리허설에 몰두할 수가 없었다. 이 연극은 앙리 3세에 관한 앙크틸의 저서 《신성동맹의 정신》을 읽고 영감을 얻은 것이었다. 라피트 은행은 이 연극의 성공을 담보로 돈을 빌려주기로 되어 있었다. 바로 다음날 프랑스 국립극장에서 첫 상연이 이루어진다. 뒤마는 어떻게든 오를레앙 공을 자기편으로 끌어들여야만 했다. 그는 오를레앙 공에게 달려가 연극을 관람해 달라고 요청했다. 뒤마는 공연을 1시간 미루고, 오를레앙 공은 약속된 만찬을 1시간 앞당겼다.

이 작품의 내용은 다음과 같다.

앙리 3세 궁정의 총애받는 신하이자, 기즈 공작부인의 연인이었다고 전해지는 상 메그랑이라는 사내가 앙리 3세를 협박한다. 만약 자신과 함께하지 않는다면, 다시 말해, 이단 개신교와의 싸움에서 '과격파'와 함께하지 않는다면 프랑스 국왕이라는 지위가 위태로우리라는 것이었다.

한편, 아내의 불륜을 알게 된 냉혹한 기즈 공작은 부인에게 독을 마시든지, 불륜을 고백하든지 하나를 고르라고 한다. 마음에 상처를 입어 가면서도 공작부인은 용감하고 위엄 있게 남편과 끝까지 맞선다.

막이 내리자 장내는 흥분의 도가니였다. 무대로 올라온 연기자 필만이 이렇게 말했다.

《앙리 3세와 그의 궁정》(1829) 왼쪽은 피르맹의 의상, 생메그랭 역할. 오른쪽은 마르스 양의 의상, 기즈 공작부인 역할. 가장 고전적 비극 여배우가 낭만주의 연극에서 대성공을 거두었다.

"여러분이 지금 보신 연극은 알렉상드르 뒤마의 작품입니다……." 그러자 오를레앙(루이 필리프)이 기립박수를 쳤다. 다른 왕족들도 일어섰다. 박수 소리가 울려 퍼지고, 위고와 비니가 차례로 나와 작가에게 악수를 청했다.

〈앙토니〉(1831)

이 희극은 산문이다. 5막의 '현대극'에서 스캔들을 불러일으킨다. 간통이 라는 죄악이 올림포스 산에서 내려와 퍼져 나갔다. 부인은 화려한 드레스를 입고 있으며, 내연의 사내는 시인이며 사생아이다. 이러한 점에서 이 범죄가 1830년의 파리 상류 사교계에 실존하는 것이라고 할 수 있다.

아무튼 스트라스부르 연대의 대위인 데르베 남작의 아내 아델은 마차 사고로 부상당한 앙토니와 재회하는 바람에 격해진 감정을 이기지 못한다. 앙토니에게는 부모도 재산도 없었기에 3년 전 그녀는 이 사랑을 포기해야만 했다. 이제 두 사람의 감정은 뜨거워졌고 사랑을 숨길 수 없게 되었다. 아델은 어째서 숨겨야 하느냐며 괴로워하고, 앙토니는 이런 아델의 태도가 상류 사교계의 위선적인 여자들보다 훨씬 충실하다고 말한다. 그러다가 갑자기 대위가 찾아와 그들이 있는 방에 들이닥치려 한다. 혼비백산한 아델과 앙토니는 도망치기를 망설인다. 앙토니가 도망가 버리면 아델이 죽을 것이기 때문이었다. 그래서 그녀는 앙토니에게 대위가 들어오기 전에 자신을 죽여 달라고 부탁한다. 문이 열리자 앙토니는 아델을 단검으로 찌른다. 그리고 외친다.

"이 여자는 나에게 저항했다. 그래서 죽였다!"

앙토니는 이 기사도다운 방법으로 아델의 명예를 구한다.

다음 날 〈피가로〉지는 이 작품에서 부녀자의 밀실 행각이 엿보인다며 달가워하지 않았지만, 그럼에도 이 연극은 큰 인기를 얻었다. 사람들은 뒤마가 결혼하여 자식까지 있는 여성의 불륜을 무대에 올린 것에 놀랐다. 이 연극이 발도르 대위의 이야기라는 걸 모르는 사람이 없었다. 하지만 아무도 모르리라고 생각한 뒤마는 멜라니 발도르에게 말했다.

"이 연극에는 우리만 아는 일들이 많이 포함될 겁니다. 당신은 알아보겠죠. 하지만 상관없어요. 관객들은 아무것도 눈치채지 못할 테니까."

〈넬르 탑〉(1832)

5막 9장 산문으로 이루어진 이 연극은 수천 번이나 상연되었고, 이 작품을 원작으로 한 중편소설·영화·신문만화·TV드라마가 만들어졌다. 이 작품의 원작은 가이야데라는 청년의 것이었는데, 뒤마가 이것을 멜로드라마로 재탄생시켰다. 그러나 뒤마는 이 작품에 서명조차 하지 않았고, 모조리 뒤바뀐 문장 탓에 가이야데는 자신의 작품이 아니라고 고개를 저었다. 그러나 연극 홍보를 위해 가이야데의 이름이 원작자로 표기되는 바람에, 가이야데와 뒤마는 결투를 하기까지 했다. 두 사람 모두 서로에게 작은 상처만을 입히고 결투는 끝났다. 어쨌든 1832년 5월 30일 첫 공연 이래 연극은 성공적이었다.

'이야기 흐름이 갑자기 바뀌고, 절대로 있을 수 없는 우연의 일치가 흥미를 불러일으킨다, 그리고 연극은 절정에 치달으며 문제가 해결된다. ……이런 허구적 작품을 분방한 연극 고전으로 만들기 위해 역동성과 리듬을 집어

넣으려면 뒤마의 필력과 소박하고 관용적인 철학이 필요하다'라고 앙드레 모루아는 비평했다. 그리고 이렇게 덧붙였다. '이것은 두고두고 봐야 할 드라마이다!'

아무튼 20대이던 가이야데는 뒤마의 솜씨로 무대에 상연된 〈넬르 탑〉의 수익 덕분에 평생 살 수 있게 된다. 1881년 알렉상드르 뒤마의 기념비를 마르세유 광장에 세우기 위해 위원회가 발족되었을 때, 작가의 가장 유명한 작품을 새겨 넣게 되었는데, 물론 〈넬르 탑〉도 포함되었다. 아직 살아 있었던 가이야데가 이에 항의하려고 했지만, 이때 아

〈넬르 탑〉 (1832)
보카주는 뷔리당 역할을 맡아서 〈넬르 탑〉이 흥행에 성공하는 데 공헌했다.

들 뒤마에게 실로 재치 있고 시의 적절한 대답을 듣게 된다.

"언젠가 프랑스 국민들이 가이야데 씨의 기념비를 세울 때, 그 기념비에 〈넬르 탑〉을 새기는 것에 어떤 지장도 없을 거라고 봅니다."

이 넬르 탑은 실제로 파리 한가운데 존재하던 중세의 탑으로 많은 사람들의 상상력을 자극했다. 1663년 마자린 도서관을 세우기 위해 탑을 허물 때까지 이야기 속에서 오르내렸다.

1461년에 비용은 이런 노래를 불렀다.

마찬가지로 어디에 있는가,
뷔리당을 자루에 담아 센느 강에
던져 넣으라고 명령했던 여왕은?

브랑톰은 《부덕한 부인》(1558)에서 이렇게 쓰고 있다.

"파리 넬르 저택에 사는 왕비는 지나가는 사람들을 지켜보다 마음에 드는 사내가 있으면 신분을 가리지 않고 곁으로 불러들였다······ 그러고는 당시엔 있던 탑 아래 물에 떨어뜨려 익사시켰다."

루이 10세의 여동생 이자벨이 세 올케들의 불륜을 목격한다. 가장 죄가 컸던 마르그리트는 머리가 깎여 레장들리 부근의 가이야르 성에 유폐되어 곧 질식사한다. (1315) 마르그리트의 사촌이자 샤를 4세의 아내였던 블랑슈 드 부르고뉴도 가이야르 성 간수에게 넘겨져 평생 그 사내의 아이를 낳아야 했다. 교황이 그녀를 가엾게 여겨 결혼을 파기시키고 출옥시켜 주었다. 두 여인과 관계를 맺었던 두 귀족 드네 형제는 잔혹한 고문을 받고 1314년 산 채로 껍질이 벗겨지고 목이 잘린다.

셋째 왕비인 잔느 드 부르고뉴는 죄가 그리 크지 않았고, 국왕도 이혼이나 결혼말소 같은 이야기를 꺼내고 싶어하지 않았다. 만약 그렇게 되면 장인 (부르고뉴 궁의 백작 오트)에게 딸의 지참금이었던 프랑슈 콩테 지방을 돌려줘야 했기 때문이다. 1322년 미망인이 되어 프랑슈 콩테가 왕권의 관리 아래 놓이자, 왕비 잔느는 넬르 저택과 그 탑을 자신의 주거지로 삼았다.

이상이 바로 〈넬르 탑〉의 모티프가 된 역사적 이야기이다. 뒤마는 이 이야기를 낭만적인 색채를 더해 내놓아 선풍적인 인기를 끌었다.

마르그리트 드 부르고뉴는 레오네 드 부르넌빌과의 사이에서 두 아이를 가지게 된다. 이 아이들은 파리 노트르담 성당 앞에 버려졌는데, 이들이 바로 드네 형제이다. 이후 뷔리당이라고 불린 아이들 아버지가 절대절명의 위기에 빠진 두 아들을 구하려고 하지만 이미 때는 늦었다. 국왕은 드라마의 마지막 장면에서 왕비 마르그리트와 왕비의 연인 뷔리당을 체포한다.

〈킨〉(1836)

킨은 영국 극단의 유명한 연기자로서 1833년 45세의 나이로 세상을 떠났다. 모든 런던 시민들이 그의 셰익스피어 연기를 보고 싶어할 정도로 인기가 많았다. 한편 그는 굉장한 방탕아에 허영심과 자만심으로 똘똘 뭉친 주정뱅이였다. 그야말로 영예와 격정을 모두 가진 인물이었다. 작품은 킨의 생애에서 세 여성이 그를 두고 다투었던 시절을 그리고 있다.

작품에서, 대부호 안나는 로드 메월의 끈질긴 손아귀에서 벗어나고자 킨의 품으로 뛰어들고, 메월은 '거리의 배우 따위와 결투할 수 없다'며 킨과 결투하는 것을 거부한다. 킨이 극장에 도착해서 무대에 올라갔던 것은 그 굴욕으로 분노하여 몸을 떨고 있을 때였다. 그런데 관람석에서 웨일즈 왕자와 함께 앉아 있는 아름다운 케페르트 백작부인의 모습을 발견한다. 가엾은 대부호 안나 담비보다 덴마크 대사부인 케페르트 백작부인을 더 사랑하게 된 킨은 그만 자신의 역할을 잊어버린다. 그리고 분노에 미쳐 웨일즈 왕자에게 온갖 저주의 말을 쏟아내었다. 대중의 눈앞에서 왕위계승자에게 싸움을 건 그는 국외 추방을 명령받고 안나 담비와 함께 떠나게 된다.

1836년 8월 31일 첫 공연은 대성공을 거둔다. 당시 파리 시민들 대부분이 바캉스를 떠나지 않고 발리에테 극장으로 몰려들었다. 그 뒤 1953년 11월, 장 폴 사르트르가 이 작품을 각색하고 알코올중독 천재 연기자 역을 피에르 브라쇠르가 맡아 〈킨〉이 상연되었다.

〈벨릴 양〉 (1839)

루이 15세 시대. 베르사유 궁전 복도에서 리슐리외 공작이 탕아들과 내기를 한다. 그 순간 복도를 지나가는 여자가 처녀든 미망인이든 한밤중에 그녀의 방으로 들어가는 것이다. 이때 부르봉 공작의 애첩 푸리 공작부인이 나타난다. 리슐리외는 너무 쉽다며 포함시키지 말자고 한다. 그 다음으로 벨릴 양이 걸어온다. 아주 아름답지만, 그녀를 동경하는 남자들 따위는 염두에도 없다. 그녀의 아버지가 바스티유 감옥에 투옥되어 있기 때문이다.

내기에 대해 알고 있던 푸리 부인은 자신이 벨릴 양인 척하기로 한다. 그리고 벨릴 양의 방에 들어가는 데 성공한 리슐리외는 내기에서 이겼다고 생각한다. 하지만 그때 벨릴 양은 바스티유의 아버지 곁에 있었으며, 그것을 아무에게도 알리지 않은 상태였다. 그래서 벨릴 양을 좋아하던 기사 도비니(그는 리슐리외의 내기 상대 중 한 사람이다)는 연인도 돈도 다 잃었다고 절망한다. 그는 벨릴이 더럽혀졌다고 여긴다.

다행히도 착하고 시원스러운 성격의 푸리 부인이 모두를 화해시킨다. 그녀는 벨릴 양의 마음이 도비니에게 기울어진 것을 알고 있었다. 그래서 도비니에게 그날 밤, 벨릴 양의 방에 있었던 것은 자신이라고 밝히고, 도비니는 기뻐한다. 벨릴 양과 도비니는 서로의 사랑을 확인하고 결혼한다.

코미디 프랑세즈에서 상연된 이 연극은 눈부신 성공을 거두었는데, 그 엄격한 비평가 생트뵈브도 즐겁게 만들 정도였다.

《기사 달망탈》(1843)

1971년 1월 1일, 신문 〈르 몽드〉지는 진가를 인정받지 못한 걸작이라며 《기사 달망탈》을 인용하고 있다.

'……마케의 도움을 받은 첫 번째 소설로, 뒤마가 자신의 수법을 정착시킨 작품이기도 하다. 신기하게도 여러 위험 요소들로 비장한 느낌이 들고, 막 시작되는 사랑을 주제로 하고 있다. 작품 전체가 수많은 공원·오락·클라브생에 둘러싸인 섭정시대의 신선한 분위기 속에 잠겨 있다.'

뒤마는 수많은 작품을 세상에 내놓기 위해 70명 이상의 대필업자들을 고용했다. 그중에서도 고등학교 역사 대리교사 오귀스트 마케(1813~1888)는 가장 결정적 역할을 하는 인물이었다. 이 소설을 위해 협력해 준 사례금으로, 뒤마는 마케에게 8천 프랑이라는 거액의 돈을 주었다. 한쪽에선 《삼총사》를 마케 혼자 집필했을 가능성이 높다는 주장도 제기되고 있다. 마케는 뒷날 뒤마에게 작품에 대한 소송을 벌였으나, 작품에 마케의 이름은 오르지 않고 저작권료의 25%를 받는 데 그친다.

이 작품의 내용은 세라마르의 음모로 시작되어 달망탈 기사의 사랑이 섬세하게 그려진다. 섭정 필리프 도를레앙, 뒤부아 추기경, 메누 공작부인 등의 인물은 활기차고, 진실하고, 현실적이다.

앙리 쿠르와르는 《알렉상드르 뒤마》에 '뒤마라 할지라도 역사의 해석과 역사와 소설 사이의 균형을 이만큼 훌륭하게 성공시킨 것은 없다'고 쓰고 있다.

《삼총사》(1844)

아토스·포르토스·아라미스로 이루어진 루이 13세 근위병 삼총사에 네 번째 사람이 낀다. 가스코뉴 출신의 달타냥이다. 그들은 재상 리슐리외의 음모와 권세에 대항하기 위해 종횡무진 뛰어다닌다.

한편 왕비 안느 도트리슈는 경솔하게도 남편 루이 13세가 준 다이아몬드

를 애인 버킹엄 공작에게
준다. 이 사실을 안 리슐
리외는 국왕이 왕비를 믿
지 못하게 하려 한다. 궁
중 무도회에서 그 다이아
몬드를 단 왕비의 모습을
볼 수 있다면 얼마나 기쁘
겠느냐며 국왕을 부추긴
것이다. 국왕은 왕비에게
무도회에 그 다이아몬드로
장식하고 오도록 전한다.

《삼총사》(1844) 초판 속표지.

왕비의 시녀 보나슈 부
인이 자신에게 반해 있던
달타냥에게 그 사실을 말
한다. 그리고 네 명의 총
사는 다이아몬드를 돌려받아 여왕을 구해 내기 위해 모든 힘을 쏟는다. 결국
영국에서 다이아몬드를 발견하여 다시 가져오고, 음모를 꾸몄던 추기경의
부하들은 모두 가면이 벗겨진다.

소설은 아토스의 행방불명된 아내였던 첩자 밀레디가 두 번째 남편 로드
빈트를 살해한 혐의로 처형당하면서 끝을 맺는다. 총사들로 인해 모든 파렴
치한 짓들은 드러나고 죄는 벌을 받으며, 사랑은 이루어진다.

《20년 뒤》(1845)

《삼총사》로부터 20년이 지난 뒤의 이야기를 다루고 있는 작품이다.

리슐리외 추기경의 뒤를 이어 마자랭이 추기경이 되었다. 프롱드의 난이
일어나고, 사총사는 뿔뿔이 흩어지고 만다. 총사 달타냥은 마자랭의 부하가
되었고, 포르토스는 발론 남작이 되어 부유하게 살고 있다. 아라미스는 성직
에 몸을 담고 프롱드 당에 들어간다. 라 페르 백작이라 불리게 된 아토스는
슈브르즈 부인과의 사이에서 태어난 아들 브라줄론과 함께 살고 있다.

이때 영국에서 일어난 사건이 그들을 다시 뭉치게 한다. 달타냥과 포르토

스는 마자랭의 명령을 받고 영국 크롬웰로 간다. 한편 아토스와 아라미스는 영국 왕 찰스 1세를 구하려고 한다. 밀레디의 아들 모던트가 이들을 방해하며 총사들이 탄 배를 폭파하려고 한다. 다행히 총사들은 보트로 탈출한다. 모던트에게 쫓기던 아토스가 그를 단검으로 찔러 죽인다.

《브라줄론 자작》(1848)

《20년 뒤》에서 다시 20년이 흐른 뒤의 이야기이다.

이제 달타냥은 노년에 이르렀고, 시대는 젊은 국왕 루이 14세의 치하이다. 달타냥은 영국의 몽크 장군을 체포하고, 찰스 2세를 왕위에 세우려고 설득하는 등의 노력을 기울여 영국에 스튜어트 왕조를 다시 세우는 데 성공한다. 이것은 프랑스에 꽤나 이득이었으므로, 루이 14세의 눈에 든 달타냥은 중요 인물로 떠오른다.

그 결과, 루이 14세 치하의 대사건들이 그의 주변에서 일어나게 된다. 국왕의 사랑, 푸케 체포, 콜베르의 등장 등이다. 그중에서도 가장 큰 사건은, 루이 14세의 횡포에 분노한 예수회 회장 아라미스가 '철가면'을 쓰고 감옥에 유폐된 루이 14세의 쌍둥이 형을 루이 14세와 바꾸려고 한 것이다.

한편 브라줄론 자작은 여자 친구 발리에르를 사랑하나 그녀를 루이 14세에게 빼앗긴다. 그는 좌절한 나머지 전쟁터로 향한다. 아버지 아토스는 아들을 잃은 슬픔에 잠겨 세상을 떠난다. 또 포르토스와 아라미스는 자신들을 체포하려는 국왕의 병사들과 싸움을 벌이다가 탈출하는데, 이때 포르토스는 화약이 터지는 동굴에서 미처 빠져 나오지 못해 죽는다. 그리고 아라미스는 에스파냐로 갔다가 뒤에 프랑스 대사가 되어 다시 돌아온다. 달타냥은 총사들을 체포하라는 루이 14세의 명령에 실망한 나머지 사임하고, 1673년에 일어난 네덜란드와의 전투에서 장렬한 죽음을 맞는다.

《몬테크리스토 백작》(1845)

뒤마는 총독 정치 이전의 보나파르트 집안과 아버지 사이의 친분을 매우 자랑스러워했다. 피렌체 여행을 하던 1842년 7월, 뒤마는 나폴레옹의 막내 동생이자 베스트팔렌 왕 제롬 보나파르트를 방문했다. 뒤마의 이야기에 푹 빠진 제롬 왕은 뒤마에게 자신의 아들 나폴레옹을 맡겼다. '아들에게 프랑스를 가르치고 함께 이탈리아 여행을 해 달라'고 부탁했던 것이다.

'역사극장'은 《몬테크리스토》의 호화로운 무대를 보여 주었다.

뒤마는 어린 나폴레옹과 함께 배를 타고 엘바 섬 구경에 나섰다. 이 여행에서 돌아오는 길에, 뒤마는 해면 위로 우뚝 솟은 커다란 원뿔형 암초에 시선을 빼앗겼다.

"무척 아름답군요. 저 멋진 섬은 이름이 뭡니까?"

"몬테크리스토 섬이라고 합니다."

이탈리아가 이곳을 1791년에 국립공원으로 지정했으므로 그곳에 배를 대기 위에서는 특별한 허가가 필요했다. 그러나 주인 없는 섬에는 야생 산양만 있을 뿐이었다. 뒤마는 이렇게 말했다.

"섬을 한번 둘러보지요. 지리상 위치를 정확히 측정해 둘 필요가 있습니다. 전하와 함께하는 여행 기념으로, 다음에 쓸 소설 제목은 몬테크리스토 섬이라고 하고 싶습니다."

이탈리아에서 이 소설을 쓸 겨를은 없었다. 7월 15일, 오를레앙 공이 죽었다는 소식이 전해졌기 때문이었다. 뒤마는 슬픔에 빠졌다.

"보나파르트 집안사람의 품에서 부르봉 집안사람을 위해 슬퍼하는 것을 허락해 주십시오." 그리고는 장례식에 참석하기 위해 서둘러 길을 떠났다.

그러나 몬테크리스토에 대한 약속은 잊지 않고 지켜냈다.

〈기사 메종루즈〉(1847)

오귀스트 마케의 도움을 받아 뒤마가 쓰고 1846년에 발표한 동명 소설을 기초로 한 5막 12장의 연극이다. 1847년 8월 3일 뒤마 소유의 역사극장에서 초연을 하고 대성공을 거뒀다. 이 연극에는 지롱드 당원의 유명한 노래가 들어 있다. 연습 때 뒤마는 오케스트라 지휘자인 발레 쪽으로 몸을 굽히고, 꿈꾸는 듯한 목소리로 이렇게 말했다. "다음 혁명 때는 이 노래가 불렸으면!" 아닌 게 아니라 1848년 2월 혁명은 이 노래를 배경으로 이루어졌다.

큰 소리로 울려 퍼지는 총포는
프랑스 아이들을 부르는 소리.
"자, 총을 들어라!" 병사는 말한다.
"내 조국 내가 지키리."

1848년 4월 22일, 발자크는 한스크 부인에게 이렇게 쓴다. '모두 이 노래만 부릅니다. 군악대도 어제 온종일 이 노래만 연주했습니다.'

그 다음 날, '역사극장'을 나오면서 그는 이렇게 말했다. 〈기사 메종루즈〉는 대단하다. 혁명의 무서운 진실을 지닌 연극이다." 뒤마를 잘 알고 있던 뷔리는, 뒤마가 혁명이 한창인 가운데 마리 앙투아네트와 엘리자베스 부인을 다룬 방법을 높이 평가했다. "입만 열면 역사의 비밀을 폭로하는 이 한없이 선량한 사람은 아주 불행한 사건에 성실하게 대응하는 방법을 알고 있다. 그는 말이 너무 많지도 않고 부족하지도 않다. 적절한 곳에서 머리를 숙이게 하고, 필요에 따라 눈물을 흘리게 한다. 결코 절도를 잃지 않는다. 뒤마는 작품의 경향에 발을 헛디디지도 않고, 눈물을 짜내는 감상주의나 조잡한 방법을 피하는 기술을 알고 있다. 게다가 주목할 만한 것은 자신의 민주적 공화주의를 슬쩍 내비치는 기회를 반드시 잡는다는 것이다."

그 밖의 연극들
알렉상드르 뒤마는 약 50편의 희곡을 썼다.

①〈중신들 곁의 샤를 7세〉: 5막 운문의 비극. 1831년, 오데옹에서 상연. 뒤마는 이 12음절 시구 1817행을 트루빌 여왕 오즈레의 방에서 클레르 사베르가 (멋진) 눈으로 지켜봐야 한다고 썼다. 초연 때, 관객의 반응은 차가웠다. 일곱 살이었던 어린 뒤마 피스도 그 자리에 있었다. 나중에 그는 이렇게 말했다. '아버지는 아무 말도 하지 않았다. 나는 아버지 손을 잡았다. 그러나 아버지에게 말을 걸 용기는 없었다.' 성공은 시간이 흐른 다음에야 찾아왔다.

②〈테레사〉(1831) : 5막. 빌레르 코트레에서 쓰고, 1832년 2월 6일 상연. 이다 페리에는 이 연극에서 비로소 뒤마의 연극에 출연하여 아름다운 딸 역할을 맡았다.

③〈천사〉(1833) : 이 연극에서 뒤마의 두 연인 클레르 사베르와 이다가 만났다. 연극은 대성공으로 뒤마가 살아 있는 동안 300회 이상 상연되었다.

④〈루이 15세 시대의 결혼〉(1841) : 엄청난 갈채를 받은 작품.

⑤〈생시르의 영애들〉(1843) : 7월 25일 프랑스국립극장에서 상연되었고, 1855년 8월 20일 나폴레옹 3세가 빅토리아 여왕을 초대했을 때에는 생클루 궁에서 재연되었다.

⑥〈섭정의 딸〉(1845) : 125년 뒤 TV에서 호평을 받게 된 희극.

⑦〈총사〉 : 5막 12장, 앙비귀 극장에서 상연되었다.

⑧〈왕비 마르고〉 : 3개월 동안 '역사극장'을 만원으로 채웠다. 우리나라에는 〈여왕 마고〉로 소개됨.

⑨〈총사의 청춘〉 : 역시 '역사극장'에서 멜랑그(달타냥 역), 베아트릭스 페르슨(미랄디 역), 아타라 보쉥(안 도트리슈 역) 배우진 덕분에 성공을 거둔다.

⑩〈몬테크리스토〉 : 5막 17장으로서 이틀 밤 연속 상연됐다.

⑪그 밖에 〈몽셀백작〉(〈몬테크리스토〉의 세 번째 연극), 〈빌폴〉(1851년, 같은 제목 소설의 네 번째 연극), 〈몽소로 부인〉(1860년), 알렉상드르 뒤마의 마지막 걸작 등이 있다.

그 밖의 소설들

80편도 넘는 작품을 열거하며 좋다, 나쁘다 평가하는 것은 불가능하다. 아래 언급되는 작품만이라도 알아두면 충분할 것이다.

①《세실》(1844)

②《섭정의 딸》

③《왕비 마르고》(1845) 피에르 드 레트와르의 일기 속 이야기와 브랑톰의 글이 뒤마의 손에서 재탄생했다. 마르고는 마르그리트 드 발루아로 앙리 2세의 딸이며 앙리 4세와 이혼했던 왕비이다. 그녀는 생바르텔르미의 대학살을 포함해 종교전쟁의 모든 비극에 휘말렸다.

④《몽소로 부인》(1846) 이 작품에서 뒤마는 역사적 사실을 상당 부분 바꾸었다. 진실함을 잃지 않은 사랑을 농밀하게 그려냈다. 부쉬 당부아즈와 몽

소로 부인 (뒤마는 디안 드 메리도르라고 이름 붙였다)은 실존인물이다.

⑤《조세프 발사모 : 어떤 의사의 회상》(1846)

⑥《앙주피투》(1851), 《어떤 의사의 회상》세 번째 이야기.

⑦《파리의 모히칸족》

⑧《예후 당원》(1857)

⑨《산 펠리체》(1864)

역사의 증인 알렉상드르 뒤마—《회상록》

—나폴레옹 황제의 여동생 폴린느 부인과 아버지에 대한 기억

나는 1805년 10월 말쯤, 마차가 우리를 맞이하러 정면 입구 아래에서 기다리고 있던 것을 기억한다. 아버지와 나는 그 마차에 올랐고, 우리는 출발했다.

나는 아버지가 마차를 몰 때 나를 데리고 가면 언제나 굉장히 기뻤다.

그때 우리는 큰 정원을 가로질러 달렸다. 내가 그 일을 10월 말이라고 생각하는 것은 나뭇잎이 새 떼처럼 흩날리고 있었기 때문이다.

우리 땅의 경계에 있는 울타리 문이 있는 곳에 도착했다. 아버지가 문 열쇠를 깜빡 잊고 왔나보다. 하지만 집에서 3킬로미터나 떨어진 곳이다. 되돌아가기에는 너무 멀었다. 아버지는 마차에서 내리더니 울타리를 세차게 흔들어서 자물쇠가 걸린 문기둥의 한 부분을 부숴 버렸다.

우리는 다시 앞으로 나아갔다. 30분 뒤 몽고베일 성에 도착했다. 이곳의 하인들이 입은 제복은 몽테슨 부인 댁처럼 붉은색이 아니라 녹색이었다. 몽테슨 부인의 저택과 마찬가지로 잇달아 늘어선 방을 몇 개나 지나서 캐시미어로 뒤덮인 규방으로 안내되었다.

한 부인이 소파에 누워 있었는데, 무척 젊고 아름다운 부인이었다. 너무나 아름다워서 어린 나조차 가슴이 두근거렸을 정도였다.

이 부인이 폴린느 보나파르트(나폴레옹의 여동생)였다. 1780년 아작시오에서 태어나 1802년 르클레르 장군 미망인이 되었고, 1803년에는 알도브란디니 보르게제 공비가 되었지만 1804년에 이혼했던 분이다. 내 눈에 비친

그녀는 정말 가냘프고 정숙하며 청순했다. 더욱이 신데렐라 이야기에 나오는 마법사 할머니한테 받은 것이 틀림없다 싶을 만큼 아름다운 자수가 놓인 슬리퍼를 신고 있었다.

아버지가 방에 들어와도 그녀는 일어나지 않았다. 단지 손을 내밀고 머리를 쳐든 것이 전부였다. 아버지는 그 부인 옆에 놓인 의자에 앉으려고 했지만, 그녀는 아버지를 자신의 발치에 앉게 하고, 그 다리를 아버지의 무릎 위에 올린 채 슬리퍼 끝으로 아버지의 옷에 달린 단추를 장난스럽게 건드렸다.

갖가지 고생을 겪었음에도 여전히 아름답고 건장한 헤라클레스 같은 반흑인 옆에 있는 우아하고 가냘픈 부인의 그 다리, 그 손, 희고 포동포동한 살결은 이 세상에서 눈에 담을 수 있는 가장 아름다운 그림이었다.

나는 웃는 얼굴로 그 모습을 바라보고 있었다. 왕녀는 나를 부르더니 상감 기법으로 조각한 조개껍데기 세공품을 주었는데, 안에는 봉봉사탕이 들어 있었다. 그리고 놀랍게도 그녀는 그것을 깨뜨리고 거기 들어 있던 봉봉사탕을 주었다. 아버지가 주의를 주자, 그녀는 몸을 굽히고 아버지의 귓가에 작은 소리로 무언가를 속삭였다. 두 사람은 웃었다.

그때 하얀 장미 같았던 왕녀의 뺨이 아버지의 갈색 뺨에 닿았다. 아버지는 더욱 검게, 왕녀는 더욱 희게 보였다. 두 사람 모두 아주 멋있었다.

아마도 나는 그것을 아이의 눈으로, 무슨 일에나 놀라는 어린아이의 시선으로 보고 있었을 것이다. 만약 내가 화가였다면 분명히 이 두 사람의 아름다운 모습을 그림으로 남겼으리라.

갑자기 대정원 안에서 뿔피리 소리가 들려왔다.

"무슨 일일까요?" 아버지가 물었다.

"몽테부르튼 사람들이에요. 사냥을 하고 있어요."

"소리가 점점 가까워지는데. 사냥감이 이곳으로 오는 모양이군요. 이쪽으로 와 봐요."

"어머, 싫어요. 지금이 아주 좋은 걸요, 움직이고 싶지 않아요. 걸어다니면 지치니까 안고 가 줘요."

아버지는 마치 유모가 아기를 안는 것처럼 왕녀를 두 팔로 안아들고 창가로 데려갔다. 그리고 그녀를 안은 채 10분 정도 그곳에 서 있었다. 사냥감은 좀처럼 숲 속에서 나오지 않았다. 그러나 마침내 길을 가로지르며 나왔다.

사냥감 뒤로 개들이 쫓아왔고, 그 뒤로는 사냥꾼들이 달려오고 있었다.

왕녀는 사냥꾼들에게 손에 든 손수건을 흔들었다. 사냥꾼들은 모자를 흔들어 답했다. 아버지는 왕녀를 긴 의자 위에 내려주고 그녀 곁에 앉았다.

그 뒤 내 등 뒤에서 무슨 일이 일어났는지 나는 알지 못한다. 내 머릿속은 길을 가로질러 도망친 사슴과 개, 사냥꾼들 생각으로 가득 차 있었다. 나로서는 왕녀보다 그쪽이 훨씬 흥미로웠다. 그래서 왕녀에 대한 내 기억은 그녀의 흰 손과 하얀 손수건으로 건넨 인사 이후로 끊어지게 되었다.

—나폴레옹 황제를 보았던 두 번의 기억

부대가 빌레르 코트레를 통과하기 시작했다. 수아송·랑·메지에르를 향해 진격했다.

솔직히 그 낡은 군복, 엘바 섬에서 파리로 가는 길에 북 케이스 속에서 찾아낸 낡은 기장, 아우스터리츠, 바그람, 그리고 모스크바의 포탄 때문에 구멍이 뚫린 명예로운 군기 몇 장을 보는 것은 매우 즐거운 일이었다.

이 옛 근위병들이 보여 준 군인들의 물결은 너무나 황홀한 광경이었다. 그것은 오늘날에는 완전히 자취를 감춘 군대의 전형이었으며 우리가 막 통과한 근 10년간 제정시절의 화신, 프랑스의 빛나는 살아 있는 전설이었다.

3일 동안에 3만의 병사, 3만의 거인들이 힘찬 걸음걸이로 조용하게, 아니 음울하다고 할 수 있는 태도로 지나갔다. 자신들의 피로 다진 나폴레옹의 높고 큰 구조물이 어깨를 무겁게 내리누르고 있다는 것을 이해하지 못하는 병사는 한 명도 없었다. 관찰자 입장에서는 그 무게에 짓눌린 그들의 몸이 꺾이고 있다는 사실을 느낄 수 있었지만, 병사들은 모두 그것을 긍지로 생각하고 있는 것처럼 보이기도 했다.

오, 그들이 힘찬 걸음으로 워털루를 향해 진군하는 모습, 무덤을 향해 나아가는 그들의 모습을 영원히 잊지 않으리라. 그것은 헌신이자 용기였으며, 명예 그 자체였다! 그것이야말로 무엇보다 순수한 프랑스의 피였다. 전 유럽을 적으로 돌린 20년 동안의 전쟁이었다. 그것은 우리의 어머니인 혁명이었다. 프랑스 귀족의 고귀함이 아니라 프랑스 서민의 고귀함이었다.

나는 그들이 모두 지나갈 때까지 보고 있었다. 이집트 최후의 생존자, 터

번을 감은 머리에 붉고 헐렁
헐렁한 바지를 입고 날이 휜
긴 칼을 찬 200명의 이집트
친위대에 이를 때까지, 모든
것이 지나가는 것을.

그들은 어느 날 아침에 떠
났다. 그들의 걸음소리도 사
라지고, 군가의 마지막 선율
도 들려오지 않게 되었다. 나
는 그 선율을 떠올려 보았다.
"제국을 구할 수는 없을까…
…" 이러한 가락이었다.

마침내 나폴레옹이 군대와

나폴레옹의 누이동생 폴린 공주
뒤마 장군과 친밀한 관계를 유지했다.

합류하기 위해 6월 12일에 파
리를 떠났다는 기사가 신문에 실렸다. 나폴레옹은 언제나 그의 친위대가 걸어
간 길을 따라갔으므로 빌레르 코트레를 지나갈 것이다.

6시, 나는 마을에서 제일 기운 넘치는 녀석들, 즉 황제의 마차와 비슷한 속
도로 달릴 수 있는 녀석들과 함께 라르니 거리 외곽에서 기다리고 있었다. 사
실 나폴레옹을 제대로 볼 수 있는 것은 마차가 지나갈 때가 아니라 말을 바꾸
는 역참이었다. 그렇게 생각했기 때문에 1킬로미터 정도 앞에서 선두에 선 말
이 일으키는 흙먼지를 보자, 나는 곧바로 역참을 향해 달려갔다.

역참에 가까워질수록 등 뒤에서 나와 같은 방향으로 다가오는 요란한 수레
바퀴 소리를 들었다. 나는 역참에 도착해 뒤를 돌아보았다. 그리고 마차 300
대가 땀을 흘리는 말과 먼지투성이가 된 리본을 단 정장 차림의 마부에게 이
끌려 전속력을 다해 회오리바람처럼 달려오는 것을 보았다. 모두들 황제의 마
차 주위로 몰려들었다. 물론 나는 선두에 끼어 있었다.

황제는 마차 안 오른쪽에 앉아 있었다. 흰색으로 주름이 잡힌 녹색 군복을
입고, 레지옹 도뇌르 훈장을 달고 있었다. 그 창백하고 병색이 엿보이는 얼굴
은 상아를 아낌없이 사용한 조각품처럼 보였으나, 그는 얼굴을 가슴에 파묻듯
고개를 숙이고 있었다. 그의 왼쪽에는 동생인 제롬, 제롬의 맞은편 앞자리에

는 부관인 르토르가 앉아 있었다.

황제는 얼굴을 들고 주변을 둘러보더니 물었다.

"여기가 어디지?"

"빌레르 코트레입니다, 폐하."

"그럼 수아송까지 2.4킬로미터 정도인가?"

"말씀대로입니다."

"서둘러라."

이렇게 말하고는, 마차가 멈췄을 때 잠시 깨어났던 졸음 속으로 다시 빠져들었다. 이러는 사이에 마부들은 말을 교체했다. 새로운 마부가 안장에 걸터앉았다. 말을 마차에서 떼어내던 자들이 "황제 만세!" 하고 외치며 모자를 흔들었다.

안장이 떨리고, 황제는 가볍게 머리를 움직여 인사를 했다. 마차는 속도를 높여 수아송으로 가는 갈림길로 모습을 감추었다.

거대한 환상은 사라졌다.

열흘이 지났다. 사람들은 상브르 강을 넘어 샤를루아 점령, 리니 전투, 카트르브라 전투에 대한 소식을 들었다. 처음 메아리는 승리의 울림이었다.

우리가 15, 16일 이틀간의 전투의 결과를 알게 된 것은 18일, 워털루 전투 당일이었다. 사람들은 새로운 소식을 애타게 기다렸다. 19일은 아무 소식도 듣지 못한 채 지나갔다. 신문은 황제가 리니 전장을 방문해서 부상당한 병사들에게 도움의 손길을 내밀었노라 보도했다.

마차 속에서 황제와 마주 보고 앉아 있던 르토르 장군은 샤를루아 공략 때 전사했다. 황제의 옆자리에 앉았던 제롬의 칼자루는 폭탄에 맞아 부러졌다.

20일은 음침한 분위기 속에 느릿느릿 지나갔다. 하늘은 어둡고 폭풍이 올 것만 같았다. 비가 억수같이 쏟아졌다. 사람들은 날씨가 3일 연속으로 이 모양이라면 전쟁도 할 수 없을 거라고 말하곤 했다.

그런데 갑자기 나쁜 소식을 전달한 자들이 체포되어 관청 중앙법정으로 끌려갔다는 소문이 퍼졌다. 사람들은 그들이 분명 우리 군이 결정적인 전투에서 패배했다고 말했다고 수군거렸다. 프랑스군은 전멸했고 영국·프로이센·네덜란드 군대가 파리를 향해 진격하고 있다는 것이다.

마을 사람들 모두가 관청으로 달려갔다. 물론 나는 선두에 있었다.

워털루 전투 1815년 6월, 엘바 섬에서 돌아온 나폴레옹이 이끈 프랑스군이 영국·프로이센 연합군과 벌인 전투에서 양쪽 모두가 2만 5천 명의 사상자를 냈다. 이 전투로 나폴레옹 1세 시대가 막을 내린다.

아니나 다를까 10~12명 정도의 남자들이 있었다. 어떤 이는 아직도 말 위에 앉아 있었고 다른 사람들은 땅으로 내려와 그들의 고향 가까이에 있었다. 주민들은 그들을 감시하며 주위를 에워싸고 있었다. 모두 피투성이에 진흙투성이였고 옷도 너덜너덜해져 있었다.

그들은 폴란드인이라고 했다.

그들이 무슨 말을 하는지 거의 알아들을 수가 없었다. 어렵사리 꺼내는 서투른 프랑스어였다. 이 녀석들은 스파이가 틀림없다는 사람도 있었고, 또한 도망친 독일 병사 포로이고 폴란드인인 척해서 블뤼허 부대로 돌아갈 작정이라고 말하는 사람도 있었다.

독일어를 할 수 있는 사관이 와서 그들에게 독일어로 질문했다.

독일어로 편하게 말할 수 있게 되자, 그들은 더욱 분명하게 대답해 주었다. 그들의 말에 따르면, 나폴레옹은 18일 영국 군대와 전투를 개시했다. 전투는 정오에 시작했다고 한다. 영국 군대는 5시쯤 되자 패색이 짙어졌다. 그러나 6시에 포화와 함께 진격해 온 블뤼허가 4천의 병력을 이끌고 도착했고, 승리로 이끄는 전투에 나설 것을 결의했다. 그들이 말하던 대로 결정적인 싸움이었다. 프랑스군은 퇴각하는 것이 아니라 패주하는 중이며, 그들은 패잔병의 선두라고 했다.

사람들은 모두 이 비보를 좀처럼 믿으려 하지 않았다. 그저 이렇게 말할 뿐이었다.

"곧 알게 될 거요."

가장 확실한 소식이 들어올 곳은 역참이었기에, 어머니와 나는 그쪽으로 달려가서 자리를 잡았다.

7시에 한 명의 사자가 도착했다. 흙투성이가 된 데다 타고 온 말은 피로 때문에 후들후들 떨어서 당장이라도 쓰러질 것만 같았다. 그는 이어서 올 마차를 위해 교대할 말을 4마리 준비하라고 명령하더니, 말에 올라타고 다시 길을 서둘렀다. 질문을 해도 소용없었다. 그는 아무것도 모르고 있었다. 아니, 아무 말도 할 수 없었던 것일 지도 모른다.

사람들은 말 네 마리를 마구간에서 꺼내 와서 마구를 장착하고 마차를 기다렸다. 급속히 다가오는 둔탁한 바퀴 소리가 마차의 도착을 알렸다. 모퉁이에서 마차가 나타났고, 이윽고 역참에 와서 멈췄다.

역참의 책임자가 앞으로 나와서 멍청히 섰다. 그와 동시에 나는 마차에 탄 사람이 입은 옷의 일부를 볼 수 있었다.

"그분이야? 황제 폐하?"

"그래."

황제였다. 내가 지난번에 봤을 때와 똑같은 장소에 있었다. 같은 마차 안, 옆에 부관을 거느리고 정면에 한 사람이 더 앉아 있었다. 그러나 그 사람은 제롬도 아니고 르토르도 아니었다. 르토르는 전사했고, 제롬은 부대를 랑에 집결시키는 임무를 맡은 상태였다. 그는 틀림없이 같은 사람, 전과 마찬가지로 창백하고 병색이 엿보이고 무표정한 얼굴을 한 사람이었다. 다만 그 얼굴이 전보다도 더 가슴 깊이 묻혀 있을 뿐이었다. 단순히 피곤했기 때문인가. 세계를 걸고 도박하다가 걸었던 것을 모두 잃은 자의 괴로움일까.

처음 왔을 때와 마찬가지로, 마차가 멈추자 그는 고개를 들고 여전히 무표정한 시선을 주변에 던졌다. 어떤 얼굴이나 지평선의 그늘 같은, 위험이 도사리고 있을 것 같은 의심스런 것을 확인할 때 꿰뚫어 보는 것처럼 날카롭게 변하는 그의 시선을.

"여기는 어디지?" 그가 물었다.

"빌레르 코트레입니다, 폐하."

"그래. 파리까지 7.2킬로미터로군?"

"그렇습니다, 폐하."

"가자."

처음과 마찬가지로 똑같은 질문을 거의 비슷한 말로 한 뒤, 그는 똑같은 명령을 내리고 똑같은 속도로 달려가 버렸다.

—첫 영성체

이러한 사건이 일어나는 동안 나는 열세 살이다. 내가 첫 영성체를 받는 것이 중요한 문젯거리였다. 첫영성체는 모든 어린이의 인생에 중대한 사건 이지만, 특히 내 인생에서는 더욱 그랬다. 나는 어렸지만 종교에 늘 각별한 감정을 가지고 있었다. 이 감정은 신비한 모습을 한 보이지 않는 종처럼 언 제나 울리고 있었지만 실제로 소리를 내는 것은 격한 기쁨이나 고통이 이 종 을 때릴 때로 한정되어 있다. 그 감정이 감사이든 비탄이든, 그것은 늘 신을 향했다.

성당에는 거의 발을 들여놓은 적이 없다. 바바쿠쿠처럼 천사가 내 머리카 락을 붙잡고 데리고 가지 않는 한 나는 그 문턱을 넘을 수 없기 때문이다. 내게 성당은 너무나 신성한 곳이어서, 다른 사람들처럼 단순한 호기심이나 일시적이고 변덕스러운 종교심을 만족시키기 위해 그곳을 찾아간다면 그것 은 교회를 더럽히는 행위라는 생각이 들 것이다.

그렇다. 내가 특히 프랑스 북부의 성당에 발을 내딛고자 결심하기 위해서 는 현실의 커다란 기쁨이나 깊은 슬픔이 필요하다. 어떻든 나는 가장 사람이 없는 한 구석, 가장 어두운 곳—신에게 어두운 곳은 없지만—으로 가서 머 리를 기댈 수 있는 기둥 앞에 엎드릴 것이다. 거기서 한곳을 응시하고, 모든 사물, 모든 공간에서 벗어나 오로지 한 가지, 신에게만 몰두할 것이다. 선량 하고 전능하시며, 영원하고 무한한 신만을.

나는 신에게 아무런 할 말이 없다. 해야 할 기도가 없다. 신께 무엇을 말하고 기도한들 무슨 소용이 있는가? 신은 가면 뒤에 있는 진짜 얼굴을 보시고, 위선 뒤에 있는 불신앙을 보고 계시지 않는가? 나는 내 육체와 마음과 영혼을 신의 자애로움 밑에, 내 비열함을 신의 위대함 밑에 던질 것이다. 신께 과거를 감사하고, 현재를 찬양하고, 미래를 소망할 것이다.

그러나 이것은 아주 정통적인 것이라고 할 수 없다. 그리스도교적인 느낌은 들지만 가톨릭적인 느낌은 거의 들지 않는다. 그래서 내가 적극적인 신앙심을 전혀 보이지 않는다고 사람들은 우려했다. 이렇게 생각하는 사람들은 내 외견상의 불신앙이 실은 진정한 신앙심의 발로라는 것을 모른다.

또 기도문은 법조문과 마찬가지였다. 내가 외우고 있는 기도문은 세 가지밖에 없었다.

게다가 이 기도문의 문구들도 프랑스어로만 알았다. 그것도 부정확하게. 나는 이 문구들을 라틴어로 외워야 했다. 그때 나는 아직 그레구아르 신부의 제자가 아니었기 때문에 그것을 거부했다. 내가 신께 무엇을 기도하고 있는지 알 수 없다는 것이 나의 변명이었다. 하지만 신께서는 어떤 언어도 알아듣는다는 것이다.

"그런 건 관계없어요!" 나는 고집을 꺾지 않았다. "신만 알아서는 안 돼요. 나도 알아야 해요."

이리하여 기도문을 프랑스어로 외워도 좋다는 허락을 받았다. 내가 기도문을 프랑스어로 외우고 교리시간에도 잘 참석하지 않는데도 나의 신앙심을 조금도 의심하지 않은 사람은 어머니와 그레구아르 신부, 두 분뿐이었다.

빌레르 코트레 교회의 사제인 레미 신부가 엄격한 태도를 좀처럼 굽히지 않았는데도 그 보좌신부에 불과했던 그레구아르 신부는 나를 위해 '성찬식 맹세'를 말할 수 있게 해 주었다. 여기에는 긴 논의가 필요했다. 그레구아르 신부는 몸소 제자를 책임져야 했다.

나는 일주일 전에 훌륭한 필치로 쓰인 '성찬식 맹세'를 건네받았다. 그 다음 날에는 이미 그것을 외우고 있었다.

그날 밤 설교를 마치고 레미 신부는 나를 옆으로 불렀다. 그리고 내가 '성찬식 맹세'를 읽는 데에 동의한 이유는 내 이름과 내 어머니가 이 마을에서 차지하고 있는 사회적 지위, 그리고 특히 그레구아르 신부가 옆에서 열심히 거든 덕분이라고 말했다. 그러므로 내게 주어진 책무의 중대함을 충분히 이해하고 거기에 걸맞은 행동을 하라고 당부했다.

솔직히 말해 나는 이 설교의 의미를 잘 알 수 없었다. 사실 새 신도가 되는 사람들 중에 진정으로 이 엄숙한 의식을 치를 마음의 준비가 되어 있는 아이가 있다면 그건 바로 나였다. 나는 고통을 맛보며 이것이 부당하다고 느꼈다. 이것은 사람들이 내게 저지른 최초의 잘못이었다.

그 뒤로 사람들이 감정이나 성격, 행동에 내리는 이런 부당한 평가에 나는 얼마쯤 길들었다.

그날 밤 나는 거의 잠을 이루지 못했다. 주의 신성한 몸을 접할 수 있다고 (영성체) 생각하자 깊은 감동에 휩싸였다. 느닷없이 숨쉬기가 곤란해지거나 울고 싶은 마음이 계속해서 덮쳐왔다. 앞으로 받을 커다란 영광에 내가 자격 있다는 생각이 들지 않았다.

이 엄숙한 의식을 위해 나는 새 옷을 입었다. 옅은 노란색 바지에 흰 조끼, 금속 단추가 달린 푸른 옷. 전부 빌레르 코트레에서 제일가는 재단사 뒤로루아가 만든 것이었다. 흰 넥타이, 흰 삼베 와이셔츠, 2파운드짜리 양초 하나로 의상이 완성되었다.

여기에 예행연습이라 할 수 있는 하나의 의식 때문에 나는 진짜 의식을 치르는 것처럼 한껏 들뜨고 말았다. 나와 함께 성체를 받게 되어 있던 아이 중 하나가 아직 세례를 받지 않은 사실이 하루 전에 밝혀진 것이다. 그 아이의 이름은 이스마엘이었는데 모두들 그것을 줄여 아멜이라고 불렀으므로 나는 그 아이가 유대인이 아닐까 생각했다.

이 아이에게 조건부 세례를 주기로 되어 내가 이 아이의 대부로, 역시 '맹세'를 말하기로 되어 있던 여자 아이가 대모로 뽑혔다. 내 상대를 맡은 여자 아이는 아주 예뻤다. 약간 갈색을 띤 금발머리였으나 그런 것은 아무런 문제가 되지 않았다.

그 여자 아이의 세례명은 롤이었다. 유명한 페트라르카의 애인과 같은 이름이었다. 성이 무엇이었는지는 전혀 기억나지 않는다. 이튿날 나는 두 대자, 이스마엘과 루시 사이에 껴서 성체를 받게 되었다. 나는 생후 10개월 때 아우구스티누스 도비올렌과 함께 루시의 대부가 되었던 것이다. 루시는 나보다 9개월 아래였고 이스마엘은 나보다 9개월 위였다.

드디어 그때가 왔다. 옛날 작은 마을에서 어린이의 첫영성체가 어떤 의미인지는 누구나 알 것이다. 그것은 지금은 폐지된 '그리스도 성체 대축일'과 견줄 만한 것이었다. 서민은 본능적으로 약함의 극치와 강함의 극치 이 두 가지를 비교하고 양쪽 모두에 거의 비슷한 경의를 품었다. 사람들의 얼굴은 빛났으며 모든 집이 흥에 들떴다. 젊음과 신앙에 넘치던 13살 나의 눈은 그러한 것을 본 것이다.

그날 일로의 오르간연주는 훌륭했다. 그야말로 위대한 예술가였다. 인생이 가진 젊음과 사랑과 시 전부를 아름다운 선율이 만들어내는 화음에 실어 신께 오롯이 바친 것이다. 의식의 자잘한 부분은 전혀 기억나지 않는다. 나는 깊은 명상에 잠겨 있었다. 희망과 빛으로 넘치던 전체적인 모습만을 기억한다. 신앙심 어린 눈이 하늘에서 볼 수 있는 모든 것을 나는 이날 보았다. 그 엄청난 눈부심 때문에 성체가 내 입술에 닿았을 때 나는 와락 울음을 터트리며 그대로 기절하고 말았다.

레미 신부는 아무것도 이해하지 못했다.

이날 이후 내 마음속에는 신성한 모든 것에 대한 깊은 경의와 위대한 모든 것에 대한 종교적 숭배심이 생겨났다. 하늘의 모든 불길이 내 몸속 화로에 불을 지폈고, 분화구에서 넘쳐흐르는 용암처럼 밖으로 그 빛을 내뿜었다.

2, 3일 동안 나는 이 흥분상태에서 회복하지 못했다. 그레구아르 신부가 나를 만나러 찾아왔다. 나는 울면서 신부님 품으로 뛰어들었다.

"오, 너의 그런 마음이 그렇게 격렬하지 않고 오래도록 지속되었으면 좋겠구나."

그레구아르 신부야말로 세상에서 가장 사리분별이 뛰어난 사람이었다.

─시인 파르스발 드 그랑메종과의 만남

……얼마 전에 나는 부서를 바꾸게 되었다. 내가 설득하기 어려운데다 장편 희곡을 썼다는 사실을 알게 된 우다르가, 나를 비서실에서 기록보관실로 보내 버린 것이다. 사실은 좌천이었다.

거기 작은 몸집에 사람 좋은 여든 살 노인이 있었는데, 이름은 비제라고 했다. 그는 언제나 1788년식의 복장을 하고 있었다. 말하자면 새틴 바지에 알록달록한 색실로 수놓은 양말, 검은 나사 상의에 꽃무늬 비단 재킷을 걸치고 있었다. 그리고 커프스와 브로치. 머리 뒤쪽에 작은 꼬리가 돋은 것처럼 보이는 구름 같은 백발, 그 백발에 둘러싸인 얼굴은 윤기가 돌고 털털해 보였으며 호의가 넘치고 있었다.

그는 내게 매정하게 대하려 했지만 결국 그러지 못했다. 내가 진심으로 그에게 예를 다했기 때문에 경계심을 풀어 버렸다. 그는 내 자리를 가리키더니, 한 달 동안 직원이 없어서 잔뜩 밀린 일을 책상 위에 쌓아올렸다.

사흘이 지나자 그 일은 마무리되었다.

"일이 없을 때는 비극을 써도 괜찮을까요?"

내가 '드라마'라고 하지 않고 '비극'이라고 말한 것에 주목하기 바란다. 나는 비제에게 겁을 주고 싶지 않았다.

"자네는 비극을 쓰고 있나?"

"음, 말씀드려도 괜찮을지 망설이는 중입니다."

"어째서? 나는 그게 나쁘다는 생각은 전혀 안 해. 내 오랜 친구 중에 희극을 쓴 피에르라는 사람이 있지."

"네, 그것도 꽤 좋은 작품이지요. 〈아버지 학교〉."

"자네 그 작품을 알고 있나?"

"네, 읽었습니다."

"그래. 그리고 서사시를 쓰고 있는 파르스발 드 그랑메종이란 녀석도 내 오랜 친구라네."

"네, 《필립 오귀스트》 같은 작품을 쓰셨죠."

"그것도 읽어봤나?"

"아니오, 솔직히 안 읽었습니다."

"아무튼 한 사람은 희극을 쓰고 다른 한 사람은 서사시를 쓰고 있어. 부덕한 이들도 아니지."

"물론입니다. 두 분 모두 인품이 아주 뛰어난 분들이시죠."

"만나본 적이 있나?"

"한 번도 없습니다."

비제는 무언가를 곰곰이 생각하는 것 같았다. 그러더니 잠시 뒤 이렇게 말했다.

"좋아, 알겠네."

"그밖에 또 말씀하실 것이 있으신가요?"

"없네."

"그럼 저는 제 방에 있겠습니다. 무슨 용무가 있으시면 부르십시오."

나는 사무실 사환한테서, 만약 11시 전에 출근하면 그가 자리에 없을 것이고, 또한 4시가 지나도록 방에 남아 있으면 돌아가면서 문을 잠가 버리기 때문에 나를 안에 가두게 될 거라는 말을 들었다. 이제는 서류 상자도 없었다. 저녁시간은 온전히 나의 것이었다. 게다가 상사는 비극을 쓰는 것을 방해하지 않는 사람이었다.

나는 당장 〈크리스틴〉을 쓰기 시작했다. 일을 시작하고 얼마나 많은 시간이 흘렀는지 모르지만, 사무실 사환이 비제 씨가 자기 방에 와 줬으면 한다는 말을 전했다.

나는 서둘러 그의 방으로 가보았다.

이번에는 비제 혼자가 아니었다. 그의 오른쪽에는 몸집이 작은 노인이, 그리고 왼쪽에는 몸집이 큰 노인이 있었다. 나는 좀 놀라면서 인사를 했다.

"왔군." 비제가 말했다. "이 사람은 아주 멋진 글씨체의 소유자라네. 피론과 비슷한 아름다운 글씨를 쓰지. 게다가 15일분의 일을 3일 만에 끝냈네."

"이 사람이 무얼 쓴다고 했지?" 몸집 큰 노인이 물었다.

"운문이야."

"아, 그렇군. 운문이었지."

나는 퍼뜩 어떤 생각이 들었다.

"실례합니다. 파르스발 드 그랑메종 씨이신가요?" 내가 물었다.

"그렇다네." 그가 대답했다.

비제는 또 한 사람의 노인을 바라보았다.

"피에르, 나는 정말이지 바보 같은 놈이라네. 언젠가 말도 안 되는 일을 저질렀지."

"무슨 일을 저질렀는데?"

"이름을 잊어버렸어."

"뭐?" 비제가 말했다.

"자네 이름을 말인가? 자기 이름을?" 피에르가 물었다.

"그래, 바로 내 이름을 말일세. 결혼서약 때 있었던 일이야. 그러니까 그건, 음, 자네도 알겠지만, 그 여자하고 결혼한……."

"그렇게 말하면 알 리가 없잖나."

"아, 그러니까, 뭐라고 했더라? 그 여자…… 아카데미 동료이고…… 희극을 쓴…… 그래서 어…… 뭘 썼더라? 메르시에가 쓰던 것 말이야, 알겠나?"

"알렉상드르 뒤발?"

"그래, 그래서 말이지, 결혼서약 때였는데, 자기 딸을 결혼시킨…… 건축가…… 그 베수비오 화산폭발 때 누가 파묻혀 죽었던 마을, 뭐라더라, 그 마을 작품을 쓴……."

"아, 마루아 말인가요? 플린이 죽은 폼페이에 대한 글을 썼던?" 나는 머뭇거리면서 끼어들었다.

"맞아, 그거야. 고맙네."

이렇게 말하며 그는 나에게 부드럽게 인사를 하더니, 느긋하게 의자에 몸을 묻었다.

"그래서? 이야기를 계속 하게." 비제가 말했다.

"무슨 이야기?"

"아까 이야기하던 것 말이야."

"내가 무슨 이야기를 했었나?"

"했지 않나. 알렉상드르 뒤발의 딸과 결혼한 마루아의 결혼서약 때, 자네가 자기 이름을 잊어버렸다고."

"아, 그랬지…… 그래그래, 이렇게 된 이야기야. 다들 사인을 했어. 나는 '슬슬 내 차례군' 생각했지. 그렇게 생각하면서 이름을 생각해 내려고 했어. 그런데 어찌된 일인지 생각이 안 나는 거야. 옆에 있는 사람한테 내 이름이 뭐냐고 물어봐야 할 상황에 처한 거야. 하지만 그건 너무 부끄럽잖나. 거긴 1층이었고, 정원으로 통하는 문이 있었지. 서둘러 정원으로 뛰쳐나가 이마를 두드리면서, '어떻게 생겨먹은 놈이냐! 네 이름은 뭐였지?' 하고 스스로한테 중얼거렸어. '이름만 말하면 사형을 면한다……' 아니, 그런데 이건 진짜 사형감이잖아. 이러쿵저러쿵하는 사이에 내가 사인할 차례가 됐지. 사람들이 나를 찾고, 알렉상드르 뒤발이 나를 정원에서 찾으면서 소리 질렀어. '이런, 이 파르스발 드 그랑메종이란 녀석은 사인할 차례가 됐는데도 시의 악마한테 붙잡혀 가지고…… 이봐, 파르스발 드 그랑메종! ' '이거다!' 나는 크게 소리쳤지. '파르스발 드 그랑메종! 파르스발 드 그랑메종!' 나는 테이블까지 돌아왔고, 사인을 했다네."

"이건 '바보 같은 놈'에 꼭 집어넣고 싶은 장면이로군요." 나는 웃으면서 말했다.

"그래, 정말 그 말대로야. 자네가 운문을 쓰는 사람이라면 부디 이 이야기를 넣어 달라고 말하겠네."

"무슨 소리를 하는 거야." 비제가 말했다. "이 사람은 운문을 쓰고 있어. 자네가 시를 들어보고 싶다고 그를 불러오라고 하지 않았나."

"아, 그랬지! 그럼, 자네의 시를 들려주지 않겠나?"

"자네 비극 1절을."

"호오, 비극을 쓰고 있었나?"

"네."

"소재는 어떤 거지?" 파르스발 드 그랑메종이 물었다.

"크리스틴입니다."

"좋은 제재로군. 누군가가 같은 소재로 썼던 적이 있었지. 끔찍한 작품이었지, 응, 지독했어!"

"정말 죄송합니다만, 제 비극 1절 대신 다른 시를 들려드리고 싶은데요." 내가 쓴 크리스틴은 도저히 이 노인들 취미에는 맞지 않을 드라마 시구였기 때문이었다. "서정시를 들려드리겠습니다." 나는 말을 이었다.

"호오, 서정시를 말인가." 파르스발 드 그랑메종이 말했다.

"호오, 서정시를 말인가." 피에르가 말했다.

"호오, 서정시를 말인가." 비제가 말했다.

"서정시도 괜찮네." 파스발이 말했다. "무엇에 대한 시인가?"

"얼마 전부터 사람들이 라 페이루즈에 마음을 빼앗기고 있는 것을 아십니까? 최근 신문에 그 잔해가 발견되었다는 보도가 나왔는데……."

"그런 기사가 있었나?" 비제가 물었다.

"있었어, 있었지." 피에르가 말했다.

"라 페이루즈라, 난 잘 알지." 파르스발 드 그랑메종이 말했다.

"나도 아네." 피에르가 말했다.

"난 모르겠군." 비제가 말했다. "하지만 피롱은 알아."

"아무 관련 없잖아." 파르스발이 말했다.

"자, 자네의 시를 들려 주게." 피에르가 말했다.

"그럼, 저도 소망하던 바이니 들려 드리겠습니다."

"자, 자, 걱정하지 말고." 비제가 마치 아버지 같은 말투로 말했다.

나는 온몸의 힘을 모으고, 아주 또박또박하게 다음과 같은 시구를 들려 주었다. 조금쯤은 진보했다고 인정받을 수 있으리라 생각한다.

라 페이루즈

하늘은 드높이 푸르고 바다는 티 없이 맑아

항구를 나오려는 배가 한 척

모래를 무는 닻을 올리고자

닻줄을 삐걱거리네.

……(중략)

신은 계명의 판에

서로 다른 두 폭풍으로

두 개의 머리를 이미 새겨놓았도다

뱃사람과 왕의 머리를! ……

나는 듣는 이들의 표정에 떠오르는 반응을 주의 깊게 살피고 있었다. 파스발은 눈을 깜빡이더니, 갑자기 양손의 엄지를 서로 빙글빙글 돌리기 시작했다. 피에르는 눈을 크게 뜨고 입도 크게 벌린 채 미소짓고 있었다. 보모 같다고 했던 비제는 나와 마찬가지로 두 친구가 어떤 인상을 받았는지 신경 쓰이는 눈치였지만, 좋은 인상을 준 것 같다고 생각한 모양이다.

"꼭 피롱 같지, 피롱!"

그는 이렇게 반복하면서 기쁘다는 듯이 머리를 흔들었다.

내가 낭송을 끝낸 순간 박수가 밀려왔다. 그리고 격려의 말이 쏟아져 나왔다.

나는 기쁨의 도가니에 빠진 것만 같았다.

트라키아인의 지배하에 있으면서도, 로마의 것보다 아름다운 태양을 찾아, 페스툼의 것보다도 향기로운 꽃 깔개 위, 티볼리의 것보다도 서늘한 나무 그늘 아래에서, 저 〈슬픔의 노래〉와 〈변신 이야기〉에 쏟아지는 박수소리를 듣는 추방된 오비디우스의 모습을 상상해 주길 바란다.

이때 나는 멋모르고 이 같은 휴식의 땅을 내려주신 신께 감사 드렸다. 그러나 아시다시피 이것은 그리 오래가지 못했다.

— 〈나폴레옹〉이 쓰인 과정

오데옹 극장에서 〈크리스틴〉 공연을 마치고 나면 우리는 늘 웨스트 거리에 있는 비극의 여왕 조르주 양 집으로 가서 후추와 고추를 잔뜩 넣은 송로버섯 샐러드를 먹곤 했다.

나는 샐러드로 만든 송로가 조르주 양에게 꽤나 잘 어울린다고 생각한다. 아, 얼마나 좋은 시절이었던가. 우리는 야식을 먹으면서 너털웃음을 터뜨리곤 했다.

집에 들어가면 좋은 냄새를 풍기는 따스한 공기가 우리의 코끝에서 떠돌기 시작했다. 우리는 식당에 들어가 4, 5파운드나 하는 커다란 송로버섯 접시가 나오는 것을 기다렸다.

모두들 서둘러 의자에 앉았다. 그러면 앞서 말했다시피 분장실에서 몸단장을 마친 조르주가 자신 쪽으로 샐러드 그릇을 끌어당겨 그것을 눈이 부실 만큼 새하얀 식탁보 위에 열어놓았다. 그리고 그토록 아름답고도 기품 있는 손으로 은제 나이프를 사용해서 그야말로 능란하고 우아하게 송로 껍질을 벗기기 시작하는 것이다.

회식 참가자들을 말하자면, 먼저 로크루아가 있었다. 똑똑한 사람을 놀리는 것을 좋아하는 남자로, 상대를 몰아세우는 것이 그의 애정표현이었다. 그 집의 주인이라고 주장하지만 사실은 조르주의 노예나 다름없는, 두뇌회전이 빠르고 매력적이며 다들 탈레랑 같다고 할 만큼 속담으로 남겨도 좋을 말들을 달고 다니는 아렐. 그리고 너도 나도 벗으로 삼는 자난. 그는 피로를 모르는 기자로 30∼35년 동안이나 프랑스 일류 문예지에 비평을 써왔으며, 타인의 기지를 보고 즐겁게 웃는 재치를 가지고 있었다. 그리고 시골에서 올라와, 이 즐거운 모임이 한창일 때 나오는 이야기나 대화를 듣고 교양을 익히는 나. 야회가 계속되는 2, 3시간 동안 잡담은 중간에 끊기거나 질리는 일 없이 계속되었다.

그리고 다들 정원으로 내려갔다. 정원에는 룩셈부르크와 상원으로 통하는 문이 있었는데, 상원에서는 아렐이 캉바세르스의 비서였던 것을 기억하고 그 문 열쇠를 아렐에게 빌려 주었다. 그 결과, 우리는 디저트의 디저트로서 왕실 정원을 거닐 수 있었다.

베르사유나 튈르리, 룩셈부르크처럼 고전적인 건축양식의 정원은, 밤의 달빛 아래에서 보는 것이 더 멋지다. 조각상 하나하나가 망령처럼 보이고, 분수 하나하나가 다이아몬드 폭포 같았다.

오, 1829년과 1830년, 그리고 1831년의 밤은 진정으로 지금 내가 입에 담는 말처럼 아름다웠던 걸까. 아니면 27, 28세였던 내 나이가 그것을 이처럼 향기롭고, 이토록 조화로우며, 이다지도 벅찬 것으로 만든 것은 아닐까.

그 무렵 조르주는 거의 41세에 달한 멋진 여성이었다. 나는 이미 테오필 고티에가 글로 묘사한, 아니 오히려 그렸다고 할 수 있는 그녀의 초상화를 소개한 바 있다. 그녀는 유난히 뛰어난, 들어본 적도 없을 만큼 풍부하고 화려한 손·팔·어깨·목 그리고 눈을 가지고 있었다. 그러나 그녀의 걸음걸이는 아름다운 요정 멜뤼진처럼 어딘지 모르게 고통스러운 느낌을 주었고(그녀의 다리는 손만큼 아름다웠으니 나로서는 그 이유를 알 수 없었다), 극단적으로 긴 드레스가 그 인상을 한층 더 강하게 만들어 주었다.

연극에 대한 것을 빼면(그녀는 연극에 대해서는 언제나 철저한 준비를 갖추곤 했다), 조르주는 믿을 수 없을 만큼 게으름뱅이였다. 조르주는 몸집이 크고 위엄이 서려 있었는데, 두 황제와 국왕 서넛이 찬미하는 자신의 아름다움을 잘 알고 있었다. 겨울에는 벨벳 드레스를 입고 모피 외투를 걸쳤으며, 인도산 캐시미어 숄을 둘렀다. 여름에는 흰 삼베나 모슬린으로 만든 실내복을 걸친 채로 커다란 소파 위에서 잠자는 것을 좋아했다. 이처럼 아무렇지도 않게 우아한 자태로 길게 누운 채 미지의 손님을 맞이하는 것이다. 어느 날은 로마의 부인처럼 위엄을 드러내고, 또 어느 날은 그리스 창부처럼 웃음을 띠었다. 그리고 그녀의 드레스 주름이나 숄의 이음매, 실내복 가슴께에서 2,

3마리의 훌륭한 그레이하운드의 머리가 뱀의 머리처럼 엿보였다.

그날 밤의 야회 시간은 평소와는 다르게 흘러갔다.

새벽 3시가 되었지만 나는 그때까지 식탁에 앉아 있었다. 자꾸만 신경이 쓰였다. 어쩐지 주변 분위기에서 무언가를 꾸미는 징조가 느껴졌던 것이다. 눈짓이 어지러이 날아다녔다. 묘한 웃음을 주고받기도 했고, 또한 무언가를 암시하는 말이 오갔다.

내가 설명을 요구했더니 다들 깜짝 놀라는 시늉을 하면서 서로의 얼굴을 쳐다보았다. 내 코앞에서 웃고 있는 것이다. 나는 꼭 카르팡트라에서 온 사람이 된 것 같았다. 사실 큄퍼에서 막 돌아온 참이었으니 비슷하긴 했다.

다들 식탁에서 일어났다. 조르주가 아주 아름다운 것을 보여 주겠다며 나를 그녀의 방으로 데리고 갔다. 그녀가 내게 보여 주었던 것이 무엇이었는지 나는 도저히 입을 열 수가 없다. 그저 그녀가 보여 준 것이 너무나 아름다웠던 나머지, 내가 다시 살롱으로 돌아온 것은 15분 이상의 시간이 흐른 뒤였다.

내가 돌아왔을 때, 로크루아와 자난은 이미 자리를 뜨고 없었다. 남아 있는 사람은 아렐뿐이었다.

3시 반이 되었다고 전해 들었을 때였다. 나는 이제 돌아갈 시간이라 생각하고, 모자를 집고 들어왔던 곳을 통해 나가려고 했다.

"아니, 그쪽이 아니야. 다들 벌써 잠들었어. 나를 따라와, 이쪽이다."

나는 아무런 의심도 없이 그를 따라갔다.

우리는 또다시 조르주의 방을 지났고, 의상실을 거쳐 가본 적 없는 방에 들어갔다.

크고 작은 책들과 여러 종류의 펜이 놓인 테이블 위에 양초 두 개가 켜져 있었다. 멋진 침대도 하나 있었다. 흰 시트와 진홍색 깃털이불의 대비가 어둠 속에서 이 침대를 더욱 돋보이게 해 주고 있었다. 침대 밑의 곰 가죽 깔개에는 슬리퍼가 놓여 있었다. 난로 한쪽에는 2인용 의자가 하나, 그리고 또 한편에는 갖가지 색실을 수놓은 천을 씌운 커다란 팔걸이의자가 놓여 있었다.

"호오, 굉장히 좋은 방이군. 아주 안락해 보여. 잠도 푹 잘 수 있을 것 같고, 일도 잘되겠는데." 내가 말했다.

"그래? 이 방이 마음에 든다니 기쁜걸." 아렐이 말했다.

"왜?"

"이게 네 방이니까."

"뭐? 내 방?"

"그래. 넌 이제 내가 부탁한 〈나폴레옹〉을 다 쓸 때까지는 이 방에서 나올 수 없어. 네가 죄수생활하는 동안 불편해하지 않도록 안락한 장소를 제공할 필요가 있었지."

온몸에 전율이 흘렀다.

"아렐!" 나는 노성을 질렀다. "바보 같은 짓 하지 마!"

"그래, 바보 같은 짓은 하지 말아야지. 너는 내가 그걸 부탁했을 때 당장 일에 착수하지 않았지. 엄청나게 바보 같

조르주
4년에 걸쳐서 역사의 무대 뒤에서도 앞에서도 계속 군림했다.

은 짓을 저지른 거야. 나 역시 그걸 다른 작가한테 부탁하지 않았다는 어마어마한 바보짓을 저질렀고. 하지만 이미 너한테 부탁한 이상, 나는 한 입으로 두 말하지는 않을 거네. 그러니까 우리 둘 다 머리 좋은 남자들 치고는 지극히도 바보였다는 거지. 이쯤에서 본래 머리로 돌아갈 필요가 있다고 생각하네."

"정말 아무것도 모르는군. 난 아직 네가 부탁한 〈나폴레옹〉에 대해 구체적인 개요도 전혀 작성하지 않았단 말이야."

"너는 〈크리스틴〉을 하룻밤만에 다 고쳐 썼다고 했잖아."

"책이 필요해. 브리엔, 노르반, 〈승리와 정복〉……."

"〈승리와 정복〉이라면 여기 있어, 브리엔도 그쪽에, 노르반은 책상 위에 있고."

"〈세인트헬레나 회상〉도 필요해."

"난로 위에 있어."

"그런데 내 아들……."

"내일 밤에 이곳으로 식사하러 올 거야."

"나의 그녀는?"

"어머," 조르주가 방으로 들어오면서 말했다. "한 달 반이나 그분 없이도 잘 지내셨으면서. 2주일 정도 더 없어도 상관없잖아요?"

나는 웃어 버렸다.

"최소한 이유를 말해 줘."

"벌써 말했잖아."

"누가."

"내가." 아렐이 말했다. "그리고 그녀는 벌써 그 대가도 치른 상태니까."

"무슨 소리야?"

"팔찌 말이야."

나는 조르주의 아름다운 두 손을 잡았다. 그리고 아렐을 향해 말했다.

"이런, 네가 이렇게까지 해주면 거절할 수가 없잖아. 내일부터 네가 부탁한 〈나폴레옹〉에 착수하도록 하지. 1주일 뒤에 넘겨 줄게."

"우리하고 빨리 헤어지고 싶으신가 보군요." 조르주는 그 여왕 같은 입술을 비죽 내밀며 말했다.

"알았어요, 연극은 다 쓰는 대로 완성될 거요. 서두르는 건 내가 아니라 아렐이니까."

"아렐은 기다려 줄 거예요." 조르주는 마치 클레오파트라나 메디아처럼 말했다.

나는 머리를 숙여 예를 표했다. 더 이상 할 말이 없었다. 아렐은 의상실과 그 부속물을 보여 주고 조르주의 방 말고는 출구가 없다는 것을 가르쳐 주더니, 조르주와 함께 방을 나가고 나를 가두어 버렸다.

내 집으로 양말까지 내려오는 바지를 가지러 갈 정도로 배려해 주는 모양이었다.

그날 밤, 아니 아침이라는 편이 좋을 것이다. 나는 일을 시작했다. 스파이 배역을 떠올리고, 드라마의 개요를 생각해 냈다. 스파이 역은 완전히 내 창작이었지만 드라마의 개요는 역사적 사실을 바탕으로 한 것이었다.

"툴롱에서 세인트헬레나까지." 아렐은 이렇게 말했다. "필요하다면 10만 프랑도 내지."

나는 더 이상 가만히 있을 수 없었다.

다음 날 아침부터 나는 이미 글을 쓰기 시작하고 있었다.

각 장면이 만들어질 때마다 나는 그것을 조르주에게 건네 주었고, 조르주가 다시 아렐에게 보여 주었다. 아렐은 그것을 베르퇴이라는 사람 좋은 청년한테 베끼도록 시켰다. 이 청년은 지금은 프랑스 국립극장의 비서로 일하고 있다.

1주일 뒤, 극본이 완성되었다. 24장으로 구성되어 있고 9천 행에 달하는 분량이었다. 이것은 보통 연극의 3배나 되는 양이었고, 〈이피제니〉의 5배, 〈메로프〉의 6배에 달하는 길이였다.

9일째 되는 날에는 대본의 복사본이 완성되었다. 베르트유는 두 사람의 도움을 받아 그것을 베꼈는데, 내가 극본을 쓰는 것보다 하루가 더 걸린 셈이었다.

그리 잘된 연극은 아니었다. 좋은 작품하고는 거리가 멀었다. 그러나 작품 제목은 반짝 유행으로나마 성공을 약속하는 것이었고, 스파이 역은 문학적 성공이라고 말할 수 있다.

9일째에 대본 낭독을 위한 모임이 있었다. 그날 나는 모스크 장면까지 읽고, 다음 날 이어서 읽는 것으로 마지막까지 낭독을 마쳤다.

이 낭독이 있었던 날 밤, 나는 다시 자유의 몸이 되었다.

나를 가두기 위해 야회를 열었던 것처럼, 그날 밤에는 나의 석방을 위한 야회가 열렸다. 조르주의 집에서 열리는 야회는 매우 즐거웠다. 나는 줄곧 그렇게 생각했다. 그것은 내게 있어 좋은 추억이 되었고, 조르주 이상으로 아름답고, 여왕님 같고, 타인을 내려다보는 신랄한 성격에, 그리스 창부나 로마 부인처럼, 혹은 교황의 조카처럼 행동하는 것은 누구에게도 불가능한 일이었다.

—여배우 도르발과 〈앙토니〉

나는 대본을 읽기 시작했다. 그러나 그녀는 가만히 의자에 앉아 있으려 하지 않았다. 일어나서 내 등에 기댄 채 내 어깨 너머로 함께 읽기 시작했다.

제1막을 다 읽었을 때, 나는 얼굴을 들었다. 그녀는 내 이마에 입을 맞췄다.

"어때요?" 내가 물었다.

"아주 재미있는 서막이네요. 이대로 나가면 이 사람들, 갈 때까지 가 버리겠는데요."

"뭐, 좀 기다려 봐요. 곧 알게 될 거요."

나는 제2막을 읽기 시작했다. 낭독을 계속하면서, 이 유명 여배우의 가슴이 내 어깨 위에서 두근거리는 것을 느끼고 있었다. 아델과 앙토니의 장면에 이르자, 눈물 한 방울이 내 원고지 위에 떨어졌다. 이어서 한 방울, 또 한 방울.

나는 그녀에게 입맞추려고 얼굴을 들었다.

"어머, 모처럼 열심히 감상하는데 중간에서 끊지 말아요."

나는 다시 읽기 시작했고, 그녀는 또다시 눈물을 흘리기 시작했다.

제2막이 끝날 즈음 주인공 아델은 도망쳐 버린다.

"어머, 이 사람은 정숙한 분이네요." 도르발이 훌쩍거리면서 말했다.

"나라면 도망치지 않았을 텐데."

"당신은 사랑 그 자체니까."

"아니, 저는 천사예요. 3막으로 가요. 아, 두 사람이 꼭 다시 만났으면!"

나는 제3막을 읽었다. 그녀는 온몸을 부들부들 떨면서 그것을 들었다.

제3막의 끝은 아시다시피 이렇다. 깨진 유리창, 아델의 입을 막은 손수건, 방으로 끌려 들어가는 아델, 그리고 막이 닫힌다.

"다음은 어떻게 돼요?"

"앙토니가 그녀에게 무슨 짓을 할지 짐작 안 되오?"

"뭐라고요. 그녀에게 난폭한 짓을 저지르는 건가요?"

"조금은, 하지만 그녀는 벨을 울리지 않아."

"어머나."

"왜?"

"좋아요, 이게 제3막의 끝인 거죠. 당신은 사람을 깜짝 놀라게 만드는군요! 아무튼 이 막을 공연할 때는 좀 힘들겠는데요. 제가 '닫히지 않아, 이 문.' 그리고 '이 여관에서는 지금까지 한 번도 어떤 사건이 발생한 적이 없는 걸까?'라는 대사를 어떻게 하면 좋을지 좀 봐 주세요. 그 사람을 보고 그저 소리지르고만 있는 거죠. 제가 아델이라면 다시 앙토니를 만난 기쁨 때문에 목소리도 안 나올 것 같은데요."

"아니, 꼭 소리를 질러야 해."

"그래요, 알고 있어요. 그편이 도덕적이니까. 자, 다음을 읽어 줘요."

난 제4막에 들어갔다.

모욕하는 장면에 이르자 그녀는 양손을 내 목에 감았다. 이제 내 어깨 위 가슴의 고동은 단순히 빨라졌다 느려졌다 하는 것만이 아니었다. 나는 옷을 통해 그녀의 심장 그 자체가 두근거리는 것을 느꼈다. 자작부인과 아델의 장면, 아델이 '하지만 나는 그 여자에게 아무 짓도 하지 않았어요'하고 세 번 반복하는 장면에서 나는 읽기를 멈추었다.

"어머, 너무해! 왜 멈추는 거예요?"

"당신이 내 목을 조르고 있으니까."

"아, 정말이네? 하지만 지금까지 무대에서 이런 연극을 상연한 적은 한 번도 없었는걸요. 아, 너무 생생하고 벅차서 숨이 막힐 것 같아요."

"아무튼 끝까지 들어 봐."

"부탁드릴게요."

나는 그 막을 끝까지 읽었다.

"이 막은 안심이 돼서 괜찮네요. 나는 '그 사람의 애인!'이라는 이 대사, 꼭 잘 해낼 거예요. 당신의 연극을 연기하는 건 그리 어렵지 않지만, 심장이 짓눌리는 느낌이 들어요. ……눈물도 조금 흘리게 만들고요……. 아, 하지만 당신은 대체 어디서 여자들을 그렇게 잘 알게 된 거예요? 전부 외우고 있네요."

"아무튼 끝을 내자고."

나는 제5막을 읽기 시작했다. 매우 놀랍게도 그녀는 눈물을 많이 흘리긴 했지만 다른 막만큼 감격하지 않았다.

"왜 그러지?" 내가 물었다.

"아, 멋지다고 생각해요."

"거짓말, 당신은 전혀 그렇게 생각하지 않아요."

"그렇게 생각해요."

"그렇게 생각 안 해!"

"그럼 제 의견을 솔직하게 말해도 되나요?"

"물론이오."

"마지막 장은 조금 해이해진 느낌이 들어요. 오늘 밤 안에 고쳐줄 수 없을까요?"

"물론 좋아요, 집으로 돌아가자마자 착수하겠소."

"집에 돌아가지 말고요."

"무슨 소리야?"

"뭐 어때요, '개똥지빠귀(도르발의 남편)'는 시골에 내려갔으니까 그 사람 방을 써요. 당신이 일하고 있으면 가끔 보러 갈 테니까요. 내일 아침까지는 끝낼 수 있겠죠? 그러면 제 침대까지 와서 읽어 주세요. 그러면 정말 많이 기쁠 거예요."

"하지만 '개똥지빠귀'가 만약 돌아오기라도 하면……."

"흥, 문을 안 열어주면 그만이죠."

〈앙토니〉 공연 첫날

이번 '브라보!'는 나에게 보내는 것이 아니었다. 그것은 여배우, 대단한 여배우, 숭고한 여배우의 것이었다.

모든 이들이 그 결말을 알고 있었다. 그 예상 밖의 단 한 마디 대사, 여섯 단어에 집약된 결말을 알고 있었다. 앙토니가 찌른 단검에 아델이 소파 위로 쓰러진 순간, 델베가 문을 차 부수고 들어온다.

"죽은 건가?" 델베 남작이 외친다.

"그래, 죽었다." 앙토니가 차갑게 대답한다. "이 여자는 나에게 저항했지, 그래서 죽었다!"

이렇게 말하고 그는 아델 남편의 발밑에 단검을 내던진다.

장내는 공포, 경악, 고통의 외침으로 술렁거렸다. 아마도 이 연극에 반드시 필요한 대사를 알아들을 수 있었던 관객은 고작 삼분의 일 정도밖에 되지 않았다. 그 대사가 없었다면 이 연극이 단순히 살인으로 해결된 하나의 간통이야기에 불과할 수 있었는데도.

그러나 관객들의 반응은 대단했다. 성난 파도처럼 터져 나온 함성이 작가를 불러들였다. 보카쥬가 무대에 나와서 내 이름을 연호했다. 그리고 연이어 관객들은 앙토니와 아델을 외쳤다. 두 사람 모두 그들이 지금까지 쟁취한 적이 없었고 또 앞으로도 없을 승리를 나누어 받기 위해서 다시 무대 위에 나타났다.

그들 두 사람은 예술의 지고한 정상까지 올랐다.

나는 1층 객석에서 뛰쳐나와, 복도가 객석에서 일어난 사람들 때문에 가득 찬 것도 상관하지 않고 그들 곁으로 뛰어가려고 했다.

네 걸음도 걷기 전에 내 정체를 들키고 말았다. 이번에는 작가인 내 차례였다. 나와 비슷한 또래의 청년들이(나는 28세였다) 창백한 얼굴로 허둥거리고, 숨을 몰아쉬면서 나를 향해 덤벼들었다. 오른쪽으로 잡아끌리고 왼쪽으로 잡아끌렸으며 입맞춤까지 당했다. 나는 위아래 모두 단추가 달린 녹색 연미복을 입고 있었는데, 그 꼬리 부분은 갈기갈기 찢어지고 말았다. 그래서 스펜서 경이 돌아갔을 때처럼 소매가 찢어진 윗옷을 입은 채 분장실로 들어갔다. 내 옷의 남은 부분은 완전히 너덜너덜해진 상태였다.

……어느 날, 도르발과 보카쥬한테서 이 연극을 팔레 루아얄에서 공연해 보라는 말을 들었다. 누구를 위한 연극이었는지는 이제 기억하지 못하지만, 그런 것은 아무래도 좋았다.

이 연극은 언제나 성공을 거두었다. 단지 '막!' 하고 외쳐야 할 시기를 정확하게 듣지 못한 무대감독이, 앙토니가 단검으로 찌른 순간 그만 막을 내려 버렸다. 덕분에 관객은 클라이맥스를 보지 못했다.

이것은 관객들이 원하던 것과는 전혀 달랐다. 결말, 이야말로 그들이 원하던 것이다. 따라서 관객들은 자리에서 일어나지 않고 있는 힘을 다해 외치기 시작했다.

"결말! 결말!"

외치는 소리가 얼마나 격렬했는지, 무대감독은 배우들에게 마지막 장면을 한 번 더 연기해 달라고 부탁해야 했다.

언제나 다정한 마음을 잃지 않았던 도르발은 소파 위에서 죽은 여자의 포즈를 취했다. 그리고 감독들은 앙토니에게 달려갔다.

그러나 앙토니는 그가 마지막으로 극적인 장면을 선보일 기회를 망친 데에 대해 화가 나 분장실로 돌아가 버린 상태였다. 아킬레우스처럼 심사가 꼬여서 그와 마찬가지로 방에 틀어박힌 채 나오기를 거부했다.

그러는 사이에도 관객은 박수를 치면서 "보카쥬! 도르발! 도르발!"하고 계속 외치고 있었다. 보카쥬는 감독을 내쫓았다. 도르발은 소파 위에서 팔을 힘없이 떨어뜨린 채 머리를 뒤로 젖힌 상태로 기다리고 있었다.

관객들도 기다리고 있었다. 장내가 고요히 가라앉았다. 그러나 1분이 지나도 보카쥬가 등장하지 않자, 다시 박수를 치기 시작했다. 전보다도 더 격렬한 외침으로 이름을 불렀다.

장내의 분위기가 심상치 않게 돌아가는 것을 느낀 도르발이 죽어 늘어져 있던 팔을 서서히 소생시켰다. 뒤로 젖혔던 머리를 일으키고, 일어나서 무대 앞까지 걸어 나온 그녀가 무리해서 취한 첫 움직임 덕분에 마치 기적이라도 일어난 것처럼 사방이 고요해졌다.

"여러분," 그 속에서 그녀는 입을 열었다. "저는 그 사람에게 저항했습니다. 그리고 그 사람은 저를 죽였습니다."

이렇게 말한 그녀는 정중하게 인사를 했고, 우레 같은 박수를 받으며 퇴장했다. *

막이 내렸다. 그리고 관객들은 황홀해져서 돌아갔다. 그들은 결말을 본 것이다. 그것은 분명한 변주곡이었다. 그러나 이 변주곡은 정말로 세련되고, 원문보다 더 사랑받을 만한 큰 위험성을 가지고 있었다.

—샤르트뢰즈 수도원 에피소드

우리는 생로랑에 도착했다. 샤르트뢰즈 수도원에 가기 위해서는 이 마을에서 마차를 타거나 노새를 타야 했다. 이곳에서부터 1.6킬로미터나 떨어져

---

* "그녀의 자연스런 대사와 혼의 외침은 장내를 뒤집을 수 있는 힘이 있었다…… 그녀가 모자를 의자에 던지는 동작을 보고 관중은 전율을 느꼈다……" 테오필 고티에는 이렇게 서술했다. 마리 도르발(1798~1849)은 낭만파 연극에 군림했다. 지방 순회공연 때 이름도 모르는 배우의 아이로 태어난 그녀는 아주 나이 많은 배우 알랭 도르발과 결혼하자마자 미망인이 되었고, 피친니·뒤마·비니·상드·메랑·루게 등을 애인으로 두었다. 그녀에게는 세 명의 아이와 또 한 명의 남편 '하얀 개똥지빠귀'가 있었다.

있기 때문이었다. 그런데 노새를 한 마리도 찾을 수 없었다. 어느 시장에 전부 나간 것이다. 라마르크와 내게는 그다지 놀랄 만한 일도 아니었다. 둘 다 다리가 튼튼했다. 그러나 함께 가던 부인에게는 고생스러운 일이었다. 그러나 그녀도 마음을 정했다. 우리는 안내인을 불렀고, 그가 우리의 짐을 하나로 합쳐 짊어졌다. 7시 반이었다. 어두워질 때까지 두 시간 정도밖에 남지 않았는데 네 시간은 걸어야 했다.

샤르트뢰즈 수도원이 야트막하게 자리한 도피네 골짜기는 스위스에서 가장 깊은 계곡이나 마찬가지이다. 풍요로운 자연, 울창한 숲, 웅장한 경치도 그렇다. 그러나 알프스처럼 험준한 산맥을 따라가지만, 알프스 길보다는 걷기 좋고 폭도 보통 1.2미터는 된다. 그래서 낮에는 위험하지 않다. 어두워지기 전에는 모든 것이 좋았다. 그러나 번개가 치고 비가 내리더니 다른 때보다 일찍 밤이 되었다. 우리는 안내인에게 비를 피할 만한 곳이 없는지 물었다. 길가에는 집 한 채도 없었다. 계속 가는 수밖에 없었다. 샤르트뢰즈 수도원까지는 반 정도 남아 있었다.

남은 길을 갈 때는 처참했다. 곧 비가 내리기 시작했다. 비와 함께 새까맣게 어두워졌다. 부인은 안내인의 팔을 붙잡고 라마르크는 내 팔을 붙잡아 우리는 두 줄이 되어 나아갔다. 네 명이 옆으로 나란히 갈 수 있을 정도로 길은 넓지 않았다. 왼쪽은 그 높이가 얼마나 되는지 알 수 없는 절벽으로 밑에선 급류 소리가 들려왔다.

밤의 어둠이 짙어지고, 나아갈 길조차 보이지 않았다. 앞서 가는 부인의 하얀 옷조차, 번개가 다행스럽게 제법 가까이 쳐 어둠과 서로 번갈아 가며 주위를 밝혀 줄 때밖에 보이지 않았다. 천둥소리가 계곡에 메아리칠 때는 더욱 무시무시해져 소리가 네 배나 커졌다. 마치 최후심판의 서곡 같았다.

수도원의 종소리가 들려와 우리가 마침내 가까이 왔다는 것을 알렸다. 우리와 스무 걸음 거리에 가로놓인 오래된 샤르트뢰즈 수도원이 커다란 모습을 나타냈다. 50개의 창에 불빛은 하나도 켜 있지 않았다. 귀신이 뛰놀다 버려진 수도원 같았다.

우리가 벨을 눌렀다. 수도사 한 분이 안에서 문을 열었다. 우리가 들어가려는데 그 수도사는 함께 온 부인의 모습을 보더니 갑자기 문을 닫았다. 마치 수도원에 악마라도 방문한 것처럼. 샤르트뢰즈회의 수도사는 어떤 여성이 방문해도 받아들이지 않는다는 것이다…….

몹시 난감했다. 그때 다시 문이 열렸다. 한 수도사가 램프를 손에 들고 나와, 우리를 사원에서 50걸음 정도 떨어진 집에 안내했다. 우리와 함께 온 여성처럼 성 브루노 계율의 엄격함을 모르고 샤르트뢰즈 수도원에 찾아온 여성 여행객들은 여기에 머문다는 것이다.

우리를 안내해 준 장 마리라는 초라한 수도사는 내가 여태껏 만난 사람 가운데 가장 온화하고 가장 친절한 사람이었다. 그의 업무는 여행자를 맞이하고 보살피며, 수도원을 안내하는 일이었다. 그는 먼저 수도사들이 담근 과실주를 마실 수 있게 해 주었다. 추위와 비에 언 여행자의 몸을 따뜻하게 하기 위한 술이다. 우리는 정말 얼어 있었다. 그 성스러운 신의 술을 매우 알맞게 이용할 수 있는 다시없는 기회였다.

사실 몇 방울을 넘긴 순간, 우리는 불을 삼킨 건가 하는 생각이 들었다. 그리고 마치 뭔가에 지친 사람들처럼 수영하듯이 방 안을 이리저리 돌아다녔다. 이때 장 마리 수도사가 램프를 입 가까이 댔다면 우리는 카쿠스처럼 입에서 불을 토했을 것이다.

그 사이에 커다란 난로에 불이 켜졌고, 테이블에는 우유와 빵, 버터가 놓였다. 샤르트뢰즈회의 수도사들은 평소 육식을 하지 않는 자신들뿐 아니라 우리에게도 육식을 삼갈 것을 억지로 권했다.

우리가 음식이라고 할 수 없는 변변찮은 식사를 마쳤을 때, 수도원의 종이 새벽기도 시간을 알렸다. 나는 장 마리 수도사에게 나도 거기에 참석할 수 있는지 물었다. 그는 빵과 하느님의 말씀은 모든 그리스도 교도를 위한 것이라고 대답했다. 그래서 나는 수도원에 들어갔다.

길이 245미터에 이르는 거대한 고딕식 복도 끝에 있는 수도사 독방의 문이 열렸다. 그 문에서 오래되어 갈색을 띤 천장의 높은 아케이드 아래서 백발의 수도사 한 사람이 나타난 것을 본 순간, 나는 여태껏 한 번도 느껴 본 적 없는 마음을 사로잡은 감동을 느꼈다. 8세기가 지나도록 주름 하나 변하지 않은 저 성 브루노의 휘감긴 긴 옷을 입고 있다. 그 성스러운 사람은 램프를 손에 들고 거기서 나오는 흔들리는 빛의 고리 가운데로 엄숙하고 조용하게 나아갔다. 그의 앞에도 뒤에도 모두 암흑이었다.

그가 내 쪽으로 올 때, 나는 절로 무릎이 구부러지는 것을 느끼고 무릎을 꿇었다. 그 모습을 보고 그는 다정히 내게 다가와 내 숙인 머리 위에 손을 얹고 이렇게 말했다.

"이보게, 만약 당신이 믿는다면 나는 당신을 축복할 것이고, 믿지 않는다면 나는 더욱 당신을 축복할 것이다."

웃고 싶은 사람은 웃어도 좋다. 그렇지만 그때 나는 왕관을 준다고 하더라도 이 축복은 다른 사람에게 넘길 수 없었을 것이다.

그가 지나갔고, 나는 다시 몸을 일으켰다. 그는 교회로 갔다. 나도 그 뒤를 뒤따랐다.

새벽기도가 끝난 뒤, 나는 밤중에 수도원을 걸어보고 싶다고 말했다. 햇빛이 잡념을 불러일으키는 것이 걱정되어서였다. 그리고 그때의 마음상태 그대로 수도원을 보고 싶었기 때문이다. 잔 마리 수도사는 램프를 손에 들더니 내게도 램프를 하나 더 들게 했다. 우리는 복도들을 둘러보았다. 앞에서도 말했지만 그 복도들은 거대했다. 로마의 산피에트로 성당에 맞먹는 길이였다. 이 복도들에는 400개의 독방이 있는데, 이전에는 모든 방에 수도자가 살고 있었다. 지금은 빈 방이 373개이다.

우리는 그 빈 독방의 한 군데에 들어갔다. 이곳에 살았던 수도자는 5일 전에 죽었다고 했다. 독실은 모두 똑같았고 두 개의 계단이 있었다. 하나는 위층에 올라가기 위한 것이고, 하나는 아래층으로 내려가기 위한 것이었다. 위층은 작은 창고이고 중간층은 난로가 있는 방이었으며, 그 옆에는 서재가 있다. 고인이 임종할 때 마지막으로 시선을 던진 장소에 책 한 권이 펼쳐 둔 채 그대로 놓여 있었다. 그것은 성 아우구스티누스의 《고백》이었다.

이 맨 처음 방과 가까운 침실에 있는 가구는 기도대와 짚 이불과 요를 덮은 침대가 전부였다. 이 침대에는 거기서 자는 사람이 틀어박힐 수 있도록 양쪽이 모두 열리는 창문이 있었다. 나는 이것을 보고, 어떤 독일인이 내게 샤르트뢰즈회 수도자는 찬장에서 잔다고 했을 때 그가 상상한 것을 이해할 수 있었다.

아래층은 작업장으로서 물레나 목공 도구가 있다. 수도사는 각자 무엇인가 손으로 하는 일을 하루 두 시간씩 할 수 있고, 한 시간은 작업장에서 이어지는 작은 정원 일구는 일을 할 수 있다. 그들에게 허락되는 기분 전환은 그것뿐이다.

장 마리 수도사는 밤인데도 불구하고 무덤을 보러가지 않겠냐고 물었다. 문을 연 순간 내 팔을 잡아 멈춰 세운 뒤, 다른 한손으로 자신의 무덤 구덩이를 파고 있는 샤르트뢰즈회의 수도사 하나를 가리켰다. 나는 그 모습을 보는 순간 굳어 버렸다. 그리고 그 남자에게 말을 걸어도 괜찮은지 안내해 주는 수도사에게 물어 보았다. 그는 말을 걸어도 된다고 했다. 또 거기 혼자 남아 있어도 되겠는지 물었다. 내 부탁을 무례하게 여길 줄 알았는데, 그는 몹시 기뻐하는 것같이 보였다. 사실 그는 지쳐 쓰러질 정도였던 것이다. 나는 혼자가 되었다.

무덤 구덩이를 파고 있는 남자에게 어떻게 말을 거는 것이 좋을지 알 수 없었다. 나는 그에게 몇 걸음 다가갔다. 그는 나를 알아채고서 내 쪽을 향해 삽에 몸을 기대고는 말 걸기를 기다렸다. 나는 더욱 당황했다. 그러나 이 이상 가만히 있는 것은 우스꽝스러웠다.

"신부님, 밤이 깊었는데 쓸쓸한 일을 하고 계시네요." 내가 말했다. "낮 동안 힘들게 일하고 피곤하실 텐데, 기도하는 틈틈이 쉬고 싶다고 생각하지 않으시는지요. 게다가," 나는 웃으면서 계속 말했다. 그가 아직은 젊다는 것을 알았기 때문이다. "지금 하고 계신 일은 그렇게 서두르지 않아도 될 일 같은데요."

"여기서는," 그 수도사는 쓸쓸하게 아버지 같은 목소리로 말했다. "가장 나이 많은 사람이 먼저 죽는 것은 아닙니다. 나이순으로 무덤에 들어가는 것도 아닙니다. 그러니 제가 무덤을 판다면 하느님은 제가 거기에 들어가는 것을 허락하실 것입니다."

"말씀드립니다만, 제가 하느님을 믿는 마음은 가지고 있지만, 가르침의 규칙이나 수업은 그다지 모릅니다. 그러니 이제부터 말씀드리는 것이 틀릴지도 모르겠습니다. 그러나 당신이 소속된 수도회 규칙이 당신에게 명령하는 대로, 속세의 인연을 모두 끊는 것이 속세에서 멀어지길 바라는 당신의 바람을 이루어 준다고는 생각하지 않습니다만."

"사람은 자신의 행위를 억제하는 것이 가능합니다." 수도사는 대답했다. "그러나 욕망을 억누를 수는 없습니다."

"당신의 욕망은 너무 어둡군요."

"그렇습니다. 마음이 그러니까요."

"괴로움이 남아 있군요."

"저는 지금도 괴롭습니다."

"여기에서는 고요함만이 머문다고 생각하지 않으십니까."

"회한의 심정은 어디든지 스며듭니다."

나는 그 남자를 더욱 집중해서 보았다. 그리고 나는 그 남자가 밤에 교회에서 엎드려 울고 있던 수도자라는 것을 알게 되었다.

"새벽기도에 오셨지요." 그가 말했다.

"당신 옆이었다고 기억합니다."

"제가 흐느끼는 것을 들으셨나요?"

"울고 계신 모습을 보았습니다. 하느님이 당신을 가엾게 여기신다고 생각했습니다. 당신에게 눈물을 내리셨으니까요."

"아, 그렇습니다. 하느님이 저에게 눈물을 돌려주신 뒤로, 저는 하느님이 저에게 징벌을 조금 가볍게 해 주신 것이 아닐까 하는 희망을 가지고 있습니다."

"동료 수도자들에게 마음을 털어놓고, 당신의 괴로움을 덜어보지는 않으셨는지요."

"여기 있는 분들은 모두 각자의 힘으로 간신히 견딜 수 있는 짐을 지고 있습니다. 다른 사람이 그 위에 무거운 짐을 더하면 그 사람은 무너지고 말 겁니다."

"저도 그렇게 생각합니다."

"동정해 주는 마음, 손을 잡아주는 손," 그는 계속했다. "그것만으로도 뭔가 도움이 됩니다."

나는 그의 손을 잡았다. 그는 내 손을 흔들어 풀고 팔을 거두었다. 나는 눈을 통해 마음속을 읽으려 그를 정면으로 보았다.

"단순한 흥미입니까, 예의가 없는 겁니까?" 그가 말했다. "친절해서 그렇습니까. 그저 호기심이 강해서 그런 겁니까?"

가슴이 죄어드는 기분이 들었다.

"신부님, 손을 한 번 더 주시겠습니까."

나는 그 자리를 뜨려 했다.

"저기," 그가 다시 입을 열었다. 나는 발을 멈췄다. 그가 내게로 왔다.

"마음을 달래는 모든 것이 주어졌는데도 그것을 물리치고, 하느님이 당신을 제게 보내 주셨는데도 당신을 떠나보내면 안 되겠습니다. 당신은 비참한 남자에게 최근 6년간 아무도 해 주지 않은 것을 해 주었습니다. 당신은 이 사람의 손을 잡아 주었습니다. 감사합니다. ……자신의 괴로움을 다른 사람에게 말하는 것이 괴로움을 누그러뜨린다고 당신은 말씀하셨습니다. 그 말씀에 따라 당신은 그것을 듣겠다고 약속하셨습니다. 자, 제 이야기를 중간에서 멈추지 말아 주세요. '그만 하라'고도 하지 말아 주십시오. 마지막까지 들어주십시오. 이보다 긴 시간 동안 내 마음 속에 있는 것을 모두 마음속에서 꺼내고 싶습니다. 그리고 제가 이야기를 마치면 제 이름을 묻지 마시고 또 저도 당신의 이름을 모르도록 즉시 떠나 주십시오. 이것이 저의 소원입니다."

나는 약속했다.

"제가 어디에서 태어났는지, 그리고 어디에 사는지 아는 것은 쓸데없는 일입니다. 말하고자 하는 사건이 일어난 것은 7년 전입니다. 저는 그때 스물네 살이었습니다. 1825년 초봄, 어머니가 시골에 가진 땅 근처의 땅이 팔렸습니다. M장군이 샀지요. 저는 그가 아직 독신일 때 사교모임에서 만난 적이 있었습니다. 그는 근엄하고 엄격한 남자로, 전쟁 경험 때문에 남자는 전투도구, 여자는 필요 없는 것으로 여기는 남자였습니다. 저는 그가 마렝고나 오스테를리츠 전투에 대해 이야기를 주고받는 어떤 원수의 미망인과 결혼한 것으로 알고 있었습니다. 그래서 가까이 살면 즐거운 일이 많을 것이라 생각했습니다. 그는 이사온 뒤 인사하러 와서 아내를 어머니께 소개시켜 주었습니다. 정말이지 하느님이 만들어 낸 여자 중에 가장 성스러운 두 명의 여성이었습니다. 당신은 사교모임이란 걸 알고 계시지요. 그런 곳의 이상한 도덕관이나 윤리관도 아실 겁니다. 제가 행복하기만 하다면, 그 부인이 남편을 행복하게 한다 해도 그녀를 빼앗기 위해서는 주변 사람들의 재산만 존중하면 된다는 것이죠. M부인을 본 순간부터 저는 그 남편의 성격도, 그의 나이가 쉰 살이라는 것도 잊어버렸습니다. 제가 아직 요람에서 잠자고 있을 때 그가 지녔었다는 명예도, 제가 유모의 젖을 빨고 있을 때 그가 겪은 수많은 전쟁의 상처도. 저는 그의 그토록 아름다운 여생에 제가 치욕을 뒤집어씌워 그의 노후가 절망으로 물들 수 있다는 것을 잊어버렸습니다. 저는 그저 한가지 때문에 모든 것을 잊어버린 것입니다. 카롤린느를 제 것으로 하겠다는 그것 하나로⋯⋯. 아, 당신은 질투를 느낀 적이 있으십니까."

"그 두 사람을 죽였습니까." 그에게 내가 말했다.

그는 넘겨받듯이 웃었다. 울음이 목구멍에서 끊어지는 웃음이었다. 손을 머리 위로 엇갈려 몸을 뒤로 젖히고 울부짖는 것 같은 목소리를 내며, 그는 갑자기 일어났다.

나도 일어나 그를 양팔로 껴안았다.

"자, 확실히 말해 보세요."

"저는 그 여인을 정말 사랑했습니다. 그 여인이라면 생명의 마지막 숨까지, 마지막 한 방울의 피까지도, 영혼의 마지막의 마지막까지 바칠 수 있었습니다. 그 여인은 이 세상에 살고 있는 저를 엉망진창으로 만들고, 다음 생까지도 그렇게 할 겁니다. 저는 죽는 순간에도 하느님을 생각하지 않고 그녀를 생각하며 죽을 것이기 때문입니다."

"신부님!"

"언제나 제가 이렇다는 것을 아시겠습니까? 제가 살아가면서 이 무덤에 살고 있는 죽음이 제 사랑을 죽여 주기를 바라면서, 이 무덤에 몸을 가두면서 6년간, 제가 방 안을 서성이지 않는 날이 하루도 없었고, 수도원 안에서 울부짖는 소리가 울리지 않는 밤이 없었다는 것도 알고 계십니까. 육체의 고통 따위는 이 미쳐 날뛰는 영혼에 아무런 효과도 없습니다."

그는 긴 옷의 앞을 열어 고행용 옷 밑의 스스로 만든 생채기투성이 가슴을 보여 주었다.

"이걸 보는 게 빠를 것입니다." 그가 말했다.

"그 둘을 죽였습니까." 내가 말했다.

"아, 더 지독한 일을 했지요." 그가 웃었다.

—빈곤층에 대한 동정

리옹을 모르는 사람은 없다. 연기로 뒤덮인 진흙탕 마을, 부와 빈곤이 빽빽이 모여 있는 마을. 사람들은 그 거리에서 마차를 타고 달리려 하지 않는다. 서민을 칠까봐 두려운 것이 아니라 서민의 마음을 다치게 할까봐 두려운 것이다. 이 마을에서는 4만 명이나 되는 불행한 사람들이 하루 24시간 중

18시간을 고된 노동에 신음한다.

3층짜리 원형 피라미드를 상상해 보라. 가장 꼭대기가 800명의 공장주, 가운데가 1만 명의 감독, 가장 밑이 이 어마어마한 무게를 떠받치는 4만 명의 노동자. 다음으로, 이 거대한 원형 피라미드 주위에는 벌집 주변에 몰려드는 호박벌처럼 공장주에 기생해 윙윙 날갯짓하며 이삭을 줍고 부산물을 얻어 챙기는 중개인과 원료 납품업자가 있다.

이 거대한 기계의 상업적 메커니즘을 이해하는 것은 간단하다. 중개인들은 공장주 덕에 살아간다. 그 공장주는 감독들 덕에 살아간다. 감독들은 노동자들 덕에 살아간다.

여기에 5만에서 6만 명을 부양하는 유일한 것으로, 모든 면에서 다른 곳과 경쟁을 강요당하는 리옹 공업의 모습을 겹쳐 생각해 보라. 지금은 자력 생산을 하는 영국은 첫째, 리옹 생산품을 구입하지 않음으로써, 둘째, 스스로 제품을 생산함으로써 리옹을 이중 파국으로 내몰고 있다. 취리히·바젤·베른은 직물공장을 짓고 프랑스 제2의 도시의 라이벌이 되었다.

40년 전인 1810년, 대륙 폐쇄로 인하여 프랑스 전역이 리옹 제품을 어쩔 수 없이 구입해야 했을 시절 노동자의 일당은 6프랑이었다. 당시 노동자는 아내와 줄줄이 태어나는 수많은 자식(앞을 내다보는 눈이 없는 서민인 까닭에)을 편히 부양할 수 있었다.

그러나 제국 붕괴 이후, 즉 16년 전부터 보수는 계속해서 낮아졌다. 4프랑에서 40수(1수는 1/20프랑)가 되었다가 마침내 35수, 30수, 25수가 되었다. 이윽고 현재에 이르러서는 옷감을 짜는 일반 직공은 18시간을 일하고 하루에 18수밖에 벌지 못한다. 1시간에 1수인 셈이다! ……이것 가지고는 살아갈 수가 없다.

불행한 노동자들은 오랫동안 묵묵히 가난과 싸워 왔다. 석 달에 한 번씩 공기가 더욱 탁한 지역의 더 좁은 방으로 이사를 가고 매일 자신과 자식들의 식사에서 무언가를 줄이려 노력하면서.

그러나 그들이 신선한 공기 결핍에 의한 질식과 빵 결핍에 의한 기아에 직면했을 때 '크루아 루즈(붉은 십자가)'—그 성격이 훌륭히 드러나는 이름이지 않은가—즉 노동자의 마을에서, 단테가 지옥의 첫 번째 영역을 통과할 때 들었던 것과 같은 커다란 오열이 터져 나왔다. 그것은 10만 명이나 되는 사람이 고통에 못 이겨 내는 소리였다. 지사는 임금인상에 동의했다. 104명의 공장주가 이의를 제기했다. 자신들에게는 스스로 빈곤을 초래한 자들에게 도움의 손길을 내밀 의무가 없다는 이유였다.

스스로 초래한 빈곤인 것이다! 하루에 18수밖에 못 벌다니, 이런 게으름뱅이들이 세상에 또 어디 있단 말인가!

이 이의 앞에서 지사는 뒤로 물러섰다.

지사가 후퇴하는 것을 보고, 마음씨는 착하지만 우유부단한 노사협조회원들도 한 발짝 물러

라므네 신부
'현대의 가장 뛰어나고 가장 위대한 천재 가운데 한 사람'

섰다. 노사협조회원들과 지사는 새로운 임금은 강제로 정해지는 것이 아니며, 임금인상을 원치 않는 공장주는 임금을 인상하지 않을 권리를 가지고 있다고 선언했다. 공장주 800명 가운데 600~700명의 공장주가 이 허가조항을 이용했다.

그러자 불행한 직물노동자들은 1주일 간의 작업 중지를 결의했다. 3만 명의 노동자가—그들은 무기를 들고 있지 않았지만 3만 명이 얼마나 빨리 무장할 수 있는가를 확실히 알고 있었다—리옹 시내 구석구석을 줄지어 천천히 행진했다.

11월 21일 월요일, 직물노동자 400명이 각 지구대표를 선두로 유일한 무기인 막대기를 들고 행진을 시작했다. 그들은 이제 결판의 시간이 왔음을 알고 있었다. 그리고 각 공장을 돌며 동료들에게 자신들과 함께 새 임금인상안이 성실하게 최종 타결될 때까지 파업을 하자고 촉구하기로 결심했다.

60명의 국민군 중 25명은 일시에 무기를 빼앗겼고 나머지는 도망갔다.

이 최초의 승리에 만족한 그들은 평화 시위의 성격을 유지한 채 서로 팔짱

을 끼고 4열로 서서 일명 '브랜드 코트'라 불리는 비탈길을 내려갔다. 눈 깜짝할 새에 여자와 아이들이 바리케이드를 만들었다. 봉기한 사람들 한 무리가 '크루아 루스'의 국민군이 가지고 있던 대포 2문을 환성을 지르며 끌고왔다. 이 국민군은 대포를 빼앗기는 현장을 못 본 척했을 뿐 아니라 사실상그들에게 대포를 제공했다. 노동자들이 진지까지 쫓겼다면 국민군은 중립을지켰을 것이고, 바리케이드가 공격당한다면 총과 총알을 가지고 있는 그들은 노동자들을 지켰을 것이다.

저녁 무렵에는 4만 명이 무기를 손에 들고, 높이 치켜든 군기 밑에 몰려들었다. 그 군기에는 내전의 피에 물든 손으로 쓰인 글귀 중에서도 가장 비장한, 다음과 같은 문구가 쓰여 있었다.

계속 일하며 살아가라
아니면
계속 싸우며 죽어라

21일 밤새도록 싸움이 이어졌다. 22일 낮까지 죽고 죽이는 싸움이 이어졌다.

아아, 같은 민족끼리, 같은 시민끼리, 같은 형제끼리 그토록 섬뜩하게 서로 죽이고 죽일 수 있다니! 앞으로 50년 이내에 전쟁이 일어난다면 그것은틀림없이 내전이 될 것이다.

저녁 7시, 모든 것은 끝났다. 군대는 모든 곳에서 승리를 거둔 민중 앞에서 퇴각했다.

12월 3일 정오, 왕족과 수르트 원수는 왕국 제2의 도시를 다시 손에 넣고자 큰북을 울리며 도화선에 불을 붙여 마을로 들어섰다.

노동자들은 무장을 빼앗기고 다시 하루에 18수를 받으며 '그들 스스로 초래한' 빈곤과 결핍 상태에 직면하게 되었다.

그동안 국왕은 무엇을 했는가?

국왕의 각료들은 국왕이 말하는 대로 1800만 프랑의 왕실비를 요구하는의회 제출 문서를 작성하고 있었다. 한 달에 150만 프랑, 하루 5만 프랑 꼴이다. 국왕 개인 재산에서 발생하는 연 500만 프랑과 각종사업 배당금

200~300만 프랑을 뺀 금액이다.

이 문서를 읽고 어이가 없어진 위원회가 도저히 제출할 수 없는 의안이라고 생각한 것도 아주 당연한 일이다. 문서는 매우 나쁜 인상을 남겼다. 이것은 제1집정관 보나파르트가 요구한 금액의 37배, 미국 대통령 재산의 148배에 해당하는 금액이었다.

시기도 좋지 않았다. 1832년 1월 1일(시간을 사건보다 석 달 앞으로 당겨보자) 파리22구에 있는 빈민구제사업소는 다음과 같은 문서를 공표했다.

"파리12구에 등록된 2만 4천 명의 주민의 빵과 옷이 부족하다. 많은 사람이 잠자리에 쓸 짚단을 요구한다."

한편 1800만 프랑이라는 왕실비는 담배 전매수익의 절반이며, 프랑스의 다리·도로·항구·운하의 연간유지비, 즉 1만 5천 명의 노동자에게 일을 보장하는 유지비의 절반이며, 5만 5천 명의 군인, 이른바 계급 장교, 하사관, 하사, 병사의 봉급과 같은 액수이며, 마지막으로 지방 노동자 6만 1643명에게 1년 내내 일을 줄 수 있는 금액이다!

이러한 계산은 국왕에게 충성을 다하는 부르주아 계급마저도 고민에 빠뜨렸다.

프랑스의 모든 빈곤층이 이 1832년의 왕실비를 틀림없이 격렬히 비난하고 공격할 것이라는 생각에서인지, 납세자들이 납득할 만한 무슨 좋은 구실을 만들라는 명령을 받은 몽탈리베는 의회에서 다음과 같이 말했다.

"왕궁에서 사치가 추방된다면 결국에는 신하들의 집에서도 사치가 추방될 것이다."

이 발언에 여론은 대폭발을 일으켰다. 그르넬의 화약고에 불이 붙은 격이었다.

"국왕을 만드는 것은 국민이지 신하들이 아니다!" 마르샬은 외쳤다. "프랑스에 신하 따위는 존재하지 않는다!"

—국회의원 선거에서 사제들 표를 얻기 위한 편지

사제님

현대작가 가운데 유심론(Mentalism)을 옹호하고 영혼의 불멸을 선언하며, 그리스도교를 칭찬한 작가가 바로 저라고 한다면 귀하도 당연하게 여기실 테지요. 오늘 저는 국민의 의회의원에 입후보했습니다.

저는 의회에 신성한 모든 것에 경의를 표하라고 요구했습니다. 신성한 것 가운데 저는 늘 종교를 제일로 꼽아왔습니다. 그리고 자유와 종교를 결부시킬 줄 아는 국민이야말로 가장 훌륭한 국민이라고 생각합니다. 저는 그런 국민이 바로 프랑스 국민이라고 생각합니다. 귀하의 표뿐 아니라, 귀하의 높은 덕에 깊은 신뢰를 보내며, 귀하가 자유롭게 움직일 수 있는 표까지도 저에게 던져 주시기를 바라는 것은 온몸을 던져 이 사회 사업에 공헌하고 싶기 때문입니다.

형제로서의 사랑과 그리스도 교도로서의 겸허함을 담아 정중히 부탁드립니다.

알렉스 뒤마

—죽은 어머니를 위한 하느님 저주시

오, 하느님! 만인의 입이 당신을 부정하고 만인이 '십계명이 새겨진 판'을 짓밟는 이 세상에서 어머니가 괴로워할 때, 당신은 제가 신앙에 불타는 마음으로 무릎 꿇고 드린 기도를 들으셨습니다. 죽음이 십자가 앞에 무릎 꿇게 한 저 불길한 길 위에서, 하느님, 당신은 제 모습을 보셨습니다. 그리고 한 방울 또 한 방울, 제가 당신 아들의 발치에서 흘린 눈물의 수를 세셨습니다.

하느님, 저는 빌었습니다. 그렇게 서두르지 마시고 마지막 이별의 순간을 뒤로 미루어 달라고 말입니다. 어머니의 목숨을 거두어 가지 마시고 대신 제 목숨을 바치겠다고 말입니다.

하지만 당신은 기도를 들어주지 않으셨습니다. 하느님, 저주받으소서!

—뒤마의 샐러드 요리법

집에서 즐겨 먹었던 샐러드는 여러 가지 재료가 들어간 독특한 것인데, 주로 다섯 가지 재료가 들어간다. 둥글게 썬 사탕무, 샐러리 자른 것, 저민 송로버섯, 레퐁스 잎과 꽃, 삶은 감자이다.

먼저, 소금과 후추가 식초에 녹는다고 여기고, 이 소금과 후추가 들어간 식초를 1큰술에서 2큰술 정도 샐러드에 뿌린 다음에 맛을 내기 시작한다는 생각은 흔히 알려진 잘못된 방법이라고 말해 두겠다.

샤프탈이 프랑스에서는 처음으로—이 새로운 방법은 북유럽에서 들여온 것이므로 '프랑스에서는'을 강조하겠다—식초를 넣기 전에 샐러드를 먼저 기름과 소금과 후추에 절이는 방법을 생각해 냈다.

샤프탈이 재임 중에 프랑스에서 올린 공적은 남작 칭호를 받음으로써 보상받았지만 그가 요리에서 올린 공적은 '샤프탈식으로 맛을 낸 샐러드'라는 호칭이 요리용어로 자리잡는 것으로 보상받았다. 나는 그런 식으로 보상받겠다는 야심은 없지만, 내 식으로 샐러드에 맛내는 방법을 설명해 두겠다.

먼저 샐러드볼 위에 접시를 얹고 그것을 뒤집는다. 이제 샐러드볼 안의 내용물이 올려진 그 접시는 옆으로 치워 둔다. 이 샐러드볼 안에 두 명당 한 개꼴로 삶은 달걀노른자를 넣는다. 여섯 개면 12인분이다.

여기에 기름을 넣고 으깨서 걸쭉하게 만든다. 여기에 차빌, 잘게 부순 참치, 갈아 놓은 앤초비·겨자·대두 1큰술·다진 오이·다진 달걀흰자를 넣는다.

이 모두를 최고급 식초에 녹인다. 마지막으로 샐러드를 샐러드볼에 다시 담는다. 하인에게 샐러드를 뒤섞게 하고 나는 그 동안 샐러드 위에 파프리카 (헝가리산 붉은 후추) 한 줌을 뿌린다.

'건배(Toast)' 하는 습관이 프랑스에 정착한 것은 프랑스 혁명이 계기이다.

이 단어는 영국에서 왔다. 영국인은 누군가의 건강을 기원하기 위해 맥주통마다 바닥에 구운 빵을 넣어 둔다. 이 토스트, 즉 구운 빵은 통 속에 남은 마지막 맥주를 마신 사람의 차지가 된다.

당시 영국 여성 중 가장 아름다운 여성이던 앤 불린이 어느 날 권력자에 빌붙는 귀족들에게 둘러싸여 목욕탕에 들어갔다(앤 불린은 품행이 좋지 않았다). 귀족들은 앤 불린에게 잘 보이려고 저마다 컵을 손에 들고 그 욕조의 물을 떠 마셨다. 그러나 단 한 사람만은 그러지 않았다. 왜 다른 사람들처럼 하지 않느냐고 물었더니 그 사람은 이렇게 대답했다.

"나는 토스트 먹을 기회를 기다리고 있소."

알렉상드르 뒤마 연보

1802년   7월 24일 프랑스 북부 빌레르 코트레(Villers-Cotterêts) 로르
               메(Lormet) 거리에서 탄생.

1806년(4세)   나폴레옹군의 장군이었던 뒤마의 아버지 토마 알렉상드르 다
               비 뒤마(Thomas Alexandre Davy) 죽음. 뒤마의 가족은 경제
               적 어려움을 겪게 됨.

1819년(17세)   아돌프 드 뢰방(Adolphe de Leuven)이 뒤마를 현대시에 입
               문시켜 줌.

1822년(20세)   부르봉 왕가의 왕정복고가 일어난 뒤 뒤마가 파리로 상경.

1823년(21세)   푸아(Foy) 장군의 후견으로, 막강한 권세를 누리던 오를레앙
               공(루이 필리프)의 비서로 팔레 루아얄에 취직하여 서류 작
               성하는 일을 함.

1824년(22세)   같은 층에 살던 양장점 재봉사 로르 라베(Loure Labay)와의
               사이에 아들 뒤마 피스 태어남. 뒤마는 1831년에야 그를 아
               들로 인정함.

1828년(26세)   첫 번째 극작품 《앙리 3세와 그의 궁정 Henri III et sa
               cour》을 발표하며, 새로운 낭만주의 극의 선구자 역할을 하
               게 됨. 이 작품은 시간·장소·행동의 3일치라는 고전주의 규
               칙을 무시하고 운문이 아닌 산문으로 쓰인 전형적인 낭만주
               의 작품임. 빅토르 위고의 《에르나니 Hernani》가 '시의 스캔
               들'이란 평을 받았던 것에 비해, 이 작품은 '산문의 스캔들'
               이라는 좀 덜한 평가를 받지만, 1829년 코미디 프랑세즈에서
               대성공을 거두며 공연되고, 대중적 명성을 얻음.

1829년(27세)   뒤마의 《앙리 3세와 그의 궁정》 러시아 공연. 첫날부터 대성
               황. 뒤마를 후원한 루이 필리프는 매우 흡족해하였으며 한때

는 극단적인 왕당파였던 빅토르 위고도 격찬함. 이후 20여 년 동안 뒤마는 위고, 비니(Vigny)와 더불어 가장 인기 있는 극작가로 활약함. 당시 많은 잡지가 창간되면서 '문예란'에 연재소설을 쓰기 시작함.

1830년(28세) 자신의 고용주였던 루이 필리프가 시민 왕으로 즉위한 뒤 《찰스 10세》 출간. 7월 혁명 때 루이 필리프를 지지하여 크게 활약하였으나, 장관직을 수락하지 않는 것을 보고 실망하여 그를 떠남.

1831년(29세) 연극 〈앙토니 Antony〉 상연.

1832년(31세) 연극 〈넬르 탑 La Tour de Nesle〉 상연.

1836년(34세) 연극 〈킨 Kean〉 상연.

1938년(36세) 첫 소설 《선장 폴》 발표. 기존에 발표하였던 동명의 희곡을 각색한 것으로, 뒤마는 이후에도 같은 방식으로 수많은 자신의 희곡을 소설로 각색하여 발표함.

1839년(37세) 연극 〈벨릴 양〉 상연. 샤를 뒤랑의 중개로 《연금술사》를 니콜라스 1세에게 보냄. 러시아 여행이 좌절됨. 1839년부터 1841년까지 유럽 역사에서 유명한 범죄 사건을 뽑아 8권짜리 《유명한 범죄자들》 출간. 이 책에 베아트리체 첸치, 마르탱 게르, 체사레 보르자, 루크레치아 보르자 같은 역사적 인물들과 함께 카를 루드비그 상트, 앙투아네 프랑수아 데스루 등의 당대 인물들을 수록함.

1840년(38세) '12월 당원' 반역 사건을 소재로 실제 검술 사범인 아우구스틴 그리시에르와 함께 작업하여 《검술 사범 Le Maître d'armes》을 발표. 이 책은 그리시에르가 러시아에서 겪은 12월 반란의 경험담을 담고 있음. 뒤에 뒤마는 《몬테크리스토 백작》이 그리시에르로부터 영감을 얻은 것이라고 자서전에서 밝힘.

1843년(41세) 《기사 달망탈》 발표.

1844년(42세) 《삼총사 Les Trois Mousquetaires》 출간. 포르 마를리(Port-Marly)에 바로크와 고딕 양식의 성을 짓기 시작하고 '몬테크

리스토 성'이라 명명함(성이 완공된 것은 1847년이며 1848년
에 소유권이 완전히 뒤마에게 이양됨).

1845년(43세) 《몬테크리스토 백작 *Le Comte de Monte-Cristo*》 출간. 출간
즉시 엄청난 성공을 거두었으며, 번역되고 차용되고 표절되
는 등 최고의 인기 소설이 됨. 《여왕 마고 *La Reine Mar-
got*》,《이십 년 뒤 *Vingt ans après*》 출간. 이즈음 프랑스 사
회는 산업화를 겪으며 빠르게 변하는 중으로 출판에 대한 검
열이 사라짐. 이런 배경이 문학에 큰 발전을 가져다 주어 뒤
마도 명성을 누릴 수 있었음.

1846년(44세) 파리에 자신의 극장인 '역사극장(Théâtre-Historique)'을 세
워 셰익스피어·괴테·쉴러 등을 공연. 점점 사치한 생활에 빠
져 채권자들에게 돈을 갚기 위해 날마다 더 많은 글을 써내
야 했고, 그 때문에 방대한 양의 작품들을 남기게 됨.

1847년(45세) 연극 〈기사 메종루즈〉 상연.

1848년(46세) 《브라줄론 자작 *Le Vicomte de Bragelonne*》(철가면) 발표.

1849년(47세) '역사극장'이 파산하고, 발자크가 극찬하던 〈몬테크리스토
성〉이 경매로 넘어감. 호화스런 생활과 여성 편력에 들인 비
용 때문에 빚더미에 몰려 파산함. 시민 왕 루이 필리프가 반
란에 의해 폐위되고 나폴레옹 보나파르트가 집권하자 뒤마는
함께 몰락함.

1851년(49세) 150명 이상 되는 채권자들을 피해 벨기에로 도피함. 그 후
다시 러시아로 탈출.

1856년(54세) 파리조약으로 크림전쟁이 끝남으로써 프랑스에 러시아풍이
유행함.

1858년(56세) 6월15일 뒤마는 러시아로 떠나, 페테르부르크에서 시인 네크
라소프 등의 환대를 받음. 10월 29일에는 칼미크의 투메인
왕의 초대를 받음. 당시 러시아에서는 프랑스어가 널리 통용
되었기 때문에 뒤마는 그곳에서 작품 활동을 계속할 수 있었
음.

1859년(57세) 콘스탄티노플에서 배를 타고 떠나 3월 9일에 마르세유에 도착.

1860년 (58세)　《파리에서 아스트라한까지 *De Paris à Astrakan*》 발표.

1861년 (59세)　비토리오 엠마누엘레 2세가 이탈리아 독립을 선언함. 뒤마는 3년 동안 이탈리아에서 〈인디펜덴테〉 발간을 주도하며 이탈리아 통일운동에 앞장 섬.

1864년 (62세)　파리로 돌아옴.

1865년 (63세)　《러시아 기행 *Impressions de Voyage en Russie*》 출간.

1870년 (68세)　9월 혈관염으로 마비가 일어나자 의절하고 지냈던 아들을 만남. 12월 5일 디에프(Dieppe) 지방의 퓌(Puys)에 있는 아들의 별장에서 사망, 고향 빌레르 코트레에 묻힌다. 유해는 2002년 11월 30일 탄생 200주기를 맞아 파리 팡테옹(Panthéon)에 이장되었음.

이희승맑시아

고려대학교 불어불문학과 대학원에서 불문학 석사학위를 받았다. 19세기 사실주의와
자연주의의 과도기적 사조에 대해 연구하였다. 공쿠르 문학상 창립자인 공쿠르 형제
의 문학을 한국에서 처음으로 심도 있게 연구하고, 그들의 소설 《필로멘느 수녀》를 또
한 국내 최초로 번역하였다. 옮긴책에 하위징아의 《중세의가을》 등이 있다.

World Book 157
Alexandre Dumas père
LE COMTE DE MONTE-CRISTO
몬테크리스토 백작Ⅱ
알렉상드르 뒤마/이희승맑시아 옮김
1판 1쇄 발행/2011. 7. 1
1판 5쇄 발행/2020. 12. 1
발행인 고정일
발행처 동서문화사
창업 1956. 12. 12. 등록 16-3799
서울 중구 마른내로 144(쌍림동)
☎ 546-0331~6 Fax. 545-0331
www.dongsuhbook.com
✳

사업자등록번호 211-87-75330
ISBN 978-89-497-0744-0 04080
ISBN 978-89-497-0382-4 (세트)